泰安市体育志

《泰安市体育志》编纂委员会 编

方志出版社
Publishing House of Local Records

图书在版编目（CIP）数据

泰安市体育志 /《泰安市体育志》编纂委员会编.
-- 北京：方志出版社, 2017.8
ISBN 978-7-5144-2495-9

Ⅰ. ①泰… Ⅱ. ①泰… Ⅲ. ①体育事业—概况—泰安
Ⅳ. ①G812.752.3

中国版本图书馆CIP数据核字(2017)第207500号

泰安市体育志

编　　者	《泰安市体育志》编纂委员会
责任编辑	陈　菁
出 版 人	冀祥德
出 版 者	方志出版社
	地址　北京市朝阳区潘家园东里 9 号（国家方志馆4层）
	邮编　100021
	网址　http://www.fzph.org
发　　行	方志出版社图书经销中心
	电话（010）67110500
经　　销	各地新华书店
印　　刷	山东新华印务有限责任公司
开　　本	889 × 1194　　1/16
印　　张	63.625
字　　数	1482千字
版　　次	2017年8月第1版　2017年8月第1次印刷
印　　数	0001 ~ 1000册

ISBN 978-7-5144-2495-9　　定 价：580.00元

《泰安市体育志》编纂委员会

名誉主任　成　丽

主　　任　苏有森

副 主 任　任广中

委　　员　彭国胜　于桂香　张吉庆（兼办公室主任）

冯遂杰　曹东平　许　兵　杨振德

高蕴生（兼办公室副主任）

编纂业务指导　马　辉（特邀）

《泰安市体育志》编纂人员

主　　编　苏有森

执行主编　马　辉

副 主 编　任广中　张吉庆　高蕴生　徐兴华（特邀）

孙风军（特邀）

编　　辑　刘西华　王和平　姜　玲　张鸿晶

《泰安市体育志》评审人员

王天宇　钱　芳　高兴学　曹成义　赵　兵　张云霞　由昌菁
韩惠武　崔成信　单光杰

《泰安市体育志》审稿人员

赵相鑫　张昌伟　徐炳伦　刘西华　姜　玲　刘传梅　周生涛
孙丰涛　刘　成　闫　娟　王秀玲　胥丽丽　宋爱芳　路敦庆
王振民　邓　岩　张清明　范维燕　张　峰　魏　杰　李　果
张新清　张淑萍　鹿焕勇　祝令山　孟　建　李　键　徐明全

《泰安市体育志》撰稿人员

吴　擎　刘传梅　王安龙　王冬梅　王西德　刘　凯　徐　静
刘　刚　李　歌　王大海　薛新华　王安娜　李　华　张　晓
郑学垒　张　华　白俊峰　徐　涛　刘　静　贾传波　李方月
颜培田　王荣涛　崔向河　宁尚平　葛安乐

特邀撰稿 周　郢

摄影/图片提供　闫克勤　武　哲等

序

欣闻《泰安市体育志》付梓面世，可喜可贺！深知志书编纂的诸多不易，可敬可叹！这是泰安为山东体育贡献的力作，谨表感谢！

泰安是驰名中外的历史文化名城和旅游胜地，泰山是中华民族和中华精神的象征，在国际国内都具有独特的地位和寓意。泰安体育历史悠久、源远流长，登山、武术等体育文化独树一帜。新中国成立后特别是改革开放以来，党委、政府对体育事业高度重视，全市上下齐抓共管，各行各业积极支持，人民群众踊跃参与，竞技体育水平不断提高，全民健身运动广泛开展，场馆设施建设逐步改善，体育产业发展初具雏形。王峰、毕文静等世界冠军成为泰安体育的典型代表，多项体育工作走在了全省前列，为山东体育做出了重要贡献，多次受到国家体育总局和省委、省政府的表彰奖励。

铭记历史、鉴往知来。《泰安市体育志》紧贴时代发展脉博，唯真唯实，精益求精，系统翔实记述了近代以来，特别是新中国成立至2015年泰安体育的发展轨迹和光辉历程，全面真实反映了泰安体育的深刻变化和靓丽业绩，全景式再现了泰安体育“实干创新、争先夺金”的宏伟目标和伟大实践，具有鲜明的时代特点和地域特色，对泰安体育继往开来有着很强的参考和指导意义，对全省体育系统也有很强的学习和借鉴意义。

衷心祝愿泰安体育再创辉煌，人民生活幸福安康！

山东省体育局局长 李政

2017年7月

序

盛世修志，志载盛世。我市首部全面记述体育事业发展历程的专业志书《泰安市体育志》，经多方努力，历经两载，数易其稿，编竣付梓，可喜可贺！

泰山岩岩、汶水汤汤。几千年来，生活在泰山周边的先民们，在长期的生产劳动、军事征战、宗教等活动中，创造了以强身健体和娱乐为主要目的，以民俗体育、武术、气功、围棋、游泳、球类等为主要内容的传统体育项目。随着人类进化、社会发展和文明进步，泰安传统体育日益融入博大精深的泰山文化，成为泰山文化的重要组成部分。19世纪末20世纪初，海禁开放，现代竞技体育传入泰安，并逐渐从校园走向社会，进而取代传统体育成为体育运动的主流。新中国成立后，毛泽东主席发出“发展体育运动、增强人民体质”的伟大号召，为体育事业发展指明了方向。1956年泰安专署体育运动委员会成立，标志着泰安体育事业进入了健康发展的新阶段。中国共产党十一届三中全会召开以来，喜乘改革开放的春风，泰安体育事业全面振兴、飞速发展。全民健身深入城乡，竞技体育屡创辉煌，体育设施不断完善，体育产业初具雏形。在奥运会、亚运会、全运会等国内外赛场上，王峰、张霞、毕文静、沈剑、王银行、杜云鹏、卞庆各等一大批泰安体育健儿顽强拼搏，争金夺银，以优异运动成绩彪炳共和国的体育史册。始于1987年的泰山国际登山节至今已成功举办30届；在泰安举办的亚洲举重锦标赛、全运会泰安赛区比赛、环中国国际公路自行车赛等各项赛事精彩纷呈；奥运圣火传递、全运会圣火采集等大型活动影响广泛；全市运动会、泰山冠军登山系列大奖赛等全民健身比赛发展成为精品赛事；体彩销售、医保卡健身、县级体校办学模式等创新经验在全省推广。

体育是社会发展、人类进步的重要标志。党的十八大以来，以习近平总书记为核心的党中央更加重视、关心体育工作，亲自谋划推动体育事业改革发展，将全民健身上升为国家战略。面对新形势、新任务、新要求，泰安市体育局组织编纂《泰安市体育志》，全方位记述泰安体育事业发展、壮大的辉煌历程，全面总结体育事业发展的历史经验。该书观点正确、内容客观、资料翔实、体例严谨、文风端正，是一部鉴往知今、功在当代、益泽后世的好志书。希望全市各级党政部门和广大体育工作者学好用好此书，进一步弘扬“实干创新、争先夺金”的泰安体育精神，推动群众体育、竞技体育和体育产业继往开来、再创辉煌，为建设富裕文明幸福新泰安做出更大贡献！

中共泰安市委书记 王云鹏

2017年7月

凡例

一、《泰安市体育志》以马克思列宁主义、毛泽东思想、邓小平理论、“三个代表”重要思想和科学发展观为指导，认真贯彻党的十八大以来习近平总书记系列重要讲话精神和治国理政新理念、新思想、新战略，坚持辩证唯物主义和历史唯物主义立场、观点和方法，全面、客观、准确地记述全市体育事业多年来取得的工作业绩和突出贡献，保存有价值的历史资料，总结工作经验，弘扬和传承“实干创新、争先夺金”的泰安体育精神，培育和丰富新时期的泰安体育文化，存史资政，以启未来，推动全市体育事业再上新水平。

二、本志记事时间，原则上上限自泰安市体育事业发端，重点记述新中国成立后体育事业的发展情况；下限至2015年12月底。根据志书编纂情况，大事记、时政图片记事时间截至2016年。

三、记事范围，原则为2016年泰安市行政区域范围内泰安市直各部门、单位，所属县（市区）、驻泰安大专院校，省属驻泰安企事业单位的体育事业发展情况。个别内容为反映历史原貌，按当时的行政区域记述；1985年3月撤区建市前，泰安县（市）有关情况在泰山区有关章节中予以记述；1992年11月县级莱芜市升格为地级市前难以分开的数据加注“说明”。泰安籍运动员未代表山东省参赛的加注“泰安籍”字样。

四、全志记事按事物性质设编、章、节，有的节下设目、子目。全书由概述、大事记、专业各编和人物、附录等部分组成，开篇设彩页，运用图照资料集中展示泰安市体育事业发展历程。记述独立事物的编下、组合编的章下设无题概述；随文穿插图、表、照片及有关资料。图、表按编统一编号。为保持记事的完整性，对有重要影响的事件在相关编中设“专记”记述。

五、入志资料主要来自档案、市、县志书、各类文献及报刊、年鉴等，由撰稿及编辑人员查找、征集、考证、核实，一般不注明出处。

六、统计数据以政府统计部门资料为准；非统计部门管理的数据，使用各有关部门提供的数据；表格中缺失的数字以空格表示，无此数字用“—”字线表示。比赛成绩“时、分、秒”按国际通用符号表示，即时为“:”，分为“:”，秒为“.”。

七、政区、机构及某些工作、活动的称谓，各编第一次出现时一般用全称并括注简称，重复出现时用简称。泰安撤地建市前，简称“区内”，建市后简称“市内”。

八、人物部分设人物传略、人物简介、人物表三部分。人物传略，遵循“生不立传”的原则，排列以卒年为序；人物简介，收录在世的人，以任职时间或生年为序；人物表，收录在世或去世的人，原则上根据不同类型分别以任职时间、生卒年或获奖时间为序。

九、本志执行中国地方志指导小组《地方志书质量规定》，文风力求严谨、朴实，语言力求简洁、流畅。

泰安市地图

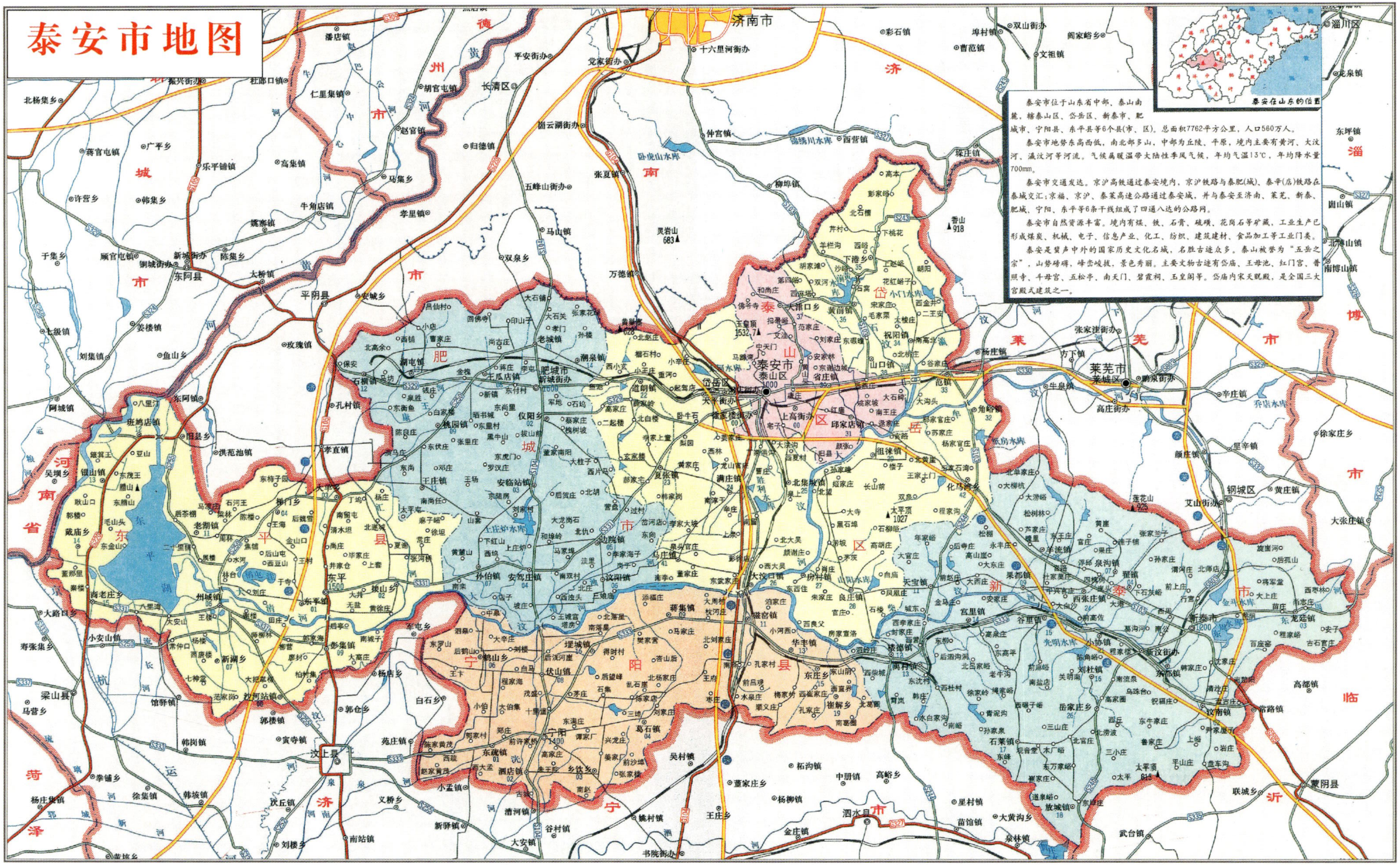
泰安市位于山东省中部、泰山南麓，辖泰山区、岱岳区、新泰市、肥城市、宁阳县、东平县等6个县(市、区)。总面积7762平方公里，人口560万人。
泰安市地势东高西低，南北部多山，中部为丘陵、平原，境内主要有黄河、大汶河、瀛汶河等河流。气候属暖温带大陆性季风气候，年均气温13℃，年均降水量700mm。
泰安市交通发达。京沪高铁通过泰安境内，京沪铁路与泰肥(城)、泰辛(店)铁路在泰城交汇；京福、京沪、泰莱高速公路通过泰安城，并与泰安至济南、莱芜、新泰、肥城、宁阳、东平等6条干线组成了四通八达的公路网。
泰安市自然资源丰富。境内有煤、铁、石膏、硫磺、花岗石等矿藏，工业生产已形成煤炭、机械、电子、信息产业、化工、纺织、建筑建材、食品加工等工业门类。
泰安是誉声中外的国家历史文化名城，名胜古迹众多。泰山被誉为“五岳之宗”，山势磅礴，峰峦峻拔，景色秀丽。主要文物古迹有岱庙、王母池、红门宫、普照寺、斗母宫、五松亭、南天门、碧霞祠、玉皇阁等。岱庙内宋天贶殿，是全国三大宫殿式建筑之一。
泰安在山东的位置
济南市
泰安市
泰山区
岱岳区
莱芜市
莱城区
钢城区
新泰市
肥城市
宁阳县
东平县
东平湖
汶上县
平阴县
东阿县
蒙阴县
泗水县
梁山县
济南市
德州市
聊城市
淄博市
临沂市
济宁市
菏泽市
河南省
黄河

泰安体育精神

实干创新

争先夺金

领导关心 LINGDAOGUANXIN

1992年9月6日，中顾委委员、国家体委原副主任、中华全国体育总会主席荣高棠出席第六届泰山国际登山节开幕式并致辞。

（闫克勤 摄）

1989年12月1日，国家体委主任伍绍祖（左三）视察泰安市体校，中共泰安市委副书记周兴礼（左二）陪同活动。（闫克勤 摄）

1990年9月14日，原国家体委主任、中华全国体育总会主席李梦华（中）出席第四届泰山国际暨全国登山活动开幕式。（闫克勤 摄）

1988年4月11日，国家体育总局副局长袁伟民（右一）视察泰安市体校。（闫克勤 摄）

1991年9月7日，国家体委副主任刘吉出席第五届泰山国际登山节开幕式。　　（闫克勤 摄）

1991年10月，国家体委副主任、国际奥委会副主席、中国奥委会主席何振梁到泰安考察时在岱庙“第一山”碑刻前留影。
（闫克勤 摄）

1998年9月9日，国家体育总局副局长张发强（前右一），中共泰安市委书记莫振奎（前右二）出席第十二届泰山国际登山节暨第三届全国全民健身登泰山比赛。（泰安市档案局提供）

2003年11月16日，国家体育总局副局长李富荣到泰安考察工作。（任广中 提供）

2004年4月30日，国家体育总局党组成员、纪检组长、中国奥委会副主席、中华全国体育总会副主席王宝良（左五）、国家体育总局举重摔跤柔道管理中心主任马文广（右四）、山东省体育局局长于学田（左四）到泰安考察工作。（任广中 提供）

2007年9月6日，国家体委原副主任、中华全国体育总会顾问徐才（左一），泰安市委副书记、市政府市长李洪峰（右二）出席第二十一届泰山国际登山节暨第十二届全国全民健身登泰山比赛暨国际邀请赛。（闫克勤 摄）

2009年8月1日，国家体育总局副局长冯建中（左）、山东省委副书记、省政府省长姜大明（右）、省委副书记刘伟（中）参加第十一届全国运动会泰山圣火采集仪式。

（闫克勤 摄）

2014年9月6日，中国奥委会副主席、中华全国体育总会原副主席吴寿章（左二），山东省体育局副局长李政（右）为第二十八届泰山国际登山节登泰山比赛鸣枪发令。

（闫克勤 摄）

1984年11月6日，山东省政府省长李昌安（左二）到泰安体校视察，泰安地委副书记张仁敬（右一）陪同。（闫克勤 摄）

1990年9月14日，中共山东省委副书记、泰安市委原书记马忠臣（中）出席第四届泰山国际暨全国登山活动。（泰安市档案馆提供）

2014年11月4日，山东省政府副省长王随莲（中）视察泰安市全民健身广场，泰安市政府副市长徐恩虎（左）陪同。（闫克勤 摄）

2014年7月30日，山东省老年人体育经验交流现场会在新泰市召开，山东省老年人体育协会主席曹学成（前排左三）参加会议。（泰安市老体协办公室提供）

2015年9月30日，山东省体育局局长张松林（右）到岱岳区体校调研县级体校办学模式改革试点工作。（吴 擎 摄）

2014年9月6日，中共泰安市委书记、市人大常委会主任李洪峰宣布第二十八届泰山国际登山节开幕。（闫克勤 摄）

2016年9月6日，中共泰安市委书记、市人大常委会主任王云鹏宣布第三十届泰山国际登山节开幕。（泰安市电视台提供）

2016年9月6日，中共泰安市委副书记、市政府市长李希信主持第三十届泰山国际登山节开幕式。（泰安市电视台提供）

竞技体育 J I N G J I T I Y U

2008年8月13日，泰安运动员王峰在北京第二十九届奥运会上勇夺男子双人三米板跳水金牌，实现了泰安市奥运金牌“零”的突破。2008年10月17日，泰安市人大常委会授予王峰“泰安市功勋市民”荣誉称号。

（闫克勤 摄）

1996年7月22日，在第二十六届亚特兰大奥运会男子体操团体决赛中，泰安运动员沈剑与队友一起为中国队夺得一枚银牌。图为沈剑（右二）与队友在奥运会领奖台上。

（新泰市体育局提供）

1986年6月，魏霞参加在泰安市举行的第二届“浪潮杯”全国女子举重邀请赛。

魏霞曾于1986年3月在匈牙利举行的首届国际举重联合会女子举重锦标赛上获44公斤级冠军。

（闫克勤 摄）

泰安运动员李明才。1991年8月，李明才在日本东京举行的第三届世界田径锦标赛上获男子20公里竞走第8名，刷新该项目全国和亚洲纪录。（闫克勤 提供）

泰安运动员李炳军（左）。1982—1992年，李炳军连续十年获全国举重82.5公斤级冠军，为十年全国纪录保持者。

（闫克勤 提供）

泰安运动员王银行。2001年11月23日，在第九届全运会男子竞走50公里决赛中，王银行以3小时44分28秒的成绩夺得金牌。（林庆胜 摄）

奥运圣火传递 AOYUNSHENGHUOCHUANDI

2008年7月22日，泰安运动员毕文静在北京奥运圣火“祥云”泰安传递仪式上点燃圣火盆。1998年5月，毕文静在日本举行的第九届世界杯体操赛上获高低杠金牌，她杠上“扭臂向前大回环单臂转体360度成反握”被国际体操联合会命名为“毕氏转体”。

（闫克勤 摄）

2008年7月22日，火炬手邢傲伟（右）与范红艳在泰山南天门展示北京奥运会火炬。

（闫克勤 摄）

2008年7月22日，火炬手、泰安市体育局局长苏有森（右）和亚运会竞走冠军王银行（左）进行奥运圣火传递。

（闫克勤 摄）

奥运圣火耀泰安（2008年7月22日）　　（武　哲摄）

泰山国际登山节

TAISHANGUOJIDENGSHANJIE

1987年9月25日，第一届泰山国际登山活动开幕式在泰安林校操场举行。
（闫克勤 摄）

1989年9月14日，第三届泰山全国登山活动在泰安火车站广场开幕。
（闫克勤 摄）

1990年9月14日，第四届泰山国际暨全国登山活动开幕式在岱庙天贶殿前举行。
（闫克勤 摄）

1991年9月7日，第五届泰山国际登山节开幕式在泰安市体育场举行。　　（闫克勤 摄）

2013年9月6日，第二十七届泰山国际登山节登泰山比赛起跑仪式在山东农业大学东校区操场举行。
（闫克勤 摄）

2005年9月，在第十九届泰山国际登山节期间举办中韩围棋对抗赛。图为中国著名围棋职业运动员“棋圣”聂卫平（左）与韩国选手比赛。（闫克勤 摄）

2007年9月9日，“泰山武术杯”2007新泰安·三山两湖全国山地户外挑战赛东平湖赛程起跑仪式。（张仁东 摄）

群众体育 QUNZHONGTIYU

2009年5月，第十一届泰安市直机关运动会开幕式千人长绸扇舞表演。（闫克勤 摄）

2007年6月8日，在泰安市政广场举行老年人健步走向北京奥运会活动。

（闫克勤 摄）

2009年3月7日—9月7日，首届"泰山啤酒杯""泰山冠军"中国泰山登山系列大奖赛在泰安举行。
（闫克勤 摄）

2016年9月10—11日，"鲁普耐特"杯2016全国攀岩分站赛（泰安站）举行。
（泰安市体育总会提供）

承办体育赛事

CHENGBANTIYUSAISHI

2007年4月20日 “蒙牛杯”2007年第十九届女子、第三十八届男子亚洲举重锦标赛在泰山学院体育馆举行开幕式，亚举联主席苏丹出席并致辞。

（闫克勤 摄）

2007年4月20日，2007“蒙牛杯”第十九届女子、第三十八届男子亚洲举重锦标赛在泰山学院体育场开幕。

（武 哲 摄）

2009年7月22—30日，全国第十一届运动会男子足球乙组小组赛及9—11名决赛在泰安举行。
（闫克勤 摄）

1996年5月23—27日，第三届全国工人运动会“扳倒井杯”健美操比赛在山东矿业学院体育馆举行。
（闫克勤 摄）

2009年8月8日，“国人西服杯”全国棋牌项目万人同下主会场活动在泰安举行。
（闫克勤 摄）

2010年9月16日，2010环中国国际公路自行车赛在泰安举行。（闫克勤 摄）

2016年10月30日，第三届泰山国际马拉松赛在泰安举行。（泰安市体育总会提供）

体育设施 TIYUSHESHI

泰安市全民健身中心（2011年7月建成）（闫克勤 摄）

泰安市体育综合训练馆（2007年7月建成）（闫克勤 摄）

泰安市体育中心网球馆（2013年5月建成）（刘国强 摄）

泰安市全民健身广场
（2013年10月建成）
（刘国强 摄）

泰安市体育运动学校（2016年）
（刘国强 摄）

新泰市体育馆（1989年7月建成）
（新泰市体育局提供）

东平县体育会展中心（2014年初建成）
（东平县体育局提供）

泰安市体育中心（1993年10月建成）　　（闫克勤 摄）

公司为建设泰安美化泰山做贡献

机关建设

JIGUANJIANSHE

2012年3月16日，泰安市体育局举行"省级文明单位"揭牌仪式，泰安市政府副市长徐恩虎（左六）出席。（闫克勤 摄）

2011年5月27日，泰安市体彩中心在岱岳区徂徕镇李家峪小学建立体彩爱心助学基地。

（泰安市体育彩票管理中心提供）

1984年8月，泰安地区举重代表队参加山东省举重比赛夺冠后合影。前排右四为泰安地区体委办公室主任于振海。

（韩惠武　提供）

1998年12月，泰安市体委主任由昌菁（左二）与第十三届亚运会男子50公里竞走获得者王银行（右一），女子体操团体和高低杠两枚金牌获得者毕文静（左一）合影。

（闫克勤　摄）

2005年7月18日，韩国济州道中长跑队到泰安市体育局访问交流，泰安市体育局局长殷培联（左二）参加活动。　（闫克勤　摄）

2007年5月，泰安市体育局领导班子成员研究工作。左起：罗文新、于桂香、任广中、苏有森、彭国胜、张吉庆。

（闫克勤 摄）

2014年2月，泰安市体育局领导班子成员合影。左起：杨振德、曹东平、于桂香、苏有森、彭国胜、冯遂杰、许兵。

（吴 擎 摄）

2015年3月10日，泰安市体育局召开《泰安市体育志》编纂工作动员会议，泰安市史志办公室党组书记、主任王天宇（前排右二），市体育局党组书记、局长苏有森（前排左三）出席会议并讲话。泰安市史志办公室原党组书记、主任马辉（前排左二），泰安市体育局调研员任广中（前排右一）、彭国胜（前排左一）参加会议。

（吴 擎 摄）

目　录

第四编　群众体育

第五编　竞技体育

第六编 运动竞赛

第七编 泰山国际登山节

第八编 人才培养 体育科研

第九编　场地设施

第十编　体育彩票　体育产业

第十一编　体育事业机构　社会团体

第十二编　机关建设

第十三编 行政管理

第十四编 县（市、区）、矿业集团

人　物

附　录

索　引

概　述

G　A　I　S　H　U

泰安市位于山东省中部，全市总面积7762平方公里，辖泰山区、岱岳区、宁阳县、东平县，代管新泰市、肥城市，现有人口560余万，举世闻名的泰山坐落在泰安境内。

泰山地区体育活动历史悠久，源远流长。新中国成立以来，特别是中共十一届三中全会后，泰安市（地区）体育系统干部职工扎实工作，顽强拼搏，创造了辉煌的业绩。2007年以来，在市委、市政府正确领导下，广大体育系统干部职工大力弘扬“实干创新、争先夺金”的泰安体育精神，和“竞技体育上位次，群众体育争先进，体育彩票扩总量，体育设施上水平”的总体要求，全力推动体育事业发展，取得显著成绩，全市体育事业进入全面振兴发展的新阶段。

一

泰安因泰山而得名，寓意“泰山安则四海皆安”、“国泰民安”。1966年在新泰市乌珠台村出土的智人化石证明，早在距今2万年至5万年，泰山地区就有人类繁衍生息。新石器时期，汶河两岸的氏族部落创造了闻名于世的大汶口文化。此后，历代在此设邑、置郡、建府。周代分属鲁国、齐国。秦朝分属济北郡、东郡、薛郡。西汉初设博阳郡，后设泰山郡，以境内泰山取名，隶属兖州刺史部。汉代以后，历代建制多有变更。金天会十四年（1136）设泰安郡，泰安之名由此始。金大定二十二年（1182），设泰安州，治所岱岳镇（今泰安城），辖奉符（泰安）、莱芜、新泰三县，隶山东西路。元、明沿置泰安州。清雍正二年（1724）改为泰安直隶州。雍正十三年（1735）改设泰安府，并置泰安县，下辖东平州及泰安、新泰、莱芜、肥城、东阿、平阴六县，隶山东布政使司。1913年，民国北洋政府废府州行道制。1914年，境内各县分属济南、济宁、东临3道。1925年，北洋政府设泰安道，治泰安城。1928年撤销泰安道，境内各县直属于省。同年5月，南京国民政府在泰安组建山东省政府，泰安为临时省会。1929年5月，省政府迁至济南。1936年，国民山东省政府设行政督察区，成立行政督察专员公署。1938年，全省设17个督察专员公署，泰安地区东部泰安、莱芜、新泰隶第十二行政督察区，肥城、宁阳、东平等县隶第六、第十一行政督察区。

1939年，中国共产党领导下的抗日根据地建立抗日民主政权。同年11月至次年4月，泰山区、泰西区行政督察专区相继建立，并以津浦铁路为界，东部隶泰山区，西部隶泰西区。此后，辖县随抗日战争形势变化分合撤并，变更频繁。1941年9月，成立泰南区行政联合办事处，1943年，泰南区行政联合办事处改建为泰南区行政督察专区，1945年10月撤销。

1950年5月17日，泰山、泰西两专区合并成立泰安专区，专署机关驻泰安城，辖泰安、莱芜、新泰、泰宁、历城、泗水、肥城、长清、宁阳、东平、平阴、汶上12县。1958年10月，撤销泰安专区建置，辖县分属济南市和聊城专区。1961年7月，复置泰安专区，辖2市8县，即泰安、新汶2市，莱芜、新泰、章丘、宁阳、肥城、长清、东平、平阴8县。1967年7月泰安专区改称泰安地区，辖区未变。1985年3月，撤销泰安地区，建立地级泰安市，辖泰山区、郊区、肥城县、宁阳县、东平县，代管莱芜市、新泰市。1992年11月，莱芜市升为地级市析出。

新中国成立前，泰安地区无专门的体育事业管理机构。新中国成立后，从1950年5月开始，体育工作由泰安专区文教科管理。1952年3月，泰安专区体育运动委员会筹委会成立，标志着泰安体育事业发展开始起步。1955年3月，中华全国体育总会山东省泰安专区分会成立，以后几经撤并更名。1956年6月，泰安专署体育运动委员会成立。1968年9月始，“文化大革命”期间体委实行军管。1972年3月，泰安地革委成立体育局。1975年5月，改为泰安地革委体育运动委员会。1978年7月，改为泰安地区行署体育运动委员会。1984年5月，改为泰安行署体育运动委员会办公室，为副县级单位。1985年5月，改为泰安市体育运动委员会，升格为正县级单位。2000年10月，市体委更名为市体育局，系主管全市体育工作的市政府工作部门。

新中国成立以来，在党委、政府领导下，全市体育工作者尽职尽责，实干创新，有力地推动了体育事业健康发展。在世界性体育比赛和全国、全省比赛中泰安获金牌数和总分多年列全省前8位，体育管理工作经验多次在全省推广。泰安市体育局（委）先后被国家体委、国家体育总局授予全民健身活动优秀组织奖、全国体育工作先进单位；被山东省人民政府授予振兴山东体育突出贡献奖等荣誉称号；泰山被国家体育总局命名为国家级全民健身登山基地；泰安体育代表团获省精神文明先进集体、体育道德风尚奖10余次。泰安市体育局被省授予“省级文明单位”荣誉称号。

二

泰安体育以全民健身为重点，以扩大体育人口，提高人的身体素质和精神素质为目的，积极组织，分类指导，全市群众性体育活动日益活跃，丰富多彩。

传统体育,源远流长。明清时期，泰安武术门类众多、器械齐全，创建发展了燕青拳、徐家拳、徐家枪、梅家棍、邹家拳、秘宗拳、泰山剑门、八卦奇门枪。同时民间表演类、杂耍类、游戏类、棋类、对抗类体育十分丰富。新中国成立后，党和政府高度重视传统体育传承和发展。20世纪50年代，政府在农村、城镇社区倡导开展传统体育项目。进入21世纪，先后将中华子午门、徐家拳、石横镇武术、独杆跷、逛荡灯、摔二鬼、百兽图、百尺龙灯等传统体育项目列入山东省、泰安市非物质文化遗产名录。

学校体育，蓬勃发展。清光绪二十八年（1902），泰安学堂始设体育课。民国时期，学校体育除设兵式体操外，开始有篮球、排球、跳高、跳远等活动项目。民国三十七年（1948），人民政府办的学校每周设两节体育课，有队列、跳绳、体操、田径等。新中国成立后，体育列为必修课，每学期召开一次运动会。1954年，小学推行第一套少儿广播体操。1958年，试行《准备劳动与卫国体育制度》，并定期检测，检测达标者颁发证书。1964年，各学校普及广播体操、少儿操。“文化大革命”时期，体育课停止。1972年，学校体育逐渐恢复。1973年7月，组织参加全国第一届中学生运动会，获金牌2枚。1979年，举办全区田径选拔赛及中学生运动会，各县、矿务局374名运动员参加比赛。同年，全市中小学开展“两操、两课、两活动”（即早操、课间操，每周两节体育课，每天两节课外活动），每年举行春秋两季运动会。1988年，全市中小学广泛开展“三小球”（小足球、小篮球、小排球）活动。同年，泰安二中、泰山中学被国家教委命名为培养高水平体育后备人才试点学校。1991年，建立市、县、乡三级体育教学网络，57.1万名学生达到国家体育锻炼标准。1994年，王银行在塞浦路斯举行的第十届世界中学生运动会上获竞走金牌。1999年，山东农业大学承办华东区农业高等院校运动会。2000年，新泰市被国家体育总局体操运动管理中心授予“全国体操之乡”称号。2011年，举办泰安市中、小学生体育联赛；同年，泰安一中被国家体育总局评为全国篮球体育传统项目学校。2012年，泰安市教育局印发《关于加强学校重点体育项目建设的意见》，公布首批406所中小学重点体育建设项目。2014年，80%的中小学确定重点体育项目。2015年，市教育局确定新泰市、宁阳县为体育项目市级重点联系单位，泰山区为校园足球试点单位。至2015年12月，全市先后参加山东省中学生体育联赛5届次，举行市级中学生运动会11届。

职工体育，丰富多彩。1948年泰安全境解放，新泰孙村、张庄、安仙煤矿开展职工篮球体育活动。1951年，工矿企业推广广播体操，形成班前班后做操制度。1956年，全面推行《准备劳动与卫国体育制度》。1964年，机关、厂矿企业恢复工间操，开展国防体育运动，举办军事野营训练。1967年起，厂矿企业民兵开展拔河、武装泅渡等活动。1975年起，泰安地区体委、总工会每年举行一次泰安城基层单位篮球赛。1977年，在“大庆式企业”和基础较好的企业中普及“一队一操”（体育队、体操），发展“多队多操”。1982年，组建基层职工体育协会34个，体育运动队1070个，队员9953人。1984年，泰安地区举办首届工人运动会，设篮球、排球、足球、乒乓球、羽毛球、举重、田径、武术表演8个项目。1985年1月，泰安地区举办第一个“体育活动月”活动。1996年，开展“五个一”健身工程（每个职工参加一项体育活动、每天参加一次体育锻炼、掌握一个健身防病方法，每个职工家庭拥有一种健身器械，每个基层单位为职工健身办一件好事、实事），承办第三届全国工人运动会健美操比赛。1997年，举办迎接香港回归祖国体育竞赛活动。1998年，举办首届“泰环杯”篮球联赛活动。2003年，举办冬泳、棋类、风筝、信鸽放飞、篮球、乒乓球、羽毛球、拔河、跳绳、田径、钓鱼、登山等20多项活动，5万余名职工参加。2008年，泰安41万市民和中外游客参与迎奥运火炬传递活动。2015年，全市有各种基层职工体育组织724个，健身站点7000处，配备专、兼职体育干部1125人，职工体育代表队7600多支，举办职工体育比赛2.16万次。

机关体育，形式多样。1950年，泰安专署公安处等单位成立职工业余篮球队。1954年，泰安专署机关80多个单位、1500人参加早操、工间操锻炼活动。1958年，体育活动出现热潮，机关、事业单位广泛开展早操、工间操锻炼。1964年，开展登山、游泳、工间操、太极拳、气功等活动。1967年，机关民兵开展射击、投弹等活动。1985年起，市直机关体育协会每年举办一次篮球、乒乓球、登山比赛，每两年举办一次田径运动会。1989年，市直机关工委、市体委、市总工会联合举办“市直机关第一届运动会”，之后每两年举办一届。1995年，市直机关80多个单位、4000多人参加“迎四大（第四届世界妇女大会）、登泰山、奔北京”长跑、万人登泰山、越野比赛等活动，2012年11月，举办市直机关首届羽毛球比赛，59个部门、单位，400余名运动员参加。2015年，举办第十四届市直机关运动会、拔河比赛、登山健步走、篮球赛等体育活动，85个市直部门和省属以上驻泰安单位的7500名机关干部职工参加。

农民体育，日益活跃。新中国成立前，泰安地区农村主要有登山、武术、摔跤、举石锁、游泳等传统体育项目。1958年，开展篮球、赛跑、拔河比赛。同年，泰安专区被国家体委授予“全国农村体育先进单位”称号。1979年，肥城县安驾庄公社出席第三届全国运动会并被国家体委评为全国农村体育先进工作单位。1985年，农民体育代表队6327支，经常参加体育活动的农民120多万人，占农业人口25%。“青年之家”“体育之家”等体育活动场所5328处。篮球场地4396处。1994年，以“文化大院”为阵地，举办乡、镇体育比赛116次，3.5万人参赛。1999年9月，泰山区岱庙办事处、岱岳区山口镇、宁阳县宁阳镇、肥城市王瓜店镇被省体委授予“山东省社区体育先进单位”称号，肥城市王瓜店镇被国家体委授予“全国亿万农民体育活动先进乡镇”称号。2000年，东平县银山镇被国家体育总局授予“全国亿万农民健身先进乡镇”称号。2004年，全市开展以体育场地设施、体育健身指导和体育科普知识为内容的“体育三下乡”活动。2007年，实施“五个一”（一个网络、一块场地、一个项目、一批器材、一名体育指导员）全民健身工程。2010年起，建设市、县、乡、村四级体育设施网络，为400个行政村、社区安装健身器材；为3200个行政村建设健身路径，安装乒乓球台和篮球架。2014年，实施体育组织、体育设施、体育活动“三个覆盖工程”。至2015年，共举办各类农民运动会1.2万余次，举办各类体育比赛35万场次。

老年体育，迅速普及。1980年前，全市老年体育活动处于自发、分散的状态。1984年6月，泰安地区老年人体育协会成立，老年健身活动进入有组织领导、有科学安排、有统筹协调的阶段。1989年，推广普及导引养生功，举办培训班168期，培训5200余人。1997年，市老年体协推广台球、武当太极剑、大秧歌等体育项目。2002年，各级建立老年体协4188个，体育辅导站点3987个。2004年，市老年体协被中国老年体协授予全国老年体育工作先进单位，被省委、省政府授予全省离退休干部工作先进集体称号。2012年，参与农村文体小广场“六个一”（配备一名文体活动带头人、打造一面文化墙、配备一套音响、树立一个便民信息屏、铺装一条健身路径、竖立一盏广场灯）建设活动。2013年，全市各级老年体协举办文体活动带头人培训班89期，培训乡镇级文体活动带头人5500人，村级文体活动带头人1.12万人，组建示范队伍3560支。2015年，农村（社区）有文体小广场、健身站点6000余处；6个县（市、区）、2个矿业集团，86个乡镇、街道建立老年体协，乡镇、街道体育组织覆盖率100%。经常参加活动的老年人32万人，占老年人口的47%。老年人开展多种形式的健身体育活动，已成为泰安新时尚。

残疾人体育，普遍开展。1959年2月，泰安专区在泰安城岱庙东朝阳街创办泰安聋哑学校，体育列为必修课，教师带领学生开展早操、课间操及其他体育游戏活动。1986年，市内成立残疾人乒乓球队，参加山东省残疾人乒乓球锦标赛，获男麻（男子小儿麻痹症患者）比赛单打金牌和男麻团体冠军。1987年，市残疾人代表队参加全国第二届伤残人运动会，获金牌2枚、银牌2枚、铜牌5枚。1992年，市残疾人代表队代表山东省参加全国第三届伤残人运动会，获银牌1枚、1项第五名。1996年，市残联与市体委联合举办泰安市首届残疾人运动会；参加省第四届残疾人运动会，获金牌总数列全省第二名。2002年，市残疾人联合会与香港盲人辅导会举办“泰港盲人登泰山、东岳云霄显不凡”主题登山活动，泰安、香港100名盲人参加。2013年，举办“生命之歌”全国肢体残疾人登山活动。至2015年，泰安运动员在省以上残疾人运动会上获金牌73枚、银牌93枚、铜牌49枚。

全民健身，全民参与。1985年，泰安在全省首届体育活动月中，举办各类体育活动700余次，30多万人参与。1987年始，举办泰山国际暨全国登山活动，此后每年一届。1991年改为泰山国际登山节。1995年，国家体委批准泰山国际登山比赛列为国家全民健身比赛项目。2009年改为泰山国际旅游文化登山节，2014年沿用泰山国际登山节名称。到2015年共举办29届。1992年，泰安市被省体委授予全民健身宣传月优秀组织奖。1995年，全市开展《全民健身计划纲要》专项宣传活动。2000年，组织30名专家对6000人进行体质抽样监测。2009年始，每年8月8日为“全民健身日”，全民参与体育健身。2011年，市政府印发《泰安市全民健身计划（2011—2015）》。7月，泰安市全民健身中心大楼启用，日均接待1000人次。2013年，市政府成立全民健身工作领导小组；8月，市体育局被国家体育总局授予全国群众体育先进单位称号。2015年，全市组织举办全民健身体育活动500余项，30余万人次参加。全市体育人口达到40%以上。

三

新中国成立以来，特别是改革开放以来，

市体育局（市体委）按照市委、市政府的部署要求，不断创新竞技体育发展的途径，多项竞技体育成绩不断提升，跨入全省先进地市行列。

参加国际性大赛，成绩显著。新中国成立前，境内运动员在国际比赛中获奖者甚少，仅有泰安县张德平在民国八年（1919）代表民国政府参加马尼拉远东运动会获短跑第3名。新中国成立后，体育运动竞技成绩逐年提高，从李炳军、韩洪臣参加1984年第十届世界青年举重锦标赛开始，泰安籍运动员在洲际和世界体育竞技舞台上展现英姿。1986年3月，魏霞在首届国际举重联合会“维诺尼亚杯”女子举重锦标赛上，勇夺女子44公斤级抓举、挺举、总成绩3枚金牌，成为泰安首位女子举重世界冠军。9月，温衍敏在第十届亚运会上获女子马拉松铜牌，成为泰安体育史上参赛亚运会第一人。1991年8月，李明才在第三届世界田径锦标赛上获男子20公里竞走第8名，刷新该项目全国和亚洲纪录，并入选当年“中国田径十佳运动员”。1992年7月，张霞、李明才作为首次入选中国奥运代表团的泰安籍运动员，参加第二十五届巴塞罗那奥运会，张霞获女子体操团体第4名。1996年7月，沈剑、毕文静参加第二十六届亚特兰大奥运会，沈剑获男子体操团体银牌和个人全能第5名，毕文静获女子体操高低杠银牌和女子体操团体第4名，两人打破了泰安在奥运会上无奖牌的历史。1998年5月，毕文静参加第九届体操世界杯，获女子高低杠金牌，其扭臂向前大回环单臂转体360度成反握，被国际体操联合会命名为“毕氏转体”。2004年8月，王峰在第二十八届雅典奥运会上获男子跳水三米板第4名。2008年8月，在北京举行的第二十九届奥运会上，王峰与队友合作勇夺男子双人三米板跳水金牌，圆了泰安人的奥运金牌梦。

至2015年12月，泰安体育健儿在国际赛场上顽强拼搏、争先夺金，有7名优秀运动员入选中国奥运代表团参加了5届奥运会，获金牌1枚、银牌2枚、3项第四名、1项第五名；有17名运动员参加了37项次的单项世界锦标赛和世界杯赛，参赛项目有举重、竞走、马拉松、体操、跳水、武术散打、摔跤7项，共获金牌27枚、银牌5枚、铜牌9枚。有9名运动员入选中国亚运代表团参加了6届亚洲运动会，获金牌6枚、银牌1枚、铜牌3枚。王峰、张霞、毕文静、李明才、沈剑、李炳军、韩洪臣、魏霞、王根英、李秀霞、温衍敏、王银行、马卫国、时娜、郭卫东、纪荣新、刘强、苏会华、卞庆各、贾亚峰、杜云鹏、黄静、宗鹏、邢怡颖等一大批泰山儿女的英名铭刻在共和国的体育史册上。

参加全国、全省体育竞赛，战绩辉煌。1975年9月，泰安市运动员王大伟、常明入选山东代表团参加第三届全运会，分别获得男子射箭双轮团体银牌和男子乙组撑杆跳高铜牌，成为泰安在全运会上首获奖牌运动员。1993年，李明才在第七届全运会上勇夺男子50公里竞走金牌，成为泰安在全运会上首获金牌运动员。跳水运动员王峰参加了4届全运会，获金牌3枚。新中国成立至2015年，泰安运动健儿有108人次入选山东全运代表团参加了9届全国运动会，参赛项目有田径、举重、国际式摔跤、柔道等16个大项，共获金牌14.5枚，银牌20枚，铜牌14枚，4人打破4项全国纪录。

1950年11月，巩建学代表泰安专区参加山东省首届人民体育大会田径比赛，获男子工农组200米障碍第5名，成为泰安专区首位参加省运会个人项目挂名次运动员。在1988年第十四届省运会上，泰安体育代表团列金牌榜、奖牌榜、总分榜全省第三位，是泰安竞技体育历史上最好成绩。从1950年至2014年，山东省人民政府共举办23届综合运动会，泰安体育代表团参加了20届，运动健儿获金牌541.31枚、银牌318.75枚、铜牌316.11枚。竞技体育成绩列全省中上游位次。自1982年第十二届省运会设立精神文明奖起，泰安代表团获组委会颁发的精神文明先进集体或体育道德风尚奖10次。

承办国内、国际比赛，展示名城风采。2007年，泰安承办的第十九届女子第三十八届男子亚洲举重锦标赛，是迄今为止承办的级别、规格和水平最高的洲际单项赛事。比赛由亚洲举重联合会、国家体育总局举摔柔运动管理中心、中国举重协会共同举办，山东省体育局、泰安市政府具体承办，亚洲22个国家和地区的156名男女运动员参加了15个级别的角逐。2010年，承办环中国国际公路自行车赛。承办国际重大体育赛事，不仅使泰安人民亲眼目睹高水平比赛，感受了体育竞技的独特魅力，也检验了泰安市的综合实力和办赛能力，向世人展示了泰安这座历史文化名城的风采。

1974年，首次承办全国比赛即全国排球联赛第一阶段比赛。2007年，承办“泰山武术杯”新泰安·三山两湖全国山地户外挑战赛。2009年，承办济南第十一届全运会男子足球乙组比赛、9至12名决赛、男子排球小组赛三项比赛，这是泰安首次承办全运会项目比赛。2013年，承办首届中国（泰山）国际太极拳交流大赛。至2015年，泰安共承办了15个项目、55项次的全国单项比赛。承办全国比赛，展示了泰安的经济社会发展成就，有力地推动了泰安竞技体育业余训练水平的提高。

1964年8月，泰安专区承办第九届省运会篮球项目第一阶段比赛，全省4个代表队男女8支队伍，120人参赛。1974年9月，泰安地区承办第十届省运会排球比赛，12个代表队男女24支队伍，307人参赛。至2015年，泰安共承办22个项目、82项次的全省单项比赛。

举办全市运动会，提升综合竞技水平。1956年，泰安专区举办首届运动会。1984年全区体育工作座谈会研究决定，为了备战省运会选才及检验全区体育业余训练水平，从1985年第五届市运会始，每两年举办一届市运会，项目设置和年龄组划分与省运会相衔接。1997年，第十一届市运会纳入全民健身项目，有60个代表队的1.5万名运动员参加幼儿组、少年组、青年组、职工组、老年组和农民组6个组别的比赛，自此市运会成为青少年竞技与全民健身于一体的综合性运动会，成为全市人民的盛会。2015年，第二十届运动会在泰安城举办，运动会设田径、举重、自由式摔跤等17个青少年竞赛项目。大会设青少年竞技组、县（市、区）健身组、行业健身组、老年健身组4个组别，5460名运动员参加。至2015年，泰安市共举办20届运动会，市运会上各运动项目最高纪录不断刷新，举重、射击、田径等项目屡次打破全国、全省纪录，一批又一批泰安籍优秀运动员以市运会为起点，走向省运会、全运会、亚运会和奥运会等更广阔的体育竞技舞台。泰安籍运动员在一系列国内外重大比赛中摘金夺银，以优异成绩为国争光，为泰安添彩，充分展示了泰山儿女良好的精神风貌。市运会的连续举办，促进了全市竞技体育水平的提高，推动了全市全民健身运动的开展。

四

新中国成立后，特别是近年来，在经济建设迅速发展的同时，泰安市不断加大对体育设施的资金投入，大力发展体彩事业，加快体育产业发展。

体育场馆设施日臻完善。1952年毛泽东主席发出“发展体育运动，增强人民体质”的号召后，为满足群众性体育活动的需求，泰安从城市、学校到厂矿、农村逐步建起了一批简易田径场、足球场、篮球场、游泳馆等体育运动场地。

20世纪五六十年代，泰安各学校及新汶、肥城矿务局等国有大企业，陆续建起小型、实用体育活动场、馆、池154个。70年代，中型体育场馆逐渐建设。1985年，各地建起溜冰场、射击靶场、举重馆、体操房、乒乓球房等一批体育设施。至1989年，共建有田径场162处、篮球场（含灯光球场）1313处、排球场90处、乒乓球房（室）67处、射击靶场3处、溜冰场2处、举重馆5处、体操房1处、训练大棚1处。

1990年起，在原有体育设施的基础上兴建了一批体育训练、比赛场馆房，新建各类体育场地440处。1993年，占地3.6万平方米、容纳3万人的泰山体育中心一期工程——泰山体育场建成，时为山东省第二大体育场，可承办国内外大型体育比赛。2001年起，市委、市政府把体育设施建设纳入旅游名城建设总体规划。2010年投资1.2亿元，建成泰安市全民健身中心，之后投资6亿多元先后新建、改建、扩建了一批体育设施，其中新建市综合训练馆、标准网球馆、全民健身大楼、市体校综合食宿楼、市体校运动员公寓；新建全市“15分钟健身圈工程”和“农民体育健身工程”中的健身广场、健身公园、健身路径、文体小广场；铺设体育场塑胶跑道，改造泰山体育中心体育场、泰山学院体育场和山东农业大学南校体育馆3个比赛场馆；扩建泰山体育场足球副场地、全民健身大楼地下游泳馆、地上健身广场、泰安体育中心门球场等体育场所。

2015年，全市有体育场馆设施5792处，其中体育场17处、田径场49处、小运动场574处、体育馆5座、游泳馆7处，篮球场1511处、排球场303处；有城乡文体小广场2981处。遍布城乡的体育设施为体育训练、竞赛及全民健身提供了便利。

体育彩票销售年年提高。1996年，市体委成立体育彩票发行站，销售即开型体育彩票。2014年，销售体育彩票6.3亿元,筹集体彩公益金5000多万元。1996年至2015年，泰安市设有体彩站点510家，网点人员1130名,累计销售32.09亿元，销售筹集公益金424.16万元；返还县（市、区）公益金8459万元,共中出500万元以上大奖9次，累计中奖6328万元。

体育产业迅速发展。20世纪80年代初，泰安逐步探索发展体育产业，成立体育服务公司和招待所。90年代中期，体育系统基层单位设立体育用品商店、经营部、服务部，体育资产经营市场不断拓展。2000年后，徂徕山滑雪场、天乐城旅游休闲区、太阳部落、星乐园跑马场等健身娱乐、休闲体育市场陆续建成。2015年，泰安市在全省率先建立“医保卡健身”制度。至2015年12月，全市有体育用品制造企业4家，体育休闲基地11家。一个种类较齐全，结构合理，规范发展的体育产业体系初具规模。

五

新中国成立以来，泰安市体育局（委）始终把加强党的建设、领导班子建设和干部职工队伍建设放到首位，充分发挥党组织的领导核心作用和共产党员的先锋模范作用，大力弘扬“实干创新、争先夺金”的泰安体育精神，努力打造团结和谐、坚强有力的领导集体，建设“团结、稳定、和谐、奋进”的干部职工队伍，有力地促进了各项工作的开展。

1979年5月，中共泰安地区行政公署体育运动委员会党组成立。1984年5月，泰安地区行署体委改为泰安地区体委办公室，为副县级单位，并成立党组。1985年5月改为泰安市体委，为市政府组成部门、正县级单位。2000年10月，撤销中共泰安市体委党组，建立中共泰安市体育局党组。2007年11月，市体育局机关党委成立，机关党委下辖市体育局机关党支部、机关老干部党支部、市体校党支部、市体育中心党支部4个支部。2008年12月，市体育局召开全体党员大会，差额选举产生市体育局机关党委会。2015年，市体育局机关、市体校、市体育中心共有党员138人，其中正式党员137人，预备党员1人。工、青、妇等群团组织建立健全，在局党组织领导下，充分发挥了生力军作用。

大力加强领导班子建设和基层党组织建设。

坚持党委中心组学习制度，以学习的新成效推动体育事业和体育产业大发展。按照市委和上级业务部门要求，积极开展“继续解放思想，推进科学发展”“两学一做”（学党章党规，学习近平系列重要讲话，做合格党员）、“守纪律、讲规矩、强党性、做表率”等专题教育和党风廉政教育活动，教育干部职工珍惜工作岗位，远离职务犯罪，争做为民务实、清廉的好干部。

积极开展创建文明机关、文明单位活动。市体育局（市体委）党组成立以来，以“创建一流体育队伍，加快体育事业发展”为宗旨，积极开展创建活动。2009年，局党组提出“竞技体育上位次、群众体育争先进、体育彩票扩总量、体育设施上水平、机关建设创文明”五大工作目标。组建市体育局“泰山文明使者”志愿服务队，深入农村、社区开展“送温暖、送文化、送健康”活动，开展“菜单式”志愿服务。组建“体育健身使者”“体彩爱心”志愿服务公益队伍，全面扎实开展“强村固基百村健身扶贫工程建设”“个十百千”工程建设、“公益体彩，快乐操场”等系列爱心公益活动，用实际行动展现了新时期泰山体育人的良好形象。2011年，泰安市体育局被授予“省级文明单位”称号。2015年，经复核合格，市体育局继续保持省级文明单位称号，并被市文明委授予“乡村文明牵手共建活动”先进单位称号。

大力加强人才培养。新中国成立后，泰安地区体育运动水平逐年提高。1985年起先后建立市体育运动学校、东平武术运动学校、宁阳射击运动学校、新泰市体操运动学校，成立举重、射击专业队。2010年，全市有国家级、省级后备人才基地、俱乐部16家。泰安市体校、新泰市体操学校连续二个奥运周期被国家体育总局确定为国家高水平体育后备人才基地。全市已基本建立起以市体校为龙头，以县（市、区）体校为骨架，以项目管理中心为中坚，以训练基地和传统项目学校为基础，以联办合办训练项目和青少年体育俱乐部为补充的较完善的青少年业余训练体系，培养、发现、造就了一大批体育新秀。至2015年，全市为国家培养输送390名优秀体育后备人才。国家、省、市命名的体育传统项目学校有465所（次）。

当前，随着经济文化建设事业的迅猛发展和人民生活水平的快速提高，全市体育事业发展进入新的时期，体育工作任务更加艰巨、更加繁重。全市体育工作者将在市委、市政府坚强领导下，在省体育局的具体指导下，认真贯彻以习近平总书记为核心的党中央关于体育工作的一系列指示要求，以深化改革为主题，进一步弘扬“实干创新，争先夺金”的泰安体育精神，坚定信心，把握机遇，敢于担当，真抓实干，加快建设体育强市步伐，努力实现泰安体育“两个一百年”的奋斗目标，在实现中华民族伟大复兴“中国梦”征程中做出新的更大的贡献。

大 事 记

D A S H I J I

汉—清

汉　泰山武术兴盛于汉末魏初，由泰山各习武团体组成的泰山精兵，在当时名冠州郡。臧霸、孙观等皆以勇武闻名。南北朝时泰山人羊侃“少而雄勇，臂力绝人”。

西晋　围棋在文人雅士中已相当普遍。泰山人羊忱，字长和，历官扬州、徐州刺史、侍中，其围棋与书法时称双绝。南朝宋时，泰山人羊玄保棋艺高超，被公认为此时围棋圣手。宋文帝酷好弈棋，尝召玄保对阵，并以域中之名郡为赌注，结果玄保局胜，于是得补授宣城太守，后历守丹阳（今江苏南京）、会稽（今浙江绍兴）、吴郡（今江苏苏州）。

宋　元符二年（1099），奉符县云亭乡（今岱岳区大汶口镇）申村人姜知彰应武试，中“第二壮元”（宋代中试前数名皆称壮元）。

2002年8月11日，在岱庙西城墙修复工程中出土宋代石刻画“捶丸图”（共出土14幅不同石刻）。（泰山博物馆提供）

宋代，泰安“捶丸”运动盛行。捶丸是一种徒步以杖击球的活动，它源自唐代“步打球”，成熟于北宋徽宗朝。其游戏规则是：场上设窝，窝边插小旗，以杖击球入窝为胜，胜则得筹。捶丸运动的比赛场地、游戏规则，都与现代高尔夫非常相似。2002年，在岱庙城墙修复工程的遗址清理中，发现6块马道土衬石，清理后发现，其中一块石刻表现的是宋代的捶丸活动。

北宋时期，民间练武十分盛行，出现了自愿结合的练武组织。北宋末年，东平县六工山下建福寺方丈元通禅师创建中华子午门功夫，成为中国民间武术主要流派之一。

两宋之际，泰安各种民间文体活动广泛开展，“相扑”便是民众喜闻乐见的一种体育形式。相扑是一种较量力量和技巧的对抗性运动，相传起源于原始社会末期，古称角抵、角力，以后又有相以争跤、贯交之称。小说中写到的“打擂”，实际上是古代以相扑为主的武术比赛。每当盛大节庆，上至宫廷，下至民间都要举行各种各样的擂台争跤表演或比赛，用以庆祝节日，奉献神灵，更兼以娱观者耳目。当时东京瓦市、临安护国寺、泰山东岳庙等处的打擂活动在全国十分著名。

元　宋元时期，泰安蹴鞠（古代足球）运动兴盛，岳庙门儿童多作蹴鞠之戏，为当时风俗。

元大德九年（1305），泰安郡城之南有“毬场”，为乡人打球之所。明末张岱《岱志》中言东岳庙空地“斗鸡、蹴鞠、走解”者甚多。

明　隆庆元年（1568），东平县李天相、李文鉴中丁卯科武进士。东平县李铭、郭邵中武进士（此二人科分未详）。

明中晚期，元末明初著名小说家东平人施耐庵创作的古典名著《水浒传》刊行。小说生动描写了当时泰安、东平及周边地区习武比赛及民间体育活动。

崇祯二年（1629），东岳庙前，有相扑台（擂台）四五个、戏台四五个，数千人观看比赛。

明代末年，泰安剑派鼎盛，代表有合剑术、气功于一体之“泰山剑门”，是道家炼剑派的代表功种，属道家五秘禁法之一。

清 顺治八年（1651），肥城县郑建功中辛卯武进士，任江南浦口营守备。

顺治十二年（1655），泰安县范宏谟中乙未武进士。

康熙二年（1663），肥城县刘盛修中癸卯武进士。康熙六年（1667）泰安县张钦，字咨五，中丁未武进士，历任济南城守备营守备，江西南赣镇标中军管中游击事，诰授怀远将军，所至著有功绩，军民赖之。康熙二十七年（1688），宁阳县孙继文中戊辰科武进士，任福州府守备。康熙四十八年（1709），东平县刘衍泗中乙丑科武进士。康熙五十七年（1718），宁阳县柳元善中戊戌科武进士，任寿春营守备。

清雍正八年（1730），泰安县范国泰中庚戌武进士，历任安东卫、济宁卫、德州卫守备。

雍正年间，泰山（今泰安市）人孙通在省内传授燕青拳。

乾隆十九年（1754），东平县马铨中甲戌科武进士。乾隆二十八年（1763），东平县卜云雯中癸未科武进士。

乾隆年间，泰安县汶阳东泎头（今属肥城汶阳镇）张辉光（号羽舟渔人）擅枪法，著《八卦奇门枪》（又名《张氏枪论》）一卷。

咸丰元年（1851），泰安县宋传虞中辛亥武进士，同治年间任莱芜汛把总。

同治四年（1865），宁阳县沈化龙中乙丑科武进士，任湖北抚标守备。

光绪二年（1876），肥城县梅冠军中丙子武进士，江西省南昌府守备、巨野营守府正堂。光绪三年（1877），肥城县尹东峰中丁丑年武进士，授蓝翎侍卫，选陕西汾州都司，后任固原游击。

光绪十四年（1888），近代武术家高德隆在泰安武林会馆投师学艺，精研“上三下四，左五右六，插花盖顶，古树盘根”一整套刀枪剑戟术，由此正式加入武行。

清光绪二十五年（1899），美国美以美会（1941年后改称中华基督教卫理公会）传教士郑乐德到泰安创办学堂，后改为泰安翠英中学。光绪二十七年（1901），泰安萃英中学设专职体育教师1名，开设体育课，组织学生开展田径、排球、网球等体育活动。

20世纪20年代初，萃英中学建有体育场，有跑道、网球、足球、排球、跳高、跳远等场地和低栏、木马、秋千、标枪等体育器材，并开始举办田径运动会。曾与德州中学举行田径比赛。

光绪二十七年（1901），英国中华圣公会（原称安立甘教会）在泰城设立育英中学，在新泰设立明德中学。育英中学建有体育场，场内篮球、排球、足球、网球及田径设施齐全，经常组织学生开展体育活动。

光绪二十八年（1902），泰安学堂开始设置体育课，初级小学设体育课，高级小学设体操课。

光绪三十一年（1905），废科举，兴学堂，学校开设体育课。泰安境内设官立中学、师范、小学。

光绪三十三年（1907），泰安府官立师范讲习所在泰山龙泉观（今斗母宫）建立，1935年改为泰安县立乡村简易师范学校。学校设置体育、军训课程。上海东亚体专毕业的洒海秋及张光奇任体育课教师。

中华民国

民国元年（1912）

9月 泰安府各县所属学校按照民国政府教育部《通令》，全部使用部定教科书，体操成小学必修课。

民国初，肥城县丁衍芳参加省政府举办短拳对打比赛，获第一名。

民国四年（1915）

学校体育教育实行双轨制，兵操与竞技运动并存。之后，兵操在学校教育中渐渐失去原来地位，课程内容随之改以田径、球类和游戏为主。

民国五年（1916）

5月 华北运动会在北京举行，泰安中学运动员参加比赛。这是泰安最早参加华北运动会的资料记录。

民国八年（1919）

泰安县张德平参加国际马尼拉远东运动会获短跑第三名。

民国十二年（1923）

根据国民政府《新学制标准纲要》，境内学校体操课以队列、队形、步伐、转法、游戏、哑铃操、棍棒操为主。高等小学始有篮球、排球、田径活动。1932年增设童子军课，1936年增设军训课。

民国十三年（1924）

泰城的中学和部分小学正式设置体育课。翠英、育英、省立三中、简易乡师和完小均配有专职体育教师。平时开展早操、课间操和课外活动，每年春季各中学都举行运动会，学校间亦经常进行足球、篮球、排球比赛。

民国十四年（1925）

4月24日 第十二届华北运动会在济南举行，泰安萃英中学组队参加比赛，杨学贤获铁饼第二名，成为有资料记载的第一位获得名次的泰安运动员。

民国十六年（1927）

马伯声在泰城西关回民聚居区创办仁德学校。学校设体育课，并成立篮球队。

民国十七年（1928）

按照山东省教育厅各地设立民众体育场的通令，泰安、新泰、肥城、宁阳等县先后建成民众体育场。泰安县在泰安城东升平街原府署衙门建立泰安县运动场，设有400米环形跑道，有篮球

架、排球架、网球场、天桥、秋千、荡木、单双杠等器材。

民国十八年（1929）

春，泰安县教育局在县运动场举办全县小学运动会，仁德小学获总分第一名。

民国十九年（1930）

肥城县安驾庄乡升庄村回民米英俊随祖父和父亲参加山东省武术比赛，获一等奖；1934年，再次获一等奖。后米英俊参加抗日队伍，并加入中国共产党，1943年任肥城县独立营副营长，同年在反击日军秋季扫荡中牺牲。

民国二十年（1931）

5月27日—30日 第十五届华北运动会在济南举行，泰安萃英中学杨学贤获男子部高级组田赛个人总分第二名、铁饼第三名、16磅铅球第一名。

民国二十一年（1932）

民国二十一年八月至二十三年十月，冯玉祥第二次隐居泰山时，先后创办15所武训小学，总校设在小王庄。为教习学生武术，延请其盟兄、滦州起义时与冯皆任营长的民国著名武师王海门到泰安任教。王海门有一手好拳棒技艺，泰安附近青年多从之练武。其人须发皆白，外号“王白毛”。王海门好清静，冯玉祥遂于西科学山小王庄后坡，借一个小洞，为其接一间草房居住。其地环境幽雅，王颇悠闲自得。此洞称之为保险洞，现历80年而洞犹如故，已成泰山景点。

是年 戴庙乡（时属梁山县）徐成德参加山东省武术比赛，获金樽1枚。此后多次参加省武术比赛，获金樽、银樽多枚。

是年 东平县组织武术队参加山东省第一届武术比赛（省考），获得团体总分第二名。此后东平县武术队又分别参加民国二十二年（1933）第二届、民国二十三年（1934）第三届山东省武术比赛。在第二届武术比赛上，东平县武术队队员郭行兰获第一名，省政府主席韩复榘奖其刻有手印的剑、刀各一把。在第三届武术比赛上，东平武术队队员常丙哲获甲等奖励银圆20枚。

是年 宁阳县茅庄农民宁志勤和柳楼村农民柳德亮等人建国术馆，培训武术人才50余人。

民国二十二年（1933）

7月12—15日 第十七届华北运动会在青岛举行，代表山东队参赛的泰安萃英中学杨学贤获男子高级部铅球第二名、铁饼第二名。

民国二十四年（1935）

宁阳县堽城西村王延炳在济南参加省武术擂台赛获一等奖，奖品有金香炉1个，木质挂屏4副。

民国二十六年（1937）

1月21日 国民党将领冯玉祥在泰山隐居期间，作社会写生诗《石工》。诗中“君知德国世界运，我们一分未得上”，记述了1936年8月中国体育代表团参加在德国柏林举行的第十一届夏季奥运会的情况。在这届奥运会上，中国代表团69名运动员，参加田径、游泳、举重、自行车、篮球、足球等项目比赛及拳击表演赛，所有比赛项目都在预赛和决赛中被淘汰的史实。《石工》诗最后殷切告诫国人“我国人口四万万，十分之九欠健康……人人注意操练身，国家富强有希望”。冯玉祥在1932年至1935年，曾先后两次在泰山隐居，前后居住23个月，跨越4个年头。在泰山期间，创作48首反映劳苦大众苦难生活的

冯玉祥泰山社会写生诗画碑之一《石工》
（马 辉 摄）

白话诗。1935年8月，邀请青年画家赵望云到泰山，为他的诗配画，并刻石留存。1937年夏，诗配画刻石竣工，共刻成48块诗画碑，立于泰山科学馆（今泰山疗养院旧址），不久就被日军飞机炸毁，幸亏存下拓片。1984年泰山管理局依据拓片进行复制，立在普照寺冯玉祥展览馆，2003年移至烈士祠。

11月 日军对泰安大轰炸，全城人心惶惶，学校无法维持，师生各自回家。1938年1月，日军入侵泰安，体育活动全面停止。

民国二十八年（1939）

泰山、泰西区抗日根据地民主政权建立后，以多种形式办学，发展抗日教育。至1941年泰山区有抗日小学1154所，学生4.69万人；泰西区有小学429所，学生9210人。抗日小学课程有国语、算术、唱歌、体育等。

民国三十七年（1948）

7月 泰安全境解放后，人民政府办立即全面恢复教育。各学校按山东省文教厅编审的教材，每周设两节体育课，内容有队列、跳绳、体操、田径、篮球、武术等。

中华人民共和国

1950年

5月 泰山、泰西两区合并，成立泰安专区，下辖泰安、莱芜、新泰、泰宁、历城、泗水、宁阳、肥城、东平、平阴、长清、汶上12县。

11月1日—6日 山东省首届人民体育大会在济南市人民体育场举行。大会分工农男女、普通男女、中学男女6个组，设田径、篮球、排球、足球、垒球和拔河6个大项，全省15个市和专区1503名运动员参赛。泰安专区代表队参加田径和篮球比赛，巩建学获男子工农组200米障碍第五名，代表队获团体第十一名。

是年 泰城清真寺街回族居民组建起一支以原仁德小学学生为主要成员的东岳篮球队，泰安专署公安处等单位成立职工业余篮球队，各队之间及与驻泰安解放军部队经常进行比赛与表演。

1951年

8月 泰安专区各学校认真落实中央人民政府颁布《关于改变各级学校学生健康状况的决定》，开展多种适合中小学生的体育卫生系列活动。

10月24日—26日 山东省召开中华体育总会山东体育分会成立大会，泰安专署派代表参加会议。

11月 泰安专区各级贯彻全国体育总会筹委会等九个单位联合发出的《关于推广广播体操活动的联合通知》。广播体操逐渐成为泰安专区职工锻炼的主要手段之一，各中小学班前班后做操形成制度。

1952年

3月 泰安专区体育运动委员会筹委会成立，设专职体育干部1人。

5月 东岳篮球队代表泰安参加省篮球比赛，获冠军。

10月18日—22日 山东省第二届人民体育大会在济南市山东省人民广场举行。体育大会设田径、体操2大项99个小项。全省18支代表队990名男女运动员参赛。泰安代表队参加田径比赛，获田径男子团体第十六名、女子团体第十三名。

12月1日 泰安专区体育运动筹委会印发《关于下半年体育运动的指示》（下半年是指1952年12月至1953年5月），要求各级支持开展对人体全面锻炼与健康有益的和群众熟悉的各种体育活动，迎接祖国即将开始的大规模的经济建设与文化建设。

是年 泰安全区国营、公营厂矿企业50人以上的单位均成立篮球队，利用业余时间活动，经常在星期天进行比赛。

1953年

7月22日—28日 山东省第三届人民体育大会在青岛市人民体育场举行。有3个市、14个专区和省级机关共18个单位1022名男女运动员参加比赛。泰安专区代表队参加田径项目比赛，获田径男子团体第十三名、女子团体第十七名，团体总分第十三名。运动员张培厚获110米跨栏第二名。

8月 华东区举行首届人民体育大会。泰安专区高正华、徐茂勋、徐光玉参加大会。

是年 泰安专区财政为泰安专区体育会筹委会拨付体育事业费8400万元，为12个县级体育机构拨付体育事业费7200万元。

1954年

3月1日 泰安专区贯彻政务院《关于在政府机关中开展工间操和其他体育运动的通知》，在机关推广工间操和其他体育运动。5月，专署举办广播体操业余训练班，培训广播体操骨干。年底，全区有8个县机关、80个地直机关1500人参加早操或工间操，占机关总人数的50%以上。

4月 泰安专区体育会筹委会印发《关于一九五四年泰安专区体育工作意见》，要求各级按照中央体委“结合实际情况，开展群众性体育运动，并逐步地使之普及和经常化”方针，明确目前体育工作的中心任务，继续在工厂、中等以上学校、机关，以及农村民兵中有领导有计划有重点地开展基层单位群众体育活动，使之逐步普及和经常化。

5月4日 中央体委颁布《准备劳动与卫国制度预备级暂行条例》（简称“劳卫制”预备级，下同），泰安专区随即在10个学校进行试点，共组成430个“劳卫制”预备级锻炼小组，5049人参加预备级体育锻炼。

9月 泰安区体育会筹委会与地区文化馆联合举办体育图片展览，观众达1.2万余人。

10月31日—11月2日 山东省第四届人民体育大会在济南举行。运动会设6个组别108个单项比赛，有市、专区和省级机关的16支代表队738名男女运动员参加比赛。泰安代表队参加田径比赛，获田径男子团体第十五名，女子团体第十五名，代表队团体第十五名。

是年 泰安专区体育会筹委会与其他有关部门联合举办3次地直机关小型运动会，648人参加比赛，各县举办竞赛会4次，中等学校举办运动会26次。

1955年

3月 中华全国体育总会山东省泰安专区分会成立（简称泰安专区体育分会，下同）。分会印鉴于3月23日正式启用。

5月 泰安专区在泰安举行首届田径运动会。有143人打破18项专区记录。

5月—7月 泰安专署举办专署机关、企事业单位星期日球赛活动，篮球、排球、乒乓球等60余个球队参赛，比赛历时两个月。

11月7日 泰安专员公署文教科、泰安专区体育分会联合下发《关于认真贯彻〈山东省中等学校劳卫制预备级暂行条例〉的通知》，推行劳卫制预备级体育制度。全区14个中等学校5382人参加预备级锻炼，占全区中等学校学生总数的48%，当年达到及格级以上标准4256人，占参加测验总数的77%。

11月20日—28日 泰安专区举办全区农民体育干部训练班，训练时间10天，训练农村体育干部150人。

11月29日 中国新民主主义青年团泰安地方委员会、山东省泰安专员公署文教科、山东省泰安专员公署卫生科、山东省泰安专区体育分会联合下发《关于在我区小学儿童中普遍推行儿童广播体操的通知》，要求各级教育行政部门和小学组织小学体育教师和有关教师学会儿童广播体操，有计划有领导的在全区小学儿童中开展。

是年 泰安专区组队参加全省篮球、排球、乒乓球比赛运动会，获得三个丙组冠军。

是年 全区有职工业余篮球队110个，队员1337人；排球队39个，队员540人；足球队3个，队员48人。全年共举办体育竞赛3次，县级体育竞赛11次，中等学校体育竞赛22次，共有18031名运动员参加比赛。

1956年

1月 泰安专区体育分会印发《1956年体育工作计划》，把全面推行“劳卫制”和成立工矿、机关、农村体育协会及其他体育组织作为工作重心。年内，全区有21个中等学校推行“劳卫制”预备级，有10336人参加“劳卫制”预备级体育锻炼。基层体育协会发展到230个，会员26300名。其中农村体协36个，中小学教工、钟声体协80个。

7月 专区举办小口径步枪培训班，培训教练31名、射击手450人。

8月14日—23日 举办体操训练班，训练体操骨干85人。年内，还举办多期其他体育干部训练班，每期训练时间计7～10天，共脱产训练体育干部462名，其中农村体育干部316名。

12月 泰安专署及所属各县均正式成立体育运动委员会（简称泰安专署体委或××县体委），专署体委配备6名专职干部，每县配备2名专职干部，除专署体委未正式公布外，各县体委均已正式公布。

是年 泰安专区代表队参加全省排球、篮球比赛，泰安女子排球队获冠军；男、女篮球队均获丙级队冠军，并晋升为乙级队。参加其他省级体育比赛3次，参加运动员250人。

是年 泰安专区举办全区性体育竞赛7次，

参加运动员1624人；各县分别举办体育比赛2～4次，全区约6000人次参加体育比赛。

1957年

1月14日 专署体委印发《1957年体育运动工作计划》，把整顿、巩固、提高基层体育协会与推行劳卫制预备级工作作为全年工作重点。

4月27日—28日 泰安专区武术、举重、摔跤、射箭表演比赛大会在泰安工人俱乐部举行。来自各县及泰城中等学校的99名运动员参加表演比赛。副专员孙明出席表演比赛大会，代表专署向取得优异成绩的运动员颁发奖品，代表国家体委向取得国家二级裁判员资格的人员授二级裁判证书。

5月2日 泰安专署体委印发《1957年国防体育计划》，要求各级加强国防体育工作领导，开展行军、爬山、野营、射击等国防体育项目。

7月26日—28日 山东省第六届体育运动大会在青岛举行。运动会设田径、举重、射击、航空模型4个比赛项目，全省9个市、52个县的61支代表队1200多名运动员参加比赛。泰安代表队参加田径、射击2个比赛项目，获射击团体第十二名，其中男子第2号项目以447环获团体第四名。

8月6日—23日 泰安专署体育委举办田径训练班，训练田径骨干55人。

8月 泰安专署体育运动委员会正式成立。专区区委宣传部部长朱信谟兼任泰安专署体育运动委员会主任委员，陈永甫、韦泽民任副主任委员，委员会由11人组成。

11月20日—22日 泰安专署体委召开各县体委干部会议，专题研究农村体育工作，专区区委宣传部部长、体委主任朱信谟讲意见。会议得到省体委肯定，并将会议情况汇报转发至全省各专区、县（市）体委。

11月20日—29日 举办农村体育干部训练班。训练农村体育干部137人。

1958年

4月 泰安专区试行"准备劳动与卫国体育制度"，全区体育活动出现热潮。学校普遍开展篮球、排球、羽毛球、乒乓球、长跑、短跑、跳高、跳远、单双杠、手榴弹、标枪等体育活动，并定期测验，达标者颁发证书；厂矿企业主要为篮球、排球、乒乓球、拔河、棋类；机关、企事业主要为早操、工间操；农村主要为篮球、拔河、赛跑等。

10月5日—7日 山东省第七届体育运动大会在烟台举行。运动会设田径、举重2个大项、50个小项，全省48个市县代表队、810名运动员参赛。泰安专区田径代表队获团体第六名，运动员刘守彬获10公里竞走第二名，代表团获团体总分第九名。

10月 泰安专区建置撤销，区委、专署机关并入济南市委、市人委。

是年 泰安专区受省体委委托承办山东省县级篮球赛。

是年 泰安专区被国家体委授予"全国农村体育工作先进单位"称号。

1961年

7月1日 恢复泰安专区建置，下辖泰安、新汶2个市和莱芜、新泰、章丘、宁阳、肥城、东平、平阴、长清8个县，地委、专署机关驻泰安市。

1964年

4月7日 专署体委、泰安工会办事处联合印发《1964年体育工作要点》，要求全区各机关、厂矿企业恢复工间操制度；同武装部门配合，开展国防体育活动。

是日 泰安专区国防体育协会成立。泰安军分区副司令员张绍安任主任委员。委员会由9人组成。

4月 泰安专署体育运动委员会成立。泰安专员公署副专员顾廷臣任主任委员（兼），邹积卿任副主任委员。委员会由9人组成。

6月7日—8月30日 山东省第九届运动会分别在济南、青岛、菏泽、泰安、淄博、烟台、济宁、德州、潍坊等九地市举行。运动会设6个大项，有13个市、专区代表队1534名运动员参赛。泰安代表队参加田径、篮球、排球、乒乓球和射击5个项目比赛，获田径团体第五名，青年组射击团体第六名，少年组射击团体第九名。射击运动员淳毓玉华获男子步枪3x20射击金牌、破省纪录。

6月 泰安专区对全区工人文化宫、俱乐部活动情况开展调查。全区共有基层俱乐部39个、车间俱乐部25个，职工体育成为俱乐部开展活动的主要内容之一。

8月6日—9日 山东省第九届运动会篮球第一阶段比赛在泰安举行，有4支代表队、男女8支球队120名运动员参加比赛

9月 泰安专署体委贯彻省体委在济南召开的全省业余训练工作会议精神，设立泰安一中（田径、排球）、泰安二中（田径、篮球）、泰安师范（射击）、泰山中学（排球）4个业余训练点，安排专人进行指导训练。

是年 第三届泰安专区运动会在泰城举行。

是年 泰安专区财政拨付泰安专署体委事业经费3.8万元。

是年 泰安专署体委从全区选调人员，成立半专业性质的泰安专区篮球队，在专区党校集中进行专业训练，从农村选调的，实行“农转非”安排到工厂工作。1967年，“文化大革命”开始，专区篮球队解散，人员回原单位，没单位的安排到工厂工作。

1965年

1月 泰安专区国防体育协会、泰安军分区、泰安专区体委联合举办军事活动和军事游戏，来自工厂、机关、学校、部队的8000余人参加活动。年内，全区各级组织国防体育活动100余次，40余万人参加活动。

10月 泰安专署体委以展全民皆兵为主题，组织5000民兵开展武装登泰山活动。日本电视访华代表团进行现场采访。

11月27日—12月9日 泰安工会办事处、专署体委联合举办全区男、女职工篮球奖杯赛，各县、市、矿务局，专区直属企业、专署煤炭局等14个单位参加比赛。

1966年

5月28日—30日 山东省中学生运动会在青岛举行，泰安代表队获1枚金牌、1枚银牌、1个第四名、1个第五名。

11月 泰安体育场建成。体育场建有篮球场4个、排球场4个、田径场1个、室外灯光球场1个。1970年扩建至2139.2平方米，设有二层楼的看台，可容纳观众8000人，有房间488.4平方米。体育场先后承办山东省第一届中学生运动会排球赛、全国排球联赛第一阶段泰安赛区比赛等赛事。

是年 专署体委组织7000余名工人、大中专学生开展民兵武装登山活动。

1967年

泰安地区“文化大革命”渐入高潮，业余训练停止。

1968年

根据中央“5・12命令”，泰安地区体育系统实行军管，全地区体育干部集中到军分区教导队办学习班。学习班举办一年多。

1969年

7月16日 泰安地区纪念毛主席畅游长江三周年活动在大河水库举行，工、农、商、学、兵方队共1000余人横渡大河水库。

1970年

6月10日 泰安地区举行纪念毛主席“发展体育运动，增强人民体质”题词十八周年活动。

7月16日 泰安地区举行纪念毛主席畅游长江四周年活动。

1971年

1月 泰安地区在泰安举办首届战备越野比赛，各县、矿务局组队参加比赛。自1971年起，泰安地区（市）每年举行一次，1976年改为泰安地区越野赛跑运动会，1980年后称泰安地区（市）越野赛跑比赛。至2015年共举办44届次。

5月 泰安地区组队参加山东省在烟台举行的全省田径集训（比赛），李士军获越野3000米第一名。

是年 泰安体育场二期工程开工建设。

1972年

3月 泰安地区革委会体育局成立。6月，于振海任地革委体育局负责人。

是年 泰安地区第四届综合运动会在泰安举行。

是年 泰安地区举办全区中学生运动会，会后为迎接山东省第一届中学生运动会，分别在泰安一中（田径）、泰安二中（篮球）、泰山中学（排球、射击）、泰安师范（射击）组织集训队，进行集中集训。

是年 泰安地区组队参加省三项运动会，徐存山获越野1500米第二名，打破全国纪录

1973年

3月—5月 山东省第一届中学生运动会在济宁、泰安、枣庄、淄博等地举行。泰安代表队获男子排球第一名、女子排球第五名，男子田径甲组、女子田径甲组、女子田径乙组第三名，向解放军八一体工大队、省体工大队输送7名优秀运动员。

3月—5月 山东省第一届中学生运动会排球赛在泰安举行。有7个代表队12支球队155名运动员参加比赛。

7月 第一届全国中学生运动会在烟台举行。泰安运动员获2枚金牌、2枚银牌、1枚铜牌、3个第四名、1个第五名。

1974年

4月16日 山东省越野比赛在泰安举行，全省10支代表队135名运动员参赛，尹延勤获男子普通组第一名、韩荣道获男子少年组第一名。

5月15日—28日 全国排球联赛第一阶段泰安赛区比赛在泰安举行，有6支排球队71名运动员参赛。

7月16日—10月29日 山东省第十届运动会分别在淄博、济南、青岛、聊城、德州、临沂、潍坊、泰安、威海、定陶10个赛区举行。运动会设田径、游泳、举重等10个大项，各地市、省属大企业的18个代表团2558名运动员参加比赛。泰安地区代表团参加田径、举重、篮球、排球、乒乓球、体操6个项目比赛，获4枚金牌、5枚银牌、4枚铜牌，获团体总分第十一名。

8月 泰山中学男子排球队参加在辽宁省盖县举行的全国中学生排球比赛，获东北赛区第三名。

9月17日—10月3日 山东省第十届运动会排球比赛在泰安举行，有12支代表队、男女24支

球队、307名运动员参加比赛。

10月 泰安运动员尹延勤在重庆举行的全国马拉松锦标赛上，获男子马拉松银牌。

1975年

1月10日 山东省在济南召开全省体育工作先进集体、先进个人代表大会，肥城县安驾庄人民公社、章丘县穗惠人民公社、长清县张夏人民公社清北大队代表参加大会。

5月18日 泰安地革委体育局更名为泰安地革委体育运动委员会。地革委副主任李元明兼主任，薛民、杨海岩、曹中鲁、于振海、任学礼任副主任。委员会由24人组成。体委内设秘书、竞赛、军事体育、业余体育等4个科。

6月 肥城县安驾庄公社被评为全国群众体育先进单位，并出席第三届全国运动会。

8月16日—17日 泰安地委、地革委召开泰安地区体育工作先进单位、先进工作者代表大会。全区各条战线171个体育先进单位和24名体育先进工作者参加会议，泰安地委副书记曹礼琴出席会议并讲话。

9月12日—28日 中华人民共和国第三届全国运会在北京举行。泰安运动员王大伟、常明参加本届全运会，王大伟获男子射箭双轮团体银牌，常明获男子乙组撑杆跳高铜牌。

1976年

1月24日 泰安地区越野赛跑运动会在泰安举行。运动会设甲组男子15000米、女子3000米，乙组男子10000米，女子3000米四个竞赛项目，各县、矿务局组队参加比赛。

5月 泰安地革委体委在章丘县明水举办全区少年、儿童田径运动会，各县、矿务局422名运动员参加比赛。

6月 泰安地区重点基层学校篮球、排球赛分别在泰城、新汶矿务局、肥城矿务局举行，全区390运动员参加比赛。

7月16日 泰安地区举行纪念毛主席畅游长江大会。

8月 地区革委体委召开农村体育工作经验交流会，各县、矿务局体委负责人，优秀体育辅导员、农村先进单位代表参加会议。

9月 泰安地区农民篮球赛在泰安举行，各县、肥城县安驾庄公社、长清县张夏公社青北大队组成12支代表队288名运动员参加比赛。

10月 泰安地区武术传统项目表演赛在泰安举办，各县、矿务局104名运动员参赛。

是年 泰安地革委体委在农村人民公社设立体育辅导员。按照亦工亦农的办法，从农村基层团组织中选调部分团干部，由地革委体委进行集中培训后，回到人民公社任职。1978年，体育辅导员制度撤销。

1977年

3月 泰安地革委体委内设机构调整，设秘书、群体、训练、竞赛4个科及地区体育场。

12月16日—28日 地革委体委、军分区司令部、教育局、团地委联合对农村体育工作进行普查，重点普查10个公社、112个大队、66所中小学、22个社直单位、5个农田基本建设工地。向全区推广安驾庄、杨庄、合山、孙村4个公社大办体育的经验。

是年 地革委体委召开体育为普及大寨县服务交流大会。

是年 泰安籍运动员刘福田在全国学生田径运动会上获3000米第二名。

1978年

1月 尹祚起任泰安地革委体委副主任。

2月 泰安地革委体委调整内设科室，训练科、竞赛科合并为训练竞赛科，增设军事体育科。

5月 泰安地革委商业局、泰安地革委体委印发《关于业余体育运动员运动服装供应的通知》，分配本年度业余体育运动员服装供应指标。由各县、矿务局体委根据需要提出服装品种、数量、规格计划，由当地商业部门按照分配数额供应。年内，泰安地区体育运动服装用布3.2万市尺。

6月—10月 山东省第十一届运动会在济南举行。大会设田径、游泳、体操、足球、中国象棋等11个竞赛项目，全省19个代表团参赛。泰安地区代表团参加田径、体操、举重等9个项目比赛。获8枚金牌、5枚银牌、2枚铜牌，以1066.4分列总分全省第四名。

7月1日 泰安地革委撤销，成立泰安地区行署体育运动委员会（简称地区体委）。李元明任主任（兼），薛民（兼）、杨海岩（兼）、曹中鲁（兼）、于振海、任学礼、尹祚起任副主任。

7月 泰安地区行署批准成立泰安地区重点业余体育学校。编制28人，隶属地区体委领导。

9月1日—15日 全国排球丙级队联赛在泰安举行，33支球队458名运动员参赛。

是年 泰安地区先后举行越野、中国象棋、中学生篮球、中学生排球、乒乓球、田径、篮球、举重等比赛，各县、矿务局1500余名运动员参加比赛。

1979年

1月20日—23日 泰安地区越野赛跑运动会在泰安举行，各县、矿务局154名运动员参加竞赛。泰安县、平阴县、肥城矿务局获少年组前三名，泰安县、平阴县、肥城县获普通组前三名。

4月16日—19日 山东省越野跑赛在泰安举行，有10支代表队135名运动员参加比赛，泰安代表队获团体第五名。

是月 在济南举行的山东省少年田径选拔赛上，泰安代表队获全省少年田径团体总分第十三名。

5月7日—9日 泰安地委行署召开全区体育工作会议。会议印发《一九七九年泰安地区体育工作要点》，地区工会、团委、教育局、体委做了专题发言，泰安行署副专员于光讲话。

5月 泰安地区行政公署体委党组成立，于振海任书记，任学礼任副书记，党组由4人组成。

7月 在巨野举行的山东省少年排球赛上，泰安男子少年排球队获第六名，女子少年排球队获第七名。

9月15日—30日 第四届全国运会在北京举行。刘福田获男子少年组3000米银牌、1500米第5名，李燕、张明月获女子射箭双轮团体第4名。

10月30日 地区行署体委、教育局、地区总工会、团地委联合印发《关于开展一九七九年“新长征”两万五千里象征性长跑活动，掀起群众性冬季锻炼高潮的联合通知》。

10月 在张店举行的山东省田径运动会上，泰安代表队获男子团体总分第九名、女子团体总分第十名。

是年 泰安地区体委举行泰安地区中学生篮球赛、泰安地区举重赛、泰安地区少年射击对抗赛、泰安地区中学生排球重点单位赛、泰安地区田径选拔赛及中学生运动会等体育比赛，2000余名运动员参加比赛。

1980年

4月10日 地区体委、教育局、团地委联合召开全区中小学业余体育训练点工作座谈会，地区行署文教委主任彭一吾代表行署讲话。

5月20日—24日 泰安地区中学生运动会在泰安举行，运动会分初中、高中2个组别，设田径、举重、排球、篮球、足球等7个大项。各县、矿务局374名运动员参加比赛。

6月11日—12日 地区体委、地区工会办事处联合召开全区职工体育工作经验交流会。传达学习国家体委、全国总工会和省体委有关加强职工体育活动的意见；新汶工具厂、东都农药厂等15个单位介绍开展职工体育工作经验；参观东都农药厂职工体育活动表演。

7月22日—25日 地区教育局、体委、卫生局联合召开全区学校体育卫生工作座谈会。传达学习《全国学校体育、卫生工作座谈会纪要》和全省学校体育、卫生工作会议精神，行署副专员于光出席会议并讲话。

8月 泰安地区重点业余体育学校更名为泰安地区体育中学。

10月14日—18日 山东省田径运动会在张店举行，泰安地区组团参加比赛。

是年 泰安地区运动员在全国体育体育比赛中，获银牌4枚、铜牌2枚。在全省体育比赛中，获金牌17枚、银牌6枚、铜牌52枚。年内举办体育比赛17项，2000余名运动员参加比赛。

1981年

1月3日—9日 第十二届省运会篮球预赛在泰安举行，有9支代表队、男女18支球队210名运动员参加比赛。泰安男队获第一名，取得参加全省篮球比赛决赛权。

2月 在全国业余体校举重锦标赛上，泰安运动员李炳军获男子75公斤级总成绩第二名，5次破3项全国少年纪录。

6月 泰安地区田径运动会在泰安城举行。各县市、矿务局组队参加比赛，有28人打破11项地区纪录，其中，打破了保持25年的200米短跑纪录和保持22年的800米纪录。

7月 济宁、聊城、德州、泰安4地区田径邀请赛在泰安举行。泰安地区运动员有4人破1项省纪录，1人平1项省纪录，24人打破12项地区纪录。

9月10日—13日 山东省青少年田径运动会在泰安举行。全省16支代表队320名运动员参加比赛。泰安地区代表队获田径金牌6枚、银牌4枚、铜牌13枚，团体总分全省第三名；举重金牌18枚、银牌10枚、铜牌5枚，团体总分第一名；射击金牌7枚、银牌10枚、铜牌13枚，团体总分第一名。新泰县业余体校代表地区参加山东省青少年体操比赛，获11枚奖牌。

9月 在全国业余体校田径锦标赛上，泰安地区体育中学孙波获得五项全能第一名，蔡云（女）获得身体素质测验第二名，五项全能第三名。

是月 泰城体育教研会成立。佟复燃任顾问，尹祚起任主任。教研会下设秘书、大学、中学、中专、小学5个组。组织泰城体育教师开展专家讲课、经验交流、教学观摩、外出学习、理论研讨等活动。

是年 泰安地区在全国体育比赛中，获金牌8枚、银牌4枚、铜牌10枚。在省级体育比赛中，获金牌45枚、银牌33枚、铜牌47枚。

1982年

1月8日—11日 泰安地区越野长跑比赛在泰安举行，比赛共分场地赛、越野赛两个项目，各县、矿务局160名运动员参加比赛。

4月1日—3日 地区举重比赛在泰安举行，各县市、矿务局140名运动员参加比赛。

4月21日—25日 地区中小学田径运动会在泰安举行，各县（市）、矿务局420名运动员参加比赛。

6月—9月 地区中学生篮球赛在泰安举行。各县（市）、矿务局12支代表队、432名运动员、教练员、裁判员参加。

7月 泰安地区组建山东省射击二队。射击二队由省体委列编，受泰安地区体委领导，业务受省体委指导，经费以省体委为主，人员编制5人。

8月 在北京举行的全国第一届大学生运动会上，泰安运动员李劲松获男子跳高金牌；长跑运动员肖培军（女）获女子甲组3000米银牌。在全国业余体校举重赛上，韩洪臣获身体素质第一名，总成绩第五名，破全国纪录；罗振国获挺举、总成绩2枚金牌、抓举铜牌，身体素质第一名；段立峰获抓举铜牌。

9月17日—21日 山东省第十二届运动会在济南举行。运动会设田径、游泳、体操、举重、武术、篮球、排球、足球、乒乓球、射击10个大项，有13个市地及省直5大企业18个代表团2700多名运动员参赛。泰安地区代表团参加除游泳外9个大项比赛，获金牌7枚、银牌6枚、铜牌11枚，团体总分列全省第五名，金牌数列全省第七名，代表团被大会授予“精神文明先进单位”称号。12月18日，泰安地委、行署召开参加省十二届运动会表彰大会，表彰取得优秀成绩的运动员、教练员和先进集体。

是年 泰安建有基层体育协会34个，专职体育干部63人，兼职体育干部606人；共有各种业余体育运动队1070个，队员9953人。

1983年

1月20日—22日 泰安地区越野长跑赛在泰城举行，分少年、普通两个组别，各县（市）、矿务局160名运动员参加比赛。

3月18日 山东省越野长跑赛在张店举行。泰安地区代表队获男子团体总分第二名、女子团体总分第六名。

4月 在杭州举行的亚洲举重锦标赛上，泰安运动员李炳军获2枚金牌、1枚银牌。

是月 在南京举行的全国田径锦标赛上，李炳军获男子82.5公斤级抓举、总成绩2枚铜牌；徐华阳获男子400米栏铜牌。

5月12日—14日 泰安地区田径运动会（达标测验）在泰安举行。比赛分少年甲组、乙组、普通组三个组别，各县市、矿务局280名运动员参加比赛。

8月20日 全省射击比赛在潍坊举行，泰安地区射击代表队获全省少年组冠军，男子儿童组团体冠军，女子儿童组团体亚军。

10月 山东省竞走马拉松比赛在济南举行，泰安地区少年组男队、女队均获团体总分第一名。

是月 新泰市体操队代表泰安地区参加全省体操比赛，获男子团体冠军、女子团体亚军，金牌10枚。

是月 泰安地区行政公署组成新的体委领导班子，李元明兼任主任，于振海任党组书记、副主任，尹祚起任副主任。

是年 泰安地区各学校贯彻实行《国家体育锻炼标准》，全区37万名学生达到国家体育锻炼标准，达标率60%以上的学校51所。

是年 隋杰在全国业余体校运动会上，获跳远金牌、男子4×400米接力金牌、身体素质男子组第五名。

是年 泰安地区在全省体育比赛中，获金牌75枚、银牌60枚、铜牌143枚。

1984年

3月16日—18日 在枣庄举行的山东省越野长跑赛上，泰安区代表队获团体总分全省第六名。

3月 泰安地区行署成立体育运动委员会办公室（副县级），于振海任办公室党组书记、主任。办公室内设人事秘书、业务两个科及地区体育中学、体育场、体育科研所、体育服务公司等4个下属事业单位；6月，成立全国体育总会泰安地区体育分会，隶属于体委办公室领导。

4月13日—21日 在成都举行的全国举重锦标赛上，泰安运动员李炳军获82.5公斤级抓举银牌、挺举金牌、总成绩金牌，破3项全国纪录；

泰安运动员韩洪臣获男子52公斤级抓举铜牌。

4月24日—5月5日 在济南举办的全省业余体校篮球比赛上，泰安地区代表队获男篮第二名。

5月12日—15日 泰安地区中小学田径运动会在泰安举行。比赛分高中、初中、小学、普通四个组别，各县市、矿务局450名运动员参加比赛。

5月22日 在意大利里雅奇特举行的第十届世界青年举重锦标赛上，韩洪臣获男子52公斤级抓举铜牌。

6月6日—10日 在南京举行的全国田径冠军赛上，李秀霞获女子3000米银牌，徐华阳获男子400米栏铜牌。

6月29日 泰安地委、行署召开全区体育工作座谈会。各县市分管副书记或副县（市）长，矿务局分管负责人，地直机关有关部门负责人110人参加会议。地委副书记张仁敬、行署副专员张士凯出席会议并讲话。会议决定：全区综合运动会自明年起，每两年举行一届；定期举行“五杯”比赛（“振兴杯”职工运动会，“希望杯”培养优秀后备人才比赛，“三好杯”中小学运动会，“小康杯”农村运动会，“劲松杯”老年运动会）；在全区实行三级训练体制，地区运动学校为第一级，各县市、矿务局业余体校为第二级，传统项目学校、体育职业中学为第三级。

6月 泰安地区召开泰安老年体育协会成立大会暨泰安地区第一届老年体协代表大会，会议通过《老年体协章程》，选举产生第一届老年体协领导班子，李润生当选为老年体协主席。老年体协下属14个分会组织，有会员8886人。

8月 山东省举重比赛在烟台举行，泰安代表队获团体总分第一名。

9月2日 全国各省（市、自治区）老年体协代表登泰山活动在泰安举行。各省（市、自治区）32个代表团、368名老红军、老干部、老教授及少数民族代表参加活动，年龄最大的81岁，登山活动取得圆满成功。山东省委原第一书记、中顾委委员、全国书协主席舒同为活动题词“勇攀高峰”。泰安市老年体协组队参加活动，获团体第二名。

9月—10月 泰安大专院校篮球、排球、田径比赛在泰安举行，山东农大、山东矿院、泰山医学院、泰安师专352名运动员参加比赛。

9月 建设泰安地区体育馆，占地1400平方米，建筑面积1200平方米，总投资329.7万元。体育馆内有观众席位830个，室内比赛场地长32米，宽20米，场内设施有专业灯光、木地板篮球场。体育馆建成后举办过多次省级篮球、排球、乒乓球等比赛。

10月20日 在青岛举行的全国举重冠军赛上，韩洪臣获男子52公斤级抓举金牌、挺举铜牌、总成绩银牌。

10月28日 在济南举行的全国女子马拉松赛上，温衍敏（女）获金牌，破全国纪录。

10月 泰安中专学校田径运动会在泰城举行，泰安师范、水校、财校等10个学校300名运动员参加比赛。

是年 经山东省体委批准，泰安地区设立省举重专业队男子二队。该举重队行政受地区体委领导，业务管理、事业经费由省体委负责，举重队有领队1人，教练1人，队员3人。

是年 泰安地区在全国体育比赛中，获金牌16枚、银牌8枚、铜牌14枚。在全省体育比赛中，获金牌123枚、银牌77枚、铜牌77枚。

1985年

1月1日—3日 在南宁举行的全国田径锦标赛上，泰安运动员李秀霞获女子5000米金牌，破全国纪录。

3月27日 国务院批复，撤销泰安地区，原泰安市升为地级市，实行市管县体制。

4月6日—9日 在武鸣举行的全国射箭冠军赛上，张明月获女子双轮团体金牌。同月，在杭州举行的全国举重锦标赛上，李炳军获82.5公斤级抓举银牌、挺举金牌、总成绩金牌。

4月22日—30日 在杭州举行的第十七届亚洲举重锦标赛上，李炳军获得82.5公斤级抓举银牌、挺举、总成绩金牌。

5月1日—5日 山东省第二届职工运动会在济南举行。泰安市代表团获女子团体总分第二名。

5月9日—10日 山东省第一届农民田径运动会在济南王舍人文体中心举行，运动会设6个竞赛项目，泰安市代表团获团体总分第五名。

5月25日—28日 在济南举行的第一届“浪潮杯”全国女子举重比赛上，魏霞获女子44公斤级抓举金牌、挺举银牌、总成绩银牌；孟宪珍获女子48公斤级抓举银牌、挺举铜牌、总成绩铜牌；魏建华获56公斤级抓举银牌、挺举银牌、总成绩铜牌。

5月—6月 市机关工委、市体委联合举办泰安市直机关第三届篮球比赛，市委组织部、市委办公室、市委党校、市公安局等18支球队参加比赛。自1985年起，市直机关篮球赛一般每年举行一次，到2015年共举行了25届。

5月 泰安地区行政公署体育运动委员会更名为泰安市体育运动委员会（正县级）（简称泰安市体委，下同），于振海任党组书记、主任。内设秘书科、竞赛科及体育分会、科研所等单位，9月核定编制18人；泰安地区体育中学更名为泰安市体育运动学校。

是月 在北京举行的第二届全国工人运动会上，段力峰获82.5公斤级抓举、挺举、总成绩3枚金牌；韩洪臣在北京举行的全国举重冠军赛上获男子52公斤级金牌；闫仲军在铜陵举行的全国举重锦标赛上获56公斤级3枚金牌；张明月在成都举行的全国射箭锦标赛上，获女子双轮团体银牌。

6月18日—10月3日 泰安市第五届运动会分别在泰安、泗水、新泰、平阴、肥城矿务局举行。运动会设少年、职工两个组别，共进行篮球、排球、足球、乒乓球、举重、田径、棋类等7个项目的比赛，各县（市、区）矿务局及市财政局、商业局、民政局、大学联、中专体协等31个系统和单位1000名运动员参加比赛。

8月 泰安市政府分工，副市长张敬茂分管体育工作。

9月25日—29日 在印尼雅加达举行的亚洲田径锦标赛上，李秀霞获得女子3000米银牌。

12月 在印尼举行的亚洲青年锦标赛上，孙秀荣获女子标枪金牌，破全国少年纪录。

是月 泰安市体委、教育局联合下发《通知》，要求在全市中小学中广泛开展冬季长跑活动。规定每个学生每天跑步不少于30分钟，小学生每天跑1000米、中学生每天跑3000米。全市很多中小学在广泛开展冬季长跑基础上，组织了学校长跑队。

是月 泰安市在全省体育比赛中，获金牌98枚、银牌51枚、铜牌173枚。

1986年

1月8日 由昌菁任泰安市体育运动委员会党组成员、副主任。

1月23日 在香港举行的第九届国际马拉松比赛上，泰安运动员温衍敏获女子国际马拉松比赛金牌。

1月 在南宁举行的全国越野比赛上，李秀霞（女）获5公里、10公里两块金牌。

3月3日 在匈牙利布达佩斯举行的首届国际举联“维诺利亚杯”女子举重锦标赛上，魏霞获得女子44公斤级抓举、挺举、总成绩3枚金牌。同月，在尼泊尔举行的亚洲青年举重比赛上，韩洪臣获金牌。是月，在中日韩三国举重对抗赛上，闫仲军获3枚金牌。

4月6日—14日 全国举重锦标赛在常州举行，李炳军获82.5公斤级3枚金牌，破抓举、挺举、总成绩3项全国纪录；韩洪臣获男子52公斤级抓举、总成绩2枚银牌；段力峰获男子82.5公斤级挺举银牌。

5月—10月 山东省举办第十三届运动会，预赛在全省各地进行，决赛于10月1日至7日在青岛举行。各市地、大企业、大学联等19个单位4591名运动员参赛，大会设田径、游泳等28个大项的比赛。泰安市体育代表团270名运动员参加14个项目比赛，获金牌38枚、银牌27枚、铜牌18枚、总分711.5分，金牌数、团体总分均列全省第四位。

6月2日 在南京举行的全国田径锦标赛上，李秀霞获女子10000米银牌。

6月5日—8日 在泰安举行的第二届“浪潮杯”全国女子举重比赛上。王根英获女子67.5公斤级金牌；魏建华获女子52公斤级抓举、总成绩2枚铜牌；孟宪珍获女子52公斤级挺举铜牌；韩鲁娜获女子56公斤级挺举银牌，泰安市女子举重代表队获团体总分第一名。

6月 在英国举行的5~6公里越野赛上，李秀霞获女子越野金牌。

9月20日—10月5日 第十届亚运会在韩国汉城（现称首尔）举行，温衍敏获女子马拉松铜牌，成为泰安体育史上参加亚运会第一人。

10月24日—26日 山东省运动心理学会运动心理学论文报告会在泰安举行。

10月 泰安市政府分工，副市长杨庆蔚分工体育工作。

12月13日 李秀霞被国家体委授予“全国优秀田径选手”称号。

12月21日 市委、市政府召开泰安市参加山东省第十三届运动会表彰大会暨全市体育工作会议。各县（市、区）、矿务局分管领导，市直有关部门负责人参加会议。市委副书记周兴礼、副市长杨庆蔚等各大班子领导出席会议，周兴礼代表市委、市政府讲话。会议印发泰安市政府《关于表彰在省第十三届运动会上取得优异成绩、做出突出贡献的单位和个人的决定》《关于进一步加强业余训练工作的意见》《关于进一步广泛开展群众性体育活动的意见》3个文件。

1987年

4月2日 东平县承办山东省“振兴杯”越野竞走比赛，泰安市组队参加比赛。

4月10日—19日 在大连举行的全国举重锦标赛上，泰安运动员韩洪臣获男子52公斤级挺举铜牌、总成绩银牌；李炳军获男子82.5公斤级抓举铜牌、总成绩银牌；段力峰获男子82.5公斤级挺举金牌、总成绩铜牌。

4月13日—18日 在广州举行的全国射箭锦标赛上，张明月获女子团体金牌。

5月10日—15日 在长春举行的全国首届女子举重锦标赛上，魏建华获女子56公斤

1987年9月25日，首届泰山国际暨全国登山活动开幕式在泰安林校操场举行，山东省委副书记、代省长姜春云（左一），泰安市委书记宋法棠（左二）出席。（闫克勤 摄）

级抓举银牌。

5月19日—10月13日 泰安市第六届运动会在泰安举行。10月10日，举行开幕。市党政军领导、社会各界群众近万人参加开幕式，副市长杨庆蔚致开幕词。第六届运动会历时5个月，分少年、职工两个组别，设田径、举重、射击、武术、摔跤、柔道、乒乓球等7个竞赛项目。有12个代表队1200名运动员参加比赛。莱芜、宁阳、肥城分获总成绩前三名，泰安二中获市直学校第一名。

6月 山东省第二届伤残人运动会在济南举行，泰安市代表队获金牌11枚、银牌6枚、团体总分第六名，4人被选为省代表队队员。

9月25日—27日 泰安市首届泰山国际暨全国登山活动（1991年改为泰山国际登山节）举行。25日上午，在泰安林校操场举行开幕式。登山活动举行登山比赛和群众登山2项活动，起点均为岱宗坊，登山比赛终点为南天门。登山比赛，有来自美国、日本、英国等9个国家15支代表队和国内22个省（市、自治区）45支代表队共305名运动员参加比赛；群众登山活动，有泰安市社会各界、大中小学生、部队指战员1.23万人参加。

1987年9月25日，中共泰安市委副书记、市政府市长崔建文（左三）向首届泰山国际暨全国登山活动获奖登山运动员颁奖。（闫克勤 摄）

9月 在牟平举行的全国射箭冠军赛上，张明月获女子70米单轮金牌，女子团体金牌。

10月28日—30日 山东省业余训练工作会议在泰安举行，泰安市体育运动学校被评为山东省体育业余训练工作先进集体。

11月 全国第六届运动会在广州举行，张明月获射箭女子个人全能和3人团体2枚银牌；李炳军获举重男子82.5公斤级银牌；李秀霞获女子马拉松第4名，打破该项目全国最高成绩，获一万米第5名；温衍敏获女子马拉松第9名，打破由她本人创造并保持的该项目全国最高成绩；李炳军获男子举重82.5公斤级银牌，并以196公斤打破该级别全国挺举纪录。

是月 由昌菁任泰安市体育运动委员会党组书记、主任。

12月19日 赵新诚、李吉丰任泰安市体育运动委员会党组成员、副主任。

1988年

1月18日 市体委、市教育局联合转发国家体委办公厅、国家教委办公厅《关于在全国小学生中进一步开展小足球、小篮球、小排球活动的通知》，要求全市各小学校认真落实通知，广泛深入开展“三小球”活动。

3月 在澳大利亚举行的国际公路越野锦标赛上，泰安运动员李秀霞（女）获团体第二名。

4月5日 在抚州举行的全国举重锦标赛上，刘强获男子60公斤级挺举铜牌；段力峰获男子82.5公斤级挺举银牌、总成绩铜牌。

4月5日—28日 山东省第一届农民运动会分别在莱西

县、莱州市、齐河县、济南市举行。泰安组队参加比赛，获团体总分第五名。

4月25日—6月12日　山东省第十四届运动会在济南举行，运动会设15个大项比赛，全省各市、地、大企业19个代表团参加比赛。泰安市代表团228名男女运动员参加11个大项、217个单项比赛。获金牌35枚、银牌30枚、铜牌21枚，团体总分840分，金牌数、奖牌总数和团体总分均列全省第三位，获大会“体育道德风尚奖”，创泰安参加历届省运会最好成绩。6月13日，市委副书记、市长王建功等市领导看望凯旋而归的泰安市运动员。8月15日，市委、市政府在市委礼堂隆重举行泰安市参加省十四届运动会表彰大会。市委、市人大、市政府及军分区领导王建功、周兴礼、贾崇瑞、许希亮、杨庆蔚、曹明伦等和省体院、省体校及市区有关部门的负责人出席表彰大会。会议由副市长杨庆蔚主持，市委副书记、市长王建功在会上讲话。

6月5日—7日　在鞍山举行的全国男子田径锦标赛上，纪荣新获男子十项全能铜牌。

6月10日—12日　在南京举行的全国女子田径锦标赛上，李秀霞获女子10000米铜牌。

9月2日　在天津举行的全国田径冠军赛上，李秀霞获女子10000米金牌；李明才获5000米竞走铜牌。

9月14日—16日　第二届泰山国际暨全国登山活动举行。14日，在林校操场举行开幕式。登山节举办2项登山体育活动，起点均为岱宗坊。登山比赛，有来自苏联、美国、日本、联邦德国、英国、法国等21个国家的30支代表队和国内各省（市、自治区）41支代表队参加比赛；群众登山活动，有泰城工人、农民、机关干部、大中小学师生、驻泰部队指战员等各界群众1.23万人参加。

10月10日　第一届全国农民运动会在北京举行。泰安市运动员谢芳获女子400米、800米中长跑比赛两块金牌，并被评为最佳运动员。会上，国家体委授予王和平、张训会、刘静武、刘俊、李德春、徐英弟、吕德军、牛锦先、郭恒山等9人“全国农村体育工作积极分子”称号。

10月22日　泰安市市体育运动学校升格为副县级单位，暂定编制78人。

10月　在杭州举行的全国女子举重锦标赛上，卫建华获56公斤级抓举金牌，总成绩第四名。

11月15日　在南昌举行的全国射击锦标赛上，王金凤获女子小口径手枪60发团体铜牌。

11月20日　在郑州举行的全国举重冠军赛上，李炳军获男子82.5公斤级3枚金牌。

是年　新泰市体育馆动工兴建，第二年建成投入使用。建筑面积1494平方米，观众座席1300个，建设总投资174余万元。馆内设施包括篮球场、办公室、接待室等。体育馆建成后，先后承办全国少儿体操比赛3次，山东省少儿体操（蹦床）比赛2次。

1989年

3月16日　中国山坡伞滑翔运动协会首次在泰山举办山坡伞滑翔表演赛。

4月9日—15日　在铜陵举行的全国举重锦标赛上，泰安运动员李炳军获90公斤级抓举金牌、挺举银牌、总成绩金牌；韩洪臣获52公斤级2枚铜牌。

5月7日　在美国举行的太平洋国际长滩马拉松赛上，温衍敏获女子组金牌。

5月13日　市体委、市直机关工委、泰安市总工会联合举办市直机关第一届运动会，1000余名运动员参加比赛。此后，市直机关运动会每隔一年举行一次，到2015年共举办14届。

5月26日　在合肥举行的全国田径锦标赛上，纪荣新获男子十项全能金牌，打破省最高纪录。

6月　在北京举行的第四届亚洲青年体操锦

标赛上，张霞（女）获个人全能、高低杠、自由体操3枚金牌。

7月6日—10月7日 泰安市第七届运动会在泰安举行。10月4日，在市体育场举行开幕式。市各大班子领导出席及社会各界群众近万人参加开幕式。此次运动会共进行12个项目竞赛。各县（市、区）、矿务局、市直学校13个代表团、1500余名运动员参赛，有2人打破2项全省纪录，6人14次打破11项市最高纪录。莱芜市、新泰市、泰山区分获团体总分前三名；职业中专获市直学校代表队第一名。

8月10日—16日 全国少年儿童体操比赛在新泰市体育馆举行，北京、上海、天津等14个省（市、自治区）的22支男女代表队242名运动员，123名教练员、裁判员参加比赛。

9月14日—16日 第三届泰山国际暨全国登山活动举行。14日在泰安火车站广场举行开幕式。本届登山活动举办国内登山比赛1项体育活动，起点设在火车站广场，全国各省市自治区、解放军、产业体协、全国著名大企业等45支代表队532名运动员参加。

10月17日 在扬州举行的全国举重冠军赛上，赵丰东获男子100公斤级抓举银牌、总成绩铜牌。

10月14日—22日 第二十五届世界体操锦标赛在联邦德国斯图加特举行，张霞获女子体操团体铜牌。

11月 全国体育科技工作会议在泰安召开。国家体委主任伍绍祖、副主任张彩珍出席会议并视察泰安体育工作。省体委主任季明焘、市委书记宋法棠、市委副书记周兴礼陪同活动。

是年 泰安市参加全省田径、举重、射击、体操、游泳、摔跤、柔道、武术、篮球、足球、排球、乒乓球、棋类等21项比赛，共获得金牌30枚、银牌27枚、铜牌18枚。先后承办全国少年分龄举重比赛、全国邮电系统篮球比赛、山东省射击比赛等。

1990年

2月25日 在日本举行的第七届国际马拉松异程接力赛上，泰安运动员李秀霞获女子异程接力赛铜牌。

3月22日 《中国体育报》全国记者工作会议在泰安召开。中国体育报总编、社长鲁光，副总编朱中良，省体委主任杨季泉、副主任赵宝田，泰安市委副书记曲进贤以及全国各省（市、自治区）体育报刊社总编、宣教处处长、记者等60余人出席会议。

3月25日 在济南举行的全国跳水冠军赛上，王峰获男子十米台银牌、男子全能银牌。

3月 在合肥举行的全国竞走锦标赛上，李明才获男子20000米竞走金牌。

1989年9月14日，中共泰安市委书记王建功出席第三届泰山国际暨全国登山活动开幕式。（闫克勤 摄）

4月13日 在杭州举行的全国男子举重锦标赛上，李炳军获男子90公斤级抓举银牌、挺举金牌、总成绩金牌。

5月2日 泰安市体委印发《关于开展“亚运之光普照泰安儿女”体育活动的通知》。在全市开展以“火炬”传递为主要内容的综合性体育活动。9月17日，泰安市举行“亚洲之光”火炬交接传递仪式和“亚运之光照泰山儿女”火炬点燃仪式，并组织火炬长跑队将第十一届亚洲运动会圣火传递到泰山极顶。

5月13日—18日 在成都举行的全国体操锦标赛上，张霞获女子个人全能铜牌、女子高低杠银牌。

5月26日—6月3日 在南斯拉夫萨拉热窝举行的第四届世界女子举重锦标赛上，王根英获女子67.5公斤级抓举、挺举、总成绩3枚金牌。

6月25日 赵伯生任泰安市体育运动委员会党组成员、副主任。

8月 在美国举行的世界友好运动会上，张霞获女子高低杠金牌。

7月20日—27日 山东省“希望杯”体操锦标赛在新泰市体操馆举行。济南、青岛、烟台、济宁、泰安等7个地市的200余名运动员、教练员、裁判员参加比赛。新泰市体操运动学校代表泰安市参赛，共获得10枚金牌、18枚银牌、9枚铜牌；3个组别的团体冠军。

9月14日—16日 第四届泰山国际暨全国登山活动举行。14日在岱庙天贶殿前举行开幕式。开幕式举行民间传统文艺节目和封禅仪式表演。泰山国际暨全国登山比赛，起点设在岱宗坊，来自国内外30个国家660多名运动员参加。

9月22日—10月7日 第十一届亚运会在北京举行。张霞（女）、李明才、纪荣新参加运会。张霞获女子体操团体金牌，李明才获男子20000米竞走铜牌，纪荣新获男子十项全能第四名。

10月18日 在匈牙利举行的世界举重锦标赛上，王根英（女）获67.5公斤级抓举、挺举、总分3枚金牌。

10月25日—30日 在成都举行的全国体操冠军赛上，张霞获女子高低杠、自由体操、女子个人全能3枚金牌，获女子平衡木银牌。

11月4日—14日 在郑州举行的全国射击锦标赛上，严林获男子小口径自选手枪速射银牌。

12月10日 市政府召开泰安市体育工作会议。各县（市、区）、矿务局分管领导及市直有关部门、部分驻泰安省属以上企事业单位负责人等参加会议，市政府副市长杨庆蔚出席会议并讲话。

是年 泰安市共参加全省田径、举重、射击、体操、摔跤武术、球类等22项比赛，获得金牌70枚、银牌45枚、铜牌43枚，打破8项省最高纪录、8项省少年纪录，获5项团体冠军。

1991年

3月3日 在郑州举行的全国竞走锦标赛上，泰安运动员李明才获男子竟走2万米金牌，打破全国纪录。

6月5日 在四川省自贡市全国青少年体操锦标赛上，沈剑获男子甲组全能、自由体操、跳马3枚金牌。

7月2日—10月14日 泰安市第八届运动会在泰安举行。10月11日，举行开幕式，运动会分少年、职工两个组别，设举重、射击、田径、游泳、摔跤、武术、柔道、篮球、足球、排球、乒乓球等11个竞赛项目。各县（市、区）、矿务局、大专院校、中专体协、市直学校、各系统产业单位27支代表队、3000余名运动员参加比赛。1人破1项省少年纪录、20人破17项市纪录、32人破13项市少年纪录，莱芜市、新泰市、泰山区分获团体前三名。

8月1日—6日 全国武术传统项目交流大会在泰安举行。运动会分老年、中年、成年3个组别，设拳术、器械、对练234个项目，全国14个省（市、自治区）的120名运动员参加比赛。

8月15日—22日 山东省“希望杯”足球比赛在泰安一中举行。济南、青岛、烟台、淄博、潍坊、枣庄、齐鲁石化、泰安等8支球队参加比赛。泰安队获第一名。

8月22日—26日 全国少年儿童体操比赛第二赛区比赛在新泰市体操馆举行。全国14个省（市、自治区）21支男女代表队、121名运动员、155名教练员、裁判员参加比赛。新泰运动员毕文静（女）夺得女子8～9岁组平衡木、自由体操和个人全能3枚金牌。

8月23日—9月1日 在日本东京举行的第三届世界田径锦标赛上，李明才获男子20公里竞走第8名，刷新该项目全国和亚洲纪录。

9月1日—2日 中国首届肥桃节在肥城市举行。中国肥桃节是泰山国际登山节的系列活动项目之一，国务院副总理田纪云为肥桃节题名。

9月6日—8日 第五届泰山国际登山节举行。本届由泰山国际暨全国登山活动更名为泰山国际登山节。开幕式于7日在泰安市体育场举行。开幕式举行大型文艺表演《紫气东来》。登山节举办2项体育活动：国际登山比赛起点设在岱宗坊，有634名中外运动员参加；“五羊杯”公路山地自行车登山比赛，有6个省市代表队54名男女运动员参加。

9月6日—15日 在美国印第安纳波利斯举行的第二十六届世界体操锦标赛上，张霞获女子体操团体第四名。

10月 国家体委副主任、国际奥林匹克委员会副主席、中国奥林匹克委员会主席何振梁到泰安考察工作。

11月14日 在上海举行的全国体操锦标赛上，张霞获女子个人全能银牌、女子团体铜牌。同月，张燕在杭州举行的全国田径冠军赛上，获女子三级跳远金牌。

12月27日 李明才被国家体委授予“1991年全国田径十佳运动员”称号；张霞、王根英被选入山东十大体育明星。

12月 在香港举行的泛太平洋联盟青少年体操锦标赛上，沈剑获男子双杠、单杠、鞍马、全能、团体5枚金牌。

1992年

1月23日 市政府召开全市迎接省十六届运动会动员大会，副市长杨庆蔚出席并讲话。会议确定“一切为了十六届、一切服从十六届”的指导思想，市政府成立迎接“十六运”办公室，办公室设在市体委。

2月5日 全国田径赛在南京举行，泰安运动员纪荣新获男子五项全能银牌；泰安运动员孙秀荣获女子标枪银牌；泰安运动员崔家荣获4x800米接力铜牌。

3月15日—18日 在济南举行的全国竞走锦标赛上，李明才获20000米金牌，破全国纪录。

4月29日—30日 泰安市中学生田径比赛在泰安二中体育场举行。比赛分为甲、乙两个组别，设67个项目。各县（市、区）、市直中学、职业中专、泰安师范共11支代表队参赛。新泰市、泰安二中分别获甲、乙组第一名。

5月20日—9月27日 山东省第十六届运动会在淄博举行。全省16个地市4000余名运动员参加。比赛设20个大项，404枚金牌，总分8888分。泰安代表团278名运动员参加15个项目的比赛，夺得金牌45枚（含破纪录金牌8枚）、银牌27枚、铜牌30枚，总分652分，金牌数和团体总分均列全省第五名，并被大会授予“体育道德风尚奖”称号。12月4日，泰安市政府召开表彰大会，省体委副主任吴一中、泰安市副市长杨庆蔚出席会议并讲话。市政府授予沈剑等31人优秀运动员称号；授予张平等10人优秀教练员称号；授予亓志文等4人做出突出贡献先进个人称号；授予新泰市政府等5个单位做出突出贡献单位称号。

7月25日—8月9日 第二十五届世界奥运会

1992年9月6日，中共泰安市委副书记、市政府市长张敬茂（左一）出席第六届泰山国际登山节开幕式。（闫克勤　摄）

10月26日—28日　全国女子举重冠军赛在泰安举行。全国各省（市、自治区）、解放军、化工石油、银鹰体协的30支代表队262名运动员参加比赛。王根英获女子67.5公斤级总成绩金牌。

10月　全国体育运动服装供应计划会议在泰安市举重馆召开。省体委主任杨季泉、泰安市政府副市长杨庆蔚出席会议。

在西班牙巴塞罗那举行。泰安籍体操运动员张霞（女）、竞走运动员李明才参加本届奥运会，张霞获得女子体操团体第4名。

8月12日—18日　全国青少年无线电测向比赛在泰安举行。来自全国31个代表队、113名男女运动员参加比赛。

9月6日—8日　第六届泰山国际登山节举行。6日下午，在泰安林校操场举行开幕式。开幕式举行大型文艺表演《泰山交响曲》、跳伞表演和焰火晚会。登山节举办2项体育活动：国际登山比赛起点设在岱宗坊，国内外69支代表队703名运动员参加；“五羊杯”自行车登山比赛，国内134名运动员参加。

9月8日　第六届泰山国际登山节在东平湖举行钓鱼、游览等游湖活动。并在东平县直机关招待所举行新闻发布会和对口经济协作洽谈会。中共中央委员、中华全国体育总工会主席李梦华，中国登山协会主席史占春，省政协副主席周振兴，市长张敬茂及国家机关、省直机关领导、外国客商、台湾同胞、海外侨胞350余人参加活动。

9月18日—24日　在南昌举行的全国体操锦标赛上，沈剑获双杠、单杠2枚金牌、个人全能银牌。

1993年

1月21日　石柱清任泰安市体育运动委员会党组成员、副主任。5月24日，李吉丰任泰安市体委党组成员、副主任、泰山国际登山节组委会办公室副主任（正县级）。

1月　泰安市政府副市长于连荣分工体育工作。

2月18日—21日　在深圳举行的全国竞走锦标赛上，泰安运动员李明才获20公里竞走金牌、50公里竞走银牌、男子团体金牌。

2月26日—27日　泰安市越野长跑赛在泰安举行。各县（市、区）、泰安二中7支代表队、104名男女运动员参加比赛。

3月29日　市委决定建设泰安市体育中心，并将此列为泰安市1993年十件实事之一。4月27日，泰安市政府成立泰安市体育中心筹建领导小组，市委常委、副市长任组长，副市长于连荣任副组长；领导小组下设办公室，于连荣兼任办公室主任，负责体育中心建设的统筹规划、现场调度等工作。4月28日，市委、市政府在体育场工地召开施工动员大会，举行奠基仪式；同月，筹建领导小组调集各县（市、区）建筑公司20个施工队、2000多名建筑大军，自带设备、资金、施工人员，进行工程大会战。为保障工程资金，市

1993年9月6日，中共泰安市委副书记、市政府市长张知平出席第七届泰山国际登山节活动。（闫克勤　摄）

委决定在全市机关事业干部职工中开展体育中心建设捐助活动，共筹集捐助资金1300多万元。10月31日，泰安市体育中心一期工程泰山体育场竣工投入使用。泰山体育场建筑面积2.5万平方米，占地面积3.6万平方米，能容纳观众3.5万人，总投资预算3480万元，工程用时6个月。该体育场时为全省第二大体育场。

5月20日—10月9日　泰安市第九届运动会在泰安举行。10月7日，在泰安举行开幕式。运动会分少年、职工两个组别，设田径、举重、射击、摔跤、柔道、武术、游泳、篮球、排球、乒乓球等10个竞赛项目。全市17支代表队1167名运动员参加比赛，肥城市获团体总分第一名，泰安二中获市直学校第一名。有27人次14项打破市青少年纪录，2人2项超省青少年最高纪录。

6月10日　在沈阳举行的全国体操锦标赛上，沈剑获男子双杠金牌。

6月25日—29日　山东省射箭锦标赛在泰安举行。济南、青岛、淄博、枣庄、济宁、泰安等10支代表队64名男女运动员参赛。泰安输送的运动员高文菊在专业队比赛中，获女子70米、60米、50米、30米和个人全能5个第一名；辛雷获个人男子淘汰赛第二名和个人全能第六名。泰安代表队获女子团体第二名，男子团体第五名。

9月4日—15日　全国第七届运动会在北京、四川、秦皇岛3个赛区举行。泰安市8名运动员参加全运会，李明才获男子50公里竞走金牌，打破该项目全国纪录；获男子20公里竞走铜牌，打破全国和亚洲纪录。沈剑获男子体操双杠银牌、单杠第5名。李岱强获男子柔道86公斤级铜牌。王根英获女子举重70公斤级铜牌，并打破该级别亚洲纪录。张燕获女子三级跳远银牌。

1993年4月28日，泰安市政协主席杨庆蔚（左一），泰安市政府副市长、泰安市体育中心筹建领导小组副组长、现场总指挥于连荣（右一）在泰安市体育场奠基仪式上。（闫克勤　摄）

9月6日—8日 第七届泰山国际登山节举行。6日下午，在泰山体育中心举行开幕式。开幕式举行大型文艺表演《潮涌天东》和摩托车、飞机特技表演。国际登山邀请赛起点设在岱宗坊，国内外81支代表队774名运动员参加；“五羊杯”自行车登山比赛，各省（市、自治区）133名运动员参加。

10月4日—23日 泰安城首届老年人运动会开幕。运动会共设太极拳（剑）、门球、台球、乒乓球、中国象棋、田径、导引养生功7个项目，市属各部、委、办、局、公司、泰山区、郊区、军分区、省以上驻泰安企事业83个单位42个代表团、170个代表队、1177名离退休及退居二线人员参加比赛。

11月1日 泰安市政府批准成立泰安市体育中心，体育中心为全额事业单位，编制10人，暂按副县级标准配备干部。

12月28日 任广中任泰安市体育运动委员会党组成员；1994年1月11日，任广中任泰安市体育运动委员会副主任。

1994年

1月 在昆明举行的全国田径越野锦标赛上，泰安运动员吴美获女子10公里越野金牌、女子半程马拉松铜牌。

是月 在成都举行的全国射击锦标赛上，严林获男子手枪速射金牌。

3月29日—30日 全市体育工作会议在泰安召开，市政府副市长于连荣出席会议并讲话。会议印发《中共泰安市委、市人民政府关于进一步加强体育工作的决定》《中共泰安市委、市人民政府关于表彰在全国第七届运动会上做出突出贡献的先进单位和个人》。授予中共新泰市委、新泰市人民政府先进单位称号，奖励人民币10000元；授予泰安市体育运动委员会、泰安市体育运动学校先进单位称号，各奖励人民币5000元；奖励获金牌运动员李明才人民币2000元。

4月10日 在萧山举行的全国柔道锦标赛上，吴兆生获男子86公斤级金牌，李岱强获男子86公斤级铜牌，许银海获男子95公斤级铜牌。

4月12日—10月22日 山东省第十七届运动会在济南举行。全省17地市4000多名运动员参加比赛。运动会设17个竞赛项目、金牌385枚、总分12239分。泰安市代表团237名男女运动员参加田径、体操、举重、摔跤、柔道、射击、射箭、拳击、武术、游泳、篮球、排球、乒乓球等13个项目比赛。专业组获金牌33.42枚、银牌19.75枚、铜牌25.25枚，团体总分590.7分，金牌数和团体总分分别列全省第五、六位；业余组获金牌25枚、银牌24枚、铜牌24枚，总分824分，金牌和团体总分均列全省第六位；全团总成绩以金牌58.42枚和总分1414.70分列全省第六名。泰安市代表团被大会授予“体育道德风尚奖”。

5月7日 泰安市政府编制完成《泰安市体育事业“九五”计划及2010年规划》。

5月28日—30日 在威海举行的山东省中学生田径运动会上，泰安市代表队在比赛中，获金牌7枚、银牌8枚、铜牌5枚，并打破泰安市4×400米接力最高纪录。

6月1日—5日 在北京举行的全国田径锦标赛上，崔家荣获男子4×800米接力金牌，张庆利获男子3000米障碍铜牌，吴美获女子4×800米接力铜牌。

8月20日 泰安市举办“泰山之光”火炬接力赛。上午，火炬由泰山月观峰引取火种，经泰山玉皇顶折返至泰山南麓岱宗坊，然后沿泰安城—泰山区—肥城—肥城矿务局—东平—宁阳—新汶矿务局—新泰—郊区—市体育中心线路传递，历时17天，传遍泰安107个乡（镇、街道），于9月6日下午传至第八届泰山国际登山节开幕式主会场，由泰安市著名运动员、国际级运动健将李明才点燃会场主火炬。

9月6日—8日 第八届泰山国际登山节举

行。6日，在泰山体育中心举行开幕式。开幕式举行大型文艺表演《东岳长风》。本届登山节共设置泰山国际暨全国登山邀请赛、“泰山之光”接力赛、全国武术散打擂台赛、泰山国际自行车登山邀请赛、全国大学生攀岩邀请赛、全国热气球飞越泰山邀请赛、泰山马拉松公路登山比赛等7项体育活动。

9月15日 在阜新举行的全国竞走冠军赛上，李明才获男子2万米金牌。

9月26日—28日 泰安市老年体育协会在泰安召开第三次代表会议暨建会10周年庆祝大会。市老年体协委员、顾问、名誉主席、市里的老领导、市各大班子领导及市直有关部门负责人参加会议。会议修订了老年体协章程，提出了今后的工作指导思想和任务，选举曹礼琴等8人为顾问，张树禹等4人为名誉主席，李润生为主席，于振海等20人为副主席。

是日 盲人运动员崔宝佶、于庆国在第六届远东及南太平洋地区残疾人运动会上，分获男子柔道比赛71公斤级金牌、60公斤级铜牌。

10月2日—16日 第十二届亚洲运动会在日本广岛举行。泰安市手球运动员郭卫东入选中国亚运代表团男子手球队参加本届亚运会，并获铜牌1枚。

10月28日—11月1日 山东省“泰山特曲杯”篮球甲级联赛在泰安举行，全省各大企业的6支甲级球队参加比赛。泰安酿酒饮料（集团）股份有限公司代表队获第三名，并获“体育道德风尚奖”。

10月 在山东省体育记者协会、大众日报社、山东人民广播电台、山东电视台联合举办的“山东省热心支持体育事业的优秀企业”评选活动中，泰山酿酒饮料（集团）股份有限公司、泰山石化（集团）股份有限公司、山东电缆电器（集团）有限公司、肥城矿务局4家企业被评为“山东省热心支持体育事业的优秀企业”，并在山东省十七届运动会闭幕式上被省委、省政府授予奖匾。

11月2日 在武汉举行的全国赛艇锦标赛上，王英霞获女子四人双桨铜牌。

11月7日 在成都举行的全国射击锦标赛上，严林获男子手枪速射金牌。

12月7日 在苏州举行的全国柔道冠军赛上，李岱强获男子86公斤级银牌，吴兆生获86公斤级铜牌，许银海获95公斤级铜牌。

是月 蔡吉明任泰安市体委党组成员、副主任，郑玉华任党组成员、纪检组长。

1995年

1月13日 泰安市政府决定各县（市、区）单设体育运动委员会，为县（市、区）政府工作部门，列政府序列。

1月15日—17日 国家体委原主任、曾获世界乒乓球“三连冠”的庄则栋应市体委邀请到泰安讲学。泰安及全省各地的乒乓球教练员和泰安的球迷参加学习，并观看庄则栋的示范表演。

4月 在北京举行的第十七届竞走世界杯赛上，李明才获竞走20公里团体金牌。

5月15日 在武汉举行的全国体操锦标赛上，沈剑获男子双杠金牌、单杠银牌。

7月14日 市政府召开全民健身暨全市体育工作会议。市各大班子领导出席，副市长于连荣讲话，会议印发市政府《关于表彰全民健身活动先进单位和在山东省第十七届运动会上做出贡献的先进单位和个人的决定》，授予市直机关工委等18个单位“全民健身单位先进单位”荣誉称号；授予新泰市人民政府、宁阳县人民政府“体育工作先进单位”荣誉称号；授予张晓婷等16人“优秀运动员”荣誉称号，授予张平等9人“优秀教练员”称号。

7月—10月 泰安市第十届运动会举行。10月17日，在泰安举行开幕式，省体委主任曹学成，市领导张庆黎、刘喜敏、曲进贤、史怀君、于连荣、庞俊三、刘忠昌出席开幕式。运动会分少年、职工两个组别，设田径、举重、摔跤、柔道、射击、武术、篮球、排球、乒乓球、长跑、棋类、游泳等12个项目、181个单项。全市3000余名运动员参赛，14人打破37项市最高纪录。新泰市代表团获总金牌数和总得分、参加省以上比赛金牌数和总分4项第一；肥城县获业余组金牌数、总分2项第一。

是月 市政协副主席李凤鸣带领市政协体育组委员对城市社区体育工作进行视察调查，形成《关于泰安市城市社区体育情况调查报告》，报告得到了全国政协肯定，作为全国政协体育工作研究会议专题材料。

8月3日—10月18日 泰安市第十届运动会在泰安及各县（市、区）举行。10月17日，在泰安举行开幕式，运动会共设田径、举重、摔跤（男）、武术、柔道、篮球、射击等12个大项、181个单项比赛，全市13支代表团3000余名运动员参赛，有14人打破37项泰安市最高纪录。

8月27日 在重庆举行的第三十一届亚洲青年男子健美比赛上，秦成勇获75公斤级金牌。

8月27日—9月7日 在天津举行的全国少儿体操锦标赛上，泰安市8名体操小将获金牌5枚、银牌5枚、铜牌4枚，获全部三个组别的团体冠军，受到省体委表彰。

8月30日 在成都举行的全国射击锦标赛上，严林、刘中生双获男子手枪速射团体金牌。

9月6日—12日 第九届泰山国际登山节举行。6日，在泰安林校操场举行开幕式。第九届泰山国际登山节举办3项体育活动："孔府宴杯"泰山国际暨全国登山邀请赛有国外代表队23支、国内代表队51支、运动员700余人参赛；"孔府宴杯"泰山国际万人马拉松公路登泰山比赛，有102支代表队1万余名运动员参加比赛；"孔府宴杯"95泰山国际热气球邀请赛，日本、韩国、菲律宾、瑞典、瑞士、美国及国内8支热气球队参赛。12月，国家体委将泰山登山比赛列为全国全民健身正式比赛项目。

9月22日 在雅加达举行的第十一届亚洲田径锦标赛上，李明才获20公里竞走金牌，第五次打破由他本人保持的亚洲纪录。

10月3日 在铜陵举行的全国举重冠军赛上，闫仲军获59公斤级抓举金牌、挺举银牌、总成绩银牌。

10月6日 在日本靖江举行的第三十一届世界体操锦标赛上，沈剑获男子团体金牌；成为山东省第一个夺得世界体操锦标赛冠军的运动员，被省政府授予"山东省'95体坛功臣"称号。年内，沈剑在巴黎举行的巴黎国际体操比赛上，获个人全能、单杠、双杠3枚金牌；在香港举行的泛太平洋运动会上，获自由体操金牌。

10月26日 在南京举行的第三届城市运动会上，王银行获2万米竞走银牌，破全国青年纪录。

11月27日—30日 全国体育系统思想政治工作研究会在泰山大酒店举行。国家体委主任伍绍祖，国家体委副主任、全国体育系统思想政治研究会会长刘吉出席会议并讲话。国家体委机关、直属单位、全国各省（市、自治区）体委、部分体育院校的领导90余人参加会议。

是年 李明才、沈剑荣获国家体育总局授予"中国体育运动荣誉奖章"，该奖项是中国体育运动最高荣誉奖。至2014年，我市共有李明才、沈剑、毕文静、王峰、时娜、杜云鹏、卞庆各、杨松等8人19次获得该奖项。

1996年

3月10日 在珠海举行的全国竞走锦标赛上，泰安运动员李明才获男子竞走20公里金牌。

5月4日—8日 在南京举行的全国田径锦标赛上，屠翔获男子4×800米接力金牌、男子800米银牌。

5月23日—27日 全国第三届工人运动会健美操比赛在山东矿业学院体育馆举行。全国总工

1996年9月6日，中共泰安市委副书记、副市长赵树丛出席第十届泰山国际登山节暨第一届全国全民健身登泰山比赛。（闫克勤 摄）

会副主席、第三届工人运动会常务副主任倪豪梅，山东省总工会副主席薄振明，泰安市副市长仲崇高、于连荣及全国总工会、全国邮电体育协会、山东省人大、省总工会、省体委及泰安市的领导出席开幕式。比赛设女单、男单、混双、三人操、六人操5个项目。27个省（市、自治区）、17个产业体协，共计44支代表队360名运动员参加比赛。

5月 盲人运动员崔宝佶、于国庆在全国第四届残疾人运动会上，分获男子柔道比赛71公斤级、60公斤级冠军。

6月7日—17日 在武汉举行的全国体操锦标赛上，沈剑获男子双杠、自由体操2枚金牌，毕文静获女子个人全能铜牌。

7月 何贵臣任泰安市体委党组成员、副主任。9月2日，任广中任泰安市体育运动学校校长。

7月19日—8月4日 在美国亚特兰大举行的第二十六届世界奥运会上。毕文静获女子体操高低杠银牌和女子体操团体第四名，沈剑获男子体操团体银牌和个人全能第五名。

8月2日—5日 泰安市教育局组织9名中小学体育教师参加在潍坊市举行的山东省首届中小学体育教师基本功比赛。泰安二中王铭真获高中组第一名、一等奖，泰师附小王红获小学组获第二名、一等奖，泰山区迎春中学孙晓忠、泰安市实验学校刘向阳获二等奖，泰安二中徐西孔、泰安铁中姜忠杰、师专附中艾华、东平实验中学孙海龙获三等奖。泰安市教师团获团体总分第二名。

8月10日—16日 在山西大同市举行的全国少儿体操锦标赛上，泰安市10名体操小将代表山东省参加比赛，获金牌2枚、银牌3枚、铜牌5枚和1项团体第二名。

8月25日 全国足球甲A泰安邀请赛在市体育中心体育场举行。山东卫视、山东有线电视体育台进行了现场直播。

9月6日—8日 第十届泰山国际登山节暨首届全国全民健身登泰山比赛举行。6日上午，在泰安林校操场举行开幕式。本届登山节共安排3项体育活动："四维杯"96全国全民健身登泰山比赛暨国际邀请赛于6日上午在林校操场举行，有130个国内外代表队参赛；"四维杯"全国康复瘫痪病人登泰山活动在林校操场举行，全国19个省市的康复瘫痪病人以及新闻单位及特邀嘉宾540人参加比赛；"四维杯"越野登泰山比赛在泰安火车站广场举行，各省、市、自治区、解放军、计划单列市、行业体协、有关单位，以及驻泰安大专院校及市直机关单位6000余人参加比赛。

9月16日 在日本千叶县千叶港举行的中日韩三国举重对抗赛上，闫仲军获59公斤级金牌。

9月27日 第一届亚洲体操锦标赛在中国长沙举行，沈剑获男子团体、个人全能、自由体操3枚金牌，获男子单杠银牌、男子双杠铜牌。

9月 在保定举行的全国跳水锦标赛上，王峰获男子十米台银牌。

12月1日—6日 在泰国曼谷举行的亚洲手球锦标赛上，郭卫东获男子手球银牌。

是年 泰安市按照全国统一部署，实施全国第四次体育设施普查。至1996年年底，全市有各类体育场地1562处。其中体育场9处（甲级1处、乙级1处、丙级7处），体育馆4处（丙级1处、丁级3处），室外游泳池9处（有看台3处、无看台6处），室内灯光球场4处，篮球场944处，排球场210处，门球场70处，训练房18处，台球房7处，小运动场266处，运动场18处，室外射击场3处。

1997年

3月 泰安市组队参加山东省“希望杯”运动会13个项目的比赛，获金牌37枚。泰安举重运动员张国栋在男子甲组59公斤级比赛中，6次打破3项省少年纪录；王亮在64公斤级比赛中打破抓举省少年纪录。

4月21日—5月4日 在湖南长沙举行的全国体操锦标赛上，沈剑获男子双杠银牌。

4月28日—9月29日 泰安市第十一届运动会暨全民健身运动大会在泰安举行。9月27日，在市体育中心体育场举行开幕式。运动会分幼儿、少年、青年、职工、老年、农民6个组别，共设26个大项204个小项比赛。全市60支代表队1.5万名运动员参加初赛、预赛和决赛。少年组，有11人次打破20项次市青少年纪录，4人4项次超省少年纪录。新泰市代表团获总金牌数和总得分、参加省以上比赛金牌数和总分4项第一；肥城县获业余组金牌数、总分2项第一。

6月10日—15日 在青海举行的全国室内射箭锦标赛上，辛雷获男子25米决赛银牌、男子团体银牌。

6月 罗文新任泰安市体委党组成员。

8月31日—9月7日 第三十三届世界体操锦标赛在瑞士洛桑举行，沈剑获男子体操团体金牌，毕文静获女子体操团体铜牌、高低杠铜牌。

9月6日—10日 第十一届泰山国际登山节暨第二届全国全民健身登山比赛举行。6日下午，在泰山体育中心举行开幕式。本届登山节举办4项体育活动：第二届全国全民健身登泰山比赛暨国际邀请赛，有国内外165支代表队1876名运动员参加；全国康复瘫痪病人登泰山活动，由全国10个省市100多名康复瘫痪病人参加；全国八运会“奔向新世纪”火炬传递仪式；“泰山特曲杯”足球邀请赛。

10月12日—24日 第八届全国运动会在上海举行。毕文静（女）、沈剑、辛雷、王银行、王峰、刘震、安广廷、安东、吴兆生参加运动会，获1枚金牌、1枚银牌、3枚铜牌，总分112.5分。省委、省政府授予泰安市“振兴山东体育贡献奖”称号。

12月18日 泰安市政府做出《关于表彰我市在全国第八届运动会上有功单位和人员的决定》，授予新泰市“振兴泰安体育突出贡献奖”荣誉称号，授予毕文静（女）、沈剑“振兴泰安体育突出贡献奖”荣誉称号。

1998年

3月 泰安市政府副市长李惠东分工体育工作。

4月11日 在重庆举行的全国竞走锦标赛上，泰安运动员王银行获50公里金牌。

4月 市老年体协召开全市老年体育工作会议。会上根据老年体协主席李润生提名，选举市人大常委会副主任史怀君为市老年体协第三届委员会主席。

5月8日—11日 在南宁举行的全国摔跤锦标赛上，陈德虎获50公斤级金牌。

5月31日 在日本举行的第九届世界杯体操赛上，毕文静获女子高低杠金牌，其扭臂向前大四环单臂转体360度成反握，被国际体操联合会命名为“毕氏转体”。

1998年9月9日，中共泰安市委书记莫振奎（左一）出席第十二届泰山国际登山节暨第三届全国全民健身登泰山比赛活动开幕式。（李明摄）

5月 在温州举行的中国国际跳水公开赛上，王峰获金牌。

6月13日 在上海举行的全国体操冠军赛上，毕文静获男女双人配对金牌。

6月 在匈牙利布达佩斯举行的世界巡回国际跳水大奖赛上，王峰获金牌。

7月—10月 山东省第十九届运动会在潍坊等12个市地进行。运动会分男女甲乙丙6个组别，设23个大项、金牌825枚、总分26196分，全省17个市地6000余名运动员参加。泰安市代表团300多名运动员参加田径、体操、举重、射箭、武术散手、国际摔跤、跆拳道、射击、柔道、赛艇、篮球、排球11个大项的比赛，获金牌47枚、银牌33.5枚、铜牌35.86枚，总分1201.18分。金牌数列全省第七位，总分列全省第九位。省人事局、省体委授予马玉超、李在举、李树秋3人“全省县级体育先进个人”荣誉称号，并记三等功。

9月9日—11日 第十二届泰山国际登山节暨第三届全国全民健身登泰山比赛举行。9日在泰山体育中心举行开幕式。开幕式举行“迎新世纪百万人签名成东方巨龙”首签式和“轻骑木兰杯”（鲁能泰山和武汉红金龙两支甲A球队）足球邀请赛。登山节举办“轻骑木兰杯”第三届全国全民健身登泰山比赛暨国际邀请赛，起点设在火车站广场，国内外159支代表队1863名运动员参赛。

9月11日 在天津举行的全国田径锦标赛上，毕文静获女子高低杠金牌。

9月25日 在泰安举行的全国自由跤冠军赛上，陈德龙获男子50公斤级金牌，陈德虎获男子50公斤级银牌。

11月2日—6日 在济南举行的山东省少数民族运动会上，泰安代表队获团体总分第二名。

12月6日—12月20日 在泰国曼谷举行的第十三届亚运会上，王银行获男子50公里竞走金牌，毕文静获女子体操团体和高低杠两枚金牌。

1999年

3月31日 泰安市政府召开泰安市体育工作会议暨参加山东省第十九届运动会有功人员表彰大会。市各大班子领导出席会议，副市长李惠东宣读表彰决定，市委副书记、市长鲍志强讲话。会议印发泰安市政府《关于表彰泰安市体委参加第十九届运动会有功单位和人员的决定》。授予泰安市体委、新泰市体委、泰安市体育运动学校等3个单位“振兴泰安体育突出贡献奖”称号；授予肥城市、郊区、宁阳县、山东矿业学院、中国银行泰安分行、泰山生力源集体公司“振兴泰安体育贡献奖”称号。

4月2日 蔡吉明、郑玉华任泰安市体育运动委员会助理调研员。

4月14日 在济南举行的全国跳水冠军赛上，泰安运动员王峰获男子一米板银牌。

5月7日 在商丘举行的全国竞走锦标赛上，王银行获男子50公里金牌。

5月13日—10月18日 泰安市举行第十二届运动会。10月16日，在市体育中心体育场举行开幕式。运动会分少年、青年、老年3个组别，设13个大项230个小项的比赛，全市87支代表队8000余名运动员参赛，有36人次打破8项次市青少年最高纪录。新泰市代表团获总成绩金牌数、团体总分和参加省以上比赛金牌数、团体总分四项第一，肥城市代表团获得少年组金牌数、团体总分两项第一。

9月6日—9日 第十三届泰山国际登山节举行。9月7日，在山东农业大学东校区操场（简称山农大东校区操场，原泰安林校操场）举行开幕式。开幕式后，举行“鲁润杯”第四届全国全民健身登泰山比赛暨国际邀请赛，有国内外100支代表队700余名运动员参加比赛。其中，国际组有美国、加拿大、英国、法国、澳大利亚、日本、韩国、坦桑尼亚等国家和地区28支运动队130余名运动员参赛，全国组有各省（市、自治区）及香港、澳门、台湾72支代表队560余名运动员参赛。登山节期间举行迎新世纪’99有奖登泰山活动。自8月8日至9月9日，共吸引购买有奖门票的游客13.7万人次。

9月30日 彭国胜任泰安市体育运动委员会党组成员、副主任。

10月15日 在延安举行的全国自由跤冠军赛上，苏会华获女子62公斤级金牌。

10月 泰安市受省体委委托，组建少数民族体育代表队代表山东省参加全国第六届少数民族运动会，获全国“体育道德风尚奖”。

12月30日 殷培联任泰安市体育运动委员会党组成员、主任；由昌菁任泰安市体委调研员，不再担任体委主任职务。

2000年

1月1日 泰安市举行泰山千年庆典活动。千年庆典有4个主题活动组成，分别是：万人登山成龙、飞龙在天、千年圣火采集传递、56个民族相聚泰山共迎2000年曙光。万人登山成龙活动，1999年12月31日24时，由万名大学生组成象征中华民族的9999米东方巨龙开始登山。飞龙在天活动，9条21米的飞龙，当2000年的第一轮红日升起之时，9条巨龙同时升空。千年圣火采集、传递活动，1999年12月31日零时，在大汶口文化遗址采集圣火火种，点燃主火炬，火炬接力以岱宗坊为起点，途径红门、中天门、南天门到泰山极顶。56个民族相聚泰山共迎2000年曙光活动，6时50分，身着民族服装的56个民族代表齐聚泰山山顶，共迎2000年曙光，并在祭中华泰山仪式上点燃千年圣火。庆典同时，中国当代十大武术名

1998年9月9日，山东省体委主任于学田（左一）出席第十二届泰山国际登山节暨第三届全国全民健身登泰山比赛开幕式。（泰安市档案局提供）

家、北京大学教授门惠丰在岱顶展演自创东岳太极拳，中央电视台全程航拍并向150多个国家实况转播。

1月19日—23日 在澳大利亚悉尼举行的第十二届跳水世界杯上，王峰获男子团体和混合团体2枚金牌。

3月 国家体育总局体操管理中心命名新泰市为“全国体操之乡”。

4月6日 在济南举行的全国跳水冠军赛上，王峰获男子一米板金牌。

4月 在广东举行的全国青年古典跤锦标赛上，韩增峰获90公斤金牌；在开封举行的全国青少年柔道比赛上，韩振利获81公斤金牌；在全国青少年柔道比赛上，李晶获1枚金牌。

6月1日 在旅顺举行的全国竞走锦标赛上，王银行获男子50公里金牌。

6月 在福建举行的全国青少年摔跤锦标赛上，陈德龙获得金牌。

8月23日—26日 山东省少儿体操、蹦床锦标赛在新泰举行。省内9支代表队203名运动员参加比赛，泰安代表队获27枚金牌，囊括5个项目团体冠军。

9月6日—10日 第十四届泰山国际登山节举行。9月6日，开幕式在岱庙天贶殿前举行。开幕式上，中国歌舞团、中国杂技团、总政话剧团、空政歌舞团及泰安文艺团体进行文艺演出。开幕式后举行“浪潮杯”第五届全国全民健身登泰山比赛暨国际邀请赛，有108支代表队731名运动员参赛。其中，国内代表队72支运动员621名；国外运动队36支运动员110名。

9月10日 山东交通职工中专学校教师傅廷贞，从泰山北侧骑摩托车登上泰山极顶，成为骑摩托车登上极顶第一人。共用时11个小时，行程32公里。

9月15日—10月1日 在澳大利亚悉尼举行的第二十七届奥运会上。王银行获男子50公里第十三名。

9月 张吉庆任泰安市体委党组成员、纪检组长。

10月10日 在昆明举行的全国跳水锦标赛上，王峰获男子一米板银牌。

10月28日 泰安市体育运动委员会更名为泰安市体育局，设办公室、竞赛、训练、群众体育4个科室。

11月7日 殷培联任泰安市体育局党组书记，何贵臣、石柱清、任广中、彭国胜、张吉庆、罗文新任党组成员。

11月13日 张吉庆任泰安市体育局纪检组长。

11月28日 殷培联任泰安市体育局局长，何贵臣、石柱清、任广中、彭国胜任副局长，由昌菁任调研员，蔡吉明、郑玉华任副调研员。

2001年

3月2日 泰安市体育局成立泰山体育场配套工程建设领导小组，殷培联任组长，彭国胜任副组长。11月27日，泰安市体育局成立体育中心和原体育场开发建设领导小组，殷培联任组长。

4月4日 在肇庆举行的全国赛艇冠军赛上，泰安运动员马卫国获男子双人单桨金牌。

4月23日 在银川举行的全国自由跤锦标赛上，苏会华获女子62公斤级金牌。

5月3日 由宁波大红鹰生物工程发展有限公司、《人民日报》海外版和中国国际体育旅游公司联合举办的大红鹰“全民健身万里行，支持申奥大签名”活动在天外村天圆地方广场举行，副市长孙承志与泰安各界群众及来自全国各地游客在巨幅长卷上签字。

5月5日 在珠海举行的全国跳水冠军赛上，王峰获男子一米板金牌、男子三米板银牌。

5月20日 第二十一届世界大学生运动会泰安火炬传递仪式在天地广场举行。市领导及1600名大学生参加火炬传递仪式。

7月11日—10月16日 泰安市第十三届运

2001年9月6日，省老领导梁步庭（左），中共泰市委书记鲍志强（中）出席第十五届泰山国际登山节开幕式。（闫克勤　摄）

动会在泰安举行。10月13日，在市体育中心体育场举行开幕式。运动会分少年、青年、老年3个组别，设33个大项362个小项，各县（市、区）、矿务局、驻泰安大专院校、各系统产业单位和市直机关180支代表队8200多名运动员参赛，有7人11次破市最高纪录，18人20次破市少年纪录。

6月8日—11日　在乌兰巴托举行的亚洲摔跤锦标赛上，苏会华获女子自由跤62公斤级银牌。

6月16日　2001年山东省暨泰安市“PICC杯”全民健身月活动启动仪式在天圆地方广场举行。省体育局局长于学田，副市长李惠东及泰安各界群众近万人参加启动仪式。启动仪式举行泰山锣鼓、老年大秧歌、大学生健美操、老年太极拳、少年武术等五场团体操的表演。

6月20日　在南阳举行的全国赛艇锦标赛上，马卫国、安东获男子八人单桨有舵手金牌，马卫国获男子双人桨银牌。

7月16日—22日　全国第十届“娃娃杯”乒乓球比赛在泰山圣达、劲邦乒乓球学校举行，全国18个省（市、自治区）的42支专业队和俱乐部的472名运动员参加比赛。泰安雷诺服饰代表队获男子少年组、儿童组和女子少年组3个团体第二名，王梦丽获得女子乙组单打冠军。

7月16日—25日　在日本福冈举行的第九届世界游泳锦标赛上，王峰获男子跳水一米板金牌。

8月30日　国家体育总局授予泰安市体育运动学校、新泰市体操运动学校、泰安市第二中学、宁阳县实验小学、肥城市竞技体育运动学校、泰山区岱庙街道办事处、岱岳区范镇等7个单位“全国群众体育先进单位”称号。

9月6日—16日　第十五届泰山国际登山节举行。9月6日下午在泰安天外村广场举行开幕式。9月7日，举行“赊店老酒杯”第六届全国全民健身登泰山比赛暨国际邀请赛，有美国、加拿大、英国、法国、澳大利亚等15个国家和地区145名运动员，国内117支代表队1040名运动员以及泰安市26支代表队150名运动员参加比赛。

11月11日—25日　第九届全国运动会在广州举行。有9名泰安市输出运动员参加本届全运会。马卫国获男子八人单桨有舵手金牌、双人单桨无舵手金牌；安东获男子八人单桨有舵手金牌；王峰获男子跳水一米板金牌、三米板第5名；王银行获男子50公里竞走金牌；刘燕获女子蹦床个人银牌。

12月29日　山东省人民政府授予泰安市“振兴山东体育突出贡献奖”称号。

2002年

2月15日—19日　“新春杯”2002全国少年足球比赛在泰山外国语学校举行。全国16支球队的200多名运动员参加比赛。泰山外国语学校代表队获乙组第一名、甲组第四名。

3月 罗文新任泰安市体育局党组成员、副调研员。

4月10日—12日 聂卫平携弟子王煜晖、刘世振、古力到泰安讲学。在泰山宾馆，聂卫平与三位弟子同泰安市39名围棋爱好者下“多面打”指导棋，聂卫平与三位弟子获32胜、6负、1和。

5月10日—13日 山东省田径锦标赛在泰安市体育中心举行。全省17个地市556名运动员参赛，泰安代表队获2枚金牌，男子团体第八名，女子团体第十名。

5月18日—21日 全国少年田径锦标赛在泰城举行，全国各地29支代表队、362名运动员参加比赛。

5月26日 在朝阳市举行的全国竞走锦标赛上，王银行获男子50公里竞走金牌。

6月25日 在西班牙塞维利亚举行的第十三届世界杯跳水比赛上，王峰获得男子团体、混合团体、双人跳水3枚金牌。

6月 在四川绵阳举行的全国第二届体育大会健美比赛上，秦成勇获85公斤级冠军。

8月29日—10月3日 全国跳水锦标赛在天津举行，王峰获男子一米板金牌、三米板银牌。

8月—10月 山东省第二十届运动会分别在济南、青岛、烟台、日照等地举行。共设26个大项，776个小项。泰安市体育代表团387名运动员参加田径、体操（蹦床）、举重、武术、散手、跆拳道、摔跤、柔道、射箭、排球、篮球、羽毛球等14个大项、236个小项比赛，获金牌65.14枚、银牌45枚、铜牌33枚，总分1508.51分，金牌数和团体总分均列全省第七位。其中，青少年组获金牌30枚、银牌38枚、铜牌25枚，列全省第七位，总分1037分，列全省第六名。

9月6日—12日 第十六届泰山国际登山节举行。9月6日晚，在泰山体育中心举行开幕式。开幕式举行“新汶矿业之夜”文艺演出。9月7日，举行“千年沪宝酒杯”第七届全国全民健身登泰山比赛暨国际邀请赛，有国外10支代表队124名运动员，国内114支代表队967名运动员，泰安市21支代表队146名运动员参加比赛。

9月10日—10月27日 泰安市举办“九九”老年人体育会演。设激灵圈、柔力球、健身秧歌等12个表演项目，各县（市、区）、矿务局146支代表队3600余名运动员参加。

9月29日—10月14日 在韩国釜山举行的第十四届亚运会上，马卫国获男子赛艇八人单浆金牌，王峰获跳水男子三米板银牌。

10月18日 在沅江举行的全国赛艇锦标赛上，马卫国获男子双人单桨无舵手金牌。

10月20日—22日 泰安市举办首届残疾人运动会。运动会设篮球、乒乓球、羽毛球、田径、举重、射箭、柔道、盲人门球8大项65个小项，县（市、区）、市直7个代表队300余名运动员参赛。

11月24日 在合肥举行的全国古典式摔跤冠军赛上，韩增峰获男子84公斤级银牌。

2003年

2月20日 泰安市政协委员王昌元、吕爱民、傅雨海等56名委员联名提出《关于加快我市体育场馆建设的建议》的提案。市委、市政府高度重视，经专家论证，决定在老体育场原址建设全民健身活动中心。

4月12日—14日 在扬州举行的全国竞走锦标赛上，泰安运动员王银行获男子50公里银牌。

4月20日—25日 在南京举行的全国跳水冠军赛上，王峰获三米板个人金牌、三米板双人金牌、一米板银牌。

4月23日 在平顶山举行的全国男子自由跤锦标赛上，吴绪立获男子96—120公斤级银牌。

4月18日—23日 在山东省第六届残疾人运动会上，泰安市运动员获3枚金牌、团体总分第八名。同月，王和平、曹东平、李岱强被国家体

育总局和中国残联授予“全国残疾人体育工作先进个人”称号

4月30日 泰安市政府召开参加山东省第二十届运动会表彰暨全市体育工作会议。市各大班子领导出席会议，市委副书记、市长及副市长李惠东讲话。会议印发中共泰安市委、泰安市人民政府《关于进一步加强和改进新时期体育工作的意见》，市政府《关于表彰参加第十九届运动会有功单位和人员的决定》，为泰安市体育局、新泰市体操学校记集体二等功，授予新泰市、泰安市体育运动学校“参加山东省第二十届运动会突出贡献奖”称号，授予岱岳区、宁阳县、东平县、山东科技大学等4单位“参加山东省第二十届运动会贡献奖”称号，授予于良、王文文、刘燕、苑峰为“泰安市体育之星”称号。

7月8日—10月22日 泰安市第十四届运动会在泰城举行。10月18日，在市体育中心体育场举行开幕式，运动会分职工、老年、少年3个组别，设34个大项、570个小项，其中少年组设13个大项、251个小项。各县（市、区）、矿务局、驻泰安大中专院校、市直学校、市直各企事业单位及市直机关200余支代表队、近万名运动员参加比赛。共决出金牌601枚，有5人达到国家一级运动员标准。

7月9日—11月12日 2003年全国女足超级联赛山东队主场赛在泰安二中体育场举行。山东、天津、河北、大连实德，北京城建、河南6支球队参赛。

7月11日 在合肥举行的全国古典式摔跤锦标赛上，韩增峰获男子84公斤级银牌，刘昊获男子96公斤级银牌。

7月14日 在西班牙巴塞罗那举行的第十届世界游泳锦标赛上，王峰获男子双人三米板跳水银牌。

8月18日—26日 2003山东省体育传统项目学校排球赛在泰山外国语学校举行。全省34支代表队、500余名运动员参加比赛。整个联赛共进行了100场比赛。泰山外国语学校队获初中组男子第六名、女子第七名和高中组男子第七名、女子第八名。

8月 在韩国举行的第二十二届世界大学生运动会上，王峰获男子跳水一米板金牌。

是月 在马来西亚举行的世界竞走大奖赛上，时娜（女）获得女子20公里竞走金牌。

9月6日—12日 第十七届泰山国际登山节举行。9月6日，在泰山广场举行开幕式，开幕式与第八届全国全民健身登泰山比赛、环泰山万人马拉松比赛起跑仪式合并举行。国内外180支代表队1397名中外运动员及泰安各界万余名群众参加比赛。

9月15日 在重庆举行的全国跳水锦标赛

2003年9月6日，中国登山协会副主席、国家体育总局登山运动管理中心党委书记栾开封（左三）、中共泰安市委副书记黄荣华（右二）、泰安市政府副市长李惠东（左二）、泰安市体育局局长殷培联（左一）在第十七届泰山国际登山节青年组登泰山比赛玉皇顶颁奖仪式上。（闫克勤　摄）

上，王峰获三米板个人金牌、三米板双人金牌、一米板银牌。

9月17日 在广州举行的全国赛艇锦标赛上，马卫国获男子双人单桨无舵手、男子八人单桨有舵手2枚金牌。

9月18日 在郑州举行的全国武术散打冠军赛上，杨松获90公斤级散打金牌、85—95公斤级团体金牌。

9月19日 由中国老年旅游联合会主办的全国万名老人泰山登高互动在天外村广场举行。当日晚，2000名老人在天外村广场举办“体验登泰山之乐，享天外村之夜”大型歌舞晚会。

9月27日 在秦皇岛举行的全国竞走冠军赛上，时娜获女子20公里竞走银牌。

9月28日 在广州举行的第十届亚洲赛艇锦标赛上，马卫国获男子双人单桨金牌。

10月 在许昌举行的全国古典式摔跤冠军赛上，刘昊获男子96公斤级金牌，韩增峰获男子84公斤级银牌。

11月 在黄山举行的全国女子自由跤冠军赛上，苏会华获63公斤级银牌。

2004年

2月18日—22日 在希腊雅典举行的第十四届跳水世界杯赛上，泰安运动员王峰获男子3米板银牌。

3月26日 在合肥举行的全国古典式摔跤锦标赛上，泰安运动员刘昊获男子96公斤级金牌，韩增峰获男子84公斤级银牌。

4月30日 国家体育总局党组成员、纪检组长、中国奥委会副主席、中华体育总会副主席王宝良，国家体育总局举重摔跤管理中心主任马文广，山东省体育局局长于学田、副局长张松林到泰安视察体育工作，泰安市体育局副局长任广中汇报工作情况。

5月1日—2日 在德国南堡举行的第二十一届竞走世界杯赛上，时娜获女子20公里竞走团体金牌。

5月20日—25日 在日本举行的亚洲女子自由式摔跤锦标赛上，苏会华获女子自由跤63公斤级银牌。

7月 彭国胜兼任泰安市体育中心主任。

7月22日—19日 2004年全国少年女子乙组篮球赛分别在山东农业大学体育馆、市体育馆举行，全国10支少年女子篮球队、148名运动员参赛。

8月14日—30日 第二十八届奥运会在希腊首都雅典举行。王峰、时娜（女）、孟丽丽（女）参加本届奥运会。王峰获男子跳水三米板第四名，孟丽丽获女子自由跤63公斤级第9名。

8月28日 2004年全国少年男子（13～15岁）举重分龄赛在泰安市体育馆举行，全国的13支代表队、138名运动员参加比赛。

9月3日—10日 2004年“泰安移动杯”全国青年男子排球锦标赛在山东农业大学体育馆举行。

9月6日—10日 第十八届泰山国际登山节举行。9月6日晚，在泰山广场举行开幕式。开幕式举行彩车巡游、文艺演出、文明圣火点燃仪式、焰火晚会等4项活动。登山节举办3项体育活动：9月7日，“神舟科技杯”第九届全国全民健身登泰山比赛暨国际邀请赛在林校操场举行，国际组有16个国家和地区173名运动员参赛，全国组有108个代表队982名运动员参赛，泰安市组有24个代表队120名运动员参加比赛。9月7日，环泰山万人短程马拉松比赛在林校操场举行，驻泰高校和市直各中学的万余学生参赛。9月3日至10日，“泰安移动杯”全国青年男子排球锦标赛在山东农业大学体育局馆举行，全国13支代表队187名选手参加了排球联赛。

9月13日 在意大利举行的世界军事五项赛上，杨世伟、刘坤获军事五项团体金牌。同日，在孝感举行的全国女子自由跤冠军赛上，苏会华获女子63公斤级金牌。

9月—2005年4月 山东金斯敦男篮2004—2005年赛季主场比赛在山东农业大学南校区体育馆举行，共有19场主场比赛，9支代表队150名运动员参加比赛。本次比赛是泰安市首次承办国家级篮球大型联赛。

2005年

3月1日 在天津举行的亚洲室内田径锦标赛上，泰安运动员黄静获女子800米银牌。

3月21日—27日 第七届CUBA中国大学生篮球联赛东北赛区比赛在山东农业大学举行，7个省市12所高校的16支（男、女各8支）球队参加比赛。

4月20日 在成都举行的全国跳水冠军赛上，王峰获一米板金牌。

6月 泰安市开展国民体质抽样监测活动。共采集14类样本、72个年龄组近4000人的样本，初步建起全市国民体质监测数据库。

6月10日—9月28日 泰安市第十五届运动会在泰安举办。9月25日，在市体育中心体育场举行开幕式，运动会分少年、成年、老年3个组别，设34个大项、282个小项的比赛，各县（市、区）、矿务局、驻泰安大中专院校、市直学校、市直各企事业单位及市直机关160多支代表队、10000余名运动员参加。有11人9次破市最高纪录，16人达到国家一级运动员标准，1人达到国家运动健将标准。

7月17日 在加拿大蒙特利尔举行的第十一届世界游泳锦标赛上，王峰获男子跳水双人3米板金牌。

7月 侯衍奎任泰安市体育局党组副书记、副局长。

9月6日—12日 泰安市第十九届国际登山节在泰安举行。本届登山节共安排开幕式、体育、经贸、文化四大类25项活动。6日晚，在泰安市体育中心体育场举行开幕式。开幕式举行由中央电视台参与编排的《中华情·泰山魂》大型文艺演出。7日上午，在林校操场举行第十届全国全民健身登泰山比赛暨国际邀请赛，国际有12个国家和地区的148运动员，国内103个代表队1623名运动员以及市内30个代表队320名运动员参加比赛。

9月10日 泰安市在泰山广场、山东农业大学体育馆举行2005年中韩青少年跆拳道友谊赛。

9月11日 2005U-GROUP中韩围棋友谊赛在东岳山庄举行，韩国与中国的8名围棋高手展开对弈。双方阵容安排分别是：韩国权甲龙七段（主将）对中国聂卫平九段（主将）；韩国崔哲瀚九段对中国王煜辉七段；韩国尹峻相四段对中国赵哲伦四段；韩国权孝珍四段对中国孟昭玉二段。最终中方以3：1的总成绩获得胜利。

9月27日 国家体育总局授予泰安市建设局、新泰市明珠社区居委会、新泰市新汶办事处孙村村民委员会、肥城矿业集团公司工会、泰安市体育运动学校、泰安市泰山神州武校“全国群众体育先进单位”称号。

10月12日—23日 第十届全国运会在南京举行。11名泰安市输出运动员及泰安籍运动员参加比赛，获1枚金牌、1枚银牌、1枚铜牌。其中，王峰获男子跳水三米板金牌，黄静获女子1500米银牌。泰安市被省政府授予“振兴山东体育贡献奖”。

11月1日 在北京举行的全国自由跤冠军赛上，贾亚峰获63公斤级银牌。

2006年

2月 泰安市政府副市长徐恩虎分工体育工作。

4月4日 在哈萨克斯坦阿拉木图举行的第十九届亚洲摔跤锦标赛上，泰安运动员苏会华获女子自由式摔跤63公斤级金牌。

4月26日 在广州举行的全国女子自由跤锦

标赛上，苏会华获女子63公斤级银牌。

5月13日 在西班牙拉科鲁尼亚举行竞走世界杯赛上，时娜获女子成年组20公里竞走团体银牌。

5月16日 在合肥举行的全国古典式摔跤锦标赛上，刘昊获男子96公斤级金牌。

5月29日 在徐州举行的全国蹦床锦标赛上，娄明、马延青获男子双人同步金牌。

7月19日 在江苏常熟举行的第十五届跳水世界杯赛上，王峰获混合团体、男子团体、男子双人三米板3枚金牌。

7月21日—24日 全国少年男子乙组排球锦标赛在山东农业大学体育馆举行。全国7支代表队，142名运动员参加比赛。

7月28日—31日 2006年全国竞走锦标赛在泰安市政广场举行。全国各省市自治区20个代表队、129名男运动员和67名女运动员参加比赛，辽宁、山东、云南、江苏、甘肃分别获团体前六名。

7月—10月 山东省第二十一届运动会在烟台市体育公园体育场举行。全省17个地市的8000多名运动员参加比赛。本届运动会设31个大项872个小项，金牌1748枚，总分35544分。泰安市体育代表团463人参加了19个大项的决赛，1人破1项竞走省纪录。青少年运动员组取得金牌21.5枚、总分975.75分，金牌数列全省第八位，总分列全省第十位；优秀运动员组取得金牌26枚、总分234分，金牌数和总分均列全省第九位；综合成绩取得金牌47.5枚、总分1209.75分，金牌数和总分分列全省第九位、第十位。

9月6日—12日 第二十届泰山国际登山节举行。6日晚，在泰山广场举行开幕式。开幕式上举办大型文艺演出活动。登山节安排3项体育活动：9月7日，第十一届全国全民健身登泰山比赛暨国际邀请赛在泰安林校操场举行，国际组有18个国家的169名运动员参赛，全国组有21个省（市、自治区）117支代表队1168名运动员参赛，泰安市组有20支代表队165名运动员参赛。9月10日—20日，全国女子足球联赛总决赛在泰安市体育中心举行，8支国内成年女子足球队参加比赛。9月7日，群众性登山活动在泰安林校操场举行，全市200多个单位1万余人参加。

9月12日—20日 2006年全国女足联赛第四阶段比赛在泰安市体育中心及泰山医学院举行。来自全国各地8支代表队269名运动员参加比赛，河南、山东获前两名。

9月20日 在武汉举行全国跳水锦标赛上，王峰获男子双人三米板金牌。

10月16日 在孝感举行的全国古典式摔跤冠军赛上，韩增峰获男子96公斤级银牌。

10月18日 在马江举行的全国举重冠军赛上，李娜获女子75公斤级挺举银牌。

10月20日 泰安市政府召开常务会议，专题研究迎“两运”（全国第十届运动会、省第十六届运动会）体育场馆规划建设问题。会议确定，对市体育中心体育场进行改造；全民健身中心由政府出资建设；将南湖公园确定为市体育健身公园，市规划部门和建设部门要协助做好整体规划、拆迁、建设等工作。

10月 石柱清任泰安市体育局副调研员。

12月1日 在卡塔尔首都多哈举行的第十五届亚运会上，王峰获跳水男子双人三米板金牌。

12月24日 迎新年全国体育彩票杯万人健身登泰山活动在泰山天地广场举行，泰安社会各界近万人参加。

2007年

1月 苏有森任泰安市体育局党组书记、局长，于桂香任党组成员、副局长。

是月 在太原举行的全国少年儿童跳水锦标赛上，泰安运动员邢怡颖获女子乙组五米跳台金牌。

3月13日 在澳大利亚墨尔本举行的第十二届世界游泳锦标赛跳水比赛上，王峰获男子双人三米板金牌。

3月 殷培联任泰安市体育局调研员。

4月15日 在芜湖举行的全国女子柔道锦标赛上，冯慧慧获女子-57公斤级银牌，贾亚峰获女子67公斤级银牌。

4月17日—28日 "蒙牛杯"2007年第十九届女子、第三十八届男子亚洲举重锦标赛在泰安举行。4月20日，在泰山学院体育馆举行开幕式，亚举联主席苏丹，国际举联副主席、中国举重协会主席马文广，亚举联秘书长阿里，省政府副秘书长司安民，省体育局局长张洪涛，泰安市委书记、市人大常委会主任耿文清，副书记、市长李洪峰，市政协主席高儒林，市人大常委会副主任李秀兰，副市长徐恩虎，亚举联官员及国家体育总局、省体育局、北京奥组委观摩团、泰山学院领导出席开幕式。本届亚洲举重锦标赛设15个比赛级别、45枚金牌。22个国家和地区的237名运动员参加比赛。中国队夺得35枚金牌，先后有3人次打破3项亚洲和世界纪录。

4月20日 在无锡举行的全国跳水冠军赛上，王峰获男子三米板金牌。

4月 市政府召开表彰参加山东省第二十一届运动会先进单位和个人暨全市体育工作会议，副市长徐恩虎出席会议并讲话。

是月 泰安市政协副主席赵成道带领部分政协委员就全市体育设施发展和全民健身活动进行视察，向市委、市政府提交《关于加快我市体育事业发展的建议》。

6月7日 在萧山举行的全国蹦床锦标赛上，娄明、马延青获男子团体金牌。

7月1日—3日 2007年全国竞走特许赛在新泰市举行。全国各地22支代表队170余名运动员参加比赛。

7月12日—10月15日 泰安市第十六届运动会在泰安举行。10月11日，在市体育中心体育场举行开幕式。运动会分少年组、职工组、老年组3个组别、设34项比赛，其中少年组设14项。全市153支代表队1万余名运动员参加比赛。

8月8日 泰安市庆祝北京奥运会倒计时一周年健身跑活动在市政广场举行。起点设在市政广场，沿环山路，至天外村天地广场，全程4公里。全市1万名体育爱好者参加健身跑活动。

8月23日 在日照举行的全国赛艇锦标赛上，张颖获女子轻量级四人双桨金牌。

9月6日—12日 第二十一届泰山国际登山节举行。9月7日上午，登山节开幕式与第十二届全国全民健身登泰山比赛起跑仪式在山东农业大学东校区操场举行。本届登山节举办3项体育活动：登泰山比赛暨国际邀请赛，有国内外162支代表队1609名运动员参赛；环泰山万人健身跑活动，有泰安市社会各界1万余人参加；竞速登山接力比赛，有红楼百货、体彩中心、泰安二中、科技大学、体校、别克专卖、新矿二中、泰安摔跤队、高职院9个单位参加。

9月9日—11日 中国登山协会、山东电

2007年9月7日，中共泰安市委书记耿文清出席第二十一届泰山国际登山节暨第十二届全国全民健身登泰山比赛暨国际邀请赛起跑仪式。（闫克勤 摄）

视台、泰安市人民政府联合主办“泰山武术杯”2007“新泰安·三山两湖”全国山地户外挑战赛在分别在泰山、徂徕山、莲花山、天平湖、东平湖举行。按照赛程，9月9日赛段为泰山、天平湖，9月10日赛段为东平湖，9月11日赛段为徂徕山、莲花山，赛程总长180公里。有16支国内俱乐部和高校队伍的64名运动员参加比赛。

9月11日 在烟台举行的全国跳水锦标赛上，王峰获男子双人三米板金牌。

10月11日 泰安市在市政广场举行全国第十一届运动会倒计时两周年揭幕仪式。市委书记、市人大常委会主任耿文清，市委副书记、市长李洪峰为倒计时牌揭幕，并参加万人签名活动。市领导高儒林、李秀兰等出席揭幕仪式。

10月 在印度举行的第四届世界军人运动会上，刘坤（女）获军事五项女子个人、军事五项女子团体2枚金牌，杨世伟获得军事五项男子个人银牌、军事五项男子团体金牌。

2008年

2月19日 在北京举行的第十六届跳水世界杯赛上，王峰获男子双人三米板金牌。

3月19日 在合肥举行的全国跳水冠军赛上，王峰获男子双人三米板金牌。

4月6日 在沈阳举行的全国古典式摔跤锦标赛上，韩增峰获男子96公斤级银牌。

5月6日 在上海举行的全国蹦床锦标赛上，娄明、马延青获男子双人同步银牌。

5月18日 山东省全民健身月活动启动仪式在泰安市政广场举行。省政府分工副省长，省政府副秘书长司安民，省体育局副局长李政，市委副书记、市长李洪峰，市政协主席高儒林，市人大常委会党组书记、副主任唐家品及社会各界1万余人参加启动仪式。

7月13日 2008年全国国际跳棋选拔赛在泰山饭店举行。国家体育总局、山东省体育总会、泰安市有关领导人等出席开棋仪式。在本次比赛中，选拔全国第一支国际跳棋队伍，参加世界首届智力运动会。

7月22日 北京2008年奥运火炬“祥云”泰安站传递活动举行。起点设在泰山体育中心，沿东岳大街、府前街、迎胜东路、龙潭路，终点天外村广场，共计6公里。有运行火炬手102名、护跑手32名，沿途40余万名群众参加活动。山东省政府分工副省长，市委主要领导，市委副书记、市长李洪峰，市委副书记黄龙华，市政协主席高儒林，市人大常委会党组书记、副主任唐家品，泰安军分区司令员刘士平等参加活动。

8月8日—24日 世界第二十九届奥运会在北京举行。王峰获男子双人三米板跳水金牌，时娜获女子20公里竞走第13名。市委、市政府向中国代表团和王峰发电祝贺。8月，共青团山东省委授予王峰“山东青年五四杰出贡献奖章”荣誉称号。9月4日，泰安市政府授予新泰市“泰安市获首枚奥运会金牌突出贡献奖”称号；奖励奥运冠军王峰40万元（后又追加奖励20万元），王峰训练单位20万元，有关教练员20万元。10月17日，泰安市第十五届人大常委会第5次会议通过，授予王峰“泰安市功勋市民”称号。

8月19日 在泉州举行全国蹦床冠军赛上，娄明、马延青获男子双人同步银牌。

8月29日 在合肥举行的全国古典式摔跤冠军赛上，韩增峰获男子96公斤级金牌。

9月5日 国家体育总局副局长冯建中在省体育局领导陪同下视察泰安体育工作，泰安市委主要领导以及市体育局局长苏有森等陪同视察。

9月6日—12日 第二十二届泰山国际登山节举行。9月6日，泰山国际登山节暨泰山·富士山中日友好节在天外村广场开幕。开幕式举行“泰山·富士山中日友好节暨吕远作品演唱会”，晚上举行《日出泰山东方红》大型主题歌舞晚会。9月7日，第十三届全国全民健身登泰山比赛暨国际邀请赛在山农大东校区操场（原林校操场）举

2008年9月6日，山东省体育局局长张洪涛出席第二十二届泰山国际登山节开幕式。（闫克勤　摄）

行，全国22个省（市、自治区）、26个国家和地区及泰安市207支代表队2383名运动员参赛。同时在山农大东校区操场举行万人环泰山健身跑活动，来自全国各地3000余名登山爱好者及泰安市社会各界群众近万人参加健身跑活动。

9月24日　在上海举行的全国赛艇锦标赛上，张颖获女子轻量级四人单桨无舵手金牌。

本月　在土耳其举行的世界军体第五十五届世界锦标赛上，杨世伟获军事五项个人、军事五项团体2枚金牌，刘坤获军事五项女子团体、军事五项接力2枚金牌。

10月23日　在泰安举行的全国竞走锦标赛上，时娜获女子20公里银牌。

11月23日—25日　2008全国竞走锦标赛在新泰举行。比赛设3个大项、8个小项，17个省（市）代表队、188名运动员参加比赛。时娜获女子青年组20公里竞走金牌。

12月　中共泰安市体育局机关党委成立。苏有森任党委书记，张吉庆、刘传梅（女）任副书记。

2009年

1月　在天津举行的全国少儿跳水锦标赛上，泰安运动员邢怡颖（女）获得1米板、3米板、5米台3枚金牌和5米台双人银牌，韩玉获得5米台金牌和1米板、3米板2枚银牌，邱豪然获得5米台双人银牌。

3月7日—9月7日　首届中国泰山登山系列大奖赛在泰安举行。该比赛由国家体育总局登山运动管理中心、山东省体育局、山东省旅游局、山东电视台、泰安市人民政府主办。山东省旅游局出资100万元给予支持（至2011年连续出资3年）。中国泰山登山系列大奖赛每年举行一届。首届比赛首届大奖赛分为月赛、季赛、年度总决赛等8个赛次，有历史文化、生态旅游、玉皇顶生态观光3条线路，有21个省（市、自治区）3500名运动员参加比赛，1000余名运动员获奖，年度总决赛男、女总冠军分别获得30万元、20万元重奖。

3月23日　泰安市政府召开全市体育工作会议。市人大常委会副主任杜卓群，市政府副市长徐恩虎，市政协副主席赵成道出席会议。

5月7日　泰安市政府副市长李琥到泰安市全民健身中心工地、泰安市体育中心检查工作。市体育局局长苏有森汇报工作情况。

5月15日—9月22日　泰安市第十七届运动会暨第一届全民健身运动会在泰安举行。9月20日，在市体育中心举行第十七届运动会开幕式。裁判员、教练员、运动员及驻泰安部队指战员、驻泰安大专院校师生、泰安市社会各界群众2万多人参加开幕式。运动会分青年、职工、少年3个组别，设少年组6项、职工组8项、青年组9项共33项比赛。全市240支代表队5100名运动员参赛。

5月17日　在徐州举行的全国空手道锦标赛上，王红获女子+68公斤级金牌。

5月21日　在西安举行的全国跳水冠军赛

上，王峰获男子一米板金牌。

5月27日 在杨凌举行的全国赛艇锦标赛上，张颖获女子轻量级四人双桨银牌。

7月17日 在意大利罗马举行的第十三届世界游泳锦标赛跳水比赛上，王峰获男子双人三米板金牌。

7月—10月 第十一届全国运动会男子足球甲组小组赛及9—12名决赛、男子排球小组赛、男子足球乙组小组赛及9—12名决赛在泰安市举行。7月22日—30日，男子足球甲组小组赛及9—11名决赛在市体育中心体育场和泰山学院体育场举行。10月16日—24日，男子足球乙组小组赛及9—11名决赛在泰安市体育中心体育场和泰山学院体育场举行。10月18日—22日，十一运会男子排球小组赛在山东农业大学南校区体育馆举行。

8月1日 全国第十一届运动会圣火采集仪式在泰山太平顶举行。省委副书记、省长、十一运组委会执行主任姜大明，国家体育总局副局长、十一运组委会副主任冯建中，省委副书记、省筹办十一运领导小组组长刘伟、山东省人民政府分工副省长及泰安市委、市政府主要领导出席圣火采集仪式。仪式由山东省人民政府分工副省长主持，省委副书记、省长姜大明宣布圣火采集仪式开始，国家体育总局副局长冯建中、省委副书记刘伟讲话。上午10时，圣火在泰山太平顶采集成功，张娟娟手捧火种灯、王峰手持采火棒，在6名护火少女和56个民族代表的簇拥下向世人展示，1100只和平鸽腾空飞起，至此，圣火采集仪式圆满成功。

8月28日—9月3日 第十一届世界象棋锦标赛在新泰市荣峰国际大酒店举行。比赛设男子团体赛、男子个人赛、非华越裔个人赛和女子个人赛四个项目，英国、日本、新加坡、澳大利亚等22个国家和地区的棋手90人参加比赛。国家体育总局党组成员、局长助理晓敏，山东省政府分工副省长，省体育局局长张洪涛，全国政协委员、国际奥委会委员、香港奥委会会长、世界象棋联合会主席霍震霆，国家体育总局棋牌运动管理中心主任刘思明，中国象棋协会顾问、世界象棋协会联合会永远名誉主席王铭，中国象棋协会秘书长刘晓放，山东省体育局副局长王延奎，山东省体育局棋类管理中心主任安慕雷，泰安市人民政府副市长徐恩虎，世界象棋联合会永远名誉主席黄泗、黄秋鹏、陈华钟、阮国衡，世界象棋联合会副主席刘恭豪观看比赛。中央电视台第一套、第四套、第五套进行直播，《人民日报》、新浪网等20余家新闻媒体对赛事进行报道。

8月 泰安市体育总会成立。总会为正县级事业单位，核定编制8人，设主席1人，副主席1人。

9月6日—12日 第二十三届泰山国际旅游文化登山节举行。9月6日晚，在泰山广场举行开幕式。开幕式举行“泰山冠军”中国·泰山登山系列大奖赛2009年度总决赛颁奖典礼、世界名山联盟仪式和专场文艺演出。本届登山节举办3项体育活动：全国全民健身登泰山比赛（国际邀请赛），国外30多个国家和地区198名运动员，国内22个省、市、自治区168支代表队2280名运动员，泰安市31支代表队320名运动员参加比赛。万人环泰山健身跑活动，有泰安各界人士近万人参加。“泰山冠军”总决赛，有全年6次月赛、1次季赛取得资格的339名运动员参赛。

10月14日 泰安市在市政广场举行第十一届全国运动会圣火传递起跑仪式。火炬传递起点为市政广场，终点为泰安市体育中心。市委主要领导，全国十一运会组委会火炬传递办公室副主任孙经国，市各大班子领导高儒林、唐家品、王云鹏、刘士平、杨忠海、李琥、杜卓群、徐恩虎、王昌元出席活动。

10月16日—28日 全国第十一届运动会在济南举行。22名泰安运动员参加本届全运会。王峰获男子跳水一米板金牌；冯慧慧获女子柔道-57公斤级银牌；黄静获女子4×400米接力银牌；张颖获赛艇女子轻量级四人双桨银牌；娄明、焦峰、马延青获男子蹦床团体银牌；曲业新、于良获男子体操团体银牌。

11月22日 省委、省政府授予泰安市“第十一届全运会参赛工作先进集体”称号；授予泰安市公安局“第十一届全国运动会筹办工作先进集体”称号；授予高翔、苏有森“第十一届全国运动会筹办工作先进个人”（享受山东省劳动模待遇）称号；给予彭国胜、宋建波、宋杰、杨振德记一等功。

2010年

1月 任广中兼任泰安市体育总会主席，路敦庆任体育总会副主席；11月，冯遂杰任市体育局党组成员、副调研员。

4月10日—9月7日 第二届“泰山啤酒杯”“泰山冠军”中国泰山登山系列大奖赛在泰安举行。该届泰山登山系列大奖赛增设市政广场—环山西路—桃花峪—桃花源环山跑线路。来自全国各地3000余名运动员参加比赛，年度男、女总冠军分别获得20万元、15万元奖金。

5月8日 山东省全民健身月启动仪式暨省直机关登泰山活动在泰山桃花峪游人服务中心举行。省政府分工领导，省直机关工委书记张敬涛，省政府副秘书长司安民，省直机关工委副书记马以芳，省体育局副局长丁艳菊，省旅游局副局长于凤贵，泰安市副市长徐恩虎，泰安市市长助理、泰山管委会党委书记任先德等出席仪式。有来自省直机关各部、委、厅局88个单位2000余名机关干部参加活动。

5月12日 在温州举行的全国蹦床锦标赛上，泰安运动员娄明、马延青获男子双人同步金牌。

5月15日 在墨西哥奇瓦瓦举行的第二十四届竞走世界杯比赛上，杜云鹏获男子50公里竞走团体金牌。

6月14日 国家体育总局副局长崔大林到泰安检查指导工作。省体育局副局长刘明，泰安市政府副市长徐恩虎，市体育局局长苏有森陪同。

6月17日 泰安市开展第三次国民体质监测。对城镇和农村幼儿（3～6岁）、成年人（20～59岁）、老年人（60～69岁）共72个年龄组、3240个样本进行检测。

8月7日 泰安市在市政广场举行庆祝全国第二个全民健身日活动。市人大常委会副主任杜卓群，市政府副市长徐恩虎，市政协副主席赵成道参加活动。活动安排安塞腰鼓、跆拳道、太极春秋大刀、武术、无极健身球、泰山拉丁舞、五禽戏等多个展演项目，1500余人参加展演。

8月19日 在泉州举行的全国蹦床冠军赛上，娄明、马延青获男子网上团体银牌。

8月29日 在日照举行的全国赛艇锦标赛上，张颖获女子轻量级双人双桨金牌，女子轻量级四人双桨银牌。

2010年12月8日，中共泰安市委常委、市政府副市长李琥（前左三），泰安市人大常委会副主任杜卓群（前左二），市政府副市长徐恩虎（前左一）视察新建成的全民健身中心。（闫克勤　摄）

9月4日—10日 第二十四届泰山国际旅游文化登山节举行。9月6日，在泰山中华泰山封禅大典实景演出现场举行开幕式。开幕式上举行“泰山冠军”中国·泰山登山系列大奖赛2010年度总决赛颁奖典礼及中华泰山封禅大典实景演出。登山节举办3项体育活动：登泰山比赛，有国内外218支代表队2600名运动员参加；泰山系列大奖赛，有304名运动员参赛；环泰山健身跑，有泰城各界近万人参加。

9月5日 中国·东平首届国际龙舟邀请赛在东平湖开幕。国家体育总局原副局长、中国奥委会副主席、国际龙舟联合会名誉主席张发强，山东省体育局副局长李政，泰安市委主要领导，市委常委、宣传部部长白玉翠，市委常委、秘书长朱玉合，市人大常委会副主任滕先森，市政协副主席、统战部部长朱永强等出席开幕式并观看比赛。龙舟赛由中国龙舟协会、山东省体育局、泰安市人民政府主办，泰安市体育局、东平县人民政府承办。共有44支代表队参赛，其中国际组10支龙舟队，国内34支龙舟队。

9月16日 环中国国际公路自行车赛泰山赛段在市政广场望岳西路举行发车仪式。该比赛由国际自行车联盟、国家体育总局自行车击剑管理中心、中国自行车协会主办，中体产业集团股份有限公司、山东省体育局、泰安市人民政府承办。有14支国外队、4支国内队，共120辆车550人参加比赛。比赛路线为：起点市政府大楼西门—环山西路—桃花峪—104国道—东行至望岳西路—起点骑行4圈，第五圈骑至桃花峪—盘山公路—桃花源索道，共计110公里。

9月19日—27日 山东省第二十二届运动会在淄博市体育中心举行。比赛分青少年、高校、行业3个组别，设25个大项759个小项比赛。泰安市代表团参加23个大项178个小项比赛。青少年组获金牌31.75枚、银牌20.5枚、铜牌30枚，总分1596.5分，金牌数和团体总分均列全省第八位，被组委会授予“体育道德风尚奖”称号。

2011年

3月30日 市政府召开全市体育工作暨参加二十二届省运会表彰大会。市政府副市长徐恩虎、市政协副主席任先德出席会议，副市长徐恩虎讲话。

4月9日—9月6日 第三届中国泰山登山系列大奖赛在泰安举行。比赛分为月赛、总决赛6个赛次。线路分别为：岱庙厚载门—玉皇顶传统赛，桃花峪游人中心—玉皇顶风光旅游速度赛，环泰山超级马拉松旅游赛，十八盘精英挑战赛，天柱峰—桃花源跨越泰山勇士赛，厚载门—玉皇顶年度总决赛。

4月19日 市政协党组副书记、副主席于连荣带领部分政协委员对全市全民健身活动情况进行视察。市政协副主席张庆明、谢崇国、任先德，市政协原主席高儒林，原副主席李凤明、夏作理、赵成道、傅光仁、孙宗明、张树友，山东农业大学党委书记张敬和等50多名委员参加视察活动。

5月—10月 山东省第一届全民健身运动会分别在济南、泰安等地举行。运动会设26个项目。泰安市代表团参加22个项目的比赛，获一等奖9个、二等奖42个、三等奖38个，团体总分247分，列全省第七位，被大会授予“山东省第一届全民健身运动会突出贡献奖”和“体育道德风尚奖”称号。泰安市承办省全民健身运动会国际象棋和乒乓球2项赛事。7月13日，全民健身运动会国际象棋比赛在泰安市虹桥宾馆举行，有14支代表队，110余名运动员参赛。9月14日，全民健身运动会乒乓球比赛在体育中心举行，有18支代表队，105名运动员参赛。

5月 在德国举行的2011年国际泳联跳水大奖赛上，泰安运动员邢怡颖获女子单人十米台金牌，女子双人十米台银牌。

6月10日 在上海举行的全国蹦床锦标赛上，娄明、马延青获男子双人同步金牌。

7月6日 全民健身中心建成投入使用，泰安市体育局迁至全民健身中心健身大楼办公。12月8日举行全民健身大楼启用仪式，市人大常委会副主任杜卓群、副市长徐恩虎、市政协副主席任先德为全民健身大楼启用剪彩。全民健身中心主要由全民健身大楼、全民健身广场、地下游泳馆组成，为公益性开放式健身休闲场所，总投资1.2亿元。

7月10日—9月26日 泰安市第十八届运动会暨第二届全民健身运动会开幕式在泰城举行。9月24日，在体育中心举行开幕式。运动会分职工、老年、少年、驻泰高校、俱乐部5个组别，设14个大项348个小项比赛。全市230支代表队5400名运动员参赛。

7月26日 泰安市人大常委会副主任杜卓群带领部分人大代表、常委会委员视察体育工作，并对全市体育工作给予肯定。

7月 在巴西举行的第五届世界军人运动会上，刘坤（女）获得军事五项团体金牌、军事五项个人铜牌。

8月8日 泰安市在市政广场举行2011年"全民健身活动日"庆祝活动。市人大常委会副主任杜卓群、副市长徐恩虎、市政协副主席任先德、市体育局局长苏有森等领导出席活动。庆祝活动举办少年轮滑队队员猫腰滑行、跆拳道、老年健身秧歌、拔河比赛，泰安各界群众2000余人参加。

9月5日 "洲际泰"杯2011中国龙舟公开赛（东平站）暨中国·东平第二届国际龙舟邀请赛在东平湖中心码头举行。国家体育总局社会体育指导中心副主任邹积军，中国龙舟协会副秘书长于浩，副市长徐恩虎出席开幕式。本次邀请赛共有44支代表队、688人参加比赛，其中有英国、葡萄牙、马来西亚及中国香港、澳门、台湾6支代表队。

9月6日—12日 第二十五届泰山国际旅游文化登山节举行。9月6日，在泰山体育中心体育场举行开幕式。开幕式举行《国泰民安之夜》大型文艺演出。登山节共安排3项体育活动，起点均设在山东农业大学东校区操场。登泰山比赛有国际、国内146支代表队2000名运动员参赛；中国泰山登山系列大奖赛，有387名运动员参赛；环泰山健身跑，有泰安市各界群众万余人报名参加。

9月7日 在富宁举行的全国武术散打冠军赛上，卞庆各获男子96公斤级银牌。

9月12日 在常熟举行的全国跳水锦标赛上，跳水运动员邢怡颖（女）获女子双人十米台金牌。

9月16日 在宝鸡举行的全国竞走锦标赛上，刘建民获男子20公里金牌。

9月19日 在六安举行的全国赛艇锦标赛上，张颖获女子轻量级四人双桨金牌。

9月 在吉林举行的第七届全国大学生跆拳道锦标赛上，高旭获跆拳道58公斤级金牌。

10月26日 市政府颁布《泰安市全民健身实施计划（2011—2015年）》。

是年 山东省文明委授予泰安市体育局"省级文明机关"称号，至2015年，泰安市体育局连续五年获得"省级文明机关"称号。

2012年

2月 在德国举行的国际泳联跳水大奖赛上，泰安运动员邢怡颖获女子跳水十米台银牌。

3月18日 "泰山特曲"杯首届泰山全国半程马拉松比赛在泰山环山路举行。全国各地1000多名运动员参加比赛。市人大常委会副主任尹衍祥，市政协副主席张书盈为取得优异成绩的运动员颁奖。

3月22日 在滨州举行的全国女子柔道锦标赛上，冯慧慧获女子57公斤级金牌。

4月20日 在昆山举行的全国蹦床锦标赛上，娄明、马延青获男子网上同步金牌。

4月21日 山东省第五届冬泳锦标赛在泰山花样年华景区举行。全省17市23支代表队1500多人参加比赛。

5月12日 山东省第二届全民健身运动会开幕式在枣庄举行。本届全民健身运动会设26个竞赛项目，历时5个月。泰安市代表团获16个第一名、20个第二名，总成绩列全省第七名。

5月19日 2012年“宝龙明珠健身杯”山东省第四届“百县篮球、千乡乒乓球、万人象棋”泰安赛区比赛暨泰安市首届社区全民健身运动会在泰安市宝龙城市广场举行。省体育总会副主席徐大义，泰安市政府副市长徐恩虎，市体育局局长苏有森等参加活动。泰山区、岱岳区和泰安各体育俱乐部35支代表队、802名运动员参赛。

5月31日 在黑河举行的全国武术散打锦标赛上，卞庆各获男子90公斤级银牌。

6月15日—16日 2012年全国竞走大奖赛在新泰举行。比赛分成年、青年、少年3个组别，全国15支代表队96名运动员参加比赛。

6月23日 中国东平首届龙舟旅游文化节暨山东东平第三届全省龙舟赛在东平湖举行，省体育总会副主席徐大义，泰安市委书记、人大常委会主任李洪峰，市委副书记、市长王云鹏，省体育总会秘书长关萍，泰安市政府副市长徐恩虎，市政府秘书长张平，体育局局长苏有森参加活动。全省44支龙舟队参赛。

8月 WRO国际奥林匹克机器人竞赛泰安赛区在全民健身中心隆重开赛。主要比赛项目机器人爬楼梯、机器人穿越迷宫、机器人巡线，100余名选手参加比赛。

9月6日—10日 第二十六届泰山国际旅游文化登山节举行。9月6日，在泰安市体育中心体育场举行开幕式。开幕式举行“国泰民安”大型文艺演出。登山节举办3项体育活动：9月7日上午，登泰山比赛暨国际邀请赛、环泰山健身跑活动同时在山东农业大学东校区操场举行，登山比赛有国际组37个国家地区257名运动员参赛，全国组有20个省市自治区126支代表队1889名运动员参赛，泰安组有47支代表队379名运动员参赛。环泰山健身跑活动有泰安市机关、企事业单位、大专院校及社会各界群众1万余人参加。9月7日，在泰山方特欢乐世界举行2012年全国公路摩托车锦标赛（泰安站）暨年度总决赛，有12个省市的11支车队参加。

9月13日 在鄂尔多斯举行的全国竞走锦标赛上，刘建民、韩继江获男子20公里团体金牌。

9月19日 在都姜堰举行的全国蹦床冠军赛上，娄明、马延青获男子网上同步金牌。

10月13日 泰安市在体育中心举行首届泰城老年人趣味运动会。运动会设60米托球折返跑、吊瓶、原地前抛实心球掷远、套圈、垒球投准、跳绳（1分钟）、踢毽子（1分钟）、爬行接力、保龄球等9个项目，泰安92个站点、500余名老年人参加了各项目比赛。

10月16日—19日 山东省老年健身气功比赛在肥城市泰西宾馆举行。中国老年人体育协会副主席、山东省人大常委会原副主任、山东省老年人体育协会主席曹学成，泰安市副市长徐恩虎，泰安市人大常委会原副主任、市老年体协主席史怀君，市体育局局长苏有森出席活动。

10月26日 在廊坊举行的全国古典式摔跤冠军赛上，孙兴旺获男子55公斤级金牌。

11月22日 在阿联酋迪拜举行的第九届亚洲游泳锦标赛上，邢怡颖获跳水女子双人十米台金牌、女子个人十米台银牌。

11月 彭国胜任泰安市体育局党组成员、调研员，曹东平任泰安市体育局党组成员、副局长。

12月26日 泰安市老年人体育协会第五次代表大会在泰安举行。大会选举市政协原副主席赵成道为泰安市第五届老年体协主席，市体育局副局长于桂香为常务副主席。

2013年

1月19日—20日 《中华武术》三十年颁奖盛典暨中国武文化泰山高峰论坛在泰安举行。中国体育报业总社长涂晓东，国家体育总局武术运动管理中心主任、中国武协主席高小军，全国政协委员、北京电影学院院长张会军，山东体育总会专职副主席徐大义，泰安市委副书记、市长王云鹏，市委常委、宣传部部长张志华，市政府副市长徐恩虎，副秘书长于文龙，体育局局长苏有森及武术界、宣传媒体影视界人士等参加会议。会议由中国体育报业总社长涂晓东致开幕词，泰安市委副书记、市长王云鹏致欢迎词。

3月1日　在太仓市举行的全国竞走冠军赛上，泰安运动员刘建民、严德祥、韩继江获男子20公里团体金牌。

3月5日　在新余举行的全国武术套路冠军赛上，李壮获男子螳螂拳金牌。

4月18日—21日　首届中国（泰山）国际传统武术节在泰安举行。武术节由国家体育总局武术运动管理中心、山东省体育局、山东省旅游局、泰安市人民政府联合举办。本届武术节成立组委会。中国老年人体育协会主席张发强，中国老年人体育协会副主席林淑英、曲志东，山东省人大常委会副主任、省老年体协主席曹学成任组委会顾问；山东省政府副省长王随莲任组委会名誉主任；山东省体育局局长张松林，泰安市人民政府市长王云鹏任组委会主任；山东省体育局副局长刘明，泰安市人民政府副市长徐恩虎，山东农大副校长孙永华，泰山管委党委书记谭业刚任组委会副主任。本届武术节共安排武术赛事200多个项目，有1500余名中外运动员参加比赛。

4月　泰安市委组织部、市体育局联合实施“强村固基百村健身扶贫工程”，为市级“强村固基”包村点扶持安装健身器材。

5月4日—10月13日　泰安市第十九届运动会暨第三届全民健身运动会在泰安举行。10月11日，在泰安市体育中心体育场举行开幕式。运动会设专业竞技、全民健身两个类别，分老年、职工、少年、俱乐部4个组别，设42个比赛项目。全市300多支代表队5600余名运动员参赛。新泰市获专业竞技类少年组比赛金牌和总分数第一名，宁阳县获全民健身类健身竞赛组团体总分第一名。

5月17日—19日　山东省第三届全民健身运动会健美比赛暨健美、健身锦标赛在德州市举行，运动会设4个组别17个小项比赛，泰安市代表队28名队员参赛，获2枚金牌、5枚银牌，获团体总分第二名。

5月18日　第五届“泰山冠军”中国泰山登山系列大奖赛在泰安举行。本届大奖赛将比赛调整为古今穿越传统赛（岱庙厚载门—玉皇顶）、环泰山超级马拉松旅游赛（沿环泰山公路一周，终点泰山封禅大典演出现场，全长42公里）2项比赛。

6月19日　在海南省举行的全国青年柔道锦标赛上，韦金峰获-100公斤级银牌，林瑞福获-73公斤级铜牌，姚俊杰获+100公斤级金牌。

6月　在海南省举行的全国青年散打锦标赛上，黄德举获60公斤级银牌。

8月31日—9月12日　第十二届全国运动会在沈阳举行。19名泰安市运动员参加比赛，获7枚金牌，5枚银牌。其中，张倩获女子青年排球冠军，记3枚金牌；姚继燕、高燕获女子橄榄球冠军，记2枚金牌；杜云鹏、刘建民获男子20公里竞走团体金牌，记1枚金牌；于良获体操男子团体金牌。

9月6日—12日　第二十七届泰山国际登山节举行。9月6日，在山东农业大学东校区操场举行开幕式。登山节举办3项体育活动活动：9月6日上午，在山农大东校区操场举行“体育彩票杯”第十八届全国全民健身登泰山比赛暨国际邀请赛及环泰山健身跑活动。全民健身登泰山比赛暨国际邀请赛，分国际、国内、泰安3个组别，国际组有来自39个国家和地区的249名运动员参赛；全国组有22个省（市、自治区）的130支代表队、1798名运动员参赛；泰安组有45支代表队、561名运动员参赛；环泰山健身跑活动，有泰安社会各界群众1万余人参加。9月7日，在泰山天烛峰景区举行韩国友人登山大会起跑仪式，韩国近400名登山爱好者参加活动，省体育局副局长王延奎，市领导刘卫东、刘汉玲、张书盈参加起跑仪式。

9月17日—19日 市直机关第十三届运动会在泰山体育中心举行。本次运动会设44个竞赛项目，其中团体4个项目，有93个部门和单位3500余名运动员参赛。

9月19日 在长白山举行的国竞走锦标赛上，刘建民获男子20公里团体金牌。

9月30日 在安徽六安举行的亚洲赛艇锦标赛上，宗鹏获8人单艇金牌。

10月1日 在淄博全国女子自由式摔跤冠军赛上，纪恩丽获女子72公斤级银牌。

11月1日—5日 在马来西亚举行的第十二届世界武术锦标赛上，卞庆各获男子散打90公斤级金牌。

11月22日 泰安市委副书记、市政府市长王云鹏，市政府副市长徐恩虎到泰安市全民健身中心视察，市体育局副局长、体育总会主席任广中，副局长彭国胜汇报工作情况。

12月2日—3日 国家体育总局副局长冯建中带领由国家体育总局、教育部、财政部组成的联合检查调研组，对泰安市落实《全民健身条例》《全民健身计划（2011—2015年）》情况进行检查调研。省体育局局长张松林，市委副书记、市政府市长王云鹏，市政府副市长徐恩虎，市政府秘书长姚霆、副秘书长于文龙，市体育局局长苏有森陪同调研。

2014年

1月 于桂香兼任泰安市体育总会主席；许兵任泰安市体育局党组成员、副局长；杨振德任体育局党组成员。

2月 任广中任泰安市体育局调研员。

4月2日 市政府召开全市体育工作暨全民健身运动会议。市人大、市政府、市政协领导出席会议。市政府副秘书长于文龙主持会议，市体育局局长苏有森汇报工作，市政府副市长徐恩虎讲意见。

4月3日—4日 市人大常委会副主任尹衍祥带领执法检查组，到市体育局检查《体育法》《山东省全民体育健身条例》贯彻实施情况。

4月8日 泰安市委副书记李希信、泰安市政府副市长徐恩虎到泰安市全民健身中心视察，市体育局局长苏有森汇报工作情况。

5月10日—11月5日 山东省第四届全民健身运动会在泰安等地举行。5月10日，在山东农业大学东校操场举行开幕式。山东省副省长王随莲，省体育局局长张松林，省体育局副局长

2014年4月3日，泰安市人大常委会副主任尹衍祥（左一）带领市人大执法检查组视察泰安市全民健身中心。（闫克勤 摄）

刘明，省体育总会副主席徐大义，省体育局副巡视员王杰，泰安市委副书记、市长王云鹏，副市长徐恩虎出席开幕式。运动会共设31个比赛项目，泰安市组队参加18个项目的比赛，获“山东省第四届全民健身运动会优秀组织奖”和“体育道德风尚奖”称号。新泰市、肥城市、宁阳县、泰山区获“山东省第四届全民健身运动会先进单位”称号。11月5日，在泰安举行山东省第四届全民健身运动会闭幕式，省政府副省长王随莲，省体育局局长张松林，省政府办公厅巡视员卢杰，省体育局副局长刘明，省体育总会副主席徐大义，省体育局副巡视员王杰出席闭幕式。闭幕式后，王随莲一行对泰安体育工作进行视察。泰安市领导李洪峰、李希信、陈刚、徐恩虎陪同参加活动。

5月12日 泰安市政协副主席张书盈带领部分政协委员视察《全民健身条例》《全民健身计划》落实情况。

5月13日 全国场地自行车冠军赛在长兴举行，泰安运动员胡凯获男子团体竞速赛银牌。

5月17日 第六届“泰山冠军”中国泰山登山系列大奖赛古今穿越传统赛在岱庙北门举行。比赛起点设在岱庙北门（岱庙厚载门），途经岱宗坊、红门、中天门、南天门直至玉皇顶无字碑处，全程9.6公里。10月11日举行“泰山冠军”中国泰山登山系列大奖赛环泰山公路跑精英挑战赛。

7月11日 全国田径冠军赛在济南举行，翟超获男子4×400米接力金牌。

7月23日 全国场地自行车锦标赛在北京举行，胡凯获男子团体竞速赛金牌；

是日 山东省老年体育协会在新泰市召开山东省老年人农村体育工作经验交流会，泰安市老年体协介绍泰安市农村、城镇社区文体小广场建设使用经验。自2012年泰安在全市范围内深入开展建设农村、城镇社区“六个一”（建设一个休闲健身、文化娱乐小广场，培养一名文体带头人，打造一面文化墙，竖立一个信息屏，铺一条健身路，配一套音响、竖立一盏广场灯）文体小广场活动，促进了农村、社区群众体育工作开展。

是日 国际露营大会在东平县举行，大会设公路自行车300公里挑战赛、场地摩托车越野赛、排舞嘉年华邀请赛、越野持杖健走挑战赛及时尚排舞嘉年华和水浒东平嘉年华活动，欧美和亚洲13个国家和21个省、市2800多名运动员参加比赛。

8月30日 山东省老年人运动会在济宁市全民健身广场体育馆举行开幕式。泰安市代表队参加田径、门球、台球、乒乓球、健身等13个项目的比赛。获23枚金牌、14枚银牌，8个团体金奖、6个团体银奖。

9月5日 中国·东平第五届国际龙舟邀请赛在东平湖开幕。本届比赛由山东省体育局、山东省体育总会、泰安市人民政府主办，泰安市体育局、泰安市体育总会、东平县人民政府承办。国内、国外28支龙舟队参加。

9月6日—12日 第二十八届泰山国际登山节举行。9月6日，在山东农业大学东校区操场举行开幕式。登山节共安排4项体育活动：第十九届全国全民健身登泰山比赛暨国际邀请赛，有18个国家和地区422人，国内26个省市自治区2650人参赛；环泰山万人健身跑活动，市直机关、企业、学校、协会、俱乐部等1.5万余人参加；“泰安市商业银行杯”泰山国际登山节登泰山比赛二十七年回眸图片展，有图片300余幅，近万人观看；全民健身嘉年华活动（历届登泰山比赛图片展和健身活动区、科学健身指导服务区、全民健身展演区、赞助合作单位宣传区），在泰山天外村天地广场举行。

9月16日—24日 山东省第二十三届运动会在济宁市举行，运动会分大学生、行业体协和青少年3个组别，青少年组设26个项比赛。全省17市代表团，1万余名青少年运动员参赛。泰安市代表团青参加少年组21个大项比赛，获60枚金牌、43枚银牌、41枚铜牌，总分2382.5分；优秀运动员组获得金牌57.25枚，总分744.25分。代表团获金牌数和团体总分及优秀运动员组金牌数和团体总分均列全省第八位，代表团被组委会授予“体育道德风尚奖代表团”称号。

9月12日 在长白山举行的全国竞走锦标赛上，韩继江获男子50公里竞走团体金牌，严德祥获男子20公里竞走团体银牌。

11月20日—21日 在印度尼西亚雅加达举行的第七届武术散打世界杯上，卞庆各获男子散打90公斤级金牌。

2015年

3月10日 泰安市体育局召开《泰安市体育志》编纂工作动员会议。泰安市体育局局长、主编苏有森，市史志办主任王天宇，市史志办原主任、执行主编马辉，市体育局调研员、编委副主任、副主编任广中及体育局各科室、所属各单位负责人，市直各有关协作部门、单位、驻泰安大专院校、县（市、区）体育局局长、分工副局长，撰稿人参加会议。《泰安市体育志》拟定上限起自事业发端，下限至2015年，综合运用述、记、志、传、图、表、录等多种形式，记述泰安市体育事业发展情况。

4月17日 在云南临沧举行的全国女子柔道锦标赛上，泰安运动员冯慧慧获57公斤级金牌。

4月23日 在山东滨州举行的全国男子柔道锦标赛上，胡凯获男子-100公斤级银牌。

5月6日—9月28日 泰安市第二十届运动会暨第四届全民健身运动会在泰安举行。9月25日，在泰安体育中心体育场举行开幕式。运动会分少年竞技、县（市、区）健身、行业健身、老年健身4个组别，设田径、举重、自由式摔跤、古典式摔跤、柔道、跆拳道、篮球、排球、足球、乒乓球、射箭、武术套路、武术散打、手球、拳击、幼儿基本体操、羽毛球等17个竞赛项目。全市321个代表队的5460名运动员参赛，先后有10万余人次参与各类健身项目比赛展演活动。

5月16日—18日 第十五届全国老将田径锦标赛在泰安市体育中心举行。全国22个省（市、自治区）的38支队伍800余名运动员参加比赛。

7月4日 在新泰市举行的全国竞走大奖赛上，韩继江获男子竞走20公里银牌。

9月5日 在吉林省长白山池北区举行的全国竞走锦标赛上，韩继江、李陈晨获男子竞走20公里团体金牌，刘友宁、刘孝森获男子青年5公里团体银牌。

9月6日—12日 第二十九届泰山国际登山节举行。9月6日，在山东农业大学东校区操场举行开幕式。本届泰山国际登山节举办4项体育活动：9月6日上午，第二十九届泰山国际登山比赛、环泰山万人健身跑活动同时在山东农业大学东校区操场举行，国际登山比赛有国内外运动员3086人参加比赛。环泰山万人健身跑活动有泰安市各界群众1万余人参加。9月7日，在泰山天外村天地广场举行第二十九届泰山国际登山节全民健身嘉年华活动于。9月12日晚，在泰山天地广场举行全民健身嘉年华暨“天下第一擂”泰山争霸赛，有国内外40余名选手参加了比赛，中央、省、市电视台进行现场直播。

9月22日 在江苏省苏州市举行的全国田径锦标赛上，翟超获男子4×400米接力金牌。

9月23日 在河北迁安举行的全国女子冠军赛上，冯慧慧获柔道57公斤级铜牌。

10月16日 市国民体质科研监测中心正式投入使用，共招聘专业技术人员6名，将长期面向社会开展各类人群日常体质监测等活动。

10月18日 在福州举行的第一届全国青年运动会上，郭慧珍、崔捷诺获女子排球队金牌，徐悦、张越获女子手球金牌。

10月18日 第二届泰山国际马拉松赛在泰山国际会展中心举行。比赛设全程、半程和迷你马拉松赛，国内外1.5万余名运动员参加。

12月2日 山东省体育局印发《关于认定泰安市岱岳区体教结合办体校模式通知》，确定岱岳区体校和岱岳区实验学校合作办学模式为全省县级体校发展新模式，要求在全省推广。

12月5日 全国环泰山60公里徒步走活动在泰安举行。设全程徒步（60公里）、毅行徒步（60公里）、半程徒步（30公里）和体验短程徒步（15公里）4个项目，全国各地13000余名健身爱好者参赛。该比赛被国家体育总局评为中国体育旅游精品线路。

12月15日 泰安市政府印发《关于利用职工基本医疗保险个人账户结存基金开展健身活动的意见》，确定职工本人可使用一定限额的个人账户结存基金，在信誉良好的社会健身场馆开展健身活动。泰安市成为山东省第一个“医保卡健身”城市，并被山东省体育记者协会评为2015年山东体育十大新闻。

12月11日 泰安市人民政府印发《关于加快发展体育产业促进体育消费的实施意见》。

是年 体育彩票销量6.24亿元，筹集体彩公益金4300万元。

2016年

1月1日 泰安市“医保卡健身”政策正式实施。

3月23日 《泰安市体育志》志稿征求意见会议召开。泰安市体育局局长、《泰安市体育志》编纂委员会主任、主编苏有森，泰安市地方史志编纂委员会副主任、市史志办主任王天宇，泰安市史志办原主任、执行主编马辉，市体育局调研员、编委会副主任、副主编任广中及编辑办公室全体人员，市直有关协作部门负责人，各县（市、区）体育局分工领导，市体育局各科室、所属各单位负责人，《泰安市体育志》撰稿人，部分从事体育工作的老同志参加会议。

2016年3月23日，泰安市体育局召开《泰安市体育志》志稿征求意见会议。（吴 擎 摄）

3月—5月 泰安市体育局将2016年市级以上赛事活动整合为社会力量办赛、全民健身赛事、体育彩票公益金扶持比赛项目、竞技体育比赛4大板块共40个大项，全面向社会招标推介。3月11日，2016年“泰安市社会力量办赛事项目”集中签约仪式在市体育局举行。市体育局与各中标单位就中国·泰山全国跆拳道公开赛暨（国际）皇冠狮王中小学生跆拳道锦标赛，“泰山金融杯”泰安市首届篮球联赛，“泰山港华”第一届泰安市“市长杯”足球联赛，全国登泰山踏青徒步走活动，“美利达—禧玛诺杯”第二届国际泰山自行车挑战赛，第三十届泰山国际登山节全民健身嘉年华活动，首届泰山国际太极拳赛，第三届泰山国际马拉松赛，第八届全国环泰山60公里徒步走活动，第三十届泰山国际登山节

2016年6月26日，泰安市政府副市长成丽出席“华通杯”泰安市首届篮球联赛开幕式。

首届中国·泰山体育产业高峰论坛等10项体育赛事进行现场签约。副市长成丽出席签约仪式并讲话。4月26日，泰安市体彩公益基金大型建设项目签约仪式在市体育局举行。市体育局与有关单位就徂汶景区户外休闲体育运动基地建设、第三十届泰山国际登山节比赛、城市居民社区健身设施建设、农村健身设施建设工程、全国攀岩比赛、“体彩之夜”慈善公益晚会、体彩站点规范化建设、体彩救助困难家庭、困难学生、体育后备人才基地建设、体育传统学校建设等10个项目进行现场签约，签订总资金2193万元。山东体彩中心主任张云海、副市长成丽出席签约仪式并讲话。5月4日，泰安市全民健身赛事活动项目签约仪式在市体育局举行。市体育局与有关单位就2016年山东省暨泰安市全民健身月启动仪式、山东省第六届全民健身运动会万人登山主会场、全国户外登山徒步走活动、泰安市第六届全民健身运动会、泰安坐标·城市定向挑战赛等12个项目进行现场签约。副市长成丽出席签约仪式并讲话。6月21日，泰安市竞技体育项目签约仪式在市体育局举行。市体育局与有关单位就中国网球协会少儿发展联盟地区赛泰安站，全国国际跳棋公开赛，山东省田径锦标赛，山东省公路自行车冠军赛，山东省青少年柔道冠军赛，泰安市青少年田径、射箭、网球、手球锦标赛，泰安市青少年篮球、乒乓球、游泳、幼儿基本操锦标赛，泰安市青少年排球、羽毛球、足球锦标赛，泰安市青少年举重、散打、摔跤、跆拳道锦标赛和泰安市青少年武术套路、柔道、拳击锦标赛等10个竞技体育项目进行现场签约，副市长成丽出席仪式并讲话。

5月8日 山东省暨泰安市全民健身月启动仪式、山东省第六届全民健身运动会万人登山主会场、全国户外登山徒步走活动在桃花峪景区举行。山东省体育局副局长徐大义、乔云萍，泰安市政府副市长成丽等出席活动。全省21支代表队3000余人参加活动。

5月28日—29日 中国钓鱼大师巡回赛东平站比赛开幕式在东平湖国家垂钓基地举行。中国钓鱼运动协会副会长、中华名人垂钓俱乐部名誉主席万伯翱，中国钓鱼运动协会副会长、山东省钓鱼协会副主席、山东省体育局党组成员王嗣华等出席开幕式。全国特级、一级、二级、三级竞钓大师和准一级竞钓大师参赛。

6月21日 全国青年体操锦标赛在河南洛阳新区体育馆举行，泰安运动员柏钦昊获男子体操团体金牌。

6月—9月 泰安市“华通杯”首届篮球联赛在泰安及各县（市、区）举行。9月26日，在泰安全民健身广场举行开幕式，泰安市政府副市长成丽出席开幕式并讲话。篮球联赛有市直各单位，各县（市、区）、泰安高新区14支队伍200

名余运动员参赛。大展麓山郡队获冠军，泰山篮协获亚军，新泰二队获季军。

7月21日 市体育局系统召开全局党员大会，选举产生体育局机关党委会，苏有森任机关党委书记。

8月5日—7日 全国跆拳道公开赛暨（国际）皇冠狮王中小学生跆拳道锦标赛在泰山学院体育馆举行。锦标赛分青年、少年、儿童3个组别，设团体、平行、击破、竞技4个比赛项目。安徽、江苏、天津、辽宁、山东的40余支代表队800余名选手参赛。

8月19日 第三十届泰山国际登山比赛吉祥物“平平、安安”诞生。4月，泰山国际登山比赛竞委会面向社会公开征集第三十届泰山国际登山比赛吉祥物，经过初步筛选14件作品进入专家评选环节，最终选出造型简洁、色彩明快、具有鲜明泰山特色的“平平、安安”为本届登山节吉祥物。

8月27日—30日 山东省田径锦标赛在泰安市体育中心泰山体育场举行。锦标赛分男子甲、女子甲、男子乙、女子乙4个组别，设共80个比赛单项。全省17市、1918名青少年运动员参赛。

9月6日—12日 第三十届泰山国际登山节举行。9月6日，在山东农业大学东校区体育场举行开幕式暨泰山国际登山比赛起跑仪式。中国登山协会副主席、国家体育总局登山运动管理中心副主任王勇峰，山东省体育局副局长乔云萍，山东省旅游发展委员会副主任岳滨等领导出席。泰山国际登山比赛，有18个国家和28个省（市、自治区）3119名运动员参加。登山节期间同时举办全国全民健身登泰山比赛和登泰山万人徒步行活动，泰安市各界群众1万余人参加。

9月10日—11日 “鲁普耐特杯”全国攀岩分站赛（泰安站）在泰安市体育中心举行。全国35支代表队160余名专业运动员参赛。

9月24日 山东省第六届全民健身运动会“徂汶杯”自行车骑行活动（泰安站）在徂徕山景区汶河国家自然湿地举行。比赛起点设在汶河东岸体育社区（泉林坝东南方向），终点设在天泽湖环湖路，全长15公里。全省300多名骑行爱好者参加比赛。市政府副市长成丽，市政府特邀咨询李际山，省射击自行车管理运动中心副主任张崇文，市体育局局长苏有森参加活动。

10月15日 中国坐标·泰安城市定向户外挑战赛在市政广场举行开赛仪式。中国登山协会开发部主任、中国坐标·城市定向户外挑战赛组委会秘书长丁祥华，中国定向运动协会秘书长姜玉龙，上海市登山户外运动协会常务副会长姚佳淳，泰安市政府副市长成丽，泰安市体育局局长苏有森参加仪式。此次比赛设“我是大玩家”“悠悠千古情”“时代在发展”“玩转新泰安”“快乐运动员”5条线路。每条线路由7至9个点标串联而成，分别途经岱庙、泮河公园、泰山创业工场、全民健身中心、泰山学院、金融商务区等各类特色点标。队员们需要发挥团队协作能力，在综合比拼脑力、体力和创造力的同时，依次寻访若干点标、完成趣味任务。省内外351支队伍1755名运动员参赛。

10月24日—26日 山东省第六届全民健身运动会健身球操比赛在肥城市全民健身活动中心举行。全省各市及省直机关、胜利油田19支代表队300名运动员参加比赛，泰安代表队获优胜奖。

10月30日 “中国人民保险杯”第三届泰山国际马拉松赛在泰山国际会展中心开赛。比赛设男、女全程马拉松（42.195公里），男、女半程马拉松（21.0975公里），男、女迷你马拉松（5公里）3项比赛。德国、爱尔兰、芬兰、英国、肯尼亚、埃塞俄比亚、南非、韩国等21个国家及国内各省（市、自治区）的17836名运动员参赛。泰安市委常委、政法委书记郭德文，副市长成丽参加活动。

是年 体育彩票销量突破7亿元，筹集公益金5000余万元。

第一编

历史沿革

L I S H I Y A N G E

泰安地区历史上摔跤、相扑、刀枪、拳术、捶丸、马球、围棋、游泳等传统体育活动，历史悠久，源远流长，群众基础十分广泛，并留下了众多的文物文献，是泰山体育文化的重要组成部分，也是研究中国体育史的重要内容。

清末以前，传统体育一直是泰安地区体育活动的主体。至19世纪末20世纪初海禁开放，近代竞技体育传入，并由沿海发展到内地，逐渐取代传统体育成为体育运动的主流。泰安地区近代竞技体育项目，首先在教会学校中开展。辛亥革命后，在资产阶级民主思想及五四运动的推动下，竞技体育由教会学校发展到普通学校，又由学校逐渐推向社会。民国时期，体育活动主要在学校中进行，项目有田径、球类，民间有少量武术活动；体育赛事少，规模小。

新中国成立后，在中国共产党和人民政府领导下，泰安地区群众性体育活动广泛开展，竞技体育在普及的基础上逐步提高。“文化大革命”时期，青少年业余训练、体育竞赛受到干扰和冲击，体育人才流失，泰安体育事业一度遭受挫折，发展停滞。中国共产党十一届三中全会召开后进入改革开放新时期，泰安体育事业走出困境，群众性体育活动和业余训练重新焕发生机，举重、中长跑等竞技运动项目在国内外比赛中屡创佳绩，享誉齐鲁体坛。1985年泰安地区撤区建市后，特别是2007年以来，全市体育系统发扬“实干创新，争先夺金”的泰安体育精神，竞技体育、群众体育、体育产业均跨入全省先进行列，谱写了泰安体育强市建设的新篇章。

第一章　古代泰安地区的体育活动

第一节　武　术

泰安地区武术兴盛于汉末魏初，由各习武团体组成的泰山精兵，在当时名冠州郡。臧霸、孙观等皆以勇武闻名。南北朝时泰山人羊侃“少而雄勇，臂力绝人”。明清时期，泰安地区武术更是门派纷呈，名家辈出。

一、相扑

为泰安地区武术中最负盛名者。相扑是一种较量力量和技巧的对抗性运动，相传起源于原始社会末期，古称角抵、角力，以后又有争跤、贯交之称。小说中写到的“打擂”，实际上是古代以相扑为主的武术比赛。清人俞樾《茶香室丛钞》卷十八云：“元吴自牧《梦粱录》云：角觗者，相扑之异名也，又谓之争跤。……按今小说家有所谓打擂者，即此是矣。”相扑类似于现代的摔跤，是我国的一种传统体育项目，先秦时已把角抵作为军训项目，秦汉时便在民间流行。《汉书·武帝传》载：“元封三年（前108）春，作角抵戏，三百里皆来观。”两宋之际，由于城市经济有了较大的发展，各种民间文体活动随之广泛开展，“擂台争跤”便是民众喜闻乐见的一种体育形式。每当盛大节庆，上至宫廷，下至民间，例要举行各种各样的相扑表演或比赛，用以庆祝节日，奉献神灵，更兼以娱观者耳目。当时东京瓦市、临安护国寺、泰山东岳庙等处的打擂活动都十分著名。

泰山东岳庙每年三月二十八日前后举行东岳庙会，这时举行的打擂活动，更为东岳庙会增光添彩。当时五岳各庙的演武擂台，大都搭设于大殿之前的露台之上，以表礼神之意。元人魏初《重修北岳露台记》载："殿南余二十许步，旧有台，以容俳优、抵角、变幻、百戏之献。"（《青崖集》卷三）东岳庙擂台设在大殿嘉宁殿（金元时改名仁安殿）前，即《水浒传》中"朝着嘉宁殿，扎缚起山棚"，其后便是擂台比武之所。比赛一般由当地官吏主持，兼作裁判。擂台前摆有香客募献的"利物"（奖品）。据《梦粱录》"角抵"条记载：其赏有"旗帐、银杯、彩缎、锦袄、官会、马匹"。优胜者不但可以得到优厚的物质奖励，有时还会被官府破格提拔，捞到一官半职。根据宋元小说、戏曲所记，东岳庙擂台赛均在农历三月二十八日东岳圣帝诞辰日举行。这一天，"诸道州郡臂力高强天下无对者"（《梦粱录》），云集东岳庙中，擂台上你来我往，各显身手。比赛时有一套规则，如允许拳脚相加，摔抱扛扭，但不准抓对手"绲儿""胯儿"，不许使用武器，更"不许暗算"。相扑手不仅是力量的较量，而且更多的是赛技巧和斗智慧。一般以将对手摔倒在地为胜，采用三回合制，以决输赢。最后以获胜者取得"利物"，形成比赛活动的高潮。《水浒传》第七十四回生动描画的"燕青智扑擎天柱"动人场面，即为宋东岳庙擂台之真实写照。

东岳庙打擂至元代又形成一个高潮。元代岳庙打擂，仍以相扑赛为主体。元杂剧《刘千病打独角牛》第三折中写道："今日是三月二十八日，乃是东岳天齐大生仁圣帝圣诞之辰，……端的是人稠物穰，社火（戏剧、武术等表演）喧哗。"第四折中又通过刘千之口对擂台儿尽渲染："呀！独角牛拽大拳，刘千见拳来到跟前，火似放过条蚕椽，出虚影到他胸前，刘千使脚去手腕上剪，他敢迤逗的到露台边，接住脚往上掀。胖身躯怎回转？膂力的是刘千！"另外剧中还有表现袒臂肉搏、筋斗、拳术的武打场面，这些都是元代擂台演武场景的反映。据元人杨瑀《山居新话》"应中甫"条记："中甫……有膂力，能手搏，无与敌者，所传乃刘千和尚之派"。刘千实有其人，为金末元初之著名武师，岳庙打擂情节很可能是根据他的真实经历而被搬上舞台（参《全元曲》第八卷《刘千病打独角牛》本事）。游历泰山的诗人胡祗遹，曾写到两首题为《相扑》的七绝，精心描摹了相扑比赛的空前盛况："满前丝竹厌繁浓，勾引眈眈角抵雄。毒手老拳毋借让，助欢鼓勇兴无穷。""臂缠红锦绣裆襦，虎搏龙拏战两夫。自古都人元尚气，摩肩累迹隘康衢。"（《紫山大全集》卷七）由于宋元时期打擂活动的盛行，各地都出现了一些相扑社团和职业性的相扑手。宋人《武林旧事》记当时有"角抵社"，显然便是由相扑手组成的社团。又书中"诸色伎艺人"记录了临安的相扑名手有王急快、撞倒山等40余人。而元杂剧《双献功》中也写道："那泰安山神州庙，有一等打擂台赌本事的，要与人厮打"。元人王德渊《角觝说》（至元十七年〈1280〉寄崔左丞）也有关于岳庙相扑的记录："余幼从先大夫寓居磁州（今河北磁县），磁有崔府君祠，岁以十月十日社，四方乐艺毕来献其能，而以角觝之戏殿。角觝中复择其勇且黠者殿，号曰首对。当时众人指在东者一人，相语曰：'此人前年获胜于泰安庙下，去年获胜于曲阳庙下，今日又将胜矣乎。'"（元周南瑞编《天下同文集》卷二十六）根据王氏的记载，当时由于相扑活动举行频繁，一些职业性相扑手周游各地，作巡回比赛。如文中的那位角抵高手，便屡胜于泰安、曲阳与磁州庙会，成为一时擂台霸主。从这些片段记录上，可以看出宋元时期确称得上是泰山相扑比赛的黄金时期，不仅名手辈出，赛事频兴，而且据学者研究，其比赛规则"已经具有现代竞技运动的体制和精神"（郑小琴、蔡海钦《从〈燕青打擂〉看北宋的相扑活动》，《中华武术》

2004年第8期）

金元两朝对此类演武活动深怀戒心，不断下令加以限制。元皇庆二年（1313）因东岳庙会期间发生香客在火池焚子事件，元廷遂借此下令将庙会全面禁绝，时据山东东西道廉访司报称：“泰山东岳，已有皇朝颁降祀典，岁时致祭，殊非细民谄渎之事。今士农工商，至于走卒、相扑、俳优、娼妓之徒，不谙礼体，每至三月，多以祈福赛还口愿，废弃生理，敛聚钱物、金银、器皿、鞍马、衣服、匹缎，不以远近，四方辐辏，百万余人，连日纷闹。……令有司岁时致祭，民间一切赛祈，并宜禁绝。”（《元典章》卷五七《刑部》十九《禁投醮舍身烧死赛愿》）。文牍中特别提到“相扑”之徒，说明打擂已是东岳庙会的重要内容。在元廷的严厉查禁下，盛极一时的岳庙打擂活动渐次停息。

明代以后，随着官府的弛禁，东岳庙会再次勃兴，相扑活动也有所恢复。不过比赛地点已由岳庙大殿前转移至庙门前空场。明末散文家张岱在崇祯二年（1629）漫游泰山时，曾目睹了擂台相扑的盛况。他在所著《岱志》（《琅嬛文集》卷二）中记叙道：“东岳庙前，……相扑台（擂台）四五、戏台四五，数千人如蜂如蚁。”清代打擂活动再次受到官府限制，岳庙擂台遂绝。

二、枪法

以“八卦奇门枪”最著。清乾隆年间泰安县汶阳东浊头（今属肥城汶阳镇）张辉光（号羽舟渔人）擅枪法，所著有《八卦奇门枪》（又名

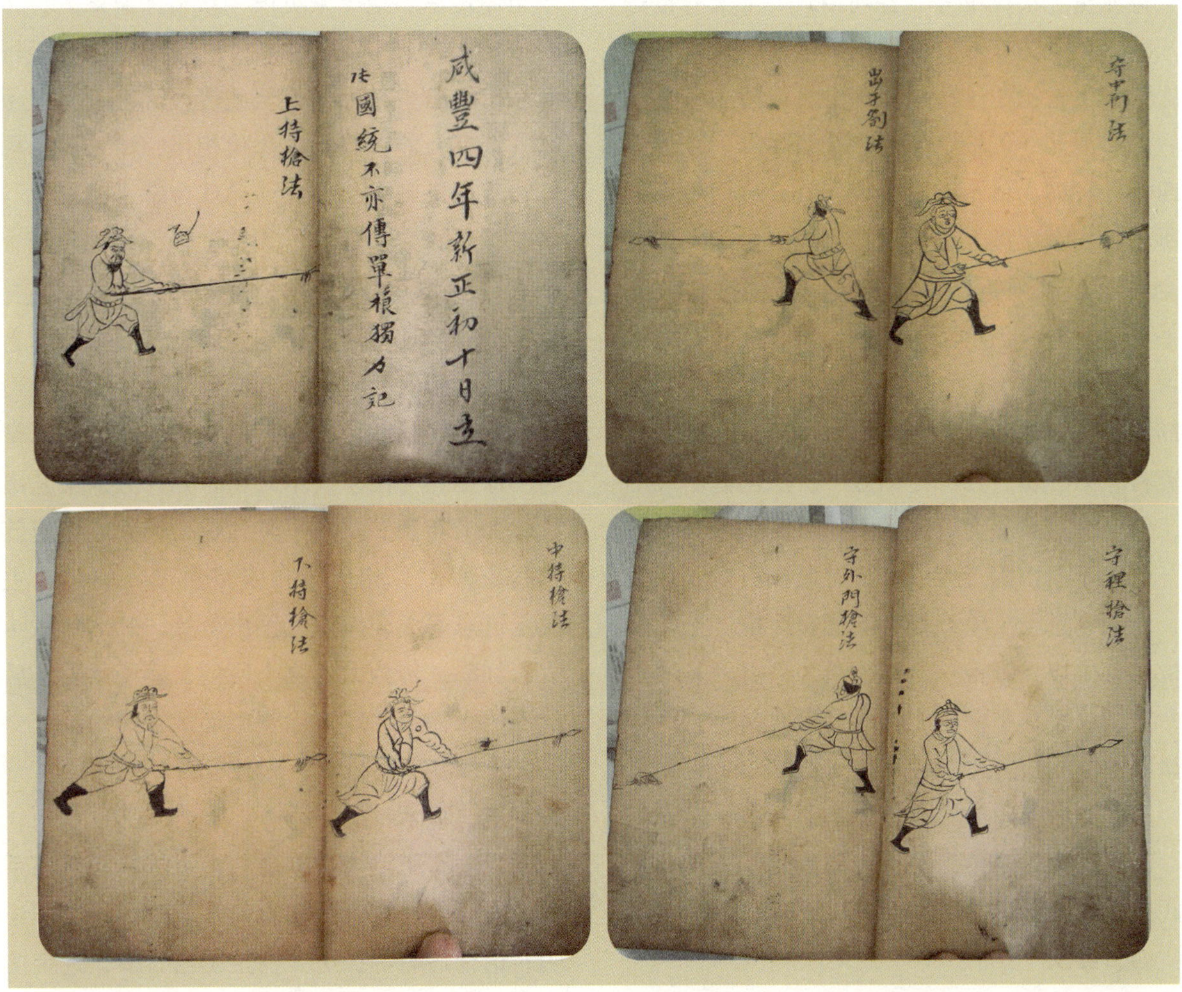

清乾隆乙亥（1755）张辉光著《八卦奇门枪》（又名《张氏枪论》）载“枪法图”　（周郢　提供）

《张氏枪论》）一卷。书前有佚名序云：“壮喜武略，每于传古之余，游习技艺，器械之中，最爱长枪。……余友人居岱宗之西南，大邑之高士也，姓张名辉光，力雄万夫，……余于乾隆甲戌（1754）冬，约乡间数人，请张辉光，余庄门下数人，拜其门下从学。余因朝夕得与张辉光谈论六合枪法，辉光议论精微，指示凿凿，叩其所学，奇正变化，进退虚实，神奥若有出于六合之上者。询其名曰‘奇门枪’。……嘱余为记，不揣固陋，遂承命仿之六合枪法，纂序八套，立成八母，广其名曰‘八卦奇门枪’。……乾隆岁次乙亥（1755）孟春花月一卯朔旬，泰安西南乡东浊头村张辉光具立三修。”下列有“封手目录”及“外附封手目录”，再列“八卦奇门枪法目录”，分为风枪、云枪、雷枪、雨枪、玄武枪、青龙枪、白虎枪等，各列招式。下又有枪法图八帧，再下为“八卦奇门枪封手歌”及“初学教法”、七枪枪法（每法后附七言律诗一首）。再后为“混元一气枪”序记、枪目歌等。今传咸丰四年（1854）钞本。又一说，八卦奇门枪系杨镇所创。杨镇字震方，世居泰安西南乡李家店村（今属肥城汶阳镇）。《杨氏宗谱》称：“先人手著《八卦奇门枪法》一册，早有声闻，世世练习者不少。”长子杨杰同治间御捻军北遇难（杨惠芳《简述〈八卦奇门枪〉》，载《肥城文史资料》第三辑，1988年出版）。虽创者名氏不同，但均称其乡贯为泰安汶阳，可见“八卦奇门枪”源出于泰山附近无疑。又有肥城石横人徐保久，善拐子进枪、单扎枪、五虎坐门枪、七十路花枪，其中以杨家枪一至四路最为精湛。其用枪身一丈二尺，在平阴、肥城两县颇有名声，时号“徐家枪”。

三、刀法

泰安人宋传虞善刀法，清同治二年（1863）中武进士，以营守备用，后任莱芜汛把总。

四、拳术

代表有泰安孙通之“燕青拳”，新泰徐盛才之“徐家拳”，肥城邹广振之“邹家拳”以及民间传播之“太乙红拳”等。孙通，泰安人。生于清雍正年间。初随沧州拳师张某学猕猔拳，又到少林寺苦练十余年，学会了点穴法，卸骨术、擒拿法、陆地飞行术和铁腿功，人称“铁腿孙通”。后隐居河北沧州孙家庄，收徒教拳，其弟子称此拳为秘宗拳。孙通曾授徒于静海县，其去世后，此拳的中心由沧县移到静海县霍姓一族，霍氏后裔霍元甲武艺超群，此拳因此名声大振。孙通被尊为秘宗拳开山鼻祖（《齐鲁文化大辞典》“燕青拳”条、吴文翰《秘宗拳的开山鼻祖孙通》，《武林》1983年第9期）。又新泰通济村（今新泰市青云街道通济村）人徐盛才兼融南北拳术之长，创徐家拳。至六世孙花葶发扬其术，咸丰间为县团练总，击捻有功。其拳术至今传承不绝（朱英谋《新泰徐家拳》，《泰安市情》2012年第1期）。又新泰乌珠台盛行罗汉拳，传有少林寺僧人至此传授武艺，村里习武风气渐盛，能者为师，代代相传，清末民初柏仪修为著名拳师（牛尊先《乌珠台拳术的形成与发展》，《新泰文史资料》第五辑，1993年版）。肥城石横邹氏家传拳术，清末邹广振尤知名，世号“邹家皮捶”（王岳、王庆吉《石横武术》，《肥城春秋》第三辑，1985年版）。泰安人秦海川，咸丰间从叔习武，后诣少林寺学艺，以拳闻名（徐伯然《山东武术人物志》，大众文艺出版社，2007年版）。东平驻驾村岳氏家族中流传有“岳家拳”，相传承自宋将岳飞（郭冬云主编《走进东平》，山东人民出版社，2009年版）。太乙红拳，传为太乙真人所创，盛于泰安，后由泰安传入徐州（政协徐州市郊区、铜山县文史委《文史资料》第11辑，1991年版）。

五、棍术

代表有肥城梅占魁之“梅家棍”等。梅系江西吉安府人。清康熙初吉安知府王称禹去职还平阴，请梅占魁等护送。梅至肥邑石横，遂定居于此，传教武术。自此石横习武风行。占魁学宋太祖盘龙棍、宣浪棍、大力棍等，所用是熟铜棍，重82斤，棍法有单练、对打。七世梅冠军，清同治时武举，光绪时武进士，后任江西南昌府卫守备、钜野营守府正堂。

六、剑术、气功

代表有合剑术、气功于一体之“泰山剑门”。陆锦川《养生修真证道弘典》云：明末清初，剑派鼎盛，剑仙门简称剑门，是道家炼剑派的代表功种。该派亦属道家五秘禁法之一，修为方向是希望炼炁成剑，剑身合一，从而达到凌虚升仙的目的。剑派亦肇始于宋季，明末清初时修剑炁术者众，分为华山、泰山、峨眉、昆仑四大派。至清末民初时，四派业已消失，分化合流，成南剑门与北剑门两家。（陆锦川《养生修真证道弘典》，四川科学技术出版社，1995年版）又清末民初孙颂陀《侠骨恩仇录》记有泰山道士“鼻中吹气一缕，可二三丈”（《小说月报》（1916年）第七卷，第七号）之传闻，亦为气功之一种。

由于习武盛行，清末泰城设有“武林会馆”，延请武师传授技艺。近代武术家高德隆曾在此会馆投师学艺。《为国效忠：高德隆年谱》（高其昌、王大学著，中国文史出版社，2006年版）载，1888年，高德隆随师傅至泰山进香，在极顶见有武林人士在习武、比试，师傅领德隆“偷艺”。一种“高空飞脚”引起他们的兴趣，经师傅替德隆向对方恳求，对方应允传授。后师傅与德隆随其下山，住到泰安武林会馆，学会了“上三下四，左五右六，插花盖顶，古树盘根”一整套刀枪剑戟术。头目认其为“关门弟子”，德隆正式入了武行。

第二节 球 类

在中国古代体育史上，曾经盛行过多种多样的球类竞技运动。捶丸、蹴鞠、击鞠是最为流行的代表性项目。

一、捶丸

东岳庙会期间，各类体育竞技活动举办频繁，其中“捶丸”尤为盛行。2002年在岱庙城墙修复工程的遗址清理中，发现6块马道土衬石，清理后发现，其中1块石刻表现的是宋代的捶丸运动。捶丸是一种徒步以杖击球的活动，它是从唐代“步打球”的基础上发展而来。捶丸成熟于北宋徽宗朝，此后大盛于宋、金、元三代。上至皇帝大臣，下至三教九流，皆乐此不疲。捶丸最显著的特点是在场上设球洞，以杖击球。场上设窝，即小洞，窝边插小旗。捶丸时，以球入窝为胜，胜则得筹。捶丸用棒，叫“杈”，俗称“棒”，分构棒、扑棒、鹰嘴等多种。球，又叫丸，用瘿木制式。据考证，中国捶丸运动的比赛场地、游戏规则，都与现代高尔夫非常相似，所以有人认为高尔夫发源于中国，是由蒙古大军在13世纪西征时带到欧洲的，此说已经越来越得到学术界的公认。岱庙出土的这件捶丸图石刻，是国内最早的体现这个游戏的画面图像。

二、马球 驴鞠

在古代，马球也是泰安地区十分盛行的体育活动。马球的打法是骑在马上，用杖将一种拳状大小的木球击入球门。球场通常设在宽阔的广场上，外面杖立24面红旗。裁判员被称作“唱筹”，得一分称得一筹，得一筹者增一面红旗，失一筹者拔去一旗，比赛结束后，双方以旗帜多少定胜负。灵岩寺墓塔基上有骑狮击球的浮雕，正是古代泰安地区马球运动的反映。

唐代打毬除骑马之外，还有骑驴的，称为驴鞠。如《旧唐书》卷十七《敬宗纪》有敬宗宝历二年（826）六月“郓州进驴打毬人石定宽等四人”的记载，说明当时泰山附近涌现打毬高手，以致被征入宫廷表演。

三、蹴鞠

古代泰安地区蹴鞠运动兴盛。明宋焘《泰山纪事·人集》“庙门蹴鞠童子”云：“乔仲伦，桐城人。好施棺，五十九而无子。族弟仲伍，尝为鬼役。元旦指曰：'吾兄今岁有子，子必高氏嫂出。'伦问其故，曰：'除夕复命于东岳之神，见一童庙门蹴鞠。问之，童子曰，已得命当为人，不知所向。伍曰，吾有兄，善，若能为之子乎？童子曰，可。请于岳神。岳神令遭检录，报乔仲伦为善，当与一嫡子。故知今岁必有子。'时高氏四十九岁，不妊十年。孟浪其言，弗敢信也。逾月，果娠。十月而生子源。及长，好蹴鞠。"语虽涉神异，但岳庙门儿童多作蹴鞠之戏，为当时风俗，盖无可疑。明末张岱《岱志》中言东岳庙空地"斗鸡，蹴鞠，走解"者甚多，足为佐证。又元大德九年（1305）泰安州儒学直学王翼《创建马院记》称郡城之南有地曰"毬场"，为乡人打球之所。

第三节　棋　类

一、围棋

早在春秋时期，围棋已相当普遍。当时争夺土地的战争频繁，而围棋以围地为目的，成为传授军事技艺的手段。三国时代，围棋比赛经常进行，围棋手等级分为几等。至六朝时围棋盛行于朝野，南朝更被视为围棋的黄金时代。泰山羊氏家族以善棋名于世，其中著名棋手有羊忱、羊玄保二人。羊忱，字长和，西晋泰山人，历官扬州、徐州刺史、侍中。其围棋与书法时称双绝。羊玄保南朝宋时泰山人，历守宣城（今安徽宣城）、丹阳（今江苏南京）、会稽（今浙江绍兴）、吴郡（今江苏苏州）。玄保之所以闻名于世，除了他的如水官声，更多缘于他的高超棋艺，宋文帝酷好弈棋，尝召玄保对阵，并以域中之名郡为赌注，结果玄保局胜，于是得补授宣城太守。"赌郡"遂为棋坛佳话。唐人陆龟蒙有诗云："满目山川似势棋，况值秋雁正南飞。金门若忆羊玄保，赌取江东太守归。"（《送棋客》）又玄保在朝时，一日文帝遣使宣召甚急，玄保不知入宫何事，其子羊戎言道："金沟清泚，铜池摇飏，既佳光景，当得剧棋。"结果真如戎言。又据《太平御览》卷七五三引沈约《俗说》云："羊玄保作吏部侍郎，数被召见，后有传诏来，始入门，其儿灵孙年十许岁，见传诏，见其父云：'儿知也，正当围棋耳。'"从这则趣谈上，亦可见羊玄保善弈之名，他是此时世间公认的围棋圣手（列第三品）。当羊玄保为会稽太守时，宋文帝又心血来潮，派遣弈棋列第二品的吴郡褚思庄，到会稽与羊玄保对局，褚思庄还将对局的全过程记录下来，时称"局图"，回到京都建康后，"于帝前复之"（《南齐书》卷三六《萧惠基传》）。后世遂流传有褚、羊对局图。张如安《中国围棋史》称此为我国弈史上最早的记谱复盘。

二、六博

六博又作陆博，系古代民间一种掷彩行棋之博戏类游戏，因使用六根博箸，故称为六博。古人常常把六博同神仙相联系，考其源当出自汉武泰山轶事。汉末应劭《风俗通义》中《正失第二·封泰山禅梁父》云："又言武帝与仙人对博，碁没石中，马蹄迹处，于今尚存。"自此"仙人对博泰山"成著名典故，不仅汉画像砖中有"仙人六博"图案，六朝游仙诗中频频泳及，最著名者当属曹植《仙人篇》之"仙人揽六箸，对博太山隅"。再如明人李先芳《岱宗》"仙人对博泰山隅"，王世贞《登岱六首》其五"狂呼六博人箸"，邢侗《送顾朗哉恭谒岱宗》其二"仙人对博芙蓉屿"，郑鄤《泰山绝顶》"何处仙人方对博"；清乾隆《丈人峰》："仙人对博寄幽托"；钱陈群《圣主东巡登岱祝厘颂百韵》："何必对博，长春安期"等，莫不取材于此。其说产生之原因，当系汉魏时六博之戏盛行于泰山，同泰山神仙信仰相结合，遂滋生出仙人对博之传说。后世"仙人弈棋""观棋烂柯"等神话，或皆肇源于此。

第四节　游　泳

明人宋焘《泰山纪事》中记有泰山人习泅水故事：“翰林学士徐世隆，元季变姓名居岳祠，三稚子从学，一教习泅水超距，一授《汉书》，其一曰王圭授举子业，久之别去。后……习泅者遇济南灌城之厄，以泅解危，以超距脱死，致爵赏。”又清张尔岐《蒿庵闲话》卷一之五六云：“泰山有一渊，每祷雨沈牲，一善没者辄取食之，以为恒。一日入水，移二时，乃出。持其父兄泣曰：‘初入时，得一鸡，引绳贯之。遍索猪首不可得。潜行至西南隅，失足堕穴中，乃又一渊也。浮上求出，头辄触石。据地潜行，大乃不可穷。且浮且扪，良久，得所从堕穴口，浮而上，如升层楼矣。’记言，重渊九渊，没者所堕，殆其类也。章丘诸生王如元，庚午（1630）岁试，寄宿其家，亲见之。”所言即泰山之黑龙潭。此一“善没者”实即一潜水高手。

第二章　民国时期的泰安体育

第一节　学校体育

光绪二十七年（1901），教会学校泰安萃英中学已开展田径、排球、网球等项体育活动。光绪二十八年（1902），泰安学堂开始设置体育课，初级小学设体育课，高级小学设体操课。清光绪三十一年（1905），废科举、兴学堂，泰安地区境内设官立中学、师范、小学，民国元年（1912）改称学校。至民国二十六年（1937）七七事变前，泰安境内有省立中学1所，县立中学2所，教会中学3所，初级师范1所，小学927处。

1912年9月，民国政府教育部通令各小学使用部定小学教科书，初等小学设修身、国文、算术、体操、唱歌等课程。泰安地区学校按照教育部要求，全部使用小学教科书，体操成小学必修课。1915年，学校体育教育实行双轨制，兵操与竞技运动并存。之后，兵操在学校教育中渐渐失去原来的重要地位，课程内容随之改以田径、球类和游戏为主。1923年，根据国民政府《新学制标准纲要》，境内学校体操课以队列、队形、步伐、转法、游戏、哑铃操、棍棒操为主，高等小学始有田径、篮球、排球等活动。20世纪20年代后期至抗战爆发前的10年间，泰安体育运动有较大的发展。泰安城的中学和部分小学普遍开设体育课，省立三中、简易乡师、泰城的几处完小，以及教会学校萃英中学、育英中学等均配有专职体育教师，学校竞赛活动逐步增多。但各学校受场地和器材限制，只能开展规模很小的田径和球类活动。开展的体育项目有田径（跳高、跳远、中短距离赛跑、三铁等）、球类（篮球、排球、足球、网球）等，平时有早操、课间操和课外活动。萃英中学、泰安县立第一小学、私立仁德小学组建有篮球代表队。省立三中成立排球代表队，经常在泰城学校间活动。1935年，后来担任全国人大常委会委员长的万里在东平州城书院任教时，经常组织学生进行网球训练，并组织网球比赛。农村小学一般开展跳远、踢毽子、滚铁环、小皮球、跳高、跳远等体育活动。

清光绪二十五年（1899），美国美以美会（1941年后改称中华基督教卫理公会）传教士郑乐德到泰安创办学堂，男生叫学道房（又称谈道所），女生叫散书房。光绪三十一年（1905）增设中学课程。1912年后，男校改称私立泰安萃英中学（泰安一中前身），女校改称私立泰安德贞女子中学。光绪二十七年（1901），萃英中学已开展田径、排球、网球等项体育活动。学校有一名专职体育教师，学生经常在泰安城墙上练习跑步。1928年后，山东省政府要求私立教会学校限期呈报立案。1933年，泰安育英中学、萃英中学被山东省政府批准立案，接受地方政府教育行政部门的领导管理。

清光绪四年（1878），英国中华圣公会（原称安立甘教会）开始在泰安传教，在泰城灵芝街西设立学堂，随即设立小学。光绪二十七年（1901）前后，在泰城设立育英中学，在新泰设立明德中学。民国元年（1912）后，成为四年制中学。该校教学设备在当时是比较好的，两栋教学楼，有实验室、图书室、体育场，有篮球、排球、足球、网球等，设备齐全，并经常开展活动。有浴池一个，学生每周可洗一次澡。日军侵华战争期间和解放战争时期，该校曾两次停办与复校。1946年秋，国民党军队飞机轰炸威胁泰安城，学生离散，学校停办，未再恢复。

清光绪三十三年（1907），泰安府官立师范讲习所在泰山龙泉观（今斗母宫）建立，民国二年（1913）移文庙明伦堂（今泰山区委东宿舍院）。当时的任务是短期培训私塾教师，每期三个月。1915年改为师范讲习所，学制二年，1925年改为学制三年。1933年暑假学校迁入天书观，1935年暑期学校改为泰安县立乡村简易师范学校，学制仍为三年。学校的课程设置除国文、教育学、心理学、国史、外国史等当时师范教育的基本课程外，还设有体育、军训课程。体育课教师有上海东亚体专毕业的洒海秋、体育学课教师张光奇等。1937年11月间，日军对泰安大轰炸，全城人心慌慌，学校无法维持，师生各自回家，学校停办。

1927年秋，著名工商业者、泰安乡绅马伯声在泰城西关回民聚居区创办仁德学校，同时办平民识字班和扫盲夜校，并减免学费，为贫民子弟提供学习机会。为保证教学质量，他先后从曲阜二师和济南聘请教师前来任教，革除陈旧教学模式，推行新式教育，使该校教学成绩一直名列全县上游。学校设有体育课，并组建起篮球队。1933年至1935年寓居泰山的冯玉祥将军对他创业兴学的事迹极为赞赏，经常到仁德学校讲话，勉励师生“共同奋起，抵抗日寇”。七七事变后，为抵制日本侵略军的奴化教育，马伯声关闭了仁德学校。马伯声办学九载，捐助校款达七万数千余元，屡获省教育厅传令嘉奖。

仁德学校旧址，11间平房。（马伯生故居，现泰城北新街清真东寺）
（马辉　提供）

日军入侵后，日伪政权在其统治区办“国民”学校，推行奴化教育，群众办私塾抵制，各县儿童入学人数仅占战前的三分之一。学校体育活动基本停止。

1939年，泰山、泰西

抗日根据地民主政权建立后，以多种形式办学，发展抗日教育。1941年，泰山区有抗日小学1154所，学生4.69万人；泰西区有小学429所，学生9210人。抗日小学课程有国语、算术、唱歌、体育等。1947年国民党军队重点进攻山东解放区时，学校多数停办。1948年泰安全境解放后，人民政府立即恢复教育。至1949年，泰山区、泰西区共有小学2732所，中学3所。泰山区、泰西区人民政府办的学校，按山东省文教厅编审的教材，每周设两节体育课，内容有队列、跳绳、体操、田径、篮球、武术等。

第二节 社会体育

清末民初至新中国成立前，有组织的民间体育活动很少。每年正月，农村中有“玩故事”的传统，舞龙灯、踩高跷等娱乐体育项目较为盛行。有些村庄设有拳房，农闲季节，一般在冬季，少量农民在拳房习武。民间打耳、跳绳、踢毽子、打瓦、砸瞎驴、打得儿、抬轿、藏槐、打抬、打长杠、刁小鸡、玩牤牛、捉迷藏、安连、拍打盖、顶四棋、拾子等活动开展的相当普遍。

武术是中华传统体育的精华，泰安地区武术在山东传统体育发展中占有重要地位。清雍正年间，泰山人孙通已经开始在省内传授燕青拳。19世纪末，袁世凯任山东巡抚期间，多次发布查禁义和团的告示，严禁练拳，否则“杀无赦”。数以万计的拳民和无辜百姓死在他的屠刀下。辛亥革命后，民间习武开禁，尚武之风渐盛。军政当局为了训练军警人员和体育师资，开始倡导武术。民国初年，泰城中胜街有一武术场地，习武者米连在此义务教授长拳、枪、刀、矛等技艺，历时数年，前后上百人前来学习。20世纪20年代到七七事变前，泰安、新泰、宁阳等地设有国术馆。1933年至1935年，国民党军事将领冯玉祥在泰山隐居时，先后创办15所武训小学。为教学生学习武术，延请其盟兄、滦州起义时同为营长的著名武师王海门来泰安教习武术，泰安附近习武青年多从之练武。1938年1月日军入侵泰安后，国术馆停办，民间习武活动大都停止。

民国时期，田径、篮球、排球、足球、乒乓球等竞技体育项目主要在泰城的中小学及教会学校开展，一般群众参加很少。1937年日军侵华战争爆发后，泰安地区被日本侵略军占领，体育活动全面停止。抗战胜利后虽有所恢复，但因国民党政府发动内战，泰安体育运动基本陷于停滞状态。1948年7月26日泰安地区全境解放后，群众体育活动开始恢复。

第三节 竞技体育

民国初年，萃英中学已经开始举办田径运动会，并与德州中学进行过田径比赛。20世纪20年代后，泰城几所中学、师范每年春秋两季都要举办运动会，有时各学校之间进行足球、篮球、排球比赛。民国十八年（1929）春，泰安县教育局在运动场举办全县小学田径运动会，仁德小学获总分第一名。1930—1936年，城乡学校曾多次举办田径运动会。在节假日和春秋季节，还组织一些越野跑、登山、远足旅游等锻炼耐力的健身活动。七七事变后体育竞赛活动全面停止。

民国时期，泰安运动员曾参加国际或国内体育比赛，并获得过名次。1919年，泰安县张德平参加国际马尼拉远东运动会，获短跑第3名；曲庆宝曾在山东省运动会上获万米长跑第10名。

华北运动会是新中国成立前由华北体育联合会组织举办的区域性体育大会，也是全国最早、规模最大的区域性赛事。1913年至1934年先后举行了18届。第1至第14届以学校为单位参加，从第15届开始，改为以省市区为单位参加。前10届比赛项目仅有田径。1916年5月19日至20日在北京举行的第四届华北运动会有泰安中学运动员参赛。这是泰安运动员参加华北运动会最早的资料记载。此后，泰安的杨学贤代表萃英中学和山东省代表队参加过3届比赛，并分别获得过名次，成为泰安20世纪前30年体育运动发展的代表性人物。1925年4月24日，第十二届华北运动会在济南举行，泰安萃英中学组队参赛，杨学贤获中学组铁饼第二名，成为有资料记载的第一位获得名次的泰安运动员。1931年5月27日至30日，第十五届华北运动会在济南举行，代表山东省队参赛的泰安萃英中学杨学贤获男子部高级组田赛个人总分第二名、铁饼第三名、16磅铅球第一名。1933年7月12日至15日，第十七届华北运动会在青岛举行，代表山东省队参赛的泰安萃英中学杨学贤获男子高级部铅球第二名、铁饼第二名。

武术套路在泰安地区有广泛的群众基础，在省内比赛中曾取得较好成绩。民国初年，肥城县前黄庄丁衍芳任济南市国术馆第四分社社长，曾参加山东省国民政府举办的短拳对打比赛，获金牌一枚。东平县拳师宋文林兴办武术组织，其徒弟徐成德、常丙义等12人，曾被聘为山东武术队教官，后奔赴全国各地成立国术馆。民国二十一年（1933）至二十三年（1935），东平县组队参加一年一次的山东省武术比赛（省考），连续三届获奖。其中在民国二十一年（1933）年举行的山东省第一届武术擂台赛上获团体总分第二名。在第二届武术擂台赛上，东平武术队队员郭行兰获第一名，省政府主席韩复榘奖其刻有手印的剑、刀各一把。在第三届武术擂台赛上，东平武术队员常丙哲获甲等奖励银元20枚。肥城安家庄升庄村回民米英俊，继承家传，自幼习武，1930、1934年两次随祖父、父亲参加山东省武术比赛，都以精湛的技艺获一等奖。1935年，宁阳堽城西村王延炳在济南参加武术擂台赛获一等奖，奖品有金香炉一个、木质挂屏四副。马子刚等也获得过省级以上武术比赛名次。

第四节　体育设施

20世纪20年代，泰安城中小学有简单的田径、体操等体育器材，学生上课自备铁环、跳绳、毽子、皮球等用品。泰安县立第一小学有两处小操场，设有秋千、木马、单双杠、篮球场、排球场及跳高、跳远等设施。泰安萃英中学有跑道和网球、足球、排球、跳高、跳远的场地，以及低栏、木马、秋千、标杆等器材。育英中学设有体育场，有篮球、排球、足球、网球等设施，并经常开展活动。1928年始，按照山东省教育厅通令各地设立民众体育场的要求，泰安、新泰、肥城、宁阳等地先后建起了体育场。是年，泰安城升平街原府署衙门辟为泰安县运动场，面积3万平方米，设有400米环形跑道，有篮球架、排球架、网球场、天桥、秋千、荡木、单双杠等器材。至20世纪30年代，县立完小和各私立小学大都有篮球场、单双杠、沙坑等体育设施，但场地简易，设施简陋。1948年年底，孙村、张庄、安仙等煤矿分别建起了篮球场。至新中国成立，泰安地区体育活动和体育设施仍然主要集中在泰安城的教会学校和各县的完小，主要是操场兼球场，可统计的体育场地仅有9处。

值得注意的是，在泰山烈士祠，爱国将领冯玉祥1935年第二次隐居泰山时创作的《泰山社会写生诗画碑》中，还有一块纪录柏林第11届奥运会的碑。这是迄今为止偌大的泰山中唯一的一处记载和宣传奥运会的设施。

冯玉祥诗画碑是泰山独有的文图并茂的专题石刻群，共48块。每块刻石分上下两部分，上部分为冯玉祥隐居泰山前后写的社会写生诗，下部分是当时的青年画家赵望云先生根据诗意创作的配画。其中一块诗碑的题目叫《石工》，诗中有这么两句："君知德国世界运，我们一分未得上。"这句诗说的是1936年8月，我国代表团参加在德国柏林举行的第11届夏季奥运会的事。这届奥运会我国代表团共派出69名运动员，参加了田径、游泳、举重、自行车、篮球、足球等项目的比赛，还参加了拳击表演赛。但所有比赛项目都在预赛和决赛中被淘汰，所以冯玉祥先生在诗中说“我们一分未得上”，还发出了“外人讥我病夫国，凡我同胞应愧惶”的感叹。

《石工》全诗：叮叮当当，叮叮当当。树底下，山坡上，大石厚薄六七方。三个石工坐小凳，手执斧凿正在忙。石工生活极劳苦，却得身健体粗壮。臂膀结实胸口宽，筋肉如铜骨如钢。如此身手来工作，任何重责可担当。我国人口四万万，十分之九欠健康。外人讥我病夫国，凡我同胞应愧惶。君知德国世界运，我们一分未得上。懒惰淫逸宜切戒，勤俭耐劳不可忘。人人注意操练身，国家富强有希望。

第三章 新中国成立后泰安体育事业的发展

第一节 新中国成立初期的泰安体育

新中国成立后，党和政府在领导人民对国民经济进行社会主义改造和建设的同时，将体育事业列为新中国建设的重要内容。1950年泰安城清真寺街回族居民组建起东岳篮球队，专署公安处也组建篮球队，经常开展比赛。1952年，毛泽东主席发出“发展体育运动，增强人民体质”的号召，明确了开展体育运动的根本宗旨和目的。1954年5月4日，中央人民政府体育运动委员会颁布《准备劳动与卫国体育制度暂行条例和项目标准》（简称“劳卫制”，1964年改称《青少年体育锻炼标准》），作为国家《体育锻炼标准》。同日，国家体委、高教部、教育部、卫生部、团中央、全国学联等单位发出了《关于在中等以上学校中开展群众性体育运动的联合指示》，要求“在全国中等以上学校中有准备、有计划地推行准备劳动与卫国体育制度”，从而掀起了全国中学和大学群众体育活动的热潮，有效促进了学生身心健康。1955年3月，中华全国体育总会山东省泰安专区分会成立。同年，泰安专区举办运动会，竞赛项目为田径、武术。1956年6月，泰安专署体育运动委员会成立，对全区体育工作实施统一管理。

1956年成立的金融系统的银鹰队、粮食系统的桥梁队等篮球队，在当时有较大影响。学校体育在党的德智体全面发展的教育方针指引下，各级各类学校正式设置体育课，学生每日体育、娱乐活动或劳动时间为1至1.5小时。群众性体育活动的广泛开展，推动了竞技运动水平的提高。泰安运动员参加了第1至7届省运会，获2枚银牌、2枚铜牌、7个第四名、4个第五名、11个第六名；淳于毓华在第八届省运会上打破一项射击项目省纪录；1956年，泰安县举办了第一届武术、举重、射箭、摔跤比赛。

1958年，在“大跃进”运动影响下，泰安专区体育工作出现冒进浮夸风。职工体育急功近利，提出“人人通过劳卫制，个个争当运动员”的不切实际的口号，挫伤了职工参加体育锻炼的积极性。学校体育忽视青少年生理心理特点，要求学生全部达到劳卫制一级、二级和等级运动员标准。此外，农村体育、国防体育和民族传统体育也不同程度地受到了浮夸风的影响。

1960年至1962年三年经济困难时期，泰安体育事业的发展规模和速度受到影响，有的体育项目被撤销停办，有的体育工作者、运动员改行。泰安专区对体育工作进行调整，职工体育坚持以早操、工间操为主，学校体育减少课时、减少活动量，竞技体育减少集训次数和时间，精简集训队伍和人员。1960年，泰安县体育学校因经费缺乏停办。这一时期，由于缺乏场地、器材、经费、编制等原因，业余训练水平落后于其他地市。

1963年至1966年上半年，随着国民经济的好转，体育训练工作、群众性体育活动及竞赛活动逐步恢复，大、中学校开始建立体育专项训练队。1964年，专署体委选任专职教练员，从事业余训练和指导工作。这时的竞技体育项目主要有田径、体操、篮球、排球4项。区内竞技体育业训队伍白手起家、艰苦创业，坚持从难、从严、从实战出发，大运动量训练的“三从一大”训练原则，运动成绩普遍有所提高。是年，泰安专区举办第三届全区运动会，选拔出27名运动员代表泰安参加同年举行的第九届省运会，获1金1银11铜，以总分168分列全省第5位（非正式统计）；1人破1项省纪录，1人破1项省少年纪录。1965年，在省举重队训练的泰安籍运动员宁连廷参加全国比赛，打破1项举重全国纪录。

第二节　“文化大革命”时期的泰安体育

1966年5月“文化大革命”开始后，学校体育教学秩序受到严重冲击，体育课被完全取消，青少年业余训练和竞赛被迫停止，优秀青少年运动员和优秀教练员流失严重，泰安体育陷入停滞状态。1968年，林彪、江青反革命集团炮制的“五一二”命令（主要内容为国家体委归属军委军训部管辖，对全国体育系统实行军管）下达后，各级体委机构被军事接管，新中国成立17年来体育成就被全盘否定，有组织的群众体育活动陷于停顿。学校体育课改为军事体育课，竞技运动项目被军事基本操练、投弹、射击等所取代；竞技体育训练中断，用于训练和竞赛的场所被迫关闭废置；比赛和训练器材设施遭到损坏，室外运动场大都变成了大批判和群众集会的会场。一批体育工作者和运动员被调离体育系统，生机勃勃的泰安体育事业遭受严重挫折。

20世纪70年代初，泰安的体育活动陆续恢复。1973年，根据国家体委《1973年全国体育工作会议纪要》和省体委工作部署，恢复业余体校集训队和中学训练队的训练。1975年5月，地革委体委成立后，主动配合解放军、教育、卫生、工会、共青团、妇联等有关方面，共同开展群众体育工作，组织单项运动会和体育竞赛活动，泰安地区的体育事业逐步得到恢复和发展。1971年，在烟台举行的省田径集训大会上，李士军创造男子3000米省纪录并获得冠军；1972年，在济南举行的省三项运动会上，田径运动员徐存山打破男子3000米省纪录并获冠军。1973年，泰安承办山东省第一届中学生运动会排球项目的比赛，并获得男子排球全省第一名。1974年，泰安23名男女运动员参加了第十届省运会，以4金5银4铜列金牌榜全省第八位。1975年，王大伟、常明代表山东参加第三届全运会，获1银1铜。其间，泰安地区先后向八一体工大队、山东省体工大队输送余远宏、韩瑞英（女）、肖兰（女）、姜炜林、王大伟、韩荣道、尹延勤等7名优秀运动员。

第三节　改革开放后至撤区建市前的泰安体育

1976年10月“文化大革命”结束后，泰安体育工作全面拨乱反正，体育事业开始走出困境。中共十一届三中全会后，按照全国体育工作会议提出的“一面调整、一面前进”的体育工作要求，地区体委抓训练队伍、调项目布局，体育事业得到迅速恢复和发展。1977年，泰安地区要求各学校恢复体育教学，认真上好体育课，并抓好体育师资队伍建设，尽快解决学校体育场地和器材。1980年3月，认真贯彻省政府在枣庄召开的山东省中小学体育教学工作会议精神，全市体育、教育部门加强对学校体育工作的领导，成立专门办事机构；加强体育教师队伍建设，增加学校体育经费；改善学校体育活动场地条件，添置体育器材；重视对学校青少年体育教学的改革试验，学校体育工作取得明显成效。1983年，泰安地区召开学校体育工作会议，要求各级各类学校贯彻落实全国学校体育卫生工作“西安会议”提出的“以增强学生体质为主、以经常性体育锻炼为主，以普及为主、以卫生保健为主”的指导思想，推行1975年国家体委新颁布的《国家体育锻炼标准》，坚持“两课、两操、两活动”，每人每天体育锻炼一小时。从此，泰安的各大中小学生体育达标率逐年上升，学校体育逐步实现了经常化、制度化、规范化。

1982年，省政府把每年9月定为体育活动月。每年9月份，泰安地区各级领导身体力行、率先垂范，群众体育活动参与人员多、范围广、影响大。各县、大企业和基层单位间经常举办各种形式的体育竞赛。1985年，全区参加体育锻炼的职工人数突破9万人，举办各类体育竞赛活动2684次。泰安地区每年举办一次职工篮球、乒乓球、登山、越野比赛，每两年举办一次田径运动会。20世纪70至80年代以来，以泰安军分区、省煤田地质局及市财政局、公安局、税务局、教育局、建行等篮球队为代表的机关篮球竞赛开展广泛、影响较大。农民体育活动伴随着农村经济的发展也迅速开展，农村文化中心、文化站、青年之家、体育之家等蓬勃兴起。1985年，泰安青年之家和体育之家达到5328处。老年人体育、伤残人体育、城市体育、民间体育都有了进一步的发展。

群众性体育活动和学校体育的广泛开展，为竞技体育储备了人才、奠定了基础。泰安竞技体育虽然起步较晚、水平不高、项目偏少，但全体教练员、运动员训练中不讲条件，高标准、严要求，不断提高技战术水平，在省内外比赛中显示了一定实力。1978年12月，泰安地区重点业余体校成立，开展田径、篮球、排球、举重和射击5个项目的训练，运动员76人。地区体委提出要集中主要力量把重点项目搞上去，并采取措施大力开展业余体育人才的培养工作，建立起地区体育人才培训网络。1980年后，各县、市普遍建立业余体校和训练点。至1985年，泰安青少年业余训练项目已有15个大项，在训运动员480余人，专项教练员61人，专职文化教师47人。共有市级体育传统项目学校23所，各级裁判员393人。培养输送的优秀运动员中，国际级运动健将有孙秀荣（女、田径）、张明月（女、射箭）、李炳军（举重）、韩洪臣（举重）等4人，运动健将17人。1976年至1984年，泰安共举办3届中学生运动会，参加了2届省运会、2届山东省中学生运动会。泰安市的田径纪录全部被刷新。在第十二届省运会上，打破1项举重全国纪录、19项举重省纪录，以7枚金牌列全省第七位；在1979年第四届全运会上，泰安优秀运动员代表山东出征，刘福田获少年组3000米银牌，李燕、张明月获射箭项目第四名；泰安举重运动员李炳军、韩洪臣参加第十届世界青年举重锦标赛，获得名次。是年，李炳军在第十七届亚洲举重锦标赛上获2枚金牌1枚铜牌，并打破1项全国纪录，李秀霞参加第四届田径世界杯和第六届亚洲田径锦标赛，分获女子3000米第五名、3000米银牌。

第四节　撤区建市后的泰安体育

1985年3月撤销泰安地区建立泰安地级市以来，市委、市政府实施一系列改革措施，调动全市体育工作者的积极性。1995年，《中华人民共和国体育法》、国务院《全民健身计划纲要》、国家体委《体育产业发展纲要（1995—2010）》和《奥运争光计划》相继颁布，促使泰安市的体育事业跨入规范化、法制化的轨道。2007年以来，新一届体育局领导班子提出“竞技体育上位次、群众体育争先进、体育彩票扩总量、体育设施上水平、机关建设创文明”五大目标，强力推动各项体育事业转型发展、协调发展。这一时期，群众体育活动蓬勃开展，竞技体育水平逐年提高，体育设施明显改善，体育产业体系不断完善，成为新中国成立66年来泰安体育事业发展的最好时期。

学校体育不断强化。1985年，按照省委、省政府《关于加强学校体育工作的意见》，进一步健全学校体育管理组织。进入21世纪，学校体育认真落实2001年6月教育部《基础课程改革纲要（试行）》，全面实施新“课标”，开足、开齐体育课。2002年起，连续5年在中小学实施“体育、艺术2+1项目”。2007年市体育局和教育局联合组成青少年体育工作协调小组，2011年成立由市政府分工负责人挂帅的青少年体育工作领导小组，进一步加强对学校体育工作的督导和领导，学校体育进入全面发展的新时期。2008年，泰安二中被国家体育总局命名为国家级青少年体育俱乐部。2011年，泰安一中被国家体育总局命名为全国篮球体育传统项目学校。

群众性体育活动蓬勃开展。从1987年开始，每年都举办一届泰山国际登山节，至2015年已举办29届，有40多个国家和地区的4.5万余名中外运动员先后参赛。1995年被国家体委确定为首例全国全民健身比赛项目，成为市全民健身的精品品牌。2009年，设立“泰山冠军”登山系列大奖赛，设月赛、季赛和年度总决赛，至2015年已举办7届，每年吸引国内外参赛运动员3000人次。2014年泰山国际马拉松赛、2015年环泰山T60徒步走、环泰山万人健身跑等赛事成为每年一度的群众性体育赛事，群众参与热情高、范围广泛。“全国全民健身日”“全国全民健身月”“全国全民健身宣传周”“全市全民健身运动会”“泰安市体育三下乡”等大型群体活动，促进了城乡体育活动的广泛开展。2015年，全市组队参加省全民健身运动会17项，举办县级比赛433项次、展演活动665项次，参与人员23万余人次。全市群众体育健身活动站点发展到6000余处，各类体育运动协会36个、单位会员10家，体育俱乐部86个，会员50余万名。市体育局国民体质监测中心常年免费为居民提供检测服务，指导群众科学健身。全市体育人口已达40%，城市居民体育人口达70%以上，高于全国平均水平。泰安市体育局从2009年起连续5年获全国全民健身活动优秀组织奖称号，新泰市等3个县（市）、泰安市体校等10个单位获全国群众体育先进单位称号。

2011年10月6日，泰安市人民政府颁布《全民健身实施计划（2011—2015年）》，全民健身活动在“政府主导、部门协同、社会参与”的大群体格局下走进千家万户。市体育局积极组织开展“一区一品”创建群众体育品牌活动、着力推进全民健身“三覆盖”（体育组织、设施、活动）工程和社区体育“五个一”建设，广大人民群众的健身意识进一步增强，积极参与体育锻炼日益成为新的社会风尚。

竞技体育连创佳绩。1985年后，竞技体育根据全市体育工作战略目标和任务，确定举重、体操、田径、射击、射箭、摔跤、柔道等项目为重点，制定了培强优势项目，加强尖子人才培养，强化业余训练，推进体教结合等发展措施，竞技体育成绩稳中有升。泰安市体校、新泰市体操学校被国家体育总局命名为“国家高水平体育后备人才基地”。2007年以来，市体育局以《奥运争光计划》为指引，明确提出“转变发展方式，建设体育强市”的口号，把“竞技体育出成绩”列为全市体育工作五大突破目标之首，完善全市竞技体育“一体两翼”的战略布局，聚焦省运会，调整优化项目结构，完善业训体系建设，补强教练员、裁判员培训短板，全市竞技体育实力显著增强。1985年至2015年，全市共举办16届运动会，打破3项全国纪录、16项省纪录、136项市纪录。泰安市运动健儿参加了10届省运会，共获金牌521.31枚，第十四届省运会上夺得金牌数和团体总分列全省第3位，创泰安在省运会上最好成绩。举重项目连续11年蝉联全省比赛团体总分桂冠，体操项目连续9年保持全省比赛团体冠军；为省以上专业运动队、职业队培养输送优秀体育后备人才300多人。7名泰安籍运动员参加了5

届奥运会，获1枚金牌、2枚银牌。9名泰安籍运动员参加了6届亚运会，获6枚金牌、1枚银牌、3枚铜牌。108人次泰安籍运动员参加了9届全运会，获14.5枚金牌、20枚银牌、14枚铜牌。2008年8月13日王峰参加第二十九届北京奥运会获男子双人三米板跳水决赛金牌，实现了泰安奥运金牌“零”的突破。王峰、毕文静、王银行、马卫国等均为亚运会、全运会冠军。另有28人获36项世界冠军，47人获65项洲际冠军，116人获180项全国冠军。泰安市先后多次被省委、省政府授予“振兴山东体育突出贡献奖”。

2007年后，泰安市承办的有影响的赛事活动越来越多。2007年4月成功承办泰安历史上首个洲际性比赛——第十九届女子、第三十八届男子亚洲举重锦标赛；9月，成功承办2007“新泰安·三山两湖”全国山地户外挑战赛；2008年7月22日成功组织北京奥运会火炬泰安传递活动；2009年8月1日，在泰山之巅成功采集第十一届全运会“国泰民安”圣火火种；承办了第十一届全运会男子足球甲组、乙组和男子排球小组赛等项目的比赛。这些国内外大型赛事活动，宣传了泰安、泰山，广交了海内外朋友，在社会上产生了广泛的影响。

体育设施逐年完善。1985年以来，泰安市共投入建设资金6亿元，用于新建、扩建、改建和完善体育场馆设施、设备。特别是进入21世纪，随着国民经济的繁荣发展，泰安市委、市政府把体育设施建设纳入旅游名城建设总体规划，加大了体育场馆设施建设力度，相继建成一批高水平、高质量的体育场馆，基本具备了承办大型单项赛事的条件。1993年投资2641万元建成泰山体育场，2006年投资2600万元新建市综合训练馆，2010年投资1.2亿元建设泰安市全民健身中心。近几年相继建起网球馆、市体校综合食宿楼、市体校运动员公寓等设施。各县（市、区）也加大了对体育设施设备建设的投入。新泰市政府投资3000万元建成了集训练、比赛、健身于一体的体育公园，东平县政府投资2.6亿元建成了集体育馆、展示厅、地下游泳馆于一体的体育会展中心。至2015年年底，全市共有各类体育场、馆、房5143处；“15分钟健身圈工程”和“农民体育健身工程”中的健身广场、健身公园、健身路径、文体小广场等健身站点6000余处，全市人均体育场地面积1.14平方米。

体育产业方兴未艾。20世纪90年代中期，随着国家体委《体育产业发展纲要》的颁布，体育产业开始走向经济建设的主战场。泰安市的体育产业在这一时期开始起步，经过二十几年的发展，在经营开发、市场培育、机制转换、增强自我发展能力方面迈出了新步子。近十年来，以体育彩票、体育健身服务、体育休闲旅游、体育竞赛表演、体育用品市场、场馆运营、康体服务等为主要内容的体育产业体系初具雏形。2005年至2015年，共销售体育彩票32亿余元，筹集公益金近2.3亿元。至2015年，泰安市有体育用品制造企业4家，体育健身俱乐部49家，体育休闲基地11家。全市已建成的体育场馆，成为大型健身比赛和文艺活动的主阵地，取得了良好的社会效益和经济效益。市体育局联合市人社局和财政局制订《关于利用职工基本医疗保险个人账户结存基金开展健身活动的意见》，在全省率先实行“医保卡健身”制度，促进了体育健身市场的繁荣发展，在全省起了引领作用，被列为2015年“山东省十大体育新闻”之一。

为抢抓全民健身上升为国家战略的发展机遇，全面贯彻落实国务院、省政府关于加快发展体育产业和市政府推进服务业转型升级的要求，泰安市人民政府于2015年12月11日转发市体育局起草的《关于加快发展体育产业，促进体育消费的实施意见》。该意见规划了泰安市体育产业发展的总目标和路线图，到2025年，泰安市将基本建立布局合理、优势突出、特色鲜明的体育产业体系，体育产业总规模要超过300亿元。泰安体育产业迎来了新的发展高潮。

纵观泰安体育66年的发展历程，在各级党委和政府的正确领导下，全市人民和几代体育工作者不畏艰辛、艰苦奋斗，从无到有、从弱到强、一路前行，泰安体育事业取得了令人瞩目的成就，积累了宝贵的精神财富。体育运动以其独特的作用，既宣传了泰安泰山，又振奋了泰安人民的精神，增强了泰山儿女立足齐鲁、走向世界的信心。在今后的历史进程中，具有奋勇拼搏传统的泰安体育人必将与全市人民一道，继续弘扬“实干创新、争先夺金”的泰安体育精神，加快体育强市建设步伐，努力推进泰安经济社会发展和文明进步，为全面建成小康社会做出新的更大贡献。

第二编

机构 人员

J I G O U R E N Y U A N

新中国成立前，泰安地区无专门体育事业管理机构。1950 年 5 月，体育工作归泰安专区文教科管理。1952 年 3 月，专区体育运动委员会筹委会成立，设专职体育干部 1 人，协同专区文教科开展体育工作，在专区大院办公，地点在现泰安市博物馆岱庙西院。1955 年 3 月，中华全国体育总会山东省泰安专区分会成立（简称泰安体育分会）。1956 年 6 月，泰安专署体育运动委员会成立。1958 年 10 月，泰安专区建置撤销，地委、专署机关并入济南市委、市人委。1961 年 7 月 1 日，恢复泰安专区建置。1964 年 4 月，泰安专署体育运动委员会成立。1967 年 6 月，泰安地革委体委迁入校场街泰安体育场办公。1968 年 9 月，泰安地区体委实行军事接管。1972 年 3 月，泰安地革委成立体育局。1975 年 5 月，泰安地革委体育局更名为泰安地革委体育运动委员会。1978 年 7 月，泰安地革委体育运动委员会改为泰安地区行署体育委员会。1984 年 3 月，泰安行署体育运动委员会改为泰安行署体育运动委员会办公室（副县级）。1985 年 5 月，泰安地区行政公署体育运动委员会改为泰安市体育运动委员会（正县级）。2000 年 10 月，泰安市体育运动委员会更名为泰安市体育局（正县级）。至 2015 年 12 月未变。

第一章　管理机构

第一节　领导机构

1952年3月，泰安专区体育运动委员会筹委会成立，设专职体育干部1人。1955年3月，中华全国体育总会山东省泰安专区分会成立（简称泰安体育分会）。1956年6月，泰安专署体育运动委员会成立。1957年8月，朱信谟任泰安专署体育运动委员会主任委员，陈永甫、韦泽民任副主任委员。1964年4月，泰安专署体育运动委员会成立，由顾廷臣、张绍安、赵友村、于维华、叶明、金益三、薛允志、佟复然、邹积卿九人组成，泰安专员公署副专员顾廷臣兼任主任委员，邹积卿任副主任委员。同时为响应国防部和国家人事局指示成立泰安专区国防体育协会，由张绍安、顾廷臣、赵友村、于维华、叶明、金益三、薛充志、佟复然、邹积卿九人组成，泰安军分区副司令员张绍安为主任委员。1968年9月，泰安地区体委实行军事接管。1972年3月，泰安地革委成立体育局，于振海任负责人。1975年5月，泰安地革委体育局更名为泰安地革委体育运动委员会，泰安地革委副主任李元明兼任主任，薛民、杨海岩、曹中鲁兼副主任，于振海、任学礼任副主任。1978年7月，泰安地革委体育运动委员会改为泰安地区行署体育委员会，体委领导成员未变。1978年12月，党的十一届三中全会后，对军事体育进行改革，不再分军事体育和一般体育，统一实施国务院确定的国家体育委职能，国防体育协会撤销。1984年3月，泰安地区行署体育运动委员会改为泰安地区行署体育运动委员会办公室（副县级），于振海任主任。1985年5月，泰安地区行政公署体育运动委员会改为泰安市体育运动委员会（正县级），于振海任主任。1987年10月，由昌菁任泰安市体育运动委员会主任，于振海不再担任。1999年12月，殷培联任泰安市体育运动委员会主任，由昌菁不再担任。2000年10月，泰安市体育运动委员会更名为泰安市体育局，殷培联任体育局局长。2007年1月，苏有森任泰安市体育局局长。2010年1月，副局长任广中兼体育总会主席。2012年11月，彭国胜任市体育局调研员。2014年1月，于桂香任体育总会主席。2015年12月，泰安市体育局领导班子成员：局长、党组书记苏有森，党组成员、调研员彭国胜，党组成员、体育总会主席于桂香，党组成员、副局长曹东平，党组成员、副局长、市体校校长许兵，党组成员、体育中心主任 杨振德。

1956—2015 年泰安市（地区）体育局（委）领导班子成员情况表

表 2-1

时　间	单位名称（级别）	职　务	姓　名	任职起止年限
1956.6—1958.10	泰安专署体育运动委员会	主　任	朱信谟（兼）	1957.8—1958.10
		副主任	陈永甫（兼）	1957.8—1964.4
			韦泽民（兼）	1957.8—1964.4
1964.4—1968.9		主　任	顾廷臣（兼）	1964.4—1968.9
		副主任	邹积卿	1964.4—1968.9
1968.9—1972.3	泰安地区体委（军事接管）			
1972.3—1975. 5	泰安地革委体育局	负责人	于振海	1972.6—1975.5
1975.5—1978.7	泰安地革委体育运动委员会	主　任	李元明（兼）	1975.5—1978.7
		副主任	薛　民（兼）	1975.5—1978.7
			杨海岩（兼）	1975.5—1978.7
			曹中鲁（兼）	1975.5—1978.7
			于振海	1975.5—1978.7
			任学礼	1975.12—1978.7
			尹祚起	1978.1 —1978.7
1978.7—1984.3	泰安地区行署体育运动委员会	主　任	李元明（兼）	1978.7—1983.10
		副主任	薛　民（兼）	1978.7—1980.3
			杨海岩（兼）	1978.7—1980.3
			曹中鲁（兼）	1978.7—1981.12
		党组书记 副主任	于振海	1979.5—1984.5 1979.5 任党组书记
		党组副书记 副主任	任学礼	1979.5 —1979.10
		副主任	尹祚起	1978—1983.11
1984.3—1985.5	泰安地区体育运动委员会办公室（副县级） 泰安地区体育运动委员会办公室党组（副县级）	主任 党组书记	于振海	1984.5—1985.5
1985.5—2000.10	泰安市体育运动委员会（正县级） 泰安市体育运动委员会党组（正县级）	主任 党组书记	于振海	1985.5—1987.10
			由昌菁	1987.10—1999.12
			殷培联	1999.12—2000.10

续表 2-1

时　间	单位名称（级别）	职　务	姓　名	任职起止年限
1985.5—2000.10	泰安市体育运动委员会（正县级） 泰安市体育运动委员会党组（正县级）	副主任 党组成员	由昌菁	1986.1—1987.10
			赵新诚	1987.12—1994.12
			李吉丰	1987.12—1996.2
			赵伯生	1990.6—1999.2
			石柱清	1993.1—2000.10
		副主任（正县） 党组成员	李吉丰	1993.5—1996.1
		副主任 党组成员	任广中	1994.1—2000.10
			蔡吉明	1994.12—2000.10
			何贵臣	1996.7—2000.10
			彭国胜	1999.9—2000.10
		纪检组长 党组成员	郑玉华	1994.12—1999.2
			张吉庆	2000.9—2000.10
		党组成员	罗文新	1997.6 —2000.10
		调研员	于振海	1987.10—1990.10
			由昌菁	2000.11—2003.4
		副调研员	蔡吉明	2000.11—2003.7
			郑玉华	2000.11—2004.5
2000.10—2007.1	泰安市体育局（正县级） 泰安市体育局党组（正县级）	局长 党组书记	殷培联	2000.11—2007.1
		副局长 党组副书记	候衍奎	2005.7—2007.1
		副局长 党组成员	何贵臣	2000.11—2005.7
			石柱清	2000.11—2006.10
			任广中	2000.11—
			彭国胜	2000.11—
		纪检组长 党组成员	张吉庆	2000.11—
		党组成员	罗文新	2000.11
		副调研员 党组成员		2002.3—
		调研员	由昌菁	2000.11—2003.4

续表 2 -1

时　间	单位名称（级别）	职　务	姓　名	任职起止年限
2007.1—	泰安市体育局（正县级） 泰安市体育局党组（正县级）	局长 党组书记	苏有森	2007.1—
		副局长 党组成员	任广中	2007.1—2010.1
			彭国胜	2007.1—2012.11
			于桂香	2007.1—2014.1
		纪检组长 党组成员	张吉庆	2007.1—2010.12
		副调研员 党组成员	罗文新	2007.1—2011.10
		副调研员	石柱清	2007.1—2011.8
		副调研员 党组成员	冯遂杰	2010.11—
		副局长 党组成员 体育总会主席	任广中	2010.1—2014.2
		调研员 党组成员	彭国胜	2012.11—
		副局长 党组成员 体育总会主席	于桂香	2014.1—2014.8
		党组成员 体育总会主席		2014.8—
		副局长 党组成员	曹东平	2012.11—
		副局长 党组成员 体校校长	许　兵	2014.1—
		党组成员 体育中心主任	杨振德	2014.1—
		调研员	殷培联	2007.3—2009.12
			任广中	2014.2—
		副调研员	石柱清	2007.1—2011.10
			张吉庆	2010.12—2015.12
			罗文新	2011.10—

第二节　内设机构

一、沿革

1952年3月，泰安专区体育运动委员会筹委会成立，设专职体育干部1人，协同专区文教科开展体育工作。1975年5月，泰安地革委体委内设秘书科、竞赛科、军事体育科、业余体育科4个科室。1977年3月，内设机构调整为人事秘书科、群体科、训练科、竞赛科4个科及地区体育场。1984年5月，泰安地区体委办公室内设人事秘书科、业务科2个科室，辖地区体育中学、体育场、体育科研所、体育服务公司4个下属事业单位。1985年9月，泰安市体育运动委员会内设秘书科、竞赛科、体育分会、科研所。1988年12月，泰安市体委调整内设机构，撤销人事秘书科、业务科及泰安市体育科研所，设置办公室、竞赛科和训练科，及市体育中学、体育场、体育分会、体育服务公司、体协办公室、5个事业单位。2000年10月，市体育局内设办公室、竞赛科、训练科、群众体育科4个职能科室及市体育场、市老年体协办公室、市体育服务中心、市体育分会、市体育中心、市体育运动学校6个事业单位（科室）。2006年12月，市体育局内设办公室、竞赛科、训练科、群众体育科及市体育场、市老年体协办公室、市体育服务中心、市体育分会、市体育运动学校、市体育中心。2010年4月，泰安市体育局内设机构调整为办公室、竞赛科、训练科、群众体育科及机关党委。2011年12月2日，市体育场更名为泰安市全民健身中心，市体育服务中心更名为泰安市体育产业发展办公室，同时设立泰安市体育彩票管理中心，隶属于市体育局管理，为正科级自收自支事业单位。2015年4月，市体育局设立泰安市国民体质科研监测中心，为正科级财政拨款事业单位。

1952—2015年泰安市（地区）体育局（委）内设机构、编制人员情况表

表2-2

时间	单位名称（级别）	行政编制人数	内设机构			
			行政科室	数量	事业单位	数量
1952.3	泰安专区体育运动委员会筹委会	1	—	—	—	—
1956.6	泰安专署体育运动委员会	6	—	—	—	—
1957.8	泰安专署体育运动委员会	11	—	—	—	—
1964.4	泰安专署体育运动委员会	9	—	—	—	—
1964.4	泰安专区国防体育协会	9	—	—	—	—
1972.3	泰安地革委体育局	9	—	—	—	—
1975.5	泰安地革委体育运动委员会	24	秘书科、竞赛科、军事体育科、业余体育科	4	—	—
1977.3	泰安地革委体育运动委员会	—	人文秘书科、群体科、训练科、竞赛科	4	地区体育场	1

续表 2-2

时间	单位名称（级别）	行政编制人数	内设机构			
			行政科室	数量	事业单位	数量
1984.5	泰安地区体育运动委员会办公室（副县级）	—	人事秘书科、业务科	2	地区体育中学、地区体育场、体育科研所、体育服务公司	4
1985.5	泰安市体育运动委员会，（正县级）	18	秘书科、竞赛科	2	体育分会、科研所	2
1988.12	泰安市体育运动委员会	—	办公室、竞赛科、训练科	3	市体育中学、体育场、体育分会、体育服务公司、老体协办公室	5
1996.8	泰安市体育运动委员会	20	办公室、竞赛科、训练科、群体科	4	体育场、体育分会、体育服务公司、老体协办公室、市体校、市体育中心	6
2000.10	泰安市体育局（正县级）	14	办公室、竞赛科、训练科、群众体育科	4	体育场、体育分会、体育服务中心、老体协办公室、市体校、市体育中心	6
2001.4	泰安市体育局	16	办公室、竞赛科、训练科、群众体育科	4	体育场、体育分会、体育服务中心、老体协办公室、市体校、市体育中心	6
2006.12	泰安市体育局	19	办公室、竞赛科、训练科、群众体育科	4	体育场、体育分会、体育服务中心、老体协办公室、市体校、市体育中心	6
2010.4	泰安市体育局	15	办公室、竞赛科、训练科、群众体育科、机关党委	5	体育场、体育总会、体育服务中心、老体协办公室、市体校、市体育中心	6
2014.6	泰安市体育局	14	办公室、竞赛科、训练科、群众体育科、机关党委	5	体育总会、泰安市全民健身中心、老体协办公室、体育产业发展办公室、泰安市体育彩票管理中心、市体育学校、市体育中心	7
2015.4	泰安市体育局	14	办公室、竞训科、群众体育科、机关党委	4	体育总会、泰安市全民健身中心、老体协办公室、体育产业发展办公室、泰安市体育彩票管理中心、市国民体质科研监测中心、市体育学校、市体育中心	8

二、内设科室简介

（一）行政科室

办公室（秘书科）　1975年5月至1977年3月，泰安地革委体育运动委员会设秘书科，正科级。1984年5月，地区体育运动委员会办公室（副县级）内部设人事秘书科，正科级，郑玉华兼任科长，段传兴任副科长。1985年9月，泰安市体育运动委员会（正县级）内设办公室，郑玉华任办公室主任。1994年12月，罗文新任主任。2000年10月，泰安市体育局内设办公室，罗文新任主任，杨莉任副主任。2004年5月，陈占峰任主任。2012年12月，刘西华主持办公室工作。2015年12 月，刘西华任主任。办公室主要职责是，协助局（委）领导组织协调机关日常工作，负责文秘、档案、信息、信访、保密、保卫、督办及会议组织安排等工作，负责组织开展调查研究和综合性文稿的起草工作，研究拟订全市体育事业发展战略和体育工作的政策、措施，负责局（委）机关和指导下属单位的人事、劳动工资和离退休人员管理服务工作，负责全市体育宣传、体育队伍的思想政治工作，负责编制全市体育事业的中长期规划和综合统计工作，协同有关部门制订全市体育场地设施建设规划、规定，负责管理局（委）机关和监督指导下属单位财务审计工作，研究拟订全市体育产业发展规划、计划，指导全市体育产业的开发工作。至2015年12月职能未变。

1975—2015 年泰安市（地区）体育局（委）办公室（人事秘书科）历任负责人情况表

表 2–3

时　间	单位名称（级别）	内设机构	职　务	姓　名	任职起止年限
1975.5—1977.3	泰安地革委体委	秘书科	—	—	—
1977.3—1984.5	泰安地革委体委	秘书科	副科长	马子文	1979.1—1984.11
1984.5—1985.5	泰安地区体委办公室（副县级）	人事秘书科	科　长	郑玉华（兼）	1984.11—1985.5
			副科长	段传兴	1984.11—1985.5
1985.5—2000.10	泰安市体育运动委员会	办公室	主　任	郑玉华	1985.5—1994.11
				罗文新	1994.12—2000.10
			副主任	段传兴	1985.5—1993.12
				罗文新	1989.2—1994.12
				杨　莉	1994.1—2000.11
			副主任科员	刘传梅	1997.3—2001.8
2000.10—2015.12	泰安市体育局	办公室	主　任	罗文新	2000.10—2002.3
				陈占峰	2004.5—2012.11
				刘西华（主持工作）	2012.11—2015.12
				刘西华	2015.12—
			副主任	杨　莉	2000.1—2002.6
			副主任、主任科员	许　兵	2004.5—2006.8
				王和平	2006.8—
			主任科员	杨　莉	2002.6—2008.7
				梁化福	2013.2—

竞赛科　1975年5月，泰安地革委体委设训练竞赛科。1984年5月，地区体育运动委员会办公室（副县级）内设竞赛科，正科级，赵新诚任副科长。1985年9月，泰安市体育运动委员会（正县级）设竞赛科，赵新诚任科长。1989年2月，穆孝刚任科长。2000年10月，泰安市体育局设竞赛科，路敦庆任科长，梁化福（2002年6月至2013年2月在局办公室工作）任副科长、郝

强任副科长。2010年1月，孙丰涛任科长。2013年1月，周生涛（体育总会办公室主任）负责竞赛科工作，郝强任副科长。竞赛科主要职责是：负责管理、指导全市体育竞赛工作，制定全市体育竞赛计划、竞赛规程，组织和承办全国、全省在泰安市举办的各项竞赛活动，组织全市单项和综合性运动会竞赛工作，负责泰安市参加省综合性运动会的组队训练工作，负责各体育项目等级裁判员的管理，负责国家和外省运动员来泰访问比赛的组织及国际体育交流工作，负责竞赛成绩的统计，审批、公布市纪录。至2015年12月未变。

1975—2015 年泰安市（地区）体育局（委）竞赛科（训练竞赛科）历任负责人情况表

表 2-4

时　间	单位名称（级别）	内设机构	职　务	姓　名	任职起止年限
1975.5—1977.3	泰安地革委体委	—	科　长	—	—
			副科长	—	—
1977.3—1984.5	泰安地革委体委	竞赛（训练）科	科　长	—	—
			副科长	赵新诚	1979.1—1984.5
1984.5—1985.5	泰安地区体委办公室（副县级）	业务科	科　长	赵新诚	1984.5—1985.5
1985.5—2000.10	泰安市体育运动委员会（正县级）	竞赛科	科　长	赵新诚	1985.5—1987.12
				穆孝刚	1989.2—1996.7
				路敦庆	1997.3—2000.11
				孙景旭	1989.2—1993.5
			副科长	路敦庆	1993.12—1997.3
				陈占峰	1997.3—2000.1
2000.10—2015.12	泰安市体育局（正县级）	竞赛科	科　长	路敦庆	2000.11—2010.1
				孙丰涛	2010.1—2013.2
				周生涛（主持工作）	2013.2—
			副科长	梁化福	2002.2—2013.2
				郝　强	2013.7—

训练科　1975年5月，泰安地革委体委内设军事体育科，邹积卿任科长。1977年3月，泰安地革委体委设训练竞赛科。1984年5月，地区体育运动委员会办公室（副县级）内设业务科，赵新诚任科长。1985年9月，泰安市体育运动委员会（正县级）设训练科，赵新诚任科长。1989年2月，范维琪任科长，薛新华任副科长。2000年10月，市体育局设训练科，邓岩（体育分会副主任）负责训练科工作。2001年8月，陈占峰任科长（在局办公室工作），史忠敏任副科长（在局办公室任会计工作）。邓岩（体育场场长）负责训练科工作。2004年8月，许兵任训练科科长。2009年2月，孙丰涛任科长，郝强任副科长。训练科的主要职责是，负责全市运

动项目的设置、布局，指导市优秀运动队的训练管理和后备人才培养工作，负责全市青少年比赛及参加省青少年比赛的组队训练和青少年运动员的资格审查工作，研究制订全市体育科技发展规划，并组织实施。组织指导全市体育科技学术交流和教练员的岗位培训工作，负责等级运动员的审批、申报工作和运动队、业余体校运动成绩的统计工作，指导单项协会运动项目的训练。至2015年12月未变。

1975—2015 年泰安市（地区）体育局（委）训练科（业务科）历任负责人情况表

表 2-5

时 间	单位名称（级别）	内设机构	职 务	姓 名	任职起止年限
1975.5—1977.3	泰安地革委体委	军事体育科	科 长	邹积卿	1979.1—1983.7（离休）
1977.3—1984.5	泰安地革委体委	训练、竞赛科	科 长	—	—
			副科长	赵新诚	1979.1—1984.5
1984.5—1985.5	泰安地区体委办公室（副县级）	业务科	科 长	赵新诚	1984.5—1985.5
1985.5—2000.10	泰安市体育运动委员会（正县级）	训练科	科 长	赵新诚	1985.5—1989.2
				范维琪	1989.2—1996.7
				薛新华	1997.3—1999.12
			副科长	薛新华	1989.2—1997.3
				史忠敏	1997.3—2000.11
2000.10—2015.12	泰安市体育局（正县级）	训练科	科 长	陈占峰	2001.8—2004.5
				许 兵	2004.8—2008.12
				邓 岩（主持工作）	2000.11—2004.8
				孙丰涛	2009.2—
			副科长	史忠敏	2000.11—2008.12
				郝 强	2009.2—2013.2

群众体育科　1975年5月，泰安地革委体委内设业余体育科。1977年3月，泰安地革委体委设群体科，尹祚起兼任科长。1984年5月，地区体育运动委员会办公室（副县级）撤销群体科。1996年8月，泰安市体育运动委员会内设群众体育科，为正科级。1997年3月，杨振德任科长，孙宁宪任副科长。2000年10月，泰安市体育局设群体科，杨振德任科长，刘传梅任副科长。2009年2月，邓岩任科长，刘成任副科长。2013年2月，刘成任科长，王大海任副科长。群体科的主要职责是，拟订全市群众体育工作发展规划和有关制度、规定，组织实施全民健身计划，指导、协调社会各方面、各行业群众体育工作，培训群众体育骨干，开展体育理论、运动技术调查和学

术研究，组织体育调研、体质监测，举办各类群众体育竞赛和组队参加省以上群体竞赛活动，负责全国全民健身登山竞赛组织工作，指导泰安市各单项运动协会工作。至2015年12月未变。

1975—2015 年泰安市（地区）体育局（委）群体科（业余体育科）历任负责人情况表

表 2-6

时　间	单位名称（级别）	内设机构	职　务	姓　名	任职起止年限
1975.5—1977.3	泰安地革委体委	业余体育科	科　长	—	—
1977.3—1984.5	泰安地革委体委	群体科	科　长	尹祚起（兼）	1979.1—1983.11
1996.8—2000.10	泰安市体育运动委员会（正县级）	群体科	科　长	杨振德	1997.3—2000.10
			副科长	孙宁宪	1997.3—2001.8
2000.10—2015.12	泰安市体育局（正县级）	群体科	科　长	杨振德	2000.10—2008.12
				邓　岩	2009.2—2012.11
				刘　成	2013.2—
			副科长	刘传梅	2001.12—2008.12
				刘　成	2009.2—2013.2
				王大海	2013.2—

（二）事业科室

泰安市体育彩票管理中心（见第十编第一章）

泰安市老年人体育协会办公室（见第四编第四章）

泰安市体育产业办公室（见第十编第二章）

泰安市全民健身中心（见第十一编第一章第一节）

泰安市体育总会（见第十一编第一章第一节）

泰安市国民体质科研检测中心（见第四编第十章第六节）

（三）独立事业单位

泰安市体育运动学校（见第十一编第一章第三节）

泰安市体育中心（见第十一编第一章第四节）

第二章　人员队伍

1956年，泰安专署体育运动委员会成立，专署党委宣传部长兼主任，设专职办事员1人。1957年8月，泰安专署成立泰安专署体育运动委员会，组成人员11人。

1958年10月，泰安专区撤销,所辖县划归济南市。1961年7月，恢复泰安专区建制。1964年4月，中共泰安地委印发《关于公布泰安专署体育运动委员会的通知》，编制9人。

1972年3月，泰安地革委成立体育局，编制9人。1975年5月，中共泰安地委印发《关于建立泰安地革委体育运动委员会的通知》，组成人员24名，下设4个内设机构。1977年3月，中共

1952—1967年泰安地区行署体委办公地点，现为岱庙博物馆仓库。（孙凤军 摄）

泰安地委印发《关于泰安地革委文办等部门内设机构（暂行）的批复》，体育运动委员会内设机构5个。

1984年5月，泰安地区编制委员会印发《关于批复地直机关接待处等内部机构及下属单位设置意见的通知》，泰安地区体育运动委员会办公室（副县级）编制24人，内部机构2个，下属事业单位4个。1985年9月，泰安市编制委员会印发《关于核定市直党政群机关人员编制的通知》，体育运动委员会编制18人。

1996年8月，根据市政府办公室《关于印发泰安市体育运动委员会职能配置、内设机构和人员编制方案的通知》，市体育运动委员会设4个职能科室，机关编制总额20人（其中，离退休干部工作人员2人，后勤服务人员2人，为事业编制）。可配备主任1人，副主任3人；科级领导职数8人。

1996年12月，泰安市推行国家公务员制度工作办公室印发《关于泰安市体育运动委员会职位设置方案的批复》，同意体委设置职位18个。其中，主任职位1个，副主任职位3个，科长职位4个，副科长职位4个，调研员或助理调研员职位1个，主任科员职位1个，副主任科员职位3个，办事员职位和按规定应设置的其他职位1个。按照批复，体委落实编制职位说明书，搞好人员资格审查、考核，进行职位轮换，完成竞争上岗，确定人员职务与级别，并履行国家公务员登记手续，完成了实施国家公务员制度改革的各项任务。

2000年12月，根据泰安市人民政府办公室《关于印发〈泰安市体育局职能配置、内设机构和人员编制规定〉的通知》，市体育局设4个职能科室，即办公室、竞赛科、训练科、群众体育科；机关行政编制14人，离退休干部工作人员编制2人，机关工勤人员编制3人。可配备局长1名，副局长2名，科级领导职数8名。

2006年12月，泰安市机构编制委员会办公室印发《关于调整市体育局人员编制的通知》，体育局核增市体育局机关行政编制2人，同时收回原核定的离退休干部工作人员编制2人。调整后，市体育局机关编制总额19人，其中行政编制16人，机关工勤人员编制3人。

2010年4月，根据泰安市人民政府办公室《关于印发泰安市体育局主要职责内设机构和人员编制规定的通知》，市体育局设4个职能科室，即办公室、竞赛科、训练科、群众体育科。机关党委负责局机关和直属单位的党群工作，日常工作由办公室承担。人员编制，市体育局机关行政编制15名，工勤人员编制3名；配备局长1名、副局长2名，科级领导职数8名（含机关党委专职副书记1名）。

2014年6月，泰安市机构编制委员会办公室印发《关于市直机关事业单位精简压缩编制的通知》，市体育局原机关行政编制15名，精简编制数1人，精简后编制数14人。

2015年4月，根据泰安市机构编制委员会办公室《关于市体育局部分机构编制事项调整的批复》，市体育局机关竞赛科、训练科整合为竞训科，减少1名科级领导职数。调整后，市体育局核定正科级领导职数4名（含机关党委专职副书记1名），副科级领导职数3名；将加挂在市全民健身中心的市国民体质监测中心独立出来，设立泰安市国民体质科研监测中心，为正科级财政拨款事业单位，编制从市全民健身中心调剂6名，其中管理人员编制3名，专业技术人员编制3名，配备主任1名，副主任2名。调整后，市全民健身中心核定编制10名，其中管理人员编制5名，专业技术人员编制5名，配备主任1名，副主任2名。

至2015年12月，市体育局内设科室4个、事业单位6个、直属单位2个。

第三编

学校体育

XUEXIAOTIYU

清光绪二十五年（1899），中华基督教美以美会在泰安西门外登云街创办（今青年路中段）萃英中学。清光绪三十一年（1905），废科举，兴学堂，泰安地区境内开始设立官立中学、师范、小学。民国元年（1912），区内有中学4所、师范学校1所、师范讲习所7所、小学927所、私塾1179处。1941年，泰山区、泰西区抗日根据地有抗日小学1583所。1956年，泰安地区小学发展到3996所，中学19所。1958年10月，山东农学院由济南迁至泰安。1958年11月，济南师范学校由济南迁至泰安，1971年更名为泰安师范专科学校。1984年，泰安地区有小学5567所，在校生91.75万人；高中66所、初中696所，在校生35.35万人；中等专业教育学校13所，在校生6903人；高等院校5所，在校生6741人。2000年，有小学1428所、中学232所、大学7所，在校生90.8万人。2015年，泰安市共有小学528所，在校生人数27.69万人；初中144所，在校生人数23.28万人；高中31所，在校生人数10.7万人；中等职业专业学校20所，在校生5.38万人；高等教育学校8所，在校生10.93万人。

1985—2015年泰安市小学、初级中学基本情况表

表3-1　　　　单位：所、人

年度	小学			初中		
	学校	在校生	专任教师	学校	在校生	专任教师
1985	4282	676985	28799	602	243971	13940
1989	4329	603632	31609	511	261540	16700
1993	3263	501748	25128	317	234066	14117
1997	2538	581983	24697	247	320253	16500
2001	1166	320029	20238	198	320700	16610
2005	710	273099	20340	168	190028	14661
2008	691	368232	22449	154	110354	12867
2013	560	336400	20000	138	189200	14100
2014	555	303293	19300	114	214662	15100
2015	528	276900	18500	144	232800	15700

1985—2015年泰安市高中、中等职业学校基本情况表

表3-2　　单位：所、人

年度	高中			中等职业学校		
	学校	在校生	专任教师	学校	在校生	教职工
1985	55	32612	1775	20	2754	846
1989	53	37946	2725	25	13089	1405
1993	36	34192	2643	35	20327	1951
1997	37	46172	3084	25	21159	1681
2001	36	79281	4220	19	28636	2003
2005	43	120049	6756	35	15681	2466
2010	32	61300	6839	24	62400	3622
2014	31	105360	7048	20	57800	3034
2015	31	107000	7245	20	53800	2361

1985—2015年泰安市区域内高等院校基本情况表

表3-3　　单位：所、人

年度	学校	在校生	专任教师	年度	学校	在校生	专任教师
1984	5	6751	2172	2006	6	97000	4906
1992	5	10000	1923	2011	8	98000	6289
1998	9	19000	2380	2014	8	102000	6300
2001	7	32000	2476	2015	8	109300	6330
2002	5	41000	2945	—	—	—	—

光绪二十七年（1901），萃英中学始设体育课，配1名专职体育教师，开展田径、排球、网球等体育活动。光绪二十八年（1902）泰安学堂开始设置体育课，初级小学设体育课，高级小学设体操课。1923年，根据国民政府《新学制标准纲要》，境内学校体操课以队列、队形、步伐、转法、游戏、哑铃操、棍棒操为主；高等小学开展田径、篮球、排球等体育活动。

新中国成立后，体育列为中小学必修课，每周除两节体育课外，还设课间操和课外活动，每学期召开一次运动会。1950年教育部颁布《小学体育课暂行标准（草案）》，泰安地区各校增添体育器材，修整体育场地，开始体育课常规教学。1954年，小学推行第一套“少儿广播体操”。1955年，全区各中学普遍推行《准备劳动与卫国体育制度》（简称“劳卫制”）。1956年，我国第一部《中小学体育教学大纲》在泰安专区中小学试行，1966年因“文化大革命”中断。1972年，学校体育逐渐恢复。1973年3月至5月，泰安地区组织代表队参加山东省第一届中小学生运动会，获田径男子甲组、女子甲组、女子乙组团体第三名；排球男子组第一名、女子组第五名。1974年8月，

泰山中学排球队参加全国中学生排球比赛，获东北赛区第三名。1979年，在全市推行“两课”（每周两节体育课）、“两操”（广播体操、眼睛保健操）、“两活动”（晨间活动、课外活动）制度。1981年，泰安二中被省体委、教育厅授予“1980—1981年体育锻炼标准先进单位”称号，米青龙被教育部授予“全国千名优秀体育教师”称号。1982年，泰安地区试行重点中学高、初中招生体育考试。

1991年，泰安市建立起市、县、乡三级体育教学网络，全区57.1万名学生达到国家体育锻炼标准。1994年3月2日，中共泰安市委、泰安市人民政府公布《关于进一步加强体育工作的决定》。2001年，肥城市泰西中学等8所学校通过省体育局、省教育厅联合评估，被命名为省级田径体育传统项目学校。2010年，泰安市要求每所学校都要有符合本校实际的3项以上的重点体育项目，全市形成“一校一品”的学校体育格局。2011年，泰安市始组织举办市、县两级中小学生体育联赛，每年都有近千所学校、1万多名学生参加比赛。2012年，泰安市教育局《关于加强学校重点国家体育项目建设的意见》，公布首批406所中小学重点体育建设项目；同年，泰安市教育局被教育部、国家体育总局授予《全国阳光体育冬季长跑活动先进单位》称号。2014年，全市中小学有体育专业教师1585人，体育教师配备率为63.4%。2015年，泰安市教育局确定新泰市、宁阳县为体育项目市级重点联系单位，泰山区为校园足球试点单位。

第一章　历史沿革

第一节　机　构

一、管理机构

新中国成立前，泰安地区没有学校体育管理机构。新中国成立后，1950年，泰安专署文教科负责学校体育工作。1953年，山东体育总会泰安体育分会（筹备会）成立，学校体育工作由山东体育总会泰安体育分会（筹备会）与泰安专署文教科负责。1956年，泰安专署体育运动委员会成立，原文教科分设为文化科、教育科，学校体育工作由泰安专署体委及专署教育科负责。1957年，泰安专区教育局设立体育卫生科，配备专职干部2～6人，负责学校体育卫生工作。1958年10月，泰安专区建置撤销，泰安专区体委、教育局分别划入济南市体委、教育局；各县市分别划入济南市、聊城专区。1961年7月，恢复泰安专区建置，随即成立泰安专署教育局。1964年，成立泰安专署体委，学校体育工作由泰安专署体委、教育局共同负责。1972年，泰安地革委成立体育局。1973年，成立泰安地革委政治部教育组，学校体育由地革委体育局与地革委政治部教育组负责。1975年，地革委政治部撤销，成立地革委教育局；地革委体育局更名为地革委体育运动委员会，学校体育由教育局与体委管理。1978年7月，泰安地区革委会改为泰安地区行署，学校体育由地区教育局、体委负责。1984年，泰安地区教育局设教育科，学校体育由地区教育局教育科负责。1985年，泰安地区体委改为泰安市体育运动委员会（简称泰安市体委），体委设训练科。训练科协助配合教育局教育科负责学校体育工作。2000年，泰安市体委改为泰安市体育局。仍由训练科协管中小学体育工作；由市体育局群体科协管大学体育工作。2010年，教育局成立体育卫生艺术教育教学研究室，学校体育工作由市体育局训练科与教育局体育卫生艺术教育教学研究室负责，至2015年无变化。

二、协调机构

2007年，泰安市体育局、泰安市教育局联合成立泰安市青少年体育工作协调小组，高峰为组长，任广中为副组长。

2011年，泰安市政府成立泰安市青少年体育工作领导小组。副市长徐恩虎任组长，市政府办公室副主任高翔、市教育局局长姚霆、市体育局局长苏有森任副组长。领导小组办公室设在市体育局，任广中、张勇华兼办公室主任。

2015年，泰安市政府调整泰安市青少年体育工作领导小组。副市长成丽任组长，市政府办公室副调研员田萌、市教育局局长张勇华、市体育局局长苏有森任副组长。领导小组办公室设在市体育局，许兵、徐炳伦兼办公室主任。

三、学校内设体育管理机构

1956年前，泰安地区各学校普遍建立体育协会。1956年后，各级各类学校成立“劳卫制”领导小组，学校体育教学与管理均由“劳卫制”领导小组负责。1978年，各学校由教研室或教研组负责学校体育工作。1980年，各学校成立学校体育运动委员会或体育领导小组。1985年，区内部分中小学在现有编制内设立体育卫生处或在教务部门设立体育督导员。1990年，全市普通中小学校均明确有一名副校长主管体育工作。2000年，各学校设立艺体组（办公室）与学校教导处协调管理学校体育工作；2010年后，各学校统一成立艺体办公室，主管学校体育工作。

第二节　法规与管理

1952年，泰安专区体育运动筹委会印发《关于下半年体育运动的指示》（下半年是指1952年12月至1953年5月）。要求各级各类学校积极提倡凡对人体全面锻炼与健康有益的和群众熟悉的各种体育运动，以迎接祖国即将开始的大规模的经济建设与文化建设，更好地为国防与生产建设服务。1954年，泰安专区贯彻国家体委、高教部、教育部、卫生部、团中央、全国学联发布的《关于在中等以上学校开展体育活动的联合通知》，国家体委颁布的《关于公布“准备劳动与卫国”制度暂行条例，暂行项目标准、预备级暂行条例的通告》，教育部编制的《中小学体育教学大纲草案》，要求各学校结合具体情况，积极开展多种多样的、为广大学生所喜爱的体育运动和适当的体育竞赛，并尽可能培养、训练各种运动队，把普及与提高结合起来；凡试行和推行“劳卫制”预备级的学校以推行“劳卫制”预备级为中心，把体育课、课外活动、运动竞赛、早操结合起来。1955年11月，泰安专区文教科、泰安体育分会联合下发《关于认真贯彻〈山东省中等学校劳卫制预备级暂行条例〉的通知》，要求全区各中学认真落实《劳卫制预备级暂行条例》，进一步促进学校体育活动开展。

1956年，中国第一部《中小学体育教学大纲》（以下简称《大纲》）在泰安专区中小学试行。《大纲》规定小学体育教学的主要手段是基本体操和游戏，中学应将“劳卫制”体育标准与体育教学结合起来，使体育教学逐渐正规化。1957年，泰安专署体育运动委员会做出指示，要求已实行《大纲》的学校，应进一步加强体育教学的计划性，改进与充实教学内容，提高教学质量，并加强课外活动的领导，继续推行“劳卫制”，做好劳卫制测验工作；未实行体育教学大纲的学校，可参照体育教学大纲内容改进教学，在开展多种多样体育运动的基础上逐步推行“劳卫制”；小学按照教学大纲教学，暂不推行劳卫制。1962年，泰安专区教育局、体委、团委联合转发省教育厅、省体委、团省委《关于当前各级全日制学校体育工作的几点建议》，要求所属各学校遵循“调整、巩固、充实、提高”的方针，在已有的基础上加强领导，上好体育课；指出学校体育的目的是增强学生体质，恢复每周1节体育课，有条件的力求恢复2节课。

1977年，泰安地革委教育局、体委召开全区中、小学体育工作座谈会，讨论研究加强体育课教学和开展业余体育活动等问题，要求全区各学校把搞好学校体育工作当作全面贯彻党的教育方针的大事来抓，尽快恢复体育教学，抓好体育师资建设，尽快解决学校体育场地和器材。1982年，泰安地区行署转发《山东省教育厅年高考预选增加体育考试的通知》，决定从当年开始，高考预选增加体育考试。男生体育考试科目为1500米、急行跳远、引体向上；女生体育考试科目为800米、急行跳远、俯卧撑，考试成绩按百分制计算。1983年，泰安地区召开学校体育卫生工作会议，要求各级各类学校体育卫生工作要以“增强学生体质为主、以经常性体育锻炼为主、以普及为主、以卫生保健为主”为指导思想，推行《国家体育锻炼标准》，坚持“两课、两操、两活动”和“每人每天一小时体育锻炼”的学校体育锻炼制度。

1986年，泰安市要求各学校认真落实国家颁布的《中小学体育工作暂行规定（试行草案）》，提出体育课应以实践课为主，重视实际的锻炼；每学期要保证有16至18周（32至36节）体育课教学时间。1990年2月，泰安市全面落实国家教委、国家体委《学校体育工作条例》，将普通中小学体育教学纳入教学督导计划；要求全市各职业中学、中等专业学校各年级必须开齐体育课，中等职业院校每8至9个班配备1名体育教师，各学校安排1名副校长主管体育工作；在制定计划、总结工作、评选先进单位时把体育工作列为重要内容。1991年，泰安市执行国家教委《中学生体育合格标准实施办法》，各学校按要求认真组织考评，及时填写“体育合格情况登记卡”，学生毕业时，“登记卡”必须由校长签字，并加盖学校公章，存入学生档案，档案中无“登记卡”者，不得报考高一级学校。

1994年，泰安市转发山东省委《关于印发〈全国普通中等专业学校（不含中师）体育课程教学指导纲要〉的通知》，规定体育课要注重体育基本理论、体育基本常识、体育文化的传授，体育理论学时数应占到总学时数的12%至15%。1995年，《中华人民共和国体育法》（以下简称《体育法》）由第八届全国人民代表大会第十五次常委会议通过。泰安市要求各级各类学校按照《体育法》，认真落实国家体育锻炼标准，保障学生在校体育活动时间，积极组织课外体育训练和体育竞赛，努力建设、配齐合格的体育场地、设施和器材。

2001年，泰安市贯彻教育部、国家体育总局、共青团中央、全国少工委《关于实施全国中小学生课外文体活动工程的通知》，要求全市九年义务教育阶段的在校学生，要利用每天下午课后时间，开展不少于一小时的文体活动或其他课外活动，建立稳定的专项课外文体活动训练点；定期组织各种形式与规模的文体竞赛、夏令营、冬令营等活动，推动中小学生课外文体活动形成规模、提高水平。

2006年9月20日，泰安市委、泰安市政府印发《关于进一步加强青年体育工作的意见》，要求全市进一步提高对青少年体育工作重要性的认识，加强青年体育协会组织建设，解决青年体育活动经费，搞好青年骨干培训，加强体育活动场地和设施建设，积极开展形式多样的青年体育活动。2007年，泰安市贯彻中共中央、国务院《关于加强青少年体育增强青少年体质的意见》，要求各学校加快建立符合素质教育要求的考试评价制度，全面组织实施初中毕业升学体育考试，并逐步加大体育成绩在学生综合素质评价和中考成绩中的分量；学校每学期要对学生视力进行两次监测；制定并落实科学规范的学生作息制度，保证小学生每天睡眠10小时，初中学生9小时。要求自2008年起，在高中学业水平考试中增加体育项目；高等学校需对自主招生和保送生进行体质测试，达到《国家学生体质健康标准》“合格”以上的考生方能录取。

2011年，根据《泰安市教育局关于加强学校重点体育项目建设的意见》，泰安市教育局首批公布全市406所中小学设立的重点体育项目，初步建立“高中—初中—小学”金字塔式培养输送网络模式。贯彻教育部《切实保证中小学生每天一小时校园体育活动的规定》，要求各级学校按照小学1至2年级每周4课时、小学3至6年级和初中每周3课时、高中每周2课时要求，落实中小学体育课；每天上午统一安排20~30分钟时间，开展大课间活动；与“体育、艺术2+1”活动相结合，创编各种活动形式，在参与上激发学生的兴趣与积极性。

2014年，泰安市按照国务院办公厅转发教育部、国家体育总局《关于进一步加强学校体育工作若干意见》（以下简称《意见》），要求各级各类学校认真落实《意见》，切实抓好体育教学、搞好体育锻炼、体育训练和竞赛，建立学生体格健康检查制度，加强对学生体质监测。

第三节　体育场地设施

新中国成立后，各级党委、政府高度重视学校体育工作，引导各级教育部门和学校，发动师生自己动手，利用空闲地修建操场、自制设备，积极开展体育活动。至1956年，全区较大学校都设有田径场、篮排球场，农村完小体育设施也有较大改善。“文化大革命”期间，学校停课，体育设施受到较大破坏。1977年，山东省教育厅转发东平县响场学校勤俭办体育的经验。泰安地区各级各类学校学习响场学校经验，发动师生，修旧利废、就地取材，从实际情况出发解决体育场地和器材缺乏问题。同时，各级财政也根据财力状况拨出一定资金用于学校体育场地的修建和器材的购置。

20世纪80年代，泰安地区按照上级统一部署开始进行大面积中小学校舍改造，彻底解决黑屋子、土台子、无场地的问题。1983年，泰安中小学体育场地建设纳入泰安地区中小学校舍改造总体规划，并作为中小学改造“六配套”标准之一，全区城镇中学、部分农村小学开始按照国家标准建设体育场、篮球场等体育场地，泰安地区学校体育设施建设进入新的快速发展期。1984年，全区中小学都建有体育场地。其中，泰安县有中小学体育场60处，新泰市有中小学体育场62处。1985年，按照省教育厅、省体委要求，泰安市进一步规范中小学体育场地建设，要求凡新建学校，中学要修建400米环形跑道田径场，小学要修建200米环形跑道田径场；有条件的学校要尽快建立起小型、简易体育馆、游泳池等设施。至1988年，泰安市建有中小学田径场292处。

2008年，泰安市按照山东省教育厅《山东省普通中小学基本办学条件标准（试行）》，要求各级各类学校按照标准要求设置运动场地。2011年，将市直中小学运动场地建设纳入教学条件达标工程。2014年，泰安市教育局按照教育部、卫生部、财政部颁布的《国家学校体育卫生条件试行基本标准》对全市进行检查验收，泰山区、岱岳区、新泰市、肥城市、宁阳县全部达标。至2015年，全市有中小学体育场地2454 处，其中，田径场612处，篮排球场1114处，足球场230处。

2007年，泰安市政府按照国家《公共文化体育设施条例》，对农村中小学必须的体育器材所需经费给予支持，并要求公共体育场馆和运动设施免费或优惠向周边学校和学生开放，在国家法定节假日和学校寒暑假期间，适当延长开放时间；在学校寒暑假期间，增加适合学生特点的文化体育活动。2012年，泰安市体育局、教育局按照省体育局、省教育厅、省财政厅《关于进一步做好学校体育设施向社会开放工作实施意见》，推选泰安第二中学等10所学校为首批学校体育设施向社会开放单位，至2014年，共推选29所学校，省级部门补助每所学校3万元。

附：

国家学校体育卫生条件试行基本标准（体育场地）

（2008 年教育部、卫生部、财政部颁布）

表 3-4

1.小学			
运动场地类别	≤18班	24班	30班以上
田径场（块）	200 米（环形）1 块	300 米（环形）1 块	300 ~ 400 米（环形）1 块
篮球场（块）	2	2	3
排球场（块）	1	2	2
器械体操 + 游戏区	200 平方米	300 平方米	300 平方米
2.九年制学校			
运动场地类别	≤18班	27班	36班以上
田径场（块）	200 米（环形）1 块	300 米（环形）1 块	300 ~ 400 米（环形）1 块
篮球场（块）	2	3	3
排球场（块）	1	2	3
器械体操 + 游戏区	200 平方米	300 平方米	350 平方米
3.初级中学			
运动场地类别	≤18班	24班	30班以上
田径场（块）	300 米（环形）1 块	300 米（环形）1 块	300 ~ 400 米（环形）1 块
篮球场（块）	2	2	3
排球场（块）	1	2	2
器械体操区	100 平方米	150 平方米	200 平方米

4.完全中学				
运动场地类别	≤18班	24班	30班	36班以上
田径场（块）	300 米（环形）1 块	300 米（环形）1 块	300 米（环形）1 块	400 米（环形）1 块
篮球场（块）	2	2	3	3
排球场（块）	1	2	2	3
器械体操区	100 平方米	150 平方米	200 平方米	200 平方米

续表 3-4

5.高级中学（含中等职业学校）				
运动场地类别	≤18班	24班	30班	36班以上
田径场（块）	300 米（环形）1 块	300 米（环形）1 块	300 米（环形）1 块	400 米（环形）1 块
篮球场（块）	2	2	3	3
排球场（块）	1	2	2	3
器械体操区	100 平方米	150 平方米	200 平方米	200 平方米

说明：1.300 米以上的环形田径场应包括 100 米的直跑道，200 米的环形田径场应至少包括 60 米直跑道

2. 田径场内应设置 1 ～ 2 个沙坑（长 5 ～ 6 米、宽 2.75 ～ 4 米，助跑道长 25 ～ 45 米）

3. 器械体操区学校可根据实际条件进行集中或分散配备

4. 因受地理环境限制达不到标准的山区学校，可因地制宜建设相应的体育活动场地

第四节　市属重点中学

泰安第一中学　山东省泰安第一中学前身是中华基督教美以美会在泰安西门外登云街创办（今青年路中段）的萃英中学，始建于1899年。1946年6月，泰安城首次解放，泰山专署在泰城原萃英中学校址建立泰安中学。1953年，更名为山东省泰安第一中学，为省重点中学。1984年，被泰安地区体委确立为泰安地区足球传统项目学校。1990年，被山东省体育局确立为山东省足球传统项目学校。2011年，被国家体育总局确定为全国篮球传统项目学校。曾获中国高中校园足球联赛第八名、山东省中学生足球联赛冠军、山东省中学生篮球联赛亚军、山东省中学生运动会突出贡献奖。2012年8月，原泰山现代中学、泰安一中西校并入泰安一中。2013年，新校区（位于泰安市高新技术开发区）开工建设，占地面积508亩。2015年，学校有400米运动场2块、300米运动场3块、篮球馆2座、体育馆1座；室外篮球场地32块，排球场地24块，乒乓球台68张。体育教师42名，其中，足球教练2名、篮球教练4名，硕士研究生5人、高级教师15人、一级教师16人。是山东省首批办好的十九所重点中学之一、省级规范化学校。

泰安一中体育馆简介（见第九编　体育设施·体育场馆）

泰安第二中学　1953年1月，山东省教育厅批准成立山东省泰安第二中学。1953年3月，在今山东农业大学校址建校。1958年6月，学校更名为“山东省泰山市第二中学”，隶属于泰山市。12月底学校迁至今址，占地面积168亩。1960年，济南三中迁至泰安。1961年，济南三中和泰安回民中学两个初中班并入。1962年5月，被山东省人民委员会指定为第一批山东省重点学校。1985年，泰安撤区建市，学校由市政府领导。1994年1月，被省教育厅批准为第二批省级规范化学校。泰安二中现有体育馆1座、田径场1块、足球场1块，篮球场9块，排球场5块、网球场1块，乒乓球台20副。体育馆一楼置乒乓球台10副、泳池1个（长25米、宽10.8米）；二楼置羽毛球场地6块、篮球架2副。2003年、2007年两次承办国家女子足协杯比赛；2012年承办CSBA全国初中男子篮球比赛。1984年，被省体委、省教委命名为省田径传统项目学校和省排球传统项目学校。1988年，被国家教委命名为培养高水平体育后备

人才试点学校，被国家体委授予“全国体育传统项目先进单位”称号。2008年，被国家体育总局确定为北京2008奥林匹克教育示范学校、国家级青少年体育俱乐部。至2015年，先后为国家、省专业队输送运动员380名，在全国、省中学生运动会和单项体育比赛中，获金牌100余枚。

泰安二中体育场简介（见第九编　体育设施·体育场馆）

泰山中学　泰山中学前身是济南私立黎明中学，1939年建立。1952年由国家接管，后改名为山东省济南第六中学。1958年11月迁入泰安灵芝街原育英中学旧址。是年，济南师范专科学校迁泰安。1959年，该校改名为济南师范专科学校附属中学。1961年，迁址文化二路，占地74.83亩。是年，济南师专易名为泰安师专，该校为其附属中学。1964年9月，更名为泰山中学，归泰安专署领导。1978年，确定为泰安地区重点中学。至2015年，有多功能体育馆1座、400米标准塑胶跑道田径场1块、250米塑胶跑道1块、标准天然草皮足球场1块、风雨篮球场3块、室外篮球场9块、塑胶排球场3块、乒乓球室1处，舞蹈教室3处、形体训练房2处。有78个高中教学班，3个留学生班，在校生4300人。专职体育教师17人，其中高级教师4人，研究生5人，省级以上行政教学荣誉教师5人。

1984年，被省体委、省教委命名为省田径传统项目学校和省排球传统项目学校。1986年，被山东省教育厅、省体育局评为省先进传统项目学校。1988年，被国家教委命名为培养高水平体育后备人才试点学校。

2004年，泰山中学排球队参加中国“优胜者杯”中学生排球赛获女排冠军、男排季军。2009年，泰山中学健美操队参加山东省第十届中学生运动会获团体第二名。2011年，参加山东省中学生体育舞蹈活力大赛，获团体总分第二名。2012年，参加山东省中学生体育舞蹈活力大赛获团体总分第一名，参加山东省学生健康活力大赛获团体第二名，参加全国健美操冠军赛有3名队员获一级运动员证书。2013年，将健美操、体育舞蹈列为学校重点体育项目，建设健美操训练馆（340平方米）1处和体育舞蹈训练房（132平方米）1处。2015年，排舞队首次参加全国排舞联赛总决赛获二等奖；健美操队参加全国健美操冠军赛，1名队员获“国家运动健将”称号、2名队员获一级运动员证书。体育舞蹈队在CBDF中国杯国际标准舞巡回赛中，有16人次获冠军。

第二章　体育教学

第一节　概　况

新中国成立后，区内各级学校按照教育部规定，体育为各级各类学校必修课，从小学一年级起设体育课，每周2学时。1950年，教育部颁布《小学体育课暂行标准（草案）》（以下简称《标准》），确定小学体育教学的目标、任务及教材纲要和教学要点。泰安专区各小学按照教育部颁发《标准》，积极修整体育场地，增添体育器材，开始建立课堂体育常规教学。但由于缺乏体育师资，未能完全实施《标准》。1953年，泰安专区按照教育部颁布的苏联十年制学校体育教学大纲规范体育课，建立了体育统一考核项目和五分记分法。根据培养“三好学生”要求，确立体育课在教学中的位置，学校场地、器材有所增加，区内中学和较大的完全小学开始在春、秋两季举办运动会。

1954年至1955年，小学推行第一套“少儿广播体操”。1956年12月，全区有21个中等学校推行“劳卫制”预备级，10336人参加了“劳卫制”预备级体育锻炼。1960年至1962年国民经济困难时期，学生体质下降，部分学校体育课被迫停止。1962年，学校体育教学逐步恢复。1966年，“文化大革命”开始，学校教学秩序被打乱，体育课停止。1972年，学校正常教学秩序有所恢复，体育课重新开设，但科学上好体育课的问题仍未解决。1977年，省革委教育局发布《关于加强中小学体育工作的意见》，泰安地区认真贯彻上级指示精神，全区中小学体育开始走上正轨。

1978年，教育部颁布《全日制十年制中小学体育教学大纲》，泰安地区落实大纲要求，小学低年级以游戏为主，辅以队列、体操、田径等项目；高年级以田径为主，其余为辅。中学体育教学内容包括体育基本知识、田径、体操、球类、武术等。1982年，泰安地区按照省教育厅的要求，重点中学招生时增加体育考试。高中考试体育项目为中距离跑、引体向上、立定跳远、俯卧撑；初中考试体育项目为跳绳、直腿仰卧起坐等。

1991年，贯彻国家《学校体育工作条例》和《国家体育锻炼标准》，建立市、县、乡三级体育教学网络，全市57.1万名学生达到国家体育锻炼标准。1997年，中小学重点普及第八套广播体操。2006年3月至12月，市教育局举办泰安市首届中小学文化艺术体育节，内容涉及文艺、体育、学校文化、国防教育4大类、22项活动。2007年，泰安市教育局体育卫生艺术教育教研室结合举办全国“亿万学生阳光体育运动”启动仪式，在各县（市、区）和市直学校统一部署开展一小时锻炼活动。9月下旬，召开全市阳光体育展示活动，有7所学校、1000多名学生参加，县（市、区）及各乡镇代表300多人观摩展示活动。

2009年，东岳中学、宁阳四中、肥城老城中学被批准为国家级青少年体育俱乐部，争取扶持资金36万元。2011年，根据山东省教育厅办公室转发教育部办公厅《关于在义务教育段中小学实施“体育、艺术2+1项目”的通知的通知》（鲁教体办体〔2011〕3号）精神，制订《泰安市义务教育段中小学“体育、艺术2+1项目”实施方案》（2011—2015），明确中小学“2+1项目”的路线图和时间表，让每个学生至少学习掌握两项体育运动技能和一项艺术特长。其中田径类项目有耐久跑（800米跑、1000米跑）、110米栏、400米栏、跳高、跳远等；球类项目有篮球、足球、羽毛球等；体操类项目有艺术体操（形体练习）、健美操、体育舞蹈、技巧等。这一措施，进一步推动了中小学体育工作开展。

第二节 体育教材

体育教材包括体育教学大纲，学生体育课本和教师教学参考用书。1950年，泰安专区按照教育部《小学体育课暂行标准》确定的教材纲要和教材要点，进行体育教学。1956年，按照教育部《中小学体育教学大纲》，各中学采用基本教材和补充教材两部分。1962年，采用教育部颁发的《中小学体育教材》。1970年，泰安地区采用山东省编发的《军体》教材，内容有队列、射击、刺杀、投弹、田径等内容。1978年，各学校贯彻教育部《全日制十年制中小学体育大纲》，小学低年级仍以游戏为主，辅以队列、体操、田径等；高年级以田径为主，其余为辅。1987年，泰安市中小学采用省编学生体育课本《中小学生体育教材》，其中小学12册，中学9册；教师参考用书主要为《中小学体育教学参考资料》《中等师范体育教学》《高等学校体育教学参考资料》。1995年至2014年，市内各中小学普遍采用全国统一的体育教材《体育》《体育与健康》。2015年，全市统一采用人民教育出版社出版的《体育与健康》。

1995—2015 泰安市高中、初中、小学体育教材选用情况表

表 3-5

单位	时间	教材名称	教材版本	课时（节/周）	学时（分钟）	其他
小学	1995—2012	体育	人民教育出版社	2	45	
	2013—2014	体育与健康	西苑出版社	3	45	一、二年级四节
	2015—	体育与健康	人民教育出版社	3	45	一、二年级四节
初中	1995—1999	体育	人民教育出版社	2	45	
	1999—2011	体育与健康（七～九）	人民教育出版社	3	45	
	2012—	体育与健康	人民教育出版社	3	45	
高中	1999.3—2003.7	体育	人民教育出版社	2	45	
	2003.9—2010.7	体育与健康	华东师范大学出版社	2	45	
	2010.9—2015.7	体育与健康	人民教育出版社	2	45	

第三节 体育师资

一、师资来源

新中国成立初期，除部分学校外，大部分学校无专职体育教师，学校体育课由各班班主任负责。1952年，各学校开始按照教育部要求设置专职体育教师。由于当时体育教师人才缺乏，各学校主要从三个方面解决体育教师来源问题，即训练录用新中国成立前教师、争取正规师范学校分配、招收在乡失业知识分子。其中，对在乡知识分子录用办法是，经群众推荐，乡村干部审查，择优选用，并施以短期培训后充任教师。1958年，除省内外体育院校毕业生不断充实泰安市体育师资队伍外，各级教育行政部门和学校根据需要，将复原转业军人、退役运动员和高中毕业生，经过多种形式的培训，转为体育教师。

20世纪70年代初，初中、高中体育师资严重不足，为解决这一问题，将部分业务水平较高的小学教师提到初中任教，部分业务水平较高的初中教师提到高中任教，降低了国家规定的要求标准。1973年以后，有部分工农兵大学生和师范院校毕业生陆续分配到中学任体育教师，体育教师队伍逐渐发展。

1979年，泰安地区共配备专职体育教师1176人。1983年，泰安地区增加专职体育教师214人，配备兼职体育教师4066人。2010年起，体育教师的录用，开始采取公开报名、统一考试、择优录用的方式进行。2014年，全市中小学体育专业教师实有1585人，体育教师配备率为63.4%。

二、师资培训

20世纪50年代，泰安专区对体育教师采取积极培育提高的方针，除加强平日自学和开展经常性的教研活动外，主要采取假期业务学习、送部分教师到师范院校离职进修、抽调教师到高师、中师培训班进行系统培训、举办短期培训班等形式进行培训。1957年6月，专署教育科、体委召开全区中等学校体育教师经验交流会议，着重交流体育教学、课外体育活动等方面的经验。1979年，全区先后举办四期体育项目训练班及三期中、小学体育教师训练班。1984年，地区、县两级举办体育教师培训班、体育教学研讨会60多次，培训师资2000余人。

1996年，山东省首届中小学体育教师教学基本功比赛在潍坊举行。参赛项目有小学、初中、高中3个组别的课堂内理论，田径、球类、体

操、韵律操、武术5个大项10个小项，全省有20个地市和大企业的180名体育教师参加比赛。泰安市选出9名体育教师组队参加比赛并获团体总分第二名；泰安师范附属学校的王红、泰安二中的王铭真获一等奖；泰安实验学校的刘向阳、泰山区迎春中学的孙晓忠获二等奖；师专附中的艾华、东平实验中学的孙海龙及泰安二中的徐西孔获三等奖。

2004年，根据义务教育课程改革，体育教师培训按照“先培训、后上岗，不培训、不上岗”的要求，积极开展市、县、校三级培训。2006年7月至8月，市教育局举办全市基础教育课程改革通识培训和省教育学院的IP视频学科培训。全市小学、初中、高中体育教师参加了体育学科知识考试。2007年，贯彻《中共中央、国务院关于加强青少年体育，增强青少年体质的意见》，由教育行政和教科研部门对体育教师、卫生保健人员进行专业知识与技能轮训，每三年轮训一遍。

2010年，市教育局、体育局在泰安城举办学校体育教师田径裁判培训班，邀请多名知名国家级田径裁判授课，全市100余名中小学骨干体育教师参加了培训。经闭卷考试，有94名教师取得培训合格证书和继续教育学分证书，63名教师取得国家二级田径裁判员证。2011年3月，泰安市教育局、体育局在泰安二中举办腰旗橄榄球裁判培训班，全市30多名体育教师参加了培训。2014年，泰安市选派体育教师和教练员参加省以上培训34人次，参加项目有排球、举重、跆拳道、传统校体育教师培训，队医进修等。

三、师资培养

泰安地区的体育师资培养主要为师范教育、自学考试、在职学历教育三种形式。泰安师范专科学校是泰安市20世纪体育教师培养的主要基地。1958年年底，济南师范专科学校迁来泰安，改名泰安师专，师专设体育专业，学制为2年。截至2002年，共培养体育专业毕业生1000余人，多数在泰安市各类学校任教。1978年，泰安市教师进修学校建立。1980年，设置体育系，1983年，改名为泰安教育学院。2002年，并入泰山学院。至2002年，教师进修学校共培养、培训体育教师1000余人。2002年，泰安师专、泰安进修学校合并成立泰山学院，设立体育系，当年招收体育专业学生113人，以后招生逐年增多。2015年，招生870人，在校生体育专业生达到2000余人。

第四节　体育器材

1950年，按照教育部《小学体育课暂行标准（草案）》，为弥补体育场地、体育器材的不足，各校发动师生，自己动手，修旧利废，就地取材，采取土洋结合的办法解决部分场地、器材不足的问题，开始建立常规体育教学。20世纪50至60年代，仅新泰县中小学自制体育器材10万余件。其中，水泥乒乓球台1000多副，单双杠、篮球架、排球架1万多副。1956年，泰安专区根据体育教学大纲要求，各级政府为学校购置部分体育器材。1977年，泰城较大学校均配备单杠、双杠、木马、铅球、铁饼、篮球、排球及体操、射击、武术、乒乓球等训练器械；农村小学体育教学器材情况也有较大改善，除购置、修配外，还自制部分石质、木质器材，保障了体育课程的开设。

20世纪80年代，泰安地区开始对中小学校舍进行大规模改造。1983年，中小学体育场地设施纳入泰安地区中小学校舍改造“六配套”标准。1986年，省教育厅下发中小学体育器材配备标准，泰安市教育局按照配备标准，把体育器材的配备纳入教学仪器供应计划。1989年，国家教育委员会印发《中学体育器材设施配备目录》《小学体育器材设施配备目录》，全市各级按通知要求配备体育器材设施，各级教育行政部门将体育器材设施配备情况，作为评估学校工作的标准之一。

1997年，泰安“普九”（普及九年义务教育）任务完成，体育场地、设施、器材，不仅在数量上大大增加，而且在质量上也大有提高，有部分学校，音像等现代化教学手段已进入体育课堂。2014年，泰安市对全市学校体育器材配备情况进行验收。泰安各级各类学校按照国家《2014年小学体育器材、设施配备标准目录》《2014年中学体育器材、设施配备标准目录》，除东平县完成63%外，市直及各县（市、区）学校均全部达标。2015年，全市各级各类学校全部达标。

附：2014年国家小学、中学体育器材、设施配备标准目录

2014年国家小学体育器材、设施配备标准目录

表3-6

类别		器材、设备名称	单位	城镇小学			乡村小学			备注
				24个班以上	13～23个班	12个班以下	18个班以上	13～17个班	12个班以下	
必配类	一类必配	接力棒	根	24	18	10	18	12	6	—
		跳高架	副	4	4	2	3	2	2	—
		栏架	副	20	16	10	18	12	6	可升降，最低40cm
		秒表	块	6	4	2	3	2	1	—
		小沙包	只	60	40	40	40	20	20	—
		木尺	根	5	3	1	3	2	1	1.8～2.5cm
		皮尺	条	4	3	2	3	2	1	20m，30m
		垒球	个	50	40	30	30	25	20	10in
		联合训练器	副	1	1					—
		实心球	个	60	50	40	20	20	20	1kg，D=15cm
		体操棒	根	60	60	60	60	50	50	80～90cm
		体操凳	张	4	2	2	4	2	2	300×30×20cm
		木哑铃	副	60	60	60	60			—
		短绳	根	100	80	60	60	50	50	220～250cm
		长绳	根	14	10	6	10	8	6	450～500cm
		爬绳、爬竿	副	1	1	1	1	1	1	绳2、竿2
		肋木	间	3	3	2	2	2	2	—
		平梯	架	2	1	1	2	1	1	—
		助跳板	块	4	3	2	3	2	2	—
		山羊	台	4	3	2	3	2	1	—
		跳箱	套	3	2	1	3	2	1	—
		低单杠	副	6	4	2	3	2	2	—
		高单杠	副	3	2	1	2	1	1	—

续表 3-6

类别		器材、设备名称	单位	城镇小学			乡村小学			备注
				24个班以上	13～23个班	12个班以下	18个班以上	13～17个班	12个班以下	
必配类	一类必配	体操垫（小）	块	60	60	40	20	12	10	60×60×10cm 折叠
		体操垫（大）	块	12	10	8	8	6	4	120×200×10cm
		毽子	个	120	80	60	60	50	50	—
		塑料圈（呼啦圈）	个	60	60	60	60	50	50	—
		气筒	把	2	2	1	2	1	1	—
		广播体操挂图								—
		计算器	个	4	4	2	3	2	1	—
		录音机	台	2	2	1	1	1	1	—
		扩音器	台	1	1	1	1	1	1	—
	二类必配	小篮球	个	40	30	20	20	16	10	—
		小篮球架	副	4	3	2	2	2	2	—
		软式排球	个	40	30	20	16	10	6	—
		小型排球架	副	4	3	2	2	2	2	—
		小足球	个	40	30	20	20	15	10	—
		小型足球门	副	4	3	2	2	2	2	—
		小皮球	个	40	30	20	20	20	20	—
		小篮球	个	40	30	20	20	16	10	—

2014 年国家中学体育器材、设施配备标准目录

表 3-7

类别		器材、设备名称	单位	城镇中学			乡村中学			备注
				36个班以上	19～35个班	18个班以下	18个班以上	13～17个班	12个班以下	
必配类	一类必配	接力棒	根	30	24	12	18	12	6	—
		跳高架	副	6	4	2	3	2	2	—
		栏架	副	36	24	18	18	12	6	可升降，最低 70cm
		秒表	块	16	12	6	6	4	2	也可每人一块
		木尺	根	6	4	3	3	2	1	1.8 ～ 2.8m
		皮尺	条	6	4	3	2	1	1	20m，30m，50m
		垒球	个	50	40	30	30	25	20	12in

续表 3–7

类　别		器材、设备名称	单位	城镇中学			乡村中学			备　注
				36个班以上	19～35个班	18个班以下	18个班以上	13～17个班	12个班以下	
必配类	一类必配	联合训练器	副	1	1					—
		实心球	个	60	50	40	30	20	20	1kg，D=15cm 2kg，D=18cm
		体操棒	根	80	60	60	60	50	50	100cm，D=3cm
		短绳	根	140	100	60	60	50	50	250 ～ 280cm
		长绳	根	18	14	12	12	10	8	500cm
		爬绳、爬竿	副	2	2	1	1	1	1	绳 2，竿 2
		肋木	间	10	9	6	6	4	3	—
		平梯	架	3	2	2	2	1	1	—
		低单杠	副	7	5	4	5	4	3	—
		高单杠	副	5	4	3	4	3	2	—
		低双杠	副	7	5	4	5	4	3	—
		高双杠	副	5	4	3	4	3	2	—
		山羊	台	5	4	3	3	2	1	—
		跳箱	套	5	4	3	3	2	1	—
		助跳板	块	7	5	4	4	3	2	—
		体操垫（小）	块	80	60	60	30	20	10	60 × 60 × 10cm
		体操垫（大）	块	18	14	12	12	8	4	120 × 200 × 10cm
		剑（刀）	柄	80	60	60	60	50	50	木、竹制品
		棍	根	80	60	60	60	50	50	木制品
		气筒	把	3	2	1	2	2	1	—
		广播体操挂图								—
		计算器	个	6	4	2	3	2	1	—
		录音机	台	4	3	2	2	1	1	—
	二类必配	篮球	个	60	40	20	15	10	5	—
		篮球架	副	6	4	2	3	2	1	初中：2.50 ～ 2.80m 高中：2.80 ～ 3.05m
		排球	个	60	40	20	15	10	5	—
		软式排球	个	60	40	20	15	10	5	—
		排球架	副	6	4	2	3	2	1	1.80 ～ 2.30m
		足球	个	60	40	20	15	10	5	—
		足球门	副	4	2	2	2	2	1	—

第五节 体育课程

新中国成立前，中小学没有统一的课程安排和课时规定。1948年，人民政府创办的学校小学三到六年级开设体育课，每周两节。1955年，小学一至六年级均开设体育课，每周两节。国民经济困难时期，大部分学校停止体育课。1962年，体育课恢复，每周两节。1966年，“文化大革命”时期，教学秩序被打乱，体育课被迫停止。1972年，体育课开始恢复，但课时、课程仍无保障。

1981年，泰安地区实行统一的体育课程表，每周设置两节体育课及课间操。1997年以后，小学体育与健康授课时数为一、二年级每周两课时，三至六年级每周3课时。初级中学体育与健康授课时数为每周两课时。高中体育与健康的授课时数除每周两课时外，有学校安排每周3次以上课外活动，其中有1课时在体育教师的具体指导下进行体育锻炼活动。2007年，泰安市按照教育部规定，严格执行国家课程标准，小学一年级至二年级每周4课时；小学三年级至六年级和初中每周3课时；高中每周2课时。2014年，泰安市义务教育阶段体育课程总课时占全部课程的10%～11%；高中阶段课程总学分为116分，其中体育课程学分为11分。2015年，中等职业学校体育与健康课程的教学内容由基础模块和拓展模块两个部分组成，基础模块是对一年级学生开设的必选内容，教学时数为72学时；拓展模块是对二年级学生开设的选项内容，教学时数为72～90学时。

第六节 体育教研

一、教研机构

1956年，泰安专署教育局成立泰安地区体育中心教研组，负责学校体育教学与科研工作。1958年，泰安专区建置撤销，体育教研工作归属济南市教育局体育教研组。1961年，泰安专区恢复建制，泰安专署教育局成立体育教研组。1966年，“文化大革命”期间，体育教研活动停止。1977年，泰安地区体育中心教研组恢复。1985年，泰安地区体育中心教研组改为泰安市教育局体育中心教研组。1991年，泰安市教育局体育教研组有专、兼职体育教研人员11人。2012年，泰安市教育局成立中等职业学校文化基础学科教学研究组（简称“学科组”），其中，体育学科教学研究组9人，至2015年无变化。

二、教研活动

1956年、1957年，山东省教育厅先后在济南、青岛举办全省《中小学体育教学大纲》研讨会，泰安专区安排多人参加研讨。1962年，泰安地区体育中心教研组组织区内学校开展体育教学与科研活动，探讨体育教学改革。1977年，恢复体育教学研究活动。1978年，随着学校体育工作的开展，各级学校建立群众性体育学术组织，体育教研工作逐步走上正轨。

1981年9月，泰安地区行署体委成立泰城体育教研会。修复燃任顾问，尹祚起任主任，教研会下设秘书组、大学组、中学组、中专组、小学组等。教研会组织泰城体育教师每周星期三上午集中活动，主要内容为专家讲课、经验交流、教学观摩、外出学习、理论研讨等。1985年起，全市学校体育科研重点开展体育教学方法和整体改革实验。

1994年，在全市开展体育教学比赛、优秀论文评选活动，进一步提高了教师教学水平。省、市评选出一批传统项目学校，体育教学、课外训练、课外锻炼更加专业化。1997年，泰安市教育局、体育局在举办健康教育培训班，并通过山东省教育厅学生常见病10年规划中期考评。

2000年，泰山区成立融教研、科研、师训于一体的教研科研中心，肥城、新泰、东平、泰安一中、泰安师专附中等相继成立独立设置的教科室（所），体育教学科研有了新提高。2002年，泰安各中学体育教研组积极参与“泰安市教育科学‘十五’规划课题”立项活动，有多个体育教研课题被泰安市及各县（市、区）教育部门立项。2005年，各义务教育实验区的体育课程改革，采取以科研课题为依托，建设“培训、教研、科研”相结合的三位一体的课程改革工作模式。2012年，泰安市教育局召开全市中小学生每天1小时校园体育活动暨“体育、艺术2+1项目”现场会，泰安市创建的体育教学先进经验得到省教育厅的肯定，并在全省推广。2013年，各级各类学校体育教研组参与全市教育科学“十二五”规划2013年度课题立项，有多项体育教研课题立项。

三、教研项目及成果

1996年，市教育局、市体育局组织全市学校开展体育论文评选活动，收到论文170篇，评出一等奖10篇，二等奖19篇，三等奖24篇。1998年，收到论文215篇，评选出一等奖10篇、二等奖22篇、三等奖37篇。2003年，组织参加山东省评选优秀体育论文活动，5篇论文获得山东省优秀论文二等奖。2010年，收到论文248篇，评选出一等奖20篇，二等奖40篇。

2003 年泰安市获山东省优秀中小学体育论文情况表

表 3–8

论文题目	获奖名称	评选单位	获奖作者	作者单位
韵律操在中学女生体育课中的作用	山东省优秀体育论文二等奖	省体育局、省教育厅	吴钦燕　王　华	新泰市业余体校、泰安市体育运动学校
浅谈体育教学创新能力的培养	山东省优秀体育论文二等奖	省体育局、省教育厅	李玉举	泰安市岱岳区徂徕一中
排球比赛中发球技战术的运用	山东省优秀体育论文二等奖	省体育局、省教育厅	李德云	新泰市体育中心
对选材，全面身体素质训练的体会	山东省优秀体育论文二等奖	省体育局、省教育厅	张广玲	泰安市岱岳区业余体校
如何办好基层体操运动学校	山东省优秀体育论文二等奖	省体育局、省教育厅	张　平　葛云泉	新泰市体操运动体校

1996—2010 年获泰安市优秀体育论文一等奖情况表

表 3–9

年度	论文题目	作　者	单　位
1996	宁阳县体育事业发展“九五”计划和 2010 远景目标纲要	李新生等	宁阳县体委
	浅谈少儿田径训练	杜国梁	宁阳实小
	再谈素质教育与全发展的学校体育观	高　磊	泰山区教师进修学校
	体育传统校田径运动员赛前焦虑状态初探	孟　晨	泰安二中
	关于学校体育器材的调查研究	孙晓忠	泰山区迎春中学
	心理学在体育课中的运用	孙军照	郊区北集坡镇二中
	110 米跨栏跑起跨攻栏技术分析	王　健	郊区英雄山中学
	关于初级射箭运动员的选材探讨	吕　军	泰安市体校
	简谈摔、柔、举运动员的初级选材和突击性训练	崔洪诗	宁阳县业余体校

续表 3-9

年度	论文题目	作　者	单　位
1996	对传统校铁饼运动员专项训练有关问题的浅探	孔　波	肥城一中
1998	对提高县级竞技体校管理工作效益的初步研究	曹继仁　朱树国	新泰体校
	调动业余体校的基层作用是发展竞技体育的基本保障	曹丙刚　藏西海	新泰体校
	对短跑运动员力量训练的探析	张桂远	泰安市体校
	应用成功教育思想进行体育教学的思考	韩宗义	山口二中
	体育课中如何利用挂图教学	王淑翠	省庄一中
	在高温炎热的环境中进行中长跑训练的尝试	李相国	泰安七中
	加强高中体育生体育高考前的心理训练	吴茂东	泰安七中
	冲破旧模式，改革新教学——浅谈怎样设计一堂体育课	李　玲　曹　锐	
	浅析北向滑步推铅球的髋关节用力	李德云　何　斌	新泰市体委
	对射箭撒放技术的探讨	韩　冰	郊区体委
	青少年竞走运动员选材方法之我见	张新利	新泰市一中
2010	山东省城乡学生体能对比分析与对策研究	王锦山　李广斌	泰安市教育局
	小学体育教学生活化探究	黄立敏	东平县银山中心小学
	泰安市中学生体育学习兴趣的初步调查分析	张　钢	泰山外国语学校
	谈高中体育课实行选项教学的实践与探索	张吉玲	肥城六中
	盲校体育分类教学探讨	刘玉玲	泰安盲人学校
	谈运动技能对体育教师的重要性	赵井银	东平县梯门中学
	从可持续发展的角度谈“教体结合”	曹雪晶	泰安第一中学
	对体育游戏运用现状调查分析	郭广猛	宁阳县葛石教研室
	谈在小学体育教学中赏识教育的应用	张　辉	东平县银山中心小学
	运动训练理论中的个体化探析	何全成	宁阳九中
	课堂教学中的自我教育	李　萌	肥城河西小学
	中学生的学习方式	李桂芹	肥城市桃源中学
	浅析影响竞技健美操运动员表现力的因素	王　琦	泰安市第一中学
	普通高中体育课中开展体育舞蹈的可行性	候甜甜	泰安长城中学
	体育活动促进中学生心理健康之我见	刘　欣	泰安长城中学
	对东平县农村中学生体育锻炼情况的调查与分析	赵庆国	东平县接山乡教育办公室
	浅论小学体育体验性学习	周海文	肥城师范小学
	小学生课外教育锻炼的几点思考	薛　敏	宁阳县东疏滩头完小
	愉快的接受体验	陈玉忠	泰安岱岳区二十中学
	泰安市城区初中体育人力资源的开发和利用	刘　坤	泰安六中

第三章 课外体育

第一节 课外体育活动

一、课外锻炼

（一）锻炼情况

新中国成立后，中小学课外体育活动主要以游戏、田径、广播体操为主。1954年后，开始围绕《准备劳动与卫国体育制度》（简称《劳卫制》）《青少年体育锻炼标准》《国家体育锻炼标准》进行，学生每日的体育锻炼、娱乐活动或公益劳动时间，为一小时至一小时半。1955年，泰安专署文教科、泰安体育分会（筹备会）在学校推行《劳卫制》预备级体育锻炼，全区有14所学校5382名学生从事预备级锻炼，占全区学生总数的48%；达到及格以上标准者4256人，占参加测验总人数77%。1957年，泰安专区中等以上学校推行《劳卫制》。泰安一中有421名学生、泰安师范有276名学生达到《劳卫制》各级标准，1人达到田径二级运动员标准，18人达到三级运动员标准。

三年经济困难时期，学校课外体育活动进入低潮。1962年，学校体育体育锻炼开始恢复。1966年，“文化大革命”时期，学校停课，课外体育停止。1972年，学校体育开始恢复。1974年，中小学推行课间广播体操、眼睛保健操，实行每周两课两活动，每年春秋两次运动会。

1976年，泰安地区按全国统一部署，对中小学会游泳人数进行普查。泰安地区普查小学人数为14582，会游泳人数为1689人；中学及中专人数为336人，会游泳人数为136人。1979年4月，泰安市贯彻落实国家体委、教育部《关于在学校中进一步施行国家体育锻炼标准的意见》，要求各级学校有组织、有计划地安排好学校体育课、课外活动、代表队训练、体育竞赛、季节性体育等活动，使广大学生掌握《国家体育锻炼标准》项目的技术要领和锻炼方法，完成《标准》提出的锻炼目标任务。

1982年8月，省体委转发国家体委《关于做好新〈锻炼标准〉推行工作的联合通知》，泰安地区体委等部门，要求各中小学要保证学生每天有一小时体育锻炼时间，将课外体育活动列为“三好”学生评选条件之一和升高一级学校“体育合格标准”的考核内容。各级各类学校的早操、课间操、眼睛保健操和以“达标”为重点的群众性课外体育活动逐步形成制度。1984年，全地区中学体育教学普遍实行“两课”（体育课和课外活动）、“两操”（广播操、眼保健操）规定。1985年，全市中、小学全部开展“两课、两操、两项活动”（即早操、课间操，每周两节体育课，每天两节课外活动），每年举行春秋两季运动会。1988年1月，市体委、市教育局联合转发国家体委办公厅、国家教委办公厅《关于在全国小学生中进一步开展小足球、小篮球、小排球活动的通知》，要求全市中小学校认真落实。1990年，泰安地区按照国家教委、国家体委颁布的《学校体育工作条例》，普通中学、职业中学每天安排课间操，每周安排三次以上课外活动；中等专业学校、普通高等学校除安排有体育课、劳动课的当天外，每天组织学生开展各种课外体育活动。1997年，泰安市先后组织500人的幼儿体操、1000人的中学生广播体操比赛和全市中学生篮球、足球比赛。

2001年，泰安市教育局、体育局等部门联合转发《教育部、国家体育总局、共青团中央、全国少工委“关于实施‘全国中小学生课外文体活动工程’的通知”》，要求全市九年义务教育阶段的学校，组织在校学生利用每天下午课后时间，开展不少于一小时的文体活动或其他课外活动。活动内容要贴近学生生活，活动形式可采取兴趣小组或班级之间、年级之间、校际之间的各种比赛活动等。2006年4月26日至11月5日，教育局举办泰安市首届中小学文化艺术体育节活动，内容涉及文艺、体育、学校文化、国防教育四个大类。活动以体育艺术展演为主要内容，把学校文化建设和学生体育竞赛活动结合在一起。

2012年，泰安市率先在全省启动第六届全国亿万学生阳光体育冬季长跑活动，市教育局被教育部、国家体育总局授予“全国阳光体育冬季长跑活动先进单位”称号。2013年8月6日，天颐湖“休闲体育，健康未来”系列活动暨泰山天颐湖全国青少年户外体育活动营地揭牌仪式在天颐湖风景旅游风景区举行，国家体育总局、省体育局领导，泰安市政府副市长徐恩虎，市体育局局长苏有森，市旅游局局长程明，市教育局局长张勇华及岱岳区、市直有关部门负责人出席揭牌仪式。2014年，泰安市体育局全面实施国家体育总局颁布的《国家体育锻炼标准实行办法》，并按照该办法规定，对学校学生体育锻炼情况，进行抽样检测，抽样测试结果及时向各学校通报，以此指导学校体育锻炼。

（二）锻炼标准

新中国成立初期，泰安专区各学校执行国家体委《准备劳动与卫国体育制度暂行条例和项目标准》。1954年，执行国家体委《劳动与卫国体育制度》。1964年，执行国家《青少年体育锻炼标准》。1975年，执行国家体委《国家体育锻炼标准》。1982年，执行《国家体育锻炼标准》。1989年，全面贯彻国务院《国家体育锻炼标准施行办法》。1990年，全市各级各类学校落实国家体委《国家体育锻炼标准施行办法》。2003年，全市各级各类学校贯彻执行国家体育总局联合8个部委颁布的《普通人群体育锻炼标准》《学生体质健康标准》。2013年12月16日，泰安市落实国家体育总局、教育部、全国总工会《国家体育锻炼标准施行办法》（以下简称《锻炼标准》），进一步规范中小学体育锻炼标准。

（三）“达标”情况

1976年，泰安地区有569所中小学施行《国家体育锻炼标准》，占学校总数的54%。1979年，宁阳县师范学校推行《国家体育锻炼标准》，建立领导小组，各班都有“达标”活动情况进度表，体育教师将“达标”活动列入体育课的教学内容和课外活动的锻炼内容，结合小型竞赛进行测验，全校达标率30%。1980年至1981年，泰安二中学生体育锻炼标准测试达标率65.2%。

1982年，中小学体育锻炼达标率、优秀率由1979年的30%和25%分别上升到51%、45%；对农村中6000名不同年龄的学生体检，各项指标均高于1979年的水平，学生视力减退率也有所下降。1983年，泰安地区37万名学生达到国家体育锻炼标准，达标率60%以上的学校51所。1985年，全市140多万中小学生中，有33.84%的学生达到了《国家体育锻炼标准》，比1983年提高了10.8%；经省教育厅、省体育局抽查验收，达标率在80%以上的有28所学校，受到了省教育厅、省体育局表彰。1989年，全市中小学体育锻炼“达标”普及率为71.4%，参加达标锻炼并达到合格标准的学生人数占72.2%。1991年，建立市、县、乡三级体育教学网络，全市57.1万名学生达到国家锻炼标准。1995年，全市中小学生按照《国家体育锻炼标准》，体育锻炼达标率城镇为90%，农村为60%。进入21世纪后，泰安市按照《国家体育锻练标准实施办法》进一步加大了对学生“达标”情况监测力度，每年都对学生进行抽样检测，并及时向学校通报和上报，上报率达100%。

1980年，泰安第二中学被省教育厅授予“体育锻炼标准先进单位”称号。1981年，泰安第二中学被省教育厅授予“体育锻炼标准先进单位”称号。泰安第二中学体育教师米青龙被教育部、国家体委授予“全国千名优秀体育教师”称号。1989年，国家体委授予卢宗利（肥城一中）“实施《体育锻炼标准》全国先进工作者”称号。1999年，宁阳县体委、泰安市郊区被山东省授予“《国家体育锻炼标准》达标先进区（县）”称号；泰安市御碑楼中学、新泰市楼德镇第二初级中学被山东省授予“《国家体育锻炼标准》达标先进学校”称号；泰安二中王铭真、新泰市泉沟镇初级中学刘斌被授予“《国家体育锻炼标准》达标先进个人”称号。

二、课外训练

1955年，泰安专区各学校普遍组建篮、排、乒乓球代表队，经常组织体育队进行比赛与训练。年内，全专区组织县级竞赛11次，中等学校综合竞赛会22次，有1.8万名运动员参加比赛。1957年，泰安专区武术、举重、摔跤、射箭表演比赛大会在泰安工人俱乐部举行。来自各县及泰安中等学校的99名运动员参加表演比赛。1964年，专区体委选任5名专职教练员，从事业余训练和指导工作。1966年，“文化大革命”期间，各学校停课，体育代表队自行解散，课外训练活动停止。1971年后逐渐恢复。1972年，肥城八中建立举重训练点，至1984年共培养运动员18名，其中2名达到国家级健将标准。

1973年，泰山中学成立排球队，进行专业训练。1973年5月，泰山中学排球队参加山东省青少年排球赛，获得冠军；1974年，参加全国中学生排球赛获东北赛区第三名。1975年，大部分中学成立篮球、乒乓球及田径体育代表队。各县（市）体委除组队参加地区及地区以上中学生运动会及其他单项比赛外，每年组织一次中学生篮球、乒乓球赛，运动员成绩迅速提高；各学校也开始举行校运动会。同年春，泰山中学承办全国青少年排球联赛第一阶段比赛，泰山中学排球队代表山东省参赛，与各省、市青年专业队同台竞技，战胜山东省青少年排球队，获得好成绩。1976年1月24日，泰安地区越野赛跑运动会在泰安举行，运动会设甲组男子15000米、女子3000米，乙组男子10000米，女子3000米四个竞赛项目。各县（市）、矿务局、市直各学校180多名运动员参加比赛。越野赛跑运动会一般每年举行一次，主要有各县、市、矿务局及市直各校组织学生参加。比赛的规模、范围、赛制、项目基本相同。1980年前称越野赛跑运动会，之后称越野赛跑比赛，时间一般为1～2月。

1979年，泰安地区转发国家体委《关于组织青少年学会游泳和进一步开展群众性游泳活动的联合通知》。各学校根据当地实际情况充分利用河、湖、水库等自然水域开辟游泳场地，组建游泳队，进行游泳训练。同年，泰安地区举行新长征两万五千里象征性长跑、中学生田径选拔赛、中学生运动会、中学生举重赛、地区中学生篮球赛、地区重点单位排球赛等活动。

1980年后，各级学校体育比赛进入经常化，地区每年举行10余项体育竞赛，学校出现很多专项体育代表队或优势项目班。1985年，全市有条件的学校均建立体育代表队，部分学校建立2至4个重点项目体育队，坚持常年系统地训练和利用寒暑假集中训练。1988年1月18日，市体委、市教育局联合转发国家体委办公厅、国家教委办公厅《关于在全国小学生中进一步开展小足球、小篮球、小排球活动的通知》，要求全市中小学广泛开展“三小球”活动。同年，泰山中学被国家教委命名为培养高水平体育后备人才试点学校。

1991年，泰安市强化业余训练领导小组成立，制订《关于全市强化业余训练的意见》等文件，规定全市各学校体育代表队业余系统训练每周不少于5次。1994年，泰安市学校体育代表队参加省中学生运动会，13人在19个单项中达国家二级运动员等级水平，并打破市4×400米接力赛最高纪录。1997年6月至9月，泰安重点基层学校篮球、排球赛分别在泰安、新汶矿务局、莱芜矿务局举行，全市390运动员参加比赛。1998年，泰安市先后举行中学生篮球、排球、乒乓球等比赛，来自各县、矿务局各学校1000余名运动员参加比赛。

2002年，先后举办“致同杯”泰安市中学生运动会、驻泰安中学生田径运动会、中学生三人斗牛篮球赛、“中行杯”第六届中学生足球联赛等10余项比赛，各县（市、区）、矿务局及各级各类学校举办了不同形式的运动会和体育比赛，全市近万人参加比赛。2011年，泰安市政府在全省率先出台《进一步加强青少年体育工作的实施意见》，成立青少年体育工作领导小组，加大对基层学校业余训练、培养输送人才指导、扶持和支持力度。年内，组织全市73所中小学校举办足球、篮球、排球、乒乓球、田径五项体育联赛，选派23支队伍参加省中小学生体育联赛；申报获批国家级、省级训练基地、俱乐部18家，体育传统项目学校34所，扶持建设市级传统项目学校20所、训练基地20处。

2012年，泰安市体育局、教育局印发《关于举办泰安市首届中小学生运动会的通知》，决定从2012年起每3年举办一届全市综合性中小学生运动会。同年4月，首届中小学生运动会在新泰一中开幕，设田径、游泳等19个比赛项目，参赛学生2867人，教练员394人、裁判员及工作人员共859人参加运动会。2013年，组织泰安市中小学生体育联赛、参加山东省中小学生体育联赛，全市900校次、1万余人参加比赛。2014年，全市有1048校次、18708人参加省市县三级中小学生体育联赛。其中，131所学校、2528人次参加市级青少年体育联赛；68所学校、577人参加省级青少年体育联赛。在全省体育联赛中，泰安市取得田径团体总分第二名的好成绩。2015年，全市举办田径、定向越野、游泳、武术、橄榄球等中小学生运动会24项。在全市中小学生田径运动会上，破、平纪录53项。市体育局、教育局联合组织省市县三级中小学生体育联赛，有1000余校次、2万余人参加。其中在省中小学生体育联赛78个项目中，获20个全省第一。

三、夏令营活动

1986年暑假，为丰富青少年暑假生活，向学生们普及水生物、植物知识，市体育局、教育局、共青团泰安市委联合在东平湖举办泰安市青少年湖泊夏令营。共有37名“三好学生”、第二课堂活动优秀生及10名科技辅导员参加。

1995年，泰安市教育局、共青团泰安市委共同举办市直学校中学生“农村社会实践活动”夏令营。抽取了泰安一中、泰安二中和泰山中学各10名品学兼优的高中生到宁阳崔解乡中心小学参加活动。使学生了解农村改革开放以来的大好形势，亲身体验农村生活。活动内容包括与宁阳学生联欢、参加农村劳动、到华丰煤矿等企业参观等。

2010年，市教育局、市旅游局、市妇联、团市委4部门制定《关于举办中小学夏（冬）令营活动的有关规定》，要求所有夏令营必须把保证营员人身安全放在第一位，责成专人负责营员安全，夏（冬）令营辅导教师与学生要保证恰当的比例：小学三年级以下为1∶6，小学四至五年级为1∶10，初中为1∶12，高中为1∶15。

2014年2月10日至15日，岱岳区组队代表山东省参加在黑龙江省镜泊湖举行的全国青少年户外体育活动营地冬令营，获雪地足球、爬犁雪洞接力比赛团体集体荣誉奖，雪地徒步穿越、抽冰尜比赛的团体三等奖，并获体育道德风尚奖。

2015年，由市体育局、市教育局、团市委、市财政局、市卫计委5部门联合首次在全市开展中小学超体重学生“健康夏令营”活动。93名超体重中小学生在夏令营内有针对性的进行了为期10天的体验式活动。

第二节 体育传统项目学校

一、全国体育传统项目学校

1988年，泰安二中被国家体委授予“全国体育传统项目先进单位”称号。

2008年，泰安二中被国家体育总局确定评为全国田径体育传统项目学校。

2011年，泰安一中被国家体育总局确定评为全国篮球体育传统项目学校。

二、山东省传统项目学校

1984年，省教育厅、省体委、团省委颁行《体育传统项目学校试行办法》，对全省各级传统体育项目学校进行检查验收，泰安二中及泰山中学分别被省体委、省教委命名为省田径传统项目学校和省排球传统项目学校。1986年，泰山中学被山东省教育厅、省体育局命名为省先进传统项目学校。1992年，泰安二中、肥城一中被评为省先进传统项目学校。1996年，宁阳实验小学被评为省级先进传统项目学校。至2014年，全市共有208所（次）学校被评为山东省传统项目学校。

1984—2014 年省级传统项目学校情况表

表 3-10

批准时间/时限（年）	批准机关	批准学校数（所）	体育项目	学校名称
1984（1984—1989）	山东省体委、省教育厅、	1	田径	泰安二中
		1	排球	泰山中学
		1	篮球	宁阳一中
		1	乒乓球	新汶矿务局良庄小学
1990（1990—1994）	山东省体委、省教育厅	5	田径	泰安二中、新泰二中、莱芜一中、肥城一中、莱芜二中
		1	足球	泰安一中
		1	篮球	宁阳一中
		1	排球	泰山中学
		1	乒乓球	泰安市粮食小学
1996（1995—1997）	山东省体委、山东省教委	9	田径	泰安二中、新泰一中、新泰二中、新泰市中办事处一中、肥城一中、郊区徂徕中学、郊区省庄中学、宁阳实验小学、东平实验中学
		1	篮球	宁阳一中
		1	排球	泰山中学
		1	乒乓球	宁阳师范附属小学
1998（1998—2000）	山东省体委、山东省教委	10	田径	泰安二中、肥城一中、宁阳实小、东平实验中学、新泰一中、新泰二中、新泰市中办事处一中、新泰实验中学、郊区省庄一中、郊区徂徕一中
		1	排球	泰山中学
		1	篮球	宁阳一中
		1	乒乓球	宁阳师范附小
		1	摔跤	宁阳二十七中

续表 3-10

批准时间/时限（年）	批准机关	批准学校数（所）	体育项目	学校名称
1998（1998—2000）	山东省体委、山东省教委	1	射击	新汶矿务局一中
2001（2001—2003）	山东省体育局、山东省教育厅	14	田径	泰安二中、宁阳县实验小学、肥城一中、肥城泰西中学、新泰市中一中、新泰二中、新泰实验中学、新泰一中、新泰四中、岱岳区徂徕一中、泰安八中、泰安二十二中、宁阳二十九中、宁阳二十中
		3	篮球	东平县高级中学、宁阳县实验中学、宁阳一中
		1	排球	泰安市泰山中学
		1	足球	宁阳二十四中
		1	乒乓球	宁阳师范附小
		1	射击	新汶矿务局
		1	羽毛球	泰安第一实验小学
		1	摔跤	宁阳二十七中
		8	田径	泰安二中、肥城春西中学、新泰四中、泰安八中、泰安二十二中、宁阳二十九中、宁阳二十中、宁阳二十四中
		1	羽毛球	泰安第一实验小学
2003	山东省体育局	20	田径	泰安二中（篮球）、宁阳县实验小学、肥城一中、肥城泰西中学、新泰一中、新泰二中、宁阳二十九中、新泰市中一中、新泰实验小学、新泰四中、泰安二十二中、岱岳区徂徕一中、泰安八中、宁阳二十中、泰安十九中、新泰市青云一中、省庄一中、东平银山一中、泰山现代中学、斑鸠店中学
		5	篮球	东平县高级中学、宁阳县实验中学、宁阳一中、东平三中、新汶中学
		3	排球	泰山中学、泰山外国语学校（田径）、东平县新湖一中
		4	足球	宁阳二十四中、东平州城一中、宁阳四中、泰安一中
		2	乒乓球	宁阳师范附小、泰山区迎胜小学
		1	射击	新汶矿务局三中
		1	羽毛球	泰安第一实验小学
		2	摔跤	宁阳二十七中、东平镇一中（柔道）
		1	举重	新泰市楼德二中
2011（2011—2014）	山东省体育局	4	足球	泰安市实验学校、肥城市孙伯镇初级中学、肥城市石横镇初级中学、宁阳第四中学

续表 3-10

批准时间/时限（年）	批准机关	批准学校数（所）	体育项目	学校名称
2011（2011—2014）	山东省体育局	1	武术	泰安市实验学校
		10	田径	泰安市实验学校、新泰市汶城实验小学、泰安高新区洪沟中学、新泰市汶南镇第二初级中学、泰安市东岳中学、新泰市青云街道第一初级中学、宁阳英才中学、泰安第六中学、泰山区省庄镇第一中学、新泰市第一中学
		1	健美操	泰安市实验学校
		2	羽毛球	泰安市实验学校、泰安市第一实验学校
		5	乒乓球	肥城市实验小学、宁阳县实验小学、泰山区南关中学、泰安高新区洪沟中学、东平县彭集镇中学
		13	篮球	新泰市汶城实验小学、泰安高新区洪沟中学、泰安市东岳中学、肥城市王瓜店街道办事处初级中学、宁阳实验中学、泰安第六中学、新泰市汶城中学、肥城市老城中学、东平县实验中学、泰安第一中学、泰安第二中学、宁阳第一中学、新泰市新汶中学
		3	射箭	泰安高新区洪沟中学、泰山区泮河中学、岱岳区道朗镇二中
		1	摔跤	岱岳区道朗镇一中
		1	排球	岱岳区祝阳镇二中

三、泰安市体育传统项目学校

1984年，泰安市体育局批准泰安一中、第二实验小学、泰安二中、新泰一中等27所学校为泰安市体育传统项目学校。至2015年，全市先后有257所学校被评为市级传统项目学校。

1984—2015 年泰安市体育传统项目学校情况表

表 3-11

批准时间/时限（年）	批准机关	学校（所）	体育项目	学校名称
1984（1984—1987）	泰安地区体委	3	足球	泰安一中、泰安第二实验小学、泗水泉林职工子弟学校
		15	田径	泰安二中、新泰一中、莱芜四中、莱芜二十三中、东平三中、肥城二中、新矿孙村矿小学、新泰二中、宁阳实小、莱芜一中、汶上一中、泗水四中、新汶中学、平阴一中、平阴二中
		1	排球	汶上五中
		5	篮球	宁阳一中、肥矿矿中、新矿一中、东平一中、新汶中学
		1	乒乓球	新汶矿务局良庄小学
		1	射击	宁阳十六中
		3	举重	肥城八中、新汶矿务局二中、宁阳十六中
		2	武术	新矿张庄矿小、泗水中册武术小学

续表 3-11

批准时间/时限（年）	批准机关	学校（所）	体育项目	学校名称
1988（1988—1991）	泰安市体委	17	田径	泰安第一职业中专、泰安六中、宁阳十六中、宁阳县实验小学、肥城一中、肥城二中、东平二中、莱芜四中、莱芜实验小学、莱芜实验中学、莱芜十七中、莱芜五中、莱芜师范附小、新泰一中、新泰果都镇第一中学、新泰职工子弟中学、新泰市中办事处第一中学
		3	篮球	新汶中学、东平一中、肥城中专
		1	足球	新泰实验学校
		1	乒乓球	莱芜南治镇小北治小学
1992（1992—1995）	泰安市体委	28	田径	新泰一中、新泰市中办事处第一中学、果都镇初级中学、职工子弟中学、宫里镇第一中学、楼德镇第一中学、肥城市实验中学、安庄第一中学、肥城二中、安临站乡中心小学、莱芜师范附小、莱芜实验中学、牛泉镇中心中学、方下镇中心中学、颜庄镇中心中学，泰安第一实验小学、泰安南关小学、泰安第六中学、泰安十七中、十九中、铁路职工子弟中学、英雄山中学、东平实验中学、实验小学、宁阳十六中、二十中、十九中、宁阳实验小学
		2	足球	铁路职工子弟中学、泰安南关中学
		2	篮球	新泰市新汶中学、泰安一中（女）
		1	乒乓球	莱芜市南治镇小北治学校
1996（1996—1997）	泰安市体育局	1	举重	宁阳第十中学
		5	篮球	新矿一中、彭集中学、宁阳实验中学、新汶中学、新汶办事处第一初级中学
		1	射击	新矿三中
		2	武术	新矿实验小学、省庄镇中心小学
		1	摔跤	宁阳二十七中、汶口镇柏子中学
		32	田径	肥城第二中学、安家庄镇安庄中学、桃园镇第一初级中学、孙伯乡中心初级中学、仪阳乡中心初中、边院镇第一初级中学、宁阳二十中、宁阳二十九中、宁阳第十九中、宁阳六中、宁阳九中、州城镇第一中学、新湖二中、东平镇中学、老湖一中、新泰第四中学、新泰实验中学、楼德镇第一初级中学、沈家庄镇第一初级中学、泉沟镇初级中学、果都镇第一初级中学、市中办事处第二初级中学、新泰第一实验小学、东都镇第一初级中学、汶南煤矿职工子弟中学、泉沟煤矿职工子弟中学、泰安第十中学、泰安二十二中、范镇一中、泰安第十三中学、大汶口镇第一中学、新矿实验小学
1998（1998—2000）	泰安市体育局	2	足球	泰安一中、东岳中学
		1	排球	师专附中
		2	羽毛球	农大附小、第一实验小学

续表 3-11

批准时间/时限（年）	批准机关	学校（所）	体育项目	学校名称
1998（1998—2000）	泰安市体育局	1	乒乓球	泰师附小
		1	武术	第一实验小学
		7	田径	泰安一中、泰师附校、御碑楼中学、迎春中学、泰安六中、东岳中学、粥店中学
2009	泰安市体育局	1	足球	岱岳区第十二中学
		1	举重	宁阳县英才学校
		5	田径	宁阳县东庄中心学校、新泰青云街道办事处第一初级中学、泰安市东岳中学、岱岳区黄前镇中心小学、岱岳区满庄镇一中
		1	摔跤	新泰市泉沟镇初级中学
		1	羽毛球	泰安市第一实验小学
		1	手球	岱岳区英雄山中学
		1	射箭	泰安市高新区洪沟中学
2015（2015—2018）	泰安市体育局	1	射箭	泰山区泮河中学
		1	射箭	高新区第一中学
		32	篮球	泰安一中、泰安二中、泰山学院附属中学、泰山区泮河中学、泰安市实验学校、泰山博文中学、泰安东岳中学、泰前办事处迎胜小学、泰安六中、泰安第二十一中学、泰安第十四中学、泰安英雄山中学、岱岳区新城实验中学（满庄一中）、泰安四中、新泰市汶城实验小学、新汶街道初级中学、新泰市金斗中学、新泰市汶城中学、新汶中学、肥城市王瓜店街道办事处初级中学、新泰一中、新泰一中北校、新泰市第一实验小学、肥城市王庄镇初级中学、宁阳县实验小学、宁阳实验中学、山东省宁阳第一中学、肥城市石横镇初级中学、东平明湖中学、东平县实验中学、东平县旧县中学、东平县斑鸠店中学
		12	排球	泰山中学、长城中学、泰安迎春中学、泰安南关中学、新汶街道良庄实验小学、泰安市岱岳区祝阳镇第二中学、新泰市翟镇初级中学、肥城市仪阳镇初级中学、肥城市老城街道办事处杨庄矿社区学校、宁阳第二十中学、山东省宁阳第四中学、东平县梯门中学、邱家店镇第二中学
		3	手球	邱家店镇第二中学、肥城市王庄镇初级中学、肥城市孙伯镇初级中学
		1	柔道	肥城市陶阳矿学校
		1	摔跤	岱岳区祝阳镇第二中学
		1	举重	宁阳县乡饮中心学校

续表 3-11

批准时间/时限（年）	批准机关	学校（所）	体育项目	学校名称
2015（2015—2018）	泰安市体育局	27	足球	泰安东岳中学、长城中学、泰山学院附属中学、泰安南关中学、凤台小学、泰安市第一实验学校、泰安市岱岳区岳峰小学、泰安市岱岳实验中学、新汶实验学校、新泰一中北校、新泰平阳小学、肥城市实验小学、新泰市第一实验小学、肥城市孙伯镇初级中学、肥城市第六高级中学、山东省宁阳第四中学、东平第四实验小学、高新区第一中学、山东省宁阳第十二中学、肥城市石横镇初级中学、泰安四中、财源办事处七里埠小学、宁阳县乡饮中心学校、省庄中心小学、泰安一中、泰安市实验学校、泰山区省庄一中
		37	田径	泰山区省庄一中、泰山博文中学、泰安迎春中学、泰安东岳中学、泰安六中、泰安南关中学、凤台小学、泰安一中、泰安二中、财源办事处七里埠小学、省庄中心小学、泰安第十四中学、泰安市黄前中学、泰安英雄山中学、泰安市岱岳实验中学、岱岳区新城实验中学（满庄一中）、泰安四中、新泰市翟镇初级中学、新泰市汶城实验小学、新汶实验学校、新泰市翟镇中心小学、新汶街道初级中学、新泰市金斗中学、新泰市汶城中学、新汶中学、新泰一中、新泰一中北校、肥城市仪阳镇初级中学、肥城市王瓜店街道办事处初级中学、肥城市第六高级中学、宁阳第二十中学、山东省宁阳第一中学、东平明湖中学、东平县梯门中学、东平县旧县中学、东平县斑鸠店中学、高新区第一中学

第四章　体育竞赛

第一节　参加运动会

一、参加世界中学生运动会

1993年，在第九届世界中学生运动会上，王银行获男子5公里竞走金牌；沈剑获单杠金牌。

1994年，在塞浦路斯举行的第十届世界中学生运动会上，王银行获竞走金牌。

二、参加全国中学生运动会

1973年7月，教育部、国家体委在长春市、烟台市举办首届全国中学生运动会，泰安市运动员获2枚金牌、1枚银牌、3个第四名。至2013年共举行12届，泰安市运动员参加4届（其余不详）运动会。

1973年7月27日至8月15日，全国第一届中学生运动会分别在烟台、长春两个赛区举行。韩瑞英获女子甲组跳远金牌，肖兰获女子乙组100米金牌，于远宏获男子甲组手榴弹银牌，张桂远、陈锦华、王济泽分获男子乙组200米、女子乙组400米、男子甲组110米栏第四名。

1980年8月16日至8月21日，第二届全国中学生运动会在山西太原举行。泰安运动员参加了比赛（无相关资料）。

1986年8月11日至15日，全国第三届中学生运动会在辽宁省鞍山市举行，设田径、篮球2个竞赛项目。孙秀英获女子组标枪金牌，李明才获男子组5000米竞走铜牌。

1989年8月15日，全国第四届中学生运动会在河北省唐山市举行，刘福田获男子少年田径3000米银牌、1500米第五名。

三、参加全省中小学生运动会

1973年，山东省第一届中学生运动会在济宁、泰安等地举行。至2013年共举行12届运动会，泰安市共参加9届运动会（第六届、第七届、第八届查无资料）。

1973—2013 年泰安市代表团参加山东省中学生运动会情况表

表 3-12

届　次	时　间	地　点	参赛项目	参加人数	成　绩
山东省第一届中学生运动会	1973.3—5	济宁市 枣庄市 泰安市 淄博市	田径、篮球、排球、足球	50	泰安地区代表队男子甲组、女子甲组、女子乙组获田径团体总分第三名；排球获男子组第一名、女子组第五名
山东省第二届中学生运动	1980.7	淄博市	田径、篮球		泰安地区代表队获 3 枚金牌、1 枚银牌、4 枚铜牌，获田径乙组团体总分第五名
山东省第三届中学生运动会	1985.6	潍坊市 枣庄市	田径、篮球、排球		泰安代表队获得田径 2 枚金牌、2 枚银牌、4 枚铜牌
山东省第四届中学生运动会	1989.5.21	烟台市 龙口市	田径分男女甲组和男女乙组两个组别	32	泰安市代表团获 5 枚金牌、3 枚银牌、3 枚铜牌，获男子乙组团体总分第四名男子，甲组团体总分第五名
山东省第五届中学生运动会	1992	济南市			泰安市代表团获团体总分第 6 名。泰安市政府表彰了所做出突出贡献的学校，分别是：泰安一中、泰安二中、泰山中学、宁阳一中、新泰一中、新泰二中、新泰市中办事处第一初级中学、泰安十九中、肥城二中、泰安市体育中学
山东省第九届中学生运动会	2004.9.16—28	枣庄市	田径、篮球、排球、足球、乒乓球、健美操、武术		比赛成绩不详
山东省第十届中学生运动会	2007.8.20—25	济南市	设田径、游泳、篮球、排球、足球、乒乓球、健美操、腰旗橄榄球共 8 个项目		比赛成绩不详

续表 3-12

届　次	时　间	地　点	参赛项目	参加人数	成　绩
山东省第十一届中学生运动会	2010.7.25—30	淄博市	设田径、游泳、篮球、排球、足球、乒乓球、羽毛球、健美操、腰旗橄榄球共9个项目		泰安代表团获得田径2枚金牌、3枚银牌、5枚铜牌，田径团体总分第七名；羽毛球男子组团体第三名、女子组团体第二名，腰旗橄榄球男子组第三名、女子组第五名，获全省团体总分第六名
山东省第十二届中学生运动会	2013.8	滨州市	本届运动会设田径、游泳、篮球、排球、足球、乒乓球、健身操、跳绳、踢毽子等11个项目		泰安代表团获得全省团体总分第八名，泰安一中、新泰一中分获田径团体总分第五名、第六名，泰安一中获男子篮球第八名、男子足球第六名，泰安二中获女子足球第七名，获健身操、踢毽子团体第七名、第八名。获本届运动会“阳光体育奖杯”“体育道德风尚奖”荣誉称号

四、参加山东省中小学生体育联赛

2011年，山东省体育局、山东省教育厅举办首届山东省中小学生体育联赛。设高中、初中两个组别，比赛项目设足球、篮球、排球、乒乓球和田径5个大项、96个小项。体育联赛每年举行一次，以学校为单位，由省级体育传统项目学校、省级规范化学校及市级联赛取得相应成绩的所在学校组织参加比赛；联赛时间一般安排在每年的7月至8月份。2014年，泰安市有68所学校、577人参加省级青少年体育联赛，获田径团体总分第二名。其中，初中男子组获总分第一名、高中女子组总分第二名、高中男子组第四名。至2015年体育联赛共举行5个届次。泰安市每年都在举办市县两级体育联赛的基础上，组织符合比赛要求的学校参加省体育联赛。

2011—2015年泰安市代表团参加山东省中小学生体育联赛情况表

表 3-13

时　间	举办地点	比赛项目	参加学校数（所）	运动员（人）	成　绩
2011.8	日照市 烟台市	足球、篮球、排球、乒乓球、田径	23		泰安一中获得男子乒乓球团体第一名；泰安实验小学获足球小学男子组第二名，泰安岱岳实验中学（小学部）、肥城孙泊中学分获小学男子组、女子组第四、第五名
2012.7—8	泰安市 烟台市 滨州市 淄博市	足球、篮球、排球、乒乓球、田径、游泳	60	403	泰安市代表团获得田径8枚金牌、1枚银牌，田径团体总分第三名；博文中学获初中男子组篮球第三名；泰安一中获高中男子组篮球第五名

续表 3-13

时　间	举办地点	比赛项目	参加学校数（所）	运动员（人）	成　绩
2013.7—8	烟台市 滨州市 潍坊市	足球、篮球、排球、乒乓球、田径、游泳	63	500	泰安市代表团获田径 4 枚金牌、7 枚银牌、9 枚铜牌；肥城孙泊中学获篮球初中男子组第一名；新泰第一实验小学获乒乓球小学男子组团体第四名
2014.7—8	—	足球、篮球、排球、乒乓球、田径、游泳羽毛球	68	577	泰安代表团获得田径 9 枚金牌、10 枚银牌、10 铜牌，获初中男子组团体总分第一名、高中女子组团体总分第二名、高中男子组团体第四名全省团体总分第二名；获羽毛球小学女子组单打银牌，乒乓球小学女子组单打铜牌
2015.7—8	—	足球、篮球、排球、乒乓球、田径、游泳羽毛球	69	703	泰安代表团获田径 21 枚金牌、11 枚银牌、7 枚铜牌

第二节　举办中小学生运动会及体育联赛

一、泰安市中小学生运动会

1979年8月1日至5日，泰安地区田径选拔赛及中学生运动会在泰安举行。来自各县、矿务局374名运动员参加比赛。泰安县、肥城矿务局、东平县获女子少年组前三名，东平县、新泰县、肥城矿务局获男子少年组前三名，泰安县、肥城县、新泰县获普通组前三名，有5人5次破4项地区纪录，1人平1项地区纪录。2008年，泰安市中学生田径运动会在泰安举行，6个县（市、区）、21个高中学校近500名运动员参加，8支代表队获得体育道德风尚奖，10个单位获“优秀组织奖”，10人获优秀教练员，10人获优秀裁判员。2012年4月27日，首届中小学生运动会在新泰一中开幕，设田径、游泳等19个比赛项目，参赛学生2867人，教练员394人，裁判员及工作人员859人。宁阳县教育局、泰安二中代表队分别获得初、高中团体总分第一名。至2015年，泰安市共举行11届次中小学生运动会。

1979—2012 年泰安市举办中小学生运动会情况表

表 3-14

时间（年、月）	举办地点	代表团数（个）	比赛项目	参赛运动员（人）	破纪录情况
1979.8.1—5	泰　安	12	设初中、高中两个级别、7 个项目	374	有 5 人 5 次破四项地区纪录，1 人平一项地区纪录
1980.5.20—24	泰　安	12	设初中、高中两个级别、7 个项目	374	—

续表 3-14

时间（年、月）	举办地点	代表团数（个）	比赛项目	参赛运动员（人）	破纪录情况
1984.5.12—15	泰　安	12	设高中、初中、小学、普通四个组别	450	—
1986.5	泰　安	11	设高中、初中、小学、普通四个组别	289	有 5 人破两项省比赛纪录，有 8 人破五项市最高纪录
1992.4.29—30	泰安二中	11	设高中、初中、小学、普通四个组别	290	—
1993.4.29—30	泰安二中	14	设高中、初中、小学、普通四个组别	299	—
2001.4	新泰、宁阳、泰安一中	17	设高中甲、乙组和初中丙、丁组四个组别，19 个比赛项目	321	—
2008.4	泰　安	27	设高中甲、乙组和初中丙、丁组四个组别，19 个比赛项目	500	—
2010.5	泰　安	23	设高中甲、乙组和初中丙、丁组四个组别，19 个比赛项目	438	—
2012.4	新泰市	30	设19个比赛项目，分高中、初中、小学 3 个组别	2867	—
2015.4—11	泰　安	30	设24个比赛项目，分高中、初中、小学 3 个组别	4276	—

二、泰安市中小学生体育联赛

2011年，泰安市体育局、教育局为全面贯彻《泰安市人民政府办公室关于进一步加强青少年体育工作的意见》，按照省体育局部署，举办泰安市中小学生体育联赛。体育联赛自2011年开始，每年一届次。2011年，设置足球、篮球、排球、乒乓球4个大项、22个小项，以后每年增加，2015年增至7个大项、188个小项。市级联（调）赛一般4月初开始，县级联赛在市级联（调）赛前举行。体育联赛以学校为单位参加，市级体育联赛由各县、市、区举办本地体育联赛选拔出的学校组成。至2015年，泰安市共举办5届次。

2011—2015 年泰安市举办中小学生体育联赛情况表

表 3-15

时　间（年、月）	举办地点	比赛项目	参加学校总数（所）	参加总人数	参加市级体育联赛数	
					学校（所）	人　数
2011.7	宁阳县、泰城	设足球、篮球、排球、乒乓球 4 个大项、22 个小项	500	5000	73	720
2012.4—7	泰安、新泰市、宁阳县	设足球、篮球、排球、乒乓球、田径、游泳、6 个大项、110 个小项	890	12225	192	1484
2013.4—7	泰城、肥城市	设足球、篮球、排球、田径、游泳 5 个大项、100 个小项	930	13100	192	1484
2014.4—7	泰城、肥城市	设足球、篮球、排球、乒乓球、田径、游泳、羽毛球 7 个大项、163 个小项	1048	17708	131	2528
2015.4—7	泰城、肥城市	分高中、初中、小学男女组别，设足球、篮球、排球、乒乓球、田径、游泳、羽毛球 7 个大项、188 个大项	1100	19700	152	3128

第三节　承办体育比赛

2003年8月18日，山东省传统项目学校排球赛在泰山外国语学校举行，来自全省各市34支山东省排球传统项目学校代表队、500余名运动员参加比赛。比赛共进行9天，泰山外国语学校获初中组男子第六名、女子组第七名；获高中组男子第七名、女子组第八名。

第五章　体质与卫生

1951年8月，泰安专区各学校认真落实中央人民政府《关于改变各级学校学生健康状况的决定》，以促进学生身体健康为中心，开展系列适合中学的体育卫生活动。1956年，国家体委和卫生、教育部门联合发出《关于开展学校保健工作的指示》，泰安专署教育部门组建学校保健指导委员会，对各级学校的保健工作进行业务指导和督促检查。1964年，泰安地区教育局、体委等部门印发教育部、国家体委《中、小学校保护学生视力暂行办法（草案）》，要求各级各类学校要强化体育卫生工作，在校长的指导下贯彻预防为主的方针，深入开展爱国卫生运动。在中等以上学校建立保健委员会，在小学确立2名教师兼任保健教师，有关上级领导每年组织2次联合卫生检查，发现问题及时解决。

1979年，泰安专区认真贯彻教育部、卫生部、国家体委颁发的《关于加强学校体育卫生工作的通知》，进一步加强学校体育卫生工作。6月，国家体委、教育部发布《关于在学校中进一步实行“国家体育锻炼标准”的意见》，地县两级教育局明确一位副局长分管学校卫生体育工作；城镇小学、农村有条件的小学均建立学生健康档案及身体健康检查制度。1984年，泰安地区各中小学建立“体质、健康卡片”，并在此基础上建立观测点，开展全区学生体质、健康调查研究工作。地区从泰安、莱芜、新泰3市中抽取了18所学校为城镇观测点，并设立了监测工作领导小组和办公室。地区教育局局长洪声芝为领导小组组长。

1986年，市教育局对全市中小学学生体质健康现状进行抽查，“达标率”80%。1995年，泰安市按照国家颁布《全国健身计划纲要》，要求学校要定期对学生进行体格检查，建立学生体质健康卡，加强学生健康管理。2007年，泰安市全面实施《国家学生体质健康标准》，建立学生体质健康标准测试、报告和定期公告制度。学生体质健康测试报告书纳入学生档案，作为学生毕业、升学的重要依据。

2011年，市教育局、体育局按照《国家学生体质健康标准》的要求，对全市学生体质健康状况进行抽查监测，监测结果通报给各县（市、区）政府，并纳入教育督导评价体系，作为市级规范化学校和教学先进单位评选的一项内容。对合格率不到90%的县（市、区）和学校下达整改通知书，对学生体质健康水平连续下降的县（市、区）和学校，实行约谈问责制度。山东省政府对全市中小学体育卫生工作、职业教育和“三项工程”工作进行专项督导评估，泰安市督导成绩位居全省第6位。泰山区、宁阳县获全省教育督导先进集体称号。

2013年9月初到10月底，市教育局对776所中小学54.5万名学生的身体素质、身体机能指数以及视力等进行了全面检测，并按时上传国家学生体质健康网站，上报率达100%。

2014年11月，教育部印发《国家学生体质健康标准》《学生体质健康监测评价办法》，市体育局、市教育局联合组织对全市6个县（市、区）、市直学校、市高新区和泰山景区28所中小学校56个班级在校生进行了第四次体质抽测工作。全市所有学校面向全体学生开展体质测试并上报数据，上报率100%。

2015年，泰安市教育局、体育局等6部门印发《泰安市学生体质提升计划（2015—2018）》，明确学生体质提升任务。11月，市体育局、市教育局联合对全市6个县（市、区）、泰山景区、泰安高新区和市直29所中小学校58个班级的学生进行第五次体质抽测。分别从身体形态、身体机能和身体素质等方面综合评定学生的体质健康水平。

2011—2015年泰安市中小学生体质抽测情况表

表3-16

年级 时间	小学（四年级）		初中（八年级）		高中（二年级）		合计（人）
	项　目	人数	项　目	人数	项　目	人数	
2011	身高标准体重 掷实心球 立定跳远	525	身高标准体重，肺活量体重指数，1000米跑（男）、800米跑（女）、仰卧起坐（女）、引体向上（男），篮球运球	503	身高标准体重，肺活量体重指数，1000米跑（男）、800米跑（女）、仰卧起坐（女）、引体向上（男），篮球运球	348	1376

续表 3-16

年级/时间	小学（四年级）		初中（八年级）		高中（二年级）		合计（人）
	项　目	人数	项　目	人数	项　目	人数	
2012	身高标准体重 掷实心球 50米跑（25米×2）	502	身高标准体重，肺活量体重指数，1000米跑（男）、800米跑（女）、掷实心球（女）、引体向上（男），足球运球	527	身高标准体重，肺活量体重指数，1000米跑（男）、800米跑（女）、掷实心球（女）、引体向上（男），足球运球	318	1347
2013	身高标准体重 掷实心球 50米跑（25米×2）	560	身高标准体重，肺活量体重指数，1000米跑（男）、800米跑（女）、掷实心球（女）、引体向上（男），排球垫球	514	身高标准体重，肺活量体重指数，1000米跑（男）、800米跑（女）、掷实心球（女）、引体向上（男），排球垫球	547	1621
2014	50米跑 坐位体前屈 1分钟跳绳 1分钟仰卧起坐	1113	50米跑，坐位体前屈，立定跳远，引体向上（男）、1分钟仰卧起坐，1000米跑（男）、800米跑（女）	1227	50米跑、坐位体前屈、立定跳远、引体向上（男）、1分钟仰卧起坐（女），1000米跑（男）、800米跑（女）	1059	3399
2015	50米跑 坐位体前屈 1分钟跳绳 1分钟仰卧起坐	1072	50米跑、坐位体前屈、立定跳远、引体向上（男）、1分钟仰卧起坐，1000米跑（男）、800米跑（女）	1284	50米跑、坐位体前屈、立定跳远、引体向上（男）、1分钟仰卧起坐（女），1000米跑（男）、800米跑（女）	1003	3359

第六章　高等院校体育

1958年，山东农学院、山东水利专科学校、济南师范专科学校由济南迁至泰安，泰安地区始出现大学体育。20世纪70年代，山东矿业学院、山东医学院分别由济南迁入泰安。1980年后，泰安市先后成立了泰安电大、泰安进修学院、乡镇企业学院。进入20世纪后，山东财经大学在泰安成立东方学院，泰安市政府先后建立泰山职业技术学院、山东服装职业学院、泰山护理职业技术学院。2015年，泰安市有山东农业大学、山东科技大学、泰山医学院、泰山学院、东方学院、泰山职业技术学院、山东服装职业学院、泰山护理职业技术学院8所高等院校，在校生10.2万人。

第一节 山东农业大学

一、概况

1906年，由山东巡抚杨士骧首倡，在济南城东七里堡附近创建山东高等农业学堂，1913年更名为山东公立农业专门学校。1926年，山东公立农业专门学校与在济南的其他五所公立专门学校合并组建山东大学，山东公立农业专门学校成为山东大学农学院。1947年，山东省立农学院在济南建立。1952年院系调整，山东农学院与山东大学农学院、齐鲁大学农业专修科、南京大学园艺系、金陵大学园艺系合并组建新的山东农学院。1958年由济南迁至泰安，1983年更名为山东农业大学。1999年7月，山东农业大学、山东水利专科学校合并，山东省林业学校并入，组建新的山东农业大学，成为融农、理、工、管、经、文、法、艺术学等于一体的多科性大学。2010年，山东农业大学有老校、东校、新校三个校区，占地总面积361公顷，建筑面积118万平方米。2015年，在校生3.3万人，其中本科生3万人。

1961年，山东农学院、山东水利专科学校、山东泰安林校场成立体育教研组。1982年，山东农学院成立体育教研室。1996年，体育教研室更名为体育教学部。2004年，成立体育与艺术学院。下设办公室，教学部，科研部，训练竞赛部，群体部，测试中心，篮球管理中心，音乐系。至2015年未变。

1961年，山东农学院有在职体育教师7人。1990年，体育教师20人，辅导员2人。1995年，体育教师23人，辅导员2人。2001年，有体育教师33人。至2015年，无变化。

二、体育设施

2015年，山东农业大学有体育馆两座（其中比赛馆一座，综合训练馆一座），400米塑胶跑道田径场两个，300米塑胶跑道田径场一个，天然运动草皮一个，人造草皮两个。塑胶篮球场12个，排球场7个，网球场2个。水泥篮球场20个，排球场10个。室外乒乓球台120副，羽毛球场6个，健身场地5个。室内有篮球场3副，排球场4个，羽毛球场16个，乒乓球台30副，瑜伽房2个，健身房2个，武术、跆拳道2个，健美操房2个，标准游泳池1个，以及相配套的其他训练场地和器材。

山东农业大学南校区体育馆（见第九编 场地设施·体育场馆）

三、体育竞赛

（一）参加全国比赛

1984年7月，华东区农业高校首届大学生田径运动会在山东农业大学举办，山东农业大学队获团体总分第一名。至2011年，共参加8次全国、华东农业高校运动会。1987年8月，山东农业大学篮球队参加在西北农业大学举办的全国农业系统高等学校首届大学生篮球锦标赛决赛，男队获得第二名、女队获得第七名。至2011年3月共参加11次全国性大学生篮球赛。

1984—2011年山东农业大学参加全国大学生运动会情况表

表3-17

运动会名称	时　间	地　点	参赛项目	成　绩
华东区农业高校首届大学生田径运动会	1984.7	山东农业大学	田径	团体总分第一名
华东区高等农业院校大学生田径运动会	1992.7	江苏农学院	田径	团体总分第一名
华东区高等农业院校第四届大学生田径运动会	1995.7	上海市	田径	团体总分第四名。其中，男子团体总分第二名，女子团体总分第七名

续表 3-17

运动会名称	时　间	地　点	参赛项目	成　绩
华东区高等农业院校第五届大学生田径运动会	1997.5	杭州市	田径	团体总分第六名。其中，男子团体总分第四名，女子团体总分第九名
中国高等农业院校第四届大学生田径运动会	1998.8	南京市	田径	团体总分第九名。其中，男子团体总分第七名，女子团体总分第十一名
华东区高等农业院校第六届大学生田径运动会	1999.9	山东农业大学	田径	团体总分第一名。其中，男子团体总分第二名，女子团体总分第一名
中国高等农业院校第五届田径运动会	2002.8	山东农业大学	田径	团体总分第一名
华东区高等农业院校第十二届大学生田径运动会	2011.7	山东农业大学	田径	团体总分第一名

1987—2011 年山东农业大学参加全国篮球比赛情况表

表 3-18

篮球赛名称	时　间	地　点	参赛项目	成　绩
全国农业系统高等学校首届大学生篮球锦标赛决赛	1987.8	西北农业大学	男篮	第二名
			女篮	第七名
第七届 CUBA 中国大学生篮球联赛山东赛区选拔赛	2004.11	山东农业大学	男篮	第二名
第七届 CUBA 中国大学生篮球联赛东北赛区比赛	2005.3	山东农业大学	男篮	第三名
第八届 CUBA 中国大学生篮球联赛东北赛区比赛	2005.12	烟台师范学院	男篮	第二名
第八届 CUBA 中国大学生篮球联赛东北赛区比赛	2006.4	山东农业大学	男篮	第四名
第九届 CUBA 中国大学生篮球联赛山东选拔赛	2006.12	威海职业技术学院	男篮	第二名
第九届 CUBA 中国大学生篮球联赛东北赛区比赛	2007.3	中国民航大学	男篮	第五名
第十届 CUBA 中国大学生篮球联赛山东选拔赛	2007.11	山东科技大学	男篮	第二名
第三届 CBA——CUBA 青年篮球对抗赛	2007.12	山东农业大学	男篮	第五名
第十届 CUBA 中国大学生篮球联赛东北赛区比赛	2008.4	山东农业大学	男篮	第三名
第六届全国农民运动会篮球比赛决赛	2008.10	福建省晋江市	男篮	第五名
第十一届 CUBA 中国大学生篮球联赛山东选拔赛	2008.12	山东农业大学	男篮	第一名
第十二届 CUBA 中国大学生篮球联赛山东省选拔赛	2009.11	山东农业大学	男篮	第一名
第十二届 CUBA 中国大学生篮球联赛东北赛区比赛	2010.3	中国民航大学	男篮	第五名

续表 3–18

篮球赛名称	时　间	地　点	参赛项目	成　绩
第十三届 CUBA 中国大学生篮球联赛山东省选拔赛	2010.11	山东农业大学	男篮	第二名
第十三届 CUBA 中国大学生篮球联赛东北赛区比赛	2011.3	山东农业大学	男篮	第六名

（二）参加山东省体育比赛

1958年，在济南学院举行的山东省第二届大学生运动会上，何心政破省撑杆跳高纪录。至2006年共参加9届山东省大学生运动会。1983年8月，山东农业大学篮球队参加在石油学院举行的山东省“三好杯”大学生篮球联赛决赛，男队获得第三名。至2010年，共参加5次全省性大学生篮球赛和1次省运会篮球赛。

1958—2006 年山东农业大学参加山东省大学生运动会情况表

表 3–19

届　次	时　间	地　点	姓　名	项　目	成　绩	名　次
第二届	1958	济南市	何心政	撑杆跳高	3.7 米	破省纪录
第三届	1965	济南市	刘忠林	男子标枪	47.52 米	第 3 名
			刘忠林	男子手榴弹	60.74 米	第 1 名
			鲁月华	女子 400 米	1′8″3	第 3 名
			鲁月华	女子 800 米	2′41″	第 1 名
				女子 400 米接力	56″4	第 2 名
				女子 800 米接力	2′0″7	第 2 名
第五届	1982	济南市	陈兴涛	男子 100 米	11″2	第 3 名
			晁褚璋	男子撑杆跳高	3.00 米	第 3 名
			刘笑美	女子 100 米栏	17″6	第 2 名
			姜　丽	女子跳远	4.63 米	第 3 名
			张德阳	男子 110 米栏	18″4	第 2 名
第八届	1991.8	曲阜师范大学	女子排球队	排球	—	第十一名
第九届	1995.10	济南市	—	田径	—	团体第二十一名
	1995.6	东营市	女子排球队	排球	—	第六名
第十届	1999.6	东营市	女子排球队	排球	—	第七名
第十一届	2003.9	聊城大学	男子篮球队	篮球	—	第三名
第十二届	2006.8	山东大学	男子篮球队	篮球	—	第二名

1983—2010 年山东农业大学篮球队参加山东省大学生篮球赛情况表

表 3-20

运动会名称	时 间	地 点	参赛项目	成 绩
山东省“三好杯”大学生篮球联赛决赛	1983.8	石油学院	男篮	第三名
山东省“三好杯”大学生篮球联赛决赛	1983.8	石油学院	女篮	第十一名
山东省“三好杯”大学生篮球联赛决赛	1990.8	烟台大学	男篮	
山东省大学生篮球联赛	2001.11	山东师范大学	男篮	第三名
山东省第二十二届运动会篮球比赛	2010.7	淄博市桓台县	男篮	第二名

第二节 山东科技大学

一、概况

1951年，成立中央人民政府燃料工业部洪山煤矿工业学校。1958年升格为淮南煤矿学院。1956年，成立煤炭工业部济南煤矿学校。1958年，升格为山东煤炭工业专科学校。1960年，升格为山东煤矿学院。1963年，淮南煤矿学院成建制迁往济南并入山东煤矿学院。1971年，泰安煤矿学校并入，山东煤矿学院更名为山东矿业学院，校址由济南迁至泰安。1980年，山东煤炭教育学院在泰安成立。

1999年，山东矿业学院与山东煤炭教育学院合并组建山东科技大学。2001年，山东省财政学校并入山东科技大学；同年，在青岛经济技术开发区建设新校区。2007年4月，山东科技大学法人注册地登记改为青岛经济技术开发区，并在泰安和济南分别注册了校区。2012年，该校共设14个学院、2个教学部，52个本科专业，25个硕士点、5个博士点，在校生2.2万人。2013年年底成立体育学院，负责学校的体育教学工作。2014年，有78个本科专业，体育教师31名，在校生4万人。其中，泰安校区有6个系部，全日制普通本专科在校生6900多人。

1973年6月，成立山东矿业学院体育运动委员会，学院分管副院长为主任，基础课部主任为常务副主任，教务部主任、学生处长、工会主席为副主任，有关职能部门负责人、各系部党总支书记为委员。负责指导全院体育课程建设和体育教学、训练、竞赛工作。至2015年未变。

2005年之前，学校的体育教学工作由学校基础课部的体育教研室负责。2005年，原基础课部成立理学院，体育教研室升格为体育教学部，负责学校体育教学；2013年年底，成立山东科技大学体育学院，负责学校的体育教学工作。

2014年，科技大体育学院有体育专任教师31人。其中，教授4人，副教授7人。泰安校区，有专职体育教师16人，其中在读博士1人，研究生学历6人，副教授7人，讲师9人。

2002—2014 年山东科技大学基本情况表

表 3-21 单位：人

年 度	专 业	在校生数	体育教师数	年 限	专 业	在校生数	体育教师数
2002	51	22000	15	2004	67	28000	22
2003	60	26000	17	2005	72	35000	23

续表 3-21

年　度	专　业	在校生数	体育教师数	年　限	专　业	在校生数	体育教师数
2006	67	30000	25	2011	76	46000	26
2007	72	40000	26	2012	78	46900	27
2008	75	40000	26	2013	78	39900	28
2009	75	42000	26	2014	78	40000	31
2010	75	44600	26				

二、体育设施

1984年，学校全面规划体育场地建设。1985年，建成6个标准篮球场、3个排球场。1987年12月28日，科技大泰安校区风雨操场竣工；同年，建成室内体操馆，建筑面积2400平方米，馆内设3个羽毛球场。1988年，建成1个网球场、1个小型足球场，1个12台的乒乓球场。1995年，新建1个8台乒乓球场和2个篮球场，到1999年，体育运动场地总面积达3万平方米。2001年，山东省财政学校并入山东科技大学后，增加标准300米田径场1个、水泥篮球场6个、水泥排球场2个、小足球场1个、室内乒乓球场1个。至2015年，泰安校区有体育馆1个，体操房1个，标准400米塑胶田径场1个，300米塑胶田径场1个，室外标准篮球场16个，室外标准羽毛球场地16个，室外标准排球场9个，足球场地2个，室内标准篮球场1个，乒乓球台30副，学生体质测评室2个。

山东科技大学泰安校区体育馆（见第九编　场地设施·体育场馆）

三、体育竞赛

（一）参加全国比赛

1982年8月，李劲松在北京举行的全国大学生运动会上，获得男子跳高冠军。至2015年，全校共参加全国性比赛63次，获10枚金牌，14枚银牌。

1980—2014 山东科技大学运动队（员）参加全国比赛情况表

表 3-22

时　间	地　点	运动会名称	项　目	成　绩
1980.8	大连市	全国大学生“三好杯”排球赛	排球	男排第五名
1982.8	北京市	第一届全国大学生运动会	田径	李劲松获男子跳高冠军，破大运会纪录
1985.8	徐州市	全国煤炭高校篮球赛	篮球	男篮第五名
1986.8	山西省	全国煤炭高校篮球赛	篮球	男篮第三名，女篮第二名
1987.8	泰安市	全国煤炭高校排球赛	排球	男排第一名、女排第二名
1990.8	邯郸市	全国煤炭高校排球赛	排球	男排第一名
1992.10	武汉市	第二届全国大学生运动会	排球	第一名
			篮球	第三名
1994.7	徐州市	全国煤炭高校田径运动会	田径	团体第三名
1995.8		全国煤炭高校大学生篮球赛	篮球	男篮第二名

续表 3-22

时　间	地　点	运动会名称	项　目	成　绩
1995.11	上海市	全国第五届大学生运动会上海赛区预赛	篮球	男篮第二名
1996.7	湘潭市	全国煤炭高校第二届田径运动会	田径	团体第一名
1996.8	西安市	全国第五届大学生运动会	篮球	全国总决赛第四名
1996.9	西安市	全国第五届大学生运动会	田径	丰效丽女子 400 米第二名、800 米第三名两项均破大运会纪录
1998.7	天津市	CUBA 全国大学生篮球联赛	篮球	北方赛区第二名
1999.5	成都市	CUBA 全国男篮八强赛	篮球	男篮第三名
1999.11	上海市	上海“东丽杯”国际马拉松	田径	第十名
2000.9	成都市	全国第六届大学生运动会决赛	篮球	山东省大学生男篮以科技大学为主组队，获全国总决赛第四名。女队有 2 名主力队员参加
2000.9	山东师范大学	CUBA 联赛东北赛区预赛	篮球	男篮冠军，女篮冠军
2000.12	东北师范大学	第三届 CUBA 联赛东北赛区预赛	篮球	男篮第二名，女篮第四名
2001.5		第三届 CUBA 联赛八强赛	篮球	总决赛男篮第三名
2001.12	浙江大学	第四届 CUBA 东北赛区预赛	篮球	男篮冠军，女篮第三名
2002.5	北京市	第四届 CUBA 全国男篮八强赛	篮球	总决赛冠军
2002.12	泉州市	与澳大利亚国家青年男队篮球对抗赛	篮球	冠军
2003.9	临沂市	第五届 CUBA 全国男篮八强赛	篮球	男篮总决赛第三名
2004.3	泉州市	第六届 CUBA 东北赛区预赛	篮球	男篮冠军，女篮第四名
2004.5	哈尔滨市	第六届 CUBA 全国男篮八强赛	篮球	男篮总决赛五名
2004.10	泰安市、西安市	第一届 CUBA 友谊赛	篮球	男篮第三名
2004.2		第七届全国大学生运动会	篮球	男篮获预赛第五名
2004.2	西安市	第七届全国大学生运动会	篮球	女篮获预赛第六名
2004.9	西安市	第七届全国大学生运动会	篮球	男篮获总决赛十三名
2004.9	上海市	第七届全国大学生运动会	篮球	女篮获总决赛十三名
2006.03	山东农业大学	第八届 CUBA 东北赛区比赛	篮球	第三名
2006.03	山东农业大学	第八届 CUBA 东北赛区	篮球	第四名
2007.03	天津市	第九届 CUBA 东北赛区比赛	篮球	冠军
2007.03	天津市	第九届 CUBA 东北赛区比赛	篮球	第五名
2007.04	济南市	第八届全国大学生运动会北方赛区预赛	篮球	第六名

续表 3-22

时间	地点	运动会名称	项目	成绩
2007.04	济南市	第八届全国大运会北方赛区预赛	篮球	第五名
2007.06	青岛市、汕头市、泉州市、太原市	第九届 CUBA 全国八强赛	篮球	亚军
2007.07	广州市	第八届全国大运会北方赛区决赛	篮球	第十名
2007.07	广州市	第八届全国运动会决赛	篮球	第十一名
2007.12	山东农业大学	第三届 CBA—CUBA 全国青年篮球对抗赛	篮球	第三名
2008.03	山东农业大学	第十届 CUBA 东北赛区比赛	篮球	冠军
2008.03	山东农业大学	第十届 CUBA 东北赛区	篮球	第五名
2008.06	青岛市、徐州市、太原市、泉州市	第十届 CUBA 全国八强赛	篮球	亚军
2008.12	西安市	第四届 CBA—CUBA 全国青年篮球对抗赛	篮球	第五名
2009.03	大连理工	第十一届 CUBA 东北赛区比赛	篮球	第五名
2009.04	大连理工	第十一届 CUBA 东北赛区比赛	篮球	亚军
2009.07	青岛市、太原市、徐州市、湖南省长沙市	第十一届 CUBA 全国八强赛	篮球	男篮亚军
2010.03	天津市	第十二届 CUBA 东北赛区	篮球	男篮第三、女篮亚军
2010.05	杭州市	第十二届 CUBA 全国八强	篮球	女篮亚军
2011.03	天津市	第十三届 CUBA 东北赛区	篮球	男篮第四名、女篮第三名
2011.05	太原市、南京市	第十三届 CUBA 全国十六强赛	篮球	男篮第九名、女篮第五名
2011.10	山东大学	第三届山东省大学生田径锦标赛	田径	第十名
2012	南京市	第九届全国大学生运动会篮球预赛南京赛区	篮球	男篮第二名
2012	上海市	第九届全国大学生运动会篮球预赛上海赛区	篮球	女篮第一名
2012	天津市	第九届全国大学生运动会篮球决赛	篮球	女篮第四名
2012	天津市	第九届全国大学生运动会篮球决赛	篮球	男篮第四名
2013	东北师范大学	第十五届 CUBA 东北赛区比赛	篮球	男篮第六名、女篮第四名
2013	西安市	第十五届 CUBA 全国十六强决赛	篮球	女篮第五名
2013	秦皇岛市	第八届中国大学生超级联赛	篮球	女篮第五名
2014	沈阳市	第十六届 CUBA 东北赛区	篮球	男篮第五名、女篮第四名
2014	厦门市	第十六届 CUBA 全国十六强决赛	篮球	女篮第四名
2014	沈阳市	第九届中国大学生超级联赛	篮球	女篮第四名

（二）参加全省比赛

1980年，山东矿业学院男排在济南市举行的山东省大学生“三好杯”排球比赛上获得冠军。至2015年共获得48枚金牌。

1979—2014 年山东科技大学运动队（员）参加山东省比赛情况表

表 3–23

时　间	运动会名称	地　点	项　目	成　绩
1979.8	山东省第一届大学生篮球赛	曲阜市	篮球	男篮第六名，女篮第六名
1980.6	山东省大学生“三好杯”	济南市	排球	男排第一名
1983.5	山东省大学生“三好杯”	济南市	篮球	男女篮双获冠军
1983.8	山东省第二届大学生篮球赛	东营市	篮球	男篮第四名，女篮第五名
1987.8	山东省第三届大学生篮球赛	烟台市	篮球	男篮第三名
1987.7	山东省大学生排球赛	青岛市	排球	女排第三名
1990.8	山东省大学生篮球赛	烟台市	篮球	男篮第三名，女篮第三名
1991.10	山东省第八届大学生运动会	济南市	田径	团体总分第六名
		济南市	田径	孙建破男子 100 米，200 米纪录
		济南市	田径	杨光剑破男子 10000 米纪录
		济南市	田径	王刚破男子 110 米栏纪录
		曲师大	排球	男排第三名
		泰安市	篮球	男篮第二名，女篮第一名
1993.4—8	山东省第六届运动会	淄博市	田径	王刚 110 米栏冠军
		淄博市	篮球	女篮第七名
		淄博市	篮球	男篮第六名
1994.5	山东省驻济高校运动会	山东建材学院	田径	团体总分第一，男、女团体总分第一
1994.8	山东省大学生篮球赛	济南市	篮球	女篮第三名、男篮第一名
1995.6	山东省高校排球赛		排球	男子第三名
1995.10	山东省第九届大学生运动会	济南市	田径	宋斌获男子跳远第一名，王勇获男子跳高第三名，破大运会纪录；代表队获团体总分第五名
1998.5	山东大学生 CUBA 篮球赛	济南市	篮球	男篮第一、女篮第二
1998	代表泰安参加山东省第十九届篮球赛		篮球	男篮第三名
1999.11	山东省大学生篮球赛	济南市	篮球	男篮冠军、女篮冠军
1999.6	山东省大学生排球赛	东营市	排球	男排第四名
1999.10	山东省第十届大学生运动会	济南市	田径	团体总分第六名；丰效丽获女子 400 米、800 米两项第一名，两项均破省大运会纪录，梁琳获女子跳高第一名
2000.9	山东省大学生篮球赛	泰安市	篮球	男篮冠军，女篮冠军

续表 3-23

时　间	运动会名称	地　点	项　目	成　绩
2001.9	山东省大学生篮球赛	济南市	篮球	男篮冠军，女篮冠军
2002.9	山东省大学生篮球赛	泰安市	篮球	男篮冠军，女篮冠军
2001.11	第四届 CUBA 山东赛区选拔赛	泰安市	篮球	男篮冠军，女篮冠军
2002.12	第五届 CUBA 山东赛区选拔赛	北京市	篮球	男篮亚军，女篮亚军
2003.9	山东省第十一届大学生运动会	聊城市	田径	男子乙组团体总分第二名
			排球	男子排球第二名
			篮球	男篮冠军
			篮球	女篮冠军
2006.08	山东省第十二届大学生运动会	山东大学	篮球 田径	篮球冠军，田径第十名
2006.12	第九届 CUBA 山东赛区选拔赛	山东威海	篮球	男篮冠军
2007.12	第十届 CUBA 山东赛区选拔赛	山东科技大学	篮球	男篮冠军
2008.09	山东省第一届大学生田径锦标赛	山东大学	田径	团体总分第八名
2008.12	第十一届 CUBA 山东赛区选拔赛	山东农业大学	篮球	男篮冠军
2009.09	山东省第二届大学生田径锦标赛	山东大学	田径	团体总分第九名
2009.11	第十二届 CUBA 山东赛区选拔赛	山东农业大学	篮球	男篮亚军
2010.07	山东省二十二届运动会	淄博市	篮球	男、女篮冠军
			田径	团体总分第十名
			排球	第四名
2010.11	第十三届 CUBA 山东赛区	山东农业大学	篮球	男、女篮冠军
2011.11	第十四届 CUBA 山东赛区	山东农业大学	篮球	男篮、女篮双冠军
2012	第十五届 CUBA 山东省选拔赛	山东农业大学	篮球	男篮第二名、女篮第一名
2013	第十六届 CUBA 山东省选拔赛	山东农业大学	篮球	男篮第二名、女篮第一名
2014.7	山东省第二十三届运动会（大学组篮球）	汶上县	篮球	男篮第一名、女篮第一名
2014.10	第十七届 CUBA 山东省选拔赛	山东农业大学	篮球	男篮第一名、女篮第一名

（三）承办运动会

1987年首次承办全国煤炭高校排球赛，至2009年共承办全国、全省13次大赛。

1987—2009年山东科技大学承办全国及全省比赛情况表

表3-24

时　间	运动会名称	地　点	项　目	成　绩
1987.8	全国煤炭高校排球赛	泰安校区	排球	男排第一名（分院），女排第二名
1991.9	山东省第八届大学生运动会	泰安校区	篮球	男篮第二名，女篮第一名
2000.9	山东省大学生篮球赛	泰安校区	篮球	男篮冠军，女篮冠军
2001.11	第四届CUBA山东赛区选拔赛	泰安校区	篮球	男篮冠军，女篮冠军
2002.9	山东省大学生篮球赛	泰安校区	篮球	男篮冠军，女篮冠军
2002.12	第五届CUBA山东赛区选拔赛	泰安校区	篮球	男篮亚军、女篮亚军
2004.5	第六届CUBA全国八强赛	泰安校区	篮球	男篮总决赛第五名
2004.10	第一届CUBA友谊赛	泰安校区	篮球	男篮第三名
2007.12	第十届CUBA山东赛区选拔赛	青岛校区	篮球	冠军
2007.06	第九届CUBA全国八强赛	青岛校区	篮球	亚军
2008.06	第十届CUBA全国八强赛	青岛校区	篮球	亚军
2009.07	第十一届CUBA全国八强赛	青岛校区	篮球	男篮亚军

第三节　泰山医学院

一、概况

泰山医学院的前身为1891年创办的华美医院医校。1903年，在华美医院医校基础上组建共合医道学堂，即后来的齐鲁大学医学院。1952年9月，由齐鲁大学医学院、山东省立医学院、华东白求恩医学院重组成山东医学院。1970年，山东医学院与山东中医学院合并为山东医学院，搬迁至新泰县楼德镇。1974年，山东医学院大部分迁回济南，原校改为山东医学院楼德分院。1980年由新泰县楼德镇迁至泰安，更名为山东医学院泰安分院。1981年7月，更名为泰山医学院。2001年3月，原国家计生委人口学校、山东省化工学校、山东省中医护士学校并入该校。2002年，在泰安高新技术开发区建新校区。2015年，学校占地面积3000余亩，建筑面积78万平方米，全日制普通本专科在校生2万余人。

1980年，学校设置体育教研组；1985年，设置体育教研室，隶属于泰山医学院基础医学部。2010年12月，泰山医学院基础医学部更名为基础医学院，体育教研室更名为体育教学部。2011年5月，泰山医学院体育教学部由基础医学院改属运动医学与康复学院。2015年，体育教学部有体育教师35人。其中，副教授7人，讲师23人，助教3人，教辅2人。

二、体育设施

1974年，学校在新泰县楼德镇建有简易土质体育场。1980年，学校迁至泰城后，建有标准体育场及多个篮球、排球场，20世纪90年代建成1座体育馆。2002年，医学院新校区建有标准田径场3个、篮球场21个、排球场21个。后又建乒乓球馆、健美操实训室等。至2015年，泰山医学院体育场地约10万平方米，生均面积4.34平方米以上。有田径场3块、篮球场21个、排球场12个、羽毛球场12个、乒乓球场馆2处、健美操实训室1

处、风雨操场面积2320多平方米。

三、体育竞赛

（一）参加全国比赛

1994年8月，在全国大学生田径邀请赛上，刘水华获10000米竞走金牌。

1995年8月，在第四届全国大学生田径邀请赛上，翟西菊获女子5000米竞走金牌，李刚获男子3000米障碍银牌，刘桂峰获男子练球银牌。

1996年8月，在全国大学生运动会上，刘桂峰获得男子练球第四名。

（二）参加山东省大学生运动会

1995年10月，山东省第九届大学生运动会在济南市举行，泰山医学院组队参加比赛，获8枚金牌，2枚银牌，4枚铜牌。

1999年9月，山东省第十届大学生运动会在济南市举行，泰山医学院组队参加比赛，获3枚金牌，2枚银牌，3枚铜牌。

2014年，山东省第二十三届运动会（大学生组）田径比赛在济南市举行。泰山医学院组队参加比赛。获2枚金牌，6枚银牌，2枚铜牌，大学生甲组团体总分第二名。

1982—1999 年泰山医学院参加山东省大学生运动会情况表

表 3–25

届次	时间	地点	姓名	性别	项目	名次
第二届	1982	济南市	晁褚璋	男	男子撑杆跳高	第 3 名
			姜　丽	女	女子跳远	第 3 名
第七届	1987.6—1988.5	济南市等地	王金勇	男	1500 米	第 2 名
			姬广福	男	5000 米	第 1 名
			姬广福	男	10000 米	第 1 名
			董　蕾	女	10000 米竞走	第 3 名
			董　蕾	女	20000 米竞走	第 3 名
			马　明	男	跳高	第 1 名
			王宪亮	男	链球	第 1 名
			马克高	男	链球	第 2 名
			张广存	男	链球	第 3 名
			张建忠	男	十项全能	第 2 名
			相建红	男	1500 米	第 2 名
			严瑞华	男	3000 米	第 1 名
			周淳利	男	5000 米竞走	第 2 名
			周淳利	男	10000 米竞走	第 2 名
第九届	1995.10	济南市等地	刘桂峰	男	链球	第 1 名
			刘桂峰	男	铅球	第 1 名
			张庆平	男	链球	第 2 名
			陈　勇	男	链球	第 3 名
			宫永亮	男	铁饼	第 1 名
			宫永亮	男	铅球	第 3 名

续表 3–25

届　次	时　间	地　点	姓　名	性　别	项　目	名　次
第九届	1995.10	济南市等地	薛　晓	男	十项全能	第 2 名
			孔卫东	男	十项全能	第 3 名
			翟西菊	女	3000 米竞走	第 1 名
			翟西菊	女	5000 米竞走	第 1 名
			高桂臣	女	1500 米	第 1 名
			孙国华	男	5000 米竞走	第 3 名
			张　强	男	5000 米竞走	第 1 名
			张　强	男	10000 米竞走	第 1 名
第十届	1999.9	济南市等地	杨　涛	男	110 米栏	第 3 名
			聂圣亮	男	3000 米障碍	第 1 名
			聂圣亮	男	10000 米	第 2 名
			王颜辉	男	链球	第 1 名
			孔凡强	男	链球	第 2 名
			陈　杰	男	链球	第 3 名
			王丽丽	女	400 米栏	第 1 名
			张长虹	女	200 米	第 3 名

（三）承办运动会

2006年9月10日至20日，承办全国女足联赛第四阶段比赛。解放军、陕西、河南和山东4支女子足球队参加本阶段的比赛。陕西夺得冠军，河南、山东、解放军队分别获得二至第四名。

2011年10月18日至22日，全国女足联赛第九站泰安赛区比赛在泰山医学院举行。共有山东皇明、河南钢铁、广东海印和新疆4支球队，共6场比赛，18日、20日和22日各2场。山东队以2胜1平的战绩获得分站赛第一名，广东队、河南队和新疆队分列二到四位。

第四节　泰山学院

一、概况

1958年9月，建立济南师范专科学校；1958年11月迁至泰安；1962年更名为泰安师范进修学校，1971年6月更名为泰安师范专科学校。2002年3月，经教育部批准，泰安师范专科学校、泰安教育学院、泰山乡镇企业职工大学、泰安广播电视大学合并组建泰山学院。2012年学校管理体制上划为省属管理。

1980年，泰安师专设置艺体系，招收体育大学专科学生。1984年，成立体育系。2003年，招收第一届体育普通本科生和专升本学生。2012年2月，更名为泰山学院体育学院，设置体育教育、社会体育、舞蹈学（健美操方向）3个本科专业。2015年，体育学院建有体育心理、人体解剖、人体生理3个实验室及资料室、阅览室，2015年，在校体育专业学生1000人。

2015年，学校共有体育师资62人，其中正、副教授26人，讲师25人；有博士学位5人，硕士学位29人，国家级裁判2人。2015年，新聘任教师中全部具有硕士学位或一级或二级运动员运动等级证书。

2001—2015 年泰山学院体育学院基本情况表

表 3–26

年　度	专　业	体育生（人）	体育教师（人）	年　度	专　业	体育生（人）	体育教师（人）
2001	3	96	38	2009	3	992	60
2002	3	113	39	2010	3	937	60
2003	3	294	41	2011	3	947	60
2004	3	476	45	2012	3	951	64
2005	3	726	51	2013	3	996	62
2006	3	936	53	2014	3	962	62
2007	3	1117	58	2015	3	870	62
2008	3	987	58	—	—	—	—

二、体育设施

2003年3月，泰山学院依据教育部有关学校体育场地器材配备标准，建有较完善的体育设施。学校综合体育馆设有体操房、健美操房、乒乓球室、羽毛球馆、举重馆和篮球场。建有室外体育教学场地6.05万平方米，标准塑胶田径场2个，标准篮球场34个，标准排球场10个，标准足球场2个，生均面积3.57平方米。2015年，室内体育教学场地面积0.72万平方米，生均0.42平方米。

泰山学院综合体育馆（见第九编　场地设施·体育场馆）

三、体育竞赛

（一）参加全国及国际性体育比赛

2007年，司桂莹入选“奥运舵手”全国15强。

2009年，在第五届中国大学生沙滩排球锦标赛上，泰山学院沙滩排球队获女子普通组球亚军。

2010年，在第六届中国大学生沙滩排球锦标赛上，泰山学院沙滩排球队获男子普通组亚军。

2011年，在第七届中国大学生沙滩排球锦标赛中，泰山学院沙滩排球队获女子普通组冠军和男子普通组季军。

2011年，段文菲成为2011—2012克利伯环球帆船赛“青岛号”9名中国籍船员之一，是克利伯环球帆船赛历史上最年轻的中国籍船员。

2014年，在“舞动中国——排舞联赛”全国总决赛上，泰山学院代表队获得单人一等奖2项，双人一等奖2项。

2015年，在“舞动中国——排舞联赛”山东赛区上，泰山学院代表队获得集体一等奖4项，单人一等奖2项，双人一等奖4项，并以总分第一名荣获团体一等奖。

（二）参加全省大学生运动会

1995年10月，组队参加山东省第九届大学生运动会，获8枚金牌、2枚银牌、4枚铜牌。

1999年9月，组队参加山东省第十届大学生运动会，获3枚金牌、2枚银牌、3枚铜牌。

2014年10月，组队参加山东省第二十三届运动会（大学生组）田径比赛，获2金6银2铜10枚奖牌，获大学生甲组团体总分第二名。

2010年至2015年，在山东省体育教育专业大学生基本功大赛中获一等奖32个，二等奖130个；获省教育厅“精神文明先进单位”荣誉称号。

1994—1999年泰山学院参加山东省体育比赛情况表

表3-27

时 间	运动会名称	地 点	姓 名	性 别	项 目	奖 牌
1982	山东省第五届大学生运动会	济南市	张德阳	男	110米栏	第2名
1985	山东省第六届大学生运会	山东体育场	张经东	男	3000米	第3名
			曹汉明	男	10公里竞走	第2名
			范 辉	男	10公里竞走	第3名
			宣广海	男	撑杆跳远	第3名
			朱爱芹	女	跳远	第3名
			公培萍	女	铁饼	第2名
			刘煜臣	男	100米	第3名
			陈庆业	男	800米	第2名
			张振富	男	1500米	第2名
			陈庆业	男	1500米	第3名
			李祥斌	男	3000米	第2名
			张振富	男	3000米	第3名
			柳方雷	男	5000米	第1名
			柳方雷	男	10000米	第1名
			张 林	男	400米栏	第1名
				男	4×400米接力	第2名
			赵为俊	男	10公里竞走	第1名
			耿庆生	男	撑杆跳高	第3名
			刘子明	男	铅球	第3名
			宋业雷	男	铁饼	第1名
			宋业雷	男	铁饼	第1名
			刘子明	男	铁饼	第2名
			石荣凤	女	铁饼	第2名
			杨 芳	女	标枪	第2名
			颜 洁	女	跳远	第1名
1987.6—1988.5	山东省第七届大学生运会	济南市等地	沈 骞	男	三级跳远	第3名
			任海霞	女	100米	第3名
			刘琼玉	女	100米栏	第1名

续表 3-27

时　间	运动会名称	地　点	姓　名	性　别	项　目	奖　牌
1987.6—1988.5	山东省第七届大学生运会	济南市等地	未　岩	男	标枪	第 3 名
			杜余峰	男	110 米栏	第 3 名
			蒋兴华	男	跳远	第 2 名
			苑现青	男	三级跳远	第 2 名
			李崇明	男	十项全能	第 3 名
			陈　琼	女	100 米	第 3 名
			王秀玲	女	800 米	第 3 名
			王秀玲	女	1500 米	第 3 名
1995.10	山东省第九届大运会	济南市等地	刘桂峰	男	链球	第 1 名
			刘桂峰	男	铅球	第 1 名
			张庆平	男	链球	第 2 名
			陈　勇	男	链球	第 3 名
			宫永亮	男	铁饼	第 1 名
			宫永亮	男	铅球	第 3 名
			薛　晓	男	十项全能	第 2 名
			孔卫东	男	十项全能	第 3 名
			翟西菊	女	3000 米竞走	第 1 名
1999.9	山东省第十届大运会	济南市等地	翟西菊	女	5000 米竞走	第 1 名
			高桂臣	女	1500 米	第 1 名
			孙国华	男	5000 米竞走	第 3 名
			张　强	男	5000 米竞走	第 1 名
			张　强	男	10000 米竞走	第 1 名
			杨　涛	男	110 米栏	第 3 名
			聂圣亮	男	3000 米障碍	第 1 名
			聂圣亮	男	10000 米	第 2 名
			王颜辉	男	链球	第 1 名
			孔凡强	男	链球	第 2 名
			陈　杰	男	链球	第 3 名
			王丽丽	女	400 米栏	第 1 名
			张长虹	女	200 米	第 3 名

（三）承办全国及全省比赛

2005年，在泰山学院综合体育馆举办山东省中储粮篮球比赛。

2007年，在泰山学院综合体育馆举办第十九届女子和第三十八届男子亚洲举重锦标赛。

2009年，在泰山学院综合体育馆举办第十一届全国运动会男子足球比赛。

2008年10月，在泰山学院综合体育馆举办山东省交通稽查系统第一届运动会。

2015年10月18日，在泰山学院综合体育馆举办2015年舞动中国——排舞联赛（山东赛区）。

四、体质与卫生

2009年5月，印发《泰山学院关于实施〈国家学生体质健康标准〉的通知》，将落实《国家学生体质健康标准》纳入体育教学内容。2010年，学校购置三套测试设备，固定专人负责体质健康测试工作。自2010年起，每年都对学生按时进行体质健康测试，并上报教育部数据库。2013年、2014年、2015年学生体质健康标准合格率均保持在92%以上。

第四编

群众体育

QUNZHONGTIYU

新中国成立前，泰安境内群众体育均为自发活动，政府未设群众体育管理机构。1950 年 5 月，泰安专署成立，设立文教科，群众体育由文教科负责。1955 年 3 月，中华全国体育总会泰安专区体育分会成立。1956 年 6 月，泰安专署体育运动委员会成立，群众体育工作由体委负责。1975 年，泰安地区革委会体委设立业余训练科，群众体育由业余训练科负责。1977 年，体委调整内设机构，设立群体科，群众体育由群体科负责。1989 年，泰安市老年体协成立，老年人体育由老年体协负责。2009 年，泰安市体育总会成立，社团体育由体育总会负责，自此，群体科、老年体协、体育总会共同管理群众体育。至 2015 年无变化。

2001 年，市体育局被国家体育总局授予“全国全民健身周活动优秀组织奖”称号。2014 年，市体育局被国家体育总局授予“全国群众体育先进单位”称号。至 2015 年，泰安市体育局群体工作共获国家体育总局表彰 15 次，获山东省体育局表彰 18 次。

第一章 发展沿革

新中国成立前，有组织的民间体育活动很少，每年正月农村有玩故事的活动，有些村庄设有拳房，少量农民在拳房练武。新中国成立后，党和政府高度重视群众体育工作，群众体育迅速发展。1951年11月，全国体总筹委会等9个单位联合发出《关于推广广播体操活动的联合通知》，泰安专区各有关部门分别发出通知，做出具体安排，在短时间内建立起班前班后做操制度，广播体操成为群众锻炼的主要手段。1952年12月，泰安专区体育运动筹委会下发文件，要求全区各机关、团体、学校、工厂、农村以及各阶层群众普遍开展对人体全面锻炼与健康有益的、群众熟悉的各种体育活动，大力开展田径、广播操、球类、竞走、爬山、赛跑、武术、举重、投弹等体育活动，并根据各基层单位的实际条件，有步骤、有组织地开展群众性的体育工作。1956年，泰安专署体委召开农村体育工作会议，印发《山东省体委今冬明春农村体育工作意见》《泰安专区农村今冬明春体育工作意见》《泰安体委关于县体委如何工作的意见》3个文件。年内，专区举办体育骨干培训班多期，培训骨干710余人，其中射击400人、裁判员57人、运动员253人；举办农民体育干部训练班1期，培训农村体育干部150余人；组织400余名青年开展露营训练，组织400余名青年开展射击训练，组织2000余名青年开展拉练、野营、爬山等军事体育活动。

1958年，泰安专区试行《准备劳动与卫国体育制度》（简称“劳卫制”），厂矿、企业成立体育协会、体育代表队，车间成立锻炼小组；机关事业单位成立篮球、乒乓球等体育队及锻炼小组；农村有条件的成立体育协会。各级机关、工矿、企业及有条件的农村经常组织田径、篮球、排球、乒乓球、武术、拔河、赛跑等比赛。泰安专区被国家体委授予“全国农村体育工作先进单位”称号。

20世纪60年代，国民经济遇到暂时困难，群众体育受到很大影响，大部分体育活动停止，只有部分工矿、企业保持了广播体操及其他体育活动。1963年，体育活动逐步恢复，各机关、工矿、企业及有条件的农村按照业余、自愿、小型、多样、因地、因人制宜等原则，逐渐恢复广播体操、工间操及小型多样的体育活动。“文化大革命”期间，各级体育组织瘫痪，体育设施遭到破坏，体育工作基本停顿。1972年，基层群众体育工作开始恢复。1974年，泰安地区召开全区体育工作会议，群众体育趋于活跃。1975年，全区群众性体育工作发展迅速，肥城县安驾庄公社建有14个体育场、21个灯光球场，培训近1000名体育骨干；全公社队队做广播体操、村村有代表队，全社5万农民参加体育锻炼，参加体育活动的社员达到60%。

1976年，为进一步推动农村体育工作，泰安地区实行高中包社、联中包片、小学包队、学生包户的群众体育推广办法，以各学校为主体举办学习班、辅导班、联合训练等活动，组织学校、农村生产大队开展体育比赛，促进农村现代体育的传播与发展。肥城县安驾庄、宁阳县鹤山、莱芜县杨庄、新泰县孙村等还根据农村实际，自编《簸箕操》《编制操》《售货员操》《打锤操》和《拾麦穗》《拾棉花》《支援工地推车赛跑》《挑担竞走》等竞赛项目。杨庄公社组织起大嫂子拔河队、体操队，组织妇女开展游泳活动。1977年，泰安地区体委、军分区司令部、教育局、团地委联合对农村体育工作进行调查，共普查10个公社、112个大队、66所中小学、22个社直单位、5个农田基本建设工地，调查总结了全区农村体育工作经验。6月，地革委批转地区体委《关于贯彻一九七八年全国全省体育工作会议精神的意见》，要求各级体育部门，在党委的领导下，分工负责。学校体育由教育部门为主，厂矿企业由工会为主，农村由共青团为主，在体委和有关部门的配合下形成上下一条线，层层有人管的局面。1977年、1978年，肥城安驾庄公社连续两年举行万人秋季运动会；1979年，被国家体委授予“全国农村体育工作先进单位”称号；安驾庄党委书记尹祚起出席第三届全国运动会。

1979年，泰安地区行署将莱芜县及苗山公社、肥城县安驾庄公社、新泰县东都农药厂列为全区群众体育先进典型，推广他们的经验做法。1981年12月、1983年8月，国家体委先后两次在莱芜县召开全国农村体育工作现场会，推广莱芜县群众体育工作经验。1985年，泰安市举办首次“体育活动月”活动，全市各级举办体育活动7000多次，其中万人以上体育活动9次，有30余万人参加活动。泰安市被评为全省体育活动月先进单位。1994年，泰安市全力推动群众体育社会化、产业化、生活化。年内，举办群众性体育活动288项次，10万余人参加活动；全市经常参加体育活动人数186万人，占全市总人口的35%以上。1995年7月，泰安市政府召开全民健身动员暨体育工作会议，成立泰安市实施全民健身计划宣传工作小组，下发《关于全民健身宣传周活动意见的通知》。年内，全市开展《中华人民共和国体育法》专项宣传活动1000余次，培训健身骨干6期200余人，举办体育活动120余次，10万余人参加活动。

2003年，全市群众体育工作采取活动与建设并举，以建设为重点，努力构建面向大众的全民健身服务体系。同年，新建南关村、风台村、油坊村等6条健身路径、1处健身房；举办职工体育活动20多项，参加人数5万余人；举办老年骨干培训班135期，培训骨干近3万人。泰安市常年参加活动的人数达到18万人。2005年，全市各级开展体育活动330余次，30万多人参加活动；举办二级社会体育指导员培训班8期，培训二级社会体育指导员102人，体育工作骨干300余人；投资100余万元在南湖公园等建成十处多功能的健身路径。2007年，泰安市有民间体育团体1744个，群众体育健身场地1700余处，晨、晚练活动站点5000余个；社会体育指导员2348人，体育骨干5000余人。

2011年，泰安市单项体育协会发展到22个、俱乐部62个，社会体育指导员7235人；社区健身设施46处、农村健身工程420处，乡镇健身中心18处；全市配建体育设施的乡（镇、街道）29个，占34%；社区41个、占26%；行政村1156个、占32%；全市举办体育活动380余次，60余万人参加活动，全市体育人口保持在40%以上。2013年，市政府成立以副市长徐恩虎为组长，市直有关部门和6个县（市、区）负责人为成员的全民健身领导小组，设立全民健身联席会议制度，对全市的全民健身工作进行统一领导。各县（区、市）成立全民健身领导小组、社会体育指导员协会、全民健身科技服务中心、全民健身志愿者服务支队，设立体质测定与运动健身指导站。各乡镇建设文体活动中心；农村（社区）按照“六个一”标准，建设文体小广场。自2009年至2013年，泰安市连续5年获“全国全民健身活动优秀组织奖”。

2014年，泰安市全面部署实施“城区15分钟健身圈”“农村体育健身工程”“强村固基百村健身扶贫工程”“十佳文体小广场”建设评选活动，全市配建体育设施的乡（镇、街道）85个，占100%；社区89个，占60%。行政村2359个、占66%；农村（社区）文体小广场发展到3700余处、健身站点6000余处，社会体育指导员达到7788人。2015年，城市社区健身设施覆盖率88%，农村健身设施覆盖率90%；市级协会36个、俱乐部86个，新注册体育类公司20家；全民健身志愿服务队人数1.18万人，占总人口的2.1‰；举办规模赛事30余项次，举办县级比赛433项次、展演活动665项次，全市50余万人参加活动。

第二章　职工体育

新中国成立前，泰安地区仅有个别企业开展职工体育活动，体育项目只有篮球、长短跑。1948年泰安全境解放后，孙村、张庄、安仙煤矿建有篮球场，工会经常组织职工开展篮球比赛。1951年贯彻全国体育总会《关于推广广播体操活动的通知》，在机关、工厂、企业职工中广泛开展广播体操活动。1953年，泰安专区体育会筹委会印发《关于一九五四年泰安专区体育工作意见》，要求各级有领导有计划有重点地开展职工体育活动。1956年，在全区推行《准备劳动与卫国体育制度》。1977年，在企业中推广“一队一操”（体育代表队、广播体操）活动，在基础好的企业开展“多队多操”活动。改革开放后，职工体育进入了一个新的发展阶段。1984年，泰安地区举办首届工人运动会，设球类、田径、武术等8个比赛项目。1985年9月，肥城县邮电局职工段立峰参加全国第二届工人运动会，获82.5公斤级抓举、挺举、总成绩3块金牌。1996年，泰安市贯彻国务院《全民健身计划纲要》，在职工中开展“五个一”（参加一项体育活动、每天参加一次体育锻炼、每个职工掌握一项健身方法、每个家庭有一件健身器械、每个单位为职工健身办一件好事）健身活动。2010年，泰安市举办职工体育比赛、健身表演、健身交流等100余项次，10万名职工参加活动。2015年，市直机关、农业局、供电公司举办职工运动会，7000余名运动员参加比赛。

第一节 机 构

一、机构

1950年5月，泰山、泰西两区合并后，泰安专区设立工会工作委员会，泰安专区职工体育工作由专区工会工作委员会负责。1951年泰安专区工会工作委员会改为山东省工会联合会泰安专区办事处。1952年3月，泰安专区体育运动委员会筹委会成立，泰安专区体育工作由泰安专区体委筹委会（体委、专区体育分会）与专区工会工作委员会负责。1973年6月15日至20日，召开了泰安地区第一次工人代表大会，成立泰安地区总工会，总工会设立宣传部，职工体育工作由总工会宣传部负责。1975年，泰安地区革委会体委设置群体科，职工体育工作由地区体委群体科与总工会宣传部负责。1979年泰安地区总工会改为山东省总工会泰安地区办事处。1985年5月，山东省总工会泰安办事处改为泰安市总工会。1994年1月，泰安市总工会设办公室、组织部、财务部、宣教文体部、生产保护部、生活保障部等10个部室，宣教文体部负责职工体育。2003年10月，市总工会机关机构改革，组织部挂宣传教育部牌子，负责职工体育工作。至2015年无变化。

二、活动场地

1948年，新泰县孙村、张庄、安仙煤矿建有篮球场。新中国成立后，泰安专区开始建设工人文化宫，职工体育主要依托工人文化宫开展活动。1953年10月，泰安专区工会办事处在泰安灵应宫路东兴建职工俱乐，有3名工作人员，占地30亩。1954年5月，肥城县工会俱乐部建成，占地面积500平方米。1955年春，新泰县职工俱乐部建成，占地4.9亩，内设游艺室、阅览室、会议室；同年，泰安县工人俱乐部建成，共有平房24间，设有图书阅览、文体活动场所。1955年，全区有职工俱乐部8个。1964年，全区有县级工人俱乐部8个，企业工人俱乐部39个，车间工人俱乐部25个。

1980年1月1日，泰安工人文化宫建成并正式开放。工人文化宫占地面积22678平方米，建筑面积5720平方米，设有电动游艺室、乒乓球室、篮球场、健美厅、舞厅、象棋室、老干部活动室、业余京剧队、图书室、阅览室、摄影室等。1983年，泰安共有基层工人文化宫、俱乐部119个，县级以上工人文化宫、俱乐部11个。1985年，全市有各种职工体育场地624处。1986年，泰安市开始建设“职工之家”，年内，建成“职工之家”1067个。1996年，全市有各类职工体育活动场地1562处，篮球场944处，排球场210处，门球场70处，训练房18处，台球房7处，小运动场266处，运动场18处。2015年，泰安市150家利税过亿元的大中型企业建有篮球场、排球场、门球场或小运动场、操场及健身房、体育活动室等。

第二节 体育活动

一、职工体育管理

1952年，泰安专区体育运动筹委会下发《关于下半年体育运动的指示》，要求在各机关、团体、学校、工厂，以及各阶层群众中普遍进行宣传教育，提倡对人体全面锻炼与健康有益的和群众熟悉的各种体育活动。1954年，泰安专区体育运动筹委会要求各级开展有组织、有领导、有计划、有重点的群众性体育活动，利用业余时间进行各种单项或多项竞赛。1956年，泰安专区党委、专署召开体育工作会议推行“劳卫制”，要求工矿企业、机关宣传“劳卫制”。1964年4月7日，泰安工会办事处、专署体委共同制订全区职工体育工作要点，要求各机关、厂矿企业恢复工间操，每个职工都要参加一项体育活动，组织老年人和体弱人员开展太极拳等医疗保健活动；开展国防体育运动，安排民兵进行有关技术兵种的业余训练，广泛开展射击、无线电活动和举办军事野营训练。

1974年年初，召开泰安地区职工业余体育工作会议，提出了大力开展业余体育活动的要求，职工体育逐渐活跃。1977年，地革委批转体委《关于贯彻一九七八年全国全省体育工作会议精神的意见》，要求职工体育纳入“工业学大庆”的轨道，在大庆式企业和三分之一的基础较好的企业中普及“一队一操”（体育队、体操），发展“多队多操”，参加体育活动的人数要达到50%；所有企业都要遵循毛主席“注意调节，每天两次工间操，每次十五分钟”的指示，坚持做广播操和生产操。

20世纪80年代中期，泰安开始在工厂、企业推行经济责任制，泰安职工体育活动的组织方式作了相应改革。职工文体活动被纳入企业管理范畴，同其他承包任务统一考核，并被列为精神文明建设和建设“职工之家”的内容参与检查评比；规定企业要适当增加车间科室的体育活动经费，并从企业奖金中提取活动经费予以资助；运动员在参加训练、比赛期间，原享受的待遇不受影响，并有一定的生活补贴。1980年6月，泰安工会办事处、地区体委联合召开全区职工体育工作经验交流会，传达学习上级有关加强职工体育活动的意见，推广新汶工具厂、东都农药厂等15个单位职工体育工作经验，要求各级工会加强对体育运动的领导，立足车间、班组，开展小型多样的业余体育活动；各厂矿企业要迅速恢复和建立体育组织，各级工会一定要把职工体育工作纳入议事日程，较大的厂矿企业设专人管理体育工作。1985年1月10日，泰安工会办事处根据地区行署关于举办第一个体育活动月的通知精神，组织全区职工参加体育活动月活动。

1995年，泰安市体委、泰安市总工会贯彻落实国务院《全民健身计划纲要》，进一步加强职工体育工作，开展形式多样、健康文明的职工体育健身活动。1996年，市总工会实施“五个一”健身工程，即每个职工参加一项体育活动，每个职工每天参加一次体育锻炼，每个职工掌握一个健身防病方法，每个职工家庭拥有一种健身器械，每个基层单位为职工健身办一件好事、实事。同年8月20日，市总工会批复同意泰安市私立武术小学与泰安市职工中等学校（泰安市职工中专市直分校），联合建立“泰安市职工散手健身俱乐部”，技术指导由孙卫国担任。

2000年，泰安市体育局、泰安市总工会以推行全民健身计划为重点，积极组织开展形式多样全民健身活动。2007年，泰安市体育局贯彻实施《全民健身计划纲要》《山东省全民体育健身条例》，坚持城市体育抓普及、职工体育抓提高，实施“六进工程”，即体育进农村、进社区、进学校、进机关、进企业、进家庭，开创“政府指导、社会支持、群众积极参与”的新局面。

2010年5月，全市各级工会认真贯彻国家体育总局、中华全国总工会印发《关于进一步加强职工体育工作的意见》，积极推进职工体育工作，组织开展形式多样的职工体育健身交流、展示和竞赛活动。2011年，市总工会贯彻泰安市政府《泰安市全民健身计划（2011—2015）》，要求各机关、企事业单位工会成立职工体育协会，组建职工体育俱乐部和体育健身团队，每周组织体育健身活动不少于3次，每次不低于半小时，职工参与率达到95%以上；开展《国家体育锻炼标准》达标测验和体质测试活动，有条件的单位每年举办一次健身运动会。2014年，泰安市体育局、泰安市总工会按照《泰安市全民健身计划》，要求各级工会以“发展民生体育、建设幸福泰安”为目标，促进职工体育向职工自觉参与的社会化、生活化方向发展。

二、职工体育队伍

1950年，专署公安处等单位成立职工业余篮球队。1952年，泰安全区国营、公营厂矿企业50人以上的单位都建立了篮球队，经常在星期天进行比赛。1955年，全区有职工业余篮球队110个，队员1337人；排球队39个，队员540人；足球队3个，队员48人。1956年，泰安专署体委发出通知，要求各厂矿企业有计划地成立职工体育协会和各种职工体育队。年内，全区成立职工体育协会114个。1982年，泰安地区有基层职工体育协会34个，体育运动队1070个，队员9953人；开展体育医疗活动的单位53个，参加人数2725人。1985年，新汶、肥城矿务局建起半专业化职工篮球队。1987年，有基层职工体育协会61个，各类球队1333个，队员1.52万人；参加体育医疗活动的8342人，参加国家体育锻炼标准活动的257人。2002年，全市共有基层职工体育组织624个，配备专、兼职体育干部917人，职工体育代表队6000多支。2006年，成立泰安市钓鱼运动协会、齐鲁晚报棋社泰安培训基地、安泰跆拳道俱乐部，全市市级职工体育运动协会、俱乐部发展到32个，会员5万余名。2010年，泰安市工人文化宫从事文体工作专业人员7人，各县（市、区）工人文化宫从事文体工作专业人员15人。2013年。泰安市市级职工体育协会发展到23个、俱乐部73个、老年体育工委16个，县级体育协会23个、俱乐部26个，健身站点发展到6000处。2015年，职工体育队伍进一步壮大，健身站点发展到近7000处。

三、职工体育活动

1948年6月，泰安全境解放后，孙村、张庄、安仙煤矿开展职工篮球体育活动，并经常开展篮球比赛。1951年11月，泰安专区各机关、工矿、企业贯彻全国体总筹委会等部委《关于推广广播体操活动的联合通知》，在短时间内建立起班前班后做操制度。1952年，全区国营、公营厂矿企业50人以上的单位广泛开展篮球体育活动，经常在星期天进行比赛。1955年，泰安专署在泰安城举办直属单位星期日球赛活动，专区党委、行署直属机关、企事业单位篮球、排球、乒乓球等60余支球队参赛，比赛历时两个月。1958年，泰安专区全面试行“劳卫制”，提出“人人通过劳卫制，个个争当运动员”的不切实际的口号，泰安职工体育出现短暂高潮。锻炼的主要项目为，厂矿以篮球、排球、乒乓球、拔河、田径、棋类等项目为主；机关、企事业主要以早操、工间操为主。

1960—1962年，国民经济出现暂时困难，职工体育活动受到很大影响，但没有中断。部分工厂、企业在开展广播操的基础上根据本行业特点开展活动。1962年，泰安工会办事处、专署体委共同举办篮球、乒乓球选拔赛。1965年11月至12月，在泰安举行全区男、女职工篮球奖杯赛，各县、市、矿务局、专区直属企业、专署煤炭局等14个单位参加比赛。“文化大革命”时期，各级工会体育组织、体育协会瘫痪，职工俱乐部停止活动，体育设施、器械被毁坏，职工体育工作基本停顿。1972年后，职工体育工作开始逐渐恢复。1974年，泰安地区召开职工业余体育工作会议，泰安职工体育开始逐渐活跃。

1975年，泰安地区体委、总工会举办泰城基层单位篮球赛，泰城厂矿及省以上驻泰安企业十余支篮球队参加比赛，省煤田地质勘探队获男篮冠军。1986年，市直企事业单位成立篮球、排球、足球、田径等13个单项运动协会。同年，泰安市直机关、企事业单位举办职工体育比赛82项次，8万多人次参加比赛。1992年，泰安市各级工会举办职工田径、篮球、排球、乒乓球、象棋、桥牌赛、羽毛球、拔河、跳绳、钓鱼体育竞赛2324场次，10万余人参加活动。1996年“五一”国际劳动节，各级工会积极组织开展篮球、排球、乒乓球、拔河、田径等各类体育活动，全市有十万余名职工参加活动。1998年，全市各级工会在重大节日举办篮球、乒乓球、健身舞、健身操、拔河、健步走、越野等文化体育活动550余项次，参加人数7万多人次。

2000年始，职工体育纳入全民健身计划。2000年，全市先后举办桥牌通讯赛、“建行杯”体育舞蹈比赛、第四届“新闻杯”网球比赛、第三届“中行杯”足球联赛、信鸽500公里级春季放飞赛、泰山大街长跑接力赛等10余项职工体育活动，参加职工2万多人次。2003年6月8日，市政协科教文卫体委员会、市体育局、市总工会、团市委、市妇联、市农业局、市老年体协联合倡议，呼吁全市人民增强科学健身意识，以科学的精神和积极乐观的态度面对“非典”，遵循小型多样，因人因地制宜的原则，积极开展适合自身特点的健身活动。2006年，举办钓鱼、棋类、球类、太极类、健身气功等各类健身表演、比赛活动40余项次，10万余人参加活动。

2010年，全市各级开展100余项职工体育健身交流、展示和竞赛活动，近10万人参加。2011年，各机关、企事业单位举办全民健身运动会、全民健身月系列活动、全民健身日庆祝活动及篮球、乒乓球、羽毛球、田径等赛事活动60余项次，10余万名职工参加。2012年至2015年，市直机关、农业局、供电公司等系统每年都举行多种形式的体育运动会，主要项目为田径、足球、篮球、乒乓球、羽毛球等，每年有7000余名职工参赛。

第三节　体育竞赛

一、参加国际性比赛

1995年8月27日，第三十一届亚洲青年男子健美锦标赛在重庆举行，新矿集团职工秦成勇获75公斤级金牌，是泰安市健美运动员第一次在洲际比赛中获得健美金牌。

二、参加全国职工体育比赛

1985年9月7日至15日，全国第二届工人运动会在北京举行。肥城县邮政局职工段力峰获82.5公斤级抓举110公斤、挺举170公斤、积分280公斤3块金牌，受到省委、省政府和市委、市政府表彰。

2002年6月1日，全国第二届体育大会健美比赛在四川绵阳举行，泰安市健美明星新矿集团职工秦成勇获得85公斤级金牌。

2014年9月，全国健美公开赛在武汉举行，新矿集团马培厂、王玉莲、马新汶等参加比赛。马培厂获得男子60公斤级金牌；马培厂、王玉莲获得全国男女健美混合双人第五名，马新汶获全国健身模特第六名，山东省健美协会发电表示祝贺。

三、参加全省职工体育比赛

1984年8月至1985年5月，山东省第二届工人运动会先后在枣庄、青岛、烟台、潍坊、淄博、胜利油田和济南举行。泰安地区总工会组队参加比赛。1985年5月7日，肥城县邮电局职工段力峰获82.5公斤级抓举110公斤、挺举170公斤、积分280公斤3块金牌。省委、省政府奖泰安市委、市政府奖旗一面；市委、市政府奖肥城县委、县政府、县邮电局、县汶阳中学（段力峰的启蒙学校）奖旗各一面；肥城县给段立峰晋升一级工资；泰安市总工会奖给段力峰300元奖金。

1996年5月，山东省第三届职工田径运动会暨奔向21世纪象征性跑步活动在济南举行。市总工会组织代表队参加比赛，获两枚金牌，一枚银牌。

2002年4月至5月，山东省第四届职工运动会在济南、济宁等地举行，市总工会、市体育局、市经贸委联合组织代表团参赛，获得团体总分第十一名、拔河比赛男子团体第三名，获优秀组织奖、体育道德风尚奖。

2012年5月，山东省第六届职工运动会在济南、泰安等地举行，泰安市总工会组团参加篮球、乒乓球、羽毛球、田径、围棋、中国象棋、拔河、健美操、排舞9项比赛。田径比赛由市体育协会组队，取得团体第二名的成绩。

四、承办第三届全国工人运动会健美操比赛

1996年5月23至27日，第三届全国工人运动会“扳倒井杯”健美操比赛在山东矿业学院体育馆举行。该项比赛由中华全国总工会、国家体委主办，泰安市体委、市总工会承办。全国总工会副主席倪豪梅、省总工会副主席刘洪仁、薄振明，市委书记张庆黎及泰安市各大班子领导出席

开幕式、闭幕式。比赛设女单、男单、混双、三人操、六人操五个单项，来自27个省（市、区）、17个产业体协44支代表队、238名运动员参加比赛。泰安赛区被全国第三届工人运动会组委会授予最佳赛区奖。

五、举办职工运动会及足球比赛

1984年6月至9月，泰安工会办事处、地区体委联合举办了泰安地区首届工人运动会。运动会设篮球、排球、足球、乒乓球、羽毛球、举重、田径、武术表演等8个比赛项目，各县（市）、矿务局、大中型企业组队参加比赛。

1995年，中国银行泰安市分行资助市足球协会举办首届“中行杯”足球比赛。泰安城区及各县（市、区）的10支代表队参加比赛。中行国际队、东岳商城队、东岳仪表队获联赛前三名。

1998年5月17日至6月6日，“中行杯”泰安市第二届足球联赛在市体育中心和山东农业大学体育场举行。泰安城区及各县（市、区）的10余支代表队参加比赛。经过5轮15场的激烈角逐，中行国际队蝉联联赛冠军，泰山劲邦公司、东岳仪表电气股份有限公司、天华机电公司、农大山东证券和市化工机械厂5支代表队分获2～6名，中行国际队吕宏伟以20个进球列最佳射手榜榜首。

1999年，“中行杯”泰安市第三届足球联赛在市体育中心和山东农业大学体育场举行。泰安城区及各县（市、区）的10余支代表队参加比赛。

2000年，“中行杯”泰安市第四届足球联赛在市体育中心和山东农业大学体育场举行。泰安城区及各县（市、区）的10余支代表队参加比赛。

2001年7月17日至24日，“中行杯”泰安市第五届足球联赛在泰安举行。联赛设青年组和少年乙组两个组别的比赛，共有20支球队的300多名选手参加比赛。经过8天的争夺，泰安一中队以不败战绩夺得青年组冠军，萧府酒业和生建蓝质队分获青年组二、三名；泰山美食城队以7战全胜的战绩捧走少年乙组的冠军杯，红箭西服队和三星化工队分列少年乙组二、三位；泰山美食城队的王金山、红箭西服队的子龙和吴文佳、东平湖光被服队的孙文4人以7球的优异成绩荣获“最佳射手奖”。

第四节 荣 誉

1985年，新泰市东都农药厂被省体委授予“省级职工体育先进单位”称号。

1994年，泰山酿酒饮料（集团）股份有限公司、泰山石化（集团）股份有限公司、山东电缆电器（集团）有限公司、肥城矿务局被省体委授予“山东省热心支持体育事业的优秀企业”称号。

1995年，泰安市政府授予《泰安日报》社、泰安酿酒总厂、泰安水泵厂、泰安二中、山东电校、岱庙办事处、泰安金山口集团总公司、山东电缆厂、保安煤矿、孙村煤矿、曹庄煤矿、东平室内成套装饰公司“全民健身活动先进集体”称号。

2004年，新泰市天盾矿山机械公司被山东省体育局授予“省全民健身月活动先进单位”称号。

2006年，新泰市人民法院、东平县供电局被山东省体育局授予“山东省全民健身月活动先进单位”称号。

2007年，泰安市岱岳区卫生局、山东瑞星化工有限公司、山东泰山天盾矿山机械有限公司被山东省体育局授予“山东省全民体育健身月活动先进单位”称号。

2008年，泰安市山东泰丰矿业集团有限公司被山东省体育局授予“山东省全民体育健身月活动先进单位”称号。

2014年，东平经济开发区管委会被山东省体育局授予“2010—2013年度全省群众体育先进单位”称号。

第三章 机关职工体育

1950年，泰安专署公安处等单位成立篮球队。1954年，泰安专署在机关推行广播体操，专署机关有80多个单位、1500多人参加早操、工间操，占机关总人数的50%。1958年，在全区试行《准备劳动与卫国体育制度》，参加锻炼的机关职工人数占60%。1985年，泰安市直机关党委按照市委、市政府要求，确定每年举办一场篮球、乒乓球、登山、越野比赛，每两年举办一次田径运动会。当年举办篮球、乒乓球、登山、越野比赛。1989年，泰安市举办第一届市直机关运动会，设28个比赛项目，有60支代表队、1000名运动员参加比赛。1995年，市直机关举办长跑、万人登山、篮球、象棋、冬季越野、第十届市直机关运动会等体育活动，市直80多个单位、4000多人参加活动。1998年，泰安市直机关工委被国家体育总局授予"全国群众体育先进集体"称号。2008年，市直机关举办"迎奥运"拔河、乒乓球比赛，干部职工扑克"够级"比赛、登泰山比赛，4200余名运动员参加比赛。2015年，举办市直机关第十四届运动会，设40个比赛项目，有93支代表队、4000余名运动员参加比赛。

第一节 机 构

1951年，泰安专区党委成立机关党委。机关职工体育工作由政府体育主管部门与机关党委负责。1967年停止工作。1974年11月，恢复机关党委，同时成立地直机关工会，机关体育工作由机关党委领导，地直机关工会负责。1985年5月，泰安地委直属机关党委改为泰安市委直属机关党委，地直机关工会更名为市直机关工会。1988年11月，泰安市直机关党委改为泰安市直机关工作委员会。至2015年未变化。

1992年，泰安市直机关工委被省体委授予"全省群众体育活动先进集体"称号。1998年，泰安市直机关工委被国家体委授予"1993—1997年度全国群众体育先进集体"称号。1995年，市直机关工委被泰安市政府授予"全民健身活动先进集体"称号。2013年，泰安市财政局、泰安市委市直机关工委被国家体育总局授予"2009—2012年度全国群众体育先进单位"称号。

第二节 体育活动

1950年，泰安专署公安处等单位成立职工业余篮球队。1954年，专区直属机关有80多个单位、1500人参加早操、工间操活动，占总人数的50%以上。同年，专区体育会筹委会与其他有关部门联合举办首届直属机关运动会，648人参加了比赛。1958年，试行"劳卫制"，专区直属各机关单位广泛开展早操、工间操活动，参加活动的人数达60%。

1985年年初，地区直属机关党委按照地委、行署要求，确定每年举办一次篮球、乒乓球、登山、越野比赛，每两年举办一次田径运动会。当年举办了首届篮球赛、乒乓球赛、登山比赛、越野比赛等。1987年，组织市直机关象棋比赛、登山比赛、国际登山节比赛、篮球比赛。其中，篮球比赛有25个队、250多名运动员参加；登山活动有800多名干部职工参加；象棋比赛，有25个单位85名选手参加，12名选手获奖；国际登山活动，市直梯队250人参加比赛。

1990年，市直机关工委举办第七届越野比赛、女子健身操比赛、“工行杯”女子登山比赛、市直机关第七届越野赛，组织参加第四届国际登山活动，恢复工间操制度。各基层党委、支部因地制宜地开展小型多样、丰富多彩的文体活动。1995年，市直机关工委与有关部门一起组织“迎四大（第四次世界妇女大会）、登泰山、奔北京”长跑活动、万人登泰山活动、机关第四届运动会、第十二届篮球赛、象棋比赛、冬季越野比赛等体育活动，市直80多个单位、4000多人次参加活动。

2000年，举行市直机关“国税杯”乒乓球赛、市直机关拔河比赛、市直机关第十七届篮球赛、参加第十四届泰山国际登山节比赛等活动。市直机关“国税杯”乒乓球赛有30个代表队200余名运动员参加比赛；第十四届泰山国际登山节群众登山比赛，市直机关代表队获团体总分第二名；市直机关第十七届篮球赛有17个代表队参加比赛。10月，市直机关工委组织市直机关1500余人进行国民体质监测，被省体育局评为先进单位。2005年4月，市直机关工委、市体育局、人防办联合举办市直机关第九届田径运动会，市直机关、事业单位组织62个代表队、1193名运动员参加比赛，市审计局、市财政局、市林业局分别获团体总分前三名。6月，市直机关组队参加在淄博举行的省直机关首届乒乓球比赛，获道德风尚奖，王春京获女子处级干部个人赛第三名。7月，举办市直机关职工乒乓球赛，40支代表队参赛。9月，举办市直机关第二十二届篮球赛，15支代表队参赛。年内还组织了登山节万人健步走、韩国周开幕式、全市第十五届田径运动会开幕式体操表演等活动。

2008年3月，市直机关工委、市体育局为迎接2008年北京奥运会召开，在市政广场举办市直机关“迎奥运”新春拔河比赛，67支代表队1000余人参赛。5月，举办“迎奥运”市直机关干部职工第二十一届乒乓球比赛，比赛项目设男女团体和男女（老中青）单打，79个部门571名干部职工参加比赛。8月，举行市直机关干部职工扑克“够级”比赛，70支代表队、210人参加比赛。11月，举办市直机关干部职工登泰山比赛活动，73个部门和单位的2400余人参加比赛。年内，举办市直机关二级社会体育指导员培训班，45人被市体育局批准为二级社会体育指导员。

2012年11月，举办市直机关首届羽毛球比赛，59个部门、单位400余名运动员参赛。2014年5月，市直机关第二十四届乒乓球比赛在泰山学院体育馆举办，80多个市直部门和省属以上驻泰安单位、600多名干部报名参赛。10月，举办市直机关第二届羽毛球比赛，85个市直部门和省属以上驻泰安单位的783名干部职工报名参赛，参赛人数比上届增加近一倍。前8名予以奖励。

2015年5月，举办第十四届市直机关运动会、拔河比赛、登山健步走、市直机关第二十五届篮球比赛等多项体育活动，85个市直部门和省属以上驻泰安单位的7500名机关干部职工参加活动。

第三节　体育比赛

一、市直机关运动会

1989年5月13日，市直机关工委、市体委、市工会联合举办“市直机关第一届运动会”。之后每两年举办一届，至2015年共举办14届。

1989—2015年泰安市举办市直机关运动会情况表

表4-1　　单位：个、支、人

届次	举办时间（年月日）	主办	地点	比赛项目数	参加代表队数	运动员人数	成绩
第一届	1989.5.13—5.14	市直机关工委、市体委、市总工会	泰安市体育场	28	60	1000	
第二届	1991.5.11—12	市直机关工委、市体委、市总工会	泰安市体育场	37	80	1200	
第三届	1993.5.5—5.6	市直机关工委、市体委、市总工会	泰安市体育场	28	63	1400	
第四届	1995.4.5—4.6	市直机关工委、市体育局	泰安体育中心	37	60	1300	
第五届	1997.5—5.6	市直机关工委、市体育局	泰安体育场	34	65	1500	
第六届	1999.5.5—5.6	市直机关工委、市体育局	泰安体育中心	28	56	1500	
第七届	2001.4.20—4.21	市直机关工委、市体育局	泰安体育中心	34	41	1100	市广电局、市财政局、市技术监督局获团体总分前三名。
第八届	2003.10.6—10.7	市直机关工委、市体育局	泰安体育中心	30	58	1500	
第九届	2005.4.26—4.27	市直机关工委、市体育局、市人防办	泰安体育中心	30	62	1193	市审计局、市财政局、市林业局、获团体总分前三名。
第十届	2007.5.5—5.6	市直机关工委、市体育局	泰安体育中心	35	81	2100	市审计局、市委党校、市公安局、获团体总分前三名。
第十一届	2009.9.3—9.4	市直机关工委、市体育局、市房管局	泰安体育中心	41	93	3000	市房管局、市公安局、市审计局、获团体总分前三名
第十二届	2011.10.5—10.6	市直机关工委、市体育局	泰安体育中心	40	90	3000	市公安局、市林业局、市卫生局、获得团体总分前三名。
第十三届	2013.9.17—9.18	市直机关工委、市体育局	泰安体育中心	40	93	3500	市公安局、市住建委、市卫生局、获得团体总分前三名。
第十四届	2015.5.25—26	市直机关工委、市体育局	泰安体育中心	60	98	4000	市公安局、市卫生局、市林业局、获得团体总分前三名。

二、机关篮球赛

1985年年初，泰安地委机关党委、泰安地区体委联合举办泰安市直机关第一届篮球赛。地直机关、事业单位20支代表队，200余名运动员参加比赛。1992年5月，市直机关工委、市体委联合举办第九届市直机关篮球赛，市直各部门43支代表队，500余名运动员参加比赛。2002年10月，市直机关工委、市体育局联合举办第十九届机关篮球赛，市直机关13支代表队，120余人参加比赛。2011年10月，市直机关工委、市体育局在泰山学院举办第二十五届篮球比赛，市直机关30支代表队，400余人参加比赛。至2015年，共举行25届。

三、机关乒乓球比赛

1985年4月，泰安地委机关党委、泰安地区体委联合举办泰安市直机关第一届乒乓球赛。2000年5月，市直机关工委、市体育局在泰山学院举办第十八届市直机关乒乓球赛，市直机关30支代表队，200余人参加比赛。2001年6月，市直机关工委、市体育局在泰山学院体育馆举办第二十二届市直机关乒乓球赛，市直机关71支代表队，495人参加比赛。2014年5月，市直机关工委、市体育局在泰山学院体育馆举办第二十四届乒乓球赛，市直机关81个单位，613人参加比赛。至2015年，共举行25届。

四、机关羽毛球比赛

2012年11月5日至9日，泰安市委市直机关工委、泰安市体育局在泰山学院体育馆举办泰安市直机关首届羽毛球比赛，市直机关59支代表队，400余人参加比赛。2014年10月20日至24日，市直机关工委、泰安市体育局在泰山学院体育馆举办第二届市直机关羽毛球比赛，市直机关85支代表队，780余人参加比赛。至2015年，共举行2届。

第四章　农村、城镇社区体育

新中国成立前，泰安地区农村、城镇社区体育为无组织、无安排的自发性零星活动。新中国成立后，政府设置专门体育管理机构，农村、城镇社区体育快速发展。1950年，泰安境内不少村建有锣鼓队、秧歌队、故事队、高跷队等文体活动组织，并经常开展活动，庆祝胜利和节日。1953年，通过“民兵整训”“学习室”“俱乐部”等场所开展广播体操、武术、拔河、竞走、打秋千、踢毽子、投弹、跳高等体育活动。1958年，泰安专区被国家体委授予“全国农村体育工作先进单位”称号。1964年，泰安各地广泛开展群众性登山、游泳、少儿操、生产操、太极拳、气功等活动，参加锻炼的群众有30多万人。“文化大革命”时期，有组织的群众体育活动陷于停顿。1972年，群众体育开始逐渐恢复。1976年，在全区农村生产大队开展“一操一队”（体操、体育队）、“多操多队”活动。1988年10月，泰安市运动员谢芳在全国第一届农民运动会上，获400米、800米中长跑比赛2块金牌，被评为最佳运动员。1996年，举办全民健身体育比赛活动100余项次，10万余人参加活动。2012年，在全市农村、城镇社区普遍建设“六个一”（培养一名文体活动带头人、打造一面文化墙、配备一套音响、树立一个便民信息屏、铺装一条健身路径、树立一盏广场灯）文体小广场。2014年，全市3696个行政村（社区）实现文体小广场全覆盖。2015年，农村、城镇社区体育实现社会化、大众化、生活化，广场舞、健身操、武术、游泳、爬山、快步走、健身气功、太极拳等成为人们早晚锻炼最喜爱的项目。

第一节 机 构

1950年，泰安专署设立文教科，农村、城镇社区体育由文教科负责。1952年3月，中国体育总会泰安体育分会筹备委员会成立，农村体育工作由筹委会负责。1956年，泰安专署体育运动委员会成立，各县亦相继成立体委，区、乡（人民公社）设立文教助理员（文化助理员），农村、城镇社区体育由各级体委及区、乡（人民公社）文教助理员（文化助理员）负责。1972年，地区革委会设体育局，1975年更名为地区革委会体委，设秘书、竞训、军事体育、业余体育4个科，农村、城镇社区体育工作由地区体委业余体育科负责。各县市亦相继成立体委（文教委、文教办），人民公社设立文教站（文化站），农村、城镇社区体育由各级体委及公社文化站负责。1976年，各人民公社设立体育辅导员，农村体育由公社辅导员负责。1977年，市体委内设群体科，农村、城镇社区体育工作由群体科负责。此后，各级政府体育主管部门的名称虽有变化、与其他部门亦有分合，但农村、城镇社区体育一直有各级政府主管部门负责，至2015年无变化。

第二节 场地设施

一、概况

1953年，农村始有简易民兵训练场、学习室、俱乐部及场院，农民依托这些场地开展体育活动，针对体育器材匮乏的问题，大多采用自制品、代用品。1956年，专署体委发动成立农村高级社体育协会，并利用农村场院等空闲地方，采取义务劳动方式，开辟小型运动场、制作简单设备。1977年，农村开始建设体育场地，肥城县安驾庄公社建14个体育场，21个灯光球场。

20世纪80年代，农村、城镇体育活动主要通过“青年之家”“体育之家”等场地开展。1990年，泰安市在农村、城镇建设综合性“文化大院”。“文化大院”设有篮球、排球、羽毛球、乒乓球等体育场地，配备必要的文体器材。1994年底，全市农村“文化大院”实现了全覆盖，建有篮球场4396个，其他体育活动场地1.22万个。

1995年，贯彻《中华人民共和国体育法》和国家体委《全民健身计划纲要》，重点进行群众健身路径建设。年内，投资40多万元，在泰山区凤台、堰岭等地建设健身路径10条，装配健身器械30余套。1997年，投资40多万元，在凤台社区、广电小区、二中小区、人行小区建设健身路径10条。1999年，在起重机场三角花园、云海小区、迎春小区、东湖公园、五马湖公园等地配建健身路径体育设施。此后，泰安市每年都在泰城配建多条群众健身路径，至2005年，共配建群众健身路径100余条。

2006年，泰安市实施农村、城镇社区健身广场建设。年内，投资557.85万元，为78个社区（行政村）配建健身器材714件，其中配建乒乓球室55个、篮球场47处、其他活动场地99处，有面积500平方米以上、健身器材20件以上健身场地13处；面积300平方米以上、健身器材10件以上健身场地23处。全市164个行政村被省体育局确定为农村社区健身广场示范工程，泰山区、新泰市被省体育局确定为全省农民体育健身工程试点项目建设单位。

2008年，农村按照“五个一”（一个网络、一块场地、一个项目、一批器材、一名体育指导员）的标准，全面实施“一点三线”全民健身工程，建成群众体育健身活动场地1700余处。城市以创建城市体育先进街道、城市体育先进社区为重点，新批健身站点100多个，晨晚站点达到5000个。

2010年，泰安市开始建设市、县、乡、村四级体育设施网络建设。年内，为400个行政村、社区安装了健身设施；为3200个行政村配套了健身路径、乒乓球台和篮球架等健身器材，占行政村总数的80%；城镇社区健身场地2100余处、晨晚锻练站点7000余个。

2013年，围绕实施“城区15分钟健身圈建设工程”“农村健身设施覆盖工程”，开始在农村、城镇社区实施文体小广场建设。年内，全市各级建成文体小广场2517个。

2011—2015 年泰安市资助农村、城镇社区体育设施配套建设情况表

表 4-2

年　度	项　目	数量（处）	标准（万元）	合计（万元）
2011	乡镇文体中心体育设施配套建设	6	8	48
	社区体育设施配套建设	8	5	40
	行政村体育设施配套建设	111	0.75	83.25
2012	乡镇文体中心体育设施配套建设	5	8	40
	社区体育设施配套建设	5	3	15
	行政村体育设施配套建设	170	1	170
	自行安排行政村体育设施配套建设	34		192
	自行安排社区体育设施配套建设	46		
2013	乡镇文体中心体育设施配套建设	16	8	128
	行政村体育设施配套建设	250	1	250
2014	行政村体育设施配套建设	209	2	418
	“强村固基”活动体育设施配套建设	47	2	94
	文体小广场体育设施配套建设	100	1	100
	自行安排行政村体育设施配套建设	34		163
	自行安排社区体育设施配套建设	12		
2015	行政村体育设施配套建设	204	2	408
	自行安排行政村体育设施配套建设	150		568
	自行安排社区体育设施配套建设	52		
合计	乡镇文体中心体育设施配套建设	27		2717.25
	社区体育设施配套建设	123		
	行政村体育设施配套建设	1309		

二、体育场地设施建设

（一）农民体育健身工程

2008年，泰安市人民政府办公室印发《泰安市组织实施〈第十一届全运会委托承办工作责任书〉“一点三线”工程和“农民体育健身工程”的通知》，将农民体育健身工程建设作为专项系统工作来抓，当年，资助100个行政村进行农民体育健身工程建设。2012年，全市配建体育设施的行政村1156个，占全市行政村总数32%。2013年，市体育局通过省级千村扶贫项目，省、市、县1∶1∶1配套建设等措施，加大了“农村健身设施覆盖工程”工作力度。2015年，全市建立农村体育健身设施的村3175个，农村健身设施覆盖率90%，乡镇驻地实现全覆盖。

（二）城区15分钟健身圈建设工程

2012年，泰安市政府在全市体育工作会议上，提出“打造泰安市城区15分钟健身圈计划”。市体育局积极协调规划、建设、园林、重点项目指挥部等单位，进行专项调研，按照向人群相对集中、设施使用率相对较高、社会效益大区域倾斜和先急后缓、先易后难的原则配套建设健身器材。2013年，市体育局投入22万元，配套建设6处城区健身工程。2014年，投入35万元，配套建设17处城区健身工程、共计215件体育器材。2015年，投入105万元，配套建设62处城区健身工程、共计626件体育器材。同年，城市社区健身设施覆盖率达到88%，基本实现15分钟健身圈的目标。

（三）文体小广场建设

进入新世纪后，泰安市加大对农村、城镇社区体育基础设施的投入。2002年起，每年投入50万元左右，在城镇社区建设全民健身路径。2007年，提出农村体育“五个一”（一个网络、一块场地、一个项目、一批器材、一名体育指导员）标准。2010年，肥城市开始探索在农村、城镇社区建设文体小广场建设。

2012年3月，由市委宣传部牵头，组织专题调研组对全市基层公共服务体系建设工作进行调研。在调研基础上，市委、市政府发出通知，要求各地从实际出发，在每个村（居）建设以休闲健身、文体娱乐为主要功能，能够满足群众开展文体活动需求的开放式文体小广场。同时，制定“培养一名文体活动带头人、打造一面文化墙、配备一套音响、树立一个便民信息屏、铺装一条健身路径、树立一盏广场灯”的“六个一”建设标准；成立由市委宣传部牵头，财政、文化、体育、规划建设、教育等部门参加的文体小广场建设领导小组；确立“200～500平方米、500～1000平方米、1000平方米”的小广场规模分类；建立以财政投入为主、多渠道投入为辅的经费保障机制；颁布文体小广场《设施维护使用》《日常环卫保洁》《活动计划安排》等规章制度。同时强调督促检查和调度，确保工作落实。

2013年年底，全市各级建成文体小广场2517个，占全市村（居）总数的67%；培养农村文体带头人1.1万余名，铺装健身路径1680套，安装固定或移动式音响2360组，设置广场灯2850盏，安装便民信息屏657个，树立文化墙（橱窗板面）1915面，总投入1.94元。10月19日，《大众日报》以《泰安文体小广场开辟农民文化生活新天地》为题，报道泰安文体小广场建设经验。

2014年，全市各级及时检测、补充、维修小广场内的体育器械、阅报栏、灯光、电子屏、有源音箱设施，确保文体活动开展；通过开展体育“三下乡（体育设施、体育指导、体育科普）”“三覆盖（组织、设施、活动）”“五进工程（进工厂、进农村、进学校、进机关、进街道）”及举办休闲健身和文体活动，拓展文体小广场的服务功能，促进文体小广场健康发展。至2015年年底，全市农村（社区）文体小广场“六个一”建设全部完成扫尾工作。除去合村并居的搬迁村外，全市3696个行政村（社区）实现了文体小广场100%全覆盖。全市各级共投入资金3.6亿元，其中体育部门投入3137.75万元。建成文体小广场3798个，铺装健身路径18822套（件），安装固定或移动式音响3698组，设置广场灯4050盏，安装便民信息屏657个，树立文化墙（橱窗板面）2915面。

（四）强村固基百村健身扶贫工程

2013年4月1日，市体育局与市委组织部联合下发《关于开展强村固基百村健身扶贫工程的实施意见》，着力解决贫困地区体育脱贫问题。当年，筹集建设资金218万元，为109个市级贫困村配套建设体育设施。2014年9月，市体育局与市委组织部联合启动第二期强村固基健身扶贫工程，筹集建设资金114万元，为57个市级贫困村配套建设体育设施。

2015年泰安市"六个一"文体小广场建设情况表

表4-3

单　位	农村（社区）总数（个）	文体小广场总数（处）
泰山区	208	197
岱岳区	725	663
新泰市	913	942
肥城市	635	622
宁阳县	566	387
东平县	716	716
高新技术开发区		41
新汶矿业集团		24
肥城矿业集团		19
合　计	3763	3744

第三节　体育活动

1950年，泰安境内各村建有锣鼓队、秧歌队、故事队、高跷队等文体活动组织，并经常开展活动，庆祝胜利和节日。是年11月，山东省首届人民体育大会在济南举行，大会设男、女工农组比赛，泰安专区组队参加了比赛。同年，泰安清真寺街回族居民组织东岳篮球队，经常与部队、机关、学校球队进行比赛。1951年，开始有计划地推广广播体操。1953年，农村利用农闲季节，通过"民兵整训""学习室""俱乐部"以及其他劳动组织，开展具有地方特色的体育活动，如广播体操、武术、拔河、竞走、打秋千、踢毽子、投弹、跳高等。1954年，农村体育以民兵为主要工作对象，利用劳动余暇与农闲季节，配合人武部门工作，开展有基础的民间体育活动。

1956年，泰安农村贯彻中央"勤俭办社"的指示，根据有利于生产、不误农时、自愿、简单易行的原则，在体育活动基础较好的高级农业生产合作社建设体育协会，利用业余时间进行简单易行的体育锻炼和竞赛活动，利用场院等空闲地方开辟小型运动场，并自制简单的体育活动设备。11月，专署体委举办全区农民体育干部训练班，150名农村体育干部接受培训。当年，全区建立农村高级社体育协会36个。1957年，泰安专署体委召开工作会议，专题部署农村体育工作。会议传达山东省体委今冬明春农村体育工作意见和本区农村体育工作意见，要求根据农村实际情况，开展各种适宜于农村的体育活动，如赛跑、竞走、武术、打猎、掷沙袋、秋千、石担、石锁、拔河、篮球等，并开展武术观摩、表演、评奖等活动。1958年，在农村中推行“劳卫制”。当年农村建立体育协会92个，发展会员8982名，“劳卫制”及格者2485名。1960年，提出开展“5万人打乒乓球，3万人打篮球，5万人长跑”的体育活动，城乡出现群众体育活动高潮。1964年，各地开展群众性登山、游泳、少儿操、生产操、太极拳、气功等活动，经常参加锻炼的群众30多万人。“文化大革命”时期，有组织的群众体育活动陷于停顿。1972年，农村体育活动逐渐恢复。

1975年，肥城县安驾庄公社大力开展体育活动，全社5万农民参加体育锻炼，经常开展的项目有篮球、排球、儿童操、广播操、拔河、接力赛、长拳、太极拳、七节鞭等。

1976年，泰安专区广泛开展农村生产大队“一操一队”（体操、体育队）“多操多队”活动。年内，泰安县有339个生产大队，开展“一操一队”活动，参加者9.54万人；有82个生产大队开展“多操多队”活动，参加者3.94万人。1977年，地革委批转体委《关于贯彻一九七八年全国全省体育工作会议精神的意见》，要求各大寨县和学大寨先进公社，60%的生产大队普及“一操一队”，发展“多操多队”，参加体育活动的人数要达到50%。尚未达到大寨县的公社重点抓好一个管区，管区抓好一个大队，以点带面，努力普及“一队一操”。1978年，全区推行高中包社、联中包片、小学包队、学生包户的办法，以学校为基地培训农村体育骨干，开展校队运动会及其他体育竞赛。全区开展“一操一队”活动的生产大队达到1500多个，占生产大队总数的49%；经常参加活动的社员占社员总数的5.6%。安驾庄、合山、杨庄、孙村等自编《簸箕操》《编制操》《售货员操》《打锤操》和《拾麦穗》《拾棉花》《支援工地推车赛跑》《挑担竞走》等体育项目。

20世纪70至80年代，泰安农村、城镇社区体育活动主要依托“青年之家”“体育之家”“文化大院”等体育活动场所开展。“青年之家”始建于1978年，1980年后在全区迅速发展，成为当时农村、城镇街道文体活动的主阵地。“青年之家”一般设有图书室、文娱室、乒乓球室、展览室、夜校及操场、篮球场等场地。1985年，全市有“青年之家”“体育之家”5328处，篮球场地4396处，其中省级红旗“青年之家”197处，地（市）级“青年之家”1000余处。1986年，泰安共举办各类体育活动7000多次，有300多万人参与活动；农民体育代表队6327支，其他项目体育活动队1.22万支，经常参加体育活动的农民有120多万人，占农业人口25%。

1991年，开展争创全国体育先进县、全省体育先进单位活动，年内，举办农民运动会446次，参赛运动员12.3万人。其中，乡镇级体育比赛200余次，参赛队员8.5万人。1993年，为纪念毛泽东“发展体育运动，增强人民体质”题词发表40周年，全市各乡镇、街道举办隆重纪念活动。1994年，全市以“文化大院”为阵地，开展多种形式的农民体育活动，举办乡、镇级体育比赛116项次，参赛人数3.5万多人次；全市经常参加体育活动人数达186万人，占全市总人口的35%以上。

1995年，以贯彻实施《中华人民共和国体育法》、推行全民健身计划为重点，推动农村、城镇社区体育的社会化、生活化。年内，举办群众性体育活动172项次，参加比赛人数6万多人。1996年，全市举办各类体育骨干培训班8期，培训群众体育骨干300余名；举办全民健身体育比赛活动100余项次，参加人数达10万人次。至2002年，全市共举办各类农民运动会1万多次，举办各类比赛30万场次。

2004年，市体育局、市文明办、市农业局联合在全市开展以体育场地设施、体育健身指导和体育科普知识为内容的“体育三下乡”活动。组织一批优秀社会体育指导员进村开展棋类、太极拳、太极剑、武术、健身秧歌等表演、展示，开展健身指导，传授体育技能。2005年，组织人员分别在山口镇油坊村、东平彭集镇后亭村为700名农民群众进行体质监测，并出具运动处方；发放《农民健身指导手册》、“体育进农家，健身奔小康”宣传画和《社会体育指导员知识手册》等宣传品3000册。

2007年，农村体育按照“五个一”（网络、场地、项目、器材、体育指导员）标准，广泛开展“篮球进村”“乒乓球进村”“健身秧歌进村”“健身气功进村”“东岳太极拳进村”等健身活动，建成农村群众体育健身活动场地1700余处。2008年，城市体育以“双创”（创建城市体育先进街道、城市体育先进社区）活动为重点，扶持和指导基层单位建立体育指导站和健身站，新发展社区俱乐部（培训中心）24个、民间体育团体1744个；举办二级社会体育指导员培训班，培训社会体育指导员2348名，体育骨干队伍发展到5000余人；晨、晚练活动站点达到5000个。2010年，农村、城镇社区有1856个民间体育团体、2100余处健身场地、7000余个晨晚练站点；全市健身人群达220余万人。

2011年，泰安市颁布《泰安市全民健身实施计划（2011—2015）》，全市各级以深入贯彻落实《全民健身计划》为抓手，全力推动农村、城镇社区体育发展。2012年，突出抓好市、县、乡、村四级健身组织体系建设。年内，全市建立体协组织的行政村、城镇社区2700余个，占行政村、城镇社区总数的73%。

2014年，泰安市重点实施体育组织、体育设施、体育活动“三个覆盖工程”。市体育局成立全民健身志愿服务支队，下发《关于在全市开展社会体育指导员进基层志愿服务活动的通知》，组织志愿者深入农村、社区、学校、企业、单位、公园，开展健身技能展示、科学健身指导、健康知识讲座等活动。7月15日，山东省暨泰安市全民健身志愿服务进基层活动启动仪式在泰安市全民健身广场举行，省体育局副巡视员王杰、市政府副市长徐恩虎等领导出席，志愿服务活动在全省市、县两级正式启动。市、县两级分别成立社会体育指导员协会、全民健身志愿者服务队，乡镇（街道）体育组织实现全覆盖，社会体育指导员发展到1.03万人；配建体育设施的乡镇（街道）85个占100%、社区89个占60%、行政村2971个占84%，文体小广场、健身站点发展到6000余处，全市人均体育场地面积1.14平方米；各级开展各类比赛350次，开展群众体育活动552次，组织市、县全民健身运动会比赛202项次，全市体育人口保持在40%以上。

2015年，市体育局下发《关于组织开展2015年度全民健身志愿服务活动的通知》和《泰安市全民健身志愿服务实施办法》，组织以体育技能进社区、进农村、进企业、进机关为主题的“四进”活动，全市共开展活动22次。其中，国家级1次，省级1次。市体育局及新泰市、岱岳区、肥城市、东平县获省体育局专项资金扶持。农村、城镇社区体育逐步实现社会化、大众化、生活化，广场舞、健身操、武术、游泳、爬山、快步走、健身气功、太极拳等成为人们早晚锻炼最喜爱的项目。

第四节　参加全国、全省农民运动会

一、参加全国农民运动会

1988年10月10日，第一届全国农民运动会在北京举行。泰安市运动员谢芳获女子400米、800米中长跑比赛两块金牌，并被评为最佳运动员。国家体委授予王和平、张训会、刘静武、刘俊、李德春、徐英弟、吕德军、牛锦先、郭恒山等9人“全国农村体育工作积极分子”荣誉称号。

二、参加山东省农民运动会

1985年5月9日至10日，山东省第一届农民田径运动会在济南举行。运动会设男女6个比赛项目，泰安市代表团获团体总分第五名。

1988年4月5日至28日，山东省第一届农民运动会分别在莱西县、莱州市、齐河县、济南市举行比赛，设射击、篮球、摔跤、武术、乒乓球、自行车、田径7个项目。泰安农民体育代表团获金牌7枚、银牌1枚、铜牌2枚，团体总分居全省第五名、田径团体总分第四名、射击团体第六名、武术团体第五名。田径运动员谢芳（女）获女子400米、800米、1500米短长跑3枚金牌，王元福获男子100米、200米2枚金牌，颜太吉获男子手榴弹金牌、铅球铜牌，丁吉玲获武术拳术金牌，陈京丽获女子3000米银牌、1500米铜牌，刘秀国获长器械铜牌。谢芳被大会授予“最佳运动员”称号。

1991年，山东省第二届农民运动会在济南举行。泰安市农民体育代表团获得1枚银牌、1枚铜牌、2个第四名、1个第五名。新泰市李六合在全省象棋选拔赛上获亚军。

1991年6月，全省首届全国体育先进县田径比赛在莱州举行，新泰市组团参加比赛，获得3枚金牌，2枚银牌、2枚铜牌，男子组获团体总分第2名。

1999年9月，山东省第三届农民运动会在淄博举行。泰安市组织农民代表团参加比赛，获得三个第六名和一个第七名。

第五节 荣 誉

一、全国农村体育先进单位

1958年，泰安地区被国家体委授予“全国农村体育工作先进单位”称号。1979年，肥城县安驾庄公社被国家体委授予“全国农村体育工作先进单位”称号。2013年，肥城市湖屯镇曹庄社区被国家体育总局授予“2009—2012年度全国群众体育先进单位”称号。

二、山东省农村体育先进单位和个人

1985年，新泰市新汶办事处、泰山区上高乡、宁阳县磁窑镇被省体委授予“全省体育先进乡镇”称号。1991年，新泰市新汶办事处被省体委授予“全省体育先进乡镇”称号。2014年，岱岳区粥店街道办事处粥店社区被山东省体育局授予“2010—2013年度全省群众体育先进单位”称号。

1958—2014年泰安市农村体育工作获全国、省表彰情况表

表4–4

年 度	获表彰单位	获表彰称号	颁奖单位
1958	泰安地区	全国农村体育工作先进单位	国家体委
1979	肥城县安驾庄公社	全国农村体育工作先进单位	国家体委
1999	肥城市王瓜店镇	全国亿万农民体育活动先进乡镇	农业部、 国家体育总局
2000	东平县银山镇	全国亿万农民健身先进乡镇	国家体育总局
2003	新泰市青云街道办事处	全国群众体育先进社区	国家体育总局
2005	新泰市明珠社区居委会、 新泰市新汶办事处孙村村民委员会	全国群众体育先进单位	国家体育总局
2006	新泰市青云街道办事处	全国群众体育先进社区	国家体育总局
2009	泰安市建设局、泰安市财政局、 泰安市泰山区泰前街道办事处、肥城市王瓜店镇	全国群众体育先进单位	国家体育总局
2013	泰安市肥城市湖屯镇曹庄社区	全国群众体育先进单位	国家体育总局

续表 4-4

年　度	获表彰单位	获表彰称号	颁奖单位
1985	新泰市新汶办事处，泰山区上高乡、宁阳县磁窑镇	山东省群众体育先进乡镇	山东省体委
1991	新泰市新汶办事处	山东省群众体育先进乡镇	山东省体委
1992	泰山区上高乡、宁阳县磁窑镇	山东省群众体育先进乡镇	山东省体委
1999	泰山区岱庙办事处	山东省社区体育先进单位	山东省体委
	岱岳区山口镇、宁阳县宁阳镇、肥城市王瓜店镇	山东省亿万农民体育活动先进乡镇	山东省体委、山东省农委
2003	泰山区泰前办事	山东省城市体育先进社区	山东省体委
	肥城市新城办事处、新泰市青云办事处、东平县彭集镇	山东省亿万农民健身活动先进乡镇	
2005	泰山区上高街道办事处	山东省城市体育先进社区	山东省体育局、山东省文明办
2006	岱岳区天平街道办事处大陡山村	山东省全民健身月活动先进单位	山东省体育局
	新泰青云街道办事处银河社区居委会	山东省群众体育先进集体	山东省体育局
2007	泰山区松园小区活动站、泰山区南湖公园活动站、泰山区天地广场活动站	2007 年度山东省健身气功和谐站点	山东省体育局
2010	泰山区松园健身气功站点、岱宗坊健身气功站点、林校操场青松站、岱东站、青山新村泰山广场活动站、松园社区活动站、教场社区老年艺术团、工人文化宫活动站；肥城市老干部活动中心	山东省全民健身活动优秀健身站点	山东省体育局
2013	泰山区岱庙街道花园社区妇女健身小广场、泰山区上高街道华新社区健身站、新泰市东都镇西都社区妇女健身活动站、肥城市老城街道妇女健身示范站、宁阳县堽城镇高桥村文化广场、东平县东平街道李泉子妇女健身活动站	山东省妇女健身示范站点	山东省妇女联合会、山东省体育局
2014	岱岳区粥店街道办事处粥店社区	2010—2013 年度全省群众体育先进单位	山东省体育局

第五章　老年体育

20世纪80年代前，泰安市的老年体育活动基本是处于自发、分散的状态。1984年6月，召开泰安地区老年人体育协会成立大会暨泰安地区老年人体育协会第一次代表大会，选举产生泰安地区老年体协第一届委员会。至此，泰安老年体育在老年体育的领导下，有计划、有组织、有安排的开展。1985年，全市各级老年体协已达498个，体育辅导站点772个，各种体育队伍505支，老年体育活动场地452处。2004年，泰安市老年体协先后被中国老年体协授予“全国老年体育工作先进单位”、被国家体育总局授予“全民健身活动先进单位”、被省委、省政府授予“全省离退休干部工作先进集体”。2015年，全市6个县（市、区）、2个矿业集团，86个乡镇、街道全部建立了老年体协组织，有73%的行政村（居）建立了老年体协；农村（社区）文体小广场、健身站点6000余处，经常参加活动的老年人32万人，占老年人口的47%，老年人开展多种形式的健身体育活动成为社会新时尚。

第一节 机 构

一、领导机构

1984年6月20日至24日，召开泰安地区老年人体育协会成立大会暨泰安地区老年人体育协会第一次代表大会，选举产生泰安地区老年人体协第一届委员会，选举曹礼琴等3人为顾问，李润生为主席，宿焕民等11人为副主席，选举产生秘书长1人，副秘书长2人，委员39人。1986年3月，泰安市老年人体育协会召开首届年会，聘请地委原副书记李元明为名誉主席，市委秘书长王锡禄、市政府秘书长王文元、市财政局局长刘少华为老年体协名誉秘书长。1988年4月，泰安市人民政府办公室印发《关于调整市老年人体育协会成员的通知》（泰政办发〔1988〕15号），对市老年体协领导班子进行调整，曹礼琴、于光为顾问，李元明为名誉主席，李润生为主席，于振海为常务副主席，宿焕民等8人为副主席。

1989年6月20日至23日，泰安市老年人体育协会召开第二次代表大会，选举产生老年体协第二届委员会。选举周兴礼等4人为名誉主席，曹礼琴等7人为特邀顾问，李润生为主席，于振海等22人为副主席，选举产生秘书长1人，副秘书长1人，委员54人。1993年3月，市老年体协召开年会，增补王巨川、吕学智为泰安市老年体协副主席。

1994年9月26日至28日，泰安市老年人体育协会召开第三次代表大会，选举产生老年体协第三届委员会。选举曹礼琴等8人为顾问，张树禹等4人为名誉主席，王寿高等6人为荣誉委员，李润生为主席，于振海等20人为副主席，选举产生秘书长1人，委员45人。1998年4月，全市老年体育工作会议选举市人大常委会副主任史怀君担任市老年体协主席。同年6月，泰安市老年人体育协会下发泰老体字〔1998〕7号文件，任命周震为泰安市老年体协副主席。2001年4月，市老年体协召开全市老年体育工作会议，选举史怀君为主席，增选张振宗、张显义为名誉主席，选举唐福生等10人为副主席。

2002年5月23日，泰安市老年人体育协会召开第四次代表大会。选举产生老年体协第四届委员会，选举曹礼琴等10人为顾问，张树禹等5人为名誉主席，名誉委员16人，选举史怀君为主席，石柱清等27人为副主席，选举产生秘书长1人，副秘书长1人，委员47人。

2012年12月26日，泰安市老年人体育协会召开第五次代表大会。选举产生老年体协第五届委员会，市政府副市长徐恩虎、市老年体协第四届委员会主席史怀君当选为名誉主席，聘请张显义、杜卓群、彭华、韩兴印为顾问，选举市政协原副主席赵成道为主席，于桂香等11人为副主席。

第一至第五届泰安市（地区）老年体协领导班子成员情况表

表 4–5

届次	职务	姓名	任职时间
第一届（1984.6—1989.6）	顾问	曹礼琴　李元明　于　光	1984.6—1988.4
	名誉主席（聘请）	李元明	1986.3—1988.4
	主席	李润生	1984.6—1988.4
	副主席	宿焕民　张可夫　王寿高　张秀莲　武振芳　张本安　周世英　阚昭东　叶　明　姜高弟　于振海	1984.6—1988.4
	名誉秘书长（聘请）	王锡禄　王文元　刘少华	1986.3—1988.4
	秘书长	李吉丰	1984.6—1988.4
	副秘书长	阚兴民　罗文新	1984.6—1988.4
	1988年4月调整　顾问	曹礼琴　于　光	1988.4—1989.6
	1988年4月调整　名誉主席	李元明	1988.4—1989.6
	1988年4月调整　主席	李润生	1988.4—1989.6
	1988年4月调整　常务副主席	于振海	1988.4—1989.6
	1988年4月调整　副主席	宿焕民　张秀莲　王寿高　姜志新　由昌菁　李俊毅　安　汉　李德霖	1988.4—1989.6
	1988年4月调整　秘书长	李吉丰	1988.4—1989.6
	1988年4月调整　副秘书长	徐兆生	1988.4—1989.6
第二届 1989.6—1994.9	名誉主席	周兴礼　许希亮　盛　钊　杨庆蔚	1989.6—1993.9
	特邀顾问	曹礼琴　李元明　张敬五　于　光　武振圣　魏建兴　阚昭东	1989.6—1993.9
	主席	李润生	1989.6—1994.9
	副主席	于振海　王寿高　王道业　王学万　王自恭　王来庆　由昌菁　史怀君　田　播　安　汉　吴增森　李俊毅　李德霖　李建业　张本安　张锡印　张秀莲　柳玉义　姜志新　宿焕民　曹明伦　燕化源	1989.6—1994.9
	副主席	王巨川　吕学智（增补）	1993.3—1994.9
	秘书长	李吉丰	1989.6—1994.9
	副秘书长	徐兆生	1989.6—1994.9
	委员	54 人	
第三届（1994.9—2002.5）	顾问	曹礼琴（首席）　李元明（常务）　周兴礼　张敬五　许希亮　盛　钊　魏建兴　阚昭东	1994.9—2001.4

续表 4–5

届　次	职　务	姓　名	任职时间
第三届 （1994.9—2002.5）	名誉主席	张树禹　曲进贤　杨庆蔚　于连荣	1994.9—2001.4
	主　席	李润生	1994.9—1998.4
		史怀君	1998.4—2001.4
	副主席	于振海（常务）　王巨川　王自恭 王学众　王道业　司志发　由昌菁 石柱清　冯殿胜　孙　润　江心坦 刘玉亮　吕学智　张本安　张秀莲 吴增森　赵新诚　徐圣祥　宿焕民 燕化源	1994.9—2001.4
		周　震（任命）	1998.6—2001.4
	秘书长	徐兆生	1998.6—2001.4
	荣誉委员	王寿高　田　播　李俊义 安　汉　李德霖　姜志新	1998.6—2001.4
	委　员	45人	
	2001年4月工作会选举　名誉主席	张振宗　张显义	2001.4—2002.5
	2001年4月工作会选举　主　席	史怀君	2001.4—2002.5
	2001年4月工作会选举　副主席	唐福生　戴有奎　魏传来　杨世荣 肖力勇　朱家法　杨乐妹　马玉新 马西元　赵和迎	2001.4—2002.5
第四届 （2002.5—2012.12）	名誉主席	张树禹　张显义　李惠东 于连荣　赵成道	2002.5—2012.12
	顾　问	曹礼琴　李元明　李润生　薛允志 曲进贤　杨庆蔚　许希亮　盛　钊 张振宗　王庆泗	2002.5—2012.12
	主　席	史怀君	2002.5—2012.12
	副主席	石柱清（常务）　戴有奎　魏传来 杨世荣　朱家法　杨乐妹　马玉新 马西元　赵和迎　李吉丰　赵新诚 曹西森　李锡常　辛培俊　孙立成 尹祚起　任玉涛　李新生　尹衍祥 殷培联　姚　光　张秀莲　王自恭 陈来泉　安广君　曹登兰　徐兆生	2002.5—2012.12
	秘书长	徐兆生	2002.5—2012.12
	副秘书长	穆孝刚	2002.5—2012.12
第五届 （2012.12—　）	名誉主席	徐恩虎　史怀君	2002.5—2012.12
	顾　问	张显义　杜卓群　彭　华　韩兴印	2012.12—
	主　席	赵成道	2012.12—
	副主席	于桂香（常务）　张德臣　曲业芝 石柱清　王炳坤　冯振山　杜欣涛 许其凯　徐英霞　安广君　于维利	2012.12—
	秘书长	王秀玲	2012.12—

二、工作机构

（一）泰安市老年体协办公室

1989年2月，泰安市编制委员会下发《关于设置泰安市老年体协办公室的批复》，同意设置泰安市老年体协办公室，与市体育分会一个机构两块牌子。1991年2月，泰安市编制委员会下发《关于市老年体育协会办公室机构编制的通知》，市体育分会与市老年人体育协会办公室分设，市老年人体育协会办公室为科级事业单位，编制3人。其中增编2人，由市体育分会调剂1人。

1989—2015 年泰安市老年体协办公室负责人情况表

表 4-6

时　间	单位名称（级别）	职　务	姓　名	任职起止年限
1989.2—2000.11	泰安市老年体协办公室（与体育分会一个机构两套牌子）（正科级）	主　任	徐兆生（兼）	1989.2—1993.12
			徐兆生	1993.12—2000.11
2000.10—2015.12	泰安市老年体协办公室（正科级）	主　任	徐兆生	2000.11—2009.2
			王秀玲	2009.2—
		副主任	王秀玲	2001.8—2009.2
			刘西华	2009.2—2013.2
			侯　冰	2013.2—

（二）老年体协工作委员会

1988年10月，成立市老年体协导引养生功推广委员会。1990年4月，成立市老年体协门球、太极拳剑、老年健身操（舞）3个分会。1992年，根据《社会团体登记管理条例》规定，经主席办公会研究决定将市老年体协各单项分会更名为工作委员会。1992年5月，成立市老年体协台球工作委员会。1997年6月，成立市老年体协乒乓球、登山、钓鱼3个工作委员会。2005年12月，成立市老年体协书画工作委员会。2010年6月，成立市老年体协旅游工作委员会。2013年3月，成立市老年体协组织宣传、网球、健康保健、健步走、骑行5个工作委员会。自1984年成立泰安老年体协至2015年，先后成立了15个工作委员会。

第二节　老年体协代表大会及工作会议

一、老年体协代表大会

第一次老年体协代表大会　1984年6月20日，泰安地区老年人体育协会成立大会暨第一次代表大会在泰安地区第三招待所召开。来自全区九个县、市，两个矿务局，军分区，地直机关的53名代表参加会议。省老年体协副主席文菲、秘书长刘景娥、副秘书长韩登亮应邀出席会议，文菲代表省老年体协主席王金山向大会表示祝贺。会议通过《泰安地区老年人体育协会章程》，选举产生泰安地区第一届老年体协委员会；李润生做工作报告。会议提出四项工作任务，一是建立组织，发展会员，壮大老年人体育队伍；二是积极组织老年人的体育竞赛活动；三是开辟老年人体育活动阵地；四是加强老年人体育锻炼宣传。地委行署对成立老年体协非常重视，委托地委副书记张仁敬、副专员张士凯亲自抓筹备工作。

第二次老年体协代表大会　1989年6月20至23日，泰安市老年人体育协会第二次代表会议在泰安市委老干部局接待处召开，各县（市、区）、新汶、肥城矿务局，泰安军分区，地直机关的68名代表参加会议。会议回顾总结老年体协成立五年来的工作，提出今后的工作任务，讨论修改老年体协章程，选举产生第二届老年体协委员会。市委、市政府、市人大、市政协领导参加会议，市委副书记周兴礼讲话。

第三次老年体协代表大会　1994年9月26日至28日，泰安市老年人体育协会第三次代表大会暨庆祝老年体协成立10周年大会在泰安市天东宾馆召开。大会审议通过第二届委员会工作报告、讨论修改协会章程，选举产生第三届老年体协委员会。市委、市人大、市政府、市政协、泰安军分区负责人以及原地委、行署老领导出席会议，市委副书记张树禹、市政府副市长于连荣、省老年体协常务副主席季明涛到会祝贺并讲话。

第四次老年体协代表大会　2002年5月23日，泰安市老年人体育协会第四次代表大会在泰安市金山度假村召开，各县（市、区）矿业集团公司，市直有关部门负责人80余人参加会议。会议审议通过第三届委员会工作报告、讨论修改老年体协章程，选举产生第四届委员会。省老年体协常务副主席季明焘、副秘书长赵贵田应邀出席会议，市政府副市长李惠东，市政协副主席赵成道，老领导曹礼琴等出席会议。大会总结了1994年换届7年以来的工作，对今后老年体协工作的指导思想和目标任务提出了具体要求。

第五次老年体协代表大会　2012年12月26日，市老年人体育协会第五次代表大会在泰安市泰山名人酒店召开，各县、市、区、矿业集团，市直有关部门负责人等50余人参加会议。大会审议通过第四届老年体协工作报告，表决通过新的《泰安市老年人体育协会章程》，聘请新一届名誉主席、顾问，选举产生第五届委员会。大会回顾了换届10年以来的工作，对新一届老年体协工作提出了要求。

二、重要工作会议、年会

1985年6月7日至8日，召开泰安地区老年体协第一届三次全委扩大会议，各县（市）、矿务局、军分区、地直机关、驻泰安各大院校老年体协委员和代表参加会议。市老年体协主席李润生传达省老年体协秘书长会议精神，总结全市老年体协成立一年来的工作，安排下一步老年体协的工作。会议增补部分地区老年体协委员。

1986年3月11日至13日，召开泰安市老年人体育协会首届年会，李润生主席传达省老年体协年会会议精神，调整增补市老年体协领导班子，副市长张敬茂出席会议并讲话，市体委主任于振海、市老干部局局长王寿高参加会议。

2004年10月19日，召开庆祝市老年体协成立20周年暨表彰先进大会，副市长李惠东代表市政府到会祝贺并讲话。会议表彰38个全市老年体育工作先进单位，52名老年体育工作先进个人；授予3个单位“老年体育事业突出贡献奖”称号，5个单位“老年体育事业贡献奖”称号。

2013年3月29日，召开全市老年体育工作会议，副市长徐恩虎到会讲话。市老年体协主席赵成道对当年的工作进行部署。

2014年4月1日，召开全市老年体育工作会议，赵成道主席做工作报告。会议对全市老年体育先进工作者进行表彰。9月，召开市老年体协成立30周年座谈会，市体育局副局长、市老体协副主席于桂香、市体育局副局长曹东平分别讲话。

第三节　老年体协章程

1984年6月，泰安地区老年人体育协会第一次全委会通过《泰安地区老年人体育协会章程》（以下简称《章程》）。《章程》规定：泰安地区老年人体育协会，是在中华全国体育总会山东省分会和省老年体协的领导下的群众性业余体育团体。主要任务是根据国家体育工作方针、政策和老年体育工作的有关规定，团结老年体育工作者和体育爱好者，发动和组织老年人参加体育锻炼，增进健康，继续为建设社会主义物质文明和精神文明贡献力量。

1989年6月，泰安市老年体协第二次代表大会通过修改后的《泰安市老年人体育协会章程》，规定泰安市老年人体育协会是在市体委领导下的群众性体育团体。

1994年9月，泰安市老年体协第三次代表大会通过修改后的《泰安市老年人体育协会章程》，确定老年人体育协会性质是在泰安市体育运动委员会领导下的群众性体育团体，是山东省老年人体育协会的团体会员，其宗旨是按照国家体育工作和老龄工作方针、政策，在老龄工作、老干部工作部门和社会各界的支持下，团结老年人体育工作者和体育爱好者，发展老年体育事业，增强老年人体质，实现老有所为、安度晚年，更好地为社会主义两个文明建设服务。

2002年5月，泰安市老年体协第四次代表大会通过修改后的《泰安市老年人体育协会章程》，明确老年人体育协会的性质为市体育局领导下的联系团结全市老年体育爱好者的群众性体育团体。工作中心是做好城市社区老年体育的开展和管理工作，为老年人科学健身服好务。

2012年12月26日，第五次老年体协代表大会通过新修改的《泰安市老年人体育协会章程》，确定协会的性质是：全市老年体育爱好者的群众性社会团体，为广大老人健康服务的非营利性社会组织，是泰安体育总会的团体会员，是山东老年人体育协会的团体会员。其宗旨是按照以人为本的要求，团结全市老年体育工作者和体育爱好者，发展老年人体育事业，促进老年人养成科学文明健康的生活方式，增强老年人体质，提高老年人生活、生命质量；各项活动坚持康乐的性质，体现安全、友谊、和谐、欢乐和内容健康，为全面建成小康社会服务。确定泰安市老年人体育协会的业务主管单位是市体育局，登记管理机关是泰安市民政局，民间组织管理接受泰安市体育局、泰安市民政局的业务指导和监督管理。

第四节　老年体协工作

一、调查研究

1992年，市老年体协在全市开展老年体育科研工作。召开由各县（市、区）、矿务局老年体协秘书长参加的老年体育科研论文评选会议，评出4篇优秀论文参加山东省老年体育科研论文评审。肥城矿务局老年体协副秘书长段延国撰写的《老年体育是解决我国老龄问题的一项积极对策》一文，被评为山东省老年体育优秀论文。

2001年10月，副市长李惠东调研泰安城老年人体育活动站点晨练情况，对市老年体协在泰安城活动站点进行规范化管理给予肯定，要求全市各级、各单位都要发扬尊老敬老的光荣传统、大力支持老年人体育事业。

2004年8月17日至9月16日，由市老年体协主席、副主席、顾问带领市老年体协各工委主任等10人组成检查调研组，分别对全市各县（市、区）、矿业集团公司老年体育工作进行检查与调研。

2007年，市老年体协对全市老体协工作进行调研。10月，肥城市、宁阳县在全省农村老年工作经验交流会上作典型发言。

2008年7月1日至2日，省老体协副主席牛学文一行4人到泰安调研老年体育工作情况。同年，肥城市老年体协被中国老年体协命名为“健身球之乡”。

2010年11月，省老年体协副主席王兆成，副秘书长赵贵田带领省调研组到肥城对老年体育工作进行调研，听取泰安市暨肥城市老年体协工作汇报，实地查看老年体育开展情况，对泰安老年体育工作给予肯定。

2010年至2011年，省、市老年体协联动开展“调研年”活动，召开多次老年体协座谈会、交流会，针对工作重点、难点、热点问题进行研讨。

2013年4月，省老年体协主席曹学成以如何在农村“六个一”文体小广场建设中发挥老年体协作用为题，先后到肥城、东平、新泰部分乡村进行调研。同年10月，市老年体协对各县（市、区）老年体育工作进行调研，调研重点是组织建设情况、开展特色活动情况。

二、基层组织建设

1984年6月，泰安地区老年人体育协会第一次代表大会，要求各级把基层组织建设放到工作首位，大力建设基层组织，广泛发展会员，壮大老年体育队伍。1985年，全市各级老年体协498个，体育辅导站点772个，各种队伍505支，老年体协会员5万余人，老年体育活动场地452处。

1989年，市老年体协在全市开展基层组织活动年活动，提出在全市范围内重点加强基层老年体协组织建设。到年底，各级老年体协配备专职干部12人，兼职干部284人，建立活动室511个，活动场地362个，辅导站233处；市县两级基本达到了有活动场地、有办公地点、有专门经费、有专、兼职管理干部的“四有”要求。

1990年4月，全市老年体育工作会议总结基层活动年的落实情况，提出基层老年体协要有组织、有人管、有人干、有人抓的要求。1994年，全市老年体育协会组织发展到1729个，正式会员70768名，配备专兼职干部1634名，设立辅导站、点987个，经常参加活动的在册人数近4万人，常年开展的体育项目有32项之多。

2004年10月，庆祝市老年体协成立20周年大会暨表彰先进大会提出，基层组织建设要以城带乡、以点带面，重点向农村转移，促进基层组织全面发展，基本形成市、区（县）、乡镇（办事处）、村四级网络体系。

2013年，泰安市老年体协印发《关于开展老年体协组织建设年活动的通知》，提出组织建设年活动的主要任务是：督促各县市区老年体协应换届的抓紧换届；班子不健全的进行调整、充实、加强；未建立老年体协的乡镇、街道要在年底前全部建立。至12月底，全市6个县（市、区）老年体协全部完成换届工作。

2014年，全市6个县（市、区）、2个矿业集团，86个乡镇、街道全部建立老年体协组织，3737个行政村（居）有73%建立了老年体协。其中，泰山区、宁阳县的行政村（居）已全部建立起老年体协组织，实现村级老年体协组织无空白。

三、培训骨干

1985年10月，市老年体协举办首期禅密功学习班，各县（市、区）、军分区、市直机关、各大院校的26名人员参加学习，为各单位在老年人中开展气功运动培训骨干。1989年3月，市老年体协将导引养生功作为重点推广普及项目，先后举办三期辅导员培训班，各县（市、区）、矿务局也相继举办培训班，全市共办班168期，培训人数5200余人。市老年体协和大部分县级单位均成立“导引养生功推广委员会”，形成推广导引养生功的热潮。

1992年，泰安市及各县（市、区）老年体协举办太极拳、剑、门球、台球培训班20多期，培训老年体育骨干1774人。1997年，市老年体协把台球、导功、武当太极剑、大秧歌等体育项目作为推广的重点，全市各级先后举办培训班235期，培训骨干18500人。

2000年5月，泰安市老年人体育协会承办由中国老年人体育协会中央电视台《夕阳红》栏目主办的第二期全国柔力球培训班，全国各省、市、自治区、计划单列市、各行业老年体协200

余人参加学习，泰安市组织各县（市、区）、有关单位派人参加了培训。2007年，根据《2007年山东省健身球运动普及推广实施方案》，全年全市各级老年体协举办健身球培训班380期，培训骨干15800余人。

2008年，为圆满完成北京奥运会火炬接力泰安传递活动大型腰鼓表演任务，市老年体协先后举办千人腰鼓教练员培训班、镲打法和旗语指挥学习班以及养生太极刀、武式太极拳学习班。至2015年，全市（包括各县、市、区）共举办培训班5000多期，培训25万余人次。

1984—2015 年泰安市各级老年体协举办体育项目骨干培训班情况表

表 4-7

年 度	期 数	主要培训项目	参加人数
1984	2	泰安地区“自控疗法”体育学习班、泰安地区太极拳培训班	
1989	172	“导引养生功”辅导员培训班、老年健身舞培训班	5400
1992	20	太极拳剑、门球等培训班	1774
1997	230	台球、导功、武当太极剑、大秧歌等项目骨干培训班	18500
1998	9	二级社会体育指导员培训班，太极拳剑、门球、台球、导功骨干培训班	1083
1999	277	台球、导功、武当太极剑、大秧歌等培训班	6300
2001	514	台球、门球、健身舞、太极拳、大秧歌、柔力球、激灵圈操技术培训班	16185
2002	230	健身舞、太极拳、大秧歌等老年体育骨干培训班	6950
2003	135	健身舞、太极拳、大秧歌等老年体育骨干培训班	30000
2004	221	老年人体育台球裁判员学习班，台球、门球、健身舞、太极拳、大秧歌培训班	9900
2005	11	运动养生、太极拳、门球二级社会体育指导员培训班	402
2006		太极拳、剑、门球、台球社会体育指导员培训班	1721
2007	380	健身舞、门球、台球、太极拳、大秧歌等老年体育骨干培训班等	16400
2008	379	千人腰鼓教练员培训班，镲打法和旗语指挥学习班，养生太极刀、武式太极拳学习班；健身舞、门球、台球、太极拳、大秧歌等骨干培训班	21700
2010	230	健身骨干培训班，指导组建健身秧歌表演队；举办腰鼓培训班，健身球表演培训班，健身舞、台球、太极拳、大秧歌等培训班	13316
2011	387	老年人体育骨干培训班	15800
2012	204	门球、健身球培训班，老年人体育骨干培训班	
2013	235	台球、门球、健身舞、太极拳、大秧歌等培训班	12000
	89	乡镇文体活动带头人培训班	5500
2014	390	泰山诗书画高级研修班、各类骨干培训班	12000
2015	300	老年人持杖健步走教练员培训班，各级老年体协体育骨干培训班	15000

四、“六个一”文体小广场建设与使用

2012年，市老年体协，按照市委、市政府统一部署，积极参与农村文体小广场“六个一”（配备一名文体活动带头人、打造一面文化墙、配备一套音响、树立一个便民信息屏、铺装一条健身路径、竖立一盏广场灯）建设活动。各级老年体协派出大批技术水平高，讲解能力强的社会体育指导员进农村、社区，推广体育健身项目；举办文体骨干培训班，培训农村社区文体活动带头人。2013年，全市各级老年体协举办文体活动带头人培训班89期，培训乡镇级文体活动带头人5500名，村级文体活动带头人1.12万名，组建示范队伍3560支；开展各类文体活动2000余场。10月19日，《大众日报》以《泰安文体小广场开辟农民文化生活新天地》为题报道了泰安的经验做法。

2014年5月12日至16日，在江西婺源县召开全国老年人体育协会工作会议，泰安市政协原副主席、市老年体协主席赵成道，老年体协秘书长王秀玲、组宣工委主任马辉作为典型单位代表，参加会议。赵成道主席在会上作《抓好文体小广场建设，探索农村老年人体育工作新途径》的经验介绍。7月28日至7月31日，山东省老年人体育协会主席办公会暨“六个一”文体小广场建设经验交流会在新泰市举行，省老年体协主席曹学成，省老年体协副主席胡延森、丁艳菊、李德明等10人，泰安市老年体协主席赵成道，市体育局局长苏有森、副局长于桂香、曹东平，新泰市老年体协主席栾兆玺等领导40余人参加会议。会上泰安和新泰分别作经验介绍。同年10月，市体育局副局长于桂香，市老年体协秘书长王秀玲参加在上海举行的华东地区老年体协工作交流会议，副局长于桂香代表泰安市老年体协作经验介绍。同年，培训乡镇级带头人6900名，村级带头人1.2万人。2015年，农村、社区文体小广场3798个，开展各类文体活动1万余场次，城镇居民体育人口达70%。

五、老年体协工作宣传

1984年，泰安地区老年体协成立之初便会同有关部门，利用广播、电视、报纸及宣传栏、宣传册等，宣传老年人参加体育锻炼的重要意义，宣传老年人参加锻炼的知识、方法，宣传各地涌现出来的先进典型，动员全社会都来关心支持老年人的体育工作。

1996年，各级老年体协相继建立老年体育通讯报道组。市老年体协创办了《老年体协工作简报》，当年印发18期，刊登各种信息100余件。2001年4月18日，市老年体协印发《泰安市老年人体育活动站、点暂行管理办法》，指导各老年人活动站点科学管理、科学组织、科学锻炼。2005年，市老年体协老年组整理编印《泰安市老年体育效益调查资料汇集》和《老年体育健身养生诗词、谚语》两本册子，分发到各级活动站点，向老年人传播衣、食、住、行健康养生小知识及防病治病常识。

2006年9月，“九九”老人节前夕，市老年体协带着自编、自导、自演的文艺节目，到市福利院进行慰问演出，此后每年都自排文体节目到市福利院进行慰问演出，至2015年已坚持10年。2008年，响应国家体育总局“全民健身与奥运、全运同行”要求，大力宣传全市老年体育工作的成就，先后在中央电视台、山东电视台、泰安电视台和《大众日报》《齐鲁晚报》《泰安日报》进行大篇幅的文字与图片宣传。与泰安电视台《天天说事》栏目建立合作关系，对优秀活动站站长进行了系列采访。2009年，市老年体协书画工委推出书画精品集《春华秋实》。2013年，成立市老年体协组宣工委，编辑印发《康乐老年·泰安专刊》，2013年至2014年，连续两年组织“慈善书画300家”征稿活动，评出一、二、三等奖，作品收入《2014年度慈善书画300家名录》向全国发放，并在报刊择优刊登。2014年12月7日，在泰山文化大厦隆重举办庆祝老年体协成立30周年书画展，展

出老年书画作品200余幅，全市1000多名书画爱好者参加了书展。

第五节　特色体育项目

老年体协成立30年以来，开展了多种多样的健身活动。至2015年，全市引进、推广、普及各类体育健身项目30余个，其中，门球、健身操（舞）、太极拳（剑）等成为泰安的优势特色项目。

门球　1986年4月，泰安市老年体协举办首届门球培训班，组建泰安市老年体协门球队，在全市推广门球活动项目，当年市直及各县（市、区）、矿务局成立了多支门球队，建立了十多个门球场。1987年4月，泰安市举办首届"劲松杯"老年人门球比赛，全市13支代表队、91名运动员参赛，参赛年龄最大的为72岁，市直一队获得第一名。"劲松杯"老人门球赛每年一届，连续举行了12届，全市2000余名运动员参加了比赛。1997年，泰安市第十一届运动会将门球纳入泰安市运动会老年组正式比赛。各县（市、区）、矿务局、市直有关部门也按期举行门球比赛，门球成为全市老年人中最普及最喜爱的体育活动。2002年，山东省第十七届"长寿杯"门球比赛在菏泽举行，全省各市、省直机关单位等22支代表队参加比赛，肥城矿业集团老年人门球代表队代表泰安市参加比赛，获第三名。2003年、2004年，肥城市门球队代表泰安市参加山东省"长寿杯"老年人门球比赛，连续两年获全省冠军。2011年，市老年体协组队参加山东省第一届全民健身运动会门球比赛，获第六名、体育道德风尚奖。

健身操（舞）　1984年，泰安地区老年体协成立后就确定把健身操（舞）作为老年人健身锻炼的重点普及项目。1985年，进行了全市性的培训及集体表演比赛活动。2008年7月22日，在北京奥运圣火泰安站奥运火炬传递中，2008名平均年龄60岁的老年腰鼓队员及长绸扇队员打腰鼓、舞红扇迎"祥云"，受到北京奥组委以及省、市领导的高度评价。同年，肥城市老年体协被中国老年体协授予"全国健身球之乡"荣誉称号。2014年，市、县（市、区）老体协派出一大批教练员进农村、进社区，推广操（舞）项目。自北京奥运会圣火传递至2015年，在省运会、市运会、全民健身月、全民健身日以及"九九"重阳节等大型庆祝活动中，老年健身操（舞）表演队成为泰安市节庆主要团体表演项目。2015年，老年体协登记注册的健身操活动站有50余个，泰安城参加该项目活动的老年人达3000余人。

导引养生功　1988年10月，泰安市老年体协成立"导引养生功推广委员会"。1989年，市老年体协将"导引养生功"列为重点推广普及项目，市老年体协举办三期辅导员培训班，培训骨干150余名；各县（市、区）、矿务局办培训班168期，培训5200余人；至年底各县（市、区）、矿务局均成立"导引养生功推广委员会"。1991年，宁阳老年体协组队代表泰安市参加全国导引养生功比赛，获得一等奖；肥城代表队代表市参加省导功经验交流会，荣获最佳奖。1993年5月，市老年体协承办"全国导引养生功教练员培训班"，全国导功爱好者90余人参加培训。1998年，北京大学和中国武术学院举办第五届国际导引养生功竞赛表演，泰安市运动员王庭燕获乙组育真补元功个人竞赛第三名和太极剑个人第六名，韩其谨获男子甲组养生太极剑个人第五名；获养生太极掌团体第三名、养生太极剑团体第六名。1997年，将导引养生功列入泰安市综合运动会老年组正式比赛项目。

第六节　老年人体育活动

一、承办全国、全省老年人体育活动

1984年9月2日，全国各省、市、自治区老年体协代表登泰山活动在泰安举行。活动由全国老年体协主办，省老体协、泰安地区老年体协承

办，历时8天。全国各省、市、自治区32个代表团、368名老红军、老干部、老教授及少数民族代表参加活动，年龄最大的81岁。登山活动取得圆满成功，受到了各方面的赞誉。泰安市老年体协组队参加活动，获团体第二名。

1988年5月，山东省第一届“长寿杯”老年人太极拳、太极剑表演赛在泰安举行。活动由省老年体协主办、泰安市老年体协承办，全省17个代表队，183名运动员参加比赛。泰安市组队参赛，获太极拳三等奖、太极剑三等奖。

1993年，全国导引养生功教练员培训班在泰安举行，培训班由全国老年体协主办，泰安市老年体协承办。全国各省市代表100余人参加了培训。

2000年5月，省直机关老干部登泰山活动在泰安举行，活动由省老年体协、市直机关工委主办，泰安市老年体协承办。来自45个省直单位2000余名老干部参加登山活动。

2014年5月，山东省第三届老年人运动会网球比赛在泰安举行，比赛由省老年体协主办，泰安市老年体协承办。全省各地市、省直机关27支代表队参加比赛。泰安市组队参加比赛，任广中、张宪云获混合双打冠军。

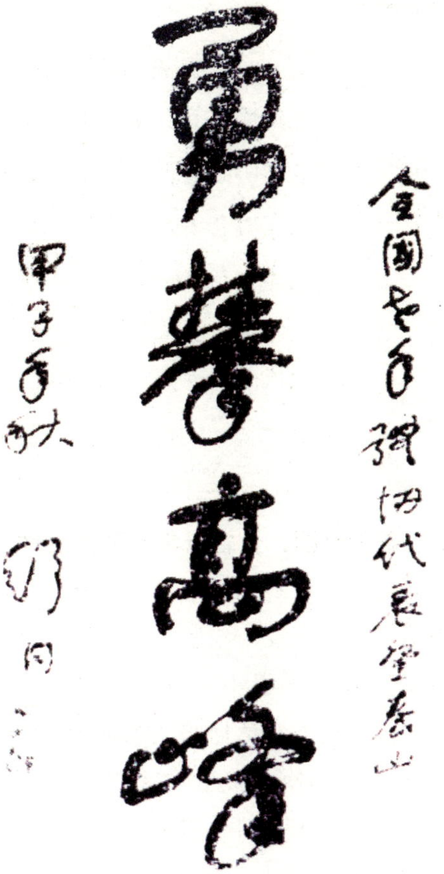

1984年9月2日，由全国老年体协主办、山东省老年体协、泰安地区老年体协承办组织的全国各省、市、自治区老年体协代表登泰山活动举行。山东省委原第一书记、中国书协主席舒同为这次登山活动题词：“勇攀高峰”。（载《泰安市报》1984年9月15日）

1984—2015 年泰安市承办全国、全省老年人体育活动情况表

表 4-8

时　间	体育活动项目	参加人员
1984.9	承办全国老年体协各省、市、自治区老年人体协代表登泰山活动	有全国各省（市、自治区）32 个代表团、368 名老红军、老干部、老教授，少数民族代表参加活动
1988.5	承办省老年体协第一届“长寿杯”老年人太极拳、太极剑表演赛	全省 17 个代表队，183 名运动员参加比赛
1989	承办省老体协全省老年健身舞培训班	全省各地代表 100 余人
1993	承办由全国老年体协主办的全国导引养生功教练员培训班	全国各省市代表 100 余人参加培训
2000.5—10	承办中国老年人体育协会、中央电视台《夕阳红》栏目主办的全国柔力球培训班	全省各地代表近 200 人参加培训
	承办省直机关老干部登山活动	45 个省直单位 2000 余名老干部参加
	承办省老体协第七届老年人太极拳、剑比赛	全省各地市 27 支代表队 200 余名运动员参加比赛

续表 4-8

时间	体育活动项目	参加人员
2001	承办省老年体协柔力球、激灵圈操培训班	全省各地代表近 200 人参加培训
2003.10	承办省老体协第十届老年人太极拳、剑比赛	全省各地市 200 余名运动员参加比赛
2012.10	承办省老体协老年人健身气功比赛	全省 17 个代表队，183 名运动员参加比赛
2013.5	承办省老体协老年人桥牌培训班	全省各地代表 100 余人
2014.5	承办省老体协第三届老年人运动会网球比赛	全省各地市的 27 支代表队参加比赛
2015.10	承办省老体协老年人持杖健步走教练员培训班	全省各地市 200 余名教练员参加培训
	承办省老体协“2015 年山东省暨泰安市老年人健步走大联动活动”	

二、参加全国、全省老年人体育活动

1985年，山东省第二届“长寿杯”乒乓球比赛在济南举行。泰安市组队参加比赛，潘象智、宿焕民分别获男子甲组单打第四名、第七名。1991年，泰安市老年体协组队参加山东省“长寿杯”引导养生功、太极剑、太极拳、台球等比赛，获山东省老年人引导养生功比赛最佳奖；太极拳、剑比赛优秀奖；台球比赛获个人单项1个第二名，1个第三名，团体第七名。

1994年，泰安市老体协组队参加山东省第九届“长寿杯”老年人门球比赛和第五届“长寿杯”老年人台球比赛，台球代表队被授予“体育道德风尚奖运动队”称号。

2002年，组队参加山东省老年人秧歌比赛、山东省第九届老年人太极拳比赛、山东省第九届老年人太极剑团体比赛、山东省第十七届“长寿杯”老年人门球比赛、山东省第四届“长寿杯”健身保健操表演。获山东省老年人秧歌比赛二等奖；山东省第九届老年人太极拳团体第五名、太极剑团体第七名；山东省第十七届“长寿杯”老年人门球比赛第三名；山东省第四届“长寿杯”健身保健操优秀演出奖。

2011年4月，组织参加山东省第一届全民健身运动会老年组门球比赛，获团体第六名、体育道德风尚奖。2014年5月10日，山东省第四届全民健身运动会开幕式暨全民健身月启动仪式在泰安市林校操场举行，市老年体协组织1000余名老年人组成全民健身方队进行大型健身操团体表演，受到各方面高度赞扬。

三、举办全市老年体人育活动

1984年，市老年体协先后举办第一届“劲松杯”乒乓球、门球及登泰山比赛。8月组建泰安地区“劲松”登山队。1986年4月，组建泰安地区老年体协门球队。8月，市第三届“劲松杯”乒乓球比赛在泰安举办，各县（市、区）、矿务局、市直机关老年体协组队参加比赛，新泰市、宁阳县分获团体第一、二名。10月，举行第三届老年人集体登泰山活动。11月，举办泰安市老年人门球比赛，全市100余人参加比赛。

1994年，举办各类体育比赛50多项次，其中市老年体协举办泰安市第三届“劲松杯”老年人台球比赛、第八届“劲松杯”老年人门球比赛，庆祝建会十周年、开展“基层活动年”、庆祝“老人节”等8项次大型活动。

1999年9月24日，市老年体协在体育馆举行庆祝建国50周年、国际老人节、迎澳门回归文体表演，1000余人观看表演。2001年，全市各级老年体协组织举办各级各类比赛711项次，参加人数4万多人。2002年9月10日—10月27日，市老年体协举办“九九”老年人体育会演，设激灵圈操、柔力球、健身秧歌、门球、台球、导引养生、太极拳（剑）、乒乓球、登山和广场演出等

12个项目，来自县（市、区）、矿务局及市直等146支代表队的3600余名运动员参加会演。

2008年年初，泰安市重点推广老年太极功夫扇、健身腰鼓项目。4月30日，在庆祝改革开放30周年暨奥运会倒计时100天纪念仪式上，组成2000余名老年人太极功夫扇和腰鼓表演队，进行了大型老年人太极功夫扇、腰鼓团体展演。7月22日，组织2008名平均年龄60岁的腰鼓队及长绸扇队开展打腰鼓、舞红扇迎“祥云”活动。9月，组织举办“鲁珠杯”泰安市庆祝九九老人节大型团体操表演，1000余名太极功夫扇队队员和腰鼓表演队队员参加表演。年内，还组织了山东省全民健身月启动仪式、十一运倒计时一周年等大型团体操表演。

2011年9月27日，在林校操场举办中国体育彩票中老年人健身成果展演活动，展演项目有：健身腰鼓、太极拳、广场舞、柔力球、舞蹈、中国功夫扇、双环健美操、健身气功马王堆导引术、健身球操等9项。展演活动共有2000余名老年人参加。

2015年8月10日，泰安市第二十届运动会开幕式在体育中心举行，老年体协组织1000余名老年人举行了大型老年团体操表演。5月25日，在市直机关运动会开幕式上，组织600老年人进行功夫扇表演。8月8日，组织300余名老人参加“全民健身日”登山健步走活动。年内，全市各级举办表演、老年体育比赛等活动520项余次，50000余人参加活动。

1984—2015 年泰安市参加全国、全省及举办全市老年人体育活动情况表

表 4–9

年度	活动（次数）	主要活动项目	参加活动人数
1984	10	1. 举办泰安地区第一届“劲松杯”乒乓球比赛，第一届“劲松杯”台球比赛，第一届登山比赛；2. 举办门球、台球等培训班	2000
1985	20	1. 举办泰安市乒乓球、台球、登山比赛；2. 组队参加山东省第二届“长寿杯”乒乓球比赛；3. 老年体协举办首期“禅密功”学习班	3000
1986	117	1. 举办乒乓球、台球、登山比赛；2. 组队参加山东省老年人门球、钓鱼、乒乓球比赛；3. 邀请全省老年体协代表举行登泰山活动；4. 举办全市门球培训班	3590
1987	285	1. 各级举办门球、台球、乒乓球、太极拳剑、健身舞、养生引导功等项目比赛、培训班。2. 参加全省老年人门球、台球、太极拳、养生功等项目比赛	9890
1988	316	1. 举办泰安市“劲松杯”老年人门球、乒乓球比赛；市直“九九”重阳节太极拳、门球、台球等多项表演、比赛；2. 各级举办表演、展演、比赛活动；3. 参加全省老年人各项目比赛、培训班	16000
1989	160	1. 组织参加省老年人门球、导功、乒乓球等体育赛事；2. 组织代表队参加全国导功表演比赛；3. 举办门球等比赛	7000
1990	285	1. 举办泰安市门球、台球、乒乓球比赛；2. 组队参加省老年人台球比赛；3. 各级举办太极拳剑、台球、门球、乒乓球、健身舞、引导功等老年人体育比赛及展演活动	9900
1991	578	1. 参加山东省“长寿杯”太极剑、太极拳、台球等比赛；2. 举办门球、乒乓球、太极拳剑等比赛；3. 宁阳县组队代表泰安市参加全国导引养生功比赛；4. 肥城组队代表市参加省导引养生功经验交流会	38700
1992	950	1. 参加全国老年人养生功比赛；2. 参加山东省“长寿杯”老年人门球、台球比赛；3. 举办太极拳剑、门球等多期培训班及举办 7 项市级老年人体育比赛	61800

续表 4–9

年度	活动（次数）	主要活动项目	参加活动人数
1993	850	1. 举办“九九”老人节暨泰城老年人运动会；各级举办比赛 800 余场次；参加全省各项目比赛	59000
1994	780	1. 举行庆祝老年体协成立十周年系列纪念活动及“老人节”活动；2. 参加山东省“长寿杯”老年人门球、台球比赛；3. 举办老年人门球、台球、太极剑、乒乓球等比赛 8 场次	28960
1995	650	1. 各级老年体协举办老年人台球、门球、乒乓球、导引养生功、武当太极剑、大秧歌等表演比赛活动 600 多项次；2. 参加山东省“长寿杯”台球、门球等多项老年人体育比赛	68000
1996	330	1. 组织老人秧歌队、舞蹈队、千人功夫扇队在元宵节、登山节、九九老人节等节日举行文艺表演；2. 举办门球、台球、乒乓球、导引养生功、太极拳剑表演活动；3. 肥城老年体协代表队代表泰安市参加山东省“长寿杯”钓鱼、门球、台球、太极拳（剑）比赛；4. 市商业局代表队代表泰安市参加省直导引养生功邀请赛	19900
1997	260	1. 举办“九九”老人节体育会演；2. 组队参加山东省老年人秧歌比赛、省第九届老年人太极拳、太极剑团体赛，省“长寿杯”老年人门球比赛、健身保健操表演	43000
1998	420	1. 举办泰安市台球、乒乓球、健身球操表演和比赛；2. 参加第五届国际导引养生功竞赛表演；3. 组队参加省养生太极拳、养生太极剑、门球等比赛	26300
1999	560	1. 举行庆祝新中国成立 50 周年、老人节、迎澳门回归等文体表演；2. 组队参加省门球、乒乓球、地掷球、无极健身球保健操（舞）、养生功表演与比赛；3. 参加全国中老年太极拳比赛	21800
2000	540	1. 举办“九九”老人节全市老年人健身球、门球、太极拳表演赛；2. 各级老年体协组织举办各项比赛、培训班；3. 参加全省门球、台球等 7 个项目比赛、培训班	38300
2001	700	1. 参加省第八届老年人太极拳、太极剑、导引养生功比赛；2. 全市各级老年体协组织举办各类表演、比赛	56000
2002	136	1. 全市各级老年体协组织举办各类老年体育比赛；2. 举办“九九”老年人体育会演；3. 参加省老年人秧歌赛、太极拳、太极剑团体赛、门球、健身保健操表演	38000
2003	193	1. 举办老年秧歌队、舞蹈队、千人功夫扇队；2. 在老人节、市运会、国际登山节等节日举行大型团体操表演；3. 各级组织举办老年体育项目表演、比赛；4. 参加省钓鱼比赛、省第十届老年人太极拳锦标赛、山东导引养生功比赛	28600
2004	215	1. 举行庆祝“新中国成立 55 周年”“市老年体协成立 20 周年”“九九”老人节庆祝活动；2. 参加山东省老年人台球比赛、“长寿杯”老年人门球比赛、健身球操比赛	43800
2005	200	1. 参加山东省老年人各项比赛；2. 举办“九九”老人节等多项庆祝活动；3. 举办老年人体育表演、比赛	35000
2006	279	1. 组织举办“九九”老人节庆祝活动；2. 参加国家体育总局、省体育局组织的社会体育指导员培训班；3. 参加山东省首届老年人运动会；4. 举办老年人体育项目表演、比赛	50000

续表 4-9

年度	活动（次数）	主要活动项目	参加活动人数
2007	300	1. 举行市第十六届运动会、机关运动会大型团体操表演；亿万群众健身活动启动仪式大型团体操表演；奥运会倒计时一周年 1500 人太极拳表演及万人健身跑活动；3. 参加山东省老年人各项比赛	30000
2008	350	1. 举行庆祝奥运会倒计时 100 天老年人体育比赛、庆祝九九老人节、全省全民健身月启动仪式、北京奥运圣火传递大型腰鼓、红扇、太极拳团体操表演；2. 举办太极拳、功夫扇、腰鼓展演、门球、台球等 30 余项表演比赛	72800
2009	300	1. 举办全运会倒计时 100 天、30 天，全运圣火泰山采集仪式大型千人团体操表演；2. 举办泰安市第十七届运动会、全民健身日、重阳节等大型团体操表演；3. 举办各种健身活动、老年人体育比赛等	45000
2010	600	1. 组织参加山东省第二届老年人运动会；2. 组织全民健身月启动仪式太极拳、功夫扇、柔力球、健身球操等大型团体操表演；3. 举办各种健身活动、比赛等	60000
2011	260	1. 参加山东省第一届全民健身运动会老年组比赛；2. “全民健身日”太极拳、功夫扇、柔力球、健身球操表演；3. 举办中老年人健身成果展演活动；4. 组织市十八届运动会开幕式、市直机关运动会、“九九”老人节等大型团体操表演；5. 举办各种展演、比赛等大型体育活动	50000
2012	200	1. 参加省第二届全民健身运动会老年组比赛；2. 组织全民健身月启动仪式、全民健身日、庆祝“九九”老人节、登山节等大型团体操表演；3. 举办太极拳、门球、台球等 30 余项表演比赛；4. 举行“敬老月”泰城老年人趣味运动会，设置了门球、台球、乒乓球、健身操、大秧歌等表演比赛	30000
2013	186	1. 参加省第三届全民健身运动会老年组比赛；2. 开展建设文体小广场“六个一”活动；3. 参加省老年体协举办的其他项目比赛、培训等；4. 举办各种展演、比赛、培训等	50000
2014	175	1. 参加山东省第三届老年人运动会；山东省第四届全民健身运动会老年组比赛；2. 组织山东省第四届全民健身运动会开幕式团体操表演；3. 组织全民健身月启动仪式、全民健身日等大型团体操表演；4. 举办庆祝泰安市老年体协成立 30 周年健身系列活动；5. 参加省老年体协举办的其他项目比赛、培训班	40000
2015	520	1. 组织参加省第五届全民健身运动会老年组比赛；2. 组织市直机关运动会开幕式功夫扇表演、全民健身登山健步走活动；3. 举办表演、比赛等	50000

第七节 老年人体育竞赛

一、参加全国老年人体育竞赛

1991年，全国导引养生功比赛在泰安举行，宁阳县代表队代表泰安市老年体协参加比赛，获团体一等奖。

1992年，市老年体协导引养生功代表队参加全国老年人养生功比赛获一等奖。

1998年8月，老年体协组队参加第五届国际导引养生功竞赛表演，王庭燕获乙组育真补元功个人竞赛第三名和太极剑个人第六名，韩琪谨获男子甲组养生太极剑个人第五名。代表队获团体养生太极掌第三名、养生太极剑第六名。

1999年10月，全国中老年太极拳比赛在山东梁山举行。泰安市代表队获团体比赛优胜奖，吕学智获男子个人比赛优秀奖，侯艳美获女子个人比赛优胜奖。

二、参加山东省全民健身运动会老年人体育竞赛

2011年5月至10月，山东省第一届全民健身运动会在济南等地举行，泰安市老年组门球代表队获团体第六名和体育道德风尚奖。

2012年5月至10月，省第二届全民健身运动会在枣庄市等地举行。5月12日至14日，健身秧歌在枣庄市举行，新矿集团老年体协组队代表泰安市参加比赛，获三等奖。5月15日至18日，门球比赛暨山东省老体协门球比赛在济南市举行，中铁十四局二公司组队代表泰安市参加比赛，获体育道德风尚奖。

2013年8月20日至22日，山东省第三届全民健身运动会气功比赛在烟台等地举行。新泰市老年体协组队代表泰安市参加比赛，获八段锦一等奖、五禽戏二等奖、体育道德风尚奖。

2014年5月至11月，山东省第四届全民健身运动会在泰安等地举行。8月21日，东平县老年体协组队代表泰安市参加健身秧歌比赛，获三等奖、体育道德风尚奖。

2015年5月至11月，山东省第五届全民健身运动会在滨州等地举行。肥城市老年体协组队代表泰安市参加健身球操比赛，获优秀奖；东平县老年体协组队代表泰安市参加健身秧歌比赛，获优胜奖；肥矿集团公司老年体协组队代表泰安市参加门球比赛，获优秀奖；市老年体协、宁阳县老年体协联合组队参加健身气功比赛，获团体八段锦三等奖、易筋经三等奖、六字诀一等奖、八段锦三等奖。

三、参加山东省老年人运动会

山东省第一届老年人运动会　2006年3月至9月，山东省首届老年人运动会在济南进行。泰安市派出11支代表队参加田径、太极拳、健身球、门球等11项比赛，获得个人项目2金1银3铜，3个第四名、3个第五名、3个第六名，3个第七名，2个第八名。团体项目1个第四名，2个第五名，2个第七名，及6个体育道德风尚奖、2个表演奖。

泰安市参加山东省第一届老年人运动会团体成绩表

表 4-10

项　目	成　绩	项　目	奖　项
门　球	男队第四名，女队第八名	象棋围棋	体育道德风尚奖
钓　鱼	团体总分第七名	台　球	体育道德风尚奖
田　径	女子团体第七名	乒乓球	体育道德风尚奖
健身球操	团体规定动作第五名	桥　牌	体育道德风尚奖
	团体自选动作第七名	柔力球	体育道德风尚奖
太极拳剑	团体第五名	太极拳剑	体育道德风尚奖

泰安市参加山东省第一届老年人运动会单项比赛成绩表

表 4-11

	项　目	姓　名	成　绩
田　径	10 米地滚球	张可芸	金牌
	5 米套圈	刘树茂	金牌
	垒球掷远	王淑焕	银牌
	铅　球	王淑焕	铜牌
	跳　绳	薛传周	铜牌
	手榴弹投准	王宗莉	铜牌

山东省第二届老年人运动会　2010年3月至9月，山东省第二届老年人运动会在淄博市举行，泰安市派出12支代表队参加台球、乒乓球、田径、太极拳、健身操等12个项目的比赛，获得个人比赛金牌14枚，银牌18枚，铜牌23枚。团体获金奖1个，银奖4个，铜奖9个。泰安市代表团获优秀组织奖、体育道德风尚奖。

泰安市参加第二届山东省老年人运动会比赛成绩表

表 4–12　　单位：枚

项　目	团体项目			个人项目			组团单位
	金　奖	银　奖	铜　奖	金　牌	银　牌	铜　牌	
象　棋	—	—	—	—	—	3	新泰市
台　球	—	—	1	—	2	3	东平县
健身气功	1	—	—	1	2	1	宁阳县
乒乓球	—	1	—	2	2	2	市乒乓球工委
门球男队	—	1	—	—	—	—	肥城矿业集团
门球女队	—	1	—	—	—	—	中国铁路总公司第十四局
田　径	—	—	—	11	12	14	岱岳区
地掷球	—	—	1	—	—	—	肥城市
太极拳剑	—	—	2	—	—	—	泰山区
健身球	—	—	2	—	—	—	肥城市
健身秧歌	—	—	2	—	—	—	新汶矿业集团
健身腰鼓	—	1	1	—	—	—	市健身操工委
合　计	1	4	9	14	18	23	

山东省第三届老年人运动　2014年3月至9月在济宁市举行山东省第三届老年人运动会，泰安市派出13支代表队参加田径、门球、健身操、太极拳等13个项目的比赛，获得个人金牌23枚，银牌14枚，铜牌7枚。团体金奖8个，银奖6个，铜奖5个，13个项目获得体育道德风尚奖，泰安市代表团获优秀组织奖、贡献奖、体育道德风尚奖。

泰安市参加第三届山东省老人运动会比赛成绩表

表 4–13　　单位：枚

项　目	团体项目			个人项目			组团单位
	金　奖	银　奖	铜　奖	金　牌	银　牌	铜　牌	
台　球	1	—	—	2	1	—	新汶矿业集团
乒乓球	2	—	—	2	4	1	乒乓球工委

续表 4-13

项　目	团体项目			个人项目			组团单位
	金　奖	银　奖	铜　奖	金　牌	银　牌	铜　牌	
象棋、网球	1	1	—	4	1	1	体育总会
田　径	—	—	—	8	7	5	岱岳区
健身气功	2	—	—	3	1	—	肥城市
网　球	—	1	—	4	—	—	泰安市
秧歌、腰鼓	—	—	4	—	—	—	东平县、市健身操工委
门　球	—	1	1	—	—	—	宁阳县、中国铁路总公司第十四局
柔力球	—	1	—	—	—	—	泰山区
太极拳	1	1	—	—	—	—	新泰市
健身球	1	1	—	—	—	—	肥城矿业集团
合　计	8	6	5	23	14	7	

四、参加泰安市运动会

1997年前老年体育主要举行单项比赛。1997年4月，泰安市第十一届运动会将老年体育列入全市综合运动会比赛项目。第十一届运动会老年组设门球、乒乓球、台球、太极拳（剑）、导引养生功共5个大项，有来自全市55支代表队参加比赛。其中门球有11支代表队参加，泰煤机厂队获团体第一名；乒乓球有12支代表队参加，市直队获团体第一名；台球有11支代表队参加，市直一队获团体第一名；太极拳、剑有10支代表队参加，市直队、新矿队分获团体第一名。导引养生功有11支代表队参加，新泰队获得团体第一名。至2015年，共举行10届泰安市综合运动会老年组比赛。

第十一届至第二十届泰安市综合运动会老年组参赛情况表

表 4-14

届　次	时　间	项　目	代表团	人数	成　绩
第十一届	1997.4.28—9.29	门球、乒乓球、台球、太极拳（剑）、导引养生功	55 支代表队		
第十二届	1999.5.13—10.18	门球、乒乓球、太极拳、太极剑、台球	14 个代表团	400	新汶矿业集团获第一名
第十三届	2001.7.11—10.16	门球、台球、乒乓球、太极拳、太极剑、健身球、钓鱼	12 个代表团	500	新汶矿业集团、肥城矿业集团、宁阳县分获一、二、三名
第十四届	2003.7.8—10.22	太极拳、健身球操、门球、乒乓球、台球、太极器械、太极养生掌、登山、激灵圈、柔力球、钓鱼	12 个代表团	650	肥城市、宁阳县、肥城矿业集团分获一、二、三名
第十五届	2005.6.10—9.28	门球、健身秧歌、台球、乒乓球、导引养生、太极拳（剑）	14 个代表团	380	肥城矿业集团、东平县、省直（省直驻泰单位）分获一、二、三名

续表 4-14

届 次	时 间	项 目	代表团	人数	成 绩
第十六届	2007.7.12—10.16	门球、太极拳（剑）、健身球操、运动养生	23 个代表团	500	泰山区、肥城矿业集团、新汶矿业集团分获一、二、三名
第十七届	2009.5.15—9.22	门球、钓鱼、台球、八段锦、乒乓球、健身球操、健身秧歌、太极拳（剑）	16 个表团	400	宁阳县、肥城市、东平县分获一、二、三名
第十八届	2011.7.10—9.26	门球、台球、乒乓球、钓鱼，趣味田径、健身球操展演、健身腰鼓展演、健身秧歌展演、健身气功展演、太极剑展演	12 个代表团	550	宁阳县、新汶矿业集团、肥城市分获一、二、三名
第十九届	2013.5.4—10.13	门球、台球、乒乓球、健身气功、健身秧歌、健身球操、太极拳、太极剑	10 个代表团		新泰市、肥城市、肥城矿业集团分获一、二、三名
第二十届	2015.5.6—9.28	门球、台球、乒乓球、健身气功（两项）、健身秧歌、健身球操、健身腰鼓、太极拳、太极剑、钓鱼	9 个代表团	450	肥城市、宁阳县、新泰市分获一、二、三名

第八节 荣 誉

一、获得全国荣誉称号单位和个人

1984年至2015年，全市老年体协组织被授予全国先进集体称号8个（次），授予先进个人称号11人（次），授予全国健康老人9人（次）。

1991—2011 年泰安市获全国老年体育工作先进集体荣誉情况表

表 4-15

授予时间	荣誉名称	获奖单位	授予单位
1991	全国老年体育先进集体	郊区大汶口镇老年体协	中国老年体协
2003	全国老年体育工作先进单位	市老年体协	中国老年体协
2005	老年体育健身活动站点	肥城市老年体协	国家体育总局
2008	老年人健步走活动先进地区	肥城市老年体协	中国老年体协
2008	老年人健步走活动先进地区	宁阳县老年体协	中国老年体协
2008	全国群众体育先进集体	市老年体协	中国老年体协
2008	健身球之乡	肥城市老年体协	中国老年体协
2011	全民健身活动先进单位	市老年体协	国家体育总局

1991—2003 年泰安市获全国老年体育工作先进个人荣誉情况表

表 4–16

授予时间	荣誉名称	姓　名	授予单位
1991	全国老年人体育工作先进工作者	徐兆生、罗永湘	中国老年体协
1998	全国老年人体育工作先进工作者	张本安、李润生	中国老年体协
2003	全国老年人体育工作先进个人	徐兆生	中国老年体协
2003	老年人健步走活动先进个人	李吉丰、王秀玲、李正中、石学谦、张春瑞、侯　冰	中国老年体协

1991—2012 年泰安市获全国健康老人称号人员情况表

表 4–17

表彰时间	表彰名称	姓　名	表彰单位	年　龄
1996.4	健康老人	贾欣泉	中国老年体协	81
2000.12	健康老人	曹礼琴		80 岁
2008	健康老人	王宝田、汪心田、于　波		均 80 岁以上
2012	健康老人	霍振山、杜焕传、王宝田、李兴和		均 80 岁以上

二、获得省级荣誉称号单位和个人

1984年至2015年，全市被授予山东省先进荣誉称号集体或单位379个(次)、先进个人称号 358人（次），山东省健康老人37人（次）。

1988—2015 年泰安市获省老年体协工作先进集体荣誉情况表

表 4–18

时间	荣誉名称	获奖单位	授予单位
1988	全省老年体协工作先进集体	肥城县老年体协、市直机关老年体协、新泰市楼德镇老年体协、莱芜市老年体协、泰安市老年体协、郊区老年体协	省老年体协
1988	全省老年人体育先进辅导站	莱芜市体育场、宁阳县东广场、泰安市委二宿舍、肥城县老干部活动中心	省老年体协
1989	全省推广导功先进单位	泰安市老年体协	省老年体协
1990	全省尊老敬老先进集体	泰安市老年体协	省老龄委
1991	全省推广导功先进单位	泰安市老年体协	省老年体协
1991	山东省老年人体育先进集体	新泰市轻工业公司老年体协	省老年体协
1993	全省群众体育先进单位	泰安市老年体协	山东省体委
1995.1	山东省老年人体育先进集体	肥城矿务局老年体协	省老年体协
2000	省级老年人体育先进活动站	全市 16 个活动站	省老年体协
2003	全省离退休干部工作先进集体	泰安市老年体协	省委、省政府
	全省群众体育先进单位	9 个单位	省委、省政府
	山东省老年人体育先进活动站	19 个单位	省委、省政府

续表 4-18

时间	荣誉名称	获奖单位	授予单位
2006	省群众体育先进单位	泰安市老年体协	省体育局
	全民体育健身月优秀组织奖	泰安市老年体协	省老年体协
2008	省老年体育工作先进单位	肥城市、宁阳县、泰山区老年体协	省体育局、省老龄办、省老年体协
2010	全民健身活动优秀组织奖	泰安市老年体协	省老年体协
2011	全省老年人体育先进站点	泰山区西七里社区中老年文体队、泰山区三联社区青松艺术团等 43 个活动站	省老年体协
2012	全省老年人体育先进站点	岱岳区泰山广场活动站、岱岳区大佛寺社区活动站等 80 个活动站	省老年体协
	全省全民健身活动优秀组织奖	泰安市老年体协	省老年体协
2013	全省老年人体育先进站点	新泰市体育广场空竹活动站、新泰市西张庄拳剑活动站等 120 个活动站	省老年体协
2014	全省全民健身优秀组织奖	泰安市老年体协	省体育局
	全省群众体育先进单位	泰安市老年体协	省体育局
	全省老年人体育优秀健身站点	中铁十四局机关活动站、肥城市丰园小区活动站等 16 个活动站	省老年体协
2015	全省老年人体育明星站点	宁阳县金阳广场南晚站、东平县老湖镇前茶棚村活动站等 50 个活动站	省老年体协

1987—2015 年泰安市获省老年人体育工作先进个人荣誉情况表

表 4-19

授予时间	荣誉名称	姓　名	授予单位
1987	山东省老年体育先进工作者	徐兆生、韩　讯、李元明、张秀莲	省老年体协
1988	山东省优秀辅导员	李伯良、张秀莲、罗永湘、郑钧修	省老年体协
	山东省推广导功先进个人	郑钧修	省老年体协
1991	山东省老年体育先进工作者	曹礼琴、郑印堂、韩　讯	省老年体协
2003	山东省老年体育先进工作者	王秀玲等 21 人	省老年体协
2008	山东省老年体育工作先进个人	王秀玲、连传胜、马玉超、陈　伟	省体育局、省老龄办、省老年体协
2010	山东省模范老人	史怀君	省老龄办
2011	省康乐明星	杨贞兰、张秀兰等 46 人	省老年体协
2012	省老年体育工作先进个人、山东省敬老模范	王秀玲	省体育局、省老龄办、省老年体协
	省康乐明星	李晓明、张灿爱等 75 人	省老年体协
2013.9	省康乐明星	马　慧、腾秀萍等 120 人	省老年体协
2014	全省群众体育先进个人	王秀玲	省体育局

续表 4-19

授予时间	荣誉名称	姓　名	授予单位
2014	省康乐明星	管向荣、吴建华等 27 人	省老年体协
2015	省明星带头人	王庭燕、肖玉贞等 50 人	省老年体协

1986—2012 年泰安市获山东省健康老人称号情况表

表 4-20

表彰时间	表彰名称	姓名（年龄）	表彰单位
1986	健康老人	马　东（84）　佟复然（82）	省老年体协
1988.12	健康老人	金晓郕（82）　张少莲（89）　于斐青（90）	省老年体协
1996.4	健康老人	杨风武（91）　亦　健（81）　高锡善（80）	省老年体协
2000.12	第五届省健康老人	李元明（80）　苏　思（83）　于　波（80） 王裕国（84）　于延礼（85）	省老年体协、省老龄委、省妇女联合会
2004	第六届省健康老人	张本安　宿焕民　王宝田　宋怀新	省老年体协、省老龄委、省妇女联合会
2008	健康老人	张秀莲　张瑞兰　谭绍俊　崔炳仁　黄　鼎 李祥臣　李玉梅　王宪波　蒋珀山　周洪宾	省老年体协
2012	第八届省健康老人	王佑俊　郭玉杰　郭安香　张世昌　周茂兰 赵延玉　李万臣　王荣庆　张作俊　韩　讯	省老年体协、省老龄委、省妇女联合会

第六章　残疾人体育

1959年2月，泰安专区在泰城创办聋哑学校，体育列为必修课。1984年，泰安市残疾人成立残疾人联合会。2008年，市残联举办“迎残奥、手牵手”文体活动；同年泰安市被省政府授予“振兴山东省残疾人体育贡献奖”称号。2013年，市残联举办“生命之歌”全国残疾人登山活动。2015年，泰安市有残疾人34.02万人，占全市总人口的6.16%。

第一节　机　构

1990年前，泰安市残疾人体育由泰安市体育局负责。1990年1月12日，泰安市残疾人联合会成立，残疾人体育始由泰安市体育局与泰安市残联共同负责。1994年，市残联成立残疾人体育活动中心，残疾人体育活动由残疾人体育活动中心负责。1997年，泰安市残疾人联合会内设组宣部，残疾人体育由残联组宣部负责。2002年，泰安市残联成立泰安市体育协会残疾人体育分会，负责残疾人体育的具体活动。至2015年无变化。

第二节　体育活动

新中国成立后，党和政府十分关心残疾人的

生产、生活和健康。1959年2月，泰安专区在泰城岱庙东朝阳街创办泰安聋哑学校，体育列为必修课，课外由教师带领开展早操、课间操及其他体育游戏活动，泰安始出现残疾人体育。

1986年，泰安市成立残疾人乒乓球队，并在市体校进行集中培训。6月，参加山东省残疾人乒乓球锦标赛，获男麻（男子小儿麻痹症患者）乒乓球比赛单打金牌和男麻团体冠军。

1996年10月，市残联与体委联合举办泰安市首届残疾人运动会。1998年7月，组织28名残疾人运动员参加了山东省残疾人运动会选拔赛，有2名运动员入选省队参加了全国第五届残疾人运动会。

2002年10月，市残疾人联合会与香港盲人辅导会共同举办两地100名盲人参加的“泰港盲人登泰山、东岳云霄显不凡”为主题的登山活动。2003年10月，泰安市选拔95名残疾人运动员组成泰安残疾人体育代表队，在市体校进行1个月的集中训练后参加省残疾人运动会比赛，获10金19银7铜的好成绩。

2004年，泰安市残联在全市范围内选拔推荐20岁以下残疾人体育竞技人才，共选拔推荐残疾人体育人才60人，其中有4名被选为中国残联重点运动员。

2005年，市体育局、市残联、市体校联合举办残疾人体育训练班，市直和县（市、区）67名残疾人运动员参加田径、篮球、柔道、举重、游泳、自行车、射箭等项目的训练。选拔推荐体育人才50名，其中5名被选为中残联注册的重点培训运动员。同年，残疾人自行车运动员牛芝风，在日照举行的“全国自行车锦标赛”中，夺得1金2银的好成绩；黄海涛在全国聋人田径锦标赛中获男子铁饼金牌、铅球铜牌。

2008年，泰山区残联在北京奥运会和残奥会召开期间，为120名残疾人配发21英寸彩电、为110名盲人配发收音机，让残疾人正常收听、收看奥运实况。5月，市残联举办“迎残奥、手牵手”文体活动，18日市政府举办大型文艺晚会，市领导及社会各界人士、残疾人代表共1300多人观看演出。

2011年7月22日，全国特奥日，新泰市举行智障孩子与特奥融合伙伴、残疾人工作者体育竞技游戏活动。之后新泰市每年在全国特奥日都举办体育竞技活动，并选拔残疾人优秀运动员进行训练，参加各类体育比赛。

2013年4月21至23日，由“生命之歌”公益网站与新浪公益网联合发起《让残疾人旅游不再是梦》系列活动之“生命之歌2013相约河南—山东”活动在泰安举行，来自全国各地的80名肢体残疾人登上泰山。9月22日，第二届“山东省—北京市盲人中国象棋友谊对抗赛”在泰安市举行，来自北京市和山东省的8名盲人中国象棋棋手参加友谊对抗赛。12月19日至20日，市残联、市人社局举办泰安市第三届残疾人职业技能竞赛，各县（市、区）及高新区7个代表队97名选手参加11个竞赛项目、7个展示项目。12月11日至30日，市残联、市体育局在泰安市体校、泰安盲人学校举行冬季集训活动，对参加省第九届残疾人运动会集体、单项项目的99名运动员进行为期一个多月的集训。2014年5月，举办“爱聚泰山、圆梦之旅”无障碍旅游活动，来自山东、江苏两地60名残疾人登上泰山。

第三节 体育比赛

1.参加世界性比赛

1994年9月4至10日，第六届“远东及太平洋”残疾人运动会在北京举行。泰安籍运动员崔宝吉获柔道71公斤级金牌，于庆国获得柔道60公斤级铜牌。

1996年，崔宝吉在远东和太平洋地区残疾人运动会上，获得71公斤级柔道冠军，并代表国家出征亚特兰大1996残奥会。

2007年，新泰市肢残女自行车运动员牛之凤在法国、哥伦比亚举行的国际残疾人自行车比赛中，取得2枚银牌、1枚铜牌、3个第四名。

2008年9月，在北京2008残奥会上泰安籍运动员牛之风获得自行车场地三公里比赛第六名、公路28.8公里比赛第六名。

2.参加全国性比赛

1984年10月6日至14日，全国第一届残疾人运动会在安徽省合肥举行。泰安残疾人运动员邱少军获男子盲人组铁饼b级金牌、铅球b级银牌、跳高b级第五名。

1987年8月23日至30日，全国第二届残疾人运动会在河北唐山举行。泰安市残疾人运动员获金牌2枚、银牌2枚、铜牌5枚。邱少军获男子盲人组铁饼金牌、铅球铜牌、跳高第六名、100米仰泳第六名；张勇获截肢男子组跳高铜牌、100米第四名、200米第五名。

1992年3月18日至23日，全国第三届残疾人运动会在广州市举行。泰安市残疾人运动员张勇获截肢男子组100米短跑银牌，跳远第五名。

1996年5月9日至16日，全国第四届残疾人运动会在大连举行。于庆国获男子盲人柔道60公斤级柔道冠军；崔宝佶获71公斤级柔道冠军。

2000年5月9日至16日，全国第五届残疾人运动会在上海召开。泰安籍运动员于庆国获柔道60公斤级铜牌，吕慎贤获举重75公斤级铜牌。

2002年，全国残疾人田径、柔道、举重锦标赛在济南举行。泰安市运动员获得银牌2枚、铜牌1枚。

2003年6月16日至24日，全国第六届残疾人运动会在南京市举行。泰安籍运动员于庆国获男子盲人柔道66公斤级银牌、60公斤级铜牌；吕慎贤获得男子举重70公斤级铜牌；肢体残疾人牛之风获自行车1公里、5公里、10公里3枚铜牌。

3.参加山东省比赛

1984年6月10日，山东省第一届残疾运动会在济南举行。泰安地区获田径团体总分第五名。

1995年9月6日至11日，山东省第四届残疾运动会在东营举行。泰安市代表团获得金牌13枚、银牌7枚、铜牌7枚，代表团获团体总分第六名。至2014年，共参加九届残疾人运动会。

1984—2014年泰安市参加山东省残疾人运动会获奖情况表

表4–21

名称	时间	举办地点	比赛项目	奖牌数（枚）				名次
				总计	金牌	银牌	铜牌	
山东省第一届伤残人运动会	1984.6.10—20	济南	田径、游泳、乒乓球	11	2	1	8	5
山东省第二届伤残人运动会	1987.6.4—10	济南	田径、游泳、乒乓球	22	11	4	7	6
山东省第三届残疾人运动会	1991.6.4—6.10	济南	田径、游泳、乒乓球	18	12	6		5
山东省第四届残疾人运动会	1995.9.6—6.11	东营	田径、游泳、乒乓球、举重、射击	27	13	7	7	6
山东省第五届残疾人运动会	1999.9	潍坊		22	9	13		7
山东省第六届残疾人运动会	2003.4.18—23	济南	15个项目	36	10	19	7	8
山东省第七届残疾人运动会	2006.10.28—11.1	烟台	14个项目	40	11	20	9	8

续表 4–21

名 称	时 间	举办地点	比赛项目	奖牌数（枚）				名次
				总计	金牌	银牌	铜牌	
山东省第八届残疾人运动会	2010.10.28—	淄博	18 个项目	38	10	15	13	11
山东省第九届残疾人运动会	2014.10.9—16	济宁	18 个项目		7	13	7	

4.举办运动会

1996年10月20日至22日，泰安市举办首届残疾人运动会。市直及6个县（市、区）7支代表队、300余名运动员参加。比赛设篮球、乒乓球、羽毛球、射箭、田径、举重、柔道、盲人门球8个大项65个小项，市直、泰山区、东平县分获团体前三名。

1997年10月下旬，市残联与市体委联合举办残疾人运动会，运动会设田径、柔道、举重、射箭、乒乓球、聋人篮球、盲人门球、羽毛球等8个项目，全市6个县（市、区）、新汶矿业集团7个代表队的120名残疾人运动员参加比赛，市盲校、宁阳代表队团体总分并列第一名。

2001年10月21日，泰安市残疾人运动会在泰安举行。运动会设田径、举重、乒乓球、盲人门球、射箭、盲人柔道、羽毛球和聋人篮球8个大项，120个小项。市直和县（市、区）7支代表队、120名运动员比赛。市直、泰山区、东平县分获前三名，宁阳县、肥城市、新泰市、岱岳区获体育道德风尚奖。

第四节 荣 誉

1994年，国家体委、中国残联授予于庆国“优秀运动员”称号。

2002年，国家体育总局和中国残联授予王和平、曹东平、李岱强“全国残疾人体育工作先进个人”称号。

2003年，山东省体育局、省残联授予泰安市残联、泰安市体育局群体科、泰安市盲校“山东省残疾人体育工作先进单位”称号；山东省体育局、省残联授予刘素琴、曹东平、范传芳、李岱强“山东省残疾人体育工作先进个人”称号。

2003年，国家体育总局、中国残联授予王和平“残疾人体育工作先进个人”称号。

2008年，省政府授予泰安市“振兴山东省残疾人体育贡献奖”称号；省政府给予残疾人运动员牛之风记二等功。

第七章 少数民族体育

泰安地区是一个多民族的地区，境内有回族、满族、壮族、蒙古族、朝鲜族、苗族、侗族、藏族、维吾尔族、彝族等44个少数民族，2015年少数民族总人数8.26万人，其中，回族人口8.01万人，占全市少数民族总人口的97%。全市有民族中学2所，民族小学14所。

新中国成立前，泰安地区没有少数民族体育管理机构。1952年，泰安专区建立体育会筹委会，民族体育由泰安地区体育主管部门统筹管理。1979年，泰安地区成立民族事务委员会，民族体育由地区体委与民委共同负责。1989年，民委撤销，成立泰安市民族宗教局，民族体育由体委与民族宗教局共同负责。至2015年无变化。

第一节　体育活动

泰安少数民族传统体育活动，源远流长，丰富多彩。主要活动项目有武术、摔跤、毽子、风筝、秋千、掼牛、拉滑车、抖皮条、掷沙袋、竹马、旱船、狮子、高跷、鼓子秧歌、珍珠球、木球、登山等，特别是回族以武术、摔跤影响较大。

新中国成立后，现代体育在少数民族中迅速发展。1950年，泰安清真寺街回族居民组织东岳篮球队，经常与市直机关、工矿、企业组织篮球比赛，影响较大。1958年，全区体育活动出现热潮，少数民族体育项目主要有篮球、排球、乒乓球、拔河、田径、赛跑等。1967年，少数民族体育以军事体育为主，开展射击、投弹、拔河、武装泅渡等活动。1976年，泰安民族村生产大队广泛开展“一操一队”（体操、体育队）“多操多队”活动，肥城县安驾庄公社马家埠、陈家埠等民族村广泛开展篮球、乒乓球、田径、举重、赛跑及自编《拾棉花》《簸箕操》《编制操》《打锤操》等体育活动。1978年后，篮球、羽毛球、乒乓球、摔跤、自行车慢赛、田径、棋类等活动在少数民族中广泛开展。

中共十一届三中全会以后，少数民族体育有了进一步发展。1992年，市财政投资140万元，建设泰安市回民中学，配备体育教学器材，并依托地区体育场开展体育教学与课外体育锻炼。1993年，市财政投资120万元，建设马庄回民中学教学楼及部分体育教学设施，保障了学生对体育教学、课外锻炼、业余训练的需要。1995年，泰安市加大少数民族村居文化体育设施建设，年内，建设文化大院或活动室31个。少数民族村居文化大院一般有图书室、文娱室、乒乓球室、展览室、夜校及操场、篮球场等场地。1999年10月，省民族事务委员会批准在泰安成立“泰山民族武术馆”。11月，泰安市组队参加全省少数民族蹴球、打陀螺比赛，泰安市代表队获总分第二名，并获“体育道德风尚奖”。

2004年，泰安市政府投资2200万元，在原泰安机械电子工程学校校址的基础上建设回民中学新校区，年底建成迁入，并更名为泰山民族中学。新校建有有塑胶田径运动场、篮球场、排球场及蹴球场、陀螺、板鞋训练场。2007年，争取省民委教育专款30万元，市财政投入80万元，为泰山民族中学、岱岳区马庄镇民族小学、肥城市前黄民族小学、宁阳县西台民族小学4所学校配备实验、教学设备及体育器材100套；为泰山区龙山小学、下旺民族小学、新泰市西高平小学、东平县展营小学进行校舍及体育设施改造。自2004年至2011年，泰安市累计投入3700余万元人民币，新建2所民族中学，对14所民族小学进行校舍改造及民族体育基地建设，改善了民族学校的办学条件，保障了体育教学、课外锻炼、课余训练的需要。

2011年，泰安市政府颁布《泰安市全民健身实施计划（2011—2015）》泰安市各民族村、社区认真落实健身计划，大力推进社区体育“五个一”（一处公共体育设施、一个全民健身指导站、一个体育俱乐部、一支社会体育指导员队伍、一批特色体育健身项目）标准，建立文体活动中心、健身辅导站、全民健身点，设置文体带头人等，举办形式多样的社区体育健身活动。2013年，泰安市组队参加山东省少数民族武术邀请赛，获得一等奖1个、二等奖1个、三等奖5个，市民宗局获优秀组织奖。2014年，全市51个少数民族村、社区全部建立了文体小广场，实现了体育组织、体育设施、体育活动全覆盖。2015年，少数民族村、社区开展广场舞、健身操、武术、游泳、爬山、快步走、太极拳等项目。常年参加体育健身3.2万人，实现社会化、大众化、生活化。

第二节　少数民族运动会

一、参加全国少数民族体育运动会

1986年8月，第三届全国少数民族传统体育运动会在乌鲁木齐市举行。泰安派人观摩比赛。

1999年9月，第六届全国少数民族传统运动会在北京举行，泰安市组队代表山东省参加珍珠球、陀螺等项目比赛，男子珍珠球队获第七名，女子陀螺队获第八名，珍珠球队被授予体育道德风尚奖。

2003年9月6日至13日，第七届全国少数民族传统体育运动会分别在银川市、石嘴山市举行。泰安市6名运动员参加陀螺、珍珠球、蹴球等项目的比赛。

二、参加山东省少数民族体育运动会

1985年11月6日至11日，山东省第二届少数民族传统体育运动会在济南市历城县党家庄镇举行，比赛项目有中国式摔跤、各种拳术、器械对练等223项。泰安市组队参加中国式摔跤、武术表演项目的比赛，马上学获中国式摔跤52公斤级银牌，于安海获62公斤级银牌，顾光林获68公斤级铜牌；马上学、于安海、顾光林获中国式摔跤三等奖；陈建国、金龙、金圣才、李建红、米寿尊获武术表演三等奖。

1989年5月24日至27日，山东省第三届少数民族传统体育运动会在聊城地区举行，全省11个地市的近百名少数民族运动员参加武术和中国式摔跤2个项目的比赛。泰安市组队参加运动会，赵玉民获武术男子少年组四项全能三等奖，金静静获女子少年组四项全能三等奖，马杰、王利园获男子成年组单向三等奖。

1995年6月25日至29日，山东省第四届少数民族传统体育运动会在临清市举办，全省11个市地的17支代表队、百余名运动员，参加了武术、摔跤、珍珠球、掷沙袋4个比赛和表演项目的比赛。泰安组团参加比赛，并获得优异成绩。

1998年11月2日至6日，山东省少数民族运动会在济南举行。泰安市8名回族运动员参加比赛，米琳获男子蹴球冠军，蹴球、打陀螺均获团体第二名，代表队总成绩名列全省第二名。

1999年5月4日至8日，山东省第五届少数民族传统体育运动会在济南举行。泰安市组团参加比赛，获男子珍珠球第一名、女子陀螺第一名、男子陀螺第三名和武术比赛的3个三等奖，并获体育道德风尚奖。

2003年4月2日至6日，山东省第六届少数民族传统体育运动会在济南举行。全省共14个代表团、430名运动员、教练员参加比赛。运动会设珍珠球、蹴球、射弩、陀螺、押加、高脚竞速、武术、摔跤等8个竞赛项目和掷沙袋、拉滑车、推花砖、抖皮条、石锁、花毽等6个表演项目。泰安市组团参加比赛，获体育道德风尚奖、优秀组织奖。

2007年4月25日至27日，山东省第七届少数民族传统体育运动会在德州召开，泰安市组成48人代表团参加6大项15小项比赛，共获团体冠军2项、亚军3项、第三名1项；武术比赛获一等奖1名、二等奖4名、三等奖3名。取得团体总分第5名的历史最好成绩。泰安市代表团获优秀组织奖，被评为民族体育先进个人3人、优秀运动员12人、优秀教练员3人，获体育道德风尚奖1个，市民族宗教局被评为全省民族体育先进集体。

2011年4月17日至28日，山东省第八届少数民族传统体育运动会分别在济南、淄博、临沂3个赛区举办。本届运动会设板鞋竞速、射弩、毽球、珍珠球、武术、押加、陀螺、蹴球共8个大项31个小项的竞技项目和10个表演项目比赛，全省17个市和济南大学组成18个代表团，共有16个民族的600多名运动员参加比赛。泰安市组团参加板鞋竞速、陀螺、蹴球3个项目的比赛，米恒攀、杨明志、赵厚山获得男子100米板鞋竞速铜牌，金雨、杨鑫婕、米焕获得女子陀螺铜牌，张静、马文静获得女子蹴球铜牌，获体育道德风尚

奖。泰山民族中学被授予山东省第八届少数民族传统体育运动会体育道德风尚奖，杨俊峰被评为山东省少数民族传统体育优秀教练员。

2014年9月20日至22日，山东省第九届少数民族传统体育运动会在山东中医药大学举行，来自全省17个地市的19个代表队参赛。泰安市泰山民族学校代表泰安市组团参加了蹴球、陀螺、板鞋竞速3个大项、8个小项的比赛，获3项团体二等奖（男子蹴球团体、女子陀螺团体、男子陀螺团体）、2项团体三等奖（女子蹴球团体、女子板鞋竞速）、2项个人三等奖（女子陀螺个人、男子陀螺个人）。泰安市获山东省第九届少数民族传统体育运动会组织奖，林芳玉、田宪英被评为山东省少数民族传统体育优秀教练员。

第八章　登泰山活动

第一节　概　况

泰安市群众性登泰山活动历史久远，据资料记载，明代每年即有120余万人登临泰山。新中国成立后，泰安开始有组织的举办群众登山活动。1965年10月，泰安地区体委组织5000名学生、职工开展武装登泰山活动，日本电视代表团进行了采访和报道。1966年，泰安地区体委组织民兵武装登泰山活动，工人、大中专学生7000余人参加。1984年9月，山东省老年体协举行全国老年体协代表登山活动，全国各省、市、自治区的老年体协32个代表团368位老红军、老干部、老教授及少数民族代表参加活动。1985年，泰城举行万人登泰山活动，首都18家新闻单位记者组团，对这项活动在国内36家新闻媒体和国外7家通讯社进行报道。1987年9月，泰安市开始举办泰山国际暨全国登山活动（1991年改为泰山国际登山节），每年举办一届，至2015年共举办29届，每届登山节都举行登山比赛及万人登泰山活动。1997年7月1日，泰安市政府举办“香港回归杯”登泰山比赛。比赛分男、女两个组别，起点为岱宗坊，终点男子为玉皇顶，女子为中天门，来自泰安城工厂、企业、机关、大中专院校、市直中学共1200余人参加比赛。2006年12月，泰安市举行“中国体育彩票杯”全国新年登高健身活动，起点为天地广场，终点为南天门，泰安市社会各界1万多人参加活动。2009年3月，泰安市开始举行“泰山冠军”中国泰山登山系列大奖赛。至2015年，“泰山冠军”中国泰山登山系列大奖赛已连续举办7年，20多个省市的4万余名运动员及群众参加比赛。2010年5月，山东省全民健身月启动仪式暨省直机关登泰山活动在泰安举行，省直机关工作人员有88支代表队、2026人及泰安各界群众2000余人参加活动。2014年5月27日至30日，公安部在泰安举行全国公安系统武装越野登泰山比赛，27个省（市、自治区）、4个行业警察队伍以及香港特别行政区的公安系统32支代表队、158人参加比赛。

第二节　“泰山冠军”登泰山大奖赛

一、概况

主办单位　“泰山冠军”中国泰山登山系列大奖赛由国家体育总局登山运动管理中心、山东省体育局、山东省旅游局、山东电视台、泰安市人民政府主办，泰山风景名胜区管理委员会、泰安市体育局、泰安市旅游局承办，由全国各省、自治区、直辖市及各有关单位的专业运动员及登山爱好者参加，是一项长年举办的大型届次性登山比赛活动。

竞赛安排 2009年至2011年“泰山冠军”大奖赛比赛分为月赛（3月、4月、5月、6月）、季赛（6月）、年度总决赛（9月，与国际登山节登山比赛同步举行），全年共举行8次登山比赛。2012年至2014年比赛改为只举行月赛（4月、5月、9月），全年举行3次比赛。2015年，改为只进行月赛，全年共举行2次比赛。

比赛路线 2009年至2011年，比赛线路共8条：3月比赛起点为岱庙正阳门广场（中路）；4月比赛起点为桃花源（西路）；5月比赛起点为天烛峰广场（东路）；6月比赛起点为泰山广场；6月季赛起点为岱庙正阳门广场（中路）；7月比赛起点为桃花源（西路）；8月比赛起点为泰山广场；总决赛与国际登山节登山比赛共同举行，起点为林校操场（中路），终点均为泰山玉皇顶。

2012年至2014年，比赛线路共3条：4月比赛线路为彩石溪风光旅游速度赛，起点桃花峪（西路），终点玉皇顶，赛道全程约14公里。5月比赛线路为古今跨越勇士赛，起点天烛峰广场，终点桃花源，全程约11公里。9月比赛线路为环泰山超级马拉松旅游赛，起点望岳东路北首（环山路），终点望岳东路北首，沿泰山环山公路绕泰山一周，赛道全程约58公里。

2015年，比赛线路共2条：5月比赛线路为古今穿越传统赛，起点为岱庙北门，终点为玉皇顶，台阶七千余级，全程约13.5公里。11月比赛线路为环泰山公路跑精英挑战赛，起点望岳西路北首（环山路），终点封禅大典，沿泰山环山公路一周，赛道全程约42公里。同时举办环泰山公路跑万米挑战赛，起点望岳西路北首（环山路），终点设在墨玉转盘。

比赛办法 2009年至2011年，比赛办法基本保持未变。2009年竞赛规程规定：（1）每次比赛运动员限2个小时内到达终点，超时不予计算成绩和排列名次。（2）大会组委会对参赛运动员按照国家《反兴奋剂条例》进行检查。年度总决赛男、女运动员前6名必须接受检查；其他赛程抽检。如尿检检测出参赛运动员呈阳性，将按照国家《反兴奋剂条例》严格处罚。（3）参加季赛资格：至少参加两次月赛并且总积分在前100名的选手。（4）参加年度总决赛资格：月赛年度总积分在前60名的选手；季赛前80名的选手（二者不重复累计。出现重复，以名次列前者计；出现名次并列，以季赛名次计算）。（5）月赛、季赛积分不带入年度总决赛成绩，以总决赛比赛成绩排列出年度总决赛名次。（6）总决赛与每年9月份“全国全民健身登泰山比赛”同步进行，年度总决赛颁奖仪式在兴奋剂检测结果出来后举行。（7）月赛、季赛比赛结束后兑现当次比赛资金。

2012年，对比赛办法进行改革，规定：（1）4月、5月比赛限男子2个小时，女子2.5小时；9月比赛（58公里）限9个小时到达终点。超时不予计算成绩和排列名次。（2）组委会对参赛选手按照国家反兴奋剂条例进行检查。（3）每次比赛结束后兑现当次比赛奖金。

2015年，竞赛规程规定：（1）5月古今穿越传统赛男子限2个小时，女子限2.5小时到达终点。11月环泰山公路跑精英挑战赛（42公里）男子限6小时、女子限7小时到达终点；环泰山公路跑万米挑战赛（10公里）男、女限1.5个小时到达终点。超时不予计算成绩和排列名次。（2）组委会对参赛选手按照国家《反兴奋剂条例》进行抽查。（3）每次比赛结束后兑现当次比赛奖金。

名次录取及奖励 2009年至2011年，设总奖金180万元，年度总决赛奖金为80万元。月赛男女录取前100名，季赛男女录取前60名，给予现

金（或物质）奖励；年度总决赛男女分别录取前60名给予现金（或物质）奖励。2012年至2014年，比赛男女录取前100名给予现金（或物质）奖励。奖金见表。2015年，两次比赛男、女各录取前100名给予现金奖励（11月份的环泰山公路跑万米挑战赛录取前60名）。

2009—2011 年“泰山冠军”登泰山系列大奖赛奖励情况表

表 4–22　　单位：元

名　次	年度总决赛		季　赛		月　赛	
	男子组	女子组	男子组	女子组	男子组	女子组
1	300000	200000	6000	6000	4000	4000
2	50000	40000	5000	5000	3000	3000
3	30000	20000	4000	4000	2000	2000
4	8000	8000	3000	3000	1000	1000
5	7000	7000	2000	2000	900	900
6	6000	6000	1000	1000	800	800
7	5000	5000	800	800	700	700
8	4000	4000	700	700	600	600
9	3000	3000	600	600	500	500
10	2000	2000	500	500	400	400
11 ~ 15	1500	1500	500	500	400	400
16 ~ 20	1000	1000	500	500	400	400

注：（1）月赛 21 至 40 名奖励 300 元，41 至 60 名奖励 200 元；季赛 21 至 40 名奖励 400 元，41 至 60 名奖励 300 元；总决赛 21 至 30 名奖励 700 元，31 至 35 名奖励 600 元，36 至 60 名奖励 500 元。（2）61 至 100 名选手各奖励 100 元

2012—2013 年“泰山冠军”登泰山系列大奖赛奖励情况表

表 4–23　　单位：元

名　次	4月比赛		5月比赛		9月比赛	
	男　子	女　子	男　子	女　子	男　子	女　子
1	4000	4000	4000	4000	10000	10000
2	3000	3000	3000	3000	8000	8000
3	2000	2000	2000	2000	6000	6000
4	1000	1000	1000	1000	4000	4000
5	900	900	900	900	2000	2000
6	800	800	800	800	1000	1000
7	700	700	700	700	900	900

续表 4-23

名　次	4月比赛		5月比赛		9月比赛	
	男　子	女　子	男　子	女　子	男　子	女　子
8	600	600	600	600	800	800
9	500	500	500	500	700	700
10	400	400	400	400	600	600
11 ~ 20	400	400	400	400	400	400
21 ~ 40	300	300	300	300	300	300
41 ~ 60	200	200	200	200	200	200
每次比赛第 61 至 100 名各奖励 100 元						
合　计	63800		63800		104000	

2015 年“泰山冠军”登泰山系列大奖赛奖励情况表

表 4-24　　单位：元

名　次	5月比赛		10月比赛			
			环泰山公路跑精英挑战赛（42公里）		环泰山公路跑万米挑战赛（10公里）	
	男　子	女　子	男　子	女　子	男　子	女　子
1	10000	10000	20000	20000	1000	1000
2	6000	6000	15000	15000	800	800
3	4000	4000	10000	10000	700	700
4	3000	3000	5000	5000	600	600
5	2000	2000	4000	4000	500	500
6	1000	1000	2000	2000	400	400
7 ~ 10	1000	1000	2000	2000	300	300
11 ~ 15	800	800	1000	1000	200	200
16 ~ 18	600	600	600	600	200	200
19 ~ 20	500	500	600	600	200	200
21 ~ 25	500	500	500	500	100	100
26 ~ 30	400	400	400	400	100	100
31 ~ 40	300	300	300	300	100	100
41 ~ 60	200	200	200	200	50	50
每次比赛第 61 至 100 名各奖励 100 元						
合计	104600		175000		20400	

二、比赛情况

2009年，“泰山啤酒杯”“泰山冠军”中国泰山登山系列大奖赛共举行6场月赛、1场季赛、1场总决赛。其中，3月7日在岱庙正阳门广场举行3月份月赛，终点玉皇顶，全国16个省（市、自治区）的400余名运动员参赛。4月11日在桃花源举行4月份月赛，终点玉皇顶，全国17个省（市、自治区）的500余名运动员参赛。5月9日在市政大楼东门北举行5月份月赛，终点玉皇顶，全国17个省（市、自治区）的500余名运动员参赛。6月6日在桃花源举行6月份月赛，终点玉皇顶，全国17个省（市、自治区）的600余名运动员参赛。6月20日在岱庙厚载门广场举行6月份季赛，终点玉皇顶，200名在前4次月赛综合积分排在前一百名的选手参赛。7月4日在桃花峪停车场举行7月份月赛，终点玉皇顶，全国18个省（市、自治区）的700余名运动员参赛。8月8日在岱庙厚载门广场举行8月份月赛，终点玉皇顶，全国16个省（市、自治区）的500余名运动员参赛。9月6日在林校操场举行年度总决赛，终点玉皇顶，参赛运动员从参加月赛、季赛综合积分排在前面的运动员中选出，共339名运动员参赛。

2011年，组委会对各月比赛进行命名。其中，4月为“泰山冠军”传统赛，起点岱庙厚载门广场、终点玉皇顶，来自全国20个省、市的近700名运动员参赛。5月为彩石溪风光旅游速度赛，起点桃花峪彩石溪、终点玉皇顶，全国20个省、市的近500名运动员参赛。6月为环泰山超级马拉松旅游赛，起点望岳东路北首，男子终点望岳东路北首（58公里）、女子终点天烛峰景区，全国20个省、市的近600名运动员参赛。7月为十八盘精英挑战赛，起点龙门（中路盘道）、终点南天门，参赛运动员从参加本年度月赛总积分前100名的选手、近三年参加登山比赛前10名的选手、近三年全国各类比赛前20名的选手中选出，共200名运动员参赛。8月为跨越泰山勇士赛，起点天烛峰广场、终点桃花源，全国20个省、市的1000余名运动员参赛。9月年度总决赛，起点山农大东校区（原林校操场）、终点玉皇顶，运动员从参加月赛成绩优秀者中选出，共387名运动员参赛。

2012年，对赛制进行改革，全年共举行3场比赛。其中，4月21日在岱庙厚载门举行古今穿越传统赛，终点玉皇顶，全国20个省（市）、山东省17个市100多个单位1200名运动员参赛。8月28日在林校操场举行山东省公安系统登山比赛，终点玉皇顶，全省公安系统123名运动员参赛。9月19日在望岳西路北首举行环泰山公路跑精英挑战赛（45公里）、环泰山公路跑万米挑战赛（10公里），终点分别为中华泰山封禅大典演出现场、环山路西首墨玉转盘路口，全国20个省、市的1000名运动员参赛。

2015年，共举行2次场比赛，全国20个省（市）、全省17个市的100多个单位2800名运动员参赛。其中，5月30日在岱庙厚载门举行古今穿越传统赛，终点玉皇顶，共有全国20个省（市）和山东省17个市的100多个单位、1800名运动员参赛。11月1日在市政府西望岳西路举行环泰山公路跑精英挑战赛（42公里）、环泰山公路跑万米挑战赛（10公里），终点分别是中华泰山封禅大典演出现场、墨玉转盘路口，全国20个省（市）的1000名运动员参赛。

第九章　传统体育

泰安传统体育有着悠久的历史。早在春秋时期，社会尚武之风盛行。到了唐宋，民间除练武、打擂外，摔跤、马球、蹴鞠、击鞠、捶丸、围棋、游泳亦非常流行。明清以后，泰安武术发展到鼎盛时期，门类众多、器械齐全，并不断推陈出新，创建新的武术拳种。徐家拳、徐家枪、梅家棍、邹家拳、秘宗拳、八卦奇门枪等就在此时产生于泰安地区；同时，民间表演类、杂耍类、游戏类、棋类、对抗类体育也十分丰富。新中国成立后，党和政府高度重视传统体育发展和传承，20世纪50年代，政府在农村、城镇社区倡导开展传统体育项目。进入21世纪，先后将中华子午门、徐家拳、石横武术、独杆跷、逛荡灯、摔二鬼、百兽图、百尺龙灯等多个传统体育项目列入泰安市非物质文化遗产名录。近代流行的传统体育项目主要有武术、气功、独杆跷、逛荡灯、狮舞、百尺龙灯、高跷牌坊、“摔二鬼”、荡秋千、放风筝、踢毽子、跳绳、跳皮筋、跳房子、打陀螺、打尜、滚铁环、打弹弓、举石、拔河、跳山羊等。

第一节　武　术

一、源流与发展

武术在泰安历史久远，它源于人类早期为谋生而进行的技击行为。大汶口文化时期，大汶口人已开始使用石制、木制工具进行狩猎和自卫。春秋战国时期，大汶河平原土地肥沃，物产丰富，为兵家必争之地。齐鲁两国积极扩充军事实力，以争霸称雄，社会习武尚勇之风盛行。西汉时期，兵民不分，实行义务兵制，地方经常训练预备兵，武艺、械术、骑射成为演练的主要内容。汉末魏初，泰山地区成立多个习武团体，并由此组成的泰山精兵，在当时名冠州郡，臧霸、孙观等皆以勇武闻名。南北朝时，泰山人羊侃“侃雄勇，臂力绝人，所用弓至十余石。尝于兖州尧庙蹋壁，直上至五寻，横行得七迹。泗桥有数石人，长八尺，大十围，侃执以相击，悉皆破碎”（《梁书·羊侃传》）。东平人马隆任晋将军时，选择士卒“限腰引弩三十六钧，弓四钧，立标简试。自旦至中，得三千五百人”（《晋书·马隆传》）。当时，练武既练跑、跳，也拉硬斛弓练力，这一时期还出现了飞檐走壁、击石破碎等轻功、硬功。

北宋时期，东平梁山水泊发生以宋江为首的农民起义，他们占山为王、聚水为寨，抵抗官军，替天行道。泰安西部深受“水浒”文化的影响，民间练武之风十分盛行，出现了自愿结合的练武组织。北宋末年，东平县六工山下建福寺方丈元通禅师创建中华子午门功夫，成为中国民间武术主要流派之一。

清代，泰安武术又有了新的发展。当代在泰安流传的武术拳种，大多在清代形成或传入。清康熙十三年（1674），江西吉安府梅占魁、邹广振两位武士到肥城石横定居传授武术，东平吴家园吴性拳师亦来石横传授武术，自此，肥城石横习武之风盛行，一时间青壮年皆拜师学艺。经百年演变石横镇终形成徐、梅、邹三个武术流派，在鲁西、鲁中颇具名声，有“枪不扎石横”“徐家枪，梅家棍，邹家的皮锤不用问”的传言。清雍正年间，泰安人孙通，初随沧州拳师张某学猕猔拳，又到少林寺苦练十余年，学会了点穴法、卸骨术、擒拿法、陆地飞行术和铁腿功。人称“铁腿孙通”。收徒教拳，其弟子称此拳为秘宗拳。其后世传人霍元甲武艺超群，此拳因此名声大振。清雍正年间，新泰通济村人徐盛才，兼融南北拳术之长，创立徐家拳。清乾隆年间，泰安县汶阳东浊头（今属肥城汶阳镇）张辉光（号羽舟渔人）擅枪法，集当时社会流传枪术之精华，创立“八卦奇门枪”，著有《八卦奇门枪》（又名《张氏枪论》）一卷，成为我国武术奇葩。清末，泰安设有“武林会馆”，延请武师传授技艺，武术家高德隆曾在此会馆投师学艺。

自宋以后，泰安地区有许多练武之人通过科举考取功名。宋元符二年（1099）奉符县云亭乡（今泰安市岱岳区）姜知彰以武举进士擢为状元（宋代中试前数名皆称状元），授右班殿直，知彭阳城。明隆庆元年，东平县李天相、李文鉴中丁卯科武进士。清康熙六年（1667）泰安县张钦，字咨五，中丁未武进士，历任济南城守备营守备，江西南赣镇标中军营管中游击事，诰授怀远将军，所至著有功绩，军民赖之。光绪三年（1877），肥城县尹东峰中丁丑年武进士，授蓝翎侍卫，选陕西汾州都司，后任固原游击。至清末，泰安有19人获武进士。

宋—清泰安地区考取武进士人员情况表

表 4–25

朝代	年份/科属	姓名	籍　贯	授官
宋	元符二年（1099）戊寅科擢第二名状元	姜知彰	奉符县（今泰安市岱岳区大汶口镇申村）	右班殿直、知彭阳城
明	隆庆元年（1568）丁卯科	李天相	东平县	
		李文鉴	东平县	
		李　铭	东平县	
		李　邵	东平县	
清	顺治十二年（1655）乙未科	范宏谟	泰安县	
	顺治八年（1651）辛卯科	郑建功	肥城县	江南浦口营守备
	康熙二年（1663）癸卯科	刘盛修	肥城县	
	康熙六年（1667）丁未科	张　钦	泰安县	历任济南城守备营守备、江西南赣镇标中军管中游击事、诰授怀远将军
	康熙二十七年（1688）戊辰科	孙继文	宁阳县	福州府守备
	康熙四十八年（1709）乙丑科	刘衍泗	东平县	
	康熙五十七年（1667）戊戌科	柳元善	宁阳县	寿春营守备
	清雍正八年（1730）庚戌科	范国泰	泰安县	历任安东卫、济宁卫、德州卫守备
	乾隆十九年（1754）甲戌科	马　铨	东平县	
	乾隆二十八年（1763）癸未科	卜云雯	东平县	
	清咸丰元年（1851）辛亥科	宋传虞	泰安县	同治年间任莱芜汛把总

续表 4–25

朝代	年份/科属	姓名	籍　贯	授官
清	同治四年（1865）乙丑科	沈化龙	宁阳县	湖北抚标守备
	光绪二年（1876）丙子科	梅冠军	肥城县石横镇	江西省南昌府守备、巨野营守府正堂
	光绪三年（1877）丁丑科	尹东峰	肥城县	授蓝翎侍卫、选陕西汾州都司、后任固原游击

民国时期，新泰、东平、肥城有习武场所20余处。其中，肥城石横有13家习武场所，村内青壮年大部分拜师习武。

新中国成立后，武术得到了新发展。20世纪50年代初，新泰、肥城、东平等地有20余家习武场所。1957年，泰安专区在泰安举办首届武术比赛，各县组织代表队参加比赛；此后，泰安地区分别于1962年、1975年举办了2届次泰安地区武术比赛。

1979年，改革开放后，练习武术的群众越来越多。1980年，东平县徐英第等拳师倡导兴办武馆，先后在东平县开办戴庙武校、精英武校、少林武校等6家武校，培养了一批武术人才。1981年，泰安地区体委把太极拳、剑列为重点群众健身项目，举办5期太极拳、剑学习班，培训骨干260余人。1984年，泰安地区体育局、教育局为促进传统武术进学校，在地区进修学校举办中小学体育教师武术培训班，培训体育教师100余人。1987年，东平县政府批准成立武术运动学校，是泰安市唯一由政府主办的武术专业技术运动学校。1993年，泰安市有东平县武术运动学校、泰山区神州武术学校、泰安武术学校、戴庙武校、淹王沟新华武校、泰山武术中学、棘梁山武校、司里山武校、柳林等武校10余所，在校学生1000余人。1996年9月，泰山区神州武术学校派团赴澳大利亚访问进行武术交流、表演，以后该武校多次出访。1999年，泰山武术学校派团赴澳门为驻澳部队演出。

进入21世纪，泰安武术进入新的发展时期。2000年1月1日，全国武术协会副主席、北京体育大学教授、中国武术九段门惠丰在泰山之巅展演自创东岳太极拳，中央电视台向全球有150多个国家和地区直播。东岳太极拳是门惠丰和夫人、大学教授阚桂香潜心研究数据十年，在汲取众家太极流派之长的基层上创建的，其二人著有《东岳太极拳、剑》《东岳太极刀、枪》。东岳太极拳有完整的功法、技理和套路，深受海内外武术爱好者的青睐，2015年习练者数十万之众。2003年，泰山小子武术队（正德武馆）举办武术基本功、泰山童子功培训，组织30名学员练武术、强体质、学武德、讲道义，继承弘扬中华武术精神。2006年7月，意大利、英国学员到泰安拜师学艺，并举行拜师仪式。同年9月19日，泰安广元太极拳俱乐部成立，英国、澳大利亚、俄罗斯等20个国家和地区300名学员先后到俱乐部学习，俱乐部编写《东岳太极拳竞赛套路》《东岳太极拳系列丛书》作为武术教材，至2015年，共举办培训班16期、培训骨干2268人。2010年2月，正德武馆代表泰安市赴韩国首尔参加第四届中韩青少年才艺大赛交流演出比赛。2012年，泰安市东岳武术馆参加在临沂举行的山东省第二届全民健身运动会，获四平拳、流星锤、月牙铲等4枚银牌。2006年至2015年，泰安广元太极拳俱乐部每天在天地广场组织80余人展演、教授东岳太极拳、东岳太极刀、东岳太极棍、东岳太极剑，深受群众欢迎。

2010年后，泰安市各类武术社团发展迅速。至2015年，泰安市各类武术社团近百家。其中，在泰安市民政局注册的有泰安广元太极拳俱乐部、岱宗洪传陈式太极拳研究中心、方圆太极俱乐部、东方太极俱乐部、洪刚搏击俱乐部、杨氏太极拳研究发展中心、永年太极馆、东岳武术馆、正德武馆、东岳传统武术研修中心、泰山弘德武术研究院、刘氏少林拳武术社等17家。

二、拳械种类

泰安武术门类众多、内容丰富多样。现在泰安流行的拳械种类主要有：中华子午门、徐家拳、徐家枪、梅家棍、邹家拳、秘踪拳及查拳、螳螂拳、孙膑拳、文圣拳、燕青拳、四通捶、罗汉拳、太祖拳、少林拳、二郎通背拳、响拳、明堂拳、梅花拳、七节鞭、十趟棍、少林刀、夜战鬼头刀、杨家枪、拐子枪、单扎枪、五虎坐门枪、七十二路花枪、盘龙棍、宣浪棍、大力棍、迷祖拳、坐门枪、六合枪、对扎枪、磨盘枪、段枪、单刀、六合刀、缠身剑、三才剑、五虎群羊棍、迷祖拳一至三路、坐门枪、六合枪、对扎枪、磨盘枪、段枪、单刀、六合刀、缠身剑、三才剑、五虎群羊棍等。其中，中华子午门、秘踪拳、徐家拳、徐家枪、梅家棍、邹家拳、八卦奇门枪、拐子枪、七十二路花枪、盘龙棍、宣浪棍、大力棍等发源于泰安地区。

中华子午门功夫　中华子午门功夫亦称“梁山功夫”，是中国民间武术重要流派之一。中华子午门功夫由东平县六工山下建福寺方丈元通禅师于北宋末年初创，经梁山农民起义军鲁智深、武松、燕青、时迁、林冲等与方丈元通禅师反复研习、切磋印证，形成雏形。后武松回六工山建福寺，元通法师将拳技导引之法传之武松。南宋绍兴元年（1131），子午门确立，元通法师推荐武松为子午门第一代掌门。此后，子午门功夫代代相传，历代掌门人在实践中不断发展创新，拳种套路日渐丰富。清代，生活在东平湖畔安山镇的王氏家族习武传家。王允武，字军三府，清朝武秀才，终身从事子午门功夫研究，促进子午门功夫发展传承。20世纪70年代后，第二十一代传人王绪军在完整地保留中华子午门功夫传统武学的基础上，吸收湖北武当、河南嵩山少林寺等地的武学技艺，把当代各武术流派技艺和中华子午门功夫有机揉和，使子午门功夫进一步完善。进入21世纪，王全师承二十一代掌门人宋义祥，深得其父王绪军子午门功夫真传，先后到美、英、法等国家进行学术交流和开办武馆。2009年，中华子午门功夫列入为山东省非物质文化遗产名录；传承人王全，被确立为市级非物质文化遗产传承人。

中华子午门功夫分为徒手套路、器械套路和内功三种功法。徒手套路包括子午拳十二路、子午八卦游身桩、宋江拳、麒麟拳等38种套路。器械套路包括宋江追魂刀、卢俊义奇门棍、公孙胜八卦剑等36种套路。内功功法包括子午指、铁指功、斩手功、子午竹叶手等36种功法。其功夫特点是动作敏捷，反应迅速，闪转腾挪，舒展大方，刚柔相济，内外兼修，具有很强的健身、观赏、实战和文化价值。

徐家拳　徐家拳起源于清代雍正年间，由徐氏高祖徐盛才所创。徐盛才，生于清雍正二年（1724），卒于嘉庆二年（1797）。徐公自幼习武，走南闯北拜师学艺，练就一身绝技。后开门授徒、精研印证、融合创新，形成徐家拳雏形。百余年传承不息，到第六代传人徐花葶又掀起一个新高潮。据新泰老县志和徐氏家谱记载，徐花葶，字殿甲，清道光五年（1825）出生，1900年卒于通济村。徐花葶在总结先辈武学的基础上，融合各家之长，改进徐家拳法及各种兵器的运用，增强了徐家拳竞技水平，多次参加大型比武，名列前茅。清咸丰年间封为武庠生（即武秀才），清咸丰三年（1853），被推选为新泰县团练团总。是年，太平捻军攻打新泰城，徐花葶率武装团严密防守，打败了来犯的捻军，清政府赏赐他亮蓝顶戴大花翎，至今尚存。

徐家拳的拳法因实战性和表演性强，攻防结合、强身健体、防身自卫，深受人们的喜爱。

拳术分为单打和双打。单打套路有架子锤拳；双打套路有撞膀捶拳、十字按拳、栽手拳、小劈风拳、二郎拳。徐家拳有七大绝技：撮鼻梁、打斜肋、顶心、盖顶、惯耳、击裆、削喉，这七大绝技招招制敌，极具实战性2009年，被列入山东省非物质文化遗产名录；传承人徐勤启被确立为省级非物质文化遗产传承人。2014年，被列入全国非物质文化遗产名录。2016年4月，传承人徐勤启被确立为国家级级非物质文化遗产传承人。

徐家枪　徐家枪发源于清康熙年间，由肥城县石横镇徐保久在汲取梅家棍、邹家拳及东平吴家园等众家武术精华的基础上创建。经300余年代代传承与完善，使徐家枪枪法精湛、技术全面、特色鲜明，具有很强的实战、观赏、强身健体价值，成为泰安地区的武术奇葩。徐家枪枪身一丈二尺，在肥城、平阴、东平颇有名声。徐家枪套路很多，现在流传的主要有大出山、打关东、打关西、响拳、明堂拳、软硬二十四趟腿、七十二路断赶擒拿、梅花掌、梅花拳、七节鞭、十趟棍、虎尾三节棍、单练刀、对砍刀、明唐刀、少林刀、夜战鬼头刀、杨家枪、拐子进枪、单扎枪、五虎坐门枪、七十二路花枪等。尤其以拐子进枪、单扎枪、五虎坐门枪、七十二路花枪最具特色，以杨家枪一至四路最为精湛。徐家拳著名人物是徐伦，外号“徐三挑弓子”，世人尊称“徐三爷”。据《石横镇志》记载，清朝皇姑在北海游玩身佩珠宝被梅州贼人盗走，张贴皇榜悬赏捕盗，徐伦勇揭皇榜，赴梅州破案。盗贼聚众在四面环水的小岛上，他只身从水下木桩飞步进入岛内，用九斤半重烟袋一下一只打死群恶狗，盗首知来者不善，将徐伦迎入客厅，寒暄摆宴，用刀尖挑肥肉送入徐口，徐咬断刀尖吞下肥肉，将刀尖吐出插在门上。贼惧不服，宴罢比武，徐失脚坐地，贼人持枪顺势刺下，徐顺贼枪连开带纫将贼手刺破。群盗震服，下跪认师，问此谓何招，徐曰“此乃老君坐蒲团、巧女纫针也”。贼人交出珠宝和贼犯。临行，徐命人用簸箕将豆子徐徐倒出，徐枪挑撒豆，豆豆带孔。从此徐家枪名扬四海。皇上为表其功，敕封徐威武将军，赐一套杠戈和抬戈，“文化大革命”初期损坏。2012年，徐家枪作为石横武术的门类之一，被列入泰安市非物质文化遗产名录。

梅家棍　梅家棍创建于清康熙年间。康熙年间，江西吉安府武师梅占魁定居肥城县石横镇，广招门徒，精习深研，遂成一派。现今梅家棍主要套路有：盘龙棍、宣浪棍、大力棍、迷祖拳、坐门枪、六合枪、对扎枪、磨盘枪、段枪、单刀、六合刀、缠身剑、三才剑、五虎群羊棍等。梅姓七世梅冠军，清同治六年（1867）中武举，光绪四年（1878）中武进士，先后任江西南昌府卫守备、山东钜野营守府正堂。他练武用过的380斤重的石志子、3张弓和一双靴子、一个帽盒、复制圣旨3张，其后人仍完善保存。八世梅绪封武术超人，刀、棍、弓、石为最擅长。十世梅绍斌所学武功除祖传外，又跟大连汪家成、牟平刘子元等拳师学迷祖拳一至三路、坐门枪、六合枪、对扎枪、磨盘枪、段枪、单刀、六合刀、缠身剑、三才剑、五虎群羊棍等，进一步丰富了梅家武术。2012年，作为石横武术的门类之一，被列入泰安市非物质文化遗产名录。

邹家拳　邹家拳发源于清康熙年间。当时，江西吉安府武师邹广振定居石横后，边耕种边习武授徒，经百年演变遂成一派。邹家拳为拳术与武术硬功的结合，其特点为技术精、力量大、拳头硬，在周边很有影响，有“邹家的皮锤不用问”的民语。传说有一年，石横街来了一伙打拳卖艺的，扬言走遍天下无敌手，在“隅首”就地画圈，宣布比武出圈者为输。多人比武败北。邹广振挺身入圈，只一捶便将艺人打翻在地，用脚踢出圈外。艺人跪下认师，临走留言三年后再见。艺人回去练的腿功，能力顶千斤。邹练的手劲，从油池里抓数百斤园坛如拾草芥。三年后，艺人果来较量，邹广振说：“你二人若将吾两手顶起，我就认输。”二人刚用力上顶，邹略使劲一抓，艺人应声认输。自此邹家的皮锤四方扬名。邹家武术，出众者还有八世邹学俭，为拳术教练；九世邹立常，亦是石横出名的拳师。2012年，作为石横武术的门类之一，被列入泰安市非物质文化遗产名录。

三、表演与比赛

民国初年，肥城县前黄庄丁衍芳任济南市国术馆第四分社社长，参加省国民政府举办的短拳对打比赛，获金牌1枚。

民国初年，肥城县石横镇徐茂泉参加山东省政府主席张宗昌在济南举办的演武大会获得奖赏。

民国二十一年至二十三年（1932—1934），东平县组队参加山东省武术擂台赛，连续三年获奖。

民国二十六年（1937）春，山东省省主席韩复榘在肥城举办武术选拔会，肥城县武术教练王英坡等16人参加了选拔会。

1956年，肥城县石横镇梅玉德、尹嵩祚参加华东地区在青岛举办的武术表演大会，获奖章1枚。

1957年，徐茂勋、徐光玉参加在上海举行的全国武术比赛大会。

1976年，山东省在济宁召开全省武术表演大会，肥城县梅绍斌参加表演，获得好评。

1977年，郭庆征、李启航等参加全省在郓城举办的武术表演大会。

1987年，东平武术学校代表泰安市参加山东省武术比赛运动会，获得总分全省第八名。

2002年4月，东平武术学校参加在济南市举行的山东省第二十届运动会武术比赛，获金牌1枚，银牌3枚，铜牌3枚。至2015年，东平县连续14年参加山东省运动会武术比赛，始终保持团体总分全省前八名，共获得山东省运动会武术比赛金牌12枚，银牌16枚，铜牌5枚。

2008年11月，泰安广元太极拳俱乐部参加在北京举行的第二届全国传统武术拳种比赛，获金牌2枚、银牌3枚，集体二等奖1项。

2010年，泰安广元太极拳俱乐部参加在北京举行的第三届全国传统武术拳种比赛，获金牌3枚、银牌7枚、铜牌5枚；集体二等奖1项。

2012年7月，泰安市东岳武术馆参加在临沂举行的山东省第二届全民健身运动会传统武术比赛暨第三届传统武术演武大会，获四平拳、流星锤、月牙铲等4枚银牌。

四、举办比赛

1957年，泰安专区在泰安举办首届武术比赛，各县市组织武术代表队参加比赛。

1962年，泰安专区在泰安举办第二届武术比赛，全专区10多支武术代表队参加比赛。

1975年，泰安地区在泰安举办第三届武术比赛。

1987年，武术列入泰安市第六届运动会正式比赛项目，至2015年，共举行9届运动会武术比赛。

第二节　气　功

气功在泰安地区发展历史较长。肥城市石横镇一带自古就有“练武不练功，到老一场空”的俗语。因过去或秘而不传，或师承关系森严，流传范围很小，仅有少数拳师习气功作为练武的基本功。

新中国成立后，有些功法曾向群众传播，但并不广泛，只有习武者进行练习，流传仍然十分有限。20世纪70年代末，泰安地区开始向大众推广保健操、八段锦、练功十八法、易筋经等，受到群众欢迎。20世纪80年代，气功活动在泰安地区迅速发展。1985年10月，泰安市老年体协举办首期“禅密功”学习班，来自各县（市）、军分区、市直机关、大专院校的26名人员参加学习，为各单位在老年人中开展气功运动培养骨干。1989年3月，市老年体协将“导引养生功”作为重点推广普及项目，先后举办三期辅导员培训班；各县（市、区）、矿务局也相继举办培训班，全市共办班168期，培训人数5200余人。1990年，泰安市大部分县级单位均成立“导引养生功推广委员会”，形成推广“导引养生功”的热潮。1991年，宁阳县代表队代表泰安市参加全国导功比赛，获一等奖。肥城代表队代表泰安市参加省导功经验交流会，获最佳奖。1995年5月，市商业局组成代表队参加山东省第四届导引养生功经验交流会，获得优秀奖。1998年8月，泰安市导引养生功组队参加北京大学和中国武术学院举办的“第五届国际导引养生功竞赛表演”，泰安市运动员王庭燕获乙组育真补元功个人竞赛第三名和太极剑个人第六名，韩琪谨获男子甲组养生太极剑个人第五名，团体荣获养生太极掌第三名、养生太极剑第六名。

20世纪90年代末，气功由少数人的活动变为群众性的体育健身活动，不仅受到老年人和慢性病患者的欢迎，而且成为中年人和青年学生强身、健美、开智的手段。2011年10月16日至19日山东省老年健身气功表演赛在肥城市泰西宾馆举行，中国老年人体育协会副主席、山东省人大常委会原副主任、山东省老年人体育协会主席曹学成，泰安市政府副市长徐恩虎，体育局局长苏有森，老年体协主席史怀君出席开幕式。

1997年，泰安市将“导引养生功”纳入泰安市运动会老年组体育比赛项目。至2015年，共举行9届运动会气功比赛，有近500名气功爱好者参加比赛展演活动。

第三节　民俗体育

一、表演性项目

独杆跷　独杆跷又叫“独脚跷”，由大洼村王氏于清光绪二十三年（1897）在双脚踩高跷的基础上独创，传至第三代王兆杰时已日臻成熟，现已传至第六代。其道具为一根高约1.8米、直径4.5厘米的圆木棍，上端钉上一横木抓手，在0.9米处安装一块供人踩踏的踏板，即为独杆跷。其经典剧目为《刘海戏金蟾》，其造型带有浓郁的神话传奇色彩。由2个人分别饰刘海和金蝉，饰演金蝉者双手扶一只特制的高跷，双脚站在另一只高跷上，行进在高跷队前，负责维持表演秩序，俗称“打场子”。其表演分“串街”和“摆场”两种形式。“串街”时，独杆跷扛着跷跟着“故事队”行走，遇到放鞭炮表演时，刘海做“双踩跷”，金蟾做“蛙跳”动作行走。“摆场”时，刘海与金蟾做全面的配合。刘海做“双踩”“单踩”“交叉踩”“左单踩”“右单踩”“蹦跳踩”等高难度、高技巧动作，金蟾做“蛙跳”“蛙爬”“四爪朝天”“四腿蜷”等诙谐幽默的动作。一般在农历正月初十开始演出，正月二十左右结束。主要流传于新泰一带，现每年春节泰安其他地方亦能看到表演。独杆跷虽源于高跷，但其造型奇特、形象生动、表演活泼、花样繁多，具有鲜明的地方特色，成为山东民间舞蹈艺术的独门绝技。2006年，被列入山东省非物质文化遗产名录，第六代传承人王宗禄被确立为省级非物质文化遗产传承人。2008年，独杆跷被列入全国非物质文化遗产名录。

百兽图　其故事来源于民间传说，造型艺术具有浓郁的神话传奇色彩。百兽形态各异，表演分“串街”和“打场”两部分。“串街”演出时，往往先有龙灯、高跷、狮子等开路。一般表演要走遍村里的大街小巷。“打场”演出就是在宽阔的场地上进行表演。演员共有九人，一人扮马童，八人扮“八仙”。“八仙”各骑一兽。分别是：汉钟离骑雄狮，背玉扇；吕洞宾骑麒麟，背宝剑；张果老骑毛驴，背渔鼓；曹国舅骑老虎，背阴阳板；篮采和骑海蛟，背横笛；何仙姑骑大象，背铁笊篱；韩湘子骑梅花鹿，背花篮；铁拐李骑独角兽，背火葫芦。“八仙”的表演动作是“跑马”动作。主要有“劈四门”“子午络绎”“各条盘”“长蛇蜕皮”等。队形的变化由马童调度指挥。伴奏乐以打击乐为主，乐器有鼓、锣、镲，并有唢呐、笙、笛等。一般在春节后至元宵节前演出。主要分布在新泰市羊流镇、谷里镇、果都镇、西张庄镇等周边地区。2006年，被列入山东省非物质文化遗产名录，传承人张传霞被确立为省级非物质文化遗产传承人。

逛荡灯　民间表演灯彩形式的一种，发源于新泰谷里镇南谷里村，流传于新泰市，影响到周边区域。主要为祈福纳祥，祈求国泰民安，最早记录始见于隋、唐时期。“逛荡灯”为一巨大人偶，头戴乌纱，手捧朝笏，为典型朝廷命官形象。其高大外形，是民众对朝廷、对官员的敬畏心的体现。制作者将一种亲民理念融入表演的每一个环节，在其外貌高大而又威严、谦恭礼下，将其置入欢庆节日的百姓行列之中，使其具有理想主义色彩。“逛荡灯”以民间器具——圈椅、圆杌、陶罐、升（一种量具）为制作材料，用泥瓦罐做人头，老式椅做身体。其表演伴奏为打击乐器，主要有大锣、大鼓、大镲等，节奏较为简单。“逛荡灯”的表演主要在春节后到正月十六这段喜庆时期。游玩时，罐内点燃大红蜡烛，壮汉顶起罗汉椅，行走在庆祝队伍最前列，巍巍壮观，每到一处，人们燃放鞭炮，顶礼膜拜，极其虔诚。因逛荡灯寓意吉祥，因而受到人民群众的喜爱。现在，每年春节在泰安各地亦能看到表演。2006年，被列入山东省非物质文化遗产名录，李天顺被确立为省级非物质文化遗产传承人。

2006年，民俗体育项目“摔二鬼”被列入泰安市非物质文化遗产。（东平县体育局提供）

“摔二鬼”　“摔二鬼”相传发源于宋朝宫中，后传入民间。“摔二鬼”主要在东平县州城街道、东平街道、沙河站镇、老湖镇、彭集镇及汶上县、梁山县、平阴县等地区流行。“摔二鬼”表演者一个人背负道具，假扮二人扭抱，四肢俯地表演，穿越、蹦跳，你进我退，翻滚撕打，四肢蹬、踢、别、跳、扭、摔，将两个假人的摔跤表现得鲜活逼真，滑稽幽默。表演中鼓、大锣、小锣等乐器伴奏。“摔二鬼”有“枯树盘根”“狮子滚绣球”等大小32个动作。明代，东平县州城街道大寺村王氏以表演“摔二鬼”谋生。清朝，王明超表演“摔二鬼”饮誉东平及周边地区。近代，州城街道西关村孙茂林多次受邀到济南、泰安等地表演“摔二鬼”。2000年后，州城街道大寺村的连凤岐、吴绪江等人在农村节庆活动及山会、庙会上表演“摔二鬼”，深受观众喜爱。至2015年，连凤岐、吴绪江等艺人已渐入老年，年轻人很少乐意学习这种技艺。2006年，被列入泰安市非物质文化遗产，吴绪江被确立为市级非物质文化遗产传承人。

高跷牌坊　高跷牌坊又叫“垛牌坊”，于清代嘉庆年间发源于肥城市边院镇东向北村，清朝嘉庆年间已颇负盛名。高跷牌坊是人们在长期的社会实践中，创作出的一种特殊的民间文化表演形式，有着浓郁的乡土气息和鲜明的民间艺术特征。不仅具有欢快、热烈、火爆、惊险的特征，而且十分优美，充满着幽默、风趣和诙谐。“垛牌坊”表演惊险壮观，形式多样，尤其是高空扑蝶表演，给人以震撼之感。与跑旱船、舞龙、舞狮、牵骆驼、大秧歌、西游记等民间舞蹈相结合，阵容更加庞大，是春节、元宵等重要节庆活动最受人们喜爱的表演项目。新中国成立后，“垛牌坊”节目，在泰安、肥城民间故事展演中曾多次获奖。2008年，被列入泰安市非物质文化遗产名录，宫文革被确立为市级非物质文化遗产传承人。

狮舞　舞狮也叫“耍狮子”“狮子舞”。是泰安当地传统的优秀民间艺术之一。相传狮子是汉武帝派张骞出使西域后，和孔雀等一同带回国的贡品，而舞狮的技艺却是引自西凉“假面戏”。扎制狮子的原料多用布、麻。每年春节至元宵节期间表演。民间舞狮，分为“北狮”和“南狮”两派，境内舞狮为“北狮”支派。一般有两人合作扮一头狮子，一人扮作一头小狮子，舞狮者全身包狮皮，下穿和狮身相同毛色的绿毛裤和金爪蹄靴，观看者无法辨认舞狮人的形体。另一人扮武士，手拿绣球作引导，并先开拳踢打，以诱狮子起舞。狮子随着鼓点的轻快慢重摇头摆尾，千姿百态，妙趣横生。在模仿动作上有舔毛、擦脚、搔头、洗耳、朝拜、翻滚等动作。在技巧上，有上楼台、过天桥、出洞、下山、滚球、吐球、踩青等。主要表演节目有：狮子摇尾、狮子登高、狮子滚翻、登高坐望等。境内不少村庄年后都有舞狮队进城串街表演，虽表演节目不是十分精彩，但也甚富情趣，总能逗人开心一笑。

百尺龙灯　百尺龙灯发源于肥城市老城镇百尺村，流传于肥城北部地区。其表演形式成熟于清代中期，闻名于清末。百尺龙灯多为7节，以木、竹作骨架，纱衣罩身，牛油蜡烛照明。演出人员分为“前七后八中十一”，即7人轮流掌头，8人轮流执尾，11人执撑龙身。表演开始，先“跳龙门”，后下蹲，头尾3交，再纵身而起进场。此时燃放烟火，恰似巨龙腾云驾雾。随即龙头飞起，从后穿过，龙身翻滚，连续4次，谓之“闯四门”。“滚龙翻涛”，非武功深厚者不能为。民国五年（1916）元宵节，百尺龙灯舞蹈队员60多人赴徐州演出，轰动全城。新中国成立后，肥城成立了十几支百尺龙灯舞蹈队，每年元宵节前后，都到县城及周边乡村巡回表演，深受群众欢迎。至2015年，肥城县有龙灯舞蹈队50多个，每年春节表演近千场。

二、娱乐性项目

放风筝　风筝又名“纸鸢”，民间俗称“鹞子”，放风筝是泰安民间的传统习俗，多在春季或秋后农闲季节天气适中时放。放风筝以其浓厚的趣味性、竞争性深受人们的欢迎。自20世纪80年代以来，放风筝不再局限于春季，一年四季都有人从事放风筝活动，在泰安及周围县城、乡镇稍大一点空地，如广场、操场、公园等都能看到天空飘扬纷飞的风筝。风筝的制作，在20世纪70年代前一般是自制，用木条、竹枇、细树梢或高粱梃按照个人意愿轧制骨架，贴上白纸，画上图案，拴上棉线或麻线即可。进入20世纪90年代后，买卖风筝摊点增多，人们逐渐由买卖代替了自制。

拾子　又称拾石子、拾节骨等。玩法多种，玩时伴之以歌谣，节奏分明。2人或多人玩均可。每人备5个直径1.5厘米左右的圆滑石子，叫“子”。议定满数后先打“记”，将参赛者的全部“子”拿在手中向空中轻抛，用一只手背接几个算几个，其余落地，然后将接住的子抛弃迅速用该手向空中去抓，以抓住多少排定顺序。出场者象打记一样，手背接子叫“顶”，翻手接子叫“甩”，愿接几个接几个。接住后，将子抛起，该手迅速在地上拾起一个，再接住空中落下的子，叫“抽一”；再将原子抛向空中，迅速在地上拾起两个，再接住空中落下的子，叫“抓对”，如此在地上拾起三个叫“抢三”。一边动作，一边唱：“一个顶，一个甩，我抽一，我抓三，我抢三”。一轮结束叫“一记”，将始接之子尽数拿出，算是成绩。子数逐次减少，最后只剩一子，像“打记”一样在空中抓。在任何一个环节接不住空中落下的子或不能按定数拾起地上的子或戳着其他子即为“瞎”，让给对方拾。如此循环，各自累计成绩，先满数者为赢。

荡秋千　荡秋千是一项古老的民间传统体育活动，在泰安有着久远的历史。泰山神话相传碧霞元君曾生活在徂徕山，两座高山似秋千架，由秋千架荡秋千至泰山顶掌坐泰山。泰安秋千主要是将两根绳子分别系在高大的树枝上，下端系一木板或木棍便成。荡秋千者多为少年儿童或青年女子。

踢毽子　毽子有多种，踢法有多样。常见的有一人盘踢、二人对踢和一人盘交（也称交踢）3种。民国时期，泰安将踢毽子作为传统体育项目加以提倡，主要流传于青少年女子当中。现今，毽子运动非常普及，2000年泰安市将其列入全民健身活动项目，在学校、农村、城镇社区等都有毽子爱好者，在技术技巧方面也有新的发展。踢毽子的花样有“前踢后打”“左右开弓”“朝天一炷香”“背后三起脚”“五起脚”“十起脚”“站翘”“跪环”“剪子股”“独腿楼”“脚打锣”“簸簸箕”“双点鸳鸯”“猴子偷桃”“八步赶潺”及“苏秦背剑”等20多种。20世纪70年代前，毽子主要自己制作，选铜制钱二三枚，用布条将铜钱缠裹紧，中间铰上孔扎上10根左右的鸡毛或一束线麻即成，现今主要购买。

跳绳　跳绳是泰安市城乡少年儿童及青年人喜爱的健身体育项目。跳绳一般分单人跳、双人跳和多人跳3种。单人跳是运动员自己握绳两端，有快跳和慢跳2种。双人跳是2人用1根跳绳，同起同落。多人跳一般为3人以上，其中，2人摆绳，其余灵活地跳上跳下，跳时运动员可以来回走串变换花样，给人以轻快活泼的美感。1981年省体委下发《关于积极开展跳绳、跳皮筋、踢毽子等体育活动的通知》，要求各地广泛开展跳绳等各项传统体育活动。

跳皮筋　跳皮筋是新中国成立后兴起的一项体育活动。20世纪80年代前，主要流传于城镇学校少年儿童中；80年代后，开始在农村传播；90年代，在城乡广泛普及。跳皮筋不受场地和人数限制，有一人跳、二人跳和多人跳，每跳完一个高度后，皮筋上升至新的高度，直至失误，换人再跳。跳跃中伴有口诀，边跳边唱，非常轻快，尤为女孩子所喜爱。跳皮筋现已成为比赛项目，泰安有的中小学曾多次举行跳皮筋比赛和表演。

跳房子　跳房子也称“踢房子”“造房子”等，是少年儿童喜爱的一种传统体育活动，民国时期即已盛行。跳房不受人数限制，2人或3人、5人均可。挑房者各自备一个圆形瓦片或者石块，在地上画一个方格阵图，阵图的样式因地而异，方格数目无统一要求，每一方格为一间“房子”，谁首先占满所有的房子或占房多者为胜。比赛前，先讲好条件。比赛时，先在房的一侧选一固定点划横线，由参加者在一定距离外向横线踢瓦片，距离横线者近者先跳，依次轮排。比赛开始，跳房者把瓦片放在第一个方格，然后一只脚提离地面，另一只脚踢瓦片通过每一个方格踢出阵图。跳房时，悬脚着地或瓦片压线为失误，踢瓦顺利通过每一方格出阵图后，踢瓦人再将瓦片投放第二个方格。如果在投放哪个方格中失误，再轮到自己跳时就从哪个方格开始投放，直到依次投放到最后一个方格并顺利踢出。完成后，跳房者就可以“背房子”，即在阵图端线外背对阵图投放瓦片，瓦片落在哪个方格内，这个方格就成为他的“房子”。跳房者有了自己的“房子”，踢瓦通过自己的“房子”时，需落下悬脚休息片刻，不落则为失误。

打陀螺　打陀螺俗称打尕，在泰安城乡广泛流传，是少年儿童喜欢的传统体育活动项目。陀螺的形状上平下尖，一般用直径5厘米、长5厘米的木棍削铣而成，顶端以砸进钢珠为好。打陀螺，开始先将陀螺尖端向下，在地面或冰上发转，接着用鞭子抽打，不使其停转。冬季是打陀螺最盛的季节，小河、湖边成群的儿童少年驱赶着各自的陀螺，互相追逐嬉戏，其乐无穷。

打尜　打尜在泰安乡镇流传很广，是农村男青少年冬季农闲时喜欢的体育活动。打尜的工具为尜和打尜棒。尜的形状如梭子，大小不一，一般长约15厘米，直径3.5厘米左右，两头尖，由木棒削铣而成；打尜棒一般为用一根长约70厘米左右的木棍。活动时多数地区在地上画一方形尜城，由一人捡尜，其他人轮流打尜。谁打出的尜被捡尜人投入尜城，谁就与捡尜人交换。最后以捡柰的次数少者为胜。

滚铁环　滚铁环是20世纪80年代前，城乡少年儿童最为普及和喜欢的体育项目，泰安地区许多中小学都举行过滚铁环比赛。铁环滚动时，手执一个一端带铁丝钩的铁环棍，推动铁环前进。滚铁环即可为一个人玩耍，亦可多人玩耍，有时进行比赛，或比速度，或比花样。比速度有直线速度和曲线速度两种；比花样有换手、穿裆、绕腿、画小圆、画8字等多种。

打弹弓　打弹弓是20世纪泰安青少年喜欢的传统活动项目，在城乡广泛流传。弹弓用粗细大小相同的树杈或粗铁丝弯制成弹弓架，在架上绑上两根皮筋或皮条，皮筋的另一端连接一块稍宽些的皮革即成。打弹弓可以锻炼臂力、眼力、思维判断和手眼协调能力。喜欢弹弓的青少年常在一起进行射准比赛或相约打鸟和蝉。2000年后，由于人们保护动物意识加强及安全等原因，弹弓逐步淡出人们视线。

弹琉璃球　弹琉璃球俗称“弹琉璃蛋儿”，在泰安广泛流传，为青少年所喜爱，是一项娱乐性很强的体育活动。弹琉璃球的形式有两种：一是先在地上挖一小窝，参加者在规定位置力求把球滚入窝中（烟台称此为“瞟窝”）；二是参加者以自己的球依次碰撞其他人的球，碰不上为失误，球滚到什么位置，就在此位置让别人再碰，等待下次碰球权，如此循环往复。

挤油儿　挤油儿又称挤老鼠，是少年儿童所喜爱的健身活动。一般在冬季流行。游戏时，若干人一字排在墙边，从两头向中间挤，被挤出去的人再跑到两端向中间挤。此项活动没有胜负之分，直到出汗为止。

滑冰　滑冰是少年儿童冬季喜爱的健身活动。在冬季河塘结冰后，在冰上擦出宽约40厘米、长约5至10米的滑道，通过助跑在滑道上滑行，滑行方式一般分为单人滑和多人滑两种。或取一木板，下面订上相同的两根木条人蹲或坐在上面，手执两根木棍或铁棍滑冰。滑冰也可以进行比赛，以速度或距离长短来分名次。

三、对抗性项目

摔跤　摔跤俗称扒咕噜，在泰安城乡青少年中流传很广。习武者把摔跤作为一种武艺进行演练，民国时期摔跤运动被纳入竞技体育，成为全国各类运动会的比赛项目。泰安人传统思想较重，民间摔跤活动受性别限制较强，女子很少进行该项活动，一般是男人摔跤，女人观看。摔跤有一对一、一对二、一对多等多种。根据不同摔跤对象，采取不同的摔跤方法。常见的形式有自由式（俗称“抢着摔”）和固定式（俗称“抱住摔”）两种。自由式即摔跤开始时双方身体互不接触，各自伺机抓住对方而摔；固定式是按一定要求双方互相抱住后再摔。固定式又分“支架式”“拥抱式”和“抱腰式”3种。支架式俗称“支架子”，双方各自握住对方的两只上臂而摔，是势均力敌的对手常采用的形式；拥抱式是双方抱住后再摔，是两名对手采用支架式久不见分晓时采用的形式；抱腰式是一人抱住对手的腰部而摔，是一强一弱的对手常采用的形式。无论自由式还是固定式，均以摔倒对方为胜。目前这种摔跤活动在城乡已很少见。

举石锁、举志石　举石锁是泰安习武者练功习武的一种辅助练习，在群众中流传也很广。举石锁又分为举志石和举石锁2种。志石为长方形柱体，在其相对的两侧凿有小槽，重量大小不一，一般为60至100公斤。练习时，用双手抠住小槽，用力上提。反复练习可锻炼指、腕和前臂的力量。举石锁在新泰、肥城、东平等地流传。石锁的重量，小的10公斤左右，大的六七十公斤。练石锁一般是单臂练习，花样有“二郎担山”“苏秦背剑”“黑狗钻裆”“白蛇缠腰”等。新中国成立后，曾作为民族体育加以提倡和发扬。1953年中华民族形式体育表演及竞赛大会即设有举重（即举石锁、石担）项目。现在，农村习武者仍广泛开展该项目。

拔河　泰安拔河活动历史悠久，世代相传。

新中国成立后，各地工厂、学校、机关、村镇等都时常举行拔河比赛。

推掌　俗称“斗鸡”，因模仿两鸡相斗而得名，是二人对抗的体育活动，流行泰安各地。活动方法是两名对手相对而立，两脚平开，两臂前伸，两人之间的距离以两人两臂伸直两掌撞击后能使一方离开原立的位置为宜。比赛时双方各自寻机推击对方手掌，或者使用虚晃，以造成对手身体重心失控而导致单脚或双脚移位者为胜。

顶膝　顶膝俗称“斗膝”“顶鸡”“斗鸡”，是青少年喜欢的体育活动。活动时两名对手各自搬起一只脚，使小腿平曲与大腿和腰线成三角形，另一腿支撑身体，以膝部相撞。顶膝动作有顶、砸、掀、拨等，还有虚闪动作，以使对方重心失控双脚落地为胜。顶膝比赛，分双人比赛和多人比赛，多人比赛则是赛前分组，以双脚落地少者为胜。

打住　又名打行头，在泰安历史久远，主要活动器具为行头。行头是用棉线缠绕成的实体圆球，直径约5至7厘米，20世纪60年代开始用皮球代替。参赛者分甲乙两队，各队选一领头人叫“掐住的”。选一宽敞场地或胡同，在一端划杠并定满数。开始先亮，双方“掐住的”顺向骑站在杠上，单手抛起行头，用食、中二指侧向朝场地另一端击去，远者为先（称甲）。比赛开始，甲方将队员随便排好名次，准备出场。乙方全部人员到场地另一端（一般相距20～30米），面对甲方横排成“一”字对形，叫“挡住”，即行头打来时加以阻挡。甲方出场队员顺向骑站在杠上，抛起行头向另一端猛击。乙方千方百计将行头挡住，掐住的回到甲地，站在杠外，将本队队员抛来的行头单手掐住叫“掐死”；若甲方出场队员击行头过高，被乙方任何一名队员掐住，也叫“掐死”；甲方队员抛起行头打不着时叫“嚎死”，均让给乙方打。若乙方“掐住的”未掐住，或虽掐住但脚越过杠即算一柱，继续由甲方这名队员打，直到“掐死”，另换一轮时才换人。如此循环，先满数一方为赢。

民间棋类　泰安民间棋类历史悠久。民间地头棋也称“庄户棋”。农民在田间地头席地而坐，随手拣草棒、石子、瓦片等作棋子，在地上画一棋盘，即可拼杀。泰安各地流传的棋类有“连城”“憋死牛”“赶牛角”等。

四、模拟性项目

骑竹马　骑竹马是儿童喜爱的游戏活动，流行于泰安城乡。活动时以竹竿、木棍或高粱秸为马，有的在其一端系上一根细绳作马缰。游戏时一手拿草棍将其夹在裆下，一手抬起作扬鞭状，有的双脚一前一后做垫步跑，有的直接奔跑。骑竹马的儿童常举行比赛。赛前首先讲好条件，规定好起点和终点，先到达终点者为胜。

跳山羊　跳山羊为青少年男子所喜爱的体育活动。活动时数人双腿并立，弯腰90度，双手支撑于膝上，似山羊排成一行。跳山羊的人依次从他们的背上跳过，跳完后接排在后边也为“山羊”，由第一个“山羊”起来再跳，依次循环进行。跳山羊可进行比赛，首先依次每人都跳过一次者为优胜组。

蝎子爬　蝎子爬即倒立行走，是一项古老的体育活动项目，多在习武者之间流传。古时江湖艺人多能演此技。方法是双手抚地，身体倒置，两小腿稍有弯曲，以手为脚在地上行走，其形如蝎子，故名“蝎子爬”。蝎子爬颇受青少年们喜爱。他们常在场院、地头大路上或其他场所练习，有时还进行比赛。技术差的多比距离，技术好的多比速度。

打螃蟹　打螃蟹因其动作如螃蟹横行而得名，又因为连做打螃蟹，其形如风车，所以也称此为“打旋风”。打螃蟹是流传很久的一项传统体育活动项目，过去江湖艺人打场卖艺、杂技马戏的演出常以此亮相。打螃蟹的方法如现在体操中的侧手翻。打螃蟹可以进行比赛，比赛时在地上画一条直线，参赛者依次沿直线进行，连续打螃蟹数多者为胜。要求每一次翻过后两脚须踏在直线上，否则无效。

老鹰抓小鸡 老鹰抓小鸡也称“黄鼠狼抓鸡”，在城乡少年儿童中广泛开展。活动时一人作“老鹰”，一人作“老母鸡”，数人当“小鸡”，“小鸡”在“老母鸡”身后依次抱住腰部接成一队。“老鹰”抓“小鸡”，“母鸡”张开双臂保护。此项活动生动活泼，非常有趣，很受少年儿童喜欢。

第十章 全民健身

1982年8月2日，省体委发出《关于在全省开展体育活动月的通知》，将9月份定为“体育活动月”。1984年4月省委、省政府召开全省体育工作会议，决定将每年农历正月定为全省“体育活动月”。1985年农历正月，泰安地区组织开展“体育活动月”，全区300多万人参加活动。1995年7月，泰安市委、市政府召开全民健身动员暨体育工作会议，成立泰安市实施全民健身计划宣传工作小组，下发《关于全民健身宣传周活动意见的通知》，组织开展《中华人民共和国体育法》和《全民健身纲要》专项宣传活动。同年经国家体委批准，泰山国际登山节列为全国全民健身项目。2001年6月16日，“2001山东省全民健身活动启动仪式”在泰安天地广场举行。2004年11月1日，《山东省全民体育健身条例》（以下简称《条例》）经省第十届人大十次会议通过，由山东省人民政府颁布实施。泰安市各级按照《条例》，逐步将全民体育健身工作纳入国民经济和社会发展计划。2011年，泰安市政府颁布《泰安市全民健身实施计划（2011—2015）》，全市各级围绕全民健身计划的贯彻落实，广泛开展“全民健身宣传周”“全民健身月”“全民健身日”宣传活动，组织开展各类体育健身活动、比赛。2015年，全市组织举办全民健身体育活动500余项，30余万人次参加活动，全市体育人口达到40%以上。1999年，王瓜店镇被农业部和国家体育总局授予“全国亿万农民体育活动先进乡镇”称号；自2010年至2013年，市体育局连续被国家体育总局授予“全民健身活动优秀组织奖”称号。2014年，市体育局被国家体育总局授予“全国群众体育先进单位”称号。

第一节 机 构

一、领导机构

1995年，泰安市体委负责本行政区域内的全民健身工作。2010年，按照国务院颁布的《全国全民健身条例》，泰安市政府是发展全民健身事业的责任主体，对计划实施情况负责。泰安市体育局按照市政府的部署，负责全民健身计划的实施工作。2013年，泰安市政府成立全民健身工作领导小组，副市长徐恩虎任组长，市体育局局长苏有森任副组长。领导小组下设办公室，办公室设在体育局，副局长于桂香任办公室主任，2015年副局长曹东平任办公室主任。

二、办事机构

1995年，泰安市全民健身主要工作由市体委群体科负责，其中老年人体育由市老年体协负责。2009年12月，泰安市体育总会成立，社团体育活动由体育总会负责。2010年，全民健身工作由群体科、老年体协、体育总会分工负责。2011年，按照《泰安市全民健身实施计划（2011—2015年）》要求，乡镇政府、城市街道办事处为全民健身事业责任主体，乡镇、街道文化体育站或街道文化体育活动中心负责全民健身计划实施。农村、城镇社区设健身站点、健身指导站或健身俱乐部，配备社会体育指导员，引导群众科学健身。2013年，村、社区均成立文小体广场或文体活动中心，设置文体带头人，负责全民健身活动的开展。至2015年无变化。

第二节　全民健身宣传

20世纪90年代初，省政府将每年正月设立为“全民健身宣传月”，泰安市每年都在“全民健身宣传月”期间组织开展多项全民健身宣传活动。1990年，泰安市组织大中院校专家学者组成全民健身宣讲团到各县（市、区）、市直各单位进行巡回宣讲。1992年，宣传月活动期间，泰安市各级利用报纸、电台、电视台、社区宣传栏及组织开展篮球、越野、登山、健身走、太极拳、健身舞、健身操和举办体育骨干培训班等活动，宣传全民健身活动意义，普及全民健身体育项目。同年，被省体委授予“山东省全民健身宣传月优秀组织奖”称号。1995年，宣传活动月期间，开展各类宣传活动1000余项，10万余人参加活动，100万余人受益。

2000年，泰安市把宣传月作为推动全民健身活动的总抓手，通过开展全民健身宣传月、“体育三下乡”、全民健身骨干培训、健身项目展演、比赛等活动，促进全民健身活动开展。年内，全市各级组织各类宣传活动1300余次，20余万人参加。省体育局授予泰安市体育局“山东省2000年全民健身宣传月”优秀组织奖，授予泰安广播电视台《体育之窗》“全民健身宣传月”优秀报道奖，授予宁阳县、岱岳区“全民健身宣传月先进单位”称号。

2004年，泰安市体育局与市委组织部、市文明办、市农业局等单位在全市联合开展“体育三下乡”（体育场地设施、体育健身指导和体育科普知识）活动。6月30日，在岱岳区山口镇油坊村举行活动启动仪式。市委、市政府及市直有关部门领导和当地群众2000多人参加仪式。活动发放科普图书1000册，宣传海报2000幅。年内，各县（市、区）举行“体育三下乡”活动10次，发放科普图书、宣传海报、健康手册1.5万余册，开展体育比赛、展演活动100余次。2005年，泰安市举办“泰安市群众体育10年成就展”巡回展出活动。展板共分三篇，从6个方面介绍了泰安市开展全民健身活动10年来取得的丰硕成果，近10万人观看展出。

2009年8月，省体育局组织大中院校专家学者组成健身宣讲团到泰安市宣讲，在市直机关，各县（市、区）巡回宣讲7场次，直接听众3000余人。

2010年6月，泰安市体育局在泰安举办《山东省全民健身条例》宣传日活动，市直、泰山区、岱岳区有关单位在青年路两侧设置了37个宣传点，近100块全民健身展板，100余名全民健身宣传员、社会体育指导员参加活动。宣传活动共发放健身手册5000余份，为市民提供健身咨询200余次，吸引市民5000余人。2011年至2015年，组织全民健身宣讲团宣讲100余场次，10万余人受益。利用广播、电视、报刊等媒体，以及设立宣传栏、举办讲座等，普及体育健身知识，倡树“人人热爱体育、全民健身强体”的理念，在全社会营造了城乡居民积极参与体育健身活动的良好氛围。

第三节　全民健身工程实施

1999年，泰安市开始第一期全民健身工程建设。泰安城由市体委牵头建设以起重三角花园、云海小区、迎春小区、东湖公园、五马湖公园为一体的全民健身文明一条街。全民健身一条街的建成，改善了当地环境，治理了脏乱差局面，方便了群众健身，深受市民欢迎。2002年，投资40多万元，在凤台开发小区、郾岭小区、凤台社区、广电小区、二中小区、人行小区新建健身路径10条。2003年，投资30多万元，在泰山区政府大院、南关村、风台村、油坊村、盲校、华安公司等新建6条健身路径、1处健身房。2006年，在泰山区、市经济技术开发区实施第九批全民健身工程建设，建设健身路径10条。年内，全市78个社区及乡镇、村、居投资557.85万元，建起篮球场47处、乒乓球室（台）55处、其他活动场地99处；并配备健身路径器材714件。其中，场地500平方米以上、健身器材20件以上的健身场地13处，场地300平方米以上、健身器材10件以上的健身场地23处。是年，164个行政村被省体育局确定为农村社区健身广场示范工程。

2007年，在泰安全面实施“一点三线”全民健身工程。投资100万元建成东湖公园健身工程和南湖公园健身路径；投资6000多万元，建成总面积16839平方米的全民健身大楼和19.8亩的田径场；投资2080万元，对体育中心体育场、泰山学院体育馆、农大南校体育馆进行改造。在农村按照“五个一”（网络、场地、项目、器材、体育指导员）的标准，申报省级体彩公益金资助项目403个，完成全市117个行政村健身工程招标；申请省级资金100万元，用于全民健身活动中心建设；全市建有文体中心或社区健身苑的乡镇达到20个，建有文体室的行政村2300个。

2009年，新泰市体育公园建成。该公园总投资3.6亿元，占地面积500亩。年内，各县（市、区）均建成了一批健身广场、体育公园、社区健身苑和农村体育设施，全市配建健身设施的村居、企事业单位、公园、广场、小区达到4500余处。

2010年，泰安市首次提出建设市、县、乡、村四级体育设施网络的目标。年内新建农民健身工程项目400个，配建篮球架、乒乓球台的村达到1200个，占33%；配建其他各类健身器材设施的村居、企事业单位、公园、广场、小区达到5300余处；在泰安金山公园、华新社区等36个区域安装健身器材212件。2013年，泰山被国家体育总局命名为“国家级全民健身登山基地”；新泰莲花山、岱岳区马蹄峪村被省体育局命名为“省级全民健身登山基地”。

2015年，大力实施“城区15分钟健身圈”和“农村体育健身”工程。结合泰安市迎接创建全国卫生城评审，市级投资117万元配建城市社区健身路径64处，配置健身器材698件，城市社区体育设施覆盖率达到96%；市级资助建设完成农民体育健身工程204处，农民体育健身工程覆盖率达到90%；争取省级体彩公益金的资助1170万元，资助建设大型示范工程一处（徂徕山汶河景区）、省级示范镇健身工程一处、新型农村社区7处、省级“千村扶贫健身工程”80个；与市委组织部联合完成“强村固基健身扶贫工程”47个，与市文明办联合开展文体小广场评选活动，奖励优秀“文体小广场”86处。

第四节 全民健身活动

一、概况

1982年9月，泰安地区组织开展首届“体育月”活动。地区体委及各县（市）、大中型企业层层举办职工、农民、学生、少数民族、残疾人、老年人等各类人员，多种形式，不同项目的体育活动，全区近百万人参加活动。1984年4月，省委、省政府决定每年农历正月为“全省体育活动月”。1985年农历正月，泰安地区各级举办各类体育活动7000多次，有300万余人参加活动，被省政府评为全省体育活动月先进单位。同年，举办登泰山等万人以上体育活动9次。

1995年，泰安市认真贯彻《中华人民共和国体育法》《全民健身计划纲要》，先后组织万人环城跑、万名妇女登山、职工桥牌、体育舞蹈、乒乓球、足球等20余项群众体育活动。举办体育赛事200余次，10万多人参加活动。市直机关工委、市妇联、市财政局、市技术监督局、泰安日报社、市老年体协等18个单位，被泰安市政府授予“泰安市全民健身活动先进集体”称号。同年12月，国家体委将国际登山节列为正式全民健身登山比赛项目，定名为“全国全民健身登泰山比赛”。第二年登山节，泰安市有1万多人参加全民健身登山活动。至2015年，举办万人登山活动29次，有30余万人参加。

2004年6月8日，市体育局与团市委、市总工会、市妇联、市农业局、市老年体协等8个单位联合发出倡议，呼吁全市人民以科学的精神和积极乐观的态度面对“非典”，积极开展适合自身特点的健身活动。年内，泰安市举办市级群众性全民健身体育比赛100余项次，参加人数10万人次。2005年，泰安市坚持农村体育抓示范、城市体育抓普及、职工体育抓提高，实施“六进工程”（体育进农村、进社区、进学校、进机关、进企业、进家庭），全市全民健身工作呈现出“政府指导、社会支持、群众积极参与”的良好局面，年内全市体育人口达40%以上。

2008年，开展“全民健身与奥运、全运同行”主题活动。全市各级举办迎奥运倒计时100天、全民健身月启动仪式、十一运倒计时一周年、奥运火炬传递等大型活动及体育比赛、健身展示等220余项次，近100万人参加活动。7月22日，北京奥运圣火“祥云”，在泰安传递，数万人组成大秧歌队、腰鼓队、锣鼓队、团体舞蹈队、彩旗方队及沿途41万各界群众参加活动，全市200余万人通过电视直播观看现场盛况。

2011年，泰安市政府颁布《2011—2015泰安市全民健身计划》。全市各级按照全民健身计划突出5月“全民健身月”、8月8日“全民健身日”等节点，组织开展各类大型示范健身活动45次，举办全市全民健身运动会、全民健身月系列活动、全民健身日庆祝活动、登山节全民健身登泰山比赛、万人环泰山健身跑、泰山冠军系列大奖赛、环泰山自行车健康行和老年健身展演等赛事活动60余项次，10万余人参加活动。各县、市、区，结合春节、元宵节、端午节等传统节日，开展“一区一品”群众体育品牌活动。全市各级共组织320余项活动，50余万人参加。

2014年，泰安市实施体育组织、体育设施、体育活动“三覆盖”工程。年内，市县两级成立社会体育指导员协会、全民健身志愿者服务队，全市社会体育指导员发展到1.03万人，全民健身志愿者发展到2160人；开展各类比赛350次，群众体育活动552次，组织市县全民健身运动会比赛202项，全市体育人口保持在41%以上，11个单位被山东省体育局授予“山东省群众体育先进单位”称号。

2015年，泰安市在城区街道办事处大力推进社区体育“五个一”（一处公共体育设施、一个全民健身指导站、一个体育俱乐部、一支社会体育指导员队伍、一批特色体育健身项目）建设和争创国家、省“体育先进社区”活动。年内，全市有各类体育活动站点6000余处，健身气功辅导站点200个；社会体育指导员发展到12439名。举办各类健身培训班200余期，培训骨干1万余人次。举办全民健身活动500余项次，有30万人参加全民健身活动。

二、全民健身月活动

2006年4月20日，山东省人民政府印发《关于开展2006年全民体育健身月活动的通知》，将5月定为山东省全民健身月。5月13日，泰安市在泰城温州步行街广场举行2006全民健身月活动启动仪式，举行群众体育展演、体质监测、体育指导等活动，1000多人参加。2007年5月6日，泰安市2007年全民健身月活动启动仪式在市政广场举行。这次活动由市政府主办，市委宣传部、市体育局等14部门承办，市委常委、总工会主席陈刚，市人大常委会副主任张显义，市政府副市长徐恩虎，市政协副主席夏作理出席启动仪式。启动仪式举行腰鼓、健身气功易筋经、健身大秧歌、小学生健身操等表演项目，2000多各界群众参加活动。至2015年，泰安市共举行10届次全民健身月活动，累计各级在全民健身月期间举办各类活动5000余项，200余万人次参加了活动。

2006—2014 年泰安市全民健身月活动启动仪式情况表

表 4-26

时　间	名　称	地　点	主办单位	承办单位	出席领导	主要活动	参加人数
2006.5.13	泰安市全民健身月启动仪式	温州步行街	市体育局	温州步行街等		群众展演、体质监测、体育指导	1000
2007.5.6	泰安市全民健身月启动仪式	市政广场	泰安市政府	市体育局等14 单位	陈　刚　张显义 徐恩虎　夏作理	腰鼓、气功、大秧歌、小学生健身操等	2000
2008.5.17	山东省全民健身月启动仪式暨泰安市全民健身月启动仪式	市政广场	山东省体育局 泰安市政府	泰安市政府	分工副省长　司安民 徐恩虎　苏有森	腰鼓、气功、大秧歌、小学生健身操等	3000
2009.5.9	泰安市全民健身月启动仪式	岱西广场	泰安市政府	泰山区政府	徐恩虎　苏有森	健身展演	2000
2010.5.22	泰安市全民健身月启动仪式	环山路人大路口	泰安市政府	泰安市体育局等	杜卓群　赵成道 苏有森	市直机关环泰山健身跑	2000
2011.4.29	泰安市全民健身月启动仪式	环山路人大路口	泰安市政府	市直机关工委等	杜卓群　任先德 徐恩虎　苏有森	健身展演、市直机关环泰山健身跑	2000
2012.5.5	泰安市全民健身月启动仪式	市政广场	泰安市政府	泰安市体育局	尹衍祥　徐恩虎 任广中	健身展演	1000
2013.5.10	泰安市全民健身月启动仪式	市政广场望岳西路	泰安市政府	泰安市体育局	徐恩虎　赵成道 苏有森	健身展演、健步走、健身骑行	2500
2014.5.10	山东省全民健身月启动仪式及泰安市全民健身月启动仪式	林校操场	山东省体育局、泰安市政府	泰安市政府	王随莲　张松林 刘　明　徐大义 王　杰　王云鹏 徐恩虎　苏有森及全省各市体育局分管副局长	健身展演、迷你马拉松比赛	3500
2015.5	泰安市全民健身月启动仪式	天平湖	泰安市政府	岱岳区政府	张庆明　苏有森	健身展演、环湖健步走	2300

三、全民健身日活动

2009年1月13日，国家体育总局在北京公布，为纪念北京奥运会成功举办，1月7日国务院批复同意，决定将每年8月8日定为“全民健身日”。当年8月8日，泰安市全民健身日在泰安天地广场举行。活动由泰安市体育局主办，市政府副市长徐恩虎、市体育局局长苏有森参加活动。这次活动的主题是“和谐中国，全民全运”。共举行迎智运全国棋牌项目万人同下、登山挑战赛、武术表演及健身指导、健身宣传等项目，当天泰安市体育场馆全部向群众免费开放。全市各级开展100多个健身项目，10000余人参加活动。至2015年泰安市共举行7次健身日活动，近10万人参加。

2009—2015 年泰安市全民健身日活动情况表

表 4-27

时　间	地　点	主　题	参加领导	主要活动	服务项目	参加人数
2009.8.8	泰安天地广场	和谐中国、全民全运	徐恩虎 苏有森	迎智运全国棋牌项目万人同下、登山挑战赛、武术表演	体育场馆免费开放、健身指导服务、健身宣传	1000
2010.8.7	泰安市政广场	全民健身志愿服务大行动	杜卓群 徐恩虎 赵成道 苏有森	安塞腰鼓、跆拳道、太极刀、武术、健身球、泰山拉丁舞、五禽戏	体育场馆免费开放、健身指导服务、健身宣传	1500
2011.8.8	泰安市政广场	每天锻炼一小时	杜卓群 徐恩虎 任先德 苏有森	拔河、跆拳道、体育舞蹈、武术、航模、轮滑、腰鼓、柔力球等	体育场馆免费开放、健身指导服务、健身宣传	1500
2012.8.8	泰安市政广场、体育中心	每天锻炼一小时，健康生活一辈子	周　静 苏有森	武术、腰鼓、广场舞、手杖舞、功夫扇、自行车特技、健美展演、乒乓球、羽毛球比赛及国民体质监测等	体育场馆免费开放、健身指导服务、健身宣传	3500
2013.8.10	泰安市政广场、体育中心	人人热爱体育，全民健身强体	徐恩虎 于文龙 苏有森	体育舞蹈、健美健身、柔力球、腰鼓、广场舞、双扇舞；乒乓球、羽毛球比赛等	体育场馆免费开放、健身指导服务、健身宣传	4000
2014.8.8—11	泰安市政广场、全民健身中心等	全民健身促健康，共圆体育强国梦	徐恩虎 吕军德 苏有森	舞蹈、太极拳、空竹、广场舞、扇子舞、健身腰鼓、健步走、够级比赛等	体育场馆免费开放、健身指导服务、健身宣传	4500
2015.8.8	泰山桃花峪	全民健身促健康，共圆体育强国梦	成　丽 苏有森	健身展演、徒步走等	体育场馆免费开放、健身指导服务、健身宣传	2500

第五节 全民健身运动会

一、举办全民健身运动会

2011年7月至9月，泰安市第一届全民健身运动会在泰安举行。9月24日，在泰安市体育中心举行开幕式。这届全民健身运动会与泰安市第十八届运动会合并举行。全民健身运动会设置竞技和全民健身两个类别，竞技类设田径、举重、自由式摔跤、古典式摔跤、柔道、跆拳道、篮球、排球、足球、乒乓球、射箭、武术套路、武术散打、手球14个竞赛项；全民健身类分老年组、职工组、俱乐部组3个组别，老年组设门球、台球、乒乓球、钓鱼、趣味田径、健身球操、太极拳、健身腰鼓、健身气功、健身秧歌10个项目；职工组设信鸽、钓鱼、围棋、篮球、乒乓球、象棋、羽毛球、台球8个项目；俱乐部组设汽车直线加速赛、马术表演、桥牌、够级（选拔赛）、体育舞蹈、环泰山60分钟户外健身走、足球、自行车、游泳、武术交流10个项目。全市230支代表队、5400余名运动员参加比赛。

2012年5至10月，泰安市第二届全民健身运动会在泰安举行。运动会设篮球、乒乓球、台球、围棋、象棋、健身球、健身秧歌、健美操、门球、健身气功、航空模型、机器人、马拉松、社区运动会14项。全市300支代表队、5600余名运动员参加比赛。

2013年5月至10月，泰安市第十九届运动会暨第三届全民健身运动会在泰安举行。10月11日，在泰安体育中心举行开幕式，市委书记、市人大常委会主任李洪峰，市委副书记、市长王云鹏，市政协党组书记、主席白玉翠，市人大常委会党组书记、第一副主任林华勇，泰安军分区司令员王兆祯出席开幕式。全民健身项目分老年、大众2个组别，老年组设门球、台球、乒乓球、健身球操、健身秧歌、健身气功、太极拳、太极剑8个项目；大众健身组分健身竞赛类项目和展演推广类2大类项目，健身竞赛类设篮球、乒乓球、足球、羽毛球、围棋、象棋、健美、健美操、体育舞蹈、网球、传统武术、游泳、钓鱼、信鸽14个项目；展演推广类设攀岩、航空航模、塔塔球、空竹、环泰山健身跑、中国跤6个项目。全市300支代表队、5600余名运动员参加比赛。

2014年5月至10月，泰安市第四届全民健身运动会在泰安举行。运动会设篮球、乒乓球、象棋、毽球、轮滑、航空模型、国际象棋、国际跳棋、广场舞、围棋、羽毛球、够级、网球、台球、钓鱼、传统武术、太极拳、体育舞蹈、自行车、游泳、马拉松、跆拳道、机器人、健美、五子棋等25项。全市300支代表队、5600余名运动员参加比赛。

2015年4月至10月，泰安市第二十届运动会暨第五届全民健身运动会在泰安举行。9月25日，在泰安体育中心举行开幕式，市委书记、市人大常委会主任李洪峰，市委副书记、市长王云鹏，市人大常委会第一副主任、党组书记林华勇，市政协主席、党组书记辛显明，泰安军分区司令员邹风亭出席开幕式。运动会分青少年竞技组、县市区健身组、行业健身组、老年健身组4个组别。青少年竞技组设田径、举重、国际式摔跤、武术、柔道、跆拳道、篮球、排球、足球、手球、乒乓球、羽毛球、射箭、拳击、幼儿基本体操15项；县（市、区）健身组设篮球、足球、乒乓球、羽毛球、网球、围棋、国际象棋、中国象棋、够级、传统武术（太极拳）、体育舞蹈、广场舞、毽球、游泳、跆拳道、钓鱼、信鸽、机器人比赛18项；行业健身组设篮球、足球、乒乓球、羽毛球、网球、围棋、国际象棋、中国象棋、够级、传统武术（太极拳）、体育舞蹈、广场舞、毽球、游泳、跆拳道、钓鱼、信鸽、机器人比赛18项；老年健身组设乒乓球、台球、门球、太极拳剑、健身气功、健身腰鼓、健身球操、健身秧歌、钓鱼等18项。全市312支代表队、5460余名运动员参加比赛。本届全民健身运动会共有19个市级单项协会、俱乐部承接了比赛项目，社会力量办赛比重达70%。至2016年，全市共举办全民健身运动会5次，3万余人参加活动。

二、参加省全民健身运动会

2011年5月至10月，山东省第一届全民健身运动会在济南等地举行，5月7日在泉城广场举行开幕式。运动会历时5个月，共设26个项目。泰安市组队参加22个项目的比赛，以总分247分列全省第七名，获“山东省第一届全民健身运动会突出贡献奖”和“体育道德风尚奖”称号。

2012年5月至10月，省第二届全民健身运动会在枣庄市等地举行，5月14日，在枣庄市东湖公园举行开幕式。运动会历时5个月，共设26个项目。泰安市代表团200名运动员参加22个项目比赛，取得一等奖16个、二等奖26个、三等奖39个，获得“体育道德风尚奖”。

2013年5月至10月，山东省第三届全民健身运动会在淄博等地举行，5月17日，在淄博市体育中心体育馆举行开幕式暨全民健身活动月启动仪式。运动会历时5个月，共设26个项目。泰安市组织代表团参加24个项目比赛，获一等奖20个、二等奖60个，泰安市被省体育局授予优秀组织奖和体育道德风尚奖，新泰、宁阳被授予“山东省全民健身先进单位”称号。

2014年5月至11月，山东省第四届全民健身运动会在泰安等地举行。泰安市参加篮球、乒乓球、象棋、毽球等18个项目的比赛。获“体育道德风尚奖”称号。

2015年5月至11月，山东省第五届全民健身运动会在滨州等地举行，5月10日，在滨州市民健身广场举行开幕式。运动会历时6个月，共设27个比赛项目。泰安市参加17个项目的比赛，获“山东省第五届全民健身运动会优秀组织奖”称号。新泰市、肥城市、泰山区、宁阳县被评为“山东省第五届全民健身运动会先进单位”。本次运动会，泰安市承接了幼儿基本体操和围棋两个项目比赛。

三、承办山东省全民健身运动会

2014年5月至11月，山东省第四届全民健身运动会在泰安等地举行，5月10日，在泰安市林校操场举行山东省第四届全民健身运动会开幕式暨全民健身月启动仪式。副省长王随莲，省体育局局长张松林，省体育局副局长刘明，市委副书记、市长王云鹏，省政府办公厅副巡视员卢杰，省体育总会副主席徐大义，省体育局副巡视员王杰，市政府副市长徐恩虎，市政府秘书长姚霆出席开幕式。本届运动会历时6个月，共设31个项目，泰安市承办了迷你马拉松、健身球操、风筝三个项目的比赛。运动会期间，省、市、县三级共举办竞赛项目3066项（次），配套开展活动756项（次），竞赛8.2万场（次），参赛人数272万人（次）。11月5日，山东省第四届全民健身运动会闭幕式在泰安文化中心举行。山东省人民政府副省长王随莲、山东省体育局局长张松林、泰安市委副书记李希信等出席闭幕式。泰安市体育局、泰山在线科技有限公司获山东省第四届全民健身运动会优秀组织奖，新泰市、泰山区、肥城市、宁阳县获山东省全民健身运动会先进单位。

第六节　全民健身服务

一、社会体育指导员

（一）管理机构

1993年，社会体育指导员有体育局群体科管理。2010年，泰安市建立社会体育指导员信息管理平台，有关信息全部录入社会体育指导员平台，实现了对社会体育指导员网络化管理。2012年，泰安市成立以社会体育指导员为主体的全民健身志愿服务队。2013年，成立市社会体育指导员协会，体育局局长苏有森任会长，社会体育指导员管理、组织、培训等工作开始由协会负责。至2015年无变化。

（二）社会体育指导员队伍

1998年，市体育局举办第一期二级社会体育指导员培训班，50名学员获得二级证书。2005年，举办运动养生、太极拳、门球等二级社会体育指导员培训班8期，培训二级社会体育指导员102名。2006年，举办太极拳、剑、门球、台球、乒乓球等二级社会体育指导员培训班，培训二级社会体育指导员600多名；组织二期健身气功二级社会体育指导员培训班，培训107名；推荐14人参加国家体育总局、省体育局组织的社会体育指导员培训班。2009年，参加省级以上社会体育指导员培训班5人，其中1人获国家级社会体育指导员证书，4人获一级社会体育指导员证书。培训社会体育指导员961名，获二级裁判员证书76名，二级社会体育指导员证书43名，三级842名。2010年，市体育局与泰山学院联合建立指导员培训基地，并被省体育局确定为省级培训基地，全年累计培训二级社会体育指导员216名、三级549名。2012年，泰安市注册国家级社会体育指导员4名、二级190名、三级960名，全市体育指导员总数7235人。2013年，新培训注册一级社会体育指导员29人、二级67人，全市社会体育指导员发展到7788人。2015年，全市社会体育指导员总数达到1.24万人，占全总人口2.23%。其中，国家级社会指导员29人，一级389人，二级1432人，三级10589人。

2015年泰安市社会体育指导员分布情况表

表4–28

单位	总数	其中			
		国家级	一级	二级	三级
泰山区	1750	13	176	631	930
岱岳区	2251	5	47	499	1700
新泰市	2776	6	57	174	2539
肥城市	2340	1	35	21	2283
宁阳县	1738	3	46	83	1606
东平县	1584	1	28	24	1531
合　计	12439	29	389	1432	10589

（三）社会体育指导员活动

2006年，组织30余名社会体育指导员到泰安5个社区进行健身表演、健身指导等工作，引导群众科学健身。2010年，为进一步发挥指导员作用，将全市4967名社会体育指导员分配到各类体育协会和基层健身站点，开展面对面指导服务。2012年，组织社会体育指导员开展健身志愿服务进基层活动，全年共组织20余次，参加活动的社会体育指导员200余人。2014年，市体育局转发省体育局《关于扶持开展健身志愿服务“四进”活动的通知》，全市组织社会体育指导员开展进机关、进学校、进社区、进农村健身指导活动，全年共组织30多次，参加活动的社会体育指导员300人。2015年，全市继续开展健身志愿服务“四进”活动，全市各级组织活动100余次，近1000名指导员参加活动。

二、国民体质监测

（一）机构

2004年以前，国民体质监测工作由市体育局群体科负责。2004年，泰安市体质监测和普通人群锻炼标准示范站建设完成，开始进行全年常态化体质监测工作，国家国民体质监测仍由群体科负责实施。2011年，市体育局成立泰安市国民体质科研监测中心，2015年，国民体质科研监测中心为独立事业单位，国家国民体质监测工作和国民体质日常科研监测工作由国民体质科研监测中心负责。

（二）监测活动

2000年9月至10月，按国家统一要求，开展第一次国民体质监测，泰安体委组织体质监测队在泰城及六个县市区，对全市3～6岁的城市和农村幼儿，20～39岁、40～59岁的城市体力劳动者和非体力劳动者，60～65岁的城市、农村老年人共4个年龄段8类人群6000余人进行了抽样检测，从身体形态、生理机能和运动素质等方面进行综合评定，形成有效样本4500个。

2004年，免费为30多个部门和单位1000余人进行体质监测并开具运动处方。

2005年5月至7月，抽取幼儿800人、成年人2400人、老年人400人，进行第二次国民体质监测，共形成有效样本3600个，初步建起了全市国民体质监测数据库。

2006年，组织60多人的国民体质监测队和社会体育指导员到泰安5个社区进行体质监测、健身表演、健身指导等工作，发放各类宣传材料1万余份，为1000多人进行体质监测，并出具运动处方，引导群众科学健身。

2010年5月至7月，抽取幼儿720人、成年人2160人、老年人360人进行第三次国民体质监测，共形成有效样本3240个。

2011年，在全市开展“我的体质我知道”体质检测。组织群众进行日常体质测定和体育锻炼达标测试，建立居民体质档案，通过体质测定和运动能力评估，为群众提供个性化的健身指导服务。市体育局成立泰安市国民体质监测中心，投入80多万元购置了亚健康测试仪、血压测试仪、骨密度测试仪、体成分测试仪、心肺功能测试仪等仪器，常年免费对外开放，为居民提供检测服务并提供运动处方，指导健身群众科学健身。

2014年6月至7月，泰安市体育局联合市直机关工委、市总工会成立国民体质监测领导小组，组织开展全国第四次国民体质监测。共监测样本4500人，抽取合格样本3240个（幼儿720人、成年人2160人、老年人360人）录入省国民体质数据库。9月，泰安市体育局与新矿集团合作成立国民体质监测天乐城基地，为煤炭系统职工提供体质监测和健身指导服务，年监测1000人，并出具运动处方。

第五编

竞技体育

J I N G J I T I Y U

20 世纪 50 年代，由于条件的限制，泰安市开展的竞技体育项目很少，除民间的武术活动外仅有田径、体操、篮球、排球、射击等 5 个项目。至 20 世纪 70 年代中后期，又先后开展举重、足球、中国式摔跤、摩托车等 4 个项目的青少年业余训练。改革开放以来至 20 世纪末，为与奥运会和全运会设项相衔接，对训练项目进行调整，新上蹦床、自由式摔跤、古典式摔跤、柔道、跆拳道、武术散打、乒乓球、羽毛球、射箭等 9 个项目。进入 21 世纪，为适应竞技体育的新形势，对项目进行优化布局，设立跳水、艺术体操、手球、橄榄球、空手道、拳击、击剑、自行车、游泳、赛艇、皮划艇、激流回旋、帆船等 13 个项目，其中水上项目除游泳外，以向省队输送为主。至 2015 年年底，全市开展田径、体操、蹦床、举重、古典式摔跤、自由式摔跤、柔道、跆拳道、拳击、篮球、排球、足球、乒乓球、手球、羽毛球、橄榄球、射击、射箭、游泳、跳水、赛艇、皮艇、激流回旋、帆船、武术套路、武术散打等 26 个竞技体育项目，其中 24 项为奥运会比赛项目，武术套路、武术散打 2 个项目为非奥运会比赛项目。摩托车、中国式摔跤、空手道、击剑、艺术体操、自行车等 6 个曾开展过，后因故停训或转为社会自办的项目。

至 2015 年年底，泰安市共有青少年、儿童业余体校 8 所，其中市级体校 1 所，县（市、区）体校 7 所，在训业余运动员 5293 人，其中集中训练人数 1289 人；全市在职教练员 92 人，其中高级教练员 28 人，中级教练员 46 人，初级教练员 18 人。

第一章　田径、体操

第一节　田　径

田径运动是泰安地区最早开展的现代竞技运动项目之一，在泰安有着悠久的历史和广泛的群众基础。清末民初的泰安学堂体育课均以跳高、跳远等田径项目为主。

清光绪二十七年（1901），泰安教会学校萃英中学最早开展田径项目。民国初年，萃英中学开始筹办田径运动会，并与德州中学进行过田径比赛。民国五年（1916）五月，泰山中学选派运动员参加第四届华北运动会。1919年，泰安县张德平代表中国参加马尼拉远东运动会，获短跑第三名，曲庆宝在山东省运动会上获万米长跑第十名。20世纪20年代以后，泰安的几所中学每年春秋季都举办田径运动会。1925年至1933年，泰安萃英中学学生杨学贤参加3届华北运动会，其中，第十五届上取得男子部高级组16磅铅球第一名、铁饼第三名、田赛男子个人总分第二名。20世纪30年代，田径运动引起社会各界的广泛兴趣，由学校发展到社会。1928年，泰安城东升平街原府署衙门辟为泰安县运动场，设有400米环形跑道。1929年，泰安县教育局在此举办全县中小学运动会，仁德小学获总分第一名，这是泰安举行的项目较多、时间较早的一次运动会。1930年至1936年，泰安城乡学校组织田径运动会已成惯例。当时，在节假日和春秋时节组织越野跑、登山、远足旅游等锻炼耐力的健身活动。抗日战争和解放战争时期，田径等各项体育运动近乎处于停滞状态。

新中国成立后，田径运动在本地区广泛开展，20世纪50年代群众性田径运动十分活跃，并从学校走向工厂、农村、机关、部队。1955年，泰安专区举办运动会，竞赛项目为田径、武术。次年，泰安县举办新中国成立后首次田径运动会，中学生侯长起等一批田径新秀，取得较好成绩。1958年，以田径项目为主要测试内容的"劳卫制"在学校、机关、工矿、企事业中普遍推行，促进了田径运动的开展，培养了一批田径苗子。20世纪60年代初，为备战省运动会比赛，泰安专区多次举行不同年龄、组别的田径运动会，选拔运动员进行短期集训，提高运动水平。1960年4月，泰安县成立体育学校，设田径、篮球、乒乓球、射击业余训练队，共50人。同年10月，因经费缺乏，体校停办，5名学员加入省体育队，其余插入泰安二中各年级学习。1964年，专区体委选任体育干部韩惠武为专职教练员，从事田径业余训练和指导工作。泰安二中组建田径训练队，山东农学院组织马拉松长跑队，并代表地区参加省比赛。

1950年至1964年，泰安田径代表队参加了7届山东省运动会（第五届、第八届省运会未参加，第六届省运会未有成绩统计），共获得3个第二名，12个第三名，8个第四名，10个第五名，18个第六名，团体总分由第一届的第十一名上升到第九届的第五名。1966年，"文化大革命"开始后，田径训练和竞赛活动全部停止，至1971年逐渐恢复，1971年1月，泰安地区举办首次战备越野比赛。

1971年以后，泰安地区田径运动进入新的发展时期，1972年，泰安选拔青少年运动员参加在青岛举行的全省田径集训大会，在同年举行的省三项（田径、篮球、排球）运动会上，徐存山打破男子少年组1500米全国纪录，获该项目第二名。1974年4月，在泰安举行的省越野赛上，尹延勤获男子普通组第一名，韩荣道获男子少年组第一名。同年秋，在重庆举行的全国马拉松赛上，尹延勤获男子组第二名。1976年，泰安县成立青少年业余体校，路长江任校长，主要培训田径和球类人才。这时的田径训练在全面发展的基础上确定以耐力项目为重点突破目标。在1974年举行的山东省第十届运动会上，尹延勤获男子普通组5000米、10000米两项冠军；董贤林获男子普通组十项全能冠军；孙桂芳、展风兰分获女子普通组1500米第四名、第六名；韩荣道获男子少年组3000米冠军、1500米亚军。在1975年举行的第三届全国运动会上，常鸣获少年组撑杆跳第三名。1977年，刘福田在全国中学生田径运动会上取得3000米第二名和800米第四名。1980年全国田径运动会上，尹延勤获男子10000米冠军。泰安中长跑项目的优势初露锋芒，提升了泰安田径运动的整体竞技水平。

1978年，泰安地区重点业余体校成立，韩惠武、袁印增、徐存山、庄华丰、张云海、刘建军、宋爱民、马斌、王和平、林尚文、薛新华、张桂远、刘福田、孙波等专业教练员执教田径项目，人才梯队规模不断壮大。田径训练项目有中长跑、短跑、全能、铅球、标枪、短跨、跳高、跳远、三级跳远等。10月，在山东省第十一届运动会上获5枚金牌，其中徐华阳获男子少年组200米、400米两枚金牌，刘福田获男子少年组1500米、3000米两枚金牌，韩荣道获男子普通组1500米金牌。1979年在第四届全运会上，刘福田获男子少年组3000米第二名、1500米第五名。

1972年至1980年，泰安地区在省以上田径比赛中均取得较好成绩，1人1次破1项全国纪录，15人33次破16项省田径纪录，3人4次平3项省田径纪录。

20世纪80年代中期至90年代，泰安地区有二级田径运动员15人，三级田径运动员286人。中长跑运动成为地区群众基础雄厚、水平较高的田径项目。这时的中长跑教练为徐存山、庄华丰、刘福田和王和平等，以李秀霞、温衍敏、张庆利、韩峰、吴美等为代表的优秀中长跑运动员在国内外一系列大赛中斩金夺银，数破省纪录和全国纪录，在齐鲁田坛刮起了泰安“旋风”，充分展示了泰安中长跑项目的实力。李秀霞1984年在全国田径冠军赛上获得女子3000米第二名，1985年6月在全国田径锦标赛上以16分3秒36打破女子5000米全国纪录，并在全运会、亚洲田径锦标赛和世界杯田径赛上均取得不俗成绩。被誉为“桃乡神鹿”的温衍敏，先后夺得过香港和东京国际马拉松赛冠军，1984年10月在济南举行的“泰山杯”全国女子马拉松邀请赛上以2小时35分50秒创全国最好成绩。1988年，李秀霞在全国田径冠军赛上获得女子10000米第一名。张庆利1992年获世界中学生越野赛5000米第八名，1993年世界多日长跑赛上获接力第四名。韩峰在全国大运会上获1500米和3000米两项冠军。1994年6月吴美在全国田径越野锦标赛上获女子10公里越野金牌。20世纪90年代，女子标枪运动员孙秀荣连夺省运会、全国中学生运动会、亚洲青年田径锦标赛、全国田径分区赛冠军。泰安田径捷报频传，极大地激发了运动员训练热情，迎来了竞技体育发展的黄金时期。

1986 年男子田径泰安市级纪录情况表

表 5-1

项　目	成　绩	创造者	单　位	时　间	地点	运动会名称
100 米	11.0	郭凤文	东平县	1981.7	泰安	泰安地区田径对抗赛
200 米	23.1	郭凤文	东平县	1981.7	泰安	泰安地区田径对抗赛
400 米	51.1	郭凤文	东平县	1981.7	泰安	泰安地区田径对抗赛
800 米	1:57.8	孔令雨	肥城县	1986.10	青岛	山东省十三届运动会
1500 米	3：58	段崇进	新汶矿务局	1986.10	青岛	山东省十三届运动会
3000 米	8：58.3	刘　华	肥城县	1982.3	济南	山东省越野比赛
5000 米	15：14.2	段崇进	新汶矿务局	1985.3	潍坊	山东省越野比赛
3000 米障碍	10：9.7	曾庆喜	肥城县	1978.10	济南	山东省十一届运动会
10000 米	31：43.8	尹延勤	新泰县	1974.10	淄博	山东省十届运动会
110 米高栏	15.9	王济泽	泰安县	1974.10	淄博	山东省十届运动会
110 米中栏	14.9	王济泽	泰安县	1973.8	烟台	全国第一届中学生运动会
110 米栏	16.4	王　刚	泰安县	1975.6	青岛	山东省少年田径运动会
200 米栏	27.1	薛新华	泰安县	1979.8	泰安	泰安地区运动会
400 米栏	57.6	李　革	宁阳县	1986.10	青岛	山东省十三届运动会
4×400 米接力	3：29.2	王洪水　隋　杰 郭凤文　尹衍贞	泰安地区队	1981.7	烟台	山东省田径运动会
4×100 米接力	44.6	杜　辉　范剑芳 王成民　纪荣新	泰安市队	1986.10	青岛	山东省十三届运动会
4×200 米接力	1：40.5		泰安地区队	1972.8	济宁	泰安、济宁、菏泽对抗赛
跳高	2.02 米	李劲松	泰安市（县级）	1982.8	北京	第一届全国大学生运动会
跳远	7.18 米	纪荣新	莱芜市	1986.10	青岛	山东省十三届运动会
三级跳远	14.45 米	王　波	泰山区	1986.5	泰安	泰安市“希望杯”比赛
撑杆跳高	4.45 米	王成民	东平县	1986.10	青岛	山东省十三届运动会
铅球（7.26公斤）	13.4 米	马　斌	泰安市（县级）	1982.8	泰安	四单位对抗赛

续表 5-1

项　目	成　绩	创造者	单　位	时　间	地点	运动会名称
铁饼（2 公斤）	44.2 米	王吉平	泰安市（县级）	1983.5	泰安	泰安地区运动会
铁饼（1.5 公斤）	46.4 米	安慕雷	泰安市（县级）	1982.9	济南	山东省十二届运动会
手榴弹（700 克）	68.28 米	高传红	新汶矿务局	1974.10	泰安	泰安、济南田径对抗赛
标枪（800 克）	58.62 米	蒋　楠	肥城矿务局	1985.10	泰安	泰安市五届运动会
链球	51.60 米	米寿悦	泰安市（县级）	1982.9	济南	山东省十二届运动会
三项全能	1696 分	翟国涛	新泰市	1985.6	潍坊	山东省第三届中学生运动会
五项全能	3204 分	孙　波	泰安县	1981.7	烟台	山东省田径运动会
十项全能	6456 分	孙　波	泰山区	1986.10	青岛	山东省十三届运动会

1986 年女子田径泰安市级纪录情况表

表 5-2

项　目	成　绩	创造者	单　位	时　间	地　点	运动会名称
60 米	7.7	王铭真	泰安县	1974.6	泰安	泰安地区田径运动会
100 米	12.6	肖　兰	泰安县	1973.8	烟台	全国第一届中学生运动会
200 米	26.6	张　凤	泰安市（县级）	1982.4	泰安	泰安地区田径运动会
400 米	1∶0.2	陈金华	章丘县	1973.5	济宁	山东省第一届中学生运动会
800 米	2∶13.7	陈广菊	郊区	1986.10	青岛	山东省十三届运动会
1500 米	4∶32.7	陈广菊	郊区	1986.10	青岛	山东省十三届运动会
3000 米	9∶55.4	吴　美	新汶矿务局	1986.10	青岛	山东省十三届运动会
5000 米	18∶2.5	温衍敏	肥城县	1983.10	菏泽	山东省田径分区赛
10000 米	37∶55.7	吕荣花	莱芜市	1986.10	青岛	山东省十三届运动会
100 米栏	15.6	刘金玲	泰山区	1985.10	泰安	泰安市第五届运动会
80 米低栏（栏高 84 厘米）	12.3	肖　兰	泰安县	1973.8	威海	六省中学生对抗赛
400 米栏（普通）	1∶6.3	高荣玲	泰安市（县级）	1984.9	潍坊	山东省田径锦标赛
跳高（普通）	1.62 米	傅　杰	泰安市（县级）	1984.4	泰安	泰安地区“希望杯”田径比赛
跳远	5.54 米	赵文秀	新泰市	1985.5	泰安	泰安市师范中小学赛
铅球（女少乙）	13.31 米	王子芳	莱芜县	1982.8	泰安	四单位对抗赛
铁饼	43.34 米	章育新	新汶矿务局	1986.10	青岛	山东省十三届运动会
标枪	51.42 米	孙秀荣	泰安市（县级）	1984.3	仙游	全国业余体校赛
手榴弹	55.32	张爱兰	肥城县	1978.10	济南	山东省十一届运动会
三项全能	2087 分	韩瑞英	泰安县	1973.5	济宁	山东省第一届中学生运动会

续表 5-2

项 目	成 绩	创造者	单 位	时 间	地 点	运动会名称
五项全能	3242 分	蔡 云	新汶矿务局	1981.6	徐州	全国田径达标赛
七项全能（普通）	4015 分	冯玉珍	新泰市	1984.4	泰安	泰安地区田径运动会
4×100 米接力	51.4	蔡 云 王其梅 田玉青 刘 莹	泰安地区队	1981.7	淄博	四地区对抗赛
4×200 米接力	1:53.2		泰安地区队	1974.10	淄博	山东省十届运动会
4×400 米接力	4:14.5	刘金玲 李秀霞 宁 伟 赵文秀	泰安地区队	1984.5	济南	山东省业余体校田径比赛

20世纪80年代末90年代初，泰安竞走运动异军突起。1991年5月，宋绍利由山东省体校调入泰安市体校任竞走队教练，竞走队在新泰市体育中心田径场集中训练，在宋绍利带领下，泰安竞走项目人才迭出，连创佳绩，一跃成为泰安市的拳头项目。涌现出男子运动员李明才、王银行、李传民、张新利、王力斌、王生堂、陈广东、白学进、杜云鹏、刘建民、韩继江、严德祥；女子运动员时娜、苏娟、韩善萍、苏会云、赵雪、单霞等为代表的一大批优秀竞走运动员。1993年9月，宋绍利调入省竞走队执教，一批泰安运动员在宋绍利带领下进入省专业队、国家集训队，享有齐鲁“神行太保”的美誉。男子竞走以李明才、王银行为代表多次打破山东省、全国竞走纪录，创造亚洲竞走纪录，在省运会、全运会、亚运会和世界锦标赛、世界杯比赛中均获得过个人或团体冠军。

2001年11月，王银行以3小时44分28秒获第九届全运会男子50公里竞走冠军。

从1988年李明才获第一个省运会冠军算起，到2015年韩继江、严德祥、李陈晨获全国竞走锦标赛男子团体冠军，泰安市男子竞走项目共获29枚省比赛金牌、22枚全国比赛金牌、4枚亚洲比赛金牌、2枚世界锦标赛、世界杯金牌；一人破男子20公里竞走全国纪录，一人破男子50公里竞走全国纪录；3人获“体育运动荣誉奖章”；5人获国际级运动健将称号，30余人获运动健将称号。这一时期，女子竞走以时娜为代表也在省内夺冠的基础上不断走出国门，走向世界，两人两破女子5000米竞走省纪录。

1994年7月，张新利任教练员组建新泰市业体竞走队，在新泰市体育局和省专业队教练宋绍利支持帮助下，从少年儿童抓起，以打基础为重点，对竞走运动员进行系统专业训练，带队规模始终保持在30人以上。先后培养输送了王生堂、时娜（女）、刘建民、韩继江、严德祥等世界冠军和全国冠军。张新利2012年获国家精英双百教练员称号，是国家体育总局教练员学院特聘讲师、泰安市专业技术拔尖人才，现仍在基层一线带队。

1997年下半年，张庆利、屠翔从省专业队先后分配至泰安市体校任中长跑教练员，市体校有了两支中长跑训练队伍，人数保持在80人左右。张庆利培养输送了全运会亚军黄静，屠翔培养了省运会冠军葛浩。

2004年1月，李林被泰安市体校选聘担任链球教练员，男女队员一起带，队伍由刚组建时的七八人很快发展到20余人，所带队员华鑫、郭启中在省锦标赛上取得男子链球冠军。泰安市是山东省少数开展链球训练的地市之一，是全省仅有的两所"国家单项女子链球高水平后备人才基地"之一。

2006年7月，陈广东从省竞走队退役后，到泰安市体校任竞走教练员，培养输送了全国竞走锦标赛冠军李陈晨。

20世纪90年代以后，随着老一代教练退休和项目调整，泰安市体校田径仅有5名带队教练，开展中长跑、短跨、竞走、链球训练。先后有黄静、吴敏、翟超、姜子蕊、姜子佩、李陈晨输送到省专业队训练，其中，黄静在第十届全运会上取得女子1500米第二名，第十一届全运会上取得女子4×400米第二名，全国青年田径锦标赛上取得女子800米第二名。黄静、吴敏均在全国室内田径锦标赛上夺得金牌。

除中长跑和竞走项目外，田径其他项目的代表人物为纪荣新，夺得过全国锦标赛、全国冠军赛男子十项全能冠军。在第十一届亚运会上取得男子十项全能第四名，打破男子十项全能全国纪录和省纪录。田径其他小项有代表性的成绩有：孙波曾获全国少年达标赛五项全能第一名，梁化丽获全国二青会女子跳远第二名，崔家荣、屠祥分别获得过全国锦标赛男子4×800米接力第一名，张庆利获得过全国锦标赛男子4×800米接力第二名，翟超获得过全国锦标赛、全国冠军赛男子4×400米接力第一名。

至2015年年底，泰安田径项目有高级教练4人：孙波、臧西海、张新利、吕西臣。国家级裁判7人：韩惠武、郑光、和立新、王波、范传芳、苏庆伟、曹继仁。"体育运动荣誉奖章"获得者3人：李明才、时娜、杜云鹏。国际级运动健将6人：孙秀荣（标枪）、李明才（竞走）、王银行（竞走）、时娜（竞走）、刘建民（竞走）、杜云鹏（竞走）。运动健将28人：尹延勤（马拉松）、李秀霞（中长跑）、温衍敏（马拉松）、纪荣新（十项全能）、刘长勇（中长跑）、孔令雨（中长跑）、张庆利（马拉松）、韩峰（中长跑）、吴美（中长跑）、王道华（中长跑）、屠翔（中长跑）、王士礼（中长跑）、韩善萍（竞走）、李传民（竞走）、王立斌（竞走）、张新利（竞走）、苏娟（竞走）、王生堂（竞走）、陈广东（竞走）、李翠（竞走）、韩继江（竞走）、白学进（竞走）、沈卫会（竞走）、李振（竞走）、梁茂刚（竞走）、赵庆伟（竞走）、苏会云（竞走）、梁化丽（跳远）。在训运动员285人。

1997—2013年男子田径泰安市级纪录情况表

表5-3

项　目	成　绩	创造者	单　位	时　间	地　点	运动会名称
100米	10.5	张定邦	泰安十九中	2011.4	泰安	2011年泰安市中小学田径联赛
200米	21.6	巩　斌	泰安一中	2006.4	泰安	2006年泰安市中小学田径运动会
400米	48.7	颜　凯	宁阳四中	2006.4	宁阳	2006年泰安市中小学田径运动会
800米	1:54.3	赵西方	泰安十九中	2013.4	肥城	2013年泰安市中小学田径联赛

续表 5-3

项 目	成 绩	创造者	单 位	时 间	地 点	运动会名称
1500 米	3∶57.9	王士礼	新泰一中	2004.4	宁阳	2004 年泰安市中小学田径运动会
5000 米	14∶56.4	王士礼	新泰一中	2004.4	宁阳	2004 年泰安市中小学田径运动会
110 米栏（栏高 100 厘米）	13.6	张 猛	泰山外国语学校	2007.8	济南	2007 年山东省中小学田径联赛
400 米栏（栏高 91.4 厘米）	53.8	张 猛	泰山外国语学校	2007.8	济南	2007 年山东省中小学田径联赛
5 公里竞走	20∶52.7	孙 龙	新泰市	2006.4	泰安	2006 年泰安市中小学田径运动会
10000 米竞走	46∶45	吴秀亮	新泰一中	2014.4	泰安	2014 年泰安市中小学田径联赛
4×100 米接力	42.41		宁阳一中	2004.4	宁阳	2004 年泰安市中小学田径运动会
4×400 米接力	3∶24.7		泰安十九中	2013.4	肥城	2013 年泰安市中小学田径联赛
跳高	2.08 米	曲 杨	泰安一中	2007.4	泰安	2007 年泰安市中小学田径运动会
跳远	7.56 米	金相忠	泰安二中	2007.4	泰安	2007 年泰安市中小学田径运动会
三级跳远	15.01 米	张忠凯	宁阳四中	2004.4	宁阳	2004 年泰安市中小学田径运动会
铅球（6 公斤）	16.69 米	张兆峰	肥城市	1997.5	兖州	1997 年山东省中小学田径比赛
铁饼（1.5 公斤）	52.56 米	黄明明	肥城一中	2003.4	宁阳	2003 年泰安市中小学田径运动会
标枪（700 克）	62.10 米	宁尚翻	宁阳一中	2010.4	宁阳	2010 年泰安市中小学田径运动会
七项全能	4827 分	高文晓	宁阳一中	2007.8	济南	2007 年山东省中小学田径联赛

1990—2015 年女子田径泰安市级纪录情况表

表 5-4

项 目	成 绩	创造者	单 位	时 间	地 点	运动会名称
100 米	12.1	张秀珍	泰安一中	1994.5	威海	1994 年山东省中小学田径联赛
200 米	25.3	霍梦珠	泰山外国语学校	2006.4	泰安	山东省希望杯田径运动会
400 米	57.1	高秀珍	泰安二中	2004.4	宁阳	2004 年泰安市中小学田径运动会
800 米	2∶14.04	高华梅	泰安十九中	2010.8	淄博	2010 年山东省中小学田径联赛
1500 米	4∶25.6	韩玉凤	泰安二中	2004.9	枣庄	2004 年山东省中小学田径联赛

续表 5-4

项 目	成 绩	创造者	单 位	时 间	地 点	运动会名称
3000 米	9：34	高 宇	泰安十九中	2004.9	枣庄	2004 年山东省中小学田径联赛
100 米栏（栏高 84 厘米）	15.00	朱 萍	泰安二中	1991.4	泰安	1991 年泰安市中小学田径运动会
400 米栏（栏高 76.2 厘米）	1：03.7	尚 旭	泰山外国语学校	2004.4	宁阳	2004 年泰安市中小学田径运动会
3 公里竞走	13：35.4	苏 娟	新泰市	1990.4	泰安	1990 年泰安市中小学田径运动会
5 公里竞走	26：54.03	李梦真	新泰一中	2014.7	五莲	2014 年山东省中小学田径联赛
4×100 米接力	49.5		泰安二中	2004.4	宁阳	2004 年泰安市中小学田径联赛
4×400 米接力	4：00.2		泰安市队	2007.8	济南	2007 年山东省中小学田径运动会
跳高	1.67 米	王二琳	宁阳一中	2014.4	泰安	2014 年泰安市中小学田径联赛
跳远	5.98 米	刘婷婷	宁阳一中	2004.9	枣庄	2004 年山东省中小学田径联赛
三级跳远	12.48 米	赵晓彤	泰安二中	2004.4	宁阳	2004 年泰安市中小学田径运动会
铅球（4 公斤）	13.10 米	常胜欣	泰山中学	2003.4	宁阳	2003 年泰安市中小学田径运动会
铁饼（1 公斤）	43.04 米	王吉红	肥城市	1993.4	泰安	1993 年泰安市中小学田径运动会
标枪（600 克）	40.84 米	张 辉	宁阳四中	2004.4	宁阳	2004 年泰安市中小学田径运动会
五项全能	3276 分	金兆芯	宁阳一中	2007.8	济南	2007 年山东省中小学田径联赛

第二节 体 操

泰安市体操项目的业余训练始于20世纪70年代初，是由学校体操课、工厂工间操逐步发展起来的，40多年来，体操作为泰安市的重点优势项目，在历届省运会、历年省锦标赛上，团体成绩均名列前茅，向省和国家优秀训练队输送了一批优秀体操运动员，不仅为泰安市争得了荣誉，也为中国体操运动的发展做出了贡献。

1972年年初，在新泰县第一中学校长乔贤平的支持下，体育组组长李士章，教师魏友美、张志珍筹办学校业余体操队。驻莲花山空军部队赠送了一副高单杠、一副低单杠、一副双杠、一副平衡木、一个高跳箱、一个大山羊头、三块棕垫子，新泰一中业余体操队就算成立了，男队教练员魏友美，女队教练员张志珍。1972年2月，张志珍丈夫张宝根由新泰二中调入新泰县体育部门工作，担任了体操队教练。队员都是新泰一中初中班的学生，训练人数是9男4女，训练的场地是原新泰一中的礼堂和操场，训练内容是基本的徒手动作和简单的器械动作。

教练员张宝根、张志珍是夫妻关系，两人是新泰体操项目创建时期的创业者和执教者。1957年7月两人同时从北京体育学院中专科毕业分配到山东省体校，张宝根后调入山东体育学院担任山东体操队教练。1962年山东体育学院解散，次年张宝根下放到新泰县第二中学担任体育教师，张志珍下放到新泰师范担任职员，张志珍后调入新泰一中任教。张宝根体操基础好，曾获得全国少年体操比赛第三名，是体操一级运动员。

1973年，新泰县革命委员会体育组（新泰县体委前身）接手新泰一中业余体操队，训练地点由新泰一中迁到新泰县委大院礼堂。男队教练员张宝根、驻新泰9664部队魏排长、王德收；女队教练员张志珍。训练人数也增加到11男8女。

1974年7月，张宝根率新泰体操队代表泰安地区参加在青岛举行的第十届省运会体操比赛，获少年男子乙组团体第五名、儿童女子组团体第五名、儿童男子组团体第六名。省运会后，为更好发展新泰体操项目，培养小年龄体操运动员，张宝根、张志珍在新泰县委和新泰革委会体育组奔走呼吁，积极筹划组建新泰县自己的体操队。在县委书记许希亮关心支持下成立起新泰县业余体校体操队，并筹资在新泰县革委会体育组办公大院盖起了六间屋的体操房。男队教练员张宝根、蔡吉明、王德收；女队教练员张志珍。

1978年10月，参加山东省第十一届运动会体操比赛，张栋获男子儿童组自由体操第一名、跳马第二名、中单杠第六名。1979年，在省体委支持资助下，新泰县业余体校改名为新泰县体操重点班。

1980年，张宝根、张志珍夫妇调离新泰县体操重点班。1981年新泰县体操重点班男队教练员蔡吉明、单光杰、张平；女队教练褚翠萍。1982年，山东省体操队派出教练员王倡贵到新泰指导训练一年，教练员、运动员的执教水平和训练水平有了很大的提高。当年选派体操运动员参加山东省第十二届运动会，巩杰获男子少年组自由体操第二名，另有3人在3个项目上进入录取名次，沈剑参加测试。

1983年上半年，召开泰安地区体育工作会议，会上对新泰体操项目取得的发展给予肯定，但也明确提出了成绩要求，体工会议激发了教练员、运动员的训练热情。在同年7月举行的山东省体操比赛中，新泰体操取得了男子乙组团体冠军、女子乙组团体亚军、五个单项第一名的好成绩。男队员有巩杰、沈剑、徐勤鹏、崔西堂、马光勇、高明，女队员有徐西梅、张霞、董和新、付成菊、陈传红、马克华。由于成绩突出，泰安地区体委主持召开庆功会，同时加大了对体操项目的扶持力度。

1984年12月，新泰市政府第五十五次市长办公会议决定，将新泰体操重点班改名为新泰市体操运动学校，列入正式事业编制。组织部门公布学校领导班子，同时充实、加强教练员队伍，扩大招生范围，增加体育设施，建成了一所初具规模、具有山区特点的体操运动学校，成为泰安地区唯一的一所体操学校。

新泰体操项目创建以来，先后在体操学校

新泰市体操学校体操队训练（2012年摄） （新泰市体操学校提供）

工作的教练员有：魏友美、张宝根、张志珍、蔡吉明、王德收、单光杰、张平、褚翠萍、秦玲玲、王成波、宣光海、何斌、徐勤鹏、汪洪、马东霞、崔西堂、刘军、万惠华、葛云泉、刘玉、王功春、王利、李霞、赵鹏、葛璠璠等25人，其中张平、褚翠萍为国家级教练员。先后向上级专业运动队、全国高等院校输送了100余名优秀运动员，其中有体操转项为跳水的著名运动员王峰；体操世界冠军沈剑、毕文静；体操亚洲冠军张霞；体操全国冠军于良等。他们在国内外重大体操比赛中顽强拼搏，先后获奥运会银牌2枚，国际比赛金牌20余枚，亚洲冠军10余项，全国冠军50余项，省运会金牌80余枚。沈剑于1995年、1997年两度荣获“体育运动荣誉奖章”，毕文静于1998年荣获“体育运动荣誉奖章”。

因新泰市在体操项目上的优异成绩和卓越贡献，2000年3月，国家体育总局体操运动管理中心命名新泰市为“全国体操之乡”，2012年3月，新泰体操项目被省体育局命名为“山东省优秀运动队后备人才基地”。2012年9月，泰安市人民政府为新泰市体操运动学校“记集体二等功”。2012年12月，新泰市体操运动学校被国家体育总局命名为“国家高水平体育后备人才基地”。

至2015年底，泰安体操项目有教练员13人，其中高级教练员4人：何斌、刘军、万慧华、徐勤鹏。教练员7人：刘玉、李晓亮、王功春、王利、马东霞、李霞、崔西堂。初级教练员2人：赵鹏、葛璠璠。体操国际级运动健将3人：张霞、沈剑、毕文静。运动健将5人：董和新、马勇、曲业新、于良、史小璐。在训体操运动员分4个组别，共106人。

第三节　艺术体操

泰安艺术体操训练队伍于2009年3月在新泰市体操学校组建。2009年至2010年，省艺术体操专业队教练张燕带队在新泰集训两年。新泰体操学校决定在省专业队的帮助下，在体操队增设艺术体操训练，并指派学校体操教练员李霞、尹丹担任艺术体操教练，队员主要从习练体操的少儿运动员中选拔。在省教练张燕的帮助指导下，培养了一批艺术体操项目的苗子，比较优秀的运动员李小兰被选入省队训练。2010年5月，李小兰在山东省艺术体操锦标赛中获女子12人团体第三名，同年9月，在山东省第二十二届运动会上获女子甲组艺术体操个人全能第六名。

2011年，艺术体操队暂停训练招生。

第四节　蹦　床

1997年蹦床项目被国家体育总局正式设项，1998年，按照泰安市体育局项目布局的要求，新泰市体操运动学校体操队开始增设蹦床训练，并代表泰安市参加省蹦床比赛。在这期间，蹦床队员在进行体操训练的同时兼项蹦床训练，教练也由体操队各组教练兼任。2000年，正式组建蹦床队，由李晓亮担任蹦床队教练员。2005年至2006年，聘请原国家队教练吴月指导训练。组队之初蹦床队只有两台蹦床，但都不是比赛标准用床，经过十多年的发展，蹦床队现有教练员李晓亮、李霞、刘民3人，蹦床队队员20余名，蹦床队训练房面积550平方米，蹦床4台，其中两台为目前国际比赛使用的标准用床。

自建队至2015年，先后向省蹦床队输送了刘燕、娄明、马延青、焦峰、宋雪成、赵庚萱等优秀运动员，在国内外大赛中获得奖牌20余枚，省比赛金牌40余枚。其中刘燕、娄明、马延青、焦峰分别获第九届、十一届全运会银牌，娄明、马延青在2006年至2012年间获四次全国蹦床锦标赛双人同步冠军、一次团体冠军，并代表国家队参加世界杯系列赛，获得双人同步第三名。

至2015年年底，泰安蹦床项目有教练员3人；运动健将8人：刘燕、娄明、马延青、焦峰、刘民、宋雪成、刘向东、王文文。在训运动员26人。

第二章　举重　摔跤　柔道

第一节　举　重

新中国成立前，泰安没有真正开展过举重运动。民国后期偶有石担、石锁或杠铃举重，但一直是田径、体操等项目的辅助训练手段和民间习武健身者的辅助练习工具，并未形成独立的运动项目。

新中国成立后，泰安市的举重运动开始起步。1960年10月，在省举重集训队训练的泰安籍运动员宁连廷在全国举重锦标赛上，以115公斤创造男子最轻量级挺举省纪录。并参加了第二届全运会，曾打破过全国举重挺举纪录。“文化大革命”开始后举重运动全面停止。

1972年5月，国家体委决定恢复举重运动。1973年3月，泰安体委在肥城八中建立举重训练点，由刘兆河任教练兼队员，训练队员4人，多时几十人，这是泰安体育史上第一次开始举重专项训练。当时条件极其简陋，用铁棍代替杠铃，用带孔的铁块代替杠铃片，训练就在土坷垃地上。

1974年8月为选拔队员参加省运会，在肥城县文化馆举行了第一届泰安地区举重比赛，选出4名队员首次参加了10月份在济南举行的山东省第十届运动会举重比赛，赵明以总成绩150公斤获最轻量级第六名，刘兆河以总成绩190公斤获轻量级第六名，任德源以总成绩200公斤获中量级第三名，以总分6分排团体总分第五名。本届比赛后，举重运动受到地区体委和肥城县的高度重视，加大了扶持力度，参加举重训练的学生逐渐增多。

1976年6月，赵明被选拔到山东省举重队训练，师从宋文壮教练。1978年6月，泰安举重队在山东省第十一届运动会举重比赛中获2金1银1铜，以总分36分列全省第三位，赵明以抓举100公斤打破省纪录，并获总成绩冠军。这一时期的泰安举重运动快速发展，为泰安举重的崛起奠定了基础。

1978年12月，地区重点业余体校成立后，组建举重队，市体委将在泰安县农业局从事过举重训练的张启光调入市体校，担任举重教练员，并面向全地区选拔了李炳军、韩洪臣、罗振国、段力锋、刘强、赵丰东、陈彬、徐家镇、马学民、杜庆亮、李山伟等一批优秀举重运动苗子。

1979年，地区体委把举重列为重点项目进行扶

1984年11月，韩洪臣（左二）参加第十届世界青年举重锦标赛，获男子52公斤级抓举铜牌。

持，并拨付部分训练经费。各个县（市、区）配备了专业的举重教练员和训练器材，开展系统的基础训练，并先后向市体校输送了40余名优秀运动员，使该项目逐渐发展为泰安的优势拳头项目。

1982年6月，泰安地区举重队在山东省第十二届运动会举重比赛中，以5金2银5铜的成绩勇夺举重团体总分第一名，4人5次打破4项省纪录。1984年10月，在印尼雅加达举行的第二届亚洲青年举重锦标赛上，李炳军获得82.5公斤级抓举、挺举和总成绩三项冠军。这一时期，李炳军、韩洪臣、罗振国、段力锋等优秀举重运动员先后入选省举重队，他们在国内外赛场上连创佳绩，也由此开启了泰安男子举重在齐鲁体坛的“辉煌十年”时期，成就了泰安举重在山东省举坛的霸主地位。

1982年7月，省举重运动员付少勇由山东体院毕业分配到泰安市体校，担任男子举重教练员，先后培养输送李山伟、马学民、杜启健等优秀运动员到省队训练，并多次获得省运会金牌，在国内外比赛中也取得了优异成绩。

1984年6月，市体委决定新上女子举重项目，泰安是山东省内最早开展女子举重运动的地市之一。7月，付少勇开始招收女子举重队员，当时的女子举重训练队有15人，优秀女子举重运动员主要有魏霞和韩鲁娜。1985年5月，魏霞参加全国首次女子举重比赛——第一届“浪潮杯”全国女子举重邀请赛，获44公斤级抓举金牌、挺举银牌、总成绩银牌；1986年3月，魏霞在匈牙利举行的首届国际举重联合会“维诺尼亚杯”女子举重锦标赛上，获44公斤级抓举、挺举、总成绩3枚金牌，这是女子举重第一个世界冠军；1988年第十四届省运会上，魏霞获女子举重48公斤级第二名。1986年6月，韩鲁娜在第二届“浪潮杯”全国女子举重比赛中获挺举银牌；1987年5月，韩鲁娜在首届全国女子举重锦标赛上获60公斤级挺举银牌；1988年第十四届省运会上，韩鲁娜获女子67.5公斤级第一名。

1984年，经山东省体委批准，在泰安设立省举重专业队男子二队，队员编制5人。梁秉园任领队、张启光任教练，队员先后有杜庆亮、李山伟、马学民、孔令军、吴殿勇、田林、滕兴臣、阴法磊、李炳安、张伟、赵丰东、徐家镇、吴兆生、胡卫、刘学祥等15人，均为山东省举重队正式队员或试训队员编制，代表山东省参加全国以上各类比赛，其中编制内5人享受省专业运动员待遇，其余享受泰安地区重点运动员待遇。

1985年10月，为了推动泰安女子举重项目快速发展，市体委选调肥城体校举重教练员刘兆河到市体校，重点发展女子举重项目。培养的优秀女子举重运动员有孟献珍、魏建华。1985年5月，孟献珍、魏建华参加首届“浪潮杯”全国女子举重邀请赛获4枚银牌2枚铜牌；1987年，魏建华获全国首届女子举重锦标赛56公斤级抓举银牌；1988年第十四届省运会上，孟献珍、魏建华分获女子举重52公斤级和56公斤级金牌；1989年4月，在第二届“浪潮杯”全国女子举重比赛上，孟献珍、魏建华再获3枚铜牌。

1985年10月，从宁阳体校调赵明担任举重队教练，带队以来向省举重队输送了赵燕龙、王丽娟（女）、范丽娟（女）、周延涛、赵军、欧阳小霞（女）等6名优秀运动员。王丽娟在2005年8月举行的亚洲青年举重锦标赛上获女子56公斤级金牌。其他运动员在省运会上披金挂银，在全国比赛中也取得较好的成绩。

1986年，新汶矿务局开展了举重项目训练。新汶矿务局二中教练王成继组建男、女举重队，队员近20人，先后向省、市举重队培养输送了魏霞、王根英、韩鲁娜等优秀女子举重运动员。1988年第十四届省运会上，王根英入选泰安代表队参加举重比赛，获75公斤级第一名；1990年5月在南斯拉夫联盟举行的第四届世界女子举重锦标赛上，王根英获女子67.5公斤级抓举、挺举、总成绩3枚金牌；1992年第十六届省运会上，王根英获75公斤级第三名；在1993年举行的第七届全国运动会上，王根英以总成绩265公斤打破女子70公斤级亚洲纪录，获得一枚铜牌。泰安女子举重紧随辉煌时期的男子举重步入了鼎盛时期。

1992年十六届省运会后，张启光带男子举重，刘兆河、赵明、付少勇三位教练均能自主选招男女举重运动员。至此，泰安举重有4支训练队，在训举重运动员常年保持在60人左右，确保了泰安举重后备人才不断，成绩常新。

从1982年至1992年，泰安市男子举重连续11年蝉联全省团体总分桂冠，书写了泰安举重史上浓墨重彩的一笔。从泰安输送到国家队、省队的李炳军、韩洪臣、段力峰、罗振国、刘强、周延涛、陈彬、闫仲军、赵燕龙等一批优秀男子运动员，在国际赛场上打破多项世界、亚洲和全国举重纪录。女子举重运动员魏霞、王根英、韩鲁娜、孟献珍、魏建华、芦萍、毕雪梅、高小林、李娜、王丽娟等创造了泰安市女子举重史上的最好成绩。

1997年，泰安市体校输送到省男子举重队的专业运动员赵燕龙、闫仲军退役后到市体校任教，赵燕龙任女子举重队教练，闫仲军主要带男子举重队员。2013年3月，李娜退役后到体校与赵燕龙一起带队训练。赵燕龙带队以来至2015年，向上级专业运动队输送了贾亚峰、李娜、高林、刘娟娟、郭煜、马秀秀、高攀、王欣、蒋婷、杨樱桃、李学文、向利莉等12名优秀举重运动员，她们在国内外大赛和省比赛中先后取得19枚金牌、8枚银牌和5枚铜牌的好成绩。

至2015年年底，作为泰安市的传统优势项目，泰安举重项目有高级教练4人：赵明、付少勇、孙殿东、马志宏。国际级运动健将3人：李炳军、王根英（女）、韩洪臣；运动健将14人：赵明、刘强、段力锋、胡伟、罗振国、徐家镇、周延涛、陈彬、赵燕龙、李娜（女）、王丽娟（女）、范丽娟（女）、董静（女）、欧阳小霞（女）。在训运动员44人。

1986年男子举重泰安市级纪录情况表

表5-5

级 别	项目	成 绩	创造者	运动会名称	时 间	地 点
48公斤级	抓 挺 总	75.5 95 170	李山伟	泰安市第五届运动会	1985.10	泰安
52公斤级	抓 挺 总	90.5 110 197.5	李山伟 李山伟 韩洪臣	泰安市比赛 泰安市举重优秀运动员调赛 泰安地区比赛	1985.4 1985.3 1982.4	泰安
56公斤级	抓 挺 总	97.5 127.5 225	胡 卫	山东省十三届运动会	1986.7	泰安
60公斤级	抓 挺 总	97.5 130 227.5	张永革	山东省十三届运动会	1986.7	泰安
67.5公斤级	抓 挺 总	115 137.5 240	徐家镇 阴法磊 阴法磊	泰安市举重比赛 泰安地区举重比赛 全国业体举重比赛	1986.5 1984.5 1984.9	泰安 泰安 马鞍山
75公斤级	抓 挺 总	117.5 147.5 260	张 伟 阴法磊 阴法磊	山东省十三届运动会 全国第一届青运会 全国第一届青运会	1986.7 1985.10 1985.10	郑州
82.5公斤级	抓 挺 总	125 155 280	孔令军	山东省十三届运动会	1986.7	泰安
90公斤级	抓 挺 总	135 157.5 292.5	赵丰东	山东省十三届运动会	1986.7	泰安

续表 5-5

级 别	项目	成 绩	创造者	运动会名称	时 间	地 点
100 公斤级	抓	132.5	马学民	全国青年锦标赛	1986.6	孝感
	挺	162.5	赵丰东	泰安市比赛	1985.5	泰安
	总	292.5	赵丰东	泰安市比赛	1985.5	泰安
110 公斤级	抓	120.5	陈 彬	泰安市比赛	1986.5	泰安
	挺	142.5				
	总	262.5				

1986 年女子举重泰安市级纪录情况表

表 5-6

级 别	项 目	成 绩	创造者	运动会名称	时 间	地 点
44 公斤级	抓	50	魏 霞	全国首届“浪潮杯”比赛	1985.5	济南
	挺	60	王银芝	泰安市比赛	1986.3	泰安
	总	110	王银芝	山东省“振兴杯”比赛	1986.4	威海
48 公斤级	抓	60	王桂云	全国首届“浪潮杯”比赛	1986.6	泰安
	挺	77.5	孟宪珍	全国女子举重邀请赛	1985.12	郑州
	总	135	孟宪珍	全国女子举重邀请赛	1985.12	郑州
52 公斤级	抓	67.5	魏建华	全国第二届“浪潮杯”比赛	1986.6	泰安
	挺	80	孟宪珍	泰安市比赛	1986.3	
	总	147.5	魏建华	全国第二届“浪潮杯”比赛	1986.6	
56 公斤级	抓	65	魏建华	山东省比赛	1986.3	威海
	挺	90	韩鲁娜	全国第二届“浪潮杯”比赛	1986.6	泰安
	总	150	魏建华	山东省比赛	1986.3	威海
60 公斤级	抓	70	魏建华	泰安市比赛	1986.3	泰安
	挺	90	韩鲁娜			
	总	155	韩鲁娜			
67.5 公斤级	抓	60	桑红卫	泰安市比赛	1986.3	泰安
	挺	77.5		泰安市第五届运动会	1985.10	
	总	135		泰安市比赛	1986.3	
75 公斤级	抓	45	刘丽梅	泰安市比赛	1986.3	泰安
	挺	65				
	总	110				

第二节 摔 跤

一、自由式摔跤

1986年，山东省体育局着眼于奥运、全运战略，组建省自由式摔跤队，自由跤项目在全省各地迅速开展起来。1988年3月，为对接省运项目布局，拓展省运会夺金项目，泰安市体育局选派中国式摔跤运动员王振民到北京体育学院参加自由跤培训。同年12月，泰安体校建立起第一支自由式摔跤队，教练王振民，运动员6人。在项目的初创阶段，虽然起点低、底子薄，但自由跤队运动员在教练员带领下勤学苦练，成绩提高很快，逐渐发展成为泰安市的新兴拳头项目。1995年至1997年，连续三年在山东省青少年自由式摔跤锦标赛上夺得团体总分第一名。1998年，陈德虎在全国锦标赛上取得男子自由跤50公斤级第一名，陈德龙在全国冠军赛上取得男子自由跤50公斤级第一名。

20世纪90年代开始，伴随着市自由跤队伍的成长壮大，由市体校其他训练队伍输送到省自由跤队的吴绪立、苏会华、贾亚峰等泰安籍运动员在国内外赛场上争金夺银。1993年，市体校举重运动员吴绪立（教练付少勇）被选入省男子自由跤队，在第九届全运会上获男子自由跤130公斤级第七名。后参加两届全国锦标赛、一届全国冠军赛获1银2铜。1996年，市体校女子柔道队员

泰安市体校自由式摔跤队训练（2011年7月）　　（闫克勤　摄）

苏会华（教练尚延庆）先后入选省自由跤队、国家队，2001年至2006年，苏会华参加第十届全运会，获女子自由跤63公斤级第五名；参加女子摔跤世界杯获团体第五名；参加两届亚洲自由式摔跤锦标赛获1金1银；参加一届全国女子自由式摔跤锦标赛、四届全国女子自由式摔跤冠军赛，获2金2银1铜。2001年，市体校女子举重运动员贾亚峰（教练赵燕龙）入选省自由跤队，参加女子摔跤世界杯、第十届和第十一届全运会、全国女子自由跤锦标赛和冠军赛，获3银2铜。

进入21世纪，为进一步做大做强泰安市自由式摔跤项目，2001年、2002年，市体校分别从北京体育大学和省自由跤队选聘孙军和王华担任教练王振民的助手，充实教练员队伍。2003年年初，孙军、王华在原来大队伍的基础上一分为二，分别招生组队。2006年第二十届省运会后，两支队伍又合并成一支队伍，两人共同带队。2008年孙军借调省队，2013年全运会后返校继续任教。

泰安市自由跤队从第十六届至第二十三届共参加了8届省运会，取得金牌14.5枚、银牌22枚、铜牌18枚。

建队以来，向省运动队输送了王华、徐肃、张国龙、黄超、李庆旺、杨松、王伟、纪恩丽、李娇、庞春景、赵庆云、姜大龙、王芳玲、苏宪丽等14名优秀运动员；向北京体育大学输送了杨明、陈德虎、陈德龙、孙军、徐西安、牛申刚等6名大学生；向上海体育学院竞技体校输送了刘海鑫、景默2名运动员。

至2015年年底，泰安自由式摔跤项目有高级教练1人：王振民。中级教练2人：孙军、王华。初级教练2人：亓小青、张磊。在训运动员100余人。

二、古典式摔跤

泰安的古典式摔跤训练起步于20世纪80年代中后期，是泰安市开展的新兴体育项目之一。

1987年6月，泰安市体校成立古典式摔跤队，聘用肥城市体委张果任教练员，建队初期有队员十四五人。

1988年10月，李阿鹏由青海省摔跤队退役，到市体校担任古典跤教练员。2010年，为更好充实古典式摔跤队教练队伍，泰安市体校引进上海体育学院运动员苏友华协助李阿鹏带队。

随着泰安市古典式摔跤项目的不断发展，宁阳、新泰、肥城、岱岳区等县（市、区）也积极组队开展古典跤项目训练，其中宁阳二十七中被山东省举摔柔中心命名为“山东省摔跤后备人才基地”，成为市古典跤队重要的生源输送地。

1987年到2015年，泰安市古典式摔跤项目向山东省摔跤队、上海体育学院竞技体校摔跤队、八一摔跤队输送韩增峰、马勇、李东波、李强仁、刘昊、苏友华、孙兴旺、银山等28名优秀运动员。他们在国家、省各项比赛中获得9枚金牌、16枚银牌。1993年，市古典跤队参加山东省青少年古典跤比赛取得了团体总分第一名；1998

年，刘昊在全国冠军赛上取得第三名；1999年，李强仁在全国少年古典跤赛上取得一枚金牌。同年，刘昊在全国冠军赛上取得第三名，李东波获得第五名。2000年，在全国青年古典跤比赛上，韩增峰取得96公斤级金牌；2001年，在全国少年古典跤比赛上，李强仁取得一枚金牌；2004年，在全国锦标赛上，刘昊取得一枚金牌，在全国青少年运动会上，马勇取得一枚金牌；2006年，在全国锦标赛上，刘昊取得一枚金牌；2009年，在全国十一届全运会上，刘昊、孙兴旺分别取得一枚银牌、韩增峰取得第七名。2014年，银山取得全国锦标赛66公斤级第三名。

至2015年年底，泰安古典式摔跤项目共有5名教练员：高级教练李阿鹏，中级教练张中华、孙庆路，初级教练苏友华、王大雷。在训运动员75人。

三、中国式摔跤

泰安民间的中国式摔跤活动历史悠久，深受广大青少年喜爱。民间一些摔跤爱好者经常在一起切磋技艺，开展交流比赛活动。

泰安的中国式摔跤业余训练起步于20世纪70年代。肥城矿务局国家庄煤矿工人尚延庆曾在大连从事过中国式摔跤业余培训，在肥城矿务局期间，为了丰富业余生活，他利用业余时间组织一群矿工进行训练。

20世纪80年代初期，中国式摔跤被列为省级比赛项目。1983年，由尚延庆组织煤矿职工参加了在青岛举办的山东省中国式摔跤比赛，是泰安第一支参加中国式摔跤比赛的代表队。

1984年，尚延庆带领矿工中国式摔跤队代表泰安市参加了在济南举行的“殿清杯”中国式摔跤比赛，王振民获得74公斤级第二名，张延文获得130公斤级第一名。

1985年，省体育局将该项目列为山东省第十三届省运会比赛项目，泰安市体育局决定由肥城矿务局国庄矿摔跤队代表泰安市参赛，并委托肥城矿务局国庄矿工会进行管理，由此，肥城矿务局国庄矿摔跤队正式更名为泰安市摔跤队。

1986年，在山东省第十三届运动会上，张延文获得+100公斤级第一名，杜广印获得52公斤级第二名，王振民获得74公斤级第五名。

1987年6月，市体委研究决定新上中国式摔跤项目，训练队伍由肥城矿务局国庄矿整体迁至泰安市体校训练。由尚延庆、张延文担任教练员，王振民任教练员兼运动员，教练员和运动员工作关系全部调到市体委。1988年在山东省第十四届运动会上王振民获得82公斤级冠军；徐银海获得90公斤级冠军；王存新获得62公斤级冠军；张元海获得48公斤级第二名；许勇获得52公斤级第二名；张平获得57公斤级第三名，并获得团体总分第一名。

1988年年底，服从奥运、省运战略，市体委撤销中国式摔跤队。

第三节　柔　道

泰安的柔道项目起步于20世纪80年代后期，是我国改革开放新时期泰安新开展的竞技项目之一。

1987年6月，泰安市体育局决定上柔道项目，由市体校负责组建青少年柔道训练队，中国跤队教练尚延庆兼任柔道队教练，定编12人，男、女各6名运动员。尚延庆带队以来，向省柔道队输送了徐银海、吴兆生、苏华、冯慧慧等4名优秀运动员，向省女子自由跤队输送了魏丽、苏会华两名优秀运动员。1991年，市柔道队获山东省柔道锦标赛男子团体总分第一名，女子团体总分第二名。1993年，在第七届全运会上李岱强取得男子86公斤级第三名；1997年，在第八届全运会上吴兆生取得男子86公斤级第六名。在1994年全国柔道锦标赛上，吴兆生取得男子86公斤级第一名，徐银海取得男子95公斤级第三名，李岱强取得男子86公斤级第三名，陈伟栋取得男子95公斤级第五名。

随着泰安市柔道项目的全面发展，新泰、肥城、岱岳区等县（市、区）也积极组队开展柔道训练，为泰安市的柔道队伍培养输送了一批柔道苗子。

1998年，为充实教练员队伍，市体育局调省队退役队员李岱强接任男子柔道队教练，尚延庆继续担任女子柔道队教练。2006年3月至2009年5月，市体委借调新泰市业余体校赵文虎到市体校接替尚延庆任女队教练，2009年年初，可同时带男、女队员训练。2009年5月，市体校从北京体育大学国家奥林匹克人才训练基地招聘洪林和肖丽莉两名年轻的柔道教练员到市体校任教。

随着队伍的发展和成绩的提高，柔道项目成为泰安在省运会上争金夺银的一支重要力量。2000年，男子柔道运动员韩振利和李晶在全国青少年柔道比赛中分别取得一枚金牌。

柔道队建队以来至2014年，男女柔道队参加省运会共取得金牌19枚，银牌17枚，铜牌36枚。在全国比赛中，输送到省队、国家队的女子优秀运动员冯慧慧2009年获第十一届全运会–57公斤级银牌，2013年获第十二届全运会57公斤级铜牌。输送到省队的男子柔道运动员胡凯获第十二届全运会90公斤级铜牌，2014年获全国柔道冠军赛100公斤级金牌、全国柔道锦标赛90公斤级铜牌。

至2015年年底，泰安柔道项目有高级教练2人：刘晓亚、赵文虎；中级教练2人：李岱强、张丽丽；初级教练5人：洪林、冯猛猛、孙亚楠、李晶、焦守华。在训运动员94人。

第三章　跆拳道　拳击

第一节　跆拳道

1998年3月，泰安市体校引进泰安籍河北省散打队退役运动员刘四龙为教练，组建泰安跆拳道队和武术散打队。队伍租住在郊区业余体校在省庄的旧院子学习、训练。上午由市体校派出教师给学生上课，下午训练，训练条件和食宿条件十分简陋。2000年4月，在此基础上市体校成立武管中心，负责人薛新华，教练刘四龙，统管散打、跆拳道两个项目。2002年10月，跆拳道队随武管中心整体迁入市体校训练。2004年11月，武管中心解散，跆拳道项目停训。

2002年9月，在山东省第二十届运动会上，队员姜菲菲取得跆拳道女子少年乙组51公斤级第二名，王德云取得男子乙组78公斤级第三名。省运会结束后，姜菲菲输送到省女子跆拳道队训练。2008、2009年连续两年获中国大学生跆拳道锦标赛59公斤级冠军。

2010年10月，市体校组建新的跆拳道队，聘任省跆拳道队退役运动员张峰任教练。张峰上任后，以备战2014年省运会为目标，重新招生组队，在训男女队员发展到40余人，培养输送了一批好苗子。

2011年10月，高旭在吉林第七届全国大学生跆拳道锦标赛上获得男子跆拳道58公斤级第一名；2013年，李冉冉在全国跆拳道锦标赛上取得女子46公斤级第五名；2014年，李亚一在全国青年跆拳道锦标赛上取得男子48公斤级第一名。2011年、2012年在山东省跆拳道锦标赛上，泰安运动员获3枚金牌，6枚银牌，2枚铜牌。2014年泰安跆拳道队在山东省第二十三届运动会上取得了1枚金牌，2枚银牌，2枚铜牌。

至2015年年底，泰安跆拳道项目教练员2人：张峰、刘春。在训运动员130余人。

第二节　拳　击

泰安的拳击训练开展较晚，前期多以民间的武术散手爱好者自发组织开展训练、交流切磋。

2010年7月，泰安市体校新上拳击项目，引进解放军拳击队退役队员董西志任教练，引进山东省拳击队退役队员于帅帅任助理教练，在全市招生训练，正式组建了泰安市第一支青少年拳击训练队，开始专业化正规训练。之后，队伍迅速壮大，竞赛成绩迅速提高，成为泰安新兴优势项目。

2011年至2013年，参加山东省拳击锦标赛、冠军赛，泰安市男女拳击队共获金牌25枚，银牌17枚，铜牌28枚。2012年，贾子涵在全国青年锦标赛上取得女子81公斤级第三名，王海艳取得女子64公斤级第三名。在全国少年锦标赛上，徐玲玲和赵贝贝均取得女子第五名。2014年，拳击队在山东省第二十三届运动会上取得了金牌3枚，银牌2枚，铜牌6枚。

至2015年年底，泰安拳击项目向省以上专业队输送贾子涵（女）、王海艳（女）、徐玲玲（女）、赵贝贝（女）、刘馨培（女）、王少凤（女）、丁睿、李辛虎、郝宗鑫、安靖康、薛圣勇、王鑫炎、王金祥等13名优秀拳击后备人才。教练员1人：董西志。在训运动员49人。

第四章　球类（一）

第一节　篮　球

篮球运动是泰安最早开展的竞技项目之一，是泰安人民十分喜爱的一项体育运动，在群众中有着广泛的基础。早在20世纪初，泰安地区的教会学校就有篮球项目训练课，泰安的萃英中学、县立第一小学、私立仁德小学都建有篮球代表队。20世纪20至30年代，篮球运动从学校发展到社会，比赛活动日益增多。民国十七年（1928），泰城东升平街原府署衙门辟为泰安县运动场，场内设有篮球场。

新中国成立后，泰安的篮球运动在社会上广泛兴起，厂矿、企事业不少单位成立了篮球队，比较著名的有1950年由清真寺回族居民组织的东岳篮球队，他们有组织的进行训练，有固定的队员，代表泰安参加不同地域间的交流比赛。1951年5月，东岳篮球队代表泰安参加了第二届省运会，获冠军。泰安专署公安处等单位成立了职工业余篮球队。1956年，泰安金融系统的银鹰篮球队、粮食系统的桥梁篮球队均有一定名气。1958年，泰安市（县级）受省体委委托承办了山东省县级篮球赛，促进了篮球运动在泰安的普及和发展。1959年，泰安市（县级）男、女篮球队在济南市篮球赛中取得好名次。次年3月，泰安队获济南市男女普通组和少年组篮球赛四项冠军。

20世纪60至70年代，泰安篮球运动由群众性项目逐步向专业化训练发展，多数学校、工矿、企事业单位、农村都建起了自己的业余篮球队，大规模的篮球赛有60多个单位的80多支球队参加。但这时没有固定的篮球专业训练队伍。

1964年，为备战省第九届运动会，专署体委成立半专业性质篮球训练队，全区选调队员，在泰安党校集中食宿和训练。1965年，在林校操场搭建了简易的灯光球场，泰安地区有了相对固定的群众性篮球训练、比赛场地。这时的篮球训练以职工和学生为主，通过比赛选拔优秀运动员，经过短期集训，代表泰安参加省比赛。当时最早的带队教练为马子文。1965年，泰山中学从济南体校引进篮球教练柴景梦，组建了泰山中学学生男子篮球队。1970年，山东省女篮一队队员梁秉园退役到泰安地革委体委担任篮球教练。这一时期，地区篮球教练员马子文、梁秉园仍以带男、女集训队为主。1972年，泰安地区建立体育场，内设灯光篮球场，泰安有了较为正规的室外篮球训练场。当时，由群众及单位自发组织成立的篮球队多达83个。地区体委每年分别组织一次各县的职工、学生篮球比赛。1976年，地区体委教练员赵宗安带领泰安煤田地质局篮球队参加省篮球比赛获得第四名。

1978年12月，泰安地区重点业余体校成立，组建男子大小年龄组两支篮球训练队和女子篮球队，开始了正规的青少年基础训练，从泰山中学调入柴景梦与体委干部赵宗安共同担任教练。当时男女篮球队均有12名正式在训运动员。1982年，由泰安各界篮球爱好者组成的男子篮球队参加第十二届省运会成年组比赛，成绩排在烟台、青岛、济宁之后列第四名，创造泰安男篮在省运会上的最好名次。1983年7月，任广中分配至泰安体校任篮球教练，重新组建起女子篮球队，曹东平分配至泰安体校任男篮大组助理教练，1984年转任教练。1983年10月，男篮大组获山东省“希望杯”比赛第二名。1986年，泰安男子篮球队员郭卫东、宋华、王勇和烟台男子篮球队员代表山东参加全国少年篮球比赛，获第二名；1988年，泰安和烟台联合组队参加在吉林省四平举行的全国少年女子篮球赛，取得第二名；1990年，男子篮球队取得山东省“希望杯”比赛第一、总分第二的成绩。1998年，男子篮球队在十九届省运会获第三名。2002年，在第二十届省运会获第二名。其间，郑玉华、罗文新曾先后短期执教篮球队。

1983年女篮项目重组，任广中担任教练，球队成绩稳居全省前6名位次，1988年获省“希望杯”篮球比赛第二名，创造泰安女篮在省锦标赛上最好名次；同年，泰安女篮代表山东省参加全国少年组篮球比赛获得第六名。1991年女篮项目暂时停止招生训练。1995年，市体校重新组建女子篮球队，汪迎春任教练员，重新招生组队训练。

这一时期各县（市、区）开始重视篮球项目，1992年新泰市业余体校成立了篮球队，其他县（市、区）也相继组建了篮球训练队。

2000年，尚军任泰安市体校男篮助理教练员，率队参加2001年省锦标赛获男甲第一名。省比赛后组建了小男篮运动员队伍备战省二十届运动会。2002年7月正式接手男篮乙组教练员。2002年，刘西友率领以市体校输送到山东矿业学院的老队员为班底的男子篮球队出征第二十届省运会，获男甲第二名，记3枚金牌。

2002年，汪迎春率女篮参加第二十届省运会获女乙第六名，记1枚金牌。

2003年6月，为促进篮球项目发展，泰安市体育局成立泰安市篮球管理中心，为市局直属训练单位。篮管中心主任许兵，副主任汪迎春，男篮教练员尚军、郭力克，女篮教练员汪迎春（兼）、岳春。2004年参加省篮球锦标赛男篮获第4名；2006年参加二十一届省运会男篮获第六名，记1枚金牌。2007年，篮管中心所有人员整体回归市体校。

2009年4月至2010年11月，市体校加强对训练项目的分类管理，重新成立球类（篮球、排球、足球、手球）管理中心，主任汪迎春，副主任薛新华。女篮主教练李广云（外聘），助理教练路冉（外聘），男篮主教练尚军。

2010年12月，市体校调整项目管理中心，成立篮手管理中心。主任汪迎春，副主任薛新华、尚军。男篮教练尚军（兼），女篮教练安辉（外聘）。2012年，尚军任篮手管理中心主任，郭力克任副主任。2010年二十二届省运会男篮获甲组第七名、乙组第八名；女篮获乙组第六名，共记4.5枚金牌。2011年7月，市体校与泰安博文中学、泰安二中合作，将市体校男子篮球队放在泰安二中训练，由尚军任教练员，共同培养青少年男子篮球运动员。

2014年二十三届省运会获男甲第七名、男乙第六名、女乙第七名，共记8枚金牌。

1978年至2015年，泰安篮球队共向上级专业队培养输送了马景山、王步华、杨建民、刘霞、郭卫东、吴兆生、安广廷、刘震、刘安、徐崇国、马卫国、安东、王勇、桑永、翟金帅、聂天成等16名男子优秀运动员；吴海荣、罗春燕、王英霞、王秀珍、王海霞、郑峰、刘永莲、张攀、刘秀玲、高方青等10名女子优秀运动员。

至2015年年底，泰安篮球项目有中级教练2人：尚军、王辉。在训男女运动员56人。

第二节　排　球

泰安最早的排球运动发起于泰安的中小学堂。清光绪二十七年（1901），萃英中学就开展了排球活动。20世纪20年代，萃英、育英、省立三中、简易乡师及泰城的几处完小均设排球体育课，并设有专职体育教师。20世纪30年代，省立三中成立排球代表队；60年代末70年代初，排球运动在泰安开始推广普及，主要在以泰山中学为代表的县级中学开展。

1960年，泰山中学体育教师来养钰组建泰山中学女子排球队，排球从此成为泰山中学的优秀传统项目。来养钰率队代表泰安参加过全国、全省的中学生排球比赛、山东省运动会排球比赛、山东省传统项目学校排球比赛，以优异比赛成绩为泰安争得了荣誉。

1964年，游道镕由泰安一中调入泰安地区体委。由于当时泰安体委没有排球训练队，游道镕便到排球训练开展较早的泰山中学组建男子排球队。1973年5月，泰山中学排球队获得山东省青少年男子排球赛冠军；1974年参加山东省第十届运动会获得男子排球第三名，参加全国中学生男子排球赛获东北赛区第三名；同年，代表山东省参加在泰安举行的全国青少年排球联赛第一阶段比赛，与各省市青年专业队同台竞技，战胜了山东省少年队，取得优异成绩。

1978年，泰安地区重点业余体校成立，游道镕组建了泰安地区第一支女子排球青少年训练队。1982年泰安女子排球队在山东省第十二届运动会上取得了第六名的好成绩。这一时期，泰安排球向山东男排输送的优秀运动员马愍夫，1987年代表山东参加全国男排锦标赛获第三名。

1989年，市体育局与教育局协商，将泰安市女子排球队放在排球训练氛围较好的泰山中学训练，由泰安市体校管岱宁、刘万春担任教练员。1994年，泰安市女子排球队参加山东省中学生排球比赛获得第三名；1995年参加山东省传统项目女子排球比赛获得第一名；1996年参加山东省女子排球比赛获得第四名。

20世纪90年代末，泰安排球选才困难，训练不系统，成绩不断下滑。1996年年底市体育局出台《关于加强泰城学校排球业余训练的意见》，新发展回民中学、迎春中学、迎胜中学为排球训练基地。市体育局出于振兴泰安排球这一优势项目的长远战略，决定市体校重新组建排球队，担负起推广和发展排球项目的任务。

1999年，为解决排球生源问题，市体育局决定，派市体校李云涛任教练员，并具体负责与泰安师专附中联合组建男、女排球队。队员主要在泰安师专附中学生中选拔，在训练场地紧缺，训练器材不足的情况下，球队坚持训练。2000年参加山东省排球锦标赛，男排获第六名。

2001年，为备战省运会，市体校与东平县新湖二中联合，组建女子排球队，教练员李云涛，队员主要来自新湖二中。2002年该队参加第二十届省运会女子排球比赛，取得第七名。

2002年，泰山外国语学校组建男、女排球队，该校女排在2003年山东省传统项目学校排球比赛中获得冠军，并向全国高校输送了一批优秀排球人才。

2003年6月，市体育局决定成立泰安市排球管理中心，为局直属训练单位，中心具有推动开展泰安市排球运动，管理、协调全市排球训练竞赛等职能。排管中心主任李云涛，副主任刘大伟。

排管中心与同时成立的篮球、足球两个中心联合开设文化课教学，聘任文化教师，实行独立的教学训练管理模式，排管中心成立两年间在训队员达到68人。2006年8月，排管中心女排代表泰安市参加山东省第二十一届省运会排球比赛，获得女子乙组第七名，并向高校输送两名运动员。

随着排球项目的发展，各县（市、区）也积极设项开展排球训练，其中以肥城杨庄矿社区学校和岱岳区祝阳二中基础最好，为泰安体校排球队输送多名后备人才。

2007年，排球项目回归市体校管理，此时运动员总数减为33人。

2009年4月，排球归市体校新成立的球类管理中心统一管理，教练为李云涛。同年12月，刘大炜自省男排退役后到市体校任教练员。

2010年12月，市体校成立排球管理中心，李云涛任主任兼总教练，刘大炜任教练员，在市体校领导下独立开展项目管理工作，并承担训练比赛任务。当年排球管理中心女排甲乙组参加山东省第二十二届运动会决赛，取得女子甲组第八名，女子乙组第六名。

2013年，排管中心向省青年女排输送的运动员张倩，作为省青年女排主力队员参加辽宁第十二届全运会并夺得冠军。

2014年，张倩入选中国青年女排，参加在中国台湾举行的亚洲青年女排锦标赛，决赛中战胜日本队夺得冠军。

2014年7月，排管中心男、女排在第二十三届省运会排球决赛中获男甲第六名、男乙第九名、女甲第九名、女乙第四名，按大会竞赛规程，为泰安体育代表团贡献10枚金牌。

1999年以来，泰安排球向省级及以上专业队输送张倩、崔玉诺、郭慧珍、宋玉、吴欣悦等十余名优秀排球运动员。

至2015年年底，泰安排球项目有中级教练1人：李云涛；初级教练1人：刘大炜。在训运动员42人。

第三节 足 球

足球运动是广大青少年喜爱的体育项目之一，在泰安青少年中有着广泛基础。

20世纪20年代，泰安的教会学校间就曾进行足球比赛。60年代末，泰山公社有少年足球队，曾在全国赛事中取得好成绩。

20世纪70年代初，叶福成由青岛足球队退役分配到泰安一中担任体育老师，组建泰安一中足球队，开展足球业余训练。1980年，泰安地区体委干部范维琪到泰安市北实小选才成立泰安市业余体校足球队。1985年孙岩松由曲师大毕业分配至泰安市体校担任男子足球队教练，成立泰安市足球训练队，队员人数18人，以在校中学生为主。1985年参加省“希望杯”男子足球比赛夺得第三名，1986年参加省“希望杯”夺得第二名。1987年与泰安一中联合组队参加山东省举办的传统项目足球学校比赛，获得第一名，并输送贾伟、刘卫到山东省青年队（鲁能泰山队前身）训练。

1991年8月15日至22日，在泰安市首次承办的山东省“希望杯”足球比赛中，市足球队力克青岛、济南等强队，获得冠军；1992年山东省足球锦标赛上获得冠军。1992年后，足球训练队伍不断萎缩，成绩不佳。1999年至2001年，为发展足球项目，业余体校足球队教练孙岩松与刘晓林一齐帮助南上高街道办事处成立了泰安市第一家专业性的足球学校——泰山足球学校，招生人数上百人，后期培养出李超等中超球员。

2003年6月，市体育局成立泰安市足、篮、排、武术等四个管理中心，均为市体育局直属单位。市足球管理中心由周生涛，玄强、李叶剑三人任副主任，李叶剑兼总教练。在足管中心的努力下，泰安足球项目逐渐走向了振兴。

2004年上半年，在宁阳体育局支持下，市足管中心在宁阳四中组建男子甲组足球队（1989~1990年出生），由苏向红负责，体育老师岳仁营任教练员，带领学生进行足球训练。在南关中学组建男子乙组足球队（1991～1992年出生），由杨波任教练员，带领学生开展足球训练。在东岳中学组建女子足球队（1989～1990年出生），由体育老师李忠任教练员，带领学生开展足球训练。经过近一年的努力，三支年龄组泰安代表队组建完成。同年8月参加省足球锦标赛，取得男子甲组第六名、乙组第七名、女子组第八名。

在2003年至2006年省运会周期，女子足球只参加了一年的足球锦标赛（按规程应至少参加两年），未能获得参加2006年二十一届省运会决赛的资格。男子足球在2006年二十一届省运会上，甲组取得第六名，按竞赛规程记1枚金牌，这是泰安足球首次在省运会上获得金牌；乙组取得第七名。

2007年，市体育局决定足球管理中心回归市体校管理。

2009年4月至2010年11月，足球归市体校新成立的球类管理中心统一管理。教练李叶剑开始了新周期足球队伍的组建工作，先后在肥城石横中学、东岳中学、南关中学、宁阳四中等足球开展较好的学校建立了足球业余训练点，组建了四支队伍，分别参加男甲、男乙、女甲、女乙四个组别的省比赛。这也是泰安市足球项目首次在省运会上参加所有组别的比赛，并在2010年第二十二届省运动会上取得6.5枚金牌。

2010年12月，省二十二届运动会结束后，学校进一步细化球类项目管理，分别成立篮球手球、足球、排球三个管理中心。足球训练中心主任李叶剑（兼总教练），副主任孟辉、刘晓林，并聘请燕龙翔、杨波任男子甲组教练员，陈龙、成波任男子乙组教练员，孟辉任女子甲组教练员，褚洪成任女子乙组教练员。

2011年12月，新一届市足协成立，企业家刘海涛任主席，先后出资60余万元赞助全市足球教练员和裁判员培训工作，资助市体校男女足球队两赴南方冬训及参赛。

在2012年的省锦标赛上，足球队取得男子甲组第五名、乙组第四名，女子甲组、乙组均为第六名的成绩。2014年，在二十三届省运会足球比赛中，取得男子甲组第四、男子乙组第八、女子甲组第七、女子乙组第六，共计11.5枚金牌的好成绩。

至2015年年底，泰安足球项目为中超球队、中甲球队输送了贺惯、李超、姚震3名优秀运动员，姚震曾入选国家青年队。有中级教练1人：李叶剑；初级教练4人：孟辉、褚洪成、燕龙祥、陈龙。在训运动员64人。

第五章　球类（二）

第一节　乒乓球

乒乓球运动在泰安市有着广泛的群众基础，深受广大群众的喜爱。

20世纪50至60年代，乒乓球运动在泰安十分普及，成为泰安的传统项目。全区的学校、工矿企业、机关事业单位甚至农村的农民体育协会，几乎都有自己的乒乓球队和乒乓球活动场地，社会和民间的乒乓球比赛不断。1956年，新汶煤矿体协理事会组织了全矿的乒乓球比赛。

20世纪70年代初，体育教学逐渐恢复，乒乓球运动在全区学校中进一步开展。据1977年的统计，仅原泰安县的中小学就有乒乓球队702支。

这一时期，新汶矿务局中学教师米希运业余时间组织10余名学生训练；新泰业余体校教练王子户带一批学生进行业余训练。他们曾组队代表泰安参加省比赛，但是没有突出成绩。

1988年，市体校决定上乒乓球项目，组织青少年进行专业训练。周娟娟任教练员，招收和训练了一批青少年运动员，并参加了1990年省"希望杯"和1992年省运会比赛。较好成绩为省"希望杯"比赛第四名、省运会第六名。

1992年第十六届省运会后撤销乒乓球队，教练员周娟娟按照市体校安排，成立泰安市体校乒乓球俱乐部，在社会上带队进行业余训练，所训队员成绩较好者参加省乒乓球比赛。

1995年1月15日至17日，市体委邀请前乒乓球世界冠军庄则栋到泰安讲学，全市各地乒乓球基层教练员、体育教师和泰城的球迷们参加了学习，并观看了庄则栋的示范表演，进一步促进了泰安市乒乓球运动的开展。

2011年11月，刘鲁奇获省乒乓球冠军赛女子乙组单打第二名，同年获全国少年乒乓球赛（北方赛区）女子团体第二名。

2014年，周娟娟组队参加了第二十三届省运会乒乓球比赛。

至2015年年底，泰安乒乓球项目管理仍为俱乐部模式。

第二节　手　球

泰安手球项目的青少年训练起步较晚，在开设该项目之前，主要是从篮球队选拔、推荐队员到解放军队和省手球队训练。

1978年，泰安军分区篮球队队员胡建国被选入解放军男子手球队训练，泰安开始初步了解手球项目。1984年10月8日。泰安体校篮球队学生郭卫东被解放军男子手球队选入队中，成为泰安输送的第一位青少年手球正式队员。1987年7月，篮球队员刘安正式入选解放军男子手球队。1988年至1992年，郭卫东、刘安与队友一道，获得全国手球锦标赛冠军、全国手球联赛第三名。1993年，郭卫东身披国家队战袍参加第十一届亚运会，与队友一起勇夺男子手球铜牌。1996年，郭卫东代表中国队参加亚洲手球锦标赛获得男子手球银牌，1998年至2015年担任解放军男子手球队领队兼主教练。

2003年6月市篮管中心成立后，为推动泰安的手球运动发展，内引外联组建泰安青少年手球训练队伍。

2005年，泰安从青岛交流来的女子手球运动员，由教练于洪福带领在泰安市篮管中心场地训练，同时，市篮管中心选拔输送了一批女篮队员到省手球队训练。

2006年10月，在第二十一届省运会上，以在省女子手球队训练的泰安籍队员高方青、刘秀玲、张攀、孟曼曼、郭琳等为主力组成的泰安市女子手球队力克强手，夺取冠军。

2007年，宁阳十七中组建男子手球队，聘请青岛籍手球教练于洪福任教练员。

2008年，山东省青年手球队教练于涛带队在泰安训练，市体校借助省队力量组建起泰安手球训练队。队员选自体校的其他训练队，有一定的训练基础，在省青年队的带动下进步较快。省青年队离泰安后，市体校聘请解放军队退役手球队员刘安业余带队训练。2010年2月，刘秀玲退役后到市体校任手球队教练，其间，天津手球队孔德宾短暂带过队伍。

2009年4月，为备战2010年第二十二届省运会，手球归市体校新成立的球类运动管理中心统一管理。手球教练初为刘安，后为刘秀玲。

2010年12月，市体校球类项目再次调整，篮球手球单独成立管理中心，手球教练仍为刘秀玲。

2001年至2011年，泰安女篮先后有高方青、刘秀玲、张攀、张苑琳、田秀秀5人入选山东省女子手球队训练，成为山东省女子手球队的正式队员。他们在省女子球队刻苦训练，顽强拼搏。

以高方青、刘秀玲、张攀为代表的省女手队员于2004年、2007年两获全国青年女子手球锦标赛冠军、2008年获全国女子手球锦标赛亚军、2009年获第十一届全运会第三名（计1枚金牌）和省运会冠军。以张苑琳、田秀秀、徐悦、张越为代表的新一代省女手队员获得2011年全国手球锦标赛第四名、2013年第十二届全运会第八名、2015年全国青年女子手球锦标赛第三名。2010年为省队输送了男子手球运动员李濠壮。

2010年二十二届省运会后，刘秀玲重新组建手球男女队，并任教练员。2011年7月，外聘唐粒源协助刘秀玲共同带队训练。2011年10月，张攀从省女手队退役到市体校协助手球队训练。随着队伍规模扩大，2012年11月，队伍分为男女队，刘秀玲带男队，唐粒源、张攀带女队。2013年初唐粒源辞职，刘秀玲、张攀转为正式在编教练员，刘秀玲执教女手队，张攀执教男手队。2015年，高方青退役后到手球队协助带队。

2010年，泰安市手球队在山东省二十二届运动会上获女子手球第四名，在2014年山东省二十三届运动会上获女子乙组手球第四名、男子乙组手球第七名。2012年泰安体校女子手球队与泰安中学队联合组队参加全国中学生手球锦标赛，获女子手球第六名。

至2015年年底，泰安手球项目有教练3人：刘秀玲、张攀、高方青。在训运动员40余人。

第三节　羽毛球

羽毛球是群众喜闻乐见的运动项目，在泰安群众基础较为广泛。新中国成立后，主要是各中小学学生经常进行羽毛球训练和比赛。1958年，国家试行“劳卫制”，泰安专区各学校普遍开展了羽毛球等体育活动，并定期测验，达标者颁发证书。20世纪70至80年代，机关、企事业单位职工中也普遍开展羽毛球活动，并经常组织单位间的羽毛球比赛，但没有组织过专业的羽毛球训练。

1992年，山东农大附小体育教师杨忠浩在小学生中组建羽毛球兴趣小组，后举办羽毛球培训班，开始对少年儿童进行正规训练。1997年，因没有训练场地，借用泰安市第一实验学校场馆进行训练。该校羽毛球队先后向省羽毛球队培养输送了徐学昊、于静（女）、徐维蔚（女）、贺方玉（女）等优秀运动员。1999年，杨忠浩带领羽毛球队代表泰安市参加省“希望杯”羽毛球比赛获1枚银牌，2枚铜牌。2002年，羽毛球队代表泰安参加第二十届省运会羽毛球比赛，获男子乙组团体铜牌。

2000年，泰安市第一实验学校为了在少年儿童中推广羽毛球项目，成立了羽毛球训练中心，由学校体育教师孙继文担任教练，当时仅有6名小学生男队员。2002年开始，学校羽毛球队代表泰安市连续参加了4届省运会。2004年招收女队员训练。随着队伍规模的扩大和成绩的进步，市体育局、市体校和泰山区体育局加大对羽毛球项目的扶持力度，至2007年训练队伍发展到30余人，仍由孙继文任教练。泰安市第一实验学校是市体育局的羽毛球传统项目学校，学校羽毛球训练中心是市体校的羽毛球训练基地。

2000年至2015年，孙继文所带青少年运动员代表泰安市参加了第二十届至二十三届省运会羽毛球比赛，获8枚银牌、8枚铜牌；在省锦标赛上获1枚金牌、5枚银牌、6枚铜牌。培养的羽毛球运动员张文静在迎奥运全国少儿羽毛球邀请赛上获女子丙组单打冠军。

至2015年年底，在训男女少年儿童羽毛球运动员70余人。

第四节　橄榄球

泰安市体校自由跤运动员马峰于2001年考入中国农业大学，在大学就读期间从事橄榄球专业训练。2004年大学毕业后在泰安成立泰山国际橄榄球俱乐部，与泰安市外国语学校联合办学，并把泰安市外国语学校作为训练基地和生源基地，组队初期青少年队员有16人。

橄榄球队自成立以来，连续四年参加全国七人制橄榄球冠军赛青少年组比赛，2006年获得第二名，2007年至2008年连续两次获得第三名。培养输送的运动员王平、安聪代表中国队参加2006年中日韩青少年运动会橄榄球比赛，获得第三名；2008年在济南举行的“磐石杯”俱乐部邀请赛上获得第四名。2009年，教练马峰被选拔担任省橄榄球队教练，外国语学校橄榄球队随之解散。曾向国家队输送优秀运动员訾佳、李尚武；向国青队输送优秀运动员王平、李进、刘伟、安聪、刘项楠、孙龙、张丞祥、甄胡、王新、刘大文。

2011年5月，为促进橄榄球项目在泰安的持续发展，泰安市体校在肥城丘明中学挂牌成立了橄榄球训练基地，正式组建了泰安男、女橄榄球队。由泰安体校派专业教练住校执教，丘明中学提供训练场地并选拔队员，经过两年多的训练，学员发展到60多人，其中女运动员20人。同年，由市体校输送到省橄榄球队的优秀运动员华鑫参加了在安徽合肥举行的全国橄榄球锦标赛，获男子七人制橄榄球第二名。

2013年9月，在沈阳举行的第十二届全运会上，泰安橄榄球女子运动员高燕、姚继燕代表山东省参加全运会橄榄球比赛获得冠军。

2015年4月，泰安体校为更好地发展橄榄球项目，聘任王新为教练，在市体校组建橄榄球训练队，至年底，训练队伍已发展到50余人。

第六章　射击、射箭、击剑

第一节　射　击

射击是泰安市的传统体育运动项目，也是重点运动项目和优势项目，在青少年中基础非常广泛。1957年7月，泰安射击队参加第六届省运会获团体第十二名，第2号项目获团体第四名。1961年前，刘继鹏担任泰安地区专职射击教练员，负责推广普及射击运动。当时山东农业大学、泰安电校、泰安卫校、泰安一中、泰安二中和泰安师范等学校，都有校射击队常年训练。1963年8月，参加过第一届全运会的射击运动员淳于毓华，接任刘继鹏全面负责泰安地区射击项目的培训、选拔和比赛，并重点抓泰安师范的射击项目。利用星期天和暑假全天训练，每年的省比赛成绩（团体）都在前六名以内。

1964年，在烟台举行的第九届省运会射击比赛中，教练兼运动员淳于毓华获青年组男子小口径运动步枪50米3×20第一名，并打破省纪录；青年组男子运动员史泉松获自选小口径手枪慢射3×30第三名；青年组女子运动员秦君侠获小口径运动步枪50米3×20第五名。朱方进、郝庆俊参加男、女少年组比赛均获得第五名。省运会后郝庆俊被选入省队试训，一年后转正，成为泰安地区输送的第一位省队专业运动员。同年，专署文教局将泰安师范毕业的地区射击代表队队员史泉松、王自平分配到泰安市实验小学，在小学中开展射击训练活动。

1965年，为了提高训练成绩，专区体委在市实验小学建起泰安第一个简易射击靶场，自此，射击项目从场地、器材到运动员训练逐渐正规起来。同年，淳于毓华、秦君侠、朱方进代表山东参加全国青少年射击通讯赛。“文化大革命”中射击项目停训，枪支弹药被军事接管。

20世纪70年代中期，“文化大革命”结束后，泰安的射击项目开始复训，并逐步走向成熟、壮大，成为泰安竞技体育项目中的重点和优势项目。地区体委和原泰安县体委在泰安市实验小学建射击训练点，教练王自平在一穷二白的情况下，白手起家，在露天的操场上重新建起了简易靶场，从实验小学挑选了第一批小队员开始训练。虽然训练条件十分艰苦，缺枪少弹，也没有专用的射击服装，但第一次参加省比赛就取得比较好的成绩，周立军取得军用步枪3+10项目的第一名，这也是泰安市“文化大革命”后射击项目的第一枚金牌。

在此基础上，不断扩大队伍，利用暑假培养运动员与各县教练员。宁阳、东平等县也都有了自己的教练员和训练队伍，开展业余训练。

1980年春，泰安地区体委决定在市体校开展射击项目训练，体委军体科射击教练淳于毓华担任步枪教练，史泉松担任手枪教练。初期市体校仅有一个25米的小靶场，共有6个靶位，条件很差，每到周日，教练带着队员去北实小简易靶场训练。后来，在原来25米小靶场的基础上，加扩出两个篮球场的位置建起10个靶位的50米靶场，又把办公楼会议室改造成10米气枪训练馆。射击队开展的项目有男女小口径步枪、男女气步枪、男女气手枪、手枪慢射、手枪速射、标准手枪、女子手枪慢加速、男子十米移动靶等。仅用一年时间培养出了第一个省队专业射击运动员修振辉。随着射击训练队伍规模的扩大，先后增加张景文、王红梅、徐静等教练员。随后连续向省一队输送了王金凤、段文强、沈爱军、孙宇文、闫林、刘中生、张峰、张传峰等多名优秀运动员，在历届省比赛和全国比赛中，多次取得优异成绩，为泰安争得荣誉。

20世纪70年代末80年代初，泰安射击项目在全省已崭露头角，以淳于毓华领衔的教练队伍得到了省体委军体处的认可。省体委领导到泰安考察时认为，泰安领导对射击项目高度重视，教练队伍整齐、技术水平高、射击队伍有基础、有成绩、有潜力、可扶持、可发展。1982年3月省体委正式下发文件，在泰安组建省射击二队，教练员为淳于毓华，省专业队运动员有5个名额，队员为王红梅、王蕊、张景文、殷凡勇、李恒军。后先后有刘传梅、梁建梅、张振军成为正式队员。1982年在省第十二届运动会上，刘传梅获女子气步枪40发第一名，刘群获男子气步枪40发第二名。修振辉、段爱霞分别获男、女气步枪项目第三名。

这一时期各县（市、区）中小学先后建起了射击训练队伍，泰安射击项目进入了快速发展时期。

宁阳县体委对射击项目高度重视，1979年成立起了少儿射击队，1980年县业余体校组建射击训练队，1985年建起一座占地10亩、能承办省级比赛的射击靶场，教练员许胜印“文化大革命”前就从事射击训练，恢复射击运动后他更是积极做好推广工作。后来又陆续增加了殷凡勇、李恒军、胡德阳等射击教练员，先后向市体校输送了30多名射击运动员。

泰安市实验小学一直是泰安县体委教练王自平抓的训练点，先后培养出以修振辉为代表的40多名运动员。

新汶矿务局三中体育教师秦志军酷爱射击运动，曾多次代表泰安市参加省比赛。在教学之余，利用学校的射击靶场，成立起射击训练队，培养出刘中生等优秀射击运动员。在向省、市射击专业队输送队员的同时，还陆续向复旦大学、华东师范大学等高校输送了20多名大学生。刘中生曾获第十六届省运会射击比赛手枪速射第三名，多次获得过全国射击锦标赛前三名。

肥城体委组建起射击训练队，由市体校射击专业毕业的罗文静任教练，先后向市体校输送了10余名射击运动员。

进入20世纪90年代，由于受经济实力影响，泰安市的射击项目发展受到严重挑战，和全省先进地市比，泰安市射击运动设备落后，枪支不能及时更新，子弹严重不足，再加上没有标准的训练场地，致使出现比赛成绩逐年下滑情况。省体委于1998年收回省射击二队的专业队员名额，撤销省二队，调整分配了省二队的专业射击运动员。1998年，根据泰安市城建规划，简易靶场被绿地代替，射击项目撤销。宁阳县、肥城市射击靶场因城市改造拆除，射击训练停训。

泰安射击运动从20世纪70年代建队以来至1998年，运动员在国际、全国、全省比赛中，共取得金牌7枚，银牌10枚，铜牌12枚，2人3次打破3项省纪录。

2010年开始，市体校与原新汶矿务局三中（今莱新中学）射击训练队联合培养射击运动员。

1986年男子射击泰安市级纪录情况表

表5–7

项　目	创造者	成绩（环）	单　位	运动会名称	时间	地点
小口径自选步枪60发卧射	宋　振	683	新汶矿务局	山东省十二届运动会	1982.8	昌乐
团体（4人）	修振辉　宋　振 秦志军　李恒军	2230	泰安地区队	山东省十二届运动会	1982.8	昌乐
团体（3人）	殷凡勇　李恒军 任育新	1713	泰安市队	山东省“振兴杯”射击比赛	1985.8	潍坊
小口径自选步枪3×40	李泽军	1633	泰山区	山东省十三届运动会	1986.9	胶南
团体（4人）	修振辉　宋　振 秦志军　李恒军	4274	泰安地区队	山东省十二届运动会	1982.3	昌乐
团体（3人）	殷凡勇　李恒军 任育新	3184	泰安市队	山东省“振兴杯”射击比赛	1985.8	潍坊
小口径自选步枪40发卧射	宋　振	389	新汶矿务局	山东省十二届运动会	1982.8	昌乐
小口径自选步枪40发立射	李泽军	357	泰山区	山东省十三届运动会	1986.9	胶南
小口径自选步枪40发跪射	秦志军	371	新汶矿务局	山东省十二届运动会	1982.8	昌乐
自选气步枪60发立射	李泽军	553	泰山区	山东省十三届运动会	1986.9	胶南
团体（4人）	修振辉　宋　振 秦志军　李恒军	2109	泰安地区队	山东省十二届运动会	1982.3	昌乐
团体（3人）	殷凡勇　李恒军 任育新	1533	泰安市队	山东省“振兴杯”射击比赛	1985.8	潍坊
自选手枪慢射60发	吕永平	528	泰安地区队	山东省十二届运动会	1982.8	昌乐
团体（4人）	吕永平　潘春秋 张景文　孙德元	1997	泰安地区队	山东省十二届运动会	1982.8	昌乐

续表 5-7

项　目	创造者	成绩（环）	单　位	运动会名称	时间	地点
团体（3 人）	张振军　穆少华 贾　涛	1520		泰安市“希望杯”射击比赛	1986.5	新矿三中
气手枪 60 发	张振军	562	泰山区	山东省“振兴杯”射击比赛	1985.8	潍坊
团体（3 人）	贾　涛　张　军 穆少华	1593		泰安市“希望杯”射击比赛	1986.5	宁阳
团体（4 人）	张振军　吕永平 高祥太　张建全	2105	泰安地区队	泰安地区运动会射击比赛	1983.5	泰安
自选手枪速射	柏　岩	501	新汶矿务局	山东省十三届运动会	1986.9	胶南
小口径运动步枪 9+30	淳于毓华	267	泰安专区	山东省九届运动会	1964.8	烟台
小口径运动步枪 3×20	淳于毓华	511	泰安专区	山东省九届运动会	1964.8	烟台

1986 年女子射击泰安市级纪录情况表

表 5-8

项目	创造者	成绩（环）	单位	运动会名称	时间	地点
小口径标准步枪 60 发卧射	刘传梅	692	泰安市	山东省青运会选拔赛	1985.4	济南
团体	王红梅　张　静 王　蕊	1678	泰安地区队	山东省十二届运动会	1982.8	昌乐
小口径标准步枪 3×20	王红梅	567	泰安市	山东省十三届运动会	1986.9	胶南
团体	刘传梅　段爱霞 徐月芬	1579	泰安地区队	山东省射击比赛	1984.8	莱西
自选气步枪 40 发立射	赵彤彤	371	泰安市	泰安市“希望杯”射击比赛	1986.5	泰安
团体	王　蕊　王红梅 段爱霞	1077	泰安地区队	泰安地区射击比赛	1981.7	泰安
小口径运动步枪 3×20	王红梅	510	泰安地区	山东省比赛、全国通讯赛	1981.7	济南
团体	王　蕊　朱建惠 迟建荣　谭业芝	1106	泰安地区队	山东省十一届运动会	1978.8	济南
标准手枪 30+30	王金凤	585	莱芜市	山东省射击比赛	1984.8	莱西
团体	王桂芝　梁建梅 贾　燕	1680	联队	泰安地区射击比赛	1983.7	泰安
气手枪 40 发	王桂芝	367	肥城县	泰安地区射击比赛	1983.7	泰安
团体	梁建梅　贾　燕 谭小蕾	1049	泰安市队	山东省“振兴杯”射击比赛	1985.8	潍坊

第二节 射 箭

新中国成立之初，泰安就开展了射箭项目训练，但主要集中在新泰县的学校。1964年于秀兰从新泰选入省射箭队，是泰安最早的专业运动员。1972年李燕从莱芜一中选入省射箭队，并于1974年广州全国射箭锦标赛上，与队友一道打破女子团体全国纪录。1973年泰安二中学生王大伟调入省射箭队，于1975年在福建举行的全国射箭冠军赛中，与队友一道获男子团体第一名。1976年王大伟被选调进入国家队，1978年在广西南宁全国射箭冠军赛中获得男子团体第三名，并打破男子团体单双轮全国纪录。1976年张淑珍从泰安中学选拔至省射箭队，1987年在广州全国锦标赛上获女团第一名。1983年石磊从新汶矿务局一中选入省射箭队，1988年在全国射箭锦标赛上获男子团体第二名、个人全能第五名。

1989年10月，泰安市体校成立射箭队，从泰安市科协调入李燕担任教练，首批招收男女运动员各5人。在省射箭队的大力支持下。泰安射箭队逐步完善，走向了正规发展道路，并取得优异成绩。2002年吕军由省体工队分配到泰安体校，正式担任男子射箭队教练，李燕专带女子射箭队。2007年，体校正式聘任张晓磊担任射箭教练，2009年转为正式教练。2010年，学校聘任丁文浩担任教练。

泰安射箭项目在全国、山东省比赛中取得优异成绩。1995年9月在北京举行的第三届全运会上，王大伟入选山东射箭代表队与队友一道获男子双轮团体第二名；1979年9月在北京举行的第四届全运会上，李燕、张明月入选山东射箭代表队与队友一道获女子双轮团体第四名；张明月还获得过全国射箭冠军赛、锦标赛的金、银牌；1989年，吕军取得全省青少年射箭比赛30米双轮第一名；1993年，高文菊取得全国室内射箭锦标赛第一名，并在十七届省运会取得个人项目第一名；1998年，刘晓龙、贾亦祥、孙皓获十九届省运会男子乙组射箭团体第一名；2000年，王颖获全国青少年射箭团体第一名；2001年，张晓磊获得全省射箭锦标赛第一名；2001年，辛雷获第八届全运会射箭比赛团体第三名，同时获十七届省运会射箭比赛个人全能第一名；2003年，张晓磊获得全国奥林匹克锦标赛团体第二名。

2010年，在山东省第二十二届运动会上，江建壮获男子甲组双轮单项第一名，奥林匹克淘汰赛个人第三名、团体第四名；乔燕获女子乙组双轮全能团体第三名。

2014年，在山东省第二十三届运动会上，游冰、李聪聪、邱得成获男子团体淘汰赛第一名，杨佳慧、周扬、王金梅获女子团体淘汰赛第二名。

至2015年年底，泰安射箭项目有中级教练1人：吕军。初级教练1人：张晓磊。国家级裁判2人：吕军、石磊。设有四个训练基地：泰安泮河中学、新汶实验小学、道朗二中及王庄小学。在训男女运动员100余人。

第三节 击 剑

击剑是泰安市新兴训练项目。2007年8月，市体校女子篮球队队员殷盼盼被山东省击剑队选中，转训女子佩剑。

2010年9月，泰安市体校在省击剑队支持下，组建泰安市首支击剑训练队，由省队退役待安置运动员张树坤任教练，主要开展佩剑项目训练。2011年3月，训练队伍有男女运动员15人，山东省第二十三届运动会注册队员26人。

2010年山东省第二十二届运动会，泰安籍运动员殷盼盼获得女子甲组佩剑个人赛第二名，佩剑团体赛第二名。2013年，殷盼盼入选山东省代表团参加全国第十二届运动会。

2014年第二十三届省运会，泰安运动员王鑫获得女子乙组佩剑个人第三名，佩剑团体第四名。

2014年二十三届省运会后，因教练张树坤调回省队，击剑队并入泰安的击剑俱乐部开展训练。

第七章　水上项目

第一节　跳　水

泰安市跳水项目训练开展较晚，主要在新泰体操运动学校开展。跳水运动员从新泰体操学校的少儿体操运动员转项而来。2000年，跳水运动员王峰获得第二十九届北京奥运会冠军以后，更加促进了新泰跳水运动的开展。

2004年，新泰正式组建跳水训练队，由新泰体操运动学校管理，跳水教练为体操教练徐勤鹏转行而来，队员也是练体操的4名小队员。组队之初，既没有陆上训练场地，也没有跳水池，教练对跳水技能也不十分专业，只能在体操房和蹦床训练馆进行基础训练。为小运动员的跳水技术和技巧打基础。2004年年底，室外跳水训练场地投入使用，改善了训练条件，增加了一名教练员，在训运动员12人。2005年，为了提高少儿运动员的专业训练水平，新泰市体育局聘请原国家队教练员、八一队总教练杜度为新泰跳水队顾问，新泰跳水队进入了规模与成绩迅速提高的新阶段。

2004年至2015年，跳水队培养输送到上级专业运动队、全国高等院校的优秀跳水运动员有王峰、韩玉（女）、邢怡颖（女）、董传伦等30余人。他们先后获世界比赛金牌37枚，全国比赛金牌31枚。2008年8月13日，在北京奥运会上，王峰与队友在男子双人3米板决赛中以469.08分的总成绩获得冠军，成为泰安奥运金牌第一人，实现了泰安奥运金牌“零”的突破，被泰安市人大常委会授予“泰安市功勋市民”荣誉称号。王峰还获得过世锦赛、世界杯、世界大学生运动会、亚运会、全运会、全国锦标赛等国际、洲际、全国大赛的冠军，是国际上屈指可数的世界三大赛金牌“大满贯”运动员。2000年至2009年，以突出成绩八次荣获中国体育运动的年度最高荣誉奖——“体育运动荣誉奖章”。邢怡颖获亚锦赛跳水2枚金牌，获全国跳水锦标赛金牌、东亚运动会跳水2枚金牌。董传伦2015年获全国青年跳水锦标赛十米台亚军，为省跳水队正式队员。

2004年至2015年，跳水队代表泰安参加省运会共获4枚金牌，5枚银牌，12枚铜牌。

2015年，新泰跳水设有400余平方米的陆上训练馆1座，馆内有跳水陆网4张，标准跳板4块。有占地500余平方米的露天水上训练场1处，内设长25米、宽12米、水深4.5米的跳水池。训练器械有一米台、三米台、五米台及一米板、三米板。2015年新泰市政府立项投资1000万元建设室内标准跳水馆。2008年，新泰市体操运动学校被省体育局命名为山东省跳水训练基地。

至2015年年底，泰安跳水项目有高级教练员1人：徐勤鹏。中级教练员2人：崔西堂、刘玉。国际级运动健将2人：王峰、邢怡颖。运动健将2人：董传伦、韩玉。在训少儿运动员37人。

第二节　赛艇、皮划艇、帆船

一、赛艇

20世纪80年代，山东开始有赛艇训练项目。山东省赛艇队在泰安体校篮球队、田径队等队伍中选拔了一批适合赛艇运动的运动员参加赛艇训练。因泰安不具备水上训练条件，市体校主要开展陆上训练，以向省队输送为主。

1987年，输送到省队的泰安运动员许崇国在广州第六届全运会上获得四人单桨有舵手第八名；1993年北京全运会上获得男子双人单桨有舵手第八名。

1992年，朱玉莲、魏刚代表泰安参加山东省第十六届运动会，朱玉莲获女子赛艇轻量级一千米第三名、2千米第六名；魏刚获男子一千米K1第二名、五百米K1第五名。

1994年，泰安女篮队员王英霞、王秀珍、郑峰、罗春燕转入省赛艇队训练。同年，罗春燕、王英霞在武汉全国赛艇锦标赛上获女子四人双桨第三名。

1998年，在第十九届省运会上，马卫国取得2000米单人双桨第一名；张静、林琳获轻量级双人双桨第一名，张静、林琳、陈静获轻量级四人单桨无舵手第一名。

2001年11月，马卫国在第九届全国运动会上获赛艇男子八人单桨有舵手和男子双人单桨无舵手2枚金牌，在赛艇世界杯分站赛奥地利站和德国站的比赛中获男子八人单桨有舵手第三名和第七名，在全国赛艇冠军赛上取得2枚金牌。

2001年11月，安东在第九届全国运动会上获赛艇男子八人单桨有舵手金牌，同年6月，在全国赛艇锦标赛上获男子八人单桨有舵手金牌。

2002年，马卫国在第十四届釜山亚运会上获赛艇男子八人单桨有舵手金牌。

2005年，郭锐在第十届全运会上获赛艇男子四人单桨有舵手第七名。

2009年，张颖在全国十一届全运会上取得女子轻量级四人双桨第二名，在全国赛艇锦标赛上取得女子轻量级四人双桨第二名。

2010年，张颖在全国赛艇锦标赛上取得双人双桨第一名，四人双桨第二名。

2012年，泰安体校成立赛艇训练队，教练员曹建讯，运动员20人左右。由于受到场地器材的限制，泰安体校先进行运动员身体素质训练，表现突出者输送到山东省赛艇队训练。在省队训练的泰安籍运动员11人，成绩较好者有宗鹏、冀翔、尚志鹏。

2014年，在第二十三届省运会上冀翔获四人双桨无舵手冠军、双人双桨无舵手第三名；宗鹏获公开级1×、公开级全能两个第二名。宗鹏为国家青年队队员。

至2015年，泰安赛艇项目教练员为曹建讯，在训运动员20余人。

二、皮划艇

1.皮划艇静水

泰安市从事皮划艇训练的运动员，均是从其他项目中选拔出来直接输送到省皮划艇队训练，有时也引进或交流沿海地市的皮划艇运动员代表泰安市参加省比赛。

2002年5月，市体校男篮队员杨鹏入选省皮划艇队。2006年第二十一届省运会上获男子甲组皮划艇500米第二名、2000米第四名。

2003年6月，市体校男子篮球运动员曹建讯被选入省皮划艇队试训，2006年年底转为正式队员。主要成绩有：2006年在第二十一届省运会上，交流到烟台参加皮艇比赛，获男子甲组单人艇2000米第一名、双人艇1000米第一名；2007年，在全国青年皮划艇锦标赛上，获四人艇2000米第二名、四人艇1000米第五名。

2010年5月，市体校男篮队员高国泰入选省皮划艇队试训。2013年在山东省皮划艇锦标赛上，获1000米双人划艇第三名；2014年在第二十三届省运会上，获1000米双人划艇第四名、500米双人划艇第五名。

2015年，市体校女运动员王凯入选省皮划艇队试训。

2.皮划艇激流回旋

泰安市激流回旋项目与皮划艇静水项目一样，运动员也是从其他项目中选拔出来直接输送到省皮划艇激流回旋队训练。

2005年，杨鹏由皮划艇静水转入皮划艇激流回旋项目训练，2006年转为正式队员。主要成绩：2006年全国皮划艇激流回旋春季冠军赛亚军；2007年中国水上运动会皮划艇激流回旋比赛暨全国皮划艇激流回旋锦标赛第六名。

市体校摔跤运动员徐流岩、田径运动员吴昊霖分别于2010年、2012年被省激流回旋队选入队中训练。

至2015年，泰安有1名正式队员、2名试训队员在山东省激流回旋队训练。

三、帆船

泰安市从事帆船训练的运动员，与其他水上项目一样，均是从其他项目中选拔出来直接输送到省帆船队训练，有时也引进或交流沿海地市的帆船运动员代表泰安市参加省比赛。

2008年，泰安市体校女子篮球队队员李敏入选省帆船队训练。2009年，李敏代表山东参加全国青年帆船锦标赛、冠军赛均获冠军。

2010年第二十二届省运会上，2名交流运动员获1银1铜；2014年第二十三届省运会上，1名交流运动员获1枚银牌。

第八章　武　术

第一节　武术套路

武术套路（以下简称武术）运动在泰安有着悠久的发展历史和广泛的群众基础。特别是泰安西部尚武之风盛行。早在明朝时，东平县就有李铭、郭邵、李天相、李文鉴先后考取武进士的文字记载。清康熙、乾隆年间，东平县刘衍泗、马铨、卜云雯也先后考取武进士；清道光、咸丰年间，新泰市陈中田、刘培卿、陈兰田在武科科举考试中中武举；清同治年间，泰安市宋传虞中武进士，新泰市王麟瞻中武举；清光绪四年（1878），肥城县石横镇梅冠军在武科科举考试中，中武进士，授封江西省南昌府卫守备。

民国初年，肥城县前黄庄丁衍芳任济南市国术馆第四分社社长，曾参加山东省国民政府举办的短拳对打比赛，获金牌1枚。泰安中胜街有一武术场地，习武者米连在此义务教授长拳、枪、刀、矛等技艺，历时数年，前后100多人学习。民国十五年（1926）至民国十七年，东平县武术队连续三年参加山东省武术擂台赛均获奖。20世纪20年代到七七事变前，泰安设有国术馆。

新中国成立前，泰安民间武术活动十分活跃，武术训练多是以师带徒，自发进行。泰安武术爱好者米英俊、马子刚、王廷炳等获得过省级以上武术比赛名次。

新中国成立后，武术运动得到了新的发展，新泰、肥城、东平等地的民间活跃着十几支武术队。各地均有一定规模的武术学校，比较出名的是泰安穆斯林武术学校，校长是时任泰安县三城乡乡长米子良。1952年，聊城武师郭德道到泰安组织业余武术训练，授徒500余人，一时在泰安出现武术热。1956年5月，泰安地区首届运动会设有武术比赛项目。

1957年，泰安专员公署举办泰安第一届武术比赛，专区10多支武术代表队参加比赛。泰城米子良参加比赛并取得优异成绩，被地区体委武术管理委员会选举为副主席。1973年，泰安地革委体育局成立业余武术队，教练为岳元兴。1976年，米寿堂调入泰安体委任专职武术教练。先后师从两位教练的武术队员王增华于1975年夺得泰安地区武术比赛五项全能冠军，并于次年入选省武术集训队，1976年参加山东省“希望杯”武术比赛获男子剑术第一名。岳元兴、米寿堂虽然在社会上业余带队训练，但也发现和培养了一批好苗子，为泰安地区武术事业的普及与发展发挥了积极作用。

1978年第十一届省运会，米寿堂带队代表泰安参赛。同年，张红在省“希望杯”武术比赛上获女子剑术冠军，赛后被选调到省专业队训练。1978年至1988年，岳元兴、崔如意、李志红、孔繁春、王增华先后在市体委、市体校安排下带过业余武术训练队。这一时期，陈宝炬、金晶晶获得山东省“希望杯”武术比赛冠军。

1988年7月，泰安市体校组建武术队，对青少年开展正规的武术训练，孔繁春任教练，面向全市选拔武术运动员，后来获北京奥运会武术表演项目金牌的东平县运动员赵庆建，1988年至1992年就师从孔繁春教练。在市体校训练期间，赵庆建代表泰安参加1990年和1991年的省“希望杯”武术比赛，分别获得儿童组和少年组的棍术、规定拳冠军。1992年，因为项目布局调整，市体校武术队停办。1998年3月，武术队随着市体校武管中心的成立再次上马，教练仍为孔繁春。2004年11月武管中心解散，孔繁春所带的武术队再次被调整。

2003年6月，泰安市体育局下文成立市武术管理中心，刘光辉任主任，薛新华、张红任副主任（兼任主教练），武术项目开始重新进入规范化训练新阶段。这一时期的武术项目规模小，队员年龄小，成绩不突出。

2003年11月，交流到北京的泰安籍武术运动员赵庆建在第七届世界武术锦标赛上，获得男子长拳和对练两枚金牌，创泰安籍武术运动员在世界锦标赛中的历史最好成绩。

2005年3月，市体校再次对武术项目进行调整，安排孔繁春、张红面向社会业余带队训练，并承担省运会武术比赛任务。

2006年10月，山东省第二十一届武术套路比赛，秦蕊取得女子螳螂拳铜牌。

2009年，市体育局对武术套路进行重点扶持，竞技运动成绩提高较快。2010年年初，市体校任命张红为教练，重新组建泰安武术队，归入市体校训练中心管理，至2015年年底。张红为市体校武术队教练，孔繁春在泰安东岳小学带业余队。

2010年，市体校武术项目被省体育局青少处命名为“山东省武术单项后备人才基地”。同年，李壮、张瑞峰被选入省武术专业队。2013年，全国武术冠军赛传统项目比赛，李壮取得1枚金牌，李巧取得1枚银牌。2014年，在全国武术套路冠军赛上，张瑞峰取得1枚铜牌。2015年，全国武术冠军赛传统项目比赛，李壮取得1枚银牌。

市体校武术队在省比赛中也取得较好成绩。2006年第二十一届省运会上获1枚铜牌；2010年第二十二届省运会上获1金1铜；2014年第二十三届省运会上获2金3.5银1铜。

至2015年年底，泰安武术有教练2人：孔繁春、张红；武英级运动员2人：李壮、张瑞峰。在训运动员102人。

第二节　武术散打

武术散打（以下简称散打）是深受广大青少年喜爱的体育项目之一。20世纪80年代初，泰安就有一些武术爱好者自发地进行散打训练，涌现出一批优秀散打选手。

1998年3月，市体校散打队与跆拳道队同时组队训练，教练均为刘四龙，时为一个教练，两个项目队。2000年4月，两个项目队一齐归属市体校成立的武管中心。2002年10月，武管中心整体迁入市体校，2004年11月，武管中心解散，散打项目和跆拳道项目一齐停训。2005年3月，刘四龙任教练重新招生组建散打队。

自建队以来，输送到省队及国家队的卞庆各、杨松、段存林等优秀运动员，在世界锦标赛、世界杯以及全国锦标赛争霸赛上屡创佳绩。2002年，段存林在全国散打擂台争霸赛上夺得冠军；2011年，卞庆各在中国功夫王争霸赛上夺得冠军，同年，在全国武术散打冠军赛上取得亚军，次年，在全国男子武术散打锦标赛上取得亚军；黄德举在2012年、2013年的全国青年武术散打锦标赛上均取得第三名；2013年，卞庆各身披国家队战袍参加第十二届世界武术锦标赛，获散打男子90公斤级冠军，同年，在全国第十二届运动会预赛上取得散打90公斤级冠军；2014年，卞庆各参加中国真功夫比赛取得冠军，同年，身披国家队战袍参加第七届散打世界杯，获男子90公斤级冠军；杨松在全国散打擂台赛上夺得冠军。卞庆各于2013年、2014年两次荣获年度体育运动荣誉奖章，杨松荣获2013年度体育运动荣誉奖章。

市散打队在1998年第十九届省运会上取得6枚银牌；在2002年第二十届省运会上取得1银1铜；在2010年第二十二届省运会上取得1金1银1铜；在2014年第二十三届省运会上取得1金2铜。

至2015年年底，市散打队教练为刘四龙，在训男、女运动员52人。

第九章　摩托车　自行车

第一节　摩托车

泰安的摩托车运动起步于20世纪60年代，在此之前，泰安仅有闫克征参加过省摩托车队专业训练。1966年，省体委军体处划拨给专区体委2辆二轮摩托车，帮助专区体委军体科上摩托车项目，专区体委军体科申请修建摩托车练习场。1967年6月，泰安县革委会批准同意修建，后因故未建。1968年9月，军体项目实行军管，摩托车被部队封存。

1978年，地区体委从泰安汽车修配厂调入熟悉机械的玄振久任教练员，组建泰安摩托车训练队。1979年年初，玄振久在泰安二中体育场开始了摩托车选才训练，参加选拔的20余人全部是泰安二中的高一在校学生，最后选定3人进入摩托车队训练。当时训练条件十分简陋，只有2辆普通型的二轮摩托车，因没有固定训练场地，运动员就到郊外大河边的坑洼路、起伏路上进行训练。

1980年，玄振久带领摩托车队参加山东省军体项目比赛，成绩在全省11个代表队中位列第八位，省体委奖励给泰安摩托车队一辆3轮摩托车。

1981年，省体委取消摩托车项目，地区体委也随之停止了摩托车训练。

第二节　自行车

泰安的自行车运动起步较晚，2011年5月组建第一支自行车训练队，市体校中长跑教练张庆利经过短期培训后担任教练，从县（市、区）田径队中选拔15名男女队员进行训练。前期训练主要是打基础、练体能，能力突出者输送到省自行车队代训、试训。短短两年时间就培养输送了胡凯、李洪风（女）、宁芬（女）、刘明等优秀自行车运动员。

2013年，已是省队正式队员的胡凯在香港国际场地杯男子团体竞速赛中取得第二名。同年，李洪风在山东省自行车锦标赛上取得山地车第一名。

2014年，胡凯在全国场地自行车冠军赛第二站男子竞速赛上取得第二名，在“钱森杯”全国自行车锦标赛男子团体竞速赛上取得第一名。同年，李洪风在亚洲青年山地越野锦标赛上取得第一名，在山东省自行车锦标赛公路计时赛上取得第一名，在山东省第二十三届省运会上取得山地自行车第二名，公路自行车个人赛第二名。

2014年省二十三届运动会后，自行车队不再招生。

第十章　健美　体育舞蹈　龙舟

第一节　健　美

泰安的健美运动起步于20世纪80年代初。1984年，新汶矿务局工会决定在职工中开展健美项目训练，王力劲、邵长玉、陈继学等最早一批的健美爱好者开始用自制的土哑铃、土杠铃进行健美训练。1989年10月，王力劲代表中国参加在日本大阪举行的第二十五届亚洲健美锦标赛，获65公斤级第四名。1987年至1992年，在第五至十届全国年度健美锦标赛上，王力劲获四届全场冠军、三届男子65公斤或70公斤级的级别冠军。邵长玉、陈继学在1990年第八届全国健美锦标赛上分别获得男子65公斤级冠军、70公斤级亚军。1994年7月，王力劲入选中国第一支健美明星国家队，参加了1995年8月在上海举行的第四十八届世界健美锦标赛，获男子70公斤级第九名。王力劲带领中国煤矿体协健美代表队多次参加全国健美比赛，4次荣膺团体总分第一名，被煤炭部授予“劳动模范”“先进工作者”等荣誉称号。王力劲在中国健坛十几年来一直保持着最佳的竞技状态，取得了优异的比赛战绩，享有“中国健坛第一人”的美誉。他在刻苦钻研健美理论和实践的同时还重视健美人才的培养，组织健美训练。其弟子参加健美比赛夺得过亚洲冠军、全国冠军及省市冠军。新汶矿务局开展健美训练以来，运动员先后参加在美国、日本、俄罗斯、马来西亚、韩国等国家和中国香港地区举行的国际健美比赛，获得好名次。1988年10月，中央新闻纪录电影制片厂专程到新汶矿务局拍摄健美队训练与表演的纪录片，在全国公映。

1991年，秦成勇师从王力劲开始了专业健美训练。1993年，第一次参加全国健美锦标赛夺得男子75公斤级冠军和全场冠军，1995年全国健美锦标赛上再次夺得同级别冠军和全场冠军。1995年8月，在重庆举行的第三十一届亚洲男子健美锦标赛上，代表中国出战的秦成勇夺得75公斤级冠军，这是中国男运动员在亚洲健美大赛中摘得的首枚金牌。同年，秦成勇还参加了世界健美锦标赛。1995年至1996年，参加了两届亚洲男子职业健美大赛，均获得前六名。2002年获全国体育大会健美比赛85公斤级冠军。

2007年以来，新汶矿业集团公司健美队多次参加山东省健美锦标赛暨健美先生健身小姐大赛，以马培厂、马新秀（女）、王文晓（女）、冯静（女）等为主力的健美运动员获得5枚金牌、2枚银牌、2枚铜牌。2011年代表泰安市参加山东省第一届全民健身运动会健美健身比赛，获得3枚银牌、2枚铜牌。2014年9月，马培厂等3人入选山东省健美队参加在武汉举行的全国健美公开赛，马培厂勇夺男子60公斤级冠军，马培厂、王玉莲获男女健美混合双人第五名，马新汶获健身模特第六名。

至2015年，新汶矿业集团健美队教练为马培厂、马新汶，在训男女运动员80余人。

第二节　体育舞蹈

体育舞蹈亦称“国际标准交谊舞”，分为现代舞和拉丁舞两个项群、十个舞种。泰安市体育舞蹈兴起于20世纪90年代初，当时由热爱舞蹈的人士在社会上进行体育舞蹈的教学和培训。1994年8月6日，为推动全市体育舞蹈水平的不断提高，培养多层次的体育舞蹈人才，把体育舞蹈更广泛的推向社会，泰安市正式成立体育舞蹈协会。同年9月组队参加了山东省体育舞蹈暨交谊舞比赛，武明哲和王琳获得老年组交谊舞冠军。

2009年5月23日，泰安市新一届体育舞蹈协会成立，会员100余人，选举市人大常委会原副主任史怀君任主席。

2010年7月30日至7月31日，第六届华东区暨山东省第十八届体育舞蹈锦标赛在泰安市举行。

2011年泰安市第一届全民健身运动会把体育舞蹈列为比赛项目。

2013年11月，泰安市关莉舞校代表市体育舞蹈艺术协会参加第二十三届全国体育舞蹈锦标赛，获得业余十项全能B组亚军、季军，业余少年1组B级拉丁舞季军。

2015年3月，关莉舞校学生参加二十四届全国锦标赛，获业余青年组第二名、业余少年II组第三名。连续六年参加全国体育舞蹈锦标赛，连续三年获得前三名，连续五年获得前六名。

2015年9月6日，泰安市体育舞蹈协会第一届理事会成立大会举行，近60余名协会会员参加。

第三节　龙　舟

山东省龙舟文化源远流长，尤其以东平县最具代表性。东平的龙舟赛和龙舟文化可追溯到隋唐时代，当时的南方客商经大运河到东平湖的安山古镇码头集聚，每年的端午节，这些南方客商和沿湖渔民就自发组织龙舟比赛，逐渐形成了当地的一项传统民俗活动。据资料记载，东平县沿湖居民有组织的举办龙舟赛已有400多年的历史。近代以来，由于连年战乱，龙舟比赛长期停止。改革开放后，随着群众生活水平提高，沿湖居民自发恢复赛龙舟活动，规模不断扩大。

1984年，中国把龙舟赛正式列为群众体育比赛项目，极大推动了龙舟活动的广泛开展。2008年端午节，大安山镇举办了新中国成立后的首届龙舟比赛。2009年，为统筹协调龙舟活动开展，大安山当地居民成立了龙舟协会。同年9月，东平县在大安山旅游码头举办中国·东平“御泉龙庭杯”首届全国龙舟邀请赛，44支代表队739人参赛。

2009年至2014年，在国家体育总局、山东省体育局、泰安市委、市政府和市体育局支持下，东平县政府举办了5届国际龙舟邀请赛、1届全国龙舟邀请赛、3届全省龙舟赛。借助体育赛事平台，展现了东平湖的靓丽风光和丰富的文化旅游资源，打造了东平传统龙舟文化品牌。

第六编

运动竞赛

Y U N D O N G J I N G S A I

新中国成立至2014年，泰安市组团参加了20届山东省运动会，竞技体育成绩总体处于全省中上游位次，最好成绩为1988年第十四届省运会，金牌数和总分数列全省第三位。输送到国家队、解放军队、山东省队的泰安籍优秀运动员，参加奥运会、世界单项锦标赛、单项世界杯赛以及亚运会、亚洲单项锦标赛、单项亚洲杯赛和全运会、全国锦标赛、全国冠军赛等大型比赛，很多运动员取得了优异成绩。其中王峰获奥运会、世锦赛、世界杯跳水金牌“大满贯”，王银行、李明才屡破亚洲和全国竞走纪录，李炳军多次打破全国举重纪录。

第一章 参加运动会

第一节 奥林匹克运动会

新中国成立至2015年，共有7名泰安市优秀运动员入选中国奥运代表团，参加5届奥运会。他们是跳水运动员王峰，体操运动员张霞（女）、沈剑、毕文静（女），田径竞走运动员李明才、王银行、时娜（女）。他们在奥运赛场上顽强拼搏、争先夺金，共取得1枚金牌、2枚银牌、3个第四名、1个第五名。张霞、李明才是泰安历史上首次参赛奥运会的优秀运动员，张霞在二十五届奥运会上获女子体操团体第四名，成为奥运赛场上首次取得名次的泰安人；沈剑、毕文静在二十六届奥运会上分别获得男子体操团体银牌和女子体操高低杠个人银牌，实现了泰安奥运史上奖牌零的突破；王峰在二十九届奥运会上勇夺男子双人3米板跳水冠军，实现了泰安奥运金牌“零”的突破。2008年10月王峰被泰安市人大常委会授予“泰安市功勋市民”荣誉称号。山东省人民政府为王峰记一等功。

一、第二十五届奥运会

1992年7月25日至8月9日，第二十五届奥运会在西班牙巴塞罗那举行。泰安市体操运动员张霞（女）、竞走运动员李明才入选中国奥运代表团参加本届奥运会，张霞获得女子体操团体第四名，李明才未取得名次。张霞、李明才是新中国成立后首次入选中国奥运代表团的泰安市运动员，张霞是奥运赛场上首次取得名次的泰安人。

二、第二十六届奥运会

1996年7月19日至8月4日，第二十六届奥运会在美国亚特兰大举行。泰安市体操运动员沈剑、毕文静（女）和竞走运动员李明才入选中国代表团参加了本届奥运会。沈剑取得男子体操团体银牌和个人全能第五名；毕文静取得女子体操高低杠银牌和女子体操团体第四名。毕文静获得的个人项目银牌，是山东省首次获得的奥运会个人项目奖牌。沈剑和毕文静同时实现了在同一届奥运会上泰安奖牌“零”的突破。

三、第二十七届奥运会

2000年9月15日至10月1日，第二十七届奥运会在澳大利亚悉尼举行。泰安市田径运动员王银行入选中国奥运代表团，参加男子50公里竞走比赛，以3小时50分19秒的成绩获第十三名。

四、第二十八届奥运会

2004年8月13日至29日，第二十八届奥运会在希腊首都雅典举行。泰安市跳水运动员王峰、竞走运动员时娜（女）入选中国代表团参加本届奥运会。王峰以750.72分获男子跳水3米板第四名。时娜未取得名次。

五、第二十九届奥运会

2008年8月8日至24日，第二十九届奥运会在中华人民共和国首都北京举行。泰安市跳水运动员王峰、田径竞走运动员时娜（女）参加本届奥运会。时娜以1小时29分13秒的成绩获女子20公里竞走第十三名。王峰与队友秦凯搭档勇夺男子双人3米板跳水金牌，实现泰安奥运历史上金牌“零”的突破，也是山东奥运历史上水上项目夺得的第一枚奥运金牌。

泰安市运动员参加第二十五届至二十九届奥运会情况表

表 6-1

届　次	时　间	地　点	项　目	姓　名	成　绩	名次
二十五届	1992.7.25—8.9	西班牙巴塞罗那	体操女子团体	张　霞	392.941 分	4
			男子 20 公里竞走	李明才		
二十六届	1996.7.19—8.4	美国亚特兰大	体操女子高低杠	毕文静	9.837 分	2
			体操女子团体	毕文静	385.867 分	4
			体操男子团体	沈　剑	575.539 分	2
			体操男子个人全能	沈　剑	57.861 分	5
			男子 20 公里竞走	李明才		
二十七届	2000.9.15—10.1	澳大利亚悉尼	男子 50 公里竞走	王银行	3 : 50 : 19	13
二十八届	2004.8.13—29	希腊雅典	跳水男子 3 米板	王　峰	750.72 分	4
			女子 20 公里竞走	时　娜		
二十九届	2008.8.8—24	中国北京	跳水男子双人 3 米板	王　峰	469.08 分	1
			女子 20 公里竞走	时　娜	1 : 29 : 13	13

第二节　世界锦标赛　世界杯赛

1949年至2015年，17名泰安市运动员参加37项次的单项世界锦标赛和世界杯赛。项目包括举重、竞走、马拉松、体操、跳水、武术散打、摔跤等7个。其中，第十届世界青年举重锦标赛、国际马拉松赛、国际公路越野锦标赛、第七届国际马拉松异程接力赛等比赛因举办时间较早，参赛运动员成绩突出，具有代表性，故统计在世界最高单项赛事之中。共获得金牌27枚、银牌5枚、铜牌9枚、1个第四名、4个第五名、1个第六名、1个第七名、3个第八名、7个九至十一名。

一、世界锦标赛

1984年5月22日至27日，第十届世界青年举重锦标赛在意大利里雅其特举行，韩洪臣获男子52公斤级抓举铜牌、挺举第五名、总成绩第五名；李炳军获男子82.5公斤级抓举第九名、挺举第八名、总成绩第九名。

1986年1月23日，香港国际马拉松赛在中国香港举行，温衍敏获女子组金牌。

1986年3月23日，首届国际举重联合会“维诺尼亚杯”女子举重锦标赛在匈牙利布达佩斯举行，魏霞以125公斤获44公斤级总成绩金牌。是女子举重第一个世界冠军。

1988年3月20日，国际公路越野锦标赛在澳大利亚举行，李秀霞获女子团体银牌。

1989年5月7日，太平洋国际马拉松赛在美国长滩举行，温衍敏获女子组金牌。

1989年9月16日至23日，第五十九届世界举重锦标赛在希腊雅典举行，李炳军获男子90公斤级抓举第九名、挺举第十名、总成绩第九名。

1989年10月14日至22日，第二十五届世界体操锦标赛在联邦德国斯图加特举行，张霞获女子体操团体铜牌。

1990年2月25日，第七届国际马拉松异程接力赛在日本举行，李秀霞获异程接力赛铜牌。

1990年5月26日至6月3日，第四届世界女子举重锦标赛在南斯拉夫联盟萨拉热窝举行。王根英获女子67.5公斤级抓举、挺举、总成绩3枚金牌。

1991年8月23日至9月1日，第三届世界田径锦标赛在日本东京举行，李明才获男子20公里竞走第八名，刷新该项目全国和亚洲纪录。同年，被评选为“中国田径十佳运动员”。

1991年9月6日至15日，第二十六届世界体操锦标赛在美国印第安纳波利斯举行，张霞获女子体操团体第四名。

1994年11月18日至27日，世界杯举重锦标赛在土耳其伊斯坦布尔举行，闫仲军获男子59公斤级挺举第九名。

1995年10月1日至10日，第三十一届世界体操锦标赛在日本鲭江举行，沈剑获男子团体金牌。

1997年8月31日至9月7日，第三十三届世界体操锦标赛在瑞士洛桑举行，沈剑获男子团体金牌；毕文静获女子团体铜牌、高低杠铜牌。

2001年7月16日至29日，第九届世界游泳锦标赛在日本福冈举行，王峰获男子跳水1米板金牌。

2003年7月12日至27日，第十届世界游泳锦标赛在西班牙巴塞罗那举行，王峰获男子跳水双人3米板银牌。

2005年7月17日至31日，第十一届世界游泳锦标赛在加拿大蒙特利尔举行，王峰获男子跳水双人3米板金牌、跳水1米板铜牌。

2007年3月13日至28日，第十二届世界游泳锦标赛跳水比赛在澳大利亚墨尔本举行，王峰获男子双人3米板金牌。

2009年7月17日至25日，第十三届世界游泳锦标赛跳水比赛在意大利罗马举行，王峰获男子双人3米板金牌。

2013年11月1日至5日。第十二届世界武术锦标赛在马来西亚举行，卞庆各获男子散打90公斤级金牌。

二、世界杯赛

1985年10月4日至6日，第四届田径世界杯赛在澳大利亚堪培拉举行，李秀霞获女子3000米第五名。

1991年6月，第十五届竞走世界杯赛在美国圣荷西举行，李明才获男子20公里竞走第十一名。

1993年4月26日，第十六届竞走世界杯赛在墨西哥举行，李明才获男子20公里竞走团体第七名。

1995年4月29日至30日，第十七届竞走世界杯赛在北京举行，李明才获男子20公里竞走团体金牌。

1998年5月31日，第九届体操世界杯赛在日本鲭江举行，毕文静获女子高低杠金牌、平衡木第六名。她的杠上扭臂向前大回环单臂转体360度成反握，被国际体操联合会命名为“毕氏转体”。

2000年1月19日至23日，第十二届跳水世界杯赛在澳大利亚悉尼举行，王峰获男子团体和混合团体2枚金牌。

2002年6月25日至29日，第十三届跳水世界杯赛在西班牙塞维利亚举行，王峰获男子团体、男子混合团体、男子双人3米板3枚金牌。

2002年10月12日至13日，第二十届竞走世界杯赛在意大利都灵举行，时娜获女子20公里竞走团体第八名。

2003年10月11日至12日，女子摔跤世界杯赛在日本东京举行，苏会华参加了63公斤级比赛，获女子自由跤团体第五名。

2004年10月6日，女子摔跤世界杯赛在日本举行，贾亚峰获自由跤63公斤级铜牌。

2004年2月18日至22日，第十四届跳水世界杯赛在希腊雅典举行，王峰获男子3米板银牌。

2004年5月1日至2日，第二十一届竞走世界杯赛在德国南堡举行，时娜获女子20公里竞走团体金牌。

2006年5月13日至14日，竞走世界杯赛在西班牙拉科鲁尼亚举行，时娜获女子成年组20公里竞走团体银牌。

2006年7月19日至23日，第十五届跳水世界杯赛在江苏常熟举行，王峰获混合团体、男子团体、男子双人3米板3枚金牌。

2008年2月19日至24日，第十六届跳水世界杯赛在北京举行，王峰获男子双人3米板金牌。

2010年5月15日至16日，第二十四届竞走世界杯赛在墨西哥奇瓦瓦举行，杜云鹏获男子50公里竞走团体金牌。

2014年11月20日至21日，第七届武术散打世界杯赛在印度尼西亚雅加达举行，卞庆各获男子散打90公斤级金牌。

第三节　亚洲运动会　亚洲锦标赛 亚洲杯赛

一、亚洲运动会

新中国成立以来，共有9名泰安市优秀运动员入选中国亚运代表团参加6届亚运会。他们是田径运动员温衍敏（女）、李明才、纪荣新、王银行；体操运动员张霞（女）、毕文静（女）；手球运动员郭卫东；赛艇运动员马卫国；跳水运动员王峰。他们在亚运赛场共取得6枚金牌、1枚银牌、3枚铜牌，1个第四名。温衍敏是泰安历史上首次参赛亚运会第一人，张霞在1990年第十一届北京亚运会上以女子体操团体金牌实现泰安亚运金牌“零”的突破。

1.第十届亚运会

1986年9月20日至10月5日，第十届亚运会在韩国汉城举行。泰安市马拉松运动员温衍敏（女）入选中国体育代表团参加本届亚运会。在女子马拉松比赛中以2小时42分21秒取得了一枚铜牌，成为泰安体育史上参加亚运会第一人。

2.第十一届亚运会

1990年9月22日至10月7日，第十一届亚运会在中国首都北京举行。泰安市体操运动员张霞（女）和田径运动员李明才、纪荣新入选中国体育代表团参加本届亚运会。张霞获女子体操团体金牌，李明才获男子20000米竞走铜牌，纪荣新获男子十项全能第四名。

3.第十二届亚运会

1994年10月2日至16日，第十二届亚运会在日本广岛举行。泰安市手球运动员郭卫东入选中国亚运代表团男子手球队参加本届亚运会，获得铜牌。

4.第十三届亚运会

1998年12月6日至20日，第十三届亚运会在泰国曼谷举行。泰安市竞走运动员王银行和体操运动员毕文静（女）入选中国亚运代表团参加本届亚运会，王银行获男子50公里竞走金牌，毕文静获女子体操团体和高低杠两枚金牌。

5.第十四届亚运会

2002年9月29日至10月14日，第十四届亚运会在韩国釜山举行。泰安市赛艇运动员马卫国、跳水运动员王峰入选中国代表团参加本届亚运会。马卫国获男子赛艇八人单桨金牌，王峰获跳水男子3米板银牌。

6.第十五届亚运会

2006年12月1日至12月15日，第十五届亚运会在卡塔尔首都多哈举行。泰安市跳水运动员王峰入选中国体育代表团参加本届亚运会，获跳水男子双人3米板金牌。

泰安市运动员参加第十届至十五届亚运会情况表

表 6–2

届 次	时 间	地 点	项 目	姓 名	成 绩	名次
十届	1986.9.20—10.5	韩国汉城	女子马拉松	温衍敏	2：42：21	3
十一届	1990.9.22—10.7	北京	体操女子团体	张 霞	196.775 分	1
			男子 20000 米竞走	李明才	1：25：08	3
			男子十项全能	纪荣新	7290 分	4
十二届	1994.10.2—10.16	日本广岛	男子手球	郭卫东		3
十三届	1998.12.6—12.20	泰国曼谷	体操女子团体	毕文静	154.174 分	1
			女子高低杠	毕文静	9.700 分	1
			男子 50 公里竞走	王银行	3：59：26	1
十四届	2002.9.29—10.14	韩国釜山	赛艇男子八人单桨（有舵手）	马卫国	6：28.6	1
			跳水男子 3 米板	王 峰	735.930 分	2
十五届	2006.12.1—12.15	卡塔尔多哈	跳水男子双人 3 米板	王 峰	448.50 分	1

二、亚洲锦标赛

1985年4月22日至30日，第十七届亚洲举重锦标赛在杭州举行，李炳军获男子82.5公斤级抓举银牌、挺举金牌、总成绩金牌，打破挺举全国纪录。

1985年9月25日至29日，第六届亚洲田径锦标赛在印尼雅加达举行，李秀霞获女子3000米银牌。

1986年，第十八届亚洲举重锦标赛在印尼雅加达举行，刘强获男子56公斤级抓举、总成绩两枚金牌。

1988年6月15日至20日，第二十届亚洲举重锦标赛在中国广东石龙举行，李炳军获男子82.5公斤级抓举银牌、挺举铜牌、总成绩铜牌，并打破该级别挺举、总成绩全国纪录。

1995年6月12日至16日，第一届亚洲杯跳水锦标赛在中国济南举行，王峰获男子团体金牌、男子10米台个人银牌。

1995年9月22日，第十一届亚洲田径锦标赛在印尼雅加达举行，李明才以1小时23分58秒的成绩获男子20公里竞走金牌，并打破亚洲纪录。

1996年9月27日，第一届亚洲体操锦标赛在中国长沙举行，沈剑获男子团体、个人全能、自由体操3枚金牌，获男子单杠银牌、男子双杠铜牌。

1996年12月1日至6日，亚洲手球锦标赛在泰国曼谷举行，中国队获男子手球银牌，郭卫东参赛。

1998年7月19日至22日，第十二届亚洲田径锦标赛在日本福冈举行，王银行获男子20公里竞走第四名。

2001年6月8日至10日，第十五届亚洲自由式摔跤锦标赛在蒙古乌兰巴托举行，苏会华获女子自由跤62公斤级银牌。

2003年9月25日至28日，第十届亚洲赛艇锦标赛在广州举行，马卫国获男子双人单桨金牌。

2004年5月20日至25日，亚洲女子自由式摔跤锦标赛在日本举行，苏会华获女子自由跤63公斤级银牌。

2005年3月1日至2日，亚洲室内田径锦标赛在天津举行，黄静获女子800米银牌。

2006年4月4日至9日，第十九届亚洲摔跤锦标赛在哈萨克斯坦阿拉木图举行，苏会华获女子自由式摔跤63公斤级金牌。

2012年11月22日至25日，第九届亚洲游泳锦标赛在阿联酋迪拜举行，邢怡颖获跳水女子双人10米台金牌、女子个人10米台银牌。

2013年9月25日至29日，第十五届亚洲赛艇锦标赛在中国安徽六安举行，宗鹏获男子八人单桨有舵手金牌。

三、亚洲杯赛

2003年12月1日，古典跤亚洲杯赛比赛在哈萨克斯坦举行，韩增峰获团体赛第四名。

第四节 全国运动会 全国锦标赛 全国冠军赛

一、全国运动会

1959年第一届全运会至2013年，新中国共举办12届全国运动会。泰安全运历史上，共有108人次优秀运动员入选山东全运代表团参加9届全运会。参赛项目有田径、举重、国际式摔跤、柔道、赛艇、体操、蹦床、射击、射箭、跳水、武术套路、武术散打、手球、排球、橄榄球、篮球等16个大项。共获得14.5枚金牌，20枚银牌，14枚铜牌，7个第四名，11个第五名，3个第六名，11个第七名，8个第八名。4人打破4项全国纪录。

1.全国第三届运动会

1975年9月12日至28日，第三届全运会在北京举行。泰安市运动员王大伟、常明入选山东代表团参加本届全运会，王大伟获男子射箭双轮团体银牌，常明获男子乙组撑杆跳高铜牌。

2.全国第四届运动会

1979年9月15日至30日，第四届全运会在北京举行。泰安市运动员刘福田、李燕（女）、张明月（女）入选山东代表团参加本届全运会，刘福田获男子少年组3000米银牌、1500米第五名，李燕、张明月获女子射箭双轮团体第四名。

3.全国第六届运动会

1987年11月20日至12月5日，第六届全运会在广州举行。9名泰安市运动员入选山东代表团参加本届全运会，两人打破一项全国最高成绩，一人破一项全国纪录。

张明月：获射箭女子个人全能和三人团体2枚银牌。

李炳军：获男子举重82.5公斤级银牌，并以196公斤打破该级别全国挺举纪录。

李秀霞：获女子马拉松第四名，打破该项目全国最高成绩；获一万米第五名。

温衍敏：获女子马拉松第九名，打破由她本人创造并保持的该项目全国最高成绩。

韩洪臣：获男子举重52公斤级第四名。

段力峰：获男子举重82.5公斤级第五名。

徐银海：获中国式摔跤90公斤级第五名。

周玉兰：获女子排球第六名。

许崇国：获男子赛艇四人单桨有舵手第八名。

4.全国第七届运动会

1993年9月4日至15日，由北京市主办，四川省、秦皇岛市协办的第七届全运会在3个赛区举行。8名泰安市运动员入选山东代表团参加本届全运会，获1金2银3铜，一人打破两项全国纪录，两人打破两项亚洲纪录。

李明才：获男子50公里竞走金牌，打破该项目全国纪录；获男子20公里竞走铜牌，打破该项目全国和亚洲纪录。

沈　剑：获男子体操双杠银牌、单杠第五名。

张　燕：获女子三级跳远银牌。

王根英：获女子举重70公斤级铜牌，并打破该级别亚洲纪录。

李岱强：获男子柔道86公斤级铜牌。

崔家荣：获男子4×400米接力第五名。

闫仲军：获男子举重59公斤级第七名。

许崇国：获男子双人单桨有舵手第八名。

5.全国第八届运动会

1997年10月12日至24日，第八届全运会在上海举行。6名泰安市运动员入选山东代表团参加本届全运会，获1金1银3铜。

毕文静：获女子体操高低杠金牌、个人全能铜牌。

沈　剑：获男子体操个人全能银牌、单杠铜牌、双杠第四名。

辛　雷：获男子射箭奥林匹克淘汰赛团体铜牌。

王银行：获男子50公里竞走第四名、20公里竞走第五名。

吴兆生：获男子柔道86公斤级第六名。

王　峰：获男子1米板第七名、3米板第七名。

6.全国第九届运动会

2001年11月11日至25日，第九届全运会在广州举行。11名泰安市运动员入选山东代表团参加了本届全运会，获3.5金1银。

马卫国（交流队员）：获男子八人单桨有舵手金牌、双人单桨无舵手金牌。

安　东（交流队员）：获男子八人单桨有舵手金牌。

王　峰：获男子跳水1米板金牌、3米板第五名。

王银行：获男子50公里竞走金牌。

刘　燕：获女子蹦床网上个人银牌。

杨　松：获男子武术散打85—90公斤级小团体第四名。

张国栋：获男子举重62公斤级总成绩第五名。

吴绪立：获男子自由式摔跤130公斤级第七名。

李明才：获男子50公里竞走第八名。

7.全国第十届运动会

2005年10月12日至23日，第十届全运会在南京举行。23名泰安市运动员入选山东代表团参加本届全运会，获1金1银1铜。

王　峰：获男子跳水3米板金牌、1米板第八名。

黄　静：获女子1500米银牌、800米第七名。

时　娜：获女子20公里竞走铜牌。

马卫国：获男子八人单桨有舵手第五名、男子双人单桨无舵手第四名。

苏会华：获女子自由跤63公斤级第五名。

郭　锐：获男子四人单桨有舵手第七名。

贾亚峰：获女子自由跤72公斤级第八名。

8.全国第十一届运动会

2009年10月16日至28日在济南举行。22名泰安市运动员入选山东代表团参加本届全运会，获1金5银3铜。

王　峰：获男子跳水1米板金牌。

冯慧慧：获女子柔道-57公斤级银牌。

黄　静：获女子4×400米接力银牌。

张　颖：获赛艇女子轻量级四人双桨银牌。

娄　明、焦　峰、马延青：获男子蹦床团体银牌。

曲业新、于　良：获男子体操团体银牌。

史小璐：获女子体操跳马铜牌。

张　攀、高方青：获女子手球第三名，按大会规程计2枚铜牌。

韩增峰：获古典式摔跤96公斤级第七名。

贾亚峰：获女子自由式摔跤63公斤级第七名。

李　娜：获女子举重75公斤级第七名。

娄　明：获蹦床网上个人第七名。

9.全国第十二届运动会

2013年8月31日至9月12日，第十二届全运会在沈阳举行。24名泰安市运动员入选山东代表团参加本届全运会，获7金5银3铜。

张　倩：获女子青年排球冠军，按大会规程计3枚金牌。

高　燕、姚继燕：获女子橄榄球冠军，按大会规程计2枚金牌。

杜云鹏、刘建民：获男子20公里竞走团体金牌。

于　良：获男子体操团体金牌。

聂天成：获男子青年篮球第四名，按大会规程计3枚银牌。

翟　超：获男子4×400米接力银牌。

张　颖：获女子赛艇轻量级四人双桨银牌。

胡　凯：获男子柔道90公斤级铜牌。

冯慧慧：获女子柔道57公斤级铜牌。

张瑞峰：获男子武术套路混合团体铜牌。

邢怡颖：获女子跳水10米台第六名。

卞庆各：获男子武术散打90公斤级第七名。

曲业新：获男子体操吊环第八名。

田秀秀：获女子手球第八名。

高方青：获女子手球第八名。

张苑琳：获女子手球第八名。

1975—2013 年泰安市运动员参加全运会情况表

表 6-3

届次	时　间	地点	项　目	姓　名	成　绩	名次	备　注
三届	1975.9	北京	男子射箭双轮团体	王大伟	6657 环	2	
			男子少年组撑杆跳高	常　明	3.70 米	3	
四届	1979.9	北京	男子少年组 3000 米	刘福田	8：50.5	2	
			男子少年组 1500 米	刘福田	4：5.5	5	
			女子射箭双轮团体	李　燕	7169 环	4	
			女子射箭双轮团体	张明月	7169 环	4	
六届	1987.11—12	广东石龙	女子射箭个人全能	张明月	313 环	2	
			女子射箭三人团体	张明月	934 环	2	
			男子举重 52 公斤级	韩洪臣	242.5 公斤	4	
			男子举重 82.5 公斤级	李炳军	342.5 公斤	2	挺举破全国纪录
			男子举重 82.5 公斤级	段力峰	325.0 公斤	5	
		广州	女子 10000 米	李秀霞	32：35.13	5	
		天津	女子马拉松	李秀霞	2：32：42	4	创全国最好成绩
		天津	女子马拉松	温衍敏	2：35：49	9	创全国最好成绩
		广州	男子中国式摔跤 90 公斤级	徐银海		5	
		广州	男子四人单桨有舵手	许崇国	6：51.71	8	
		广州	女子排球	周玉兰		6	
七届	1993.9	北京	男子 50 公里竞走	李明才	3：49：17	1	破全国纪录
			男子 20 公里竞走	李明才	1：20：00	3	破亚洲和全国纪录
			男子体操双杠	沈　剑	9.712 分	2	
			男子体操单杠	沈　剑	8.725 分	5	
			男子柔道 86 公斤级	李岱强		3	
			男子 4×400 米接力	崔家荣	3：11.92	5	破省纪录
			男子举重 59 公斤级	闫仲军	280 公斤	7	
			女子举重 70 公斤级	王根英		3	破亚洲纪录
			男子双人单桨有舵手	许崇国	8：13.73	8	
			女子三级跳远	张　燕	14.28 米	2	由广东报名

续表 6–3

届次	时　间	地点	项　目	姓　名	成　绩	名次	备　注
八届	1997.10	上海	女子体操高低杠	毕文静	9.825 分	1	
			女子体操个人全能	毕文静	38.437 分	3	
			男子体操个人全能	沈　剑	57.100 分	2	
			男子体操双杠	沈　剑	9.7 分	4	
			男子体操单杠	沈　剑	9.7 分	3	
			男子奥林匹克团体淘汰赛	辛　雷	243 分	3	
			男子 50 公里竞走	王银行	3：57：06	4	
			男子 20 公里竞走	王银行	1：24：13	5	
			男子柔道 86 公斤级	吴兆生		6	
			男子 1 米板	王　峰	373.26 分	7	
			男子 3 米板	王　峰	641.79 分	7	
九届	2001.11	广州	男子八人单桨有舵手	马卫国	5:41.89	1	由福建报名
			男子八人单桨有舵手	安　东	5:41.89	1	由福建报名
			男子双人单桨无舵手	马卫国	6:33.05	1	由福建报名
			男子跳水 1 米板	王　峰	468.330 分	1	
			男子跳水 3 米板	王　峰	465.060 分	5	
			男子 50 公里竞走	王银行	3:44:28	1	
			蹦床女子网上个人	刘　燕	37.8 分	2	由安徽报名
			男子散打 85–90 公斤级小团体	杨　松	7 分	4	由河南报名
			男子自由跤 130 公斤级	吴绪立		7	
			男子举重 62 公斤级总成绩	张国栋	302.5 公斤	5	
			男子 50 公里竞走	李明才	3:53:37	8	
十届	2005.10	南京	男子 3 米板	王　峰	780.929 分	1	
			男子 1 米板	王　峰	435.660 分	8	
			女子自由跤 63 公斤级	苏会华		5	
			女子自由跤 72 公斤级	贾亚峰		8	
			女子 20 公里竞走	时　娜	1:28:24	3	
			女子 1500 米	黄　静	4:10.13	2	
			女子 800 米	黄　静	2:05.35	7	
			男子四人单桨有舵手	郭　锐		7	八一协议队员
			男子八人单桨有舵手	马卫国	5:43.04	5	
			男子双人单桨无舵手	马卫国	6:46.16	4	

续表 6-3

届次	时 间	地点	项 目	姓 名	成 绩	名次	备 注
十一届	2009.10	威海	女子手球	张 攀 高方青		3（计2铜）	按十一届规程
		济南	男子跳水 1 米板	王 峰	515.60 分	1	
			女子柔道 –57 公斤级	冯慧慧		2	
			女子 4×400 米接力	黄 静	3:30.64	2	
			古典跤 96 公斤级	韩增峰		7	
			蹦床男子团体	娄 明 焦 峰 马延青	156.30 分	2	
			蹦床男子网上个人	娄 明		7	
			女子轻量级四人双桨	张 颖	6:36.30	2	
			体操男子团体	曲业新 于 良	265.350 分	2	
			体操女子跳马	史小璐	14.100 分	3	
			女子自由式摔跤 63 公斤级	贾亚峰		7	
			女子举重 75 公斤级	李 娜	245 公斤	7	
十二届	2013.8—9	沈阳	男子 20 公里竞走团体	杜云鹏 刘建民	6:53:12	1	
		铁岭	青年女子排球	张 倩		1（计3金）	按十二届规程
		沈阳	女子橄榄球	高 燕 姚继燕		1（计2金）	按十二届规程
		大连	体操男子团体	于 良	352.707 分	1	
		大连	体操男子吊环	曲业新	15.034 分	8	
		阜新	青年男子篮球	聂天成		4（计3银）	按十二届规程
		沈阳	男子 4×400 米接力	翟 超		2	
		大连	女子赛艇轻量级四人双桨	张 颖	6:31.89	2	
		沈阳	男子柔道 90 公斤级	胡 凯		3	
		沈阳	女子柔道 57 公斤级	冯慧慧		3	
		沈阳	男子武术套路混合团体	张瑞峰	57.89 分	3	
		沈阳	男子武术散打 90 公斤级	卞庆各		7	
		鞍山	女子手球	田秀秀		8	
		鞍山	女子手球	高方青		8	
		鞍山	女子手球	张苑琳		8	
		沈阳	女子双人 10 米台	邢怡颖		6	

二、全国锦标赛

新中国成立以来，泰安市运动员参加全国各单项锦标赛比赛，共有221人次获得前三名，获84枚金牌，60枚银牌，77枚铜牌，1人2次破1项亚洲纪录，3人7次破4项全国纪录，4人5次破5项省纪录。1974年的全国马拉松赛和1980年的全国田径运动会，均为当时全国最高水平的单项赛事，统计在全国锦标赛之内。

1974—2015年泰安市运动员参加全国锦标赛前三名成绩表

表6-4

姓 名	运动会名称	时 间	项 目	名次	地点	备 注
尹延勤	全国马拉松赛	1974.10	男子马拉松	2	重庆	
尹延勤	全国田径运动会	1980.5	男子10000米	1	河南	
李炳军	全国举重锦标赛	1983.4.13—21	男子82.5公斤级抓举	3	南京	
李炳军	全国举重锦标赛	1983.4.13—21	男子82.5公斤级总成绩	3	南京	
徐华阳	全国田径锦标赛	1983	男子400米栏	3	南京	
李炳军	全国举重锦标赛	1984.4.16—25	男子82.5公斤级抓举	2	成都	
李炳军	全国举重锦标赛	1984.4.16—25	男子82.5公斤级挺举	1	成都	
李炳军	全国举重锦标赛	1984.4.16—25	男子82.5公斤级总成绩	1	成都	
韩洪臣	全国举重锦标赛	1984.4.16—25	男子52公斤级抓举	3	成都	
温衍敏	全国马拉松赛	1984.10.28	女子	1	济南	
李炳军	全国举重锦标赛	1985.4.22—30	男子82.5公斤级抓举	2	杭州	
李炳军	全国举重锦标赛	1985.4.22—30	男子82.5公斤级挺举	1	杭州	破全国纪录
李炳军	全国举重锦标赛	1985.4.22—30	男子82.5公斤级总成绩	1	杭州	
李秀霞	全国田径锦标赛	1985.1.1—3	女子5000米	1	南宁	预赛破全国纪录
魏 霞	第一届“浪潮杯”全国女子举重比赛	1985.5.25—28	女子44公斤级抓举	1	济南	
魏 霞	第一届“浪潮杯”全国女子举重比赛	1985.5.25—28	女子44公斤级总成绩	2	济南	
孟宪珍	第一届“浪潮杯”全国女子举重比赛	1985.5.25—28	女子48公斤级抓举	2	济南	
孟宪珍	第一届“浪潮杯”全国女子举重比赛	1985.5.25—28	女子48公斤级挺举	3	济南	
孟宪珍	第一届“浪潮杯”全国女子举重比赛	1985.5.25—28	女子48公斤级总成绩	2	济南	
魏建华	第一届“浪潮杯”全国女子举重比赛	1985.5.25—28	女子56公斤级抓举	2	济南	
魏建华	第一届“浪潮杯”全国女子举重比赛	1985.5.25—28	女子56公斤级挺举	2	济南	
魏建华	第一届“浪潮杯”全国女子举重比赛	1985.5.25—28	女子56公斤级总成绩	3	济南	

续表 6-4

姓　名	运动会名称	时　间	项　目	名次	地点	备　注
张明月	全国射箭锦标赛	1985.9.5—10	女子双轮团体	2	成都	
王根英	第二届“浪潮杯”全国女子举重比赛	1986.6.5—8	女子 67.5 公斤级	1	泰安	
魏建华	第二届“浪潮杯”全国女子举重比赛	1986.6.5—8	女子 52 公斤级抓举	3	泰安	
魏建华	第二届“浪潮杯”全国女子举重比赛	1986.6.5—8	女子 52 公斤级总成绩	3	泰安	
孟宪珍	第二届“浪潮杯”全国女子举重比赛	1986.6.5—8	女子 52 公斤级挺举	3	泰安	
韩鲁娜	第二届“浪潮杯”全国女子举重比赛	1986.6.5—8	女子 56 公斤级挺举	2	泰安	
李炳军	全国举重锦标赛	1986.4.6—14	男子 82.5 公斤级抓举	1	常州	破全国纪录
李炳军	全国举重锦标赛	1986.4.6—14	男子 82.5 公斤级挺举	1	常州	破全国纪录
李炳军	全国举重锦标赛	1986.4.6—14	男子 82.5 公斤级总成绩	1	常州	破全国纪录
韩洪臣	全国举重锦标赛	1986.4.6—14	男子 52 公斤级抓举	2	常州	
韩洪臣	全国举重锦标赛	1986.4.6—14	男子 52 公斤级总成绩	2	常州	
段力峰	全国举重锦标赛	1986.4.6—14	男子 82.5 公斤级挺举	2	常州	
李秀霞	全国田径锦标赛	1986.6.2—8	女子一万米	2	南京	
韩洪臣	全国举重锦标赛	1987.4.10—19	男子 52 公斤级挺举	3	大连	
韩洪臣	全国举重锦标赛	1987.4.10—19	男子 52 公斤级总成绩	2	大连	
李炳军	全国举重锦标赛	1987.4.10—19	男子 82.5 公斤级抓举	3	大连	
李炳军	全国举重锦标赛	1987.4.10—19	男子 82.5 公斤级总成绩	2	大连	
段力峰	全国举重锦标赛	1987.4.10—19	男子 82.5 公斤级挺举	1	大连	
段力峰	全国举重锦标赛	1987.4.10—19	男子 82.5 公斤级总成绩	3	大连	
张明月	全国射箭锦标赛	1987.4.13—18	女子团体	1	广州	
魏建华	全国首届女子举重锦标赛	1987.5.10—15	女子 56 公斤级抓举	2	长春	
纪荣新	全国男子田径锦标赛	1988.6.5—7	男子十项全能	3	鞍山	
李秀霞	全国女子田径锦标赛	1988.6.10—12	女子一万米	3	南京	
刘　强	全国举重锦标赛	1988.4.5—13	男子 60 公斤级挺举	3	抚州	破省纪录
段力峰	全国举重锦标赛	1988.4.5—13	男子 82.5 公斤级挺举	2	抚州	
段力峰	全国举重锦标赛	1988.4.5—13	男子 82.5 公斤级总成绩	3	抚州	
王金凤	全国射击锦标赛	1988.11.15—25	女子小口径手枪 60 发团体	3	南昌	破省纪录
纪荣新	全国田径锦标赛	1989.5.26—28	男子十项全能	1	合肥	破省纪录
韩洪臣	全国男子举重锦标赛	1989.4.9—15	男子 52 公斤级抓举	3	铜陵	
韩洪臣	全国男子举重锦标赛	1989.4.9—15	男子 52 公斤级总成绩	3	铜陵	

续表 6–4

姓 名	运动会名称	时 间	项 目	名次	地点	备 注
李炳军	全国男子举重锦标赛	1989.4.9—15	男子 90 公斤级抓举	1	铜陵	破全国纪录
李炳军	全国男子举重锦标赛	1989.4.9—15	男子 90 公斤级挺举	2	铜陵	
李炳军	全国男子举重锦标赛	1989.4.9—15	男子 90 公斤级总成绩	1	铜陵	
严 林	全国射击锦标赛	1990.11.4—14	男子小口径自选手枪速射	2	郑州	
李明才	全国竞走锦标赛	1990.3.3—6	男子 20000 米竞走	1	合肥	破全国纪录
李炳军	全国男子举重锦标赛	1990.4.13—19	男子 90 公斤级抓举	2	杭州	
李炳军	全国男子举重锦标赛	1990.4.13—19	男子 90 公斤级挺举	1	杭州	
李炳军	全国男子举重锦标赛	1990.4.13—19	男子 90 公斤级总成绩	1	杭州	
张 霞	全国体操锦标赛	1990.5.13—18	女子个人全能	3	成都	
张 霞	全国体操锦标赛	1990.5.13—18	女子高低杠	1	成都	
李明才	全国竞走锦标赛	1991.3.3—6	男子 20000 米	1	郑州	破亚洲纪录
王金凤	全国射击锦标赛	1991.10.11—18	女子运动手枪团体	1	成都	
陈 彬	全国举重锦标赛	1991.4.23—28	男子 110+ 公斤级总成绩	3	福州	
张 霞	全国体操锦标赛	1991.11.10—14	女子个人全能	2	上海	
张 霞	全国体操锦标赛	1991.11.10—14	女子团体	3	上海	
严 林	全国射击锦标赛	1992.10.29—11.2	男子中心发火手枪	3	广州	破省纪录
严 林	全国射击锦标赛	1992.10.29—11.2	男子中心发火手枪 30+30 团体	3	广州	破省纪录
崔家荣	全国田径锦标赛	1992.5.17—21	男子 4×800 米接力	3	南京	
纪荣新	全国田径锦标赛	1992.5.17—21	男子十项全能	2	南京	
孙秀荣	全国田径锦标赛	1992.5.17—21	女子标枪	2	南京	
吴 美	全国马拉松锦标赛	1992.4.12	女子马拉松	3	天津	
李明才	全国竞走锦标赛	1992.3.15—18	男子 20000 米	1	济南	破亚洲纪录
沈 剑	全国体操锦标赛	1992.9.18—24	男子全能	2	南昌	
沈 剑	全国体操锦标赛	1992.9.18—24	男子双杠	1	南昌	
沈 剑	全国体操锦标赛	1992.9.18—24	男子单杠	1	南昌	
李明才	全国竞走锦标赛	1993.2.18—21	男子 20 公里	1	深圳	
李明才	全国竞走锦标赛	1993.2.18—21	男子 50 公里	2	深圳	
李明才	全国竞走锦标赛	1993.2.18—21	男子团体	1	深圳	
沈 剑	全国体操锦标赛	1993.6.10—16	男子双杠	1	沈阳	
张庆利	全国田径锦标赛	1994.6.1—5	男子 3000 米障碍	3	北京	
崔家荣	全国田径锦标赛	1994.6.1—5	男子 4×800 米接力	1	北京	
吴 美	全国田径锦标赛	1994.6.1—5	女子 4×800 米接力	3	北京	
吴 美	全国田径越野锦标赛	1994.1.14—16	女子 10 公里越野	1	昆明	

续表 6-4

姓　名	运动会名称	时　间	项　目	名次	地点	备　注
吴　美	全国田径越野锦标赛	1994.1.14—16	女子半程马拉松	3	昆明	
王英霞	全国赛艇锦标赛	1994.11.2—6	女子四人双桨	3	武汉	
严　林	全国射击锦标赛	1994.11.7—19	男子手枪速射	1	成都	
吴兆生	全国柔道锦标赛	1994.4.10—13	男子 86 公斤级	1	萧山	
李岱强	全国柔道锦标赛	1994.4.10—13	男子 86 公斤级	3	萧山	
许银海	全国柔道锦标赛	1994.4.10—13	男子 95 公斤级	3	萧山	
张庆利	全国田径锦标赛	1995.5.17—21	男子 4×800 米接力	3	太原	
屠　翔	全国田径锦标赛	1995.5.17—21	男子 4×800 米接力	3	太原	
严　林	全国射击锦标赛	1995.8.30—9.10	男子手枪速射团体	1	成都	团体
辛　雷	全国射箭锦标赛	1995.9.1—6	男子淘汰赛团体	2	阳泉	室外
辛　雷	全国射箭锦标赛	1995.9.1—6	男子淘汰赛个人	3	阳泉	室外
沈　剑	全国体操锦标赛	1995.5.15—20	男子双杠	1	武汉	
沈　剑	全国体操锦标赛	1995.5.15—20	男子单杠	2	武汉	
屠　翔	全国田径锦标赛	1996.5.4—8	男子 4×800 米接力	1	南京	
屠　翔	全国田径锦标赛	1996.5.4—8	男子 800 米	2	南京	
李明才	全国竞走锦标赛	1996.3.10—12	男子 20000 米	1	珠海	
沈　剑	全国体操锦标赛	1996.6.7—17	男子双杠	1	武汉	
沈　剑	全国体操锦标赛	1996.6.7—17	男子自由体操	1	武汉	
毕文静	全国体操锦标赛	1996.6.7—17	女子个人全能	3	武汉	
刘　震	全国男篮锦标赛	1996.2	男子	2	主客场	
安广廷	全国男篮锦标赛	1996.2	男子	2	主客场	
王　峰	全国跳水锦标赛	1996.9	男子 10 米台	2	保定	
辛　雷	全国室内射箭锦标赛	1997.6.10—15	男子 25 米决赛	2	青海	
辛　雷	全国室内射箭锦标赛	1997.6.10—15	男子团体	2	青海	
刘　震	全国篮球锦标赛	1996—1997 赛季	男子	3	主客场	
安广廷	全国篮球锦标赛	1996—1997 赛季	男子	3	主客场	
沈　剑	全国体操锦标赛	1997.4.21—5.4	男子双杠	2	长沙	
王银行	全国竞走锦标赛	1998.4.11	男子 50 公里竞走	1	天津	
王　峰	全国跳水锦标赛	1998.9.13—18	男子 1 米板	3	天津	
吴绪立	全国摔跤锦标赛	1998.5.8—11	男子自由跤 130 公斤级	3	南宁	
毕文静	全国体操锦标赛	1998.9.11—21	女子高低杠	1	天津	
毕文静	全国体操锦标赛	1998.9.11—21	女子平衡木	3	天津	
严　林	全国射击锦标赛	1998.10.15—25	男子标准手枪 60 发	1	成都	

续表 6-4

姓 名	运动会名称	时 间	项 目	名次	地点	备 注
辛 雷	全国射箭锦标赛	1998.6.28—7.5	男子团体奥林匹克淘汰赛	3	漯河	室内
刘 震	全国篮球甲级联赛	1997—1998 赛季	男子	3	主客场	
安广庭	全国篮球甲级联赛	1997—1998 赛季	男子	3	主客场	
王银行	全国竞走锦标赛	1999.5.7—9	男子 50 公里	1	商丘	
马 勇	全国体操锦标赛	1999.5.10—16	男子团体	3	东莞	
马卫国	全国赛艇锦标赛	1999.9.26—30	男子八人单桨有舵手	3	岳阳	
马 勇	全国体操锦标赛	2000.5.12—14	男子团体	3	武汉	
张晓亮	全国体操锦标赛	2000.5.12—14	男子团体	3	武汉	
王银行	全国竞走锦标赛	2000.6.1—3	男子 50 公里	1	旅顺	
王 峰	全国跳水锦标赛	2000.10.10—14	男子 1 米板	2	昆明	
苏会华	全国自由跤锦标赛	2001.4.23—27	女子自由跤 62 公斤级	2	银川	
马卫国	全国赛艇锦标赛	2001.6.20—24	男子八人单桨有舵手	1	南阳	与福建交流
安 东	全国赛艇锦标赛	2001.6.20—24	男子八人单桨有舵手	1	南阳	与福建交流
马卫国	全国赛艇锦标赛	2001.6.20—24	男子双人单桨	2	南阳	与福建交流
王银行	全国竞走锦标赛	2002.5.26—28	男子 50 公里	1	朝阳	
王 峰	全国跳水锦标赛	2002.8.29—9.3	男子 1 米板	1	天津	
王 峰	全国跳水锦标赛	2002.8.29—9.3	男子 3 米板	2	天津	
韩增峰	全国古典式摔跤锦标赛	2002.4.29—5.4	男子 84 公斤级	3	凤阳	协议队员
马卫国	全国赛艇锦标赛	2002.10.18—23	男子双人单桨无舵手	1	沅江	
王 峰	全国跳水锦标赛	2003.9.15—20	男子 3 米板	1	重庆	
王 峰	全国跳水锦标赛	2003.9.15—20	男子双人 3 米板	1	重庆	
王 峰	全国跳水锦标赛	2003.9.15—20	男子 1 米板	2	重庆	
马卫国	全国赛艇锦标赛	2003.9.17—21	男子双人单桨无舵手	1	广州	
马卫国	全国赛艇锦标赛	2003.9.17—21	男子八人单桨有舵手	1	广州	
王银行	全国竞走锦标赛	2003.4.12—14	男子 50 公里	2	扬州	
吴绪立	全国男子自由跤锦标赛	2003.4.23—26	男子 96—120 公斤级	2	平顶山	
韩增峰	全国古典式摔跤锦标赛	2003.7.11—14	男子 84 公斤级	2	合肥	协议队员
李 晶	全国柔道锦标赛	2003.7.10—13	男子 60 公斤级	3	红河	与石化交流
时 娜	全国竞走锦标赛	2004.3.20—22	女子 20 公里	3	广州	
韩增峰	全国古典式摔跤锦标赛	2004.3.26—29	男子 84 公斤级	2	合肥	协议队员
娄 明	全国蹦床锦标赛	2004.5.19—21	男子蹦床双人	3	太原	

续表 6-4

姓　名	运动会名称	时　间	项　目	名次	地点	备　注
马延青	全国蹦床锦标赛	2004.5.19—21	男子蹦床双人	3	太原	
黄　静	全国田径锦标赛	2005.6.24—26	女子 800 米	3	长沙	
马　勇	全国古典式摔跤锦标赛	2005.2.26—3.1	男子 120 公斤级	3	济南	
马卫国	全国赛艇锦标赛	2005.9.22—26	男子八人单桨有舵手	3	杨凌	
苏会华	全国女子自由跤锦标赛	2006.4.26—28	女子 63 公斤级	2	广州	
刘秀玲	全国女子手球锦标赛	2006.9.6—15	女子组	3	合肥	
张　攀	全国女子手球锦标赛	2006.9.6—15	女子组	3	合肥	
高方青	全国女子手球锦标赛	2006.9.6—15	女子组	3	合肥	
娄　明	全国蹦床锦标赛	2006.5.29—6.5	男子双人同步	1	徐州	
马延青	全国蹦床锦标赛	2006.5.29—6.5	男子双人同步	1	徐州	
王　峰	全国跳水锦标赛	2006.9.20—25	男子双人 3 米板	1	武汉	
王　峰	全国跳水锦标赛	2006.9.20—25	男子 3 米板	3	武汉	
娄　明	全国蹦床锦标赛	2007.6.7—12	男子团体	1	萧山	
马延青	全国蹦床锦标赛	2007.6.7—12	男子团体	1	萧山	
苏友华	全国古典式摔跤锦标赛	2007.4.1—4	男子 60 公斤级	3	德阳	
韩增峰	全国古典式摔跤锦标赛	2007.4.1—4	男子 96 公斤级	3	德阳	协议队员
张　颖	全国赛艇锦标赛	2007.8.23—26	女子轻量级四人双桨	1	日照	
冯慧慧	全国女子柔道锦标赛	2007.4.15—18	女子 -57 公斤级	2	芜湖	
贾亚峰	全国女子自由跤锦标赛	2007.4.16—19	女子 67 公斤级	2	常德	
王　峰	全国跳水锦标赛	2007.9.11—26	男子双人 3 米板	1	烟台	
王　峰	全国跳水锦标赛	2007.9.11—26	男子 3 米板	3	烟台	
娄　明	全国蹦床锦标赛	2008.5.6—11	男子双人同步	2	上海	
马延青	全国蹦床锦标赛	2008.5.6—11	男子双人同步	2	上海	
韩增峰	全国古典式摔跤锦标赛	2008.4.6—9	男子 96 公斤级	2	沈阳	
刘秀玲	全国女子手球锦标赛	2008.10.7—13	女子组	2	威海	
张　攀	全国女子手球锦标赛	2008.10.7—13	女子组	2	威海	
高方青	全国女子手球锦标赛	2008.10.7—13	女子组	2	威海	
张　颖	全国赛艇锦标赛	2008.9.24—28	女子轻量级四人单桨无舵手	1	上海	
贾亚峰	全国女子自由跤锦标赛	2008.4.12—15	女子 63 公斤级	3	淄博	

续表 6-4

姓　名	运动会名称	时　间	项　目	名次	地点	备　注
时　娜	全国竞走锦标赛	2008.10.23—25	女子 20 公里	2	泰安	
冯慧慧	全国女子柔道锦标赛	2009.4.25—28	女子 -57 公斤级	3	沈阳	
黄　静	全国田径锦标赛	2009.5.21—23	女子 800 米	3	苏州	
张　颖	全国赛艇锦标赛	2009.5.27—31	女子轻量级四人双桨	2	杨凌	
王　红	全国空手道锦标赛	2009.5.15—17	女子 +68 公斤级	1	徐州	
张　颖	全国赛艇锦标赛	2010.8.29—9.2	女子轻量级双人双桨	1	日照	
张　颖	全国赛艇锦标赛	2010.8.29—9.2	女子轻量级四人双桨	2	日照	
娄　明	全国蹦床锦标赛	2010.5.12—18	男子双人同步	1	温州	
马延青	全国蹦床锦标赛	2010.5.12—18	男子双人同步	1	温州	
刘建民	全国竞走锦标赛	2010.9.19—20	男子 20 公里竞走团体	3	北京	
华　鑫	全国七人制橄榄球锦标赛	2011.10.28—30	男子	2	合肥	
刘建民	全国竞走锦标赛	2011.9.16—18	男子 20 公里团体	1	宝鸡	
杜云鹏	全国竞走锦标赛	2011.9.16—18	男子 50 公里	3	宝鸡	
张　颖	全国赛艇锦标赛	2011.9.19—23	女子轻量级四人双桨	1	六安	
张　颖	全国赛艇锦标赛	2011.9.19—23	女子轻量级双人双桨	3	六安	
娄　明	全国蹦床锦标赛	2011.6.10—16	男子双人同步	1	上海	
马延青	全国蹦床锦标赛	2011.6.10—16	男子双人同步	1	上海	
邢怡颖	全国跳水锦标赛	2011.9.12—17	女子双人 10 米台	1	常熟	
冯慧慧	全国女子柔道锦标赛	2012.3.22—24	女子 -57 公斤级	1	滨州	
贾亚峰	全国女子自由跤锦标赛	2012.6.6—9	女子 63 公斤级	2	潍坊	
卞庆各	全国武术散打锦标赛	2012.5.31—6.6	男子 90 公斤级	2	黑河	
娄　明	全国蹦床锦标赛	2012.4.20—26	男子网上同步	1	昆山	
马延青	全国蹦床锦标赛	2012.4.20—26	男子网上同步	1	昆山	
刘建民	全国竞走锦标赛	2012.9.13—15	男子 20 公里团体	1	鄂尔多斯	
韩继江	全国竞走锦标赛	2012.9.13—15	男子 20 公里团体	1	鄂尔多斯	
刘建民	全国竞走锦标赛	2012.9.13—15	男子 50 公里	3	鄂尔多斯	
韩继江	全国竞走锦标赛	2012.9.13—15	男子 20 公里	3	鄂尔多斯	
曲业新	全国体操锦标赛	2013.5.8—12	男子团体	3	大连	
于　良	全国体操锦标赛	2013.5.8—12	男子团体	3	大连	

续表 6-4

姓　名	运动会名称	时　间	项　目	名次	地点	备　注
刘建民	全国竞走锦标赛	2013.9.19—21	男子 20 公里团体	1	长白山	
刘建民	全国竞走锦标赛	2013.9.19—21	男子 20 公里	3	长白山	
胡　凯	全国场地自行车锦标赛	2014.7.23—26	男子团体竞速赛	1	北京	
胡　凯	全国柔道锦标赛	2014.4.10—13	男子 90 公斤级	3	淄博	
王海燕	全国女子拳击锦标赛	2014.4.7—11	女子 64 公斤级	3	迁安	
翟　超	全国田径锦标赛	2014.10.9—12	男子 4×400 米接力	1	苏州	
韩继江	全国竞走锦标赛	2014.9.12—14	男子 50 公里竞走团体	1	长白山	
严德祥	全国竞走锦标赛	2014.9.12—14	男子 20 公里竞走团体	1	长白山	
冯慧慧	全国女子柔道锦标赛	2015.4.15—18	女子 57 公斤级	1	临沧	
胡　凯	全国男子柔道锦标赛	2015.4.22—25	男子 -100 公斤级	2	滨州	
胡　凯	全国场地自行车锦标赛	2015.7.21—24	男子团体竞速赛	3	芦城	
韩继江	全国竞走锦标赛	2015.9.5—7	男子 20 公里团体	1	长白山	
李陈晨	全国竞走锦标赛	2015.9.5—7	男子 20 公里团体	1	长白山	
翟　超	全国田径锦标赛	2015.9.22—25	男子 4×400 米	1	苏州	

三、全国冠军赛

20世纪80年代以来，泰安市运动员参加全国冠军赛各单项比赛，共有99人次获得前三名，获得金牌39枚，银牌28枚，铜牌32枚。

1984—2015 年泰安运动员参加全国冠军赛前三名成绩表

表 6-5

姓　名	运动会名称	时　间	项　目	名次	地点	备　注
李秀霞	全国田径冠军赛	1984.6.6—10	女子 3000 米	2	南京	
韩洪臣	全国举重冠军赛	1984.10.20—28	男子 52 公斤级抓举	1	青岛	
韩洪臣	全国举重冠军赛	1984.10.20—28	男子 52 公斤级挺举	3	青岛	
韩洪臣	全国举重冠军赛	1984.10.20—28	男子 52 公斤级总成绩	2	青岛	
张明月	全国射箭冠军赛	1985.4.6—9	女子双轮团体	1	武鸣	
段力峰	全国举重冠军赛	1986.10.20—28	男子 82.5 公斤级挺举	3	景德镇	
张明月	全国射箭冠军赛	1987.9.6—11	女子 70 米单轮	1	牟平	
张明月	全国射箭冠军赛	1987.9.6—11	女子团体	1	牟平	
李秀霞	全国田径冠军赛	1988.9.2—5	女子 10000 米	1	天津	
李明才	全国田径冠军赛	1988.9.2—5	男子 5000 米竞走	3	天津	
李炳军	全国举重冠军赛	1988.11.20—24	男子 82.5 公斤级抓举	1	郑州	

续表 6-5

姓　名	运动会名称	时　间	项　目	名次	地点	备　注
李炳军	全国举重冠军赛	1988.11.20—24	男子 82.5 公斤级挺举	1	郑州	
李炳军	全国举重冠军赛	1988.11.20—24	男子 82.5 公斤级总成绩	1	郑州	
赵丰东	全国举重冠军赛	1989.10.7—14	男子 100 公斤级抓举	2	扬州	
赵丰东	全国举重冠军赛	1989.10.7—14	男子 100 公斤级总成绩	3	扬州	
纪荣新	全国田径冠军赛	1990.8.5—9	男子十项全能	1	天津	
张　霞	全国体操冠军赛	1990.10.25—30	女子高低杠	1	南京	
张　霞	全国体操冠军赛	1990.10.25—30	女子自由体操	1	南京	
张　霞	全国体操冠军赛	1990.10.25—30	女子平衡木	2	南京	
张　霞	全国体操冠军赛	1990.10.25—30	女子个人全能	1	南京	
王　峰	全国跳水冠军赛	1990.3.25—30	男子 1 米板	2	济南	乙级赛区
王　峰	全国跳水冠军赛	1990.3.25—30	男子 10 米台	2	济南	乙级赛区
王　峰	全国跳水冠军赛	1990.3.25—30	男子全能	2	济南	乙级赛区
张　霞	全国体操冠军赛	1991.5.7—12	女子个人全能	3	南昌	
张　霞	全国体操冠军赛	1991.5.7—12	女子高低杠	3	南昌	
陈　彬	全国举重冠军赛	1991.11.14—18	男子 110+ 公斤级挺举	3	贵阳	
王　峰	全国跳水冠军赛	1992.5.8—12	男子 10 米台	3	济南	乙级赛区
王　峰	全国跳水冠军赛	1992.5.8—12	男子全能	3	济南	乙级赛区
王根英	全国举重冠军赛	1992.10.12—16	女子 67.5 公斤级总成绩	1	泰安	
王　峰	全国跳水冠军赛	1994.4.15—20	男子 10 米台	2	成都	甲级赛区
王　峰	全国跳水冠军赛	1994.4.15—20	男子全能	2	成都	甲级赛区
吴　美	全国田径冠军赛	1994.8.27—31	女子 3000 米	3	唐山	
吴　美	全国田径冠军赛	1994.8.27—31	女子 4 × 800 米接力	2	唐山	
李明才	全国竞走冠军赛	1994.9.15—17	男子 20000 米	1	阜新	
李岱强	全国柔道冠军赛	1994.12.7—10	男子 86 公斤级	2	苏州	
吴兆生	全国柔道冠军赛	1994.12.7—10	男子 86 公斤级	3	苏州	
许银海	全国柔道冠军赛	1994.12.7—10	男子 95 公斤级	3	苏州	
闫仲军	全国举重冠军赛	1995.10.3—6	男子 59 公斤级总成绩	2	铜陵	
闫仲军	全国举重冠军赛	1995.10.3—6	男子 59 公斤级抓举	1	铜陵	
闫仲军	全国举重冠军赛	1995.10.3—6	男子 59 公斤级挺举	2	铜陵	
吴兆生	全国柔道冠军赛	1995.8.14—17	男子 86 公斤级	3	庐山	

续表 6-5

姓　名	运动会名称	时　间	项　目	名次	地点	备　注
王　峰	全国跳水冠军赛	1995.4.13—18	男子 10 米台	3	南宁	甲级赛区
毕文静	全国体操冠军赛	1996.10.7—17	女子个人全能	2	天津	
王　峰	全国跳水冠军赛	1998.6.17—21	男子 1 米板	3	成都	
毕文静	全国体操冠军赛	1998.6.13—21	男女双人配对	1	上海	
贾学刚	全国田径冠军赛	1999.6.5—6	男子十项全能	3	上海	
王　峰	全国跳水冠军赛	1999.4.14—18	男子 1 米板	2	济南	
毕文静	全国体操冠军赛	1999.8.23—30	女子高低杠	3	昆明	
苏会华	全国自由跤冠军赛	1999.10.15—20	女子 62 公斤级	1	延安	
吴绪立	全国自由式摔跤冠军赛	2000.10.25—28	男子 130 公斤级	3	肇庆	
苏会华	全国女子自由跤冠军赛	2000.10.25—28	女子 62 公斤级	3	肇庆	
王　峰	全国跳水冠军赛	2000.4.6—14	男子 1 米板	1	济南	
马卫国	全国赛艇冠军赛	2001.4.4—8	男子双人单桨	1	肇庆	
王　峰	全国跳水冠军赛	2001.5.5—11	男子 1 米板	1	珠海	
王　峰	全国跳水冠军赛	2001.5.5—11	男子 3 米板	1	珠海	
苏友华	全国古典式摔跤冠军赛	2002.11.24—27	男子 60 公斤级	3	合肥	
韩增峰	全国古典式摔跤冠军赛	2002.11.24—27	男子 84 公斤级	2	合肥	
王　峰	全国跳水冠军赛	2003.4.20—25	男子 3 米板	1	南京	
王　峰	全国跳水冠军赛	2003.4.20—25	男子双人 3 米板	1	南京	
王　峰	全国跳水冠军赛	2003.4.20—25	男子 1 米板	2	南京	
杨　松	全国武术散打冠军赛	2003.9.18—24	男子 90 公斤级	1	郑州	
杨　松	全国武术散打冠军赛	2003.9.18—24	男子 85—90 公斤级小团体	1	郑州	
时　娜	全国竞走冠军赛	2003.9.27—29	女子 20 公里	2	秦皇岛	
苏会华	全国女子自由跤冠军赛	2003.11.14—17	女子 63 公斤级	2	黄山	
韩增峰	全国古典式摔跤冠军赛	2003.10.31—11.3	男子 84 公斤级	2	许昌	协议队员
苏会华	全国女子自由跤冠军赛	2004.9.13—15	女子 63 公斤级	1	孝感	
王　峰	全国跳水冠军赛	2005.4.20—25	男子 1 米板	1	成都	
贾亚峰	全国自由跤冠军赛	2005.11.1—8	女子 63 公斤级	2	北京	
韩增峰	全国古典式摔跤冠军赛	2006.10.16—18	男子 96 公斤级	2	孝感	协议队员
李　娜	全国举重冠军赛	2006.10.18—21	女子 75 公斤级挺举	2	马江	

续表 6–5

姓　名	运动会名称	时　间	项　目	名次	地点	备　注
李　娜	全国举重冠军赛	2006.10.18—21	女子 75 公斤级总成绩	3	马江	
王　峰	全国跳水冠军赛	2007.4.20—25	男子 3 米板	1	无锡	
冯慧慧	全国女子柔道冠军赛	2007.7.31—8.3	女子 57 公斤级	3	增城	
王　峰	全国跳水冠军赛	2008.3.19—25	男子双人 3 米板	1	合肥	
韩增峰	全国古典式摔跤冠军赛	2008.8.29—9.1	男子 96 公斤级	1	合肥	
王　峰	全国跳水冠军赛	2009.5.16—21	男子 1 米板	1	西安	
娄　明	全国蹦床冠军赛	2010.8.19—25	男子网上团体	2	泉州	
马延青	全国蹦床冠军赛	2010.8.19—25	男子网上团体	2	泉州	
邢怡颖	全国跳水冠军赛	2010.7.20—26	女子 10 米台	3	汕头	
华　鑫	全国七人制橄榄球冠军赛	2011.8.6—7	男子	3	昆山	
卞庆各	全国武术散打冠军赛	2011.9.7—11	男子 90 公斤级	2	富宁	
邢怡颖	全国跳水冠军赛	2011.5.18—23	女子个人全能	3	天津	
胡　凯	全国男子柔道冠军赛	2012.9.6—8	男子 –90 公斤级	3	西安	
马延青	全国蹦床冠军赛	2012.9.19—23	男子双人同步	1	都江堰	
娄　明	全国蹦床冠军赛	2012.9.19—23	男子双人同步	1	都江堰	
李　壮	全国武术套路冠军赛	2013.3.5—8	男子螳螂拳	1	新余	
刘建民	全国竞走冠军赛	2013.3.1—2	男子 20 公里团体	1	太仓	
严德祥	全国竞走冠军赛	2013.3.1—2	男子 20 公里团体	1	太仓	
韩继江	全国竞走冠军赛	2013.3.1—2	男子 20 公里团体	1	太仓	
纪恩丽	全国女子自由跤冠军赛	2013.10.16—18	女子 72 公斤级	2	淄博	
胡　凯	全国场地自行车冠军赛	2014.5.13—16	男子团体竞速赛	2	长兴	
胡　凯	全国柔道冠军赛	2014.10.16—19	男子 100 公斤级	1	迁安	
银　山	全国古典式摔跤冠军赛	2014.10.28—31	男子 66 公斤级	3	迁安	
翟　超	全国田径冠军赛	2014.7.11—13	男子 4×400 米接力	1	济南	
韩继江	全国竞走冠军赛	2015.5.1—2	男子 20 公里团体	3	太仓	
刘建民	全国竞走冠军赛	2015.5.1—2	男子 20 公里团体	3	太仓	
严德祥	全国竞走冠军赛	2015.5.1—2	男子 20 公里团体	3	太仓	
胡　凯	全国场地自行车冠军赛	2015.7.9—12	男子团体竞速赛	3	芦城	
冯慧慧	全国女子柔道冠军赛	2015.9.23—26	女子 57 公斤级	3	迁安	

第五节　华北运动会　华东运动会

一、华北运动会

华北运动会是新中国成立前由华北体育联合会组织举办的区域性体育大会，也是全国最早、规模最大的区域性体育比赛大会，自1913年至1934年先后举行了18届。第一至十四届华北运动会是以学校为单位参加，第十五届开始，改为以省、市、区为单位参加，前10届比赛项目仅有田径。

据《山东省志·体育志》记载，1916年5月19日至20日举行的第四届华北运动会山东有泰安中学参赛，这是泰安最早参加华北运动会的资料记载。此后，泰安的杨学贤代表萃英中学和山东省队参加过三届比赛，是泰安20世纪前30年体育运动发展状况的代表性人物。

1925年4月24日，第十二届华北运动会在济南举行，泰安萃英中学参赛，杨学贤获中学组铁饼第二名，成为有资料记载的第一位获得名次的运动员。

1931年5月27日至30日，第十五届华北运动会在济南举行，代表山东省队参赛的泰安萃英中学杨学贤获男子部高级组田赛个人总分第二名、铁饼第三名、16磅铅球第一名。

1933年7月12日至15日，第十七届华北运动会在青岛举行，代表山东省队参赛的泰安萃英中学杨学贤获男子高级部铅球第二名、铁饼第二名。

二、华东运动会

华东运动会于1953年9月6日至9日在上海虹口体育场举行，山东省代表队参赛，没有泰安籍运动员参赛的资料记载。

第六节　山东省运动会

新中国成立后，从1950年至2014年，山东省人民政府共举办23届综合运动会。泰安于1958年至1961年专署撤销，行政区划变更，未单独组队参加1959年举行的第八届省运会。第十五届和第十八届省运会不以地市组团，而以行业为单位组队比赛。第一届至第十二届省运会设成人普通组和中学生（或少年）组，从第十三届省运会开始，设青少年组比赛，按各代表团总分排名。泰安运动员共参加20届省运会，共获金牌541.31枚、银牌318.75枚、铜牌316.11枚，竞技体育成绩列全省中上游位次。自1982年第十二届省运会开始设立精神文明奖以来，泰安代表团10次获得组委会颁发的“精神文明先进集体”或“体育道德风尚奖”。

1950—2014年泰安市参加山东省运动会情况表

表6-6

届次	举办时间	举办地点	设项	参赛项目	参赛人数	参赛成绩												备注
						青少年组				优秀运动员组				综合成绩				
						金牌	位次	总分	位次	金牌	位次	总分	位次	金牌	位次	总分	位次	
一	1950.11	济南	6	2	—	—	—	—	—	—	—	—	—	—	—	2	11	
二	1952.10	济南	2	1	—	—	—	—	—	—	—	—	—	—	—	9	16	
三	1953.7	青岛	5	1	—	—	—	—	—	—	—	—	—	—	—	20	13	
四	1954.10	济南	2	1	—	—	—	—	—	—	—	—	—	—	—	11	15	
五	1956.9	济南	2	—	—	—	—	—	—	—	—	—	—	—	—	—	—	未有泰安参赛资料记载
六	1957.7	青岛	4	2	—	—	—	—	—	—	—	—	—	—	—	—	—	田径成绩全省未有资料记载
七	1958.10	烟台	2	1	—	—	—	—	—	—	—	—	—	—	—	10	9	
八	1959.5	济南	—	—	—	—	—	—	—	—	—	—	—	—	—	—	—	因区划变更未单独组队参赛
九	1964.6	九市地	6	5	—	—	—	—	—	—	—	—	—	1	10	168	5	
十	1974.7	十市地	10	6	—	—	—	—	—	—	—	—	—	4	8	560	11	
十一	1978.10	济南	11	9	—	—	—	—	—	—	—	—	—	8	9	1066.4	4	
十二	1982.9	济南	10	9	195	—	—	—	—	—	—	—	—	7	7	822.54	5	精神文明先进集体
十三	1986.10	青岛	28	14	270	38	—	—	—	—	—	—	—	38	4	711.5	4	精神文明先进集体
十四	1988.6	济南	15	11	228	35	3	840	3	—	—	—	—	35	3	840	3	体育道德风尚奖

续表 6-6

届次	举办时间	举办地点	设项	参赛项目	参赛人数	参赛成绩												备注
						青少年组				优秀运动员组				综合成绩				
						金牌	位次	总分	位次	金牌	位次	总分	位次	金牌	位次	总分	位次	
十五	1990.9	济南	—	—	—	—	—	—	—	—	—	—	—	—	—	—	—	行业运动会，不以地市组队
十六	1992.9	淄博	20	15	278	45	5	652	5	—	—	—	—	45	5	652	5	体育道德风尚奖
十七	1994.10	济南	17	13	237	25	6	824	6	33.42	5	590.70	6	58.42	6	1414.7	6	体育道德风尚奖
十八	1996.10	枣庄	—	—	—	—	—	—	—	—	—	—	—	—	—	—	—	行业运动会，不以地市组队
十九	1998.10	潍坊	23	11	300	47	7	1201.18	9	—	—	—	—	47	7	1201.18	9	体育道德风尚奖
二十	2002.10	济南	26	14	387	30	7	1037	6	—	—	—	—	65.14	7	1508.51	7	体育道德风尚奖
二十一	2006.10	烟台	31	19	463	21.5	8	975.75	10	26	9	234	9	47.5	9	1209.75	10	体育道德风尚奖
二十二	2010.9	淄博	25	23	436	31.75	8	1596.5	8	36.25	9	467	9	68	8	2063.5	8	体育道德风尚奖
二十三	2014.9	济宁	26	21	516	60	8	2382.5	8	57.25	8	744.25	8	117.25	9	3126.75	9	体育道德风尚奖

说明：前十二届省运会金牌和位次为非正式统计

泰安市参加第十二至二十三届山东省运动会受市政府表彰情况表

表 6-7　　单位：个、人

届次	突出贡献奖单位	优秀贡献奖单位	贡献奖单位	集体二等功	市劳动模范或市先进工作者或记二等功、享受劳动模范待遇	市先进体育工作者	二等功	三等功	泰安市体育之星	泰安市体育希望之星	先进单位	优秀运动员	优秀教练员
十二	6	5	9	—	—	—	—	—	—	—	—	—	—
十四	12	—	7	—	—	—	—	—	—	—	—	15	11
十六	—	—	—	—	—	45	—	—	—	—	5	31	10
十七	—	—	—	—	—	—	—	—	—	—	2	16	9
十九	3	—	6	—	—	—	26	33	—	—	—	—	—
二十	2	—	4	2	6	—	40	—	4	10	—	—	—
二十一	1	3	5	—	6	—	24	—	—	—	—	—	—
二十二	2	—	1	—	5	—	20	—	—	1	—	—	—
二十三	2	—	1	—	14	—	25	—	—	—	—	—	—

泰安市参加第二十一至二十三届山东省运动会受市有关部门表彰情况表

表 6-8

届次	表彰内容	表彰部门
二十一	优秀输送奖单位 7 个，记三等功人员 87 人，先进个人 50 人，通报表扬 68 人	市人事局、市体育局、市教育局
	新长征突击手 13 人	共青团泰安市委、市体育局
	三八红旗手 31 人	市妇联、市体育局
	巾帼建功标兵 44 人	
二十二	先进单位 9 个、先进个人 80 人（记三等功 40 人、嘉奖 40 人）、通报表扬 72 人	市人力资源和社会保障局、市体育局、市教育局
	新长征突击手 106 人	市体育局、共青团泰安市委
	三八红旗手 62 人	市妇联、市体育局
	优秀运动员 75 人	市体育局、市教育局
二十三	先进单位 10 个，先进个人 157 人	市人力资源和社会保障局、市体育局、市教育局

1.山东省第一届运动会

山东省首届人民体育大会于1950年11月1日至6日在济南市省人民体育场举行。大会设田径、篮球、排球、足球、垒球和拔河6个项目。比赛分男女工农组、男女普通组和男女中学组6个组别。来自全省15个市和专区的代表队1503人参赛。泰安专区代表队参加田径和篮球比赛，获田径男子团体第十一名，男子中学组篮球名次不详。总分2分列第十一位（非正式统计）。巩建学获男子工农组200米障碍第五名，为泰安唯一一位进入录取名次运动员。

2.山东省第二届运动会

1952年10月18日至22日，山东省第二届人民体育运动大会在济南市举行。全省有15个市、专区和省级机关、山东军区、济南铁路局共18支代表队、990名男女运动员参加这届运动会。竞赛设田径、体操两大项99个小项。泰安专区代表队参加田径比赛，获田径男子团体第十六名、女子团体第十三名。总分9分列第十六位（非正式统计）。

山东省第二届运动会泰安代表团进入录取名次运动员成绩表

表 6-9

姓　名	组　别	项　目	成绩	名次
张培厚	男子普通组	110 米高栏		5
侯长起	男子中学组	110 米高栏		6
何树轩	男子中学组	2000 米竞走		4
刘广薇	女子中学组	100 米障碍		4

3.山东省第三届运动会

1953年7月22日至28日，山东省第三届人民体育运动大会在青岛市人民体育场举行。这是省体育大会第一次在省会以外的城市举办，全省3个市、14个专区和省级机关等18个单位的1022名男女运动员参加了田径、体操、举重、拳击、自行车的比赛和民族形式的体育表演。泰安专区代表队参加田径项目比赛，获田径男子团体总分第十三名、女子团体第十七名。并以总分20分列第十三名（非正式统计）。

山东省第三届运动会泰安代表团进入录取名次运动员成绩表

表 6-10

姓　名	组　别	项　目	成绩	名次
	男子工农组	4×400 米		6
张培厚	男子普通组	110 米高栏		2
王宪俊	男子中学组	800 米		6
王宪俊	男子中学组	5000 米		6
侯长起	男子中学组	110 米高栏		6
	男子中学组	4×100 米		5
	男子中学组	4×400 米		6
李运田	男子中学组	跳远		6
马金忠	男子中学组	撑杆跳高		6
周庆泺	男子中学组	铅球		6
李桂银	女子中学组	铁饼		6

4.山东省第四届运动会

1954年10月31日至11月2日，泰安专区代表队参加在济南举行的山东省第四届人民体育运动大会。参加这届运动会的有16个市、专区和省级机关的代表队，共738名男女运动员。运动会分男、女工农组、普通组、中学组6个组别进行比赛，设田径、体操共108个单项。泰安代表队参加田径比赛，田径男子团体总分、女子团体总分均为第十五名。以总分11分列第十五位（非正式统计）。

山东省第四届运动会泰安代表团
进入录取名次运动员成绩表

表 6–11

姓　名	组　别	项　目	成　绩	名次
刘光微	女子普通组	跳远	3.70 米	6
梁润廉	男子中学组	800 米	2∶11.4	4
褚邦钧	男子中学组	撑杆跳高	2.90 米	3
刘继武	男子中学组	撑杆跳高	2.745 米	6
朱凤翠	女子中学组	80 米栏	16.7	5

5.山东省第五届运动会

1956年9月18日至19日，山东省第五届运动会在济南市省人民体育场举行。是山东省为组建全国比赛队伍而进行的选拔赛，6月10日至12日举行体操、举重、摔跤、自行车选拔赛。9月18日至19日举行田径、自行车选拔赛，由于一年一度的省运会已经两年未举行，后将田径、自行车选拔比赛作为了山东省第五届运动会。未有泰安专区参赛的资料记载。

6.山东省第六届运动会

1957年7月26日至28日，山东省第六届体育运动大会在青岛市举行。来自全省9个市、52个县的61个代表队共1200多名运动员参加比赛。这届运动会首次以市、县为单位参加，设田径、举重、射击、航空模型4个比赛项目，其中田径比赛分男、女普通组、少年组4个组别进行。泰安代表队参加田径和射击比赛，获射击团体第十二名，射击男子第2号项目以447环获团体第四名。本届比赛的田径成绩未有资料记载。

7.山东省第七届运动会

山东省第七届运动会于1958年10月5日至7日在烟台市举行。全省48个市县代表队、810名男女运动员参赛，运动会设有男女田径和举重共50个小项目的比赛。泰安代表队参加田径比赛，获田径女子团体总分第六名，并以总分10分列第九位（非正式统计）。

山东省第七届运动会泰安代表团
进入录取次运动员成绩表

表 6–12

姓　名	组　别	项　目	成　绩	名次
刘守彬	男子组	10 公里竞走	64∶30	2
林亿珍	女子组	800 米	2∶37.3	5
	女子组	4×200 米	2∶1.7	5
许宝兰	女子组	手榴弹	38.26 米	3

8.山东省第八届运动会

山东省第八届运动大会于1959年5月10日至24日分两阶段在济南市举行。因1958年10月至1961年6月泰安专署撤销，辖县分属济南市和聊城专署，故未单独组队参赛。泰安男子射击运动员淳于毓华代表济南市参赛，以245环打破十一号项目省纪录，并获该项目第三名；以889环获三号项目第五名。

9.山东省第九届运动会

1964年6月7日至8月30日，山东省第九届运动会分别在济南、青岛、菏泽、泰安、淄博、烟台、济宁、德州、潍坊等地举行，13个市、专区代表队的1534名运动员参赛，运动会设田径、篮球、排球、足球、乒乓球和射击6个比赛项目，其中球类项目仅限少年运动员参加。泰安代表队参加田径、篮球、排球、乒乓球和射击5个项目比赛，获田径团体总分第五名，青年组射击团体第六名，少年组射击团体第九名。一人破一项省纪录，一人破一项省少年记录。以1金1银11铜，总分168分分列各代表队金牌数第十位、总分第五位（非正式统计）。

山东省第九届运动会泰安代表团进入录取名次运动员成绩表

表 6-13

姓名	组别	项目		成绩	名次
王树珍	男子普通组	田径	100米	12.4	6
陈兆坤	男子普通组		800米	2:6.3	4
陈兆坤	男子普通组		1500米	4:15.5	4
马永亮	男子普通组		110米高栏	19.2	5
修存国	男子普通组		400米中栏	1:1.0	4
张新明	男子普通组		跳高	1.70米	5
韩惠武	男子普通组		三级跳远	13.28米	3
许凤荣	女子普通组		100米	14.1	3
许凤荣	女子普通组		200米	29.3	3
黄厚英	女子普通组		400米	1:8.5	4
范正珍	女子普通组		800米	2:39.8	3
	女子普通组		4×100米	56.4	2
徐凤芝	女子普通组		跳远	4.37米	6
杨维贞	女子普通组		铁饼	29.38米	6
李中荣	男子青年组		跳远	5.70米	6
孙兆桐	男子青年组		撑杆跳高	2.80米	3
丁大昌	男子少年组		60米	7.7	6
杨玉春	男子少年组		800米	2:12.7	5
于国本	男子少年组		跳高	1.55米	3
张风诗	男子少年组		手榴弹	55.11米	3
金　鹏	女子少年组		80米低栏	14.9	5
张文卿	女子少年组		跳高	1.31米	3
张文卿	女子少年组		标枪	25.22米	3
汪锡琴	女子少年组		五项全能	2326分	4
沙汉英	男子组	乒乓球单打		—	6
淳于毓华	青年组	射击	男子小口径运动步枪50米3×20	※511环	1
淳于毓华	青年组		男子小口径运动步枪50米10+30	267环	3
史泉松	青年组		男子自选小口径手枪慢射3×30	217环	3
秦君侠	青年组		女子小口径运动步枪50米3×20	490环	5
秦君侠	青年组		女子小口径运动步枪50米10+30	266环	6
朱方进	少年组		男子小口径运动步枪50米3×20	227环	5
郝庆俊	少年组		女子小口径运动步枪50米3×10	△233环	5

说明:表中※为破省纪录,△为破本组别省纪录,本编中其他表同

10.山东省第十届运动会

山东省第十届运动会于1974年7月16日至10月29日分别在淄博、济南、青岛、聊城、德州、临沂、泰安、威海、定陶10个赛区举行。运动会设田径、游泳、举重、体操、武术、篮球、排球、足球、乒乓球、射击等10个大项，13个地市和省属5大企业的18个代表团、2558名男女运动员参加了比赛。泰安地区代表团参加田径、举重、篮球、排球、乒乓球和体操6个项目的比赛。田径获团体总分普通组第五名、少年组第七名；举重获团体总分第五名；体操获少年男子乙组团体第五名、儿童男子组团体第六名、儿童女子组团体第五名；排球男子获第三名、女子获第六名；乒乓球男子少年甲组、男子少年乙组均获团体第十三名，男子儿童组获团体第十二名，女子少年甲组、女子少年乙组、女子儿童组均获团体第十三名。以4枚金牌、5枚银牌、4枚铜牌列金牌数全省第八位，以560分列总分全省第十一位（非正式统计）。

山东省第十届运动会泰安代表团进入录取名次运动员成绩表

表6–14

姓　名	组　别	项　目		成　绩	名　次
刘振明	男子普通组	田径	400米	53.5	4
尹延勤	男子普通组		5000米	15:30.6	1
尹延勤	男子普通组		10000米	31:43.8	1
王济泽	男子普通组		110米高栏	15.9	2
薛新华	男子普通组		110米高栏	16.3	4
薛新华	男子普通组		400米中栏	57.9	2
王济泽	男子普通组		400米中栏	58.3	5
	男子普通组		4×400米接力	3:40	3
高传江	男子普通组		标枪	50.44米	5
董贤林	男子普通组		跳远	6.49米	5
董贤林	男子普通组		十项全能	5279分	1
孙桂芳	女子普通组		800米	2:23.9	5
孙桂芳	女子普通组		1500米	4:57.8	4
展凤兰	女子普通组		1500米	5:2.3	6
杨文娟	女子普通组		铅球	10.55米	6
王淑焕	女子普通组		手榴弹	47.28米	3
白新明	男子少年组		60米	7.5	6
张桂远	男子少年组		400米	52.6	4
韩荣道	男子少年组		1500米	4:11.5	2
韩荣道	男子少年组		3000米	9:5.2	1
王　刚	男子少年组		200米低栏	28.3	5
	男子少年组		4×100米接力	46.3	4
	男子少年组		4×400米接力	3:41.2	5

续表 6-14

姓名	组别	项目		成绩	名次
张平凯	男子少年组	田径	铅球（5 公斤）	13.96 米	3
王振国	男子少年组		跳高	1.74 米	4
常　明	男子少年组		撑杆跳高	3.19 米	2
封　霞	女子少年组		1500 米	4:56.4	5
刘清桂	女子少年组		100 米栏	16.9	4
	女子少年组		4×100 米接力	52.6	6
刘　贞	女子少年组		铅球（4 公斤）	10.90 米	5
师　云	女子少年组		跳远	5.18 米	2
师　云	女子少年组		三项全能	1845 分	6
赵　明	男子组	举重	最轻量级	150 公斤（70+80）	6
刘兆河	男子组		轻量级	190 公斤（85+105）	6
任德源	男子组		中量级	200 公斤（85+115）	3

11.山东省第十一届运动会

1978年10月4日至10日，山东省第十一届运动会在济南举行。大会设田径、游泳、体操、足球、篮球、排球、乒乓球、武术、举重、射击、中国象棋等11个竞赛项目，全省各地、市、五大企业、省级机关、大学联等19个代表团参加。泰安地区代表团参加田径、篮球、排球、乒乓球、体操、举重、武术、射击、中国象棋等9个项目的比赛。获田径普通组团体第九名、少年组团体第五名；体操男子少年组团体、女子少年组团体、男子儿童组团体均获第四名，女子儿童组团体获第六名；女子排球队获第六名；乒乓球获男子团体第十五名，女子团体获第十七名；射击获团体总分第十五名；举重获团体总分第三名；武术获团体总分第十三名。举重1人2次破1项省最高纪录，4人15次打破9项省少年纪录。以8枚金牌、5枚银牌、2枚铜牌列全省金牌榜第九位，以1066.4分列总分全省第四位（非正式统计）。

山东省第十一届运动会泰安代表团进入录取名次运动员成绩表

表 6-15

姓名	组别	项目		成绩	名次
张桂远	男子普通组	田径	100 米	11.3	5
韩荣道	男子普通组		800 米	1:56.8	2
韩荣道	男子普通组		1500 米	4:1.4	1
曾庆喜	男子普通组		3000 米障碍	10:9.7	4
张平凯	男子普通组		链球	50.72 米	3
王嵊海	男子普通组		十项全能	5006 分	4
房爱英	女子普通组		1500 米	4:49	4
房爱英	女子普通组		3000 米	10:49.4	4

续表 6–15

姓　名	组　别	项　目		成　绩	名　次
王岳霞	女子普通组	田径	400 米栏	1∶9.4	5
王文莉	女子普通组		跳远	5.05 米	6
于学芹	女子普通组		标枪	39.66 米	5
于学芹	女子普通组		手榴弹	53.82 米	5
徐华阳	男子少年组		200 米	23.5	1
徐华阳	男子少年组		400 米	52.6	1
刘福田	男子少年组		3000 米	8∶57.5	1
刘福田	男子少年组		5000 米	15∶43.8	1
牛家奎	男子少年组		5000 米	15∶57.9	2
马　斌	男子少年组		铅球	11.90 米	4
王素强	男子少年组		铁饼	34.60 米	6
游春栋	男子少年组	五项全能		2251 分	4
李　磊	男子少年组	体操	自由体操	15.9 分	5
李　磊	男子少年组		吊环	16.4 分	6
王成波	男子少年组		跳马	15.9 分	5
张　栋	男子儿童组		自由体操	17.15 分	1
张　栋	男子儿童组		中单杠	15.7 分	6
张　栋	男子儿童组		跳马	16.95 分	2
秦　军	男子成年组	举重	52 公斤级	157.5 公斤（70+87.5）	3
赵　明	男子成年组		56 公斤级	217.5 公斤（※100+117.5）	1
郑清鸽	男子成年组		60 公斤级	155 公斤（70+85）	6
付少勇	男子成年组		67.5 公斤级	△ 245 公斤（△ 110+ △ 135）	2
任德源	男子成年组		75 公斤级	192.5 公斤（85+107.5）	4
石先洪	男子青少年组		52 公斤级	△ 135 公斤（△ 65+ △ 70）	4
靖永平	男子青少年组		52 公斤级	△ 132.5 公斤（57.5+ △ 75）	5
周小春	男子青少年组		56 公斤级	167.5 公斤（70+ △ 97.5）	1
陈　勇	男子青少年组		60 公斤级	170 公斤（70+100）	4
王平利	男子青少年组		67.5 公斤级	185 公斤（82.5+102.5）	4
刘合义	成年组	中国象棋			2

12.山东省第十二届运动会

1982年9月17日至21日，山东省第十二届运动会在济南举行。大会设田径、游泳、体操、举重、武术、篮球、排球、足球、乒乓球、射击10个竞赛项目，13个市地及5大企业共18个代表团2700多名运动员参赛。泰安地区代表团除游泳外，217名运动员参加田径、体操、举重、武术、篮球、排球、足球、乒乓球、射击等9个大项的角逐。田径获男子团体第五名；男子足球获第八名；男子篮球获第四名；男子排球获第八名，女子排球获第六名；乒乓球获男子普通组团体第十三名、女子普通组团体第十一名、男子少年组团体第十一名；体操获男子团体第五名、女子团体第六名；武术团体男女均获总分第十二名；射击获成年组团体第三名、少年组团体第三名；举重获团体总分第一名，并打破1项全国纪录、19项省纪录。以7金6银11铜金牌数列全省第七位，以822.54分总分列全省第五位（非正式统计）。

本届运动会首次设立精神文明奖，组委会开展评选社会主义精神文明先进个人和先进集体活动。泰安代表团被大会评为“精神文明先进集体”。

泰安专区行政公署于1982年12月18日组织召开表彰大会，对参加十二届省运会的有功单位和个人进行表彰。

山东省第十二届运动会泰安代表团进入录取名次运动员成绩表

表 6-16

姓　名	组　别	项　目		成　绩	名　次
韩荣道	男子组	田径	1500 米	4:4.9	3
韩荣道	男子组		3000 米障碍	9:44.3	5
徐华阳	男子组		400 米栏	53.5	1
	男子组		4×400 米接力	3:27.1	3
李劲松	男子组		跳高	1.95 米	4
王成民	男子组		撑杆跳高	3.60 米	4
马　斌	男子组		铅球	13.23 米	6
王步华	男子组		20 公里竞走	1:50:29	3
米寿悦	男子组		链球	51.60 米	2
孙　波	男子组		十项全能	5927 分	5
巩　杰	男子少年组	体操	自由体操	18.15 分	2
李仲录	男子少年组		鞍马	17.70 分	6
万会华	女子少年组		个人全能	69.10 分	6
万会华	女子少年组		自由体操	18.40 分	4
徐西美	女子少年组		自由体操	17.40 分	6
李士军	男子成年组	举重	52 公斤级	167.5 公斤（75+92.5）	3
赵　明	男子成年组		56 公斤级	212.5 公斤（97.5+115）	1
韩　琪	男子成年组		56 公斤级	162.5 公斤（72.5+90）	4
付少勇	男子成年组		60 公斤级	200 公斤（90+110）	2

续表 6–16

姓　名	组　别	项　目		成　绩	名　次
李吉良	男子成年组	举重	60 公斤级	172.5 公斤（77.5+95）	3
王保文	男子成年组		67.5 公斤级	222.5 公斤（97.5+125）	5
陈建忠	男子成年组		75 公斤级	182.5 公斤（80+102.5）	6
尚延庆	男子成年组		82.5 公斤级	175 公斤（80+95）	4
孙云峰	男子成年组		90 公斤级	225 公斤（105+120）	3
刘　强	男子少年组		48 公斤级	△ 160 公斤（70+90）	1
李山伟	男子少年组		48 公斤级	△ 145 公斤（65+80）	3
韩洪臣	男子少年组		52 公斤级	△ 192.5 公斤（85+107.5）	1
郭　文	男子少年组		56 公斤级	165 公斤（75+90）	3
罗振国	男子少年组		60 公斤级	212.5 公斤（92.5+120）	1
阴法磊	男子少年组		60 公斤级	162.5 公斤（70+92.5）	5
张云忠	男子少年组		67.5 公斤级	212.5 公斤（92.5+120）	4
鹿　伟	男子少年组		75 公斤级	209.5 公斤（82.5+127）	6
段力峰	男子少年组		82.5 公斤级	212.5 公斤（87.5+125）	2
李炳军	男子少年组		90 公斤级	△ 265 公斤（120+145）	1
修正辉	成年组	射击	男子小口径自选步枪 60 发卧射	579 环	5
修正辉	成年组		男子自选小口径步枪 3×40	1101 环	4
修正辉	成年组		男子气步枪 60 发	549 环	3
吕永平	成年组		男子小口径自选手枪 60 发慢射	528 环	2
王红梅	成年组		女子小口径标准步枪 60 发	577 环	5
王红梅	成年组		女子小口径标准步枪 3×20	549 环	5
王桂芝	成年组		女子标准手枪慢加速	556 环	6
刘　群	少年组		男子少年气步枪 40 发	361 环	2
段爱霞	少年组		女子小口径运动步枪 30 发卧射	276 环	3
刘传梅	少年组		女子气步枪 40 发	360 环	1
段爱霞	少年组		女子气步枪 40 发	352 环	3

13.山东省第十三届运动会

山东省第十三届运动会于1986年5月开始，在全省各地进行预赛，决赛于10月1日至7日在青岛举行。全省14个市地和胜利油田、齐鲁石化总公司、济南铁路局、莱芜钢铁厂、大学联等19个单位的4591名运动员参赛。大会设田径、游泳、体操、举重、摔跤、柔道、射击、射箭、帆板、篮球、排球、足球、手球、乒乓球、羽毛球、垒球、武术、摩托车、自行车、无线电测向、航海模型、航空模型、潜水、击剑、桥牌、中国象棋、国际象棋、围棋等28个大项。泰安市体育代表团270名运动员参加田径、体操、举重、摔跤、射击、射箭、篮球、排球、乒乓球、武术、中国象棋、围棋和桥牌等14个项目18个队的比赛。获七个单项奖杯，举重获少年组团体总分第一名、成年组团体总分第二名；体操获男子组团体总分第三名；田径获男子少年组团体总分第四名；桥牌获团体总分第六名；射击获成年组团体总分第六名；武术获女子少年组团体总分第六名。一人打破三项全国最高纪录，一人打破一项省最高纪录，五人打破十二项省少年纪录，两人达到运动健将成绩标准。以38枚金牌（含破纪录金牌）、27枚银牌、18枚铜牌、总分711.5分，分列全省金牌榜和总分榜第四位，完成了市委、市政府提出的“保五争四”的目标任务，提前实现了市委、市政府提出的全市体育“三年初见成效，五年达到全省第一流水平”的奋斗目标。

1986年10月14日下午，市委、市政府在市体育馆召开欢迎大会，隆重欢迎省十三届运动会上载誉归来的体育健儿，市领导周兴礼、赵祉善、李润生、杨庆蔚、张梅林参加欢迎大会。市领导对泰安体育代表团以优异成绩取得全省第四名的历史最好成绩给予高度评价。

1986年12月20日，市委、市政府在市委礼堂举行表彰大会，隆重表彰十三届省运会上做出贡献的有功单位和个人。市各大班子领导出席会议，各县（市、区）、矿务局、市直有关部门负责人参加会议。副市长杨庆蔚主持会议。市体委副主任由昌菁作泰安体育代表团参加十三届省运会的情况汇报，市委副书记周兴礼在表彰大会上讲话，高度评价市体育健儿在省十三届运动会取得的好成绩，赞誉他们实现了市委、市政府赛前提出的“保五争四”的奋斗目标，使全市体育历史性跨入全省第一流行列，为家乡父老争了荣誉。

山东省第十三届运动会泰安代表团进入录取名次运动员成绩表

表 6-17

姓　名	组　别	项　目		成　绩	名　次
刘长勇	男子成年组	田径	5000 米	14:26	5
刘长勇	男子成年组		10000 米	30:18.9	5
徐华阳	男子成年组		400 米栏	52.4	2
薛险峰	男子成年组		20 公里竞走（公路）	1:35:37	2
朱勇军	男子成年组		20 公里竞走（公路）	1:40:46	3
宋　健	男子成年组		跳高	2.00 米	4
孙　波	男子成年组		十项全能	6456 分	3
王成民	男子成年组		撑杆跳高	4.45 米	5
母荣春	男子少年组		100 米	11.2	5
母荣春	男子少年组		200 米	23.4	5

续表 6-17

姓 名	组 别	项 目		成 绩	名 次
王玉山	男子少年组	田径	400 米	52.7	5
孔令雨	男子少年组		800 米	1:57.8	1
赵玉勇	男子少年组		800 米	2:0.1	5
王玉山	男子少年组		800 米	2:0.2	6
孔令雨	男子少年组		1500 米	3:59.6	1
赵玉勇	男子少年组		1500 米	4:4	5
孙大伟	男子少年组		400 米栏	59.8	5
李明才	男子少年组		10000 米竞走	44:33	3
	男子少年组		4×100 米接力	45.1	6
	男子少年组		4×400 米接力	3:32.6	3
翟国涛	男子少年组		铅球	14.66 米	4
林宪义	男子少年组		铁饼	47.28 米	4
张 勇	男子少年组		铁饼	46.84 米	6
李秀霞	女子成年组		5000 米	16:31.4	3
温衍敏	女子成年组		5000 米	16:42.8	4
吕荣花	女子成年组		10000 米	37:55.7	5
宁 伟	女子成年组		10 公里竞走	52:44	4
章育新	女子成年组		铁饼	43.34 米	5
陈广菊	女子少年组		800 米	2:13.7	2
陈广菊	女子少年组		1500 米	4:32.7	6
吴 美	女子少年组		3000 米	9:55.4	5
孙秀荣	女子少年组		标枪	55.70 米	1
訾建华	女子少年组		五项全能	3060 分	3
白少河	男子少年组	举重	48 公斤级	177.5 公斤（80+97.5）	1
胡 卫	男子少年组		56 公斤级	225 公斤（97.5+127.5）	1
刘学祥	男子少年组		56 公斤级	192.5 公斤（85+107.5）	4
张永革	男子少年组		60 公斤级	227.5 公斤（97.5+130）	1
张 伟	男子少年组		75 公斤级	255 公斤（117.5+137.5）	1
赵丰东	男子少年组		90 公斤级	292.5 公斤（135+157.5）	1
吴兆生	男子少年组		90 公斤级	245 公斤（105+140）	2
陈 彬	男子少年组		100 公斤级	242.5 公斤（107.5+135）	1

续表 6–17

姓　名	组　别	项　目		成　绩	名　次
刘　强	男子成年组	举重	56 公斤级	230 公斤（100+130）	1
赵　明	男子成年组		56 公斤级	220 公斤（95+125）	2
马志红	男子成年组		67.5 公斤级	242.5 公斤（110+132.5）	5
阴法磊	男子成年组		75 公斤级	267.5 公斤（122.5+145）	4
李炳军	男子成年组		82.5 公斤级	342.5 公斤（155+187.5）	1
孔令军	男子成年组		82.5 公斤级	280 公斤（125+155）	2
段力峰	男子成年组		90 公斤级	322.5 公斤（140+182.5）	2
杜庆亮	男子成年组		100 公斤级	245 公斤（120+125）	5
刘庆兰	女子少年组	武术	短器械	8.70 分	4
刘庆兰	女子少年组		传统拳术	8.73 分	4
刘庆兰	女子少年组		长器械	8.73 分	5
刘庆兰	女子少年组		传统器械	8.52 分	2
沈　剑	男子乙组	体操	个人全能	112.20 分	1
崔希堂	男子乙组		个人全能	102.50 分	3
徐勤朋	男子乙组		个人全能	99.15 分	4
董　振	男子乙组		个人全能	94.70 分	6
万会华	女子甲组		个人全能	65.90 分	6
张　霞	女子乙组		个人全能	75.60 分	2
董和新	女子乙组		个人全能	73.65 分	3
沈　剑	男子乙组		自由体操	19.100 分	1
崔希堂	男子乙组		自由体操	18.725 分	2
高　明	男子乙组		自由体操	16.800 分	4
董　振	男子乙组		自由体操	16.750 分	5
沈　剑	男子乙组		山羊	19.075 分	2
董　振	男子乙组		山羊	18.350 分	3
徐勤朋	男子乙组		山羊	18.100 分	5
沈　剑	男子乙组		吊环	18.575 分	1
崔希堂	男子乙组		吊环	17.475 分	2
徐勤朋	男子乙组		吊环	17.300 分	4
马光勇	男子乙组		吊环	16.800 分	5
沈　剑	男子乙组		跳马	18.975 分	1

续表 6–17

姓　名	组　别	项　目		成　绩	名　次
崔希堂	男子乙组	体操	跳马	18.225 分	3
徐勤朋	男子乙组		跳马	17.050 分	6
沈　剑	男子乙组		双杠	18.425 分	1
高　明	男子乙组		双杠	16.300 分	4
徐勤朋	男子乙组		双杠	14.725 分	7
沈　剑	男子乙组		单杠	19.150 分	1
崔希堂	男子乙组		单杠	18.025 分	3
徐勤朋	男子乙组		单杠	17.475 分	4
马光勇	男子乙组		单杠	17.425 分	5
董　振	男子乙组		单杠	16.200 分	6
高　明	男子乙组		单杠	13.675 分	8
张　霞	女子乙组		跳马	18.125 分	1
董和新	女子乙组		跳马	18.125 分	2
张　霞	女子乙组		高低杠	19.475 分	1
董和新	女子乙组		高低杠	18.500 分	3
马东霞	女子乙组		高低杠	18.000 分	5
张　霞	女子乙组		平衡木	18.900 分	2
董和新	女子乙组		平衡木	18.050 分	4
张　霞	女子乙组		自由体操	19.250 分	1
董和新	女子乙组		自由体操	18.350 分	4
马东霞	女子乙组		自由体操	16.725 分	8
巩　杰	男子甲组		双杠	18.425 分	4
巩　杰	男子甲组		单杠	10.850 分	8
万会华	女子甲组		跳马	16.850 分	6
万会华	女子甲组		高低杠	16.550 分	5
万会华	女子甲组		平衡木	15.950 分	7
万会华	女子甲组		自由体操	16.900 分	6
杜广印	男子组	中国跤	52 公斤级	—	3
王振民	男子组		74 公斤级	—	5
张延文	男子组		100 公斤以上级	—	1
修振辉	男子成年组	射击	3×40	1206 环	5

续表 6-17

姓　名	组　别	项　目		成　绩	名　次
修振辉	男子成年组	射击	气步枪	664 环	2
段文强	男子成年组		气手枪	659 环	2
张振军	男子成年组		气手枪	647 环	4
	男子少年组		30 发卧射团体	866 环	2
	男子少年组		气步枪 40 发团体	1046 环	3
左　超	男子少年组		气步枪 40 发个人	450 环	2
沈爱军	男子少年组		男子自选手枪 60 发速射	660 环	3
孙宇文	男子少年组		男子自选手枪 60 发速射	641 环	4
柏　岩	男子少年组		男子自选手枪 60 发速射	589 环	6
王红梅	女子成年组		3×20	654 环	4
王金凤	女子成年组		标准手枪	684 环	3
程冬玲	女子少年组		30 发卧射个人	383 环	5
王红梅	女子成年组		小口径标准步枪 60 发卧射	680 环	6
石　磊	男子组	射箭	个人全能	2252 环	6
石　磊	男子组		90 米	481 环	6
石　磊	男子组		70 米	562 环	4
张明月	女子组		个人全能	2467 环	4
张明月	女子组		70 米	610 环	2
张明月	女子组		60 米	622 环	4
张明月	女子组		50 米	582 环	5
张明月	女子组		30 米	653 环	5

14.山东省第十四届运动会

山东省第十四届运动会于1988年4月25日至6月12日在济南举行，全省15个市地和四大企业的19个代表团参加。竞赛设田径、游泳、举重、武术、射击、射箭、摔跤、柔道、体操、公路自行车、篮球、排球、足球、乒乓球、羽毛球共15个项目。泰安市228名男女运动员参加田径、举重、武术、射击、摔跤、柔道、体操、篮球、排球、足球、乒乓球11个项目、217个单项比赛。获得男子体操、男子举重、中国式摔跤三个单项团体冠军，两个单项团体第二名，一个单项团体第三名，二个单项团体第四名，二个单项团体第五名，三个单项团体第六名。女篮第五名，男篮第六名。有二人超四项世界纪录；一人破一项全国少年纪录；六人破八项全省最高纪录；三人破七项全省青少年纪录。泰安市代表团以35枚金牌、30枚银牌、21枚铜牌，总分840分，在金牌榜、奖牌榜、总分榜上均位列全省第三。创造泰安参加历届省运会最好成绩，完成了市委、市政府交给的“保四创优”的任务目标。泰安市女子举重队、中国式摔跤队荣获“体育道德风尚奖”。泰安市体育代表团被评为精神文明代表团，荣获“体育道德风尚奖”，取得体育成绩和精神文明双丰收。

1988年4月，泰安市体育代表团参加第十四届省运会开幕式入场仪式。（韩惠武提供）

1988年6月12日晚八时，在十四届省运会即将落下帷幕时，泰安体育代表团收到市委、市政府发来的贺电。6月13日上午，市长王建功等市政府领导莅临体委看望凯旋而归的运动员，高度赞扬运动员不畏艰难，勇于拼搏的精神。表示要在资金、场地、设施上继续大力支持体育事业发展，争取在下一届省运会上有新的突破。

1988年8月15日，市委、市政府在市委礼堂隆重举行泰安市参加省十四届运动会表彰大会。市委、市纪委、市人大、市政府及军分区领导王建功、周兴礼、贾崇瑞、许希亮、杨庆蔚、曹明伦等和省体院、省体校及市区有关部门的负责人出席表彰大会。会议由副市长杨庆蔚主持，市体委主任由昌菁汇报泰安市参加省十四届运动会的情况。市委副书记、市长王建功代表市委、市政府讲话，高度赞扬泰安市体育代表团在省运会上取得的可喜成绩，实现了泰安市竞技体育的历史性突破，为全市人民争得了荣誉。号召全市体育工作者发扬成绩，再接再厉，为发展泰安市体育事业做出新的更大的贡献。

山东省第十四届运动会泰安代表团进入录取名次运动员成绩表

表6-18

姓　名	组　别	项　目		成　绩	名　次
母荣春	男子少年甲组	田径	100米	11.1	5
母荣春	男子少年甲组		200米	22.8	5
母荣春	男子少年甲组		400米	51.3	4
孔令雨	男子少年甲组		800米	1:55.3	2
王玉山	男子少年甲组		800米	1:57.	6
孔令雨	男子少年甲组		1500米	4:1.5	2
孔令雨	男子少年甲组		5000米	15:6.4	1
	男子少年甲组		4×400米接力	3:27.4	3
翟国涛	男子少年甲组		铅球	14.52米	2
王玉安	男子少年甲组		铅球	12.77米	6
张　勇	男子少年甲组		铁饼	43.44米	1
翟国涛	男子少年甲组		链球	50.60米	1
安慕峰	男子少年甲组		链球	47.4米	2
王玉安	男子少年甲组		链球	32.22米	4
李明才	男子少年甲组		10000米竞走	43:42.1	1

续表 6-18

姓　名	组　别	项　目		成　绩	名　次
李明才	男子少年甲组	田径	5000 米竞走	20:17.8	1
张化德	男子少年甲组		5000 米竞走	21:46.4	3
谢　芳	女子少年甲组		400 米	54.7	1
谢　芳	女子少年甲组		800 米	2:6.7	1
谢　芳	女子少年甲组		1500 米	4:22.7	1
薛爱玉	女子少年甲组		标枪（600 克）	40.50 米	4
宁　伟	女子少年甲组		3000 米竞走	13:49.4	3
李红军	男子少年乙组		100 米	11.3	6
蔡长清	男子少年乙组		400 米	50.9	5
张庆利	男子少年乙组		1500 米	3:58.3	4
张庆利	男子少年乙组		3000 米	8:40.5	5
李同奎	男子少年乙组		3000 米竞走	13:21.6	4
李同奎	男子少年乙组		5000 米竞走	22:55	4
	男子少年乙组		4×100 米接力	46.00	3
代金国	男子少年乙组		铁饼（1.5 公斤）	52.94 米	2
吴　美	女子少年乙组		1500 米	4:30.9	3
梁华丽	女子少年乙组		100 米栏	15.5	5
王秀清	女子少年乙组		三项全能	1857 分	5
苏　娟	女子少年乙组		3000 米竞走	14:9.3	3
	女子少年乙组		4×100 米接力	52.6	6
王秀清	女子少年乙组		跳高	1.68 米	4
梁华丽	女子少年乙组		跳远	5.79 米	2
杜建文	女子少年乙组		铅球（4 公斤）	12.87 米	3
王　芳	女子少年乙组		标枪（600 克）	45.50 米	2
翟立强	男子组	举重	48 公斤级	157.5 公斤（72.5+85）	6
邹步峰	男子组		52 公斤级	187.5 公斤（92.5+95）	1
白少河	男子组		56 公斤级	217.5 公斤（100+117.5）	1
胡　卫	男子组		56 公斤级	210 公斤（90+120）	2
刘　敏	男子组		60 公斤级	235 公斤（102.5+132.5）	2
赵丰东	男子组		110 公斤级	△ 305 公斤（△ 140+165）	1
潘林晓	男子组		110 公斤级	260 公斤（△ 112.5+147.5）	2
陈　彬	男子组		110 公斤以上级	300 公斤（135+165）	1
毕雪梅	女子组		44 公斤级	120 公斤（52.5+67.5）	1

续表 6-18

姓　名	组　别	项　目		成　绩	名　次
芦　萍	女子组	举重	48 公斤级	140 公斤（62.5+77.5）	1
魏　霞	女子组		48 公斤级	132.5 公斤（60+72.5）	2
魏建华	女子组		52 公斤级	△ 170 公斤（△ 77.5+92.5）	1
孟宪珍	女子组		56 公斤级	155 公斤（70+85）	1
韩鲁娜	女子组		67.5 公斤级	180 公斤（75+105）	1
王根英	女子组		75 公斤级	197.5 公斤（90+107.5）	1
高小林	女子组		82.5 公斤级	160 公斤（70+90）	1
	男子甲组	射击	小口径自选步枪 60 发卧射团体	1726 环	6
左　超	男子甲组		小口径自选步枪 60 发卧射个人	683 环	4
	男子甲组		小口径自选步枪 3×40 团体	3254 环	5
左　超	男子甲组		小口径自选步枪 3×40 个人	1190 环	5
	男子甲组		气步枪 60 发团体	1620 环	6
	男子甲组		自选手枪慢射团体	1534 环	5
严　林	男子甲组		自选手枪速射	673 环	3
	男子甲组		气手枪 60 发团体	1641 环	4
王　斌	男子甲组		50 米移动靶（标准速）60 发	639 环	4
	女子甲组		小口径标准步枪 60 发卧射团体	1729 环	4
程冬玲	女子甲组		小口径标准步枪 60 发卧射个人	681 环	5
赵彤彤	女子甲组		小口径标准步枪 60 发卧射个人	679 环	6
	女子甲组		小口径步枪 3×20 团体	1621 环	4
	女子甲组		气步枪 40 发团体	1044 环	6
	女子甲组		小口径手枪 60 发团体	1668 环	4
	女子甲组		气手枪 40 发团体	1047 环	2
谭晓蕾	女子甲组		气手枪 40 发个人	449 环	6
	男子乙组		小口径运动步枪 30 发卧射团体	859 环	4
	男子乙组		小口径步枪 3×30 团体	798 环	3
邱　忠	男子乙组		小口径步枪 3×10 个人	360 环	3
	男子乙组		气步枪 40 发团体	1058 环	6

续表 6-18

姓 名	组 别	项 目		成 绩	名 次
	女子乙组	射击	30 发卧射团体	851 环	6
刘庆兰	女少甲组	武术	全能	52.86 分	2
刘庆兰	女少甲组		规定拳	8.83 分	2
刘庆兰	女少甲组		自选拳	8.93 分	4
刘庆兰	女少甲组		短器械	8.76 分	3
刘庆兰	女少甲组		长器械	9.10 分	1
刘庆兰	女少甲组		传统器械	8.91 分	1
刘 健	男子组	自由式摔跤 57 公斤级		—	1
张元海	男子组	中国式摔跤	48 公斤级	—	2
许 勇	男子组		52 公斤级	—	2
张 平	男子组		57 公斤级	—	3
王存新	男子组		62 公斤级	—	1
韩灿国	男子组		68 公斤级	—	4
张兴华	男子组		74 公斤级	—	6
王振民	男子组		82 公斤级	—	1
徐银海	男子组		90 公斤级	—	1
孙庆路	男子组	古典式摔跤	48 公斤级	—	3
张中华	男子组		52 公斤级	—	2
孔令成	男子组		68 公斤级	—	2
陈 颜	男子组		74 公斤级	—	3
亓成华	男子组		74 公斤级	—	6
邢根东	男子组	柔道	60 公斤级	—	2
臧 静	男子组		78 公斤级	—	2
武 生	男子组		86 公斤级	—	2
郭继平	男子组		95 公斤级	—	3
李秀梅	女子组		66 公斤级	—	1
魏 丽	女子组		56 公斤级	—	3
李冬梅	女子组		+72 公斤级	—	3
张 丽	女子组		48 公斤级	—	4
苏 华	女子组		52 公斤级	—	4
曲新萍	女子组		61 公斤级	—	6
沈 剑	男子一级组	体操	全能	94.65 分	2
崔希堂	男子一级组		全能	86.65 分	3
张 霞	女子一级组		全能	75.50 分	1

续表 6-18

姓 名	组 别	项 目		成 绩	名 次
董和新	女子一级组	体操	全能	70.75 分	3
沈 剑	男子一级组		自由体操	16.35 分	1
崔希堂	男子一级组		自由体操	15.925 分	2
沈 剑	男子一级组		山羊鞍马	15.275 分	2
崔希亮	男子一级组		山羊鞍马	14.10 分	3
董 振	男子二级组		山羊鞍马	18.35 分	5
沈 剑	男子一级组		吊环	13.10 分	1
崔希亮	男子一级组		吊环	12.825 分	2
沈 剑	男子一级组		跳马	17.125 分	1
沈 剑	男子一级组		双杠	10.75 分	2
董 振	男子二级组		双杠	17.00 分	6
沈 剑	男子一级组		单杠	17.025 分	2
崔希堂	男子一级组		单杠	13.175 分	3
董 振	男子二级组		单杠	18.275 分	6
张 霞	女子一级组		跳马	18.825 分	1
董和新	女子一级组		跳马	18.275 分	2
张 霞	女子一级组		高低杠	19.30 分	1
董和新	女子一级组		高低杠	18.375 分	2
张 霞	女子一级组		平衡木	18.875 分	1
张 霞	女子一级组		自由体操	19.15 分	1
董和新	女子一级组		自由体操	18.45 分	2

15.山东省第十五届运动会

山东省第十五届运动会于1990年9月在济南举行，本届运动会以行业为单位组队比赛，不以地市代表队组团。参加比赛的是全省各行业职工，不设青少年比赛。

16.山东省第十六届运动会

山东省第十六届运动会于1992年9月20日至26日在淄博市举行。全省16个市地4000余名运动员参加。比赛共设田径、游泳、蹼泳、举重、射击、摔跤、柔道、拳击、排球、篮球、足球、乒乓球、羽毛球、武术、射箭、体操、皮划艇、赛艇、无线电测向和自行车20个大项，金牌404枚、总分8888分。除开幕式后进行田径、摔跤、柔道、拳击4个项目的比赛外，其他项目于开幕式前先期进行决赛。

1992年1月23日，市政府召开备战省十六届运动会动员大会。副市长杨庆蔚作动员讲话。1月28日，泰安市政府成立迎接省十六届运动会领导小组，组长杨庆蔚，副组长陈清柱、刘长芳、由昌菁、张振宗、陈忠岚，领导小组下设办公室，赵新诚兼办公室主任。同月，市体委成立备战省十六届运动会办公室，主任赵新诚，副主任穆孝刚、韩惠武、范维琪、石柱清、王允山、任广中。

根据规程总则规定，每个代表团参赛项目限报15项。泰安体育代表团共有278名男女运动员参加体操、举重、田径、射击、柔道、摔跤、皮划艇、赛艇、拳击、射箭、武术、乒乓球、篮球、排球15个项目的比赛。体操、举重共获得五项团体总分第一名，柔道、射箭分别获得团体总分第三名、第四名；田径、篮球、武术、乒乓球共获得六项团体总分第六名；9人打破14项省最高纪录，一人超两项亚洲纪录。共夺得金牌45枚（含破纪录金牌8枚）、银牌27枚、铜牌30枚；总分652分，金牌总数和总分均位列全省第五位。举重队和柔道队荣获体育道德风尚奖。泰安市代表团获“体育道德风尚奖”，被大会评为先进代表团。取得了体育成绩和精神文明双丰收，为全市人民争得了荣誉。

市委、市政府于1992年12月4日在泰安市委礼堂召开表彰大会，市体委主任由昌菁作参加省十六届运动会情况汇报。大会对在省十六届运动会上做出贡献的个人和单位进行表彰，副市长杨庆蔚在表彰大会上讲话，称赞市体育代表团在省十六届运动会上不负重托，赛出了水平、赛出了风格，以优异成绩和良好的风貌为我市争得了荣誉。

山东省第十六届运动会泰安代表团进入录取名次运动员成绩表

表 6-19

姓　名	组　别	项　目		成　绩	名　次
崔家荣	男子甲组	田径	800 米	1:53.3	2
张庆利	男子甲组		1500 米	3:52.1	3
崔家荣	男子甲组		1500 米	3:57.9	5
张庆利	男子甲组		3000 米障碍	9:3.8	1
王立斌	男子甲组		5000 米竞走	19:18.7	2
李传民	男子甲组		5000 米竞走	20:24.5	5
李传民	男子甲组		10000 米竞走	44:43.2	4
纪荣新	男子甲组		十项全能	※7211 分	1
殷文青	女子甲组		100 米	12.4	4
殷文青	女子甲组		200 米	24.8	2
王道华	女子甲组		1500 米	4:23.4	4
吴　美	女子甲组		10000 米	※33:23.3	6
韩善萍	女子甲组		5000 米竞走	23:4.9	6
吴　美	女子甲组		马拉松	2:37:35	2
王秀清	女子甲组		跳高	1.72 米	3
孙秀荣	女子甲组		标枪	62.10 米	1
王　冬	男子乙组		100 米	11.1	3
王　冬	男子乙组		200 米	22.3	4
屠　强	男子乙组		800 米	1:54.8	2
李正军	男子乙组		10000 米	31:12.3	2
王　刚	男子乙组		110 米栏	14.3	1
王银行	男子乙组		5000 米竞走	20:35.3	3

续表 6-19

姓名	组别	项目		成绩	名次
王银行	男子乙组	田径	10000 米竞走	45:8.8	4
万 滨	男子乙组		跳高	2.03 米	3
谷志强	男子乙组		三级跳远	15.12 米	2
万 滨	男子乙组		三级跳远	14.72 米	5
王善民	男子乙组		链球	46.00 米	5
倪雪玲	女子乙组		100 米	12.2	5
倪雪玲	女子乙组		200 米	24.7	5
张秀芳	女子乙组		1500 米	4:36.1	5
时利敏	女子乙组		3000 米	9:29.0	3
王 美	女子乙组		3000 米	9:44.9	5
时利敏	女子乙组		5000 米	16:53.6	3
王 美	女子乙组		5000 米	17:16.3	5
李 虹	女子乙组		3000 米竞走	12:54.5	3
张 辉	女子乙组		铁饼	43.74 米	5
王 兰	女子乙组		标枪	39.24 米	6
辛雷、吕军、杨波	男子组	射箭	双轮团体	6087 分	6
韩冰、高文菊、王洁	女子组		双轮团体	7007 分	4
王金凤	女子甲组	射击	运动手枪 30+30	682 环	2
王金凤	女子甲组		气手枪 40 发	466 环	4
严 林	男子甲组		手枪速射	887 环（超亚洲纪录）	1
严 林	男子甲组		手枪速射	※594 环	
刘中生	男子甲组		手枪速射	825 环	3
马德龙	男子甲组		手枪速射	684 环	5
屈建国	男子乙组		自选步枪 60 发卧射	673 环	6
李景斌	男子乙组		手枪速射 60 发	713 环	5
王 宁	男子乙组		手枪慢射 60 发	609 环	6
	男子乙组		自选步枪 60 发卧射团体	1713 环	5
	男子乙组		气手枪 60 发团体	1621 环	5
	男子乙组		气步枪 60 发团体	1621 环	6
	女子乙组		气手枪 40 发团体	1073 环	4
	女子乙组		运动手枪 30+30 团体	1628 环	5

续表 6-19

姓名	组别	项目		成绩	名次
朱玉莲	女子组	赛艇	轻量级一千米	3:53.15	3
朱玉莲	女子组		轻量级二千米	10:1.13	6
魏　刚	男子组		一千米 K1	4:8.99	2
魏　刚	男子组		五百米 K1	1:55.9	5
张传爱	女子组	举重	44 公斤级	142.5 公斤（60+※82.5）	1
董　晶	女子组		48 公斤级	165 公斤（75+90）	3
徐爱兰	女子组		52 公斤级	※185 公斤（※82.5+※102.5）	1
张春荣	女子组		52 公斤级	※182.5 公斤（80+※102.5）	2
史心燕	女子组		52 公斤级	155 公斤（65+90）	8
李　敏	女子组		56 公斤级	197.5 公斤（87.5+110）	2
鹿　云	女子组		67.5 公斤级	217.5 公斤（92.5+125）	2
王根英	女子组		75 公斤级	※240 公斤（105+135）	3
梁京芳	女子组		82.5+ 公斤级	235 公斤（100+135）	5
谷体春	男子乙组		52 公斤级	210 公斤（95+115）	1
刘炳杰	男子乙组		60 公斤级	222.5 公斤（102.5+120）	4
王洪国	男子乙组		67.5 公斤级	245 公斤（110+135）	5
董纪存	男子乙组		75 公斤级	277.5 公斤（120+157.5）	1
赵　军	男子乙组		82.5 公斤级	292.5 公斤（130+162.5）	1
李圣刚	男子乙组		90 公斤级	290 公斤（125+165）	1
赵　敏	男子乙组		90 公斤级	237.5 公斤（115+122.5）	4
魏连军	男子乙组		110 公斤级	275 公斤（120+155）	2
安　波	男子甲组		52 公斤级	242.5 公斤（107.5+135）	1
赵燕龙	男子甲组		52 公斤级	230 公斤（100+130）	3
闫仲军	男子甲组		60 公斤级	※272.5 公斤（※122.5+※150）	1
周延涛	男子甲组		82.5 公斤级	332.5 公斤（150+182.5）	1
张明星	男子甲组		90 公斤级	347.5 公斤（150+197.5）	1
陈　彬	男子甲组		110+ 公斤级	※360 公斤（※162.5+※197.5）	2
沈　剑	男子甲组	体操	全能	114.05 分	1
巩　杰	男子甲组		全能	106.35 分	4
徐勤朋	男子甲组		全能	94.90 分	6
沈　剑	男子甲组		自由体操	9.65 分	1

续表 6–19

姓 名	组 别	项 目		成 绩	名 次
巩 杰	男子甲组	体操	自由体操	8.850 分	3
沈 剑	男子甲组		鞍马	9.70 分	1
徐勤朋	男子甲组		鞍马	8.65 分	5
沈 剑	男子甲组		吊环	9.55 分	1
巩 杰	男子甲组		吊环	8.850 分	2
徐勤朋	男子甲组		吊环	7.025 分	6
沈 剑	男子甲组		跳马	9.588 分	1
巩 杰	男子甲组		跳马	8.938 分	2
沈 剑	男子甲组		双杠	9.70 分	1
巩 杰	男子甲组		双杠	9.40 分	2（并列）
沈 剑	男子甲组		单杠	9.85 分	1
巩 杰	男子甲组		单杠	9.425 分	3
徐勤朋	男子甲组		单杠	9.025 分	5
王 丽	女子甲组		全能	71.649 分	3
王 丽	女子甲组		跳马	8.712 分	2
王 丽	女子甲组		高低杠	8.30 分	4
王 丽	女子甲组		平衡木	8.30 分	3
王 丽	女子甲组		自由体操	9.25 分	2
赵 新	女子乙组		全能	73.362 分	1
毕文静	女子乙组		全能	70.099 分	2
毕文静	女子乙组		跳马	9.375 分	1
赵 新	女子乙组		跳马	9.337 分	2
赵 新	女子乙组		高低杠	9.025 分	1
毕文静	女子乙组		高低杠	8.325 分	3
赵 新	女子乙组		平衡木	9.50 分	1
毕文静	女子乙组		平衡木	9.387 分	2
赵 新	女子乙组		自由体操	9.125 分	1（并列）
毕文静	女子乙组		自由体操	8.525 分	4
冯玉玉	男子丙组		全能	108.25 分	1
陈 健	男子丙组		全能	105.30 分	4
王敏强	男子丙组		全能	104.40 分	5
王敏强	男子丙组		自由体操	9.45 分	1（并列）
陈 健	男子丙组		自由体操	9.30 分	3

续表 6-19

姓　名	组　别	项　目		成　绩	名　次
乔新国	男子丙组	体操	自由体操	9.20 分	4
冯玉玉	男子丙组		鞍马	9.585 分	1
乔新国	男子丙组		鞍马	9.50 分	2
王敏强	男子丙组		鞍马	9.485 分	3
陈　健	男子丙组		鞍马	9.15 分	5
冯玉玉	男子丙组		吊环	8.975 分	1
乔新国	男子丙组		吊环	8.775 分	3
王敏强	男子丙组		吊环	8.525 分	4
陈　健	男子丙组		吊环	8.30 分	6
冯玉玉	男子丙组		跳马	9.475 分	1（并列）
王敏强	男子丙组		跳马	8.775 分	3
陈　健	男子丙组		跳马	8.40 分	6
陈　健	男子丙组		双杠	9.575 分	1
冯玉玉	男子丙组		双杠	9.40 分	2
乔新国	男子丙组		双杠	9.00 分	4（并列）
王敏强	男子丙组		双杠	9.00 分	4（并列）
乔新国	男子丙组		单杠	8.50 分	1
冯玉玉	男子丙组		单杠	8.45 分	2
王敏强	男子丙组		单杠	8.10 分	4
陈　健	男子丙组		单杠	7.825 分	6
刘　丽	女子丙组		全能	69.199 分	2
董　燕	女子丙组		全能	68.524 分	3
雷露露	女子丙组		全能	62.587 分	6
刘　丽	女子丙组		跳马	9.50 分	1
雷露露	女子丙组		跳马	9.15 分	4
董　燕	女子丙组		跳马	9.087 分	5
董　燕	女子丙组		高低杠	5.65 分	5
刘　丽	女子丙组		高低杠	5.525 分	6
雷露露	女子丙组		平衡木	9.437 分	2
刘　丽	女子丙组		平衡木	9.20 分	3
韩　萌	女子丙组		平衡木	8.60 分	4
董　燕	女子丙组		平衡木	7.975 分	6
雷露露	女子丙组		自由体操	9.30 分	1（并列）

续表 6-19

姓 名	组 别	项 目		成 绩	名 次
刘 丽	女子丙组	体操	自由体操	9.10 分	3
董 燕	女子丙组		自由体操	8.75 分	4
韩 萌	女子丙组		自由体操	8.675 分	5
齐秀芬 齐 丽	女子乙组	乒乓球双打		—	8
朱绪昌	男子组	拳击 91 公斤级		—	3（并列）
苏 华	女子组	柔道	52 公斤级	—	3
陈得彩	女子组		56 公斤级	—	2
张兰芳	女子组		61 公斤级	—	5
赵文虎	男子组		60 公斤级	—	4
宋洪振	男子组		65 公斤级	—	5
刘建新	男子组		71 公斤级	—	3
毛瑞友	男子组		78 公斤级	—	6
吴兆生	男子组		86 公斤级	—	1
李岱强	男子组		86 公斤级	—	3
许银海	男子组		–95 公斤级	—	1
郭英朴	男子组		–95 公斤级	—	2
亓小青	男子组	自由式摔跤	48 公斤级	—	2
陈德龙	男子组		48 公斤级	—	4
孙 军	男子组		52 公斤级	—	4
杨 明	男子组		82 公斤级	—	4
王玉安	男子组		130 公斤级	—	4

17.山东省第十七届运动会

为备战全运会的需要，省体委将原定于1996年举行的山东省第十七届运动会提前至1994年10月16日至22日在济南市举办。全省17地市4000多名运动员参加。比赛设田径、游泳、举重、体操、射击、摔跤、柔道、拳击、篮球、排球、足球、乒乓球、羽毛球、自行车、武术、射箭、帆板共17个项目。金牌385枚，总分12239分。除开幕式后进行田径、游泳等5个大项的比赛外，其他项目均于开幕式前先期举办。

泰安市委、市政府非常重视省十七届运动会的备战工作。成立以副市长于连荣为组长的泰安市迎接省十七届运动会领导小组，协调有关人员组成筹备办公室，办公室设在市体委。办公室主任任广中。常务副主任穆孝刚，副主任韩惠武、梁京祥、范维琪、蔡吉明。

十七届运动会分预赛和决赛两个阶段，成绩统计分专业组与业余组，两组之和为代表团总成绩。预赛于4月初开始，至7月底结束。泰安在田径、游泳、射击、摔跤、柔道、篮球、排球、足球、乒乓球、射箭、体操、武术、拳击等13个大项上派出237名运动员参加预赛，有130名运动员在11个决赛项目上获得决赛资格。

省十七届运动会决赛于8月10日开始，至10月

22日结束，历时三个多月，泰安市运动员总成绩为金牌58.42枚和总分1414.70分，均列全省第六名。其中业余组金牌25枚、总分824分，分列全省第六名；专业组金牌33.42枚，列第五名，总分590.70分，列第六名。在业余组决赛中，体操和射箭两个项目金牌数分列全省第一。1人1次打破1项省最高纪录。完成了市委、市政府提出的“保住前六名，力争挤进前五名”的任务目标，泰安市代表团获体育道德风尚奖，取得了竞赛成绩与精神文明双丰收。

1995年7月14日，市政府召开全民健身暨全市体育工作会议，副市长于连荣代表市政府讲话。会议印发市政府《关于表彰全民健身活动先进单位和在山东省第十七届运动会上做出贡献的先进单位和个人的决定》。对在第十七届省运会上做出贡献的先进单位和个人进行表彰。

山东省第十七届运动会泰安代表团进入录取名次运动员成绩表

表 6–20

姓　名	组　别	项　目		成　绩	名　次
王银行	男子甲组	田径	5000 米竞走	19∶42.28	2
李　振	男子甲组		5000 米竞走	20∶12.64	3
梁茂刚	男子甲组		5000 米竞走	21∶30.9	7
贾学刚	男子甲组		110 米栏	14.7	5
梁茂刚	男子甲组		10000 米竞走	44∶33.3	4
李　振	男子甲组		10000 米竞走	44∶36.24	5
姜　峰	男子甲组		标枪	62.90 米	4
王建峰	男子甲组		链球	60.66 米	2
贾学刚	男子甲组		七项全能	4772 分	1
陈明瑞	男子乙组		3000 米	8∶59.75	6
尹承林	男子乙组		3000 米	9∶2.60	8
王作友	男子乙组		3000 米竞走	13∶50.85	8
	男子乙组		4×400 米接力	3∶50.88	6
王作友	男子乙组		5000 米竞走	23∶18.86	8
王志勇	男子乙组		跳远	5.94 米	8
孔凡成	男子乙组		铁饼	59.34 米	2
王　峰	男子乙组		标枪	61.86 米	5
王　美	女子甲组		3000 米	9∶48.34	4
时利敏	女子甲组		3000 米	10∶3.92	8
王　美	女子甲组		5000 米	16∶56.1	3
时利敏	女子甲组		5000 米	17∶41.84	4
杨春燕	女子甲组		5000 米竞走	24∶28.84	6
刘　玲	女子甲组		5000 米竞走	26∶49.97	8
杨春燕	女子甲组		10000 米竞走	53∶32.14	8
张建杰	女子乙组		1500 米	4∶27.95	5
单光镯	女子乙组		3000 米竞走	13∶55.91	7

续表 6-20

姓　名	组　别	项　目		成　绩	名　次
张建杰	女子乙组	田径	3000 米	9:34.82	3
徐晓红	女子乙组		3000 米	9:42.32	8
单光镯	女子乙组		5000 米竞走	23:34.43	4
孙　蕊	女子乙组		标枪	45.38 米	5
刘　冰	男子甲组	游泳 50 米蛙泳		36.58	8
马延青	男子甲组	体操	自由体操	9.125 分	5
马延青	男子甲组		吊环	9.200 分	1
国天龙	男子甲组		吊环	8.825 分	5
马延青	男子甲组		单杠	9.125 分	3
马延青	男子甲组		个人全能	108.60 分	1
张晓亮	男子乙组		自由体操	9.550 分	1
查　峰	男子乙组		自由体操	9.300 分	2
牛永萌	男子乙组		自由体操	9.025 分	4
张晓亮	男子乙组		鞍马	9.450 分	1
查　峰	男子乙组		鞍马	9.300 分	2
张晓亮	男子乙组		吊环	9.575 分	1
查　峰	男子乙组		吊环	9.150 分	2
牛永萌	男子乙组		吊环	8.800 分	3
张晓亮	男子乙组		跳马	9.437 分	3
查　峰	男子乙组		跳马	9.062 分	4
牛永萌	男子乙组		跳马	8.950 分	5
张晓亮	男子乙组		双杠	9.600 分	1
查　峰	男子乙组		双杠	9.350 分	2
牛永萌	男子乙组		双杠	8.750 分	5
张晓亮	男子乙组		单杠	9.450 分	1
查　峰	男子乙组		单杠	9.150 分	2
牛永萌	男子乙组		单杠	4.850 分	5
张晓亮	男子乙组		个人全能	114.25 分	1
查　峰	男子乙组		个人全能	110.75 分	2
牛永萌	男子乙组		个人全能	98.80 分	4
王君琳	女子甲组		跳马	8.875 分	5
王君琳	女子甲组		平衡木	9.2750 分	1
苏曼丽	女子甲组		平衡木	9.0000 分	4
苏曼丽	女子甲组		高低杠	9.0500 分	2
王君琳	女子甲组		自由体操	8.8250 分	6

续表 6-20

姓名	组别	项目		成绩	名次
苏曼丽	女子甲组	体操	个人全能	68.50 分	3
李　霞	女子乙组		个人全能	72.90 分	1
高　辉	女子乙组		个人全能	62.35 分	5
刘　燕	女子乙组		个人全能	59.05 分	6
刘　燕	女子乙组		跳马	9.0375 分	3
李　霞	女子乙组		跳马	8.8875 分	5
李　霞	女子乙组		平衡木	9.3500 分	1
高　辉	女子乙组		平衡木	9.0250 分	2
刘　燕	女子乙组		平衡木	8.0500 分	4
李　霞	女子乙组		高低杠	9.1000 分	1
高　辉	女子乙组		高低杠	8.8000 分	2
李　霞	女子乙组		自由体操	9.5500 分	1
刘　霞	女子乙组		自由体操	9.4000 分	2
高　辉	女子乙组		自由体操	9.0000 分	4
韩新文	男子甲组	举重	59 公斤级	165 公斤	5
尹茂广	男子甲组		76 公斤级	190 公斤	3
赵　敏	男子甲组		91 公斤级	200 公斤	6
房　锋	男子甲组		108 公斤级	270 公斤	3
韩爱文	男子乙组		59 公斤级	220 公斤	2
辛成银	男子乙组		70 公斤级	225 公斤	3
李　强	男子乙组		99 公斤级	255 公斤	2
史新燕	女子乙组		64 公斤级	210 公斤	1
张　莲	女子乙组		64 公斤级	160 公斤	4
胡静静	女子乙组		70 公斤级	157.5 公斤	3
李　红	女子乙组		76 公斤级	202.5 公斤	2
陈　云	女子乙组		+83 公斤级	110 公斤	4
范丽娟	女子甲组		50 公斤级	※177.5 公斤	1
辛　雷	男子组	射箭	一对一淘汰赛	100 环	2
辛　雷	男子组		个人全能（单轮）	1261 环	1
高文菊	女子组		一对一淘汰赛	96 环	1
高文菊	女子组		个人全能（单轮）	1209 环	2
赵庆剑	男子甲组	武术	棍术	8.70 分	3
赵异民	男子甲组		剑术	8.60 分	2
陈宝炬	男子甲组		剑术	8.51 分	4
陈德龙	男子甲组	自由式摔跤	50 公斤级	—	1
孙　军	男子甲组		58 公斤级	—	3

续表 6-20

姓　名	组　别	项　目		成　绩	名　次
徐西安	男子甲组	自由式摔跤	63 公斤级	—	1
张　磊	男子甲组		68 公斤级	—	5
沈　伟	男子乙组		43 公斤级	—	1
鹿克征	男子乙组		51 公斤级	—	3
王　华	男子乙组		60 公斤级	—	1
宁　峰	男子甲组	古典式摔跤	63 公斤级	—	3
刘　明	男子甲组		68 公斤级	—	6
李　强	男子甲组		81 公斤级	—	5
李　东	男子甲组		88 公斤级	—	6
刘茂东	男子乙组		40 公斤级	—	2
李　超	男子乙组		40 公斤级	—	3
卜凡立	男子乙组		43 公斤级	—	4
贺　强	男子乙组		47 公斤级	—	4
高　波	男子乙组		51 公斤级	—	4
宁　飞	男子乙组		60 公斤级	—	3
刘衍路	男子乙组		65 公斤级	—	4
李　威	男子乙组		70 公斤级	—	3
徐　鹏	男子甲组	柔道	60 公斤级	—	3
尚　斌	男子甲组		60 公斤级	—	6
赵文虎	男子甲组		65 公斤级	—	1
王　东	男子甲组		71 公斤级	—	4
江晓勇	男子甲组		71 公斤级	—	5
陈　健	男子甲组		86 公斤级	—	5
陈　涛	男子甲组		–95 公斤级	—	4
杨保国	男子乙组		60 公斤级	—	2
谢厚鹏	男子乙组		60 公斤级	—	4
王　猛	男子乙组		65 公斤级	—	2
徐　升	男子乙组		71 公斤级	—	4
刘晓亚	女子甲组		61 公斤级	—	1
许为平	女子甲组		66 公斤级	—	3
许为平	女子甲组		无差别级	—	3
孔亚男	女子乙组		56 公斤级	—	1
郭其风	女子乙组		61 公斤级	—	3
石　涛	男子组	拳击	71 公斤级	—	4
周　荣	男子组		71 公斤级	—	5

18.山东省第十八届运动会

山东省第十八届运动会于1996年10月在枣庄举行，本届运动会以行业为单位组队比赛，不以地市代表队组团。参加比赛的是全省各行业职工，不设青少年组比赛。

19.山东省第十九届运动会

山东省第十九届运动会于1998年10月10日至10月16日在潍坊市举行，是20世纪山东省举办的最后一届大型运动会。大会设田径、游泳、举重、射击、体操、摔跤、柔道、散打、拳击、跆拳道、篮球、排球、沙滩排球、足球、乒乓球、羽毛球、手球、武术、自行车、射箭、赛艇、皮划艇、帆板23个大项，金牌825枚、总分26196分。全省17个市地6000余名运动员参加，比赛分男女甲乙丙6个组别。除开、闭幕式期间进行田径、射击等5个大项的比赛外，其他项目均于10月10日开幕式前先期举行。

市委、市政府非常重视省运会的备战工作，成立市迎接省十九届运动会领导小组，组长李惠东、副组长安顺林、刘连功、由昌菁。市体委党组也将备战省运会工作确定为中心工作，在市领导小组下设立备战办公室，由昌菁兼任主任，任广中任常务副主任。采取分管领导分项包队的领队负责制，把十九届省运会的总任务目标进行分解，责任到人；与训练单位签订目标责任书，领导班子与每名教练员均缴纳风险抵押金。在各训练队伍中实施全方位训练管理方法，集中精力抓训练，全力备战省运会。

1997年12月19日，市委、市政府召开“全市体育工作表彰会暨备战省十九届运动会动员会”。副市长于连荣作动员讲话。动员会上还对在全国第八届运动会上取得优异成绩的运动员进行了隆重表彰。毕文静、沈剑、辛雷、王银行、王峰、刘震、安广廷、安东、吴兆生在八运会上以1金3银2铜、总分112.5分的成绩为市十九运代表团计入3枚金牌、9枚银牌、6枚铜牌，总分142.5分，为代表团总成绩奠定了良好的基础。

在十九届省运会决赛上，泰安市代表团300多名运动员参加田径、体操、举重、射箭、武术散手、国际摔跤、跆拳道、射击、柔道、赛艇、篮球、排球11个大项的角逐，获体操团体总分第一名、射箭团体总分第三名、男子篮球第三名，1人破1项省青年举重纪录，共获得金牌47枚、银牌33.5枚、铜牌35.86枚，总分1201.18分。金牌数列全省第七位，总分列全省第九位，完成了市委、市政府提出的“金牌数进入前八名”的任务目标，竞技体育继续保持全省先进位次。

1999年3月31日，市政府对在十九届省运会上做出突出贡献的先进集体和创造优异成绩的先进个人进行表彰，表彰大会在市委礼堂举行。市委副书记刘玉祥主持会议，副市长李惠东宣读表彰决定，由昌菁作市代表团参加十九届省运会的工作汇报，市委副书记、市长鲍志强讲话，赞扬体育健儿不负重托，不辱使命，完成了市委、市政府交给的任务，为泰安市的两个文明建设做出了贡献。

山东省第十九届运动会泰安代表团进入录取名次运动员成绩表

表 6-21

姓　名	组　别	项　目		成　绩	名　次
刘海光	男子甲组	田径	800 米	1:55.77	4
刘海光	男子甲组		1500 米	4:01.38	5
孔凡城	男子甲组		铁饼	52.18 米	1
姜　峰	男子甲组		标枪	61.09 米	6
李　林	男子甲组		链球	59.51 米	2

续表 6–21

姓　名	组　别	项　目		成　绩	名　次
李　振	男子甲组	田径	20 公里竞走	1:37:35.1	2
王生堂	男子甲组		50 公里竞走	4:14:58	1
高　伟	男子乙组		100 米	11.35	5
刘付伟	男子乙组		5000 米竞走	24:35.6	8
王　鲁	男子乙组		七项全能	3995 分	4
吴钦伟	男子乙组		七项全能	3398 分	6
黄　磊	男子乙组		链球	45.79 米	6
李福菊	女子乙组		100 米	12.41	3
李福菊	女子乙组		200 米	25.82	4
时　娜	女子乙组		5000 米竞走	23:41.7	1
时　娜	女子乙组		10000 米竞走	49:32	2
吴加燕	女子乙组		标枪	43.58 米	6
王洪军	男子甲组	举重	77 公斤级	320.0 公斤	2
李信峰	男子甲组		77 公斤级	235.0 公斤	6
房　峰	男子甲组		105 公斤级	320.0 公斤	2
马国强	男子乙组		56 公斤级	225.0 公斤	2
张国栋	男子乙组		62 公斤级	272.0 公斤	2
司　猛	男子乙组		69 公斤级	242.5 公斤	5
方会来	男子乙组		77 公斤级	270.0 公斤	2
赵　龙	男子乙组		85 公斤级	295.0 公斤	1
崔　勇	男子丙组		56 公斤级	150.0 公斤	4
赵　明	男子丙组		77 公斤级	257.5 公斤	5
范丽娟	女子甲组		58 公斤级	205.0 公斤	2
黄　敏	女子丙组		58 公斤级	172.5 公斤	8
李克新	女子丙组		63 公斤级	220.0 公斤	3
李雪花	女子丙组		63 公斤级	185.0 公斤	5
杨晓娟	女子丙组		63 公斤级	162.5 公斤	8
李　霞	女子丙组		69 公斤级	187.5 公斤	6
王闪闪	女子丙组		75 公斤级	200.0 公斤	4
马延青	男子甲组	蹦床	单人	26.8 分	2
牛永萌	男子甲组		单人	5.40 分	7
国天龙	男子甲组		单人	4.50 分	8

续表 6-21

姓　名	组　别	项　目		成　绩	名　次
刘　燕	女子甲组	蹦床	单人	27.90 分	1
王　娜	女子乙组		单人	24.10 分	4
牛永萌	男子甲组	体操	自由体操	8.90 分	3
马延青	男子甲组		自由体操	8.40 分	5
国天龙	男子甲组		自由体操	6.00 分	8
牛永萌	男子甲组		跳马	9.20 分	1
马延青	男子甲组		跳马	8.675 分	6
马延青	男子甲组		鞍马	8.90 分	3
牛永萌	男子甲组		鞍马	8.80 分	4
国天龙	男子甲组		鞍马	2.35 分	8
牛永萌	男子甲组		双杠	9.00 分	1
马延青	男子甲组		双杠	8.80 分	2
国天龙	男子甲组		双杠	0.50 分	8
马延青	男子甲组		吊环	8.90 分	3
牛永萌	男子甲组		吊环	8.90 分	3
国天龙	男子甲组		吊环	5.10 分	8
牛永萌	男子甲组		单杠	8.90 分	3
马延青	男子甲组		单杠	7.80 分	5
国天龙	男子甲组		单杠	1.35 分	8
牛永萌	男子甲组		个人全能	104.45 分	3
马延青	男子甲组		个人全能	101.35 分	4
国天龙	男子甲组		个人全能	46.15 分	8
娄　明	男子乙组		个人全能	104.700 分	8
王　娜	女子乙组		个人全能	71.50 分	1
王　宪	女子乙组		个人全能	67.70 分	5
王君林	女子乙组		个人全能	67.10 分	6
董丛丛	女子乙组		个人全能	63.325 分	8
赵　孟	男子丙组		个人全能	110.65 分	1
焦　峰	男子丙组		个人全能	108.55 分	3
郭　辉	男子丙组		个人全能	107.70 分	4
	男子甲组		团体	251.95 分	1
	女子乙组		团体	273.625 分	1

续表 6-21

姓　名	组　别	项　目		成　绩	名　次
	男子丙组	体操	团体	527.575 分	2
	女子丙组		团体	340.65 分	2
曲业新	男子乙组		自由体操	9.30 分	1
娄　明	男子乙组		自由体操	9.05 分	4
娄　明	男子乙组		跳马	9.220 分	3
曲业新	男子乙组		鞍马	9.20 分	1
赵建鹏	男子乙组		鞍马	8.90 分	7
娄　明	男子乙组		双杠	8.70 分	6
曲业新	男子乙组		吊环	9.30 分	1
赵建鹏	男子乙组		吊环	8.80 分	8
娄　明	男子乙组		单杠	8.90 分	6
焦　峰	男子丙组		自由体操	9.35 分	1
赵　孟	男子丙组		自由体操	9.30 分	3
郭　辉	男子丙组		自由体操	9.15 分	5
赵　孟	男子丙组		跳马	9.30 分	1
焦　峰	男子丙组		跳马	8.800 分	7
赵　孟	男子丙组		鞍马	9.30 分	1
焦　峰	男子丙组		鞍马	9.10 分	4
郭　辉	男子丙组		鞍马	9.10 分	4
赵　孟	男子丙组		双杠	9.30 分	1
焦　峰	男子丙组		双杠	9.20 分	3
郭　辉	男子丙组		双杠	9.15 分	4
焦　峰	男子丙组		吊环	9.30 分	1
赵　孟	男子丙组		吊环	9.20 分	3
赵　孟	男子丙组		单杠	9.30 分	2
郭　辉	男子丙组		单杠	9.10 分	6
王　娜	女子乙组		自由体操	8.90 分	3
王　宪	女子乙组		自由体操	8.80 分	4
王君林	女子乙组		自由体操	8.25 分	6
王　娜	女子乙组		平衡木	9.15 分	3
王　宪	女子乙组		平衡木	8.40 分	6
王君林	女子乙组		平衡木	8.00 分	7

续表 6-21

姓名	组别	项目		成绩	名次
王　娜	女子乙组	体操	跳马	9.05 分	3
王　宪	女子乙组		跳马	8.75 分	5
董丛丛	女子乙组		跳马	8.70 分	7
王　娜	女子乙组		高低杠	9.20 分	1
董丛丛	女子乙组		高低杠	8.70 分	4
王　宪	女子乙组		高低杠	7.20 分	7
王君林	女子乙组		高低杠	6.30 分	8
王文文	女子丙组		自由体操	8.775 分	8
王文文	女子丙组		跳马	8.65 分	8
王文文	女子丙组		平衡木	9.125 分	2
王　敏	女子丙组		平衡木	9.125 分	2
陈德虎	男子甲组	自由式摔跤	48 公斤级	—	1
陈德龙	男子甲组		52 公斤级	—	2
王　华	男子甲组		62 公斤级	—	2
徐西安	男子甲组		62 公斤级	—	3
孙　军	男子甲组		74 公斤级	—	3
吴绪立	男子甲组		130 公斤级	—	1
牛申刚	男子乙组		68 公斤级	—	2
黄　超	男子乙组		68 公斤级	—	3
杨　松	男子乙组		90 公斤级	—	3
王海峰	男子乙组		100 公斤级	—	4
张国荣	男子丙组		51 公斤级	—	1
牛申强	男子丙组		51 公斤级	—	8
徐　肃	男子丙组		55 公斤级	—	2
陈　峰	男子丙组		60 公斤级	—	3
李庆旺	男子丙组		83—95 公斤级	—	1
徐　磊	男子丙组		83—95 公斤级	—	5
李东波	男子甲组	古典式摔跤	100 公斤级	—	2
李　强	男子甲组		100 公斤级	—	3
刘茂东	男子乙组		57 公斤级	—	7
韩增峰	男子乙组		82 公斤级	—	1
刘　昊	男子乙组		100 公斤级	—	1

续表 6–21

姓 名	组 别	项 目		成 绩	名 次
李强仁	男子丙组	古典式摔跤	47 公斤级	—	4
苏友华	男子丙组		60 公斤级	—	1
薛 峰	男子丙组		65 公斤级	—	5
戚 斌	男子丙组		83 公斤级	—	1
徐 鹏	男子甲组		60 公斤级	—	4
陈 峰	男子甲组		65 公斤级	—	1
王 猛	男子甲组	柔道	65 公斤级	—	2
马敬军	男子甲组		71 公斤级	—	5
王 国	男子乙组		71 公斤级	—	4
李 晶	男子丙组		55 公斤级	—	1
苏天宇	男子丙组		60 公斤级	—	7
陈 峰	男子丙组		65 公斤级	—	5
张六爱	女子乙组		48 公斤级	—	6
李国霞	女子乙组		52 公斤级	—	4
刘洪文	女子乙组		52 公斤级	—	5
郑玉秀	女子乙组		61 公斤级	—	5
苏会华	女子丙组		56 公斤级	—	4
和 维	女子丙组		66 公斤级	—	3
和 维	女子丙组		无差别级	—	7
李介成	男子组	跆拳道 54 公斤级		—	5
栾水娥	女子组	跆拳道 51 公斤级		—	5
赵庆剑	男子甲组	武术	长拳	8.46 分	4
赵庆剑	男子甲组		棍术刀术全能	—	7
褚洪国	男子乙组	散打	52 公斤级	—	2
刘传栋	男子乙组		56 公斤级	—	4
阮伟宁	男子乙组		65 公斤级	—	5
郭 虎	男子乙组		70 公斤级	—	7
王 栋	男子甲组	射击	自选手枪速射	572 环	4
刘 刚	男子甲组		自选手枪速射	404 环	5
王 栋	男子甲组		标准手枪 60 发	482 环	7
王 栋	男子甲组		气手枪 60 发	651 环	4
刘 刚	男子甲组		气手枪 60 发	519 环	7

续表 6-21

姓 名	组 别	项 目		成 绩	名 次
安 勇	男子乙组	射击	小口径步枪 60 发卧射	680 环	7
	男子乙组		小口径 3×20 团体	1603 环	7
	男子乙组		气步枪 60 发团体	1650 环	7
仉培玲	女子甲组		小口径手枪 60 发	632 环	7
仉培玲	女子甲组		气手枪 40 发	442 环	7
	女子乙组		气手枪 40 发团体	1081 环	7
辛 雷	男子甲组	射箭	个人奥林匹克淘汰赛	102 环	5
	男子乙组		50 米团体	826 环	6
刘晓龙、贾亦祥 孙 皓	男乙团体		奥林匹克淘汰赛	209 环	1
	男子乙组		单轮全能团体	3491 环	5
	女甲团体		奥林匹克淘汰赛	136 环	5
	女子乙组		50 米团体	820 环	3
	女子乙组		单轮全能团体	3459 环	3
	女乙团体		奥林匹克淘汰赛	173 环	6
安 东	男子甲组	赛艇	单人双桨	7:1.55	7
安 东、孙付伟	男子甲组		双人单桨无舵手	6:24.32	3
马卫国	男子乙组		综合技术评定	8.639 分	8
马卫国	男子乙组		2000 米单人双桨	6:35.2	1
马卫国	男子乙组		四项个人全能	19 分	3
张 静、林 琳	女子甲组		轻量级双人双桨	7:33.47	1
张 静、林 琳 陈 静	女子甲组		轻量级四人单桨无舵手	9:2.07	1

20.山东省第二十届运动会

山东省第二十届运动会于2002年10月19日至24日在济南举行。是省政府在新世纪首次举办的一届规模大、参赛人数多、水平高、竞争激烈的综合性体育盛会。全省17个地市的7500多名运动员参加。决赛阶段比赛于2002年8月15日至10月24日在济南、青岛、烟台、日照4个市进行，共设田径、游泳、举重、射击、摔跤、柔道、散手、跆拳道、拳击、武术、跳水、体操、自行车、篮球、排球、足球、手球、网球、羽毛球、乒乓球、击剑、射箭、赛艇、皮划艇、帆船、帆板等共26个大项，776个小项，金牌1372枚，总分30748分。除10月19日开幕式后进行田径、射击等9个项目的比赛外，其他项目均于开幕式前先期举办。

市委、市政府领导十分重视省二十届运动会的备战工作。市政府常务会议研究确立对金牌运动员进行妥善安置工作的政策，划拨专项经费900多万元，新建综合训练馆，将原市电大整体划拨给市体校；改造修缮了部分训练场馆和设施，新购置训练器材，提高重点运动员的伙食标准。

市体育局成立备战工作办公室，统一领导省运会的备战工作。通过“三定三制”即对教练员“定岗位、定职责、定任务”，以及实行竞岗聘任制、岗位目标责任制、风险抵押制，与教练员签订奖惩合同，极大地激发和调动了广大教练员的训练热情。

本届省运会，泰安市体育代表团387名运动员参加田径、体操（蹦床）、举重、武术、散手、跆拳道、摔跤、柔道、射箭、射击、排球、篮球、羽毛球、赛艇等14个大项、236个小项的决赛。1人破1项省纪录，体操运动员于良以3枚金牌获山东省“十佳体育之星”称号。综合成绩为金牌65.14枚、银牌45枚、铜牌33枚，总分1508.51分，金牌数和总分数均列全省第七位；青少年组获金牌30枚、银牌38枚、铜牌25枚，列全省第七位；总分1037分，列全省第六位。实现了市委、市政府提出的“金牌和总分超上届”的目标任务。代表团被大会授予“体育道德风尚奖”，实现了运动成绩和精神文明双丰收。

2003年4月30日，市委、市政府召开泰安市参加二十届省运会表彰会暨体育工作会议，市各大班子的主要领导出席会议。会议的第一阶段，对在省二十届运动会上做出突出贡献的单位和个人进行表彰，市政府主要负责人在表彰大会上讲话，高度赞扬体育健儿在省运会上取得的可喜成绩和拼搏精神。会议第二阶段，听取市体育局局长殷培联的体育工作报告和参加省二十届运动会的情况汇报，副市长李惠东作总结讲话，提出要全面贯彻市委、市政府《关于加强新时期体育工作的通知》精神，努力于2008年建成体育强市。

山东省第二十届运动会泰安代表团进入录取名次运动员成绩表

表 6–22

姓 名	组 别	项 目		成 绩	名 次
孔凡成	男子甲组	田径	铁饼	54.51 米	1
王 峰	男子甲组		标枪	57.16 米	5
周 伟	男子乙组		10000 米	31:48.64	8
田 雷	男子乙组		标枪	56.80 米	7
刘 娟	女子乙组		400 米	1:00.68	7
吴 敏	女子乙组		1500 米	4:15.58	2
白 莲	女子乙组		1500 米	5:11.9	6
曹春丽	女子乙组		1500 米	5:55.99	7
吴 敏	女子乙组		3000 米	9:23.93	2
郭艳花	女子乙组		5000 米	18:7.34	5
刘 娟	女子乙组		400 米栏	1:5.26	7
王 静	女子乙组		标枪	38.30 米	6
陈 真	女子乙组		标枪	35.58 米	7
孙远达	男子丙组		3000 米	9:1.49	8
李亮亮	男子丙组		3000 米竞走	12:8.22	2
李亮亮	男子丙组		5000 米竞走	20:48.60	2
张 振	男子丙组		三级跳远	14.50 米	3

续表 6–22

姓 名	组 别	项 目		成 绩	名 次
李存迎	男子丙组		标枪	54.40 米	6
胡雪丽	女子丙组	田径	100 米	13.52	8
黄 静	女子丙组		800 米	2:9.9	2
黄 静	女子丙组		1500 米	4:16.38	2
徐 珍	女子丙组		跳高	1.55 米	8
路玉荣	女子丙组		标枪	38.31 米	7
马国强	男子甲组		56 公斤级	240 公斤	4
张国栋	男子甲组		62 公斤级	255 公斤	2
王洪军	男子甲组		94 公斤级	347.5 公斤	2
彭万斌	男子甲组		105 公斤级	297.5 公斤	5
刘 林	男子乙组		48 公斤级	195 公斤	2
刘养光	男子乙组		62 公斤级	280 公斤	1
刘德保	男子乙组		85 公斤级	260 公斤	5
李 镇	男子乙组	举重	94 公斤级	337.5 公斤	1
宁 宾	男子丙组		62 公斤级	232.5 公斤	3
严 征	男子丙组		69 公斤级	300 公斤	1
杨庆朋	男子丙组		77 公斤级	287.5 公斤	1
吴承斌	男子丙组		77 公斤级	255 公斤	3
王 松	男子丙组		85 公斤级	260 公斤	2
曹 军	男子丙组		85 公斤级	255 公斤	4
杜启健	男子丙组		+85 公斤级	350 公斤	1
刘娟娟	女子乙组		48 公斤级	175 公斤	1
高 林	女子丙组		63 公斤级	210 公斤	2
李 娜	女子丙组		69 公斤级	220 公斤	3
王洪霞	女子乙组		75 公斤级	—	4
奚艳艳	女子乙组	武术	刀术	8.16 分	7
奚艳艳	女子乙组		棍术	8.21 分	5
奚艳艳、王艳红	女子乙组		对练	8.33 分	6
刘传栋	男子甲组		65 公斤级	—	3
许言夫	男子甲组		70 公斤级	—	3
杨 松	男子甲组	散打	90 公斤以上级	—	2
王明猛	男子乙组		52 公斤级	—	4
林士强	男子乙组		60 公斤级	—	3
巩向阳	男子乙组		65 公斤级	—	6
李 松	男子乙组		80 公斤级	—	2

续表 6-22

姓 名	组别	项目		成 绩	名 次
李强仁	男子甲组	古典式摔跤	57 公斤级	—	6
韩增峰	男子甲组		90 公斤级	—	1
张国龙	男子甲组		52 公斤级	—	1
徐 肃	男子甲组		57 公斤级	—	2
汪 峰	男子乙组		48 公斤级	—	3
孙兴旺	男子乙组		52 公斤级	—	3
曾凡鹏	男子乙组		57 公斤级	—	1
张 举	男子乙组		83 公斤级	—	1
马 勇	男子乙组		83—115 公斤级	—	2
朱修建	男子乙组		69 公斤级	—	7
米玉磊	男子丙组		39—42 公斤级	—	3
李德会	男子丙组		48 公斤级	—	4
陈 振	男子丙组		52 公斤级	—	4
赵培起	男子丙组		52 公斤级	—	6
孙传奇	男子丙组		76 公斤级	—	2
黄金柱	男子丙组	自由式摔跤	39—42 公斤级	—	5
罗光磊	男子丙组		39—42 公斤级	—	7
李 峰	男子丙组		45 公斤级	—	1
付吉荣	男子丙组		45 公斤级	—	2
李明军	男子丙组		57 公斤级	—	8
辛显帅	男子丙组		83 公斤级	—	3
杨 磊	男子丙组		83—115 公斤级	—	4
李 晶	男子甲组	柔道	60 公斤级	—	1
苏天宇	男子甲组		66 公斤级	—	3
韩振利	男子甲组		100 公斤级	—	5
孙亚楠	男子甲组		+100 公斤级	—	6
任红星	女子甲组		52 公斤级	—	4
吴德强	男子乙组		60 公斤级	—	2
房田波	男子乙组		66 公斤级	—	3
王 涛	男子乙组		73 公斤级	—	3
尹孟孟	男子乙组		+100 公斤级	—	5
尹孟孟	男子乙组		无差级	—	5
张云霞	女子乙组		52 公斤级	—	3
张 雷	女子乙组		57 公斤级	—	2
鲁 燕	女子乙组		柔道 57 公斤级	—	3

续表 6-22

姓　名	组　别	项　目		成　绩	名　次
刘　芳	女子乙组	柔道	70 公斤级	—	2
田　鹏	女子乙组		70 公斤级	—	3
董　丽	女子乙组		+78 公斤级	—	4
董　丽	女子乙组		无差级	—	3
田　鹏	女子乙组		无差级	—	4
乔方涛	男子丙组		55 公斤级	—	7
李元林	男子丙组		66 公斤级	—	6
王云伟	男子丙组		90 公斤级	—	2
王俊强	男子丙组		+100 公斤级	—	2
王俊强	男子丙组		无差级	—	4
李翠红	女子丙组		48 公斤级	—	5
冯慧慧	女子丙组		52 公斤级	—	1
刘　霞	女子丙组		52 公斤级	—	5
	男子甲组	射箭	团体淘汰赛	215 环	3
张晓磊	男子乙组		30 米双轮单项	673 环	4
张晓磊	男子乙组		40 米	624 环	7
张晓磊	男子乙组		50 米	593 环	6
张晓磊	男子乙组		70 米	572 环	6
吴加波	男子乙组		70 米	561 环	8
张晓磊	男子乙组		双轮全能个人	2462 环	5
	男子乙组		双轮团体	7095 环	3
	女子乙组		双轮团体	6378 环	4
严　林	男子甲组	射击自选手枪速射 60 发		683.6 环	1
米　明	女子甲组	跆拳道	-67 公斤级	—	5
王世春	男子乙组		54 公斤级	—	8
王　艺	男子乙组		58 公斤级	—	7
王德云	男子乙组		78 公斤级	—	3
姜菲菲	女子乙组		51 公斤级	—	2
郭　锐	男子甲组	赛艇	单人双桨	—	3
张　静、李　平	女子甲组		轻量级双人双桨	—	3
	女子甲组		轻量级四人单桨无舵手	—	2
徐学昊、李阳(大)	男子乙组	羽毛球	双打	—	6
李　栋、王　昶	男子乙组		双打	—	8
	男子乙组		男子团体	—	3
曲业新	男子甲组	体操	吊环	7.500 分	7
曲业新	男子甲组		双杠	8.275 分	5

续表 6-22

姓 名	组 别	项 目		成 绩	名 次
曲业新	男子甲组	体操	跳马	8.3625 分	8
曲业新	男子甲组		个人全能	47.300 分	8
	男子甲组		团体	—	4
娄 明	男子甲组	蹦床	单人	36.00 分	2
马延青	男子甲组		单人	35.40 分	3
郭 辉	男子甲组		单人	28.30 分	7
娄 明、马延青	男子甲组		双人	39.70 分	1
刘 燕	女子甲组		单人	34.50 分	1
王 娜	女子甲组		单人	27.30 分	3
刘 燕、王 娜	女子甲组		双人	38.50 分	1
于 良	男子乙组	体操	自由体操	9.225 分	2
焦 峰	男子乙组		自由体操	8.725 分	5
于 良	男子乙组		鞍马	9.150 分	1
焦 峰	男子乙组		鞍马	8.675 分	4
李为龙	男子乙组		鞍马	7.775 分	8
于 良	男子乙组		吊环	9.000 分	1
李为龙	男子乙组		吊环	8.500 分	3
焦 峰	男子乙组		吊环	8.225 分	4
于 良	男子乙组		单杠	9.200 分	3
焦 峰	男子乙组		单杠	8.300 分	7
于 良	男子乙组		双杠	9.175 分	1
焦 峰	男子乙组		跳马	8.8875 分	4
李为龙	男子乙组		跳马	8.6750 分	7
于 良	男子乙组		跳马	8.6500 分	8
于 良	男子乙组		个人全能	53.725 分	2
焦 峰	男子乙组		个人全能	48.600 分	4
李为龙	男子乙组		个人全能	48.550 分	5
	男子乙组		团体	—	1
刘 民	男子乙组	蹦床	单人	22.40 分	2
刘 民、焦 峰	男子乙组		双人	29.40 分	1
卢 凯、李为龙	男子乙组		双人	6.90 分	6
尹 丹	女子乙组	体操	自由体操	8.325 分	2
王文文	女子乙组		自由体操	6.950 分	4
王 敏	女子乙组		自由体操	6.650 分	5
王文文	女子乙组		平衡木	8.400 分	1

续表 6-22

姓　名	组　别	项　目		成　绩	名　次
尹　丹	女子乙组	体操	平衡木	8.300 分	2
王　敏	女子乙组		平衡木	7.400 分	4
王文文	女子乙组		跳马	7.6750 分	2
尹　丹	女子乙组		跳马	7.2000 分	4
王　敏	女子乙组		跳马	6.8625 分	5
王文文	女子乙组		高低杠	7.050 分	1
葛璠璠	女子乙组		高低杠	6.825 分	2
尹　丹	女子乙组		高低杠	5.500 分	4
王文文	女子乙组		个人全能	32.100 分	1
尹　丹	女子乙组		个人全能	30.200 分	2
王　敏	女子乙组		个人全能	22.450 分	4
牛恩凤	女子乙组		个人全能	22.250 分	5
葛璠璠	女子乙组		个人全能	20.000 分	6
陈丹丹	女子乙组		个人全能	17.550 分	7
	女子乙组		团体		1
王　敏	女子乙组	蹦床	单人	4.30 分	7
张　晓	女子乙组		单人	2.50 分	8
尹　丹、王文文	女子乙组		双人	13.40 分	4
张　晓、王　敏	女子乙组		双人	6.00 分	5
苑　峰	男子丙组	体操	个人全能	51.650 分	2
朱培玉	男子丙组		个人全能	51.575 分	3
赵　鹏	男子丙组		个人全能	50.350 分	4
乔　鑫	男子丙组		个人全能	50.175 分	5
赵　鹏	男子丙组		鞍马	9.125 分	3
乔　鑫	男子丙组		鞍马	8.975 分	4
朱培玉	男子丙组		鞍马	8.750 分	5
苑　峰	男子丙组		单杠	9.425 分	2
朱培玉	男子丙组		单杠	9.050 分	5
赵　鹏	男子丙组		单杠	8.300 分	7
朱培玉	男子丙组		吊环	9.300 分	1
苑　峰	男子丙组		吊环	9.125 分	2
乔　鑫	男子丙组		吊环	8.025 分	7
苑　峰	男子丙组		自由体操	9.450 分	1
乔　鑫	男子丙组		自由体操	9.075 分	3
赵　鹏	男子丙组		自由体操	8.900 分	4
赵　鹏	男子丙组		双杠	9.375 分	1

续表 6–22

姓　名	组　别	项　目		成　绩	名　次
乔　鑫	男子丙组	体操	双杠	9.200 分	2
朱培玉	男子丙组	体操	双杠	8.725 分	5
朱培玉	男子丙组	体操	跳马	9.2625 分	2
赵　鹏	男子丙组	体操	跳马	8.950 分	4
乔　鑫	男子丙组	体操	跳马	8.900 分	5
	男子丙组	体操	团体	—	1
宋雪成	男子丙组	蹦床	单人	23.40 分	2
苑　峰	男子丙组	蹦床	单人	22.40 分	3
苑　亮	男子丙组	蹦床	单人	2.40 分	8
苑　亮、苑　峰	男子丙组	蹦床	双人	27.50 分	1
王熙烁、宋雪成	男子丙组	蹦床	双人	24.50 分	4
张　芮	女子丙组	体操	个人全能	33.550 分	2
马玉玺	女子丙组	体操	个人全能	32.850 分	4
史宇航	女子丙组	体操	个人全能	32.300 分	5
张　雪	女子丙组	体操	个人全能	30.400 分	8
张　芮	女子丙组	体操	自由体操	8.475 分	3
史宇航	女子丙组	体操	自由体操	8.275 分	4
马玉玺	女子丙组	体操	自由体操	7.975 分	7
史宇航	女子丙组	体操	高低杠	8.875 分	1
张　芮	女子丙组	体操	高低杠	8.775 分	2
马玉玺	女子丙组	体操	高低杠	8.150 分	4
张　芮	女子丙组	体操	平衡木	8.875 分	1
马玉玺	女子丙组	体操	平衡木	7.875 分	5
史宇航	女子丙组	体操	平衡木	7.725 分	7
马玉玺	女子丙组	体操	跳马	8.6250 分	2
张　雪	女子丙组	体操	跳马	8.1750 分	5
穆嫣婷	女子丙组	体操	跳马	8.1625 分	6
张　芮	女子丙组	体操	跳马	7.9125 分	7
	女子丙组	体操	团体	—	1
王　羽、许　越	女子丙组	蹦床双人		26.00 分	5
泰安队	男子甲组	篮球		—	2
泰安队	女子甲组	篮球		—	7
泰安队	男子乙组	篮球		—	7
泰安队	女子乙组	篮球		—	6
泰安队	女子甲组	沙滩排球		—	5
泰安队	女子乙组	沙滩排球		—	5

21. 山东省第二十一届运动会

山东省第二十一届运动会于2006年10月9日至10月16日在烟台市体育公园体育场举行。全省17个地市的8000多名运动员参加。本届运动会共设田径、游泳、跳水、举重、古典式摔跤、自由式摔跤、柔道、跆拳道、拳击、体操、蹦床、体操选材组、赛艇、皮划艇、帆船、帆板、射击、射箭、自行车（BMX小轮车）、击剑、足球、篮球、排球、沙滩排球、乒乓球、手球、羽毛球、网球、武术套路、武术散打、铁人三项等31个大项、872个小项，金牌1748枚，总分35544分。除开幕式后进行田径、游泳、射击、射箭、举重、足球、篮球、乒乓球等10个项目的比赛外，其他项目均于开幕式前先期进行了决赛。

2005年12月8日，泰安市体育局成立迎接省二十一届运动会领导小组，组长任广中，副组长彭国胜、张吉庆、罗文新、曹东平。办公室设在市体育局竞赛科，主任路敦庆。

按照市委、市政府的统一部署和要求，领导小组制订“2003—2006全市竞技体育发展规划”，将省二十一届总体指标下达给各承训单位，各承训单位又将具体任务分解到各运动项目教练员，并与其签订了明确的责任书，下指标定任务，明确责任，健全奖惩制度，完善竞技体育运行机制。

2005年12月20日，市体育局下发《关于公布我市参加山东省第二十一届运动会领导小组成员职责分工及项目联络员名单的通知》，将承训单位领导和局机关业务干部充实到运动队一线，担任项目领队和联络员以加强沟通，促进信息交流，监督训练工作，帮助解决训练中遇到的困难和问题，形成备战工作合力。

省二十一届运动会决赛从7月份开始，至10月份结束，历时三个月。泰安市体育代表团463名运动员参加田径、举重、古典跤、自由跤、柔道、跆拳道、皮划艇、射箭、足球、篮球、排球、羽毛球、手球、武术套路、武术散打、跳水、蹦床、体操、体操选材组等19个大项的决赛，1人破1项竞走省纪录。青少年运动员组取得金牌21.5枚、总分975.75分，金牌数列全省第八位，总分列全省第十位；优秀运动员组取得金牌26枚、总分234分，金牌数和总分均列全省第九位，综合成绩取得金牌47.5枚、总分1209.75分，金牌数和总分分列全省第九位、第十位，实现了金牌和总分保持全省先进行列的目标任务。代表团被大会授予“体育道德风尚奖”代表团，取得了运动成绩和精神文明双丰收。

2007年4月9日，泰安市体育工作会议暨山东省第二十一届运动会先进单位和个人表彰大会在市政大楼东一楼会议室举行。会上宣读《泰安市人民政府关于表彰参加山东省第二十一届运动会先进单位和先进个人的通报》《泰安市人事局、泰安市体育局、泰安市教育局关于表彰参加山东省第二十一届运动会优秀输送奖单位和有功人员的通报》。市体育局局长苏有森作市代表团参加二十一届省运会的工作汇报及全市体育工作报告。副市长徐恩虎讲话，他充分肯定全市体育保持持续快速健康发展的良好态势和以省运会为代表的竞技体育取得的可喜成绩，大力赞扬体育系统干部职工为全市三个文明建设和构建和谐社会做出了积极贡献。

山东省第二十一届运动会泰安代表团进入录取名次运动员成绩表

表 6–23

姓　名	组　别	项　目		成　绩	名　次
姚　宁	男子乙组	跆拳道 78 公斤级		—	5
刘　雷	男子乙组	跆拳道 +78 公斤级		—	5
付振宇	男子甲组	柔道	90 公斤级	—	2
苏　梅	女子甲组		48 公斤级	—	2
孙　静	女子甲组		63 公斤级	—	4
冯炳东	男子乙组		60 公斤级	—	3
李　浩	男子乙组		81 公斤级	—	7
王　傲	男子甲组		+100 公斤级	—	1
董少华	男子甲组		+100 公斤级	—	2
闫　杰	女子乙组		48 公斤级	—	3
史新万	男子丙组		55 公斤级	—	5
李　林	男子丙组		60 公斤级	—	4
李　玲	女子丙组		44 公斤级	—	3
邢　娜	女子丙组		52 公斤级	—	4
刘沙沙	女子丙组		52 公斤级	—	5
张　宁	女子丙组		57 公斤级	—	5
赵洪超	男子甲组	古典式摔跤	48 公斤级	—	3
辛　凯	男子甲组		100 公斤级	—	2
夏春生	男子甲组		100 公斤级	—	3
张　猛	男子乙组		57 公斤级	—	3
刘　范	男子乙组		76 公斤级	—	4
桑彦明	男子乙组		83—115 公斤级	—	5
秦　蕊	女子甲组	武术	螳螂拳	8.9 分	3
秦　蕊、刘　双	女子甲组		对练	7.25 分	5
李永麟	男子甲组	羽毛球	单打	—	5
崔义豪	男子甲组		单打	—	6
吴佰慧	男子甲组		单打	—	7
张勰斐	男子甲组		单打	—	8
崔义豪、李永麟	男子甲组		双打	—	3
张勰斐、吴佰慧	男子甲组		双打	—	4
	男子甲组		双打团体	—	3
刘　震	男子乙组		单打	—	5

续表 6–23

姓　名	组　别	项　目		成　绩	名　次
宗　波	男子乙组	羽毛球	单打	—	6
宗　波、刘　震	男子乙组		双打	—	2
于泽众、王瑞玉	男子乙组		双打	—	6
韩润生、杨叶清	男子乙组		双打	—	7
查聿翀、胡　浩	男子乙组		双打	—	8
	男子乙组		团体	—	2
李　峰	男子甲组	自由式摔跤	62 公斤级	—	2
段明伟	男子甲组		68 公斤级	—	4
陈方波	男子甲组		74 公斤级	—	4
赵桂才	男子乙组		63 公斤级	—	4
徐　腾	男子乙组		63 公斤级	—	5
张其振	男子乙组		69 公斤级	—	1
岳丽名	男子乙组		83 公斤级	—	5
吴鹏远	男子乙组		83—115 公斤级	—	3
张亚男	女子乙组		39—42 公斤级	—	2
冯　建	女子乙组		45 公斤级	—	1
付正红	女子乙组		51 公斤级	—	3
杨　松	女子乙组		51 公斤级	—	5
张　慧	女子乙组		55 公斤级	—	8
姜小燕	女子乙组		59 公斤级	—	2
王　新	女子乙组		59 公斤级	—	3
李　超	女子乙组		59 公斤级	—	5
乔雪雪	女子乙组		63 公斤级	—	6
石晓明	女子乙组		67 公斤级	—	2
李　娜	女子乙组		67 公斤级	—	4
赵丽丽	女子乙组		72 公斤级	—	2
纪鑫超	女子乙组		72 以上公斤级	—	1
段　阳	男子丙组		48 公斤级	—	2
康泉水	男子丙组		48 公斤级	—	4
张荣斌	男子丙组		57 公斤级	—	7
李姗姗	女子丙组		39—42 公斤级	—	8
张芳芳	女子丙组		48 公斤级	—	7
孟现贵	女子丙组		51 公斤级	—	5
张荣阳	女子丙组		55 公斤级	—	8

续表 6–23

姓 名	组 别	项 目		成 绩	名 次
刘 民	女子丙组	自由式摔跤	63 公斤级	—	5
王 宁	女子丙组		67 公斤级	—	2
刘 亭	女子丙组		67 公斤级	—	7
包 冉	女子丙组		72 公斤级	—	4
苏 敏	女子丙组		72 以上公斤级	—	3
张 乐	女子丙组		72 以上公斤级	—	6
杨 鹏	男子甲组	皮划艇	500 米: C1	2 : 10.26	2
陈 超、曹建讯	男子甲组		1000 米: K2	3 : 34.59	1
杨 鹏	男子甲组		2000 米: C1	10 : 12.95	4
曹建讯	男子甲组		2000 米: K1	8 : 8.73	1
吴光建	男子甲组	举重	85 公斤级	290 公斤	1
徐志强	男子甲组		85 公斤级	276 公斤	2
吴承斌	男子甲组		94 公斤级	268 公斤	4
邵 勇	男子甲组		105 公斤级	275 公斤	3
高 林	女子甲组		69 公斤级	230 公斤	1
高 攀	女子乙组		63 公斤级	135 公斤	6
李晓倩	女子乙组		75 公斤级	253 公斤	2
马秀秀	女子乙组		75 公斤级	165 公斤	6
敬文华	女子丙组		48 公斤级	169 公斤	1
明婷婷	女子丙组		48 公斤级	110 公斤	7
孙九香	女子丙组		63 公斤级	232 公斤	2
华玉旭	男子乙组	田径	链球	53.95 米	2
孙丽芳	女子乙组		3000 米	9 : 53.72	8
赵 雪	女子乙组		5000 米竞走	21 : 14.51	1
赵 雪	女子乙组		10000 米竞走	※45 : 44.00	1
	女子甲组	射箭	双轮全能团体	4329 环	3
薛 杰	女子甲组		单轮全能个人	1198 环	8
薛 杰	女子甲组		双轮全能个人	2401 环	8
陶立伟	男子乙组		30 米双轮单项	662 环	8
	男子乙组		双轮全能团体	6555 环	6
	女子乙组		双轮全能团体	6806 环	6
苑 亮	男子甲组	跳水	跳水 1 米板	247.4 分	4
苑 峰	男子甲组		跳水 1 米板	244.1 分	5

续表 6–23

姓　名	组　别	项　目		成　绩	名　次
苑　亮、苑　峰	男子甲组	跳水	3 米板双人	233.28 分	2
苑　峰	男子甲组		3 米台	147.8 分	5
苑　亮	男子甲组		3 米台	146.65 分	6
苑　亮	男子甲组		5 米台	267.8 分	4
苑　峰	男子甲组		5 米台	261.65 分	6
邢怡颖、李小兰	女子乙组		3 米台双人	136.77 分	4
邢怡颖、李小兰	女子乙组		跳水团体	967.07 分	4
娄　明	男子甲组	蹦床	单人同步	25.25 分	1
焦　峰	男子甲组		单人同步	20.75 分	3
焦　峰、娄　明	男子甲组		双人同步	34.95 分	1
王　菲	女子甲组		单人同步	18.75 分	4
王　莹	女子甲组		单人同步	4.9 分	5
王　菲、王　莹	女子甲组		双人同步	7.3 分	2
刘　民	男子乙组		单人同步	24.05 分	2
宋雪成	男子乙组		单人同步	4.5 分	5
刘　民、宋雪成	男子乙组		双人同步	32.7 分	2
	男子乙组		团体	72.30 分	2
李雪、赵婵	女子乙组		双人同步	4.6 分	4
	女子乙组		团体	10.45 分	2
邢如意	男子丙组		单人同步	22.85 分	5
秦　超、邢如意	男子丙组		双人同步	33.15 分	3
	男子丙组		团体	54.10 分	5
安婷婷	女子丙组		单人同步	22.65 分	6
裴刘赢、安婷婷	女子丙组		双人同步	30.75 分	4
	女子丙组		团体	85.95 分	3
于　良	男子甲组	体操	自由体操	9.275 分	2
赵　鹏	男子甲组		自由体操	7.625 分	5
于　良	男子甲组		鞍马	9.1 分	1
赵　鹏	男子甲组		鞍马	4 分	5
于　良	男子甲组		吊环	7.525 分	3
赵　鹏	男子甲组		吊环	4.4 分	7
于　良	男子甲组		跳马	4.3 分	6
赵　鹏	男子甲组		跳马	4.3 分	7

续表 6–23

姓　名	组　别	项　目		成　绩	名　次
于　良	男子甲组	体操	双杠	9.2 分	2
赵　鹏	男子甲组		双杠	8.7 分	3
于　良	男子甲组		单杠	8.9 分	1
赵　鹏	男子甲组		单杠	8.3 分	4
于　良	男子甲组		个人全能	50.975 分	1
赵　鹏	男子甲组		个人全能	40.100 分	4
于　良 赵　鹏 马　强	男子甲组		团体	91.075 分	1
史小璐	女子甲组		自由体操	8.65 分	1
尹菲菲	女子甲组		自由体操	5.8 分	5
史小璐	女子甲组		跳马	8.437 分	2
尹菲菲	女子甲组		跳马	—	4
史小璐	女子甲组		高低杠	6.075 分	3
尹菲菲	女子甲组		高低杠	5.65 分	4
史小璐	女子甲组		平衡木	8.325 分	3
尹菲菲	女子甲组		平衡木	5.775 分	6
尹菲菲	女子甲组		个人全能	30.788 分	3
史小璐	女子甲组		个人全能	29.700 分	4
	女子甲组		团体	60.49 分	2
时贞文 *	男子乙组		自由体操	4.05 分	5
苗滨滨	男子乙组		自由体操	3.6 分	7
时贞文	男子乙组		吊环	7.2 分	5
苗滨滨	男子乙组		吊环	6.55 分	7
时贞文	男子乙组		跳马	7.73 分	5
苗滨滨	男子乙组		跳马	7.05 分	6
时贞文	男子乙组		双杠	8.28 分	3
苗滨滨	男子乙组		双杠	—	8
时贞文	男子乙组		单杠	6.7 分	6
苗滨滨	男子乙组		单杠	2.0 分	7
时贞文	男子乙组		个人全能	39.775 分	5
李　雪	女子乙组		自由体操	7.4 分	6
陈映雪	女子乙组		自由体操	4.775 分	8

续表 6-23

姓名	组别	项目		成绩	名次
阚光乐	女子乙组	体操	跳马	7.487 分	6
赵婵	女子乙组		跳马	7.112 分	7
赵婵	女子乙组		高低杠	7.875 分	5
陈映雪	女子乙组		高低杠	5.925 分	7
陈映雪	女子乙组		平衡木	8.325 分	3
李雪	女子乙组		平衡木	8.05 分	5
陈映雪	女子乙组		个人全能	31.113 分	8
	女子乙组		团体	120.800 分	2
王江*	男子丙组		鞍马	8.675 分	3
邱豪然	男子丙组		鞍马	8.0 分	4
王江	男子丙组		吊环	8.9 分	3
邱豪然	男子丙组		吊环	8.75 分	4
曹磊	男子丙组		跳马	9.025 分	3
邱豪然	男子丙组		跳马	8.788 分	4
邱豪然	男子丙组		双杠	9.025 分	3
王江	男子丙组		双杠	8.85 分	4
王江	男子丙组		单杠	9.15 分	1
邱豪然	男子丙组		单杠	9.075 分	2
王江	男子丙组		自由体操	9.2 分	2
邱豪然	男子丙组		自由体操	8.975 分	3
王江	男子丙组		个人全能	50.400 分	3
邱豪然	男子丙组		个人全能	50.288 分	4
王顺	男子丙组		个人全能	41.725 分	7
曹磊	男子丙组		个人全能	41.025 分	8
	男子丙组		团体	222.288 分	2
张仁娜	女子丙组		自由体操	8.7 分	5
宋明君	女子丙组		自由体操	8.475 分	7
尹彭雪	女子丙组		跳马	7.95 分	6
宋明君	女子丙组		跳马	7.887 分	7
张仁娜	女子丙组		高低杠	8.8 分	5
刘士玮	女子丙组		高低杠	8.2 分	6
马静	女子丙组		平衡木	7.35 分	6
张仁娜	女子丙组		平衡木	5.6 分	6

续表 6-23

姓　名	组　别	项　目		成　绩	名　次
	女子丙组	体操	团体	151.388 分	3
	体操选材组		男子六人操	19.8 分	4
	体操选材组		男子三人操	20.00 分	5
	体操选材组		女子三人操	19.1 分	6
	体操选材组		混合十二人操	18.75 分	5
	体操选材组		混合六人操	19.35 分	5
	体操选材组		三人操团体	36.60 分	6
	体操选材组		总团体	86.35 分	8
泰安队	男子甲组	篮球		1 金	6
泰安队	男子组	手球		1 金	4
泰安队	女子组	手球		5 金	1
泰安队	男子甲组	足球		1 金	6
泰安队	男子乙组	足球		—	7
泰安队	女子乙组	排球		—	8

注:名字后面加“*”者为交流队员。

22.山东省第二十二届运动会

山东省第二十二届运动会于2010年9月19日至9月26日在淄博市体育中心举行。本届省运会是省政府改革赛制后的首届省运会。大会设青少年组、高校组、行业组3个组别，全省17市、127所高校及30余个行业体协的代表团组队参赛。青少年组设置田径、游泳（跳水）、举重、国际式摔跤、柔道、跆拳道、拳击（女子拳击）、体操（蹦床、艺术体操）、赛艇、皮划艇、帆船（帆板）、射击、射箭、自行车（公路、场地、山地、BMX小轮车）、击剑、足球、篮球、排球（沙滩排球）、乒乓球、手球、羽毛球、网球、武术（套路、散打）、铁人三项、空手道等25个大项759个小项，共设金牌2100枚、总分62226分。除场地自行车、帆船、帆板等项目分别在济南、青岛举办外，其他项目均在淄博举办。开幕式后举行田径、游泳、射击、射箭、举重、足球、篮球、乒乓球、赛艇、皮划艇等12个大项的比赛，其他项目在开幕式前先期进行了决赛。

2006年新的省运周期开始后，市体育局按照省体育局二十二届规程总则规定及项目设置，制订“2007—2010泰安市竞技体育发展规划”，确定竞技体育项目布局，为全市竞技体育可持续发展及备战二十二届省运会打下基础。按照省二十二届运动会规程规定，组织省运会适龄运动员拍骨龄注册，全市共有955名男女运动员注册建证。市综合训练馆投入使用后，及时配置完善各运动项目训练器材，为训练创造条件。同时向省专业队输送50名后备人才，与兄弟市交流62名优秀运动员，为备战二十二届省运会打下队伍基础。

为在省二十二届运动会上实现“竞技体育上位次”的目标，市体育局于2009年11月30日成立迎接省二十二届运动会领导小组，组长苏有森，副组长任广中、彭国胜，成员曹东平、许兵、杨振德、路敦庆、孙丰涛、张平，办公室设在竞赛科，主任由任广中兼任。在备战中前期，确立“培强传统项目、壮大潜力项目、发展新兴项目”的业训工作思路，多次召开会议专题研究制订专项配套政策，将具体指标分解落实到各训练单位，与各训练单位签订金牌目标责任书。在备战后期，开展赛前适应性训练、封闭式训练和外出交流训练，制定详尽的参赛方案。在器材、服装、证件、伙食、营养等方面对运动队提供保障。

2010年3月9日，成立泰安市迎接省二十二届运动会领导小组，组长徐恩虎，副组长高翔、苏有森，成员任广中、张勇华、孙磊、高黎明、彭国胜、于桂香，苏有森兼办公室主任，办公地点设在市体育局。

为扩展参赛项目，泰安市体校借用省优秀训练队力量，通过新招、调训、交流队员等方式新上空手道、跆拳道、拳击等项目。市体校进行训练机制改革，成立了球类、拳跆、田羽、训练中心等四个项目管理中心，实行主任负责制，项目中心与市体校签订金牌和总分目标任务书，实行风险抵押、奖优罚劣，业训水平和竞技实力提升迅速。

第二十二届省运会决赛从2010年7月1日开始，至9月26日结束，历时88天。泰安市代表团436人，其中男女运动员323名，参加除游泳和射击外的23个大项178个小项的比赛，是泰安市历史上参加省运会项目最多的一届代表团。青少年组在14个大项上获得金牌31.75枚、银牌20.5枚、铜牌30枚，奖牌总数82.25枚，总分1596.5分，金牌榜和总分榜均列全省第八位；优秀运动员组获金牌36.25枚、总分467分，分列全省第九位；竞技体育贡献奖综合以上两项所得金牌68枚、银牌20.5枚、铜牌30枚，奖牌总数118.5枚、总分2063.5分，金牌榜、奖牌榜、总分榜均列全省第八位。本届省运会所设7个奖项，市代表团全部获得，市代表团被组委会授予“体育道德风尚奖”代表团，取得了竞赛成绩和精神文明双丰收。

2011年3月30日，泰安市体育工作暨参加22届省运会表彰大会在市政大楼东一楼报告厅举行。市政府副市长徐恩虎、市政协副主席任先德出席会议，市政府办公室副主任高翔，市体育局局长苏有森、团市委书记陈晓娜、市妇联主席葛新、市人社局副局长牛国新、市教育局副局长张勇华，市体育局副局长任广中、彭国胜等参加会议。会议由市政府办公室副主任高翔主持。任广中传达省政府实施《全民健身计划》暨青少年体育工作会议精神，苏有森作体育工作报告，牛国新传达《泰安市人民政府关于表彰参加山东省第二十二届运动会先进单位和先进个人的通报》，宣布《人力资源和社会保障局、体育局、教育局关于表彰参加山东省第二十二届运动会先进单位和先进个人的通报》，陈晓娜宣布《共青团泰安市委、泰安市体育局关于授予王峰等106名同学“新长征突击手”的决定》，葛新宣布《泰安市妇联、泰安市体育局关于授予张红等62名同志“三八红旗手”的决定》，张勇华宣布《泰安市体育局、泰安市教育局关于表彰参加山东省第二十二届运动会先进个人的通报》。副市长徐恩虎在大会上讲话，高度赞扬市体育健儿王峰实现了泰安体育史上奥运金牌零的突破，称赞市体育代表团二十二届省运会上实现“争先进位”目标，完成“竞技体育上位次”任务。

山东省第二十二届运动会泰安代表团进入录取名次运动员成绩表

表 6-24

姓　名	组　别	项　目		成　绩	名　次
冯猛猛	男子甲组	柔道	66 公斤级	—	1
王继源	男子甲组		73 公斤级	—	3
张　谦	男子甲组		100 公斤级	—	5
张俊豪	男子乙组		60 公斤级	—	3
吴路广	男子乙组		81 公斤级	—	3
左　洋	男子乙组		100 公斤级	—	7
邵丹丹	女子甲组		63 公斤级	—	3
史　晨	女子甲组		63 公斤级	—	7
程　琳	女子乙组		52 公斤级	—	7
庞富新	女子乙组		52 公斤级	—	7
宋燕梅	女子乙组	自行车山地个人计时赛		20:27.7	8
银　山	男子甲组	古典式摔跤	60 公斤级	—	2
展山峰	男子乙组		50 公斤级	—	7
张　晨	男子乙组		63 公斤级	—	7
宋衍双 *	男子乙组		69 公斤级	—	7
宋衍杰 *	男子乙组		76 公斤级	—	3
段　阳	男子甲组	自由式摔跤	74 公斤级	—	7
李　进	男子甲组		120 公斤级	—	3
郭殿波	男子甲组		120 公斤级	—	7
郭广昌	男子乙组		76 公斤级	—	2
于　琴 *	女子甲组		55 公斤级	—	1
杨　风	女子甲组		59 公斤级	—	5
许雅楠 *	女子甲组		67—72 公斤级	—	3
张　媛	女子乙组		52 公斤级	—	7
黄蕾洁	女子乙组		60 公斤级	—	5
张瑞峰	男子甲组	武术	刀术棍术全能	18.51 分	1
张瑞峰	男子甲组		长拳	9.15 分	6
张孟发、弥宪科	男子乙组		男子对练	8.22 分	7
李　壮	男子乙组		规定拳	8.49 分	3
冯丽丽	女子甲组		剑术枪术全能	15.4 分	6
陈俊泽 *	男子甲组	铁人三项		20:13.7	5
朱保全 *	男子甲组	铁人三项		21:55	6

续表 6-24

姓　名	组　别	项　目		成　绩	名　次
王士开	男子甲组	散打	58 公斤级	—	2
许　飞 *	男子甲组		87.5 公斤以上级	—	2
王洪帅	男子乙组		48 公斤级	—	5
王农农	男子乙组		52 公斤级	—	3
李　阳 *	男子乙组		52 公斤级	—	5
卞保保	男子乙组		85 公斤级	—	1
陈剑飞	男子乙组		85 公斤级	—	3
朱腾飞 *	男子乙组		90 公斤级	—	2
黄雯钰 *	女子乙组		52 公斤级	—	7
李　震 *	女子乙组		56 公斤级	—	5
王海艳	女子乙组		65 公斤级	—	3
孙　超 *	女子乙组		70 公斤级	—	3
殷盼盼	女子甲组	击剑	佩剑个人赛	—	2
王婧宣 *	女子甲组		佩剑个人赛	—	6
	女子甲组		佩剑团体赛	—	2
路金鹏	男子甲组	拳击	54 公斤	—	5
董跃新 *	男子甲组		69 公斤	—	1
李　龙 *	男子甲组		75 公斤	—	3
李　昆 *	男子乙组		57 公斤	—	1
陈　博	男子乙组		81 公斤	—	3
杨　树 *	女子甲组		50 公斤	—	2
李晓玲 *	女子甲组		60 公斤	—	5
李小兰	女子甲组	艺术体操个人全能		81.867 分	6
王敬功 *	男子甲组	帆船帆板男子激光级		24	2
辛晓慧 *	女子乙组	帆船帆板女子 T293 级		40	3
王加峰	男子甲组	举重	62 公斤级	214 公斤	5
孙　楠	男子甲组		85 公斤级	235 公斤	6
陈　凯	男子甲组		94 公斤级	260 公斤	5
孙元召	男子乙组		85 公斤级	243 公斤	4
明　敏	女子甲组		48 公斤级	148 公斤	2
贾明慧	女子甲组		63 公斤级	205 公斤	4
吕文丽	女子乙组		44 公斤级	116 公斤	4
褚士娇	女子乙组		75+ 公斤级	181 公斤	5

续表 6–24

姓 名	组 别	项 目		成 绩	名 次
姜安琪 * 刘鲁奇 *	女子丁组	乒乓球	双打	—	7
	女子丁组		团体	—	6
	男子乙组		团体	—	7
唐 凡 *	男子乙组	跆拳道	80+ 公斤级	—	5
王 慧 *	女子甲组		55 公斤级	—	2
姜 玉 *	女子甲组		67 公斤级	—	5
江建壮	男子甲组	射箭	奥林匹克淘汰赛	101 环	3
江建壮	男子甲组		双轮单项	627 环	1
	男子甲组		奥林匹克淘汰赛团体	198 环	4
	男子乙组		单轮全能团体	2887 环	7
房文凤 *	女子甲组		双轮单项	619 环	5
乔 燕	女子乙组		单轮全能个人	1263 环	6
乔 燕	女子乙组		近距离双轮单项	1206 环	8
乔 燕	女子乙组		双轮全能个人	2430 环	6
乔 燕	女子乙组		远距离双轮单项	1224 环	5
	女子乙组		双轮全能团体	6863 环	3
班 乐	男子组	空手道	60 公斤	—	7
宋光泰	男子组		60 公斤	—	7
胡庆斌	男子组		75 公斤	—	5
宋庆龙	男子组		75+ 公斤	—	7
陈志娇	女子组		60 公斤	—	7
王 红	女子组		60+ 公斤	—	1
	男子甲组	田径	4×100 米接力	44.84	5
郭启中	男子甲组		链球	43.17 米	4
于宪坤	男子甲组		链球	22.31 米	8
王鸿春	男子乙组		5000 米竞走	21:16.4	4
徐 刚	男子乙组		5000 米竞走	21:34.2	7
刘汝红	女子乙组		5000 米竞走	23:50.3	5
刘汝红	女子乙组		10000 米竞走	51:13.3	6
陈化风	女子乙组		10000 米竞走	53:17.1	8
张家豪 * 肖 亮 *	男子乙组	赛艇公开级 2000 米双人单桨		7:14.61	3
马晓旭 * 张家豪 * 张志远 * 肖 亮 *	男子乙组	赛艇公开级 2000 米四人单桨		6:54.65	1

续表 6-24

姓　名	组　别	项　目		成　绩	名　次
张晓旭、张志远	男子乙组	赛艇轻量级 2000 米双人单桨		7:3.1	1
泰安队	男子甲组	羽毛球	团体		4
泰安队	女子甲组		团体		2
韩润生	男子甲组		单打	—	4
薛一凡	男子甲组		单打	—	7
张文静	女子甲组		单打	—	3
丁　迪、杜一鸣	男子甲组		双打	—	6
张文静、冯子晓	女子甲组		双打	—	3
杨叶青、冯子晓	甲组		混合双打	—	5
薛一凡、卜　寒	甲组		混合双打	—	6
	男子乙组		团体	—	2
	女子乙组		团体	—	3
侯嫣然	女子乙组		单打	—	8
孙晓峰、张　晓	男子乙组		双打	—	2
韩方远、洪文旭	男子乙组		双打	—	3
杨　雪、韩　桐	女子乙组		双打	—	3
金枫媛、侯嫣然	女子乙组		双打	—	7
洪文旭、杨　雪	乙组		混合双打	—	2
宋雪成	男子甲组	蹦床	单人	56.95 分	1
胡文豪	男子甲组		单人	48.82 分	3
宋雪成、胡文豪	男子甲组		双人同步	12.32 分	2
	男子乙组		团体	—	2
赵智玮 *	男子乙组		单人	44.37 分	1
刘向东	男子乙组		单人	42.95 分	4
刘向东、王明森	男子乙组		双人同步	55.325 分	1
邢如意 * 赵智玮 *	男子乙组		双人同步	52.605 分	4
	女子乙组		团体	—	5
赵庚萱	女子乙组		单人	38.975 分	7
刘　杨	女子乙组		单人	38.52 分	8
赵庚萱、刘　杨	女子乙组		双人同步	49.49 分	6
曹　磊	男子甲组	体操	鞍马	1.05 分	8
曹　磊	男子甲组		单杠	5.225 分	7
曹　磊	男子甲组		吊环	5.9 分	6

续表 6–24

姓 名	组 别	项 目		成 绩	名 次
曹 磊	男子甲组	体操	双杠	5.55 分	7
曹 磊	男子甲组		跳马	11.0375 分	6
曹 磊	男子甲组		自由体操	12.075 分	6
曹 磊	男子甲组		男子全能	44.675 分	7
	男子甲组		男子团体	43.375 分	4
柏钦昊	男子乙组		鞍马	12.25 分	4
王 江	男子乙组		鞍马	10.75 分	7
陈 鹏	男子乙组		单杠	12.00 分	2
郭 健	男子乙组		单杠	11.825 分	4
王 江	男子乙组		单杠	7.575 分	6
王 江	男子乙组		吊环	13.675 分	1
陈 鹏	男子乙组		吊环	12.20 分	5
王 江	男子乙组		双杠	14.375 分	1
陈 鹏	男子乙组		双杠	11.775 分	4
郭 健	男子乙组		双杠	11.75 分	5
王 江	男子乙组		跳马	13.225 分	1
郭 健	男子乙组		跳马	11.15 分	6
陈 鹏	男子乙组		跳马	11.1125 分	7
王 江	男子乙组		自由体操	14.65 分	2
陈 鹏	男子乙组		自由体操	13.075 分	7
王 江	男子乙组		个人全能	81.8 分	1
陈 鹏	男子乙组		个人全能	71.3 分	4
郭 健	男子乙组		个人全能	68.9 分	5
	男子乙组		团体	198.7 分	4
陈映雪	女子甲组		高低杠	12.575 分	2
赵 婵	女子甲组		高低杠	9.375 分	6
陈映雪	女子甲组		平衡木	13.65 分	2
尹菲菲	女子甲组		平衡木	10.95 分	5
陈映雪	女子甲组		跳马	11.7 分	3
赵 婵	女子甲组		跳马	11.5375 分	4
陈映雪	女子甲组		自由体操	12.05 分	3
赵 婵	女子甲组		自由体操	11.525 分	5
陈映雪	女子甲组		女子全能	50.65 分	2

续表 6-24

姓　名	组　别	项　目		成　绩	名　次
尹菲菲	女子甲组	体操	女子全能	45.45 分	4
赵　婵	女子甲组		女子全能	45.45 分	4
	女子甲组		团体	93.275 分	2
王　宇	女子乙组		高低杠	0.3 分	8
	女子乙组		团体	29.375 分	5
王　一	儿童乙组	跳水	男子 1 米跳板	253.1 分	3
邱豪然	儿童乙组		男子 5 米跳台	274.7 分	1
邱豪然	儿童乙组		男子个人全能	306.95 分	2
王　一	儿童乙组		男子个人全能	246 分	3
宋明君	儿童乙组		女子 1 米跳板	253.5 分	2
韩　玉	儿童乙组		女子 5 米跳台	264.5 分	3
韩　玉	儿童乙组		女子个人全能	292.8 分	3
宋明君	儿童乙组		女子个人全能	254.85 分	6
董传伦	儿童丙组		男子 1 米跳板	89.45 分	8
董传伦	儿童丙组		男子个人全能	240.8 分	4
邢怡颖	儿童丙组		女子 1 米跳板	124.75 分	1
潘昱辰	儿童丙组		女子 1 米跳板	77.95 分	8
张仁娜	儿童丙组		女子 3 米跳板	164.85 分	3
邢怡颖	儿童丙组		女子个人全能	313.6 分	1
张仁娜	儿童丙组		女子个人全能	208 分	7
泰安队	女子甲组	排球		1 金	8
泰安队	女子乙组	排球		2 金	6
泰安队	女子组	手球		2.5 金	4
泰安队	男子甲组	足球		1.5 金	7
泰安队	男子乙组	足球		2.5 金	5
泰安队	女子甲组	足球		1.5 金	7
泰安队	女子乙组	足球		1 金	8
泰安队	男子乙组	篮球		1 金	8
泰安队	女子乙组	篮球		2 金	6

注:名字后面加“*”者为交流队员。

23.山东省第二十三届运动会

山东省第二十三届运动会于2014年9月16日至24日在山东省济宁市举行，运动会分大学生组、行业体协组和青少年组三个组别。青少年组比赛共设田径、游泳（跳水）、举重、国际式摔跤、柔道、跆拳道、拳击、体操（蹦床、艺术体操）、赛艇、皮划艇、帆船（帆板）、射击（飞碟）、射箭、自行车（场地、山地、公路、BMX小轮）、击剑、足球、篮球、排球（沙滩排球）、乒乓球、手球、羽毛球、网球、武术（套路、散打）、铁人三项、橄榄球、现代五项等26个大项、767个小项。金牌2868枚，总分73504分。全省17市代表团共计10000余名青少年运动员参赛。开幕式后举行田径、游泳、射击、乒乓球、羽毛球、举重、赛艇、皮划艇、足球、篮球等13个大项、374个小项的决赛，其他项目的决赛在开幕式前先期进行。

2011年，新省运周期伊始，市体育局确定备战二十三届省运会要从“抓业训打基础”做起。一是调整优化项目结构，重新划分一、二、三类竞技项目，将项目设置与省优秀运动队接轨，整合体育、教育和社会资源，重点培强体操、跳水、举重、竞走、女子摔跤、女子柔道、女子拳击等一类项目，全力突破男子柔道、男子古典跤、自由跤、射箭、田径（中长跑、链球）、蹦床、散打等二类项目，加快发展篮球。足球、排球、手球、羽毛球、网球、武术、游泳等三类项目。二是继续完善业训管理体制和运行机制。依托市体校发展相对独立的单项运动管理中心，继续强化新泰体操、跳水、蹦床训练，着力突破肥城运动员培养输送工作，统筹其他区县发展符合实际的优势项目，依托市体育中心开展游泳、网球训练，依托全民健身中心开展羽毛球、乒乓球、艺术体操训练，逐步形成以市体校为主体，新泰、肥城为两翼，县级体校为基础，其他训练单位为补充的“一体两翼”业训体系格局。三是狠抓训练教学。严格执行日常训练教学管理办法和训练计划，在传统三集中教学的基础上，探索推行竞技体校与基层学校结合、主力在内与非主力在外结合、市运动队与省以上专业队结合，整体引进与交流托管结合、自主训练与开放办学结合等多种训练模式，各项目集训队伍稳定，在训人员性别、组别结构合理，竞技实力显著提升，为备战二十三届省运会打下了人才基础。至2012年年底，全市共注册二十三届省运会甲乙组适龄运动员1128人。

2014年2月10日，成立“山东省第二十三届运动会泰安市备战参赛工作领导小组”，组长徐恩虎，副组长于文龙、苏有森、张勇华，成员许兵、刘斌、徐炳伦、李清利、胡开剑、刘伟、朱丽、侯丽、名数伟、柳桂敏、张立国、刘树刚、邹斌，办公室设在体育局，许兵兼办公室主任。市体育局于2014年2月12日成立泰安市备战二十三届省运会信息工作小组，组长许兵，副组长周生涛、王振民、何斌，全面负责备战参赛工作。

山东省第二十三届省运会预赛于2014年3月13日开始，至6月底结束。2014年7月4日，市体育局召开第二十三届省运会预赛分析暨决赛动员会，局长苏有森在听取预赛汇报后明确提出决赛工作十字方针，即“冲刺、亮剑、策略、纪律、保障”，号召全体教练员、运动员一鼓作气，加倍拼搏，克服困难，用昂扬的斗志和必胜的决心确保胜利完成“保八争七”的目标任务。

2014年9月初，泰安市成立二十三届省运会体育代表团，市政府副市长徐恩虎任团长，市政府副秘书长于文龙、市体育局局长苏有森，市体育局副局长、市体校校长许兵、新泰市体育局局长李果任副团长，并设立办事机构，由市局竞赛科科长周生涛担任联络员。

第二十三届省运会决赛自7月12日开始，至9月23日结束，历时74天。泰安市体育代表团516名青少年运动员参加了除现代五项、橄榄球、铁人三项、网球和游泳外的21个大项的比赛。青少年组共获得60枚金牌、43枚银牌、41枚铜牌，总分2382.5分。优秀运动员组获得金牌57.25枚，总分744.25分。在青少年组金牌榜和总分榜，优秀运动员组金牌榜和总分榜四个奖项上均名列全省第八位，完成了市政府下达的“保八争七”的目标任务。代表团被大会组委会授予“体育道德风尚奖代表团”称号。

2015年3月6日，市政府召开“2015年全市体育工作暨参加二十三届省运会表彰大会”，副市长徐恩虎、市政府副秘书长于文龙出席会议。各县（市、区）分管副县（市、区）长，市直有关部门、单位、省属以上驻泰安有关单位分工负责人参加会议。徐恩虎在讲话中高度赞扬市体育健儿在二十三届省运会上取得的优异成绩，要求全市体育工作者继续振奋精神，全面加快体育强市建设步伐，为推进富民强市建设做出新的更大贡献。

山东省第二十三届运动会泰安代表团进入前八名运动员成绩表

表 6–25

姓　名	组　别	项　目		成　绩	名　次
葛　浩*	男子甲组	田径	200 米	21.86	3
葛　浩	男子甲组		400 米	48.55	1
杨文超*	男子甲组		800 米	1:52.19	2
杨文超	男子甲组		1500 米	3:48.75	2
冯　迪	男子甲组		1500 米	4:16.64	7
严德祥	男子甲组		20000 米竞走	1:27:30.99	1
葛　浩	男子甲组		4×400 米接力	3:18.84	1
李祝金	男子甲组		链球	46.32 米	6
宿　冬	男子甲组		链球	30.47 米	7
陈　磊	男子乙组		800 米	2:00.19	6
白凡坤	男子乙组		3000 米	8:45.94	3
徐文璟	男子乙组		2000 米障碍	6:05.20	4
白凡坤	男子乙组		2000 米障碍	6:19.50	5
王　浩	男子乙组		2000 米障碍	6:31.16	8
叶吉庆	男子乙组		10000 米竞走	45:36.32	5
安光发	男子乙组		10000 米竞走	45:49.94	6
	男子乙组		4×400 米接力	3:25.44	5
娄　琦	男子乙组		链球	60.47 米	6
孙润浩	男子乙组		链球	58.79 米	7
	男子组		竞走团体	2:13:40.00	2
任　霞	女子甲组		10000 米竞走	1:01:27.00	6
马　兰	女子甲组		链球	52.73 米	2
王艳艳	女子甲组		链球	48.69 米	4
姜子佩	女子乙组		800 米	2:15.03	3

续表 6–25

姓　名	组　别	项　目		成　绩	名　次
周　霞	女子乙组	田径	1500 米	4∶37.13	2
吴　琼	女子乙组		1500 米	4∶46.78	4
姜子佩	女子乙组		1500 米	4∶51.50	7
周　霞	女子乙组		3000 米	9∶45.98	5
	女子乙组		4×400 米接力	4∶07.39	7
高　菲、李　雪 宋文艳、李梦真 路　洁	女子组		竞走团体	2∶34∶36.41	1
宋明君	女子甲 A 组	跳水	个人全能	331.30 分	4
韩　玉	女子乙 A 组		个人全能	633.80 分	3
董传伦	男子乙 A 组		个人全能	734.40 分	2
孔林林	男子乙 A 组		个人全能	20.40 分	3
董传伦	男子乙 A 组		5 米跳台	355.65 分	2
史晓东	男子乙 A 组		5 米跳台	18.00 分	3
韩　玉	女子乙 A 组		5 米跳台	294.55 分	5
王馨雨	女子乙 C 组		个人全能	391.20 分	3
王馨雨	女子乙 C 组		5 米跳台	175.20 分	3
	男子乙 E 组		泰安 1 队团体	141.50 分	3
	女子乙 E 组		泰安 1 队团体	223.00 分	3
黄林玉	女子甲组	举重	48 公斤级	172 公斤	2
欧阳小霞	女子甲组		58 公斤级	195 公斤	1
向利莉	女子甲组		61 公斤级	210 公斤	1
蒋　婷	女子甲组		63 公斤级	191 公斤	1
杨樱桃	女子甲组		63 公斤级	187 公斤	2
于秀萍	女子乙组		48 公斤级	154 公斤	1
吕文丽	女子乙组		53 公斤级	169 公斤	2
王燕飞	女子乙组		63 公斤级	145 公斤	6
阳文凯	女子乙组		65 公斤级	183 公斤	3
李学文	女子乙组		69 公斤级	217 公斤	1
蒋　爽	女子乙组		75 公斤级	127 公斤	6
王德军	男子乙组		56 公斤级	238 公斤	1
陈永龙	男子乙组		77 公斤级	292 公斤	1
宁　军	男子乙组		85 公斤级	253 公斤	4

续表 6–25

姓　名	组　别	项　目		成　绩	名　次
文　兵	男子甲组	古典式摔跤	55 公斤级	—	1
胡　旭	男子甲组		55 公斤级	—	2
刘均观	男子甲组		74 公斤级	—	2
张　恒	男子甲组		84 公斤级	—	7
李金龙	男子甲组		96 公斤级	—	5
李　浩	男子乙组		46 公斤级	—	5
马翔宇	男子乙组		46 公斤级	—	7
孙文浩	男子乙组		50 公斤级	—	5
薛　鹏	男子乙组		50 公斤级	—	7
王志浩 *	男子乙组		76 公斤级	—	5
马　晓	男子乙组		85 公斤级	—	5
宋　鹏	男子乙组		85 公斤级	—	7
时智勇	男子甲组	自由式摔跤	60 公斤级	—	7
张家豪	男子甲组		66 公斤级	—	7
孙国明	男子乙组		58 公斤级	—	7
尹　顺	男子乙组		69 公斤级	—	2
王继凯 *	男子乙组		76 公斤级	—	3
许朋朋	男子乙组		76 公斤级	—	5
邹宇航	男子乙组		85 公斤级	—	3
张　冀	男子乙组		96 公斤级	—	2
曹　坤	男子乙组		96 公斤级	—	5
袁　瑞	男子乙组		100 公斤级	—	7
杨　珍	女子甲组		51 公斤级	—	2
张　媛	女子甲组		63 公斤级	—	5
王　英	女子甲组		63 公斤级	—	7
张　珍	女子甲组		62—72 公斤级	—	7
邱　雪	女子乙组		40 公斤级	—	3
赵　鑫	女子乙组		40 公斤级	—	5
苏宪丽	女子乙组		56 公斤级	—	2
周乐乐	女子乙组		60 公斤级	—	1
张　璐	女子乙组		60 公斤级	—	7
袁玉莹	女子乙组		63 公斤级	—	5

续表 6–25

姓　名	组　别	项　目		成　绩	名　次
刘心宁	女子乙组	柔道	65 公斤级	—	2
林瑞福	男子甲组		–60 公斤级	—	1
乔仁栋	男子甲组		–60 公斤级	—	2
刘业文	男子甲组		+100 公斤级	—	2
关纪港	男子乙组		–55 公斤级	—	7
陈　敦	男子乙组		–60 公斤级	—	7
李春雷	男子乙组		–90 公斤级	—	3
丁　东	男子乙组		–90 公斤级	—	3
张明远	男子乙组		–100 公斤级	—	2
韦金峰	男子乙组		–100 公斤级	—	5
姚俊杰	男子乙组		无差别级	—	3
李　娜 *	女子甲组		–63 公斤级	—	3
杨蕴玉	女子甲组	跆拳道	51 公斤级	—	5
李　雪	女子甲组		72 公斤级	—	3
李冉冉	女子乙组		47 公斤级	—	1
张晓艺	女子乙组		44 公斤级	—	2
丰国宁	男子甲组		54 公斤级	—	5
满峰宇	男子乙组		54 公斤级	—	2
尹　坤	男子乙组		62 公斤级	—	3
刘　婷	女子甲组	拳击	55 公斤	—	3
王海艳	女子甲组		67 公斤	—	5
贾子涵	女子甲组		+75 公斤	—	1
刘馨培	女子乙组		53 公斤	—	5
王美容	女子乙组		58 公斤	—	5
徐玲玲	女子乙组		64 公斤	—	1
高东倩	女子乙组		70 公斤	—	5
刘　羿	男子甲组		64 公斤	—	3
安靖康	男子甲组		69 公斤	—	2
李明鑫	男子甲组		81 公斤	—	3
薛圣勇	男子甲组		+91 公斤	—	3
于　奕	男子乙组		48 公斤	—	3
展　昭	男子乙组		54 公斤	—	5

续表 6–25

姓　名	组　别	项　目		成　绩	名　次
张　鹏	男子乙组	拳击	57 公斤	—	5
郝宗鑫	男子乙组	拳击	64 公斤	—	2
丁　睿	男子乙组	拳击	81 公斤	—	3
李辛虎	男子乙组	拳击	+91 公斤	—	1
	男子乙组	蹦床	团体	148.750 分	3
张震东 * 刘向东 *	男子甲组	蹦床	双人同步	43.200 分	1
查仲豪、安　旭	男子甲组	蹦床	双人同步	2.800 分	4
李俊鸿 * 杨炳林 *	男子乙组	蹦床	双人同步	43.900 分	3
赵庚萱 * 翟羽佳 *	女子甲组	蹦床	双人同步	42.500 分	1
刘向东	男子甲组	蹦床	网上单人	53.960 分	2
查仲豪	男子甲组	蹦床	网上单人	3.875 分	7
查仲杰	男子甲组	蹦床	网上单人	3.825 分	8
杨炳林	男子乙组	蹦床	网上单人	34.600 分	4
赵庚萱	女子甲组	蹦床	网上单人	51.650 分	1
易濛濛	女子甲组	蹦床	网上单人	46.470 分	2
杨　硕	男子甲组	体操	个人全能	31.150 分	5
杨　硕	男子甲组	体操	三项全能 A	21.000 分	4
陈　鹏	男子乙 A 组	体操	个人全能	88.850 分	3
柏钦昊 *	男子乙 A 组	体操	个人全能	80.800 分	6
徐珂原	男子乙 B 组	体操	个人全能	94.700 分	2
	男子乙 A 组	体操	团体	322.950 分	1
	男子乙 A 组	体操	团体	203.150 分	2
	男子乙 B 组	体操	团体	441.500 分	1
	男子乙 B 组	体操	团体	299.150 分	3
	男子乙 C 组	体操	团体	428.400 分	3
	男子乙 C 组	体操	团体	238.000 分	4
孙骏耀	男子乙 A 组	体操	两项全能 A	26.700 分	2
宋昊阳	男子乙 A 组	体操	两项全能 A	19.350 分	5
柏钦昊	男子乙 A 组	体操	两项全能 B	25.650 分	3
孙嘉皓	男子乙 A 组	体操	两项全能 B	25.150 分	4
陈　鹏	男子乙 A 组	体操	两项全能 C	26.700 分	1
徐珂原	男子乙 B 组	体操	两项全能 A	26.800 分	1

续表 6–25

姓　名	组　别	项　目		成　绩	名　次
王汇川	男子乙 B 组	体操	两项全能 A	24.700 分	5
王舜尧 *	男子乙 B 组		两项全能 B	26.350 分	2
丛秋伟	男子乙 B 组		两项全能 B	25.750 分	4
刘一非	男子乙 B 组		两项全能 C	27.300 分	1
刘德志 *	男子乙 C 组		三项全能 A	40.550 分	3
韩宝旭	男子乙 C 组		三项全能 A	34.350 分	8
李续霖 *	男子乙 C 组		三项全能 B	37.900 分	6
尹翼凡	男子乙 C 组		三项全能 B	36.750 分	8
王　华	女子乙 B 组		个人全能	66.325 分	3
吴奕璇	女子乙 B 组		个人全能	66.175 分	4
	女子乙 B 组		团体	194.075 分	2
	女子乙 C 组		团体	199.775 分	3
王　华	女子乙 B 组		全能 A	26.950 分	2
吴奕璇	女子乙 B 组		全能 B	26.750 分	2
黄佳琦	女子乙 B 组		全能 B	22.050 分	7
张炬炀	女子乙 C 组		全能 A	26.050 分	6
赵泓霏	女子乙 C 组		全能 A	22.675 分	7
杨晨雨	女子乙 C 组		全能 B	23.700 分	6
宗　鹏	男子甲组	赛艇	公开级 1X	7:14.66	2
宗　鹏	男子甲组		公开级全能	21	2
冀　翔	男子乙组		四人双桨无舵手	6:13.95	1
冀　翔	男子乙组		双人双桨无舵手	6:45.94	3
姜国源 * 高国泰 *	男子甲组	皮划艇 1000 米 C2		4:01.85	4
姜国源、高国泰	男子甲组	皮划艇 500 米 C2		1:58.37	5
王彤彤 *	女子甲组	帆船帆板	激光级	22	5
魏歆怡 *	女子乙组		激光级	25	5
李钧浩 *	男女甲组		OP 级	28	5
赵焕城 *	男女乙组		OP 级	11	2
宋长江	男子甲组	射击	50 米手枪	121.9 环	5
宋长江	男子甲组		10 米气手枪		6
李聪聪	男子甲组	射箭	70 米双轮单项	609 环	6
	男子甲组		排名赛团体	1770 环	2

续表 6-25

姓　名	组　别	项　目		成　绩	名　次
杨佳慧	女子甲组	射箭	70 米双轮单项	572 环	4
	女子甲组		排名赛团体	1660 环	4
杨佳慧	女子甲组		个人奥林匹克决赛		4
李聪聪	男子甲组		个人奥林匹克决赛		6
李聪聪、游　冰 乔建平、邱得成	男子甲组		团体淘汰赛		1
	女子甲组		团体淘汰赛		2
	女子乙组		双轮全能团体	2428 环	7
	女子乙组		单轮全能团体	1212 环	7
李洪凤	女子甲组	自行车	山地自行车个人越野赛	1:09:20.412	2
李琦琦	女子乙组		山地自行车个人越野赛		7
李洪凤	女子甲组		公路自行车个人赛	1:18:55.485	2
裴雪萌	女子甲组		公路自行车个人赛		5
李洪凤	女子甲组		公路自行车个人计时赛	11:35.948	5
李琦琦	女子乙组		公路自行车个人赛	1:23:17.120	6
王　鑫	女子乙组	击剑	佩剑个人	—	3
	男子乙组		佩剑团体	—	3
	女子乙组		佩剑团体	—	4
王立晨	男子甲 B	羽毛球	单打	—	7
姚炳辰	男子乙 B		单打	—	6
姚炳辰、陈睿杰	男子乙 B		双打	—	6
	男子甲组		团体	—	6
	女子甲组		团体	—	5
	男子乙组		团体	—	4
	女子乙组		团体	—	2
曹　琳	男子甲组		单打	—	8
谢宇浩、吴　双	男子甲组		双打	—	8
杨采妮、侯嫣然	女子甲组		双打	—	5
谢宇浩、刘心熠	甲组		混合双打	—	6
王泽华、张　熠	男子乙组		双打	—	7
赵孙明媚、律明珠	女子乙组		双打	—	2

续表 6–25

姓　名	组　别	项　目		成　绩	名　次
王泽华、赵孙明媚	乙组	羽毛球	混合双打	—	4
韩方远 *	男子甲组		团体	—	3
韩方远	男子甲组		双打	—	3
王俊杰 *	男子甲组	武术	南拳南棍全能	16.63 分	5
孔冠鲁、曹建敏	男子甲组		对练	8.29 分	5
赵　艳 *	女子甲组		长拳		4
史荆荆 *	女子甲组		长拳		6
薛　军 *	女子甲组		刀术棍术全能	15.24 分	6
赵　艳	女子甲组		剑术枪术全能	16.52 分	2
史荆荆、赵　艳	女子甲组		对练	7.96 分	8
刘甲孝	男子乙组		刀术		2
刘甲孝	男子乙组		棍术	9.20 分	1
刘甲孝、孙衍恒	男子乙组		对练	8.35 分	6
	男子乙组		集体基本功		6
李　巧	女子乙组		规定拳	8.65 分	2
李　妙	女子乙组		规定拳	8.52 分	8
孙昌悦	女子乙组		刀术	8.17 分	6
孙昌悦	女子乙组		棍术	9.05 分	2
李　巧	女子乙组		棍术	8.23 分	7
董　艺	女子乙组		剑术	8.90 分	1
	女子乙组		集体基本功	8.33 分	3
黄德举	男子甲组	散打	58 公斤级	—	1
孔玮健	男子甲组		87.5 公斤级	—	3
王添翼 *	男子甲组		+87.5 公斤级	—	3
李　凯	男子乙组		48 公斤级	—	3
陈忠洋	男子乙组		70 公斤级	—	3
刘佳伟 *	男子乙组		75 公斤级	—	3
刘鸣宇	男子乙组		75 公斤级	—	3
王泽静 *	女子甲组		70 公斤级	—	3
泰安队	女子甲组	足球		2.5 金	7
泰安队	女子乙组	足球		3 金	6
泰安队	男子甲组	足球		4 金	4

续表 6-25

姓 名	组 别	项 目	成 绩	名 次
泰安队	男子乙组	足球	2 金	8
泰安队	女子甲组	篮球	2.5 金	7
泰安队	男子甲组	篮球	2.5 金	7
泰安队	男子乙组	篮球	3 金	6
泰安队	男子甲组	排球	3 金	6
泰安队	男子乙组	排球	1.5 金	9
泰安队	女子甲组	排球	1.5 金	9
泰安队	女子乙组	排球	4 金	4
泰安队	女子乙组	手球	2.5 金	4
泰安队	男子乙组	手球	—	7
泰安队	男子甲 B	乒乓球团体	—	4
泰安队	男子乙 B	乒乓球团体	—	8

注:名字后面加“*”者为交流队员

第二章　北京第二十九届奥运会火炬传递

2008年8月8日至24日，第二十九届夏季奥林匹克运动会在北京举行。2008年3月31日至8月8日，第二十九届奥运会圣火火炬“祥云”圆满完成全球123个城市的“和谐之旅”。北京奥运圣火火炬于2008年7月21日至23日在山东境内青岛、临沂、曲阜、泰安、济南5个城市依次传递。

泰安市委、市政府把北京奥运火炬“祥云”泰安境内传递工作作为一项重大的政治任务，在北京奥组委和山东省委、省政府正确领导下，相继成立北京奥运会火炬接力境内传递泰安组委会，火炬传递工作领导小组和火炬传递工作指挥部，市长挂帅坐镇，分管市领导靠前指挥，统一领导泰安市的火炬传递工作，全市齐动员，确保泰安境内火炬传递活动圆满成功。

2008年7月22日，“祥云”降临泰安，祈福国泰民安。11时30分至12时40分，北京奥运圣火“祥云”在具有丰厚历史文化底蕴的国际旅游名城泰安激情传递，120名火炬手心手相传，点燃泰安人民的光荣与梦想。13时50分，奥运圣火登上中华泰山，在世界自然文化双遗产的泰山之巅进行展示，泰安市民和中外游客共同见证圣山圣火激情对话的神圣时刻。奥运圣火在泰安成功传递，向世界展示了泰安丰厚的历史文化和优美的自然风光，展示了泰安现代化建设取得的巨大成就，展现了泰安人民奋发向上的精神风貌。

第一节 组织机构

一、泰安市奥运工作小组

2007年3月5日，泰安市委、市政府成立“泰安市奥运工作小组”。市委副书记、市长李洪峰任组长，市委副书记黄龙华任副组长，市委常委、副市长邹斌芳，市委常委、市委秘书长朱玉合，市委常委、政法委书记杨忠海，市委常委、宣传部部长白玉翠，副市长徐恩虎，市长助理、公安局局长郑岐浩为成员。黄龙华、杨忠海兼任社会稳定控制工作分指挥系统负责人，白玉翠、徐恩虎兼任媒体和记者管理工作分指挥系统负责人，黄龙华、徐恩虎兼任火炬传递工作分指挥系统负责人，统筹领导泰安市奥运活动各项筹备工作。

二、北京奥运会火炬传递境内传递工作泰安市领导小组

2007年7月26日，为做好北京奥运会火炬接力泰安境内传递工作，根据山东省组委会的要求，参照北京奥组委《每日单元传递路线编制工作指南》《北京奥运会火炬手选拔计划》的安排，成立北京奥运会火炬接力境内传递工作泰安市领导小组。市政府副市长徐恩虎任组长，市政府办公室副主任刘玉辉（后为市政府副秘书长刘康）、市体育局局长苏有森任副组长。领导小组下设办公室，办公室设在市体育局，市体育局副局长于桂香任办公室主任。负责奥运火炬泰安境内传递筹备工作的协调、组织和实施。

三、北京奥运会火炬接力境内传递泰安组委会

2008年6月20日，为确保北京奥运圣火在泰安市境内安全传递、准时传递、顺利传递，成立北京奥运会火炬接力境内传递泰安组委会，市委副书记、市长李洪峰任主任，市委副书记黄龙华，市委常委、政法委书记杨忠海，市委常委、总工会主席陈刚，副市长徐恩虎，市长助理、市公安局党委书记、局长郑岐浩，市长助理、市财政局党委书记、局长任先德，市委常务副秘书长、市直机关工委书记邹成顺，市政府秘书长孙运飞任副主任，统一领导泰安市的火炬传递工作。组委会下设10个工作机构:综合协调组，组长孙运飞，市政府副秘书长、办公室主任张平任副组长；火炬传递组，市体育局党组书记、局长苏有森任组长；安全保卫组，组长郑岐浩；人员组织组，组长邹成顺；宣传报道组，市委宣传部常务副部长程建达任组长；仪式工作组，组长苏有森；现场环境布置组，市建设局党委副书记、副局长张广银任组长；接待工作组，市政府办公室副调研员王娟任组长；后勤保障组，市政府办公室副主任刘玉辉任组长；社会稳定组，市委副秘书长康俊学任组长。

四、奥运火炬接力泰安传递工作指挥部

2008年6月30日，为强化火炬传递工作的调度指挥，泰安组委会组建奥运火炬接力泰安传递工作指挥部，市委副书记黄龙华任总指挥。市委常委、总工会主席陈刚，市政府副市长徐恩虎，市长助理、市公安局局长郑岐浩任副总指挥。市政府副秘书长、办公室主任张平，市体育局局长苏有森任运行指挥。指挥部人员亲临一线坐镇指挥，确保火炬传递运行工作万无一失。

第二节 筹备工作

一、前期准备

泰安市体育局作为奥运火炬泰安传递活动的综合协调部门和具体组织实施者，提出“一切服务传递活动的调配，一切精力向传递活动倾注，一切为了维护局里的形象，一切工作要尽职尽责、高度负责”，举全局之力，全力以赴做好组织筹备工作的要求，抽调60余名干部职工充实到市组委会及12个专项工作组中，并直接牵头负责火炬传递组的工作，制订完善火炬传递组织筹备专项方案，明确责任人、时间要求、目标任务和工作标准。工作中，全局干部职工把完成筹备

任务作为头等大事，作为体育人参与奥运、支持奥运的光荣和骄傲，作为锻炼自己、提高自己的难得机遇，以高度的政治责任感、扎实的工作措施和务实的工作态度，全力以赴抓好各项工作的落实。特别是在一个多月的冲刺阶段，市体育局克服线路不断变更和时间紧、任务重、工作量大等困难，积极与奥组委、省组委会联系对接，与市组委会各工作组协调沟通，工作方案一遍又一遍地修改、充实、完善、落实，火炬传递一次次排兵布阵，火炬手运行精益求精，人员组织力求最佳，接待后勤保障确保万无一失。其间，每名人员都废寝忘食、加班加点、不分昼夜的工作，为圆满完成这光荣而神圣的任务提供了坚强有力的人力支持，得到北京奥组委、省委省政府、市委市政府和社会各界的一致好评。泰安市委、市政府主要领导称赞“体育局干部职工组织能力过硬，工作严谨细致，服务热情周到，做得非常出色、功不可没”。奥组委先遣组组长张卫评价“泰安奥运圣火传递所有工作堪称完美，是已经传递城市中的成功典范”。

二、工作推进

2008年2月19日，北京奥运会火炬接力境内传递工作泰安市领导小组组长、副市长徐恩虎等领导参加山东省组委会召开的全省奥运圣火传递工作会议。省政府副秘书长司安民通报了山东省火炬传递筹备工作进展情况和下一步工作安排，省政府领导要求各奥运火炬传递城市认清形势和任务，积极行动起来，密切协作，团结奋斗，圆满完成奥运火炬传递任务。

2008年2月27日，副市长徐恩虎主持召开泰安市奥运火炬传递工作会议，奥运会火炬传递领导小组全体人员，市直有关部门、单位负责人参加会议。市体育局局长苏有森传达省组委会2月19日会议精神，市政府办公室副主任刘玉辉通报泰安市筹备工作进展情况，并就下一步工作进行部署。副市长徐恩虎强调，要按照“立足于早，着力于细，抓好组织、实施、责任和保障四个落实”的要求，以高度负责的工作态度，精益求精的工作作风，分工协作的团队精神，齐心协力抓好各项筹备工作，确保火炬接力在泰安市的传递工作圆满成功。

2008年6月20日，泰安组委会在市政大楼召开北京奥运会火炬接力境内传递工作会议，对火炬传递组织筹备工作进行全面安排部署。市领导黄龙华、杨忠海、陈刚、徐恩虎、组委会有关领导及组委会各成员单位参加会议。黄龙华指出，奥运圣火传递作为奥运会的开场锣鼓，是一届奥运会留给人们的第一印象，事关奥运会的成功举办，组委会要全面做好各项筹备工作，确保奥运圣火在泰安“安全、准时、顺利”传递，展示好泰安形象，扩大泰安泰山的知名度和影响力。陈刚传达市委办公室、市政府办公室《关于成立北京奥运会火炬接力境内传递泰安组委会的通知》。组委会要求各工作组于6月23日前拟定出筹备工作初步方案，并于6月23日在虹桥宾馆集中办公。

2008年6月24日、25日，在黄龙华主持下，北京奥运会火炬接力境内传递泰安组委会在虹桥宾馆连续召开两次调度会，调度市组委会各专项工作组工作方案制订情况。市领导陈刚、郑岐浩、任先德、组委会有关领导成员及组委会各专项工作组组长参加会议。会议在听取了各工作组的工作方案后，提出修改意见和建议，黄龙华对各工作组的工作提出了明确要求。

2008年6月26日，火炬传递泰安组委会沿火炬传递路线现场安排部署筹备工作。市领导黄龙华、陈刚、徐恩虎，市组委会副主任、市委常务副秘书长、市直机关工委书记邹成顺及相关工作组负责人参加活动。在传递路线沿途和各类仪式现场，组委会分别听取了各工作组的筹备工作安排，并就有关问题进行了沟通、交流和确定。黄龙华要求，各工作组进一步细化完善工作方案，抓紧拉出时间进度计划安排表，各项筹备工作7月10日前必须全部完成。

三、火炬手、护跑手选拔

1.选拔计划　根据省组委会的安排，120名火炬手参与泰安市境内火炬传递，泰安市自行选拔产生火炬手40名。为做好泰安市火炬手、护跑手选拔工作，确保火炬手、护跑手质量和广泛代表性，北京奥运会火炬接力境内传递工作泰安市领导小组于2007年7月31日制定并下发了《泰安市北京奥运会火炬手和护跑手选拔工作计划》，明确火炬手、护跑手的分配原则、分配范围、分配数量、条件标准和选拔程序及工作要求。

2.选拔标准　火炬手的选拔标准为:（1）热爱祖国，热爱奥林匹克运动。（2）实践北京奥运会举办理念，为建设和谐社会做出贡献。（3）在本行业、本地区做出突出成绩，或自身经历对于他人有教育和激励意义。（4）热心志愿服务、品德高尚、乐于奉献。（5）为推动奥林匹克事业的发展做出贡献或在奥运会历史上取得过优异成绩。护跑手除了符合火炬手的标准外，还要具备:（1）年龄在17周岁以上。（2）能在20分钟内轻松跑完3公里。（3）能跟得上身体素质最好的火炬手。（4）能在多个接力路段进行护跑。

3.选拔程序　对40名火炬手、14名护跑手的选拔工作，由市领导小组牵头，严格遵循“公平、公开、透明”的原则，充分发挥各级组织的力量，通过组织系统推荐的方式，面向各系统、各行业青少年、妇女、职工、农民、少数民族、军人、残疾人等人群，自上而下布置，自下而上组织推荐提名，保质保量地完成了选拔任务。（1）市领导小组根据全市的实际情况，将名额分配给各县（市、区）、市直及省属以上驻泰安单位、驻泰安部队、各大中专校院校、中学，并提供火炬手、护跑手选拔标准、北京2008年奥运会火炬接力火炬手、护跑手书面登记表和电子登记表。（2）各县（市、区）、市直及省属以上驻泰安单位、驻泰安部队、各大中专院校、中学按照北京奥运会火炬手、护跑手标准，优先考虑先模人物、主要面向本系统普通劳动者，面向普通士兵，翔实填写北京2008年奥运会火炬接力火炬手、护跑手登记表。火炬手、护跑手候选人资格审查工作由各系统负责，并由火炬手候选人所在地公安部门进行安全背景审查，各主管部门、单位要做好初审。（3）各系统将推荐的火炬手、护跑手书面登记表（加盖公章，一式两份，均为原件）、电子登记表、资格审查材料和安全背景审查材料报市领导小组。市领导小组按照火炬手、护跑手标准和北京奥组委有关要求进行资格和安全背景复查。部队推荐的火炬手候选人安全背景审查工作由部队政治部负责，并将审查资料报火炬接力山东省组委会办公室市领导小组审批。

4.评审　火炬手评审程序:（1）被推荐的火炬手候选人如实填写《火炬手候选人申请表》《火炬手候选人承诺书》等材料，并由本人签字。（2）候选人所在法人单位，或劳动人事关系存放的人才中心等中介机构，或户口所在地街道办事处，对候选人进行审核，提出初审意见，报上级主管部门。（3）上级主管的各部门对初审意见进行审核，提出审核意见，报火炬接力山东省组委会办公室和火炬接力泰安市领导小组办公室。（4）按照北京奥组委制定的火炬手标准，由火炬接力山东省组委会办公室和火炬接力泰安市领导小组办公室对提名人进行资格审查，并由公安等部门对候选人进行安全背景审查。（5）火炬接力山东省组委会办公室汇总各系统推荐产生的候选人资料，联合省公安厅等部门对候选人资料进行安全背景复审，履行法律手续。（6）候选人资料提交火炬接力山东省组委会，组委会组织由不同部门、行业的专家、学者以及杰出人士等组成专门的评审小组，对候选人进行评议，评议结果经组委会审核确认后，按照规定时间报北京奥组委审批。

护跑手评审程序:参照火炬手评审程序，由火炬接力泰安市领导小组办公室对提名人进行审查和评议，履行相关法律程序，报火炬接力山东省组委会备案。

2008 年北京奥运会火炬接力泰安市火炬手名单（40 人）

苏有森	男	泰安市体育局	政府口
范红艳	女	泰山区人民法院	泰山区
宋建波	男	泰安市公安局	政法口
褚翠萍	女	新泰市体操学校	新泰市
马振柱	男	宁阳南关社区居委会	宁阳县
孙丰涛	男	泰安市体育局	人事口
李　雯	女	岱岳区广播电视局	岱岳区
范维琴	女	泰安市复退军人精神病院	政法口
卢　雪	女	岱岳区青年联合会	岱岳区
赵　毓	男	新泰一中	新泰市
申洪英	女	泰安十二中	岱岳区
肖立军	男	肥城矿业集团白庄矿	肥城市
陈　伟	男	泰安市人事局机关党委	人事口
姜明霞	女	东平县人民医院	东平县
宋文新	女	泰安泰山民族中学	泰山区
李爱霞	女	泰安市建设职工培训中心	政府口
梁吉银	男	东平县老湖镇	东平县
赵　虎	男	泰安市财政局	政府口
朱绍斌	男	山东省煤炭泰山疗养院	政府口
王明军	男	市委办公室	市委口
金宝存	男	泰安市民族与宗教事务局	民族宗教
刘式堃	男	市委组织部	市委口
王金叶	男	肥城市宇兴公司	肥城市
张安才	男	泰安市水产研究所	农口
徐　宁	女	泰安市文化局	宣传口
马学渠	男	高新技术开发区	高新区
王　娟	女	宁阳公路局	宁阳县
马　林	男	泰安市畜牧办公室	农口
马庆忠	男	泰安市泰山区总工会	泰山区
孙洪友	男	武警泰安市消防支队	部队
李建利	男	东平县财政局	东平县
王明光	男	新泰市国税局	新泰市
连传明	男	泰安市泰山区教研科研中心	泰山区
李兆峰	男	泰安市广播电视局	宣传口
苏庆亮	男	岱岳区天平办事处大陡村	岱岳区

2008年7月22日，第29届北京奥运会火炬接力泰安传递活动部分火炬手合影。（闫克勤 摄）

姚昊东	男	肥城市体校	肥城市
田秀英	女	肥城市安临站镇冯杭村	肥城市
王 谦	男	宁阳一中	宁阳县
曹圣刚	男	新泰残联	泰安市残联
宋少庚	男	泰安市交通局	经贸口

2008 年北京奥运会火炬接力泰安市护跑手名单（14 人）

杜春鹏	男	山东农业大学
张 蓓	女	山东农业大学
程家国	男	山东科技大学
王玉鹏	男	泰山医学院
杨 斌	男	泰山医学院
张 军	男	泰山学院
高穆华	男	泰山中学
蔡书荣	女	山东服装职业学院
张 强	男	泰山职业技术学院
丁凤娟	女	泰安卫校
李 根	男	泰安一中
刘 锴	男	泰安二中
时立强	男	泰安市十九中
赵 勇	男	泰安市第一实验学校

2008年奥运火炬泰安传递活动
北京奥组委和山东省组委会选派的火炬手名单

邢傲伟	王银行	姜　峰	黄松涛	王云东
腾兆斌	李铁军	纪敏尚	吕　婷	刘长水
郭　斌	杨桂红	李婷婷	丁学善	王万年
王　刚	龚建业	徐晨鑫	李　岩	刘海超
王世松	范　红	赵荣敏	周颖婷	王修刚
韦　卫	唐旭东	倪　军	尹　超	徐　佳
孙天妮	姜怡凡	于国平	姚玉林	孔令斌
马永翠	张国栋	刘中明	沙　峰	王怡然
葛春尧	张　波	王新山	丁　斌	张开明
万鹏飞	张　珺	曹　健	王泽民	施杰俊
尹小龙	王　波	刘　芳	张传东	张　健
黎松江	朱俊海	杨超秋	郑悦纳	李灿勇
李岱强	王　雁	王者祝	邢思浩	孙天宝
吕慎贤	李志军	牟仲彦	黄庆福	李鲁花
吴钦涛	韩见桂	宋志果	孔馨苑	刘东华
靳之冕	李硕明	毕文静		

四、传递路线编制

为组织好这次火炬传递活动，泰安组委会按照省组委会的有关要求，着眼于展示泰安泰山悠久的历史文化和现代化建设的累累硕果，提出了“感知悠久历史，弘扬泰山文化，传承人类文明，展示泰安新貌”的基本原则，并以此为指导，经过科学论证、优化组合，编制了一条既能够充分表现传递主题和泰安特色，创造宣传报道亮点，又能满足安全、经济、高效运行需求的传递路线。

1.具体传递路线　从京沪高速泰安西出口接到火炬运行车队后，乘车经泰山大街、天平湖大桥、迎宾大道，到火炬手、护跑手集结点虹桥宾馆，稍事休整后，乘车到石化饭店南泰城东岳大街卫生城市标志处，从此处开始由火炬手、护跑手进行火炬传递，整个传递沿东岳大街行进至遥参亭，进入岱庙，穿过岱宗坊、孔子登临处，到达红门宫，然后乘车到达天外村广场，从此处开始再进行火炬传递，沿环山路行进至泰山广场，举行庆典活动，庆典仪式后，火炬转场向下一个城市济南。整个路线距离为32.02公里，其中进行跑步接力的距离为10.37公里。

2.传递路线途经地　（1）东岳大街，是泰城中部贯穿东西最繁华的商贸和交通主干道，沿街建有泰山火车站、长途汽车站、市政大楼、泰山广场、海关、商检、银座商城、华泰广场、易初莲花超市等重要景点和大型公共设施，是展示泰安现代化建设成果的一个重要窗口。（2）遥参亭，是岱庙的前庭，古代帝王有事于岱宗，必定先来这里进行简单的参拜，而后入庙祭神再登山。（3）岱庙，是古代帝王祭祀泰山神的地方，也是泰山最大、最完整的古建筑群，它与北京故宫、曲阜三孔、承德避暑山庄和外八庙，并称中国四大古建筑群。（4）岱宗坊，建于明代，古人当初建它的用意是使其当作泰山的山门，标志着登泰山将由此开始。（5）孔子登临处，始建于明嘉靖三十九年（1560）。（6）红门宫，为攀登泰山之起点。由遥参亭进入岱庙，穿过岱宗坊，过孔子登临处，到达红门，直至岱顶，这是一条最古老的，极具中国古典美学的登泰山路线，也是泰山旅游的中轴线。这次火炬传递到孔子登临处，也是考虑火炬从济宁曲阜孔子故里到泰安泰山，体现了齐鲁文化的一脉相承，同时也体现了“一山一水一圣人”的有机结合。（7）天外村广场，是泰山的另一条登山线路的起点，广场主要由一方一圆两部分组成，暗喻着中国古代“天圆地方”的思想，也称为“天地广场”，广场地面镶嵌有大汶口文化中著名的日火山图案，广场中间的巨幅石雕表现了开元盛事唐太宗东封泰山的宏大场面，两侧的12根龙柱代表了曾到泰山举行封禅祭祀大典的12位帝王。（8）泰山广场，是目前泰安城区最大的广场，北面是泰安市政大楼，整个广场依山而建，前部是表演舞台和可容纳万余人的观众区，中间是大型彩色音乐喷泉，南部地上为广场，地下为大型超市。整个广场设有健身区和休闲区，以及儿童、老人活动区，布局协调合理，是泰城市民健身休闲的重要场所之一，火炬接力的庆典活动就在此举行。

3.转场路线　泰山广场庆典活动结束后，沿东岳大街向西约1公里在体育中心门口左拐，沿货场路向南至泰山大街西行约5公里到京沪高速公路泰安西入口，走京沪高速到济南。（备选路线:沿东岳大街向西走104国道至万德京沪高速入口上高速至济南）。

4.备选方案　如遇特殊天气无法行走时，火炬手、护跑手乘车传递，庆典活动改在市政大楼内举行。

五、火炬传递演练

2008年7月7日及17日，泰安组委会按照《北京奥运会火炬接力境内传递泰安站火炬运行及仪式方案》进行了两次模拟演练，演练方案严格按照实际运行路线模拟圣火迎接、点火起跑仪式、传递运行、结束仪式和团队转场五个关键环节，火炬手、护跑手、领导人均有模拟人，节点一个不少，环节一个不缺，关键点重点演练，为火炬在泰安境内的“安全、准时、顺利”传递打下了坚实的基础。

六、奥运庆祝活动

1.迎奥运倒计时一周年庆祝活动　2007年8月8日上午8时，以“全民健身与奥运、全运同行”为主题，全市1万名老年体育爱好者参加迎奥运倒计时一周年万人健身跑活动，庆祝北京奥运会倒计时一周年，表达全市人民情系奥运、积极健身的热情和浓郁的全民健身氛围。

2.泰城老年人迎奥运舞台腰鼓比赛　2008年5月24日，泰安市老年体协以迎奥运、庆奥运为主题，与市老干部局联合举办了2008泰城各社区老年人迎奥运舞台腰鼓比赛。来自教场街、向阳、迎暄等社区的23支代表队参加比赛。泰山广场、农大、松园社区、教场街老年艺术团、向阳队、迎暄社区、勘查院、文化宫代表队荣获优秀奖。市老年体协主席史怀君、市体育局副局长于桂香、市委老干部局副局长吴众前、市老年体协的老领导现场观看比赛并为获得名次的代表队颁奖。

3.奥运会倒计时100天庆祝活动　2008年4月30日，泰安市庆祝北京奥运会倒计时100天庆典活动在市政广场举行。由2000名老年人组成的功夫扇、腰鼓队伍参加文体表演。泰安市人大常委会副主任滕先森、副市长徐恩虎、市政协副主席赵成道、市老年体协主席史怀君出席庆典活动。

第三节　火炬传递

2008年7月22日11时30分至12时40分，北京奥运圣火“祥云”在泰安激情传递，沿途锣鼓喧天，10万面红旗招展，30万面彩旗飘飘，41万名泰安市民和中外游客热情高涨，群情激昂，载歌载舞，呐喊声响彻云霄。泰安市民亲眼目睹“祥云”汇聚泰山的壮观场景，共同分享了火炬传递的神圣时刻，一个半小时的传递活动顺畅有序，气氛热烈，场面宏大，取得圆满成功。

一、迎接圣火

2008年7月22日上午11时，北京奥运会火炬接力境内传递圣火团队到达京沪高速泰安西出口，祥云飘至泰安。市委主要领导，市委副书记、市长李洪峰在虹桥宾馆迎接圣火并会见北京奥组委、省组委会及省领导。

二、起跑仪式

2008年7月22日11时30分，北京2008年奥运火炬接力山东省泰安市起跑仪式在泰安市体育中心正式开始。11时35分，北京2008奥组委圣火使者郭敏从火种灯中引出圣火，点燃第一只“祥云”火炬，并交到市委主要领导手中。市委主要领导高举火炬向全场展示后，将火炬交给圣火接力传递第一棒火炬手、2000年悉尼奥运会男子体操团体冠军邢傲伟。11时40分，市委主要领导宣布北京2008年奥运火炬接力山东省泰安站传递活动开始，顿时全场沸腾了。人们竞相挥舞着手中的国旗、五环旗和北京奥运会会旗，“中国加油”“奥运加油”的呐喊声此起彼伏，现场气氛十分热烈。

起跑仪式由市委副书记黄龙华主持，北京2008奥组委圣火使者郭敏，山东省政府领导，市委主要领导，市委副书记、市长李洪峰，市委副书记黄龙华，市政协党组书记、主席高儒林，市人大常委会党组书记、副主任唐家品，泰安军分区司令员刘士平；省直有关部门的领导，泰安市委、市人大、市政府、市政协、军分区的领导以及圣火运行团队的嘉宾，奥运会合作伙伴代表，省组委会的有关领导等出席起跑仪式。

三、传递运行

“祥云”从东岳大街、望岳西路、府前街、望岳东路、东岳大街、迎胜路、迎胜东路、龙潭路传递运行至天外村广场。传递历程6公里，运行火炬手120名，护跑手32名。平均每名火炬手传递距离50米。在火炬传递途中，由市直单位的干部和广大人民群众组成的长龙，手举各种彩旗，打着欢庆标语，为火炬手加油、为奥运会加油、为中国加油。“祥云”所经之处，激情与欢乐在呐喊声中释放，跳动的“祥云”在人巷中起舞。

四、结束仪式

12时40分，火炬交给第120棒也是此次火炬传递的最后一棒火炬手，泰安籍的世界冠军毕文静。毕文静向大家展示了“祥云”火炬，并点燃了圣火盆。结束仪式在天外村广场举行，北京2008奥组委圣火使者郭敏，山东省政府领导，省直有关部门领导，泰安市有关领导出席。郭敏代表北京奥组委向泰安市赠送火炬，颁发火炬传递城市证书。泰安市委副书记、市长李洪峰代表泰安市接受火炬和证书，并代表泰安市向北京奥组委回赠泰山紫铜浮雕，这件象征着国泰民安的珍贵礼品，表达了550万泰安人民衷心祝愿北京奥运会圆满成功的美好心愿。12时58分，圣火护卫将圣火引回圣火灯，熄灭圣火盆，郭敏和市委主要领导共同展示火种灯，黄龙华宣布北京2008奥运会火炬接力在泰安市的传递圆满结束。

第四节　奥运圣火登上中华泰山

圣山迎圣火，“祥云”降泰山。7月22日13时50分，北京奥运圣火完成在山东泰安站的传递后，登上被称为“泰山脊梁”的泰山十八盘和泰山南天门，向世界展示伟大的奥林匹克精神。圣山迎圣火，数千岱顶游人共同见证这一历史时刻，共同感受“相互理解、友谊、团结和公平竞争”的奥林匹克精神。在一片欢呼声中，在摄像机和无数镜头的聚焦之下，奥运会冠军邢傲伟和泰安市火炬手范红艳手持北京奥运火炬“祥云”，在十八盘的台阶上健步登攀。登上南天门平台，他们高高举起火炬向世人展示，这一刻，时光仿佛凝滞。这是北京奥运会主火炬继登临珠峰后，再次登上高山之巅。古老的泰山阅遍世间无数辉煌，今天奥运圣火的降临，又为她镌刻了一笔骄傲的记忆。“天门一长啸，万里青风来”，选择在泰山南天门展示奥运火炬，寓意中华民族以博大的胸怀接纳四海宾朋，开启民族复兴的新征程。历史将铭记这一幕:以圣火为媒，古老东方的泰山与西方的奥林匹亚，实现了一次激情对话。市委副书记黄龙华，市委常委、市总工会主席陈刚参加火炬展示活动。

第五节　评选表彰

2008年12月23日市委、市政府决定，授予泰安市委办公室等20个单位“2008北京奥运会火炬接力泰安传递活动先进集体”称号，授予刘平等98名同志“2008北京奥运会火炬接力泰安传递活动先进个人”称号。

中共泰安市委、泰安市人民政府表彰 2008 北京奥运会火炬接力泰安传递活动先进集体名单（20 个）

泰安市委办公室　泰安市人民政府办公室
泰安市委宣传部　泰安市委政法委
泰安市委市直机关工委
泰安市财政局　泰安市公安局
泰安市文化局　泰安市交通局
泰安市建设局　泰安市卫生局
泰山风景名胜区　泰安市体育局
共青团泰安市委　泰安市总工会
泰安日报社　泰安市广播电视局（台）
泰山区　泰山学院
岱岳区

中共泰安市委、泰安市人民政府表彰 2008 北京奥运会火炬接力泰安传递活动先进个人名单（98 名）

刘　平　马庆忠　王恩东　陈　朋　曹克河
赵新峰　罗　强　范广超　闫远东　魏文峰
李国华　张　锋　张刘增　张　平　刘　康
刘玉辉　王　娟　董　光　葛宝文　朱　丽
高传庆　杨建全　王瑞森　郭新华　于岱平
李　强　华　东　鄂宏超　孙文生　韩周欣
张　震　孙礼华　李进宝　徐剑锋　杨爱风
孙尚军　赵建民　任先德　刘　斌　高　燕
袁立新　贾　林　刘　磊　姬生勤　韩　毓
李　永　冯　利　李传军　王印林　闫　华
张吉庆　王和平　许　兵　杨振德　邓　岩
刘传梅　刘　成　宋爱芳　刘西华　李红磊
刘培亭　万庆海　巩恩奎　孙宁华　陈立新
孔凡洪　张宏强　曲　虹　李宝玉　蔡志强
李　鹏　尹衍强　陈丽丽　李成东　杨　勇
任　鹏　张华山　王秀玲　董玉昌　陈　超
于　玲　郑　勇　张　杰　詹利侠　刘军国
刘建军　苏庆华　吴　杰　徐　云　仇安源
李　玲　张宗起　赵兴富　李基恒　邹兰东
张文峰　孙卫国　王忠东

链接

北京奥运圣火传递情况　2008年3月24日，第29届北京夏季奥运会圣火在希腊古奥林匹亚遗址成功点燃，在环希腊传递7天后，3月30日下午6时，奥林匹克圣火乘坐中国国际航空公司专机“奥运圣火号”抵达北京。3月31日，北京2008年奥运会圣火欢迎仪式暨火炬接力启动仪式在天安门广场举行，中共中央总书记、国家主席胡锦涛在仪式上亲手点燃圣火盆，并宣布北京2008年奥运会火炬接力开始。

5月8日9时17分，北京奥运圣火抵达世界最高峰珠穆朗玛峰。北京奥运火炬传递总里程约13.5万公里，火炬手21880名，是奥运史上传递线路最长、传递范围最广、参与人数最多的一次火炬接力。

火炬接力传递计划路线的顺序和城市为:

北京市—阿拉木图—伊斯坦布尔—圣彼得堡—伦敦—巴黎—旧金山—布宜诺斯艾利斯—达累斯萨拉姆—马斯喀特—伊斯兰堡—新德里—曼谷—吉隆坡—雅加达—堪培拉—长野—首尔—平壤—胡志明市—香港—澳门-海南省（三亚、五指山、万宁、海口）—广东省（广州、深圳、惠州、汕头）—福建省（福州、泉州、厦门、龙岩）—江西省（瑞金、井冈山、南昌）—浙江省（温州、绍兴、杭州、宁波、嘉兴）—上海市—江苏省（苏州、南通、泰州、扬州、南京）—安徽省（合肥、淮南、芜湖、绩溪、黄山）—湖北省（武汉、宜昌、荆州）—湖南省（岳阳、长沙、韶山）—广西壮族自治区（桂林、南宁、百色）—云南省（昆明、丽江、香格里拉）—贵州省（贵阳、凯里、遵义）—重庆市—新疆维吾尔自治区（乌鲁木齐、喀什、石河子、昌吉）—西藏自治区（拉萨）—青海省（格尔木、青海湖、西宁）—山西省（运城、平遥、太原、大同）—宁夏回族自治区（中卫、吴忠、银川）—陕西省（延安、杨凌、咸阳、西安）—甘肃省（敦煌、嘉峪关、兰州）—内蒙古自治区（呼和浩特、鄂尔多斯、包头、赤峰）—黑龙江省（哈尔滨、大庆、齐齐哈尔）—吉林省（长春、松原、吉林、延吉）—辽宁省（沈阳、鞍山、大连）—山东省（青岛、临沂、曲阜、泰安、济南）—河南省（郑州、开封、洛阳、安阳）—河北省（石家庄、秦皇岛、唐山）—四川省（广安、乐山、成都）—天津市—北京市。

北京奥运会火炬接力以“和谐之旅”为主题，以“点燃激情　传递梦想”为口号，传播奥运精神，宣传当代中国构建社会主义和谐社会的理念，成为奥运史上独具特色的和谐之旅。

第三章　承办体育竞赛

新中国成立至20世纪70年代，泰安市体育基础设施薄弱，仅承办过3项次全国和全省的单项比赛，虽然赛事级别较高，但规模不大，主要是球类项目，参赛总人数不足600人。

20世纪80年代，泰安建成一些小型实用的运动场地，先后共承办11项次全国和全省的单项赛事。这一时期由于泰安重点项目田径、举重、射击、体操等的快速发展，在全省创造了一批好成绩，承办的全国和全省单项比赛，主要以这些重点项目为代表。

20世纪90年代，泰安新建一批标准较高、设施设备较先进的体育场馆，在足球等个别项目上具备了一定的承办国际赛事的条件和能力。这一时期，泰安市内共承办29项次国际、全国和全省的单项赛事，平均每年近3项次。

进入21世纪，泰安市委、市政府将体育设施建设纳入发展规划，逐步加大体育设施建设的投资力度，相继建成一批质量和标准较高的体育场馆、训练场馆和全民健身场馆，提高了办赛的硬件水平。至2015年年底，共承办3项次国际单项赛事、55项次全国单项赛事、82项次全省单项赛事。2007年第十九届女子第三十八届男子亚洲举重锦标赛，为泰安承办的级别、规格和水平最高的洲际单项赛事。国内赛事最具代表性的是2009年山东十一届全运会男子足球甲乙组小组赛和9—12名决赛及男子排球小组赛。

第一节　承办国际体育比赛

一、承办2007年亚洲第十九届女子第三十八届男子举重锦标赛

2007年4月17日至28日，泰安市承办亚洲第十九届女子第三十八届男子举重锦标赛（以下简称2007年亚举赛）。该比赛为世界举重三大赛之一，是2008年北京奥运会资格赛。来自亚洲22个国家和地区的156名男女运动员参加15个级别的角逐。该届比赛由亚洲举重联合会、国家体育总局举摔柔运动管理中心和中国举重协会共同举办，山东省体育局和泰安市政府具体承办。

（一）申办　2006年11月18日，泰安市体育局副局长任广中在国家体育总局官员带领下在韩国清远向亚举联全委会宣读中国泰安申办2007年亚举赛报告。中国泰安战胜泰国、伊朗等2个亚洲国家的申办城市，获得举办权。2007年1月16日，国家体育总局正式发文（体外字〔2007〕17号）同意于4月17日至28日在山东省泰安市举办2007年亚洲举重锦标赛。

（二）筹备　牵手亚洲，相聚泰山。为在亚举赛期间展示泰安泰山最好的服务，最美的环

境，最好的形象，市体育局按照分工做了大量的赛事前期准备工作，为亚举赛的筹备工作奠定了良好的基础。市委、市政府对承办这次重大赛事十分重视。市委书记耿文清批示“要全力做好各项组织筹备工作，不得出现半点闪失”，市委副书记、市长李洪峰要求“认真做好各项工作，确保比赛万无一失”，成立了亚举赛筹委会，由市委副书记、市长李洪峰任主任，副市长徐恩虎任副主任，市政府秘书长孙运飞任秘书长，市政府副秘书长刘康、市体育局党组书记、局长苏有森任副秘书长。筹委会下设综合协调组、竞赛组、安全保卫组、接待组、宣传组、场地组、卫生防疫组、资源开发组，各工作组在市体育局集中办公。同时成立由市委常委、市总工会主席陈刚任组长的筹备和组织工作协调领导小组，领导开展各项筹备工作。2007年3月20日，亚举赛组委会成立，名誉主任:中国国家体育总局副局长崔大林、山东省人民政府分工副省长。主任:国际举重联合会副主席、亚洲举重联合会第一副主席、中国举重协会主席、国家体育总局举摔柔管理中心主任马文广、山东省人民政府副秘书长司安民、山东省体育局局长张洪涛、泰安市人民政府市长李洪峰。副主任:中国举重协会副主席、国家体育总局举摔柔管理中心副主任周进强、中国举重协会副主席、山东省体育局副局长张松林、山东省体育局副巡视员隋拥军、泰安市人民政府副市长徐恩虎。秘书长：中国举重协会秘书长、国家体育总局举摔柔管理中心举重部部长钱光鉴、泰安市人民政府秘书长孙运飞。副秘书长:泰安市人民政府副秘书长刘康、市体育局局长苏有森、北京奥组委举重项目竞赛主任王艳、国家体育总局举摔柔管理中心举重部副部长李浩。领导统筹整个赛事工作。在赛事筹备过程中，国家体育总局、总局举摔柔管理中心、山东省体育局的领导亲临现场、检查调度、具体指导。在赛前筹备和比赛过程中，各级领导先后召开10多次专题会、现场会。3月6日，市体育局召开亚举赛筹备工作动员会，要求全体工作人员统一思想，以临战姿态扎实工作，圆满完成承办亚举赛的各项工作任务。全市各部门、单位积极参与、密切配合，在场地设施、志愿者服务、安全保卫、食品卫生、市容市貌、竞赛组织、会徽会标吉祥物设计制作以及运动员、教练员、裁判员、官员的接待等方面做到了隆重、精彩、顺利、成功。

（三）比赛场地　比赛场地设在泰山学院体育馆，训练场地设在泰安市体育中心综合训练馆举重馆。泰山学院为办好这一重大赛事，集中人力、物力、财力对体育馆进行全面整修、改造、美化，同时按赛事要求布置贵宾室、新闻发布室、兴奋剂检测室、医疗救护室、裁判员休息室，并配备相关设施，体育馆内外卫生面貌焕然一新。国家体育总局举摔柔运动管理中心为此把泰山学院体育馆确定为举重比赛馆和竞赛基地，于4月27日挂牌。市体育局通过采购、租借、加工等形式，按比赛要求和标准配齐配全比赛和训练用杠铃、举重台、多媒体、竞赛裁判用电子系统等大型器材和设备，并启用体育中心综合训练馆举重馆，对桑拿房进行全面布置和更新，用作赛前训练馆。

（四）开幕式　4月20日下午，2007年亚洲第十九届女子第三十八届男子举重锦标赛开幕式在泰山学院体育馆举行。亚洲举重联合会主席谢赫·苏丹，国际举重联合会副主席、亚洲举重联合会第一副主席、中国举重协会主席、中国奥委会委员马文广，亚洲举重联合会秘书长阿里·穆拉迪，山东省人民政府副省长，山东省人民政府副秘书长司安民，山东省体育局局长张洪涛，泰安市委书记、市人大常委会主任耿文清，泰安市委副书记、市长李洪峰、市政协主席高儒林、市人大常委会副主任李秀兰，市政府副市长徐恩虎，山东省体育局副巡视员隋拥军，泰山学院院长马春林及亚举联官员、国家体育总局和省体育局领导、北京奥组委观摩团、泰山学院领导和赞助商代表出席开幕式。来自22个国家和地区的运动员、教练员、裁判员，新闻媒体记者以及各界人士参加开幕式。开幕式由副市长徐恩虎主持，亚举联主席谢赫·苏丹，国际举联副主席、亚举联第一副主席、中国举协主席、中国奥委会委员马文广，泰安市委副书记、市长李洪峰，赞助商代表胡苏东分别致辞。开幕式后进行文艺演出。

（五）比赛　亚举赛共设15个比赛级别，女子设48公斤、53公斤、58公斤、63公斤、69公斤、75公斤、+75公斤7个级别；男子设56公斤、62公斤、69公斤、77公斤、85公斤、94公斤、105公斤、+105公斤8个级别，共进行28场比赛。来自孟加拉国、中国、中国香港、印度尼西亚、印度、伊朗、日本、哈萨克斯坦、吉尔吉斯斯坦、韩国、中国澳门、巴基斯坦、朝鲜、卡塔尔、斯里兰卡、叙利亚、泰国、塔吉克斯坦、土库曼斯坦、中国台北、乌兹别克斯坦、越南等22个国家和地区体育代表团的106名男运动员、50名女运动员进行15个级别45枚金牌的争夺。中国代表团派出7女8男共15名选手参加13个级别的比赛，夺得35枚金牌，包揽了男子和女子两项团体冠军，3人次打破3项亚洲和世界纪录。

（六）闭幕式　4月27日，2007年亚洲第十九届女子第三十八届男子举重锦标赛闭幕式在华侨大厦举行。中国举重协会主席马文广、山东省体育局副局长张松林、亚举联秘书长阿里·穆拉迪，泰安市人民政府市长李洪峰、副市长徐恩虎及技术官员、裁判员及各代表团全体运动员出席闭幕式。闭幕式由徐恩虎主持，在颁发团体奖和个人奖后，李洪峰致欢送辞，阿里·穆拉迪和马文广分别致辞，对泰安市的组织和服务工作给予了高度评价。

（七）赛事赞助　为拓展赛事的市场空间，挖掘赛事的市场潜力，泰安亚举赛筹委会专门成立资源开发组，负责赛事推广和市场化运作。确定10家赛事赞助单位和企业，其中有5家市外企业，内蒙古蒙牛乳业（集团）股份有限公司独家赞助亚锦赛60万元人民币获得赛事冠名权。这是泰安办赛史上首次由市外企业提供赞助，特别是由全国知名大企业独家冠名。

二、承办2010年环中国国际公路自行车赛

2010年环中国国际公路自行车赛（简称环中赛），是国际自行车联盟鼎力支持的国内最具影响力的赛事，也是国家体育总局着力打造的全球重大影响品牌赛事。比赛起点设在西安，终点为天津，共有7个赛段，途径泰安等8个城市。主办单位为国际自行车联盟、国家体育总局自行车击剑管理中心、中国自行车协会。承办单位为中体产业集团股份有限公司、山东省体育局、泰安市人民政府。来自中国、德国、丹麦、挪威、亚美尼亚、乌克兰、印尼、瑞士、美国、澳大利亚、伊朗、韩国、中国台湾、中国香港等14个国家和地区的18只代表队108名运动员参加泰山段的比赛。

赛事组织　2010年8月26日，成立环中赛泰山赛段组委会，泰安市人民政府副市长徐恩虎任主任，市政府办公室工会主席葛宝文、市体育局局长苏有森任副主任，市体育局副局长任广中任秘书长。下设秘书行政组，组长葛宝文、苏有森；竞赛组，组长任广中；场地器材组，组长为市体育局副局长彭国胜；新闻宣传组，组长为市委宣传部外宣办主任王德全；安全与交通保障组，组长为市公安局副局长高黎明。常务办事机构设在市体育局，负责日常工作的联络、协调和实施。

比赛路线及里程　市政大楼西门—望岳西路北上—环山路西行—桃花峪（转盘）—下行至104国道—东行至望岳西路—北行至起点。此路线骑行4圈。第5圈骑至桃花峪（转盘）—上行进盘山公路（约10公里）—桃花源索道（终点）。赛段赛程110公里。

比赛　2010年9月16日上午9时55分，举行发车仪式，市委副书记、市长李洪峰致辞后，市委主要领导和环中赛组委会代表共同鸣枪发令。10时整，随着发令枪响，市委副书记王云鹏及市政府秘书长张书盈等带领荣誉骑行队伍和运动员出

发。随后比赛进入正式赛段。12时40分，比赛结束后，在终点泰山桃花源索道站举行颁奖仪式。

第二节　承办全国体育比赛

一、承办全国第十一届运动会泰安赛区比赛

中华人民共和国第十一届运动会，简称“十一运会”，于2009年10月16日至10月28日在山东省举行，泰安赛区主要承办男子足球甲组小组赛及9～12名决赛、男子排球小组赛、男子足球乙组小组赛及9～12名决赛三项比赛任务，以及十一运会圣火泰山采集仪式、火炬泰安传递等仪式活动和全民健身成就展示等工作。2006年10月省政府与市政府签订《十一运会委托承办工作责任书》，泰安赛区筹办工作全面展开。在四年的筹办工作中，泰安市委、市政府和赛区全体工作人员，按照省委、省政府和十一运会组委会的部署要求，突出“竞赛组织、场馆建设、新闻宣传、群体工作、志愿者服务、行政接待、安全保卫、环境布置、市场开发、后勤保障”等重点工作，全力以赴抓筹备，集中精力抓落实，于2009年7月22日至30日成功承办男子足球甲组小组赛及9至11名决赛，8月1日在泰山之巅成功采集十一运会“国泰民安”圣火火种，10月14日成功组织火炬泰安传递活动，10月16日至24日成功承办男子足球乙组小组赛及9至11名决赛，10月18日至22日成功承办男子排球小组赛，全面实现“平安顺利、精彩热烈、圆满成功”的目标。

（一）筹备

1.领导机构

2006年10月26日，山东省政府与泰安市政府签订《十一运会委托承办工作责任书》，明确泰安赛区承办工作的主要任务。泰安市委、市政府高度重视，要求全市人民立即行动起来，突出“和谐中国、全民全运”的办赛主题，全力办好泰安赛区赛事。

2007年6月20日，成立十一运会泰安赛区组委会，市委副书记、市长李洪峰任主任；副市长宋鲁、徐恩虎，市长助理、市财政局局长任先德，山东农业大学党委书记盖国强，泰山医学院党委书记、院长王家富任副主任；副市长徐恩虎兼任秘书长，负责泰安赛区各项筹备工作的协调、组织和实施。2009年2月23日，组委会进行人员调整，增补市长助理、市公安局局长郑岐浩、山东农业大学党委主要负责人、泰山学院党委书记田德全任副主任；增补市政府秘书长孙运飞任常务副秘书长，市政府办公室纪检组长高翔、市体育局局长苏有森任副秘书长。2009年6月29日，成立十一运会泰安赛区筹办工作领导小组，与泰安赛区组委会合署办公。市委副书记王云鹏任组长，市委常委、政法委书记杨忠海、副市长徐恩虎任副组长。2009年7月19日，十一运会圣火泰山采集协调工作小组和火种采集标志物制作工作小组成立，市筹办工作领导小组副组长杨忠海总负责，市委副秘书长彭海训任协调小组组长；市政府副秘书长刘康任标志物制作小组组长，统筹圣火采集和火种采集标志物制作工作。2009年8月18日，十一运会火炬传递泰安筹办工作领导小组成立。王云鹏任组长，杨忠海、徐恩虎、郑岐浩、张书盈任副组长，统筹火炬传递的各项工作。

2008年8月22日，十一运会男子足球泰安赛区竞赛委员会成立，徐恩虎任主任，国家体育总局足球运动管理中心主要负责人任执行主任，国家体育总局足球运动管理中心副主任，省体育局副局长刘明，国家体育总局足球运动管理中心青少年部部长朱和元，省足球运动管理中心副主任马勇，市政府办公室副主任刘玉辉（后调整为高翔），市体育局局长苏有森、副局长任广中任副主任。同日，十一运会男子排球泰安赛区竞赛委员会成立，徐恩虎任主任，国家体育总局排球运动管理中心主任徐利任执行主任，国家体育总局排球运动管理中心党委书记张蓉芳、省体育总会副主席徐大义、国家体育总局排球运动管理中心

竞赛部部长李雪亮、省排球运动管理中心副主任韩晓华、市政府办公室副主任刘玉辉（后调整为高翔）、市体育局局长苏有森、副局长任广中任副主任。

2.赛前准备

泰安赛区组委会成立以来，共召开13次专题会议，6次现场会议，听取筹备工作报告，并对泰安赛区的各项筹备工作、市场开发、十一运会圣火泰山采集、十一运会火炬泰安传递、赛事运行等工作做出决策部署和工作安排。

2008年2月22日，组委会专题会议确定，市体育中心体育场和泰山医学院新校区足球场为男子足球比赛场地，山东农业大学南校区体育馆为男子排球比赛场馆。11月11日，组委会将泰山医学院新校区足球场调整为泰山学院体育场，并同步对场馆进行全面改造。

2009年6月和7月，在赛区第一个项目开赛前夕，赛区组委会主任李洪峰、市筹办工作领导小组组长王云鹏分别主持召开组委会全体工作人员会议，对赛区各项工作提出了“零失误、零差错、零投诉”的明确要求。要求各工作机构自7月14日起在虹桥宾馆集中办公，转入战时状态，全力做好竞赛筹备工作。7月17日，市筹办工作领导小组组长王云鹏主持召开赛区筹办工作现场检查调度会，并对市体育中心体育场、泰山学院体育场、山东农业大学南校区体育馆等比赛场馆进行了实地检查，要求各赛场精心准备，确保比赛顺利进行。

在赛事进行过程中，市筹办工作领导小组组长王云鹏多次主持召开赛区赛事运行工作会议，总结成功经验，并对正在进行的赛事所暴露出来的问题和不足及时整改，确保各项比赛善始善终，万无一失。

3. 体育场馆建设和全民健身设施建设

按照十一运会组委会的要求，泰安赛区组委会分别对比赛场馆和训练场馆进行了投资改造，新建、改建、扩建场地设施和配套功能设备，使场地设施设备完全达到比赛标准。同时按照省政府与市政府签订的《十一运会委托承办工作责任书》要求，完成了以市全民健身中心和县、乡、村体育公园、健身广场、文体活动中心为代表的29项全民健身工程和农民健身工程项目。

足球比赛和训练场地　比赛场地2块，市体育中心泰山体育场和泰山学院体育场；训练场地1块，市体育中心足球副场地。其中，市体育中心泰山体育场和足球副场地，由市政府投资2600万元，通过采购中心公开招标，于2008年6月28日开始，依次对草坪、灯光、电子显示屏、观众看台、座椅、副场地、音响系统、信息系统、外墙、各类功能房及相应设备等12个大项进行建设改造。至2009年5月，市体育中心体育场改造完成，达到比赛标准条件要求。泰山学院体育场，承担小组赛最后两场比赛中的一场，根据标准规范，对草坪进行更换，搭建临时功能房。

排球比赛和训练场地　比赛场地1块，山东农业大学南校区体育馆；训练场地3块，其中，山东农业大学南校区体育馆，主要是对信息系统及功能房进行改造；市体育中心综合训练馆排球训练场，有3块标准场地，能满足训练需要。比赛期间落实专人专职做好赛前布置、赛中维护、赛后整修等技术性保障工作，各场次比赛场馆运行稳定规范，保证了比赛的顺利进行。

泰安市全民健身活动中心建设　2006年10月20日，市政府常务会议召开，确定由市政府投资，改造市体育中心体育场，建设市全民健身中心。2007年3月25日，泰安赛区组委会专门成立市全民健身活动中心建设工程指挥部，徐恩虎任指挥，苏有森任副指挥，负责全民健身活动中心的筹建和组织实施工作。该项目为“一点三线”全民健身重点工程、市政府重点工程，市政府投资1.2亿多元，2008年11月18日举行奠基仪式，建筑总面积3.5万平方米。

2009年6月10日，市全民健身活动中心主体工程全民健身大楼封顶仪式举行，市政协副主席赵成道、市政府办公室副主任高翔出席仪式，市体育局局长苏有森及局领导班子成员、全体干部职工，参建单位员工参加。市全民健身活动中心建设是迎接全国运动会的重点内容。

全民健身工程和农民体育健身工程设施　2007年以来，全市各级累计投入资金6亿元，用于新建、改善体育设施，市、县、乡、村建成了一大批健身广场、体育公园、社区健身苑、乡镇文体活动中心和农村体育设施，全市体育场所（场、馆、房）总数达到1700余处，在公园、广场、居民社区等公共场所健身路径安装器材4700余件，全市配建篮球架、乒乓球台的村达到1120个，占31%。

（二）全运会赛前系列活动

泰安赛区在筹备十一运会期间和正式比赛前，时逢我国举办2008年北京奥运会。中华盛世庆奥运，全民健身迎全运，赛区组委会组织举办第十一届全运会圣火采集仪式、圣火传递、十一运会倒计时两周年、一周年、100天纪念活动、迎十一运动员誓师大会及北京奥运会倒计时一周年万人健身跑庆祝活动等系列群体活动。

1.十一运会倒计时两周年庆祝活动　2007年10月11日，在泰安市政广场举行“十一运会倒计时两周年”庆祝活动，市委、市政府领导为倒计时牌揭幕，并举行文体表演、组织“相约2009”万人签名活动，社会各界1万名干部群众参加活动。活动突出“和谐中国、全民全运”主题，标志着泰安进入全运时间。

2.山东省全民健身月活动启动仪式　2008年5月18日，以“全民健身、共享全运”为主旨，山东省全民健身月活动启动仪式在泰安市政广场举行，省市领导出席启动仪式，社会各界群众1万余人参加。启动仪式上举行了军乐、功夫扇、武术、腰鼓等健身项目展演，在全市掀起全民健身、全民参与的热潮，促进全民健身活动的广泛开展。

3.十一运会倒计时一周年庆祝活动　2008年10月11日，在泰安市政广场举行“十一运会倒计时一周年”庆祝活动。泰安赛区组委会主任、市长李洪峰及白玉翠、杜卓群、徐恩虎、赵成道等市领导出席仪式，社会各界群众1万余人参加，李洪峰宣布庆祝活动开始，举行文艺演出。

4.迎全运会动员誓师大会　2009年3月30日，泰安市委、市政府在市政大楼组织收听收看山东省迎全运动员誓师大会。市各大班子领导，法院院长、检察院检察长，各县（市、区）政府负责人，市直各部门、单位及省属以上驻泰单位主要负责人，泰安赛区组委会成员等参加。在收听收看全省迎全运动员誓师大会后，市委主要领导对增强做好筹办工作的政治责任感、全力以赴做好各项筹备工作、努力营造优良的环境氛围、充分发挥全运会多元带动作用提出明确要求；泰安赛区组委会主任、市长李洪峰主持泰安分会场会议。

5.十一运会泰安赛区倒计时100天庆祝活动暨志愿者服务启动仪式　2009年7月5日，在市政广场举行十一运会泰安赛区倒计时100天系列庆祝活动暨志愿者服务启动仪式。王云鹏、徐恩虎等市领导，泰安赛区志愿者、企事业单位代表、社会各界群众万余人参加。

6.全运圣火采集仪式　2009年8月1日10时整，全运圣火采集仪式在泰山太平顶举行。国家体育总局副局长、十一运会组委会副主任冯建中，省委副书记、省筹办十一运会工作领导小组组长刘伟分别致辞。10时20分，山东省委副书记、省长、十一运会组委会执行主任姜大明宣布圣火火种采集开始，刹那间，原本云层密布的天空突现一轮光芒四射的太阳，一束阳光照在采火日晷上，成就了神奇的两分钟，云雾缭绕的岱顶也云消雾散，突显了泰山和圣火的神圣庄严，彰显了“采中华泰山国泰民安之火，祝福伟大祖国繁荣富强、人民幸福安康”的美好祈愿。10时24分，十一运圣火火种采集手——北京奥运会冠军张娟娟、王峰将采火棒共同握在手中，来到位于泰山太平顶附近的圣火火种采集台上，将采火棒置于采集圣火的聚光镜下。10时27分，聚光镜下一簇火苗从采火棒中燃起，“国泰民安”圣火采集成功。随后，张娟娟手捧火种灯、王峰手持采火棒，在6名护火少女和56个民族代表的簇拥下，步入仪式现场。伴随着火种灯的展示，1100只和平鸽腾空飞起，至此，圣火采集仪式圆满成功。

国家体育总局、省、市领导张海峰、盛志国、张万青、于效明、司安民、张洪涛、李洪峰、高儒林、唐家品、王云鹏、刘士平、杨忠海、王元榜、朱玉合、徐恩虎及十一运会组委会、泰安赛区组委会有关部门负责人，十一运会火炬传递赞助单位负责人，志愿者以及社会各界代表等参加了全运圣火采集仪式。

7.火炬传递　2009年10月14日9时，在泰安市政广场举行全运会圣火传递起跑仪式。市委主要领导，十一运会组委会火炬传递办公室副主任孙经国，市政协党组书记、主席高儒林，市人大常委会党组书记、副主任唐家品，市委副书记王云鹏，泰安军分区司令员刘士平，市委常委、政法委书记杨忠海，市委常委、副市长李琥，市人大常委会副主任杜卓群，副市长徐恩虎，市政协副主席王昌元出席活动。徐恩虎主持起跑仪式，王云鹏致辞。9时15分，圣火护卫走上主席台，用引火棒从火种灯中引出圣火，点燃了泰安传递的第一支“如意”火炬，交给市委主要领导。市委主要领导高举火炬向全场展示后，将火炬交给苏有森，苏有森展示后递交给泰安市传递活动的第一棒火炬手。9时20分，市委主要领导宣布：“中华人民共和国第十一届运动会中国石化杯火炬传递活动泰安市火炬传递开始！”“如意”火炬经90名火炬手心手相传，10时10分运行至市体育中心，第90棒火炬手跑上主席台，向大家展示“如意”火炬后，圣火护卫将圣火引回圣火灯，并交给了李琥，李琥向全场展示火种灯。杨忠海宣布第十一届全运会火炬传递活动在泰安市的传递圆满结束。在火炬传递途中，广大人民群众组成助威长龙，手举各种彩旗，打着欢庆标语，为火炬手加油、为全运会加油、为中国加油。王云鹏、杨忠海、李琥、杜卓群、赵成道等市领导出席结束仪式。

8.测试赛　2009年6月23日，“好客山东”十一运会泰安赛区足球测试赛在市体育中心体育场举行，参赛队伍为山东科技大学男子足球队、泰山学院男子足球队。2009年7月16日至20日，十一运会泰安赛区排球测试赛暨省传统校女子排球赛在山东农业大学南校区体育馆举行，有6支队伍参赛。

（三）比赛

1.足球比赛　2009年7月22日至30日，十一运会泰安赛区男子足球甲组小组赛及9至11名决赛在市体育中心体育场和泰山学院体育场举行。泰安赛区4支参赛队是北京、上海、天津、重庆代表队，经过6个场次的比赛，北京、上海、重庆成功出线。转场后，湖北、四川、江苏3支代表队在泰安赛区参加决赛，并分获9至11名。

2009年10月16日至24日，十一运会泰安赛区男子足球乙组小组赛及9至11名决赛在泰安市体育中心体育场和泰山学院体育场举行。泰安赛区4支参赛队是上海、浙江、吉林、河南，经过6个场次的比赛，上海、浙江成功出线。河南、北京、吉林3支代表队在泰安赛区参加决赛，并分获9至11名。

2.排球比赛　2009年10月18日至22日，十一运会男子排球小组赛在山东农业大学南校区体育馆举行。泰安赛区6支参赛队是山东、上海、河南、四川、浙江、福建。经过15个场次的比赛，小组赛1至6名依次为河南、上海、山东、浙江、四川、福建。

（四）兴奋剂检测

在比赛场馆改造工程中，严格按照工艺标准和办赛需求同步设计建设兴奋剂检查站，落实配套设施和通用物资。确定、培训检查官，配合十一运会竞委会相关处室开展兴奋剂检测工作，泰安赛区比赛期间未发生一起兴奋剂事件。

（五）服务保障

十一运组委会从全省各地抽调到泰安赛区的各部、办、竞委会工作人员和裁判员，尽职尽责，保持了良好的秩序和赛风。从泰安各单位抽调大批工作人员及车辆，各单位均给予积极支持，全力以赴开展工作，在安全保卫、交通、接待、通信、新闻宣传和食品卫生等方面，由于各部门的配合和支持，工作进展十分顺利。

安全保卫　比赛期间累计出动警力2.1万人次，警车3200台次，组织现场保卫55场次，完成转场安保224次，确保了圣火采集、火炬传递、火炬转场、赛事活动和庆祝活动的平安有序进行。比赛期间，每天上街巡逻的公安干警、武警和治保人员达655人，为比赛创造了良好的治安环境。

交通　赛事期间，对全运会工作车辆一律实行免费通行，所属收费站、服务区均设置“全运会”专用通道、停车位。参赛运动员、教练员、裁判员在泰安出行乘坐公交车辆，可凭证件免费乘车。比赛期间共组织车辆2200台次，完成运动员转场运送、火炬传递、圣火护送等任务，所有参运车辆到位准时、运行安全、服务优良。

接待　赛事期间先后接待境外及港澳台团队12个、副省级以上团队21个、全国群众体育先进代表团队7个，各省市代表团10个，参赛代表团20个，共2000多人，做到了“零失误、零差错、零投诉”

新闻宣传　为来泰采访全运会的记者印制10多万字的新闻媒体包。接待来泰采访全运会的“和谐齐鲁喜迎全运”中国网络媒体山东行采访团、全国日报十一运报道联盟媒体记者、外国媒体记者团等40余批次、2700余人次。配合中央电视台制作播出了30分钟的《走齐鲁看全运·泰安篇》专题片，在国家、省、市各级各类媒体发表重头稿4000余篇，出动转播车25场次、安排52名记者编辑靠在一线，为中央和有关省市电视媒体直播赛事提供服务。

二、承办2007新泰安·三山两湖全国山地户外挑战赛

2007年9月9日至11日，由中国登山协会、山东电视台、泰安市人民政府联合主办，泰安市体育局、泰安市旅游局、泰山管委、泰安市旅游经济开发区管委、泰安市林业局、新泰市人民政府、东平县人民政府、岱岳区人民政府承办，泰山武校、泰山白马寺旅游服务有限公司冠名协办的“泰山武术杯”2007“新泰安·三山两湖”全国山地户外在泰安市举行。

此项赛事为泰安第二十一届泰山国际登山节系列活动之一，2007年9月9日正式开幕，为期三天，按照赛程，9月9日赛段为泰山、天平湖，9月10日赛段为东平湖，9月11日赛段为徂徕山、莲花山，赛程总长180公里，线路贯穿泰安市境内的泰山、徂徕山、莲花山和东平湖、天平湖“三山两湖”著名旅游景区。项目设置包括山地越野、穿越、皮艇漂流、丛林穿越、山地车/赛跑交替赛、越野技能等竞赛项目。有16支国内俱乐部和高校队伍的64名运动员参加比赛。西藏祥云、探路者户外运动俱乐部、中国地质大学（北京）DOITE户外队获得团体总成绩前三名。徐振侠（大连）、汪晓青（浙江）、魏彪（杭州）、孙其海（湖南）、易健（贵州）等5人获优秀运动员奖。遵义行者户外运动俱乐部获拼搏奖，新疆北山羊户外运动俱乐部获道德风尚奖。

三、承办首届全国（泰山）国际传统武术节

2013年4月17日至22日，由山东省体育局、山东省旅游局、泰安市人民政府主办，山东省武术院、泰安市体育局承办的首届全国（泰山）国际传统武术节在泰安举行。此次武术节除武术名家外，有来自12个国家和地区及国内的2300余名运动员参加。

武术节主要内容包括开、闭幕式，中国东岳

太极拳教练员培训班，武林百杰、太极名家大讲堂，太极名家孔子故里行，太极名家泰山祈福，太极名家走进泰山大展演（市政广场），武术名家杏坛高峰论坛（名家实战技法演练）及武术表演等。其中，中国东岳太极拳教练员培训班由东岳太极拳创始人门惠丰、阚桂香授课，260名国内外学员参加培训，扩大了山东本土东岳太极拳的影响。

2012年6月15日，第七届全国城市运动会暨全国竞走大奖赛在新泰举行。
（新泰市体育局　提供）

开幕式于2013年4月18日在泰山封禅大典大型实景演出现场举行，国家体育总局武术运动管理中心书记何青龙、山东省体育局副局长刘明、泰安市政府副市长徐恩虎及山东省武术院院长胡杰、副院长李大峰，泰安市体育局局长苏有森、副局长任广中等领导出席。闭幕式及颁奖晚会于4月21日在东平水浒影视城举行。

四、承办全国单项比赛

泰安市所承办的全国比赛全部为单项比赛、联赛或俱乐部比赛，从1974年第一次承办全国单项比赛到2015年年底，共承办不同组别的15个项目、55项次比赛。

1974—2015年承办全国单项体育比赛情况表

表6-26

比赛名称	时　间	地　点	参赛队（个）	运动员（人）
全国排球联赛第一阶段泰安赛区	1974.5.15—28	泰安	6	71
全国排球丙级队联赛	1978.9.1—15	泰安	33（18男、15女）	458
第二届浪潮杯全国女子举重比赛	1986.6.4—8	泰安	29	250
全国少年举重分龄赛	1989.8.21—26	泰安	23	314
全国少年儿童体操比赛	1989.8.10—16	新泰	22	242
全国武术传统项目交流大会	1991.8.1—6	泰安	14	120
全国首届“五羊杯”自行车登泰山比赛	1991.9.9—12	泰安	6	53
全国少年儿童体操分区赛	1991.8.22—26	新泰	21	121
全国少年无线电测向赛	1992.8.4—18	泰安	31	113
全国第二届“五羊杯”公路、山地自行车登泰山比赛	1992.9.9—12	泰安	30	134
全国女子举重冠军赛	1992.10.12—16	泰安	30	262
全国第三届“五羊杯”自行车登泰山、徂徕山比赛	1993.9.8—10	泰安	31	150

续表 6–26

比赛名称	时 间	地 点	参赛队（个）	运动员（人）
泰山东岳庙“恩学杯”全国武术散打赛	1994.9.12—16	泰安	8	60
全国足球甲 A 邀请赛	1996.8.8	泰安	2	30
“李宁杯”全国少儿体操分区赛	1999.7.20—25	新泰	8	100
“足协杯”鲁能主场足球赛（1/8、1/4）	2000.6	泰安	3	60
全国第十届乒乓球比赛	2001.7.11—17	泰安	42	472
全国第十七届“新春杯”少年足球比赛	2001.2.16—19	泰安	16	240
全国足球乙级联赛九巨龙主场赛	2002.6—9	泰安	6	130
“足协杯”鲁能主场足球赛（1/4、1/2）	2001.8	泰安	3	60
“新春杯”全国少年足球比赛	2002.2.18—24	泰安	16	200
全国青少年田径锦标赛	2002.5.18—21	泰安	29	362
中国与尼日利亚女足友谊赛	2003.7.13	泰安	2	30
中韩足球邀请赛	2003.9.9	泰安	2	30
全国女足超级联赛山东主赛场	2003.7—11	泰安	6	120
“足协杯”山东鲁能主场比赛	2004.5—8	泰安	4	80
2004 年全国少年男子（13~15 岁）举重分龄赛	2004.8.28—31	泰安	13	138
2004 年“泰安移动杯”全国青年男子排球锦标赛	2004.9.3—10	泰安	13	229
2004 年“华宁杯”全国少年女子乙组篮球比赛	2004.7.22—29	泰安	10	148
2004—2005 赛季全国男篮甲级联赛山东金斯顿男篮主场	2004.9—2005.4	泰安	9	150
“中超杯”鲁能主场	2004.10	泰安	6	210
中韩围棋友谊赛	2005.9.10	泰安	2	8
中韩青少年公路越野跑对抗赛	2005.7.7—10	泰安	2	52
中韩青少年跆拳道友谊赛	2005.9.10—12	泰安	2	40
2006 年“海普·凤栖湾杯”全国竞走锦标赛	2006.7.28—31	泰安	20	296
全国少年男子乙组排球锦标赛	2006.7.21—24	泰安	8	145
全国女子足球联赛第四阶段比赛	2006.9.12—20	泰安	8	269
“泰山武术杯”2007 新泰安 . 三山两湖全国山地户外挑战赛	2007.9.9—11	泰安	16	64
全国竞走特许赛	2007.7.1—3	新泰	21	160
“泰山生力源杯”全国竞走锦标赛	2008.10.23—25	新泰	18	188
“泰丰杯”全国象棋锦标赛	2009.4.7—13	新泰	34	158

续表 6-26

比赛名称	时　间	地　点	参赛队（个）	运动员（人）
全国第 11 届全运会男子足球甲组比赛	2009.7.22—8.1	泰安	4	140
全国少儿国际象棋比赛	2009.8.10—15	泰安	30	252
全国第 11 届全运会男子足球乙组比赛	2009.10.16—26	泰安	4	138
全国第 11 届全运会男子排球比赛	2009.10.18—27	泰安	6	72
第七届城市运动会竞走预选赛暨全国竞走大奖赛	2011.3.11—13	新泰	20	208
首届全国半程马拉松比赛	2012.3.18	泰安	29	1000
全国竞走大奖赛	2012.6.15—16	新泰	15	96
全国公路摩托车锦标赛暨年度总决赛	2012.9.8—9	泰安	11	70
全国青年女子自由式摔跤锦标赛	2013.7.6—9	泰安	32	263
全国竞走大奖赛第二站	2014.4.12—13	新泰	15	163
全国女足联赛	2014.7—10	泰安	8	160
全国国际跳棋团体锦标赛	2014.10.4—8	泰安	36	108
第十五届全国老将田径锦标赛	2015.5.16—18	泰安	29	810
“东城田园杯”全国竞走大奖赛暨第一届全国青运会竞走预选赛	2015.7.4—5	新泰	37	327

第三节　承办山东省体育比赛

泰安市所承办的省比赛全部为单项比赛或年度比赛，从1964年第一次承办省单项比赛到2015年年底，共承办了不同组别的22个项目、82项次比赛。

1964—2015 泰安市（地区）承办省体育比赛情况表

表 6-27

比赛名称	时　间	地　点	参赛代表队	运动员数
第九届省运会篮球第一阶段比赛	1964.8.6—9	泰安	4 个代表队 男女 8 支队伍	120
山东省第一届中学生运动会排球比赛	1973.3	泰安	7 个代表队 12 支队伍	155
第十届省运会排球比赛	1974.9.17—10.3	泰安	12 个代表队 男女 24 支队伍	307
山东省越野跑	1979.4.16—19	泰安	10	135
第十二届省运会篮球预赛	1981.11.3—9	泰安	9 个代表队 男女 18 支队伍	210
山东省少年田径运动会	1981.9.10—13	泰安	16	320

续表 6–27

比赛名称	时　间	地　点	参赛代表队	运动员数
山东省“振兴杯”篮球分区赛	1985.8.10—14	泰安	9	165
山东省射击重点班比赛	1986.6.13—16	宁阳	20	180
山东省第十三届运动会举重比赛	1986.8.21—23	泰安	13	187
山东省“长寿杯”太极拳、剑表演赛	1988.4.5—7	泰安	20	120
山东省“萌芽杯”乒乓球比赛	1988.6.14—17	泰安	12	150
山东省射击比赛	1989.8.27—29	泰安	20	163
山东省青少年柔道比赛	1990.6.13—15	泰安	11	202
山东省体操锦标赛	1990.7.20—27	新泰	7	210
山东省第十五届运动会举重比赛	1990.8.3—6	泰安	13	83
山东省第十五届运动会公路自行车比赛	1990.8.16—18	泰安	9	72
山东省农行系统篮球比赛	1991.6.25—29	泰安	14	210
山东省“希望杯”足球比赛	1991.8.15—22	泰安	8	96
山东省第十六届运动会无线电测向赛	1992.8.8—10	泰安	3	24
山东省射箭锦标赛	1993.6.25—29	泰安	10	64
山东省篮球甲级联赛	1994.10.28—11.1	泰安	6	78
山东省希望杯摔跤比赛	1995.8.21—24	泰安	15	421
山东省摔跤锦标赛	1996.9.23—26	泰安	20	430
“相知家具杯”山东—韩国友谊赛	1996.11.6	泰安	2	30
山东省青少年女子举重比赛	1996.6.20—24	肥城	17	180
山东省青少年女子举重比赛	1997.5.16—19	东平	19	211
“泰山特曲杯”山东—江苏足球赛	1997.9.10	泰安	2	30
山东—日本足球友谊赛	1997.9.16	泰安	2	30
山东省第十九届运动会自由式摔跤比赛决赛	1998.7.15—19	泰安	17	300
山东省第十九届运动会举重比赛预赛	1998.7.25—28	泰安	17	396
山东省柔道锦标赛	2000.8.27—31	泰安	15	269
山东省青少年男子举重比赛	2000.9.19—22	泰安	17	232

续表 6-27

比赛名称	时　间	地　点	参赛代表队	运动员数
“开发区杯”山东—澳大利亚篮球赛	2000.12.14	泰安	2	26
山东省少儿体操、蹦床锦标赛	2000.8.23—26	新泰	9	203
2001 年“中行杯”山东省青少年篮球锦标赛	2001.5.28—6.3	泰安	12	164
山东省男子举重锦标赛	2001.4.25—29	泰安	26	224
山东省田径锦标赛	2002.5.10—13	泰安	17	556
山东省女子自由式摔跤比赛	2003.8.8—11	泰安	18	400
山东省体育传统项目学校排球赛	2003.8.18—26	泰安	34	500
“尤尼克斯”杯山东省少年羽毛球锦标赛	2003.11.3—8	泰安 农大	14	146
山东省女子举重锦标赛	2004.5.13—18	泰安	17	192
山东省举重锦标赛	2008.10.8—16	泰安	17	198
山东省青少年围棋团体比赛	2009.7.8—12	泰安	12	110
山东省空手道锦标赛	2009.9.13—15	泰安	12	162
山东省女子柔道锦标赛	2009.10.10—15	泰安	17	273
山东省男子举重锦标赛	2009.10.22—26	泰安	16	210
山东省女子举重锦标赛	2009.9.13—17	泰安	16	188
山东省体育传统项目学校排球赛（初中组）	2009.7.16—22	泰安	36	410
山东省女子足球锦标赛	2009.8.3—8	泰安	17	283
山东省男子足球锦标赛	2009.8.13—19	泰安	17	300
山东省第二十二届运动会空手道预赛	2010.4.25—29	泰安	10	123
山东省女子拳击冠军赛	2011.4.12—16	泰安	14	364
山东省男子拳击锦标赛	2011.9.17—21	泰安	14	425
山东省第五届冬泳锦标赛	2012.4.5—8	泰安	10	96
山东省男子拳击锦标赛	2012.5.4—11	泰安	16	420
山东省青少年射箭锦标赛	2012.8.20—24	泰安	17	230
山东省男子自由式摔跤冠军赛	2012.9.6—11	泰安	17	195

续表 6-27

比赛名称	时 间	地 点	参赛代表队	运动员数
山东省女子自由式摔跤冠军赛	2012.9.12—17	泰安	13	179
山东省击剑冠军赛	2012.9.17—22	泰安	8	248
山东省男子柔道冠军赛	2012.9.23—28	泰安	14	195
山东省女子柔道冠军赛	2012.10.8—13	泰安	13	182
山东省男子举重冠军赛	2012.10.17—22	泰安	17	171
山东省女子举重冠军赛	2012.10.24—29	泰安	14	183
山东省体操冠军赛	2012.12.29	新泰	17	210
山东省青少年越野跑、竞走锦标赛	2013.2.26—27	泰安	17	530
山东省男子举重锦标赛	2013.3.4—7	泰安	16	346
山东省女子举重锦标赛	2013.3.9—12	泰安	16	196
山东省武术套路锦标赛	2013.3.28—4.4	泰安	20	362
山东省古典跤冠军赛	2013.9.15—18	泰安	12	175
山东省田径锦标赛	2013.9.26—30	泰安	17	1546
山东省男子举重冠军赛	2013.10.23—26	泰安	15	176
山东省女子举重冠军赛	2013.10.28—31	泰安	14	175
山东省第二十三届象棋棋王赛	2013.12.28—29	新泰		48
山东省青少年越野跑、竞走锦标赛	2014.2.20—23	泰安	17	467
山东省跆拳道锦标赛暨二十三届省运会预赛	2014.5.15—18	泰安	17	261
山东省女子跆拳道锦标赛	2014.5.15—18	泰安	17	188
山东省第一届风筝锦标赛	2014.5.21—22	泰安	17	91
山东省首届国际跳棋校际对抗赛	2014.7.20	泰安	11	90
山东省青少年公路自行车锦标赛	2015.7.12—16	泰安	10	171
山东省青少年田径锦标赛	2015.9.19—22	泰安	17	2100
山东省柔道冠军赛	2015.10.21—23	泰安	17	315
山东省体操冠军赛	2015.11.3—9	新泰	7	73

第四章　举办全市运动会

第一节　全市运动会概况

泰安市体育运动会，简称市运会，是由市政府主办的泰安市水平最高、规模最大、设项最多的一项全市综合性运动会。市运会既有青少年的竞技项目，又有全民健身群体活动项目。自1956年举办第一届市运会以来至2015年，泰安市共举办了20届市运会（前4届查无资料）。市运会涉及全市各行各业，不同年龄层次，参与人员多，影响广泛，从一个侧面反映出全市不同时期的政治、经济、文化的综合发展情况。

每届市运会，市委、市政府各级领导亲自参与，群众参与热情高，参赛部门重视，既推动了全市全民健身运动的开展，又促进了全市竞技体育水平的提高，为全市经济、社会、文化体育发展和旅游名城建设做出了积极贡献。

泰安市第五届至二十届运动会基本情况表

表 6-28

届　次	举办起止时间	开幕式时间	参加开幕式领导	项　目	组　别	代表团数	运动员数
第五届	1985 年 6 月 18 日—10 月 3 日	9 月 20 日		田径、篮球、排球、足球、举重、棋类、乒乓球 7 个竞赛项目	少年组、职工组	31	2000
第六届	1987 年 5 月 19 日—10 月 13 日	10 月 10 日	组委会副主任、副市长杨庆蔚致开幕词，市党政军领导参加	田径、举重、射击、武术、摔跤、柔道、乒乓球 7 个竞赛项目	少年组、职工组	13	1500
第七届	1989 年 7 月 6 日—10 月 7 日	10 月 4 日		田径、举重、射击、武术、摔跤、柔道、篮球、排球、足球、游泳、棋类、乒乓球 12 个竞赛项目	少年组、职工组	13	2055
第八届	1991 年 7 月 2 日—10 月 14 日	10 月 11 日		田径、举重、射击、武术、摔跤、柔道、篮球、排球、足球、游泳、乒乓球 11 个竞赛项目	少年组、职工组	27	3120
第九届	1993 年 5 月 20 日—10 月 9 日	10 月 7 日		田径、举重、摔跤（男）、柔道、武术、射击、篮球、排球、乒乓球、游泳 10 个竞赛项目	少年组、职工组	16	1167

续表 6-28

届 次	举办起止时间	开幕式时间	参加开幕式领导	项 目	组 别	代表团数	运动员数
第十届	1995 年 8 月 3 日—10 月 18 日	10 月 17 日	省体委主任曹学成；市领导张庆黎、刘喜敏、曲进贤、史怀君、于连荣、庞俊三、刘忠昌等	田径、举重、摔跤（男）、武术、柔道、篮球、排球、射击、乒乓球、棋类等 12 个竞赛项目	少年组、职工组	13	3000
第十一届	1997 年 4 月 28 日—9 月 29 日	9 月 27 日	省体委主任曹学成；市领导张庆黎、张知平、张树禹、宋广吉、史怀君、于连荣、占守嵘、汤贵仁、夏作理、王庆泗、刘忠昌；市里老同志曹礼琴、李元明、许希亮、盛 钊、李润生、郑建栋、郑洪超、王文元及驻泰安部队、驻泰安高校的领导	26 个大项 204 个小项	幼儿组、少年组、青年组、职工组、老年组、农民组	60	15000
第十二届	1999 年 5 月 13 日—10 月 18 日	10 月 16 日	省体育总会副主席袁盛堂、原省体委主任杨季泉、副主任吴一中；市领导鲍志强、刘玉祥、宋广吉、史怀君、李惠东、陈来锁；市里老同志曹礼琴、李元明、薛允志、许希亮、张敬五、李润生、高淑源及驻泰安部队、驻泰安高校的领导	田径、举重、摔跤、柔道、武术、散打、跆拳道、足球、乒乓球等 13 个竞赛项目	少年组、青年组、老年组	87	8000
第十三届	2001 年 7 月 11 日—10 月 16 日	10 月 13 日	省体育局助理巡视员袁盛堂；市领导鲍志强、宋广吉、张显义、李惠东、赵成道、成秉文；市里老同志李元明、薛允志、李润生、史怀君及驻泰部队、驻泰安高校的领导	33 个大项 362 个小项	少年组、青年组、老年组	180	8200
第十四届	2003 年 7 月 8 日—10 月 22 日	10 月 18 日	市委书记耿文清宣布运动会开幕	34 个大项、570 个小项	少年组、青年组、老年组	200	10000

续表 6-28

届　次	举办起止时间	开幕式时间	参加开幕式领导	项　目	组　别	代表团数	运动员数
第十五届	2005年6月10日—9月28日	9月25日		田径、举重、自由跤、古典跤、柔道、武术套路、跆拳道、篮球、排球、足球、乒乓球、射箭、武术散打、幼儿基本体操14个竞赛项目	老年组、职工组、少年组	55	3000
第十六届	2007年7月12日—10月14日	10月11日	省体育局副局长刘明；市领导李洪峰、高儒林、李秀兰、徐恩虎、赵成道；市里老领导；市老年体协主席史怀君等	田径、举重、自由式摔跤、古典式摔跤、柔道、跆拳道、篮球、排球、足球、乒乓球、射箭、武术套路、武术散打、幼儿基本体操14个竞赛项目	老年组、职工组、少年组	153	10000
第十七届	2009年5月15日—9月22日	9月20日	省体育局副局长高金业，省体育彩票管理中心主任蒋强；市领导李洪峰、高儒林、唐家品、刘士平、徐恩虎、赵成道等	田径、举重、自由式摔跤、古典式摔跤、柔道、跆拳道、篮球、排球、足球、手球、乒乓球、羽毛球、射箭、武术套路、武术散打、幼儿基本体操16个竞赛项目	青年组、职工组、少年组	240	5100
第十八届	2011年7月10日—9月26日	9月24日	省体育局副局长刘明；市领导李洪峰、唐家品、杜卓群、徐恩虎、任先德等	田径、举重、自由式摔跤、古典式摔跤、柔道、跆拳道、篮球、排球、足球、乒乓球、射箭、武术套路、武术散打、手球14个竞赛项目	职工组、少年组、老年组、驻泰安高校组、俱乐部组	230	5400
第十九届	2013年5月4日—10月13日	10月11日	市领导李洪峰、王云鹏、白玉翠、林华勇、王兆祯等	田径、举重、自由式摔跤、古典式摔跤、柔道、跆拳道、篮球、排球、足球、手球、乒乓球、羽毛球、射箭、武术套路、散打15个竞赛项目	老年组、职工组、少年组、俱乐部组	300	5600
第二十届	2015年5月6日—9月28日	9月25日	市领导李洪峰、王云鹏、林华勇、辛显明、邹凤亭、尹衍祥等	田径、举重、自由式摔跤、古典式摔跤、柔道、跆拳道、篮球、排球、足球、手球、乒乓球、羽毛球、射箭、武术套路、武术散打、拳击、幼儿基本体操17个竞赛项目	青少年竞技组、县市区健身组、行业健身组、老年健身组	312	5460

第二节 历届市运会比赛成绩

自1956年至2015年共举办了20届市运会。第1至4届市运会的设项、参赛单位和人数、成绩等均已无资料，举办时间为1956年第一届泰安市（县级）运动会，1960年第二届泰安市（县级）运动会，1964年第三届泰安专区运动会，1972年第四届泰安地区运动会（1984年全区体育工作座谈会文件之四:关于举行泰安地区第五届运动会的通知）。“文化大革命”期间，市运会停办。1985年举办第五届市运会，同时为备战省运会选才的需要，正式确定每两年举行一届市运会，项目和组别设置逐届增加，并与省运会设项衔接。2015年第二十届市运会后，参照省运会模式，确定每4年举行一届市运会。

一、第五届

泰安市第五届运动会于1985年6月18日至10月3日分别在泰安、泗水、新泰、平阴、肥城矿务局举行。运动会设少年组、职工组两个组别，设篮球、排球、足球、乒乓球、举重、田径、棋类等7个竞赛项目。市财政局、商业局、民政局、大学联、中专体协等31个系统或单位体育代表团2000余名运动员参加比赛。17人41次破25项市最高纪录。肥城县、宁阳县、泰山区体育代表团分获团体总分前三名，新汶矿务局、市教育局、肥城矿务局体育代表团分获市直各系统团体总分前三名。

第五届市运会各项目竞赛成绩（团体总分前三名、单项第一名）

（一）田径

男子团体		女子团体	
1.泰山区	91分	1.泰山区	76分
2.莱芜市	77分	2.新泰市	68分
3.肥城县	63分	3.肥城县	53分

第五届市运会田径比赛个人成绩表

表6–29

组别	项目	姓名	代表队	成绩	组别	项目	姓名	代表队	成绩
男子组	100米	鞠卫军	泰山区	0:11.6	女子组	100米	刘金玲	泰山区	0:13.4
	200米	袁明柱	大学联	0:23.8		200米	王爱兰	肥城县	0:28.3
	400米	郑全胜	肥城县	0:52.8		400米	刘丰华	肥城县	1:2.6
	800米	赵玉勇	郊　区	2:11.1		800米	陈广菊	郊　区	2:19.6
	1500米	赵玉勇	郊　区	4:19.1		1500米	陈广菊	郊　区	4:50.0
	5000米	段重进	新汶矿务局	15:21.5		3000米	吕荣花	莱芜市	10:54.3
	10000米	段重进	新汶矿务局	32:17.7		5000米	吕荣花	莱芜市	18:56.1
	110米栏	李　军	大学联	16.0		5公里竞走	宁　伟	泰山区	27:5.0
	400米栏	石东平	新泰市	59.7		100米栏	刘金玲	泰山区	0:15.6
	10公里竞走	甄险峰	泰山区	46:30.9		4×100米		泰山区	0:52.8

续表 6-29

组 别	项 目	姓 名	代表队	成 绩	组 别	项 目	姓 名	代表队	成 绩
男子组	4×100 米		泰山区	45.1	女子组	跳高	冯玉珍	新泰市	1.53 米
	跳高	路敦庆	宁阳县	1.81 米		跳远	赵文秀	新泰市	5.28 米
	跳远	纪荣欣	莱芜市	6.69 米		铅球	章玉新	新汶矿务局	10.57 米
	三级跳远	王 波	泰山区	13.87 米		铁饼	章玉新	新汶矿务局	39.36 米
	撑杆跳高	宣光海	大学联	3.20 米		标枪	石 华	肥城县	31.82 米
	铅球	马 斌	泰山区	12.35 米					
	铁饼	孙 波	泰山区	38.04 米					
	标枪	蒋 楠	肥城矿务局	58.62 米					

（二）举重

男子团体

1. 宁阳县 197 分
2. 肥城县 182 分
3. 肥城矿务局 119 分

女子团体

1. 肥城县 164 分
2. 宁阳县 128 分
3. 泰山区 66 分

男子

48 公斤级	李山伟	肥城县	170 公斤
52 公斤级	张 国	肥城县	175 公斤
56 公斤级	赵 明	宁阳县	205 公斤
60 公斤级	张永革	宁阳县	205 公斤
67.5 公斤级	周 杰	新汶矿务局	220 公斤
75 公斤级	滕兴臣	肥城县	255 公斤
82.5 公斤级	孔令军	东平县	245 公斤
90 公斤级	吴兆生	泰山区	200 公斤
100 公斤级	陈 彬	肥城县	225 公斤
110 公斤级	张延文	肥城县	150 公斤

女子

44 公斤级	王银芝	宁阳县	100 公斤
48 公斤级	王桂云	宁阳县	110 公斤
52 公斤级	孟宪珍	肥城县	130 公斤
56 公斤级	吴宝华	宁阳县	102.5 公斤
60 公斤级	韩鲁娜	新泰市	132.5 公斤
67.5 公斤级	桑红卫	肥城县	127.5 公斤
75 公斤级	杜建文	泰山区	95 公斤

（三）篮球

男子

1. 肥城矿务局
2. 新汶矿务局
3. 市交通局

女子

1. 新汶矿务局
2. 市教育局
3. 市化工公司

（四）乒乓球

男子团体
1. 新汶矿务局
2. 市公安局
3. 肥城矿务局

女子团体
1. 新汶矿务局
2. 市银行
3. 市教育局

男子单打	迎　军	市公安局
女子单打	周娟娟	市教育局

（五）足球

1.市教育局
2.市大学联
3.市一轻公司

二、第六届

泰安市第六届运动会自1987年5月19日始至10月13日止，历时近5个月。开幕式于10月10日在泰安举行，社会各界群众近万人参加。运动会设少年组、职工组两个组别，各县（市、区）、矿务局、市直学校等13个体育代表团的1500余名运动员，参加田径、举重、射击、武术、摔跤、柔道、乒乓球等7个项目的竞赛。2人3次破2项全国少年纪录，16人破20项市最高纪录。莱芜市、宁阳县、肥城县体育代表团分获总成绩团体总分前三名，泰安二中、职业中专、泰安一中体育代表团分获市直学校单位总成绩团体总分前三名。

第六届市运会各项目竞赛成绩（团体总分前三名、单项第一名）

（一）田径

甲组团体		乙组团体	
1. 莱芜市	142 分	1. 职业中专	95 分
2. 肥城县	110 分	2. 新泰市	95 分
3. 新泰市	99 分	3. 泰安二中	93 分

第六届市运会田径比赛男子个人成绩表

表 6-30

组别	项目	姓名	代表队	成绩	组别	项目	姓名	代表队	成绩
男子甲组	100 米	母龙春	肥城县	0:11.00	男子乙组	100 米	俞　涛	郊　区	0:11.5
	200 米	母龙春	肥城县	0:22.8		200 米	俞　涛	郊　区	0:23.8
	400 米	吴秀华	莱芜市	0:53.20		400 米	翟家元	职业中专	0:54.50
	800 米	孔令雨	肥城县	1:57.00		800 米	韩爱民	莱芜市	2:03.3
	1500 米	孔令雨	肥城县	4:1.8		1500 米	张　峰	泰安二中	4:21.7
	3000 米	王玉山	东平县	9:8.9		3000 米	王　强	泰安二中	10:27.00

续表 6-30

组别	项目	姓名	代表队	成绩	组别	项目	姓名	代表队	成绩
男子甲组	110 米栏	孙大伟	泰安二中	0:14.7	男子乙组	110 米栏	万海康	职业中专	0:15.5
	400 米栏	孙大伟	泰安二中	57.4		5000 米竞走	李同国	东平县	25:2.2
	5000 米	杨广健	泰安二中	16:28.9		三项全能	徐华成	宁阳县	1766 分
	10000 米竞走	李明才	新泰市	41:26.0		跳高	刘广文	新泰市	1.74 米
	4×100 米		泰安一中	0:46.3		跳远	徐华成	宁阳县	6.02 米
	五项全能	李 伟	职业中专	2937 分		铁饼	梁名国	职业中专	48.02 米
	跳高	戚永庆	泰安一中	1.76 米		标枪	阎太吉	莱芜市	57.72 米
	跳远	玄 强	泰安二中	6.21 米		铅球	孔凡林	肥城县	14.89 米
	三级跳远	赵相峰	职业中专	13.41 米					
	铅球	王玉安	莱芜市	13.63 米					
	铁饼	张 勇	肥城县	57.24 米					
	标枪	王玉安	莱芜市	60.82 米					
	撑杆跳高	解统庆	泰安一中	2.50 米					

第六届市运会田径比赛女子个人成绩表

表 6-31

组别	项目	姓名	代表队	成绩	组别	项目	姓名	代表队	成绩
女子甲组	100 米	王立芹	职业中专	0:12.80	女子乙组	100 米	李 霞	职业中专	0:12.8
	200 米	徐长兰	莱芜市	0:27.2		200 米	李 霞	职业中专	0:26.7
	400 米	谢宜芳	莱芜市	1:0.9		400 米	王 娟	宁阳县	1:1.5
	800 米	谢宜芳	莱芜市	2:20.30		800 米	王 娟	宁阳县	2:24.6
	1500 米	牛 芳	东平县	4:46.7		1500 米	王道华	新泰市	4:47.7
	3000 米	牛 芳	东平县	10:22.2		100 米栏	卢安红	职业中专	0:18.5
	5000 米竞走	尚 慧	职业中专	28:49.9		5000 米竞走	林冠军	新泰市	25:33.6
	4×100 米		职业中专	0:53.50		4×100 米		职业中专	0:53.0
	五项全能	田桂芝	肥城县	2184 分		三项全能	陈向群	新泰市	1911 分
	跳高	杨春霞	泰山区	1.45 米		跳高	黄淑云	泰山中学	1.44 米
	跳远	丛咏梅	泰安二中	5.01 米		跳远	李 霞	泰安二中	4.80 米
	铅球	薛爱玉	郊 区	11.57 米		标枪	张 民	郊 区	42.10 米
	铁饼	张传美	郊 区	42.30 米		铅球	吴钦燕	新泰市	10.81 米
	100 米栏	李晓玲	泰山区	16.30		铁饼	王继玺	肥城县	31.56 米
	标枪	薛爱玉	郊 区	46.30 米					

（二）举重

男子团体

1. 肥城县	253 分
2. 宁阳县	167 分
3. 莱芜市	158 分

女子团体

1. 肥城县	179 分
2. 宁阳县	123 分
3. 莱芜市	35 分

男子甲组

48 公斤	杨宪忠	肥城县	150 公斤
52 公斤	吴殿勇	宁阳县	150 公斤
56 公斤	毕雪亭	莱芜市	182.5 公斤
60 公斤	乔　勇	肥城县	170 公斤
67.5 公斤	刘　伟	宁阳县	220 公斤
75 公斤	王恩东	宁阳县	210 公斤
82.5 公斤	田　林	肥城矿务局	247.5 公斤
90 公斤	沈向阳	肥城矿务局	170 公斤
100 公斤	潘林晓	莱芜市	225 公斤
110 公斤	陈　彬	肥城县	292.5 公斤

女子甲组

44 公斤	王银芝	宁阳县	112.5 公斤
52 公斤	孟宪珍	肥城县	130 公斤
56 公斤	卫建华	肥城县	160 公斤
67.5 公斤	桑红卫	肥城县	105 公斤

男子乙组

44 公斤	李文新	肥城矿务局	70 公斤
52 公斤	王长利	肥城矿务局	160 公斤
56 公斤	宗学强	肥城矿务局	165 公斤
60 公斤	任绪柱	莱芜市	167.5 公斤
67.5 公斤	齐永强	莱芜市	197.5 公斤
75 公斤	赵新闻	宁阳县	202.5 公斤
82.5 公斤	周延涛	宁阳县	230 公斤
90 公斤	刘清文	宁阳县	210 公斤

女子乙组

44 公斤	毕学梅	莱芜市	85 公斤
48 公斤	刘　晓	肥城县	115 公斤
52 公斤	芦　平	肥城县	140 公斤
56 公斤	周俊荣	宁阳县	95 公斤
60 公斤	闫照芹	莱芜市	85 公斤
67.5 公斤	石红杰	宁阳县	82.5 公斤
75 公斤	左秋霞	宁阳县	130 公斤

男子丙组

44 公斤	武道国	肥城县	120 公斤
48 公斤	翟立强	肥城矿务局	150 公斤
52 公斤	邹步峰	莱芜市	140 公斤
56 公斤	孙业动	宁阳县	95 公斤
67.5 公斤	巩恩东	莱芜市	165 公斤
82.5 公斤	李　强	肥城县	175 公斤

男子青年组

52 公斤	王业营	宁阳县	135 公斤
56 公斤	白少河	肥城县	210 公斤
60 公斤	刘学祥	莱芜市	187.5 公斤
67.5 公斤	韩玉伟	肥城矿务局	140 公斤
75 公斤	张永革	宁阳县	190 公斤
110 公斤	武继东	莱芜市	140 公斤

女子青年组

52 公斤	刘　静	宁阳县	80 公斤
60 公斤	刘玉美	肥城矿务局	95 公斤
67.5 公斤	李伟青	莱芜市	80 公斤
75 公斤	王金芳	肥城县	80 公斤

（三）射击

甲组团体		乙组团体	
1. 宁阳县	84 分	1. 新汶矿务局	147 分
2. 郊　区	56 分	2. 宁阳县	140 分
3. 莱芜市	39 分	3. 莱芜市	39 分

女子乙组

30 发卧射	罗文静	宁阳县	369 环
3×10	秦秀霞	新汶矿务局	341 环
气步枪 40 发	秦秀霞	新汶矿务局	432 环
手枪慢加速射 15 + 15	任有春	宁阳县	343 环
气手枪 40 发	史春梅	市体校	423 环

男子乙组

40 发气步枪	尚振恒	宁阳县	445 环
手枪慢射 30 发	崔汉海	新汶矿务局	338 环
气手枪 40 发	张　军	郊区	455 环
30 发卧射	尚振恒	宁阳县	376 环

女子甲组

3×20	程冬玲	宁阳县	637 环
40 发气枪	赵彤彤	宁阳县	453 环
60 发卧射	于红霞	郊　区	664 环
手枪慢加速射 60 发	韩雅琴	市体校	643 环
气手枪 40 发	谭晓蕾	市体校	446 环

男子甲组

60 发卧射	胡德阳	宁阳县	662 环
3×40	胡德阳	宁阳县	1175 环
60 发气步枪	左　超	郊　区	629 环
手枪慢射 60 发	张振军	郊　区	629 环
气手枪 60 发	张振军	郊　区	638 环
自选手枪速射	严　林	莱芜市	554 环

（四）摔跤

中国式摔跤			古典式摔跤		
48 公斤	赵立新	东平县	48 公斤	张万海	肥城矿务局
52 公斤	李山伟	肥城县	57 公斤	张中华	肥城县
57 公斤	张　平	泰山区	62 公斤	孙卫国	东平县
62 公斤	韩灿国	肥城矿务局	82 公斤	亓　军	肥城县
90 公斤	张兴华	肥城矿务局			

（五）柔道

男子组			女子组		
60 公斤	邢振东	肥城矿务局	48 公斤	宋其美	肥城县
65 公斤	曾宪刚	肥城矿务局	52 公斤	刘光荣	肥城矿务局
71 公斤	王振民	肥城矿务局	61 公斤	魏　利	泰山区
78 公斤	武心劲	肥城县	66 公斤	曲新平	肥城矿务局
86 公斤	郭吉平	肥城矿务局	无差级	魏　利	泰山区
无差级	王振民	肥城矿务局			

（六）武术

甲组团体		乙组团体	
1. 东平县	406.35 分	1. 东平县	205.25 分
2. 肥城县	305.5 分	2. 郊　区	196.1 分
3. 郊　区	187.3 分	3. 莱芜市	187.1 分

男子甲组			女子甲组		
全　能	丁庆波	东平县	全　能	曹春玲	东平县
规定拳	丁庆波	东平县	规定拳	曹春玲	东平县
长器械	丁庆波	东平县	长器械	曹长玲	东平县
短器械	师朝强	东平县	短器械	王宏伟	东平县
传统拳术	师朝强	东平县	传统拳术	曹长玲	东平县
传统器械	丁庆波	东平县	传统器械	曹长玲	东平县
对练	丁庆波 侯召军	东平县	对　练	曹长玲 王宏伟	东平县

男子乙组			女子乙组		
全能	孙长营	东平县	全　能	张延英	东平县
规定拳	周传旺	东平县	规定拳	董道凤	东平县
长器械	孙长营	东平县	长器械	孙宝莲	东平县
短器械	孙长营	东平县	短器械	张延英	东平县
传统短器械	于　朋	郊　区	传统短器械	丁吉玲	东平县
传统长器械	孙长营	东平县	传统长器械	张延英	东平县

（七）乒乓球

男甲单打	李　林	宁阳县
女甲单打	陈爱云	新汶矿务局
男乙单打	张　冀	新泰市
女乙单打	魏立红	宁阳县
男儿童组	朱　萌	新汶矿务局
女儿童组	段熙霞	莱芜市

三、第七届

泰安市第七届运动会自1989年7月6日始至10月7日止，历时3个月。开幕式于10月4日在市体育场举行，社会各界群众近万人参加。运动会设少年组、职工组两个组别。全市各县（市、区）、矿务局、市直学校13个体育代表团的2055余名运动员，参加田径、举重、射击、武术、摔跤、柔道、篮球、排球、足球、乒乓球、游泳、棋类等12个项目的角逐。2人打破2项省少年纪录，6人14次打破11项市最高纪录。莱芜市、新泰市、泰山区体育代表团分获团体总分前三名，莱芜市、泰山区、宁阳县体育代表团分列金牌总数前三位，泰安一中体育代表团获市直学校金牌数第一名。

第七届市运会少年组各项目竞赛成绩（团体总分前三名、单项第一名）

（一）田径

甲组团体			乙组团体		
第一名	莱芜市	114 分	第一名	新泰市	109 分
第二名	新泰市	96 分	第二名	莱芜市	88 分
第三名	泰安二中	94 分	第三名	职业中专	73 分

第七届市运会田径比赛男子个人成绩表

表 6-32

组别	项目	姓名	代表队	成绩	组别	项目	姓名	代表队	成绩
男子甲组	100 米	杜　勇	泰山区	0:11.4	男子乙组	100 米	刘　凯	东平县	0:11.3
	200 米	杜　勇	泰山区	0:23.2		200 米	王太义	宁阳县	0:23.80
	400 米	聂　明	肥城县	0:52.30		400 米	范庆学	东平县	0:54.60
	800 米	刘安营	新泰市	2:2.1		800 米	薛　滨	郊　区	2:15.0
	1500 米	肖　勇	肥城县	4:10.30		3000 米	张继双	宁阳县	4:18.5
	3000 米	刘怀强	肥城县	9:12.2		5000 米	崔西友	新泰市	16:10.9
	5000 米	魏　刚	泰山区	16:7.4		110 米栏	范庆学	新泰市	0:15.1
	110 米栏	刘　鹏	泰山区	0:14.8		5 公里竞走	崔西友	新泰市	23:45.6
	10 公里竞走	李传民	新泰市	46:22.2		4×100 米		莱芜市	0:46.60
	4×100 米		泰山区	0:45.6		跳高	王宪林	新泰市	1.77 米
	跳高	郭栖宾	莱芜市	1.88 米		跳远	王光林	新泰市	6.05 米
	跳远	袁宏磊	泰安二中	6.20 米		三级跳远	尹燕新	莱芜市	13.04 米
	三级跳远	郭栖宾	莱芜市	14.09 米		铁饼	杨　明	肥城县	47.16 米
	铅球	陶瑞生	肥城县	13.07 米		标枪	刘道强	莱芜市	49.80 米
	铁饼	董　强	新泰市	46.08 米		铅球	杨　明	肥城县	12.79 米
	标枪	严太极	郊　区	53.96 米					

第七届市运会田径比赛女子个人成绩表

表 6–33

组别	项目	姓名	代表队	成绩	组别	项目	姓名	代表队	成绩
女子甲组	100 米	孙 伟	泰安一中	0:13.1	女子乙组	100 米	高文菊	新泰市	0:13.4
	200 米	殷文清	莱芜市	0:27.4		200 米	李 红	职业中专	0:28.30
	400 米	许圣华	泰安一中	1:1.9		400 米	张伟青	泰安二中	1:2.2
	800 米	张 芹	莱芜市	2:27.50		800 米	张秀芳	肥城县	2:25.3
	1500 米	张晓华	莱芜市	5:1.6		1500 米	张秀芳	肥城县	4:47.8
	3000 米	张晓华	莱芜市	10:37.2		3000 米	夏 平	新汶矿务局	10:37.1
	100 米栏	朱 萍	泰安二中	16.80		100 米栏	张成文	泰山区	0:18.7
	5 公里竞走	张科美	郊 区	26:20.1		3 公里竞走	苏会云	新泰市	14:45.3
	4×100 米		泰安一中	0:53.70		4×100 米		职业中专	0:52.9
	跳高	黄淑云	泰山中学	1.55 米		跳高	杨春霞	泰山区	1.49 米
	跳远	欧阳舰	宁阳县	5.06 米		跳远	陈爱华	莱芜市	4.92 米
	铅球	赵 翠	莱芜市	10.84 米		铅球	杨永梅	莱芜市	9.40 米
	铁饼	王继美	肥城县	37.24 米		标枪	王 兰	新汶矿务局	37.94 米
	标枪	张 敏	郊 区	41.16 米		铁饼	张 慧	新泰市	36.10 米

（二）举重

男甲团体	1. 莱芜市	102 分	2. 新汶矿务局	58 分	3. 肥城县	54 分
男乙团体	1. 莱芜市	127 分	2. 肥城县	87 分	3. 肥城矿务局	67 分
女子团体	1. 新汶矿务局	155 分	2. 莱芜市	102 分	3. 宁阳县	84 分

男子甲组				男子乙组			
48 公斤	谷体春	莱芜市	110 公斤	44 公斤	史新近	新汶矿务局	105 公斤
52 公斤	安 波	新汶矿务局	197.5 公斤	48 公斤	汪 怪	肥城矿务局	125 公斤
56 公斤	邹步峰	莱芜市	110 公斤	52 公斤	段伦栋	莱芜市	160 公斤
60 公斤	宗学强	肥城矿务局	210 公斤	60 公斤	翟立强	肥城矿务局	192.5 公斤
67.5 公斤	朱乘明	肥城矿务局	227.5 公斤	56 公斤	闫仲军	肥城县	205 公斤
75 公斤	李 强	肥城县	192.5 公斤	67.5 公斤	董继存	莱芜市	205 公斤
82.5 公斤	刘二勇	泰山区	252.5 公斤	75 公斤	陈 民	泰山区	195 公斤
90 公斤	赵新勇	宁阳县	250 公斤	82.5 公斤	潘玉勇	莱芜市	200 公斤
100 公斤	潘林晓	莱芜市	125 公斤	90 公斤	崔 超	宁阳县	195 公斤
110 公斤	鉴纪东	新泰市	115 公斤	100 公斤	魏连军	莱芜市	155 公斤
110 公斤以上	刘勇跃	宁阳县	115 公斤	110 公斤	李国华	肥城县	160 公斤

女子甲组				女子乙组			
44公斤	杨月菊	宁阳县	75公斤	44公斤	刘利利	新汶矿务局	95公斤
48公斤	陈秀莲	莱芜市	115公斤	48公斤	李　敏	新汶矿务局	105公斤
52公斤	徐爱兰	新汶矿务局	162.5公斤	52公斤	张春荣	莱芜市	132.5公斤
56公斤	扈秋菊	职业中专	117.5公斤	56公斤	毕爱霞	莱芜市	125公斤
60公斤	梁爱萍	肥城县	150公斤	60公斤	吴新燕	宁阳县	142.5公斤
67.5公斤	余永梅	肥城矿务局	155公斤	67.5公斤	左秋霞	宁阳县	107.5公斤
82.5公斤	梁京芳	新汶矿务局	185公斤	82.5公斤	苏俊华	宁阳县	107.5公斤
+82.5公斤	张志萍	泰山区	160公斤				

（三）摔跤

中国式	1. 肥城矿务局	33分	2. 莱芜市	32分	3. 东平县	19分
古典式	1. 肥城县	31分	2. 东平县	16分	3. 宁阳县	14分
自由式	1. 东平县	22分	2. 泰山区	11分	3. 郊　区	7分

中国式摔跤

甲组			乙组		
52公斤	管燕勇	肥城矿务局	52公斤	王亚楠	东平县
57公斤	李建军	肥城矿务局	57公斤	张　勇	肥城矿务局
62公斤	郑浩朋	宁阳县	62公斤	邱勇强	莱芜市
68公斤	刘　辉	东平县	68公斤	昭建华	肥城县
74公斤	庞　军	莱芜市			
82公斤	刘洪军	肥城矿务局			

自由式摔跤

甲组			乙组		
51公斤	郭　兵	肥城县	60公斤	亓小青	郊　区
70公斤	孙洪才	东平县	65公斤	石富强	泰山区
83公斤	王存保	东平县			

古典式摔跤

甲组			乙组		
40-47公斤	谢庆亮	肥城县	37—40公斤	尚　斌	肥城矿务局
65公斤	孙清乐	东平县	47公斤	谢庆阳	肥城县
70公斤	李　华	郊　区	51公斤	梁卫东	肥城县
83公斤	王永强	职业中专	60公斤	石传强	宁阳县
			70公斤	沈士东	宁阳县

（四）柔道

男子团体	1. 东平县	31分	2. 莱芜市	24分	3. 新泰市	18分
女子团体	1. 东平县	31分	2. 肥城矿务局	28分	3. 肥城县	20分

男子甲组			男子乙组		
60 公斤	徐德正	东平县	51 公斤	张洪波	东平县
65 公斤	宋洪振	泰山区	58 公斤	曾立单	东平县
71 公斤	张召波	莱芜市	66 公斤	刘建新	肥城矿务局
86 公斤	王　涛	新泰市	无差级	刘建新	肥城矿务局
无差级	公维东	新泰市			
女子甲组			女子乙组		
48 公斤	张丽丽	肥城矿务局	48 公斤	徐　云	肥城县
52 公斤	丁　磊	宁阳县	52 公斤	付　玲	东平县
56 公斤	杨　丽	肥城县	61 公斤	李桂芬	肥城矿务局
61 公斤	曲新萍	肥城矿务局	66 公斤	靳秀梅	宁阳县
无差级	曲新萍	肥城矿务局	无差级	牛永晶	泰山区

（五）乒乓球

团体

男少甲组	1. 新泰市	2. 泰山区	3. 宁阳县
女少甲组	1. 莱芜市	2. 新泰市	3. 泰山区
男少乙组	1. 莱芜市	2. 新泰市	3. 泰山区
女少乙组	1. 莱芜市	2. 宁阳县	3. 新泰市

双打

男少甲组	周广民	李　勇	宁阳县
女少甲组	周建霞	魏立红	宁阳县
男少乙组	谭　勇	段　强	莱芜市
女少乙组	党　会	张　静	莱芜市

单打

男少甲组	王　林	泰山区
女少甲组	魏立红	宁阳县
男少乙组	谭　勇	莱芜市
女少乙组	党　会	莱芜市

（六）篮球

男子	1. 宁阳县	2. 新泰市	3. 东平县
女子	1. 肥城矿务局	2. 宁阳县	3. 新汶矿务局

（七）排球

男子	1. 泰山中学	2. 职业中专
女子	1. 泰山中学	2. 职业中专

（八）足球

1. 泰安一中　　2. 泰山中学

（九）游泳

甲组团体	1. 泰山区	65 分	2. 莱芜市	51 分	3. 新泰市	39 分
乙组团体	1. 泰山区	64 分	2. 莱芜市	40 分	3. 肥城矿务局	37 分

男子甲组				女子甲组			
50 米蛙泳	刘　新	莱芜市	42.8	50 米仰泳	吕　莹	泰山区	1:0.9
50 米仰泳	李友兵	东平县	41.9	50 米蛙泳	王洪群	莱芜市	56.0
50 米自由泳	陈向东	肥城市矿务局	38.4	100 米仰泳	吕　莹	泰山区	2:17.6
100 米蛙泳	乔建东	肥城市矿务局	1:40.4	100 米自由泳	高　莹	莱芜市	1:52.3
100 米仰泳	邵　峰	新泰市	1:44.8	100 米蛙泳	王洪群	莱芜市	2:22.0
100 米自由泳	闫海银	肥城矿务局	1:22.0	200 米混合泳	张　霞	新泰市	4:15.7
200 米混合泳	闫海银	肥城矿务局	3:21.5				
男子乙组				女子乙组			
50 米蛙泳	孟庆辉	肥城矿务局	47.5	50 米蛙泳	刘　丽	莱芜市	53.0
50 米仰泳	王志斌	泰山区	51.8	50 米仰泳	陈　乔	泰山区	55.3
50 米自由泳	马敬军	肥城矿务局		100 米蛙泳	王　楠	泰山区	2:2.1
100 米蛙泳	孙　哲	泰山区	1:47.0	100 米仰泳	陈　乔	泰山区	2:1.4
100 米仰泳	王元庆	新汶矿务局	2:9.3	100 米自由泳	牛　星	泰山区	2:0.7
100 米自由泳	马敬军	肥城市矿务局	1:56.3				

（十）武术

甲组团体		乙组团体	
1. 东平县	330.63 分	1. 泰山区	262.2 分
2. 莱芜市	273.95 分	2. 莱芜市	237.75 分
3. 肥城县	227.7 分	3. 宁阳县	236.4 分

男子甲组				女子甲组			
全　能	王双喜	东平县	40.55 分	全　能	刘　丽	东平县	40.75 分
规定拳	刘秀国	东平县	8.15 分	规定拳	刘　丽	东平县	8.15 分
自选拳	刘秀国	东平县	8.25 分	自选拳	刘　丽	东平县	8.25 分
自选短器械	段志超	东平县	8.1 分	自选短器械	王宏伟	东平县	8.11 分
自选长器械	王双喜	东平县	8.4 分	自选长器械	刘　丽	东平县	8.4 分
对　练	王双喜 段志超	东平县	7.85 分	对　练	王宏伟 刘　丽	东平县	7.85 分
男子乙组				女子乙组			
全　能	王　柯	泰山区	32.7 分	全　能	金静静	泰山区	32.35 分

规定拳	王　柯	泰山区	8.1 分	规定拳	陈玉荣	泰山区	8.05 分
自选拳	王　柯	泰山区	8.3 分	自选拳	吴　洽	东平县	8.3 分
自选短器械	王　柯	泰山区	8.1 分	自选短器械	金静静	泰山区	8.1 分
自选长器械	王　柯	泰山区	8.2 分	自选长器械	金静静	泰山区	8.1 分

（十一）射击

甲组团体		乙组团体	
1. 新汶矿务局	103 分	1. 宁阳县	123 分
2. 宁阳县	94 分	2. 莱芜市	108 分
3. 泰山区	50 分	3. 泰山区	20 分

男子甲组			
60 发卧射	邱　忠	新汶矿务局	573 环
3×40	邱　忠	新汶矿务局	1101 环
气步枪 60 发	邱　忠	新汶矿务局	546 环
自选手枪慢射 60 发	张　军	郊　区	519 环
气手枪 60 发	张　军	郊　区	568 环
自选手枪速射 60 发	张传峰	莱芜市	581 环
女子甲组			
60 发卧射	罗文静	宁阳县	565 环
3×20	史承惠	宁阳县	537 环
气步枪 40 发	罗文静	宁阳县	365 环
手枪慢加速射 60 发	赵　玲	宁阳县	557 环
气手枪 40 发	任有春	宁阳县	355 环
男子乙组			
30 发卧射	钱洪江	莱芜市	290 环
3×10	钱洪江	莱芜市	267 环
气步枪 40 发	钱洪江	莱芜市	374 环
自选手枪慢射	刘　阳	肥城县	237 环
气手枪 40 发	刘国清	泰山区	342 环
女子乙组			
30 发卧射	黄　静	新汶矿务局	284 环
3×10	任翠美	莱芜市	258 环
气步枪 40 发	张　玲	宁阳县	358 环
手枪慢加速射 30 发	李俊华	莱芜市	268 环
气手枪 40 发	于德华	宁阳县	337 环

四、第八届

泰安市第八届运动会于1991年7月2日至10月14日在泰安及各县（市、区）举行。运动会设少年组、职工组两个组别。各县（市、区）、矿务局、大专院校、中专体协、市直学校、各系统产业单位27个体育代表团的3120余名运动员，参加田径、举重、射击、武术、摔跤、柔道、篮球、排球、足球、乒乓球、游泳等11个项目的角逐。20人次打破17项市最高纪录，1人打破1项省少年纪录，32人次打破13项市少年记录。莱芜市、新泰市、泰山区体育代表团获团体总分前三名。莱芜市、泰山区、新泰市体育代表团列金牌榜前三名。

第八届市运会少年组各项目竞赛成绩（团体总分前三名、单项第一名）

（一）田径

1991年10月13日至14日在市体育场举行，各县（市、区）、矿务局、市直学校（联队）参加。比赛设男女甲乙组。

甲组团体			乙组团体		
第一名	新泰市	134 分	第一名	新泰市	135 分
第二名	泰山区	104 分	第二名	泰山区	116 分
第三名	莱芜市	102 分	第三名	市直学校	95 分

第八届市运会田径比赛男子个人成绩表

表 6-34

组别	项 目	姓 名	代表队	成 绩	组别	项 目	姓 名	代表队	成 绩
男子甲组	100 米	万 成	新泰市	0:11.40	男子乙组	100 米	王 勇	泰山区	0:11.4
	200 米	杨士强	泰山区	0:23.3		200 米	刘建兵	宁阳县	0:24.20
	400 米	伊 栋	肥城县	0:53.30		400 米	梁 栋	肥城县	0:53.50
	800 米	于富华	莱芜市	2:01.00		800 米	张利峥	泰山区	2:04.00
	1500 米	安业单	东平县	4:16.20		1500 米	王 强	市 直	4:15.00
	5000 米	陈方栋	新泰市	15:16.00		3000 米	王 强	市 直	10:19.00
	110 米栏	范庆学	新泰市	0:15.4		100 米栏	李 进	莱芜市	0:15.8
	10 公里竞走	杨 辉	新泰市	46:50.00		5 公里竞走	吴加军	新泰市	23:0.2
	4×100 米		泰山区	0:45.80		4×100 米（并列）		泰山区 莱芜市	0:45.4
	全能	王 勇	宁阳县	4226		全能	王 健	莱芜市	1604
	跳高	万 宾	莱芜市	1.80 米		跳高	吴茂勤	新泰市	1.70 米
	跳远	谷志强	莱芜市	6.90 米		跳远	张兴军	肥城县	6.03 米
	三级跳远	谷志强	莱芜市	14.37 米		三级跳远	尚宝太	市 直	13.06 米
	铅球	吴 斌	新泰市	13.38 米		铁饼	邓传强	东平县	51.86 米
	铁饼	李同国	泰山区	44.18 米		标枪	仇 勇	宁阳县	48.30 米
	标枪	刘灿岭	新泰市	65.54 米		铅球	邓传强	东平县	13.25 米

第八届市运会田径比赛女子个人成绩表

表 6-35

组别	项目	姓名	代表队	成绩	组别	项目	姓名	代表队	成绩
女子甲组	100米	倪雪玲	郊区	0:13.20	女子乙组	100米	薛娇梅	宁阳县	0:13.40
	200米	殷文清	莱芜市	0:25.8		200米	苑芹芹	新泰市	0:27.80
	400米	张伟清	市直	1:0.4		400米	宁娇	泰山区	1:1.7
	800米	张伟清	市直	2:19.30		800米	宁娇	泰山区	2:26.3
	1500米	张秀芳	肥城县	4:43.00		1500米	韩敏	新泰市	4:58.
	3000米	张秀芳	肥城县	10:13.4		3000米	韩敏	新泰市	10:35.
	100米栏	王鑫	市直	17.10		100米栏	曹玲	莱芜市	0:17.5
	4×100米		泰山区	0:53.50		3公里竞走	李红	新泰市	13:24.9
	全能	李君	新泰市	2117分		4×100米		泰山区	0:53.5
	跳高	肖冬梅	泰山区	1.45米		全能	徐寨	新泰市	1574分
	跳远	刘灿玲	新泰市	4.90米		跳高	徐寨	新泰市	1.55米
	铅球	张云	肥城县	11.64米		跳远	李梅	宁阳县	4.52米
	铁饼	张辉	新泰市	41.20米		标枪	张海燕	肥城县	35.55米
	标枪	刘英	宁阳县	34.50米		铅球	马淑惠	市直	8.24米
						铁饼	孟丽华	莱芜市	29.76米

（二）举重

1991年7月2日至5日在市体育馆举行，各县（市、区）、矿务局参加。比赛设男女甲乙组。

团体

男子甲组	1. 莱芜市	300分	2. 肥城县	165分	3. 新泰市	94分
男子乙组	1. 莱芜市	125分	2. 肥城县	79分	3. 新泰市	38分
女子组	1. 莱芜市	161分	2. 新泰市	116分	3. 宁阳县	99分

男子甲组				女子甲组			
48公斤	谷体春	莱芜市	187.5公斤	44公斤	张传爱	新泰市	122.5公斤
56公斤	张永臣	肥城矿务局	160公斤	48公斤	董晶	新泰市	127.5公斤
60公斤	朱明星	肥城县	185公斤	52公斤	李秀云	郊区	130公斤
67.5公斤	尹茂广	肥城县	195公斤	56公斤	鹿云	莱芜市	145公斤
75公斤	赵军	宁阳县	240公斤	60公斤	吴新燕	宁阳县	130公斤
82.5公斤	董纪存	莱芜市	200公斤	67.5公斤	刘芳	莱芜市	135公斤
90公斤	李圣刚	莱芜市	215公斤	75公斤	石应梅	肥城矿务局	135公斤
100公斤	陶恒军	莱芜市	230公斤	90公斤	张霞	泰山区	130公斤
110公斤	魏连军	莱芜市	200公斤				

男子乙组				女子乙组			
48 公斤	王　波	莱芜市	142.5 公斤	44 公斤	王茂芬	新泰市	82.5 公斤
52 公斤	韩新文	莱芜市	160 公斤	48 公斤	陈晓南	宁阳县	100 公斤
56 公斤	辛成银	肥城县	150 公斤	52 公斤	范丽娟	宁阳县	105 公斤
60 公斤	许立军	宁阳县	172.5 公斤	56 公斤	许金美	宁阳县	112.5 公斤
67.5 公斤	赵　岩	莱芜市	140 公斤	60 公斤	王西翠	泰山区	60 公斤
75 公斤	王学东	新泰市	165. 公斤	67.5 公斤	吴　斌	泰山区	55 公斤
82.5 公斤	赵一民	泰山区	150 公斤	82.5 公斤	粟　莉	泰山区	75 公斤
90 公斤	亓海永	莱芜市	155 公斤	100 公斤	解　宏	肥城县	47.5 公斤
100 公斤	赵　岩	肥城县	127.5 公斤				

（三）柔道

1991 年 7 月 9 日至 11 日在市体育馆举行。各县（市、区）、矿务局参加。比赛设男女甲乙组。

男子团体	1. 莱芜市	51 分	2. 肥城矿务局	38 分	3. 泰山区	32 分
女子团体	1. 莱芜市	44 分	2. 泰山区	30 分	3. 肥城县	29 分

男子甲组			女子甲组		
60 公斤	郑浩朋	宁阳县	48 公斤	张丽丽	肥城矿务局
65 公斤	刘建新	肥城矿务局	52 公斤	徐　玉	肥城县
71 公斤	吴兆东	肥城矿务局	56 公斤	李爱芹	莱芜市
78 公斤	宋洪振	泰山区	61 公斤	张兰芳	新泰市
-95 公斤	朱胜杰	莱芜市	-70 公斤	付成花	新泰市
无差级	宋洪振	泰山区	+ 70 公斤	靳秀梅	宁阳县
			无差级	李艾勤	莱芜市

男子乙组			女子乙组		
40 公斤	亓向杰	莱芜市	48 公斤	毕素梅	莱芜市
45 公斤	张　雨	新泰市	52 公斤	吴　静	泰山区
51 公斤	宋　壮	肥城矿务局	56 公斤	刘晓亚	莱芜市
58 公斤	赵文虎	新泰市	66 公斤	刘　扬	肥城县
66 公斤	展　超	肥城县	+ 72 公斤	张树红	郊　区
无差级	赵文虎	新泰市	无差级	刘晓亚	莱芜市

（四）国际式摔跤

古典式摔跤

团体	1. 肥城县	29 分	2. 肥城矿务局	28 分	3. 莱芜市	28 分

男子甲组			男子乙组		
51 公斤	张万海	肥城矿务局	47 公斤	陈德龙	新泰市
55 公斤	段伦栋	莱芜市	51 公斤	刘新宾	肥城矿务局

60 公斤	亓振峰	莱芜市	55 公斤	尚　斌	肥城矿务局
65 公斤	辛延安	肥城矿务局	60 公斤	李洪强	泰山区
70 公斤	石传强	宁阳县	65 公斤	焦成虎	东平县
83 公斤	王永强	泰山区	83 公斤	李　东	肥城县

自由式摔跤

团体　1. 东平县 36 分　2. 肥城矿务局 32 分　3. 肥城县 32 分

甲组			乙组		
51 公斤	左有伟	郊　区	43 公斤	胡建国	肥城矿务局
55 公斤	亓小青	郊　区	47 公斤	张　鹏	莱芜市
60 公斤	牛超龙	东平县	51 公斤	张名玉	莱芜市
65 公斤	刘洪山	肥城县	55 公斤	徐　磊	泰山区
70 公斤	李明顺	东平县	60 公斤	朱宗泉	东平县
76 公斤	罗光勇	肥城县	65 公斤	杨宝龙	新泰市
			76 公斤	张　伟	莱芜市

（五）武术

1991 年 7 月 14 日至 17 日在市体育馆举行，各县（市、区）、矿务局参加。比赛设男女甲乙组。

甲组团体	1. 东平县	2. 莱芜市	3. 宁阳县
乙组团体	1. 东平县	2. 莱芜市	3. 泰山区

男子甲组			女子甲组		
全　能	王宗民	东平县	全　能	刘建丽	东平县
规定拳	王宗民	东平县	规定拳	刘建丽	东平县
自选拳	周传旺	东平县	自选拳	刘建丽	东平县
短器械	周传旺	东平县	短器械	刘建丽	东平县
长器械	周传旺	东平县	长器械	刘建丽	东平县
其他器械	周传旺	东平县	其他器械	刘建丽	东平县
对　练	王宗民 周传旺	东平县	对　练	孙宝英 刘建丽	东平县

男子乙组			女子乙组		
全　能	赵庆剑	东平县	全　能	金晶静	泰山区
规定拳	赵庆剑	东平县	规定拳	金晶静	泰山区
自选拳	赵庆剑	东平县	自选拳	金晶静	泰山区
短器械	赵庆剑	东平县	短器械	金晶静	泰山区
长器械	赵庆剑	东平县	长器械	陈　琛	泰山区
			乙组集体基本功		东平县

（六）游泳

1991年8月8日至10日在肥城矿务局举行，各县（市、区）、矿务局参加。比赛设男女组。

团体	1. 新泰市87分	2. 肥城矿务局78分	3. 泰山区71分

男子组

50米自由泳	张　朋	肥城矿务局	00:32.61
50米蛙泳	胡希福	肥城矿务局	00:41.87
50米仰泳	王志斌	泰山区	00:41.92
100米自由泳	张　朋	肥城矿务局	1:15.96
100米蛙泳	任传庆	新泰市	1:32.28
100米仰泳	王志斌	泰山区	1:30.96
200米个人混合泳	崔　凯	泰山区	3:12.12
男女4×50混合接力		新泰市	2:55.59

女子组

50米自由泳	戚　伟	新泰市	0:42.66
50米蛙泳	张妍丽	莱芜市	0:46.84
50米仰泳	王　楠	泰山区	0:46.32
100米自由泳	戚　伟	新泰市	1:34.92
100米蛙泳	程　彦	新泰市	1:41.71
100米仰泳	王　楠	泰山区	1:42.97
200米个人混合泳	程　彦	新泰市	3:32.98

（七）乒乓球

1991年7月20日至24日在市体育馆举行，各县（市、区）、矿务局参加。少年组设男女团体、男女单打、男女混合双打。

男子团体	1. 莱芜市	2. 宁阳县	3. 泰山区
女子团体	1. 莱芜市	2. 肥城县	3. 新泰市
男子单打	段　强	莱芜市	
女子单打	狄会霞	莱芜市	
儿童组男子单打	谭勇超	莱芜市	
儿童组女子单打	齐　丽	莱芜市	
男女混合双打	谭　勇 狄会霞	莱芜市	

（八）射击

1991年8月25日至29日在宁阳县举行，各县（市、区）、矿务局参加。比赛设男女甲乙组。

甲组团体	1. 宁阳县　172分	2. 莱芜市　149分	3. 泰山区　56分
乙组团体	1. 宁阳县　102分	2.新汶矿务局 74分	3. 莱芜市　48分

男子甲组

小口径自选步枪60发卧射	屈建国	宁阳县	582环
小口径自选步枪3×20	屈建国	宁阳县	546环
气步枪60发	屈建国	宁阳县	572环
小口径自选手枪慢射60发	陈　强	泰山区	532环
气手枪60发	韩　强	莱芜市	540环
小口径自选手枪速射	冷　冻	莱芜市	513环
10米移动靶	侯向阳	宁阳县	505环
小口径自选步枪60发卧射团体	屈建国 李　刚 侯向阳	宁阳县	1678环
小口径自选步枪3×20团体	郝怀刚 钱洪江 亓　雷	莱芜市	1469环
气步枪60发团体	屈建国 李　刚 侯向阳	宁阳县	1499环
小口径自选手枪速射团体	韩　强 冷　冻 张　峰	莱芜市	1367环

男子乙组

小口径运动步枪30发卧射	颜景勇	莱芜市	287环
小口径运动步枪3×10	张　伟	宁阳县	259环
气步枪40发	王新明	新汶矿务局	356环
小口径自选手枪慢射30发	郭　峰	泰山区	256环
气手枪40发	赵继合	新汶矿务局	349环
气步枪40发团体	李　涛 王新明 秦同新	新汶矿务局	1005环
自选手枪慢射30发团体	郭　峰 禹吉强 刘国涛	泰山区	689环
小口径运动步枪30发卧射团体	王　震 宁名成 张　伟	宁阳县	834环

女子甲组

小口径标准步枪60发卧射	万　荣	泰山区	566环
小口径标准步枪3×20	张　玲	宁阳县	532环

气步枪40发	谭春梅	莱芜市	358环
女子手枪30＋30	姜晓红	泰山区	544环
气手枪40发	刘春玲	莱芜市	355环
小口径标准步枪60发卧射团体	张　英 谭春梅 刘海云	莱芜市	1651环
小口径标准步枪3×20团体	郭　妍 张　宁 张　玲	宁阳县	1522环
气步枪40发团体	张　英 谭春梅 刘海云	莱芜市	1005环
女子手枪团体	刘春玲 王　燕 王俊英	莱芜市	1455环
女子乙组			
小口径运动步枪30发卧射	王　燕	宁阳县	279环
小口运动步枪3×10	王　燕	宁阳县	257环
气步枪40发	尹丽丽	宁阳县	350环
女子手枪15＋15	于德花	宁阳县	269环
气手枪40发	于德花	宁阳县	347环

五、第九届

泰安市第九届运动会于1993年5月20日至10月9日在泰安及各县（市、区）举行。运动会设少年组和职工组两个组别，全市27个体育代表团3000余名运动员参加比赛。设有田径、举重、摔跤（男）、武术、柔道、射击、篮球、排球、乒乓球、游泳等10个竞赛项目。6个县（市、区）1167名男女运动员参加少年组角逐，27人破14项市青少年最高纪录，2人超2项省青少年最高纪录。肥城市、新泰市、泰山区体育代表团获团体总分前三名，泰安二中体育代表团获市直学校团体总分第一名。

第九届市运会少年组各项目竞赛成绩（团体总分前三名、单项第一名）

（一）田径

1993年10月8日至9日在市体育场举行，各县（市、区）、矿务局、各市直学校参加。比赛设男女甲乙组。

团体总分

甲组		乙组	
1. 肥城市	138分	1. 肥城市	151分
2. 泰安二中	138分	2. 泰安二中	134分
3. 新泰市	98分	3. 新泰市	112分

第九届市运会田径比赛男子个人成绩表

表 6-36

组别	项　目	姓　名	代表队	成　绩	组别	项　目	姓　名	代表队	成　绩
男子甲组	100 米	徐志虹	泰山区	0:11.00	男子乙组	100 米	赵晓潭	泰安二中	0:11.8
	200 米	张广军	肥城市	0:23.2		200 米	刘建波	泰安二中	0:23.90
	400 米	杜　峰	泰安二中	0:53.30		400 米	李　波	肥城市	0:54.80
	800 米	杜　峰	泰安二中	2:03.9		800 米	李　波	肥城市	2:06.30
	1500 米	马富强	新泰市	4:10.8		1500 米	陈明瑞	新泰市	4:23.20
	5000 米	马富强	新泰市	16:39.7		5000 米	尹　峰	泰山区	17:0.7
	110 米栏	田思龙	泰安二中	0:16.1		110 米栏	赵晓潭	泰安二中	0:15.6
	3000 米竞走	郑善东	东平县	16:43.6		5000 米竞走	胡玉千	肥城市	27:19.3
	4×100 米		新泰市	0:45.7		4×100 米		泰安二中	0:48.1
	4×400 米		新泰市	3:39.8		跳高	王志运	宁阳县	1.70 米
	跳高	宋晓军	宁阳县	1.86 米		跳远	宋勇峰	泰安二中	6.14 米
	跳远	徐志红	泰山区	6.77 米		三级跳远	宋勇峰	泰安二中	12.95 米
	三级跳远	张　辉	泰安二中	13.36 米		铁饼	赵宗光	肥城市	48.40 米
	铅球	赵学生	肥城市	14.51 米		标枪	杨建山	泰山区	56.80 米
	铁饼	李同国	泰安一中	46.70 米		铅球	赵宗光	肥城市	16.16 米
	标枪	孙　虎	泰安一中	64.80 米					

第九届市运会田径比赛男子个人成绩表

表 6-37

组别	项　目	姓　名	代表队	成　绩	组别	项　目	姓　名	代表队	成　绩
女子甲组	100 米	刘　慧	肥城市	0:13.5	女子乙组	100 米	李　平	新泰市	0:13.60
	200 米	刘　慧	肥城市	0:27.1		200 米	路兰英	肥城市	0:28.30
	400 米	王　静	泰山区	1:0.2		400 米	黄　晶	泰安二中	1:2.9
	800 米	王　静	泰山区	2:20.6		800 米	玄红梅	泰安二中	2:26.5
	1500 米	张伟青	泰安二中	4:45.8		1500 米	王爱芹	肥城市	4:53.9
	5000 米	张伟青	泰安二中	19:0.3		3000 米	刘秀岭	泰山区	10:37.5
	100 米栏	刘苹英	宁阳县	0:17.2		100 米栏	付道华	新泰市	0:17.7
	5000 米竞走	陈　霞	新泰市	26:53.3		3000 米竞走	王玉芬	新泰市	15:26.4
	4×400 米		泰安二中	4:18.5		4×100 米		新泰市	0:54.0
	4×100 米		宁阳县	0:54.00		跳高	赵月燕	宁阳县	1.38 米
	跳高	阮青阳	泰安二中	1.50 米		跳远	赵月燕	宁阳县	4.68 米
	跳远	刘翠英	宁阳县	5.18 米		标枪	赵　梅	肥城市	36.90 米
	铅球	米　强	泰安二中	12.70 米		铅球	王继东	泰安二中	11.64 米
	铁饼	王士香	肥城市	43.20 米		铁饼	周春梅	肥城市	33.02 米
	标枪	张海燕	肥城市	40.80 米					

（二）柔道

1993年8月3日至5日在市体育馆举行，各县（市、区）、矿务局参加。比赛设男女甲乙组。

团体　1.新泰市　53分　2.泰山区　49分　3.宁阳县　45分

男子甲组			男子乙组		
65公斤	陈　峰	新泰市	45公斤	唐胜超	泰山区
71公斤	王　东	肥城市	51公斤	周茂林	宁阳县
86公斤	吴健峰	宁阳县	58公斤	徐　鹏	泰山区
无差级	陈　峰	新泰市	-66公斤	徐　昇	泰山区
			无差级	徐　昇	泰山区

女子甲组			女子乙组		
52公斤	陈　华	新泰市	48公斤	高士霞	新泰市
56公斤	孔亚男	宁阳县	52公斤	孟丽丽	新泰市
61公斤	刘晓亚	肥城矿务局	66公斤	石　青	肥城市
66公斤	许为平	肥城矿务局			
无差级	许为平	肥城矿务局			

（三）国际式摔跤

1993年8月3日至5日在市体育馆举行，各县（市、区）、矿务局参加。比赛设男子甲乙组。

自由跤团体

1.新泰市　42分　2.肥城市　31分　3.东平县　27分

甲组			乙组		
47公斤	胡金刚	肥城市	37—40公斤	左　亮	新泰市
55公斤	王海涛	泰山区	43公斤	沈　伟	新泰市
60公斤	王　华	新泰市	47公斤	曹　舰	东平县
76公斤	高　强	肥城市	51公斤	赵　龙	宁阳县
			55公斤	陈　群	新泰市
			60公斤	张永超	肥城市

古典跤团体

1.泰山区　43分　2.新泰市　37分　3.肥城市　28分

甲组			乙组		
55公斤	王大鹏	新泰市	37—40公斤	刘茂东	新泰市
60公斤	王　涛	新泰市	43公斤	牛申刚	新泰市
70公斤	尚　斌	肥城矿务局	47公斤	贺兴强	泰山区
83公斤	宁　峰	泰山区	51公斤	鹿　红	肥城市
			60公斤	高　勇	肥城市
			65公斤	韩　峰	泰山区

(四)射击

1993年8月7日至10日在宁阳县举行，各县(市、区)、矿务局参加。比赛设男子组、女子组。

团体 1. 宁阳县157分 2. 泰山区70分 3. 新汶矿务局54分

男60发卧射	王　健	宁阳县	567环
女60发卧射	杨　飞	泰山区	558环
男手枪慢射60发	张连东	宁阳县	481环
女气枪40发	李　娟	宁阳县	374环
女子手枪60发	倪培玲	泰山区	547环
男子手枪速射	王　栋	泰山区	548环
男子气枪步枪60发	王新明	新汶矿务局	520环
女气步枪40发	周　艳	宁阳县	367环
男气手枪60发	刘　刚	宁阳县	525环
男子标准手枪	王　栋	泰山区	477环
男3×20	王　健	泰山区	500环
女3×20	程海霞	宁阳县	524环

(五)游泳

1993年8月13日至14日在肥城矿务局举行，各县(市、区)、矿务局参加。比赛设男子组、女子组。

团体 1. 泰山区 194分 2. 肥城矿务局 181分 3. 肥城市 148分

男子组

100米自由泳	魏　强	泰山区	1:5.7
100蛙泳	刘亚斌	肥城矿务局	1:25.7
100米仰泳	王志斌	泰山区	1:23.5
100米蝶泳	高　林	肥城市	1:21.2
200米混合泳	高　林	肥城市	2:53.8

女子组

100米自由泳	卞　莉	泰山区	1:10.0
100米蛙泳	张　平	泰山区	1:24.6
100米仰泳	李　莉	肥城市	1:26.2
100米蝶泳	郭　娜	肥城市	1:44.8
200米混合泳	卞　莉	泰山区	2:53.7
男女混合组4×50混合接力		泰山区	2:34.9

(六)举重

1993年8月17日至19日在市体育馆举行，各县(市、区)、矿务局参加。比赛设男女甲乙组。

团体 1. 宁阳县 245分 2. 东平县 243分 3. 肥城市 217分

男子甲组				男子乙组			
54公斤	王培功	东平县	145公斤	46公斤	王　亮	肥城市	115公斤

59 公斤	韩爱文	郊　区	215 公斤	50 公斤	张国栋	宁阳县	112.5 公斤
64 公斤	王笃峰	东平县	165 公斤	54 公斤	方会来	宁阳县	90 公斤
70 公斤	辛成银	肥城市	182.5 公斤	59 公斤	丁庆凯	肥城市	125 公斤
76 公斤	王洪军	新泰市	135 公斤	64 公斤	李信峰	东平县	130 公斤
83 公斤	李　强	肥城市	150 公斤	70 公斤	常忠斌	东平县	120 公斤
99 公斤	王　健	肥城市	90 公斤	76 公斤	高　健	泰山区	55 公斤
91 公斤	孙　鹏	泰山区	102.5 公斤	83 公斤	宁尚伟	宁阳县	75 公斤
+108 公斤	吴绪立	东平县	130 公斤	91 公斤	杜　坤	宁阳县	110 公斤
				+108 公斤	孙大成	泰山区	120 公斤

女子甲组

46 公斤	翟　平	肥城市	100 公斤
50 公斤	陈晓楠	宁阳县	127.5 公斤
54 公斤	李丽红	泰山区	117.5 公斤
59 公斤	范丽娟	宁阳县	145 公斤
64 公斤	徐银美	宁阳县	115 公斤
70 公斤	程　慧	肥城市	115 公斤
83 公斤	宋媛媛	泰山区	90 公斤
+ 83 公斤	解　青	肥城市	75 公斤

女子乙组

46 公斤	李克新	东平县	85 公斤
54 公斤	李修娟	东平县	72.5 公斤
59 公斤	胡静静	东平县	120 公斤
64 公斤	刘　芹	宁阳县	60 公斤

（七）武术

1993 年 8 月 12 日至 14 日在的东平县举行，各县（市、区）、矿务局参加。比赛设男女甲乙组。

团体

甲组		乙组	
1. 东平县	202.1 分	1. 东平县	151.35 分
2. 泰山区	123 分	2. 郊　区	149.02 分
3. 宁阳县	97.1 分	3. 宁阳县	87.58 分

男子甲组

自选拳	郑　伟	东平县	8.40 分
长器械	郑　伟	东平县	8.50 分
短器械	郑　伟	东平县	分 8.55
其他器械	张本学	东平县	8.45 分

男子乙组

规定拳	赵庆建	东平县	8.50 分
长器械	赵庆建	东平县	8.50 分
短器械	赵庆建	东平县	8.65 分

女子甲组

自选拳	张传英	东平县	8.45 分
长器械	张传英	东平县	8.50 分
短器械	杨　丽	东平县	8.55 分
其他器械	杨　丽	东平县	8.50 分

女子乙组

规定拳	吴　燕	东平县	8.45 分
长器械	吴　燕	东平县	8.45 分
短器械	吴　燕	东平县	8.60 分

六、第十届

泰安市第十届运动会于1995年8月3日至10月18日在泰安及各县（市、区）举行。运动会设少年组和职工组两个组别，全市13个体育代表团3000余名运动员参加比赛。少年组设田径、举重、摔跤（男）、武术、柔道、射击、篮球、乒乓球等8个竞赛大项、181个小项。14人打破37项市最高纪录。新泰市、肥城市、宁阳县体育代表团在总金牌数和总得分数上均位列前三位。

1995年10月17日，泰安市第十届运动会开幕式在泰安市体育场举行。（闫克勤　摄）

第十届市运会少年组各项目竞赛成绩（团体总分前三名、单项第一名）

（一）田径

1995年10月6日至7日在泰安举行，各县（市、区）、矿务局参加，比赛设男女甲乙丙组。

团体总分

1.新泰市　355分　2.宁阳县　275.5分　3.肥城市　210.5分

第十届市运会田径比赛男子个人成绩表

表 6-38

组　别	项　目	姓　名	代表队	成　绩	组　别	项　目	姓　名	代表队	成　绩
男子甲组	100 米	徐国庆	宁阳县	0:11.73	男子乙组	100 米	乔瑞勇	宁阳县	0:11.73
	200 米	高　伟	宁阳县	0:23.15		200 米	刘　坤	肥城市	0:26.81
	400 米	张　凡	泰山区	0:53.77		400 米	毕传旗	泰山区	0:56.93
	800 米	张　凡	泰山区	2:07.35		800 米	王　峰	郊　区	2:13.39
	1500 米	马明浩	东平县	4:12.9		1500 米	王振强	新泰市	4:23.39
	5000 米	马明浩	东平县	16:6.39		3000 米	王振强	新泰市	9:40.51
	5000 米竞走	陈　斌	新泰市	23:7.01		110 米栏	吴钦伟	新泰市	0:15.7
	跳远	李　青	肥城市	6.47 米		5000 米竞走	阚　宁	新泰市	23:26.9
	铅球	徐西前	新泰市	12.83 米		4×100 米		新泰市	0:50.28
	铁饼	柏　兵	宁阳县	42.00 米		跳高	王　磊	泰山区	1.66 米
	标枪	王　峰	肥城市	67.00 米		跳远	裴春栋	郊　区	5.60 米
						三项全能	吴钦伟	新泰市	130 分
						铁饼	窦新镇	宁阳县	38.96 米
						标枪	安　斌	肥城市	53.62 米
						铅球	赵海军	东平县	11.84 米

第十届市运会田径比赛女子个人成绩表

表 6-39

组别	项目	姓名	代表队	成绩	组别	项目	姓名	代表队	成绩
女子甲组	100 米	朱晨红	宁阳县	0:13.24	女子乙组	100 米	王晶	泰山区	0:13.35
	200 米	朱晨红	宁阳县	0:26.77		200 米	王晶	泰山区	0:27.05
	400 米	赵美云	肥城市	1:0.61		400 米	徐蕾	新泰市	1:1.35
	800 米	赵美云	肥城市	2:24.75		800 米	徐蕾	新泰市	2:25.53
	1500 米	王燕	东平县	4:49.5		1500 米	任芳	肥城市	4:56.66
	3000 米	王燕	东平县	10:37.87		3000 米	王翠	新泰市	10:59.94
	5000 米竞走	单光镯	新泰市	23:27.15		100 米栏	王红	新泰市	0:17.51
	跳远	杨立宁	泰山区	4.98 米		3000 米竞走	王明菊	东平县	27:18.00
	标枪	马新梅	宁阳县	33.90 米		4×100 米		新泰市	0:51.82
	铅球	付华	肥城市	11.57 米		跳高	刘慧	新泰市	1.35 米
	铁饼	付萍	肥城市	36.32 米		跳远	牛琛红	宁阳县	4.86 米
						垒球	朱晓庆	东平县	39.42 米
						铅球	陈红梅	宁阳县	9.07 米
						铁饼	米朋	新泰市	28.60 米
						三项全能	王红	新泰市	143 分

第十届市运会田径比赛男女丙组个人成绩表

表 6-40

组别	项目	姓名	代表队	成绩	组别	项目	姓名	代表队	成绩
男子丙组	60 米	赵莹莹	新泰市	0:8.26	女子丙组	60 米	孟艳	新泰市	0:8.35
	200 米	赵莹莹	新泰市	0:26.00		200 米	孙庆霞	新泰市	0:28.75
	800 米	苏佃磊	新泰市	2:25.67		800 米	孙庆霞	新泰市	2:23.82
	跳远	郝远路	宁阳县	5.13 米		跳远	孟艳	新泰市	4.25 米
	垒球	郝远路	宁阳县	65.30 米		垒球	史晓明	新泰市	49.10 米

（二）篮球

男子甲组	男子乙组
1.新泰市	1.新泰市
2.宁阳县	2.东平县
3.东平县	3.宁阳县

（三）武术

1995年8月8日至9日在东平县举行，各县（市、区）和矿务局参加。比赛设男女甲乙组。

男子甲组

规定拳	邱　瑞	东平县	8.66 分
短器械（刀术）	邱　瑞	东平县	8.63 分
短器械（剑术）	李吉旺	东平县	8.5 分
长器械	邱　瑞	东平县	8.7 分

女子甲组

规定拳	刘　扬	东平县	8.5 分
短器械（刀术）	李培培	东平县	8.78 分
短器械（剑术）	徐冬梅	东平县	8.53 分
长器械	李培培	东平县	8.5 分

男子乙组

规定拳	陈　飞	东平县	8.63 分
短器械	程业军	东平县	8.7 分

女子乙组

规定拳	郑平平	东平县	8.71 分
短器械	王惠子	泰山区	8.4 分
短器械（剑术）	丁　燕	东平县	8.2 分

（四）射击

1995 年 8 月 11 日至 12 日在泰安举行，各县（市、区）参加比赛。比赛设男女甲乙组。

男子甲组

60 发卧射	王　健	宁阳县	564 环
3×20	王　健	宁阳县	539 环
气步枪 60 发	王　健	宁阳县	542 环
自选手枪慢射 60 发	杨　峰	泰山区	445 环
气手枪 60 发	杨　磊	泰山区	508 环

女子甲组

60 发卧射	马　静	肥城市	552 环
3×20	马　静	肥城市	473 环
气步枪 40 发	马　静	肥城市	342 环
手枪 30 + 30	李　楠	泰山区	508 环
气手枪 40 发	闫　琳	宁阳县	346 环

男子乙组

气手枪 40 发	陈　雷	宁阳县	327 环

女子乙组

气手枪 40 发	李恒玲	肥城市	319 环

气步枪 40 发	王　丽	肥城市	340 环

（五）柔道

1995 年 9 月 12 日至 15 日在泰安举行，各县（市、区）、矿务局参加。比赛设男女甲乙丙组。

男子甲组			男子乙组		
60 公斤	褚成亮	新泰市	50 公斤	满国强	肥城矿务局
65 公斤	王　猛	肥城矿务局	55 公斤	李　伟	宁阳县
71 公斤	马　军	肥城矿务局	60 公斤	王志江	肥城矿务局
78 公斤	徐　宁	新泰市	65 公斤	郭　栋	肥城矿务局
81 公斤	杨　鹏	新泰市	78 公斤	刘　伟	肥城矿务局
无差级	马　军	肥城矿务局	无差级	王海峰	新泰市

男子丙组

50 公斤	李　晶	宁阳县
55 公斤	苏天宇	宁阳县
60 公斤	丁　涛	肥城市
71 公斤	陈　峰	宁阳县
无差级	陈　峰	宁阳县

女子甲组			女子乙组		
48 公斤	王　静	新泰市	44 公斤	李国霞	新泰市
52 公斤	张玉荣	新泰市	48 公斤	刘洪文	肥城市
56 公斤	刘新华	肥城市	52 公斤	张六爱	宁阳县
61 公斤	郑玉秀	泰山区	56 公斤	陈晓伟	郊　区
＋61 公斤	郭琪凤	肥城市	61 公斤	尹燕荣	肥城市
无差级	郑玉秀	泰山区	66 公斤	刘　华	肥城市
			＋66 公斤	李西玲	东平县
			无差级	张六爱	宁阳县

女子丙组

44 公斤	李兰萍	肥城市
48 公斤	任红星	肥城市
52 公斤	王　芳	肥城市
61 公斤	和　伟	新泰市
无差级	李贺林	东平县

（六）举重

1995 年 9 月 18 日至 19 日在泰安举行，各县（市、区）、矿务局参加。比赛设男女甲乙丙组。

女子甲组				女子乙组			
50 公斤	张春燕	东平县	60 公斤	46 公斤	张荣燕	东平县	75 公斤

54公斤	段　敏	肥城市	70公斤
59公斤	王　玖	肥城市	100公斤
+64公斤	胡静静	东平县	167.5公斤

50公斤	马　力	肥城市	102.5公斤
54公斤	崔兆菊	东平县	120公斤
59公斤	李　扬	肥城市	125公斤
64公斤	王珊珊	肥城市	115公斤
70公斤	乔文明	东平县	125公斤

女子丙组

42公斤	尹伟伟	肥城市	75公斤
46公斤	闫丽娟	宁阳县	108公斤
50公斤	郗红梅	东平县	72.5公斤
64公斤	刘海燕	东平县	90公斤

男子甲组

54公斤	颜士峰	宁阳县	130公斤
59公斤	苗本磊	东平县	160公斤
64公斤	韩爱文	郊　区	235公斤
70公斤	王洪军	新泰市	240公斤
76公斤	李信峰	东平县	227.5公斤
+76公斤	李　强	肥城市	262.5公斤

男子乙组

46公斤	胡洪涛	肥城市	122.5公斤
50公斤	马国强	肥城市	150公斤
54公斤	王　亮	肥城市	200公斤
59公斤	赵　明	肥城市	155公斤
64公斤	方会来	宁阳县	177.5公斤
70公斤	张　勇	肥城市	125公斤
76公斤	赵　龙	宁阳县	210公斤
+76公斤	杨　斌	肥城市	185公斤

男子丙组

46公斤	崔　勇	肥城市	100公斤
50公斤	刘洪科	新泰市	117.5公斤
54公斤	于　洋	东平县	130公斤
59公斤	刘　宾	宁阳县	145公斤
64公斤	崔联涛	肥城市	132.5公斤
70公斤	王新刚	宁阳县	72.5公斤

（七）国际式摔跤

1995年9月22日至24日在泰安举行，各县（市、区）、矿务局参加。比赛设男子甲乙丙组。

自由式摔跤

甲组

50公斤	王乏春	东平县
58公斤	鹿克征	肥城市
68公斤	杨广宝	东平县

乙组

46公斤	李　林	泰山区
51公斤	侯奋强	郊　区
55公斤	袁金鹏	郊　区

81公斤	杨　松	新泰市	60公斤	罗　舰	肥城市
+81公斤	杜宪洋	泰山区	65公斤	牛申刚	新泰市
			+65公斤	李庆旺	肥城市

丙组

40公斤	路则卫	肥城市
44公斤	王远栋	肥城市
48公斤	张国龙	宁阳县
+53公斤	张元帅	新泰市

古典式摔跤

甲组			乙组		
50公斤	刘茂栋	新泰市	40公斤	张　健	肥城市
58公斤	苏国军	郊　区	46公斤	高令江	肥城市
68公斤	宁　飞	宁阳县	51公斤	李　超	新泰市
74公斤	刘衍路	东平县	55公斤	卜凡立	东平县
81公斤	李　伟	泰山区	60公斤	孙　刚	肥城市
+81公斤	韩增峰	郊　区	65公斤	张法国	肥城市

丙组

40公斤	孙传续	东平县
44公斤	尹承宝	肥城市
48公斤	孙甲明	肥城市
53公斤	苏友华	东平县
+53公斤	刘学东	肥城市

（八）乒乓球

男子单打	齐国栋	宁阳县
女子单打	王萌萌	

七、第十一届

泰安市第十一届运动会暨全民健身运动大会于1997年4月28日至9月29日在泰安及各县（市、区）举行。运动会设幼儿组、少年组、青年组、职工组、老年组、农民组6个组别，项目有26个大项、204个小项。各县（市、区）、矿务局、驻泰安大中专院校、市直各学校、市直各单位60多支体育代表队1.5万余名运动员参加初赛、预赛、决赛。少年组设田径、举重、摔跤、柔道、武术、散打、射击、篮球等8个竞赛项目。少年组有20人次打破20项次市青少年纪录，4人4项次超省少年纪录。

第十一届市运会少年组各项目竞赛成绩（团体总分前三名、单项第一名）

（一）田径

1997年9月27日至29日在泰山体育中心体育场举行，各县（市、区）和新汶矿务局、肥城矿务局参加。比赛设男女甲乙组。

男子组团体			女子组团体		
第一名	新泰市	127分	第一名	新泰市	200分
第二名	宁阳县	98分	第二名	肥城市	160分
第三名	肥城市	96分	第三名	宁阳县	123分

第十一届市运会田径比赛男子个人成绩表

表6-41

组别	项　目	姓　名	代表队	成　绩	组别	项　目	姓　名	代表队	成　绩
男子甲组	100米	吴钦伟	新泰市	0:11.8	男子乙组	100米	李亚楠	泰山区	0:12.5
	200米	李　健	郊　区	0:24.1		200米	武　明	肥城市	0:25.2
	400米	田　冰	新汶矿务局	0:54.7		110米栏	徐　进	泰山区	0:17.9
	800米	田　冰	新汶矿务局	2:7.3		800米	刘太林	肥城市	2:03.0
	1500米	王志强	宁阳县	4:19.4		1500米	白少元	肥城市	4:22.0
	5000米	张义亮	郊　区	16:27.6		3000米	邵　胜	东平县	9:58.6
	110米栏	徐　辉	新泰市	0:16.7		4×100米		宁阳县	0:50.3
	3000米竞走	何成兴	新泰市	13:11.94		5000米竞走	杨　宝	新泰市	24:09.2
	5000米竞走	何成兴	新泰市	23:0.4		跳远	郝远路	宁阳县	5.70米
	4×100米		新泰市	0:46.9		铅球	李光鹏	郊　区	12.82米
	跳远	李申伟	新泰市	6.51米		标枪	马宗宝	东平县	45．88米
	标枪	窦振新	宁阳县	37.12米		铁饼	马　彪	东平县	41.84米
	铅球	范　哲	新汶矿务局	13.71米					
	铁饼	李　刚	肥城市	40.7米					

第十一届市运会田径比赛女子个人成绩表

表6-42

组别	项　目	姓　名	代表队	成　绩	组别	项　目	姓　名	代表队	成　绩
女子甲组	100米	董　梅	宁阳县	0:13.8	女子乙组	100米	李　燕	新泰市	0:13.1
	200米	赵　娟	东平县	0:28.7		800米	肖　芳	肥城市	2:22.7
	400米	张翔霏	肥城市	1:01.9		1500米	肖　芳	肥城市	4:46.6
	800米	陈琳琳	宁阳县	2:23.5		3000米	田汝娟	东平县	10:31.7
	1500米	郭　梅	新泰市	5:06.6		5000米竞走	牛庆莲	新泰市	28:26.2
	5000米	宁平利	宁阳县	19:8.4		100米栏	李海霞	宁阳县	0:18.8
	100米栏	王　红	新泰市	0:17.6		4×100米		新泰市	0:54.9

续表 6-42

组别	项　目	姓　名	代表队	成　绩	组别	项　目	姓　名	代表队	成　绩
女子甲组	5000 米竞走	姚兴玉	新泰市	28:05.6	女子乙组	跳远	杨　建	宁阳县	4.81 米
	4×100 米		新泰市	0:53.3		铅球	史晓明	新泰市	10.56 米
	3000 米竞走	姚兴玉	新泰市	15:46.2		铁饼	米　明	新泰市	36.06 米
	跳远	赵　娟	东平县	4.81 米		标枪	曾园园	东平县	33.60 米
	标枪	吴加燕	新泰市	37.84 米					
	铅球	李秀红	肥城市	11.55 米					
	铁饼	李秀红	肥城市	40.72 米					

（二）散打

1997 年 4 月 28 日至 29 日在泰安体育场举行，各县（市、区）和新汶矿务局、肥城矿务局参加。比赛设男子组。

52 公斤　田庆款　新泰市

56 公斤　鹿守辉　新泰市

60 公斤　赵贵迎　郊　区

65 公斤　徐家峰　泰山区

70 公斤　郑志刚　泰山区

75 公斤　张　强　新泰市

（三）射击

1997 年 7 月 8 日至 10 日在泰安举行，各县（市、区）、矿务局参加。比赛设男女甲乙组。

女子甲组

60 发卧射　王丽丽　肥城市

气手枪 40 发　张　娴　宁阳县

3×20　王　丽　肥城市

气步枪　刘罗茹　泰山区

手枪慢加速(30 + 30)　张　娴　宁阳县

男子甲组

气手枪　赵　健　肥城市

3×20　王　健　宁阳县

女子乙组

气步枪　段　芳　肥城市

30 发卧射　段　芳　肥城市

气手枪　刘圣英　郊　区

男子乙组

气步枪　王　伟　肥城市

30 发卧射　刘晓敏　新汶矿务局

（四）武术

1997 年 7 月 26 日至 28 日在市泰安举行，各县（市、区）参加。比赛设男女甲乙组。

男子甲组

剑　术　陈宝炬　泰山区

刀　术　张　超　郊　区

棍　术　张　超　郊　区

男子乙组

枪　术　李吉旺　东平县

刀　术　邱　瑞　东平县

剑　术　陈　飞　东平县

规定拳　邱　瑞　东平县

女子甲组			女子乙组		
剑　术	吴　燕	东平县	刀　术	王惠子	泰山区
刀　术	刘　扬	东平县	规定拳	王惠子	泰山区
规定拳	吴　燕	东平县	剑　术	王文文	新泰市
棍　术	刘　扬	东平县			
枪　术	吴　燕	东平县			

（五）举重

1997年8月15日至17日在肥城市举行，各县（市、区）、矿务局参加。比赛设男女甲乙组。

女子甲组			女子乙组		
46公斤	张荣燕	东平县	42公斤	刘娟娟	宁阳县
50公斤	李晓娟	东平县	46公斤	胡晓娟	宁阳县
59公斤	尹伟伟	肥城市	50公斤	李玉娥	东平县
64公斤	卢桂香	东平县	54公斤	李雪花	肥城市
70公斤	李焕英	肥城市	59公斤	杨晓娟	郊　区
+70公斤	乔文明	东平县	64公斤	贾亚峰	东平县
			70公斤	王姗姗	肥城市
			76公斤	程　伟	肥城市
			+76公斤	于慧敏	东平县

男子甲组			男子乙组		
50公斤	胡洪涛	肥城市	42公斤	赵宗金	肥城市
54公斤	马国强	肥城市	46公斤	刘阳光	东平县
59公斤	张国栋	宁阳县	50公斤	崔　勇	肥城市
64公斤	王　亮	肥城市	54公斤	李　强	肥城市
70公斤	李　敏	肥城市	59公斤	崔　雷	肥城市
76公斤	方会来	宁阳县	64公斤	崔联涛	肥城市
83公斤	李　振	东平县	70公斤	赵　明	肥城市
+83公斤	孙　军	肥城市	76公斤	苑海滨	宁阳县
			+76公斤	张祥伟	宁阳县

（六）国际式摔跤

1997年8月12日至13日在市体育馆举行，各县（市、区）参加。比赛设男子甲乙组。

自由跤甲组			自由跤乙组		
48公斤	陈德财	肥城市	38公斤	王　伟	新泰市
57公斤	王　成	肥城市	43公斤	李　良	新泰市
62公斤	罗　见	肥城市	47公斤	王　亮	东平县
68公斤	吴　峰	肥城市	51公斤	陈　峰	新泰市

74公斤	曹　舰	肥城市	55公斤	牛申强	新泰市
+82公斤	李庆旺	肥城市	60公斤	柏　瑞	宁阳县
			70公斤	王宏伟	肥城市
			76公斤	王远东	肥城市
			+76公斤	许　磊	肥城市
古典跤甲组			古典跤乙组		
48公斤	付春雷	肥城市	38公斤	郑元栋	肥城市
52公斤	张　健	肥城市	43公斤	桑国栋	宁阳县
57公斤	许　鹏	郊　区	47公斤	路则卫	肥城市
62公斤	卜凡立	东平县	51公斤	孙甲朋	肥城市
68公斤	孙　刚	肥城市	55公斤	李强仁	肥城市
74公斤	张法国	肥城市	60公斤	尹承宝	肥城市
82公斤	刘邦军	肥城市	65公斤	王　壮	肥城市
+82公斤	赵令伟	郊　区	76公斤	薛　峰	郊　区
			+76公斤	沈海波	宁阳县

（七）柔道

1997年8月19日至20日在肥城市举行，各县（市、区）、矿务局参加。比赛设男女甲乙组。

男子甲组			男子乙组		
55公斤	龙　勇	宁阳县	45公斤	王海涛	新泰市
60公斤	张富辉	宁阳县	50公斤	陈传栋	肥城市
65公斤	郭本伦	肥城矿务局	55公斤	李　晶	宁阳县
71公斤	邱　鹏	肥城矿务局	60公斤	苏天宇	宁阳县
78公斤	王志江	肥城矿务局	65公斤	韩振利	肥城市
86公斤	陈思东	肥城市	78公斤	何松柯	新泰市
+86公斤	孙亚楠	宁阳县	+86公斤	宋　松	泰山区
女子甲组			女子乙组		
44公斤	韩秀华	肥城市	40公斤	任　云	新泰市
56公斤	张六爱	宁阳县	44公斤	鲁　艳	新泰市
61公斤	陈小伟	郊　区	48公斤	白秋利	肥城市
66公斤	尹燕荣	肥城市	52公斤	乔会会	肥城市
+66公斤	刘　华	肥城市	56公斤	苏会华	新泰市
			72公斤	罗　娜	泰山区
			+72公斤	周　娜	肥城市

（八）篮球

1997 年 9 月 20 日至 24 日在市体育馆举行。比赛设男女组。

男子组		女子组	
第一名	新泰市	第一名	泰山区
第二名	宁阳县	第二名	肥城市
第三名	泰山区	第三名	宁阳县

八、第十二届

泰安市第十二届运动会于1999年5月13日至10月18日在泰城及各县（市、区）举行。运动会分少年、青年、老年组三个组别，全市87支体育代表队8000余名运动员参赛。少年组设田径、举重、摔跤、柔道、武术、散打、跆拳道、篮球、足球、乒乓球等10个竞赛项目，17人打破40项举重市最高纪录，2人破2项田径市最高纪录。新泰市、肥城市、宁阳县体育代表团在少年组总成绩金牌榜和总分榜上，均位列前三名。

第十二届市运会少年组各项目竞赛成绩（团体总分前三名、单项第一名）

（一）田径

1999 年 10 月 16 日至 18 日在泰山体育中心体育场、山东农业大学田径场举行，各县（市、区）和新汶矿业集团、肥城矿业集团参加。比赛设男女甲乙丙组。

团体总分

1. 新泰市	509.5	2. 郊　区	441	3. 宁阳县	348

第十二届市运会田径比赛男子个人成绩表

表 6–43

组别	项　目	姓　名	代表队	成　绩	组别	项　目	姓　名	代表队	成　绩
男子甲组	100 米	李亚楠	泰山区	0:11.50	男子乙组	100 米	袁　进	宁阳县	0:11.2
	200 米	王安东	郊　区	0:23.2		200 米	袁　进	宁阳县	0:23.50
	400 米	张同亮	肥城市	0:52.20		400 米	唐玉金	东平县	0:54.80
	800 米	张　斌	郊　区	2:06.6		800 米	许宝宝	宁阳县	2:08.5
	1500 米	刘广波	郊　区	4:16.70		1500 米	陈　跃	宁阳县	4:18.5
	5000 米	刘广波	郊　区	16:05.30		5000 米	程　磊	新泰市	16:25.00
	110 米栏	李　亮	新泰市	0:14.7		3000 米竞走	单光磊	新泰市	14:32.2
	3000 米竞走	杨　宝	新泰市	13:54.1		5000 米竞走	杨　超	新泰市	24:52.4
	5000 米竞走	段伟伟	肥城市	23:19.90		4×100 米		宁阳县	0:46.70
	4×100 米		泰山区	0:45.2		4×400 米		宁阳县	3:39.50

续表 6–43

组别	项　目	姓　名	代表队	成　绩	组别	项　目	姓　名	代表队	成　绩
男子甲组	4×400 米		郊　区	3:43.00	男子乙组	跳高	孟庄庄	郊　区	1.63 米
	跳高	张继涛	宁阳县	1.89 米		跳远	苗　东	泰山区	6.21 米
	跳远	张继涛	宁阳县	6.95 米		三级跳远	张国栋	郊　区	13.39 米
	三级跳远	韩　剑	新泰市	13.63 米		铁饼	贾　坤	郊　区	44.65 米
	铅球	黄　磊	宁阳县	14.10 米		标枪	杨　文	郊　区	47.11 米
	铁饼	季大年	岱岳区	45.60 米		铅球	訾小明	郊　区	13.31 米
	标枪	张　雷	郊　区	46.20 米					

第十二届市运会田径比赛女子个人成绩表

表 6–44

组别	项　目	姓　名	代表队	成　绩	组别	项　目	姓　名	代表队	成　绩
女子甲组	100 米	李　燕	新泰市	0:12.80	女子乙组	100 米	刁春霞	肥城市	0:13.00
	200 米	郑倩倩	泰山区	0:26.5		200 米	刁春霞	肥城市	0:27.40
	400 米	安　萍	新泰市	1:02.9		400 米	安　玲	泰山区	0:59.4
	800 米	段翠翠	肥城市	2:21.50		800 米	黄婷婷	东平县	2:22.2
	1500 米	段翠翠	肥城市	4:55.20		1500 米	白　莲	新泰市	4:53.2
	5000 米	张玉娟	东平县	18:22.00		5000 米	曹春丽	东平县	18:3.1
	100 米栏	司珍珍	宁阳县	17.40		100 米栏	张　红	郊　区	0:15.8
	3000 米竞走	马少娜	新泰市	14:16.70		3000 米竞走	段莹莹	肥城市	14:5.5
	5000 米竞走	马少娜	新泰市	25:09.1		5000 米竞走	段莺莺	肥城市	24:50.00
	4×100 米		泰山区	0:52.90		4×100 米		郊　区	0:53.4
	4×400 米		东平县	5:36.20		4×400 米		东平县	4:15.60
	跳高	薛晓利	郊　区	1.45 米		跳高	张　燕	郊　区	1.52 米
	跳远	杨　健	郊　区	5.37 米		跳远	张　红	郊　区	5.13 米
	三级跳远	李　燕	新泰市	11.78 米		三级跳远	吴　静	宁阳县	10.11 米
	铅球	李　燕	肥城市	11.63 米		标枪	陈　真	肥城市	32.85 米
	铁饼	李　燕	肥城市	30.09 米		铅球	王璐璐	泰山区	12.01 米
	标枪	王宏慧	东平县	37.64 米		铁饼	王倩倩	新泰市	34.35 米

第十二届市运会田径比赛男女丙组个人成绩表

表 6–45

组别	项目	姓名	代表队	成绩	组别	项目	姓名	代表队	成绩
男子丙组	60 米	朱玉兴	郊　区	0:7.80	女子丙组	60 米	腾　腾	宁阳县	0:8.20
	200 米	刘会会	东平县	0:26.40		200 米	彭　皓	新泰市	0:28.20
	400 米	王　鹏	新泰市	0:57.20		400 米	刘　坤	新泰市	1:03.01
	800 米	刘　鹏	新泰市	2:18.5		800 米	贾　静	东平县	2:31.00
	跳高	吴　锐	宁阳县	1.46 米		跳高	金　梅	泰山区	1.30 米
	跳远	马　超	泰山区	5.30 米		跳远	侯　慧	东平县	4.87 米
	铅球	杨　虎	泰山区	10.96 米		铅球	路伟伟	肥城市	7.98 米
	垒球	王光峰	郊　区	57.96 米		垒球	苏　杰	肥城市	58.01 米

（二）武术

1999 年 7 月 1 日至 3 日在东平县举行，各县（市、区）和新汶矿业集团、肥城矿业集团参加。比赛设男女甲乙组。

甲组团体	1. 东平县 67.5	2. 泰山区 7.5 分	3. 新泰市 6
乙组团体	1. 东平县 78.5	2. 新泰市 19.5	3. 泰山区 19

男子甲组

规定拳	陈　飞	东平县	8.13 分
全　能	陈　飞	东平县	15.4 分

女子甲组

规定拳	丁　玲	东平县	7.48 分
全　能	郭　玉	东平县	15 分

男子乙组

规定拳	于　飞	东平县	7.1 分（并列）
	张文斌	宁阳县	7.1 分（并列）
刀	徐国文	东平县	7.48 分
棍	徐国文	东平县	7.4 分（并列）
	张瑞生	泰山区	7.4 分（并列）

女子乙组

规定拳	奚颜颜	东平县	6.85 分
刀	奚颜颜	东平县	7.46 分
棍	奚颜颜	东平县	6.85 分

（三）足球

1999 年 8 月 3 日至 7 日在市体育场举行，比赛设甲乙组，甲组为各县（市、区），乙组为驻泰安各中小学。

男子甲组

1. 泰山区　　2. 郊　区　　3. 宁阳县

（四）散打

1999 年 8 月 5 日至 6 日在市体育馆举行。比赛只设男子组共 7 个级别。

团体

1. 新泰市 52 分　　2. 东平县 34 分　　3. 郊　区 29 分

男子组

52 公斤	杨绪江	新泰市
	殷庆吉	东平县

56公斤	杨崇杰	新泰市
60公斤	李红叶	新泰市
65公斤	杨再军	东平县
70公斤	张恩闯	新泰市
75公斤	齐金亮	新泰市
85公斤	许言夫	宁阳县

（五）国际式摔跤

1999年8月17日至22日在东平县举行。比赛设男子甲乙组。

自由式摔跤

团体　1.肥城市 75分　2.郊　区 69分　3.新泰市 43分

乙组			甲组		
39公斤	朱玉磊	新泰市	52公斤	曹玉征	肥城市
42公斤	马　涛	肥城市	56公斤	尹　磊	肥城市
45公斤	李　文	郊　区	60公斤	张　坤	东平县
48公斤	王　伟	新泰市	65公斤	牛申强	新泰市
52公斤	张　坤	肥城市	70公斤	陈　峰	郊　区
57公斤	刘　兵	郊　区	76公斤	龚　辉	郊　区
63公斤	杨前广	郊　区	83公斤	郭洪涛	东平县
67公斤	王　亮	东平县			
76公斤	颜景超	宁阳县			
+76公斤	弥庆栋	郊　区			

古典式摔跤

乙组			甲组		
39公斤	刘　朋	郊　区	52公斤	王则帅	肥城市
42公斤	陈　猛	肥城市	56公斤	孙甲明	肥城市
48公斤	孙　峰	东平县	60公斤	张成龙	东平县
52公斤	隋士峰	东平县	65公斤	王　虎	肥城市
63公斤	牛　超	新泰市	70公斤	尹承宝	肥城市
67公斤	王大雷	东平县	76公斤	张国强	东平县
76公斤	贾继峰	东平县			
+76公斤	蒋　刚	新泰市			

（六）柔道

1999年8月19日至13日在肥城市举行。比赛设男女甲乙组。

女子团体		男子团体
肥城市	55分	1.肥城市 66分

新泰市	47 分	2. 宁阳县	56 分	
东平县	35 分	3. 东平县	40 分	

女子乙组			女子甲组		
40 公斤	杨　帅	郊　区	44 公斤	王　新	肥城市
44 公斤	郭　倩	新泰市	48 公斤	张秀荣	东平县
48 公斤	冯慧慧	郊　区	52 公斤	任红星	肥城市
52 公斤	韩　杰	肥城市	63 公斤	和　伟	新泰市
57 公斤	牛君霞	新泰市	+ 70 公斤	李兰萍	肥城市
63 公斤	田　鹏	郊　区			
–70 公斤	刘　芳	新泰市			
+ 70 公斤	董　丽	宁阳县			

男子乙组			男子甲组		
45 公斤	刘　磊	肥城市	55 公斤	李　超	新泰市
50 公斤	张　伟	泰山区	60 公斤	郭树松	东平县
55 公斤	王向峰	新泰市	66 公斤	李　晶	宁阳县
60 公斤	王晓龙	宁阳县	73 公斤	苏天宇	宁阳县
66 公斤	王海涛	新泰市	81 公斤	韩振利	肥城市
73 公斤	房田涛	新泰市	–90 公斤	杨　垒	肥城市
–81 公斤	李志华	泰山区	+ 90 公斤	许　磊	肥城市
+ 82 公斤	张一帆	东平县			

（七）举重

1999 年 9 月 17 日至 19 日在肥城市举行。比赛设男女甲乙组。

女子乙组				女子甲组			
40 公斤	张　霞	郊　区	77.5 公斤	44 公斤	孙　丽	肥城市	102.5 公斤
44 公斤	高　林	东平县	112.5 公斤	48 公斤	石丽丽	肥城市	77.5 公斤
48 公斤	刘娟娟	宁阳县	130 公斤	53 公斤	黄　敏	肥城市	155 公斤
53 公斤	朱翠华	肥城市	120 公斤	58 公斤	卢海英	东平县	112.5 公斤
58 公斤	李雪花	肥城市	190 公斤	63 公斤	李　云	肥城市	70 公斤
63 公斤	胡晓娟	宁阳县	150 公斤	69 公斤	袁晓庆	肥城市	125 公斤
69 公斤	周　蓓	宁阳县	130 公斤	75 公斤	罗　娜	泰山区	140 公斤
+ 69 公斤	李　霞	肥城市	185 公斤	+ 75 公斤	王姗姗	肥城市	110 公斤

男子乙组				男子甲组			
44 公斤	刘　林	宁阳县	130 公斤	48 公斤	田　璐	肥城市	120 公斤
48 公斤	严　征	郊　区	147.5 公斤	52 公斤	李　会	新泰市	155.5 公斤
52 公斤	赵宗金	肥城市	156 公斤	56 公斤	崔　勇	肥城市	190 公斤
56 公斤	刘阳光	东平县	210 公斤	62 公斤	张晓磊	宁阳县	167.5 公斤

62公斤	郭　朋	肥城市	162.5公斤	69公斤	李　强	肥城市	130公斤
68公斤	刘晓旭	肥城市	157.5公斤	77公斤	郑广州	宁阳县	230公斤
77公斤	刘传兵	肥城市	160公斤	85公斤	李　镇	郊　区	207.5公斤
+77公斤	贾林亮	新泰市	165公斤	+85公斤	赵　明	肥城市	252.5公斤

（八）跆拳道

1999年9月13日至14日在市体育馆举行。比赛设男女甲乙组。

男子团体		女子团体	
1. 郊　区	34分	1. 宁阳县	46分
2. 新泰市	34分	2. 肥城市	37分
3. 宁阳县	29分	3. 新泰市	35分

女子甲组			女子乙组		
43公斤	李爱华	肥城市	43公斤	胡　梅	东平县
47公斤	陈风杰	肥城市	47公斤	李丽娟	宁阳县
51公斤	刘　花	新泰市	51公斤	高　丽	肥城市
55公斤	郗　霏	新泰市	55公斤	李真真	肥城市
59公斤	胡苗苗	宁阳县	59公斤	徐　芳	肥城市
			63公斤	孙　丽	宁阳县
			67公斤	耿慧聪	新泰市

男子乙组			男子甲组		
46公斤	宁尚兵	宁阳县	50公斤	许年国	东平县
50公斤	薛　晓	郊　区	54公斤	吴国磊	泰山区
54公斤	赵　凯	肥城市	58公斤	孙兆峰	郊　区
58公斤	奚　伟	东平县	62公斤	侯传法	郊　区
62公斤	宋　琨	新泰市	67公斤	田小伟	新泰市
67公斤	庞　晖	郊　区	72公斤	田　录	新泰市
72公斤	李　军	东平县			

（九）乒乓球

1999年10月13日至17日在泰安劲邦体育用品有限公司举行，由泰山区文体委和泰安劲邦体育用品有限公司承办。比赛设男女甲乙组。

男子甲组单打	吴　斌	泰山区
女子甲组单打	屈丽娜	宁阳县
男子乙组单打	赵振宇	宁阳县
女子乙组单打	张一鸣	宁阳县

10. 篮球

男子组：	1. 新泰市	2. 泰山区	3. 宁阳县
女子组：	1. 泰山区	2. 新泰市	3. 东平县

九、第十三届

泰安市第十三届运动会于2001年7月11日至10月16日举行。部分项目先期在县（市、区）、矿业集团举行。运动会共设33个大项、362个小项，分少年组、青年组、老年组3个组别。各县（市、区）、矿业集团、驻泰安大专院校、各系统产业单位和市直机关180支体育代表队8200余名运动员参赛。少年组设田径、举重、摔跤、柔道、射箭、武术、散手、跆拳道、篮球、足球、排球、乒乓球等12个竞赛项目。7人次11次破市最高纪录，18人20次破市少年纪录。新泰市、岱岳区、宁阳县体育代表团在少年组综合成绩金牌和总分排行榜上均位列前三位。

第十三届市运会少年组各项目竞赛成绩（团体总分前三名、单项第一名）

（一）田径

2001 年 10 月 13 日至 16 日在泰山体育中心体育场举行，各县（市、区）和新汶矿业集团、肥城矿业集团参加。比赛设男女甲乙丙组。

团体总分

1. 新泰市 509.5 分　2. 岱岳区 441 分　3. 宁阳县 348 分

第十三届市运会田径比赛男子个人成绩表

表 6-46

组别	项　目	姓　名	代表队	成　绩	组别	项　目	姓　名	代表队	成　绩
男子甲组	100 米	刘胜利	东平县	0:11.21	男子乙组	100 米	王　伟	岱岳区	0:11.62
	200 米	尹训庭	肥城市	0:23.4		200 米	张兴雷	岱岳区	0:23.60
	400 米	张新利	岱岳区	0:51.31		400 米	张继振	岱岳区	0:52.16
	800 米	许宝宝	宁阳县	1:58.00		800 米	刘　鹏	新泰市	2:08.4
	1500 米	许宝宝	宁阳县	4:4.10		1500 米	张　浩	新泰市	4:06.20
	3000 米	贾笑东	肥城市	8:45.56		3000 米	张　浩	新泰市	8:52.30
	5000 米	张合泉	岱岳区	15:28.30		110 米栏	郝建明	肥城市	0:15.50
	110 米栏	苗　东	泰山区	0:15.10		3 公里竞走	王庆德	新泰市	13:3.46
	5 公里竞走	孔　庆	新泰市	22:35.60		5 公里竞走	王庆德	新泰市	23:14.5
	10 公里竞走	孔　庆	新泰市	46:31.00		4×100 米		岱岳区	0:46.30
	4×100 米		宁阳县	0:46.12		4×400 米		岱岳区	3:36.00
	4×400 米		宁阳县	3:34.00		跳高	赵国振	岱岳区	1.83 米
	跳高	许　凯	宁阳县	1.9 米		跳远	李　超	新泰市	6.38 米
	跳远	刘胜利	东平县	7.21 米		三级跳远	张仲凯	宁阳县	13.52 米
	三级跳远	武　波	新泰市	14.09 米		标枪	李存营	肥城市	54.66 米
	铅球	周广生	岱岳区	15.06 米		铅球	高　博	新泰市	16.09 米
	铁饼	周广生	岱岳区	45.61 米		铁饼	高　博	新泰市	37.65 米
	标枪	田　雷	岱岳区	55.51 米					

第十三届市运会田径比赛女子个人成绩表

表 6–47

组别	项　目	姓　名	代表队	成　绩	组别	项　目	姓　名	代表队	成　绩
女子甲组	100 米	赵　敏	岱岳区	0:13.10	女子乙组	100 米	胡雪丽	宁阳县	0:12.92
	200 米	刘　娟	宁阳县	0:26.10		200 米	彭　皓	新泰市	0:27.30
	400 米	刘　娟	宁阳县	0:58.89		400 米	刘　坤	新泰市	0:59.56
	800 米	李　娟	新泰市	2:17.00		800 米	刘　坤	新泰市	2:15.60
	1500 米	李　娟	新泰市	4:45.10		1500 米	田静静	宁阳县	4:49.10
	3000 米	郭粉粉	肥城市	10:06.30		3000 米	段秀秀	东平县	10:38.00
	5000 米	郭粉粉	肥城市	17:15.50		100 米栏	徐　珍	宁阳县	0:17.14
	5 公里竞走	田芳芳	新泰市	24:55.00		3 公里竞走	王林林	肥城市	14:10.36
	10 公里竞走	田芳芳	新泰市	52:36.32		5 公里竞走	王林林	肥城市	24:32.80
	4×100 米		宁阳县	0:51.50		4×100 米		新泰市	0:51.80
	4×400 米		岱岳区	4:15.10		4×400 米		新泰市	4:15.00
	100 米栏	李　瑾	宁阳县	16.91		跳高	徐　珍	宁阳县	1.4 米
	跳高	尹莎莎	新泰市	1.46 米		跳远	侯　慧	东平县	5.04 米
	跳远	徐月迪	宁阳县	5.25 米		三级跳远	卞少华	新泰市	10.90 米
	三级跳远	吴静静	宁阳县	11.35 米		铅球	路伟伟	肥城市	13.09 米
	铅球	张志荣	岱岳区	11.81 米		铁饼	宁　娜	新泰市	28.60 米
	铁饼	张志荣	岱岳区	33.00 米		标枪	苏　杰	肥城市	34.68 米
	标枪	陈　真	肥城市	38.85 米					

第十三届市运会田径比赛男女丙组个人成绩表

表 6–48

组别	项　目	姓　名	代表队	成　绩	组别	项　目	姓　名	代表队	成　绩
男子丙组	100 米	郑亚雷	新泰市	0:12.00	女子丙组	100 米	张丽丽	岱岳区	0:13.12
	200 米	郑亚雷	新泰市	0:24.28		200 米	张丽丽	岱岳区	0:27.40
	400 米	张　辉	肥城市	0:52.91		400 米	史新玲	新泰市	1:0.61
	1500 米	张　辉	肥城市	4:13.90		800 米	孙丽芳	岱岳区	2:16.80
	跳高	刘寅甲	新泰市	1.61 米		跳高	曹明珠	宁阳县	1.42 米
	跳远	马文山	泰山区	5.51 米		跳远	刘真真	新泰市	4.63 米
	铅球	陈　振	新泰市	16.60 米		铅球	翟德苹	肥城市	11.54 米
	垒球	房　伟	新泰市	68.87 米		垒球	翟德苹	肥城市	39.62 米
	4×100 米 2 男 2 女		新泰市	50.30					

（二）柔道

2001年7月11日至15日在泰安举行，各县（市、区）和新汶矿业集团、肥城矿业集团参加。比赛设男女甲乙组共32个级别。

男子团体		女子团体	
1. 岱岳区	72分	1. 岱岳区	81分
2. 肥城市	57分	2. 宁阳县	59分
3. 新泰市	54分	3. 新泰市	51分

男子甲组			女子甲组		
55公斤	张　伟	宁阳县	44公斤	李燕燕	岱岳区
60公斤	郭　营	岱岳区	48公斤	杨　帅	岱岳区
66公斤	吴德强	岱岳区	52公斤	张云霞	岱岳区
73公斤	房田波	新泰市	57公斤	张　蕾	新泰市
81公斤	王大力	新泰市	63公斤	鲁　燕	新泰市
–90公斤	李志华	岱岳区	70公斤	田　鹏	岱岳区
＋90公斤	尹猛猛	东平县	＋78公斤	董　丽	宁阳县
无差级	王云伟	东平县	无差级	刘　芳	新泰市

男子乙组			女子乙组		
45公斤	付纪同	肥城市	40公斤	尹健健	岱岳区
50公斤	李　浩	新泰市	44公斤	陈伟伟	宁阳县
55公斤	乔方涛	岱岳区	48公斤	李翠红	岱岳区
60公斤	张　伟	岱岳区	52公斤	刘　霞	岱岳区
66公斤	李元林	东平县	57公斤	冯慧慧	岱岳区
73公斤	曹丙宝	新泰市	63公斤	李　假	岱岳区
–81公斤	李　强	新泰市	＋70公斤	刘秋燕	宁阳县
＋81公斤	孙亚楠	宁阳县			

（三）篮球

2001年7月17日至21日在泰安举行，各县（市、区）和新汶矿业集团、肥城矿业集团参加。比赛设男女组。

男子组	女子组
1. 新泰市	1. 新泰市
2. 宁阳县	2. 宁阳县
3. 岱岳区	3. 东平县

（四）射箭

2001年7月23日至24日在泰安举行，泰山区、岱岳区、肥城市、新泰市、宁阳县参加比赛。比赛设甲组40米双轮单项、30米双轮单项；乙组双轮个人全能。

团体	1. 新泰市	32分	2. 岱岳区	25分	3. 宁阳县	23分

男子甲组

40米双轮单项	张晓磊	岱岳区	648环

30 米双轮单项	张晓磊	岱岳区	675 环
男子乙组			
双轮全能	田　昆	新泰市	1257 环
女子甲组			
40 米双轮单项	薛玲玲	岱岳区	589 环
30 米双轮单项	陈宁宁	泰山区	645 环
女子乙组			
双轮全能	徐莎莎	新泰市	1246 环

（五）国际式摔跤

2001 年 7 月 27 日至 31 日在泰安举行，各县（市、区）和新汶矿业集团、肥城矿业集团参加。比赛只设男子甲乙组。

古典式摔跤

团体

1. 东平县	73 分	2. 肥城市	66 分	3. 宁阳县	54 分
男子甲组			男子乙组		
56 公斤	孙兴旺	宁阳县	39 公斤	刘延林	东平县
60 公斤	王　伟	肥城市	42 公斤	米玉磊	新泰市
65 公斤	牛　超	新泰市	45 公斤	陶　建	宁阳县
70 公斤	陈志良	宁阳县	48 公斤	许　帅	宁阳县
76 公斤	卜凡瑞	东平县	52 公斤	李德会	东平县
83 公斤	吴　虎	东平县	57 公斤	张金亮	肥城市
+ 90 公斤	刘海洋	东平县	63 公斤	赵培起	东平县
			67 公斤	王则辉	肥城市
			76 公斤	段洋洋	肥城市
			+ 76 公斤	孙传奇	东平县

自由式摔跤

团体

1. 岱岳区	72 分	2. 东平县	68 分	3. 肥城市	65 分
男子甲组			男子乙组		
49 公斤	陈　猛	肥城市	39 公斤	陈　锁	肥城市
52 公斤	熊召路	东平县	42 公斤	黄金柱	泰山区
56 公斤	潘明强	东平县	45 公斤	赵胜利	肥城市
60 公斤	吴同虎	东平县	48 公斤	李　峰	岱岳区
65 公斤	张　磊	岱岳区	52 公斤	王道杰	东平县
70 公斤	朱修建	宁阳县	57 公斤	马　涛	肥城市
76 公斤	颜景超	宁阳县	63 公斤	黄国峰	岱岳区
83 公斤	辛显帅	肥城市	67 公斤	陈方波	岱岳区

+90公斤	弭庆栋	岱岳区	76公斤	李广军	东平县
			+76公斤	杨　磊	岱岳区

6. 跆拳道

2001年8月5日至8日在泰安市武术散打、跆拳道、拳击管理训练中心举行，各县（市、区）参加。比赛设男女甲乙组。

男子团体		女子团体	
1. 新泰市	54分	1. 新泰市	39分
2. 东平县	44分	2. 东平县	28分
3. 宁阳县	20分	3. 宁阳县	27分

男子甲组			男子乙组		
54公斤	湛计通	新泰市	46公斤	陈　雨	新泰市
62公斤	葛延平	新泰市	50公斤	杨　真	泰山区
67公斤	庞立宫	东平县	54公斤	田　涛	新泰市
78公斤	王　彬	东平县	58公斤	奚　伟	东平县
			62公斤	张　涛	宁阳县
			+67公斤	马树军	新泰市

女子甲组			女子乙组		
43公斤	冯明欣	新泰市	43公斤	朱兆慧	新泰市
51公斤	郗　霏	新泰市	47公斤	牛晓晓	新泰市
55公斤	史丙云	东平县	51公斤	张云梅	泰山区
65公斤	刘秀丽	东平县	55公斤	张丛丛	肥城市
			60公斤	胡兰梅	东平县
			+65公斤	孙　丽	宁阳县

（七）足球

2001年8月12日至16日在泰安举行，各县（市、区）和新汶矿业集团、肥城矿业集团参加。比赛设男子甲乙组，女子组。

男子甲组	男子乙组	女子组
1. 泰山区	1. 泰山区	1. 宁阳县
2. 岱岳区	2. 宁阳县	2. 泰山区
3. 新泰市	3. 新泰市	3. 肥城市

（八）散手

2001年8月19日至22日在泰安市武术散打、跆拳道、拳击管理训练中心举行，各县（市、区）参加。比赛设男子甲乙组。

团体

1. 新泰市	72分	2. 东平县	45分	3. 宁阳县	29分

男子甲组

48—52公斤小团体	张　强	谢昌勋	新泰市
56—60公斤小团体	刘建合	范永伟	新泰市

65—70公斤小团体	刘　岩	熊庆波	新泰市
75—80公斤小团体	许争国	黄海军	东平县

男子乙组

48公斤	王明猛	新泰市
52公斤	林士强	新泰市
56公斤	谢同芬	新泰市
60公斤	段存林	东平县
65公斤	柏贞府	新泰市
70公斤	李大明	东平县
75公斤	牟哲阳	新泰市
80公斤	徐言夫	宁阳县
85公斤	马　健	新泰市
+85公斤	高　腾	肥城市

（九）武术

2001年8月26日至29日在泰安市武术管理训练中心举行，各县（市、区）参加。比赛设男女甲乙组。

甲组团体		乙组团体	
1.东平县	153.94分	1.东平县	154.15分
2.岱岳区	127.10分	2.泰山区	124.53分
3.泰山区	79.75分	3.岱岳区	121.24分

男子甲组				女子甲组			
长　拳	程业军	东平县	7.66分（并列）	长　拳	丁　玲	东平县	7.58分
	马新辉	新泰市	7.66分（并列）	剑　术	丁　玲	东平县	7.64分
刀　术	程业军	东平县	7.50分	枪　术	丁　玲	东平县	7.56分（并列）
棍　术	范　涛	泰山区	7.88分		王惠子	岱岳区	7.56分（并列）

男子乙组				女子乙组			
规定拳	陈　振	东平县	7.66分	规定拳	奚燕燕	东平县	7.66分
棍　术	张　超	东平县	7.51分	棍　术	奚燕燕	东平县	7.71分
刀　术	徐国文	东平县	7.57分	剑　术	奚燕燕	东平县	7.59分

（十）举重

2001年9月12日至15日在泰安举行，各县（市、区）和新汶矿业集团、肥城矿业集团参加。比赛设男女甲乙组。

男子团体		女子团体	
1.岱岳区	101分	1.宁阳县	59分
2.肥城市	64分	2.岱岳区	54分
3.东平县	28分	3.东平县	48分

男子甲组				女子甲组			
48公斤	刘秀强	岱岳区	105公斤	44公斤	丁翠娟	岱岳区	112.5公斤
52公斤	刘　林	宁阳县	180公斤	48公斤	郭文娟	岱岳区	105公斤
56公斤	李广朋	岱岳区	105公斤	53公斤	杜文文	宁阳县	55公斤
62公斤	刘阳光	东平县	250公斤	58公斤	李佩佩	岱岳区	105公斤
69公斤	何大海	东平县	240公斤	63公斤	吴林华	新泰市	125公斤
77公斤	吴承斌	岱岳区	215公斤	69公斤	刘　翠	新泰市	115公斤
85公斤	刘德宝	泰山区	240公斤	75公斤	王洪霞	东平县	165公斤
+85公斤	李　镇	岱岳区	307.5公斤	+85公斤	张　倩	新泰市	130公斤
男子乙组				女子乙组			
44公斤	杨　朋	岱岳区	100公斤	40公斤	赵　晶	岱岳区	90公斤
48公斤	白　杰	岱岳区	120公斤	44公斤	高　攀	东平县	92.5公斤
52公斤	王　川	肥城市	167.5公斤	48公斤	张　霞	岱岳区	152.5公斤
56公斤	刘　涛	岱岳区	125公斤	53公斤	张　强	岱岳区	122.5公斤
62公斤	吴广健	岱岳区	180公斤	58公斤	徐丽君	岱岳区	122.5公斤
69公斤	严　征	岱岳区	270公斤	63公斤	高　林	东平县	190公斤
77公斤	张　帅	肥城市	227.5公斤	69公斤	李　娜	东平县	180公斤
+77公斤	杜启健	泰山区	260公斤	+69公斤	杜雅丽	泰山区	150公斤

（十一）排球

2001年9月20日至24日在泰安举行，各县（市、区）和新汶矿业集团、肥城矿业集团参加。比赛设男女组。

男子组	女子组
1. 泰山区	1. 泰山区
2. 岱岳区	2. 肥城市
3. 新泰市	3. 岱岳区

（十二）乒乓球

2001年10月11日至15日在市体育馆举行，各县（市、区）和新汶矿业集团、肥城矿业集团参加。比赛设男女甲乙组。

男子甲组团体	女子甲组团体
1. 新泰市	1. 宁阳县
2. 岱岳区	2. 肥城市
3. 泰山区	3. 新汶矿业集团
男子乙组团体	女子乙组团体
1. 宁阳县	1. 宁阳县
2. 新泰市	2. 新泰市
3. 泰山区	3. 岱岳区

男子甲组单打		女子甲组单打	
娄　峰	泰山区	张一鸣	宁阳县
男子乙组单打		女子乙组单打	
李　涛	泰山区	王飞飞	新泰市

十、第十四届

泰安市第十四届运动会于2003年7月8日至10月22日在泰安及各县（市、区）、矿业集团举行。运动会共设34个大项、570个小项，分少年组、青年组、老年组3个组别。各县（市、区）、矿业集团、驻泰安大专院校、各系统产业单位和市直机关200支体育代表队近1万余名运动员参赛。少年组设田径、举重、摔跤、柔道、跆拳道、武术套路、武术散打、射箭、篮球、排球、足球、乒乓球、幼儿基本体操等13个比赛项目，共决出金牌601枚，5人达国家一级运动员标准。新泰市、岱岳区、宁阳县体育代表团在少年组综合成绩金牌榜上列前三位。新泰市、宁阳县、肥城市体育代表团在少年组综合成绩总分榜上列前三位。

第十四届市运会少年组各项目竞赛成绩（团体总分前三名、单项第一名）

（一）田径

10月20日至22日，在市体育中心体育场举行，各县（市、区）和新汶、肥城矿业集团参加比赛。

第十四届市运会田径比赛男子个人成绩表

表 6-49

组别	项　目	姓　名	代表队	成　绩	组别	项　目	姓　名	代表队	成　绩
男子甲组	800 米	宋其凯	岱岳区	1:58.4	男子乙组	100 米	刘光福	新泰市	0:11.87
	1500 米	王士礼	新泰市	3:57.07		200 米	曹　超	岱岳区	0:23.0
	5000 米	王士礼	新泰市	14:25.5		400 米	曹　超	岱岳区	0:50.59
	10000 米	时立斌	岱岳区	32:40.13		800 米	李　振	东平县	2:08.9
	5000 米竞走	宋　晨	新泰市	20:46.1		1500 米	柴茂金	宁阳县	4:18.51
	10000 米竞走	宋　晨	新泰市	43:42.9		3000 米	曹　强	新泰市	9:29.6
						5000 米	曹　强	新泰市	16:51.11
						10000 米	周　格	宁阳县	34:07.21
						110 米栏	周广亮	岱岳区	0:14.8
						5000 米竞走	时　超	新泰市	22:43.89
						10000 米竞走	苏　财	肥城市	48:08.4
						4×100 米		岱岳区	0:44.81
						4×400 米		岱岳区	3:34.7
						跳远	贾　磊	岱岳区	6.80 米
						标枪	赵　磊	宁阳县	57.40 米
						铅球	王建军	岱岳区	15.39 米
						铁饼	宋绪刚	岱岳区	46.94 米
						三项全能	鲁宾宾	岱岳区	1388 分

第十四届市运会田径比赛女子个人成绩表

表 6–50

组别	项目	姓名	代表队	成绩	组别	项目	姓名	代表队	成绩
女子甲组	800 米	孙丽芳	岱岳区	2:17.6	女子乙组	100 米	姬　静	宁阳县	0:13
	1500 米	孙丽芳	岱岳区	4:35.0		200 米	姬　静	宁阳县	0:26.20
	3000 米	高婷婷	岱岳区	10:11.5		400 米	朱本玲	宁阳县	0:59.83
	5000 米	高婷婷	岱岳区	17:43.29		800 米	朱本玲	宁阳县	2:24.9
	3000 米竞走	郑英娜	新泰市	13:53.95		1500 米	赵　雪	新泰市	4:44.4
	5000 米竞走	郑荣娜	新泰市	23:50.29		3000 米	陈　会	新泰市	11:11.1
						5000 米	李文超	新泰市	20:23.03
						100 米栏	李莎莎	宁阳县	0:17.88
						3000 米竞走	陈　美	新泰市	14:53.8
						5000 米竞走	陈　美	新泰市	25:58.36
						4×100 米		宁阳县	0:50.8
						4×400 米		宁阳县	4:13.1
						跳远	刘婷婷	宁阳县	5.89 米
						标枪	梁琳琳	岱岳区	34.26 米
						铁饼	朱　林	岱岳区	29.17 米
						铅球	朱　林	岱岳区	10.60 米
						三项全能	徐爱玲	东平县	1249 分

第十四届市运会田径比赛男女丙组个人成绩表

表 6–51

组别	项目	姓名	代表队	成绩	组别	项目	姓名	代表队	成绩
男子丙组	100 米	孙晓庆	岱岳区	0:11.63	女子丙组	100 米	安　东	新泰市	13:03
	200 米	朱国伟	岱岳区	0:24.6		200 米	安　荣	新泰市	0:27.20
	400 米	伊兆玉	肥城市	0:57.89		400 米	霍梦珠	泰山区	1:03.11
	800 米	黄　凯	岱岳区	2:09.08		800 米	吴明星	宁阳县	2:29.1
	1500 米	苏　松	岱岳区	4:25.0		1500 米	吴明星	宁阳县	4:50.64
	5000 米	代　振	东平县	16:26.07		3000 米	肖　琳	新泰市	10:49.1
	2000 米竞走	张　飞	肥城市	8:31.3		1000 米竞走	路欣欣	肥城市	4:29.3
	5000 米竞走	张　飞	肥城市	22:59.96		3000 米竞走	路欣欣	肥城市	14:48.51
	跳远	孔程程	宁阳县	6.23 米		跳远	王　杰	宁阳县	5.0 米
	垒球	刘　帅	肥城市	62.32 米		垒球	陈秀芹	肥城市	52.52 米
	三项全能	李振兴	岱岳区	1361 分		三项全能	张荣坤	新泰市	1067 分
	男子丙组 4×100 米混合接力		岱岳区	0:51.26					

（二）乒乓球

7月8日至9日在市体育馆举行，各县（市、区）和肥城矿业集团参加比赛。比赛分男女甲乙组4个组别，设团体、单打两项。

男子甲组团体	女子甲组团体	男子乙组团体
1. 宁阳县	1. 宁阳县	1. 泰山区
2. 肥城市	2. 泰山区	2. 宁阳县
	3. 肥城市	3. 肥城市

甲组		乙组	
男子单打	王　峰	男子单打	曾圣喆
女子单打	刘　一	女子单打	张晨曦

（三）射箭

7月22日至23日在市体育中心射箭场举行，6个县（市、区）派队参加比赛。比赛分甲乙组，甲组设50米双轮单项、30米双轮单项，乙组设40米双轮单项和30米双轮单项。

团体

1. 宁阳县	36分	2. 肥城市	32分	3. 新泰市	20分

男甲			女甲		
50米双轮	张桐桐	宁阳县	50米双轮	薛　杰	宁阳县
30米双轮	田　昆	新泰市	30米双轮	薛　杰	宁阳县

男乙			女乙		
40米双轮	张壮阁	肥城市	40米双轮	刘　丽	岱岳区
30米双轮	张壮阁	肥城市	30米双轮	刘　丽	岱岳区

（四）足球

少年乙组7月27日至31日在泰安举行，甲组于8月2日至6日在泰安举行，由泰安市足球运动管理中心承办。

男子甲组	女子甲组	男子乙组	女子乙组
1. 宁阳县	1. 泰山区	1. 泰山区	1. 泰山区
2. 泰山区	2. 肥城市	2. 岱岳区	2. 肥城市
3. 岱岳区	3. 宁阳县	3. 宁阳县	3. 宁阳县

（五）排球

8月8日至10日在市体育馆举行，各县（市、区）参加比赛。

男子甲组	女子甲组
1. 泰山区	1. 岱岳区
2. 肥城市	2. 宁阳县
3. 宁阳县	3. 肥城市

男子乙组	女子乙组
1. 东平县	1. 东平县
2. 岱岳区	2. 宁阳县

3. 宁阳县　　3. 岱岳区

（六）篮球

8 月 18 日至 24 日在市综合训练馆举行，各县（市、区）参加比赛，由泰安市篮球运动管理中心承办。比赛设男女甲乙组。

男子甲组	女子甲组	男子乙组	女子乙组
1. 宁阳县	1. 宁阳县	1. 宁阳县	1. 宁阳县
2. 岱岳区	2. 泰山区	2. 泰山区	2. 肥城市
3. 肥城市	3. 岱岳区	3. 肥城市	3. 泰山区

（七）举重

8 月 27 日至 31 日在新泰楼德二中举行，各县（市、区）6 个代表队 57 名男女运动员参加比赛。比赛设 4 个组别，甲组设 8 个级别，乙组设 7 个级别。

男子团体		女子团体	
1. 岱岳区	64 分	1. 东平县	65 分
2. 新泰市	51 分	2. 肥城市	31 分
3. 肥城市	39 分	3. 宁阳县	19 分
		岱岳区	19 分

男子甲组			女子甲组		
44 公斤	马端利	岱岳区	40 公斤	王金凤	东平县
48 公斤	任金龙	岱岳区	44 公斤	张爱娟	岱岳区
52 公斤	马端成	岱岳区	48 公斤	孔　玮	宁阳县
56 公斤	刘泽修	岱岳区	53 公斤	王丽凤	岱岳区
62 公斤	李成良	肥城市	58 公斤	朱惠惠	东平县
69 公斤	白　鹏	岱岳区	63 公斤	马秀秀	东平县
77 公斤	李　振	肥城市	69 公斤	王　新	宁阳县
+77 公斤	任宁宁	岱岳区	+69 公斤	郭　谕	东平县

男子乙组			女子乙组		
44 公斤	韩振晓	岱岳区	40 公斤	明　敏	肥城市
48 公斤	徐加伟	东平县	44 公斤	张　敏	东平县
52 公斤	牛振楠	宁阳县	48 公斤	邸晓倩	肥城市
56 公斤	白春喜	岱岳区	53 公斤	牛世玲	东平县
62 公斤	赵桂帅	肥城市	58 公斤	司淑娇	肥城市
69 公斤	马成龙	新泰市	69 公斤	汪　洋	东平县
+69 公斤	李　灿	东平县	+65 公斤	于思敏	东平县

（八）幼儿基本体操

8 月 27 日至 28 日在市体育馆举行，各县（市、区）、新汶矿业集团、肥城矿业集团参加比赛。比赛设 6 人团体基本体操（3 男 3 女）和 12 人团体基本体操（6 男 6 女）

六人操	1. 新泰市	18.40 分	2. 肥城矿业集团	18.20 分	3. 宁阳县	16.30 分

哑铃操	1. 新泰市	18.65 分	2. 肥城矿业集团	18.45 分	3. 宁阳县	17.80 分

（九）柔道

9月1日至4日在市体育馆举行，各县(市、区)6个代表队男女运动员角逐28个级别桂冠。

男子团体		女子团体	
1. 新泰市	55 分	1. 肥城市	58 分
2. 肥城市	36 分	2. 新泰市	47 分
3. 岱岳区	34 分	3. 宁阳县	27 分

男子甲组			女子甲组		
51 公斤	邓延帅	泰山区	40 公斤	陈楠楠	东平县
55 公斤	鲁　龙	东平县	44 公斤	陈苓苓	东平县
60 公斤	冯猛猛	岱岳区	48 公斤	王　宁	新泰市
66 公斤	李　浩	新泰市	52 公斤	闫　杰	新泰市
73 公斤	付　龙	新泰市	57 公斤	轩　敏	肥城市
81 公斤	娄　海	新泰市	－63 公斤	张　宁	新泰市
+81 公斤	董邵华	新泰市	+63 公斤	刘海燕	宁阳县

男子乙组			女子乙组		
45 公斤	郭　永	岱岳区	40 公斤	彭　雪	岱岳区
50 公斤	杜晨良	肥城市	44 公斤	陈　红	新泰市
55 公斤	史正贺	新泰市	48 公斤	邢　娜	新泰市
60 公斤	赵玉庆	新泰市	52 公斤	辛佳慧	肥城市
66 公斤	李召龙	东平县	57 公斤	赵雪琪	肥城市
73 公斤	李先众	肥城市			

（十）武术散打

9月21日至22日在市体育馆举行，各县（市、区）代表队参加比赛。比赛设男子甲组6个级别，男子乙组8个级别。

团体					
1. 新泰市	97 分	2. 东平县	56 分	3. 岱岳区	47 分

男子甲组			男子乙组		
52 公斤	韩　鹏	新泰市	44 公斤	李　松	新泰市
56 公斤	周广珍	东平县	48 公斤	杨邦运	岱岳区
60 公斤	刘长刚	新泰市	52 公斤	李冠华	东平县
65 公斤	刘新国	新泰市	56 公斤	周　峰	新泰市
70 公斤	刘　彬	新泰市	60 公斤	刘光耀	新泰市
+70 公斤	王建军	岱岳区	65 公斤	司海洋	新泰市
			70 公斤	管孝瑞	新泰市
			+70 公斤	李明胜	东平县

(十一)武术

9月24日至25日在市体育馆举行，各县(市、区)代表队参加比赛。设男女甲乙组，项目为规定拳、刀、棍全能，剑、枪全能。

甲组团体		乙组团体	
1. 东平县	155.25分	1. 东平县	182.3分
2. 宁阳县	143.86分	2. 岱岳区	101.49分
3. 泰山区	142.47分	3. 新泰市	58.4分

男子甲组				女子甲组			
规定拳	崔　健	岱岳区	7.56	规定拳	郭道玉	东平县	7.73
刀棍全能	贾　帅	泰山区	14.78	刀棍全能	刘　莎	泰山区	11.73
剑枪全能	高国耀	泰山区	12.38	剑枪全能	郭道玉	东平县	13.46
男子乙组				女子乙组			
规定拳	宋晓峥	岱岳区	7.85	规定拳	解洪玉	东平县	7.45
刀棍全能	宋晓峥	岱岳区	14.18	刀棍全能	侯　晓	东平县	12.33
剑枪全能	马　帅	新泰市	13.60	剑枪全能	刘琦琦	岱岳区	12.53

(十二)国际式摔跤

10月10日至17日在泰安举行，各县(市、区)参加比赛。古典跤比赛设男子甲乙两个年龄组共16个级别。自由跤男女运动员均设甲乙两个年龄组16个级别进行角逐。

古典跤

团体

1. 肥城市	82分	2. 宁阳县	75分	3. 东平县	53分

男子甲组			男子乙组		
49公斤	孟现超	东平县	42公斤	刘洪川	肥城市
52公斤	张　猛	宁阳县	46公斤	付振鹏	肥城市
56公斤	孟庆源	东平县	48公斤	刘　龙	宁阳县
60公斤	范淑明	肥城市	52公斤	杜　波	宁阳县
65公斤	张兆龙	肥城市	57公斤	姜文吉	肥城市
70公斤	姚型飞	宁阳县	63公斤	石晨晨	肥城市
76公斤	刘　范	肥城市	67公斤	董　晨	肥城市
+76公斤	邵　帅	宁阳县	+67公斤	袁成龙	肥城市

自由跤

女子团体	1. 肥城市	62分	2. 岱岳区	60分	3. 宁阳县	49分
男子团体	1. 岱岳区	91分	2. 肥城市	66分	3. 宁阳县	58分

男子甲组			女子甲组		
49公斤	谢　奎	东平县	43公斤	张亚男	肥城市

52公斤	赵桂才	岱岳区	46公斤	金　征	新泰市
56公斤	徐　腾	肥城市	49公斤	周长慧	东平县
60公斤	张其振	肥城市	52公斤	王西会	新泰市
65公斤	赵玉龙	岱岳区	56公斤	梁琳琳	岱岳区
70公斤	李建宁	岱岳区	60公斤	纪鑫超	岱岳区
76公斤	刘秀强	岱岳区	65公斤	张云霞	岱岳区
+76公斤	张其振	岱岳区	+65公斤	赵庆云	东平县
男子乙组			女子乙组		
42公斤	段　阳	岱岳区	37公斤	洪彤彤	宁阳县
45公斤	柏乔凯	宁阳县	40公斤	李珊珊	肥城市
48公斤	冀慎金	岱岳区	44公斤	张芳芳	肥城市
52公斤	王　恒	宁阳县	48公斤	沈伟伟	宁阳县
57公斤	苏　亮	肥城市	52公斤	刘　贞	宁阳县
63公斤	邱　明	岱岳区	57公斤	张玉梅	东平县
67公斤	马　苏	肥城市	+57公斤	宫红霞	肥城市
+67公斤	侯建绪	肥城市			

（十三）跆拳道

10月14日至16日在新泰市举行，各县（市、区）参加比赛。比赛分男女甲乙组4个组别共22个级别。

甲组团体	1. 新泰市	77分	2. 宁阳县	50分	3. 泰山区	32分
乙组团体	1. 新泰市	78分	2. 泰山区	38分	3. 宁阳县	29分

男子甲组			女子甲组		
50公斤	冯　健	新泰市	47公斤	周　娟	新泰市
54公斤	魏　健	新泰市	51公斤	王亚楠	新泰市
58公斤	蒋业林	新泰市	55公斤	姜菲菲	新泰市
62公斤	赵　健	新泰市	59公斤	李　冰	泰山区
67公斤	张　林	新泰市	63公斤	刘　佳	新泰市
+67公斤	奚　伟	东平县	+63公斤	马　辛	宁阳县
男子乙组			女子乙组		
42公斤	吴　峰	泰山区	40公斤	刘　田	宁阳县
46公斤	夏微波	新泰市	43公斤	方　娜	新泰市
50公斤	王　飞	岱岳区	47公斤	高　田	泰山区
54公斤	梁昌龙	泰山区	51公斤	赵焕丽	泰山区
58公斤	朱厚文	东平县	55公斤	张灿龙	新泰市

十一、第十五届

泰安市第十五届运动会于2005年6月10日至9月28日举行。运动会设老年组、职工组、少年组3个组别，55支体育代表队的3000余名运动员参赛。少年组设田径、举重、自由式摔跤、古典式摔跤、柔道、武术套路、跆拳道、篮球、排球、足球、乒乓球、射箭、武术散打、幼儿基本体操等14个竞赛项目，来自6个县（市、区）的1771名少年男女运动员参加角逐。

第十五届市运会少年组各项目竞赛成绩（团体总分前三名、单项第一名）

（一）田径

9月26日至28日，在市体育中心体育场举行，各县（市、区）277名运动员参加比赛。比赛设男女甲乙丙6个组别。

第十五届市运会田径比赛甲组个人成绩表

表6–52

组别	项　目	姓　名	代表队	成　绩	组别	项　目	姓　名	代表队	成　绩
男子甲组	800米	刘安祥	宁阳县	1:58.60	女子甲组	800米	郑永娇	新泰市	2:17.30
	1500米	艾绪斌	岱岳区	4:01.40		1500米	郑永娇	新泰市	4:49.20
	5000米	刘　彦	新泰市	15:21.00		3000米	高婷婷	岱岳区	10:49.30
	10000米	刘　彦	新泰市	32:20.30		5000米	高婷婷	岱岳区	18:14.50
	5000米竞走	宋　晨	新泰市	19:36.70		3000米竞走	伊　群	新泰市	14:15.30
	10000米竞走	宋　晨	新泰市	41:41.30		5000米竞走	伊　群	新泰市	22:16.30

第十五届市运会田径比赛乙组个人成绩表

表6–53

组别	项　目	姓　名	代表队	成　绩	组别	项　目	姓　名	代表队	成　绩
男子乙组	100米	曾　圣	岱岳区	0:11.00	女子乙组	100米	霍梦珠	泰山区	0:12.60
	200米	曾　圣	岱岳区	0:22.47		200米	李　娟	岱岳区	0:26.94
	400米	颜　凯	宁阳县	0:50.24		800米	刘　娟	岱岳区	2:21.80
	800米	颜　凯	宁阳县	1:56.20		1500米	崔　丽	宁阳县	4:43.20
	1500米	宿　健	肥城市	4:04.60		3000米	尹婷婷	肥城市	11:51.4
	3000米	代　振	东平县	9:01.80		5000米	尹婷婷	肥城市	18:26.8
	5000米	宿　健	肥城市	15:24.00		5000米竞走	赵　雪	新泰市	23:37.9
	10000米	陈召路	泰山区	32:40.00		3000米竞走	赵　雪	新泰市	14:40.4
	5000米竞走	石文龙	肥城市	21:33.40		100米栏	李莎莎	宁阳县	0:17.34
	10000米竞走	石文龙	肥城市	45:20.31		4×100米		宁阳县	0:51.16
	110米栏	鹿庆龙	宁阳县	0:15.10		4×400米		岱岳区	4:06.40
	4×100米		宁阳县	00:44.9		铁饼	李　新	岱岳区	35.30米
	4×400米		宁阳县	3:27.20		铅球	翟德萍	肥城市	11.55米

续表 6-53

组别	项　目	姓　名	代表队	成　绩	组别	项　目	姓　名	代表队	成　绩
男子乙组	标枪	赵　磊	宁阳县	50.96 米	女子乙组	链球	王婷婷	东平县	28.57 米
	链球	华玉旭	岱岳区	51.00 米		跳远	谢　辉	岱岳区	5.59 米
	跳远	李　进	泰山区	6.78 米		三项全能	张翠玲	宁阳县	1693 分
	铅球	赵方玉	肥城市	12.28 米					
	铁饼	李　松	岱岳区	37.07 米					
	三项全能	刘庆同	宁阳县	1731 分					

第十五届市运会田径比赛丙组个人成绩表

表 6-54

组别	项　目	姓　名	代表队	成　绩	组别	项　目	姓　名	代表队	成　绩
男子丙组	100 米	廖祥凯	东平县	0:11.4	女子丙组	100 米	王羡荣	岱岳区	0:13.20
	200 米	廖祥凯	东平县	0:23.36		200 米	王羡荣	岱岳区	0:27.80
	400 米	石丰慧	岱岳区	0:53.69		400 米	顾赛玉	新泰市	1:00.3
	800 米	孟令刚	宁阳县	2:05.20		800 米	吴明星	宁阳县	2:17.40
	1500 米	韩　伟	宁阳县	4:12.9		1500 米	王艳艳	东平县	4:37.2
	5000 米	姚东华	肥城市	16:39.00		3000 米	王艳艳	东平县	9:54.12
	2000 米竞走	丁　良	新泰市	8:27.6		1000 米竞走	王梅英	肥城市	5:03.40
	5000 米竞走	丁　良	新泰市	23:34.95		2000 米竞走	王梅英	肥城市	16:05.57
	铅球	曹凯旋	宁阳县	17.35 米		4×100 米混合接力		宁阳县	00:49.19
	垒球	张　伟	肥城市	65.40 米		跳远	金兆芯	宁阳县	5.21 米
	三项全能	刘　帅	肥城市	1478 分		垒球	敬　霞	肥城市	44.60 米
						三项全能	金兆芯	宁阳县	2122

（二）乒乓球

6月10日至12日在市体育馆举行，各县（市、区）70名运动员参加比赛。比赛分男女甲乙组4个组别，设团体、单打两项。

团体

男子甲组	女子甲组	男子乙组	女子乙组
1. 岱岳区	1. 肥城市	1. 新泰市	1. 新泰市
2. 泰山区	2. 岱岳区	2. 宁阳县	2. 岱岳区
3. 肥城市	3. 东平县	3. 肥城市	3. 泰山区

甲组　　乙组

男子单打　张　龙　岱岳区　　男子单打　陈士栋　新泰市

女子单打　欧阳雨祯　肥城市　　女子单打　崔圆圆　新泰市

（三）幼儿基本体操

6 月 15 日至 17 日在新泰体育中心举行，竞赛项目有：混合十二人操、混合六人操、男子 6 人操、女子 6 人操、男子 3 人操、女子 3 人操。

团体

1. 新泰市　169.35 分　2. 宁阳县　130.05 分　3. 肥城市 95.45 分

混合十二人操			混合六人操		
第一名	新泰市	30.6 分	第一名	新泰市	29.4 分
第二名	宁阳县	26.6 分	第二名	宁阳县	22.4 分
第三名	泰山区	22.0 分	第三名	东平县	17.4 分
男子 6 人操			男子 3 人操		
第一名	新泰市	27.25 分	第一名	新泰市	26.85 分
第二名	宁阳县	21.7 分	第二名	宁阳市	17.75 分
第三名	肥城市	15.85 分	第三名	肥城县	14.25 分
女子 6 人操			女子 3 人操		
第一名	新泰市	28.9 分	第一名	新泰市	27.7 分
第二名	宁阳县	20.9 分	第二名	宁阳县	17.7 分
第三名	岱岳区	18.7 分	第三名	肥城市	15.35 分

（四）古典式摔跤

6 月 24 日至 25 日在市体育馆举行，各县（市、区）56 名男运动员参加比赛。比赛设甲乙两个年龄组共 16 个级别。

男子甲组			男子乙组		
48 公斤	王　坤	肥城市	42 公斤	袁　超	肥城市
52 公斤	李　扬	肥城市	45 公斤	张　晨	肥城市
57 公斤	付振鹏	肥城市	48 公斤	张　超	肥城市
63 公斤	张　猛	宁阳县	52 公斤	刘洪川	肥城市
69 公斤	魏明强	肥城市	57 公斤	龚　帅	岱岳区
76 公斤	刘　苑	肥城市	69 公斤	马　苏	肥城市
+76 公斤	陈　亮	肥城市	+69 公斤	范春平	泰山区

（五）自由式摔跤

6 月 26 日至 28 日在市体育馆举行，各县（市、区）131 名男女运动员参加比赛。男女运动员均设甲乙两个年龄组 16 个级别进行角逐。

男子甲组			女子甲组		
48 公斤	张淑龙	东平县	42 公斤	侯　井	东平县
52 公斤	程　成	宁阳县	45 公斤	张亚男	肥城市
57 公斤	王照峰	肥城市	48 公斤	金　征	新泰市
63 公斤	刘松强	肥城市	51 公斤	杨　松	肥城市
69 公斤	徐　腾	肥城市	55 公斤	张　慧	岱岳区

76 公斤	路敦兵	肥城市	59 公斤	姜小燕	肥城市
+76 公斤	吴鹏远	东平县	63 公斤	石小明	肥城市
			+63 公斤	赵庆云	东平县
男子乙组			女子乙组		
42 公斤	李建东	岱岳区	42 公斤	邓亚飞	肥城市
45 公斤	康泉水	岱岳区	45 公斤	李珊珊	肥城市
48 公斤	徐　航	岱岳区	48 公斤	张芳芳	肥城市
52 公斤	张　波	肥城市	51 公斤	王　宁	肥城市
57 公斤	冀永鑫	新泰市	55 公斤	周长慧	东平县
63 公斤	刘　涛	肥城市	59 公斤	刘　亭	新泰市
+69 公斤	田　阳	新泰市	+59 公斤	刘　民	新泰市

（六）足球

6 月 30 日至 7 月 4 日在宁阳县举行，6 个县（市、区）派队参加比赛。比赛设男子甲乙组。

团体

男子甲组	男子乙组
1. 宁阳县	1. 宁阳县
2. 泰山区	2. 泰山区
3. 新泰市	3. 岱岳区

（七）举重

7 月 9 日至 13 日在市体育馆举行，各县（市、区）94 名男女运动员参加比赛，比赛设 4 个组别，共 30 个级别。

男子甲组				男子乙组			
44 公斤	孙　宾	新泰市	110 公斤	44 公斤	梁大力	新泰市	90 公斤
48 公斤	胡志国	东平县	105 公斤	48 公斤	乔成成	新泰市	135 公斤
52 公斤	许腾飞	宁阳县	140 公斤	52 公斤	刘　佳	新泰市	145 公斤
56 公斤	宋浩远	东平县	170 公斤	56 公斤	韩振晓	岱岳区	110 公斤
62 公斤	常学闯	东平县	180 公斤	62 公斤	邓来财	肥城市	150 公斤
69 公斤	张　阳	宁阳县	202.5 公斤	69 公斤	尹　强	肥城市	187.5 公斤
77 公斤	白　鹏	岱岳区	190 公斤	+69 公斤	张继超	肥城市	200 公斤
+77 公斤	许　振	宁阳县	187.5 公斤				
女子甲组				女子乙组			
40 公斤	杨　超	新泰市	60 公斤	40 公斤	范　妮	新泰市	70 公斤
44 公斤	刘秀玲	肥城市	35 公斤	44 公斤	陈　芹	肥城市	55 公斤
48 公斤	张红玲	肥城市	110 公斤	48 公斤	明婷婷	肥城市	102.5 公斤
53 公斤	乔露露	新泰市	120 公斤	53 公斤	冯　莉	新泰市	90 公斤

58 公斤	李 超	宁阳县	140 公斤	58 公斤	孙九香	东平县	185 公斤
63 公斤	高 攀	东平县	120 公斤	69 公斤	荣琳琳	肥城市	35 公斤
69 公斤	马秀秀	东平县	170 公斤	+69 公斤	汪 洋	东平县	155 公斤
+69 公斤	李晓倩	东平县	210 公斤				

（八）武术

7 月 15 日至 17 日在体育馆举行，各县（市、区）108 名男女运动员参加比赛，设男女甲乙组，项目有：规定拳、刀棍全能、剑枪全能、东岳太极拳团体。

甲组团体		乙组团体	
1. 新泰市	41 分	1. 东平县	53
2. 东平县	40 分	2. 新泰市	50
3. 肥城市	27 分	3. 肥城市	19

男子甲组				女子甲组			
剑 枪	高国耀	15.46	泰山区	剑 枪	秦 蕊	15.13	新泰市
规定拳	尹衍庄	7.16	肥城市	规定拳	刘 双	7.03	新泰市
刀 棍	董立斌	15.46	宁阳县	刀 棍	刘 双	15.5	新泰市
甲组东岳太极拳			肥城市				

男子乙组				女子乙组			
剑 枪	常学儒	15.48	东平县	剑 枪	刘琦琦	15.46	新泰市
规定拳	常学儒	6.96	东平县	规定拳	刘琦琦	6.86	新泰市
刀 棍	吕 敏	15.41	新泰市	刀 棍	丁文文	15.39	东平县
乙组东岳太极拳			东平县				

（九）跆拳道

7 月 28 日至 30 日在市体育馆举行，各县（市、区）128 名运动员参加比赛，比赛分男女甲乙组 4 个组别共 14 个级别。

男子甲组		女子甲组		
50–54 公斤	岱岳区	47–51 公斤	宁阳县	岱岳区
58–62 公斤	岱岳区	55–59 公斤	宁阳县	东平县

男子乙组			女子乙组		
–42 公斤	常学儒	东平县	–39 公斤	李丽莎	宁阳县
46 公斤	穆青松	新泰市	43 公斤	李修珍	新泰市
50 公斤	李 煜	岱岳区	47 公斤	尹祚蕾	东平县

54公斤	刘　坤	宁阳县	51公斤	薛清芝	东平县
+58公斤	彭兴建	东平县	+55公斤	马　霞	宁阳县

（十）篮球

8月2日至6日在市体育馆举行，各县（市、区）220名男女运动员参加比赛。

男子甲组	女子甲组	男子乙组	女子乙组
1. 新泰市	1. 东平县	1. 新泰市	1. 东平县
2. 宁阳县	2. 宁阳县	2. 宁阳县	2. 新泰市
3. 泰山区	3. 岱岳区		3. 岱岳区

（十一）柔道

8月10日至13日在市体育馆举行，各县（市、区）106名男女运动员角逐28个级别桂冠。

男子甲组			女子甲组		
50公斤	袁　术	新泰市	–40公斤	杨明云	新泰市
55公斤	逯云光	新泰市	44公斤	赵　臣	新泰市
60公斤	李　林	岱岳区	48公斤	梁玉丰	肥城市
66公斤	冯丙东	岱岳区	52公斤	闫　杰	新泰市
73公斤	李　浩	宁阳县	57公斤	陈秀花	肥城市
81公斤	王先亮	新泰市	63公斤	张　宁	新泰市
+81公斤	王　傲	新泰市	+63公斤	刘紫嘉	新泰市

男子乙组			女子乙组		
45公斤	李相亮	新泰市	–40公斤	佟业云	新泰市
50公斤	张法玖	肥城市	44公斤	李　玲	新泰市
55公斤	史正贺	岱岳区	48公斤	刘莎莎	新泰市
60公斤	史万新	新泰市	52公斤	邢　娜	新泰市
66公斤	张均林	岱岳区	57公斤	张　宁	新泰市
73公斤	徐　琳	肥城市	63公斤	李慎林	新泰市
+73公斤	刘洪超	新泰市	+63公斤	史聪聪	岱岳区

（十二）排球

8月15日至19日在市体育馆举行，各县（市、区）182名男女运动员参加比赛。

男子甲组		女子甲组		男子乙组		女子乙组	
第一名	东平县	第一名	东平县	第一名	新泰市	第一名	肥城市
第二名	新泰市	第二名	宁阳县	第二名	肥城市	第二名	新泰市
第三名	宁阳县	第三名	岱岳区	第三名	宁阳县	第三名	东平县

（十三）射箭

8 月 16 日至 17 日在市体育中心射箭场举行。6 个县（市、区）派队参加比赛。36 名运动员参加 8 个小项角逐。

男子甲组				男子乙组			
50 米	陶立伟	535	新泰市	40 米	陶　金	571	新泰市
40 米	陶立伟	676	新泰市	30 米	陶　金	600	新泰市
女子甲组				女子乙组			
50 米	刘信超	478	东平县	40 米	赵文成	300	宁阳县
30 米	徐蕾蕾	618	新泰市	30 米	赵文成	305	宁阳县

（十四）武术散打

8 月 24 日至 26 日在市体育馆举行。比赛只设男子组，各县（市、区）6 个代表队 63 名运动员参加 6 个级别的角逐。

男子甲组		
48—52 公斤		新泰市
56—60 公斤		岱岳区
+60 公斤	王　斌	新泰市
男子乙组		
44 公斤	潘明亮	东平县
48 公斤	张　龙	岱岳区
52 公斤	马忠臣	东平县
56 公斤	杨　龙	新泰市
+56 公斤	杨冉冉	岱岳区

十二、第十六届

泰安市第十六届运动会于2007年7月12日至10月14日在泰安举行。运动会设老年组、职工组、少年组3个组别，各县（市、区）、矿业集团、驻泰安大专院校、各系统产业单位和市直机关153支体育代表队1万余名运动员参赛。少年组设田径、举重、自由式摔跤、古典式摔跤、柔道、跆拳道、篮球、排球、足球、乒乓球、射箭、武术套路、武术散打、幼儿基本体操14个竞赛项目，泰山区、岱岳区、新泰市、肥城市、宁阳县、东平县6个体育代表团的1349名少年男女运动员参与角逐。新泰市、宁阳县、肥城市体育代表团在综合成绩总分榜上列前三位，新泰市、宁阳县、岱岳区体育代表团在综合成绩金牌榜上列前三位。

第十六届市运会少年组各项目竞赛成绩（团体总分前三名、单项第一名）

（一）田径

10月12日至14日，在市体育中心体育场举行，各县（市、区）代表队240名运动员参加比赛。

第十六届市运会田径比赛男子个人成绩表

表 6-55

组别	项　目	姓　名	代表队	成　绩	组别	项　目	姓　名	代表队	成　绩
男子甲组	100 米	李　警	新泰市	0:12.70	男子乙组	60 米	葛　浩	岱岳区	0:09.00
	200 米	张宪钞	岱岳区	0:26.20		100 米	葛　浩	岱岳区	0:14.40
	400 米	陈志光	新泰市	0:59.70		200 米	周广财	岱岳区	0:28.10
	800 米	陈志光	新泰市	2:25.10		400 米	万守成	岱岳区	1:06.60
	800 米小团体		宁阳县			800 米	梁　玉	肥城市	2:38.80
	1500 米	王俊玉	泰山区	4:37.60		1500 米	高　涵	新泰市	5:18.50
	1500 米小团体		新泰市			5000 米	吴俊秀	新泰市	19:16.20
	3000 米	王俊玉	泰山区	09:59.00		5000 米竞走	吴俊秀	新泰市	26:38.30
	5000 米	李建军	泰山区	19:59.30		4×100 米		岱岳区	1:00.00
	10000 米	辛　烨	宁阳县	42:12.70		三项全能	韩道法	东平县	352 分
	5000 米竞走	夏念松	新泰市	25:56.00		铅球	田承伟	岱岳区	8.10 米
	10000 米竞走	夏念松	新泰市	52:53.00		跳高	杨　磊	岱岳区	1.15 米
	4×100 米		新泰市	0:51.30		跳远	魏祥科	宁阳县	4.24 米
	4×400 米		新泰市	3:58.9					
	110 米栏	宁　鹏	宁阳县	0:23.9					
	标枪	史新昌	新泰市	23.22 米					
	链球	乔　森	肥城市	17.48 米					
	跳高	臧西左	新泰市	1.32 米					
	跳远	王正中	岱岳区	5.00 米					
	三级跳远	李　警	新泰市	11.70 米					
	铅球	姚玉蛟	岱岳区	7.2 米					
	铁饼	史新昌	新泰市	21.00 米					
	三项全能	乔　森	肥城市						

第十六届市运会田径比赛女子个人成绩表

表 6-56

组别	项　目	姓　名	代表队	成　绩	组别	项　目	姓　名	代表队	成　绩
女子甲组	100 米	刘　丹	宁阳县	0:14.20	女子乙组	60 米	朱明杰	宁阳县	0:09.30
	200 米	赵玉焕	岱岳区	0:30.50		100 米	朱明杰	宁阳县	0:14.90
	400 米	侯仁丽	新泰市	1:10.50		200 米	李　燕	岱岳区	0:31.10
	800 米	侯仁丽	新泰市	2:37.50		400 米	姜子蕊	肥城市	1:15.50
	800 米小团体		宁阳县			800 米	孙爱芹	宁阳县	2:36.00
	1500 米	王　芬	新泰市	5:26.30		1500 米	孙爱芹	宁阳县	5:25.50

续表 6-56

组别	项　目	姓　名	代表队	成　绩	组别	项　目	姓　名	代表队	成　绩
女子甲组	1500 小团体		宁阳县	3000 米	女子乙组		房利金	岱岳区	12:35.30
	3000 米	侯　蓓	宁阳县	11:55.00		3000 米竞走	林　彩	东平县	22:02.30
	3000 米小团体		宁阳县			跳高	张彩华	宁阳县	1.13 米
	5000 米	付　欣	岱岳区	21:00.60		跳远	宋燕梅	岱岳区	3.87 米
	5000 米竞走	刘汝红	新泰市	28:25.80		铅球	朱春苗	宁阳县	6.21 米
	3000 米竞走	刘汝红	新泰市	16:14.70		三项全能	宋燕梅	岱岳区	1390 分
	100 米栏	刘　丹	宁阳县	0:19.20					
	4×100 米		宁阳县	0:56.90					
	4×400 米		新泰市	4:49.90					
	跳高	张春燕	肥城市	1.22 米					
	跳远	齐　媛	宁阳县	4.28 米					
	三级跳远	齐　媛	宁阳县	9.8 米					
	铅球	郭广花	东平县	6.71 米					
	铁饼	李兰兰	宁阳县	21.47 米					
	标枪	李兰兰	宁阳县	14.00 米					
	三项全能	郝欣欣	宁阳县	1341 分					

（二）乒乓球

7 月 12 日至 13 日在市体育馆举行，各县（市、区）代表队 48 名运动员参加比赛。比赛分男女甲乙组 4 个组别，设团体、单打两项。

团体

男子甲组	女子甲组
1. 新泰市	1. 岱岳区
2. 岱岳区	2. 新泰市
3. 肥城市	3. 肥城市

甲组			乙组		
男子单打	牛　昊	新泰市	男子单打	宁浩琰	岱岳区
女子单打	杨冬雨	岱岳区	女子单打	陈怀菁	新泰市

（三）幼儿基本体操

7 月 15 日至 16 日在新泰体育中心举行，竞赛项目有：男子 6 人团体、女子 6 人团体、男子 3 人、女子 3 人。

团体

1. 新泰市	36 分	2. 宁阳县	28 分	3. 肥城市	23 分

男子 6 人操			男子 3 人操		
第一名	新泰市	20.68 分	第一名	新泰市	21.23 分

第二名	宁阳县	19.14 分	第二名	宁阳县	20.26 分
第三名	肥城市	16.61 分	第三名	肥城市	16.95 分
女子 6 人操			女子 3 人操		
第一名	新泰市	20.88 分	第一名	新泰市	20.68 分
第二名	宁阳县	20.35 分	第二名	宁阳县	19.91 分
第三名	肥城市	18.26 分	第三名	东平县	17.35 分

（四）武术

7 月 18 日至 19 日在市体育中心举行，各县（市、区）代表队 36 名男女运动员参加比赛。设男女两个组别，8 个小项。

男子团体		女子团体	
1. 新泰市	69.55 分	1. 东平县	64.85 分
2. 肥城市	65.2 分	2. 泰山区	61.8 分
3. 宁阳县	62.6 分	3. 新泰市	61.4 分
男子规定拳		女子规定拳	
李　壮	新泰市	史荆荆	东平县
男子短器械		女子短器械	
李　壮	新泰市	薛　军	东平县
男子长器械		女子长器械	
李　壮	新泰市	薛　军	东平县
男子全能		女子全能	
李　壮	新泰市	薛　军	东平县

（五）足球

8 月 1 日至 4 日在市体育中心举行，6 个县（市、区）均派出代表队分别参加男子组和女子组的比赛。

男子组	女子组
1. 岱岳区	1. 肥城市
2. 肥城市	2. 岱岳区
3. 宁阳县	3. 宁阳县

（六）跆拳道

8 月 5 日至 6 日在市体育中心举行，6 个县（市、区）84 名运动员参加比赛。比赛分男女甲乙组 4 个组别共 14 个级别。

男子甲组			女子甲组		
42 公斤	刘佳鑫	肥城市	–39 公斤	杨海正	新泰市
46 公斤	蔡栋栋	东平县	43 公斤	孙晨曦	新泰市

50 公斤	李乃寒	岱岳区	47 公斤	吴　昊	新泰市
54 公斤	范方冬	宁阳县	51 公斤	田仲苗	新泰市
			+51 公斤	毛思冉	宁阳县
男子乙组			女子乙组		
42—46 公斤	刘东晨	新泰市	39—43 公斤	孙乐乐	新泰市
50—54 公斤	王志海	宁阳县	47—51 公斤	王天辰	岱岳区

（七）排球

8 月 15 日至 18 日在市体育馆举行，各县（市、区）代表队 126 名男女运动员参加比赛。

男甲		女甲	
第一名	宁阳县	第一名	肥城市
第二名	岱岳区	第二名	岱岳区
		第三名	新泰市
男乙		女乙	
第一名	肥城市	第一名	新泰市
第二名	新泰市	第二名	宁阳县
第三名	宁阳县		

（八）射箭

8 月 16 日至 17 日在市体育中心射箭场举行，6 个县（市、区）派队参加比赛。比赛只设男子组，24 名运动员参加 6 个小项角逐。

男子组			
70 米	袁　帅	新泰市	436 环
50 米	徐　建	宁阳县	564 环
40 米	徐　建	宁阳县	571 环
30 米	袁　帅	新泰市	598 环
单轮全能	袁　帅	新泰市	1082 环
双轮全能	向　梁	肥城市	2169 环

（九）篮球

8 月 20 日至 23 日在市体育馆举行，各县（市、区）代表队 168 名男女运动员参加比赛。

成绩：

男子甲组	女子甲组	男子乙组	女子乙组
1. 宁阳县	1. 宁阳县	1. 新泰市	1. 肥城市
2. 新泰市	2. 泰山区	2. 肥城市	2. 宁阳县
3. 东平县	3. 肥城市	3. 宁阳县	3. 新泰市

（十）武术散打

8月24日至25日在市体育中心举行。比赛只设男子组，各县（市、区）代表队36名运动员参加6个级别的角逐。

团体

1. 宁阳县　27分

2. 新泰市　24分

3. 肥城市　23分

男子组

44公斤	吴海成	新泰市
48公斤	贾和坤	岱岳区
52公斤	刘　浩	肥城市
56公斤	栾大鹏	新泰市
60公斤	乔善振	肥城市
+60公斤	吕树柱	东平县

（十一）柔道

9月22日至24日在市体育中心举行，各县（市、区）代表队126名男女运动员角逐28个级别桂冠。

女子甲组

–40公斤	宋存金	新泰市
44公斤	颜　敏	宁阳县
48公斤	刘　杰	新泰市
52公斤	郭晓雪	宁阳县
57公斤	宋延文	新泰市
63公斤	张　林	新泰市

注：缺男子甲乙组、女子乙组成绩

（十二）古典式摔跤

9月26日至27日两天在市体育中心举行，各县（市、区）代表队33名男运动员参加比赛。比赛设甲乙两个年龄组。

男子甲组

57公斤	颜景国	宁阳县

男子乙组

39公斤	刘　欣	宁阳县
42公斤	文　兵	宁阳县
45公斤	展山峰	新泰市

（十三）自由式摔跤

10月12日至14日在市体育中心举行，各县（市、区）代表队86名男女运动员参加比赛。男女运动员均设甲乙两个年龄组16个级别进行角逐。

男子甲组			女子甲组		
42公斤	邵振伟	新泰市	48公斤	张　媛	岱岳区
45公斤	刘玉鹏	新泰市			
48公斤	李　晓	新泰市			
52公斤	郭广昌	宁阳县			
57公斤	张　晨	肥城市			
63公斤	闫培亮	新泰市			
69公斤	陈振宗	新泰市			
+69公斤	吴鹏远	东平县			
男子乙组			女子乙组		
39公斤	李大鹏	岱岳区	48公斤	张艳斌	岱岳区
42公斤	刘兆旭	新泰市			
48公斤	孙　凯	新泰市			
52公斤	杨　锐	新泰市			
57公斤	靳大伟	新泰市			

（十四）举重

10月13日至14日在市体育中心举行，各县（市、区）代表队30名男女运动员参加比赛。

男子甲组			
56公斤	杜　枫	东平县	55公斤
60公斤	张冬冬	宁阳县	70公斤
男子乙组			
48公斤	宋国庆	东平县	40公斤

十三、第十七届

泰安市第十七届运动会于2009年5月15日至9月22日在泰安举行。运动会共设青年组、职工组、少年组3个组别。少年组设田径、举重、自由式摔跤、古典式摔跤、柔道、跆拳道、篮球、排球、足球、手球、乒乓球、羽毛球、射箭、武术套路、武术散打、幼儿基本体操16个竞赛项目。除幼儿基本体操在新泰市体育中心、田径在市体育中心举行外，其余项目全部在市综合训练馆举行。泰山区、岱岳区、新泰市、肥城市、宁阳县、东平县以及山东科技大学、泰山医学院、山东服装职业学院、山东财政学院东方学院、山东交通职业技术学院、泰山职业技术学院、山东中医药职业技术学院等240支体育代表队的5100余名运动员参赛，其中1766名男女运动员参加少年组比赛。新泰市、肥城市、宁阳县体育代表团列少年组比赛成绩金牌榜、综合成绩金牌榜前三名，宁阳县、肥城市、新泰市体育代表团列少年组比赛成绩总分榜、综合成绩总分榜前三名。

第十七届市运会少年组各项目竞赛成绩（团体总分前三名、单项第一名）

（一）田径

9月19日至22日，在市体育中心体育场举行，各县（市、区）和高校的296名运动员参加比赛。

甲组团体		乙组团体	
1. 宁阳县	340分	1. 宁阳县	306分
2. 肥城市	306分	2. 新泰市	290分
3. 泰山区	276分	3. 肥城市	261分

第十七届市运会田径比赛男子个人成绩表

表6–57

组别	项　目	姓　名	代表队	成　绩	组别	项　目	姓　名	代表队	成　绩
男子甲组	100米	徐安新	岱岳区	0:11.3	男子乙组	100米	王　晓	宁阳县	0:12.5
	200米	胡　凯	岱岳区	0:23.2		200米	张鹏飞	岱岳区	0:25.9
	400米	李祥祥	泰山区	0:52.4		400米	梁思玉	岱岳区	0:58.0
	800米	王　帅	肥城市	2:08.7		800米	梁思玉	岱岳区	2:19.4
	1500米	姚昊东	肥城市	4:14.8		1500米	王俊玉	新泰市	4:24.9
	3000米	泥鲁兵	肥城市	10:28.1		3000米	王俊玉	新泰市	9:34.6
	5000米	姚昊东	肥城市	15:52.2		10000米	高　涵	新泰市	37:38.1
	10000米	曹　波	泰山区	37:04.9		5000米竞走	王鸿春	新泰市	23:45.0
	5000米竞走	王大为	泰山区	23:28.9		3000米竞走	王鸿春	新泰市	13:51.4
	10000米竞走	王大为	泰山区	50:14.6		4×100米男女混合		岱岳区	0:52.5
	110米栏	陈　聪	宁阳县	0:20.0		跳高	乔　森	肥城市	1.65米
	4×100米		肥城市	0:46.4		跳远	乔　森	肥城市	5.80米
	4×400米		肥城市	3:36.2		铅球	李心宇	岱岳区	9.87米
	跳高	苏　凯	岱岳区	1.49米		三项全能	朱凌晓	宁阳县	1231分
	跳远	胡　凯	岱岳区	6.67米					
	三级跳远	王绪海	东平县	8.96米					
	铅球	郭启中	肥城市	10.23米					
	铁饼	陈　聪	宁阳县	12.65米					
	标枪	徐建伟	东平县	21.90米					
	链球	郭启中	肥城市	48.56米					
	三人团体赛	姚昊东	肥城市	45.00					
	三项全能	徐安新	岱岳区	1501分					

第十七届市运会田径比赛女子个人成绩表

表 6–58

组别	项　目	姓　名	代表队	成　绩	组别	项　目	姓　名	代表队	成　绩
女子甲组	100 米	陈丽君	东平县	0:15.2	女子乙组	100 米	杨　雪	肥城市	0:14.0
	200 米	柏娇娇	岱岳区	0:30.8		200 米	杨　雪	肥城市	0:29.5
	400 米	姜子佩	肥城市	1:02.0		400 米	张　昊	泰山区	1:00.8
	800 米	姜子佩	肥城市	2:24.2		800 米	张　昊	泰山区	2:24.3
	1500 米	姜子蕊	肥城市	4:58.9		1500 米	王　芬	新泰市	5:06.7
	3000 米	姜子蕊	肥城市	10:44.4		3000 米	吴　泽	宁阳县	11:37.2
	5000 米	刘　昭	泰山区	21:12.2		5000 米	吴　泽	宁阳县	21:13.3
	5000 米竞走	刘汝红	泰山区	23:40.0		5000 米竞走	宋文艳	泰山区	27:13.8
	3000 米竞走	刘汝红	泰山区	14:39.7		3000 米竞走	付鸣秀	新泰市	15:22.8
	100 米栏	柏娇娇	岱岳区	0:21.2		跳高	陈　婷	宁阳县	1.26 米
	4×100 米		肥城市	0:55.8		跳远	王若涵	宁阳县	4.38 米
	4×400 米		肥城市	4:19.2		铅球	王艳艳	岱岳区	7.08 米
	跳高	王　华	东平县	1.05 米		三项全能	陈　婷	宁阳县	1155 分
	跳远	马　晓	岱岳区	4.50 米					
	三级跳远	马　晓	岱岳区	10.00 米					
	铅球	玄文丽	岱岳区	5.78 米					
	标枪	安金金	宁阳县	11.60 米					
	链球	王　帆	肥城市	21.35					
	三人团体赛	姜子蕊	肥城市	45.00					
	三项全能	卢田雨	岱岳区	602 分					

（二）武术散打

5 月 15 日至 16 日在市综合训练馆举行，各县（市、区）代表队 33 名男子运动员参加 2 个组别、7 个级别的角逐。

团体

1. 肥城市 68 分　　2. 新泰市 18 分　　3. 泰山区 12 分

男子甲组

60 公斤　杨绪礼　肥城市

+60 公斤　王士开　泰山区

男子乙组

44 公斤　尹大川　肥城市

48 公斤　王洪帅　肥城市

52 公斤　王农农　肥城市

56 公斤　徐西强　肥城市

+60 公斤	刘家琪	肥城市

（三）射箭

6月9日至10日在市体育中心射箭场举行，6个县（市、区）派队参加比赛。比赛分男女两个组，37名运动员参加8个小项角逐。

团体

1. 新泰市 50 分　2. 岱岳区 36 分　3. 泰山区 32 分

男甲			女甲		
70 米淘汰赛	安光乾	新泰市	70 米淘汰赛	房文凤	岱岳区
男乙			女乙		
50 米	郭英帅	新泰市	50 米	黄安琪	泰山区
40 米	郭英帅	新泰市	40 米	张　悦	泰山区
30 米	袁　帅	新泰市	30 米	张美芳	岱岳区

（四）柔道

6月15日至17日在市综合训练馆举行，各县（市、区）代表队87名男女运动员角逐28个级别桂冠。

团体

1. 新泰市 144 分　2. 肥城市 102 分　3. 宁阳县 90 分

男子甲组			女子甲组		
55 公斤	杨国栋	宁阳县	44 公斤	庞富鑫	新泰市
60 公斤	张俊豪	新泰市	48 公斤	蔡晓东	宁阳县
66 公斤	王教利	新泰市	52 公斤	耿晓迪	宁阳县
73 公斤	史正贺	新泰市	57 公斤	陈晓辉	新泰市
90 公斤	董彬彬	新泰市	63 公斤	张　林	新泰市
			+70 公斤	邵丹丹	新泰市
男子乙组			女子乙组		
45 公斤	王　坤	宁阳县	36 公斤	林　彩	新泰市
50 公斤	孙明浩	新泰市	40 公斤	马玉冉	新泰市
55 公斤	韩清帅	新泰市	44 公斤	杨　潇	新泰市
60 公斤	臧西佐	新泰市	48 公斤	程　琳	新泰市
66 公斤	郭德阳	宁阳县	52 公斤	刘　洁	新泰市
73 公斤	李来运	新泰市	57 公斤	赵庆叶	新泰市
			+57 公斤	宋延文	泰山区

（五）羽毛球

6月17日至18日在泰安市体校举行，各县（市、区）代表队53名男女运动员参加比赛。比赛设甲乙两个组别，两个组别均设男、女单打和双打。

团体

1. 泰山区 63 分　2. 新泰市 44 分　3. 肥城市 33 分

男子组			女子组		
甲组单打	韩润生	泰山区	甲组单打	张文静	泰山区
甲组双打	丁　迪 唐圣远	新泰市	甲组双打	张文静 冯子晓	泰山区
乙组单打	韩方远	泰山区	乙组单打	韩　桐	泰山区
乙组双打	孙晓峰 张　晓	新泰市	乙组双打	杨　雪 韩　桐	泰山区

（六）武术

6月21日至22日在市综合训练馆举行，各县（市、区）代表队64名男女运动员参加比赛。比赛设甲乙两个组别，甲组项目为男全能（枪、剑、长拳）、女全能（枪、剑、长拳），乙组项目为长拳、太极拳太极剑全能、刀枪棍术全能、剑术枪术全能。

团体

1. 岱岳区 67 分　　2. 东平县 54 分　　3. 新泰市 34 分

男子甲组			女子甲组		
全能	张瑞峰	新泰市	全能	张晓敏	泰山区
男子乙组			**女子乙组**		
长拳	李　壮	新泰市	长拳	薛　军	东平县
剑术	张孟发	新泰市	剑术	史荆荆	东平县
刀、棍全能	李　壮	新泰市	刀、棍全能	薛　军	东平县
太极拳、 太极剑	曹诗缘	岱岳区	太极拳、 太极剑	白新月	岱岳区

（七）篮球

6月22日至24日在市综合训练馆举行，各县（市、区）代表队219名男女运动员参加比赛。

团体

男子甲组	女子甲组	男子乙组	女子乙组
1. 泰山区	1. 岱岳区	1. 新泰市	1. 泰山区
2. 宁阳县	2. 泰山区	2. 肥城市	2. 宁阳县
3. 肥城市	3. 宁阳县	3. 泰山区	3. 肥城市

（八）举重

6月26日至27日在市综合训练馆举行，各县（市、区）代表队80名男女运动员参加比赛。比赛设4个组别，共30个级别。

团体

1. 宁阳县 149 分　　2. 新泰市 114 分　　3. 肥城市 109 分

男子甲组			女子甲组		
52公斤	张　东	肥城市	48公斤	杨梦茹	宁阳县
56公斤	张　振	新泰市	53公斤	明　敏	肥城市
62公斤	王加峰	新泰市	58公斤	张　娜	宁阳县

69公斤	安玉祥	新泰市	63公斤	苑萧含	宁阳县
77公斤	张绪坤	新泰市	69公斤	贾明慧	宁阳县
85公斤	孙　楠	宁阳县	75公斤	李静静	宁阳县
94公斤	鲍守营	新泰市	+75公斤	褚士娇	新泰市
+94公斤	于宪坤	肥城市			
男子乙组			女子乙组		
44公斤	贺　明	新泰市	40公斤	苑玉娇	宁阳县
48公斤	刘　岳	宁阳县	44公斤	张　雨	肥城市
52公斤	袁　阔	新泰市	48公斤	李　凤	宁阳县
56公斤	柳　瑞	新泰市	53公斤	曹　威	新泰市
62公斤	宁志勇	宁阳县	58公斤	于　倩	新泰市
69公斤	王　鑫	肥城市	63公斤	孟　意	宁阳县
77公斤	孙元召	新泰市	+63公斤	房　雨	新泰市
+77公斤	陈　凯	新泰市			

（九）乒乓球

6月27日至28日在市综合训练馆举行，各县（市、区）代表队55名运动员参加比赛。比赛分男女甲乙组4个组别，设团体、单打两项。

团体

1. 岱岳区42分	2. 宁阳县36分	3. 新泰市26分

男子甲组团体	女子甲组团体
1. 岱岳区	1. 岱岳区
2. 宁阳县	2. 宁阳县
3. 泰山区	3. 泰山区

甲组			乙组		
男子单打	陈　宇	岱岳区	男子单打	牛　昊	新泰市
女子单打	刘鲁奇	岱岳区	女子单打	陈怀菁	新泰市

（十）跆拳道

7月3日至4日在市综合训练馆举行，各县（市、区）代表队106名运动员参加比赛。比赛分男女甲乙组4个组别共14个级别。

团体

1. 新泰市108分	2. 肥城市60分	3. 宁阳县45分

男子甲组			女子甲组		
54—58公斤	高　旭	岱岳区	47—51公斤	吴　昊	新泰市
62—68公斤	刘长昊	新泰市	55—59公斤	吕晓辉	新泰市
男子乙组			女子乙组		
42公斤	吕　品	新泰市	40公斤	冯明鑫	肥城市

46 公斤	白东方	新泰市	44 公斤	石英琪	新泰市
50 公斤	朱勤建	新泰市	47 公斤	邵　蒙	新泰市
54 公斤	班　乐	泰山区	51 公斤	刘　旭	新泰市
+58 公斤	李昊伦	泰山区	+51 公斤	乔安萍	肥城市

（十一）足球

7 月 6 日至 9 日在市体育中心举行，6 个县（市、区）均派出代表队分别参加男子甲乙组和女子甲乙组的比赛。

男子甲组	女子甲组	男子乙组	女子乙组
1. 泰山区	1. 肥城市	1. 宁阳县	1. 肥城市
2. 宁阳县	2. 泰山区	2. 肥城市	2. 泰山区
3. 肥城市	3. 宁阳县	3. 新泰市	3. 宁阳县

（十二）幼儿基本体操

7 月 27 日至 28 日在新泰体育中心举行，竞赛项目有：男子 6 人团体、女子 6 人团体、男子 3 人操、女子 3 人操。

团体

1. 新泰市 56 分　2. 宁阳县 34 分　3. 肥城市 26 分

男子 6 人操		男子 3 人操	
第一名	新泰市	第一名	新泰市
第二名	泰山区	第二名	宁阳县
第三名	宁阳县	第三名	肥城市

女子 6 人操		女子 3 人操	
第一名	新泰市	第一名	新泰市
第二名	岱岳区	第二名	宁阳县
第三名	宁阳县	第三名	肥城市

男子团体		女子团体	
第一名	新泰市	第一名	新泰市
第二名	宁阳县	第二名	宁阳县
第三名	泰山区	第三名	岱岳区

（十三）古典式摔跤

8 月 5 日至 6 日两天在市综合训练馆举行，各县（市、区）代表队 57 名男运动员参加比赛。比赛设甲乙两个年龄组共 12 个级别。

团体

1. 肥城市 73 分　2. 宁阳县 45 分　3. 泰山区 21 分

男子甲组			男子乙组		
46 公斤	袁　起	肥城市	42 公斤	孙庆福	肥城市
50 公斤	文　兵	泰山区	46 公斤	胡　旭	肥城市

55公斤	展山峰	东平县	50公斤	秦丕炎	肥城市
60公斤	腾　飞	肥城市	54公斤	王宪金	肥城市
66公斤	张　晨	肥城市	58公斤	张志彪	岱岳区
84公斤	银　山	泰山区	63公斤	马　宾	肥城市
+84公斤	李　升	泰山区	66公斤	周　桥	肥城市
			+66公斤	董　鑫	肥城市

（十四）自由式摔跤

8月8日至10日在市综合训练馆举行，各县（市、区）代表队93名男女运动员参加比赛。男女运动员均设甲乙两个年龄组12个级别进行角逐。

团体

1. 新泰市79分　2. 宁阳县78分　3. 肥城市65分

男子甲组			女子甲组		
46公斤	古毓春	宁阳县	48公斤	张艳斌	岱岳区
60公斤	李　伟	肥城市	51公斤	刘　杰	肥城市
66公斤	张振雷	肥城市	55公斤	张　媛	岱岳区
74公斤	段　阳	岱岳区	+72公斤	包　研	新泰市
84公斤	李　信	泰山区			

男子乙组			女子乙组		
42公斤	时智勇	新泰市	37公斤	李甜甜	肥城市
46公斤	陈　辉	新泰市	40公斤	李　娜	宁阳县
50公斤	刘兆旭	新泰市	43公斤	丁　雪	新泰市
54公斤	尚允鹏	岱岳区	46公斤	苑玉佩	新泰市
63公斤	杜超群	宁阳县	49公斤	石经枝	新泰市
69公斤	郭广昌	宁阳县	52公斤	赵彤彤	宁阳县
+69公斤	王　林	岱岳区	56公斤	乔倩倩	肥城市
			+56公斤	刘玉莹	新泰市

（十五）手球

8月5日至9日在市综合训练馆举行，各县（市、区）派出了6支男队、5支女队参加比赛。

男子手球	1. 肥城市	2. 宁阳县	3. 新泰市
女子手球	1. 新泰市	2. 宁阳县	3. 泰山区

（十六）排球

8月13日至15日在市综合训练馆举行，各县（市、区）代表队146名男女运动员参加比赛。

男甲		女甲		女乙	
第一名	新泰市	第一名	岱岳区	第一名	新泰市
第二名	肥城市	第二名	泰山区	第二名	肥城市
第三名	泰山区	第三名	新泰市	第三名	宁阳县

十四、第十八届

泰安市第十八届运动会于2011年7月10日至9月26日在泰安举行。运动会设职工组、少年组、老年组、驻泰安高校组、俱乐部组5个组别，230支体育代表队5400余名运动员参加比赛。少年组设田径、举重、自由式摔跤、古典式摔跤、柔道、跆拳道、篮球、排球、足球、手球、乒乓球、射箭、武术套路、武术散打等14个竞赛项目，6个县（市、区）1390名少年男女运动员参加比赛。新泰市、宁阳县、岱岳区体育代表团列少年组综合成绩金牌榜前三位，新泰市、宁阳县、肥城市体育代表团列少年组综合成绩团体总分前三位。

第十八届市运会少年组各项目竞赛成绩（团体总分前三名、单项第一名）

（一）田径

9月24日至26日，在市体育中心体育场举行，各县（市、区）代表队254名男女运动员参加比赛。

团体

1.宁阳县336分　　2.新泰市273分　　3.肥城市203分

第十八届市运会田径比赛男子个人成绩表

表 6–59

组别	项　目	姓　名	代表队	成　绩	组别	项　目	姓　名	代表队	成　绩
男子甲组	100 米	林令辉	肥城市	0:12.00	男子乙组	100 米	李坤玉	肥城市	0:13.50
	200 米	李浩东	宁阳县	0:24.1		3000 米	王佩林	宁阳县	10:35.7
	400 米	李浩东	宁阳县	0:53.1		5000 米	李厚志	东平县	18:19.7
	800 米	陈　磊	新泰市	2:08.5		10000 米	刘正忠	岱岳区	38:55.2
	1500 米	陈　磊	新泰市	4:29.8		4×100 米		肥城市	0:57.0
	5000 米	王其鲁	肥城市	16:55.9		4×400 米		宁阳县	4:24.7
	10000 米	王其鲁	肥城市	35:44.5		5000 米竞走	尹义志	新泰市	27:56.8
	4×100 米		宁阳县	0:47.6		跳高	徐　宁	岱岳区	1.43 米
	4×400 米		宁阳县	3:51.5		跳远	徐　馨	宁阳县	4.87 米
	5000 米竞走	王　杰	新泰市	23:04.4		链球	郑茂盛	肥城市	14.47 米
	10000 米竞走	王　杰	新泰市	48:22.1		三级跳远	徐　宁	岱岳区	10.69 米
	跳高	赵国瑞	宁阳县	1.70 米					
	跳远	朱凌晓	宁阳县	6.31 米					
	三级跳远	朱凌晓	宁阳县	13.50 米					
	铅球	吴润泽	肥城市	11.05 米					
	铁饼	张鑫超	泰山区	29.00 米					
	链球	娄　琦	新泰市	27.60 米					

第十八届市运会田径比赛女子个人成绩表

表 6–60

组别	项　目	姓　名	代表队	成　绩	组别	项　目	姓　名	代表队	成　绩
女子甲组	100 米	陈　瑶	宁阳县	0:13.3	女子乙组	100 米	殷从瑶	宁阳县	0:13.7
	200 米	裴雪萌	岱岳区	0:27.80		200 米	殷从瑶	宁阳县	0:28.5
	400 米	姜子佩	肥城市	1:02.3		400 米	武洲慧	新泰市	1:04.2
	800 米	姜子佩	肥城市	2:26.3		800 米	武洲慧	新泰市	2:37.7
	1500 米	姜子蕊	肥城市	4:48.4		1500 米	李雪莎	宁阳县	5:27.6
	5000 米	姜子蕊	肥城区	18:09.2		3000 米	张　薇	宁阳县	12:14.1
	10000 米	宋文艳	新泰市	41:36.0		5000 米	冀　杨	新泰市	19:36.3
	4×100 米		宁阳县	0:55.40		5000 米竞走	冀　杨	新泰市	27:11.7
	4×400 米		肥城市	4:24.2		400 米栏	刘春燕	肥城市	1:16.9
	10000 米竞走	高　菲	新泰市	51:44.1		4×100 米		宁阳县	0:54.8
	跳高	赵文丽	岱岳区	1.33 米		4×400 米		宁阳县	4:39.6
	跳远	陈　瑶	宁阳县	4.93 米		跳高	陈　曦	新泰市	1.23 米
	三级跳远	刘长美	宁阳县	9.68 米		跳远	高哲君	宁阳县	4.60 米
	铅球	田丽霞	岱岳区	8.46 米		三级跳远	路甜甜	宁阳县	9.97 米
	标枪	曹海景	宁阳县	23.90 米		铁饼	柏晶晶	岱岳区	22.38 米
	铁饼	田丽霞	岱岳区	26.40 米		标枪	李玉娇	宁阳县	22.73 米
						铅球	柏晶晶	岱岳区	7.01 米

（二）乒乓球

7 月 10 日至 11 日在泰山乒乓球俱乐部举行，各县（市、区）代表队 80 名运动员参加比赛。比赛分男女甲乙组 4 个组别，设团体、单打两项。

团体

1. 新泰市　64 分
2. 泰山区　23 分
3. 肥城市　21 分

男子甲组团体	女子甲组团体
1. 新泰市	1. 肥城市
2. 宁阳县	2. 新泰市
3. 泰山区	3. 岱岳区

甲组			乙组		
男子单打	范秀泽	新泰市	男子单打	王立晨	新泰市
女子单打	张铧允	新泰市	女子单打	韩　烁	新泰市

（三）跆拳道

7 月 13 日至 14 日在市体育中心综合训练馆举行，各县（市、区）代表队 108 名运动员参加比赛。比赛分男女甲乙组 4 个组别共 18 个级别。

团体

1. 肥城市 89.5 分　2. 新泰市 68 分　3. 宁阳县 60.5 分

男子甲组			女子甲组		
48 公斤	吕　品	新泰市	47 公斤	李一鸣	肥城市
54 公斤	李亚一	新泰市	52 公斤	冯明鑫	肥城市
60 公斤	王天一	新泰市	60 公斤	牛文秀	东平县
+62 公斤	白东方	新泰市	+60 公斤	李　雪	岱岳区

男子乙组			女子乙组		
38 公斤	张子佳	肥城市	37 公斤	刘晓曼	宁阳县
46 公斤	申正岩	肥城市	43 公斤	张晓艺	泰山区
54 公斤	白凡松	宁阳县	51 公斤	孙琳琳	肥城市
+62 公斤	张家政	宁阳县	57 公斤	乔亚楠	宁阳县
			+57 公斤	崔孜一	泰山区

（四）武术套路

7 月 16 日至 17 日在体育中心综合训练馆举行，各县（市、区）代表队 66 名男女运动员参加比赛。设男女甲乙组别，10 个小项。

团体

1. 肥城市 65 分　2. 泰山区 50 分　3. 新泰市 49 分

男子甲组			女子甲组		
长　拳	杨沐旭	泰山区	长　拳	李　巧	新泰市
全　能	杨沐旭	泰山区	全　能	李　巧	新泰市

男子乙组			女子乙组		
全能（剑枪）	史晨曦	岱岳区	全能（剑枪）	李　妙	新泰市
全能（刀棍）	石坤潇	肥城市	全能（刀棍）	吴宜璇	肥城市
规定拳	史晨曦	岱岳区	规定拳	李　妙	新泰市

（五）武术散打

7 月 18 日至 19 日在市体育中心综合训练馆举行，比赛只设男子组，各县（市、区）代表队 25 名运动员参加 6 个级别的角逐。

团体

1. 肥城市 43 分　2. 新泰市 7.5 分　2. 岱岳区 7.5 分

男子组		
48 公斤	王　硕	肥城市
52 公斤	郭广胜	肥城市
56 公斤	尹安洲	新泰市
66 公斤	于文帅	肥城市

（六）羽毛球

7 月 18 日至 19 日在市综合训练馆举行，县（市、区）代表队 62 名男女运动员参加比赛，比赛设甲乙两个组别，两个组别均设男、女单打和双打。

团体

1. 泰山区 81 分　　2. 岱岳区 36 分　　3. 肥城市 17 分

男子甲乙组			女子甲乙组		
甲组单打	韩子昊	泰山区	甲组单打	律明珠	泰山区
甲组双打	韩子昊 张　帅	泰山区	甲组双打	律明珠 侯嫣然	泰山区
乙组单打	孙文瑞	岱岳区	乙组单打	赵孙明媚	泰山区
乙组双打	黄飞宇 王泽华	泰山区	乙组双打	赵孙明媚 王思睿	泰山区

（七）排球

7 月 20 日至 23 日在市综合训练馆举行，各县（市、区）代表队 125 名女运动员参加比赛。

女子甲组		女子乙组	
第一名	岱岳区	第一名	肥城市
第二名	肥城市	第二名	新泰市
第三名	新泰市	第三名	宁阳县

（八）足球

8 月 3 日至 7 日在市体育中心举行，各县（市、区）代表队 125 名男女运动员参加比赛。

男子甲组	女子甲组	男子乙组	女子乙组
1. 新泰市	1. 肥城市	1. 岱岳区	1. 肥城市
2. 肥城市	2. 泰山区	2. 肥城市	2. 宁阳县
3. 宁阳县	3. 宁阳县	3. 新泰市	

（九）古典式摔跤

8 月 9 日至 10 日两天在市综合训练馆举行，各县（市、区）代表队 46 名男运动员参加比赛。比赛设甲乙两个年龄组共 12 个级别。

团体

1. 岱岳区 55.5 分　　2. 宁阳县 54.5 分　　3. 肥城市 52 分

男子甲组			男子乙组		
46 公斤	薛　鹏	岱岳区	42 公斤	刘伟广	肥城市
52 公斤	律春宇	岱岳区	46 公斤	王彦增	宁阳县
58 公斤	柏　宇	宁阳县	52 公斤	王志浩	新泰市
64 公斤	杨荣亭	岱岳区	58 公斤	杨新超	宁阳县
70 公斤	孙其超	岱岳区	64 公斤	牛兴隆	新泰市
+70 公斤	宋　鹏	岱岳区	+64 公斤	鹿焕超	肥城市

（十）自由式摔跤

8 月 11 日至 13 日在市综合训练馆举行，各县（市、区）代表队 81 名男女运动员参加比赛。男女运动员均设甲乙两个年龄组 12 个级别进行角逐。

团体

1. 宁阳县 98 分	2. 肥城市 88.5 分	3. 岱岳区 68 分

男子甲组			女子甲组		
46 公斤	胡志文	岱岳区	45 公斤	刘美霞	宁阳县
52 公斤	孙瑞昭	新泰市	48 公斤	徐珊珊	宁阳县
58 公斤	石智勇	新泰市	51 公斤	张　璐	岱岳区
64 公斤	马令通	岱岳区	55 公斤	王新菊	宁阳县
70 公斤	许朋朋	新泰市	59 公斤	周乐乐	岱岳区
+70 公斤	邹宇航	岱岳区	+59 公斤	李晓莉	肥城市
男子乙组			女子乙组		
42 公斤	孙国明	新泰市	42 公斤	司玉祺	肥城市
46 公斤	刘　阳	宁阳县	45 公斤	赵学曼	岱岳区
52 公斤	闫章萌	宁阳县	48 公斤	董明月	肥城市
64 公斤	段登兴	新泰市	51 公斤	赵　倩	岱岳区
			+55 公斤	桑芳荟	宁阳县

（十一）柔道

8 月 17 日至 19 日在市体育中心举行，5 个县（市、区）代表队 92 名男女运动员角逐 28 个级别桂冠。

团体

1. 宁阳县 112 分	2. 肥城市 91.5 分	3. 岱岳区 78 分

男子甲组			女子甲组		
–55 公斤	王正宽	岱岳区	–44 公斤	丁　敏	岱岳区
–60 公斤	陈　敦	泰山区	–48 公斤	邹丹丹	岱岳区
–66 公斤	孙明皓	新泰市	–52 公斤	张　雪	岱岳区
–73 公斤	张　宇	岱岳区	–57 公斤	王兆瑞	泰山区
+73 公斤	李大鹏	岱岳区	–63 公斤	王　靳	宁阳县
无差级	韦金峰	肥城市			
男子乙组			女子乙组		
–50 公斤	李高冉	新泰市	–40 公斤	刘晓彤	肥城市
–55 公斤	王昭阳	宁阳县	–44 公斤	周小慧	肥城市
–60 公斤	王　朔	宁阳县	–48 公斤	王雪梅	肥城市
–66 公斤	丁俊豪	岱岳区	–52 公斤	齐静文	岱岳区
–73 公斤	朱士玉	新泰市	–63 公斤	张晓航	宁阳县
+73 公斤	姚俊杰	岱岳区			

（十二）篮球

8 月 27 日至 31 日在市体育馆举行，各县（市、区）代表队 223 名男女运动员参加比赛。

男子甲组	女子甲组	男子乙组	女子乙组
1. 新泰市	1. 宁阳县	1. 新泰市	1. 宁阳县
2. 泰山区	2. 新泰市	2. 肥城市	2. 肥城市
3. 东平县	3. 泰山区	3. 宁阳县	3. 新泰市

（十三）射箭

9 月 15 日至 16 日在泰山区泮河中学举行，4 个县（市、区）派队参加比赛。比赛设男女甲乙四个组别，37 名运动员参加 8 个小项角逐。

团体

1. 泰山区 84 分　　2. 岱岳区 51 分　　3. 肥城市 36 分

男子甲组			女子甲组		
40 米双轮	潘培帅	泰山区	40 米双轮	周　杨	岱岳区
30 米	乔建平	泰山区	30 米	周　杨	岱岳区
男子乙组			**女子乙组**		
30 米	贾　斌	泰山区	30 米	张亚吟	肥城市
25 米	贾　斌	泰山区	25 米	张金秋	泰山区

（十四）举重

9 月 22 日至 25 日在市体育中心综合训练馆举行，各县（市、区）代表队 66 名男女运动员参加比赛。比赛设 4 个组别，共 36 个级别。

团体

1. 宁阳县 94 分　　2. 新泰市 69 分　　3. 岱岳区 26 分

男子甲组				女子甲组			
52 公斤	刘正涛	岱岳区	150 公斤	44 公斤	杨梦茹	宁阳县	65 公斤
56 公斤	许启浩	宁阳县	120 公斤	48 公斤	吕文丽	东平县	115 公斤
62 公斤	刘意辉	宁阳县	120 公斤	53 公斤	盘书群	肥城市	140 公斤
69 公斤	陈永龙	岱岳区	180 公斤	58 公斤	欧阳晓霞	岱岳区	165 公斤
77 公斤	张佳军	宁阳县	110 公斤	63 公斤	李学文	宁阳县	115 公斤
+77 公斤	葛　帅	新泰市	140 公斤				
男子乙组				**女子乙组**			
48 公斤	夏　岩	新泰市	88 公斤	48 公斤	吴瑶瑶	宁阳县	72 公斤
52 公斤	刘文哲	新泰市	82 公斤	58 公斤	徐加利	新泰市	
56 公斤	王　豪	宁阳县	92 公斤	+58 公斤	蒋　爽	新泰市	105 公斤
62 公斤	刘壮壮	新泰市	113 公斤				
69 公斤	李　昱	新泰市	100 公斤				
+69 公斤	冯　进	新泰市	100 公斤				

十五、第十九届

泰安市第十九届运动会于2013年5月4日至10月13日在泰安举行。运动会设老年组、职工组、少年组、俱乐部组4个组别，300支体育代表队5600余名运动员参加比赛。少年组设田径、举重、自由式摔跤、古典式摔跤、柔道、跆拳道、篮球、排球、足球、手球、乒乓球、羽毛球、射箭、武术套路、散打等15个竞赛项目，6个县（市、区）1569名少年男女运动员参赛。从2013年5月4日起，先后在市全民健身中心、岱岳区岳峰小学、泰安一中长城路校区举行摔跤、柔道、跆拳道、足球、乒乓球、羽毛球、射箭、武术比赛。2013年10月10日至13日在市体育中心进行田径、排球、篮球和举重决赛。新泰市、肥城市、岱岳区体育代表团列少年组综合成绩金牌总数前三名，各体育代表团综合成绩团体总分前三名为新泰市、岱岳区、肥城市。

第十九届市运会少年组各项目竞赛成绩（团体总分前三名、单项第一名）

（一）田径

10月11日至13日，在市体育中心体育场举行，各县（市、区）和3所高职学校共9个单位284名运动员参加比赛。

团体

男子甲组		男子乙组		女子甲组		女子乙组	
1 肥城市	78 分	1 新泰市	79 分	1 宁阳县	78 分	1 宁阳县	87 分
2 宁阳县	70 分	2 宁阳县	76 分	2 肥城市	66 分	2 肥城市	80 分
3 新泰市	69 分	3 岱岳区	70 分	3 新泰市	47 分	3 新泰市	78 分

第十九届市运会田径比赛男子个人成绩表

表 6-61

组别	项　目	姓　名	代表队	成　绩	组别	项　目	姓　名	代表队	成　绩
男子甲组	100 米	李浩东	宁阳县	0:11.7	男子乙组	100 米	冯　鑫	岱岳区	0:11.8
	200 米	葛　浩	岱岳区	0:22.5		200 米	冯　鑫	岱岳区	0:24.5
	400 米	葛　浩	岱岳区	0:53.3		400 米	蒋明辉	东平县	0:56.5
	800 米	陈　磊	新泰市	2:12.8		800 米	马慎民	肥城市	2:02.2
	1500 米	徐文璟	新泰市	4:25.0		1500 米	马慎民	肥城市	4:16.8
	5000 米	白凡坤	宁阳县	16:29.0		3000 米	王　浩	新泰市	9:40.7
	10000 米	王琪鲁	肥城市	35:47.0		5000 米	薛文翔	肥城市	17:13.0
	400 米栏	苑文飞	宁阳县	1:09.1		10000 米	薛文翔	肥城市	36:38.0
	5000 米竞走	吴秀亮	新泰市	22:35.0		110 米栏	李晟豪	肥城市	0:17.6
	10000 米竞走	吴秀亮	新泰市	45:25.0		400 米栏	赵　振	新泰市	1:08.4
	4×100 米		宁阳县	0:47.7		5000 米竞走	王教辉	新泰市	24:30.0
	4×400 米		宁阳县	3:48.0		4×100 米		岱岳区	0:47.7
	跳高	陈　冉	宁阳县	1.4 米		4×400 米		宁阳县	3:54.7

续表 6-61

组别	项 目	姓 名	代表队	成 绩	组别	项 目	姓 名	代表队	成 绩
男子甲组	跳远	陈 冉	宁阳县	5.97 米	男子乙组	跳高	杜 志	宁阳县	1.63 米
	三级跳远	田 旭	新泰市	10.23 米		跳远	连峻崎	泰山区	5.37 米
	铅球	孙润浩	肥城市	10.8 米		三级跳远	连峻崎	泰山区	12.19 米
	铁饼	李柱金	岱岳区	35 米		标枪	路 松	宁阳县	37.96 米
	链球	孙润浩	肥城市	57.77 米		铅球	罗广兴	肥城市	10.59 米
						铁饼	秦庆澳	宁阳县	28.83 米

第十九届市运会田径比赛女子个人成绩表

表 6-62

组别	项 目	姓 名	代表队	成 绩	组别	项 目	姓 名	代表队	成 绩
女子甲组	100 米	殷丛瑶	宁阳县	0:14.3	女子乙组	100 米	赵秋霞	肥城市	0:13.8
	200 米	邢 敏	新泰市	0:30.1		200 米	范振风	肥城市	0:27.5
	400 米	姜子佩	肥城市	1:03.4		400 米	范振风	肥城市	1:03.7
	800 米	姜子佩	肥城市	2:29.3		800 米	陈凤华	肥城市	2:32.5
	1500 米	姜子蕊	肥城市	5:07.0		1500 米	周 霞	东平县	5:06.4
	5000 米	姜子蕊	肥城市	18:47.		3000 米	周 霞	东平县	11:21.0
	10000 米	李雪莎	宁阳县	43:29.		5000 米	董俊华	新泰市	20:11.0
	10000 米竞走	高 菲	新泰市	53:47.		100 米栏	李 君	宁阳县	0:18.7
	4×100 米		宁阳县	0:54.0		400 米栏	胡胜楠	宁阳县	1:21.0
	4×400 米		宁阳县	4:30.0		5000 米竞走	董俊华	新泰市	26:06.0
	跳高	王二琳	宁阳县	1.5 米		4×100 米		宁阳县	0:55.5
	跳远	高哲君	宁阳县	4.43 米		4×400 米		新泰市	4:26.6
	三级跳远	高哲君	宁阳县	9.69 米		跳高	刘梦雪	岱岳区	1.3 米
	铅球	马 兰	岱岳区	8.78 米		跳远	鲁瑶瑶	宁阳县	4.43 米
	铁饼	马 兰	岱岳区	26.84 米		三级跳远	鲁瑶瑶	宁阳县	10.22 米
						铅球	张 娟	宁阳县	7.35 米
						铁饼	任冬雪	岱岳区	25 米

（二）乒乓球

5 月 4 日至 5 日在市全民健身中心举行，各县（市、区）、泰安高新区、泰山景区共 8 个单位 73 名运动员参加了比赛。比赛分男女甲乙组 4 个组别，设团体、单打两项。

团体

男子甲组　1. 新泰市　2. 泰山区

男子乙组　1. 新泰市　2. 肥城市　3. 宁阳县

女子乙组 1. 新泰市 2. 泰山区 3. 肥城市

甲组			乙组		
男子单打	王立晨	新泰市	男子单打	姚炳辰	新泰市
女子单打	张铧允	新泰市	女子单打	张玉蕾	新泰市

（三）跆拳道

7 月 30 日至 31 日在市综合训练馆举行，各县（市、区）和泰安高新区、泰山景区 8 支代表队 72 名运动员参加比赛。比赛分男女甲乙组 4 个组别共 18 个级别。

团体

1. 宁阳县 50 分 2. 新泰市 41.5 分 3. 肥城市 34.5 分

男子甲组			女子甲组		
54 公斤	李亚一	新泰市	51 公斤	吴俊言	宁阳县
62 公斤	满峰宇	岱岳区			
+62 公斤	尹 坤	肥城市			

男子乙组			女子乙组		
50 公斤	乔 刚	宁阳县	44 公斤	赵丽君	宁阳县
54 公斤	吕 品	新泰市	47 公斤	李冉冉	岱岳区
58 公斤	米 雨	新泰市	51 公斤	鲁一鸣	新泰市
62 公斤	冯 粒	宁阳县	55 公斤	马天宇	泰山区
+62 公斤	邵泽昊	岱岳区	+55 公斤	齐芮睿	肥城市

（四）武术

8 月 9 日至 11 日在市综合馆举行，各县（市、区）、泰安高新区、泰山景区 8 支代表队的 77 名男女运动员参加比赛。设甲乙两个组别，甲组项目为规定拳、全能，乙组项目为规定拳、全能、对练。

团体

1. 泰山区 81 分 2. 新泰市 50 分 3. 肥城市 49 分

男子甲组				女子甲组			
规定拳	闫玉汶	新泰市		规定拳	李 巧	新泰市	
全 能	刘甲孝	东平县	16.74 分	全 能	董 艺	肥城市	16.95 分

男子乙组				女子乙组			
规定拳	王海鹏	泰山区		规定拳	王 欣	新泰市	
全 能	张嘉豪	泰山区	16.54 分	全 能	吴宜璇	肥城市	16.15 分
对 练	李子畅 王海鹏	泰山区	7.71 分	对 练	张思琪 吴宜璇	肥城市	7.2 分

（五）武术散打

5月15日至16日在市综合馆举行，各县（市、区）、泰安高新区、泰山景区8支代表队33名运动员参加6个级别的角逐。

团体

1. 肥城市29分　　2. 新泰市22.5分　　3. 东平县21分

男子甲组

52公斤	李　凯	泰山区
56公斤	王　硕	肥城市
60公斤	高　迪	新泰市
65公斤	陈忠洋	东平县
+65公斤	耿仁枭	肥城市

（六）羽毛球

7月13日至14日在岱岳区岳峰小学举行，各县（市、区）代表队和泰安高新区、泰山景区共8支队伍64名男女运动员参加比赛。比赛设甲乙两个组别，两个组别均设男、女单打和双打。

团体

1. 泰山区83分　　2. 新泰市23分　　3. 宁阳县21分

男子甲乙组			女子甲乙组		
甲组单打	张　熠	泰山区	甲组单打	律明珠	泰山区
甲组双打	宋昊阳 杨　硕	新泰市	甲组双打	范兆宇 易濛濛	新泰市
乙组单打	黄飞宇	泰山区	乙组单打	赵孙明媚	泰山区
乙组双打	黄飞宇 刘奉辉	泰山区	乙组双打	赵孙明媚 王思睿	泰山区

（七）排球

10月10日至13日在市综合训练馆举行，各县（市、区）6个代表队163名男女运动员参加比赛，比赛采用单循环决出名次，队员需参加基本能力达标测试，合格后才能参加比赛。

男子甲组	女子甲组	男子乙组	女子乙组
1. 肥城市	1. 肥城市	1. 肥城市	1. 新泰市
2. 宁阳县	2. 宁阳县	2. 岱岳区	2. 岱岳区
3. 泰山区	3. 泰山区	3. 宁阳县	3. 肥城市

（八）足球

8月25日至28日在泰安一中长城路校区举行，6个县（市、区）均派出代表队分别参加男子甲乙组和女子甲乙组的比赛。

男子甲组	女子甲组	男子乙组	女子乙组
1. 肥城市	1. 肥城市	1. 泰山区	1. 新泰市
2. 新泰市	2. 泰山区	2. 新泰市	2. 宁阳县
	3. 新泰市	3. 肥城市	3. 肥城市

（九）古典式摔跤

7 月 15 日至 16 日两天在市综合训练馆举行，各县（市、区）、泰安高新区、泰山景区 8 个代表队 57 名男运动员参加比赛。比赛设甲乙两个年龄组共 12 个级别。

团体

1. 肥城市 56 分　　2. 岱岳区 48.5 分　　3. 新泰市 33 分

男子甲组			男子乙组		
55 公斤	刘胜军	肥城市	42 公斤	赵玉冉	新泰市
60 公斤	律春宇	岱岳区	46 公斤	王运霆	岱岳区
66 公斤	张其程	岱岳区	50 公斤	王克超	岱岳区
74 公斤	鹿焕超	肥城市	54 公斤	张振兴	肥城市
+74 公斤	马　晓	新泰市	58 公斤	张志彪	岱岳区
			63 公斤	王志浩	新泰市
			+63 公斤	马　杰	新泰市

（十）自由式摔跤

7 月 15 日至 19 日在市综合训练馆举行，各县（市、区）和泰安高新区、泰山景区 8 个代表队 93 名男女运动员参加比赛。男女运动员均设甲乙两个年龄组 12 个级别进行角逐。

团体

1. 宁阳县 113 分　　2. 岱岳区 95.5 分　　3. 肥城市 75 分

男子甲组			女子甲组		
55 公斤	杨智浩	肥城市	48 公斤	张蓓蓓	宁阳县
74 公斤	尹　顺	新泰市	51 公斤	刘美霞	宁阳县
+74 公斤	沙继超	岱岳区	55 公斤	杜金明	宁阳县
			59 公斤	周乐乐	岱岳区
			+59 公斤	张　璐	岱岳区

男子乙组			女子乙组		
42 公斤	刘成璐	新泰市	40 公斤	史淑祺	岱岳区
50 公斤	李　浩	泰山区	43 公斤	玄梦琪	岱岳区
54 公斤	王肖龙	岱岳区	46 公斤	赵　鑫	岱岳区
58 公斤	张志豪	肥城市	49 公斤	玄令云	岱岳区
63 公斤	张家豪	新泰市	52 公斤	赵利华	岱岳区
+63 公斤	袁　瑞	新泰市	56 公斤	王祥瑞	岱岳区

			+56 公斤	桑芳荟	宁阳县

（十一）柔道

8月14日至16日在市综合训练馆举行，各县(市、区)6个代表队70名男女运动员角逐22个级别桂冠。

团体

1. 宁阳县 148 分　　2. 新泰市 88.5 分　　3. 肥城市 65.5 分

男子甲组			女子甲组		
–66 公斤	陈　石	泰山区	–52 公斤	张雪婷	宁阳县
–73 公斤	王　昆	新泰市	–57 公斤	李王林	新泰市
无差级	李一林	宁阳县	–63 公斤	程　琳	新泰市
			+63 公斤	庞富新	新泰市

男子乙组			女子乙组		
–45 公斤	王振中	新泰市	–40 公斤	陈淑雅	肥城市
–50 公斤	刘蒙召	新泰市	–44 公斤	刘孟慧	宁阳县
–55 公斤	方旭锴	东平县	–48 公斤	曲　鑫	肥城市
–60 公斤	闫章萌	宁阳县	–52 公斤	周小慧	肥城市
–66 公斤	刘汉擎	新泰市	–57 公斤	杨　潇	新泰市
–73 公斤	徐　凯	新泰市	–63 公斤	吕延岩	肥城市
+73 公斤	米世玉	新泰市	+70 公斤	刘宇晴	宁阳县
无差级	丁俊豪	肥城市			

（十二）手球

8 月 5 日至 9 月在市综合训练馆举行，各县（市、区）派出 6 支男队、5 支女队参加比赛。

男子组	1. 肥城市	2. 宁阳县	3. 新泰市
女子组	1. 新泰市	2. 宁阳县	3. 泰山区

（十三）篮球

10 月 10 至 13 日在市综合训练馆举行，各县（市、区）、泰安高新区、泰山景区 8 个代表队 168 名男女运动员参加比赛。

男子甲组	女子甲组	男子乙组	女子乙组
1. 新泰市	1. 宁阳县	1. 新泰市	1. 宁阳县
2. 泰山区	2. 新泰市	2. 肥城市	2. 肥城市
3. 东平县	3. 泰山区	3. 宁阳县	3. 新泰市

（十四）射箭

5 月 22 日至 23 日在市体育中心射箭场举行，6 个县（市、区）派队参加比赛。比赛分男女两个组，25 名运动员参加 8 个小项角逐。

团体

1. 泰山区 42 分	2. 岱岳区 37 分	3. 新泰市 24 分

男子甲组				女子甲组			
70 米淘汰赛	乔建平	岱岳区		60 米淘汰赛	王 玥	泰山区	
70 米双轮	李聪聪	岱岳区	609 环	60 米双轮	周 扬	岱岳区	620 环
男子乙组				女子乙组			
30 米单项	刘 松	泰山区	264 环	30 米单项	刘欣雨	新泰市	258 环
50 米单项	刘瑞冬	泰山区	208 环	25 米单项	刘欣雨	新泰市	280 环

（十五）举重

10 月 11 日至 13 日在市综合训练馆举行，各县（市、区）6 个代表队 57 名男女运动员参加比赛。比赛设 4 个组别，每个组别设 6 个级别。

团体

1. 宁阳县 67 分	2. 新泰市 56 分	3. 东平县 26 分

男子甲组				女子甲组			
62 公斤	王德军	肥城市	210 公斤	48 公斤	杨梦茹	宁阳县	55 公斤
69 公斤	刘 超	新泰市	170 公斤	53 公斤	于秀萍	东平县	110 公斤
+77 公斤	宁 军	宁阳县	210 公斤	58 公斤	吕文丽	东平县	100 公斤
				63 公斤	王燕飞	宁阳县	100 公斤
				65 公斤	李学文	宁阳县	100 公斤
				+65 公斤	蒋 爽	新泰市	100 公斤
男子乙组				女子乙组			
48 公斤	刘志刚	宁阳县	80 公斤	48 公斤	张文静	肥城市	65 公斤
52 公斤	徐勤城	新泰市	91 公斤	58 公斤	徐加丽	新泰市	105 公斤
56 公斤	刘政麟	宁阳县	95 公斤	63 公斤	阳文凯	东平县	140 公斤
62 公斤	夏 岩	新泰市	155 公斤	+63 公斤	陈彩云	新泰市	100 公斤
69 公斤	张昊宇	新泰市	127 公斤				
+69 公斤	杨光斐	新泰市	185 公斤				

十六、第二十届

泰安市第二十届运动会于2015年5月6日至9月28日在泰安举行。运动会设青少年竞技组、县（市、区）健身组、行业健身组、老年健身组4个组别，312支体育代表队5460名运动员参加比赛。少年组设田径、举重、自由式摔跤、古典式摔跤、柔道、跆拳道、篮球、排球、足球、手球、乒乓球、羽毛球、射箭、武术套路、武术散打、拳击、幼儿基本体操等17个竞赛项目。泰山区、岱岳区、新泰市、肥城市、宁阳县、东平县6个体育代表团的1390名少年男女运动员参加比赛。新泰市、岱岳区、肥城市体育代表团列少年组综合成绩团体总分前三名，新泰市、肥城市、岱岳区体育代表团列少年组综合成绩金牌总数前三名。

第二十届市运会少年组各项目竞赛成绩（团体总分前三名、单项第一名）

（一）田径

9月26日至28日，在市体育中心体育场举行，各县（市、区）320名男女运动员参加比赛。

团体

1.宁阳县　514.5分　　　2.新泰市　489分　　　3.肥城市　308分

第二十届市运会田径比赛男子个人成绩表

表6-63

组别	项　目	姓　名	代表队	成　绩	组别	项　目	姓　名	代表队	成　绩
男子甲组	100米	谢　天	宁阳县	0:11.6	男子乙组	100米	周永豪	新泰市	0:11.6
	200米	张　澳	东平县	0:23.9		200米	陈冠志	宁县阳	0:24.5
	400米	秦　鸿	肥城市	0:51.4		400米	马新洋	新泰市	0:55.8
	800米	秦　鸿	肥城市	1:59.5		800米	马新洋	新泰市	2:16.2
	1500米	沈　斌	新泰市	4:18.3		1500米	高　旭	新泰市	4:38.2
	5000米	沈　斌	新泰市	16:55.0		3000米	徐西超	新泰市	10:09.0
	10000米	郑　亮	新泰市	38:29.0		5000米	徐西超	新泰市	17:44.0
	5000米竞走	王教辉	新泰市	24:32.0		5000米竞走	刘泽宇	新泰市	26:53.0
	10000米竞走	王教辉	新泰市	50:55.0		3000米竞走	崔彦杰	新泰市	15:38.0
	110米栏	续文财	东平县	0:16.3		110米栏	于晓辰	肥城市	0:18.0
	400米栏	赵凯强	肥城市	1:02.9		4×100米		宁阳县	0:47.4
	男子1500米团体		新泰市	13:37.0		4×400米		宁阳县	3:47.6
	4×100米		宁阳县	0:45.8		跳高	尚庆哲	东平县	1.45米
	4×400米		肥城市	3:40.9		跳远	周永豪	宁阳县	5.8米
	跳高	王付文	宁阳县	1.68米		三级跳远	法　庆	岱岳区	11.17米
	跳远	周广宝	泰山区	6.16米		铅球	刘立扬	岱岳区	12.07米
	三级跳远	周广宝	泰山区	13.29米		铁饼	孙文康	泰山区	28.5米
	铅球	彭英安	宁阳	12.48米		标枪	焦和骏	岱岳	27.65
	铁饼	王　炀	新泰市	34.16米		链球	薛　成	宁阳县	21.73米
	标枪	路　松	宁阳县	50.65米					
	链球	高惠中	新泰市	36.39米					

第二十届市运会田径比赛女子个人成绩表

表6-64

组别	项目	姓名	代表队	成绩	组别	项目	姓名	代表队	成绩
女子甲组	100米	曹文涵	新泰市	0:12.6	女子乙组	100米	高慧	新泰市	0:13.0
	200米	曹文涵	新泰市	0:26.4		200米	刘欢	新泰市	0:26.1
	400米	张琳	新泰市	1:01.2		400米	张嘉腾	岱岳区	1:05.5
	800米	王玉凤	宁阳县	2:29.4		800米	梁卓	新泰市	2:35.8
	1500米	王玉凤	宁阳县	5:10.0		1500米	韩莹	宁阳县	5:12.0
	女子1500米团体		新泰市	15:52.0		3000米	韩莹	宁阳县	11:40.0
	5000米	李雪莎	宁阳县	19:10.0		5000米	张豫	新泰市	20:50.0
	10000米	李雪莎	宁阳县	40:15.0		3000米竞走	张安航	肥城市	15:52.00
	5000米竞走	董俊华	新泰市	26:40.00		5000米竞走	张安航	肥城市	26:56.0
	10000米竞走	董俊华	新泰市	51:44.1		100米栏	沙飞	宁阳县	0:19.3
	100米栏	刘春燕	肥城市	0:17.3		4×100米		新泰市	0:54.1
	400米栏	徐圣洁	岱岳区	1:07.7		4×400米		新泰市	4:28.1
	4×100米		肥城市	0:54.1		跳高	姬颖慧	肥城市	1.34米
	4×400米		新泰市	4:10.6		跳远	米荣浩	新泰市	4.26米
	跳高	王琴	宁阳县	1.5米		三级跳远	沙飞	宁阳县	9.38米
	跳远	安子文	泰山区	4.59米		铅球	马明泽	肥城市	7.21米
	三级跳远	安子文	泰山区	10.42米		标枪	刘敏	新泰市	21.5米
	铅球	卢文	宁阳县	10.11米		铁饼	马明泽	肥城市	18.81米
	标枪	郭丽鑫	宁阳县	31.06米		链球	单晓宇	新泰市	17.52米
	铁饼	王雪	新泰市	26.82米					
	链球	郭丽鑫	宁阳县	20.23米					

（二）乒乓球

5月6日至7日在新泰体育中心举行，各县（市、区）113名运动员参加比赛。比赛分男女甲乙组4个组别，设团体、单打两项。

团体总分

1. 新泰市 57分　　2. 肥城市 46分　　3. 泰山区 33分

男子甲组团体	女子甲组团体	男子乙组团体	女子乙组团体
1. 新泰市	1. 肥城市	1. 新泰市	1. 泰山区
2. 肥城市	2. 新泰市	2. 肥城市	2. 宁阳县
3. 宁阳县	3. 岱岳区	3. 岱岳区	3. 肥城市

甲组　　　　乙组

男子单打　李光宗　新泰市　　男子单打　李开源　肥城市

女子单打	王诗音	新泰市	女子单打	赵兴宸	泰山区

（三）跆拳道

5 月 9 日至 10 日在新泰市体育中心举行，各县（市、区）111 名运动员参加比赛。比赛分男女甲乙组 4 个组别。

团体

1. 新泰市 91.5 分　2. 岱岳区 72 分　3. 泰山区 72 分

男子甲组			女子甲组		
50 公斤	单辰阳	新泰市	47 公斤	张文现	新泰市
56 公斤	刘国宽	泰山区	51 公斤	杜松松	宁阳县
62 公斤	马铭玉	岱岳区	59 公斤	张丽君	泰山区
+62 公斤	王金明	新泰市	62 公斤	刘祎祯	宁阳县
			+62 公斤	王立贤	新泰市

男子乙组			女子乙组		
45 公斤	耿仁顺	肥城市	42 公斤	韩炳琦	泰山区
50 公斤	程　凯	新泰市	46 公斤	吴　曌	泰山区
55 公斤	陈崇文	东平县	50 公斤	张　迈	泰山区
60 公斤	刘博宇	东平县	55 公斤	王晓梦	宁阳县
+60 公斤	孟德龙	新泰市	60 公斤	刘睿颖	泰山区
			+60 公斤	张凡一	泰山区

（四）柔道

5 月 11 日至 12 日在新泰市体育中心举行，各县（市、区）109 名男女运动员角逐 30 个级别桂冠。

团体

1. 宁阳县 135 分　2. 新泰市 105.5 分　3. 岱岳区 79 分

男子甲组			女子甲组		
–60 公斤	王振中	新泰市	–52 公斤	杜海欣	宁阳县
–66 公斤	王宝地	岱岳区	–56 公斤	潘昱辰	宁阳县
–73 公斤	刘恒星	宁阳县	–64 公斤	中文君	宁阳县
+81 公斤	米世玉	新泰市	+64 公斤	王梦琪	宁阳县

男子乙组			女子乙组		
–45 公斤	马成良	岱岳区	–44 公斤	李文静	岱岳区
–50 公斤	冀　宏	新泰市	–48 公斤	贾梦歌	新泰市
–55 公斤	许振豪	宁阳县	–52 公斤	冯　越	泰山区
–60 公斤	赵一凡	泰山区	–56 公斤	高钰涵	新泰市
–66 公斤	尹燕翔	岱岳区	–60 公斤	李　铄	新泰市

-73 公斤	刘蒙召	新泰市	+60 公斤	王晓彤	新泰市
+73 公斤	王凯乐	岱岳区	无差级	李梦巧	泰山区
无差级	陈增勇	岱岳区			

（五）举重

5 月 14 日至 15 日在新泰市体育中心举行，4 个县（市、区）45 名男女运动员参加比赛。比赛设 4 个组别，共 36 个级别。

团体

1. 新泰市 63 分　2. 宁阳县 31 分　3. 肥城市 21 分

男子甲组			女子甲组		
56 公斤	冯加浩	新泰市	+70 公斤	陈彩云	新泰市
62 公斤	刘　泽	新泰市			
69 公斤	徐勤诚	新泰市			
77 公斤	陈志光	宁阳县			
+77 公斤	杨光斐	新泰市			

男子乙组			女子乙组		
52 公斤	席道凯	肥城市	58 公斤	耿晓倩	肥城市
56 公斤	张昊宇	新泰市			
62 公斤	赵孟宇	肥城市			
69 公斤	尹彦旭	新泰市			
+69 公斤	夏　岩	新泰市			

（六）幼儿体操

5 月 26 日在新泰体育中心举行，宁阳县、新泰市、东平县、泰山区等 4 个县（市、区）参加。

十二人操　宁阳县

（七）古典式摔跤

7 月 14 日至 15 日两天在肥城市第三中学举行，各县（市、区）61 名男运动员参加比赛。比赛设甲乙两个年龄组共 15 个级别。

团体

1. 肥城市 93.5 分　2. 岱岳区 65 分　3. 东平县 22.5 分

男子甲组			男子乙组		
55 公斤	马翔卓	岱岳区	42 公斤	孟亦心	东平县
60 公斤	赵玉冉	新泰市	46 公斤	李政辉	肥城市
66 公斤	沙昌明	岱岳区	50 公斤	付有康	肥城市
74 公斤	孙文浩	肥城市	54 公斤	刘胜军	肥城市
80 公斤	陈　彦	肥城市	58 公斤	张庆辉	东平县
85 公斤	张文鹏	肥城市	63 公斤	刘培考	肥城市
+85 公斤	金同乐	岱岳区	68 公斤	董昊峰	肥城市

+68公斤　孙博文　肥城市

（八）自由式摔跤

7月17日至18日在肥城市第三中学举行，各县（市、区）89名男女运动员参加比赛。男女运动员均设甲乙两个年龄组16个级别进行角逐。

团体

1. 肥城市111分　2. 岱岳区82分　3. 宁阳县63.5分

男子甲组			女子甲组		
55公斤	刘成路	新泰市	48公斤	李　蓉	新泰市
60公斤	胡国栋	岱岳区	55公斤	赵利华	岱岳区
66公斤	孙国明	新泰市	65公斤	陈宇昕	宁阳县
70公斤	朱明坤	宁阳县	+65公斤	李双钰	肥城市
+81公斤	张永甲	宁阳县			
男子乙组			女子乙组		
42公斤	尚林宇	泰山区	40公斤	朱琼琼	宁阳县
46公斤	朝　阳	东平县	43公斤	曹丰田	肥城市
50公斤	杨民兴	肥城市	49公斤	刘鑫予	新泰市
54公斤	周梓汀	宁阳县	52公斤	张春玉	肥城市
58公斤	魏振龙	肥城市	56公斤	董永艺	肥城市
63公斤	朱传浩	肥城市	60公斤	陈文静	肥城市
74公斤	董泽政	肥城市	+60公斤	王祥瑞	岱岳区

（九）射箭

8月11日至12日在泰山区泮河中学举行，4个县（市、区）派队参加比赛。比赛设男女甲乙组，35名运动员参加8个小项角逐。

团体

1. 新泰市79分　2. 泰山区63分　3. 岱岳区11分

男子甲组			男子乙组		
个人淘汰	顾敦振	肥城市	25米第一单轮	亓宇瑄	新泰市
30米排名	王光乐	岱岳区	25米第二单轮	亓宇瑄	新泰市
女子甲组			女子乙组		
个人淘汰	赵　迪	新泰市	25米第一单轮	孙凤仪	泰山区
30米排名	赵　迪	新泰市	25米第二单轮	孙凤仪	泰山区

（十）武术套路

7月19日至21日在肥城市第三中学举行，各县（市、区）96名男女运动员参加比赛。设男女甲乙组别，12个小项。

团体

1. 肥城市 110 分　2. 泰山区 84 分　3. 新泰市 52 分

男子甲组				女子甲组			
剑枪全能	党松岩	新泰市	15.44	剑枪全能	张　翔	泰山区	14.4
刀棍全能	李敬业	新泰市	15.59	刀棍全能	张思琪	肥城市	15.74
长拳	刘昊东	泰山区	7.44	长拳	吴宜璇	肥城市	7.66
男子乙组				女子乙组			
剑枪全能	袁家豪	肥城市	15.04	剑枪全能	李文奇	新泰市	12.97
刀棍全能	亓睦尧	泰山区	15.67	刀棍全能	张鑫玥	肥城市	14.32
规定拳	亓睦尧	泰山区	7.91	规定拳	刘宇涵	肥城市	7.76

（十一）篮球

8 月 17 日至 20 日在岱岳区新城实验中学举行，各县（市、区）176 名男女运动员参加比赛。

男子甲组	女子甲组	男子乙组	女子乙组
1. 泰山区	1. 肥城市	1. 肥城市	1. 肥城市
2. 宁阳县	2. 宁阳县	2. 宁阳县	2. 新泰市
3. 新泰市	3. 新泰市	3. 泰山区	3. 宁阳县

（十二）足球

7 月 22 日至 26 日在肥城市第三中学举行，各县（市、区）213 名男女运动员参加比赛。

男子甲组	女子甲组	男子乙组	女子乙组
1. 泰山区	1. 肥城市	1. 岱岳区	1. 泰山区
2. 新泰市	2. 新泰市	2. 肥城市	2. 宁阳县
3. 宁阳县	3. 宁阳县	3. 宁阳县	3. 新泰市

（十三）排球

8 月 21 日至 24 日在岱岳区新城实验中学举行，各县（市、区）198 名男女运动员参加比赛。

男子甲组	女子甲组	男子乙组	女子乙组
1. 肥城市	1. 泰山区	1. 肥城市	1. 泰山区
2. 宁阳县	2. 肥城市	2. 宁阳县	2. 新泰市
3. 新泰市	3. 新泰市	3. 新泰市	3. 肥城市

（十四）手球

8 月 29 日至 31 日在岱岳区新城实验中学举行，各县（市、区）186 名男女运动员参加比赛。

男子甲组	女子甲组	女子乙组
1. 肥城市	1. 新泰市	1. 宁阳县
2. 宁阳县	2. 肥城市	2. 肥城市
3. 新泰市	3. 宁阳县	3. 东平县

（十五）拳击

8月29日至30日在岱岳区新城实验中学举行，各县（市、区）64名男女运动员参加比赛。

团体

1. 新泰市130分　2. 肥城市84分　3. 岱岳区11分

男子甲组			女子甲组		
54公斤	王富浩	新泰市	54公斤	孟庆盈	新泰市
57公斤	王彦兵	新泰市	60公斤	刘廷悦	新泰市
60公斤	王金祥	新泰市			
64公斤	展　昭	东平县			
69公斤	尹志豪	岱岳区			
+69公斤	苏永康	新泰市			

男子乙组			女子乙组		
51公斤	高子豪	新泰市	54公斤	刘雅燃	新泰市
54公斤	李子雨	肥城市	+60公斤	王　妮	新泰市
57公斤	石绪齐	肥城市			
60公斤	陈　杰	新泰市			
+64公斤	徐加启	新泰市			

（十六）武术散打

8月29日在岱岳区新城实验中学举行，各县（市、区）46名男女运动员参加比赛。

团体

1. 肥城市54分　2. 新泰市50分　3. 东平县14分

男子组			女子组		
52公斤	刘　哲	新泰市	48公斤	邱　池	新泰市
56公斤	庞宏达	肥城市	56公斤	李　芊	新泰市
60公斤	刘圣文	肥城市	60公斤	裴云洁	新泰市
66公斤	郝继龙	泰山区			
70公斤	丁纪成	岱岳区			
+70公斤	张建国	肥城市			

（十七）羽毛球

8月14日至15日在岱岳区新城实验中学举行，各县（市、区）115名男女运动员参加比赛。

男子甲乙组			女子甲乙组		
甲组单打	杨辰智	泰山区	甲组单打	韩景怡	泰山区
乙组单打	戴松霄	泰山区	乙组单打	靳雨桐	泰山区

本编资料来源:《中国体育年鉴》《山东体育年鉴》《山东省参加全国各类各项比赛成绩》、市体育局竞赛科比赛成绩汇总。

第七编

泰山国际登山节

TAISHANGUOJIDENGSHANJIE

1987年开始举办泰山国际暨全国登山活动，此后每年一届。1991年改为泰山国际登山节。1995年12月，经国家体委批准，泰山国际登山节登泰山比赛列为全国全民健身比赛项目。2009年泰山国际登山节改为泰山国际旅游文化登山节，2012年继续沿用泰山国际登山节名称。至2015年，共举办29届。每届都成立登山节组织委员会，由上级主办单位、泰安市各大班子领导及市直有关部门、县（市、区）负责人组成，负责登山节的领导工作。组委会下设办公室、竞赛委员会等工作机构，具体负责组织、协调登山节的工作和活动。每届登山节都邀请数十家中外新闻单位的记者参加，集中报道登山节盛况，宣传泰安、泰山人文与自然风光和泰安市经济社会发展现状。至今，泰山国际登山节已成为改革开放以来泰安市集体育、经贸、文化活动为一体的重大节日，成为促进全民健身、拉动泰山旅游、提高泰安知名度、扩大招商引资、推动泰安经济和各项社会事业发展的重要平台和窗口。

第一章　概　况

第一节　时间和宗旨

泰山国际登山节是在泰安市（地区）体委早期举办各类群众登山活动基础上，由市委、市政府打造升级，进而扩大到经贸、文化等领域的综合性群众活动。

登山节举办时间，基本固定为每年9月6日至10日，经贸活动可前后延伸。登山节遵循的宗旨：第一届为“宣传泰安，扩大交往，繁荣经济”；第二届为“以山为题，借题发挥，文体搭台，经贸唱戏”；第四届为“团结、友谊、奋进、发展”；第五届“以山为题、借题发挥、文体搭台、经贸唱戏”；第十二届为“弘扬泰山文化，优化旅游环境，推动全民健身，促进经济发展”；第十三届为“弘扬泰山文化、优化旅游环境、促进旅游发展”；第十五届为“宣传旅游，招商引资，促进经济、社会快速发展”；第十九届为“展示名山之首风采，树立平安城市形象，搭建经贸合作桥梁，谱写和谐发展乐章”；第二十届为“金色桥梁，绚丽舞台，激情泰安，魅力泰山”；第二十二届为“构建大泰山旅游圈、创建国际旅游名城、建设经济文化强市”；第二十六届为“推进富民强市、建设幸福泰安”；第二十七届为“美丽中国、幸福泰安”；第二十八届为“人民的节日、旅游的盛会”。

第一届至第二十九届泰山国际登山节时间与宗旨情况表

表 7-1

届次	名称	时间	开幕式	宗旨
第一届	泰山国际暨全国登山活动	1987 年 9 月 25 日—27 日	9 月 25 日上午	宣传泰安、扩大交往、繁荣经济
第二届	泰山国际暨全国登山活动	1988 年 9 月 14 日—16 日	9 月 14 日上午	以山为题，借题发挥，文体搭台，经贸唱戏
第三届	泰山全国登山活动	1989 年 9 月 14 日—16 日	9 月 14 日上午	小型、连续、简朴、热烈
第四届	泰山国际暨全国登山活动	1990 年 9 月 14 日—16 日	9 月 14 日上午	团结、友谊、奋进、发展
第五届	泰山国际登山节	1991 年 9 月 6 日—8 日	9 月 7 日下午	以山为题、借题发挥、文体搭台、经贸唱戏
第六届	泰山国际登山节	1992 年 9 月 6 日—8 日	9 月 6 日下午	以山为题、借题发挥、文体搭台、经贸唱戏
第七届	泰山国际登山节	1993 年 9 月 6 日—8 日	9 月 6 日下午	广交四海朋友，振兴泰安经济
第八届	泰山国际登山节	1994 年 9 月 6 日—8 日	9 月 6 日下午	以山为题、借题发挥、文体搭台、经贸唱戏
第九届	泰山国际登山节	1995 年 9 月 6 日—12 日	9 月 6 日上午	以山为题、借题发挥、文体搭台、经贸唱戏
第十届	泰山国际登山节暨全国全民健身登泰山比赛	1996 年 9 月 6 日—8 日	9 月 6 日上午	以山为题，借题发挥，文体搭台，经贸唱戏
第十一届	泰山国际登山节暨第二届全国全民健身登泰山比赛	1997 年 9 月 6 日—10 日	9 月 6 日下午	以山为题，借题发挥，文体搭台，经贸唱戏
第十二届	泰山国际登山节暨第三届全国全民健身登泰山比赛	1998 年 9 月 9 日—11 日	9 月 9 日下午	弘扬泰山文化、优化旅游环境、推动全民健身、促进经济发展
第十三届	泰山国际登山节	1999 年 9 月 6 日—9 日	9 月 7 日上午	弘扬泰山文化、优化旅游环境、促进旅游发展
第十四届	泰山国际登山节	2000 年 9 月 6 日—11 日	9 月 6 日上午	弘扬泰山文化，提高泰安的知名度，促进经济发展
第十五届	泰山国际登山节	2001 年 9 月 6 日—11 日	9 月 7 日上午	宣传旅游、招商引资、促进经济、社会快速发展
第十六届	泰山国际登山节	2002 年 9 月 6 日—12 日	9 月 6 日上午	宣传旅游、招商引资、促进经济、社会快速发展
第十七届	泰山国际登山节	2003 年 9 月 6 日—12 日	9 月 6 日上午	宣传旅游、招商引资、促进经济、社会快速发展

续表 7–1

届次	名称	时间	开幕式	宗旨
第十八届	泰山国际登山节	2004 年 9 月 6 日—10 日	9 月 6 日上午	宣传旅游、招商引资、促进经济、社会快速发展
第十九届	泰山国际登山节	2005 年 9 月 6 日—12 日	9 月 6 日晚	展示名山之首风采、树立平安城市形象、搭建经贸合作桥梁、谱写和谐发展乐章
第二十届	泰山国际登山节	2006 年 9 月 6 日—12 日	9 月 6 日晚	金色桥梁、绚丽舞台、激情泰安、魅力泰山
第二十一届	泰山国际登山节	2007 年 9 月 6 日—12 日	9 月 7 日上午	旅游盛会、经贸长廊、经济摇篮、绚丽舞台
第二十二届	泰山国际登山节	2008 年 9 月 6 日—12 日	9 月 6 日	构建大泰山旅游圈、创建国际旅游名城、建设经济文化强市
第二十三届	泰山国际旅游文化登山节	2009 年 9 月 6 日—12 日	9 月 6 日晚	构建大泰山旅游圈、创建国际旅游名城、建设经济文化强市
第二十四届	泰山国际旅游文化登山节	2010 年 9 月 6 日—12 日	9 月 6 日晚	新泰安、新体验
第二十五届	泰山国际旅游文化登山节	2011 年 9 月 6 日—10 日	9 月 6 日上午	展示泰安、泰山形象的大舞台，拓宽经贸合作领域的大平台、促进泰安经济社会快速协调可持续发展
第二十六届	泰山国际登山节	2012 年 9 月 6 日—12 日	9 月 6 日上午	推进富民强市、建设幸福泰安
第二十七届	泰山国际登山节	2013 年 9 月 6 日—12 日	9 月 6 日上午	美丽中国、幸福泰安
第二十八届	泰山国际登山节	2014 年 9 月 6 日—12 日	9 月 6 日上午	人民的节日、旅游的盛会
第二十九届	泰山国际登山节	2015 年 9 月 6 日—12 日	9 月 6 日上午	人民的节日、旅游的盛会

第二节　主办单位

1987年，泰山国际暨全国登山活动主办单位为中华全国体育总会、中国登山协会与泰安市人民政府。1991年，更名为泰山国际登山节，主办单位为中华全国体育总会、中国登山协会、泰安市人民政府。1992年，增加中国自行车体育运动协会。1994年，主办单位扩大至10家，为中华体育总会、中国国际贸易促进委员会、中华全国工商业联合会、中国登山协会、国家文物局、国家旅游局、国际市场开发公司、中国侨牌协会、中国自行车体育运动协会、泰安市人民政府。2005年，主办单位12家，为国家旅游局、中华全国体育总会、中国登山协会、中国国际贸易促进委员会、中华全国工商业联合会、中国人民对外友好协会、中央电视台、中国国际广播电台、山东省体育局、山东省旅游局、山东电视台和泰安市人民政府。2014年，主办单位6 家，为中国登山协会、山东省体育局、山东省旅游局、山东省贸促会、山东电视台、泰安市人民政府。

第一至二十九届泰山国际登山节主办单位情况表

表 7-2

届 次	主办单位
第一届（1987 年）	中华全国体育总会群体部、中国登山协会、泰安市人民政府
第二届（1988 年）	中国登山协会、中华全国体育总会群体部、泰安市人民政府
第三届（1989 年）	中国登山协会、中华全国体育总会群体部、泰安市人民政府
第四届（1990 年）	中国登山协会、中华全国体育总会群体部、泰安市人民政府
第五届（1991 年）	中华全国体育总会、中国登山协会、泰安市人民政府
第六届（1992 年）	中华全国体育总会、中国登山协会、中国自行车体育运动协会、泰安市人民政府
第七届（1993 年）	中华全国体育总会、中国登山协会、中国自行车体育运动协会、泰安市人民政府
第八届（1994 年）	中华全国体育总会、中国国际贸易促进委员会、中华全国工商业联合会、中国登山协会、国家文物局、国家旅游局国际市场开发公司、中国桥牌协会、中国自行车体育运动协会、泰安市人民政府
第九届（1995 年）	中华全国体育总会、中国国际贸易促进委员会、中华全国工商业联合会、中国科学技术协会、中国国际广播电台、中国登山协会、山东鱼台孔府宴酒厂、泰安市人民政府
第十届（1996 年）	中华全国体育总会、中国国际贸易促进委员会、中华全国工商业联合会、中国科学技术协会、中国国际广播电台、中国登山协会、泰安市人民政府、泰安四维制药集团
第十一届（1997 年）	中华全国体育总会、中国国际贸易促进委员会、中华全国工商业联合会、中国科学技术协会、中国国际广播电台、国家体委社会体育指导中心、中华全国体育总会群体部、中国登山协会、山东省体育运动委员会、山东电视台、泰安市人民政府
第十二届（1998）	中华全国体育总会、中国国际贸易促进委员会、中华全国工商业联合会、中国科学技术协会、中国国际广播电台、中国人民对外友好协会、国家体委社会体育指导中心、中华全国体育总会群体部、中国登山协会、山东体育运动委员会、山东电视台、泰安市人民政府
第十三届（1999 年）	中华全国体育总会、中国国际贸易促进委员会、中华全国工商业联合会、中国科学技术协会、中国国际广播电台、中国人民对友好协会、中国登山协会、国家体育总局社会体育指导中心、中华全国体育总会群体部、山东省体委、山东电视台、泰安市人民政府
第十四届（2000 年）	中华全国体育总会、中国登山协会、中国科学技术协会、中国国际贸易促进委员会、中华全国工商联合会、中国人民对外友好协会、中国国际广播电台、山东省体育局、山东电视台、泰安市人民政府
第十五届（2001 年）	中华全国体育总会、中国登山协会、中国科学技术协会、中国国际贸易促进委员会、中华全国工商联合会、中国人民对外友好协会、中国国际广播电台、山东省体育局主办、山东电视台、泰安市人民政府
第十六届（2002 年）	中华全国体育总会、中国登山协会、中国国际贸易促进委员会会、全国工商业联合会、中国科学技术协会、中国人民对外友好协会、中国国际广播电台、山东省体育局、山东电视台、泰安市政府
第十七届（2003 年）	中华全国体育总会、中国登山协会、中国国际贸易促进委员会、全国工商业联合会、中国科学技术协会、中国人民对外友好协会、中国国际广播电台、山东省体育局、山东电视台、泰安市政府

续表 7-2

届　次	主办单位
第十八届（2004 年）	国家旅游局、中华全国体育总会、中国登山协会、中国国际贸易促进委员会、全国工商业联合会、中国科学技术协会，中国人民对外友好协会、中国国际广播电台、山东省体育局、山东电视台、泰安市政府
第十九届（2005 年）	国家旅游局、中华全国体育总会、中国登山协会、中国国际贸易促进委员会、中华全国工商业联合会、中国人民对外友好协会、中央电视台、中国国际广播电台、山东省体育局、山东省旅游局、山东电视台、泰安市人民政府
第二十届（2006 年）	国家旅游局、中华全国体育总会、中国登山协会、中国国际贸易促进委员会、中华全国工商业联合会、中国人民对外友好协会、中央电视台、中国国际广播电台、山东省体育局、山东省旅游局、山东电视台、泰安市人民政府
第二十一届（2007 年）	国家旅游局、中华全国体育总会、中国登山协会、中国国际贸易促进委员会、中华全国工商业联合会、中国人民对外友好协会、中央电视台、中国国际广播电台、山东省体育局、山东省旅游局、山东电视台、泰安市人民政府
第二十二届（2008 年）	国家旅游局、中华全国体育总会、中国登山协会、中国国际贸易促进委员会、中华全国工商业联合会、中国人民对外友好协会、中央电视台、中国国际广播电台、山东省体育局、山东省旅游局、山东电视台、泰安市人民政府
第二十三届（2009 年）	国家旅游局、中华全国体育总会、中国登山协会、中国国际贸易促进委员会、中华全国工商业联合会、中国人民对外友好协会、中央电视台、中国国际广播电台、山东省体育局、山东省旅游局、山东电视台、泰安市人民政府
第二十四届（2010 年）	住房和城乡建设部、国家旅游局、中华全国体育总会、中国登山协会、中国人民对外友好协会、山东省体育局、山东省旅游局、山东电视台、泰安市人民政府
第二十五届（2011 年）	中国登山协会、山东省体育局、山东省旅游局、山东电视台、泰安市人民政府
第二十六届（2012 年）	中国登山协会、山东省体育局、山东省旅游局、山东省国际贸易促进委员会、山东电视台、泰安市人民政府
第二十七届（2013 年）	中国登山协会、山东省体育局、山东省旅游局、山东省国际贸易促进委员会、山东电视台、泰安市人民政府
第二十八届（2014 年）	中国登山协会、山东省体育局、山东省旅游局、山东省国际贸易促进委员会、山东电视台、泰安市人民政府
第二十九届（2015 年）	中国登山协会、山东省体育局、山东省旅游局、山东广播电视台、山东省国际贸易促进委员会、泰安市人民政府

第三节　活动安排

第一届至第二十九届登山节，主要活动有开幕式、体育比赛、经贸活动、文化活动。第十三届后，增加泰山旅游活动。第十八届，安排5大类（开幕式、体育活动、经贸活动、文化活动、旅游活动）23项活动。第二十届，安排庆典、经贸、旅游、体育和文化5大板块21项活动。第二十二届，安排开幕式、文化、经贸、体育和旅游5大类10项活动。第二十四届，安排中国泰安投资合作洽谈会；泰山国际音乐节；全国全民健身登泰山比赛（国际邀请赛）暨环泰山万人健身跑活动、“泰山冠军”中国·泰山登山系列大奖赛；2010中国泰安投资合作洽谈会；泰安国际旅游周等10项活动。第二十八届，安排开幕式、泰山国际登山精英大奖赛、2014中国泰安投资合作洽谈会、2014中国（泰山）国际矿业装备与技术展览会、“幸福泰安”旅游文化周活动等34项活动。其中，“幸福泰安”旅游文化周安排20余项活动。第二十九届，安排开幕式、泰山国际登山比赛（第二十届全国全民健身登泰山比赛、环泰山万人健身跑）、2015中国泰安投资合作洽谈会、“幸福泰安”旅游文化周等30项活动。

登山节开幕式除进行运动员入场式外，前10届主要举行大型团体操表演、仿帝王封禅泰山表演、泰山民间艺术表演等。第十一届、十二届，举办足球邀请赛。第十八届，安排彩车巡游、文艺演出、文明圣火点燃仪式、焰火晚会等4项内容。第十九届，泰安市政府与中央电视台的合作，共同举办《中华情·泰山魂》大型文艺演出。第二十一届，开幕仪式与第十二届全国全民健身登泰山比赛起跑仪式合并进行。第二十五届，安排“国泰民安之夜”大型文艺演出。第二十六届，安排“国泰民安”大型文艺演出。第二十七届至第二十九届，简化程序，压缩规模，将开幕式和登山比赛合并举行。登山节开幕式文艺演出多以邀请国内文艺团体举行文艺演出为主。

第一届至二十九届泰山国际登山节活动项目情况表

表 7-3

届　次	活动项目（项）						项目总数（项）
	开幕式	体　育	文　化	经　贸	旅　游	其　他	
第一届（1987）	1	2	7	2			12
第二届（1988）	1	2	5	4			12
第三届（1989）	1	1	1	1			4
第四届（1990）	1	1	6	6			14
第五届（1991）	1	2	7	7			17
第六届（1992）	1	2	13	13			29
第七届（1993）	1	2	7	7			17
第八届（1994）	1	7	18	18			44
第九届（1995）	1	3	5	5			14
第十届（1996）	1	3	8	12			24
第十一届（1997）	1	4	4	5			14
第十二届（1998）	1	2	7	10			20
第十三届（1999）	1	1	3	3	1		9
第十四届（2000）	1	1	1	2	1		6
第十五届（2001）	1	1	5	7	1		15
第十六届（2002）	1	1	8	3	1		14
第十七届（2003）	1	2	9	9	1		22
第十八届（2004）	1	3	7	12			23
第十九届（2005）	1	3	5	7	1	8	25
第二十届（2006）	1	2	3	11	1	3	21
第二十一届（2007）	1	5	3	6	1	4	20
第二十二届（2008）	1	2	4	2	1		10
第二十三届（2009）	1	3	3	5	1		13
第二十四届（2010）	1	3	2	3	1		10

续表 7-3

届　次	活动项目（项）						项目总数（项）
	开幕式	体　育	文　化	经　贸	旅　游	其　他	
第二十五届（2011）	1	3	2	2	1	52	61
第二十六届（2012）	1	3	6	3	1		14
第二十七届（2013）	1	3	3	4	1		12
第二十八届（2014）	1	4	20	2	1	6	34
第二十九届（2015）	1	4	7	12	6		30

第四节　竞赛规程

一、概况

泰山国际登山节登山比赛规程主要包括参加单位、参加办法、竞赛录取办法、奖励、报名报到、其他事项等。

1987年，泰山国际暨全国登山活动邀请赛竞赛规程主要分为五个部分。（一）登山比赛参加单位：（1）各友好国家、地区。（2）各省、市、自治区；山东省各地、市及四大企业。（二）参加办法：（1）友好国家、地区参加人数不限，其他各单位，可报领队1人，工作人员1人，运动员6人。（2）按年龄分为3个组别，老年组男子55周岁、女子50周岁以上；中年组男子35至54周岁，女子30至49周岁；青年组男子34周岁、女子29周岁以下。（3）比赛路线，起点均为岱宗坊，终点老年组至中天门，全程约5公里，计2548个台阶；中年组至南天门，全程约7.7公里，计5867个台阶；青年组至玉皇顶，全程8.5公里，计6660个台阶。（三）竞赛录取办法：个人名次按老、中、青3个组别男女到达终点的先后顺序排列名次，第一名得1分，第二名得2分……余类推。团体名次按各单位男、女各1名最好成绩之和为单位得分，得分少者名次列前。各组运动员限发令后3小时到达终点，否则按弃权论。（四）奖励：团体奖按各组别实际参加比赛人数的前三分之一给予奖励。第一名奖“泰山杯”一尊，第二名及以后奖“泰山唐龙杯”一尊。个人奖按各组实际参加比赛人数的前三分之一，分别奖给金、银、铜牌奖章一枚。凡参赛人员，每人一套印有登山标记的运动衫、运动裤、太阳帽、印花旅游包、纪念章作为纪念。（五）其他：凡报名参加邀请赛的各友好国家和地区的人员，登山活动期间，在泰安的食宿交通费均由大会负责。凡报名参加邀请赛的各省、市、自治区等单位的人员，差旅费、住宿费回原单位报销，生活费由大会负责。

1988年，泰山国际暨全国登山活动邀请赛增加友好城市、计划单列城市、产业体协、解放军、泰安市五个组别。竞赛录取由原来限定发令后3小时到达终点改为限定发令后2小时到达终点。

第十届（1996）泰山国际登山节，根据1995年12月国家体委批复，将国际登山节登泰山比赛定名为“全国全民健身登泰山比赛”。第十二届（1998）泰山国际登山节，竞赛规程分为全国全民健身登泰山比赛竞赛规程和全国全民健身登泰山比赛国际组、泰安市组竞赛规程。全国全民健身登泰山比赛（简称全国组）由各省、自治区、直辖市、解放军、计划单列市、行业体协、省会城市、有关单位、泰安市参加；国际组，由各友好国家、地区、友好城市及友好团体参加；泰安市组由各县、市、区、矿务局、驻泰安部队、市直部门、企事业单位参加。

第十七届（2003）泰山国际登山节，全国全民健身登泰山比赛暨国际邀请赛共分国际、全国、泰安市青、中、老男女16个组别。比赛路线按照老、中、青划分，起点均为泰安市市政大楼前东西路，沿擂鼓石路至普照寺路至环山路至红门进山，青年组至玉皇顶，全程12公里；中年至南天门，全程11.2公里；老年组至中天门，全程8.5公里。

第二十八届（2014），对登山比赛进行改革创新，设立国际精英组、玉皇顶国内精英组、中天门健身组。国际精英组由各友好国家、地区、友好城市及来中国旅游的外籍长跑运动员组成；玉皇顶国内精英组、中天门健身组由各省、自治区、直辖市的相关单位和登山长跑爱好者组成。在竞赛办法上，采用芯片计时与人工检录、全程录像相结合的计时办法，并对获得录取名次的运动员进行兴奋剂检测。

第二十九届（2015）泰山国际登山节，设玉皇顶国际组、南天门健身组（限国内）、中天门健身组（限国内）3个组别。比赛路线，起点均为山东农业大学东校区操场（原林校操场），经岱宗坊，沿红门路进山。中天门健身组终点中天门，全程约5.1公里；南天门健身组终点南天门，全程约7.8公里；国际组终点玉皇顶，全程约8.6 公里。

二、登山比赛规程（选载）

泰山国际（全国）登山活动邀请赛规程

（1987年7月20日）

一、竞赛日期

1987年9月25日

二、竞赛地点

中华人民共和国泰安市

三、参加单位

1.各友好国家、地区。

2.各省、市、自治区；山东省各地、市及四大企业。

四、参加办法

1.友好国家、地区参加人数不限。其他各单位，可报领队1人，工作人员1人，运动员6人。（其中老年组、中年组、青年组男女各1人）。

2.参加比赛的运动员必须是参加体育锻炼，经医务部门检查身体健康者。

3.参加比赛的运动员必须符合竞赛分组的年龄规定。

老年组：男子55周岁以上

女子50周岁以上

中年组：男子35至54周岁

女子30至49周岁

青年组：男子34周岁以下

女子29周岁以下

4.登山路线

老年组：岱宗坊至中天门（约5公里，2548个台阶）。

中年组：岱宗坊经中天门至南天门（约7.7公里，5867个台阶）。

青年组；岱宗坊经中天门、南天门至玉皇顶（8.5公里，6660个台阶）

五、竞赛、录取办法

1.个人名次：老年组、中年组、青年组各组男女分别按到达终点的先后顺序排列名次。第一名得1分，第二名得2分……余类推。

2.团体名次：按老年组、中年组、青年组3个组别分别录取。各单位男、女各1名计分队员（友好国家和地区参加人数多时，择优确定男、女各1名计分队员），2人得分之和为单位得分。按各单位得分多少排列团体名次，得分少者名次列前。如遇2人或2个以上单位得分相等，按有关单位次优名次得分多少排列团体名次，得分少者名次列前。如仍相等，团体名次并列，无下一名次。各单位、各组别到达终点不足男、女各1名者，不排团体名次。

3.各组运动员限发令后2小时到达终点，否则按弃权论。

六、奖励

1.团体奖：按老、中、青各组实际参加比赛的队数，录取前三分之一的单位给予奖励（限计团体总分的单位）。获各组第一名者，奖给“泰山杯”1尊。获第二名以后录取名次者奖给“泰山唐龙杯”1尊。

2.个人奖：老、中、青各组男、女分别奖实际参加比赛人数的前三分之一名次，分别奖给金、银、铜牌奖章1枚。

3.凡参赛人员，每人发1套印有登山标记的运动衫、运动裤、太阳帽、印花旅游包、纪念章作为纪念。

七、报名及报到

1.各参加单位于8月25日前向泰安市泰山国际（全国）登山邀请赛组委会电、函团体报名及运动员名单。名单须盖公章并附每个运动员的健康证明和年龄证明。

2.报到：各参加单位于9月22日至23日到泰安市报到。

八、裁判员

由泰安市选调。

九、其他

1.凡报名参加邀请赛的各友好国家和地区的人员，登山活动期间，在泰安的食宿交通费均由大会负责。

2.凡报名参加邀请赛的各省、市、自治区等单位的人员，差旅费、住宿费回原单位报销，生活费由大会负责。

未尽事宜另行通知。

中华人民共和国山东省泰安市
泰山国际（全国）登山活动组织委员会

第二十一届国际登山节登泰山比赛全国组竞赛规程

（2007年7月）

一、主办单位

中国登山协会　山东省体育局

二、承办单位

山东省泰安市人民政府

三、竞赛日期

2007年9月7日

四、竞赛地点

山东省泰安市泰山

五、参加单位

各省、自治区、直辖市及各有关单位

六、报名

（一）各队报名参赛运动员在3人以上可报1名领队或教练；报名参赛运动员在6人以上可报领队、教练各1人；报名运动员在12人以上可增加1名工作人员。

（二）运动员年龄规定（运动员以居民身份证的年龄为准）

青年组：男、女16～35岁

中年组：男、女36～50岁

老年组：男、女51岁以上

（三）报名

各队于8月20日前（以邮戳日期为准）填报大会统一印制的报名单，并附运动员健康证明、居民身份证复印件和1张一寸近期免冠彩色照片。寄泰安市体育局登山竞赛部。

七、竞赛录取办法

（一）比赛路线

老、中、青各组起点均为泰安市林校操场，途经岱宗坊、红门，终点分别为中天门、南天门、玉皇顶。

青年组终点：玉皇顶（全程9.4公里）；中年组终点：南天门（全程8.6公里）；老年组终点：中天门（全程5.9公里）。

（二）运动员限发令后2小时内到达终点，过时不予计成绩和排列名次。

（三）个人名次：按运动员到达终点的先后顺序排列各组男、女运动员名次，时间少者名次列前。

（四）团体名次：按各队青年组、中年组、老年组男、女各两名最优队员得分总和排列，积分少者名次列前（个人名次第一名得1分，第二名得

2分，……依次类推。如各队各组别记分队员不足2名，则按各组最后一个名次的下一个名次记分。如得分相等，则按单项个人名次第一名多者列前。如再相等，则按第二名多者列前……依次类推）。

八、奖励

设团体奖、个人奖。

（一）团体奖：奖励前六名，奖给奖杯1尊。

（二）个人奖：青、中、老年组男、女分别奖励前10名，奖给奖牌1枚。

（三）在2小时内到达各终点的参赛运动员，每人发纪念牌1枚。

九、报到

各代表队于9月5日至6日到泰安市体育局报到（火车站出口设接站处），报到时交验身份证；每人交纳报名费30元。

十、大会日程

9月5日至6日报到，熟悉路线。

6日上午10：30召开领队、教练、裁判长联席会议。

7日上午8：30时比赛，并在各终点颁发个人奖，游览泰山。

8日上午10时举行发奖仪式，颁发团体奖。

8日下午离会。

十二、其他

（一）与会人员比赛期间上、下山的交通费、进山费、索道费（索道费只负责青年组、中年组）由登山组委会负责。

（二）与会人员每人每天交生活费30元，不足部分由大会补助，住宿费等其他费用自理。

（三）大会为登山运动员提供登山比赛人身保险。医疗费等其他费用自理。

十三、本规程解释权属山东省泰安市体育局登山竞赛部。

备注：1.国际组的参加单位由各友好国家、地区、友好城市以及来中国旅游的长跑运动员组成。竞赛规程同全国组相同。2.泰安市组参加单位由县（市、区）、新汶、肥城矿业集团、市直各部门、泰安境内的各类企业（包括独资、合资、民营等企业，驻泰大中专院校）组成。规程同全国组。

第二十九届泰山国际登山节
登泰山比赛竞赛规程

（2015年7月28日）

一、主办单位

中国登山协会

山东省体育局

二、承办单位

山东省泰安市人民政府

三、竞赛日期

2015年9月6日

四、竞赛地点

山东省泰安市泰山

五、参加单位

各友好国家、地区及全国各省、自治区、直辖市的登山长跑爱好者。

六、参加办法

（一）组别设置和年龄划分：

国际组：男子组、女子组，18周岁～40周岁（1975年1月1日至1997年12月31日之间出生者）

南天门健身组（限国内）：男子组、女子组，36周岁～50周岁（1965年1月1日至1979年12月31日之间出生者）

中天门健身组（限国内）：男子组、女子组，51岁以上（1964年12月31日以前出生者）

（二）参赛者身体健康状况要求（略）

七、比赛路线

国际组、健身组起点均为山东农业大学东校区操场（原林校操场）。途经岱宗坊、红门后进山。中天门健身组终点：中天门（全程约5.1公里）；南天门健身组终点：南天门（全程约7.8公里）；国际组终点：玉皇顶（全程约8.6公里）。

八、竞赛办法

（一）登山竞赛部组委会统一选调仲裁委员、裁判员。

（二）组委会为国际组运动员提供感应计时服务，在起点、途中部分路段及终点分别设有感应计时带，运动员在跑进过程中，必须通过所有的地面感应计时带，如缺少任何一个分段点的成绩，将取消该运动员的比赛成绩。

计时芯片将在报到时与号码布及其他物品同时发放。计时芯片为一次性芯片，收取芯片费每人20元人民币，芯片费报到时支付。

（三）组委会将对起点、全程主要路段和终点进行录像监控，途中设置若干裁判点，如出现违反比赛规定的参赛运动员将被取消参赛成绩，两年内不准参加登泰山比赛，并报请中国登山协会追加处罚。

（四）健身组具体竞赛办法报到时查看详细的运动员须知。

（五）组委会将对获得录取名次的运动员进行兴奋剂检测。

九、录取办法

（一）运动员限发令后2小时内到达终点，超时不予计算成绩和排列名次。

（二）个人名次：按运动员到达终点的先后顺序排列各组男、女运动员名次。

（三）团体名次

国际组按各队男、女各两名最优队员得分总和排列，健身组按中天门、南天门健身组男、女各两名最优队员得分总和排列，积分少者名次列前。

十、竞赛奖励（奖金略）

（一）团体奖

国际组奖励前3名，健身组奖励前6名，奖给奖杯1尊。

（二）个人奖

1.国际组男、女分别录取前30名，获得男、女前3名的运动员每人颁发名次奖牌1枚。

2.中天门、南天门健身组男、女分别录取前20名，获得男、女前3名的运动员每人颁发名次奖牌1枚。

在2小时内到达各终点的参赛运动员，颁发由市长签发的成绩证书。凡参加比赛者报到时均发放号码布、竞赛证、纪念奖牌、纪念T恤衫、景区下山车票及《2015第29届泰山国际登山比赛参赛指南》，玉皇顶、南天门参赛运动员发放下山的索道票。

十一、报名

本次比赛的报名方式为网上报名。参赛者可通过泰安市体育局网站—泰山国际登山比赛报名系统进行报名，本次比赛可以个人或团体形式报名。进入后须填写所有报名信息并上传电子版照片，提交信息后等待组委会审核，审核期为3日，待审核通过后即可支付报名费，报名费支付成功即报名成功。待网上报名工作截止后，运动员可登陆泰安市体育局网站—全民健身登泰山比赛报名系统查询参赛号码。

（一）团体报名

一个团体的参赛运动员只能国际组、健身组二选一，两个组不可能在一个团体内同时存在。团体报名参赛运动员在8人以上可报领队1人；报名参赛运动员在16人以上可报领队、工作人员各1人，运动员不能兼报领队或工作人员。团体报名每团体人数上限为30人，如某个单位报名参赛人数众多，可分队报名。

（二）报名费

报名费为每人60元人民币。参加国际组的运动员还需另收取芯片费每人20元人民币，芯片费报到时支付。芯片为一次性芯片，比赛使用后不再收回。

（三）报名时间及人数限制

报名开始时间为7月28日，截止日期是8月27日。报名限制人数：国际组限1000人，南天门健身组限1000人，中天门健身组限1500人，达到报名限制人数，截止报名。

十二、报到

报到地点：泰安市泰山宾馆（泰山区红门路26号，岱宗坊、林校操场东临）。请参赛运动员务必于9月4日至9月5日到报到地点报到。已经网上报名成功的运动员，国际组凭有效证件直接领取计时芯片和其他竞赛物品；健身组凭有效证件领取竞赛物品。

十三、大会日程

9月4日至5日报到。

9月5日下午3：30召开领队、教练、裁判长联席会议。

9月6日上午8：30比赛，并在各终点颁发个人奖，游览泰山。

十四、其他

与会人员比赛期间泰山景区进山门票、景区交通、索道票、人身保险由大会免费提供。运动员食宿、前往起点的交通及医疗等事宜自行解决。

十五、有关竞赛的其他具体要求和事宜，请运动员报到时查看《2015第29届泰山国际登山比赛参赛指南》和详细的运动员须知。

十六、本规程解释权属泰安市体育局登山竞赛部。

登山比赛路线示意图

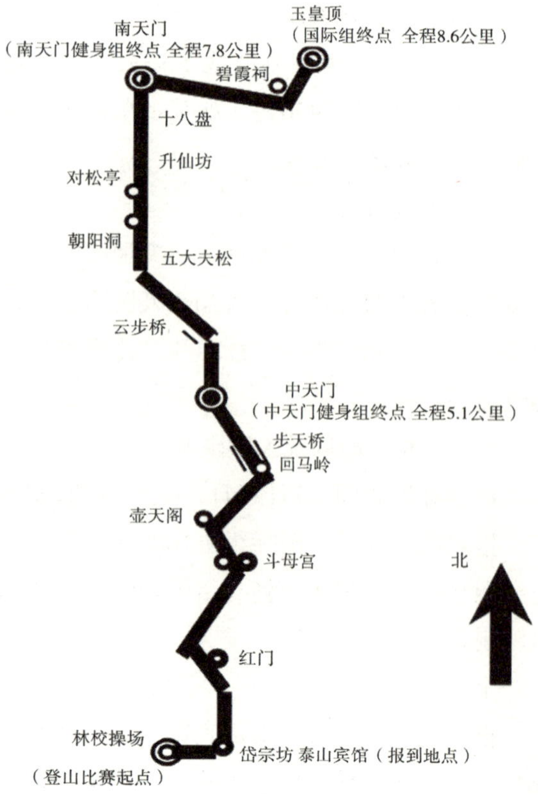

第五节　奖　励

1987年，首届泰山国际暨全国登山活动邀请赛只设奖杯、奖章。自第二届（1988）开始，对获得名次的个人运动员设立奖金。第二届至第七届，对各组男女第一名奖1000元人民币（下同）、第二名500元、第三名300元。第八届（1994年）奖金有所调整，对获各组男女奖第一名1500元、第二名600元、第三名400元、第四名300元、第五名200元、第六名100元。第九届（1995年）奖金有所增加，对各组男女第一名奖2000元、第二名800元、第三名600元、第四名400元、第五名300元、第六名200元。

第十二届（1998年）对奖励进行进一步的完善。全国组个人奖按青、中、老3个组别奖励男女前18名。其中，获青年组男女第一名奖6000元、第二名3000元、第三名1000元，中年组、老年组男女第一名3000元、第二名1500元、第三名奖励1000元；获各组4至6名奖800元、7至10名奖400元、11至15名奖200元、16至18名奖100元。国际组、泰安组按青、中、老年组男女分别奖励前六名，第一名1000元、第二名600元、第三名400元、第四名300元、第五名至第六名200元。泰安组自第十二届至第二十七届参赛运动员奖金没有变化，国际组自第十二届至二十届运动员奖金没有变化；全国组奖金各届次稍有变化。

全国组登山比赛，第十四届（2000）至第十六届（2002）按青、中、老组别分别奖男女前12名。其中，获青年组男女第一名奖6000元、第二名2000元、第三名1000元，中年组、老年组男女第一名奖3000元、第二名2000元、第三名奖励1000元；各组4至5名奖600元、6至7名奖400元、8至9名奖300元、10至12名奖200元。自第十七届（2003）至第二十七届（2013）青年组奖金有所增加，老年组有所减少（如表）。

第十七届（2003）泰山国际登山节登山比赛全国组个人奖金情况表

表 7-4　　人民币，单位：元

组别/金额/名次	青年组		中年组		老年组	
	男	女	男	女	男	女
第一名	12000	8000	3000	3000	2000	2000
第二名	3000	3000	2000	2000	1000	1000
第三名	2000	2000	1000	1000	600	600
第四名	600	600	600	600	600	600
第五名	600	600	600	600	600	600
第六名	400	400	400	400	400	400
第七名	400	400	400	400	400	400
第八名	300	300	300	300	300	300
第九名	300	300	300	300	200	200
第十名	200	200	200	200	200	200

第十八届（2004）至第二十七届（2013）泰山国际登山节登山比赛全国组个人奖金情况表

表 7-5　　人民币，单位：元

组别/金额/名次	青年组		中年组		老年组	
	男	女	男	女	男	女
第一名	8000	6000	4000	4000	2000	2000
第二名	6000	4000	2000	2000	1000	1000
第三名	4000	3000	1000	1000	800	800
第四名	2000	1000	800	800	700	700
第五名	1000	800	600	600	600	600
第六名	800	700	500	500	500	500
第七名	700	600	400	400	400	400
第八名	600	500	300	300	300	300
第九名	500	400	300	300	200	200
第十名	400	300	200	200	200	200

国际组登山比赛，第二十一届（2007）对奖励办法及奖金数额进行调整，按青、中、老分别奖励男女前6名。至第二十六届未变。

第二十一届（2007）至第二十六届（2002）泰山国际登山节登山比赛国际组个人奖情况表

表 7-6　　　　人民币，单位：元

金额　组别 名次	青年组		中年组		老年组	
	男	女	男	女	男	女
第一名	6000	6000	3000	3000	1000	1000
第二名	4000	4000	2000	2000	800	800
第三名	3000	3000	1000	1000	600	600
第四名	2000	2000	800	800	400	400
第五名	1000	1000	600	600	400	400
第六名	100	1000	600	600	400	400

第二十八届（2014）精英组男、女前3名每人颁发名次奖牌1枚及泰山玉挂件，前20名进行现金奖励（含税），破纪录者将增加所获名次对应奖金的10%。中天门、南天门健身组男、女前3名每人颁发名次奖牌1枚及泰山玉挂件；中天门健身组男、女前10名和南天门健身组男、女前15名进行现金奖励（含税）。国际组男、女前3名每人颁发名次奖牌1枚及泰山玉挂件，男、女前6名进行现金奖励（含税）。

第二十八届（2014）泰山国际登山节全国全民健身登泰山比赛精英组奖励情况表

表 7-7　　　　人民币，单位：元

金额　组别 名次	精英组		金额　组别 名次	精英组	
	男	女		男	女
第一名	4 万	4 万	第十二名	1800	1800
第二名	2 万	2 万	第十三名	1700	1700
第三名	1 万	1 万	第十四名	1600	1600
第四名	8000	8000	第十五名	1500	1500
第五名	7000	7000	第十六名	1400	1400
第六名	6000	6000	第十七名	1300	1300
第七名	5000	5000	第十八名	1200	1200
第八名	4000	4000	第十九名	1100	1100
第九名	3000	3000	第二十名	1000	1000
第十名	2000	2000	合计	119500	119500
第十一名	1900	1900			

第二十八届（2014）泰山国际登山节全国全民健身登泰山比赛健身组奖励情况表

表 7-8　　人民币，单位：元

组别/金额/名次	南天门健身组		中天门健身组	
	男	女	男	女
第一名	8000	8000	4000	4000
第二名	6000	6000	2000	2000
第三名	4000	4000	1000	1000
第四名	3000	3000	800	800
第五名	2000	2000	700	700
第六名	1600	1600	600	600
第七名	1400	1400	500	500
第八名	1200	1200	400	400
第九名	1000	1000	300	300
第十名	800	800	200	200
第十一名	600	600	—	—
第十二名	500	500	—	—
第十三名	400	400	—	—
第十四名	300	300	—	—
第十五名	200	200	—	—
合计	31000	31000	10500	10500

第二十八届（2014）泰山国际登山节登山比赛国际组前六名奖金情况表

表 7-9　　人民币，单位：元

男			女		
成 绩	名 次	奖 金	成 绩	名 次	奖 金
1 小时 00 分 00 秒以内（含）	第一名	2 万	1 小时 10 分 00 秒	第一名	2 万
	第二名	1 万		第二名	1 万
	第三名	8000		第三名	8000
	第四名	5000		第四名	5000
	第五名	3000		第五名	3000
	第六名	2000		第六名	2000
1 小时 00 分 01 秒至 1 小时 5 分 00 秒	第一名	1.8 万	1 小时 10 分 01 秒至 1 小时 15 分 00 秒	第一名	1.8 万
	第二名	9000		第二名	9000
1 小时 00 分 01 秒至 1 小时 5 分 00 秒	第三名	7200	1 小时 10 分 01 秒至 1 小时 15 分 00 秒	第三名	7200
	第四名	4500		第四名	4500
	第五名	2700		第五名	2700
	第六名	1800		第六名	1800

续表 7-9

人民市，单位：元

男			女		
成 绩	名 次	奖 金	成 绩	名 次	奖 金
1 小时 5 分 01 秒至 1 小时 10 分 00 秒	第一名	1.6 万	1 小时 15 分 01 秒至 1 小时 20 分 00 秒	第一名	1.6 万
	第二名	8000		第二名	8000
	第三名	6400		第三名	6400
	第四名	4000		第四名	4000
	第五名	2400		第五名	2400
	第六名	1600		第六名	1600
1 小时 10 分 01 秒至 1 小时 15 分 00 秒	第一名	1.4 万	1 小时 20 分 01 秒至 1 小时 25 分 00 秒	第一名	1.4 万
	第二名	7000		第二名	7000
	第三名	5600		第三名	5600
	第四名	3500		第四名	3500
	第五名	2100		第五名	2100
	第六名	1400		第六名	1400
1 小时 15 分 01 秒至 1 小时 20 分 00 秒	第一名	1.2 万	1 小时 25 分 01 秒至 1 小时 30 分 00 秒	第一名	1.2 万
	第二名	6000		第二名	6000
	第三名	4800		第三名	4800
	第四名	3000		第四名	3000
	第五名	1800		第五名	1800
	第六名	1200		第六名	1200
1 小时 20 分 01 秒至 1 小时 25 分 00 秒	第一名	1 万	1 小时 30 分 01 秒至 1 小时 35 分 00 秒	第一名	1 万
	第二名	5000		第二名	5000
	第三名	4000		第三名	4000
	第四名	2500		第四名	2500
	第五名	1500		第五名	1500
	第六名	1000		第六名	1000
1 小时 25 分 01 秒至 1 小时 30 分 00 秒	第一名	8000	1 小时 35 分 01 秒至 1 小时 40 分 00 秒	第一名	8000
	第二名	4000		第二名	4000
	第三名	3200		第三名	3200
	第四名	2000		第四名	2000
	第五名	1200		第五名	1200
	第六名	800		第六名	800

第二十九届（2015）泰山国际登山节登山比赛对获国际组男、女前三名运动员每人颁发名次奖牌一枚，对获男、女前30名进行现金奖励。其中，对获精英组男、女第一名奖励现金12万元、第二名8万元、第三名6万元、第四名4万元、第五名3万元、第六名2万元，第七名至三十名分别奖1万元至1000元不等；破纪录者将增加所获得名次对应奖金的10%。对获南天门健身组男、女前三名的运动员每人颁发名次奖牌一枚，获男、女前20名运动员进行现金奖励。其中，获男、女第一名奖励8000元，第二名至第六名分别奖6000元、5000元、4000元、3000元、2000元，第七名至第二十名分别奖励1800至100元不等。对获中天门健身组男、女前三名的运动员每人颁发名次奖牌一枚，男、女前20名运动员进行现金奖励。其中，获第一名奖励4000元、第二名2000元、第三名1800元，第四名至第二十名奖励1600元至100元不等。对凡在2小时内到达各终点的参赛运动员，颁发由市长签发的成绩证书。凡参加比赛者均发放竞赛证、纪念奖牌、纪念T恤衫等。

第六节　会　徽

1987年，泰山国际登山活动组委会制定了泰山国际登山节会徽。会徽由五个山峰、南天门、盘道、五岳泰山真形图和地球经纬线组成，分别着金、蓝、绿色的“D”字形图案。五个山峰，中间为高，南天门与盘道组成“T”字，系泰山泰字汉语拼音的第一个字母，连同五岳泰山真形图表示泰山居五岳之首；地球经纬线表示国际性活动；“D”是汉字登拼音的第一个字母，表示登山；金色表示古老文明；蓝色表示崇高、纯洁；绿色表示和平友好。1987年，第一届泰山国际暨全国登山活动会徽周边有泰山国际登山活动及泰山国际登山活动英语字母环绕；1991年，第五届去消了周边中、英文字环绕；1992年，第六届有中文泰山国际登山节及英语泰山国际登山节字母环绕；1996年，第十届去消了中英文字环绕，至2015年未变。

1987年第一届泰山国际暨全国登山活动会徽

1991年第六届泰山国际登山节会徽

第二章　组织机构

第一节　登山节组委会

泰山国际登山节组委会为登山节的领导机构，负责登山节的组织领导工作。登山节组织委员会，一般由上级主办单位领导、泰安市委、市政府领导任顾问、主任、副主任，市直有关部门负责人、县（市、区）长为成员。第一届至第十二届，设立名誉主任，第一届、第二届、第四届、第五届邀请中央政治局委员、书记处书记、中央军委总参谋长杨得志任名誉主任。第六届至第八届，邀请杨得志、杨成武任名誉主任；第十届，邀请伍绍祖、李春亭任名誉主任；第十一届，邀请国家体委副主任刘吉、山东省副省长吴爱英任名誉主任。第十二届，邀请国家体育总局副局长张发强、山东省副省长邵桂芳任名誉主任。第十三届以后登山节组委会不再设置名誉主席。

第一届（1987）泰山国际暨全国登山活动组委会由中共中央政治局委员、中央书记处书记、中国人民解放军总参谋长、杨得志任名誉主任，中国登山协会主席史占春担任组委会顾问，泰安市委副书记、代市长崔建文任组委会主任，市委、市人大、市政府、市政协分工领导任副主任。

第二届（1988）泰山国际暨全国登山活动组委会由中共中央顾问委员会（简称中顾委）常委、中国登山协会名誉主席杨得志担任名誉主任，中国登山协会主席史占春担任组委会顾问，泰安市委副书记、市长王建功任组委会主任，市委、市人大、市政府、市政协、泰安军分区有关领导任副主任。

第三届（1989）泰山全国登山活动组委会由中国登山协会主席史占春担任组委会顾问，市委副书记、市长王建功任组委会主任，市委、市纪委、市人大、市政府、市政协、泰安军分区有关领导任副主任。

第四届（1990）泰山国际暨全国登山活动组委会由中顾委常委、中国登山协会名誉主席杨得志担任名誉主任，中华全国体育总会主席李梦华、中国登山协会主席史占春担任名誉副主任，市委书记王建功任顾问，市委副书记、市长任主任，市委副书记曲进贤、副市长杨庆蔚任常务副主任，省体委主任杨季泉及市委、市纪委、市人大、市政府、市政协、泰安军分区、莱钢总厂有关领导任副主任。

第五届（1991）泰山国际登山节组委会由中顾委常委、中国登山协会名誉主席杨得志担任名誉主任，中华全国体育总会主席李梦华、中国登山协会主席史占春担任名誉副主任，泰安市委副书记、代市长张敬茂任主任，副市长杨庆蔚任常务副主任，省体委主任杨季泉，市委、市纪委、市人大、市政府、市政协、泰安军分区、新汶矿务局有关领导任副主任。

第六届（1992）泰山国际登山节组委会由中顾委常委、中国登山协会名誉主席杨得志，全国政协原副主席、中国自行车协会名誉主席杨成武任名誉主任；泰安市委副书记、市长张敬茂任主任，副市长杨庆蔚任常务副主任，省体委主任曹学成，肥城矿务局局长杨继彬、54886部队部队长陈来锁及市委、市纪委、市人大、市政府、市政协、泰安军分区领导任副主任。

第七届（1993年）泰山国际登山节组委会由中顾委常委、中国登山协会名誉主席杨得志，全国政协原副主席，中国自行车协会名誉主席杨成武任名誉主任；泰安市委副书记、市长张知平任主任，市委常委、副市长任常务副主任，省体委主任曹学成、54886部队部队长谈文虎、新汶矿务局局长刘天惠、肥城矿务局局长赵增和及市委、市纪委、市人大、市政府、市政协、泰安军分区领导任副主任。

第八届（1994）泰山国际登山节组委会由泰安市委副书记、市长张知平任主任，市委常委、副市长任常务副主任，54886部队部队长谈文虎、39690部队部队长魏仁义、新汶矿务局局长刘天惠、肥城矿务局副局长杨丙礼及市委、市人大、市政府、市政协、泰安军分区、石横发电厂、泰山酿酒饮料（集团）股份有限公司、泰山石化（集团）股份有限公司领导任副主任。

第九届（1995年）泰山国际登山节组委会由泰安市委书记张庆黎、市人大常委会主任曲进贤、市政协主席杨庆蔚任顾问，市委副书记、市长张知平任主任，市委副书记刘喜敏，市委常委、副市长任常务副主任，市委、市人大、市政府、市政协、泰安军分区、54886部队领导任副主任。

第十届（1996）泰山国际登山节组委会由泰安市委书记张庆黎、市人大常委会主任曲进贤、市政协主席杨庆蔚任顾问，市委副书记、市长张知平任主任，市委副书记、副市长赵树丛任常务副主任，54886部队部队长宋普选、新汶矿务局局长刘天惠、肥城矿务局局长杨丙礼及市委、市人大、市政府、市政协、泰安军分区、石横发电厂、泰山石化总公司领导任副主任。

第十一届（1997）泰山国际登山节组委会由国家体委副主任刘吉、山东省分工副省长任名誉主任。省体委主任曹学成，泰安市委书记、市人大常委会主任张庆黎，市委副书记、市政协主席刘喜敏任顾问。市委副书记、市长张知平任主任，市委副书记、副市长赵树丛任常务副主任。中国登山协会主席曾曙生、国家体委社会体育指导中心副主任宋兆荣、中华全国体育总会群体部副部长朱琼、54886部队部队长张玺文、肥城矿务局局长公茂泉及市委、市人大、市政府、市政协、泰安军分区、石横发电厂、泰山石化集团领导任副主任。

第十二届（1998）泰山国际登山节组委会由国家体育总局副局长张发强、山东省副省长邵桂芳任名誉主任，省体委主任于学田、市委书记莫振奎、市人大常委会主任张知平、市政协主席宋广吉任顾问。市委副书记、市长赵树丛任主任，市委常委、副市长仲崇高任常务副主任。中国登山协会主席曾曙生、国家体育总局社会体育指导中心副主任宋兆荣、中华全国体育总会群体部副部长朱琼、54886部队部队长张玺文、中国轻骑集团总裁张家岭、肥城矿业集团董事长梁兴泰及市委、市纪委、市人大、市政府、市政协、泰安军分区、泰山石化集团、石横发电厂、泰安市电业局、泰山国际电缆电器集团、泰山生力源集团、泰山旅游集团、泰山锅炉压力容器集团领导任副主任。

第十三届（1999）泰山国际登山节组委会由市委副书记、市长鲍志强任主任，市委常委、副市长仲崇高任常务副主任，中国登山协会主席曾曙生，国家体育总局社会体育指导中心副主任宋兆荣，中华全国体育总会群体部副部长朱琼及市委、市政府、泰安鲁润股份公司领导任副主任。

第十四届（2000）泰山国际登山节组委会由市委副书记、市长鲍志强任主任，市委常委、副市长仲崇高任常务副主任，中国登山协会常务副主席、登山管理中心主任李志新、中华全国体育总会群体司副司长朱琼、浪潮集团总裁王爱先、泰安市政府副市长孙承志、李惠东任副主任。

第十五届（2001）泰山国际登山节组委会由市委副书记、市长耿文清任主任，市委常委、副市长任常务副主任。中国登山协会常务副主席、登山管理中心主任李志新，中华全国体育总会群体司司长郭敏、河南赊店集团董事长范登科及市委、市政府领导任副主任。

第十六届（2002）泰山国际登山节组委会由市委副书记、市长耿文清任主任，市委常委、副市长任常务副主任。中国登山协会常务副主席、登山管理中心主任李志新，中华全国体育总会群体司司长郭敏及市委、市政府、四川泸州老窖酒业公司领导任副主任。

第十七届（2003）泰山国际登山节组委会由市委副书记、市长任主任，副市长李惠东任常务到主任。中国登山协会常务副主席、登山管理中心主任李志新，国家体育总局群体司司长郭敏及市委、市政府领导任副主任。

第十八届（2004）泰山国际登山节组委会由市委副书记、市长任主任，市委副书记唐家品，市委常委、副市长李同道，副市长白玉翠任常务副主任。中国登山协会常务副主席、登山管理中心主任李志新及市委、市政府、市政协领导任副主任。

第十九届（2005）泰山国际登山节组委会由市委副书记、市长任主任，中国登山协会常务副主席、登山管理中心主任李志新及市委、市政府、市政协领导任副主任。

第二十届（2006）泰山国际登山节组委会由市委副书记、市长任主任，中国登山协会常务副主席、登山管理中心主任李志新及市委、市政府、市政协与有关部门领导任副主任。

第二十一届（2007）泰山国际登山节组委会由市委副书记、市长李洪峰任主任，中国登山协会常务副主席、登山管理中心主任李志新，市委副书记、副市长王云鹏，副市长白玉翠任常务副主任。市委、市政府、市政协及有关部门领导任副主任。

第二十二届（2008）泰山国际登山节组委会由市委副书记、市长李洪峰任主任，中国登山协会常务副主席、登山管理中心主任李志新，市委副书记、副市长王云鹏，副市长白玉翠、林华勇、徐恩虎任副主任。

第二十三届（2009）泰山国际旅游文化登山节组委会由市委副书记、市长李洪峰任主任，中国登山协会常务副主席、登山管理中心主任李志新，市委、市政府领导任副主任。

第二十四届（2010）泰山国际旅游文化登山节组委会由市委副书记、市长李洪峰任主任，中国登山协会常务副主席、登山管理中心主任李志新，市委、市政府领导任副主任。

第二十五届（2011）泰山国际旅游文化登山节组委会由市委副书记、市长李洪峰任主任，中国登山协会常务副主席、登山管理中心主任李志新及市委、市政府领导任副主任。

第二十六届（2012）泰山国际登山节组委会由市委副书记、市长王云鹏任主任，中国登山协会常务副主席、登山管理中心主任李志新，市委、市政府、高新开发区、市公安局、泰山管委领导任副主任。

第二十七届（2013）泰山国际登山节组委会由市委副书记、市长王云鹏任主任，中国登山协会常务副主席、登山管理中心主任李志新及市委、市政府、高新开发区、市公安局、泰山管委领导任副主任。

第二十八届（2014）泰山国际登山节组委会由市委副书记、市长王云鹏任主任，中国登山协会常务副主席、登山管理中心主任李志新及市委、市政府、高新开发区、市公安局、泰山管委领导任副主任。

第二十九届（2015）泰山国际登山节组委会由市委副书记、市长王云鹏任主任，国家体育总局登山运动管理中心党委书记、副主任，中国登山协会常务副主席续川及市委、市政府、高新开发区、市公安局、泰山管委领导任副主任。

第一届至第二十九届泰山国际登山节组委会组成人员情况表

表 7-10

届 次	名誉主任	名誉副主任	顾 问	主 任	常务副主任	副主任
第一届（1987）	杨得志	—	史占春	崔建文	—	曲进贤 赵玉琇 张敬茂 杨庆蔚 林 光
第二届（1988）	杨得志	—	史占春	王建功	—	周兴礼 曲进贤 杨庆蔚 王锡禄 贾崇瑞 宋广吉 张敬茂 鲍升春 林 光 谷 祥 庞俊三 丁凤岐
第三届（1989）	—	—	史占春	王建功	—	招务雄 燕志夫 周兴礼 曲进贤 杨庆蔚 王锡禄 林 光 谷 祥 韩兆东
第四届（1990）	杨得志	李梦华 史占春	王建功	市委主要领导	曲进贤 杨庆蔚	杨季泉 李国瑞 庞俊三 张仁敬 王锡禄 宋广吉 仲崇高 谷 祥 丁凤岐 汪锡铜
第五届（1991）	杨得志	李梦华 史占春	曲进贤	张敬茂	杨庆蔚	杨季泉 刘天惠 庞俊三 张仁敬 刘静海 王锡禄 宋广吉 仲崇高 林 光 尹 亮 丁凤岐 汪锡铜
第六届（1992）	杨得志 杨成武	李梦华 刘 吉 史占春 万伯翱	曲进贤	张敬茂	杨庆蔚	曹学成 杨继彬 张树禹 宋明顺 张仁敬 刘静海 王锡禄 王文元 宋广吉 仲崇高 李主其 林 光 庞俊三 刘廉堂 陈来锁 尹 亮 汪锡铜 张北英 张传礼 汪明培 邢光宝 张奎发
第七届（1993）	杨得志 杨成武	—	—	张知平	分工副市长	刘静海 汪明培 王文元 高庆臣 仲崇高 张北英 于连荣 张振宗 孙继业 尹 亮 谈文虎 刘天惠 赵增和 笪鸿兴 汪锡铜 王庆泗 曹学成
第八届（1994）	杨得志 杨成武	—	张树禹 宋广吉 曲进贤 杨庆蔚	张知平	分工副市长	刘静海 宋明顺 汪明培 张品一 史怀君 高庆臣 仲崇高 张北英 于连荣 张振宗 于永旭 孙继业 尹 亮 王庆泗 谈文虎 魏仁义 刘天惠 杨丙礼 笪鸿兴 张传礼 王效金 江廷华 李茂远
第九届（1995）	—	—	张庆黎 曲进贤 杨庆蔚	张知平	刘喜敏、分工副市长	高庆臣 仲崇高 于连荣 张振宗 孙承志 孙继业 尹 亮 宋普选 王庆泗 江廷华 张传礼 谷焕章 刘天惠 杨丙礼 笪鸿兴
第十届（1996）	伍绍祖 李春亭	—	张庆黎 曲进贤 杨庆蔚	刘 吉 张知平	赵树丛	李洪峰 仲崇高 于连荣 张振宗 孙承志 赵一民 国兆新 宋普选 王庆泗 刘天惠 杨丙礼 谷焕章 胡建民 张相玉
第十一届（1997）	刘 吉	—	曹学成 张庆黎 刘喜敏	张知平	赵树丛	曾曙生 宋兆荣 朱 琼 李洪峰 公丕汉 唐家品 仲崇高 于连荣 张振宗 孙承志 赵一民 刘树信 国兆新 张玺文 姜吉叩 张 平 郎庆田 公茂泉 谷焕章 亓 波

续表 7-10

届　次	名誉主任	名誉副主任	顾　问	主　任	常务副主任	副主任
第十二届（1998）	张发强 邵桂芳	—	于学田 莫振奎 张知平 宋广吉	赵树丛	仲崇高	曾曙生　宋兆荣　朱　琼　李洪峰 唐家品　安海军　黄龙华　白玉翠 孙承志　赵一民　李金明　李惠东 刘树信　国兆新　张玺文　姜吉叩 郎庆田　梁兴泰　谷焕章　亓　波 张家岭　李培林　李田祚　张　平 李爱国　曹西森
第十三届（1999）	—	—	—	鲍志强	仲崇高	曾曙生　宋兆荣　朱　琼　李洪峰 孙承志　李惠东　白玉翠　张志福
第十四届（2000）	—	—	—	鲍志强	仲崇高	李志新　朱　琼　梁文生　孙承志 李惠东　王爱先
第十五届（2001）	—	—	—	耿文清	分工副市长	李志新　郭　敏　唐家品　孙承志 赵一民　李金明　李惠东　白玉翠 齐承芳　林华勇　唐昭林　范登科
第十六届（2002）	—	—	—	耿文清	分工副市长	李志新　郭　敏　唐家品　孙承志 赵一民　李金明　李惠东　白玉翠 齐承芳　林华勇　唐昭林　钟元才
第十七届（2003）	—	—	—	市长	李惠东	李志新　郭　敏　孙承志　李同道 朱玉合　白玉翠　齐承芳　林华勇 彭　华　宋　鲁　刘汉玲　唐昭林
第十八届（2004）	—	—	—	市长	唐家品 白玉翠 李同道	李志新　孙承志　朱玉合　李惠东 齐承芳　林华勇　彭　华　宋　鲁 刘汉玲　张庆明　唐昭林
第十九届（2005）	—	—	—	市长	李志新 李同道 白玉翠	孙承志　朱玉合　齐承芳　林华勇 彭　华　宋　鲁　刘汉玲　张庆明 张树友　任先德　唐昭林
第二十届（2006）	—	—	—	市长	李志新 李洪峰 白玉翠	孙承志　朱玉合　齐承芳　林华勇 彭　华　宋　鲁　闫新建　徐恩虎 张庆明　张树友　王　平　任先德 孙运飞
第二十一届（2007）	—	—	—	李洪峰	李志新 王云鹏 白玉翠	邹斌芳　朱玉合　齐承芳　林华勇 彭　华　宋　鲁　闫新建　徐恩虎 张庆明　王　平　任先德　孙运飞
第二十二届（2008）	—	—	—	李洪峰	—	李志新　王云鹏　白玉翠　林华勇 徐恩虎
第二十三届（2009）	—	—	—	李洪峰	—	李志新　白玉翠　李　琥　朱玉合 林华勇　徐恩虎
第二十四届（20010）	—	—	—	李洪峰	—	李志新　王云鹏　白玉翠　李　琥 朱玉合　林华勇　徐恩虎
第二十五届（2011）	—	—	—	李洪峰	—	李志新　王云鹏　李　琥　朱玉合 张志华　林华勇　徐恩虎
第二十六届（2012）	—	—	—	王云鹏	—	李志新　李　琥　丁　毅　辛显明 陈　刚　刘卫东　张志华　徐恩虎 槐国栋　谭业刚

续表 7-10

届　次	名誉主任	名誉副主任	顾　问	主　任	常务副主任	副主任
第二十七届（2013）	—	—	—	王云鹏	—	李志新　辛显明　陈　刚　刘卫东 张志华　徐恩虎　鞠向群　谭业刚
第二十八届（2014）	—	—	—	王云鹏	—	李志新　辛显明　陈　刚　刘卫东 张志华　徐恩虎　鞠向群　谭业刚
第二十九届（2015）	—	—	—	王云鹏	—	续　川　陈　刚　刘卫东　张瑞东 徐恩虎　鞠向群　成　丽　谭业刚

第二节　登山节办事机构

一、组委会办公室

组委会下设办公室。1987年至1993年，组委会办公室工作人员从各部门抽调组成，负责协调、检查、督促及起草印发文件、日常接待和大会后勤等工作。1993年，组委会办公室隶属于泰安市登山办公室；1996年4月隶属于市经协办；2004年隶属于市旅游局。至2015年未变。

二、组委会工作机构

1987年，泰山国际暨全国登山活动组委会成立财务、登山、经贸、文艺、宣传等12个工作组，具体负责登山节活动的筹备事宜。至2015年，第二十九届国际登山节基本沿用第一届组委会工作小组机构。

1987 年泰山国际暨全国登山活动组委会工作机构情况表

表 7-11

名　称	组成部门	主要职责
财务管理组	市财政局	负责计划、筹集并管理好登山节活动资金
登山活动组	市体委（市体育局）	负责筹集和登山竞赛、开幕式、发奖大会、奖品制作以及国内运动员接待工作和活动安排
赛区管理组	泰山管委	负责泰山景点维修、建设，景区治安秩序、饮食服务、环境卫生，并同市文联等有关部门配合，搞好书画、盆景和根雕艺术展览
经济科技贸易组	市经贸委、市科委	组织安排经贸洽谈、招商引资洽谈、科技合作、人才交流等活动
文艺组	市文化局	负责登山节活动期间文化活动的筹备、安排、演出和组织工作
宣传组	市委宣传部	负责宣传品的印制、宣传报道和国内外记者的接待工作等
市容管理组	市建设局	负责市政建设、市容卫生、绿化环境及供水等工作
供电通讯组	市电业局、市通讯公司	保证登山节供电、通信线路的畅通
治安保卫组	市公安局	负责来宾和重点场所的安全保卫工作，维护市区交通秩序
医疗救护组	市卫生局	负责来宾、登山人员的医疗救护工作
外宾事务组	市旅游局	负责外宾的邀请、接待、食宿、参观、采访等工作，组织翻译人员为大会服务，组织索道安全运行
内宾事务组	市委接待处	负责市委、市政府和组委会邀请的内宾接待、食宿、交通、旅游、参观等工作

第三节　竞赛委员会

1987年，泰山国际暨全国登山活动组委会设体育组，邀请赛由登山活动邀请赛组委会体育组负责。1988年，泰山国际暨全国登山活动组委会下设竞赛组。1989年，泰山全国登山活动组委会下设竞赛处，成立仲裁委员会。自1990年，泰山国际暨全国登山活动邀请赛组委会设竞赛委员会。竞赛委员会设主任、副主任、秘书长、副秘书长、仲裁委员会、裁判长、副裁判长。第九届至第十一届（1995—1997）泰山国际登山节组委会竞赛委员会增设常务副主任。自第十七届（2003）起设置名誉主任、执行主任。第四届至第八届竞赛委员会主任由泰安市体委负责人担任；第八届至第十六届由国家体育总局或国家体育总局相关部门领导、泰安市政府分工副市长担任；第十七届至第二十二届由中国登山协会、国家体育总局登山管理中心、山东省体育局、泰安市政府分工领导担任；第二十三届至第二十九届由中国登山协会、国家体育总局登山管理中心、山东省体育局领导任主任，泰安市政府分工副市长任执行主任。第三届至第二十九届（除第七届外）裁判长分别由韩惠武、刘际友、郑光和石玉龙担任。

泰山国际登山节（泰山国际暨全国登山活动邀请赛）组委会竞赛委员会下设若干办事机构，负责竞赛具体事宜。第四届泰山国际登山节竞赛委员会下设秘书、竞赛、行政、场地器材、保卫、联络6个处。第八届泰山国际登山节竞赛委员会改为竞赛、秘书、行政、场地器材4个处。第十五届增加环泰山马拉松竞赛部。第十九届撤销环泰山马拉松竞赛部，设县（市、区）全民登山活动部。第二十一届更改为万人健身跑竞赛部。第二十九届泰山国际登山节竞赛委员会设立综合、登山竞赛、场地器材、登山颁奖、市场开发、安保医疗、健身跑竞赛7个工作部。

第一届至第二十九届泰山国际登山节组委会竞赛委员会人员情况表

表 7-12

届　次	名誉主任	主　任	执行主任	常务副主任	副主任	秘书长	仲裁委员会	裁判长	副裁判长
第三届（1989）	—	—	—	—	—	—	王庆泗　由昌菁 赵新诚　范维祺 韩惠武	韩惠武	袁印增 张云海 薛新华
第四届（1990）	—	由昌菁	—	—	赵新诚　赵伯生	—	王庆泗　由昌菁 赵新诚　赵伯生 韩惠武	韩惠武	袁印增 郑　光 张云海
第五届（1991）	—	由昌菁	—	—	赵新诚　赵伯生	—	由昌菁　赵新诚 赵伯生　范维祺 韩惠武	韩惠武	袁印增 徐存山 张云海
第六届（1992）	—	由昌菁	—	—	赵新诚　赵伯生 吴秀峰　朱玉玲	—	由昌菁　赵新诚 赵伯生　范维祺 韩惠武	韩惠武	隋希林 栾林发 石绍镇
第八届（1994）	—	由昌菁	—	—	赵伯生　石柱清 任广中	—	由昌菁　任广中 范维祺　刘际友 候长起	刘际友	候长起 郑　光 刘志刚

续表 7–12

届　次	名誉主任	主　任	执行主任	常务副主任	副主任	秘书长	仲裁委员会	裁判长	副裁判长
第九届（1995）	江廷华	于连荣	—	由昌菁	陈仕谟　苏春山 艾宪淮　邹沁园 胡立东　李爱国 李吉丰　赵伯生 石柱清　任广中 王润兰	—	由昌菁　任广中 韩惠武　范维祺 薛新华	韩惠武	刘际友 郑　光 曹东平
第十届（1996）	—	宋兆荣 于连荣	—	由昌菁	王重华　牛学文 陈世谟　何贵臣 石柱清　任广中 史建民　艾宪淮 裴保峰　叶余江 张肇惠　王润兰 李爱国　郑玉华	—	王重华　牛学文 由昌菁　任广中 孙爱萍　范维祺 韩惠武	韩惠武	郑　光 刘际友 曹东平
第十一届（1997）	—	宋兆荣 于连荣	—	由昌菁	王重华　牛学文 陈世谟　王新林 何贵臣　石柱清 任广中　史建民 杨乐妹　裴保峰 邹沁园　张运勤 翟立安　李爱国 郑玉华　罗文新	—	牛学文　由昌箐 任广中　王新林 韩惠武　薛新华 郑　光	郑　光	刘际友 刘西友 李庶红
第十二届（1998）	—	宋兆荣 李惠东	—	—	由昌菁　王重华 祁　芹　李　峰 孙爱萍　何贵臣 石柱清　任广中 杜寒青　杨乐妹 赵庶学　邹沁园 李爱国　郑玉华 罗文新	—	祁　芹　由昌菁 任广中　薛新华 郑　光	郑　光	刘际友 刘西友 徐存山
第十三届（1999）	—	汪铁铭 李惠东	—	—	由昌菁　祁　芹 李　峰　孙爱萍 何贵臣　石柱清 任广中　杜寒青 杨乐妹　郑玉华 罗文新	—	祁　芹　由昌菁 任广中　薛新华 郑　光	郑　光	刘西友 曹东平 刘际友
第十四届（2000）	—	汪铁铭 李惠东	—	—	殷培联　祁　芹 何贵臣　石柱清 任广中　彭国胜 万庆海　孙爱萍 杜寒青　杨乐妹 罗文新	任广中	梁文生　殷培联 任广中　邓　岩 郑　光	郑　光	曹东平 张传义 刘际友
第十五届（2001）	—	李志坚 李惠东	—	—	殷培联　祁　芹 何贵臣　石柱清 任广中　彭国胜 万庆海　孙爱萍 杜寒青　杨乐妹 罗文新	任广中	梁文生　殷培联 任广中　邓　岩 郑　光	郑　光	曹东平 张传义 刘西友 苏庆伟

续表 7-12

届　次	名誉主任	主　任	执行主任	常务副主任	副主任	秘书长	仲裁委员会	裁判长	副裁判长
第十六届（2002）	—	李志坚 李惠东	—	—	殷培联 高建敏 何贵臣 石柱清 任广中 彭国胜 万庆海 崔锡铭 高黎明 艾宪淮 罗文新	任广中	梁文生 殷培联 任广中 邓　岩 郑　光	郑　光	刘喜友 刘际友 梁子军
第十七届（2003）	李志坚	李惠东 李　政 栾开封	殷培联	—	高建敏 何贵臣 石柱清 任广中 彭国胜 万庆海 崔锡铭 杨乐妹 罗文新	任广中	李　政 殷培联 任广中 邓　岩 郑　光	郑　光	石玉龙 韩宝玉 房宜军
第十八届（2004）	李志坚	栾开封 李　政 李惠东	殷培联	—	高建敏 何贵臣 石柱清 任广中 彭国胜 万庆海 张建东 高黎明 杨乐妹 罗文新	任广中	李　政 殷培联 任广中 许　兵 郑　光	郑光	石玉龙 韩宝玉 刘际友
第十九届（2005）	李志坚	栾开封 丁艳菊 白玉翠	殷培联	—	高建敏 任广中 万庆海 张建东 高黎明 杨乐妹 罗文新	任广中	丁艳菊 殷培联 任广中 许　兵 郑　光	郑　光	石玉龙 韩宝玉 刘际友
第二十届（2006）	冯建中	栾开封 李　政 徐恩虎	殷培联	—	高建敏 任广中 万庆海 张建东 高黎明 杨乐妹 罗文新	任广中	李　政 殷培联 任广中 许　兵 石玉龙	石玉龙	刘际友 孙昭宝 高明阳
第二十一届（2007）	冯建中	栾开封 李　政 徐恩虎	苏有森	—	高建敏 任广中 刘　慧 张建东 高黎明 李永江	任广中	高建敏 苏有森 任广中 许　兵 郑　光	郑　光	石玉龙 刘际友 高明阳 孙昭宝
第二十二届（2008）	冯建中	栾开封 李　政 徐恩虎	苏有森	—	高建敏 任广中 刘　慧 尹燕鸣 高黎明 姬生勤	任广中	高建敏 苏有森 任广中 许　兵 石玉龙	石玉龙	刘际友 高明阳 孙昭宝
第二十三届（2009）	李致新	陈建军 李　政	徐恩虎	—	邢立明 高建敏 蒋　强 高　翔 苏有森 高黎明 荆丽艳 任广中 彭国胜 于桂香 张吉庆 罗文新 刘　水 刘　慧 曹东平 陈占峰	任广中	任广中 孙丰涛 郑　光	郑　光	石玉龙 和立新 范传芳 苏庆伟 孙昭宝 刘际友

续表 7-12

届次	名誉主任	主任	执行主任	常务副主任	副主任	秘书长	仲裁委员会	裁判长	副裁判长
第二十四届（2010）	李致新	陈建军 李政	徐恩虎	—	张志坚 高建敏 蒋强 葛宝文 苏有森 高黎明 姬生勤 任广中 彭国胜 于桂香 张吉庆 罗文新 刘水 刘涛 曹东平 陈占峰 路敦庆	任广中	任广中 曹东平 孙丰涛 郑光 周生涛	郑光	石玉龙 和立新 范传芳 孙昭宝 高明阳 李晨
第二十五届（2011）	李致新	颜金安 李政	徐恩虎	—	张志坚 高建敏 蒋强 高翔 苏有森 高黎明 姬生勤 任广中 彭国胜 于桂香 罗文新 冯遂杰 刘水 刘涛 曹东平 陈占峰 路敦庆	任广中	任广中 曹东平 孙丰涛 郑光	郑光 周生涛	石玉龙 和立新 范传芳 苏庆伟 孙昭宝 高明阳
第二十六届（2012）	李致新	续川 李政	徐恩虎	—	张志坚 高建敏 蒋强 高翔 苏有森 高黎明 姬生勤 任广中 彭国胜 于桂香 冯遂杰 尹燕鸣 刘涛 曹东平 陈占峰 路敦庆	任广中	任广中 孙丰涛 郑光 周生涛	郑光	石玉龙 和立新 范传芳 苏庆伟 孙昭宝 高明阳
第二十七届（2013）	李致新	续川 刘明	徐恩虎	—	张志坚 周锦琳 高建敏 蒋强 于文龙 苏有森 高黎明 姬生勤 任广中 彭国胜 于桂香 冯遂杰 尹燕鸣 刘慧 曹东平 许兵 路敦庆	任广中	任广中 孙丰涛 郑光	郑光	石玉龙 和立新 范传芳 苏庆伟 孙昭宝 吴恒国
第二十八届（2014）	李致新 张松林	续川 刘明	徐恩虎	—	张志坚 周锦琳 高建敏 于文龙 苏有森	许兵	许兵 王银行 于丙午 孙丰涛 郑光	郑光	朱宁刚 徐剑波 石玉龙 和立新 范传芳 苏庆伟 孙昭宝 高明阳 李明芳 张增

续表 7-12

届 次	名誉主任	主 任	执行主任	常务副主任	副主任	秘书长	仲裁委员会	裁判长	副裁判长
第二十九届（2015）	李致新 张松林	续 川 刘 明	成 丽		张志坚 周锦琳 高建敏 田 萌 苏有森	彭爱琴 许 兵	许 兵 孙丰涛 郑 光	郑 光	石玉龙 和立新 范传芳 苏庆伟 高明阳 孙昭宝

说明：第一届、第二届未设竞赛委员会、仲裁委员会、裁判长、副裁判长；第七届查无资料。

第三章 开幕式

第一届泰山国际暨全国登山活动 1987年9月25日至27日举办。25日上午在泰安林校操场举行开幕式。中国登山协会名誉主席、泰山国际登山活动组委会名誉主任杨得志为首次登山活动题词“登高望远，勇往直前”。中共山东省委副书记、代省长姜春云，中纪委委员王众音、省顾委常委刘众前，省人大常委会副主任徐雷健、高逢五，省政府副省长马忠臣，顾问朱奇民，省政协副主席丁方明，原省委、省政府老领导高启云、张敬焘等应邀出席开幕式。开幕式举行大型团体操表演，晚举行焰火晚会。

第二届泰山国际暨全国登山活动 1988年9月14日至16日举办。9月14日上午，在泰城林校操场举行开幕式。中顾委常委、泰山国际登山活动组委会名誉主任杨得志在开幕式上讲话并向组委会授“泰山杯”一尊。山东省领导陆懋曾、崔惟琳、高昌礼、王成旺、王润斋、刘众前、李治文、赛风、朱永顺、李振、林萍、赵志浩、宋一民、张敬焘、朱奇民、金宝珍、吴鸣岗、苏应衡，省老领导赵林、高克亭、秦和珍、徐雷健、张竹生、高逢五，济南军区副司令员张志坚，省军区司令员阎琢、政委李春廷，中国登山协会主席、登山活动组委会顾问史占春等领导出席开幕式。开幕式举行大型民间艺术组合《人间·天上》演出、仿宋代帝王封禅泰山仪式表演等活动。

第三届泰山全国登山活动 1989年9月14日至16日举办。9月14日上午，在泰安火车站广场举行开幕式。省顾委主任梁步庭、副主任刘众前，中国登山协会主席史占春以及泰安市友好市（区）的领导人、外国友好代表团等应邀出席开幕式并在岱宗坊观看登山比赛。

第四届泰山国际暨全国登山活动 1990年9月14日至16日举办。14日下午，在岱庙天贶殿前举行开幕式。全国政协副主席谷牧，中顾委常委段君毅，中顾委委员赵健民、任质斌、罗青长、谭启龙，北京军区原政委刘振华，中华全国体育总会主席李梦华，中国登山协会主席史占春，中共山东省委副书记马忠臣，省顾委主任梁步庭、副主任刘众前，省人大常委会主任李振、副主任李晔，省政府副省长王乐泉、特邀顾问张敬焘、宋一民、马连礼、韩邦聚，省政协主席李子超、副主席陆懋曾，济南军区副政委曲继宁，省委常委、省军区政委李春廷，省高级法院院长宇培杲，省老领导赵林、高克亭、秦和珍、王众音、徐雷健等出席，联合国教科文组织驻中国代表泰勒以及全国各省、市、自治区、计划单列城市、沿海开放城市的领导人应邀出席开幕式。应邀出席开幕式的还有中外81家新闻单位200多名记者、新闻界人士以及前来进行经济洽谈、科学、技术、文化交流的外国专家和来宾。开幕式举行民间传统文艺节目和封禅仪式表演。

1987年9月25日，中国登山协会主席史占春（右）为第一届泰山国际登山活动获奖运动员颁奖。（闫克勤　摄）

第五届泰山国际登山节 1991年9月6日至8日举办。9月7日下午，在泰安市体育场举行开幕式。中顾委常委、中国登山协会名誉主席杨得志在开幕式上讲话，中顾委副秘书长李凯亭，国家体委副主任刘吉，中华全国体育总会副主席陈先，国家计委副主任芮杏文，国家旅游总局顾问何若泉、副局长何光暐，中国登山协会主席史占春，中共山东省委副书记马仲才，中纪委委员李发荣，山东省顾委副主任刘众前、常委王成旺、王润斋、朱永顺、孙恕之、李瑜，省人大常委会副主任卢洪、林萍、李晔，省政府副省长宋法棠，济南军区副司令员阎琢，济南空军副政委王昭铭，省高级法院院长宇培杲，省政府特邀顾问张敬焘、朱奇民、马长贵、马连礼，省老领导赵林、高克亭、秦和珍、王金山、王众音、高逢五，济南军区的老领导熊作芳、潘启琦、张如三等以及中央、国家机关部分部门的代表，省直部分部门负责人，泰安市友好市地和全省各市地的代表，"五羊杯"自行车赛组委会代表等应邀出席开幕式。开幕式举行大型文艺表演《紫气东来》。

第六届泰山国际登山节 1992年9月6日至8日举办。9月6日下午，在泰安林校操场举行开幕式。中顾委常委、中国登山协会名誉主席、泰山国际登山节组委会名誉主任杨得志，全国政协原副主席、中国自行车运动协会名誉主席、泰山国际登山节组委会名誉主任杨成武，全国人大常委会副委员长彭冲发来贺信、贺电。中顾委委员荣高棠、李耀文，中共中央委员、中华全国体育总会主席、泰山国际登山节组委会名誉副主任李梦华，中顾委委员李东冶，中国登山协会主席、本届泰山国际登山节组委会名誉副主任史占春，中共山东省委书记姜春云，中顾委委员苏毅然，省委常委、秘书长韩喜凯，省顾委常委王成旺、孙恕之，省政府副省长郭长才，省政协副主席周振兴，省政府特邀顾问张敬焘、宋一民、朱奇民、马长贵、韩邦聚，省老领导赵林、秦和珍、王众音、高逢五，建设部副部长谭庆琏，中国科协副主席谭定远，商业部副部长张良贞，原航天部副部长李明实，团中央书记洛桑，北京军区原政委刘振华，武警部队副参谋长李平，济南军区原副政委左奇，济南空军政委杨汉文、副政委张汉平、济南空军原副政委张积慧，原济南军区装甲兵顾问李大清、空降兵副参谋长吴运平等以及省直有关部门、全国部分大公司大企业、泰安市友好市地、山东省十五个市地领导人等应邀出席开幕式。开幕式举行大型文艺表演《泰山交响曲》、跳伞表演和焰火晚会。

第七届泰山国际登山节 1993年9月6日至8日举办。9月6日下午，在新落成的泰山体育中心

1993年，中国登山协会主席王富州出席第七届泰山国际登山节新闻发布会。（闫克勤　提供）

举行开幕式。中国登山协会名誉主席、泰山国际登山节组委会名誉顾问杨得志，中国自行车体育运动协会名誉主席、泰山国际登山节组委会名誉顾问杨成武发来贺词。中顾委常委李德生在开幕式上致辞，原中顾委委员谭启龙，全国政协常委、全国工商联副主席黄凉尘，全国政协常委梁步庭，全国政协原常委白志民，中华全国体育总会副主席、国家体委原副主任徐才，中华全国体育总会副主席、中国登山协会顾问韩复东，中国登山协会主席王富洲，中国自行车体育运动协会副主席万伯翱，省人大常委会副主任苗枫林，省政府副省长王玉玺，省政协副主席田健，省政府特邀顾问张敬焘、朱奇民、马连礼、省老领导高克亭、王众音、刘众前、卢洪、高逢五，国务院经济研究室主任刘中一，全国工商联党组书记李定，全国政协提案委员会副主任孙怡情，原轻工业部副部长李平，济南军区副政委曲继宁，济南军区空军副参谋长刘金荣等以及省直有关部门、全国部分大公司大企业、美国、加拿大、日本、韩国、新加坡、印度尼西亚、马来西亚等国家和中国香港、澳门、台湾地区的经贸界朋友应邀出席开幕式。开幕式举行大型节目表演《潮涌天东》和摩托车、飞机特技表演。

第八届泰山国际登山节　1994年9月6日至8日举办。9月6日下午，在泰山体育中心举行开幕式。原中顾委常委、中国登山协会名誉主席、泰山国际登山节名誉主任杨得志，全国人大常委会原副委员长彭冲发来贺电；全国政协副主席阿沛·阿旺晋美，全国政协副主席、中国自行车体育运动协会名誉主席、泰山国际登山节组委会名誉主任杨成武，中国科协党组书记、副主席高潮，中国科协书记处书记常志海，全国工商业联合会常务副主席还玉山，中华全国体育总会常务副秘书长郑凤荣，中国登山协会主席王富洲、顾问韩复东、乔加钦，中国自行车体育运动协会副主席万伯翱，中共山东省委副书记韩喜凯，全国政协常委、山东省委原书记梁步庭，省人大常委会副主任徐建春，省政协副主席田健，省政府特邀顾问马连礼，省老领导秦和珍、刘众前、王众音、高逢五、李发荣、郑伟民，济南军区老首长徐春阳、左齐、王金泉、赵炳安，以及卢旺达驻华大使馆、埃及驻华大使馆、埃及商务公使馆、联合国开发计划署驻华代表处、阿尔及利亚驻华使馆、古巴驻华使馆、乌干达驻华使馆、日本驻华使馆、美国驻华使馆、日中友好育英会、韩国租贷金融协会，来自美国、日本、加拿大、韩国、瑞士、新加坡、马来西亚、尼日利亚等国家和中国香港、台湾地区的58家商社、财团及大企业的代表等应邀出席开幕式。开幕式举行大型文艺表演《东岳长风》。

第九届泰山国际登山节　1995年9月6日至12日举办。9月6日上午，在泰安林校操场举行开幕式。中共山东省委副书记李文全，省人大常委会副主任马世忠，本届泰山国际登山节主办单位中

1995年9月6日，中国登山协会主席曾曙生（左一）出席第九届泰山国际登山节开幕式。（泰安市档案局　提供）

华全国体育总会主席李梦华，中国登山协会主席曾曙生等，与泰安建立友好合作关系的韩国泰安郡以及来自美国、加拿大、日本、马来西亚、新加坡等国家和中国香港地区的经贸界、旅游界人士应邀出席开幕式，李梦华在开幕式致辞。开幕式举行文艺节目表演，当晚举行焰火晚会、金秋文艺晚会、“泰山、黄河”综艺电视晚会。1995年12月，国家体委把泰山登山比赛列为全国全民健身首例正式比赛项目。

第十届泰山国际登山节暨全国全民健身登泰山比赛　1996年9月6日至8日举办。9月6日上午，在泰安林校操场举行开幕式。全国人大常委会副委员长费孝通，国家体委副主任、中华全国体育总会副主席刘吉，中共山东省委副书记、副省长宋法棠，省人大常委会副主任苗枫林，省政协副主席李功九，省老领导张敬焘、刘众前、高逢五，中国登山协会副主席汪铁铭等以及韩国泰安郡、日本桥本市、罗马尼亚驻华使馆政务参赞、捷克驻华使馆经济参赞、俄中友协，古巴驻华使馆、美国阿罗科有限公司、美国斯普林特公司、日本香和株式会社等国家以及中国香港地区的客人，淮海经济区17个市地的市长、专员等参加开幕式。

第十一届泰山国际登山节暨第二届全国全民健身登泰山比赛　1997年9月6日至10日举办。9月6日下午，在泰山体育中心举行开幕式。中共山东省委副书记、常务副省长宋法棠，省人大常委会副主任苗枫林，省政协副主席翟永溥，省里的老领导李子超、王众音、高逢五、张敬焘，中华全国体育总会顾问、国家体委原副主任栗树彬，中国登山协会副主席颜金安，中华全国工商联副主席保育均，全国政协科教文卫委主任鲍奕珊等以及韩国泰安郡郡守、韩国驻青岛领事馆领事、美国ABB金门桥投资集团亚洲区代表等出席开幕式。开幕式举行全国八运会“奔向新世纪”火炬传递仪式和“泰山特曲杯”足球邀请赛。

第十二届泰山国际登山节暨第三届全国全民健身登泰山比赛　1998年9月9日至11日举办。9月9日下午，在泰山体育中心举行开幕式。全国政协副主席周铁农，中共山东省委副书记吴爱英，副省长邵桂芳，国家体育总局副局长张发强，省政协副主席周鸿兴，省老领导苏毅然、梁步庭、李子超、李振、陆懋曾、王众音、高逢五、张敬焘、王成旺，中华全国工商联副主席严克强，中国登山协会副主席李致新等出席开幕式。开幕式举行“迎新世纪百万人签名成东方巨龙”首签式活动和“轻骑木兰杯”（鲁能泰山和武汉红金龙两支甲A球队）足球邀请赛。

第十三届泰山国际登山节　1999年9月6日至9日举办。9月7日上午，在山东农业大学东校区操场（原泰安林校操场，简称山农大东校区操场）举行开幕式。全国人大常委会副委员长王光英，全国政协委员、全国妇联常委应伊利，省人大常委会副主任墨文川，省老领导王众音、高逢

五、朱奇民等以及中华全国体育总会等单位代表，韩国泰安郡代表等出席开幕式。

第十四届泰山国际登山节 2000年9月6日至9日举办。9月6日下午4点，在岱庙天贶殿前举行开幕式。全国政协副主席王文元，省政协副主席周鸿兴，省老领导王众音、高逢五、王裕晏，中国登山协会副主席汪铁铭、中国贸促会副会长于平，以及澳大利亚麦克阿瑟地区、韩国泰安郡代表等出席开幕式。开幕式上，中国歌舞团、中国杂技团、总政话剧团、空政歌舞团等进行文艺演出。

第十五届泰山国际登山节 2001年9月6日至9日举办。9月6日下午，在泰安天外村广场举行开幕式。全国人大常委会副委员长彭珮云，省人大常委会主任赵志浩、副主任王道玉，省政协副主席李殿魁，省老领导梁步庭、王众音、高逢五、张敬焘，国家体育总局党组成员、中国奥委会副主席、中华全国体育总会副主席王宝良，中国登山协会主席李致新等以及中国人民对外友好协会、澳大利亚麦克阿瑟地区、韩国泰安郡代表，外国运动员代表等应邀出席开幕式。

第十六届泰山国际登山节 2002年9月6日至12日举办。9月6日晚8时，在泰山体育中心体育场举行开幕式。中共山东省委常委、副省长林廷生，省军区副政委幸胜标，省老领导高逢五、张敬焘等以及国家体育总局、韩国泰安郡、澳大利亚麦克阿瑟国际合作委员会、日本大分县民友好协会代表以及参加经贸、旅游、文化、体育等各项活动的中外来宾及新闻记者应邀出席开幕式。开幕式上举行“新汶矿业之夜”文艺演出。

第十七届泰山国际登山节 2003年9月6日至12日举办。9月6日上午，在泰山广场举行开幕式，本届登山节开幕式与第八届全国全民健身登泰山比赛、环泰山万人马拉松比赛起跑仪式合并举行。山东省人大常委会副主任曹学成宣布开幕，中共泰安市委书记、人大常委会主任耿文清致开幕词，中国登山协会副主席栾开封为第八届全国全民健身登泰山比赛、环泰山万人马拉松比赛发令，来自国内外近万名运动员参加比赛。

第十八届泰山国际登山节 2004年9月9日至10日举办。9月6日晚，在泰山广场举行开幕式。省人大常委会副主任莫振奎等省、市及有关新闻单位的领导和有关方面人士出席开幕式。18时30分，省人大常委会副主任莫振奎宣布登山节开幕；市委书记、市人大常委会主任耿文清点燃文明圣火；市委副书记、市长在开幕式上致辞。开幕式主要突出青春泰山、崭新泰安、平安泰安三大主题，举办彩车巡游、文艺演出、文明圣火点燃仪式、焰火晚会4项内容。

第十九届泰山国际登山节 2005年9月6日至12日举办。9月6日晚，在泰安市体育中心体育场举行开幕式。副省长陈延明，国家体育总局群体司司长郭敏，中日友好协会原会长丁民，国家体育总局中国登山中心党委书记栾开封，市委书记、市人大常委会主任耿文清及市各大班子领导、有关方面人士出席开幕式。19时30分，陈延明宣布第十九届泰山国际登山节暨2005中国泰安投资合作洽谈会开幕；市委副书记、市长致辞。开幕式举行由中央电视台参与编排的《中华情·泰山魂》大型文艺演出，这是泰安市首次与中央电视台合作制作文艺节目。

第二十届泰山国际登山节 2006年9月6日至12日举办。9月6日晚，在泰山广场举行开幕式。卢森堡大公亨利殿下，省人大常委会副主任曹学成，国家体育总局登山运动管理中心党委书记栾开封，市委书记、市人大常委会主任耿文清及市各大班子领导、有关方面人士出席开幕式。19时30分，曹学成宣布第二十届泰山国际登山节暨2006中国泰安投资合作洽谈会开幕，市委副书记、市长致辞。开幕式举办大型文艺演出。

第二十一届泰山国际登山节 2007年9月6日至12日举办。9月7日上午，在山农大东校区操场举行开幕式。登山节开幕式与第十二届全国全民健身登泰山比赛起跑仪式合并进行。

第二十二届泰山国际登山节 2008年9月6日至12日举办。9月6日，在天外村广场举行泰山国际登山节暨泰山·富士山中日友好节开幕式。国家体育总局副局长冯建中，山东省人大常委会副主任鲍志强，日本众议院议员前通产省大臣、富士山协会会长堀内光雄，市委副书记、市长李洪峰及泰安市各大班子领导及市直机关有关部门负责人出席开幕式。开幕式举行“吕远作品演唱会”，晚上举行《日出泰山东方红》大型主题歌舞晚会。

第二十三届泰山国际旅游文化登山节 2009年9月6日至12日举办。9月6日晚，在泰山广场举行开幕式。博鳌亚洲论坛秘书长龙永图，省委常委、政法委书记柏继民，省政协副主席、省工商联主席王乃静，中国人民对外友好协会副会长冯佐库，中国铁建股份有限公司副总经理张番琦，中国港中旅集团公司董事、副总经理、港中旅（中国）投资有限公司董事长毛建军，省旅游局局长于冲，希腊匹利亚省省长帕帕斯特尔吉奥·乔治，韩国泰安郡副郡守徐喽锡，山东电视台台长韩国强，省委统战部副部长、省工商联党组书记孙传宏，全国台胞投赘企业联谊会会长张汉文等国内外嘉宾，市各大班子领导李洪峰、高儒林、唐家品等出席开幕式。中央人民广播电台、中央电视台等各大媒体的记者，国内外的客商代表、赞助企业代表、参赛运动员代表、泰安市各界群众代表等1万多人参加开幕式。开幕式举行“泰山冠军”中国·泰山登山系列大奖赛2009年度总决赛颁奖典礼、世界名山联盟开幕仪式和专场文艺演出。

第二十四届泰山国际旅游文化登山节 2010年9月4日至10日举办。9月6日晚，在泰山中华泰山封禅大典实景演出现场举行开幕式。日本国会众议员、原日本内阁官房长官细田博之，日本国会众议员、原日本内阁公安大臣村田吉隆，东京国际交流学院理事长叶青，韩国龙仁市副市长尹圣均，日本富士山协会代表团团长庄司清和等日本友好访问团代表；山东省委常委、宣传部部长李群，山东省旅游局党组副书记、副局长梁文生，山东电视台台长韩国强等各界嘉宾；市各大班子领导李洪峰、高儒林、唐家品、王云鹏等，市老领导和市有关部门负责人出席开幕式。《人民日报》、新华社、《光明日报》等各大新闻媒体，国内外的客商、赞助企业、运动员及泰安市各界群众1万余人代表参加开幕式。开幕式举行“泰山冠军”中国·泰山登山系列大奖赛2010年度总决赛颁奖典礼及中华泰山封禅大典实景演出。

第二十五届泰山国际旅游文化登山节 2011年9月6日至10日举办。9月6日上午，在泰安市体育中心体育场举行开幕式。意大利罗古市文化议长斯达道维·马克及意大利访问团代表，韩国泰安郡郡守陈泰龟、议会议长丁光燮及韩国访问团代表，省委常委、宣传部部长孙守刚，中国大唐集团公司总经理陈进行，国家体育总局登山运动管理中心副主任、中国登山协会副主席颜金安，大唐山东发电有限公司党组书记、总经理邓贤东，省体育局副局长刘明，省旅游局党组成员张明池，省贸促会副会长赵小驹，山东广播电视台台长韩国强等各界嘉宾，市委主要负责人，市委副书记、市长李洪峰，市政协党组书记、主席唐家品，市委副书记王云鹏，市人大常委会党组书记、副主任白玉翠等市各大班子领导，市老领导和市有关部门负责人出席开幕式。人民日报社、新华社、光明日报社等各大新闻媒体，国内外的客商、赞助企业、参赛运动员、泰安市各界群众等1万多人参加开幕式。开幕式举行“泰山冠军”中国·泰山登山系列大奖赛2011年度总决赛颁奖典礼、“国泰民安之夜”大型文艺演出。

第二十六届泰山国际登山节 2012年9月6日至10日举办。9月6日上午，在泰市体育中心体育场举行开幕式。国家体育总局登山运动管理中心党委书记、副主任续川，省旅游局局长于冲，省广播电视台总编辑祝丽华，省体育局副巡视员王杰，韩国泰安郡副郡守李寿连等各界嘉宾，市领导李洪峰、王云鹏、白玉翠、李琥、丁毅、林华勇及市老领导出席开幕式。驻泰安单位和市直有关部门负责人，来自全国各省、市、自治区的山东商会会长，《人民日报》《经济日报》、中央电视台等中央及省级新闻媒体，国内外的客商、赞助企业、参赛运动员、泰安市各界群众等1万多人参加开幕式。开幕式举行了"国泰民安"大型文艺演出。

第二十七届泰山国际登山节 2013年9月6日至12日举办。9月6日上午，在山东农业大学东校区操场举行开幕式。开幕式与"体育彩票杯"第十八届全国全民健身登泰山比赛暨国际邀请赛和"泰山国际金融中心杯"环泰山万人健身跑活动起跑仪式合并举行。国家体育总局登山运动管理中心党委书记、中国登山协会副主席续川，省体育局副局长王延奎，省旅游局副局长王元生，市委书记、市人大常委会主任李洪峰，市政协党组书记、主席白玉翠，市人大常委会党组书记、第一副主任林华勇等各大班子的领导出席开幕式。登泰山比赛共有来自39个国家和地区、国内22个省（市、自治区）及泰安市的2600名运动员参赛；环泰山健身跑活动有机关、企事业单位、大专院校及社会各界群众1万人参加。

第二十八届泰山国际登山节 2014年9月6日至12日举办。9月6日上午，在山东农业大学东校区操场举行开幕式。登山节开幕式与第十九届全国全民健身登泰山比赛暨国际邀请赛和环泰山万人健身跑活动起跑仪式一并举行。中国奥委会副主席、原中华全国体育总会副主席吴寿章，省体育局副局长李政，副巡视员王杰，市委书记、市人大常委会主任李洪峰，市委副书记、市长王云鹏，市政协主席、党组书记白玉翠，市人大常委会第一副主任、党组书记林华勇，市委副书记李希信等市各大班子的领导出席开幕式。市委副书记李希信主持开幕式。吴寿章、李政共同为登山比赛鸣枪发令。

第二十九届泰山国际登山节 2015年9月6日至12日举办。9月6日上午，在山东农业大学东校区操场举行开幕式。开幕式与"中国体育彩票"第二十九届泰山国际登山比赛暨第二十届全国全民健身登泰山比赛和"元古真"环泰山万人健身跑起跑仪式一并举行。中国登山协会副主席、国家登山管理中心副主任王勇峰，省体育局党组副书记、体育总会常务副主席李政；市委书记、市人大常委会主任李洪峰，市委副书记、市长王云鹏，市人大常委会第一副主任、党组书记林华勇，市委副书记李希信，市政协主席、党组书记辛显明，泰安军分区司令员邹风亭等市各大班子的领导出席开幕式。李希信主持开幕式，王云鹏致辞，王勇峰、李政共同为登山比赛鸣枪发令，李洪峰宣布第二十九届泰山国际登山节开幕。来自海内外的3086名运动员参加登泰山比赛，1万余名各界群众参加环泰山万人健身跑活动。

第四章　体育活动

泰山国际登山节登泰山比赛暨国际邀请赛比赛，按全国、国际和泰安市分别组队，每组又分为老年、中年、青年三个组别。登山比赛暨国际邀请赛，起点每年有所不同，终点按老年组、中年组、青年组分别定在中天门、南天门、玉皇顶，至2015年无变化。

每届登山节还围绕登泰山比赛暨国际邀请赛开展其他多项竞赛性和非竞赛性体育项目，自第一届起每届都举行群众性全民健身登泰山活动，至第二十九届有30余万泰安市各界群众参加全民健身登泰山活动。第五届增加“五羊杯”自行车登泰山比赛；第八届增加“泰山之光”火炬接力活动、全国武术散打擂台赛、全国大学生攀岩邀请赛、全国热气球飞越泰山邀请赛、泰山马拉松公路登山比赛等；第九届增加泰山万人马拉松公路登泰山比赛；第十届经国家体委批准，泰山登山赛正式列为全国全民健身比赛项目，增加越野登泰山比赛和全国康复瘫痪病人登泰山活动；第二十一届增加2007新泰安·三山（泰山、徂徕山、莲花山）两湖（东平湖、天平湖）全国山地户外挑战赛；第二十三届增加“泰山冠军”中国·泰山登山系列大奖赛2009年度总决赛；第二十四届增加“宝龙杯”环泰山万人健身跑活动，环泰山活动起点在林校操场，终点有所不同分别设在泰安天地广场、泰安市政广场、泰安宝龙广场；第二十七届举办泰山国际登山节韩国登山大会。第二十八届首次邀请国际高水平马拉松运动员参加，整体参赛成绩和完赛率有大的提高，被国家体育总局评为“中国体育旅游十佳精品赛事”。第二十九届比赛经中国登山协会同意，赛事名称由往年的“国际邀请赛”更名为“泰山国际登山比赛”。

第一届泰山国际暨全国登山活动　举办两项体育活动。

（一）泰山国际登山活动邀请赛。1987年9月25日举行，起点为岱宗坊，终点分别为：青年组设在玉皇顶下无字碑处，全程8.5公里；中年组设在南天门，全程7.7公里；老年组设在中天门，全程5公里。来自英国、美国、加拿大、苏联、日本、罗马尼亚、朝鲜、联邦德国和丹麦等9个国家15支运动队，国内50支运动队，305名运动员参加登山竞赛。泰安、火车头体协、辽宁代表队分获青年组、中年组、老年组团体总分第一名。

第一届泰山国际暨全国登山活动各组别冠军成绩表

表7-13

组别	国际			全国			泰安		
	姓名	队别	成绩	姓名	队别	成绩	姓名	队别	成绩
男子青年组	唐纳德	美国	1:22:35	段崇进	泰安市	1:02:41			
女子青年组	珍妮	美国	2:21:34	张化美	云南省	1:29:15			
男子中年组	波巴	罗马尼亚	2:13:3	王汉武	火车头体协队	1:5:43			
女子中年组				孙汝芬	浙江省	1:26:48			
男子老年组	萨伊	美国	1:15:23	郭海林	新疆自治区	0:38:58			
女子老年组				洪惠兰	北京市	0:50:1			

（二）万人登山活动。1987年9月25日举行。起点为岱宗坊，终点分别为中天门、扇子崖、中溪山、南天门、玉皇顶等10个山峰和景点。泰安工人、农民、机关干部、医务人员、大中小学师生和驻泰安部队指战员1.23万人参加活动。

第二届泰山国际暨全国登山活动 举办2项体育活动。

（一）第二届泰山国际暨全国登山活动邀请赛。1988年9月14日上午10：00在林校操场举行。起点设在岱宗坊北侧，终点青年组在玉皇顶下无字碑处，中年组在南天门，老年组在中天门。由日本、加拿大、法国、朝鲜、贝宁、美国、联邦德国、民主德国、瑞士、墨西哥、哥伦比亚、索马里等21国家和地区30支代表队、国内41支代表队，387名运动员参赛。

第二届泰山国际暨全国登山邀请赛各组别冠军成绩表

表 7–14

组 别	国 际			全 国			泰 安		
	姓 名	队 别	成 绩	姓 名	队 别	成 绩	姓 名	队 别	成 绩
男子青年组	法比奥	哥伦比亚	1:07:25	段崇进	泰安市	59:7	沙宝军	泰山区	1:05:50
女子青年组	横山麻子	日 本	2:00:23	韩 峰	山东省	1:16:27	刘文芹	肥城县	1:17:43
男子中年组	唐纳德	美 国	1:18:42	范德利	辽宁省	1:01:20	李树军	新汶矿务局	1:00:23
女子中年组	科牢代特	加拿大	2:39:59	柳维珍	辽宁省	1:19:13	牛凤兰	新汶矿务局	1:29:47
男子老年组				焦光明	甘肃省	0:38:50	李运奎	泰山区	0:41:10
女子老年组				张桂樵	沈阳市	0:45:25	王会荣	新汶矿务局	0:56:53

第二届泰山国际暨全国登山活动邀请赛团体总分前三名成绩表

表 7–15

组 别	名 次	单 位	成绩（分）
全国青年组团体	第一名	山东省	3
	第二名	泰安市	5
	第三名	北京市	6
全国中年组团体	第一名	辽宁省	2
	第二名	北京市	5
	第三名	莱 钢	8
全国老年组团体	第一名	辽宁省	7
	第二名	湖南省	8
	第三名	浙江省	10
泰安青年组团体	第一名	泰山区	6
	第二名	莱芜市	8
	第三名	郊 区	8

续表 7-15

组 别	名 次	单 位	成绩（分）
泰安中年组团体	第一名	新汶矿务局	2
	第二名	张家洼矿山公司	8
	第三名	莱芜电厂	9
泰安老年组团体	第一名	泰山区	2
	第二名	张家洼矿山公司	5
	第三名	郊 区	7

说明：团体名次按各队青年组、中年组、老年组男、女各两名最优秀队员得分总和排列，积分少者名次在前（下同）

（二）万人登山活动。1988年9月14日上午9：20在林校操场举行，由泰安工人、学生、机关干部、部队指战员12500万人参加。本次群众性登山活动，由三个前导队和十个梯队组成。三个前导队分别由解放军驻泰安某师、山东林业专科学校、山东财政学校各200人参加，携带400面红旗和200面彩旗。驻泰安某师前导队带领第一梯队由岱宗坊登山至南天门，将200面红旗散插天街；林校前导队带领第二梯队由岱宗坊出发登至南天门，将200面红旗按单行散插在南天门周围；财校前导队，以天外村为起点，带领第三至第十梯队由西路直达中天门，将彩旗散插在中天门周围。

第三届泰山全国登山活动 举办一项体育活动。

泰山全国登山活动邀请赛于1989年9月14日至15日举行，比赛分老、中、青三个组别进行。起点设在泰安火车站广场，经过东岳大街、青年路、岱宗坊到各年龄组终点，老年组为中天门、中年组为南天门、青年组为玉皇顶。由全国各省（市、自治区）、解放军、产业体协、各省会城市和计划单列市，全国著名的大企业、公司和山东省各市、地及企业，泰安市各县（市、区）、矿务局45支代表队532名运动员参赛。

第三届泰山全国登山活动邀请赛各组别冠军成绩表

表 7-16

组 别	全 国		
	姓 名	队 别	成 绩
男子青年组	高凤林	北京市	1:14:33
女子青年组	刘 静	北京市	1:22:35
男子中年组	范德利	沈阳市	1: 10:8
女子中年组	柳亚珍	沈阳市	1:34:28
男子老年组	卢连成	山西省	0:50:30
女子老年组	张桂樵	沈阳市	0:45:25

第四届泰山国际暨全国登山活动 举办两项体育活动。

（一）泰山国际暨全国登山活动邀请赛比赛。1990年9月15日上午9：00举行，起点设在岱宗坊。终点：老年组中天门、中年组南天门、青年组玉皇顶。由30个国家660多名运动员参加比赛。

第四届泰山国际暨全国登山活动邀请赛各组别冠军成绩表

表 7–17

组　别	国　际			全　国			泰　安		
	姓　名	队　别	成　绩	姓　名	队　别	成　绩	姓　名	队　别	成　绩
男子青年组	阿方索	哥伦比亚	1:15:17	齐学强	泰安市	0:58:11	杨广健	泰安二中	0:59:29
女子青年组	高桥顿子	日　本	2:06:52	吴　美	泰安市	1:19:26	王　美	郊　区	1:15:08
男子中年组	布兰克	新西兰	1:24:49	范德利	沈阳市	1:00:37	李树军	新汶矿务局	1:02:03
女子中年组	史蒂文森	英　国	2:08:07	章建华	北京市	1：13:11	于金美	泰山区	1:23:10
男子老年组	卡蓬特	爱尔兰	0:50:07	卢连成	山西省	0:34:50	王相春	新汶矿务局	0:38:47
女子老年组	韦　特	英　国	1:36:47	张桂樵	沈阳市	0:40:59	张兴英	泰山区	0:54:10

第四届泰山国际暨全国登山活动邀请赛团体总分前三名成绩表

表 7–18

组　别	名　次	单　位	成绩（分）
全国青年组团体	第一名	泰安市	2
	第二名	北京市	5
	第三名	甘肃省	11
全国中年组团体	第一名	沈阳市	3
	第二名	北京市	4
	第三名	济南铁路局	7
全国老年组团体	第一名	沈阳市	3
	第二名	山西省	8
	第三名	北京市	12
泰安青年组团体	第一名	郊　区	5
	第二名	泰安二中	5
	第三名	新泰市	11
泰安中年组团体	第一名	泰山区	3
	第二名	新汶矿务局	4
	第三名	泰安郊区	7
泰安老年组团体	第一名	新汶矿务局	3
	第二名	泰山区	5
	第三名	泰安市第一职业中专	7

（二）“亚运之光照泰山”火炬传递仪式。1990年9月17日在泰安举行。

第五届泰山国际登山节登山邀请赛　举办两项体育活动。

（一）泰山国际登山节邀请赛。1991年9月7日上午在林校操场举行，起点设在岱宗坊，终点老年组中天门、中年组南天门、青年组玉皇顶。有86个代表队684名中外登山运动员参加比赛。其中，国际组有37个国家195名运动员参赛，比上届增加8个国家69名运动员。4名运动员打破国际、国内泰山登山竞赛纪录。

第五届泰山国际登山节登山邀请赛各组别冠军成绩表

表 7–19

组　别	国　际			全　国			泰　安		
	姓　名	队　别	成　绩	姓　名	队　别	成　绩	姓　名	队　别	成　绩
男子青年组	白石真基	日　本	1:29:50	亓学强	泰安市	57:47	杨广健	泰山区	0:59:1
女子青年组	肯利哈蒙	美　国	2:2:47	时利敏	泰安市	1:13:1	王　美	郊　区	1:19:45
男子中年组	布莱克	新西兰	1:26:05	范德利	沈阳市	1:1:20	李树辉	新汶矿务局	1:3:04
女子中年组	泰惠仪	英　国	2:19:05	曹惠芳	齐鲁石化	1:18:56	于金美	泰山区	1:26:59
男子老年组	马休卡蓬特	爱尔兰	0:56:41	卢连成	山西省	0:34:16	王相春	新汶矿务局	0:39:1
女子老年组	蒂什皮革福德	美　国	1:54:51	张淑文	沈阳市	0:43:6	张兴春	泰山区	0:55:32

（二）首届“五羊杯”自行车登山比赛。1991年9月8日在泰安东岳大街举行。该比赛由中国体育杂志社、中国自行车运动协会、广州五羊自行车企业集团公司、泰安市政府四家单位联合举办。来自北京、山西、辽宁、上海、山东、广东6个省市代表54名男女运动员（其中女子中年组运动员24名）参赛。起点在泰安邮电大楼，向西至石化饭店，沿104国道，男子到达大汶口桥返回，女子到达北营返回，然后男女各组经龙潭路、天外村，登山到达终点中天门。男子组全程80公里，女子组全程60公里。

第六届泰山国际登山节　举办两项体育活动。

（一）泰山国际登山节暨登山邀请赛。1992年9月7日上午在林校操场举行，起点设在岱宗坊，终点分别为老年组中天门、中年组南天门、青年组玉皇顶。比赛分国际、国内、泰安市3个组别，共计18个单项。有69支代表队703名运动员参赛。其中，国际组有29支代表队201名运动员参赛，全国组有40支代表队502名运动员参赛。沈阳市代表队获得国内组团体总分冠军，新汶矿务局代表队获得泰安市组团体总分冠军。

第六届泰山国际登山节登山邀请赛各组别冠军成绩表

表 7-20

组别	国际			全国			泰安		
	姓名	队别	成绩	姓名	队别	成绩	姓名	队别	成绩
男子青年组	安瑞德	加拿大	1:30:51	崔景余	抚顺市	1:4:16	杨广健	山东矿院	0:57:56
女子青年组	杨欧莎	瑞典	1:40:43	张秀芳	泰安市	1:16:13	王美	郊区	1:15:03
男子中年组	布莱克	新西兰	1:21:36	江绍柱	济南市	0:59:48	李树辉	新汶矿务局	1:1:43
女子中年组	保勒	美国	1:43:09	张春兰	抚顺市	1:11:8	于金美	泰山区	1:27:32
男子老年组	马修卡蓬特	爱尔兰	0:54:11	席国栋	泰安市	0:38:00	王相春	新汶矿务局	0:38:28
女子老年组	厄尔曼	德国	1:51:6	张淑文	沈阳市	0:44:17	李清英	郊区	0:48:48

（二）第二届“五羊杯”全国自行车登山比赛。1992年9月8日在泰安东岳大街举行，由12个省（市、自治区）30支代表队134名运动员参加比赛，比赛分为A、B、C三个组，A、C组男、女运动员比赛起点设在泰安邮电大楼前，路线与上届相同。B组起点设在泰安电视台门口，路线从良庄路跨越1027米的徂徕山，至化马湾、泰新路返回，再穿越东岳大街、龙潭路沿泰山西路上山至中天门。全程长120公里。

第七届泰山国际登山节　举办两项体育活动。

（一）登泰山邀请赛。1993年9月7日上午在林校操场举行，起点设在红门路岱宗坊，各组终点为老年组中天门、中年组南天门、青年组玉皇顶。有81支国内外代表队744名运动员参赛。其中，国际组有29个国家和地区220名运动员参赛。

第七届泰山国际登山节登山邀请赛各组别冠军成绩表

表 7-21

组别	国际			全国			泰安		
	姓名	队别	成绩	姓名	队别	成绩	姓名	队别	成绩
男子青年组	斯图凡	英国	1:32:36	赵志学	山东体院	0:58:02	杨广健	山东矿院	0:58:20
女子青年组	裴良虹	美国	1:36:31	时立敏	泰安市	1:14:09	王美	泰安市	1:08:44
男子中年组	Wom Bcaek	新西兰	1:22:06	江绍柱	济南市	0:58:39	方东	新泰市	1:05:16
女子中年组				张春兰	抚顺市	1:12:18	于金美	泰山区	1:24:26
男子老年组	马修·卡蓬特	新西兰	0:55:18	关铁忠	抚顺市	0:39:10	刘灿颖	泰山区	0:38:26
女子老年组	Crenal-e·W-heelock	美国	1:52:21	张淑文	沈阳市	0:41:18	张洪英	泰山区	0:49:48

（二）第三届“五羊杯”国际自行车比赛。1993年9月8日至9日在泰安举行。有22支代表队133名运动员，分别来自8个省市和韩国、中国香港。中国香港的冼永恒和上海的陈虹分获男子80

公里公路赛和女子60公里山地赛第一名，山西塞北箭队和广东金辉队分获国内男子A、B组团体第一名。

第八届泰山国际登山节 举办七项体育活动。

（一）“泰山之光”火炬接力活动。1994年8月20日在泰山月观峰举行。由泰山月观峰引取火种，经泰山玉皇顶折返传至泰山南麓岱宗坊，然后沿泰城—泰山区—肥城市—东平县—宁阳县—新泰市—岱岳区，途经泰安107个乡（镇、办事处），到泰安市体育中心。

（二）“孔府宴杯”泰山国际万人马拉松公路登山比赛。1994年9月4日上午在泰安火车站广场举行，起点设在泰安火车站广场，沿龙潭路、天外村、沿泰山西路至中天门。市直机关企事业单位、大中专院校、泰安市郊青年农民计1万余人参加比赛。

（三）泰山东岳庙“恩学杯”全国武术散打擂台赛。1994年9月5日—8日在岱庙天贶殿大露台举行，全国8支代表队60余名运动员参加比赛。

（四）“古井贡杯”泰山国际暨全国登山邀请赛。1994年9月7日在林校操场举行，起点岱宗坊，终点老年组中天门、中年组南天门、青年组玉皇顶。113个代表队1140名运动员参加比赛。其中国外代表队38个运动员150名。

第八届泰山国际登山节登山邀请赛各组别冠军成绩表

表7-22

组别	国际			全国			泰安		
	姓名	队别	成绩	姓名	队别	成绩	姓名	队别	成绩
男子青年组	伟中	俄罗斯队	1:16:57	朱勇学	山东汶上机电厂	0:59:14	刘华水	泰山医学院	1:06:46
女子青年组				吴美	泰安市	1:11:15	刘秀荟	泰山机电设备厂	1:20:08
男子中年组				江绍柱	山东汶上机电厂	0:56:21	方东	新泰市	1:03:02
女子中年组				张风琴	山东天生队	1:09:55	于金美	泰安机械电子公司	1:23:28
男子老年组	霍华德	美国队	0:53:21	鲍祥仁	重庆铁路局	0:37:46	倪胜培	郊区	0:38:24
女子老年组	琳达	美国队	1:39:35	张素文	沈阳市	0:42:34	李青英	郊区	0:50:08

第八届泰山国际登山节登山邀请赛团体前六名成绩表

表7-23

组别	名次	单位	成绩（分）
全国组	第一名	抚顺市	28
	第二名	山东汶上机电厂	29
	第三名	抚顺市长跑协会	46
	第四名	杭州市	53
	第五名	重庆铁路局	56
	第六名	鞍山市	69

续表 7-23

组 别	名 次	单 位	成绩（分）
泰安组	第一名	郊 区	17
	第二名	泰山机电设备厂	20
	第三名	新泰市	29
	第四名	市直机关工委	38
	第五名	肥城市	41
	第六名	泰安市机械电子局	45

（五）“丝绸之路杯”“金钟杯”全国大学生攀岩邀请赛。1994年9月7日—8日在市体育场举行，比赛为攀登人工岩壁，7支代表队45名运动员参加比赛。

（六）河南安阳“三枪杯”泰山国际自行车登山邀请赛。1994年9月8日在泰安举行，全国29名自行车运动员参加比赛。

（七）1994全国热气球飞越泰山邀请赛。1994年9月8日在泰安举行，来自全国6支代表队参加比赛，比赛最远航程20公里，最大上升高度1800米。

第九届泰山国际登山节 举办三项体育活动：

（一）“孔府宴杯”泰山国际暨全国登山邀请赛。1995年9月6日上午在林校操场举行，起点设在岱宗坊，终点老年组中天门、中年组南天门、青年组玉皇顶。国际组有23支代表队125名运动员参赛，全国组有51支代表队467名运动员参赛。

第九届泰山国际登山节登山邀请赛各组别冠军成绩表

表 7-24

组 别	国 际			全 国			泰 安		
	姓名	队 别	成 绩	姓 名	队 别	成 绩	姓 名	队 别	成 绩
男子青年组	比蒙	乌干达	1:26:26	杨广健	山东明远机电设备有限公司	1:1:31	张同华	山东矿院	1:05:24
女子青年组				任淑红	泰安四维药厂	1:8:52	刘秀荟	泰山区	1:25:37
男子中年组				范德利	沈阳抗生素厂	0:59:33	方 东	新泰市	1:7:11
女子中年组				张风芹	山东明远机电设备有限公司	1:17:40	刘贵香	郊 区	1:28:32
男子老年组				鲍祥仁	重庆铁路局	0:37:21	倪圣培	郊 区	0:38:12
女子老年组	石谷幸子	日本一队	1:34:49	张素文	沈阳市	0:43:35	张洪英	泰山区	0:49:50

第九届泰山国际登山节登山邀请赛团体总分前六名成绩表

表 7-25

组　别	名　次	单　位	成绩（分）
全国组	第一名	山东明远机电设备有限公司	23
	第二名	山东泰安四维制药厂	34
	第三名	杭州金晨长跑队	36
	第四名	重庆铁路局	41
	第五名	北京中北运输公司	44
	第六名	抚顺市	45
泰安组	第一名	泰山区	15
	第二名	郊　区	17
	第三名	泰安市直机关工委	26
	第四名	新泰市	28
	第五名	泰安市邮电局	38

（二）“孔府宴杯”泰山国际万人马拉松公路登泰山比赛。1995年9月3日上午在泰安火车站广场举行，起点泰安火车站广场西侧邮电局门前，经龙潭路、天外村、沿泰山西路、至中天门停车场。102支代表队1.05万名运动员参加比赛。

（三）“孔府宴杯”1995泰山国际热气球邀请赛。1995年9月5日至10日在泰安泰山举行。9月6日上午举行飞越登山节开幕式主会场（南侧）表演赛。下午，举行飞越泰城赛。9月7日上午，举行飞越泰山赛。9月8日上午，举行飞越曲阜表演赛。来自日本、韩国、菲律宾、瑞典、瑞士、美国等6支国外队和2支国内队参赛。

第十届泰山国际登山节　举办三项体育活动。

（一）“四维杯”全国全民健身登泰山比赛暨国际邀请赛。1996年9月6日上午在林校操场举行，起点岱宗坊，终点老年组、中年组、青年组分别为泰山中天门、南天门、玉皇顶。国内外130个代表队参赛。其中，国外代表队30个。

第十届泰山国际登山节登山比赛各组别冠军成绩表

表 7-26

组　别	国际			全国			泰　安		
	姓　名	队　别	成　绩	姓　名	队　别	成　绩	姓　名	队　别	成　绩
男子青年组	比蒙	乌干达	1:30:12	曹昌海	山东四维	0:58:37	张新利	新泰玻璃厂	1:06:39
女子青年组				郑桂霞	山东四维	1:07:31	时利敏	市直机关工委	1:19:11
男子中年组				陈和平	杭州钱江	0:56:05	李加水	泰安登峰工贸	1:08:01
女子中年组				张凤琴	山东四维	1:13:59	李爱芳	郊　区	1:26:31
男子老年组				张春良	辽宁沈阳	0:34:46	陆陪富	泰安登峰工贸	0:43:17
女子老年组				陈　华	山东四维	0:43:04	张洪英	泰安登峰工贸	0:50:00

第十届泰山国际登山节登山比赛团体前六名成绩表

表 7–27

组 别	名 次	单 位	成绩（分）
全国组	第一名	山东四维制药厂	54
	第二名	北京长话局通信发展公司	147
	第三名	重庆铁路局分局体协	157
	第四名	杭州钱江长跑协会	158
	第五名	沈阳市	164
	第六名	济南铁路分局体协	215

（二）“四维杯”越野登泰山比赛。1996 年 9 月 8 日上午 9：00 在泰安火车站广场举行。比赛由国家体委社会体育指导中心、中华全国体育总会群体部、中国登山协会主办，泰安市人民政府承办。起点泰安火车站广场，沿泰山西路至中天门。有国内各省、市、自治区、解放军、计划单列市、行业体协、有关单位，以及驻泰安大专院校及市直机关单位 6000 余人参加比赛。泰安四维制药厂的曹昌海，郑桂霞分别以时间 47：57、55：41 的成绩取得男、女冠军 。

（三）“四维杯”全国康复瘫痪病人登泰山活动。1996年9月6日上午在林校操场举行。全国19个省市的康复瘫痪病人及特邀嘉宾540人参加比赛。起点岱宗坊，终点中天门。

第十一届泰山国际登山节 举办四项体育活动。

（一）第十一届国际登山节暨第二届全国全民健身登泰山比赛。1997年9月7日上午在林校操场举行，起点岱宗坊，途经红门按老年组、中年组、青年组分别至中天门、南天门、玉皇顶。共计165支代表队1876名运动员参加，其中国外代表队有16支。

第十一届泰山国际登山节登山比赛各组别冠军成绩表

表 7–28

组 别	国 际			全 国			泰 安		
	姓 名	队 别	成 绩	姓 名	队 别	成 绩	姓 名	队 别	成 绩
男子青年组	夏 信	澳大利亚	1:38:30	曹昌海	山东四维制药厂	0:57:55	张新利	新泰玻璃厂	1:07:57
女子青年组				崔国梅	山东四维制药厂	1:08:26	田汝娟	东平县	1:24:00
男子中年组				刘宝江	北京长跑俱乐部	0:59:36	方 东	新泰玻璃厂	1:05:08
女子中年组				李 平	济南铁路局	1:13:10	姚秀丽	东方家具装饰公司	1:22:55
男子老年组				张德军	抚顺市	0:33:57	姚生玉	郊 区	0:42:27
女子老年组				陈序华	泰山生力源集团	0:42:59	张秀兰	郊 区	0:49:52

第十一届泰山国际登山节登山比赛团体前六名成绩表

表 7-29

组别	名次	单位	成绩（分）
全国组	第一名	泰山生力源股份有限公司	78
	第二名	北京长跑俱乐部一队	145
	第三名	抚顺市	232
	第四名	重庆宗申机车长跑队	251
	第五名	杭州市	320
	第六名	齐鲁石油化工公司	344
泰安组	第一名	泰山区	69
	第二名	郊　区	131
	第三名	泰安市直机关工委	190
	第四名	泰安市邮电局	194
	第五名	宁阳县	200
	第六名	山东煤炭教育学院	204

（二）全国康复瘫痪病人登泰山活动。来自全国10个省（市）的100多名康复瘫痪病人参加。

（三）开幕式后在泰安举行全国八运会“奔向新世纪”火炬传递仪式。

（四）举办“泰山特曲杯”足球邀请赛。

第十二届泰山国际登山节　举办两项体育活动。

（一）第十二届国际登山暨“轻骑木兰杯”第三届全国全民健身登泰山比赛。1998年9月10日上午在泰安火车站举行，起点火车站广场，途经东岳大街、青年路、岱宗大街、岱宗坊、红门，分别至各组终点老年组中天门、中年组南天门、青年组玉皇顶。国内外159支代表队、1863名运动员参赛，其中国外代表队16支。

第十二届泰山国际登山节登山比赛各组别冠军成绩表

表 7-30

组别	国际			全国			泰安		
	姓名	队别	成绩	姓名	队别	成绩	姓名	队别	成绩
男子青年组	安瑞德	加拿大	2:00:44	吴寅帅	轻骑集团	1:12:50	张同华	泰氏洗化	1:17:50
女子青年组				王明霞	轻骑集团	1:21:55	时利敏	泰安衡器厂	1:36:57
男子中年组				刘宝江	北京西城区	1:10:14	方　东	新泰玻璃厂	1:20:01
女子中年组				张凤琴	泰安劲邦	1:32:35	潇利静	泰安铝制品厂	1:40:06
男子老年组				张春良	泰安劲邦	0:47:22	倪圣培	郊　区	0:53:08
女子老年组				陈序华	泰安劲邦	0:59:16	张秀兰	郊　区	1:12:05

第十二届泰山国际登山节登山比赛团体前六名成绩表

表 7-31

组　别	名　次	单　位	成绩（分）
全国组	第一名	山东泰安劲邦体育用品公司	89
	第二名	北京西城区月坛社区	135
	第三名	齐鲁石化	171
	第四名	杭州钱江长跑协会	193
	第五名	抚顺长跑协会	254
	第六名	杭州市	274
泰安组	第一名	郊　区	94
	第二名	山东岱银纺织服装公司	109
	第三名	泰安市直机关工委	193
	第四名	东平县	201
	第五名	济铁泰安车务段	298
	第六名	山东泰安交通车辆厂	309

（二）“轻骑木兰杯”足球邀请赛。1998年9月10日在泰安市体育中心举行。足球邀请赛由鲁能泰山和武汉红金龙两支甲A球队对垒。

第十三届泰山国际登山节　举办一项体育活动。

第十三届泰山国际登山节暨“鲁润杯”第四届全国全民健身登泰山比赛。1999年9月6日上午在山东农业大学东校区操场（原林校操场）举行。起点设在红门路岱宗坊，途经红门，分别至各组终点：老年组中天门、中年组南天门、青年组玉皇顶。100支代表队700余名运动员参加比赛。其中，国际组有美国、加拿大、英国、法国、澳大利亚、日本、韩国、坦桑尼亚等国家和地区28支代表队130余名运动员参赛，全国组有各省、市、自治区及香港、澳门、台湾72支代表队560余名运动员参赛。

第十三届泰山国际登山节登山比赛全国组冠军成绩表

表 7-32

组　别	姓　名	队　别	成　绩
男子青年组	张　勇	泰安鲁润	1:0:55
女子青年组	王明霞	山东岱银	1:10:25
男子中年组	刘宝江	山东岱银	0:58:58
女子中年组	李　平	山东岱银	1:13:4
男子老年组	蔡洪启	抚顺长跑协会	0:35:33
女子老年组	陈序华	山东岱银	0:45:02

第十四届泰山国际登山节　举办一项体育活动。

“浪潮杯”第五届全国全民健身登泰山比赛暨国际邀请赛。2000年9月7日上午在山农大东校区操场举行、起点设在红门路岱宗坊、途经红门，分别至各组终点：老年组中天门、中年组南天门、青年组玉皇顶。108支代表队731名运动员参赛。其中，国际组有美国、加拿大、英国、法国、澳大利亚、日本、韩国、坦桑尼亚等国家及地区36支代表队110名运动员，全国组有72支代表队621名运动员。

第十四届泰山国际登山节登山比赛各组别冠军成绩表

表 7-33

组　别	国　际			全　国			泰　安		
	姓　名	队　别	成　绩	姓　名	队　别	成　绩	姓　名	队　别	成　绩
男子青年组				张新凯	山东岱银集团	0:57:50	朱德军	泰安阳利得有限公司	1:05:40
女子青年组				刘世香	山东岱银集团	1:14:05	吴　敏	泰安阳利得有限公司	1:17:48
男子中年组				曹金元	重庆长跑队	0:58:42	方　东	新泰升华玻璃公司	1:14:45
女子中年组				张凤琴	山东岱银集团	1:10:37	张美英	市直机关工委	1:20:28
男子老年组				蔡洪启	抚顺长跑协会	0:32:50	倪圣培	岱岳区	0:37:42
女子老年组				曹曼丽	山东岱银集团	0:40:54	付荣先	市直机关工委	0:48:12

第十五届泰山国际登山节　举办一项体育活动。

“赊店老酒杯”第六届全国全民健身登泰山暨国际邀请赛。2001年9月7日上午8：00在山农大东校区操场举行。起点设在红门路岱宗坊、途经红门，分别至各组终点：老年组中天门、中年组南天门、青年组玉皇顶。国际组有美国、加拿大、英国、澳大利亚等15个国家和地区145名运动员参赛，全国组有117支代表队1040名运动员参赛，泰安市组有26支代表队150名运动员参赛。

第十五届泰山国际登山节登山比赛各组别冠军成绩表

表 7-34

组　别	国　际			全　国			泰　安		
	姓　名	队　别	成　绩	姓　名	队　别	成　绩	姓　名	队　别	成　绩
男子青年组	岩　崎	日本	1:53:10	张新凯	山东岱银集团	1:0:9	时利强	岱岳区体校	1:9:25
女子青年组				吴　敏	赊店老酒公司	1:20:57	孙丽芳	岱岳区体校	1:26:6
男子中年组	派特·法摩罗	澳大利亚	1:17:58	曹金元	山东岱银集团	00:59:26	张大鹏	市直机关工委	1:9:26
女子中年组	罗燕·库普麦尔	美国	1:43:36	张凤琴	山东岱银集团	1:16:49	张美英	市直机关工委	1:27:00

续表 7-34

组别	国际			全国			泰安		
	姓名	队别	成绩	姓名	队别	成绩	姓名	队别	成绩
男子老年组				陈和平	杭州钱江队	0:33:30	张永利	市直机关工委	0:41:58
女子老年组				曹曼丽	山东岱银集团	0:45:26	付荣先	市直机关工委	0:00:50

第十六届泰山国际登山节 举办一项体育活动。

"千年泸宝酒杯"第七届全国全民健身登泰山比赛暨国际邀请赛。2002年9月7日上午8：00在天外村广场举行，起点在天外村广场，沿环山路至红门进山，各组终点老年组中天门、中年组南天门、青年组玉皇顶。共有1250名运动员参加比赛。其中，国际组有10支代表队124名运动员参赛，全国组有114支代表队967名运动员参赛。

第十六届泰山国际登山节登山比赛各组别冠军成绩表

表 7-35

组别	国际			全国			泰安		
	姓名	队别	成绩	姓名	队别	成绩	姓名	队别	成绩
男子青年组				钟海波	深圳海创集团	1:02:04	邱明军	泰安体彩	1:07:09
女子青年组	余镐珍	韩国	1:27:00	崔国梅	深圳海创集团	1:09:34	赵文文	泰山生力源	1:14:46
男子中年组				高凤林	北京长跑俱乐部	1:03:20	高慎华	新泰升华	1:13:50
女子中年组				邢如伶	北京长跑俱乐部	1:19:04	张美英	市直机关工委	1:27:18
男子老年组				陈和平	浙江广通房地产	0:35:44	倪圣培	岱岳区	0:43:06
女子老年组				陈序华	山东岱银集团	0:46:30	付荣先	市直机关工委	0:54:53

第十七届泰山国际登山节 举办两项体育活动：

（一）"千年泸宝酒杯"第八届全国全民健身登泰山比赛暨国际邀请赛。2003年9月6日上午8：30在泰山广场举行。比赛起点设在泰安市市政大楼前东西路上，沿擂鼓石路向东至建疗大桥向北，转入普照寺路向东，进入环山路至红门进山，终点分别为老年组中天门、中年组南天门、青年组玉皇顶。共有180个代表队1379名中外运动员参加比赛。其中，国际组有日本、韩国、美国、德国等12个国家代表队117名运动员，泰安市组有46个代表队232名运动员。

第十七届泰山国际登山节登山比赛各组别冠军成绩表

表 7-36

组别	全国			泰安		
	姓名	队别	成绩	姓名	队别	成绩
男子青年组	邱明君	济南泉城长跑一队	1:11:59	张涛	泰山龙大服装公司	1:17:59
女子青年组	王晓明	济南泉城长跑一队	1:33:25	朱文明	市直机关工委	1:38:54
男子中年组	曹金元	重庆仪器厂	1:15:57	方东	新泰市体育局	1:29:48
女子中年组	潘梅	沈阳维康医药集团	1:27:50	张美英	市直机关工委	1:44:25
男子老年组	韩吉生	莱钢集团	0:49:58	张传民	徂徕镇邓家庄	1:2:35
女子老年组	王金兰	天津海河俱乐部	1:4:11	付荣先	市直机关工委	1:14:35

（二）“肥城矿业杯”环泰山万人马拉松比赛。2003年9月6日上午8：30在泰山广场举行。起点设在泰安市市政大楼前东西路，终点红门广场，全长4.4公里。驻泰安部队、市直部门、各县（市、区）、工矿企业、驻泰安学校1万余人参加比赛。

第十八届泰山国际登山节　举办三项体育活动。

（一）“神舟科技杯”第九届全国全民健身登泰山比赛暨国际邀请赛。2004年9月7日上午在山农大东校区操场举行。起点设在岱宗坊，终点青年组在玉皇顶，中年组在南天门，老年组在中天门。国际组有16个国家和地区173名运动员参赛，全国组有108个代表队982名运动员参赛，泰安市组有24个代表队120名运动员参加比赛。

第十八届泰山国际登山节登山比赛各组别冠军成绩表

表 7-37

组别	全国			泰安		
	姓名	队别	成绩	姓名	队别	成绩
男子青年组	吴寅帅	济南市	0:58:28	高东青	岱岳区	1:06:12
女子青年组	金丽	山东海力事业集团	1:09:36	段燕燕	岱岳区	1:18:03
男子中年组	曹金元	重庆仪器厂	0:57:08	方东	新疆莉静美容中心	1:08:02
女子中年组	潘梅	辽宁维康医药集团	1:06:00	孙永菊	泰建公司	1:22:00
男子老年组	范德利	辽宁维康医药集团	0:30:25	吴留年	泰安野外生存俱乐部	0:38:58
女子老年组	王健勇	徐州市	0:41:43	贺继平	宁阳华丰西故城	0:45:11

（二）环泰山万人短程马拉松比赛。2004年9月7日上午8：30在山农大东校区操场举行。起点设在岱宗坊，经红门路、环山路、到达终点天地广场，全长2.6公里。来自驻泰安高校和市直各中学1万余名学生参赛。

（三）“泰安移动杯”全国青年男子排球锦标赛。9月3日至10日在山东农业大学体育局馆举行，来自全国的13支代表队187名选手参加排球联赛。

第十九届泰山国际登山节 举办三项体育活动：

（一）“九鑫杯”第十届全国全民健身登泰山比赛暨国际邀请赛。2005年9月7日上午8：30在山农大东校区操场举行。起点设在岱宗坊，终点按老年、中年、青年分别为中天门、南天门、玉皇顶。国际组有12个国家和地区148运动员参赛，国内组有103个代表队1623名运动员参赛，泰安市组30个代表队320名运动员参加比赛。

第十九届泰山国际登山节登山比赛各组别冠军成绩表

表 7-38

组别	国际			全国			泰安		
	姓名	队别	成绩	姓名	队别	成绩	姓名	队别	成绩
男子青年组	金敏救	韩国		吴壬帅	辽宁维康医药连锁	58:10	徐吉祥	岱岳区	1:5:2
女子青年组				宋田莉	辽宁维康医药集团	1:9:20	吴明星	肥城市	1:25:58
男子中年组				曹金元	重庆长跑协会	1:3:5	杨明刚	泰安长跑俱乐部	1:18:49
女子中年组				潘　梅	辽宁维康医药集团	1:15:5	刘继香	山东盛大	1:33:26
男子老年组	吉田日出夫	日本	0:53:21	范德利	辽宁维康医药集团	0:34:18	陈新营	泰山长跑俱乐部	0:37:44
女子老年组	小林缘	日本	1:41:32	王健勇	江苏徐州	0:44:25	贺继苹	宁阳县华丰西故城	0:46:03

（二）环泰山万人健身走竞赛活动。2005年9月7日上午在山农大东校区操场举行。起点设在岱宗坊，途经红门路、环山路，终点市政广场（望岳东路与环山路交叉路口），全长4.5公里。来自泰安各大院校、市直机关工委、市总工会、泰安城各中学、泰山区、岱岳区1万余人参加比赛。

（三）中韩登山友谊赛。2005年9月10日下午在山农大东校区操场举行。分老、中、青3个组别，起点均为岱宗坊，终点均为中天门，全程5.1公里。

第二十届泰山国际登山节 举办三项体育活动及各地联动活动。

（一）第二十届泰山国际登山节登山比赛暨第十一届全国全民健身登泰山比赛。2006年9月7日上午8：30在山农大东校区操场举行，各组别起点均设在山农大东校区操场，老年组终点为中天门，全程5.1公里；中年组身组终点在南天门，全程7.8公里；青年组终点在玉皇顶，全程8.6公里。国际组有18个国家169名运动员参赛，全国组有21个省（市、自治区）117支代表队1168名运动员参赛，泰安市组有20支代表队165名运动员参赛。

（二）全国女子足球联赛总决赛。9月10日—20日在泰安市体育中心举行。由中国足球协会、国际体育总局足球运动管理中心主办，山东省体育局、泰安市人民政府承办。属国家A级赛事，共有8支女子足球队参加比赛。

（三）群众性登山活动。9月7日上午在山农大东校区操场举行，全市200多个单位1万余人参加登山活动。

（四）登山节期间各地联动活动。肥城市举行全民健身登牛山活动，宁阳县举行全民健身登彩山活动，东平县群众性健身白佛山登山比赛，有1万余名群众参加比赛。

第二十届泰山国际登山节登山比赛各组别冠军成绩表

表 7–39

组　别	国　际			全　国			泰　安		
	姓　名	队　别	成　绩	姓　名	队　别	成　绩	姓　名	队　别	成　绩
男子青年组				程　涛	山东恒源石化集团	0:58:42	叶矿远	海力集团	1:4:32
女子青年组				宋田莉	山东省体育彩票中心	1:11:03	杨　倩	泰安康博数码代表队	1:21:10
男子中年组				王捍东	齐鲁石化业余体协	0:59:2	姚玉宝	岱岳区	1:9:45
女子中年组				潘　梅	辽宁维康医药集团	1:8:11	姚秀丽	泰安市建设局	1:23:23
男子老年组	BOBWESSELS	美国	52:13	韩吉生	莱钢集团	0:34:30	尹逊宽	泰安市建设局	0:37:38
女子老年组				李　敬	辽宁维康医药连锁有限公司	0:44:23	张秀芹	泰安泰山长跑俱乐部	0:48:20

第二十届泰山国际登山节登山比赛团体前六名成绩表

表 7–40

组　别	名　次	单　位	成绩（分）
全国组	第一名	辽宁维康医药集团	104
	第二名	重庆市长跑协会	122
	第三名	山东省莱钢集团公司体委	149
	第四名	山东省济南泉城长跑队	301
	第五名	天津市河西区职工体育俱乐部	320
	第六名	辽宁抚顺市长跑运动协会一队	392
泰安组	第一名	岱岳区	58
	第二名	泰安市泰山长跑俱乐部	81
	第三名	中国电话号薄公司泰安市分公司	115
	第四名	海力集团	122
	第五名	泰安市建设局	135
	第六名	泰安强世行别克汽车代表队	144

第二十一届泰山国际登山节　举办五项体育活动。

（一）第二十一届泰山国际登山节登山比赛暨第十二届全国全民健身登泰山比赛。2007年9月7日上午8：30在山农大东校区操场举行，该届登山比赛首次进行登山接力赛。起点设在林校操场，健身组终点为中天门，全程5.1公里；中年组终点在南天门，全程7.8公里；青年组终点在玉皇顶，全程8.6公里。来自国内外162支代表队1609名运动员参赛。

第二十一届泰山国际登山节登山比赛各组别冠军成绩表

表 7–41

组　别	国　际			全　国			泰　安		
	姓　名	队　别	成　绩	姓　名	队　别	成　绩	姓　名	队　别	成　绩
男子青年组	峰朋芳	日本八王子	1:9:48	李子成	山东队	0:56:22	朱大磊	都市风向标装饰公司	1:4:48
女子青年组				蒲　珍	山东队	1:15:27	赵　惠	都市风向标装饰公司	1:19:25
男子中年组	森山正博	日本八王子	1:17:50	王志成	海力集团	0:59:00	姚玉宝	岱岳区	1:7:35
女子中年组				潘　梅	辽宁维康医药集团有限公司	1:13:00	姚秀丽	泰安市建设局	1:30:00
男子老年组	峰尾金男	日本八王子	0:41:32	韩吉生	莱钢集团	0:35:32	尹逊宽	泰安市建设局	0:37:37
女子老年组	李正肴	韩国一队	1:24:07	吕广芝	辽宁维康医药集团	0:44:52	付荣先	岱岳区	0:48:18

第二十一届泰山国际登山节登山比赛团体前六名成绩表

表 7–42

组　别	名　次	单　位	成绩（分）
全国组	第一名	辽宁维康医药集团	66
	第二名	莱钢集团	121
	第三名	济南泉城长跑一队	294
	第四名	无锡老年体协长跑队	318
	第五名	辽宁维康医院	530
	第六名	山东淄博齐都长跑一队	627
泰安组	第一名	岱岳区	41
	第二名	泰安市建设局	53
	第三名	泰山长跑俱乐部	90
	第四名	山东北方机电有限公司	154
	第五名	泰前办事处上梨园	167
	第六名	新泰王府佳肴店	175

（二）第二十一届泰山国际登山节环泰山万人健身跑活动。9月7日上午8：30在山农大东校区操场举行。活动由中华全国体育总会、中国登山协会、山东省体育局、泰安市人民政府主办，参加单位为市体育局、市委宣传部，市直机关工委、市总工会、市教育局、泰山区、岱岳区、市旅游局、市公安局，由市体育局牵头承办。起点山农大东校区操场，经红门路、环山路，终点天外村天地广场，泰安市社会各界1万余人参加活动。

（三）第二十一届泰山国际登山节竞速登山接力比赛。9月7日上午8：30在山农大东校区操场举行。接力路线及次序：起点设在东校区操场（第一棒）、壶天阁（第二棒）、中天门（第三棒）、升仙坊（第四棒），终点玉皇顶。红楼百货、体彩中心、泰安二中、山东科技大学、泰安市体校、别克专卖、新矿二中、泰安摔跤队等单位参加比赛。

（四）第十二届全国全民健身登泰山暨“金彩山杯”第二届登彩山比赛。2007年9月7日上午8：30在蒋集镇彩山风景区举行。起点彩山风景区山门广场，终点彩山盘山路海拔228米处，全程3公里。宁阳县县直机关、企事业1000余人参加比赛。

（五）“泰山武术杯”2007新泰安·三山（泰山、徂徕山、莲花山）、两湖（东平湖、天平湖）全国山地户外挑战赛。9月9日上午在泰安开幕。该次比赛由泰安市人民政府与中国登山协会、山东电视台联合举办，为期3天，赛程总长180公里，国内16支高水平俱乐部和高校参赛，国内近20家媒体进行跟踪报道，中央电视台第五套对3天赛事进行全程录播。

第二十二届泰山国际登山节 举办两项体育活动。

（一）第二十二届泰山国际登山节登山比赛暨第十三届全国全民健身登泰山比赛。2008年9月7日上午8：30在山农大东校区操场举行。起点设在山农大东校区操场，老年组终点为中天门，全程5.1公里；中年组终点在南天门，全程7.8公里；青年组终点在玉皇顶，全程8.6公里。22个省（市、自治区）26个国家和地区及泰安市207支代表队2383名运动员参赛。

第二十二届泰山国际登山节登山比赛各组别冠军成绩表

表7-43

组别	国际			全国			泰安		
	姓名	队别	成绩	姓名	队别	成绩	姓名	队别	成绩
男子青年组				徐建	泰安哎呀呀食品公司	1:00:47	邵长蒙	岱岳区	1:08:21
女子青年组				杨英	山东海力集团	1:16:24	高华梅	岱岳区	1:29:33
男子中年组	温国彪	新加坡	1:49:16	王立国	辽宁维康医药集团	1:02:35	姚玉宝	岱岳区	1:13:20
女子中年组				潘梅	辽宁维康集团	1:11:30	张美英	岱岳区	1:24:28
男子老年组	夏云	美国	0:56:30	韩吉生	莱钢集团	0:35:00	尹逊宽	民政局复退军人医院	0:38:00
女子老年组				周广芳	莱钢集团	0:42:59	陈序华	岱岳区	0:49:42

第二十二届泰山国际登山节登山比赛团体前六名成绩表

表 7-44

组 别	名 次	单 位	成绩（分）
全国组	第一名	辽宁维康医药集团有限公司	64
	第二名	莱钢集团	95
	第三名	沈阳长跑俱乐部强风代表一队	311
	第四名	聊城奔月长跑一队	426
	第五名	扬州市长跑协会	591
	第六名	淄博长跑俱乐部一队	657
泰安组	第一名	岱岳区文体局	35
	第二名	泰安市泰山长跑俱乐部一队	92
	第三名	新泰市青云办事处卫生院二队	139
	第四名	山东北方机电公司	153
	第五名	泰山港华燃气公司	172
	第六名	泰安市鼎力胶业有限公司	175

（二）“安利杯”万人环泰山健身跑活动。2008年9月7日上午8：30在山农大东校区操场举行。起点设在东校区操场，经红门路、环山路，终点天地广场。来自全国各地3000余名登山爱好者参加活动。

第二十三届泰山国际旅游文化登山节 举办三项体育活动：

（一）第二十三届泰山国际旅游文化节登山比赛暨“体育彩票杯”第十四届全国全民健身登泰山比赛。2009年9月6日上午8：30在山农大东校区操场举行，起点设在东校区操场，终点老年组中天门，中年组南天门，青年组玉皇顶。国际组有来自30多个国家和地区198名运动员参加比赛；全国组来自22个省（市、自治区）168支代表队2280名运动员参加比赛；泰安组有31支代表队320名运动员参加比赛。

第二十三届泰山国际旅游文化登山节登山比赛各组别冠军成绩表

表 7-45

组 别	全 国			泰 安		
	姓 名	队 别	成 绩	姓 名	队 别	成 绩
男子青年组	崔立建	淄博市国平田径俱乐部	1:4:26	张 凡	海力集团	1:14:12
女子青年组	孟 娣	辽宁维康医药集团	1:22:40	李洪凤	岱岳区	1:46:46
男子中年组	喻文利	重庆市长跑协会	1:1:51	杨培华	泰安登山协会	1:15:00
女子中年组	潘 梅	辽宁维康医药集团	1:12:24	孙永菊	岱岳区	1:31:45
男子老年组	陈和平	杭州钱江长跑协会	0:36:34	尹逊宽	泰安市民政局复原退伍军人精神病医院	0:39:20
女子老年组	白其瑜	甘肃省长跑登山大队	0:45:09	刘喜凤	岱岳区	0:51:15

第二十三届泰山国际旅游文化登山节登山比赛团体总分前六名成绩表

表 7-46

组别	名次	单位	成绩（分）
全国组	第一名	辽宁维康医药集团	365
	第二名	多威体育管理公司二队	417
	第三名	莱钢集团	553
	第四名	中国航天神箭体育文化协会	557
	第五名	辽宁沈阳维康医药连锁有限公司	681
	第六名	山东聊城奔月长跑一队	687
泰安组	第一名	岱岳区	43
	第二名	泰安市登山协会	116
	第三名	肥城矿务局鲁泰工程有限公司	129
	第四名	泰山区老年体协	129
	第五名	新泰市青云街道办事处社区	138
	第六名	泰山长跑俱乐部	141

（二）万人环泰山健身跑活动。2009年9月6日上午8：30在山农大东校区操场举行。起点设在岱宗坊，沿红门路向北，环山路西行，终点天外村天地广场。泰安各界群众近万人参加。

（三）“泰山啤酒杯”“泰山冠军”中国·泰山登山系列大奖赛2009年度总决赛。2009年9月6日上午8：30在山农大东校区操场举行。起点设在林校操场，沿红门路北行，途经岱宗坊、红门，终点玉皇顶。“泰山冠军”总决赛有339名运动员参赛。

第二十三届泰山国际旅游文化登山节2009年“泰山冠军”登山比赛总决赛前三名成绩表

表 7-47

组别	名次	姓名	年龄	比赛号	成绩	积分
男子组	第一名	吴世伟	23	401	1:01:38	100
	第二名	魏　鹏	18	131	1:02:04	90
	第三名	田华东	20	139	1:02:32	82
女子组	第一名	张金琳	19	514	1:12:27	100
	第二名	陈春艳	18	612	1:14:20	90
	第三名	姜晓丽	20	513	1:16:22	92

第二十四届泰山国际旅游文化登山节　举办三项体育活动：

（一）“体育彩票杯”第十五届全国全民健身登泰山比赛暨国际邀请赛。2010年9月6日上午8：30在山农大东校区操场举行。起点东校区操场，经岱宗坊、红门，老年组终点为中天门，全程5.1公里；中年组终点为南天门，全程7.8公里；青年组终点为玉皇顶，全程8.6公里。有国内外218支代表队2600名运动员参赛。

第二十四届泰山国际旅游文化登山节登山比赛各组别冠军成绩表

表 7-48

组　别	国　际			全　国			泰　安		
	姓　名	队　别	成　绩	姓　名	队　别	成　绩	姓　名	队　别	成　绩
男子青年组				尚子明	中国地质大学	1:06:44	朱士玉	岱岳区	1:17:16
女子青年组				林　雪	山东海力集团	1:25:24	刘　红	岱岳区	1:23:29
男子中年组				喻文利	重庆市长跑协会	1:00:03	张灿军	新泰开发区管委会	1:10:50
女子中年组				潘　梅	辽宁维康医药集团	1:11:11	孙永菊	岱岳区	1:30:40
男子老年组	杨晓东	美国	1:1:02	陈和平	江苏杭州钱江长跑协会	0:35:21	杨培华	泰安市登山协会	0:38:08
女子老年组				郑雪梅	北京新百伦爱跑俱乐部	0:40:48	杨兴梅	泰安市登山协会	0:50:32

第二十四届泰山国际旅游文化登山节登山比赛团体前六名成绩表

表 7-49

组　别	名　次	单　位	成绩（分）
全国组	第一名	山东聊城奔月长跑一队	213
	第二名	济南马拉松长跑一队	329
	第三名	辽宁沈阳长跑俱乐部一队	363
	第四名	甘肃省安旗西饼食品有限公司	370
	第五名	天津海河体育俱乐部登山二队	430
	第六名	济南常生源燕山一队	633
泰安组	第一名	岱岳区	30
	第二名	新泰市长跑协会	56
	第三名	泰安市登山协会	131
	第四名	泰山长跑俱乐部	172
	第五名	肥城市湖屯镇	180
	第六名	泰山区老年体协	191

（二）“宝龙杯”环泰山万人健身跑活动。9月6日上午在山农大东校区操场举行。起点为东校区操场，沿岱宗坊、环山路，终点为宝龙大酒店。有泰安市社会各界群众近万人参加。

（三）“泰山啤酒杯”“泰山冠军”中国·泰山登山系列大奖赛2010年度总决赛。9月6日上午在山农大东校区操场举行。参加总决赛人选从参加月赛、季赛的优秀运动员中选出，共304名运动员参加比赛。

第二十四届泰山国际旅游文化登山节2010年“泰山冠军”登山比赛总决赛前三名成绩表

表7–50

组　别	名　次	姓　名	单　位	成　绩	积　分
男子组	第一名	李子成	枣庄市	0:58:35	100
	第二名	田华东	济南市	1:00:04	90
	第三名	王　桓	德州市	1:00:58	82
女子组	第一名	张金琳	烟台市	1:08:48	100
	第二名	姜晓丽	龙口市	1:13:20	90
	第三名	孙兆丹	潍坊市	1:15:23	82

第二十五届泰山国际旅游文化登山节　举办三项体育活动。

（一）“体育彩票杯”第十六届全国全民健身登泰山比赛暨国际邀请赛。2011年9月6日在山东农业大学东校区操场举行。起点设在山农大东校区操场，终点：老年组设在中天门，里程5.1公里；中年组设在南天门，里程7.8公里；青年组设在泰山之巅玉皇顶，里程8.6公里。登山比赛分国际、全国和泰安3个组，设老、中、青，男、女共18个组别。146支代表队2000名运动员参赛。

第二十五届泰山国际旅游文化登山节登山比赛各组别冠军成绩表

表7–51

组　别	全　国			泰　安		
	姓　名	队　别	成　绩	姓　名	队　别	成　绩
男子青年组	吕振鹏	山东兖州市体育运动服务中心	1:01:28	郑谦谦	新泰长跑金岭建工代表队	1:06:10
女子青年组	尚倩倩	河南洛阳天行健长跑俱乐部	1:21:26	李　蒙	新泰长跑金岭建工代表队	1:24:50
男子中年组	喻文利	重庆市大渡口区长跑协会	0:59:41	咸洪岭	新泰长跑金岭建工代表队	1:12:10
女子中年组	潘　梅	辽宁维康一队	1:08:27	王成芝	新泰长跑金岭建工代表队	1:32:20
男子老年组	刘宝江	北京多威马拉松俱乐部	0:35:34	杨培华	新泰长跑金岭建工代表队	0:37:50
女子老年组	郑雪梅	北京多威马拉松俱乐部	0:40:30	姚秀丽	岱岳区	0:48:35

第二十五届泰山国际旅游文化登山节登山比赛团体前六名成绩表

表 7-52

组别	名 次	单 位	成绩（分）
全国组	第一名	辽宁维康一队	78
	第二名	河南洛阳天行健	306
	第三名	河北邯郸马拉松一队	407
	第四名	山东济南马拉松俱乐部	414
	第五名	山东济宁长跑俱乐部	421
	第六名	山东泉城长跑队	539
泰安组	第一名	新泰长跑金岭建工代表队	28
	第二名	岱岳区	57
	第三名	泰山长跑俱乐部	139
	第四名	肥城宏扬公司	181
	第五名	泰安百川纸业有限公司	181
	第六名	宁阳京中社会福利矿粉厂	195

（二）“宝龙杯”环泰山万人健身跑活动。2011年9月6日在山农大东校区操场举行。起点设在山农大东校区操场，终点为宝龙城市广场。泰安市机关、企事业单位、大专院校及社会各界群众1.3万人参加活动。

（三）“泰山啤酒杯”“泰山冠军”中国·泰山登山系列大奖赛年度总决赛。9月6日在山农大东校区操场举行，387名运动员参赛。

第二十五届泰山国际旅游文化登山节2011年“泰山冠军”登山比赛总决赛前三名成绩表

表 7-53

组 别	名 次	姓 名	年 龄	单 位	成 绩	积 分
男子组	第一名	李子成	21	山东枣庄	0:58:38	100
	第二名	刘柏林	19	山东烟台	1:00:26	306
	第三名	王 桓	22	山东德州	1:00:48	300
女子组	第一名	干 雪	18	江苏淮安	1:09:24	317
	第二名	张金琳	21	山东烟台	1:09:59	354
	第三名	贾超风	23	甘肃兰州	1:11:34	100

第二十六届泰山国际登山节 举办体育活动三项：

（一）“体育彩票杯”第十七届全国全民健身登泰山比赛暨邀请赛。2012年9月7日上午8：40在山东农业大学东校区操场举行。起点设在山农大东校区操场，老年组终点设在中天门，中年组终点设在南天门，青年组终点设在泰山之巅玉皇顶。210支代表队2525人参赛。

其中，国际组有37个国家地区257名运动员，全国组有20个省（市、自治区）126支代表队1889名运动员，泰安组有47支代表队379名运动员。

第二十六届泰山国际登山节登山比赛各组别冠军成绩表

表 7-54

组　别	国　际			全　国			泰　安		
	姓　名	队　别	成　绩	姓　名	队　别	成　绩	姓　名	队　别	成　绩
男子青年组	峯明芳	日本	1:17:44	田华东	省体育局训练中心	1:00:10	成敬斋	岱岳区	1:0:00
女子青年组				李　荣	省体育局训练中心	1:15:10	刘　红	岱岳区	1:22:20
男子中年组	桥本洋一	日本	1:17:25	喻文利	重庆大渡口体育局	0:58:25	赵勋元	岱岳区	1:06:36
女子中年组	杉山幸子	日本	1:29:57	潘　梅	本钢集团	1:10:00	夏玉芬	新泰海燕集团	1:19:19
男子老年组				胡保良	河南商丘华商农村商业银行	0:35:30	杨培华	岱岳区	0:36:43
女子老年组				曾繁群	重庆市长跑协会	0:43:20	徐丽娟	新泰海燕集团	0:44:31

第二十六届泰山国际登山节登山比赛团体前六名成绩表

表 7-55

组　别	名　次	单　位	成绩（分）
全国组	第一名	莱钢总厂	125
	第二名	辽宁大石桥市长跑协会	431
	第三名	山东聊城市中北拳社	449
	第四名	河北邢台宏途单车健身俱乐部	511
	第五名	山东济宁冬泳协会	520
	第六名	天津海河体育俱乐部	662
泰安组	第一名	新泰长跑山东海燕代表团	36
	第二名	岱岳区	50
	第三名	泰山长跑一队	170
	第四名	肥城杨庄煤矿	206
	第五名	泰山长跑俱乐部二队	232
	第六名	宁阳县清河武术健身俱乐部	263

（二）“宝龙杯”环泰山健身跑活动。2012年9月7日上午在山农大东校区操场举行。起点设在山农大东校区操场，终点宝龙城市广场，全程3公里。泰安市机关、企事业单位、大专院校及社会各界群众1万余人参加。

（三）2012年“泰山温泉城杯”全国公路摩托车锦标赛（泰安站）暨年度总决赛。2012年9月7日在泰山方特欢乐世界南停车场举行。12个省、市的11支车队参加比赛。

第二十七届泰山国际登山节 举办体育活动三项：

（一）“体育彩票杯”第十八届全国全民健身登泰山比赛暨国际邀请赛。2013年9月6日上午8：30在山农大东校区操场举行。214支代表队2608名参加比赛。其中，国际组有39个国家和地区的249名运动员参赛，全国组有22个省（市、自治区）130支代表队1798名运动员参赛，泰安组有45支代表队561名运动员参赛。

第二十七届泰山国际登山节登山比赛各组别冠军成绩表

表 7–56

组别	国际			全国			泰安		
	姓名	队别	成绩	姓名	队别	成绩	姓名	队别	成绩
男子青年组	黄凯勇	新加坡	1:58:53	戚振飞	山东海利集团	1:01:14	成敬斋	岱岳区	1:05:54
女子青年组				李文杰	山东海利集团	1:15:49	王文斐	山东海燕代表队	1:26:20
男子中年组				王志成	重庆市长跑协会	0:58:58	姚玉宝	岱岳区	1:08:50
女子中年组				张辉骥	重庆市大渡口区体育局	1:10:50	张美英	山东海燕代表队	1:16:30
男子老年组				柳庆秀	沈阳维康医院 1 队	0:34:32	张　琼	山东海燕代表队	0:35:02
女子老年组				曾繁群	重庆市大渡口区保安公司	0:44:47	夏玉芬	山东海燕代表队	0:42:52

第二十七届泰山国际登山节登山比赛团体前三名成绩表

表 7–57

组别	名次	单位	成绩（分）
全国组	第一名	沈阳维康医院 1 队	67
	第二名	曲阜市行者户外	302
	第三名	聊城奔月长跑一队	321
泰安组	第一名	山东海燕代表团	25
	第二名	岱岳区	50
	第三名	泰山长跑俱乐部	60

（二）“泰山国际金融杯”环泰山万人健身跑活动。2013年9月6日上午8：30在山农大东校区操场举行。起点设在山农大东校区操场，经红门路，沿环山路东行，终点宝龙城市广场，全程3公里。来自泰安市机关、企事业单位及社会各界的1万余人参加活动。

（三）第二十七届泰山国际登山节韩国登山大会起跑仪式。9月7日在泰山东北麓的天烛峰景区举行，起点设在天烛峰景区登山路口，经仙鹤湾、天烛峰、古松园，到达玉皇顶下无字碑处，随后由南天门、桃花源乘索道下山。来自韩国近400名登山爱好者参加活动。省体育局副局长王元生，市领导刘卫东、刘汉玲、张书盈等出席起跑仪式。

第二十八届泰山国际登山节　举办体育活动四项。

（一）“探海石·泰山神玉杯”第十九届全国全民健身登泰山比赛暨国际邀请赛。2014年9月6日上午8：30在山农大东校区操场举行。比赛设国际精英组、玉皇顶国内精英组、南天门健身组、中天门健身组4个组别，男、女共8个小项的比赛，起点设在山农大东校区操场，途经岱宗坊、红门后进山，终点精英组玉皇顶、南天门健身组为南天门、中天门健身组为中天门。国际组有18个国家和地区422名运动员，国内有26个省（市、自治区）2650名运动员参赛。比赛首次邀请48名国外高水平马拉松选手参加。被国家体育总局授予“中国体育旅游十佳精品赛事”称号。

第二十八届泰山国际登山节登山比赛各组别冠军成绩表

表 7–58

组　别	国　际			全　国		
	姓　名	队　别	成　绩	姓　名	队　别	成　绩
玉皇顶国际组（男子）	Hunegnaw Mesfin Alemu	埃塞俄比亚	0:58:01	—	—	—
玉皇顶国际组（女子）	Meseret Taye Asefaw	埃塞俄比亚	1:11:19	—	—	—
玉皇顶精英组（男子）				李子成	海力财富集团	1:00:23
玉皇顶精英组（女子）				朱　琳	山东省	1:12:02
南天门健身组（男子）				喻文利	重庆市	0:59:26
南天门健身组（女子）				张辉骥	重庆市	1:10:48
中天门健身组（男子）				张　琼	济南市	0:35:26
中天门健身组（女子）				夏玉芬	沈阳市	0:42:42

第二十八届泰山国际登山节登山比赛团体前六名成绩表

表 7-59

组　别	名　次	单　位	成绩（分）
中天门健身组	第一名	泰山登山俱乐部	47
	第二名	天津市海河体育俱乐部	54
	第三名	济南体彩泉城长跑队	130
	第四名	泰山区老年体育协会	166
	第五名	聊城奔月长跑 2 队	225
	第六名	济宁休闲徒步群	235
南天门健身组	第一名	天津户外	97
	第二名	齐都跑吧	104
	第三名	济南野马铁三队	165
玉皇顶精英组	第一名	海力财富集团	25
	第二名	泰安第十九中学	125
	第三名	山东莒南第一中学	133

（二）“中国体育彩票杯”环泰山万人健身跑活动起跑仪式。2014年9月6日上午8：30在山农大东校区操场举行。起点设在山农大东校区操场，经红门路，沿环山路西行，终点天地广场。泰安市各界群众1.5万余人参加活动。

（三）“泰安市商业银行杯”泰山国际登山节登泰山比赛二十七年回眸图片展。9月5日—8日在天地广场圆形广场举行。展览分领导关怀、赛事精选、系列赛事、山城风光等4个组成部分，有图片300余幅。

（四）“康王河杯”全民健身嘉年华活动。2014年9月6日—8日在泰山天外村天地广场举行。活动划分A、B、C、D4个区域。A区为历届登泰山比赛图片展和健身活动区，B区为科学健身指导服务区，C区为全民健身展演区，D区为赞助合作单位宣传区。

第二十九届泰山国际登山节　举办体育活动四项。

本届比赛经中国登山协会同意，“国际邀请赛”更名为“泰山国际登山比赛”，原国内外青年组选手统一为“国际组”。这一变化标志着从本届开始，泰山国际登山比赛成为正式的国际性赛事，并且由中国登山协会发布赛事规程。

（一）“中国体育彩票”第二十九届泰山国际登山比赛。2015年9月6日上午在山农大东校区操场举行。共设国际组、南天门健身组、中天门健身组，男、女共6个组别。起点设在山农大东校区操场，途径岱宗坊、红门、斗母宫，终点国际组玉皇顶（全程8.6公里），健身组分别为中天门（全程5.1公里）、南天门（全程7.8公里）。国内外运动员3086人参加比赛。其中，国内运动员2755名，国际运动员331名，国际专业运动员36人。国际组埃塞俄比亚的德拉图·德比拉·德丽萨和茹蒂·阿珈·索拉打破泰山国际登山比赛纪录。

第二十九届泰山国际登山节登山比赛各组别冠军成绩表

表 7-60

组　别	国　际			全　国		
	姓　名	队　别	成　绩	姓　名	队　别	成　绩
国际组（男子）	李子成	山东省	00:56:55	—	—	—
国际组（女子）	德拉图·德比拉·德丽萨	埃塞俄比亚	01:08:33	—	—	—
南天门健身组（男子）				王志成	重庆市	0:59:26
南天门健身组（女子）				张辉骥	重庆市	1:10:59
中天门健身组（男子）				张　琼	山东省	0:34:12
中天门健身组（女子）				潘　梅	辽宁省	0:37:11

说明：各组别起点都在山东农业大学东校区操场（原林校操场），中天门健身组终点为中天门全程 5.1 公里，南天门健身组终点在南天门，全程 7.8 公里，国际组终点在玉皇顶，全程 8.6 公里

第二十九届泰山国际登山节登山比赛团体前六名成绩表

表 7-61

组　别	名　次	单　位	成绩（分）
中天门健身组	第一名	天津海河体育俱乐部	68
	第二名	辽宁本溪长跑队	82
	第三名	淮北户外登山队	103
	第四名	济南泉城长跑队	116
	第五名	当阳长跑俱乐部	129
	第六名	泰安市泰山区老年体育协会	131
南天门健身组	第一名	北岳恒山登山协会	108
	第二名	宁晋乐途户外	330
	第三名	邯郸跑吧 1 队	337
	第四名	山东聊城奔月长跑队 2 队	353
	第五名	当阳市长跑俱乐部	402
	第六名	邯郸跑吧 4 队	518
国际组	第一名	山东海力财富集团有限公司	64
	第二名	莒南一中代表队	152
	第三名	孙悟空跑步联盟	196

（二）“古元真杯”环泰山万人健身跑活动。2015年9月6日上午8：30在山东农业大学东校区操场举行。健身跑由山农大东校区操场出发，经红门路，沿环山路西行，至终点天地广场。社会各界1万多人参加活动。

（三）第二十九届泰山国际登山节全民健身嘉年华活动。2015年9月5日至7日在泰山天外村天地广场举行。活动分A、B、C、D4个区域。A区为泰山旅游文化商品与休闲健身展览区，B区为科学健身指导服务区，C区为全民健身展演区，D区为赞助合作单位宣传。

（四）第二十九届泰山国际登山节全民健身嘉年华暨“天下第一擂”泰山争霸赛。9月12日晚19：30分在泰山天地广场举行。本次活动由中国风景名胜区协会和泰安市人民政府共同主办。有国内外40余名选手参加比赛。

第五章　文化活动

开展文化活动是国际登山节重要组成部分。第一届泰山国际暨全国登山活动，举办书画展览、盆景和根雕艺术展览、封禅泰山仪式表演、集邮展览、戏剧和文艺节目、传统文化娱乐活动、焰火晚会。第二届登山活动，在开幕式上演出大型民间艺术组合《人间·天上》，共分“鼓乐齐鸣”“群龙戏珠”“争奇斗艳”“歌舞升平”“珠联璧合”五个段体，展示泰山雄伟气势，描述汶河两岸美好景象。第五届至第八届，先后举办大型文艺表演《紫气东来》《泰山交响曲》《潮涌天东》《东岳长风》。第九届至第十三届，举办“泰山·黄河”、泰安文艺表演大荟萃、大型现代戏山东梆子、《情荡泰山》、“我爱泰山”“泰山颂”、封禅艺术表演等文艺戏曲晚会。第十四届至第十七届举办多项书画展、奇石展、根雕展、民间收藏、摄影展等活动。第十七届至第二十四届举办“泰山之韵”音乐会、全国民间乐队乐手（山东赛区）大赛颁奖晚会、“泰山情怀”大型民族音乐晚会、《日出泰山东方红》大型广场文艺演出、齐鲁风情“泰山神韵”服装表演、大型主题歌舞晚会《日出泰山东方红》、吕远作品演唱会、大型都市主题歌舞晚会《今朝泰安·今朝泰山》、大型室内文艺演出《天歌》。第二十四届至第二十九届举行“泰山秋韵”民族音乐会、“山海秋韵”民族音乐会。国际登山节文化活动对宣传泰安起到积极作用。

第一届至第二十九届泰山国际登山节文化活动情况表

表 7-62

届　次	举办时间	项目个数	主要项目及内容
第一届（1987 年）	9 月 25 日—27 日	7	1. 书画展览，展出作品 200 幅。2. 盆景和根雕艺术展，展出作品 1000 件。3. 封禅泰山仪式表演，依据宋真宗封禅泰山的历史，由文艺工作者创作表演。4. 集邮展览，展出邮票 6335 枚。5. 戏曲和文艺节目。6. 传统文化娱乐活动，组织八条龙、十二只狮子、十六条旱船、十六头毛驴、七组打击乐、四十对腰鼓等表演。7. 焰火晚会

续表 7-62

届　次	举办时间	项目个数	主要项目及内容
第二届（1988 年）	9 月 14 日—16 日	5	1. 民间艺术组合《人间·天上》，分“鼓乐齐鸣”“争奇斗艳”“歌舞升平”“珠联璧合”五个段体。2. 封禅仪式表演。3. 山东梆子中青年演员大奖赛。4. 泰安新貌摄影展览。5. 泰山特种邮票发行仪式
第三届（1989 年）	9 月 14 日—16 日	1	文艺晚会，中国人民解放军第二炮兵文工团演出
第四届（1990 年）	9 月 14 日—16 日	5	1. 以弘扬泰山文化为主旋律，演出吹打乐《欢庆》、舞蹈《迎新娘》《泰山挑夫》，民间舞蹈《鼓子秧歌》《花鼓锣子》、古典舞蹈《剑舞》等民间艺术节。2. 仿宋代帝王封禅仪式表演。3. 演出文艺节目，邀请全国著名电影演员谢芳、歌唱家张目、著名口技表演艺术家鹿云金、著名笑星郝爱民、李金祥与泰安市艺术团同台演出。4. 举办“外国人看泰山、泰安人看世界”和“泰山风光”摄影展。5. 组织召开“首届泰山国际学术研讨会”，100 多位中外专家、教授、学者参加，论文 60 多篇
第五届（1991 年）	9 月 6 日—8 日	7	1. 开幕式举行大型文艺表演《紫气东来》，分“泰山神威”“力夺天工”“瑰宝璀璨”“紫气东来”四场。2. 举行仿宋代帝王封禅泰山仪式表演。3. 举办泰安文物珍品展。4. 焰火晚会。5. 邀请全国著名文艺团体来泰演出
第六届（1992 年）	9 月 6 日—8 日	8	1. 举办大型文艺节目《泰山交响曲》。2. 全国时装模特观摩表演。3.“冯玉祥在泰山”陈列展，民间民俗展，泰山石文化陈列展。4. 历代帝王封禅泰山雕塑展。5. 泰安市流散文物精品展。6. 封禅仪式表演。7. 第六届泰山国际登山节书画展。8.“泰安在腾飞”摄影展
第七届（1993 年）	9 月 6 日—8 日	7	1. 举行大型文艺表演《潮涌天东》。2. 泰山民俗陈列展暨泰山画廊剪彩仪式。3. 郭沫若遗作遗物展。4. 世界职业摄影家作品展。5.《山东省志·泰山志》首发式。6. 全国健美表演。7. 焰火晚会
第八届（1994 年）	8 月 18 日—9 月 10 日	9	1. 大型广场艺术表演《东岳长风》。2.“泰山之光”火炬接力暨火炬点燃仪式。3.1994 泰安著名歌星演唱会。4.《泰山人·泰山魂》电视文艺晚会。5. 1994 东方健康博览会。6. 东北大秧歌表演。7. 山东省曲艺杂技晚会。8. 服装模特表演观摩晚会。9. 山东梆子戏剧晚会
第九届（1995 年）	9 月 6 日—12 日	5	1.“泰酒集团”焰火晚会。2. 泰山金秋文艺晚会。3. 名人名山名产摄影展览。4. 泰山书画展览。5.“泰山·黄河”大型综艺电视晚会
第十届（1996 年）	9 月 6 日—8 日	8	1. 电影文化周。2. 泰山民俗游活动。3. 泰城七大商场服装模特表演。4. 泰山老年大秧歌表演。5. 泰安农民书画展。6. 泰山百景大观诗书画展。7. 泰山名家书画展。8. 泰安文艺表演大荟萃晚会等
第十一届（1997 年）	9 月 6 日—10 日	4	1. 泰安市山东梆子剧团自编自演的大型现代戏山东梆子《情荡泰山》。2. 泰安电影周。3. 第二届全国全民健身登泰山比赛纪念封首发式暨集邮展览。4. 第十一届泰山国际登山节纯银纪念卡发行仪式

续表 7-62

届　次	举办时间	项目个数	主要项目及内容
第十二届（1998 年）	9 月 9 日—11 日	7	1. 星光 50′“我爱泰山”“泰山颂”文艺晚会。2. 泰山国际登山节书画艺术展。3. 泰山国际登山节纪念封发行暨邮品展销。4. 第十二届泰山国际登山节纯金纪念卡发行。5. 第十二届泰山国际登山节纯金纪念卡发行。6. 齐长城考察成果展。7. 纪念冯玉祥先生逝世 50 周年暨全国第二届冯玉祥学术研讨会
第十三届（1999 年）	9 月 8 日—9 日	3	1. 中华泰山画卷展，全市 50 多位画家共同创作的泰山画卷，长 130 米，宽 2 米，分“泰山雄姿图、泰山景点图、泰山庙会图、泰山封禅图、泰山名木图、泰山奇珍图、泰山石韵图、泰山登山图、泰山花鸟图、泰城新貌图”10 部分。2. 封禅艺术表演，由“迎神”“初献”“亚献”“终献”“送献”5 部分组成，并配以“高安”“丰安”“天觃”“顺安”“凝安”“升平”6 套舞蹈。3. 泰山国际奇石大展，国内外赏石专家、奇石收藏爱好者 700 余人参加，展出奇石精品 2600 余件
第十四届（2000 年）	9 月 6 日—10 日	1	泰山旅游纪念品设计大奖赛，展出的旅游纪念品依托泰山文化，设计新颖，制作精良，品位高雅
第十五届（2001 年）	9 月 6 日—11 日	5	1. 广场文艺演出。2.“雷诺杯”中国泰山国际奇石大展，展场面积 4000 多平方米，展出奇石、盆景等精品 2000 余件。3.“将军杯”中华蟋蟀友谊大赛，来自北京、上海、天津等 20 多个省市和港澳台地区及宁阳当地 38 支代表队参赛。4. 开幕式大型文艺会演。5. 刘宝纯画展和“青未了杯”书画大赛等
第十六届（2002 年）	9 月 6 日—10 日	8	1. 开幕式暨文艺晚会，分别组织市山东梆子剧团、市艺术团等演出。2. 广场文艺演出，分别组织市山东梆子剧团、市艺术团等演出。3. 中国泰山国际奇石大展，参加本次大展的有广西、广东、河北等 20 多个省、市、自治区，展场区面积 7500 多平方米，展出奇石精品 2000 余件。4.“将军杯”中华蟋蟀友谊大赛，来自北京、上海、天津、江苏等 18 个省市和港澳台地区 32 支代表队参加比赛。5. 泰山首届民间收藏精品展，征集字画、瓷器、陶器、玉器等 14 大类，4000 余件展品。6. 山东军地联谊名家书画展、“我心中的泰山”国画展。7. 中国·泰山“御座杯”宫廷菜烹饪技能大赛，来自全国各地 27 支代表队参加比赛。8. 武术协会成立大会暨武术健身活动年启动仪式
第十七届（2003 年）	9 月 3 日—10 日	9	1. 青岛伊斯凯恩公司承办的大型文艺晚会，2 万多名观众观看。2.“泰山之韵”音乐会，音乐会邀请全国著名的男高音歌唱家程志领衔主演，8 位国家一级演员加盟，晚会气氛热烈。3. 广场文艺演出活动，市艺术馆、市山东梆子剧团、市艺术团、市文化局夕阳红艺术团共演出六场，观看的群众和来宾 10 万多人。4. 中华泰山金秋旅游摄影采风活动，邀请北京、上海等八省市的旅游报刊的 50 多名摄影记者聚焦泰山。活动后，在国家级和重点客源省市媒体发表 200 幅以上摄影作品。5. 第二届民间收藏精品展。展出书画、瓷器、玉器、青铜器、古钱币、证章、民间雕刻等各类民间收藏精品 2000 余件。6. 泰安市书画精品展开幕，共展出书画作品 170 余幅。7.“人保财险杯”泰山风光摄影展，摄影展展出摄影作品 100 余幅。8.“情系泰山”全国书画名家作品展，征集作品 160 幅，其中台湾艺术家作品 10 幅，泰安市作品 30 幅。9.《山水芳姿》贾荣志山水画展，参展作品 60 余幅

续表 7–62

届　次	举办时间	项目个数	主要项目及内容
第十八届（2004 年）	8 月 29 日—10 月 1 日	7	1.“肥矿杯”全国民间乐手（山东赛区）大赛，有 267 名选手报名参赛。其中，民间乐队 15 组，乐手 89 人。莱钢艺术团、泰安市青年山东梆子剧团乐队、菏泽民族管弦乐学校乐队 3 个队获得乐队金奖；来自枣庄市的乐手张晶印等 9 人获得乐手金奖。2.“鑫星地产杯”中外名人与泰安摄影展，展出的 100 幅纪实摄影照片，时间跨度为半个多世纪，忠实记录了泰安、泰山的历史风貌和改革开放以来的崭新变化。3. 第十八届泰山国际登山节书画展开幕，展出泰安市 200 余名书画家的优秀作品。4.“情系泰山”第二届全国名家书画展，展出书画作品 200 幅。5.“魅力泰安”—建设“蓝天、碧水、青山”绿色家园摄影展，该摄影展真实记录泰安这座历史文化名城的发展轨迹。6. 中华泰山 18 岁成人仪式宣誓暨文明圣火传递仪式，180 名年满 18 周岁的学生参加。7.“华泰广场杯”文艺演出。山东梆子剧团和泰安市歌舞团专场演出
第十九届（2005 年）	9 月 7 日—8 日	5	1. 举行“泰山情怀”大型民族音乐晚会。2. 举行泰山旅游新闻传播奖颁奖仪式，评出特等奖 5 名、一等奖 5 名、二等奖 10 名、三等奖 15 名。3. 2005 泰山金秋书画展。4． 2005 泰山旅游小姐大赛。5. 冯玉祥纪念馆开馆仪式
第二十届（2006 年）	9 月 6 日—16 日	3	1. 陈香梅文学艺术研讨会举行，国内著名作家、文学评论家、艺术家等 50 余人参观陈香梅大型图片展及泰山采风等活动。2. 举行《日出泰山东方红》大型广场文艺演出，演出以著名作曲家孟庆云等最新创作的 12 首泰山组歌为主线，运用戏曲、歌舞，杂技等艺术手法，讴歌泰安和泰山。3.“山东服装职业学院杯”第二届齐鲁风情“泰山神韵”服装表演举行，展示服饰文化发展新成就、新趋势，打造以服饰文化为内涵的特色旅游产品
第二十一届（2007 年）	9 月 3 日—10 日	3	1. 泰台两地文化交流活动暨 2007 泰台文化新走廊书画展，台湾 26 名知名画家、书法家与泰安书画家共同举办书画展、笔会。2. 岱庙雨花道院石刻园正式对中外游人开放，刻石陈列总数约为 100 块。3. 泰山夏张艺术剪纸展，展出作品 200 余幅，分为御道风情篇、泰山风光篇、风流人物篇、见贤思齐篇、鸟语花香篇、龙腾虎跃篇、如意吉祥篇七大篇章
第二十二届（2008 年）	9 月 6 日—15 日	5	1. 举行吕远作品演唱会，著名作曲家、中日友好使者吕远先生专门创作主题歌《泰山·富士山之歌》，国内与日本的著名歌唱家演唱吕远先生创作经典音乐作品。2. 举行景观式大型主题歌舞晚会《日出泰山东方红》，这台晚会完全根据泰山实景创作，演职人员 120 余人，创历届登山节文艺晚会之最。3. 举行首届大学生金秋艺术节，来自山东农业大学、泰山医学院、泰山学院、泰山职业技术学院、莱芜职业技术学院 5 所学校的 500 余名学生带着自编自演的节目，为泰山登山节活动献礼。4.“祈福迎祥·国泰民安”大法会。5. 2008 泰山国际登山节金秋旅游文化展举行，来自北京、上海、安徽、江苏、辽宁及全省近百家参展商，展出作品万余件

续表 7-62

届 次	举办时间	项目个数	主要项目及内容
第二十三届（2009 年）	9 月 5 日—11 日	3	1. 举办大型都市主题歌舞晚会《今朝泰安・今朝泰山》，晚会以“创城”为主要内容，分为《泰山欢迎您》《梦幻太极》《国泰民安》等歌舞以及展示大汶口文化缩影的杂技等十多个精彩节目。2. 中国肥城金秋品桃节启动仪式举行，该品桃节以“采摘佛桃、品味健康、感受吉祥”为主题，安排了一系列体现地方文化活动。3. 举行泰山青年文化广场大学生艺术展演活动，来自泰山医学院、山东服装职业学院、泰山职业技术学院 3 所高校的 90 余名大学生参加演出
第二十四届（2010 年）	9 月 7 日—8 日	2	1. 2010 泰山国际旅游文化登山节系列活动——“泰山秋韵”民族音乐会，国内著名作曲家程大兆的新作《泰山组曲》、新加坡著名作曲家潘耀田的新作《泰山的春天》在音乐会上首演。2. 大型室内文艺演出《天歌》，《天歌》分为横空出世、圣人圣山、经石峪、泰山碑、泰山女儿茶、泰山煎饼、泰山石敢当、拴娃娃、神奇的泰山 9 个篇章，以民族歌舞、现代歌舞、民俗表演、创意杂技等全新的创作观念和艺术手段加以诠释
第二十五届（2011 年）	9 月 7 日—9 日	2	1. 由中央民族乐团、泰山民族乐团联合排练演出“泰山秋韵”民族音乐会。2. 举办首届泰山石敢当文化节，文化节就泰山石敢当文化起源、发展，与中华民族民俗心理、泰山封禅及国泰民安理念的关系等方面进行研讨
第二十六届（2012 年）	9 月 7 日—9 日	3	1.“泰山秋韵”民族音乐会。2. 泰安特色文化产品展销会，该次展销会设各县（市、区）、高新区以及书画展区 8 个展位，来自全市的 80 多家经销商参展，展示的特色文化产品达 40 多个类别、900 多件。3. 中国泰安（泰山）平安文化创意旅游商品大赛暨博览会在中华泰山旅游商品城开幕，该届博览会举办创意旅游商品大赛、泰山玉文化节、泰山茶展示会、旅游商品博览会、“泰安四宝”评选 5 项活动，来自国内外 200 家客商参加活动
第二十七届（2013 年）	9 月 7 日—8 日	3	1. 第三届泰山石敢当文化节，举办海峡两岸泰山石敢当书画长卷（大陆卷）作品展、“泰山石敢当在世界各地”摄影作品展、我心目中的“泰山石敢当”形象征集启动仪式、群众文艺演出等一系列活动。2. 第一届泰山茶文化艺术节暨泰山茶博城启动仪式举行，该届泰山茶文化艺术节，有茶艺表演、泰山茶手工炒茶、茶文化艺术演出等；泰山茶博城，位于温泉路，总建筑面积 3 万平方米，总投资 1.2 亿元，是汇集茶文化传播、产品交易、茶业科研、茶叶检测于一体茶文化博览交易中心。也是山东省首家大型茶文化主题商城。3.“山海秋韵”民族音乐会，泰山民族乐团联手上海民族乐团组成强大演出阵容，为现场观众奉上一场秋韵十足的视听盛宴
第二十八届（2014 年）	8 月 31 日—10 月 3 日	7	1. 中国国际演出商大会。2. 泰山石敢当文化系列活动、泰山画派——泰安名家中国画提名展。3.“泰山秋韵”民族音乐会。4. 中国山东（泰安）国际收藏品及艺术品交易博览会。5. 首届泰安现代婚博会。6. 首届中国生态文明与环保文化泰山对话峰会。7. 泰山国际登山节主题歌创作演唱系列活动

续表 7-62

届　次	举办时间	项目个数	主要项目及内容
第二十九届（2015 年）	9 月 4 日—6 日	7	1. 山东首届少儿图书文化艺术节开幕式。2. 首届泰山论坛。3. 第五届泰山石敢当文化节开幕式。4. “齐鲁青未了”山东广播电视台齐鲁频道《好运连连到》走进泰安特别节目。5. “中华泰山·天下泰安”“泰山千古情”旅游专场演出。6. “泰山秋韵”民族音乐会。7. “中国梦·泰山魂”民族交响音乐

第六章　经贸活动

泰山国际登山节活动坚持“文体搭台、经贸唱戏”的原则，围绕全市经济发展大局，开展多种形式的经贸活动。第一届至六届，主要以举办泰安市工农业产品展销会为主，虽然规模、范围不大，但树立了泰安市在计划经济体制下的改革开放的新形象。第七届登山节，泰安市委、市政府提出把登山节打造成华东地区乃至全国有辐射能力的大型秋季交易会的目标，经贸活动从7月28日开始，一直持续到9月20日，邀请中外客商3000多家11952人（海外客商523人）参加展销活动。第十届登山节，举办“第六届海峡两岸经贸合作研讨会暨1997中外中小企业、中小项目恳谈会”，精选了200多个项目，与来自6个国家和地区的80名客商进项了洽谈。

第十七届登山节，举办“2003中国泰安投资合作洽谈会”，有来自20多个国家和地区822名客商参加，签署内资合同223个，合同引资额263.55亿元，外资合同43个，合同引资额3.5亿美元。第二十二届登山节，举办“2008中国泰安投资合作洽谈会”，有中外562家客商参会，其中韩国现代、法国雅高、美国凯雷等世界500强参加了活动。第二十四届登山节，举办“2010中国泰安投资合作洽谈会”，由中外客商855人参加活动，签约了31个项目引资总额161.58亿元；

第二十七届登山节，举办首届“百家知名外商泰山行”“2013中国泰山投资合作洽谈会”。签约项目37个，合同、协议引资额296亿元，其中外资项目13个，利用外资总额11亿美元。第二十九届登山节，举办中国泰安投资合作洽谈会。推介泰安市重点投资产业，举行部分重点项目签约仪式。现场签约重点项目28个，内资项目19个，总投资387.5亿元。其中，市外投资356.2亿元；外资项目9个，总投资8.34亿美元。

第一届至第二十九届泰山国际登山节经贸活动情况表

表 7-63

届 次	项目个数	主要项目	主办单位	举办时间	主要成果
第一届（1987 年）	2	泰安市工农业产品展览、全国旅游产品及乡镇企业实用技术交易会	泰安市人民政府	9 月 25 日—27 日	
第二届（1988 年）	5	泰安市工农业产品展销会、旅游产品展销会、金融市场和引进外资活动、劳务输出和家庭用工业务洽谈活动、全国应用技术及人才交流交易会	泰安市人民政府	9 月 14 日—16 日	展销会成交商品额 200 万元。人才交流会签订合同、协议 230 多份；引进新技术 98 项，转让项目 65 个；接待求才单位 600 余个，各类技术人员 1500 多人
第三届（1989 年）	1	举办大型经贸活动	泰安市人民政府	9 月 14 日—16 日	
第四届（1990 年）	1	举办大型经贸科技活动	泰安市人民政府	9 月 14 日—16 日	展销 1 万多种名、优、特、新产品
第五届（1991 年）	5	泰安市地产品、名优特新产品、泰山旅游产品、传统出口产品、三资企业产品展销会	泰安市人民政府	9 月 6 日—8 日	
第六届（1992 年）	18	对外经贸洽谈、工业产品展销会、重点项目建设洽谈会、矿产资源开发研讨会、旅游产品展评会、旅游市场促销会、泰城十大商场全国名优特新产品有奖销售活动、物资系统经济协作洽谈会、金融信息洽谈会、五金百货糖酒茶订货会、粮油食品及技术交流洽谈会、全国信息开发洽谈会、全国图书交易会等	泰安市人民政府	9 月 6 日—8 日	
第七届（1993 年）	25	对外联谊会暨对外经贸洽谈活动、全国经济信息开发洽谈会、全国高校实用科技成果转让暨经贸活动洽谈会、山东省旅游工艺品展销会、山东省糖酒茶叶秋季交易会、泰安经济贸易展销洽谈会、泰安市纺织产品订货洽谈会、泰山服装集团公司成立暨服装展销订货会、泰安市重点建设项目经济合作与交流洽谈会、泰安市茧丝绸展销会、泰安市煤炭产品展销洽谈订货会等	泰安市人民政府	9 月 6 日—8 日	

续表 7-63

届　次	项目个数	主要项目	主办单位	举办时间	主要成果
第八届（1994 年）	41	主要有全国摩托车及零部件展示订货会、全国科技成果洽谈交易会、中国商会经贸展销洽谈会、华东地区煤炭机电产品洽谈会、全国五交化商品交易会、全省名优商品订货会、泰安山会暨泰山物资交流大会、泰安市对外经济贸易洽谈暨项目推介会、第三届海峡两岸经贸合作洽谈会、泰安市重点基建技改项目合作洽谈会等	泰安市人民政府	9 月 6 日—10 日	
第九届（1995 年）	8	全国、全省性活动 7 项。主要有华东地区煤炭机电产品订货会、全国畅销国产商品展销月活动、全国职工消费品展销会、全国进口汽车配件调剂交易会、泰山石化招商引资洽谈会、鞍钢金属材料订货会、山东省农机产品秋季订货会。泰安市组织活动 1 项，泰安市工农生产品展销会展出产品 100 多大类、1 万多个品种	泰安市人民政府	9 月 6 日—12 日	
第十届（1996 年）	12	泰安中外经济贸易展销洽谈会暨淮海经济区经贸展销洽谈会、泰安对外经济贸易技术合作洽谈会、泰山民间山会、第五届泰山海峡两岸经贸合作研讨会、山东省秋季糖酒商品交易会、淮海经济区第十一届市长（专员）会、全国中小城市金融机构布局论证会、卫星发射测控天线项目洽谈会、改装车市场协商论证会、中国泰山产业集团第五届董事会、山东省农机产品订货会、全国五金交化系统商品交易会	泰安市人民政府	9 月 6 日—8 日	
第十一届（1997 年）	5	泰山商品贸易会暨旅游产品展销会；第六届海峡两岸经贸合作研讨会暨中外中小企业、中小项目恳谈会；泰山旅游产品开发研讨会暨旅游洽谈会；全省秋季糖酒商品交易会；中国华源集团农机产品贸易洽谈会	泰安市人民政府	9 月 6 日—10 日	泰山旅游产品开发研讨会暨旅游洽谈会，签订旅游合同 11 份
第十二届（1998 年）	10	泰安经济贸易展销洽谈会、泰山山会、第七届泰山海峡两岸经贸合作研讨会暨中外企业经贸恳谈会、泰山旅游产品开发研讨会、中国泰山国际奇石大展、中国华源凯马机械股份有限公司国内贸易洽谈会、东平小尾寒羊展示赛、山东省农机产品订货会、全国机床产品订货会、中国轻骑集团泰安专卖城开业仪式	泰安市人民政府	9 月 9 日—11 日	

续表 7-63

届　次	项目个数	主要项目	主办单位	举办时间	主要成果
第十三届（1999 年）	3	中国蟋蟀大赛、中国泰山种子交易会、泰山国际奇石大展	泰安市人民政府	8 月 8 日—9 日	中国蟋蟀大赛，比赛期间成交 1000 元以上的蟋蟀 200 余只，其中万元以上的 96 只
第十四届（2000 年）	2	泰山国际奇石大展、中华蟋蟀友谊大赛	泰安市人民政府	9 月 6 日—11 日	
第十五届（2001 年）	7	泰安“十五”规划重点项目推介暨投资合作洽谈会、科技成果洽谈会、人才交流暨大中专毕业生双向选择洽谈会、劳务输出洽谈会、泰山金秋旅游联谊会、四届一次五岳年会、海外联谊会等	泰安市人民政府	9 月 6 日—11 日	泰安“十五”规划重点项目推介暨投资合作洽谈会，经过洽谈，签约项目 56 个
第十六届（2002 年）	3	泰安投资合作洽谈会、泰山金秋旅游联谊会、山东省暨七省农业机械、工程机械新产品新技术展示订货会	泰安市人民政府		泰安投资合作洽谈会，签订内资合同 122 项，外资合同 18 项，合同投资额 100 万美元以上的项目 11 项。泰山金秋旅游联谊会，推出 20 条精品路线
第十七届（2003 年）	9	泰安市投资合作洽谈会、环渤海地区非公有制经济合作项目洽谈会、首届“泰山特产”展销暨产业化论坛活动、首届车房展活动、校地科技合作项目签字暨科技成果推介会、泰山金秋旅游联谊会、第六届泰山国际奇石大展、泰安市首届装饰装修设计大赛	泰安市人民政府	8 月 30 日—9 月 8 日	投资合作洽谈会共签订内资合同 223 个，合同引资额 263.55 亿元；外资合同 43 个，合同额 3.5 亿美元。环渤海地区非公有制经济合作项目洽谈会共签订项目合作协议 28 个，投资额 14.76 亿元，外资 1900 万美元
第十八届（2004 年）	12	2004 中国工商泰山论坛暨经贸合作项目洽谈会、第二届汽车展示交易会、第二届“碧水蓝天安居泰山”大型房产交易展示会、“2004 泰山首届中国人力资本与企业发展高层论坛”、第二届“家 + 乐”杯泰山名优特产展销展评会、校地科技合作项目签字暨科技成果推介会、校地科技合作项目签字暨科技成果推介会、“2004 中国（泰山）旅游商品交易会”等	泰安市人民政府	8 月 29 日—9 月 14 日	签订内资合同 209 个，合同引资额 143.3 亿元；内资协议 76 个，协议引资额 51.6 亿元。外资合同 51 个，合同利用外资额 5.9 亿美元；外资协议 36 个，协议利用外资额 3.9 亿美元

续表 7-63

届　次	项目个数	主要项目	主办单位	举办时间	主要成果
第十九届（2005 年）	7	泰安市第三届“魅力泰山和谐泰安绿色家园”房产交易展示会、2005 泰山国际登山节汽车与数码生活展、京鲁技术对接暨新项目发布洽谈会、第三届中国泰山国际苗木花卉交易会暨中国泰山国际苗木花卉产业发展论坛、2005 中国泰安投资合作洽谈会、2005 中华蟋蟀友谊大赛、2005 中国泰安韩国周	泰安市人民政府	9 月 2 日—18 日	9 月 6—7 日，举办 2005 中国泰安投资合作洽谈会，共签订内资合同 248 个、合同引资额 239.3 亿元，外资合同 31 个、合同利用外资额 48686 万美元，实现签约项目合同额比上年增长 50% 的预定目标
第二十届（2006 年）	11	泰安市住宅与房地产十年成就展暨第四届房产交易展示会、泰台经贸洽谈暨知名台商泰山行活动、2006 中国泰安投资合作洽谈会、2006 车房与数码生活展、泰山中药保健品新技术国际交流洽谈会、中国光彩事业促进会理事培训班暨全国知名企业家泰山行活动、中国·泰山中小城市发展国际交流大会、第四届中国泰山国际苗木花卉交易会暨中国泰山国际苗木花卉研讨会等	泰安市人民政府	9 月 1 日—24 日	成交房产 700 余套成交金额 1.7 亿元；签订合同、协议 65 个，引进合同、协议外资 6.5 亿美元；内资 115.9 亿元，成交汽车 300 余辆，价值 3000 余万元；成交房产 80 乡套
第二十一届（2007 年）	6	第五届房产交易展示会、2007 泰山国际登山节车展暨汽车文化节、2007 中国泰安投资合作洽谈会、2007“金彩山”杯中华蟋蟀友谊大赛、2007 海内外知名企业家齐鲁行暨中国泰安投资经贸洽谈会等	市委宣传部、泰安日报社、泰山区上高街道办事处	9 月 1 日—10 月 12 日	投资合作洽谈会签订内资合同项目 278 个，合同引资额 388.4 亿元；签订外资合同项目 36 个，合同利用外资额 3.93 亿美元
第二十二届（2008 年）	2	2008 中国泰安投资合作洽谈会、2008 泰山国际登山节旅游文化暨车房展	泰安市人民政府	9 月 6 日—7 日	招商引资项目合同 31 个，其中内资金项目 19 个，合同额 179.2 亿元；外资项目 12 个，合同额 3.63 亿美元
第二十三届（2009 年）	5	第七届房产交易展示会、世界名山合作泰山高峰会、首届中国泰山国际兰花节暨第六届中国泰山苗木花卉交易会、2009 中国泰安投资合作洽谈会、第七届车展暨泰安市首届金秋名优特产博览会		9 月 5 日—13 日	苗木花卉交易会期间总成交额达到 1.75 亿元；投资合作洽谈会现场签约 32 个项目，引资总额 198.5 亿元，利用外资 21304 万美元；金秋名优特产博览会，成交额总计为 9000 余万元

续表 7-63

届　次	项目个数	主要项目	主办单位	举办时间	主要成果
第二十四届（2010 年）	3	第二届中国泰山国际兰花节暨第七届中国泰山苗木花卉交易会、第八届房产交易展示会、2010 中国泰安投资合作洽谈会	泰安市人民政府	9 月 3 日—9 日	房产交易展示会成交各类房产 276 套，交易金额 2.07 亿元；意向成交各类房产 888 套，销售面积 8.32 万平方米，交易金额 5.2 亿元。2010 中国泰安投资合作洽谈会签约招商引资项目 31 个，其中引进国内资金项目 19 个，引资总额 161.58 亿元；利用外资项目 12 个，利用外资总额 2.43 亿美元
第二十五届（2011 年）	2	第三届中国泰山国际兰花节暨第八届中国泰山苗木花卉交易会、2011 中国泰安投资合作洽谈会	泰安市人民政府	9 月 7 日—8 日	2011 中国泰安投资合作洽谈会签约投资项目 30 个，引资总额 296.7 亿元；利用外资项目 10 个，利用外资总额 4.47 亿美元
第二十六届（2012 年）	3	2012 中国泰安投资合作洽谈会、泰山国际金融中心第二十六届泰山国际登山节第十届车房展暨“十一”黄金周旅游产品推介会、2012 中国泰安投资合作洽谈会	泰安市人民政府	9 月 7 日—8 日	2012 中国泰安投资合作洽谈会，现场签约招商引资项目 35 个，其中引进境内资金项目 25 个，引资总额 298.8 亿元；利用外资项目 10 个，利用外资总额 2.94 亿美元
第二十七届（2013 年）	4	2013 中国泰安项目推介会、首届“百家知名外商泰山行”启动仪式暨经贸洽谈会、2013 中国泰安投资合作洽谈会、宁阳县举办 2013“中京新城·魅力宁阳”投资合作洽谈会	泰安市人民政府	9 月 7 日—10 月 3 日	投资合作洽谈会现场签约招商引资项目 37 个，合同、协议引资总额 296 亿元；利用外资项目 13 个，利用外资总额 11 亿美元。宁阳投资合作洽谈会签约项目达 29 个
第二十八届（2014 年）	2	中国泰安投资合作洽谈会、中国（泰山）国际矿业装备与技术展览会	泰安市人民政府	8 月 31 日—10 月 3 日	签约重点项目 32 个，合同引资额 436.05 亿元

续表 7–63

届　次	项目个数	主要项目	主办单位	举办时间	主要成果
第二十九届（2015 年）	12	第二届“远东杯”中国泰山农业博览会、中国国际时尚产业设计创意园第二条 100 万套西装生产线投产暨泰安润恒农副产品冷链物流项目开工仪式、2015 百家知名外商泰安行、“2015 百家知名外商泰安行”——共商、共建、共享高峰对话会、2015 泰山国际登山节互联网 + 电子商务研讨会、泰安市 PPP 项目推介说明会、泰安市经济合作项目推介会、百名台协会长泰山行启动仪式暨泰安市台湾同胞投资企业协会成立 20 周年庆典、中国泰安投资合作洽谈会、《泰山论坛》领袖智慧研讨会暨全国知名企业家泰山行、泰安国家高新区重点项目签约暨跨越发展首届专家顾问聘任仪式、2015 年度海外汽车市场准入制度与技术法规信息交流及新能源与混合动力车展研讨与交流会	泰安市人民政府	9 月 6 日—21 日	签约重点项目 28 个，内资项目 19 个，总投资 387.5 亿元。其中市外投资 356.2 亿元；外资项目 9 个，总投资 8.34 亿美元

第七章　旅游活动

1999年，第十三届泰山国际节登山节，举办泰山旅游文化月等10项活动，近万人参加活动。2000年，第十四届泰山国际节登山节，举办泰山金秋旅游联谊会，有全国340多家旅行社参加。2006年，第二十届泰山国际节登山节，举办泰山有约·节庆旅游推介会、新泰莲花山旅游文化活动周、东平水浒文化旅游节。至2015年，共在8届国际登山节上举办旅游文化活动，开展旅游活动项目38项，国内外旅客、旅游工作者及泰安社会各界近10万人参加活动。泰山国际节登山节提高了泰山国际、国内知名度，促进了泰安市旅游业的发展。

第十二届至第二十九届泰山国际登山节旅游活动情况表

表 7-64

届　次	项目个数	项目名称及内容
第十三届（1999 年）	10	1. 泰山旅游文化月；2. 泰山齐鲁美食嘉年华会；3. 1999 泰山仲夏饮品交流会暨十大名优产品展销活动；4. 泰山“吉尼斯”擂台赛暨吴桥杂技表演；5. 泰山旅游文化歌舞晚会；6. 摇滚狂欢夜音乐会；7. 泰山文化先生文化小姐大赛；8. 1999 年旅游商品展销会；9. 吴桥“阿弟利”南天门高空走险；10. 千年等一回“1999”泰安世纪婚礼晚会
第十四届（2000 年）	1	泰山金秋旅游联谊会来自各级旅游管理部门、全国各省市 86 家旅行社及全市 133 家旅行社 300 余名代表参加会议，会议签订组接团和网络经营合同 110 分，组接团协议人数 1.3 万人
第二十届（2006 年）	3	1. 泰山有约・节庆旅游推介会，就旅游区合作、旅游节庆活动、会展合作进行交流；2. 2006 中国・新泰莲花山旅游文化活动周；3. 首届东平水浒文化旅游节
第二十一届（2007 年）	6	1. 中国・泰安第八届旅行社联谊会，来自各省市的 260 余家旅行社负责人齐聚泰安共商旅游大计；2. 第二届中国・东平水浒文化旅游节，安排开幕式暨东平湖国家城市湿地公园开园游园仪式、东平湖龙舟大赛和划船竞速赛、全民健身登白佛山、武术表演赛暨水浒文化展示、东平湖（梁山泊）摄影大奖赛、旅游形象大使评选、百家旅行社金秋联谊会以及新闻媒体旅游系列采风等活动；3. 旅游购物文化周，由银座商城泰安店、中百商厦等多家大型商场举办特色商品促销活动；4. 2007 山东六城市“克利策杯”泰安金秋美食节，汇聚泰安、临沂、日照、淄博、枣庄、济宁六城市近百家的餐饮业，泰安有 50 多家餐饮行业参加；5. 中国・新泰莲花山民俗旅游文化节，安排媒体莲花山旅游采风、强势旅行社联谊会、大型文艺会演和摄影书画展等活动；6. 2007“辉煌中国”古典汽车中国之旅自驾车团泰山行活动，有全球典藏豪华古典汽车 21 辆参加
第二十二届（2008 年）	5	1.2008 泰安市旅游商品文化博览会暨泰安市第五届旅游商品创新设计大赛，有 60 多家企业和个人参展，近 1000 件作品参加博览会和大赛；2.“泰山・富士山中日摄影作品展”，展出泰山、富士山摄影作品 100 余幅；3. 中国书画名家精品展暨泰山・富士山中日友好书画展；4. 2008 千家旅行社泰山会盟活动——泰山景区线路及活动推介会，来自全国百强社的总经理代表以及旅游界知名专家、学者，国内旅游专业报纸、杂志、网站 1000 多名代表参加活动；5. 2008“金彩山”杯中华蟋蟀友谊大赛，来自北京、天津、上海、南京等 10 多个省、市的 16 支代表队参赛
第二十三届（2009 年）	1	泰安市第六届旅游商品创新设计大赛颁奖仪式暨旅游商品成果展，有 80 多家企业和个人的 600 余件作品参展，泰安市大观旅游文化开发有限公司设计的泰山玉玉雕系列、泰山皮影艺术研究院设计的泰山皮影系列和泰山旅游商品协会设计的泰山玉石敢当包揽大赛的 3 个金奖
第二十八届（2014 年）	11	1. 泰安知名旅游形象品牌“10 个一”评选及颁奖仪式；2.2014 中国泰安（泰山）平安文化旅游商品大赛；3. 中国・泰安旅游景区形象大使大赛；4.“携程网”万名游客登泰山暨泰安三日游主题活动；5. 岱岳区休闲文化周；6. 新泰莲花山旅游文化节；7. 肥城第七届金秋品桃节；8. 宁阳中华蟋蟀文化节和中华大枣文化节；9. 东平水浒文化旅游节；10. 中国龙舟公开赛（东平站）；11. 第十二届车展等
第二十九届（2015 年）	6	1.“中华泰山・天下泰安”“泰山千古情”旅游专场演出；2. 2015 中国旅游航拍“天觋奖”颁奖盛典暨旅游微视栏目《微游泰安》上线仪式；3. 2015 中国泰安（泰山）平安文化旅游商品大赛开幕式；4. 2015 中国泰安（泰山）平安文化旅游商品大赛开幕式颁奖典礼及闭幕式；5.“牵约‘水韵东平’・相聚‘运河之心’”2015 京杭大运河旅游城市推广联盟年会开幕式；6. 2015“幸福泰安・最美田园”乡村旅游推广活动颁奖仪式

第八编

人才培养　体育科研

R E N C A I P E I Y A N G　T I Y U K E Y A N

新中国成立至20世纪60年代，境内没有专门的体育人才培养机构，学校体育课及体育部门举办短期培训班是培养体育人才的主要途径。1964年，泰安县体育学校成立。1972年，新泰一中建立业余体操队，东平县业余体校成立。1973年，宁阳县青少年业余体校成立。1978年12月，泰安地区重点业余体育学校成立。1981年9月，泰城体育教研会成立。1985年起，建立市体校、各县（市、区）矿务局业余体校、传统项目学校三级训练体制。1989年，市体委成立选才科研办公室。2011年6月，市政府办公室印发《关于进一步加强青少年体育工作的意见》，推进体教结合，引导学校科学选材、科学训练。市体校小学、初中阶段教育纳入九年制义务教育序列，享受同级学校政策。2014年7月，泰安市体育科研中心（内设）成立。

至2015年12月，市内有体育学校8所，体育科研中心1家；有国家高水平体育后备人才基地2处，国家单项高水平后备人才基地2处，国家级青少年体育俱乐部15处；传统项目学校86所，省级优秀后备人才基地8处，市级青少年训练基地32处。泰安市所属县（市、区）7所业余体校向市体校输送运动员4500余人。泰安市共向省级及以上专业队、职业队、高等院校输送优秀运动员390余人。市内有国际级运动健将5人，运动健将30人；在训人数5000余人，共参加山东省运动会20届，获省体育局高水平体育后备人才奖励6次。

第一章　人才培养

第一节　优秀运动员培养

一、运动员选拔

1964年起，教练员、学校体育教师到中学、小学选拔有一定潜质的学生进行专业训练，培养运动员，其间有在训运动员160余人。1972年，新泰一中业余体操队成立。1973年，宁阳县青少年业余体校建立。1976年，泰安县青少年业余体校建立，招收运动员训练。1978年，泰安地区重点业余体育学校建立，当年选拔招收运动员76人。1984年12月，山东省计划委员会印发《关于建立淄博、潍坊、枣庄、泰安4所体育运动学校的批复》，同意建立泰安地区体育运动学校，为中等专业学校，核定在校中专生150人。1985年，泰安市体育运动学校成立，开始招收中专和初中运动员。1986年，肥城县业余体校建立，采取集中学习、集中训练、集中食宿的“三集中”训练模式，招收运动员100人。同年，泰山区业余体校建立，招收运动员44人。1998年，各县（市、区）、单位向市体校输送运动员52人。2004年，各县（市、区）、单位向市体校输送运动员153人。2010年，各县（市、区）、单位向市体校输送运动员284人。2013年，各县（市、区）、单位向市体校输送运动员102人。2015年，各县（市、区）、单位向市体校输送104人。1978年至2015年12月，泰安市所属6个县（市、区）有业余体校7所，共选拔培养运动员4500余人。

二、运动员训练

（一）训练人数

新中国成立初期，运动员以民间自发训练为主。1964年起，从各县、学校、工厂、企业抽调有体育锻炼基础的学生作为运动员进行训练，教练员采用专业方式训练其基本技能。1978年起，泰安地区重点业余体校按照文化学习、训练时间、教练员、受训学生和训练场地“五固定”的要求，实行学习、训练、食宿“三集中”训练管理模式，在训人数76人。1982年，泰安地区成立山东省射击二队进行步枪专业训练，有领队1人，教练1人，队员5人；1984年年初撤销，同年恢复。同年底，省体委委托泰安地区成立举重专业队，省体育局给予举重等5个专业队运动员编制，拨付经费；有教练兼裁判员1人，队员5人。1978年至1984年，泰安地区共有在训运动员480人，其中运动健将7人，一级运动员27人。1986年，泰安市备战山东省第十三届运动会，在训运动员270人。2010年，全市备战山东省第二十二届运动会，在训运动员323人。2014年，全市备战山东省第二十三届运动会，在训运动员516人。1978年至2015年12月，泰安市各级体校共训练运动员6000余人；泰安市共参加20届山东省运动会，市、县两级训练选拔参赛运动员2940人。

1978—2015年泰安市（地区）体校训练人数情况表

表8-1

年　度	在训人数	年　度	训练人数
1978	76	1998	300
1979	150	1999	320
1980	170	2000	340
1981	180	2001	350
1982	195	2002	387
1983	210	2003	400
1984	240	2004	420
1985	260	2005	260
1986	270	2006	210
1987	270	2007	160
1988	270	2008	300
1989	280	2009	420
1990	280	2010	436
1991	290	2011	500（包括体教结合，学校训练人数指球类、田径项目）
1992	278	2012	580（包括体教结合，学校训练人数指球类、田径项目）
1993	300	2013	560（包括体教结合，学校训练人数指球类、田径项目）
1994	300	2014	730（包括体教结合，学校训练人数指球类、田径项目）
1995	300	2015	1100（包括体教结合，学校训练人数指球类、田径项目）
1996	300	合　计	12692
1997	300		

1986—2014 年泰安市备战山东省运动会在训运动员情况表

表 8-2　　单位：人

时间(年月)	省运会届次	小计	田径	体操	举重	蹦床	中国式摔跤	柔道	散手	武术	跳水	拳击	跆拳道	篮球	排球	乒乓球	手球	足球	羽毛球	皮划赛艇	射箭	射击	自由式摔跤	古典跤
1986.10	山东省第十三届运动会	239	82	11	26	—	10	14	—	10	—	—	—	30	30	8	—	—	—	—	—	18	—	—
1988.6	山东省第十四届运动会	245	70	6	24	—	12	16	—	10	—	—	—	30	28	6	—	22	—	—	—	20	1	—
1992.9	山东省第十六届运动会	245	58	14	28	—	—	17	—	—	—	—	—	28	26	10	—	22	—	—	8	16	10	8
1994.10	山东省第十七届运动会	245	80	10	20	—	—	20	—	—	—	—	—	30	—	10	—	20	—	4	10	15	14	12
1998.10	山东省第十九届运动会	331	75	15	23	5	—	22	4	6	—	—	2	40	40	7	—	22	—	—	12	14	24	20
2002.10	山东省第二十届运动会	343	70	19	16	20	—	18	12	10	—	—	8	40	38	8	30	20	—	—	12	—	12	10
2006.10	山东省第二十一届运动会	497	15	20	14	12	—	20	—	8	4	—	6	22	7	8	—	22	—	—	8	—	10	8
2010.9	山东省第二十二届运动会	279	20	9	10	8	—	—	10	16	8	—	—	19	23	10	26	70	20	—	10	—	10	10
2014.9	山东省第二十三届运动会	477	45	21	22	10	—	26	15	15	6	—	12	41	45	12	24	82	17	10	12	13	26	23
合计		2901	515	134	183	55	22	153	41	75	18	—	28	280	237	79	80	280	37	14	72	96	107	91

注：1990 年第十五届省运会、1996 年第十八届省运会系行业运动会，不设青少年组，无比赛数据、资料

（二）训练项目

新中国成立初期，泰安体育训练项目有篮球、排球、田径、体操、武术、射击6个项目。20世纪70年代，增设举重、足球、中国式摔跤、摩托车4个项目。1978年至1999年，增设蹦床、自由式摔跤、古典式摔跤、柔道、跆拳道、乒乓球、羽毛球、射箭、武术散打9个项目。2000年至2015年，增设跳水、艺术体操、橄榄球、手球、空手道、拳击、击剑、自行车、游泳、赛艇、皮划艇、帆船、激流回旋13 个项目。2015年，全市运动员训练项目26项。

三、运动员输送

（一）向省级及以上专业运动队输送

1973年，泰安地区体育代表队参加山东省第一届中学生运动会后，向解放军八一体工大队、省体工大队输送余远宏、韩瑞英、肖兰、姜炜林、李燕、王大伟、韩荣道、尹延勤8名优秀运动员。1981年，泰安向国家队输送优秀体育人才1人，向省输送9人。1984年至2010年，市体校向省级以上专业队输送运动员49人。2011年至2012年，市体校向省级及以上专业队输送运动员16人。2013年至2014年，市体校向省级及以上专业队输送运动员7人。

1973年至2015年12月，泰安市向省级及以上专业队、高等院校输送运动员390余人。1978年至2015年12月，市体校毕业生共3600余人，其中初中生3000人、中专生1500人；向北京体大、上海体院、山东体院、武汉体院等20多所高等院校输送具有体育专业特长的学生100余人；向泰山生力源集团、市中行、市财政局、莱钢集团、广州人才市场等地推荐近千名优秀毕业生就业。

（二）县（市、区）向市体校输送

1978年至1995年，各县（市、区）向市体校输送300余人。1997年6月，市体委印发《关于下发1996年各单位输送运动员名单的通知》，各县（市、区）、单位向市体校输送运动员26人。1998年，向市体校输送运动员52人。2006年，市体育局编制《2007—2010年泰安市竞技体育发展规划》，制订“选好苗子、打好基础、系统训练、积极提高”的训练原则。县（市、区）向市及市级以上体校输送优秀后备人才100多名。

至2015年，各县（市、区）向泰安市级体校输送运动员2600余人。

1996—2015 年泰安市所属县（市、区）向市体校输送运动员情况表

表 8-3　　单位：人

年　度	合　计	泰山区	岱岳区	新泰市	肥城市	宁阳县	东平县	高新区	其　他
1996	26	—	4	3	10	2	7	—	—
1997	8	1	1	1	3	—	2	—	—
1998	52	2	8	18	7	12	5	—	—
1999	86	1	25	13	14	24	9	—	—
2000	73	11	24	13	9	5	11	—	—
2001	66	3	16	16	21	7	3	—	—
2004	153	11	56	37	21	15	13	—	—
2007	73	10	19	18	2	9	15	—	—
2008	159	23	18	38	9	14	22	—	35

续表 8-3

年　度	合　计	泰山区	岱岳区	新泰市	肥城市	宁阳县	东平县	高新区	其　他
2009	214	28	63	59	20	12	13	4	15
2010	284	53	67	60	14	15	13	21	41
2010—2011	473	77	104	107	34	41	30	34	46
2012	229	25	33	74	44	20	28	1	4
2012—2013	331	35	47	107	67	26	33	1	15
2015	382	63	70	171	32	13	26	7	—
合计	2609	343	555	735	307	215	230	68	156

四、泰安市国际运动健将、运动健将、等级运动员

1984年9月，国际运动健将、举重运动员李炳军被国家体委授予国际级运动健将称号。1986年11月，田径运动员李秀霞被国家体委授予运动健将称号。2000年，跳水运动员王峰被国家体育总局授予国际级运动健将称号。2010年，泰安市有一级运动员7人，二级运动员102人。2015年，泰安市有国际级运动健将7人，运动健将33人。

1979—2006 年泰安市国际运动健将、运动健将情况表

表 8-4

姓　名	性　别	项　目	运动员等级	授予单位	授予时间
李　燕	女	射箭	国际级运动健将	国家体委	1979.12
王大伟	男	射箭	国际级运动健将	国家体委	1979.12
李炳军	男	举重	国际级运动健将	国家体委	1984.9
韩洪臣	男	举重	国际级运动健将	国家体委	1984.9
孙秀荣	女	田径	国际级运动健将	国家体委	1984.9
张明月	男	射箭	国际级运动健将	国家体委	1984.9
王　峰	男	跳水	国际运动健将	国家体育总局	2000
宋义臣	男	田径	运动健将	国家体委	1965.12
赵　明	男	举重	运动健将	国家体委	1977.11
尹延勤	男	田径	运动健将	国家体委	1980.12
罗振国	男	举重	运动健将	国家体委	1982.12
刘　强	男	举重	运动健将	国家体委	1983.11
李秀霞	女	田径	运动健将	国家体委	1986.11

续表 8-4

姓　名	性　别	项　目	运动员等级	授予单位	授予时间
段力峰	男	举重	运动健将	国家体委	1986.11
温衍敏	女	田径	运动健将	国家体委	1986.12
赵丰东	男	举重	运动健将	国家体委	1986.12
阴洪磊	男	举重	运动健将	国家体委	1986.12
李明才	男	田径	运动健将	国家体委	1987.12
胡　伟	男	举重	运动健将	国家体委	1987.11
徐家镇	男	举重	运动健将	国家体委	1988.12
吴　美	女	田径	运动健将	国家体委	1992.12
张　霞	女	体操	运动健将	国家体委	1995
屠　翔	男	田径	运动健将	国家体育总局	1998
陈德龙	男	摔跤	运动健将	国家体育总局	1999.7
苏会华	女	摔跤	运动健将	国家体育总局	2000
陈德虎	男	摔跤	运动健将	国家体育总局	2000.11
吴绪立	男	国际式摔跤	运动健将	国家体育总局	2001
司天峰	男	田径	运动健将	国家体育总局	2003
娄　明	男	蹦床	运动健将	国家体育总局	2003
马延青	男	蹦床	运动健将	国家体育总局	2003
杨　松	男	武术散打	运动健将	国家体育总局	2003.10
贾亚峰	女	摔跤	运动健将	国家体育总局	2006
王丽娟	女	举重	运动健将	国家体育总局	2006
刘海鑫	女	摔跤	运动健将	国家体育总局	2006.10
曲业新	男	体操	运动健将	国家体育总局	2008
焦　峰	男	蹦床	运动健将	国家体育总局	2008
赵庆建	男	武术	运动健将	国家体育总局	2008
苏有华	男	古典跤	运动健将	国家体育总局	2008
卞庆各	男	散打	运动健将	国家体育总局	2008
黄　静	女	田径	运动健将	国家体育总局	2008

五、优秀运动员奖励

（一）体育运动荣誉奖章获得者

1995年，李明才（田径）、沈剑（体操）获国家体委颁发的体育运动荣誉奖章。2014年，卞庆各（武术散打）获国家体育总局颁发的体育运动荣誉奖章。1995年至2015年，市内有7名运动员获体育运动荣誉奖章15枚。

1995—2015年泰安市运动员获体育运动荣誉奖章情况表

表8-5

年 度	姓 名	项 目	授予单位
1995	李明才	体操	国家体委
1997	沈 剑	体操	国家体委
1998	毕文静	体操	国家体育总局
2000	王 峰	跳水	国家体育总局
2001	王 峰	跳水	国家体育总局
2002	王 峰	跳水	国家体育总局
2004	时 娜	田径	国家体育总局
2005	王 峰	跳水	国家体育总局
2006	王 峰	跳水	国家体育总局
2007	王 峰	跳水	国家体育总局
2008	王 峰	跳水	国家体育总局
2009	王 峰	跳水	国家体育总局
2010	杜云鹏	田径	国家体育总局
2013	卞庆各	武术散打	国家体育总局
2014	卞庆各	武术散打	国家体育总局

（二）比赛奖励

1.省奖励

2007年，泰安市获山东省体育局高水平体育后备人才奖励1.7万元，其中世界大赛比赛冠军5000元，全国最高水平比赛冠军1.2万元。2010年，泰安市获省体育局高水平体育后备人才奖励1.2万元，其中体操项目8000元，赛艇项目4000元。2011年，泰安市获省体育局高水平体育后备人才奖励1.6万元，其中田径4000元，赛艇4000元，蹦床8000元。2012年，泰安市获省体育局高水平体育后备人才奖励2万元，其中田径1.2万元，蹦床8000元。2013年，泰安市竞走、体操、橄榄球、排球等项目获省体育局高水平体育后备人才奖励11.2万元。2007年至2015年12月，泰安市获省体育局奖励6次，获奖项目6个，获奖人员7人，获奖金额116万元。

2.市奖励

1994年3月，市委、市政府在全市体育工作会议上授予市体委、市体校先进单位称号，各奖励5000元，同时奖励李明才2000元。1996年，市政府奖励参加山东省第十七届运动会获前八名的运动员、教练员。之后对参加山东省第十九届至二十三届运动会获前八名的运动员、教练员给予奖励。1998年12月，市体委对在年内市少年比赛中取得总分前三名、为市体校输送运动员人数前三名的县（市、区）体委给予奖励，其中奖励新泰市3000元、宁阳县2000元、肥城市1000元。

1996-2014 年泰安市奖励参加山东省运动会运动员、教练员情况表

表 8-6　　单位：元

届次＼名次	第一名	第二名	第三名	第四名	第五名	第六名	第七名	第八名
第十七届（1996）	2000	500	300	40	40	40	40	40
第十九届（1998）	2000	500	300	40	40	40	40	40
第二十届（2002）	8000	2000	1000	600	500	400	300	200
第二十一届（2006）	10000	4000	2800	1400	1100	800	600	400
第二十二届（2010）	10000	4000	2800	1400	1100	800	600	400
第二十三届（2014）	10000	4000	2800	1400	1100	800	600	400

2000年1月，市体委对参加市十二届运动会比赛及输送运动员成绩突出的县（市、区）体委给予奖励，其中奖励肥城市3000元，新泰市2000元，东平县1000元。2001年4月，市体育局对上年度参加省级比赛做出突出贡献、市级比赛取得前三名和向市体校输送运动员的县（市、区）体育局领导班子给予奖励，其中奖励新泰市3000元，东平县3000元，宁阳县2000元，岱岳区1000元。2002年3月，市体育局对上年度参加省比赛做出突出贡献、市级比赛取得前三名和向市体校输送运动员前三名的县（市、区）体育局领导班子给予奖励，其中奖励新泰市3000元，岱岳区2000元，宁阳县1000元。

2008年9月，泰安市政府下发《关于表彰北京奥运会有功单位和个人的通报》，授予新泰市"泰安市获首枚奥运金牌突出贡献奖"称号；授予任广中、张平泰安市先进工作者称号；给予泰安市体育局等3个单位记集体二等功；奖励奥运冠军王峰40万元，奖励王峰训练单位20万元，奖励有关教练员20万元。至2015年12月，泰安市体育局奖励县（市、区）体育局（委）5次。

（三）输送人才奖励

1.省奖励

2007年，泰安市向省输送高水平体育后备人才6人。2008年10月，山东省体育局对泰安市奖励3.6万元，其中市级2人，1.2万元；县级4人，2.4万元。2010年，泰安市输送高水平体育后备人才4人，省体育局奖励3万元。2011年，泰安市输送高水平体育后备人才10人，省体育局奖励7.5万元。2012年，泰安市获山东省体育局高水平后备人才奖励8.75万元，其中人才数量奖9人、6.75万元，成绩奖2万元。2014年12月，山东省体育局对泰安市2014年输送高水平体育后备人才奖励5.15万元。至2015年12月，泰安市获山东省体育局输送人才奖励4次，获奖运动员24人。

2.市奖励

1998年12月，市体委、市体校对在本年度向市体校输送运动员人数前三名的县（市、区）体委领导班子给予奖励，新泰市输送18人，奖励1500元；宁阳县输送12人，奖励900元；郊区输送8人，奖励600元。2000年1月，市体委对上年度输送运动员成绩突出的县（市、区）体委领导班子进行奖励，郊区输送25人，奖励1500元；宁阳县输送24人，奖励900元；肥城市输送14人，奖励600元。2001年4月，市体育局对2000年度向市体校输送运动员的县（市、区）体委领导班子给予奖励，岱岳区28人，奖励1500元；新泰市23人，奖励900元；东平县19人，奖励600元。2002

年3月，市体育局对向市体校输送运动员前三名的县（市、区）体委领导班子给予奖励：肥城市23人，奖励1500元；岱岳区15人，奖励900元；新泰市11人，奖励600元。

2007年，市体育局、市教育局联合印发《关于对培养输送运动员的奖励规定》。2008年，各单位向市体校输送运动员50人且在市体校训练满1年，教练员每输送1人，市体育局一次性奖励400元。

2010年，各县（市、区）向市体校输送训练满一年的运动员249名，教练员输送一名运动员获奖金300元，共奖励7.47万元。2011年3月，市体育局对上年度各单位向市体校输送运动员先进县（市、区）给予奖励，岱岳区、新泰市、泰山区各向市级训练单位输送满30人，分别给予领导班子6000元、5000元、4000元的奖励。同年，各县（市、区）到市体校报到注册并正式训练运动员197人，共奖励各县（市、区）1.97万元。2012年，各县（市、区）到市体校报到注册正式训练运动员229人，奖励各县（市、区）2.29万元。

2013年3月，市体育局印发《关于对2012年度各单位向市体校输送运动员进行奖励的通知》，各县（市、区）向市体校输送训练满3个月的运动员426人，分别给予输送教练员奖励；新泰市、肥城市、岱岳区各向市级训练单位输送满30人，分别奖励领导班子6000元、5000元、4000元。同年，各县（市、区）到市体校报到注册正式训练运动员102人，奖励各县（市、区）1.02万元。2014年2月，市体育局、市教育局对新泰市体育局、肥城市体育局分别给予输送运动员奖励6000元、5000元。2015年11月，市体育局、市教育局给予县（市、区）、单位向市体校输送高水平体育后备人才奖励，年内输送382人，每输送1人，奖励输送教练员800元。至2015年12月，市体育局、市教育局奖励县（市、区）9次，奖励200人。

1998—2015年泰安市体育局发放各县（市、区）体育局（委）输送运动员奖励情况表

表8-7　　　　　　　　　　　　　　　　　　　　　　　单位：人、元

年度	泰山区		岱岳区		新泰市		肥城市		宁阳县		东平县	
	奖励人数	奖励金额	奖励人数	奖励金额	奖励人数	奖励金额	奖励人数	奖励金额	奖励人数	奖励金额	奖励人数	奖励金额
1998	—	—	8	600	18	1500	—	—	12	900	—	—
1999	—	—	25	1500	—	—	14	600	24	900	—	—
2000	—	—	28	1500	23	900	—	—	—	—	19	600
2001	—	—	15	1500	11	600	23	900	—	—	—	—
2011	—	4000	—	5000	—	6000	—	—	—	—	—	—
2012	—	—	—	4000	—	6000	—	5000	—	—	—	—
2013	—	—	—	—	—	6000	—	5000	—	—	—	—
2014	23	18400	40	32000	101	88000	20	16000	10	80000	16	12800
2015	40	32000	30	24000	70	56000	50	40000	3	2400	10	8000
合计	63	54400	146	70100	223	165000	107	675000	49	84200	45	21400

第二节 教练员

一、教练员队伍

1978年，泰安地区体育运动学校有田径教练员韩惠武、庄华丰、袁印增、徐存山4人，篮球教练员柴景孟、赵宗安2人，排球教练员游道镕1人。1984年，泰安地区有教练员61人。1987年，泰安市有专职教练员51人，聘任时间为两年。

至2015年12月，市内有教练员114人，其中高级教练15人，中级23人，初级41人。

1989—1994 年泰安市教练员情况表

表 8-8　　　　单位：人

年　度	合　计		高级职务（主教练）		中级职务（教练）		初级职务（助理教练）	
	计	其中女性	计	其中女性	计	其中女性	计	其中女性
1989	23	2	4		10		9	2
1990	25	2	5		9		11	2
1991	25	2	5		9		11	2
1992	25	2	5		9		11	2
1993	25	2	5		14	1	6	1
1994	25	2	5		14	1	6	1

1995—2015 年泰安市等级教练员情况表

表 8-9　　　　单位：人

年　度	合　计		高级职务（国家级教练、高级教练）		中级职务（一级教练）		初级职务（二级教练、三级教练）	
	计	其中女性	计	其中女性	计	其中女性	计	其中女性
1995	25	2	6		13	1	6	1
1997	25	2	7		12	1	6	1
1998	27	2	10	1	7		10	1
1999	24	2	8	1	6		10	1
2000	23	2	7	1	6		10	1
2001	23	2	7	1	4		12	1
2002	22	2	7	1	3		12	1
2003	25	2	9	1	3		13	1
2004	24	2	10	1	2		12	1
2005	25	2	10	1	2		13	1
2006	25	2	10	1	7		8	1

续表 8-9

年度	合计		高级职务（国家级教练、高级教练）		中级职务（一级教练）		初级职务（二级教练、三级教练）	
	计	其中女性	计	其中女性	计	其中女性	计	其中女性
2007	25	2	10	1	7		8	1
2008	24	2	9	1	7		8	1
2009	26		8		8		10	
2010	28		7		8		13	
2011	30		7		8		15	
2012	31		7		8		16	
2013	31		7		8		16	
2014	31		7		8		16	
2015	33		7		8		18	

二、教练员培训

1956年7月，泰安专署体委举办射击教练员训练班，培训教练员31名。1972年3月，泰安地区4名教练员参加山东省体委举办的第一期业余教练员学习班。1980年3月，泰安地革委体育运动委员会在地区体育场举办篮球教练员训练班，各县、各矿务局体委、业余体校、篮球训练点派2至3名专职篮球教练员参加。1981年，境内先后组织教练赴北京体院进修，赴大连、郑州全国田径训练班学习，赴上海国际举重邀请赛参加举重教练员训练班，学习国际、国内先进训练方法。1989年，市内1名教练员参加在福建省泉州市举办的全国篮球训练大纲培训班。1991年8月，市体委、市教育局在市体委培训中心举办教练员培训班，专（兼）职教练员、体育传统项目学校体育教师、驻泰大专院校体育教师60人参加。1999年6月，泰安市第十二届运动会组委会在东平县体委举办泰安市武术（套路）裁判员、教练员新规则培训班，参加武术比赛的代表队教练员、武校教练员、三级以上武术裁判员26人参加。

2007年6月4日，泰安市第十六届运动会组委会在新泰市体育中心举办幼儿基本体操裁判员、教练员培训班。2009年3月，市内1名教练员参加国家体委在河北省秦皇岛训练基地举办的国家高水平体育人才高级教练员培训班。

至2015年12月，市内有130名教练员参加各类培训，其中30人参加国家体育总局组织的培训，88人参加山东省体育局组织的培训，12人参加其他类培训。

三、获表彰优秀教练员

（一）获国家体育总局及省体育局表彰的优秀教练员

1983年，张敁光被国家体委授予全国优秀教练员称号。1996年，张平被国家体委授予世界冠军启蒙奖。赵宗安、单光杰被国家体委授予全国业余训练先进个人称号。至2015年，韩惠武、张敁光、任广中、张新利等8人获国家体育总局优秀教练员称号，有10人被山东省体育局授予优秀教练员称号。

（二）获市级表彰教练员

1981年，泰安地区体育运动委员会表彰田径、射击、篮球、乒乓球优秀教练员15人。1982年，泰安地区体育运动委员会表彰参加省第十二届运动会优秀教练员15人，其中泰安地区中学教练员8名，肥城县教练员1名，宁阳县教练员2名，肥城矿务局教练员2名。1992年12月，市政府召开参加山东省第十六届运动会表彰大会，授予张平、赵明、褚翠萍、付少勇、单光杰、史全松、王成继、尚延庆、刘兆和、周长河10人优秀教练员称号。1995年7月，市政府召开全民健身暨全市体育工作会议，9人被授予优秀教练员称号。

至2015年12月，市内有146人被市体育局、市教育局授予优秀教练员称号。

第三节　裁判员

一、裁判员队伍

1957年，泰安县先后批准三级裁判员59人。1984年，泰安地区有裁判员393人，其中国家级裁判员2人，省级裁判员77人，地区级裁判员314人。1986年，泰安市根据《裁判员技术等级制度》规定，通过考试考核评定二级裁判员59名，其中田径二级裁判员19名，篮球二级裁判员11名，排球二级裁判员4名，乒乓球二级裁判员8名，足球二级裁判员1名，武术二级裁判员4名，射击二级裁判员4名，举重二级裁判员3名，桥牌二级裁判员1名，摔跤二级裁判员2名，国际象棋二级裁判员1名，门球二级裁判员1名。1995年，市内评定国家一级裁判员20名，16人被国家体委授予一级裁判员称号。1999年，有1人被评定为篮球国家级裁判员，34人被省体委评定为一级裁判员。2001年，毕文静、张霞被评定为国际级裁判员。2003年，1人被评定为国家裁判员，3人被评定为国家一级裁判员。2008年，有国家级裁判13名：曹东平（篮球）、王东（篮球）、杨振德（摔跤）、张磊（摔跤）、李瑞喜（田径）、韩惠武（田径）、和立新（女田径）、郑光（田径）、曹继仁（田径）、苏庆伟（田径）、吕军（射箭）、石磊（射箭）、吴磊（足球）；有一级裁判320名，二级裁判713名。2013年，获批国家级裁判员22名，二级裁判员127名。至2015年12月，市内有裁判员383名，其中乒乓球项目国际裁判员1名（曹汉明），国家级裁判员22名，一级裁判员366名。

1987—2015年泰安市国家级裁判员情况表

表8-10

姓　名	裁判项目	授予时间	姓　名	裁判项目	授予时间
韩惠武	田径	1987	范传芳	田径	2003
宣光海	体操	1989	张　磊	摔跤	2004
郑　光	田径	1994	王　波	田径	2004
曹东平	篮球	1994	魏　嵩	跆拳道	2007
吕　军	射箭	1996	苏庆伟	田径	2007
石　磊	射箭	1996	吴　磊	足球	2008
和立新	田径	1998	王　东	篮球	2008
刘衍勇	篮球	1999	赵衍利	跆拳道	2008
杨振德	摔跤	2000	韩慧娜	举重	2013
曹继仁	田径	2001.12	孙会英	跆拳道	2015
李广斌	自行车	2002	张　增	田径	2015

二、裁判员培训

20世纪50年代起，泰安根据比赛要求培养裁判员，其办法是，推荐有一定水平的裁判员参加省级及省级以上培训；比赛前市内举办裁判员培训班。

1955年，泰安专区体委筹委会通过运动竞赛、技术讲座、业余训练培训裁判员57人。1956年，泰安专署体委举办运动竞赛技术讲座，举行业余训练，培训裁判员150人。同年12月，泰安专署体委在泰安举办等级裁判员报告会，实行裁判员等级制度。

1991年5月，市体委举办二级以上篮球裁判员学习班，各县（市、区）体委、矿务局、大专院校、中专学校、市体校、市直各学校裁判员参加。1995年5月，市体委举办篮球裁判员学习班，各县（市、区）、矿务局、大中专院校及厂矿企事业单位60名二级以上裁判员参加。1997年4月至9月，市第十一届运动会暨全民健身运动大会组织委员会举办足球、篮球、排球、乒乓球、武术、举重、摔跤、柔道、田径9个项目裁判员上岗培训班，在职一级裁判员、骨干二级裁判员、体委业务人员、各单位工会兼职文体干部参加。1999年6月，市第十二届运动会组织委员会在东平县体委举办武术套路裁判员新规则培训班。

2007年6月，市第十六届运动会组委会在新泰市体育中心举办幼儿基本体操裁判员培训班，学习市第十六届运动会幼儿基本体操比赛规定动作及评分标准。2009年，举办市级裁判员学习班4期，90余人参加。2010年，先后选派27人参加国家级、省级裁判员培训班，举办市级裁判员学习班4期，200人参加。2012年，举办国家级裁判员培训班1次，138人获批国家二级裁判员；先后选派21名裁判员参加省以上专业培训，15人获批为一级裁判员。2014年11月，市体育局在岱岳区实验中学举办排球、足球二级裁判员培训班，学习体育比赛办赛程序，普及项目新规则。各县（市、区）体育局、体校教练员，各县（市、区）中小学体育教师，市直各中小学、驻泰安大中专院校体育教师及体育专业在校学生120人参加。2015年4月，市体育局在泰山学院体育学院举办泰安市乒乓球二级裁判员培训班，为市第二十届运动会、市县两级体育联赛及山东省运动会周期选拔赛培养裁判员50人。

至2015年12月，市内共有710名裁判员参加市体育局组织的培训。

三、优秀裁判员表彰

1999年2月，国家体育总局对在1994年至1997年度为国家和省体育竞赛做出突出贡献的和立新、宣光海、杨振德等9名国际级、国家级、一级裁判员授予全国优秀裁判员称号，颁发国家体委统一制作的全国优秀裁判员证书和省体委制作的奖牌。2000年，市内12人被省体育局评为优秀裁判员。2001年，市内1人被国家体育总局评为优秀裁判员；36人被省体育局评为优秀裁判员。2014年，张磊、张广玲、李艳青等27名裁判员在第二十三届省运会上受到省体育局表彰。

至2015年12月，市内共有169名裁判员受到表彰，其中受国家体育总局表彰13人，受省体育局表彰36人，受市体育局表彰120人。

1993—2003 年泰安市获国家体育总局表彰优秀裁判员情况表

表 8-11

姓　名	裁判项目	表彰时间
路敦庆	篮球	1993
徐培刚	自行车	1993
徐明全	武术	1993
吴绪河	篮球	1993

续表 8-11

姓　名	裁判项目	表彰时间
和立新	田径	1999
宣光海	体操	1999
吕　军	射箭	1999
石　磊	射箭	1999
杨振德	摔跤	1999
曹汉明	乒乓球	1999
孙岩松	足球	1999
江海峰	排球	1999
孙丰涛	篮球	2003

第四节　运动员生活　服装

一、运动员生活

1978年5月，泰安地革委商业局、泰安地革委体委印发《关于业余体育运动员运动服装供应的通知》，分配本年度业余体育运动员服装供应指标。由各县、矿务局体委根据需要的服装品种、数量、规格提出计划，由当地商业部门按照分配指标供应。同年，泰安地区体育运动服装用布3.2万市尺。1979年2月，泰安地区组建12人越野跑运动队，参加在泰安城举行的全省越野跑比赛，运动员自带20天的粮票。

1980年3月，泰安地区体育场举办篮球教练员训练班，教练员自带15天粮票及生活费。1985年2月，泰安地区8名男运动员、8名女运动员组建长跑集训队，参加在潍坊举行的山东省越野长跑比赛。集训人员每人每天生活标准1.8元，粮食每月45斤。有工资收入者每天交生活费0.5元，交足本人粮食定量。学生每天交粮票1斤。同年，泰安地区抽调9人组建女子举重集训队，参加在济南市举行的山东省"振兴杯"女子举重比赛。运动员生活标准为第一阶段每人每天生活费补助0.8元，第二阶段学生每天生活补助1.80元，体育中学学生扣除在校生活标准。有工资收入者每天补助1.30元。7月，山东省"希望杯"乒乓球比赛在青岛市举行，抽调8名少年运动员、9名儿童运动员组建泰安地区少年乒乓球队集训。参加集训人员带1个月的粮票、钱及生活、学习用品。10月，市内举办"希望杯"田径比赛。运动会期间运动员每人每天交粮票1斤，领队、教练员按规定交纳粮食定量和伙食费。同年，泰安地区举办第五届运动会，各系统代表队选拔、训练、参加比赛的食宿、差旅费等费用由各系统自理；大会裁判、工作人员的费用由地区负责。

1986年4月，泰安市抽调9人组建女子举重队，参加在威海市举行的山东省女子举重比赛。运动员自带钱、被褥及45天的粮票，每人每天生活标准3.5元，按市体校学生在校生活标准交纳生活费，县业余体校每人每天交生活费1.00元，有工资收入者每天交0.50元，其差额由市体委补足。同年5月，市内抽调26人组建武术代表队参加山东省十三届运动会武术比赛。集训期间每人每天补助1元。比赛后，金牌获得者每人每天补发2.50元，银牌获得者每人每天补发2元，铜牌获得者每人每天补发1.50元，第四至六名每人每天补发1.00元。

1987年7月，泰安市抽调长枪运动员14人、短枪运动员9人组建射击代表队，参加在昌乐县举行的山东省"振兴杯"射击比赛。集训队员每人每天生活标准3元，有工资收入的教练员、工作人员每天交0.5元，所有人员按定量交足粮票。同年9月，抽调10人组建女子举重集训队，参加在淄博市张店区举行的山东省“振兴杯”女子举重比赛。运动员每人每天生活标准3元。教练员每人每天生活补助1.5元，领队每人每天生活补助0.75元。

1988年1月，泰安市组建乒乓球代表队参加省十四届运动会。住泰安运动员、教练员、领队生活费、住宿费由本单位解决。2月，抽调男子12人、女子11人组建长跑、竞走集训队，参加省十四届运动会。第一阶段运动员和教练员每人每天补助生活费1元；第二阶段每人每天补助生活费2元。粮食定量每月45斤，集训时教练员每天交生活费0.50元，交足本人粮食定量，运动员每天交粮票1斤。

2001年，市体育局补助参加泰安市越野长跑比赛的运动员，每人每天18元，补助裁判长每人每天40元。2004年9月，省体育局、省财政局印发《关于调整优秀运动队运动员、教练员伙食标准的通知》，根据规定，泰安市提高运动员、教练员伙食标准，一类灶由每人每天35元调整为45元；二类灶由每人每天23元调整为30元；三类灶由每人每天20元调整为25元；四类灶由各市、县（市、区）根据本地实际情况，在原伙食费标准的基础上调整。2014年，市体校伙食费每人每天20元。2015年，市体校伙食费每人每天25元。

二、运动员服装

1979年，泰安地区大、中（包括中专和技工学校）、小学专职体育教师（包括每周任体育课8节以上的兼职教师）教学工作服装，每人按3年1套绒衣裤，2年1套线衣裤，1年1双胶鞋供应。1980年3月，泰安地区体委举办各县、矿务局体委篮球教练员训练班、全区业余体校篮球班，篮球训练点专职篮球教练员参加，自备运动服、鞋。1982年7月，泰安地区制定《体育运动服装使用规定》，凡代表地区参加省比赛而进行训练、比赛的各体育代表队所需服装、鞋等，统一由各队的教练员填写服装借用单，并经领队审签后，保管人员借出。田径、篮球、排球、足球、乒乓球、举重、体操、武术、射击等代表队的运动员、教练员，每人借给线衣1套，背心（短衫）裤头各2件，运动鞋2双。举重、体操、射击、武术等项目另借专用服装1套或其他必需品。在天气较冷的11月至次年4月训练、比赛的代表队，可每人借给1套绒衣。训练比赛1个月以上者，所借运动鞋免收1双，并发给线袜1双。训练比赛3个月以上者，所借运动鞋2双免收，发给线袜2双。体育运动保护用品根据需要酌情借用，对易损的护膝等用品不再收回。有技术专长并能参与辅导的领队，适当借给必需的服装及运动鞋。地区体育中学的运动员、教练员及各县业余体校专职教练员代表地区参加各项比赛、训练期间，不借给训练服装、鞋等物品（专用服装除外）。比赛前几天，借给比赛服装、鞋，比赛结束后全部交回。

1985年9月，山东省“振兴杯”足球比赛在潍坊市举行。比赛前从山东农业大学、泰安一中等学校抽调22人组建地区足球集训队。集训人员自带足球袜筒及护腿板。1986年5月，抽调26人组建泰安市武术代表队训练，参加山东省第十三届运动会武术比赛。集训期间每人发线衣、线裤、裤头、背心每人各1套，比赛后收回；白球鞋每人2双，队服每人1套，由市体委统一发，比赛后收回；比赛服及器械由市武术协会统一购置发放，比赛后收回，无故损坏，照价赔偿。1987年8月，为迎接山东省在昌乐县举行的“振兴杯”射击比赛，抽调长枪运动员14人，短枪运动员9人组建市射击代表队，集训期间仍使用各单位训练服装。1988年至2007年，教练员服装费每人每年260元。冬训前运动员每人发放绒衣绒裤1套，比赛前发放比赛服，赛后收回。

2008年始，市体校根据单项竞赛规则要求、项目特点，统一采购比赛服发给运动员，赛后不再收回。至2015年12月未变。

1992 年泰安市备战山东省第十六届运动会生活、服装等费用情况表

表 8–12　　单位：元

项　目	合　计	人　数	集训天数	生活补助费	入场服装费	比赛服装费	鞋袜费	器材费	差旅费	住宿费	医药费
田径	73002	38	217	57722	4560	3040	1900	3500	1140	570	570
举重	45068	23	217	34937	2760	1840	1150	3000	690	345	345
体操	37833	19	211	29063	2280	1400	950	3000	570	285	285
摔跤	39856	24	187	31413	2880	1920	1200	1000	720	360	360
柔道	31780	18	200	25200	2160	1440	900	1000	540	270	270
射击	49566	26	215	38506	3120	2080	1300	3000	780	390	390
男篮	27805	15	211	22155	1800	1200	750	1000	450	225	225
女篮	27805	15	211	22155	1800	1200	750	1000	450	225	225
游泳	29531	21	143	21021	2520	1680	1050	2000	630	315	315
男排	21400	15	150	15750	1800	1200	750	1000	450	225	225
拳击	21400	15	150	15750	1800	1200	750	1000	450	225	225
武术	36068	29	126	25578	3480	2320	1450	1500	870	435	435
乒乓球	19825	15	135	14175	1800	1200	750	1000	450	225	225
射箭	14600	10	150	10500	1200	800	500	1000	300	150	150
皮划艇	5960	5	126	4410	600	400	250		150	75	75
赛艇	5960	5	126	4410	600	400	250		150	75	75
计算数：元 / 人				7	120	80	50		30	15	15
总计	487575			372745	35160	23440	14650	24000	8790	4395	4395

第二章　训练体系

新中国成立至20世纪60年代，泰安地区没有专门的青少年体育训练单位和体育人才培养机构。1964年，泰安专署体委派专业教练员到中学训练队任教，部分学校由体育教师带队开展田径、体操、球类业余训练。1972年，新泰县一中组建业余体操队，开展少年儿童体操专项训练。1973年，宁阳县建立业余体育学校。1978年，泰安地区重点业余体育学校成立，青少年业余训练队伍和规模扩大。1984年，泰安地区体育工作座谈会确定改革训练体制和竞赛机制，要求从1985

年起，逐步建立和完善以地区体育中学、各县（市、区）业余体校、传统项目学校（主要在中小学）为架构的三级青少年业余训练体系。

2015年12月，泰安市共有国家高水平体育后备人才基地2处，国家单项高水平体育后备人才基地3处，国家青少年体育俱乐部15处。有山东省高水平体育后备人才基地3处，山东省传统项目学校33所，10个项目队是山东省优秀运动队后备人才训练基地。市内有青少年业余体育学校8所，其中市体校1所，县（市、区）体校7所，有项目管理中心8个，传统项目学校56所，青少年训练基地32处。有在编专任教练员116人，在训业余运动员5293人，其中集中训练1147人。已基本建立起以市体校为龙头，以县（市、区）体校为骨架，以项目管理中心为中坚，以训练基地和传统项目学校为基础，以联办合办训练项目和青少年体育俱乐部为补充的较完善的青少年业余训练体系。

第一节　训练单位

一、市级训练单位

（一）泰安市体育运动学校

前身为1978年12月成立的泰安地区重点业余体育学校。1980年9月，泰安地区重点业余体育学校更名为泰安地区体育中学。1985年，经省计划委员会批准，在泰安地区体育中学基础上建立泰安地区体育运动学校。1988年10月，泰安地区体育运动学校改为泰安市体育运动学校。

至2015年12月，学校有专任教练员41人，在训学生500名，开展田径、举重、自由式摔跤、古典式摔跤、柔道、拳击、武术散打、武术套路、射箭、跆拳道、篮球、排球、足球、手球、乒乓球、赛艇、皮划艇训练项目17个，设有7个项目管理中心，是国家高水平体育后备人才基地、国家女子链球高水平后备人才基地、全国举重高水平后备人才基地、山东省高水平体育后备人才基地，有7个项目（竞走、摔跤、手球、武术套路、举重、拳击、篮球）队是山东省优秀运动队后备人才训练基地。市体校是泰安市唯一一所综合性专业运动训练体育学校，是泰安市竞技体育发展和造就高水平体育人才的主要基地。

（二）项目管理中心

1.概况

21世纪初，市体育局适应青少年训练竞赛形势，促进训练项目管理由粗放型向集约化转变，调动训练的主体性和积极性，改革训练机制和模式，突出专业性，增强预算精细化，成立项目管理中心。

2000年4月28日，市体委成立武术管理中心，统一管理武术散打、跆拳道两个项目。武术管理中心在岱岳区体校训练，文化课教师由市体校派出。主要职责是，负责全市武术散打、跆拳道两个项目的训练和竞赛，裁判员、教练员培训，运动员选才及文化课教学；代表泰安市参加省运会；向省运动队输送优秀运动员。

2003年6月，市体育局本着“突出重点、扩大规模、全面发展、提高效益”及“政事分开、管办分离”原则，进行竞赛训练管理改革，分别成立篮球、排球、足球3个项目管理中心。主要职责是，开展篮球、排球、足球运动项目训练，管理协调全市三大球训练竞赛；承担组织参加省运会比赛任务，培养并向省输送青少年运动员。

2004年11月，市体育局在新泰市体操学校设立体操跳水运动管理中心，主要职责是，负担参加省运会比赛任务，培养并向省输送青少年运动员。

2007年，篮球管理中心、排球管理中心、足球管理中心划归市体校管理。

2009年11月，为备战山东省第二十二届运动会，市体校印发《关于成立训练中心等直属训练和服务单位的通知》，成立训练中心（项目包括举重、国际式摔跤、柔道、武术、散打、射箭、击剑、赛艇、皮划艇）、球类管理中心、田径羽毛球管理中心、拳击跆拳道管理中心4个项目管理中心。主要职责是，培养优秀体育后备人才，向国家级、省级运动队、高等院校输送优秀运动员；推动体育科研和体育培训工作开展。2011年2月，球类管理中心分设为篮球手球、足球、排球3个项目管理中心。

2014年10月，为备战省第二十四届运动会，市体校成立游泳管理中心，主要职责是，贯彻执行国家体育训练、竞赛等规定；精心育才，招收适龄青少年，组建队伍备战省运动会；严格执行训练计划，认真完成训练、竞赛、管理等任务。

2015年12月，市内有项目管理中心8个，其中，市体校7个，新泰市1个。

2.项目管理中心简介

篮球手球管理中心　2003年6月，市体育局成立篮球管理中心，为市体育局直属训练单位，许兵任主任，有教练员3人，运动员70人。市体育局对篮球管理中心未投入资金。市体校负责选派教练员，外聘文化课教师，学生生活费自理，利用市体校原有的训练设施、教学设备对学生进行训练、教学。篮管中心在统管全市篮球训练和竞赛的同时，内引外联组建泰安市青少年手球训练队伍。2006年，在省第二十一届运动会上，女子手球队获第一名，男子手球队获第四名，篮球男子甲组获第六名。2007年，篮球管理中心划归市体校管理。2009年11月，市体校成立球类管理中心，统管篮球手球（排球、足球）项目训练。2010年9月，篮球队在省第二十二届运动会上，男子乙组获第八名，女子乙组获第六名。

2011年2月，市体校调整球类管理中心，成立篮球手球管理中心，汪迎春任主任，有教练员4人，在训运动员80人。同年，篮球队在山东省篮球锦标赛上，男子甲组获第十名，男子乙组获第八名，女子甲组获第八名；手球队男子组获第六名、女子组获第四名。2012年7月，手球队参加在北京举办的全国青少年中学生业余体校手球锦标赛，获高中女子组第六名、男子组第十名。同年，在山东省篮球锦标赛上，获男子甲组第十名、男子乙组第六名、女子甲组第七名、女子乙组第九名；在省手球锦标赛上，获男子甲组第五名、男子乙组第六名、女子甲组第八名、女子乙组第五名。

2013年，女子手球队队员田秀秀参加在韩国举行的中日韩手球比赛获第三名，参加在哈萨克斯坦阿拉木图举行的亚洲青年锦标赛预赛获第三名；篮球运动员聂天成参加全国第十二届运动会获第四名；女子手球运动员田秀秀、高方青、张苑琳参加全国第十二届运动会获第八名，参加在江西省上饶市举行的全国青少年手球锦标赛获第五名；篮球队参加山东省篮球锦标赛，男子甲组获第六名，男子乙组获第八名，女子甲组获第八名，女子乙组获第十三名；手球队男子甲组获第八名，男子乙组获第八名，女子甲组获第八名，女子乙组获第六名。2013年，手球队被省体育局评为山东省优秀后备人才基地，向省男子篮球队、女子手球队输送运动员各1名，试训运动员6名。

2014年，篮球队参加省第二十三届运动会决赛，男子甲组获第七名，男子乙组获第六名，女子甲组获第七名；手球队参加省第二十三届运动会决赛，男子乙组获第七名，女子乙组获第四名。

至2015年12月，篮手管理中心共培养运动员150人，向省队输送刘秀玲、张攀、高方青、聂天成、田秀秀、张苑琳6名运动员。

足球管理中心　2003年6月，市体育局成立足球管理中心，为市体育局直属训练单位，周生涛任主任，有教练员1人，运动员 15人。市体育局对足球管理中心未投入资金，利用市体校原有的训练、教学设施对学生进行训练教学。2004年8月，参加山东省锦标赛，男子甲组获第六名，男子乙组获第七名，女子组获第八名。2006年，参加省第二十一届运动会，男子甲组获第六名，男子乙组获第七名。2007年，足管中心划归市体校管理。2009年11月，足球项目归市体校新成立的球类管理中心统一管理。2011年2月，为备战省第二十三届运动会，市体校成立足球管理中心，李叶剑任主任，有教练员6人，运动员60人。至2015年12月，足球管理中心共培养运动员60人，向中超球队输送贺惯、李超两名球员，向山东省、江西省女子足球队输送3名队员试训。

排球管理中心　2003年6月，市体育局成立排球管理中心，为市体育局直属训练单位，李云涛任主任。市体育局对排球管理中心未投入资金，利用市体校原有的训练、教学设施对学生进行训练、教学。2004年，有教练员3人，运动员68人。2006年8月，女排代表泰安市参加省第二十一届运动会排球比赛，女子乙组获第八名，向高校输送运动员2名。2007年，排球管理中心划归市体校管理，有运动员33人，教练员2人。2010年，排球管理中心女排甲组、乙组参加省第二十二届运动会女排决赛，女子甲组获第八名，女子乙组获第六名。2011年2月，为备战省第二十三届运动会，市体校成立新的排球管理中心，有教练员2人，运动员50人。向省排球队输送的王红获山东省运动会冠军；向省女子青年排球队输送运动员张倩，向高校输送运动员6名。2013年，张倩代表山东省参加在辽宁省举办的全国第十二届运动会获青年组排球冠军。2014年，张倩入选中国青年女排，代表国家队参加在台湾地区举行的亚洲青年女排锦标赛，决赛中战胜日本队获冠军。同年7月，排球中心男排、女排在省第二十三届运动会上获金牌10枚。至2015年，排球中心有教练员2人，共培养运动员75人，向高校输送运动员5名。

训练中心（举重、国际式摔跤、柔道、武术、散打、射箭、击剑、赛艇、皮划艇）　2000年4月，市体育局成立武术管理中心，薛新华任主任，有教练员2人，运动员50人。同年，代表泰安市参加全省武术、散打、跆拳道比赛，武术儿童组获团体第三名，乙组获团体第五名；武术散打2次获团体第三名；个人获金牌3枚、银牌2枚、铜牌2枚，10人次获前6名，代表队获体育道德风尚奖。2001年，市武术管理中心承办山东省“唯力特杯”武术、散手锦标赛，省内各地市武术馆、学校的30支代表队，331人参加比赛。2002年，训练中心代表泰安市参加山东省第二十届运动会武术比赛，散打队6人获前6名，跆拳道队3人获前6名。2003年6月，市体育局成立市武术管理中心（市竞技学校），刘光辉任主任，管理项目有武术、散手、跆拳道、拳击、网球。2004年11月，武术管理中心归市体校管理。2009年11月23日，市体校训练中心成立，系市体校内设机构，设举重、国际式摔跤、柔道、武术、散打、射箭6个训练项目，有教练员13人，运动员216人。2009年，冯慧慧（女）在山东省滨州市举行的全国第十一届运动会女子柔道–57公斤级比赛中获第二名。2010年，参加省第二十二届运动会获金牌5枚、银牌9枚、铜牌12枚。2011年，中心有教练员13人，运动员260人，训练项目有举重、国际式摔跤、柔道、武术套路、武术散打、射箭、击剑、赛艇、皮划艇9项。同年，参加山东省锦标赛比赛，获金牌14枚、银牌17枚、铜牌23枚。2012年，中心310人参加山东省锦标赛，获金牌13枚、银牌17枚、铜牌25枚。2013年，武术散打队输送到山东省武术院的运动员卞庆各获世界冠军。同年，胡凯在辽宁省沈阳市举行的全国第十二届全国运动会男子柔道90公斤级比赛中获第三名。同年，中心340人参加山东省锦标赛，获金牌14枚、银牌11枚、铜牌22枚。2014年，中心241名运动员参加省第二十三届运动会决赛，在举重、古典式摔跤、自由式摔跤、武术套路、武术散打、柔道、射箭、击剑、赛艇、皮划艇、帆船帆板11个项目比赛中，获金牌14.5枚、银牌21枚、铜牌15枚，总分900。

至2015年，中心有教练员13人，培养运动员300人，向省运动队输送运动员22名。

田径羽毛球管理中心　2009年11月23日，市体校田径羽毛球管理中心（兼管自行车、乒乓球项目）成立，为市体校内设机构，孙波任主任，有教练员5人，田径运动员70人。2005年，运动员黄静在全国第十届运动会上获女子1500米亚军。2010年，中心运动员在省第二十二届运动会上获银牌4枚，铜牌5枚。2013年，输送到省队的运动员杜云鹏在全国第十二届运动会上获男子20公里竞走团体冠军。同年，翟超在全国第十二届运动会上获男子4×400米接力赛亚军；胡凯在香港国际场地杯男子团体竞速赛中获第二名。2014年，运动员在省第二十三届运动会上获金牌3枚，银牌8枚，铜牌4.5枚。同年，严德祥在全国竞走锦标赛上获男子20公里竞走团体冠军；胡凯在"钱森杯"全国自行车锦标赛男子团体竞速赛上获冠军；李洪凤在省第二十三届运动会上获山地自行车、公路自行车两项亚军。2015年，李陈晨在全国竞走锦标赛上获男子20公里团体冠军。

2000年，羽毛球队成立，依托泰安市第一实验学校羽毛球队训练。有教练员1人，运动员40人。2010年，羽毛球队参加省第二十二届运动会羽毛球比赛获银牌3枚、铜牌5枚，总分180分。2014年，参加省第二十三届运动会羽毛球比赛获银牌2枚、铜牌2枚，总分102分。

至2015年，田羽中心有教练员6人，共培养运动员140人，向省运动队输送运动员4人。

拳击跆拳道管理中心　2009年11月23日，市体校拳击跆拳道管理中心成立，为市体校内设机构。有教练员3人，运动员60人。2010年有运动员90人。2011年至2013年，拳击队在山东省拳击锦标赛上获金牌22枚、银牌16枚、铜牌25枚。在全国拳击锦标赛上获2个第五名，在全国青年拳击锦标赛上获铜牌2枚。跆拳道队在省跆拳道锦标赛上获金牌9枚、银牌12枚、铜牌13枚。2014年，拳击队在省第二十三届运动会上获金牌3枚、银牌2枚、铜牌6枚。跆拳道队在省第二十三届运动会上获金牌1枚、银牌2枚、铜牌2枚。

2009年设空手道项目，聘任李宁任教练，有运动员16人。2010年，王红在全国空手道锦标赛上获金牌1枚，陈志娇获第四名。2011年，空手道项目撤销。

至2015年，拳击、跆拳道训练中心有教练员2人，运动员82人，向省运动队输送6名运动员试训。

游泳管理中心　2014年10月20日，市体校成立游泳管理中心，为市体校内设机构，宁州任主任，有教练员1人，运动员14人。运动员年龄6至9岁，训练地点在泰安城东岳大街46号泰安市全民健身中心游泳馆内，有50米池8条泳道，其中两道用于训练。

体操跳水运动管理中心　2004年11月，市体育局在新泰市体操学校成立体操跳水运动管理中心，张平任主任，孙丰涛、褚翠萍、何斌任副主任。褚翠萍兼任主教练，有教练员7人，运动员45人。市体育局对体操跳水运动管理中心未投入资金，由市体操跳水运动管理中心负责选派教练员，外聘文化课教师，学生生活费自理，利用新泰市体操学校原有训练、教学设施对学生进行训练、教学。中心选才、训练、竞赛办法与市体校相同。

2006年，在省第二十一届运动会上，获金牌8枚、银牌14枚、铜牌16枚。2009年，在天津市举行的全国少儿跳水冠军比赛中，获金牌4枚、银牌4枚、铜牌1枚；在意大利罗马举行的世界第十三届游泳锦标赛跳水比赛中获金牌1枚；在西安市举行的全国跳水冠军比赛中获金牌1枚；在济南市举行的全国第十一届运动会上获金牌1枚、银牌2枚、铜牌1枚。

2010年，在浙江省温州市举行的全国蹦床锦标赛中获金牌1枚；在南京市举行的"李宁杯"体操协作赛中获金牌1枚；在全国跳水冠军赛中获铜牌1枚；在淄博市举行的省第二十二届运动会上获金牌21枚、银牌23枚、铜牌13枚。

2011年，在广东省佛山市举行的2010—2011

中国跳水明星系列赛中获金牌1枚；在德国罗斯托克举行的国际泳联跳水大奖赛德国站中，获金牌1枚、银牌1枚；在天津市举行的全国跳水冠军赛中，获铜牌1枚；在上海市举行的全国蹦床锦标赛中获金牌1枚；在江苏省常熟市举行的全国跳水锦标赛暨奥运选拔赛中，获金牌1枚。

2012年，在德国罗斯托克举行的国际泳联跳水大奖赛中，获金牌1枚、银牌1枚；在江苏省昆山市举行的全国蹦床锦标赛中，获金牌1枚；在温州市举行的“李宁杯”全国少年体操比赛中，获金牌3枚、银牌3枚；铜牌3枚；在阿联酋迪拜举行的亚洲游泳锦标赛中，获金牌1枚、银牌1枚。

2014年，在济宁市举行的省第二十三届运动会上，体操比赛获金牌5枚、银牌9枚、铜牌21枚；蹦床比赛获金牌3枚、银牌2枚、铜牌2枚；跳水比赛获金牌1枚、银牌4枚、铜牌11枚

至2015年，中心有教练员13人，运动员53人，共培养运动员175人，向省队输送刘民、宋雪成、焦峰、张慧贞、葛璠璠、史小璐、王江、邢怡颖、韩玉、董传伦10名运动员。

（三）联办训练单位

1.市直联办训练单位

1978年前，泰安地区青少年业余训练主要在泰安城各中学进行，各中学建立体育项目训练队，后逐渐发展为地区体委训练点。1981年，地区体委对56个训练点实行地、县（矿）分级管理，按照训练项目、性别、年龄整合调整。至2015年，市体育局、市体校与社会、学校联办足球、羽毛球、篮球等训练项目。

泰安市足球运动协会　2011年12月24日，泰安市足球运动协会成立。市体育局推荐第一届足球协会领导班子，刘海涛任主席，徐欣、刘殿新、李晨、管岱宁任副主席。协会由39人组成。

协会先后组织教练员、裁判员学习培训；组织市内校园足球重点学校、基地校长及体育局、教育局部分分管领导20多人赴广州市、珠海市、深圳市参观并观看全国足球赛。协会先后出资60万元帮助泰安市参加省运会训练队伍赴南方冬训。

2011年至2015年，市足球协会共培养运动员80人，向中超球队输送贺惯、李超两名球员，向山东省、江西省女子足球队输送3名队员试训。

泰安市第一实验学校　2000年，市体育局与市第一实验学校联合成立羽毛球队，注册运动员40人，教练员1人。同年，羽毛球队在省青少年羽毛球锦标赛中获男子乙组团体亚军，单项获金牌1枚、银牌2枚、铜牌3枚。张文静参加迎奥运全国少儿羽毛球邀请赛丙组女子单打获冠军。2003年起，羽毛球队代表泰安市连续参加4届省运动会，获银牌8枚、铜牌8枚。2008年，市第一实验学校被市体育局命名为羽毛球传统项目学校，是市体校的羽毛球训练基地。2015年12月，在训运动员70人。

泰安第二中学（高中部）、泰安市博文中学（初中部）　2011年7月，市体校男子篮球队与泰安第二中学（高中部）、泰安市博文中学（初中部）实行体教结合训练。市体校负责选派教练员，支出学生生活费。泰安第二中学（高中部）、泰安市博文中学（初中部）负责管理、住宿及文化课学习。学生代表市体育局、市教育局参加比赛。2012年至2015年，联办篮球队连续4年参加省体育局与省教育厅举办的山东省大、中、小学生体育联赛，分别获第三名、第一名、第二名和第一名。

2.青少年体育俱乐部

2000年，市体校成立田径、乒乓球、足球、篮球、排球、举重、武术、散打、跆拳道9个项目的青少年俱乐部。

2002年，市内有山东省体育局命名的青少年体育俱乐部1家。2009年，市内有国家体育总局命名的青少年体育俱乐部8家。2011年1月，国家体育总局泰安市青少年俱乐部暨泰安市体校乒乓球俱乐部在市体校挂牌成立。至2015年，市内有13家青少年体育俱乐部。

2015 年泰安市部分青少年体育俱乐部情况表

表 8-13

俱乐部名称	隶属学校	人　数	地　点
国家体育总局泰安市青少年乒乓球俱乐部	泰安市体育运动学校	62	泰安市
全国青少年俱乐部	泰安市体育运动学校	600	泰安市
全国青少年俱乐部	新泰市体校	200	新泰市
全国青少年田径俱乐部	泰安市体育运动学校	80	泰安市
山东省青少年体育俱乐部	宁阳第二十七中学	110	宁阳县
泰安市体育局青少年俱乐部	东平高级中学	120	东平县
泰安市体育局青少年俱乐部	泰安第二中学	150	泰安市

3.青少年单项体育后备人才训练基地

2005年4月，市体育局根据全市青少年业余训练项目布局及各学校、单位项目开展规模和运动员输送情况，检查认定2005—2008年泰安市青少年单项训练基地36处，其中市直3处，市高新区1处，泰山区3处，岱岳区3处，新泰市11处，肥城市、宁阳县、东平县各5处。

2015—2018 年泰安市单项体育后备人才训练基地情况表

表 8-14

	单　位	项　目	类　别
市　直	泰山学院附中	排　球	三类
	泰安长城中学	排　球	三类
	泰安天一羽毛球俱乐部	羽毛球	三类
市高新区	泰安奥林匹克花园小学	游　泳	三类
泰山区	泰山区一米击剑俱乐部	击　剑	三类
	泰安市第一实验学校	羽毛球	三类
	泰安市博文中学	篮　球	二类
	泰山区财源办事处王庄小学	射　箭	三类
	泰山实验中学	手　球	三类
	泰安南关中学	排　球	三类
	泰山区省庄中心小学	足　球	三类
	泰山区凤台小学	足　球	三类

续表 8-14

	单　位	项　目	类　别
岱岳区	岱岳区竞技体育运动学校	跆拳道	三类
	岱岳区竞技体育运动学校	摔　跤	三类
	岱岳区道朗镇第二中学	射　箭	三类
	岱岳区黄前镇中心小学	柔　道	三类
	岱岳区大汶口搏击俱乐部	拳　击	三类
新泰市	新泰体操运动学校	体　操（蹦床）	一类
	新泰体操运动学校	跳　水	三类
	新泰市业余体育运动学校	柔　道	三类
	新泰市业余体育运动学校	田　径	二类
	新泰市业余体育运动学校	举　重	三类
	新泰市汶城实验小学	篮　球	三类
	新泰市平阳小学	足　球	三类
	新泰市协庄学校	篮　球	三类
	新泰刘杜中心学校	拳　击	三类
肥城市	肥城市竞技体育运动学校	武　术	三类
	肥城市陶阳矿学校	柔　道	三类
	肥城丘明中学	田　径	三类
宁阳县	宁阳县体校	举　重	三类
	宁阳县体校	柔　道	三类
东平县	东平县体育中学	武　术	三类

2009年5月至2015年7月，市体校各项目队推广本项目队训练项目，拓宽人才输送渠道，分别在泰山区泮河中学、岱岳区道朗二中、泰山区王庄小学建立射箭训练基地；在肥城市丘明中学建立田径、橄榄球训练基地；在岱岳区黄前中心小学、新泰市楼德初级中学建立柔道基地；在岱岳区道朗一中建立摔跤训练基地。

2015年9月，市体育局经过检查认定，命名32个单位为2015年—2018年泰安市单项体育后备人才训练基地，其中一类基地1个，二类基地2个，三类基地29个。

二、县（市、区）级训练单位

（一）县（市、区）业余体校

1972年初，新泰县一中业余体操队（新泰市体操运动学校前身）成立。1973年，宁阳县青少年业余体校成立。1986年4月，肥城县业余体校成立。同年9月，泰山区业余体校成立。1987年，东平县武术运动学校成立。1989年12月，新泰市业余体校成立。1997年3月，泰安市郊区青少年业余体校成立。至2015年12月，泰安市有县（市、区）级业余体校7所，在编专任教练员75人，在训青少年运动员647人，训练项目14个大项。

2015 年泰安市县（市、区）级体育运动训练单位情况表

表 8–15

训练单位名称	成立时间	在校训练人数	教职工（人）	在编专任教练（人）	训练项目		省以上认定训练基地名称
					个	项目名称	
泰山区业余体育学校	1986.9		8	8			
岱岳区业余体育学校	1997.3	222	18	3	4	摔跤、足球、跆拳道、田径（投掷、短跑、中长跑、跳跃）	
新泰市体操运动学校	1972	169	20	16	3	体操、蹦床、跳水	国家高水平体育后备人才基地，山东省优秀运动队（体操蹦床、跳水）后备人才基地
新泰市业余体育学校	1989.12	100	22	13	6	田径、柔道、散打、跆拳道、篮球、武术	国家少年竞走队（山东组）训练基地，山东省优秀运动队田径竞走后备人才基地
肥城市竞技体育学校	1986.4	70	20	14	4	举重、柔道、摔跤、田径	
宁阳县业余体育学校	1973		10	8			
东平县体育中学	1987	86	22	13	9	武术、散打、举重、摔跤、柔道、田径、跆拳道、篮球、乒乓球	山东省武术院训练基地

（二）县（市、区）青少年体育俱乐部

2015年，泰安市县（市、区）青少年体育俱乐部有6家。

2015 年泰安市县（市、区）青少年体育俱乐部情况表

表 8–16

俱乐部名称	隶属学校	人　数	地　点
泰安市雏鹰青少年体育俱乐部	泰安市实验学校	220	泰山区
泰安市泰山区阳光青少年体育俱乐部	泰安东岳中学	115	泰山区
泰山区朝阳青少年俱乐部	泰安泮河中学	113	泰山区
泰安市岱岳区道朗阳光青少年俱乐部	泰安市岱岳区道朗镇第一中学	116	岱岳区
肥城市老城镇阳光青少年体育俱乐部	肥城市老城街道初级中学	115	肥城市
泰安市宁阳县阳光青少年体育俱乐部	宁阳县第四中学	110	宁阳县

三、传统项目学校

境内传统项目学校是青少年三级训练体系中的初级环节，是开展某一业余训练项目时间较长、输送体育后备人才较多或项目特色突出的普通中小学校。2008年，泰安二中被国家体育总局评定为全国田径体育传统项目学校。2011年，泰安一中被国家体育总局评定为全国篮球体育传统项目学校。至2015年，泰安有2所全国体育传统项目学校，先后有208校（次）被省教育厅、省体育局评定为山东省传统项目学校，有257校（次）被市教育局、市体育局评定为泰安市传统项目学校（详见第三编学校体育）。市内传统项目学校开展的训练项目，涵盖青少年所有业余训练项目，为青少年竞技体育发展提供了人才保障。

第二节　训练基地

一、概况

2005年，市体校通过国家体育总局评估，被认定为国家奥林匹克优秀后备人才基地。2009年、2013年，市体校、新泰市体操学校连续两个奥运周期被国家体育总局认定为国家高水平体育后备人才基地。2011年3月，市体校被省举重摔跤柔道运动管理中心认定为2011—2014周期柔道项目省优秀运动队体育后备人才基地，被省武术院认定为2011—2014周期武术套路项目省优秀运动队体育后备人才基地，被省威海体育训练基地批准为2011—2014周期手球项目省优秀运动队体育后备人才基地；新泰市业余体育学校被省田径运动管理中心认定为2011—2014周期田径项目省优秀运动队体育后备人才基地；新泰市体操运动学校被省体操运动管理中心认定为2011—2014周期体操（蹦床）项目省优秀运动队体育后备人才基地。

二、国家级训练基地

（一）国家高水平体育后备人才基地

1.泰安市体育运动学校

2005年，被国家体育总局认定为2005—2008年奥运周期国家级奥林匹克后备人才基地（综合项目），在训运动员200余人，教练员18人，周期内向上输送人才15人。2009年，被国家体育总局认定为2009—2012年奥运周期国家高水平体育后备人才基地（综合项目），有运动员400余人，教练员（包括聘用教练）30人，周期内向上输送人才18人。2013年，被国家体育总局认定为2013—2016年奥运周期国家高水平体育后备人才基地（综合项目），有运动员700人，教练员（包括聘用教练）40人，周期内向上输送人才40人。

2.新泰市体操运动学校

2009年，被国家体育总局认定为2009—2012年奥运周期国家高水平体育后备人才基地（综合项目），有运动员200余人，教练员（包括聘用教练）16人，周期内向上输送人才34人。2013年，被国家体育总局认定为2013—2016年奥运周期国家高水平体育后备人才基地（综合项目），有运动员200余人，教练员（包括聘用教练）17人，周期内向上输送人才38人。

（二）国家单项训练基地

1.国家女子链球奥林匹克后备人才基地

2009年12月，市体校被国家体育总局田径运动管理中心认定为2009—2012年奥运周期国家女子链球高水平后备人才基地，有运动员20人，教练员1人，向省运动队输送8人，向国家队输送2人。2013年，市体校被国家体育总局田径运动管理中心认定为2013—2016年奥运周期国家女子链球高水平后备人才基地，其间向省运动队输送5人，向国家队输送1人，向高校输送3人。

2.全国举重高水平后备人才基地

2000年8月，市体校被中国举重协会认定为全国举重高水平后备人才基地，有运动员44人，教练员3人，向国家队、省优秀运动队输送高水平运动员24人，培养输送国际级运动健将3人，运动健将14人。

3.国家竞走少年队

2011年，经国家体育总局田径运动中心批准，国家竞走少年队在新泰市成立，有运动员20人，其中泰安籍10人，青岛市、莱芜市、烟台市等地10人，教练员1人。2011年至2012年，国家体育总局田径运动中心每年拨训练经费13万元。2013年，国家体育总局要求单项少年运动队建立在省级以上训练单位，设在新泰市的国家竞走少年队转入山东省田径运动管理中心训练。

三、省级优秀运动队后备人才训练基地

（一）综合基地

1.泰安市体育运动学校

2008年6月，市体校被山东省体育局认定为首批山东省优秀运动队后备人才训练基地（三类）。

2.新泰市体操运动学校

2008年6月，新泰市体操运动学校被山东省体育局认定为首批山东省优秀运动队后备人才训练基地（一类）。

3.新泰市业余体育学校

2008年6月，新泰市业余体育学校被山东省体育局认定为首批山东省优秀运动队后备人才训练基地（三类）。

（二）单项基地

1.田径竞走

2011年，新泰市业余体育学校被省田径管理中心认定为省优秀运动队后备人才训练基地(田径竞走，2011—2014)。2015年，新泰市业余体校被省田径管理中心认定为2015—2018年度山东省优秀运动队后备人才训练基地（田径竞走），有运动员70余人，教练员9人。

2.摔跤

2007年，市体校被省举摔柔管理中心认定为2006—2010年省运周期山东省优秀运动队（摔跤）后备人才训练基地，有运动员40人，教练员3人，其间向上级输送人才4人。

3.体操、蹦床

2011年，新泰市体操运动学校被省体操管理中心认定为2011—2014省运周期山东省优秀运动队后备人才训练基地（体操、蹦床），有男女运动员46人，教练员8名，其间输送人才20人。2015年，新泰市体操运动学校被省体操管理中心认定为2015—2018年省运周期山东省体操（蹦床）后备人才训练基地。

4.跳水

2008年、2016年，新泰市跳水队两次被评定为山东省优秀运动队后备人才训练基地（跳水）。

5.手球

2011年9月，市体校被山东省手球管理中心认定为山东省优秀运动队后备人才训练基地（手球），有男女运动员40人，教练员2人，其间输送人才5人，其中正式队员1人，试训队员4人。

6.武术套路

2011年9月，市体校被山东省武术院认定为山东省武术套路后备人才训练基地，有男女运动员30人，教练员1名，输送人才4人，其中正式队员2人，试训队员2人。

7.举重、拳击、篮球、竞走

2015年，市体校被山东省体育局认定为2015—2018年山东省优秀运动队举重、拳击、篮球、竞走4个项目的后备人才训练基地。

四、训练基地配套资金

（一）国家奖励训练基地

2005年至2008年，市体校被国家体育总局认定为国家奥林匹克高水平后备人才基地，每年拨付20万元，用于改善训练条件。

2009年至2012年，市体校、新泰市体操学校被国家体育总局认定为国家高水平体育后备人才基地，每个基地每年拨付40万元，用于改善训练条件。

2013年至2015年，市体校、新泰市体操学校被国家体育总局认定为国家高水平体育后备人才基地，每个基地每年拨付40万元，用于改善训练条件。

2005年至2015年12月，国家体育总局向泰安体育训练基地拨付配套资金440万元。

（二）省奖励训练基地

2011年9月至2014年，市体校柔道、手球、武术套路被省体育局授予单项后备人才基地，每个基地每年拨付10万元。2015年至2018年，市体校举重、拳击、篮球、竞走等项目被省体育局授予单项后备人才基地，每个基地每年拨付10万元。

2011年至2015年12月，省体育局向泰安体育训练基地拨付配套资金50万元。

（三）市奖励训练基地

2014年，市体育局出资140万元，作为市内体育训练基地配套资金。

2015年，市体育局出资100万元，作为市内体育训练基地配套资金。

2014年至2015年12月，市体育局向市内体育训练基地拨付配套资金240万元。

第三章　体育科研

第一节　机构　科研单位

一、机构

新中国成立至1955年，境内体育教研活动由地区、县教育行政部门负责。

1980年，泰山医学院设体育教研组。1981年9月，泰城体育教研会成立，修复燃任顾问，尹祚起任主任，李善英、李新家、路长江、王浩生、米庆荣任副主任。教研会下设秘书组、大学组、中学组、中专组、小学组。1984年5月，泰安地区体委内设体育科研所。1985年，市体委指导市体校建立校医务治疗室。1988年12月，市体育科研所撤销。1989年，市体委成立选才科研办公室。1991年，选才科研办公室有专职体育科研人员5人，兼职科研人员11人。2001年3月，市体校成立体育科研办公室。体育科研办公室主任由学校训练科副科长兼任，有3名专职人员。2005年3月，市体校科研室成立，由6名在编人员组成，主要职能是，负责学校招生、运动员选才的身体形态、机能及生理生化指标测试；配合教练员进行优秀运动员的选才，负责定期对优秀运动员进行生理、生化指标跟踪监测，营养的平衡，恢复训练的调整，直接为科学训练、提高竞技水平服务；负责按训练大纲定期测试运动员身体形态、机能及生理生化指标测试；负责运动员的医务、营养、理疗恢复工作；协助做好学校科研课题申报及科研成果统计工作；负责收集信息，掌握体育科技发展动态，进行综合分析，为领导决策提供依据。2005年，新泰市体育局设立科研室。2011年5月，泰山医学院体育教学部成立运动医学与康复学院。

2014年7月，市体育局印发《关于成立泰安市体育科研中心（内设）的通知》，科研中心为内设机构，人员由市体育局竞赛科、市体校、新泰市体育局联合组成。周生涛任主任、王振民任副主任。办公地点、科研设施设在市体校，具体工作由市体校负责。工作职责是，负责市级训练单位科学训练研究，为备战省运会提供科研及科技服务工作；负责全市优秀运动员的科学选才工作；负责全市体育科研人员的业务培训工作；负责国内外体育信息的收集和汇总；负责与各高等院校相关学科沟通对接等工作。

2015年12月，市内有体育科研中心1家，属市体育局内设机构。

二、体育科研单位简介

（一）泰安市体育运动学校体育科研办公室

1985年，市体校建立校医务治疗室，探索和总结运动恢复的规律和手段，为运动员训练及运动恢复提供科学依据。学校仪器有肺活量测试仪、血红蛋白比色计、红外线治疗仪。2001年3月，在原医务治疗室的基础上，成立体育科研办公室，隶属于市体校训练科。有运动员创伤治疗、恢复理疗和运动员营养调剂专职人员3名。2005年3月，市体校科研室成立，科研室由6名在编人员组成。投资70万元，购置了ZXG-E心血管功能测试仪、血乳酸测试仪、TL80-2型医用离心机等20种科研设备。年内科研室测试了52名新生的身体形态（身高、体重、指间距）。2009年至2012年，科研室对404名新生进行形态测试；对117名新生进行肝功能检测；对部分重点运动员的心率、血乳酸、血色素、尿蛋白跟踪监测。2013年至2015年，科研室对重点运动员的心率、血乳酸、血色素、尿蛋白跟踪监测。

（二）新泰市体育局科研室

2005年，新泰市体育局设立科研室先后投资10万元配备骨龄X线机、血红蛋白仪、形态测量仪、肺功能机、生理、生化仪器、电教设备等科研设施。

（三）泰山医学院运动医学与康复学院

1980年，泰山医学院设置体育教研组。1985年设置体育教研室，隶属于泰山医学院基础医学部。2010年12月，泰山医学院基础医学部更名为基础医学院，体育教研室更名为体育教学部。2011年5月，泰山医学院体育教学部由基础医学院划归运动医学与康复学院。至2015年未变。

2011年至2015年，学院在国家级刊物发表论文40余篇，省级刊物发表论文80余篇，编写专著2部，参加编写教材13部，承担厅局级以上课题9项，发明实用新型专利4项。

第二节　科研成果

一、科研项目

1985年，市体校建立校医务治疗室配合运动员选才对学生进行技能测试。

1989年，市体委选才科研办公室工作人员与教练员使用测试仪器选苗育才，对运动员进行技能测试。

1991年，市体委购置形态机能、生化等选才训练测试仪器，运用骨龄测试等选才办法对学生检查，并建立选才测试档案，为追踪调查、科学选才、提高选才率积累资料。通过科学选才，市体校年内向省以上专业队输送率达24%以上。

1997年，市体校与新泰市科委合作，由新泰市科委专家与市体校具有训练经验的教练员、运动员组成科研小组，立项专题研究《竞走运动员的体能检测与恢复》。该课题获上级科技部门肯定。2003年8月，市内分三批检测118名运动员骨龄。

2009年至2012年，市体校科研办公室对学生进行体态、技能测试，共测试404名新生的身体形态（身高、体重、指间距）；对117名新生进行肝功能检测；对重点运动员进行心率、血乳酸、血色素等跟踪监测。

2009年10月9日，新泰市体育中心与北京体育大学研究生院合作共建“冠军班希望体校”，在新泰市设立研究生工作站。

2014年7月3日，市体育局成立泰安市体育科研中心，为内设机构，人员由市体育局竞赛科、市体校、新泰市体育局组成，其科研课题是防治青少年运动员运动与创伤；探索和总结运动恢复的规律及手段，为运动员训练及运动恢复提供科学依据。

至2015年12月，市内立项开展体育科研项目研究课题10余项。

二、科研论文、专著

1996年11月，市体委、市教委组织对泰安市学校体育论文评审，评出体育科研论文一等奖10篇，二等奖19篇，三等奖24篇。1998年12月，市体委组织对1998年泰安市优秀体育论文评选，评出体育科研论文一等奖10篇，二等奖22篇，三等奖37篇。2004年1月，山东省体育局公布2003年山东省学校体育论文评选结果，泰安市有5篇论文获二等奖。2010年6月，市教育局办公室组织对学校体育科学论文评选，评出体育科研论文一等奖20篇，二等奖40篇。

至2015年，市内学校共发表体育论文187篇。

1986—2015 年泰安市发表体育科研论文情况表

表 8-17

论文题目	作　者	发表时间	报刊或出版社
心理训练在举重比赛中的作用	刘兆河	1986.11	山东省首届体育运动会心理学论文报告会
浅谈体育课教学的组织纪律	赵　勤	2003.3	《中国高校教育研究》　中国农业科技出版社出版
体育锻炼与社会适应能力	屠　翔（第一作者 1/2）	2003.3	中国社会出版社
摔跤队员膝关节损伤的原因及预防	王　华 孙　军	2004.2	《中国高等教育教研论丛》杂志社
浅谈举重训练计划安排	赵燕龙　屠　翔	2004.2	《中国高等教育教研论丛》杂志社
浅谈思维训练对举重训练的作用	屠　翔（第二作者 2/2）	2005	《山东科技大学学报》
上挺对举重成绩的几点影响		2005	《山东科技大学学报
对国际式摔跤连接技术影响因素及训练的探讨	王　华	2007.5	《现代教育与管理》总第 76 期
摔跤比赛中战术的制定依据及常用战术分析		2011	《经营管理者》杂志
少年竞走选才方法初探	安红艳 陈广东	2010 年第 1 期	《教育与探索》杂志
少儿竞走运动员基础训练		2010 年第 3 期	龙源期刊网，《教育与初探》杂志
浅析足球运动员足球意识的培养	孟　辉	2012	《才智》杂志第 8 期上旬刊
全国职业教育规划教材《体育与健康》	赵　兵	2012	南开大学全国职业教育规划教材《体育与健康》
《武术健身与防卫》	赵　兵	2013	“十二五”全国职业教育规划教材，南开大学出版社
散打专项力量训练特点与方法	刘四龙	2008.12	《现代企业教育》杂志总第 410 期

第九编

场地设施

C H A N G D I S H E S H I

第一章　概　况

1928年，山东省国民政府教育厅通令各县设立民众体育场，泰安、新泰、肥城、宁阳等地先后建起体育场。1928年泰安东升平街原府署衙门辟为泰安县运动场，面积约3万平方米，设有400米环形跑道及篮球、排球、网球等场地设施。1948年年底，孙村、张庄、安仙等煤矿分别建起篮球场。新中国成立前，泰安地区的体育活动和体育场地设施主要集中在泰城的教会学校和各县的完小，全地区可统计的各类体育场地仅有9处，主要是游乐运动场、操场兼球场，且场地简易、设施简陋。

新中国成立后，泰安地区党和政府重视体育场地建设，并在财政预算内逐级安排体育基础设施设备建设投资，有计划地建设公共体育场所和训练场地。工矿企业、部队、机关、学校等也积极筹措资金兴建各类体育设施。

20世纪50至60年代，泰安地区各地学校及新汶、肥城两个矿务局等大企业，陆续建起实用型、小型化为主的体育活动场、馆、池154处（个），其场址大都设在学校和厂矿内部。主要有泰安二中体育场、新汶一中田径场、东平县文化馆体育场、肥城第一中学体育场、新汶矿务局运动场，以及泰安工会办事处、肥城县、新泰县、宁阳县等8个俱乐部活动场所。新汶矿务局建有13处篮球场、12个乒乓球室。

20世纪70至80年代，体育场地建设开始向中型体育场馆的标准发展，各县、市体委、矿务局陆续建成专用体育场，其间共建各类重点体育场地166个。主要有泰安体委灯光球场、泰安地区体育场、体育馆，射击靶场，市体校举重馆、训练房，新泰市体育馆、新泰市体育中心，东平县体育场，宁阳县业余体校体育场，宁阳县射击靶场，肥城县体育场，新汶矿区举重训练馆等。截至20世纪80年代末，全市建有田径场162处、篮球场（含灯光球场）1313个、排球场90个、乒乓球房（室）67个以及3处射击靶场、2处溜冰场、5处举重馆、1处体操房、1处训练大棚等。

20世纪90年代，随着泰安市经济社会的发展，在原有体育设施的基础上兴建一批体育训练和比赛的场馆房，1990年至2000年间，新建各类体育场地440处，主要有占地3.6万平方米的泰山

泰安地区体育场灯光球场。1970年建成使用，2008年拆除。

体育场、泰山区综合体育训练馆、新泰市体育中心综合训练楼、肥城体育馆、新汶矿务局文化体育中心等。到2000年年末，全市有各种体育场地1562处（座），其中体育场 9 处，体育馆4座，室外游泳池9处（有看台3处、无看台6处），室内灯光球场4处，篮球场944处，排球场210处，门球场70处，训练房18处，台球房7处，运动场284处，室外射击场3处。

2001年至2015年，泰安市委、市政府把体育设施建设纳入旅游名城建设总体规划，市体育局抓住机遇，以赛促建，承办了全国第十一届运动会男子足球、男子排球小组比赛和第十九届女子第三十八届男子亚洲举重锦标赛。扩大体育彩票销售，用好体彩公益金。先后投资6亿多元新建、改建、扩建一批体育设施，包括新建市综合训练馆、标准网球馆、全民健身大楼、市体校综合食宿楼、市体校运动员公寓、“15分钟健身圈工程”和“农民体育健身工程”中的健身广场、健身公园、健身路径、文体小广场；改建泰山体育场足球场地草坪、铺设体育场塑胶跑道，满足承办“足协杯”比赛需要。改造体育中心体育场、泰山学院体育场和农大南校体育馆等3个十一运会足球、排球比赛场馆；扩建泰山体育场足球副场地、全民健身大楼地下游泳馆、地上健身广场、体育中心门球场、体育中心对社会开放的球类广场、足球副场地、健身长廊等。泰山医学院、山东农业大学分别建起体育场和综合训练馆。各县（市、区）也加大了对体育设施器材的投入，新泰市政府投资3000万元建成集训练、比赛、健身于一体的体育公园，东平县政府投资2.6亿元建成集体育馆、展示厅、地下游泳馆于一体的体育会展中心。

至2015年年底，全市市级、高校、县（市、区）和企业共有训练、健身、休闲场馆房5792处，标准较高、能承接全国及洲际单项比赛的体育场馆共有23处，其中，市直有泰安地区体育场、田径场，泰安市体育馆，泰安市全民健身中心健身大楼、健身广场、地下游泳馆，泰安市体育中心体育场、足球场、综合训练馆、网球馆等10处，驻泰安高校有山东农业大学南校区体育馆、田径场、北校区综合训练馆，山东科技大学体育馆、田径场，泰山医学院南校区体育馆、田径场，泰山学院综合体育馆、体育场等9处，县（市、区）有新泰市体育馆、新泰市体育公园，东平县体育会展中心体育馆等3处，企业有徂徕山滑雪场1处。这些体育场馆，适应不同运动、竞赛层次需要和健身需求，为培养优秀运动员和普及群众体育运动提供了良好条件。

2015年泰安市重点体育场基本情况表

表 9-1

场地名称	建成时间	场地面积（平方米）/席位（个）	投资金额（万元）	项目（功能）	承接重点赛事
泰安市泰山体育场	1993.10	36000/35000	2641	田径、足球	2006年全国女足赛，2009年全运男足赛，省、市田径锦标赛
泰安市全民健身广场	2013.10	10693	815	健身、球类	
山东农业大学北校区体育场	1999.01	16000/3200	550	田径、足球	2002年全国农业高校田径运动会
山东农业大学南校区体育场	2004.03	18000/5000	2000	田径、足球	
泰山医学院南校区体育场	2002.11	28000	4000	田径、足球	2006年、2008年、2011年全国女子足球联赛

续表 9-1

场地名称	建成时间	场地面积（平方米）/席位（个）	投资金额（万元）	项目（功能）	承接重点赛事
泰山学院体育场	2003.03	30000/25000	1000	田径、足球	2009 年第十一届全运会男足比赛
山东电力学校新校体育场	2010.06	38400/26000	850	田径、足球	
山东医药技师学院体育场	2006.01	23000	950	田径、足球	市运会足球比赛
山东财经大学东方学院体育场	2003.09	16500	900	田径、足球	市足球锦标赛
泰安二中体育场	1953.05	15000		田径、足球、篮球、排球	2003 年全国女足超级联赛、2011 年全国初中男子 CSBA 篮球赛
泰安六中新校区田径场	2010.09	18000	510	田径、足球、篮球	2011 年市中学生运动会
泰安英雄山中学田径场	2005.11	22000/3000	800	田径、足球	市联赛田径比赛
新泰一中体育中心体育场	2004.06	17444/4000	1107	田径、健身、训练	新泰市中小学生运动会（2012、2013、2014、2015）
新泰中学体育场	2013.09	17444/2500	507	田径、健身、训练	
新泰二中体育场	2010.07	17444/2500	200	田径、健身、训练	
肥城市第三中学体育场	2010.09	18720	3300	田径、足球	
宁阳一中田径场	2002.09	17444	280	田径、足球	1999 年 5 月泰安市中小学生田径运动会
宁阳实验高中田径场	2011.04	17800	210	田径、足球	2015 年 4 月宁阳县中小学生田径运动会
东平县明湖中学田径场	2013.11	45200	650	田径、足球	泰安市中小学田径联赛

2015 年泰安市重点体育馆基本情况表

表 9-2

场地名称	建成时间	场地面积（平方米）/席位数	投资金额（万元）	项目（功能）	承接重点赛事
泰安市体育中心综合训练馆	2007.07	13000	2300	训练、竞赛、健身	省篮球、举重、武术、拳击等比赛
泰安市全民健身大楼	2011.07	16839	7800	乒乓球、体操、摔柔	

续表9-2

场地名称	建成时间	场地面积（平方米）/席位数	投资金额（万元）	项目（功能）	承接重点赛事
泰安市全民健身大楼游泳馆	2014.06	5086	1731	游泳	
泰安市体育中心网球馆	2013.05	7000	800	训练、健身	
山东农业大学南校区体育馆	2004.03	12000/6000	6000	篮球、羽毛球、排球	2004—2005赛季全国男篮甲A联赛、2007—2008赛季全国女排联赛、2009年第十一届全运会男子排球比赛
山东农业大学北校区综合训练馆	2002.11	10325	3600	篮球、乒乓球、游泳	
山东农业大学游泳馆	2002.06	3213	900	游泳	
泰山医学院体育馆	1998.03	3200	850	跆拳道	
泰山学院综合体育馆	2001.10	12000/2000	860	举重、篮球	2007年举重亚锦赛
山东科技大学泰安校区体育馆	1987.05	2401	5000	篮球	省大学生篮球比赛、CUBA比赛
泰安一中体育馆	1993.08	1200	100	篮球	2008年省中学生篮球比赛
泰安一中长城路校区篮球馆	2011.01	3420	350	篮球、羽毛球、	2013年全国、全省中学生篮球比赛、泰安市第四届篮球联赛
泰安二中体育馆	2001.05	4396	300	篮球	
泰安十九中综合体育馆	2006.09	6000	200	篮球、乒乓球	
泰安六中新校区体育馆	2013.03	4200	2100	乒乓球、羽毛球、篮球	
新泰市体育馆	1989.07	1494 / 1300	374	训练	2012年省蹦床冠军赛
新泰市体育中心室外跳水池	2004.05	616	129	训练	
肥城市全民健身活动中心综合馆	2011.05	56000	2100	田径、篮排足球、网球、乒乓球、羽毛球、	
东平县体育会展中心体育馆	2014.02	28000 / 3600	26000	篮球、游泳、乒乓球	2014中美篮球对抗赛、2014赛季中国乒乓球俱乐部超级联赛、2015年全国青年跆拳道锦标赛

第二章　体育场馆

第一节　市　直

一、泰安市体育运动学校

泰安市体育运动学校前身为泰安地区重点业余体校。自1978年12月建校至2002年8月，市体校一直在市体育场内训练、教学、办公。随着市体校训练项目和人数的扩大，2002年4月，市政府决定将原泰安广播电视大学（校址为泰安市东岳大街475号）国有土地14522.8平方米及校舍整体划拨给市体校，2002年9月市体校搬迁完毕。现市体校有射箭靶场、链球场等体育场地。

射箭靶场　位于市体育中心东侧，2005年7月建成使用。占地面积近4000平方米，投资50万元。靶场地面为草坪，设有10个标准靶位，建有280平方米的全封闭钢架结构射箭房。为市体校射箭队专用训练靶场，曾承接省射箭锦标赛。

链球场　位于市体育中心东北角，2004年6月建成使用。占地面积6000余平方米。投掷区面积3000平方米，投资60万元。场内配套有符合国家A类赛事标准的链球护笼1副，20平方米的训练器材室。为市体校链球队专用训练场地，曾承接省田径锦标赛链球比赛。

二、泰安市体育中心

泰安市体育中心位于东岳大街479号，占地16.93万平方米，1993年11月由泰安市人民政府批准建设，现有泰山体育场、综合训练馆、网球馆、全民健身广场等6个场馆，具备承办国际级、国家级专业体育赛事的条件，是2009年济南十一届全运会泰安赛区赛事主场地。至2015年12月，累计承办各类赛事308项次，承办各类文体活动80余项次，共接待专业运动员100余万人次。获十一运组委会授予的第十一届全运会优秀场馆、优秀赛区称号，曾先后3次获得中国足协授予的足协杯优秀赛区称号。（见第十一编“泰安市体育中心”章）

泰山体育场　位于体育中心中部。1993年4月28日破土动工，1993年10月31日主体竣工，占地面积3.6万平方米，建筑面积2.5万平方米。体育场内场纵轴195米，横轴136米，设9道400米标准塑胶跑道，东西看台36层，南北看台22层，全场容纳观众3.5万人，为当时山东省第二大体育场，可承办国内外大型体育比赛，之后又进行多次整修改造。先后承接第十一届全运会泰安赛区男子足球比赛、中国“足协杯”山东鲁能主场足球赛、国际足球邀请赛、全国竞走锦标赛、山东省田径锦标赛和全市运动会等大型赛事，是泰安市进行体育训练、竞赛、群众性体育活动及市重大集会活动的一处重要场所。

综合训练馆　位于泰安市体育中心内。2004年9月开工建设，2007年7月建成并投入使用，占地面积6600平方米，建筑面积1.3万平方米，投资2300万元（市财政拨款1200万元、市体育局自筹950万元、市体校投入150万元）。馆内建有游泳馆，网球馆，武术、散打、跆拳道馆，拳击馆，篮球、排球馆，手球馆，举重馆，摔跤馆，柔道馆，器械健身房等。馆内附设办公区、运动员接待中心及训练服务区，是集训练、竞赛、健身、休闲娱乐为一体的综合场馆。2007年，承接第十九届女子第三十八届男子亚洲举重锦标赛赛前训练，并多次承办省锦标赛多项单项比赛。

网球馆　位于泰山体育场东侧。2011年5月开工建设，2013年5月竣工，占地面积3800平方米，建筑面积7000平方米，投资800万元（省体育局拨付300万元、市体育局体彩资金500万元）。馆内建有四个国际标准丙烯酸网球场地，配有专业灯光设备，建有休息室、淋浴室、会客室等3层楼房的配套设施。是山东省网球训练基地，能承接国家级网球赛事，曾承办全国业余网球联赛。

体育中心全民健身广场　2013年12月开始建设，2014年8月8日投入使用，为完全免费对社会公众开放场地。健身广场内设球类广场、足球副场地及健身长廊，占地面积8550平方米。共投资538万元，其中球类广场投资340万元，建筑面积3900平方米，包括4块标准篮球场地、4块3人制篮球场地、1块笼式足球场；足球副场地投资180万元，建筑面积4000平方米，包括1块南北向标准足球场地或两块东西向7人制足球场地；健身长廊投资18万元，建筑面积650平方米，健身器材21套。广场安装400瓦金属卤化物灯光92个、监控17个，可全天候健身。

三、泰安市全民健身中心

泰安市全民健身中心位于泰安岱宗大街46号，占地面积1.74万平方米，总投资1.2亿元。2007年由泰安市人民政府批准建设并纳入泰安市公共体育设施和文化建设项目重点工程。包括全民健身大楼、全民健身广场、地下游泳馆、地下停车场及附属配套设施。（见第十一编“泰安市全民健身中心”章）

全民健身大楼　2008年11月29日动工兴建，2011年7月建成并投入使用。总投资7800万元。占地面积6745.24平方米，建筑面积1.68万平方米，地上六层，地下一层，建筑高度34.6 米。荣获“泰安市国际旅游名城建设示范工程”称号。健身大楼一楼为服务大厅、乒乓球训练馆、体彩管理中心；二楼为综合器械区休闲吧、健身房；三楼为国民体质检测中心、舞蹈教室、台球室、棋牌室、洗浴中心、汗蒸房、湿蒸房、更衣室等；四楼为市体育局办公区；五楼为网球馆、跆拳道馆、舞蹈教室、瑜伽教室。六楼为羽毛球馆；顶层为露天网球场、水电配套设施；地下一层为车库。办公区和各运动健身场所均安装有符合专业要求的先进照明设备，安装有中央空调。曾承办泰安市的羽毛球、游泳、网球等中小型赛事18项次，从大楼启用开始，每逢元旦、春节、五一、十一等节假日和8月8日全民健身日，各项目训练场地都免费向市民开放。

全民健身广场　2013年10月建成并投入使用，占地面积1.07万平方米，总投资815万元，为公益性开放式健身休闲场所。建有篮球场、门球场、舞场、轮滑场、健身路径、乒乓球长廊及塑胶跑道。全天候免费向市民开放，可供1000人同时参加健身活动。

地下游泳馆　位于全民健身广场地下，2014年6月建成并投入使用。投资1731万元，建筑面积5086平方米。游泳池面积1050平方米，设有50米×21米标准八泳道，四道深水区，四道浅水区。

四、市直中学体育场馆

泰安一中体育馆　1992年7月开工建设，1993年8月建成使用。建筑面积1200平方米，投资100万元。馆内地面铺有实木地板，设有符合比赛要求的灯光音响设备。主要为篮球训练场地，也可进行羽毛球、乒乓球训练和比赛。曾承办2008年省中学生篮球比赛。

泰安二中体育场　1953年建成使用。2001年引进社会力量投资400万元改扩建，占地面积2.2万平方米，场地面积1.5万平方米。场内有8道400米塑胶跑道田径场、草皮足球场1块、篮球架9副、排球场5块、网球场1块、乒乓球台10副及单双杠。曾承办全国女子足球超级联赛，泰安市中学生田径运动会等赛事。

泰安一中长城路校区大展篮球馆　泰安市

大展城市有限公司全额投资建设，2010年7月开工，2011年1月建成使用。投资350万元，建筑面积3420平方米。内有4块实木地板标准篮球场地，场地器材配备符合国家级比赛标准。曾承办全国中学生山东赛区篮球比赛、全国重点高中男子篮球锦标赛、山东省中学生篮球联赛、泰安市中学生篮球联赛等赛事。

第二节 驻泰安高校

山东农业大学南校区体育馆 2001年开工建设，2004年3月投入使用。建筑面积1.2万平方米，观众席位6000个，总投资6000万元。场地中央装有四面全彩斗式显示大屏及可供电视现场直播的灯光设备，馆内配有贵宾室、新闻发布室、运动员休息室、裁判员休息室和健身房等配套设施。是第十一届全运会泰安赛区男子排球比赛的主场地。曾承接2005—2006赛季CBA山东金斯顿篮球俱乐部主场比赛，2007—2008赛季全国排球联赛山东济钢女排主场比赛，2005年、2006年两届CUBA中国大学生篮球联赛山东赛区和东北赛区的比赛；承办首届大学生跆拳道比赛，第六届全国农民运动会篮球比赛等赛事。重要赛事由中央电视台体育频道现场直播。

山东农业大学南校区体育馆内场（2009年） （闫克勤 摄）

山东农业大学北校区综合训练馆 2002年11月建成使用，占地面积1.03万平方米，投资3600万元。馆内建有符合比赛标准的游泳池、3块篮排球场地、20副乒乓球台、9块羽毛球场地及跆拳道训练馆、瑜伽训练房、健美操房等训练场馆房。

山东农业大学南校区体育场 2004年3月投入使用，占地面积1.8万平方米，投资2000万元。体育场内建有草坪足球场，8道400米塑胶跑道。

山东科技大学泰安校区体育馆 馆内有两块篮球场，1987年5月建成使用，总投资5000万元。曾承接全国煤炭高校排球赛，山东省第八届大学生运动会男女篮球决赛阶段比赛，山东省大学生篮球赛决赛阶段比赛，CUBA男篮友谊赛、山东赛区选拔赛和全国八强赛，泰安市篮球比赛。

泰山学院综合体育馆 2001年10月建成使用，总投资860万元，场地面积1.2万平方米，观众席位2000个。设有体操房、健美操房、乒乓球室、羽毛球馆、举重馆和篮球场。2007年4月27日，被国家体育总局举摔柔运动管理中心确定为举重比赛馆和竞赛基地，是2007年第十九届女子第三十八届男子亚洲举重锦标赛比赛场馆。

泰山学院体育场 2001年10月动工兴建，2003年3月投入使用。总投资1000万元，占地面积3万平方米，内设草坪足球场和400米塑胶跑道。曾承接第十一届全国运动会泰安赛区男子足球小组赛和泰安市足球锦标赛等赛事。

泰山医学院南校区体育场 2002年11月建成使用，占地面积2.8万平方米，投资4000万元。内设草坪足球场和400米塑胶跑道。曾承办2006年、2008年、2011年全国女子足球联赛。

第三节　县（市、区）

一、泰山区

泰山区全民健身中心（泰安六中体育馆）　位于泰安六中新校区内，2012年11月开工建设，2013年3月建成使用。投资2100万元，建筑面积4200平方米，上下两层。馆内设2块羽毛球场、1块木地板篮球场、10副乒乓球台、5张台球桌、2套综合健身器、9套体能训练器械。2012年，经山东省体育局认定为学校体育设施向社会开放单位。

二、岱岳区

新城实验中学文体活动中心　2013年8月开工建设，2014年9月投入使用。为单体建筑，高8.8米，建筑面积1800平方米，地面铺设塑胶，建设用资金800万元。内设实木地板篮球场，两个带有电子技术装置的可活动篮球架，球场北面是梯形看台，有观众座席500个，主席台上方有大型超清LED电子显示屏幕。另有更衣室、空调、灯光、音响等配套设施设备。曾承接泰安市中学生排球联赛、市青少年排球、篮球、羽毛球等多项锦标赛。中心训练场地作为公共体育设施面向社区开放。

黄前中学体育综合馆　2014年4月开工建设，2015年1月建成使用。占地面积1200平方米，建筑面积2200平方米，投资440万元。一层为学生餐厅，二层为篮球、羽毛球、乒乓球混合训练场地。是岱岳区青少年训练和竞赛的重要场馆。

三、新泰市

新泰市体育馆　1989年7月19日建成使用。建筑面积1494平方米，室内长43.4米、宽25.5米、高8.2米；训练场地面积510平方米，观众席位1300个，总投资174万元。2014年投资200万元在馆内安装大型电子显示屏、可移动座椅，同时对体育馆进行维修和装饰。曾承接多次全国和山东省的少儿体操（蹦床）比赛。

新泰市体育中心综合训练楼　体育中心综合训练楼分两期建成。一期工程于1996年开工建设，1997年11月竣工，建筑面积3696平方米，投资420万元。训练楼五层，一层办公区，二层教室，三至五层分别为市业余体校和体操学校的训练场地及学生宿舍。二期工程于2005年开工建设，新建六层训练楼，既有独立功能又与原训练楼连为一体，2006年5月竣工，建筑面积8264平方米，投资1000万元。一至三层主要为学生餐厅、办公室和教室，四至五层为训练场地，六层为学生公寓。

新泰市体育公园　2008年开工建设，占地面积10.33万平方米，总投资3000万元，分东、西两个功能区。东区为开放式全民健身公园，占地5.53万平方米，绿化面积60%以上，中心位置为休闲广场，广场两侧建有塑胶网球场、篮球场、羽毛球场、轮滑训练场等活动场地和儿童乐园，向外延伸有640米的环形塑胶健身道。外围有1200米的自行车练习跑道，绿地内设置有多处健身区，各型健身器材百余件。西区为新泰市体育中心，占地4.8万平方米，内有体育馆、体操馆、室外游泳池、跳水池、综合训练楼场馆，2009年

新泰市体操学校跳水训练池（2012年）　（新泰市体操学校提供）

新建成设有塑胶跑道、人造草皮足球场、主席台、看台等设施的田径场。体育公园是新泰市全民健身活动和竞技体育训练比赛的主场地。

四、肥城市

肥城市体育场　位于新城长山街路西、肥城一中东侧。1984年兴建，1986年建成。体育场长212米，宽176米，占地总面积3.73万平方米，总投资22万元。体育场内有8道400米跑道的田径场，有5层看台的灯光球场和一片老年门球场。1993年投资100万元在田径场西侧建起容纳2000人的看台、在北侧建成体育馆。2009年，投资200万元铺设田径场人造草皮、塑胶跑道。2010年，在体育场南侧建起综合训练馆。

肥城市体育馆　位于市体育场北侧。1993年开工建设，1996年建成使用。占地面积1350平方米，建筑面积3000平方米，观众席位1000个，投资1300万元。体育馆共分三层，南头一至三层为市业余体校办公、教学区，北头为训练场地，用于篮球、摔跤、柔道、武术、跆拳道等项目的训练。

肥城市全民健身活动中心　位于肥城市长山街西侧。2010年3月开工兴建，2011年投入使用。占地面积5.6万平方米，总投资2100万元。中心分南、北两个功能区，南区为青少年业余训练、竞赛区，包括新建成的综合训练馆，以及原有的田径场、篮球场、羽毛球场等训练场地。北区为全民健身活动场地，建有晨练区、儿童活动区、老年活动区、网球场等活动区域。是一处集训练、健身、娱乐、休闲等功能于一体的综合场所。

五、宁阳县

宁阳县业余体校体育场　1978年建成，占地面积8370平方米。内有300米跑道田径场、两处篮球场、两片门球场。1979年在体育场北侧建起一座两层训练房，面积396平方米，一层为举重训练房，二层为乒乓球训练室。1985年，在体育场内建起17个靶位的射击靶场。1987年，在体育场内建起一处露天灯光篮球场。是县业余体校学生训练场地。

六、东平县

东平县体育会展中心　位于东平县城西部文化中心线与贯中大道交汇处。2011年4月开工建设，2014年年初投入使用。占地面积7.7万平方米，建筑面积2.8万平方米，总投资2.6亿元。主体由体育馆、展示厅、地下游泳训练馆3部分组成，共3层，建筑高度32.8米。体育馆设有3600个观众席位，场地以篮球比赛为主，也可作为羽毛球、乒乓球、手球等单项比赛场地。地下一层设有50米×25米八泳道游泳训练池。曾承接中国乒乓球俱乐部超级联赛八一女团主场赛，中国国奥队与美国明星队的中美篮球对抗赛，全国青年跆拳道锦标赛乙组比赛等赛事。

东平县体育场　位于东平县城香山路东首。1982年规划建设，占地面积6933平方米。1986年投资22万元在体育场内建起一座建筑面积504平方米的训练大厅和一处灯光球场。1998年为训练大厅配备两块武术训练地毯，改善武术项目的训练条件，在大厅南头建起3层教学楼，建筑面积为238.6平方米。2005年在大厅内配置标准摔跤垫1块。是东平县体育中学青少年训练的主要场地。2015年，场地整体划归东平县实验中学。

第四节　企业体育场馆

徂徕山滑雪场　2008年11月建成运营。占地面积10万平方米，总投资1亿元。一期建设初、中、高级雪道4条，高山缆车1条，托牵缆车3条。雪道宽120米，长度800米，最高坡度30度，引进有国际先进的造雪、压雪设备和全新的配套服务设施。2010年曾承办市全民健身运动会滑雪比赛。

新汶矿业集团文化体育中心体育馆　1990年6月建成使用。体育馆东西长60米，南北宽38米，建筑面积4877米。中央比赛厅座席2700个，比赛场地南北长37米、东西宽21米。照明、音响、计时、记分等配套设施设备均按北京亚运会比赛场馆的器材标准选用和设置。体育馆可进行篮球、排球、乒乓球、羽毛球、体操、举重、健美等项目的训练和比赛，还可开展健身舞、健身操、歌舞、杂技、放映电影等多种文体活动。

2015 年泰安市企业重点体育场馆基本情况表

表 9-3

场地名称	建成时间	场地面积（平方米）	投资金额（万元）	功能（项目）	承办赛事
泰安泰山华博文化创意产业有限公司	2014.10	8000	600	足球、乒乓球、网球、羽毛球、健身、单车	泰安市第二十届运动会羽毛球比赛
泰山区天健健身俱乐部游泳馆	2009.6	800	80	游泳	
泰山区天健健身俱乐部	2009.6	2000	300	台球、乒乓球、健身房	
泰山区中百大厦阳光健身会馆	2009.1	500	30	健身房	
徂徕山滑雪场	2008.11	100000	10000	滑雪	2010 年市全民健身运动会滑雪比赛
肥城市传奇健身俱乐部	2013.2	2400	200	羽毛球、射箭	
肥城矿业集团篮球馆	1990.8	1600	60	篮球	
宁阳县天祥游泳馆	2015.7	12000	3000	游泳、健身	
宁阳县星乐园跑马场	2015.3	18000	600	跑马、卡丁车	
东平东顺集团股份有限公司篮球场	2012.5	420	10	篮球	
东平东顺集团股份有限公司网球场	2012.6	745	10	网球	
东平东顺集团股份有限公司足球场	2012.6	4050	20	足球	
东平和康源饲料篮球场	2013.8	420	4	篮球	
东平和康源饲料羽毛球场	2013.9	420	6	足球	
东平东奥新科工程篮球场	2012.4	420	12	篮球	
新汶矿业集团体育场篮球区	2004.3	1260	20	健身	
新汶矿业集团体育场门球区	2001.5	600	6	健身	
新汶矿业集团体育场健身步道	1989.8	10000	200	健身	
新汶矿业集团良庄煤矿篮球场	2008.2	888	15	健身	
新汶矿业集团孙村煤矿篮球场	2006.4	420	10	健身	
新汶矿业集团中心医院篮球场	2013.6	420	20	健身	
国电石横发电有限公司健身馆	2000.5	1000	50	乒乓球、羽毛球	

第十编

体育彩票　体育产业

TIYUCAIPIAOTIYUCHANYE

第一章 体育彩票

1993年，泰安市为建设泰安市体育中心，筹集发行体育彩票560万元。1996年6月，中国体育彩票泰安市发行站成立。2000年7月，市内开始销售中国体育彩票，10月，市体育局成立市体育彩票管理中心。2007年2月，市体育局倡树“实干创新，争先夺金”的体育精神，提出“竞技体育上位次，群众体育争先进，体育彩票扩总量，体育设施上水平”的工作目标，将体育彩票销售列为重点工作之一。2009年2月，市体育局印发《关于对各县（市、区）体彩工作的奖励办法》。2010年1月15日，“情系公益事业，体彩再创辉煌——迎新春泰安市体育彩票文艺晚会”在泰安电视台上演。同年1月18日，山东省体育彩票工作会议在泰安召开，会上推广泰安体彩健身路径、体彩投注站经验。2011年3月，市政府办公室印发《关于成立或调整部分临时机构和议事协调机构的通知》，副市长徐恩虎任泰安市体育彩票工作领导小组组长，市政府办公室副主任高翔、市体育局局长苏有森任副组长。12月，市编办设立市体育彩票管理中心。

1996年至2015年12月，泰安市设有体彩站点510家，网点人员1130人；销售体育彩票32.09亿元；销售筹集公益金424.16万元；返还县（市、区）公益金8459万元；中出500万元以上大奖9次，累计中奖6328万元；举办全民健身计划活动80次，参加人数40万人；向35个困难家庭和个人捐款17.4万元，向受灾地区捐款捐物2次，1.49万元，向30所小学及特殊教育学校捐款捐物35万元，捐赠体育器材40万元；连续7年开展评选活动。市体育局被省体育局授予体育彩票公益宣传组织奖称号1次；岱岳区、新泰市、肥城市、宁阳县、东平县先后获省体育彩票工作先进县（市、区）8次；获省体育局体育彩票工作“十佳”县市区奖1次；获省体育局体育彩票工作突出贡献奖4次；市内43人获省体育彩票先进工作者称号。

第一节 机构 人员

一、机构沿革

1996年前，市体育运动委员会未设体育彩票管理机构。1996年6月，山东省体育彩票管理中心批复设立泰安市发行站。2000年10月，市体委印发《关于成立泰安市体育彩票管理中心的通知》，确定成立泰安市体育彩票管理中心，为正科级事业单位，隶属于市体委管理。设主任1名，副主任2名，工作人员5名。2011年12月，市编办印发《关于设立泰安市体育彩票管理中心的批复》，同意设立泰安市体育彩票管理中心，隶属于市体育局管理，为正科级自收自支事业单位，主要职责是，负责全市体育彩票销售、管理、兑奖、服务等工作，负责销售网点拓展、服务、培训、管理等工作。至2015年12月，机构职责未变。

二、人员

1996年6月，刘光辉任泰安市发行站站长，管理人员5人。2000年7月，许兵任市体育彩票管理中心主任，管理人员5人。2002年7月，闫娟任主任，管理人员13人。2014年6月，市编办印发《关于市直机关事业单位精简压缩编制的通知》，精简压缩编制1人，精简后编制14人，实有14人。至2015年12月未变。

1996—2015 泰安市体育彩票管理中心负责人情况表

表 10–1

时　间	单位名称（级别）	职　务	姓　名	任职起止年限
1996.6—2000.10	中国体育彩票泰安市发行站	站长	刘光辉	1996.6 —2000.1 0
2000.10—2002.7	泰安市体育彩票管理中心	主任	许　兵	2000.10—2002.7
2002.7—	泰安市体育彩票管理中心（正科级）	主任	闫　娟	2002.7—

第二节　销售管理

一、销售网点

2000年，发行即开型体育彩票2次，筹集体育彩票公益金40余万元。11月中旬，51台电脑售票机在泰安市一次试机开通。

2002年，泰安市体彩站点81家，网点人员135人。2006年，设有体彩站点125家，网点人员206人。2015年，体彩站点510家，网点人员1130人。

2002—2015 年部分年份泰安市体育彩票发行网点情况表

表 10–2

年　度	体彩站点（家）	网点人数	年　度	体彩站点（家）	网点人数
2002	81	135	2011	341	582
2006	125	206	2012	481	852
2007	138	247	2013	513	908
2008	235	290	2014	453	842
2009	268	426	2015	510	1130
2010	277	454			

二、销售管理办法

2000年7月，市内开始销售中国体育彩票。彩票由国家体育总局统一印制发行，不记名，不挂失，不返还本金，不能流通使用。11月，市体委印发《泰安市体育彩票销售管理暂行办法》，规定泰安市体育彩票管理中心统一领导、组织管理体育彩票在泰安市所辖范围内的发行销售工作。2013年前，公益金因各种玩法的返还比例而不同。2014年，市财政局批复市体育局《关于调整体育彩票公益金分配比例的报告》，体育彩票公益金按各县（市、区）体彩各玩法实际销量的4%计提。

至2015年12月，市内体育彩票销售管理办法、彩票公益金分配办法未变。

三、销售奖励

2009年2月，市体育局印发《关于对各县（市、区）体彩工作的奖励办法》，评选2009年度优秀局长（主任）、2009年度优秀分管副局长

（副主任）；同时根据销量对县（市、区）领导班子进行物质奖励。同月，市体育局印发《关于对全市体彩投注站的奖励办法》，根据销量对站点进行物质奖励，全年销量在80万元～100万元的站点，奖励1000元；全年销量在100万元～150万元的站点，奖励2000元；全年销量在150万元～200万元的站点，奖励3000元；全年销量在200万元～300万元的站点，奖励5000元；全年销量在300万以上的站点，奖励10000元。年底评选市体育彩票“十佳”投注站10个，优秀投注站10个，明星投注站10个。

2010年1月，市体育局印发《2010年体彩任务分配计划》《体彩工作奖励办法》，根据各县（市、区）工作任务完成情况，继续评选体彩工作优秀局长（主任）、优秀分管副局长（副主任），分别给予荣誉表彰，并给予物质奖励。

2011年1月，市体育局印发《2011年体育彩票工作奖励办法》，增设终端奖励办法，各县（市、区）增设1台有效终端且销量在万元以上，奖励县（市、区）体彩中心主任500元；在空白乡镇增设1台有效终端，奖励县（市、区）体彩中心主任1000元。县（市、区）销售体育彩票比上年同期增幅超过30%的，奖励领导班子1万元。

2012年1月，市体育局印发《2012年体育彩票工作奖励办法》，增设终端布机奖励办法，完成全年布机任务的县（市、区），再奖励局长、分管副局长各5000元。

2013年1月，市体育局印发《2013年体育彩票工作奖励办法》，继续评选体彩工作优秀局长、优秀分管副局长，分别给予荣誉表彰，并给予一定的物质奖励。

2015年1月，市体育局印发《2015年体育彩票工作奖励办法》，对认真履行六项职责（领导政策监督、落实公益金使用宣传、落实办公条件基本保障、利用体育资源扩大宣传、协调关系单位打击私彩、制定安全应急预案），且超额完成全年销售任务的县（市、区），评为体育彩票工作先进县（市、区）并给予表彰，年底给予相关赛事、大型活动等经费补助。对履行六项职责不力或未完成销售任务的，取消年度综合考核优秀单位评选资格。年底评选市体育彩票“十佳”投注站10个，优秀投注站10个，明星投注站10个。

2009年至2015年12月，市内评选体育彩票工作先进县（市、区）6个（次）；评选县（市、区）体彩工作优秀局长（主任）6名、优秀分管副局长（副主任）6名；评选泰安市体育彩票“十佳”投注站70个，优秀投注站70个，明星投注站70个。市体育局获省体育局体育彩票公益宣传组织奖1次；岱岳区、新泰市、肥城市、宁阳县、东平县先后获省体育彩票工作先进县（市、区）8次；获省体育局体育彩票工作“十佳”县市区奖1次；获省体育局体育彩票工作突出贡献奖4次；市内43人获省体育彩票先进工作者称号。

第三节　彩票销售及资金使用

一、彩票销售

1993年，泰安市为建设泰安市体育中心，筹集发行体育彩票560万元。1994年，公开发行即开型体育彩票200万元。2012年，销售体育彩票4.21亿元，总量排名列全省第9位，市场占有率列全省第6位。2015年，销售体育彩票6.24亿元。

至2015年12月，市内共销售体育彩票32.09亿元。

2002—2015 年泰安市体育彩票销售情况表

表 10-3

时　间	彩票销售额（万元）	时　间	彩票销售额（万元）
2002	480	2010	19982
2003	367	2011	27758
2004	7040	2012	42158
2005	9879	2013	54116
2006	5594	2014	63139
2007	5484	2015	62465
2008	7638	合计	320903
2009	22323		

二、公益金

（一）公益金筹集

体育彩票公益金是按照2012年财政部印发的《彩票公益金管理办法》规定比例，从彩票发行销售收入中提取的专项用于社会福利、体育等社会公益事业的资金。彩票公益金纳入政府性基金预算管理，专款专用，结余转下年度继续使用。

2007年，市内为国家财政筹集公益金424.16万元。2009年筹集公益金1417.28万元。2014年筹集公益金5017.41万元，其中宁阳县为省直管县，由省级财政直接统筹公益金。2015年，泰安市为国家财政筹集公益金4009万元。

2007—2015 年泰安市体育彩票公益金筹集情况表

表 10-4　　单位：万元

时　间	筹集公益金	备　注	时　间	筹集公益金	备　注
2007	424.16		2012	3348.71	宁阳 272.94
2008	522.26		2013	3986.02	宁阳 273.12
2009	1417.28		2014	5017.41	宁阳 291.92
2010	1158.21	宁阳 124.33	2015	4009.85	宁阳 485.9
2011	1898.39	宁阳 216.11	合计	21782.29	1664.32

（二）公益金使用

1.市级资助建设全民健身工程

2011年，市级资助建设全民健身工程有3种类型，其中乡镇配套建设工程6项、48万元，社区配套建设工程8项、40万元，行政村配套建设工程111项、83.25万元。2013年，市级资助建设全民健身工程有2种类型，其中乡镇配套建设工程16项、128万元，行政村配套建设工程250项、250万元。2015年，市级资助建设全民健身工程有3种类型，其中行政村配套建设工程204项、408万元，行政村自行安排建设工程150项，社区自行安排建设工程52项。至2015年12月，市级资助建设全民健身工程1459项，其中乡镇配套建设工程27项，社区配套建设工程123项，行政村配套建设工程1309项，资金共2717.25万元。

2011—2015年市级体育彩票公益金资助建设全民健身工程情况表

表10-5

年 度	工程类型	数量（项）	标准（万元）	合计（万元）
2011	乡镇配套建设	6	8	48
	社区配套建设	8	5	40
	行政村配套建设	111	0.75	83.25
2012	乡镇配套建设	5	8	40
	社区配套建设	5	3	15
	行政村配套建设	170	1	170
	自行安排建设（行政村）	34		192
	自行安排建设（社区）	46		
2013	乡镇配套建设	16	8	128
	行政村配套建设	250	1	250
2014	行政村配套建设	209	2	418
	强村固基	47	2	94
	文体小广场	100	1	100
	自行安排建设（行政村）	34		163
	自行安排建设（社区）	12		
2015	行政村配套建设	204	2	408
	自行安排建设（行政村）	150		568
	自行安排建设（社区）	52		
合计	乡镇配套建设	27		2717.25
	社区配套建设	123		
	行政村配套建设	1309		

2.市级体彩公益金返还

2009年，市级返还县（市、区）体彩公益金521万元。2011年，宁阳县由省直统筹提取223万元，其他县（市、区）返还公益金587万元。2013年宁阳县由省直统筹提取273万元，其他县（市、区）返还公益金1662万元。2014年，宁阳县由省直统筹提取262万元，其他县（市、区）返还公益金2390万元。2015年，宁阳县由省直统筹提取486万元，其他县（市、区）返还公益金2193万元。

至2015年12月，市体育彩票管理中心返还县（市、区）公益金8459万元，宁阳县由省直统筹提取1514万元。

2009—2015年市级体彩公益金返还县（市、区）情况表

表10-6 单位：万元

年度	返还县（市、区）公益金	备注
2009	521	
2010	405	
2011	587	宁阳县省直管提取223
2012	701	宁阳县省直管提取270
2013	1662	宁阳县省直管提取273
2014	2390	宁阳县省直管提取262
2015	2193	宁阳县省直管提取486

第四节　大奖情况

2008年7月27日，新泰市16410、16018两家投注站分别中七星彩852万元大奖。

2011年2月13日，全国联网游戏七星彩第11016期开奖，东平县16032体彩投注站中全国唯一一注一等奖500万元。12月19日，体育彩票超级大乐透玩法第11149期开奖，新泰市翟镇16421投注站中出一注1000万元巨奖。

2012年3月3日，体育彩票超级大乐透玩法第12024期开奖，泰山区邱家店镇16144投注站中出一注609万元大奖。12月12日，体育彩票超级大乐透玩法第12146期开奖，泰山区齐鲁银座16013投注站中出一注500万元大奖。

2013年7月14日，全国联网游戏七星彩第13081期开奖，岱岳区月季花园16122体彩投注站中出全国唯一的一等奖500万元。

2014年5月24日，体育彩票超级大乐透游戏第14059期开奖，新泰汽车站附近16043投注站中出一等奖865万元。12月3日，体育彩票超级大乐透游戏第14142期开奖，肥城市龙山小区16502投注站中出一等奖650万元。12月17日，体育彩票超级大乐透游戏第14148期开奖，泰山区龙潭路北首16068投注站中出超级大乐透78倍二等奖，中得奖金449万元。

至2015年12月，市内共中出500万元以上大奖9次，累计中奖6328万元。

2008—2015年泰安市体育彩票大奖情况表

表10-7

时间（年月日）	游戏	开奖期数	奖金（万元）	投注站	开奖号码	投注站地址
2008.7.27	七星彩	08087	852	16410	1682569	新泰市
2008.7.27	七星彩	08087	852	16018	1682569	新泰市
2011.2.13	七星彩	11016	500	16032	5359793	东平县
2011.12.19	超级大乐透	11149	1000	16421	02 07 12 29 31 + 03 05	新泰市翟镇
2012.3.3	超级大乐透	12024	609	16144	03 11 17 21 30 + 03 07	泰山区邱家店镇

续表 10–7

时间（年月日）	游 戏	开奖期数	奖金（万元）	投注站	开奖号码	投注站地址
2012.12.12	超级大乐透	12146	500	16013	01 10 13 17 26 + 06 08	泰山区齐鲁银座
2013.7.14	七星彩	13081	500	16122	4 6 0 5 5 5 5	岱岳区月季花园
2014.5.24	超级大乐透	14059	865	16043	18 21 25 28 30 + 04 06	新泰汽车站
2014.12.3	超级大乐透	14142	650	16502	18 21 25 28 30 + 04 06	肥城市龙山小区
2014.12.17	超级大乐透	14148	449	16068	03 09 10 11 20 + 07 09	泰山区龙潭路北首

第五节 公益活动

泰安市体育彩票公益活动主要通过支持全民健身计划、救济贫困市民、帮扶贫困学生、捐建体育器材等实施。

一、全民健身计划

2009年9月6日，第二十三届泰山国际旅游文化登山节“体育彩票杯”第十四届全国全民健身登泰山比赛暨万人环泰山健身跑活动开幕式在泰安林校操场举行。同月19日，泰安市“体育彩票杯”第十七届运动会开幕式在市体育中心举行。同年，举办体彩冠名全民健身计划活动30次，1万人参加。2010年5月22日，“体育彩票杯”泰安市全民健身月启动仪式暨市直机关环泰山健身跑活动在泰山环山路西段举行。9月6日，“体育彩票杯”第十五届全国全民健身登泰山比赛暨国际邀请赛在山东农业大学东校区操场举行。同年，举办体彩冠名全民健身计划活动51次，1.5万人参加。2011年4月29日，“体育彩票杯”2011年泰安市全民健身月启动仪式暨市直机关环泰山健身跑活动在泰山环山路举行，90个单位参加，3000人参赛。9月27日，市体育局主办、市体彩中心承办的“喜迎重阳节、健身展风采”——中国体育彩票中老年健身成果展在山东农业大学东校区操场举行。同年，举办体彩冠名全民健身计划活动64次，1.9万人参加。2012年9月11日，2012年泰安市全民健身运动会“体彩杯”老年人健身秧歌、健身球操比赛举办，16支代表队、100名老年人参加。16日，泰安市全民健身运动会首届“体彩杯”休闲钓鱼比赛在天颐湖举行。同年，举办体彩冠名全民健身计划活动78次，2万人参加。2013年4月21日，“中国体育彩票杯”泰安市钓鱼争霸赛在新泰市文化钓鱼基地举行。5月11日，泰安市“体育彩票杯”2013年全民健身月启动仪式暨健身走活动在望岳西路举行。市直68个部门、单位和泰山区、岱岳区1800名机关干部参加。8月10日，泰安市“全民健身日”庆祝活动在泰山广场举行。同年，举办体彩冠名全民健身活动82次，3万人参加。2014年5月22日，“中国体育彩票”山东省第四届全民健身运动会第一届风筝锦标赛在新泰市举行。6月15日，“超级大乐透杯”泰安市全民健身趣味运动会暨“体彩杯”全民健身摄影大赛在市体育局健身广场举行。同年，举办体彩冠名全民健身计划活动94次，5万人参加。

至2015年12月，泰安市举办全民健身活动479次，参加人数14.4万名。

二、扶贫助学公益活动

2010年4月1日，市体彩中心捐助3户贫困居民，捐助体彩救助金8000元。同年，现场募集4500元爱心善款支援甘肃省玉树灾区。举办“给孩子一个支点”大型公益活动，向29所贫困小学及特殊教育学校捐助体育器材价值15万元。2011年5月27日，市体彩中心向岱岳区徂徕镇李家峪小学捐赠5000元体育器材。2012年12月12日，“公益体彩快乐操场”爱心捐赠体育器材活动在宁阳县鹤山乡泗皋小学举行，捐赠器材价值1万元。2013年4月13日，市体彩中心向泰安城东部智康儿童训练中心47名自闭症儿童捐赠价值1万元的篮球、乒乓球拍、羽毛球拍、塑胶块等。同月23日，开展“心手相连抗震救灾”大型募捐活动，筹集爱心善款1万元捐助地震灾区。7月28日，泰安市“体彩杯”社区趣味运动会在岱西社区举行，近百名居民参加。12月10日，“公益体彩快乐操场”活动在新泰市宫里镇举行，向贺庄小学、绳家峪小学、白家庄小学3所学校捐赠价值3.6万元的体育器材，山东体彩形象大使、奥运跳水冠军王峰参加。同月30日，在肥城市体育中心向全市38个行政村捐赠502件健身器材，价值62万元。同年，泰安“中国体育彩票·山之韵艺术团”走进市福利院、肥城矿业集团曹庄矿社区慰问演出。2014年9月30日，“喜迎祖国华诞，共谱体彩赞歌”泰安市“中国体育彩票”全民健身文化公益晚会在天地广场举行，晚会现场捐助了5个贫困家庭、帮扶5名困难学生，发放救助金1.5万元。2015年8月28日，市体彩中心在肥城市“中国体育彩票”公益消夏晚会上捐助2个贫困家庭，帮扶6名困难学生，发放救助金1.2万元。9月30日，在新泰市“中国体育彩票”公益慈善晚会上捐助帮扶6名困难学生，发放救助金1.2万元，捐赠体育器材、图书2万元。

至2015年12月，市体彩中心向35个困难家庭和个人捐款17.4万元，向受灾地区捐款捐物2次1.49万元，向30所小学及特殊教育学校捐款捐物35万元，捐赠体育器材40万元。

第六节　体育彩票宣传

一、媒体宣传

1993年，在《泰安日报》、泰安电视台等媒体宣传发行泰安市体育中心建设彩票，为体育中心建设筹集资金。1994年，在《泰安日报》、泰安电视台等媒体宣传公开发行即开型体育彩票及获奖情况。2005年，在《泰安日报》、泰安电视台及网络宣传体育彩票中奖情况。2009年，在《中国体彩》杂志、《中国体彩报》等专业媒体发表文章、新闻稿件49篇，在省、市级电视媒体发表稿件12篇，在市级广播媒体发表稿件280篇，在网络媒体发表稿件76篇。2011年，在《中国体彩》杂志、《中国体彩报》发表文章、新闻稿件50篇，在省、市级电视媒体发表稿件22篇，在市级广播媒体发表稿件35篇，在网络媒体发表稿件102篇。2012年，在《齐鲁晚报》开设《今日泰山》体彩专版，栏目有“中奖故事”“诚信业主”“彩市动态”“公益活动”，至2014年，共刊载专版156次。

至2015年12月，泰安市体育系统在专业报刊媒体发表体彩类文章、新闻稿件313篇，在省、市级电视媒体发表体彩类稿件106篇，在市级广播媒体发表体彩类稿件790篇，在网络媒体发表体彩类稿件684篇。

二、赛事现场宣传

1996年11月，在市体育场举办的山东—韩国庆上南道男子足球邀请赛现场悬挂体彩宣传条幅。2000年6月，在市体育场举办的中国“足协杯”鲁能主场足球赛现场悬挂体彩宣传条幅，设置体彩宣传道旗。2009年10月，在十一届全运会泰安赛区排球比赛、足球比赛场地布置竞彩足球、篮球展板。2011年9月，中国体育彩票中老年健身成果展在山东农业大学东校区操场举行，现场布置彩虹门、条幅。2012年6月，全国竞走大奖赛在新泰市举行，现场布置帐篷8顶、条幅30条、展板20块。2014年9月，“体育彩票杯”第十九届全国全民健身登泰山比赛暨国际邀请赛在山东农业大学东校区操场举行，现场布置展板20块、道旗50面、条幅20条。

至2015年12月，市体彩中心在17个赛事现场布置展板185块、道旗350面、帐篷54顶、条幅154条。

三、彩票站点、流动宣传

1993年，市体育局出动宣传车宣传体育彩票意义、额度、开奖办法。1994年，出动宣传车宣传体育彩票公开发行即开型体育彩票办法。2002年，在81个体育彩票销售站点宣传即开型体育彩票发行办法、中奖情况。2009年，出动宣传车18辆次，在6辆公交车车身发布广告。2011年，出动宣传车24辆次。2012年，粉刷墙体广告80平方米，出动宣传车18辆次。2013年，出动宣传车27辆次，在6辆公交车车身发布广告。2014年，出动宣传车22辆次，在2辆公交车车身发布广告。

至2015年12月，共粉刷墙体广告460平方米，出动宣传车118辆次，在18辆公交车车身发布广告。

第二章　体育产业发展

20世纪80年代以前，泰安地区境内没有体育产业项目。1984年5月，泰安地区体育运动委员会办公室（副县级）设体育服务公司和招待所安排待业青年。1997年11月，市体委体育服务公司更名为市体委体育服务中心。2000年11月，市体委体育服务中心更名为市体育局体育服务中心。2011年12月，市体育局体育服务中心更名为市体育局体育产业发展办公室。2014年9月，市政府办公室印发《关于推进政府向社会力量购买服务的实施意见》。2015年12月11日，市政府印发《关于加快发展体育产业促进体育消费的实施意见》，推进体质健康关口前移，建立“医保卡健身”制度。副市长成丽担任市体育产业发展工作领导小组组长，市政府办公室副调研员田萌、市体育局局长苏有森担任副组长。

第一节　机构沿革

一、机构　职责

1984年5月，泰安地区编制委员会印发《关于批复地直机关接待处等内部机构及下属单位设置意见的通知》，设立内部机构泰安地区体委办公室（副县级）体育服务公司，职责是承担体育设施、房屋维修、管理等后勤服务及省以上体育竞赛接待任务。1985年3月，泰安地区体育运动委员会印发《关于成立体育服装器材门市部和体委招待所的通知》，安排待业青年。体育服装器材门市部负责体育用品供应。体委招待所负责运动员、教练员生活接待。1985年9月，更名为泰安市体育运动委员会体育服务公司，职责不变。1997年11月，市编办印发《关于泰安市无线电监测计算站等单位更名的批复》，市体育服务公司更名为市体育服务中心。2011年12月，市编办印发《关于市体育局部分事业单位更名的批复》，市体育服务中心更名为市体育产业发展办公室，主要职责是，负责赛事活动、健身娱乐、体育用品等各类体育产业的指导、监督、管理和开发等工作。

至2015年12月，泰安市体育产业发展办公室机构、职责未变。

二、人员

1984年5月，李允芳任泰安地区体委办公室（副县级）体育服务公司经理，工作人员7人。1985年9月，李允芳任市体委体育服务公司经理，工作人员7人。2000年11月，卫亚军任市体育局体育服务中心经理，工作人员6人。2011年12月，张桂远任市体育产业发展办公室主任，工作人员7人。2015年12月，胥丽丽任主任，工作人员6人。

1984—2015 年泰安市（地区）体育局（委）产业办（公司）负责人情况表

表 10-8

时　间	单位名称（级别）	职　务	姓　名	任职起止年限
1984.5—1985.9	泰安地区体委办公室（副县级）体育服务公司（正科级）	经　理	李允芳	1984.11.6—1985.9
1985.9—1997.11	泰安市体育运动委员会体育服务公司（正科级）	经　理	李允芳	1985.9—1989.2
			刘光辉	1993.12—1993.12
			玄振久	1994.12—2001.8
		副经理	刘光辉	1989.2—1993.12
			玄振九	1991.5—1994.12
			周立明	1997.3—1997.11
			于　州	1997.3—1997.11
		基建维修办公室副主任（副科级）	周立明	1989.3—1997.3
1997.11—2000.11	泰安市体育运动委员会体育服务中心（正科级）	主　任	玄振九	1997.11—2000.11
		副主任	周立明	1997.11—2000.11
			于　州	1997.11—2000.11
2000.11—2011.12	泰安市体育局体育服务中心（正科级）	主　任	玄振九	2000.11—2001.8
			卫亚军	2001.08—2003.7
			张桂远	2003.7—2011.12
		副主任	闫　娟	2002.6—2009.2
			胥丽丽	2003.7—2011.12
			刘　刚	2009.2—2011.12
2011.12—	泰安市体育产业发展办公室（正科级）	主　任	张桂远	2011.12—2013.2
			胥丽丽	2013.2—
		副主任	胥丽丽	2011.12—2013.2
			刘　刚	2011.12—
			王冬梅	2013.2—

第二节 体育产业项目

一、体育用品生产

1990年前，泰安市针织厂、泰安棉纺厂生产体育汗衫、球衣，泰安鞋厂生产运动鞋。1993年，泰安意泰龙鞋厂生产运动鞋。1995年前，泰安没有体育用品专业生产企业。1996年，山东瑞利达健康国际有限公司在新泰市开发区成立，生产室内健身器材，年营业额2000万元。2006年，宁阳县飞越健身器材公司在宁阳县伏山镇大吴村建立，生产健身器材。2007年2月，山东豪壮体育健身器材有限公司在新泰市羊流镇工业园区建成投产，生产户外体育健身器材，年营业额1000万元。2013年9月，肥城龙浩健身器材有限责任公司在肥城市汶阳镇河岔口村建成投产，生产健身器材，年营业额80万元。

至2015年12月，市内有体育用品生产企业4家，主要生产室内外健身器械、健身路径、全民健身器械、健身康复器材，室外新型运动器械、幼儿器械等八大系列产品，厂房3.3万平方米，年营业额1.2亿元。

部分体育用品生产企业简介

山东瑞利达健康国际有限公司　1996年成立，位于新泰市开发区，是一家集开发、设计、生产、销售于一体的健身器材企业，有高级工程师25人，专业技工65人。公司聘请美国、荷兰体育运动专家任健康和技术顾问，产品销往欧洲、美洲、大洋洲、北非、中东等40多个国家和地区。公司产品主要有力量型与有氧型健身器材，其中力量型有七大系列300多个品种。2014年营业额2000万元。

山东豪壮体育健身器材有限公司　2007年2月成立，位于新泰市羊流镇省级民营科技工业园，厂房2000平方米，职工60人，工程技术人员21人。公司与山东科技大学进行科研合作，研究开发出八大系列体育健身器材，申报国家专利20项。产品有室内外健身器械、健身路径、全民健身器械、健身康复器材、室外新型运动器械、幼儿器械等八大系列产品。适合专业训练、家庭锻炼、学校运动教学、户外公园、广场、宿舍、小区、幼儿健身。2014年营业额1000万元。

二、体育用品销售

1985年前，境内体育用品由国营百货公司经营销售。1986年，泰城东岳大街有1家体育用品专营商店，面向泰安大专院校供应体育器械、服装、鞋帽。1988年，泰安城区体育用品专营商店增至2家，新泰市、肥城县、宁阳县、东平县分别设立体育用品专营商店。1995年，市内体育用品专营商店经营范围扩大至健身器材、自行车、钓具等。2014年，市内体育用品销售企业有54家，市体育局评选奥祥体育用品有限公司、相丁商贸有限公司、方达体育总汇等10家企业为前十名。2015年， 市内有体育用品销售企业67家，经营销售范围包括体育服装、鞋帽、骑行、户外运动、水上运动用品等，营业额2005万元，营业面积1.05万平方米。

三、体育健身俱乐部

2004年，市内有乒乓球健身俱乐部1家，会员120人。2009年，市内有健身俱乐部4家，健身项目为篮球、自行车骑行、瑜伽、体育舞蹈等，有会员660人。2015年，市内有体育健身俱乐部49家，市体育局评选市华宇健身中心、泰安明珠健身有限公司等10家俱乐部为前十名。市内健身项目为游泳、健身、武术、轮滑等，会员1.66万人。

四、体育休闲基地

2005年5月，泰安天庭乐园体育休闲基地在岱岳区粥店街道办事处大辛庄村建成运营。2010年，泰安市徂徕山滑雪场体育休闲基地在岱岳区徂徕镇桥沟村建成，占地120亩。同年，泰安有2家体育休闲基地建成运营。2012年，天颐湖旅游风景区、泰山温泉城、天乐城旅游休闲区、肥城市云蒙山风景区4个体育休闲基地开业。2013

年，太阳部落景区、肥城市蓢云山风景区体育休闲基地建成。2015年，市内有12家体育休闲基地，占地面积65平方公里，年参加登泰山、野营、滑雪等体育休闲活动人数656.5万人。

2015 年泰安市体育休闲基地情况表

表 10-9

名　称	建设单位	开业时间	面积（亩）	地　址	休闲项目	休闲人数（万人/年）	备　注
泰山一国家登山健身基地		2012.7		泰安市	登山、攀岩、野营、远足、骑行、马拉松健身跑等	589	国家体育总局命名
泰山天庭乐园	泰安市大成工程有限公司	2005.5		岱岳区粥店街道办事处大辛庄村	健身、休闲	10	
泰山温泉城	山东泰山温泉旅游开发公司	2012.9	1360	岱岳区徂徕镇徂徕山国家森林公园	健身、休闲	7	
太阳部落景区	山东龙岳创业投资有限公司	2013.4		岱岳区满庄镇大汶口工业园	健身、休闲	10	
泰安市徂徕山滑雪场（高尔夫练习场）	北京安泰雪业投资管理公司	2010.11		岱岳区徂徕镇	滑雪、高尔夫、休闲娱乐、餐饮	1	
天乐城旅游休闲区	新汶矿业集团	2012.4	900	岱岳区满庄镇大汶口工业园	水上项目	10	
天颐湖旅游风景区	盛世天颐（集团）股份有限公司	2012	21600	岱岳区满庄镇大汶口工业园滨湖路	健身、休闲	10	
新泰市文化钓鱼基地	新泰市政府	2012	519.72	新泰市龙廷镇平子村	钓鱼	3	
肥城市老年人钓鱼基地		2010.7	4.5	肥城市工业三路康王河大桥西邻湿地公园	钓鱼	1.5	
肥城市云蒙山风景区		2012.5	37500	肥城孙伯镇东北部	登山、健身	8	
肥城市蓢云山风景区		2013.6	30000	肥城市潮泉镇北部山区	登山、休闲	6	
星乐园跑马场		2015.9	27	宁阳县罡城镇坝村	马术	1	

体育休闲基地简介

泰安市徂徕山滑雪场（高尔夫练习场）　2010年11月，北京安泰雪业投资管理公司投资8000万元建成泰安市徂徕山滑雪场。滑雪场位于泰安城东南18公里处，是一家集滑雪、高尔夫球、休闲娱乐、餐饮为一体的四季性体育休闲旅游景区。设初、中、高级雪道4条，高山观光缆车1条，拖牵索道3条，配有雪上飞碟、狗拉雪橇、雪地摩托等娱乐项目。雪场利用冬季雪场滑道建高尔夫练习场1处，占地2万平方米，长300米，宽120米，其中练习场有20个打位，景区配有国家认证职业教练。2010年11月至2015年12月，到徂徕山滑雪场参加体育休闲活动者15万人。

泰山温泉城　2012年9月，山东泰山温泉旅游开发公司建成泰山温泉城。该项目集康体娱乐、温泉养生、休闲度假、生态旅游于一体。项目计划总投资26亿元，总占地1360亩，建筑面积43万平方米。已建成山地温泉养生区、室内游泳馆、海浪池、七彩儿童池等动感温泉区及康体休闲娱乐设施，设有岱岳禅汤、独尊神汤、地热石板泉等60多个功能的特色温泉泡池；设有中式、日式、南洋式等30栋汤屋汤院。2012年，被评为国家AAAA级旅游景区。年均参加泰山温泉城体育休闲游客 7万人。2012年9月至2015年12月，到泰山温泉城参加体育休闲活动者21万人。

泰安市天乐城旅游休闲区　2012年4月，新汶矿业集团建成泰安市天乐城旅游休闲区。该项目总占地900亩，建筑面积2.6万平方米，投资预算20亿元，是以盐文化、室内水上游乐和休闲体育养生为主题，与泰山文化及地方民俗融合，集休闲体育养生、生态旅游等于一体的综合旅游度假中心。已建成体质监测中心、水世界、盐海神汤等设施。体质监测中心全称“山东能源新矿集团职工体质监测中心”暨中国煤矿体育协会山东煤矿职工体质监测中心，建筑面积1500平方米，是中国煤矿系统首家标准的国家体质监测中心。设体质监测室、理疗室、健身房，设有中医专家讲座、养生保健，是以体质监测、科学健身、养生调理为一体的多元化健康管理中心。2014年10月，体质监测中心与市总工会、市体育局建立合作关系，挂牌“泰安市总工会职工体质监测中心”“泰安市国民体质监测中心”。特色体质监测项目有肺活量测试、握力测试、纵跳测试等11项。人体成分分析包括身体成分分析、脂肪分析、骨折风险评估等。根据监测结果，评价体质状况，出具科学运动处方。2012年4月至2015年12月，体质监测中心共监测 3万人。

第三节　社会力量办体育

一、社会力量赞助体育比赛

1.社会力量赞助泰山国际登山节比赛

1991年9月，广州五羊自行车企业集团公司冠名赞助第五届泰山国际登山节“五羊杯”自行车登山邀请赛，赞助资金及物品折价10万元。1995年9月，山东孔府宴酒厂冠名赞助第九届泰山国际登山节“孔府宴杯”登山邀请赛，赞助资金及物品折价20万元。1998年9月，中国轻骑集团有限公司冠名赞助“轻骑木兰杯”第三届全国全民健身登泰山比赛暨国际邀请赛，赞助资金及物品折价25万元。2014年9月，泰安市探海石珠宝有限公司冠名赞助“探海石・泰山神玉杯”第十九届全国全民健身登泰山比赛暨国际邀请赛，赞助资金及物品折价180万元。

1991年9月至2015年12月，社会力量赞助泰山国际登山节比赛14次，赞助资金及物品折价10万元以上14宗，共计555万元。

1991—2015年泰安市社会力量赞助泰山国际登山节登泰山比赛情况表

表10-10

时间（年月）	冠名体育项目	参赛人数	主办单位	赞助商	赞助资金及物品折价（万元）
1991.9	第五届泰山国际登山节“五羊杯”自行车登山邀请赛	800	中国体育杂志社 中国自行车运动协会 山东省泰安市人民政府 广州五羊自行车企业集团公司	广州五羊自行车企业集团公司	10
1994.9	第八届泰山国际登山节“古井贡杯”登山邀请赛	500	国家体委社会体育指导中心 中华全国体育总会群体部 中国登山协会	安徽亳州古井贡酒厂	20
1995.9	第九届泰山国际登山节“孔府宴杯”登山邀请赛	600	国家体委社会体育指导中心 中华全国体育总会群体部 中国登山协会	山东孔府宴酒厂	20
1996.9	“四维杯”全国全民健身1996年登泰山比赛暨国际邀请赛	1500	国家体委社会体育指导中心 中华全国体育总会群体部 中国登山协会	泰安四维制药集团公司	20
1998.9	“轻骑木兰杯”第三届全国全民健身登泰山比赛暨国际邀请赛	1600	国家体委社会体育指导中心 中华全国体育总会群体部 中国登山协会	中国轻骑集团有限公司	25
1999.9	“鲁润杯”第十三届泰山国际登山节登泰山比赛	1800	中国登山协会 国家体委社会体育指导中心 山东省体委	泰安鲁润股份有限公司	20
2000.9	“浪潮杯”第十四届泰山国际登山节登泰山比赛	1800	中华全国体育总会 中国登山协会 山东省体育局	浪潮集团	20
2001.9	“赊店老酒”杯第十五届泰山国际登山节登泰山比赛	2000	中华全国体育总会 中国登山协会 山东省体育局	河南赊店集团	40
2002.9	“千年泸宝酒”杯第十六届泰山国际登山节登泰山比赛	2000	中华全国体育总会 中国登山协会 山东省体育局	四川省泸州市酒厂	45
2003.9	“千年泸宝酒”杯第十七届泰山国际登山节登泰山比赛	2100	中华全国体育总会 中国登山协会 山东省体育局	四川省泸州市酒厂	35
2004.9	“神州科技”杯第十八届泰山国际登山节登泰山比赛	2200	中华全国体育总会 中国登山协会 山东省体育局	神州科技有限公司	40
2005.9	“九鑫”杯第十九届泰山国际登山节登泰山比赛	2400	中华全国体育总会 中国登山协会 山东省体育局	山东九鑫集团公司	30
2007.9	“双沟”杯第二十一届泰山国际登山节登泰山比赛	3000	中华全国体育总会 中国登山协会 山东省体育局	江苏双沟酒业股份有限公司	50

续表 10-10

时间（年月）	冠名体育项目	参赛人数	主办单位	赞助商	赞助资金及物品折价（万元）
2014.9	“探海石·泰山神玉杯”第十九届全国全民健身登泰山比赛暨国际邀请赛	6000	中国登山协会 山东省体育局 泰安市人民政府	泰安市探海石珠宝有限公司	180
合计		28300			555

2.社会力量赞助体育赛事

2001年4月，中国人寿保险公司新泰支公司冠名赞助泰安市“人寿保险杯”中学生田径运动会，赞助资金及物品折价10万元。2004年9月，泰安移动通信公司冠名赞助2004年“泰安移动杯”全国青年男子排球锦标赛，赞助资金及物品折价8万元。2006年9月，山东泰山生力源集团股份有限公司冠名赞助“泰山特曲杯”2006全国女子足球联赛，赞助资金及物品折价8万元。2007年4月，内蒙古蒙牛乳业（集团）股份有限公司冠名赞助“蒙牛杯”2007年第十九届女子、第三十八届男子亚洲举重锦标赛，赞助资金及物品折价100万元。2015年10月，山东宝来利来生物集团公司冠名赞助2015宝来利来泰安市第二届“足协杯”足球联赛，赞助资金及物品折价15万元。

2001年4月至2015年12月，市内社会力量赞助体育比赛13次，其中赞助资金及物品折价10万元以上7宗，共计216万元。

2001—2015年泰安市社会力量赞助体育比赛项目情况表

表 10-11

时间（年月）	赞助体育项目	参赛人数	主办单位	赞助商	赞助资金及物品折价（万元）
2001.4	泰安市“人寿保险杯”中学生田径运动会	580	泰安市教育局	中国人寿保险公司新泰支公司	10
2004.9	2004年“泰安移动杯”全国青年男子排球锦标赛	230	国家体育总局排球运动管理中心	泰安移动通信公司	8
2005.7	2005年“人民电器杯”第八届中韩青少年（山东—济州）中长跑友谊赛	70	山东省体育局		6
2006.7	“海普·凤栖湾杯”2006全国竞走锦标赛	196	国家体育总局田径运动管理中心	泰安海普地产有限公司	6
2006.9	“泰山特曲杯”2006全国女子足球联赛	270	国家体育总局足管中心 中国足球协会	山东泰山生力源集团股份有限公司	8
2007.4	“蒙牛杯”2007年第十九届女子第三十八届男子亚洲举重锦标赛		亚洲举重联合会 中国举重协会	内蒙古蒙牛乳业（集团）股份有限公司	100
2007.9	“泰山武术杯”2007新泰安·三山两湖全国山地户外挑战赛	120	中国登山协会 山东电视台 泰安市人民政府	泰山武校	7

续表 10-11

时间（年月）	赞助体育项目	参赛人数	主办单位	赞助商	赞助资金及物品折价（万元）
2010.7	“罕美杯”2010 年第六届华东区体育舞蹈锦标赛暨山东省第十八届体育舞蹈锦标赛	850	山东省体育总会	浙江省义乌市罕美服饰有限公司	6
2011.10	“锦程泰山碧玉杯”2011 年首届中国（泰山）国际太极拳交流大赛	480	山东省体育局 山东省旅游局	泰安锦程泰山碧玉产业有限公司	20
2013.4	“中国体育彩票杯”2013 年泰安市中学生田径联赛	1000	泰安市体育局 泰安市教育局	泰安市体育彩票管理中心	10
2014.6	“中国体育彩票杯”2014 年泰安市中小学生羽毛球联赛	200	泰安市体育局 泰安市教育局	泰安市体育彩票管理中心	10
2015.4—7	“中国体育彩票杯”2015 年泰安市中小学生体育联赛	1500	泰安市体育局 泰安市教育局	泰安市体育彩票管理中心	10
2015.10—11	2015 宝来利来泰安市第二届“足协杯”足球联赛	230	泰安市体育局 泰安市教育局	山东宝来利来生物集团公司	15
合计		5726			216

二、政府购买服务

2014年9月，市政府办公室印发《关于推进政府向社会力量购买服务的实施意见》，实施意见将市内公共体育规划和政策研究及宣传服务、公共体育基础设施的管理和维护服务、公共体育资讯收集与统计分析、公共体育运动竞赛组织与实施、政府组织的群众性体育活动的组织与实施、政府组织的体育职业技能再培训、政府组织的国民体质测试及指导服务、其他政府委托的体育类服务等8项列入《政府向社会力量购买服务指导目录》。

第四节　体育消费

2015年12月11日，市政府办公室印发《关于加快发展体育产业促进体育消费的实施意见》，提出至2025年泰安市体育产业的发展目标和任务措施。指导思想和发展目标是，到2025年，体育产业总规模超过300亿元。市、县（市、区）体育竞赛和健身场馆设施齐全完善，人均体育场地面积达到2.2平方米。体育服务业增加值的比重达到40%；意见提出了营造健身氛围、场地设施建设、社会组织建设、深化改革创新、服务平台建设5项基础工作和竞赛表演、健身服务、体育休闲旅游、场馆运营、体育彩票、体育用品制造、康体服务、足球等潜力项目及相关产业9大门类的14项重点任务；提出社会投融资政策、健身消费政策、规划布局政策、税费价格政策、人才队伍建设5项政策措施；意见明确了实施责任，完善评估制度，加强监督检查措施，附印了《重点任务分工及进度安排表》，对重点任务、工作责任、时限要求细化、分解。同月17日，市政府新闻办召开新闻发布会，发布市政府办公室《关于加快发展体育产业促进体育消费的实施意见》。

2015年12月15日，泰安市政府办公室印发《关于利用职工基本医疗保险个人账户结存基金开展健身活动的意见》，确定在确保职工基本医疗保险基金安全、主要保障医疗所需的前提下，建立医保卡用于大众化、基础性健身消费试点。

职工本人可使用一定限额的个人账户结存基金，在信誉良好的社会健身场馆开展健身活动。凡参加市内职工基本医疗保险且个人账户结存基金累计超过 1000元的，职工本人可使用个人账户部分结存基金在定点健身场馆支付个人健身费用，年内最高消费额度为3000元。意见明确了定点健身场馆应具备的条件、定点程序、准入数量、监管措施、权利义务、工作职责等事项。

第十一编

体育事业机构　社会团体

T I Y U S H I Y E J I G O U　S H E H U I T U A N T I

第一章　体育事业机构

1977年3月，泰安地革委体委设立地区体育场，1985年9月，更名为泰安市体育场，2013年12月更名为泰安市全民健身中心，为科级全额拨款事业单位。1978年12月，泰安地区成立重点业余体育学校，1980年9月改为泰安地区体育中学，1985年更名为泰安市体育运动学校，1988年10月升格为副县级单位。1984年6月，泰安地区体育分会建立，为科级单位；1985年9月更名为泰安市体育分会（正科级）；2009年8月，泰安市体育总会成立，隶属于市体育局管理，为正县级事业单位。1993年11月，成立泰安市体育中心，为全额拨款独立事业单位，隶属于市体委。2004年，按副县级标准配备干部。

第一节　泰安市体育总会

一、机构　职责

1984年6月9日，泰安地区编制委员会印发《关于批复地区体委办公室建立泰安地区体育分会的通知》，泰安地区体育分会建立，为科级事业单位。主要职责是，负责全市社会体育、单项体育协会、全民健身活动，培训社会体育指导员，组织体育调查及学术研究，举办群众体育活动及组织参加省以上群众体育竞赛。

1985年9月，泰安撤地设市后，泰安地区体育分会更名为泰安市体育分会（正科级）。2009年8月17日，泰安市编制委员会印发《关于设立泰安市体育总会的批复》，泰安市体育总会成立，隶属于市体育局管理，为正县级事业单位，经费来源为财政拨款。主要职责是，宣传党和国家体育事业的方针、政策，推动群众性全民健身活动广泛开展，大力促进体育社会化，对全市体育事业发展战略和重大改革措施提出意见和建议；负责管理监督全市体育协会等社团组织；负责全民健身计划的实施，协调各方面、各行业、各层次的体育工作；负责群众体育骨干培训管理工作；负责组织体育理论、运动技术的调查和学术研究，引导群众参与健康、科学、文明的体育健身活动；负责开展省内外体育交流，扩大横向联系，举办或与有关部门联合举办各类体育竞赛表演活动。

二、领导机构　人员

1984年6月，泰安地区体育分会建立，李吉丰任泰安地区体育分会主任，编制2人。1985年9月，泰安地区体育分会更名为泰安市体育分会。1988年7月，张传业任泰安市体育分会主任。1989年2月，李允芳任泰安市体育分会主任。1997年3月，王和平任泰安市体育分会主任。 2009年2月，闫娟任主任。同年8月，泰安市体育总会设立，隶属于市体育局管理，核定编制8名，可配备主席1名，副主席1名。总会下设办公室，配备科级领导职数2名。2010年1月，任广中任市体育总会主席。2014年1月，于桂香任主席。

1984—2015年泰安市（地区）体育局（委）体育总会（分会）及办公室负责人情况表

表 11-1

时间	单位名称（级别）	内设机构	职务	姓名	任职起止年限
1984.6—1985.5	泰安地区体委办公室（副县级）	泰安地区体育分会（正科级）	主任	李吉丰	1984.1—1985.9
1985.5—2009.8	泰安市体育运动委员会（正县级）	泰安市体育分会（正科级）	主任	张传业	1988.7—1989.2
				李允芳	1989.2—1995.5
				王和平	1997.3—2006.8
				闫娟	2009.2—
			副主任	徐兆生	1982.2—1989.3
				王和平	1989.2—1997.3
				王宗民	1993.12—1994.3
				邓岩	1997.3—2001.8
				孙丰涛	2002.6—2009.2
				姜玲	2009.2—
2009.8—	泰安市体育局（正县级）	泰安市体育总会（正县级）2009.8—	主席	任广中	2010.1—2014.2
				于桂香	2014.8—
			副主席	路敦庆	2010.1—
			总会办公室主任	周生涛	2013.2—

三、工作情况

（一）体育团体管理

1982年，泰安地区有田径、篮球、足球、排球、举重5个体育协会。1983年4月，泰安地区建立乒乓球、射击、武术运动协会，共有8个体育协会。1985年7月，泰安地区信鸽协会成立。1987年，泰安市成立11家单项运动协会。1994年8月，市体育舞蹈协会成立。2001年1月，国家体育总局泰安市青少年俱乐部暨泰安市体校乒乓球俱乐部在市体校成立。2007年，市内发展单项体育协会8家、俱乐部24家、民间体育团体1744家。同年，市内建立老年体育协会4088家，形成市、县、镇、村四级组织网络。2008年，市内成立体育协会、俱乐部5家，年内有体育协会、俱乐部37家。

至2015年12月，市内有体育协会36家，单位会员10家；体育俱乐部86家。

（二）主办体育赛事

1984年6月泰安地区体育分会建立至2010年，共主办体育竞赛390次，参加人数40万人。2011年起，市体育总会作为主办单位与国家和省、市有关单位、部门主办体育赛事。同年11月，市体育总会主办2011“古井贡杯”《武林风》中日美泰四国泰山拳王争霸赛，4支代表队参赛。2012年3月，主办2012年“泰山特曲杯”泰山首届全国半程马拉松比赛，12个省和省内17个地市的1000名体育爱好者参赛。10月，与国际标准舞蹈青少年联合会主办的第二届华东国际标准舞蹈节暨“泰山杯”全国体育舞蹈公开赛在山东农业大学南校区体育馆举行，56支代表队参赛。2013年6月，市体育总会主办的2013“星光杯”笑傲江湖国际笼斗泰山争霸赛在山东农业大学东校区举行，中国、美国、泰国、俄罗斯、英国、法国、意大利等国的选手参加。

2015年，主办泰山E545俱乐部环泰山T60大徒步活动，2万人参加。同年，参加山东省第六届全民健身运动会国际象棋、毽球、围棋、钓鱼、航模、广场舞等13个项目比赛，1200人参加。

2011年至2015年12月，市体育总会主办各类体育赛事690次，100万人参加。

（三）承办体育赛事

1984年6月至2009年，泰安市（地区）体育分会承办省、市体育竞赛200次，30万人参加。2010年6月，承办由山东省体育局、山东省体育总会主办的东平湖龙舟赛，竞赛项目为标准龙舟500米直道竞速。省内8市龙舟队参加，东平县39支龙舟队500名运动员参赛。

2012年6月，市体育总会与东平县承办由山东省体育局主办的中国东平首届龙舟旅游文化节暨山东东平第三届全省龙舟赛，竞赛项目为公开12人标准龙舟500米直道竞速。地市组省内12支龙舟队参加。9月，市体育总会等9家单位承办由国家体育总局汽车摩托车运动管理中心、中国摩托运动协会、山东省体育局等6家单位主办的2012年全国公路摩托车锦标赛（山东泰安站）暨年度总决赛，香港S&S赛车队、澳门伟业达赛车队、新蜂女子车队、法斯特TWPO赛车队等15支代表队在泰安市泰山方特欢乐世界参赛。

2014年5月，承办由国家体育总局棋牌运动管理中心、中国围棋协会五子棋分会主办的2014年全国五子棋团体锦标赛竞赛。8月，承办由山东省体育总会主办的中国·泰山首届跆拳道友谊大赛，省内17市代表队参赛。

2015年，承办2015年第二十九届泰山国际登山节“万人跑”、第二届泰山国际马拉松比赛、美利达“禧玛诺杯”全国泰山自行车挑战赛、2015年挑战瓦尔德内尔国际乒乓球比赛等10次比赛活动。

2010年至2015年12月，承办各类体育赛事450次，80万人参加。

第二节 泰安市全民健身中心

1977年3月，泰安地革委体育运动委员会调整内设机构，设立地区体育场。1984年5月，泰安地区编制委员会印发《关于批复地直机关接待处等内部机构及下属单位设置意见的通知》,设体育场。1985年9月，泰安地区体育场更名为泰安市体育场。

2006年10月20日，市政府常务会议研究决定建设一处全民健身中心。2007年3月15日，泰城重点建设工程指挥部印发《关于公布泰城环境综合整治重点建设工程各指挥部成员名单的通知》，成立泰安市全民健身中心建设工程指挥部，负责全民健身中心筹建工作。全民健身中心在市体育场原址建设。2008年11月18日举行奠基仪式。2010年12月，完成主体工程建设并通过泰安市建筑工程质量监督站验收。工程由全民健身大楼、全民健身广场、地下游泳馆、停车场及附属设施组成，占地面积26.19亩，总投资1.2亿元。

2011年7月6日，市体育局各科室迁入新楼办公，12月8日，市全民健身大楼举行启用仪式。同月，市编办印发《关于市体育局部分事业单位更名的批复》,泰安市体育场更名为泰安市全民健身中心，为科级全额拨款事业单位。

2011年，全民健身大楼建设项目被中共泰安市委、泰安市人民政府命名为泰安市国际旅游名城建设示范工程。2014年2月，市全民健身中心被中共泰安市委争创“五型”（学习型、创新型、效能型、服务型、廉洁型）机关活动领导小组办公室、中共泰安市委市直机关委员会授予市直机关“百佳”履职科室称号。

一、机构 人员

（一）机构沿革

1977年3月，泰安地革委体育运动委员会设泰安地区体育场,为内设机构，其职责是，负责体育场、馆的管理维修和器材保管工作。1984年5月，泰安地区编制委员会印发《关于批复地直机关接待处等内部机构及下属单位设置意见的通知》，设体育场，为科级事业单位，由体委办公室领导，其主要职责是,负责草拟泰安地区体育设施建设规划，指导、检查下属体育场地建设；负责体育场、馆的管理、维修工作；承担各级运动会场地组织工作，搞好场地整修、布置及器材、观众安排；负责各学校到体育场训练、比赛及场地器材服务工作；负责器材购置、保管、发放工作；负责外来运动队到泰安比赛、表演的场地布置、管理等服务工作。1985年9月，泰安地区体育场更名为泰安市体育场，为科级事业单位，职责未变。2011年12月，市编办印发《关于市体育局部分事业单位更名的批复》，市体育场更名为泰安市全民健身中心，其主要职责是，负责全民健身中心和局属各类房屋设施的日常管理、维护、使用及局机关后勤服务等工作。至2015年12月，市全民健身中心机构、工作职责未变。

（二）人员

1975年5月，张体一负责泰安地区体育场工作。1979年1月，张体一任泰安地革委体委体育场场长。1984年5月，张体一任泰安地区体委办公室（副县级）体育场场长，事业编制17人,实有工作人员17人。1985年8月，张体一任泰安市体育运动委员会体育场场长。1997年3月，体育场事业编制17人，实有工作人员17人。2000年11月，张体一任泰安市体育局体育场场长。2001年8月，邓岩任场长。2009年2月，宋爱芳任场长。

2011年12月，宋爱芳任泰安市全民健身中心主任。至2015年12月，人员未变。

1975—2015 年泰安市（地区）体育局（委）全民健身中心（体育场）负责人情况表

表 11-2

时　间	单位名称（级别）	职　务	姓　名	任职起止年限
1975.5—1979.1	泰安地革委体委体育场	负责人	张体一	1975.5—1979.1
1979.1—1984.5		场长	张体一	1979.1—1984.5
1984.5—1985.8	泰安地区体委办公室（副县级）体育场	场长	张体一	1984.5—1985.8
1985.9—2000.11	泰安市体育运动委员会体育场	场长	张体一	1985.8—2000.11
		副场长	杨振德	1989.2—1997.3
			江廷玉	1997.3—2001.8
			卫亚军	1997.3—2001.8
2000.11—2011.12	泰安市体育局体育场	场长	张体一	2000.11—2001.8
			邓　岩	2001.08—2009.02
			宋爱芳	2009.02—2011.12

续表 11-2

时 间	单位名称（级别）	职 务	姓 名	任职起止年限
2000.11—2011.12	泰安市体育局体育场	副场长	戚 峰	2002.6—2007.9
			李江洪	2002.6—2008.8
			刘 成	2008.1—2009.2
			周生涛	2009.2—2013.2
			刘 舰	2009.2—2011.12
			玄 强	2009.2—2011.12
2011.12—	泰安市全民健身中心	主任	宋爱芳	2011.12—
		副主任	刘 舰	2011.12—2015.6
			玄 强	2011.12—
			刘大伟	2011.12—

二、场馆沿革

泰安市全民健身中心在2011年12月前为泰安市体育场。2011年12月更名为泰安市全民健身中心。

（一）泰安市体育场（1966—2011年）

泰安市体育场始建于1966年。初建时有6间平房，其中1间管理办公室，5间仓库，田径场、篮球场系土场地。1970年，建设灯光球场，面积2139.2平方米。1980年，田径场建成炭渣跑道，其后建起泰安地革委体委办公楼、田径场（足球场）、室外篮球场、带看台的灯光球场、体育馆，体校办公、教学、训练楼及职工宿舍等。至2007年，总投资1524万元，总建筑面积1.46万平方米。体育场多次举办国家级、省级篮球、排球、乒乓球、田径等比赛。1991年9月，中华全国体育总会、中国登山协会与泰安市政府举办的第五届泰山国际登山节开幕式在市体育场举行。1995年9月，“丝绸之路杯”“金钟杯”全国大学生攀岩比赛在市体育场启动。2004年8月，国家体育总局、山东省体育局主办的全国女子举重锦标赛在市体育馆举行。2005年9月，国家旅游局、中华全国体育总会、中国登山协会、中央电视台等11家单位、媒体和泰安市人民政府主办的第十九届泰山国际登山节开幕式及中央电视台主办的“中华情泰山魂”文艺演出在市体育场举行。

2008年1月，拆除原市体育馆，训练大棚，训练大棚西侧以东平房，田径场东南侧体育器材仓库，拆除建筑物2400平方米，建设全民健身中心。

泰安市体育场内主要设施：

1.泰安市体育局办公楼

1970年，泰安专署体委投资10万元在泰安岱宗大街46号建设4栋办公用房及配套设施，建筑面积947.04平方米，为泰安专署体委办公场所。1980年，泰安地区行署体委投资30万元建设办公用房及配套设施，4层，建筑面积2816.68平方米。其中一楼体委办公室，二三楼体校学生宿舍，四楼文化课教室。2006年8月，因岱宗大街扩建拆除岱宗大街46号办公用房及配套设施建筑面积2816.68平方米。市体育局机关搬迁到市体育场内体育运动学校教学楼。2013年，市体育局机关搬入全民健身中心。

2.泰安市田径场、室外篮球场、灯光球场

1966年始建，至1978年，田径场共投资13万元，占地2.1万平方米，设6条400米跑道田径场，内置草皮足球场，长90米，宽60米。

1966年11月，建设室外灯光球场（设看台）143.86平方米。1970年，扩建至2139.2平方米，内设二层楼看台，可容纳观众8000人，看台房间488.4平方米，时为全省第一个灯光球场。1974年5月，承办全国排球联赛第一阶段泰安赛区比赛。多次承办国家、省级篮球、排球等比赛。

1981年，体育场建有室外篮球场4片，后建射击靶场、举重馆。设有30米、50米射击靶场各1处。

3.泰安市体育馆（举重馆）

1984年9月，建设泰安地区体育馆，占地1400平方米，建筑面积1200平方米，总投资329.7万元。体育馆内有观众席830个，室内比赛场地长32米，宽20米，场内设有专业灯光、木地板篮球场，举办十余次国际级、国家级、省级篮球、排球、乒乓球等比赛。

2008年1月，拆除体育馆，为建设全民健身中心腾空土地。

1973—2007年泰安市（地区）体育场举办体育比赛情况表

表11-3

时间（年月）	比赛项目	参加人数
1973.3	山东省第一届中学生运动会	
1974.5	全国排球联赛第一阶段泰安赛区比赛	
1976.9	泰安地区农民篮球赛	288
1976.10	泰安地区武术表演赛	104
1978.8	中国象棋、中学生篮球、中学生排球、乒乓球赛	
1979.4	泰安地区举重比赛	44
1979.8	泰安地区田径选拔赛及中学生运动会	374
1980.5	泰安地区中学生运动会	374
1981.4	泰安师专、泰安师范、泰安地区体育中学田径对抗赛	
1981.6	泰安地区田径运动会	
1982	山东省少年田径运动会	
1982.4	泰安地区举重比赛	140
1982.4	泰安地区中小学田径运动会	420
1982.6	泰安地区中学生篮球赛第一阶段比赛	288
1982.9	泰安地区中学生篮球赛第二阶段比赛	144
1983.5	泰安地区田径运动会（达标测验）	280
1983.5	泰安地区举重比赛	130
1983.9	全区首届职工篮球比赛	
1983.10	泰安地区田径达标赛	120
1984.5	泰安市中小学田径运动会	450

续表 11-3

时间（年月）	比赛项目	参加人数
1984.9	泰安大专院校篮球、排球、田径比赛	352
1984.10	泰安中专学校田径运动会	300
1985.5	泰安市直机关第三届篮球比赛	
1986.3	泰安市首届毽球比赛	
1986.3	山东省越野、长跑比赛	30
1986.6	全国第二届“浪潮杯”女子举重比赛	
1987.10	泰安市第六届运动会开幕式	
1989.3	中国山坡伞滑翔表演赛	
1989.5	泰安市首届市直机关田径运动会及乒乓球比赛	1000
1989.8	全国少年儿童体操比赛、全国少年分龄举重比赛、全国邮电系统篮球比赛、山东省射击比赛	
1991.8	全国青少年无线电测向比赛	113
1993.6	山东省射箭锦标赛	64
1994.10	山东省篮球甲级联赛	
1995.10	泰安市首届“尊师杯”足球比赛	
1996.8	全国足球甲 A 邀请赛	
1997.5	“中行杯”泰安市第一届足球比赛	
1997.5	泰安市第十一届运动会暨全民健身运动大会	15000
1998.7	泰安市“泰环杯”首届篮球赛	
1998.7	泰安市第二届“劲邦杯”青少年足球联赛	
1999.5	泰安市第十二届运动会	8000
2000.8	山东省柔道比赛	269
2001.4	泰安市直机关第七届运动会	1100
2001.4	山东省男子举重锦标赛	224
2001.7	泰安市第十三届运动会	8200
2002.2	全国第十七届“新春杯”少年足球比赛	
2002.5	山东省田径锦标赛	556
2002.5	全国少年田径锦标赛	362
2002.6	“泰建杯”全民健身乒乓球比赛	200
2002.9	泰安市“九九”老年人体育会演	3600
2002.10	泰安市首届残疾人运动会	300
2004.7	“华宁杯”2004 年全国少年女子乙组篮球比赛	

续表 11-3

时间（年月）	比赛项目	参加人数
2004.8	2004 年全国少年男子（13 ~ 15 岁）举重分龄赛	
2005.9	中韩青少年跆拳道友谊赛	
2006.7	全国少年男子乙组排球锦标赛	142
2006.7	全国竞走锦标赛	196
2006.9	全国女足联赛第四阶段比赛	269
2007.7	泰安市第十六届运动会	

4.泰安市体育运动学校

1978年12月，泰安地区重点业余体育学校校址在泰安地区体育场灯光球场看台下，1980年搬至泰安地区体委办公楼二至四层。1984年8月，泰安地区体委投资60万元，在体育场内东南处建设体校四层楼房一幢，建筑面积2094平方米，一楼举重，二楼办公，三楼、四楼为摔跤、柔道训练房及教室。1991年，市体委投资50万元，市体校筹集部分资金在市体校教训楼东侧建设教学、学生宿舍楼一幢，建筑面积2779.25平方米，五层，一楼体校办公室、二三四楼学生宿舍，五楼教室。2002年，市体校搬迁至泰安市东岳大街168号原泰安广播电视大学校址，市体校办公用房交市体育局使用。

5.职工食堂

1970年4月，泰安地区体委投资15万元建设职工食堂，二层，建筑面积565.56平方米。1980年，泰安地区体委投资15万元，建设学生餐厅382.81平方米。2002年，市体校搬迁，餐厅停止使用，2008年拆除。

6.职工宿舍

1984年4月，泰安地区体委投资15万元，在体育场西侧建设职工宿舍一幢，6层，建筑面积1166平方米。1989年6月，市体委投资25万元，在体育场西侧建设宿舍一幢，五层，建筑面积2416.5平方米。1998年4月，在泰山区御碑楼小区购置职工宿舍25套，建筑面积2083.35平方米。同年11月，市体委投资247万元，建设宿舍二幢，五层，20户，建筑面积2665平方米。2000年，实行住房制度改革后产权划归住户。至2015年未变。

1970—2011 年泰安市（地区）体育局（含原市体校）房屋情况表

表 11-4

幢号	建成时间	土地证号	产权证号	领证时间	结构	房屋总层数	建筑面积（平方米）	设计用途	产权来源	备　注
1	1970	88 第 0150 号	006412-01	2000.4	混合	2	197.75	器材库	自建	2008 年 1 月，因建设全民健身中心拆除
4	1970	88 第 0150 号	006412-01	2000.4	混合	2	565.56	食堂	自建	2008 年 1 月，因建设全民健身中心拆除

续表 11-4

幢号	建成时间	土地证号	产权证号	领证时间	结构	房屋总层数	建筑面积（平方米）	设计用途	产权来源	备注
5	1970	88 第 0150 号	006412-01	2000.4	混合	2	1107.10	灯光球场	自建	2008 年 1 月，因建设全民健身中心拆除
7	1970	88 第 0150 号	006412-02	2000.4	砖木	1	193.73	非住宅	自建	2008 年 1 月，因建设全民健身中心拆除
2	1980	88 第 0150 号	006412-01	2000.4	混合	1	79.49	非住宅	自建	2008 年 1 月，因建设全民健身中心拆除
3	1980	88 第 0150 号	006412-01	2000.4	混合	4	2816.68	办公楼	自建	2008 年 1 月，因建设全民健身中心拆除
6	1980	88 第 0150 号	006412-02	2000.4	砖木	1	95.52	非住宅	自建	2008 年 1 月，因建设全民健身中心拆除
8	1980	88 第 0150 号	006412-02	2000.4	砖木	1	382.81	体校食堂	自建	2008 年 1 月，因建设全民健身中心拆除
9	1980	88 第 0150 号	006412-02	2000.4	混合	1	991.75	体育馆	自建	2008 年 1 月，因建设全民健身中心拆除
10	1984	88 第 0150 号	006412-02	2000.4	混合	4	2094.84	体校训练房	自建	
11	1990	88 第 0150 号	006412-02	2000.4	混合	5	2779.25	体校办公用房	自建	
13	1990	88 第 0150 号	006412-02	2000.4	混合	1	153	非住宅	自建	2008 年 1 月，因建设全民健身中心拆除
14	1990	88 第 0150 号	006412-02	2000.4	混合	1	30.81	非住宅	自建	2008 年 1 月，因建设全民健身中心拆除
15	1990	88 第 0150 号	006412-02	2000.4	混合	1	82.23	锅炉房	自建	2008 年 1 月，因建设全民健身中心拆除
	2011	2008 第 0034 号			混合	6	168395	非住宅	自建	全民健身中心没有登记

1970—2014年泰安市（地区）体育局办公用房情况表

表11-5

建成时间	投资万元	房屋坐落	土地证号	产权证号	领证时间	建筑面积（平方米）	产权来源	备注
1970	10	岱宗大街46号	88第0150号	006412-01	2000.4	947.04	自建	2008年1月，因建设全民健身中心拆除
1980	30	岱宗大街46号	88第0150号	006412-01	2000.4	2816.68	自建	2006年8月因岱宗大街扩建拆除
2013		岱宗大街46号	2008第0034号			2473.6	自建	全民健身中心体育局办公区四层

1966—1998年泰安市（地区）体育局（含市体校）宿舍情况表

表11-6

建设时间	投资万元	房屋坐落	土地证号	建筑面积（平方米）	权属性质	备注
1966.10	10	岱宗大街65-73号	泰山国用（1988）字第0150号	265.48	国有	1988年拆建
1984.4	15	岱宗大街46号	泰山国用（20008）字0034号	1200	国有	2000年房改
1989.6	25	岱宗大街46号	泰土国用（2002）字第0450	1798	国有	2000年房改
1998.4	200	御碑楼小区7号楼	商品房	2083.35	国有	2000年房改
1998.11	247	岱宗大街46号	泰山国用（20008）字0034号	2665	国有	2000年房改

（二）全民健身中心（2011— ）

泰安市全民健身中心是泰安市公共体育设施和文化建设项目中一项重点工程，由全民健身大楼、全民健身广场、地下游泳馆、防空设施、停车场及附属设施组成，占地面积26.19亩，总投资1.2亿元。该工程在市体育场原址建成，全民健身大楼占地10.13亩，全民健身广场占地16.06亩。游泳馆产权归市体育局，防空设施产权归市人防办。

1.全民健身大楼

2011年7月，泰安市全民健身大楼建成并投入使用，占地面积6745.24平方米（10.13亩），建筑面积1.69万平方米，地上六层，地下一层，建筑高度34.6米，内设乒乓球、网球、羽毛球、台球、跆拳道、综合器械、瑜伽、少儿舞蹈等健身项目。

2015 年泰安市全民健身大楼楼层设置情况表

表 11-7

楼　层	场馆（办公）名称	场馆面积（平方米）	层高（米）	备　注
一层	总服务台、市体育彩票管理中心、乒乓球训练馆	2471.5	5.4	
二层	综合器械健身区	2382.94	4.8	
三层	洗浴中心、台球室、舞蹈教室、部分办公用房	2473.6	4.8	
四层	市体育局办公区	2473.6	4.5	
五层	网球场（占五、六层空间）	2473.6	14.5	
	跆拳道、瑜伽、舞蹈健身房		4.5	
六层	羽毛球馆	1682.8	10	
顶层	电梯机房、水箱间	334.9	5.5	
	室外网球场	778		
地下一层	地下车库	2479.3	4.8	双车道出口，可停放小型车辆 54 辆。

2.全民健身广场

2013年10月，泰安市全民健身广场建成并投入使用，占地面积1.07万平方米（16.06亩），为公益性开放式健身休闲场所。建有门球场、舞场、轮滑场、健身路径、乒乓球长廊及塑胶跑道260米、篮球场2片等公益性设施。免费向市民开放，可供1000人同时参加健身活动。

3.地下游泳馆

2014年6月，泰安市全民健身中心地下游泳馆、地下商业房建成并投入使用。停车场竣工后归人防办。该工程位于全民健身广场地下二层，由市人防办投资1731万元。市体育局拥有地下游泳馆空间所有权、使用权，建筑面积5086平方米，设有50米×21米标准八泳道泳池，四道深水区，四道浅水区。2015年12月，地下游泳馆设施有游泳池1050平方米、淋浴室2间、更衣室2间、池水加热系统设备9台、空调系统设备16台、洗浴加热设备2台、地暖系统设备1台、循环净化系统设备8台。

三、全民健身中心建设

2003年，泰安市体育馆已使用近20年，其设施简陋、功能单一，场所狭小；特别是泰安新老城区没有一处较大规模的体育活动场所，不能满足市民健身需求，社会各界迫切要求建设一处现代全民健身场所。2月，市政协56名委员联名提出《关于加快我市体育场馆建设的建议》。市政协将其列为2003年重点提案督办。是年，市委、市政府组织专家论证，决定在市体育场建设泰安市全民健身中心及体育馆。2006年10月，山东省政府与泰安市政府签订《十一运委托承办责任书》，根据实施“三点一线”全民健身工程的要求，泰安市须在2009年5月底前建设一处室内面积不低于1.5万平方米、室外面积不低于1.8万平方米的市级全民健身活动中心。2006年10月20日，市政府召开常务会议，确定由政府出资建设全民健身中心。健身中心的功能设计要立足于高标准，具有一定的前瞻性，做到功能完备、配套齐全，既能满足全民健身的要求，也能适当开发一些经营性项目，达到以馆养馆的目的。新全民健身中心竣工后，原市体育训练馆（市老年健身活动中心）要立即拆除。2007年2月26日，中共泰安市委办公室、市政府办公室印发《2007年泰城环境综合整治重点建设工程实施方案》，将市全民健身中心列为当年重点建设工程。3月15日，成立泰安市全民健身活动中心建设工程指挥部。2008年11月18日，市全民健身中心举行奠基仪式。2010年12月，全民健身大楼主体工程通过泰安市建筑工程质量监督站验收。2011年7月6日，市体育局各科室迁入新楼办公；12月8日，市全民健身大楼举行启用仪式。

（一）筹建领导机构

2007年3月15日，泰城重点建设工程指挥部印发《关于公布泰城环境综合整治重点建设工程各指挥部成员名单的通知》，成立泰安市全民健身活动中心建设工程指挥部，市政府副市长徐恩虎任指挥；市体育局党组书记、局长苏有森任副指挥。8月，市全民健身活动中心建设指挥部成立综合协调组、土地规划组、建设监理组、财务审计组4个内设机构，协调开展土地储备、土地竞拍、资金筹集、规划申报、工程设计、建设施工等工作。

泰安市全民健身活动中心建设工程指挥部组成人员表

表 11-8

机　构	职务	姓　名	职　务	姓　名	成　员	职　责
	指挥	徐恩虎	副指挥	苏有森	徐志刚　吴洪建 张春国　吕桂平	
综合协调组	组长	刘　康	副组长	彭国胜	邓　岩　刘　涛 刘　舰　刘西华 王春富　高　峰 邢　利	负责日常管理和组织工作，与投资方洽谈、招商等事宜，负责办理有关手续，协调各组之间的关系，调度、督促各组的工作
土地规划组	组长	张春国	副组长	陈锦勇 彭国胜 吕卫东	刘登珠　施　云 刘　刚　刘国胜	负责全民健身活动中心规划方案的审批，办理规划用地许可证，对用于商住的土地进行储备，办理土地变更的有关手续，土地拍卖
建设监理组	组长	吕桂平	副组长	彭国胜	杨　木　玄　强 刘　舰　张　冬 吴寿奎	负责工程招标事宜，办理建设工程许可证和施工许可证，工程建设期间的进度、调度、监理、变更等有关事项，组织有关人员对工程进行验收
财务审计组	组长	刘　斌	副组长	张仁安	高　燕　张　兰 李红磊　王大海 辛培军　宋　帅	负责项目的启动资金管理，保证前期工程运作，负责工程审计等事宜

（二）土地储备竞拍

1.土地储备

2007年11月，根据市全民健身中心建设项目需要，市体育局向市土地储备中心申请储备15.24亩土地。该土地属泰土国用（2002）字第0411号土地证部分，位置在岱宗大街46号，东西界为市体育局，南至农机小区、盛世华庭小区，北至岱宗大街。同月,副市长徐恩虎主持召开会议，专题研究市全民健身中心建设问题。会议确定出让西部体育局土地作为商住用地，所获收益用于建设全民健身中心。土地出让按照招拍挂形式进行，由市国土资源局、市土地储备中心负责，市体育局配合工作。12月22日，市体育局递交《关于泰安市全民健身活动中心土地用途的申请》，计划将不低于15.25亩的土地作为商用地开发，用以满足项目建设资金需要。

2.土地竞拍

2007年12月，泰安市政府市长李洪峰主持召开泰安市土地资产管理委员会全体成员会议，确定部分土地出让事项，其中包括市土地收购储备中心提报的市体育局地块出让方案。该宗地块面积15.428亩（10285.38平方米），以不低于240万元/亩的起始价格公开出让。2008年2月，市国土资源局以招拍挂方式出让，以每亩346万元、总价5338.11万元的高价成为当时泰安土地拍卖的标王。

（三）资金筹集

2007年11月，市政府副市长徐恩虎主持召开会议，传达市委、市政府意见：通过招拍挂方式出让市体育局西部商住用地，收益全部用于建设全民健身大楼、田径场，不足部分由市财政承担。至2010年12月，该项目建设资金共计7800万元，其中由市政府三年分批拨付1700万元，拍卖市体育局土地一宗收益4300万元（税后），市体彩公益金拨付1800万元。省体育局向全民健身广场拨付100万元，市财政拨付300万元。地下游泳馆使用泰安市人防专项资金1621万元。全民健身中心建设资金累计投入1.2亿元。

（四）规划　设计

1.规划

2004年4月，市规划局对市体育局报建工程进行审查，同意对原体育场规划改造。

2006年5月，市城市建设项目管理委员会同意市体育局在岱宗大街以南、校场街以西建设全民健身大楼的设计方案。建筑最外轮廓线退岱宗大街红线（40米）25米、退校场街道路红线（30米）40米外建设。拆除占压校场街道路红线的旧训练馆后，办理准建手续。6月，市发展和改革委员会将项目主要建设内容调整，总建筑面积为1.6839万平方米；项目总投资8165.95万元，其中全民健身广场400万元。

2007年10月，市规划局对市体育局报建工程进行审查，确定该项目为市政府重点工程，在用地东部建设300米田径场，中部建设全民健身大楼，西部建设商用住宅楼。11月，市政府副市长徐恩虎主持召开全民健身中心规划建设专题会议，要求市规划局负责确定市全民健身中心与商住楼的规划条件。

2.设计

2007年11月，泰安市全民健身中心建设工程指挥部成员会议确定，工程设计由上海同济大学建筑设计院负责。12月，工程指挥部与上海同济大学建筑设计院签订全民健身大楼设计合同。

2008年1月，市全民健身大楼设计方案研究修改会议在华侨大厦举行。市体育局局长苏有森、副局长彭国胜、市建设局、市规划局、市建筑设计院等有关单位领导、技术人员参加。会议确定市全民健身大楼设计理念是，把握“时代性、标志性、地方性”的设计构思，在造型上，既体现泰山般厚重的体量感，又不失强烈的运动感和错落美的天际轮廓，使建筑极具时代性。

（五）建设施工

2007年11月，市建设局负责，市招标办组织实施勘查招标工作。2008年1月，市体育局与泰安宏业建筑安装公司签署《房屋拆除协议》，拆除体育馆、训练大棚西侧以东平房、田径场东南侧仓库。10月，市长李洪峰主持召开市政府城市基础设施及重点开发工程建设决策会议，同意市体育局关于市全民健身大楼建设工程施工及监理招标的推荐意见。工程施工中标单位为山东泰山普惠建工有限公司，中标价2339.11万元。工程监理中标单位为山东省建筑工程监理公司。

2008年11月18日，市全民健身活动中心举行奠基仪式，泰安市人大常委会副主任杜卓群、副市长徐恩虎、市政协副主席赵成道、市直有关部

2009年2月24日，泰安市政府副市长徐恩虎（左四）调度全民健身大楼建设情况。（闫克勤 摄）

门负责人参加。11月29日，市全民健身大楼工程破土动工。2009年1月，完成全民健身大楼地下室基础混凝土浇筑。5月30日，全民健身大楼主体工程完成。6月10日，全民健身大楼主体工程封顶仪式举行。2010年12月，全民健身大楼主体工程通过泰安市建筑工程质量监督站验收。

2011年7月6日，市体育局各科室迁入新楼办公。12月8日，市全民健身大楼举行启用仪式。市人大常委会副主任杜卓群、副市长徐恩虎、市政协副主席任先德、市政府办公室副主任高翔、市体育局局长苏有森剪彩。市体育总会主席、市体育局副局长任广中主持仪式。

2012年3月，泰安市公安消防支队对全民健身大楼工程进行消防设施验收，综合评定为合格。9月，泰安市环境保护监测站对市全民健身活动中心全民健身大楼项目进行建设项目环保设施竣工验收监测，并出具报告表。12月，由山东富达装饰工程有限公司承建的市全民健身大楼幕墙工程获2011—2012年度全国建筑工程装饰奖，中国建筑装饰协会向其颁发证书。

四、全民健身中心运营

（一）承办赛事

2011年10月起，承办市级、县级各委比赛活动。至2015年12月，市全民健身中心承办中小型赛事比赛18次，3000余人参加。

（二）房屋租赁

2011年8月，位于全民健身大楼东侧的市体育局训练楼、旧办公楼训练楼对外整体出租。11月起，旧办公楼分层陆续对外招标租赁经营。年底，市全民健身中心专业场馆二楼综合健身区、跆拳道馆、羽毛球俱乐部等场馆公开招标向社会招租。2013年6月，一楼乒乓球馆对外出租。2014年1月，三楼乒乓球馆改为舞蹈健身房对外出租。2014年5月，地下游泳馆对外出租。

至2015年12月，全民健身大楼向10家单位租赁房屋，租赁用途主要为乒乓球训练、少儿舞蹈、游泳、羽毛球训练、跆拳道、瑜伽等，租赁面积1.13万平方米。

（三）场馆免费对市民开放

2012年起，元旦、春节、五一、十一等节假日全民健身大楼羽毛球、跆拳道、综合健身面向市民免费开放。2013年10月起，全民健身广场全天免费对市民开放。至2015年12月，市全民健身中心面向市民免费开放16次，参加健身市民1100余人次。

第三节　泰安市体育运动学校

1978年12月8日，泰安地区重点业余体育学校举行开学典礼，有教职工18人，学生76人，1980年9月改为泰安地区体育中学，1985年更名为泰安市体育运动学校，附设泰安市体育中学。1988年10月，泰安市体育运动学校升格为副县级单位。2002年9月，由岱宗大街46号迁至东岳大街168号。2015年，学校设8个级部教学班，在校生500人，开设田径、柔道、举重等7个项目训练。有教职工85人，专职教师33人，其中高级讲师5人，讲师5人，中学高级教师3人，中学一级教师3人，专兼职教师均具有专科以上学历及教师资格证书，高级教练8人，国家级裁判3人，7名专职教师在国内、省内学术机构和体育单项协会担任职务，4人被评为全国体育先进工作者，121人获省体委和市政府奖励，15人被评为市级劳动模范，1人被市委、市政府授予“跨世纪青年科技人才”称号。学校为国家和社会培养中专毕业生2000人，初中毕业生2500人。学校秉承“团结竞争奋进，严谨务实创新”的校风，先后成为国家高水平体育后备人才基地、国家女子链球奥林匹克高水平后备人才基地、全国青少年训练基地、全国举重高水平后备人才基地、山东省优秀运动队后备人才训练基地、北京体育大学实习基地、山东体育学院及曲阜师范大学训练实习基地。

至2015年12月，学校向省内外专业、职业运动队输送优秀运动员350人，其中120人次代表山东省参加全国比赛，获奖牌116枚，其中金牌43枚，2人3次打破世界纪录，10人56次打破全国纪录。市体校毕业的优秀运动员有举重运动员李炳军、韩洪臣、魏霞，田径运动员李秀霞、温衍敏、孙秀荣、纪荣新，射击运动员闫林、刘中生，竞走运动员王银行，赛艇运动员马卫国、安东，篮球运动员刘震、安广庭，摔跤运动员陈德龙、杨松、吴绪立等83人。学校向北京体育大学、上海体育学院、山东体育学院、成都体育学院等11所高等院校输送161名品学兼优具有体育专业特长的大学生。有13名毕业生分别担任国家田径管理中心、八一女子手球队、山东师范大学体育学院、山东省体育运动学校领导职务。有7人担任省以上运动队总教练或主教练。学校先后被国家体育总局授予全国业余训练先进集体、全国群众体育先进单位称号，被山东省委、省政府授予突出贡献先进单位称号，被省体育局授予全省群众体育先进单位、业余训练先进单位称号，被市委、市政府授予突出贡献先进单位称号。

一、机构人员

（一）机构沿革

1978年年初，泰安地区体委成立泰安地区重点业余体育学校筹建组，尹祚起任组长。11月招生，开展田径、篮球、排球3个项目训练。1978年7月，泰安地区革命委员会印发《关于同意建立泰安地区重点业余体育学校的批复》，泰安地区重点业余体育学校建立，列事业编制，隶属泰安地革委体委领导。

1980年9月，泰安地区教育局、泰安地区体育运动委员会印发《关于泰安地区重点业余体校改为泰安地区体育中学的联合通知》，泰安地区重点业余体育学校改为泰安地区体育中学。

1984年12月，山东省计划委员会印发《关于建立淄博、潍坊、枣庄、泰安四所体育运动学校的批复》，同意建立泰安地区体育运动学校，为中等专业学校性质，由地区体委主管。学生毕业分配面向本地区。学校所需投资及经费由所在地区自行解决。

1985年5月，泰安地区行政公署印发《关于建立泰安地区体育运动学校的通知》，泰安地区体育运动学校为中等专业学校，隶属于泰安地区体委，学校规模在校生150人，设体育运动专业，招收业余体校、体育中学和普通中学初中生，学制4年。

1988年10月，泰安市人民政府印发《关于明确泰安市体育运动学校建制级别的批复》，泰安市体育运动学校升格为副县级单位。

至2015年12月，市体校机构规格编制未变。

（二）领导机构

1978年12月，泰安地区重点业余体育学校成立，为泰安地区体育运动委员会下属科级事业单位。刘宝田任校长兼党支部书记。

1980年9月，刘宝田任泰安地区体育中学校长兼党支部书记，马子文任党支部副书记，主持工作。1987年2月，梁京祥任泰安地区体育运动学校党支部书记。1988年10月，梁京祥任泰安市体育运动学校（副县级）党支部书记。

1991年5月，梁京祥任党支部书记，韩惠武任校长。

1995年8月，任广中任党支部书记。1996年8月，任广中任校长兼党支部书记。1998年6月，郝相义任党支部书记。

2002年4月，曹东平任校长兼党支部书记。2008年12月，许兵任校长，曹东平任党支部书记。2012年11月，高蕴生任党支部书记。

至2015年12月，市体校领导机构未变。

1978—2015年泰安市（地区）体育运动学校领导班子成员情况表

表11-9

时间	名称	职务	姓名	任职年限
1978.7—1980.9	泰安地区重点业余体育学校	校长兼党支部书记	刘宝田	1978.9—1980.9
		副校长	韩惠武	1978.9—1980.9
			李允芳	1978.9—1980.9
1980.9—1985.5	泰安地区体育中学	校长兼党支部书记	刘宝田	1980.9—1984.10
		副书记	马子文	1984.10—1885.5
		副校长	韩惠武	1980.9—1985.5
			李允芳	1980.9—1984.11
			张志山	1984.10—1985.5
1985.5—1988.10	泰安地区（市）体育运动学校	党支部书记	梁京祥	1987.2—1988.10
		党支部副书记	马子文	1985.5—1988.10
		副校长	韩惠武	1985.5—1988.10
			郝相义	1986.5—1988.10
			刘兆河	1985.5—1988.10
			张志山	1985.5—1988.10
1988.10—1996.9	泰安市体育运动学校（副县级）	党支部书记	梁京祥	1988.10—1995.8
			任广中	1995.8—1996.8
		党支部副书记	马子文	1988.10—1991.5
		校长	韩惠武	1991.5—1996.9
		副校长	韩惠武	1988.10—1991.5
			郝相义	1988.10—1989.2
			张志山	1988.10—1995.8

续表 11-9

时 间	名 称	职 务	姓 名	任职年限
			任广中	1991.5—1993.12
			曹东平	1995.8—1996.9
1996.8—2002.4	泰安市体育运动学校（副县级）	校长兼党支部书记	任广中	1996.8—1998.6
		校长	任广中	1998.6—2002.4
		党支部书记	郝相义	1998.6—2002.4
		党支部副书记	郝相义	1996.9—1998.6
		副校长	郝相义	1986.5—1998.7
			曹东平	1996.9—2002.4
			许　兵	1999.12—2002.4
			高蕴生	1999.12—2002.4
			王旭峰	2001.8—2008.12
		校长助理	许　兵	1998.7—1999.12
			高蕴生	1998.7—1999.12
2002.4—2008.12	泰安市体育运动学校（副县级）	校长兼党支部书记	曹东平	2002.4—2008.12
		党支部副书记	高蕴生	2003.7—2008.12
		副校长	许　兵	2002.4—2003.10
			高蕴生	2002.4—2003.7
			孙岩松	2003.7—2008.12
			王振民	2005.11—2008.12
		校长助理	王振民	2003.7—2005.11
2008.12—	泰安市体育运动学校（副县级）	校长	许　兵	2008.12—
		党支部书记	曹东平	2008.12—2012.11
			高蕴生	2012.11—
		党支部副书记	高蕴生	2008.12—2012.11
		副校长	孙岩松	2008.12—2009.11
			王振民	2008.12—
			管岱宁	2009.11—
			张景文	2009.11—

（三）内设机构

1978年12月8日，泰安地区重点业余体育学校成立，为泰安地区体育运动委员会下属科级单位，设训练处、教导处、总务处3个科室，均为股级单位。1988年10月，泰安市体育运动学校升格为副县级单位，内设训练处、教导处、总务处、办公室4个科级单位。1992年5月，市编委印发《关于市体育运动学校内部机构设置的批复》，市体校设办公室、政工科、教务科、科研训练科、总务科5个科室，为科级单位。

2011年4月，市编办印发《关于市体校内部机构设置的批复》，市体校设办公室、训练科、招生就业指导办公室、教务科、总务科、保卫科6个科室。10月,共青团泰安市委印发《关于〈关于成立体校团委组织机构的请示〉的批复》，同意市体校成立共青团泰安市体育运动学校委员会。

至2015年，市体校内设机构未变。

1978—2015年泰安市体育运动学校内设机构情况表

表11-10

时间	学校名称（级别）	内设机构	
		数量	内设机构名称
1978.12—1988.10	泰安地区重点业余体育学校（科级）	3个（股级）	训练处、教导处、总务处
1988.10—1992.5	泰安市体育运动学校（副县级）	4个（科级）	训练处、教导处、总务处、办公室
1992.5—2011.4	泰安市体育运动学校（副县级）	5个（科级）	办公室、政工科、教务科、科研训练科、总务科
2011.4—	泰安市体育运动学校（副县级）	7个（科级）	办公室、训练科、招生就业指导办公室、教务科、总务科、保卫科、团委

（四）人员队伍

1978年12月，泰安市重点业余体育学校编制28人，实有教职工18人，其中教练员8名。1980年9月，泰安地区体育中学编制28人，实有28人，其中教练员8名，教师20人。1985年3月，泰安地区体育中学编制78人，实有78人。5月，泰安地区体育运动学校建立，为中等专业学校，同时保留泰安地区体育中学，一套机构，两个牌子，编制78人，实有78人。1988年10月，市体校升格为副县级单位，暂定编制78人，实有78人，其中新增教练员5名，有主教练4人，教练10人，新增文化教师2人，有高级教师3人，中级教师6人。1993年3月，市体校配备科级职数10名，编制10人，实有10人。2011年4月，市体校配备科级职数15名，编制15人，实有15人。2014年12月，市体校配备科级职数15名，编制15人，实有14人。

2001年，市体校有教练员23人，其中高级教练7人，中级教练6人。2014年9月,市体校有文化教师24人，其中高级讲师7人，讲师5人，研究生学历5人。2015年3月，市编办印发《关于核定市体育运动学校编制的批复》，核定市体育运动学校教职工编制为85名，其中管理人员编制12名，专业技术人员编制73名。

至2015年12月，市体校有85人，有教练员40人，其中高级教练8人，中级教练12人，初级教练20人。有文化教师33人，其中高级讲师8人，讲师8人，研究生学历4人。

2015年市体校教练、讲师名单

高级教练：付少勇　孙　波　李阿鹏
赵　明　王振民　孔凡春
张　红　刘福田

中级教练：吕　军　张景文　马　斌

李岱强　刘四龙　孙　军
赵燕龙　屠　翔　闫仲军
张庆利　尚　军　李叶剑
高级讲师：管岱宁　周娟娟　宋爱民
赵　勤　邢介云
讲　　师：赵　兵　吴立勇　李云涛
吴　兵　宁　州
中学高级讲师：高蕴生　陈　铭　柳方雷
中学一级教师：张鸿晶　张　玲　万　斌

二、土地　房屋　设施

（一）沿革

1978年12月，泰安地区重点业余体育学校办公、教学、训练、学生宿舍、生活场所使用泰安岱宗大街65—73号泰安地区体委院内室外灯光球场看台下二层空间。1980年10月，泰安地区体委建成4250平方米四层办公楼，一楼为泰安地区体委办公室，二楼为体校办公室、教室，三四楼为学生宿舍。1981年，学校运动项目增加、学生增多，将泰安地区体委院内室外灯光球场看台下二层空间作为学生宿舍。训练设施有田径场1块（东西向、煤渣质、400米6条跑道），土质室外灯光球场1块，土质篮球场4块。

1982年，在泰安地区体委院内东北角，利用一块篮球场改建为25米射击场，后扩建为50米步枪场地。1983年，在田径场东北角建砖质、铁皮顶100平方米的简易举重棚。1984年，泰安地区体委办公室投资60万元，在泰安岱宗大街46号建设体校办公、教学、训练房一幢，四层，建筑面积2094平方米，一楼举重、三楼摔跤、四楼柔道训练房及教学、办公设施。1986年5月，市体校投资3万元建简易学生餐厅600平方米。

1991年，市体委投资50万元建设市体校教学、学生宿舍楼一幢，五层，建筑面积2779.25平方米，一楼办公室、二三四楼学生宿舍，五楼教室。1994年4月，拆除原灯光球场东侧看台，投资42万元建1300平方米钢结构训练大棚，1995年建成使用，用于篮球、排球、乒乓球、武术等项目训练。2002年4月，根据市政府常务会议决定，整合泰安体育资源，将东岳大街168号原泰安广播电视大学土地房屋无偿划拨给市体校。该址占地1.45万平方米，办公楼5372.46平方米，学生宿舍3578.54平方米，食堂584.44平方米。市体校自此有独立办公、教学、学生食宿设施。2004年，市体育局筹资建设1.3万平方米综合训练馆，2007年投入使用，供举重、柔道、游泳等13个项目训练。2011年至2012年，市体校建设5790平方米学生宿舍综合楼，将原学生餐厅改建为跆拳道训练馆、学生洗浴室。2014年，建设5776平方米学生运动员公寓，2015年12月投入使用。学生住宿条件改善，具备承接全国、全省、全市竞赛活动的住宿条件。

（二）土地

1978年12月，泰安市重点业余体育学校未有土地使用权，至2002年6月一直占用市体育局国有土地，用于办公、教学、训练、住宿。2002年4月，市政府将东岳大街168号原泰安广播电视大学国有土地无偿划拨给市体校。2003年9月，原泰安广播电视大学两宗土地产权变更给市体校。至2015年12月，市体校拥有国有土地使用权土地1.45万平方米。

2015年泰安市体育运动学校土地资产情况表

表 11-11

土地取得时间	办证时间	土地证号	土地坐落	面积（m^2）	用途	四 至	备 注
2003.9.26	2003.9.26	泰土国用（2003）第0321号	东岳大街168号	5870.3	教育	东、北至王家庄子社区；西至市体育中心；南至东岳大街	该证由泰土国用（2001）字第0127号国有土地使用证变更而来
2003.9.26	2003.9.26	泰土国用（2003）第0322号	东岳大街168号	8652.5	教育	东、北至王家庄子社区；西至市体育中心；南至东岳大街	该证由泰土国用（2001）字第0128号国有土地使用证变更而来

（三）房屋

1978年12月，泰安市重点业余体育学校未有校舍房屋,至2002年6月一直使用市体育局房屋，用于办公、教学、训练、住宿。2002年6月，市政府将东岳大街168号原泰安广播电视大学房屋划拨给市体校。建筑面积9553.24平方米，其中教学办公用房5372.46平方米，学生宿舍3578.54平方米，食堂602.24平方米。2011年8月，市财政投资1600万元建设食宿综合楼5790平方米。2014年，市财政投资2000万元建设运动员公寓5776平方米。至2015年12月，市体校拥有房屋建筑面积2.11万平方米。

1985—2015年泰安市体育运动学校房屋情况表

表 11-12

幢号	建成时间	土地证号	产权证号	领证时间（年月日）	结构	房屋总层数	建筑面积（平方米）	设计用途	产权来源	备 注
8	1985	98第0058号	泰房权证泰字第002993—02	1999.6.15	砖混	5	5372.46	教学办公	划拨	办公楼
11	1987	98第0058号	泰房权证泰字第002993—02	1999.6.15	砖混	6	2124.90	宿舍	划拨	学生
12	1989	98第0058号	泰房权证泰字第002993—02	1999.6.15	砖混	4	1453.64	宿舍	划拨	学生
13	1987	98第0058号	泰房权证泰字第002993—03	1999.6.15	砖混	1	584.44	食堂	划拨	跆拳道馆
15	1987	98第0058号	泰房权证泰字第002993—03	1999.6.15	砖混	1	17.80	食堂	划拨	办公房
	2012				砖混		5790			市财政投资1600万元建成食宿综合楼
	2015				砖混		5776			市财政投资2000万元建成运动员公寓
合计							21119.24			

（四）设施

1.教学设施

1978年至1984年，泰安市重点业余体育学校有图书室一间，藏书3000册。1985年至1988年，有物理实验室1间、化学实验室1间、图书室1间，藏书5000册。2002年4月至2015年，市体校有教室12间、电脑语音室1间、物理实验室2间、化学实验室2间、多媒体教室14间、图书室1间、阅览室1间、器材室1间；教学电脑40台、多媒体教学设备13套、藏书1.5万册、摄像机1台、照相机1台、课桌及凳子500套。

2.训练器材

1978年建校初期，学校开设篮球、排球、田径3个项目，训练器材有篮球、排球等。1984年至1989年，训练器材有武术地毯、乒乓球台、摔跤垫子、柔道垫子、杠铃、弓等10种。2002年4月至2015年，训练器材有拳击台2副、摔跤垫子1块、柔道垫1块、武术地毯2块，乒乓球台12张，散打擂台3副、剑道4副、拳击擂台2副、跆拳道垫2块、杠铃50副、多功能训练器30件，单杠6副、双杠6副，檑木6副、弓30张。

3.学生餐厅

1970年12月，学生使用泰安地区体委职工食堂就餐，二层，建筑面积565.56平方米。2002年6月，市体校迁至东岳大街168号。2012年9月启用新建学生餐厅，面积1200平方米，可容纳300人就餐。餐厅设办公室、洗刷消毒间、预处理间、食材库及男女更衣室各1间，操作间2处，

三、训练

（一）机构

1978年，学校设训练处，柴景孟任主任。1992年5月，市编委印发《关于市体育运动学校内部机构设置的批复》，市体校训练处改为科研训练科。1993年，梁秉园任科研训练科科长。1999年，王振民任科研训练科科长。2005年，李燕任科长。2009年始，王洪年任科长。2011年，市编办印发《关于市体校内部机构设置的批复》，原科研训练科改为训练科。至2015年12月未变。

（二）招生选才

1978年12月，学校制订寒假、暑假、春季运动会、秋季运动会定时招生选才制度。制度主要内容是，由各县级体委提前组织选拔，确定好日期，学校组织教练员前往招生选才；对于基层教练员、体育教师、社会热心人士发现推荐的优秀体育苗子随时招生选才；对于选拔的体育苗子，在地区级体校进行15～30天专项试训、文化考试。同时进行身体素质、专项素质测试、身体（身高、体重、指间距、肩宽、上下肢比、腿长比、跟腱长、皮脂度）形态测量、骨龄测试。专项试训和文化考试合格者录取为地区级体校学生。至2015年12月未变。

（三）训练制度

1978年12月，学校按照《山东省青少年业余体育学校工作几项规定的意见》，实行半天文化学习，半天体育训练制度，早上晨训1小时，下午训练2.5小时，晚自习二节，寒假、暑假、节假日全天训练。至2015年12月未变。

（四）训练项目

1978年，学校开设篮球、排球、田径、举重、射击5个项目。1984年至1989年，增设武术、乒乓球、摔跤、柔道、射箭5个项目。2002年4月至2015年，增设散打、手球、击剑、拳击、跆拳道、赛艇、皮划艇7个项目。至2015年12月，学校开设田径、举重、古典式摔跤、自由式摔跤、柔道、跆拳道、拳击、篮球、排球、足球、乒乓球、手球、羽毛球、橄榄球、射箭、武术套路、武术散打17个训练项目。

（五）训练考核

1.基本考核

1978年，学校没有体育基本考核统一评分标准。考核以教练员经验为主，以简单的身体素质测验为主。1985年起，按照各项目青少年训练大纲进行考核。1998年，市体校在每年冬训前（11

月初），冬训后（3月底至4月初），按照山东省中等体育运动学校体育专业招生考试标准对全校学生进行达标测试，主要测验冬训后的成绩提高情况。基本考核项目有100米、立定跳远、原地推铅球、800米跑4项。基本考核达标标准是合格30%、良好40%、优秀30%。至2015年12月，市体校对4500名学生进行训练基本考核，其中优秀1350人，良好1800人，合格1350人。

2.专项考核

1978年12月，专项考核没有统一评分标准，以教练员目测为主。1998年，市体校在每年冬训前（11月初），冬训后（3月底4月初），按照山东省中等体育运动学校体育专业招生考试标准对全校学生进行达标测试。对学生体育专项考核有田径、举重、国际式摔跤、柔道、篮球、排球、足球、武术、散打、拳击、跆拳道、射箭、赛艇、乒乓球、手球15个项目。专项考核达标标准是合格40%、良好40%、优秀20%。至2015年12月，市体校对4500名学生进行体育专项考核，其中优秀900人，良好1800人，合格1800人。

（六）训练管理

1978年12月，学校按照泰安地区体委“向单项要金牌”的战略部署，组建举重队、射击队，实行运动成绩台阶奖励制度。1989年，市体校实施“三化”（思想教育系列化、学校管理制度化、教学训练规范化）措施，在全省同行业率先实行教职工结构工资制，奖优罚劣。1991年10月，山东省教委、山东省体委对市体校办学水平进行评估，经评估验收合格。

1996年，市体校实行“教练员任期目标责任制”，以山东省运动会为周期确定教练员目标任务，教练员竞聘上岗，实行风险金抵押，完不成目标任务者予以解聘，形成教练员能上能下的用人机制。

2000年，市体校实行单项训练管理中心承包责任制，成立武术、散打、跆拳道、拳击训练管理中心。2003年至2008年，市体育局改革训练管理模式，成立篮球、排球、足球3个训练中心，隶属市体育局训练科管理。市体育局训练科负责文化课入学测试、技能素质测试、文化课考试。2009年底，篮球、排球、足球3个训练中心撤销，教练员、运动员返回市体校。同年，市体校成立训练中心、球类训练中心、田径训练中心、拳击跆拳道训练中心。训练中心负责举重、国际式摔跤、柔道、击剑、赛艇、皮划艇、射箭、武术、散打9个项目的训练管理。球类训练中心负责篮球、排球、足球、手球4个项目训练。田径训练中心负责田径、羽毛球、乒乓球、自行车4个项目的训练管理。拳击跆拳道训练中心负责射击、拳击、跆拳道3个项目的训练管理。2011年起，市体校试行“球类打省运”“振兴重竞技”“扶持新项目”三大项目训练创新，推出“摘星奖”（单项3至4枚金牌、集体项目6 至9枚金牌）“奔月奖”（单项5至7枚金牌、集体项目10至13枚金牌）“追日奖”（单项8枚金牌以上、集体项目14枚金牌以上）三项奖励制度，重奖有突出贡献的教练员、运动员。

2013年5月，为备战省第二十三届运动会，实行各中心、教练员任务目标风险责任制，明确田羽中心、 拳跆中心、篮手中心等6个训练中心的权利义务和责任，提出了争创金牌19枚、输送20人、得分870的目标任务，并把目标任务分配到单位和责任人，实行责任风险抵押制、项目中心负责制。凡承担任务的单位、个人，均缴纳风险金3000元，制订经费使用、奖励办法，并签订合同。实施此制度，各中心取得显著成绩。训练中心获金牌14.5枚，目标完成率76.3%；拳跆中心获金牌4枚，目标完成率57.1%；田羽中心获金牌3枚，目标完成率50%；篮手中心获金牌10.5枚，目标完成率65.6%；排管中心获金牌10枚，目标完成率95.2%；足管中心获金牌11.5枚，目标完成率92%。

2014年，市体校实行教育、体育结合，主力在内、非主力在外的模式，省以上专业队代训模式，整体引进模式，托管模式等训练管理制度。

至2015年12月，市体校训练管理办法未变。

四、文化课教学

（一）机构

1978年12月,泰安地区重点业余体育学校设教导处，韩惠武兼任主任。1992年5月，市体育运动学校教导处更名为教务科，夏淑媛任负责人。1995年10月，高蕴生任教务科科长。1998年11月，孙岩松任教务科科长。2005年3月，陈铭任教务科科长。2010年4月，赵兵任教务科科长。至2015年12月，市体校教学机构未变。

（二）教学大纲 课程设置

1.教学大纲　1978年，泰安地区重点业余体育学校使用教育部指定教材，其中初中使用人民教育出版社出版的中小学文化教材，高中使用山东人民出版社出版的文化教材，授课内容按照国家中小学及中专阶段教学大纲进行。1992年起，初中部使用人民教育出版社九年制义务教育教材，中专部使用山东省人民出版社教材。至2015年12月，学校使用教材未变。

2.课程设置　1978年，学校设有初中部、高中部，开设语文、数学、外语、政治、历史、地理、物理、化学8门课程。1985年，高中部改为中专部，教务科下设文科教研组、理科教研组、中专术科教研组。开设课程有初中语文、数学、英语、政治、地理、历史、物理、化学及中专术科组的篮球、足球、排球、田径、武术、体育学、保健学和体育心理学等教学科目。2010年，学校增设小学五年级，课程设语文、数学、外语、国学、思想品德等6门课程。至2015年12月，学校课程设置未变。

（三）考试

1978年至1991年，学校按照义务教育要求考试，分学期考试和学年考试。1992年起，初中部学生参加当地城区中小学统一期末考试。中专部学生参加全省中等专业学校文化课统一考试。2008年，学校参加省体育局组织的运动员赛前文化测试。2010年,在教练选材、体能测试、入学文化课考试三方面，统一标准,统一考核,统一入校，保证学生基本文化水平。2015年12月，学校在册学生600余人，设8个教学年级12个教学班。

（四）教学管理

1.教学时间　1978年12月，学校教学时间为上午4节课，下午为训练时间，晚上2节课，每周30个教学学时。至2015年12月，市体校教学时间未变。

2.教学管理　1978年，学校教导处制订《学生日常行为规范》《学生考勤制度》。1996年，制订《泰安市体校运动员量化管理考核细则》。2008年，制订《学生评教方法》。

3.教师教学管理　1978年12月，学校制订《教师一日常规》《教师备课基本要求》等3项制度。1992年5月，制订《文化教师量化考核实施细则》等8项制度。2008年，集中对管理制度进行修改完善。

至2015年12月，市体校建立教学管理规章制度37项。

五、运动员输送

（一）输送骨干运动员

1978年至2015年，泰安市体校（泰安地区体育中学）培养输送的运动员中入选国家队参加奥运会、世界杯赛、世界锦标赛、亚运会、亚洲锦标赛等国际体育赛事的骨干运动员21人，参加比赛55次。

1.参加奥运会

2000年9月至10月，第二十七届奥运会在澳大利亚悉尼举行。王银行入选中国奥运代表团参加男子50公里竞走比赛获第十三名。2008年8月，第二十九届奥运会在北京举行。赵庆建获武术（表演项目）金牌。

市体校成立至2015年，有2名运动员入选中国奥运代表团参加2届奥运会。

2.参加世界锦标赛、世界杯赛

（1）世界锦标赛

1984年5月，第十届世界青年举重锦标赛在意大利里雅其特举行，韩洪臣获男子52公斤级抓举铜牌、挺举第五名、总成绩第五名；李炳军获男子82.5公斤级抓举第九名、挺举第八名、总成绩第九名。1986年1月，香港国际马拉松赛在中国香港举行，温衍敏获女子组金牌。同年3月，首届国际举重联合会“维诺尼亚杯”女子举重锦标赛在匈牙利布达佩斯举行，魏霞以125公斤获44公斤级总成绩金牌。1988年3月，国际公路越野锦标赛在澳大利亚举行，李秀霞获女子团体银牌。1989年5月，太平洋国际马拉松赛在美国长滩举行，温衍敏获女子组金牌。1989年9月，第五十九届世界举重锦标赛在希腊雅典举行，李炳军获男子90公斤级抓举第九名、挺举第十名、总成绩第九名。1990年2月25日，第七届国际马拉松异程接力赛在日本举行，李秀霞获铜牌。

1990年5月至6月，第四届世界女子举重锦标赛在南斯拉夫联盟萨拉热窝举行，王根英获女子67.5公斤级抓举、挺举、总成绩3枚金牌。1994年11月，世界杯举重锦标赛在土耳其伊斯坦布尔举行，闫仲军获男子59公斤级挺举第九名。2003年11月，第七届世界武术锦标赛在中国澳门举行，赵庆建获男子长拳、男子对练2枚金牌。2006年7月至8月，第四十九届世界射击锦标赛在克罗地亚萨格勒布举行，刘中生获男子手枪速射团体冠军。2007年11月，第九届世界武术锦标赛在北京举行，赵庆建获武术套路男子刀术金牌。2013年11月。第十二届世界武术锦标赛在马来西亚举行，卞庆各获男子散打90公斤级金牌。

1978年至2015年，学校输送韩洪臣、李炳军、温衍敏、魏霞、李秀霞、李炳军、王根英、闫仲军、赵庆建、刘中生、卞庆各共11名运动员参加举重、马拉松、射击、武术散打、公路越野5个项目世界锦标赛，获金牌9枚、银牌1枚、铜牌2枚、1个第五名、1个第八名、3个第九名。

（2）世界杯赛

1985年10月，第四届田径世界杯赛在澳大利亚堪培拉举行，李秀霞获女子3000米第五名。1997年5月，射击世界杯赛在韩国汉城（首尔）举行，刘中生获男子手枪速射第七名。2003年10月，女子摔跤世界杯赛在日本东京举行，苏会华参加63公斤级比赛，获女子自由跤团体第五名。2004年10月，女子摔跤世界杯赛在日本举行，贾亚峰获自由跤63公斤级铜牌。2010年5月，第二十四届竞走世界杯赛在墨西哥奇瓦瓦举行，杜云鹏获男子50公里竞走团体金牌。2014年11月，第七届武术散打世界杯赛在印度尼西亚雅加达举行，卞庆各获男子散打90公斤级金牌。

1978年至2015年，学校6名运动员参加马拉松、射击、武术散打、摔跤等4个项目世界杯比赛，获金牌4枚、银牌1枚、铜牌1枚、2个第五名、2个第七名、1个第八名、1个第十一名。

3.参加亚洲运动会 亚洲锦标赛 亚洲杯赛

（1）亚洲运动会

1986年9月至10月，第十届亚运会在韩国汉城（首尔）举行。市体校马拉松运动员温衍敏（女）入选中国体育代表团参加并获铜牌1枚，成为泰安体育史上参加亚运会第一人。1990年9月至10月，第十一届亚运会在中国首都北京举行，田径运动员纪荣新入选中国体育代表团参加，获男子十项全能第四名。1994年10月，第十二届亚运会在日本广岛举行，郭卫东入选中国亚运代表团男子手球队参加获铜牌。1998年12月，第十三届亚运会在泰国曼谷举行，王银行入选中国亚运代表团参加，获男子50公里竞走金牌。2002年9月至10月，第十四届亚运会在韩国釜山举行，马卫国获男子赛艇八人单浆金牌。1978年至2015年，学校温衍敏（女）、纪荣新、郭卫东、王银行、马卫国5名运动员入选中国亚运代表团参加5届亚运会，获金牌2枚、铜牌2枚、第四名1人。

（2）亚洲锦标赛

1985年4月，第十七届亚洲举重锦标赛在杭州市举行，李炳军获男子82.5公斤级抓举银牌、挺举金牌、总成绩金牌，打破挺举全国纪录。1985年9月，第六届亚洲田径锦标赛在印尼雅加达举行，李秀霞获女子3000米银牌。1986年，第十八届亚洲举重锦标赛在印尼雅加达举行，刘强获男子56公斤级抓举、总成绩2枚金牌。1988年6月，第二十届亚洲举重锦标赛在广东省东莞市石龙镇举行，李炳军获男子82.5公斤级抓举银牌、挺举铜牌、总成绩铜牌，并打破该级别挺举、总成绩全国纪录。1996年12月，亚洲手球锦标赛在泰国曼谷举行，中国队获男子手球银牌，郭卫东参赛。1998年7月，第十二届亚洲田径锦标赛在日本福冈举行，王银行获男子20公里竞走第四名。2001年6月，第十五届亚洲自由式摔跤锦标赛在蒙古乌兰巴托举行，苏会华获女子自由跤62公斤级银牌。2003年9月，第十届亚洲赛艇锦标赛在广州市举行，马卫国获男子双人单桨金牌。2004年5月，亚洲女子自由式摔跤锦标赛在日本举行，苏会华获女子自由跤63公斤级银牌。2005年3月，亚洲室内田径锦标赛在天津市举行，黄静获女子800米银牌。2006年4月，第十九届亚洲摔跤锦标赛在哈萨克斯坦阿拉木图举行，苏会华获女子自由式摔跤63公斤级金牌；刘海鑫获女子自由式摔跤55公斤级银牌。2013年9月，第十五届亚洲赛艇锦标赛在安徽省六安市举行，宗鹏获男子八人单浆有舵手金牌。

1978年至2015年，学校有10名运动员入选中国亚运代表团参加亚洲锦标赛13届，获金牌6枚、银牌8枚、铜牌1枚、第四名1人。

（3）亚洲杯赛

2003年12月，古典跤亚洲杯比赛在哈萨克斯坦举行，韩增峰获团体赛第四名。

（二）向省级及省以上体育专业队输送运动员

1979年至1983年，学校向山东省体育专业队输送运动员45名，其中省举重一队16名，举重二队8名，省田径队8名，省射击队13名，省篮球队1名。1985年，向省射击二队输送2名。1990年，市体校向省射击队输送1名，向省自由跤队输送1名。2000年，向省体育专业队输送15名，其中自由跤队5名、古典跤队3名、散手队2名、举重队1名、田径队1名、柔道队3名。2011年，向省柔道队、省举重队等8个体育专业队输送9名。2014年，向省举重队、省武术套路队、省排球队各输送1名。

1979年至2015年，学校向山东省体育专业队输送运动员184名。

1979—2015年市（地区）体校（泰安地区体育中学）向省及省以上体育专业队、体育院校输送运动员名单

表 11-13

时间	运动员姓名
1979—1983	魏　霞（女）　李炳军　韩洪臣　罗振国　许家振　段力峰　刘　强　陈　彬　王　亮　赵丰东　马学民　吴殿勇　杜庆亮　孔令军　李善伟　周延涛　赵　军　赵燕龙　范丽娟（女）　王丽娟（女）　卫建华（女）　殷发雷　刘　敏　纪荣新　李秀霞（女）　温衍敏（女）　刘长勇　李明才　王银行　修振辉　王金凤（女）　段文强　沈爱军　孙宇文　闫　林　刘中升　张景文　殷凡勇　李恒军　王红梅（女）　王　蕊（女）　刘传梅（女）　李　海　崔家龙　周玉兰（女）
1984	许银海　梁建梅（女）
1985	张振军　赵彤彤（女）
1986	左　超
1989	吴兆生　李岱强　魏　丽（女）　苏会华（女）　王云安　闫仲军
1990	刘　超　吕　军
1991	张庆利　安广廷
1992	屠　翔　刘　震
1993	陈德龙　孙　军　徐西安　罗　娜（女）　韩静文（女）
1994	陈德虎　谢　鹏　吴绪立　房　峰　范丽娟（女）　李　林　孔凡成
1995	牛申刚　沈　伟　李东波　孙俊涛　韩增峰　许为平　辛　雷　赵　亮　孙　皓　李克新　董　晶（女）　张　静（女）　郑新强　赵　龙
1996	王　华　杨　松　李庆旺　苏有华　刘昊　戚　斌　张现勇　郑玉秀（女）　安　东
1997	尹　伟　马卫国　林　琳（女）　李　萍（女）　张　璐（女）　王　鲁
1998	苏会华　于海峰　张国栋　李　娟（女）　王洪军　胡晓娟（女）
1999	张　璐（女）　马卫国　米　明（女）　郭　锐　王　伟　王丽娟（女）　王苗苗（女）　刘宁宁（女）　戚　斌　马　勇　胡晓娟（女）
2000	李强仁　徐　肃　张国龙　李　晶　李　萍（女）　杨前广　王　涛　王亚囡（女）　刘娟娟（女）　黄　静（女）　宁　斌　孙兴旺　王大雷　王　勇　袁振龙
2001	贾亚峰（女）　刘　琳　王金凤（女）　刘传栋
2003	郭义国　张晓磊　杜启健
2004	马　勇　王大雷　李　娜（女）　孙亚楠
2005	王　涛　吴广健　吴光建
2006	刘秀玲（女）　张　攀（女）　高方青（女）　张　颖（女）
2007	杨　鹏

续表 11-13

时　间	运动员姓名
2008	胡　凯
2010	王芳玲（女）
2011	冯猛猛　蒋　婷（女）　刘建民　欧阳小霞（女）　银　山　翟　超　张苑琳（女）　卞庆各　张瑞峰
2012	胡　凯　李学文（女）　苏宪丽（女）　杨樱桃（女）　殷盼盼（女）　韩继江　王士开
2013	高　燕（女）　高继燕（女）　纪恩丽（女）　严德祥
2014	向利莉（女）　李　壮　张　倩（女）
2015	李洪凤（女）　聂天成　严德祥　葛　浩　姜子佩

（三）优秀毕业生

泰安地区重点业余体育学校1980年毕业生杨慧2004年担任山东师范大学妇委会主任兼体育学院工会副主席；2015年担任山东师范大学公共管理学院党委书记。1982年毕业生安穆雷2015年担任山东省体育运动学校校长。1984年毕业生郭卫东参加中国人民解放军晋升为正师级干部、八一女子手球队队长。泰安市体育运动学校1986年毕业生纪荣新2012年担任省体育中心省体育场书记、2015年担任省体育中心省体育场场长。1993年输送的毕业生陈德龙在北京体育大学训练，后担任北京体育大学竞技体校摔跤主教练。1996年输送牛申刚进北京体育大学训练，后担任北京市男子摔跤主教练；杨松到省体校摔跤队训练，后转入省散打队担任教练。至2015年12月，市体校毕业生担任处级以上的干部15人，担任省以上运动队的教练员20人。

六、比赛成绩

1984年至1989年，学校输送运动员参加亚洲以上比赛获金牌4枚、银牌2枚、铜牌2枚。1990年至1995年，市体校输送运动员参加亚洲以上比赛获金牌2枚、银牌2枚、铜牌2枚；2000年至2003年，获金牌5枚、银牌3枚、铜牌1枚。2004年至2008年，获金牌6枚、银牌3枚、铜牌3枚。2009年至2014年，获金牌7枚、铜牌1枚。至2015年12月，市体校运动员参加亚洲以上比赛获金牌24枚、银牌10枚、铜牌9枚。

第四节　泰安市体育中心

1992年12月，市委、市政府决定建设泰安市体育中心。同时，将体育场工程列入1993年市委、市政府为群众办的10件实事之一。1993年2月12日，市人民政府下发《基建定点通知》，决定在泰城西郊104国道以北建设市体育中心。4月27日，成立由一名副市长为组长，两名副市长为副组长的市体育中心筹建领导小组。4月28日，市委、市政府在市体育场工地举行奠基仪式。市委副书记、市长张知平作动员讲话。工程于10月31日竣工。市体育场容纳观众3.5万人，时为山东省第二大体育场、全省地市级规模最大体育场。第七届泰山国际登山节前夕，原中顾委常委李德生、全国政协常委梁步庭，省委副书记、副省长李春亭，副省长张瑞凤、王玉玺到市体育场视察，给予充分肯定。9月6日，第七届泰山国际登山节开幕式在新建泰山体育场举行。泰山体育场主体竣工后陆续建设配套场馆，至2014年建有泰山体育场、综合训练馆、网球馆等6个场馆，具备承办国际、国家级专业体育赛事的条件。

2000年、2001年、2004年，市体育中心先后3次被中国足协授予足协杯优秀赛区。2009年被第十一届全国运动会组委会授予中华人民共和国第十一届运动会优秀场馆、优秀赛区称号。至2015年，被评为市级文明单位7次。

一、机构 人员

（一）机构

1993年11月，市编委印发《关于成立泰安市体育中心的批复》，同意成立市体育中心，为全额拨款独立事业单位，编制暂定10人，隶属于市体委。职责是负责市体育场馆的管理，承办各类大中型体育赛事和文体活动。2004年，按副县级标准配备干部。2014年6月，市编办印发《关于市直机关事业单位精简压缩编制的通知》，精简压缩编制1人，精简后编制9人，暂按副县级标准配备干部（副县级主任、支部书记各1人），职责是负责体育场地的管理及紧急避险，承办各类体育赛事和大中型群众体育活动。至2015年12月，市体育中心机构、职责未变。

（二）人员

1993年12月，石柱清任主任（兼），管理人员9人。1995年8月，梁京祥任党支部书记。1998年6月，刘光辉任主任，管理人员11人。2000年12月，段传兴任党支部书记。2003年7月，侯卫东任党支部书记。2004年7月，彭国胜任主任（兼），管理人员12人。2006年3月，陈占峰任党支部书记。2008年12月，杨振德任主任，管理人员13人。2012年11月，邓岩任党支部书记。

1993—2015年泰安市体育中心负责人情况表

表11-14

时　间	单位名称（级别）	职　务	姓　名	任职起止年限
1993.11—2004.7	泰安市体育中心 泰安市体育中心党支部	主　任	石柱清（兼）	1993.12—1998.6
		党支部书记（正科）	梁京祥	1995.8—2000.7
		主任（正科）	刘光辉	1998.6—2004.7
		副主任	刘光辉	1993.12—1998.6
			段传兴	1993.12—2000.12
			侯卫东	2000.6—2003.7
			费建文	2000.6—2001.8
2004.7—	泰安市体育中心 泰安市体育中心党支部（按副县级标准配备干部）	主　任	彭国胜（兼）	2004.7—2008.12
		主　任（副县级）	杨振德	2008.12—
		党支部书记	段传兴（正科级）	2000.12—2003.7
			侯卫东（正科级）	2003.7—2006.3
			陈占峰（副县级）	2006.3—2012.11
			邓　岩（副县级）	2012.11—
		副书记	杨振德	2009.11—

续表 11-14

时 间	单位名称（级别）	职 务	姓 名	任职起止年限
2004.7—	泰安市体育中心 泰安市体育中心党支部（按副县级标准配备干部）		孙岩松	2009.11—
		副主任	杨峰昌	2001.8—2008.6
			张 华	2003.7—2009.11（副科级） 2009.11—（正科级）
			闫 懿	2008.8—2013.8（副科级） 2013.8—（正科级）
			刘金玲	2008.8—2013.8（副科级） 2013.8—（正科级）

二、市体育中心建设

（一）筹建领导机构

1993年2 月，泰安市人民政府下发《基建定点通知》，决定建设泰安市体育中心。 4月，市政府成立市体育中心筹建领导小组，并成立筹建领导小组办公室，办公室下设综合处、规划施工处、资金筹集处、宣传处。市体育中心筹建领导小组由一名市委常委、副市长任组长，市政府副市长于连荣，泰安军分区司令员陈来锁,葛树新，市政府秘书长王庆泗、泰山区政府区长李金明任副组长。于连荣兼办公室主任，具体负责市体育中心施工建设工作，由昌菁、石柱清任办公室副主任。沈荣勤任现场总指挥，石柱清、何道明、丁左孝、王永征、刘铁任现场副总指挥。沈荣勤任总设计。

（二）土地征用

1993年2 月,泰安市人民政府《基建定点通知》，同意市体委在104国道以北、枣行村以东占用粥店办事处枣行村、高王寺村、泰前办事处王家庄村土地约600亩，作为体育中心建设用地。本期先征用枣行村土地约150亩建设体育场。市体育中心建设实际征用土地253.89亩，其中高王寺村106.14亩，枣杭村109.982亩，王家庄村29.73亩，大佛寺村8.04亩。用15天完成丈量、迁坟、移树等全部征地手续。

（三）资金筹集

建设市体育场总投资预算3480万元，其中征地16.7公顷，每亩1万元，需资金250万元；地面附着物需资金130万元，整平场地、修建主体工程1650万元；体育场内外设施及配套工程1450万元，实际投入2641.42万元。

1.财政投入。1993年2月，市体育中心筹建领导小组印发《关于印发泰安市体育场建设实施方案和施工方案的通知》，计划市财政连续两年安排体育场建设专项经费，每年150万元，共300万元。市直机关各部门团体（包括下属事业单位）和驻泰安省以上事业单位，按照各单位当年预算外资金总收入的2%交纳体育设施建设费。各县（市、区）、各乡镇，各大企业承担有偿施工任务。体育场建成后，根据各县（市、区）对体育场建设的投资情况，分配给各县（市、区）部分房间作为驻泰安的办事处，无偿使用20年。登山节广告费、门票收入、发行体育彩票的部分资金用于征地费用。泰山体育场建设工程实际到位资金1424.32万元。

2.各工程段投入。各工程段施工单位共投资1217.1万元，其中泰山区工程段136万元，郊区工程段122万元，新泰市工程段266.3万元，肥城市工程段298.8万元，宁阳县工程段220万元，东平县工程段174万元。

3.捐款。工程先后收到主要捐款8笔，其中市人行8.7万元，市农行10万元，市建行10万元，市工商行10万元，市中国银行5万元，市信托投资公司5万元，市保险公司5万元，共收到单位、个人赞助、捐款53.84万元。

1993年4月，市第一职业中专将市职业中专服装专业三年级48名师生捐赠的600元钱交给筹建处。

4.捐物。市电业局主动改架线路，安装变压器；泰安棉纺厂为建设工人无偿赠送汗衫、背心；市邮电局为工地架通电话线；市园林处派洒水车定时为工地送水；市热电厂运煤渣铺设路面。东平县木材公司送木材一宗，东平县金属公司送钢材一宗，东平县水泥厂送部分水泥，东平县面粉厂送部分面粉，东平县五金交电公司送到工地部分油漆、电线。工程先后收到单位、个人赞助捐物价值30万元。

1993年泰安市体育中心建设资金筹集情况表

表 11-15　　单位：万元

资金来源	金　额	备　注
市财政拨款	267	
体育局投入	31.7	
捐　款	53.84	单位捐款：53.7 万元 个人捐款：1394 元 （市第一职业中专学生捐款 600 元，从社会上募捐 794 元）
体育建设费	60.8	
广告费	45.48	其中，市电缆厂 5 万元，泰山石化公司 20 万元，市建行 4800 元，市酒厂 20 万元
彩票发行	443.5	
以资代劳	504.1	
预算外	17.9	
各工程段投入	1217.1	泰山区 136 万元 郊区 122 万元 新泰市 266.3 万元 肥城市 298.8 万元 宁阳县 220 万元 东平县 174 万元
合　计	2641.42	

（四）建设施工

1.建设办法及分工

市体育场建设实行全民共建、军民共建、专业队伍施工与群众队伍义务劳动相结合；分片包干，分工负责；各县（市、区）自带资金、自带材料、自带设备施工的办法。具体分工是：泰山区政府及粥店办事处、泰前办事处、体育场驻地4个村庄配合征用土地；泰山区政府、市政工程处完成拆迁、修筑进场道路；市建委负责清运浮土、土方回填义务劳动，负责测绘、地质、规划设计、施工定位放线、划分劳动包干地段；市电业局负责变电、输电、体育场照明设施建设；市邮电局完成通信设施安装；市广播电视局负责广播影视录像转播设备的安装；驻泰安部队、武警部队负责土石方爆破清运；市水利局负责场内排水渠的设计、施工；市委办公室、市政府办公室、市委组织部、团市委、市妇联、市工会、山东农业大学、泰山医学院、泰安卫校等单位组织义务劳动；市委宣传部、市广播电视局、泰安日报社、泰安电视台、泰安广播电台、省驻泰安三家主要新闻单位及时宣传报道；市土地管理局、财政局、物价局、审计局、各医疗单位、商业服务等单位参加体育场建设。

泰安军分区、驻泰安部队、武警泰安支队承担抢挖排水沟、抢修道路、清运土石方等急难险重任务，先后出动官兵1万多人次，车辆500多台次。驻泰安某部“双大功团”二营承担难度最大的改河工程，改建河道7560立方米，折合人民币7.56万元。

2.工程施工

4月28日，市公路局公路段第一台推土机开进工地，20支建筑施工队、2000余名工人参加工程会战。施工人员住工棚，睡地铺，顶烈日，冒酷暑，昼夜奋战。7月，汛期降雨，施工人员晴天一身汗，雨天一身泥，仍不停歇继续干；有些工人36个小时不住手，不合眼。

在施工中，打了“三个战役”：

第一战役，土石方施工会战。新汶矿务局工程处爆破队完成石方爆破6575立方米。根据现场地形，市公路局公路段负责将东侧土石方推向西侧，清挖土方83.58万立方米。

第二战役，钻孔灌注桩施工会战。由市水利勘测院、水文地质队、冶金勘测水文队三个单位负责市体育场主体工程钻孔灌注桩施工任务。山东冶金地质工程公司、新泰桩基公司钻孔灌注桩383立方米。

第三战役，主体工程会战。各县（市、区）建筑公司20支施工队，2000余名建筑工人参加施工，各单位施工人员自带设备、资金参加工程会战。4月28日开始施工，10月31日竣工。肥城市三支施工队承建体育场南大门1.43万立方米。新泰市施工队承担体育场背景台垒砌任务1.34万立方米。泰山区施工队承建南大门两侧区域建设0.68万立方米。郊区施工队承建体育场正北侧建设0.61万立方米。市一建公司承建主席台1.23万立方米。东平县超计划完成土石方工程250立方米。泰山区、郊区、新泰市、肥城市、宁阳县、东平县各大班子领导带着食品到工地慰问鼓励。副市长、市体育中心筹建领导小组副组长于连荣把办公室搬到工地上，通盘运筹，解决施工中遇到的困难问题，和工人们一起搬砖、和泥、推小车。

3.义务劳动

市直及泰山区、郊区各部门，驻泰安部队几万名军民先后参加义务劳动。市委办公室、市政府办公室、市委组织部、市妇联、市工会、山东农大、泰山医学院、泰安卫校等单位组织义务劳动3000余人次。市委副书记张树禹，市委常委、市纪委书记宋广吉，市人大常委会主任曲进贤，市政协主席杨庆蔚，市委常委、军分区政委宋明顺及市各大班子领导到工地慰问施工人员，参加义务劳动。市直、泰山区、郊区团委组织万名团员青年到工地参加义务劳动，挖土方，搬石头，平整场地，“洒一片汗水，献一片爱心”。驻泰部队、武警和军分区提出，要“汗洒体育场，建设我第二故乡”，共出动劳力1万多人次，车辆500台次。市建委义务清运浮土2000立方米，回填土方1000立方米。

（五）表彰

1993年11月6日下午2时，市委、市政府在新落成的泰山体育场召开竣工总结表彰大会。市委、市纪委、市人大、市政府、市政协、泰安军分区领导张知平、宋广吉、曲进贤、杨庆蔚、宋明顺、刘静海、史怀君、仲崇高、张北英、庞俊三、李凤明、孙继业、麦加藤、战守嵘、汤贵仁、陈来锁，54886部队首长张长生，市老领导曹礼琴、李元明、李杰、许希亮、周兴礼、谷前、张敬五、张敏行、杨海岩、盛钊、吴斌、李润生、郑建栋、郑洪超、林光、王锡禄、刘振健、周传贵、单德环、赵凤启参加并在主席台前排就座。在大会主席台前排就座的还有省体委主任曹学成及省体委燕志夫、毕建国、于阳周、韩澄亮。各县（市、区），新汶、肥城矿务局主要领导也在主席台前排就座。市委主要领导参加，市委副书记、市长张知平讲话。

会上宣读了市委、市政府《关于表彰泰山

体育场建设先进单位、先进个人的决定》，授予肥城市委、市政府等10个单位“泰山体育场建设特别贡献奖”，授予新泰市建委等40个单位“泰山体育场建设贡献奖”，授予泰安建筑工程公司等19个单位“泰山体育场建设施工先进单位奖”，授予中国人民解放军54886部队、泰安军分区等6个单位“泰山体育场建设军民共建先进单位奖”，授予共青团泰安市委等248个单位“泰山体育场建设先进单位奖”，给予沈荣勤等129人记大功奖励，给予张宝群等120人记功奖励，张谨增等398人被授予先进工作者称号。会上进行了航模表演。市内4万人参加表彰大会。

三、体育场馆

2015年，市体育中心建有泰山体育场、综合训练馆、网球馆、射箭靶场、链球场、健身广场场馆6处，建有山东省体彩培训中心、网球场附属用房等公务楼房。

2015年泰安市体育中心体育场馆及配套设施情况表

表11–16

场馆名称	竣工日期	占地面积（平方米）	建筑面积（平方米）	容纳观众人数（万人）	配套设施
泰山体育场	1993.10	36000	25000	3.5	田径场、足球场
链球场	2004.6	6000	6000		
射箭靶场	2005.7	4000	4000		
综合训练馆	2007.7	6600	13000		
网球馆	2013.5	3800	7000		
体育局医疗科研培训站	2001.12	800	780		锅炉暖气
网球场附属用房（望山庄园）	1996.12		3900	1500	锅炉暖气

泰山体育场　1993年10月，泰山体育场主体工程竣工，占地面积3.6万平方米，建筑面积2.5万平方米，位于体育中心中部。田径场设400米标准跑道，内场纵轴195米，横轴136米，东西看台3 6层，南北看台22层。全场容纳观众3.5万人，时为山东省第二大体育场、全省地市级规模最大体育场，可承办国内外大型体育比赛。

1994年，建设标准天然草坪足球场，改建足球场灯光、主席台遮阳棚、外场厕所、电子显示屏等配套基础设施。2000年，更新体育场足球场地草坪8000平方米，铺设体育场塑胶场地1.28万平方米。2009年，更新足球场草坪8000平方米，新建足球比赛用副场地4500平方米，安装观众座椅2.74万个，安装主席台音响系统2套，更换足球场专业灯具216个、电子显示屏1个（130平方米，其中全彩85平方米、双基色45平方米）；粉刷体育场外部墙体1.8万平方米，铺设路面1.3万平方米，完善绿化美化7000平方米。配备足球场剪草机2台、画线机1台。2014年，配备草坪专用压路机1台，足球比赛用副场地铺设人造草坪4553.38平方米。

综合训练馆　2004年3月，市体育局成立综合训练馆建设领导小组，市体育局副局长任广中任组长，纪检组长张吉庆、副调研员罗文新任副组长。2004年9月，综合训练馆开工建设，2007年7月通过验收使用，占地面积6600平方米，建筑面积1.3万平方米，投资2300万元，其中市财政拨款1200万元，市体育局自筹950万元，市体校投入150万元。馆内建有游泳馆、网球馆、武术散打跆拳道馆、空手道馆、篮球排球馆、手球馆、举重馆、摔跤馆、柔道馆、器械健身房及五层的办公区域。馆内附设办公区、运动员接待中心及训练服务区，是集训练、竞赛、健身、休闲娱乐为一体的综合场馆，可进行国家、省级运动员集训、市体校学生训练。

网球馆　2011年5月，市体育局成立任广中任组长、杨振德任副组长的工作班子负责建设。2013年5月，网球馆竣工投入使用，建筑面积3800平方米，投资800万元，其中省体育局拨付300万元，市体育局体育彩票资金500万元。馆内建有4片国际标准丙烯酸网球场地，配备专业灯光设施及3层的服务配楼。2014年6月，网球馆被山东省小球管理中心评为山东省网球训练基地。

全民健身广场　2013年12月，市体育局成立杨振德任组长的工作班子负责建设，2014年8月8日竣工使用，并免费对公众开放。健身广场内设球类广场、足球副场地及健身长廊，占地面积8550平方米，投资538万元，其中球类广场投资340万元，建筑面积3900平方米，包括4片标准篮球场地、4片3人制篮球场地、1片笼式足球场；足球副场地投资180万元，建筑面积4000平方米，包括1片南北向标准足球场地或2片东西向七人制足球场地；健身长廊投资18万元，建筑面积650平方米，健身器材21套。广场安装400瓦金属卤化物灯光92个、监控17个，可全天候健身。

市体育局医疗科研培训站（原市体育中心办公楼）　2001年3月开工建设。同月，市体育中心成立刘光辉任组长、费建文任副组长的工作班子负责建设。工程于12月竣工投入使用，建筑面积780平方米，投资86.5万元。2007年8月，市体育中心办公室搬至综合馆。2008年1月，租赁给市公安局城管支队使用。2012年，经市体育局批准用于市体育局医疗科研培训站办公。2013年7月，市体育局投资304.5万元进行内外装修及设备家具购置。

网球场办公附属用房（望山庄园酒店）　1996年3月开工建设。市体育中心成立刘光辉任组长，段传兴任副组长的工作班子负责建设。同年12月竣工投入使用，建筑面积1500平方米，投资37万元，建成后为市体育中心办公场所。2002年3月，市体育中心办公室搬至现省体育局体育彩票培训中心。2010年9月对外租赁。

四、运营情况

（一）承办大型赛事

市体育中心所属泰山体育场、综合训练馆承担市内体育竞技赛事任务，并承办部分国际、国家级专业体育赛事。至2015年12月，共承办国际赛事7项，国家赛事16项，省级赛事18项，市级赛事31项，累计承办各类赛事308项次。

1996—2015年泰安市体育中心承办市级及市级以上主要体育赛事情况表

表11-17

时间（年月）	比赛名称	主办单位	观众人数（万人）	举办场馆
2007.4	亚洲第十九届女子第三十八届男子举重锦标赛（训练场地）	亚洲举重联合会		综合馆
2000.6	中国“足协杯”鲁能主场足球赛（1/8、1/4）	中国足协	2	市体育场
2000.6	中国—朝鲜足球邀请赛	中国足协	0.9	
2001.8	“足协杯”鲁能俱乐部主场（1/4 、1/2）	中国足协	2.1	
2001.9	中国—韩国男子足球邀请赛	中国足协	0.7	

续表 11-17

时间（年月）	比赛名称	主办单位	观众人数（万人）	举办场馆
2001.8—10	中国足球乙级联赛“九巨龙”主场赛	中国足协	0.4	市体育场
2002.5	全国青少年田径锦标赛	中国田协	0.2	市体育场
2002.8—10	中国足球乙级联赛“九巨龙”俱乐部主场赛	中国足协	0.2	市体育场
2003.5	中国—韩国男子足球赛	中国足协	0.5	市体育场
2003.5	中国—尼日利亚女足球赛	中国足协	0.5	市体育场
2003.8—10	全国乙级联赛“九巨龙”俱乐部主场赛	中国足协	0.2	市体育场
2004.5—8	中国“足协杯”鲁能主场赛	中国足协	1.1	市体育场
2004.5	中韩足球赛	中国足协	0.8	市体育场
2004.10	中国“中超杯”鲁能主场赛	中国足协	1.2	市体育场
2004.8—10	全国乙级联赛“九巨龙”俱乐部主场赛	中国足协	0.5	市体育场
2006.9	全国女子足球联赛 4 场及 16 支队伍的训练场地	中国足协	0.7	市体育场
2006.9	全国竞走锦标赛	中国田协		市体育场
2008.7	全国青少年竞走锦标赛	中国田协	0.5	市体育场
2009.3	全国运动会足球测试赛	中国足协		市体育场
2009.7—10	全国运动会男子足球 (U16) 小组赛和 9—12 名决赛	国家体育总局	1.5	市体育场
2010.9	中国足球男子青年队—巴林中青队足球赛	中国足协	0.6	市体育场
2010.5	国家青年男子足球队集训	中国足协		市体育场
2014.7—10	万达广场全国女足联赛	中国足协	1.4	市体育场
2015.4	“明日之星”全国青少年网球训练营	中国网协		网球馆
2015.5	全国田径老将锦标赛	国家体育总局		市体育场
2015.8	“中国龙”全国业余网球联赛泰安站	中国网协		网球馆
1996.11	山东—韩国庆上南道男子足球邀请赛	省足协	1	市体育场
1997.4	山东—江苏男子足球邀请赛	省足协	0.8	市体育场
1997.5	山东—日本神户男子胜利船足球邀请赛	省足协	1.4	市体育场
1998.5	鲁能—韩国男子邀请赛	省足协	1.5	市体育场
2009.8	山东省足球锦标赛	省体育局	0.2	市体育场
2011.5.31	“中国体育彩票杯”山东省第一届全民健身运动会暨第三届“百千万”岱岳赛区“九阳杯”篮球比赛	省体育局		训练馆
2011.6.1	“中国体育彩票杯”山东省第一届全民健身运动会暨第三届“百千万”岱岳赛区“九阳杯”乒乓球比赛	省体育局		训练馆

续表 11-17

时间（年月）	比赛名称	主办单位	观众人数（万人）	举办场馆
2011.9	“中国体育彩票杯”山东省第一届全民健身运动会乒乓球比赛暨山东省第三届“百千万”乒乓球总决赛	省体育局		训练馆
2013.2	山东省青少年越野赛	省体育局		市体育场
2013.3	山东省青少年武术套路锦标赛	省体育局		训练馆
2013.9	山东省田径锦标赛	省体育局		市体育场
2014	山东省第三届老年网球运动会	省老年体协		网球馆
2015.10	省青少年田径锦标赛	省体育局		市体育场
1999.10	市第十二届运动会	市政府	0.8	
1999.5	市直机关第六届运动会田径比赛	市直机关工委、市体育局	0.7	
2001.4	市直机关第七届运动会田径比赛	市直机关工委、市体育局	0.8	
2003.10	市直机关第八届运动会田径比赛	市直机关工委、市体育局	0.8	
2005.4	市直机关第九届运动会田径比赛	市直机关工委、市体育局	0.9	
2001.10	市十三届运动会开幕式及田径赛	市政府	0.8	
2003.10	市十四届运动会开幕式及田径赛	市政府	0.8	
2005.9	市第十五届运动会	市政府	0.5	
2007.5	市直机关第十届运动会	市直机关工委、市体育局	0.4	
2007.10	市第十六届运动会开幕式及田径比赛、足球比赛	市政府	0.8	
2009.5	市直机关第十一届运动会	市直机关工委、市体育局、市房管局	0.4	
2009.9	市第十七届运动会	市政府	0.5	
2011.9	“岳海杯”泰安市第十八届运动会开、闭幕式、田径赛	市政府		
2011.10	市直机关“泰山玉杯”第十二届运动会	市直机关工委		
2013.10	市第十九届运动会暨第三届全民健身运动会开幕式、田径赛	市政府		
2013.10	市直机关第十三届运动会	市直机关工委、市体育局		
2015.5	市直机关第十四届运动会	市直机关工委、市体育局		
2015.10	市第二十一届运动会暨第四届全民健身运动会开幕式、田径赛	市政府		

（二）体育、文化活动

1993年9月6日，在市体育场举办第七届泰山国际登山节开幕式，至2015年共举办8届。2004年4月，在市体育场举办“音乐之声—M23”大型文艺晚会。2008年7月，北京奥运会火炬传递起点会场设在市体育场。2009年10月，全运会火炬传递活动终点会场设在市体育场。至2015年12月，承办市级及市级以上文体活动23次，累计承办各类文体活动80余项次。

1993—2015 年泰安市体育中心承办体育、文化活动情况表

表 11-18

时间	主办单位	活动名称	观众人数（万人）	举办场馆
1993.9.6	中国登山协会、中华全国体育总会、市政府等 4 家	第七届泰山国际登山节开幕式	2.1	市体育场
1994.9.6	中国登山协会、中华全国体育总会、市政府等 4 家	第八届泰山国际登山节开幕式	2.2	
1997.9.6	国家体委社会体育指导中心、市政府等 4 家	第十一届泰山国际登山节开幕式	2.3	
1998.9.6	国家体委社会体育指导中心、市政府等 4 家	第十二届泰山国际登山节暨第三届全民健身登泰山比赛开幕式	2.5	
2002.9.6	中华全国体育总会、中国登山协会、中国国际广播电台、市政府等 10 家	第十六届泰山国际登山节开幕式	2.0	
2003.5	市委宣传部	“同唱一首歌”文艺晚会	2.5	
2004.4	市委宣传部	“音乐之声—M23”大型文艺晚会	2.5	
2005.9.6	国家旅游局、中华全国体育总会、中国登山协会、中央电视台、市政府等 12 家	第十九届泰山国际登山节开幕式暨大型文艺晚会	1.9	
2005.9	市委宣传部	“韩国周”晚会	1.5	
2006.10	市委宣传部	“光彩泰山”巨星演唱会	2.4	
2008.7	市政府	北京奥运会火炬传递起点会场	3.0	
2009.10	国家体育总局	全运会火炬传递终点会场	3.0	
2011.9.6	国家旅游局、中华全国体育总会、中国登山协会、中央电视台、市政府等 12 家	第二十五届泰山国际旅游文化登山节暨 2011 中国泰安投资合作洽谈会开幕式	2.0	
2012.8		演唱晚会	2.4	
2012.9	国家旅游局、中华全国体育总会、中国登山协会、中央电视台、市政府等 12 家	第二十六届泰山国际旅游文化登山节暨 2011 中国泰安投资合作洽谈会开幕式	2.0	
2013.9	市政府	中国（泰山）国际矿业装备技术展览会展	1.0	
2014.4	中国网协	中国网球协会初级暨 ITF 一级教练员培训班	0.1	网球馆
2015.7	中国网协	中国网球协会初级暨 ITF 一级教练员培训班	0.1	网球馆

（三）日常训练

1993年11月，市体育中心成立后，按照竞赛训练计划履行职责。至2015年12月，市体校日常训练各类专业竞技项目体能训练1.8万人次，接待专业运动员5万人次，其中，接待国家体育总局、省体育局、市政府、市体育局组织的田径、足球专业赛事赛前训练及各项目体能集训1200人次，其他各类专业赛事赛前训练8000人次。

（四）商业活动

1995年起，探索开拓场馆商业赛事开发，先后承办甲级、乙级足球联赛、杯赛及国内外邀请赛。2009年起，利用泰山体育场、综合训练馆、网球场及中心广场等体育场馆资产，采用出租形式，承办文体演出、各种全民健身活动。2009年，市体育中心体育产业收入36万元，2010年收入42万元，2011年收入51万元，2012年收入64万元，2013年收入68万元，2014年收入94万元，2015年收入96万元。

1.展销

2012年3月，新晨报泰安编辑部在市体育中心广场举办春季车展，5000人参观。8月，中视时代北京国际文化传媒有限公司在泰山体育场举办演唱会，8000人观看。同年， 在市体育中心举办车展6次,演唱会1次，展销收入12.4万元。2013年4月，泰安市大齐文化传媒有限公司在市体育中心广场举办春季车展,4000人参观。8月，市经济合作局国际矿业集团在泰山体育场举办矿业装备展，1.5万人参观。同年，在市体育中心举办车展6次，矿业装备展1次，年展销收入18万元。2014年4月，泰安市琴海贸易公司在市体育中心广场举办厨具展，3000人参观。2014年6月，济南凯乐广告传媒有限公司在市体育中心广场举办烧烤晚会，2000人参加。年展销收入12.3万元。2015年，举办展销活动3次，年展销收入12.3万元。至2015年12月，客户在市体育中心举办车展、演唱会、科普展等活动26次。

2.租赁

2004年1月起，市体育中心将体育场部分房间租赁给市天马体育广告有限公司、中国移动通信集团山东有限公司泰安分公司、市公安局城管支队、泰安大成驾驶培训有限公司、泰山汇元出租汽车有限公司、岱岳区双文汽车配件销售部、市永佳汽车服务公司、市经典印刷有限责任公司、泰安卓易体育服务有限公司9家单位。2014年6月，将原楼房办公室及院落无偿给市体育彩票管理中心使用。至2015年12月，市体育中心向10家单位20家私营业主租赁房屋。

（五）场馆免费对外开放

2012年8月起，泰山体育场节假日对市内未成年人免费开放，提供健身场地、器材及技术指导。2014年8月，全民健身广场竣工，足球、篮球、田径、健身操、健身路径等项目免费对市民开放。

五、管理制度

1993年11月，市体育中心成立，按照管理到位、突出重点、便于操作的原则，逐步制订健全体育场地管理若干规定、公文办理及请示报告制度、值班制度、请销假及考勤登记、财务管理等8项制度。2004年，对管理制度修改完善、补充并汇编成册，印制《泰安市体育中心规章制度及岗位职责》一书。2014年，集中对管理制度进行修改完善。至2015年12月，建立健全各项规章制度47项，其中工作制度31项，场馆管理制度10项，党建工作制度6项。

第二章　社会团体

1953年10月，泰安工会办事处在泰安灵应宫路东建立职工俱乐部，负责体育工作。1956年，境内建立体育协会270家，有会员2.63万名，1982年，泰安地区有田径、篮球、足球、排球、举重5个体育协会。1987年6月，市体委调整田径、举重、射击等12家协会。1991年，市老年体协发展到469家，会员6.5万人。1996年，成立体育俱乐部12家。2000年，基层老年体协3756个，参加活动人数8.72万人。2002年9月，市武术协会成立。至2015年12月，随着行政区划改变及协会注销、变更、终止，市内有体育协会36家，体育俱乐部（研究院、中心、馆）86家；各体育协会参加国际、国家及省级比赛1210次。

第一节　协　会

一、概况

1956年，境内县级以上机关、百人以上的厂矿、企业和高等院校、完全中学、中等专业学校多数建立基层体育协会；初级中学建立基层体育协会占学校总数的70%；各县高级农业合作社建立15家体育协会。同年年底，泰安地区建立体育协会270家，其中，建立农村体协36家，教工体协和钟声体协80家，发展会员2.63万名。1957年，泰安地区建立体育协会300家，主要活动项目是广播操、乒乓球、篮球。同年，建立农村体协20家，发展会员660人。

1982年，泰安地区有田径、篮球、足球、排球、举重5个体育协会。1983年4月，泰安地区建立乒乓球、射击、武术运动协会，有8个体育协会。1984年9月，泰安地区老年人体育协会承办全国各省、市（区）老年体协运动员登山活动。中直机关、铁道部、北京、上海、泰安地区等32个代表队368人参加。1985年7月，泰安地区信鸽协会成立。1987年6月，泰安市体育运动委员会调整田径、举重、射击、乒乓球、摔跤、柔道、武术、篮球、排球、足球、桥牌、信鸽12家协会。

1991年，市老年体协组织发展到469家，会员6.5万人。1994年8月，市体育舞蹈协会成立。同年，市老年体育协会组织2605家，正式会员8.3万人，专、兼职干部1729名，辅导站、点1092个，常年开展体育项目32项，参加活动人数6万人。年内举办老年人门球、导引养生功、大秧歌等10个项目表演比赛100多次。1996年8月，市球迷协会成立。1998年6月，市篮球运动协会成立。

2000年，市内基层老年体协3756个，其中，村级老年体协组织3389个，老年体协活动辅导站、点3987个，参加活动人数8.72万人。2002年9月，市武术协会成立。2007年，市内成立单项体育协会8家。同年，市内建立老年体育协会4088家，建立门球、台球、太极拳等9个工作委员会。老年人活动站点4428处，活动人数18万人次，形成市、县（市、区）、乡镇、村四级组织网络。2009年，市体育舞蹈协会、市冬泳协会、市登山协会等4家协会成立。

至2015年12月，随着行政区划改变及协会注销、变更、终止，市内有体育协会36家，单位会员10家，个人会员260人。

2015年泰安市主要体育协会情况表

表11–19

社团名称	成立时间	单位地址	法人代表	审批单位	登记证号
泰安市信鸽协会	1985.7	山东农业大学动物学院	李　达	泰安市民政局	鲁社证字第J0058号
泰安市钓鱼运动协会	2006.11	泰安市岱宗大街46号	彭国胜	泰安市民政局	鲁社证字第J0246号
泰安市羽毛球运动协会	2010.1	山东农业大学体育馆	张开利	泰安市民政局	鲁社证字第J0301号
泰安市冬泳运动协会	2011.4	泰安市灵山大街276号	马玉柏	泰安市民政局	鲁社证字J0320号
泰安市围棋运动协会	2011.4	泰山区彩虹新苑物业楼二楼	许志彪	泰安市民政局	鲁社证字第J0323号
泰安市泰山景区老年人体育协会	2011.10	泰山区金山东街5号综合服务楼	张庆禹	泰安市民政局	鲁社证字第J0333号
泰安市航模运动协会	2011.10	泰安市泰山疗养院内	范国梁	泰安市民政局	鲁社证字第J0332号
泰安市网球运动协会	2011.11	泰安市体育局5楼	任广中	泰安市民政局	鲁社证字第J0335号
泰安市体育舞蹈艺术协会	2013.7	泰山区青年路56号	关　莉	泰安市民政局	鲁社证字第J00379号
泰安市社会体育指导员协会	2014.2	泰安市岱宗大街46号	苏有森	泰安市民政局	鲁社证字第J0396号
泰安市游泳协会	2014.4	市全民健身游泳馆	闫　松	泰安市民政局	鲁社证字第J0404号
泰安市广场舞协会	2014.6	泰山区财源大厦1110室	岳义敏	泰安市民政局	鲁社证字第J0409号
泰安市传媒体育协会	2014.6	泰安市泰山大街777号	兰乔瑾	泰安市民政局	泰民管社核字〔2014〕9号
泰安市跆拳道协会	2014.6	泰安市迎胜南路338号	娄汉新	泰安市民政局	鲁社证字第J0413号
泰安市够级运动协会	2014.7	泰安市红门路34号	高　峰	泰安市民政局	鲁社证字第J0416号
市自行车协会	2014.8	泰山区岱宗大街90号	金永友	泰安市民政局	鲁社证字第J0424号
泰安市体育发展促进会	2014.12	泰安市岱宗大街46号A13房	孙昭宝	泰安市民政局	鲁社证字第J0437号
泰安市国际象棋运动协会	2015.8	温泉路三友综合楼	张大圣	泰安市民政局	鲁社证字第J0457号

二、参加全国、全省比赛

1985年起，市信鸽协会每年参加国家幼鸽赛、国家鸽王赛、省联赛等比赛10余次。2008年，市国际象棋协会张曦文参加全国小棋王棋后赛女子10岁组比赛。同年，泰安6家体育协会参加国家级比赛。2010年2月，市信鸽协会等5家协会参加全国、全省比赛。2011年7月，市航模运动协会在莱芜市雪野参加山东省全民健身运动会第二届航天航空模型赛。2012年5月，市网球运动协会36人参加中国网协业余网球白金赛。同年，市网球运动协会等26家体育协会参加国家级比赛。2013年，市钓鱼运动协会、市网球运动协会等28家体育协会参加国家级、省级比赛。2014年11月，泰安传媒体育协会组织世界12个国家1.3万人参加首届泰山国际马拉松赛。

至2015年12月,泰安市各体育协会参加国际、国家及省级比赛1210次，其中国际比赛30次，国家比赛70次，省级比赛1110余次。

2005—2015年泰安市体育协会参加（举办）全国、全省比赛情况表

表 11-20

参赛（举办）单位	时间(年月)	比赛项目	比赛地点
市够级运动协会	2005	山东省豪门杯够级赛	
市信鸽协会	2006	举办国家赛、国家幼鸽赛、国家鸽王赛、国家品评赛、国家通信赛	
市国际象棋协会	2007	山东省象棋幼儿组比赛	
市国际象棋协会	2008	全国小棋王棋后赛女子10岁组比赛	
市信鸽协会	2010	举办“欧洲鸽展”世界500公里公棚赛	泰安市
市航模运动协会	2011.7	山东省全民健身运动会第二届航天航空模型F3C、F3A、遥控直升机任务赛	莱芜市雪野水库
市网球运动协会	2012.5	中国网协业余网球白金赛	
市网球运动协会	2012.9	2012ITF国际沙滩网球中国巡回赛	海南省三亚市
市钓鱼运动协会	2013.4	山东省钓鱼108排位赛	
市网球运动协会	2013.4	2013年“水井坊杯”中国大城市业余网球团体赛	南昌市
市钓鱼运动协会	2014.6	山东“齐鲁钓王”大赛	
市网球运动协会	2014.6	山东省友好城市网球协会团体邀请赛	潍坊市
市航模运动协会	2014.7	全国航天航空模型锦标赛	烟台市
泰安传媒体育协会	2014.11	举办首届泰山国际马拉松赛	泰安市
市够级运动协会	2014	山东省“天一”杯够级赛	
市体育舞蹈艺术协会	2014	第二十三届全国赛成绩业余十项全B组	
市够级协会	2015.10	全国第三届智力运动会	

三、部分体育协会简介

泰安市篮球运动协会　1982年，泰安地区篮球协会成立,单位会员5家。1983年4月，泰安地区篮球协会成员调整，尹祚起任主席，马子文、柴景孟任副主席，赵宗安任秘书长，罗文新任秘书。1987年6月，王彦善任名誉主席，郑玉华任主席，马子文、李允芳、李祖和、于国基任副主席，曹东平任秘书长，任广中、赵宗安任副秘书长。1998年6月，唐福生任主席，任广中任常务副主席兼秘书长，任先德、彦士友、谭金志、王晓明、桑爱民任副主席。2000年12月，接待澳大利亚青年篮球队到泰安访问，并进行联谊赛。自2008年起，每年组织“肯德基”3人泰安赛区活动。1982年至2007年，协会先后冠名承办市级比赛100余次。2007年，协会注销。

泰安市足球运动协会　2011年12月，泰安市足球运动协会成立，刘海涛任主席。成员41人。2011年至2015年，协会是省足球锦标赛冬训赞助单位。协会在泰安市20所中小学设立基地，与中国足协、山东省足协先后举办中国足协“长寿杯”足球赛、“女超”足球赛等赛事。

泰安市乒乓球运动协会　1983年4月，泰安地区乒乓球协会成立，穆孝刚任主席。1993年7月，泰安市乒乓球运动协会成立。2003年7月，

宋广吉任主席。2008年3月，樊玉信任主席。协会先后承办省级赛事活动6项，市级比赛100余次，组队参加省“市长·主席杯”“乒协杯”省千乡乒乓球比赛和省全民健身运动会乒乓球赛等4项活动，举办“盛大杯”乒乓球擂台赛、“体彩杯”乒乓球王赛、“联通杯”青少年联赛和“乒协杯”乒乓球邀请赛等10余项赛事。

泰安市武术协会　1983年4月，泰安地区武术协会成立，张体一任主席。2002年1月，泰安市武术运动协会成立，李爱国任主席。泰安市武术协会是泰安市武术、散打、跆拳道、拳击爱好者的群众性体育组织，是中国武术协会段位考试点、山东省武术协会团体会员。2002年9月，协会举行泰安市武术健身活动年启动仪式，并进行武术表演。2003年至2015年，协会先后举办2003年东岳庙会首届武术观摩大会、泰安市庆祝全国全民健身日活动武术展演大会、传统武术展演大会、太极拳展演大会、太极拳、传统武术展演大会、“武术齐鲁行”展演大会。2005年至2015年，协会有711人获得由中国武术协会颁发的中国武术四段、五段、六段位证书，有1198人获得由中国武术协会颁发的中国武术段前级、一段、二段、三段证书。2012年至2013年，协会举办2期中国武术段位制指导员、考评员培训班，有104人获得由中国武术协会颁发的中国武术段位制指导员、考评员证书。2013年至2014年，举办2期中国武术段位制指导员、考评员陈式太极拳、杨式太极拳段位制新编教程上岗培训班，104名获得中国武术段位制指导员、考评员资格证书者参加培训。至2015年，协会先后被山东省武术协会授予第三届“山东省武协杯”传统武术比赛体育道德风尚奖、山东省武术协会工作先进单位、山东省武术段位制工作先进单位、山东省社会武术工作先进单位等荣誉称号。1人被国家体育总局武术运动管理中心、中国武术协会授予2012年度武术段位制先进个人称号，2人次被山东省武术协会授予2013年度武术段位制先进个人称号 。

泰安市游泳协会　2014年4月，泰安市游泳协会成立，闫松任主席。2014年、2015年，协会承办泰安市中小学游泳联赛、泰安市泳王争霸赛、泰安市全民健身游泳比赛。2015年6月，协会被山东省体育局命名为山东省体育行业特有职业培训基地试点单位。7月至8月，推行中小学生普及游泳运动试点工作，当年有3.2万名中小学生参加游泳运动。同年，承办省体育局游泳救生员、教练员培训和考核工作。

泰安市网球运动协会　2011年11月，市网球运动协会成立，任广中任主席。单位会员1个，个人会员108人。2012年，开通泰安网球协会网站（http://www.taishantennis.com），网站设协会、运营公司、新闻、赛事、网球商城、积分排名、在线报名、论坛等版块。先后参加中国网协业余网球白金赛比赛、2012ITF国际沙滩网球中国巡回赛三亚站比赛、山东省友好城市网球协会团体邀请赛等16项比赛。先后承办全国业余网球选手“名仕尚座杯”泰安站比赛、中国网协业余网球系列赛等8项网球赛事。2012年6月,市网球协会邀请国家男子网球队教练施浩到泰安指导；7月，市网球协会邀请国家男子网球青年队队员王傲雄到泰安传授西班牙训练经验。2011年至2015年，协会与青岛、淄博、威海、滨州、济南等地市网协举行网球邀请赛10次。

至2015年12月,协会组织承办国家级赛事2项、省级赛事5项，市级联赛38项。

泰安市钓鱼运动协会　2006年11月，市钓鱼运动协会成立，协会单位会员11家。协会设有明堂园、滴水泉、泰山路亚等20个垂钓基地,占地面积2600亩，水域面积1400亩，有鳜鱼、黑鱼、鲤鱼等20个鱼种。协会举办中国体育彩票杯泰安市钓鱼积分争霸赛、泰安市体彩杯休闲钓鱼比赛、泰山赤鳞鱼增殖放流等活动10余次。2014年4月，市钓鱼协会邀请国家二级垂钓师王化德向40名学员传授经验。至2015年12月，协会组织参加山东省钓鱼108排位赛、山东“齐鲁钓王”大赛等竞技垂钓比赛30余次，组织休闲垂钓比赛15次，举办垂钓培训7次。

泰安市信鸽协会　1985年7月，市信鸽协会成立。协会每年举办国家幼鸽赛、国家鸽王赛、国家品评赛、省联赛等比赛。在省内率先启用电子扫描器——GPS定位仪,举办一级、二级裁判员培训班6期。2004年，创办《泰山赛鸽》杂志。2005年，市信鸽协会举办二级裁判员培训班。2007年,市体育局将信鸽比赛纳入市第十六届运动会竞赛项目。2009年,首次举办国内外名鸽展销会，并在泰安电视台上讲解信鸽知识，在《泰山晨刊》等报刊发表《泰山脚下牧鸽人》《2009羽信鸽在泰山极顶放飞——泰山信鸽第一次翱翔在泰山之巅》等文章160余篇。迎奥运放飞彩鸽、吉庆日放飞彩鸽等景观在中央电视台一台、中央电视台五台、山东齐鲁台、泰安电视台、泰安日报等20家媒体报道。2014年，泰安市信鸽协会会员高鹏廷获全国信鸽协会先进个人金奖。

至2015年12月，协会举办国家级、省级信鸽赛32场次，获国家级信鸽比赛冠军15项，亚军11项，季军6项；获省级信鸽比赛冠军30项，亚军23项，季军17 项；获省体育局、省信鸽协会、市体育局、市体育总会、市民管局先进单位、先进社团、优秀社团、先进个人、突出贡献奖等荣誉称号62次。

泰安市广场舞协会　2014年5月，泰安市广场舞协会成立。6月，举办泰安市首届广场舞展演大赛，420人参加。9月，400人参加第二十八届泰山国际登山节“康王河”杯全民健身嘉年华活动和登山节开幕式，获最佳表演奖和优秀表演奖。同月，举办“美丽中国，相约泰山”立华老师舞友联谊会，160人参加联谊培训。11月，协会12支广场舞队伍参加泰安市国际马拉松比赛。2015年3月，协会组织185人赴韩国参加中韩文化交流活动。5月，600人在泰安市直机关运动会开幕式上表演大型舞蹈“五星红旗”。9月，370人参加泰安市第二十届运动会开幕式并表演五星红旗、舞动中国、小苹果等舞蹈。

至2015年12月，协会有广场舞队102支，广场舞会员9800人。协会先后组织广场舞赛事、展演活动30余次，参与社会活动6次，培训广场舞队长120人次。

泰安市航模运动协会　2011年10月,泰安市航模运动协会成立，范国梁任主席，团体会员2个，个人会员61人。2011年至2015年，协会每年春秋季二次在全市中小学开展青少年航模运动知识培训，培训1000人次；每年组织会员培训航模运动竞赛规则，备赛当年的省级、国家级比赛，为市内航模运动项目输送运动员35人。协会有AOPA无人机教练员2人，直升机机长1人，旋翼机机长2人，模拟飞行初级教练员2人，优秀青少年航模指导员2人，航模运动社会体育指导员2人，航海模型社会体育指导员3人。2015年6月，协会承办泰安市第一届航天航空模型比赛，参赛选手200余人。

至2015年12月，协会参加国际空中机器人大赛、全国航天航空模型锦标赛、山东省全民健身运动会航天航空模型比赛、山东省青少年航空航天模型锦标赛暨第十六届“飞向北京”全国航空航天模型选拔赛等比赛11次，获一等奖8次，二等奖38次，三等奖20次，道德风尚奖3次。

第二节　俱乐部

一、概况

1953年10月,泰安工会办事处在泰安灵应宫路东建立职工俱乐部。1964年6月，泰安工会办事处调查全区俱乐部活动情况；全区有基层俱乐部39个，车间俱乐部25个。1988年，市内成立体育俱乐部8家。1996年，市内成立体育俱乐部12家。

2001年1月，国家体育总局泰安市青少年俱乐部暨泰安市体校乒乓球俱乐部在市体校成立。该俱乐部是国家体育总局为实施奥运争光计划，强化青少年体育后备人才培养在泰安成立的。2004年,东岳空竹健身俱乐部在岱庙唐槐院、迎春小区等7个场地教授空竹舞表演。2007年，市内成立体育俱乐部24家。泰山户外运动俱乐部组织登山、野营、越野跑步等活动50余次。2008年，市内成立体育俱乐部5家。同年6月，市方圆太极俱乐部设青松站、南湖站等17个站。2009年，泰山飞翔航模俱乐部、市野狼客栈越野车俱乐部、泰安小松鼠篮球俱乐部等4家俱乐部成立。

至2015年12月，随着行政区划改变及协会注销、变更、终止，市内有体育俱乐部（研究院、中心、馆）86家，个人会员1.26万人。

2015 年泰安市主要体育俱乐部（研究院、中心、馆）情况表

表 11-21

社团名称	成立时间（年月）	单位地址	法人代表	审批单位	登记证号
泰安市齐鲁跆拳道研究院	2001.9	山东农业大学体育训练馆	赵坤祥	泰安市民政局	鲁民证字 J00032
泰安市关莉体育舞蹈培训中心	2005.12	泰安市青年路 56 号南四楼	关　莉	泰安市民政局	鲁民证字 J00097
泰安市红舞星体育舞蹈培训中心	2006.5	泰山区青年路 49 号	徐林祥	泰安市民政局	鲁民证字 J00106
泰安广元太极拳俱乐部	2006.9	泰安市御碑楼小区	徐　玲	泰安市民政局	鲁民证字 J00117
泰安市岱宗洪传陈式太极拳研究中心	2008.1	泰安市东岳大街 101 号铁道宾馆四楼	孙　雷	泰安市民政局	鲁民证字 J00146
泰安市方圆太极俱乐部	2008.6	泰安市奈河东路东三楼西厅	王庭燕	泰安市民政局	鲁民证字 J00160
泰安市极真跆拳道馆	2010.9	泰安市迎胜路中段 338 号	娄汉新	泰安市民政局	鲁民证字 J00241
泰安伶智瑜伽俱乐部	2010.10	泰安市金山路 24 号楼院内东楼招待所二楼	苏伶智	泰安市民政局	鲁民证字 J00246
泰安市奥林匹克体育舞蹈培训中心	2011.5	泰安市龙潭路奥林匹克花园华新运动中心	宋卫东	泰安市民政局	鲁民证字 J00273
泰安市华宇健身中心	2011.6	市全民健身中心二楼	黄　华	泰安市民政局	鲁民证字 J00280
泰安市东方太极俱乐部	2011.8	泰安市岱岳区山口二中	杜广智	泰安市民政局	鲁民证字 J00285
泰安市乐高机器人活动中心	2011.10	泰安市擂鼓石路 601 号普照宾馆	赵　利	泰安市民政局	鲁民证字 J00287
泰安市爱飞航模俱乐部	2011.10		范国梁	泰安市民政局	鲁民证字
泰安市永友自行车俱乐部	2011.10	泰山区东湖路中段（市中心血站内）	金永友	泰安市民政局	鲁民证字
泰安市空竹健身俱乐部	2011.12	普照寺路 47 号 2#-2-4 层西户	郅殿成	泰安市民政局	鲁民证字 J00296
泰安市杨氏太极拳研究发展中心	2012.7	泰山区白马石 335 号	吴晓光	泰安市民政局	鲁民证字 J00317

续表 11-21

社团名称	成立时间（年月）	单位地址	法人代表	审批单位	登记证号
泰安市永年太极馆	2012.8	泰山青春创业区光阳工业园三楼	慈　鑫	泰安市民政局	鲁民证字 J00321
市东岳武术馆	2013.4	泰山区金星小区路东沿街三楼 72 号（泰安市纸厂北路）	蔡天家	泰安市民政局	鲁民证字 J00375
泰安市正德武馆	2013.11	泰安市高新区水泉村 168 号	韩培涛	泰安市民政局	鲁民证字 J00409
泰安市极真黑带跆拳道俱乐部	2014.9	泰安市温泉路南段	娄　栋	泰安市民政局	鲁民证字 J00484

二、参加全国、全省比赛

1998年8月，市方圆太极俱乐部拳友参加在北京体育大学举行的国际养生系列比赛。2004年，齐鲁跆拳道研究院张辉参加世界军人锦标赛。同年，齐鲁跆拳道研究院韩铃参加亚洲跆拳道锦标赛。2010年2月,市正德武馆、泰安广元太极拳俱乐部等6家俱乐部参加全国、全省比赛。2012年8月，泰安乐高机器人活动中心刘凯参加全国WRO机器人竞赛。

1998年至2015年12月,泰安市俱乐部（研究院、中心、馆）参加国际、国家、省级比赛813次，其中，国际比赛18次，国家比赛63次，省级比赛732余次。

2004—2015 年泰安市体育俱乐部（研究院、中心、馆）参加全国、全省比赛情况表

表 11-22

参赛单位	时间(年月)	比赛项目	比赛地点
齐鲁跆拳道研究院	2004	世界军人锦标赛	
齐鲁跆拳道研究院	2004	全国大学生锦标赛	
齐鲁跆拳道研究院	2006	亚洲跆拳道锦标赛	
泰安广元太极拳俱乐部	2008.11	第二届全国传统武术拳种比赛	
市正德武馆	2010.2	第四届中韩青少年才艺大赛	
泰安广元太极拳俱乐部	2010	第三届全国武术太极拳交流大赛	北京市
市东方太极俱乐部	2011.10	首届中国（泰山）国际太极拳交流赛	泰安市
泰安乐高机器人活动中心	2012.8	全国 WRO 机器人竞赛	
市东岳武术馆	2012	山东省第二届全民健身运动会	临沂市
市空竹健身俱乐部	2014.8	山东省第一届省会都市圈健身联动大赛	聊城市
泰安乐高机器人活动中心	2015.5	FLL 工程挑战赛中国区比赛	

三、部分俱乐部简介

泰安市泰山冬泳俱乐部　1999年1月，泰安市泰山冬泳俱乐部成立，韩尚义任主任，史怀君、金泽、何贵臣任顾问。俱乐部有200余人，连年参加全国、全省、泰安市冬泳比赛。2000年1月，冬泳队员在徐州参加第五届全国冬泳锦标赛；12月，参加香港国际冬泳邀请赛。2001年1月，在辽宁省抚顺市参加第六届全国冬泳比赛。2002年3月，参加第七届全国冬泳比赛；11月，参加湖北省宜昌市横渡长江比赛。2004年12月，泰山冬泳俱乐部更名为泰安市金桥服装城泰山冬泳俱乐部。

泰安市齐鲁跆拳道研究院　2001年9月，齐鲁跆拳道研究院成立,个人会员1000人。研究院系中国跆拳道协会团体会员单位、全国示范跆拳道馆，山东省跆拳道队、韩国庆熙大学跆拳道队合作伙伴。会员在2004年全国大学生锦标赛、2009年全国大众锦标赛少儿组、2011年山东首届大众赛上分别获团体冠军。张辉在2004年世界军人锦标赛上获冠军, 韩铃在2006年亚洲跆拳道锦标赛上获冠军。至2015年12月，连续14年举办跆拳道竞技与品势训练、跆拳道礼仪培训班，举办29期培训学员1.3万人，向上级体育单位输送人才2000人。

泰安广元太极拳俱乐部　2006年9月，泰安广元太极拳俱乐部成立。每天组织百余人在泰安泰山广场演练东岳太极拳、东岳太极剑。英国、澳大利亚、俄罗斯等20个国家地区300名学员先后到俱乐部学习。俱乐部编写《东岳太极拳竞赛套路》《东岳太极拳系列丛书》。俱乐部系中国武术协会三级会员单位，国际东岳太极拳联谊会成员单位，东岳太极拳传人单位，被国家体育总局授予全民健身优秀站点、中国武术协会初级段位考评单位等称号。

至2015年12月，俱乐部共举办培训班16期，培训2268人，注册会员890人，其中境外会员36人，共参加省级以上比赛9次，获团体奖26项，个人奖296项，其中获金、银、铜奖牌142枚，奖杯31尊，牌匾10块。

第三节　与国内外体育协会、俱乐部交流

一、国际交流

1.出访

2010年2月，市正德武馆代表泰安市赴韩国首尔参加第四届中韩青少年才艺大赛交流演出比赛。2013年5月，市国际象棋协会参加山东省围棋代表团赴韩国棋院交流棋艺。2015年，泰安市网球运动协会参加在韩国举办的国际业余网球公开赛。

至2015年12月，市内12家协会、俱乐部共310人赴国外交流学习。

2.来访

1997年，日本体育爱好者到岱宗坊花园跟随市方圆太极俱乐部王庭燕学习32式太极剑。2005年7月，韩国济州岛青少年长跑队12人到泰安访问，在泰山广场举行中韩青少年公路越野跑对抗赛。9月，韩国首尔市九老区跆拳道协会到泰安访问，与中方代表队在山东农业大学体育馆进行跆拳道友谊赛。2006年7月，意大利、英国学员到泰安广元太极拳俱乐部拜师学艺，并举行拜师仪式。2009年7月，美国加州太极拳进修团19人，到泰安广元太极拳俱乐部学习交流东岳太极拳。2014年10月，韩国京畿道高阳市跆拳道协会23人到市跆拳道协会交流，并签订友好交流协议。

至2015年12月，有17个国家28家协会、俱乐部及民间团体670人到泰安交流学习。

二、国内交流

2000年，市方圆太极俱乐部组团赴香港与拳友交流太极拳。2011年7月，广元太极拳俱乐部24人参加在杭州市举行的2011年国际传统武术暨首届东岳太极拳国际交流大赛。2014年11月，市够级运动协会邀请东营市代表团20人到泰安交流。

至2015年12月，市内45家协会、俱乐部1250人赴省内外各地市及港澳台等地交流学习，60个地市85家协会、俱乐部2200人到泰安交流学习。

第十二编

机关建设

JIGUANJIANSHE

自1956年泰安专署体育运动委员会成立以来，历届泰安市（地区）体委、体育局领导班子高度重视党的建设和机关建设，围绕泰安中心工作，服务全市（区）工作大局，根据不同历史时期工作重点和体育工作发展的实际，大力加强党的建设、干部队伍建设、群团组织建设、作风建设和信息化建设。2007年4月，按照市委要求和市直机关工委《关于加强市直机关作风建设的实施意见》，新一届体育局领导班子明确提出“竞技体育上位次，群众体育争先进，体育彩票扩总量，体育设施上水平”的工作目标。2012年2月，局党组把“实干创新，争先夺金”确定为泰安体育精神，努力培养先进机关文化，统一全市体育系统干部职工思想，推动各项工作开展。自1979年改革开放至2015年，泰安市（地区）体育部门先后获得“全国群众体育先进单位”等全国荣誉称号150余项次，“省级文明单位”等山东省荣誉称号300余项次。2015年被评为泰安市“五型”（学习型、创新型、效能型、服务型、廉洁型）机关建设示范单位。

第一章 党的建设

第一节 党组织

一、党组

（一）泰安地区体育运动委员会党组、泰安市体育运动委员会党组

1979年5月，地委公布泰安地区行政公署体育运动委员会党组组成人员，于振海任书记，任学礼任副书记，党组由4人组成。1984年3月，于振海任泰安地区体育运动委员会办公室主任，党组书记。1986年1月，由昌菁任泰安市体委党组成员。1987年10月，中共泰安市委印发《关于建立中共泰安市体育运动委员会党组及组成人员的通知》，建立中共泰安市体育运动委员会党组，党组由由昌菁、赵新诚、李吉丰、郑玉华等四人组成，由昌菁任书记。1990年6月，赵伯生任泰安市体委党组成员。1992年12月，石柱清任泰安市体委党组成员。1993年12月，任广中任泰安市体委党组成员。1996年7月，何贵臣任泰安市体委党组成员。1996年2月，赵伯生、李吉丰不再担任党组成员。1997年6月，罗文新任泰安市体委党组成员。1999年9月，彭国胜任泰安市体委党组成员。1999年12月，殷培联任泰安市体委党组书记，由昌菁不再担任泰安市体委党组书记。

（二）中共泰安市体育局党组

2000年11月，撤销中共泰安市体委党组，建立中共泰安市体育局党组，殷培联任党组书记，何贵臣、石柱清、任广中、彭国胜、张吉庆、罗文新为成员。2005年7月，侯衍奎任泰安市体育局党组副书记。2006年9月，石柱清不再担任泰安市体育局党组成员。2007年1月，苏有森任泰安市体育局党组书记；殷培联不再担任泰安市体育局党组书记，侯衍奎不再担任泰安市体育局党组副书记。2007年1月，于桂香任泰安市体育局党组成员。2010年11月，冯遂杰任泰安市体育局党组成员。2010年12月，张吉庆不再担任泰安市体育局党组成员。2011年10月，罗文新不再担任泰安市体育局党组成员。2014年1月，许兵、杨振德任泰安市体育局党组成员。2014年2月，任广中不再担任泰安市体育局党组成员。2015年12

月，市体育局党组成员共7名:苏有森、彭国胜、于桂香、冯遂杰、曹东平、许兵、杨振德。

（历届党组成员情况见本志第二编“机构人员”）

二、机关党组织

（一）中共泰安市体育局机关党支部

1984年7月，成立中共泰安地区体育运动委员会办公室机关支部，郑玉华任书记。

1995年7月，成立中共泰安市体育运动委员会机关支部，郑玉华任书记。

1998年7月，泰安市体委机关党支部委员会进行换届选举，郑玉华任书记。

2001年7月，泰安市体育局机关党支部委员会进行换届选举，彭国胜任书记。

2007年7月27日，根据泰安市直机关工委《关于市体育局机关党支部换届选举的批复》，市体育局机关党支部召开全体党员大会进行党支部换届选举，张吉庆任书记。

2011年9月29日，市体育局机关党支部进行换届选举，产生支部成员5人，刘传梅任书记。

2013年2月，市体育局机关支部换届刘传梅任书记。至2015年未变。

1984—2013年泰安市体育局机关党支部换届情况表

表12–1

名 称	换届时间	党员数	书 记	成 员
泰安地区体委办公室机关党支部	1984.7	12	郑玉华	张体一、马子文
泰安市体委机关党支部	1995.7	29	郑玉华	罗文新、徐兆生、薛新华、杨振德
	1998.7	33	郑玉华	罗文新、徐兆生、薛新华、杨振德
泰安市体育局机关党支部	2001.7	40	彭国胜	罗文新、徐兆生、陈占峰、杨振德
	2007.7	58	张吉庆	陈占峰、许　兵、杨振德、路敦庆
	2011.9	65	刘传梅	孙丰涛、刘西华、邓　岩、宋爱芳
	2013.2	68	刘传梅	孙丰涛、刘西华、宋爱芳

（二）中共泰安市体育局机关党委

2007年11月，中共泰安市委市直机关工委批准成立泰安市体育局机关党委，下辖市体育局机关党支部、市体育局机关老干部党支部、市体校党支部、市体育中心党支部四个支部。共有党员118人，其中正式党员115人，预备党员3人。

2008年 12月23日，按照党章和《中国共产党基层组织选举工作暂行条例》的要求，市体育局召开全体党员大会，差额选举产生市体育局机关党委会，党委会共6人组成。机关党委第一次会议选举产生机关党委书记和副书记，并进行分工，书记苏有森，副书记张吉庆，专职副书记刘传梅，组织委员陈占峰，宣传委员曹东平，纪检委员由昌菁。2013年因人员调整机关党委成员为5人，至2015年12月，机关党委成员未有变化。

第二节　领导班子建设

一、领导班子思想政治建设

1979年5月，泰安地区体委党组成立以来，历届市体育局（委）领导班子高度重视思想政治建设、组织建设和作风建设，充分发挥各级党组织的战斗堡垒作用和广大共产党员的先锋模范作用。

1994年，围绕全市八五计划和各项奋斗目标，按照市委组织部要求，在局领导班子、党员干部中开展争创“八五建功杯”活动。

1999年7月至9月，落实市委《关于在县

（市、区）和市直部门领导班子、领导干部中开展“三讲”教育的实施意见》，开展“讲学习、讲政治、讲正气”教育活动。

2000年6月至9月，开展“三讲”教育“回头看”活动，学习贯彻《中国共产党和国家机关基层组织工作条例》，加强对机关党员的教育、管理和监督。

2007年4月，市体育局新一届领导班子成立后，按照市委要求和市直机关工委《关于加强市直机关作风建设的实施意见》，提出“竞技体育上位次、群众体育争先进、体育彩票扩总量、体育设施上水平”四个工作目标，制订《泰安市体育局加强作风建设实施方案》，集中开展机关作风整顿，全局进一步形成进取、创新的工作氛围。

2008年4月至6月，按照市委统一部署，开展“继续解放思想推进科学发展”学习教育活动。

2009年5月22 日，局领导班子召开学习实践科学发展观分析检查阶段专题民主生活会，深入查摆工作和自身建设方面存在的问题和不足，提出整改措施。

2011年3月31日，市体育局召开争创“五型”机关，推进执行力建设动员大会，学习传达《泰安市体育局“争创五型机关推进执行力建设”活动实施意见》，局党组书记、局长苏有森作动员讲话。

2012年2月，局党组研究决定在市体育局机关开展塑造先进机关文化、推进“五型”机关建设活动，力求把“实干创新，争先夺金”培育成具有市体育局特点的机关文化。“实干创新”就是求真务实、真抓实干，解放思想、开拓进取；“争先夺金”就是争先进位、勇夺金牌，使真抓实干、开拓创新，争先进位、勇夺金牌成为体育局全体干部职工切实履行岗位职责的精神支柱。

2012年3月，按照《中共泰安市委关于在全市机关开展“富民强市作表率”活动的实施意见》，市体育局组织开展“富民强市作表率”活动。

2013年3月，按照市委部署要求，市体育局以深化“五型”机关争创活动为抓手，以“为民务实清廉”为实践主题，广泛开展“争创十佳五型机关”“争创百佳履职科（室）”的“双争为民”实践活动。

2014年3月19日至10月底，按照市委统一要求，市体育局开展党的群众路线教育实践活动。

2015年4月2日至11月，市体育局开展“守纪律、讲规矩、强党性、作表率”教育活动，制订《市体育局“守纪律、讲规矩、强党性、作表率”教育活动实施方案》，并抓好落实。5月20日，按照市委要求开展“三严三实”（严以修身、严以用权、严以律己，谋事要实、创业要实、做人要实）专题教育。

2016年1月6日，市体育局领导班子召开“三严三实”专题民主生活会，紧紧围绕“三严三实”要求，认真开展批评和自我批评。

二、制度建设

2001年，制定《泰安市体育局落实廉政责任制十项制度》。

2007年，制定《中共泰安市体育局党组会议制度》《中共泰安市体育局党组重大决策民主议事制度》《领导班子和班子成员党风廉政建设岗位责任制》《泰安市体育局机关作风监督员制度》。

2010年，深入贯彻落实中央和省、市关于加强党风廉政建设的一系列重要会议和文件精神，制定《实行岗位廉政风险防控机制的实施方案》，配套制订《风险等级划分标准》，将风险等级划分为A、B两级，A级为单位领导班子正职岗位（其余班子成员以分管科室风险级别的最高级为准）；与经济发展和人民群众生产生活息息相关的权力集中、具有行政审批权和执法权，且直接面向企业和百姓服务的科室。B级为具有一般经济管理、公共服务等职能的科室和从事人事、物资等管理的科室。通过层层申报、审核，局办公室、竞赛科、群体科、训练科、体育场、体育总会、体育彩票、市体校、体育中心等9个科室单位风险等级为A 级，老体协办公室、服务中心等2个单位为B级。

2011年，按照市行政效能监察领导小组办公室的部署，市体育局推行行政服务标准化建设。各科室、单位根据各自的职能，按照“简化、统一、协调、优化”的标准化原则，建立通用基础标准、服务保障标准、服务提供标准117项，制定形成一套符合体育部门职能、可操作性强的行政服务标准体系，并印制《泰安市人民政府行政服务标准体系文本《（市直体育卷）》。

同年，根据市委《关于深入推进党的基层组织党务公开的实施意见》，研究制定《市体育局党务公开工作实施意见》，要求凡属党内事务，除涉及党内有秘密规定不宜或不能公开的都予以公开。

2012年，为扩大党内民主，加强党内监督，保障党员民主权利，根据《市体育局党务公开工作实施意见》，印发《泰安市体育局党务公开制度汇编》，包括《党组会议制度》《领导班子民主生活会制度》《重大问题审议决策制度》等15项制度。

2014年9月，结合开展党的群众路线教育实践活动，市体育局党组印发《泰安市体育局党建工作制度汇编》，包括《党组领导干部党风廉政建设责任制》《党员干部报告个人有关事项规定》《党组成员约法三章》等24项规章制度。

第三节　党员队伍建设

一、党员

2008年12月，市体育局及直属单位共有党员118人，其中正式党员115人，预备党员3人。2009年有党员127人，其中预备党员4人；2010年有党员126人；2011年有党员131人，其中预备党员3人；2012年有党员132人，其中预备党员2人；2013年有党员136人，其中预备党员3人；2014年有党员135人，其中预备党员1人，2015年有党员137人，其中预备党员1人。

2008—2015年中共泰安市体育局机关党委党员情况表

表 12–2　　　　单位：人

单位＼年度		2008	2009	2010	2011	2012	2013	2014	2015
市体育局机关党委		118	127	126	131	132	136	135	137
其中	市体育局机关党支部	39	41	42	42	44	45	44	45
	市体育局机关老干部党支部	21	22	22	23	23	23	24	24
	市体校党支部	44	48	46	50	50	50	51	52
	市体育中心党支部	14	16	16	16	15	18	16	16

二、党员教育

1984年建立机关党支部，特别是2008年成立机关党委以来，机关党组织紧紧围绕全局中心工作，全面推进机关党的思想、组织、作风和制度建设。根据不同时期的任务要求，制定教育学习计划，将年度主题教育活动与推动工作紧密结合。通过集中学习、读书研讨、主题党日、警示教育、专家辅导、演讲比赛、知识大拷问等形式，学习党建理论、法律法规、党风廉政、思想道德和体育业务等方面的知识，全局系统党员干部素质不断得到提升。开展党员志愿者进社区、扶贫帮困、活力细胞服务，树立了体育部门良好社会形象。机关党委不断加强自身建设和党员队伍管理，按照党章和《中国共产党党和国家机关基层组织工作条例》要求，严格遵循“坚持标准、保证质量、改善结构、慎重发展”的方针，认真做好发展党员工作。根据党组的中心工作和党员队伍建设需要，制定发展党员工作计划，明确发展党员工作目标和措施，加强对入党积极分子的培养教育。每年及时维护党内信息管理数据，准确完成上报党内信息统计。

1990—2015 年市体育局机关党委（支部）开展党员教育活动情况表（部分）

表 12–3

起止时间（年、月）	活动名称	参加人员	参加人数
1990—1991	“学党章、正党风”活动	党员干部	20
1993.11—12	学习《邓小平文选》	党员干部	30
1995	“学习孔繁森、王廷江，做人民好公仆”活动	全体人员	50
1996—1998	“再塑泰安良好形象”活动和创文明机关、做优秀公仆活动	全体人员	50
2001	机关作风建设年活动	全体人员	50
2002	学习中共十六大精神	党员干部	30
2003—2004	保持共产党员先进性教育和“回头看”活动	党员干部	35
2005	民主评议行风活动	全体人员	50
2006	党章专题教育活动	党员干部	40
2007.6	革命传统教育活动	全体人员	50
2009.3—8	深入学习实践科学发展观活动	本局全体党员、群众、离退休干部，服务对象和社会上部分群众代表参加测评	200
2010.4—6	“解放思想改革创新在行动”活动	局机关全体人员，体校、体育中心中层以上干部	80
2012.4—12	推进“富民强市作表率”活动	局机关全体人员，体校、体育中心中层以上人员	80
2013.6	加强党建理论知识学习教育活动	局机关全体人员	50
2014.3—10	党的群众路线教育实践活动	局机关全体党员干部、体校、体育中心中层以上干部	80
2015	“守纪律讲规矩强党性作表率”活动	各县（市、区）体育局领导班子成员，负责群体、体育产业工作的科长；市局机关全体人员；体校、体育中心中层以上干部。	120

三、党员管理

自1984年建立党支部至2015年，切实加强基层党建工作，不断制定完善各项规章制度，切实做到用制度规范行为、靠制度管人管事，提高工作规范化水平。

2007年制订《体育局党建工作责任制》《党员经常性教育制度》《流动党员管理制度》《党费缴纳管理使用制度》《联系群众服务制度》等制度。

2012年，根据《市体育局党务公开工作实施意见》，制订印发《泰安市体育局党务公开制度汇编》，包括《党员干部学习制度》《党员教育管理制度》《“三会一课”制度》《发展党员制度》《优秀共产党员评选制度》《民主评议党员制度》《党费收缴制度》等15项制度。

2014年，结合党的群众路线教育实践活动，对党建工作制度进行修订完善，印发《泰安市体育局党建工作制度汇编》，包括党的思想建设、党的组织建设、党内制度建设等24项制度。

四、荣誉

2008年7月，市体育局机关党支部被市直机关工委评为先进基层党组织。

2013年7月，市体育局机关党委被市直机关工委评为先进基层党组织。

2011年7月，闫娟被市委授予“泰山先锋”共产党员。

2012年7月，刘传梅被市委授予“泰山先锋”共产党员。

第二章　纪检监察

第一节　纪检组织

1994年，市体育局成立纪检组，为市纪委派出机构，郑玉华任泰安市体委纪检组组长。

2000年9月，张吉庆任泰安市体育局纪检组组长，郑玉华不再担任纪检组长。

2010年3月，市体育局撤销纪检组，纪检工作由市纪委派驻纪检四组监督指导，市体育局纪检工作由党组成员张吉庆分管，联络员刘传梅。

2010年11月，张吉庆不再分管局纪检工作，由党组成员冯遂杰分管，联络员刘传梅。

2014年，市体育局纪检工作由市纪委派驻纪检一组监督指导，局纪检工作由党组成员冯遂杰分管，联络员刘传梅。

第二节　党风廉政建设

自1979年5月市体育局（委）党组成立以来，落实党风廉政建设主体责任，推进党风廉政建设和反腐败工作，促使全局形成“风清、气正、劲足”的机关风气，实现了党风廉政建设和业务工作的双提高。

1991—2015 年市体育局机关党风廉政建设教育活动情况表

表 12-4

起止时间（年、月）	活动名称	参加人员	参加人数
1991	加强机关廉政建设，纠正不正之风	全体人员	40
1992	以勤俭节约、廉洁自律为主题的自查自纠活动	全体人员	45
1993	住房情况普查	在职人员、离退休人员	55
1997	学习贯彻《中共党员领导干部廉洁从政若干准则（试行）》	党员干部	30
1998	按照市纪委要求，对违反规定大操大办婚丧嫁娶行为进行清理	党员干部	30
1999	学习落实党组《关于贯彻落实党风廉政建设责任制的实施办法》	党员干部	30
2000	学习《中国共产党纪律处分条例（试行）》	党员干部	30
2001	对副科级以上干部收受现金、有价证券情况以及领导干部配偶子女从业情况进行登记清查	科级以上干部	15
2002	“理想信念、廉政纪律”教育	全体人员	50
2003	“艰苦奋斗、廉洁从政”教育	县级领导干部	6
2004	“为民、务实、清廉”教育	党员干部	35
2005	廉政文化进机关活动	全体人员	50
2006	制定落实《党风廉政建设责任制实施意见》	党员干部	40
2007.12	对领导班子及其成员落实党风廉政建设责任制工作进行检查考核	全体人员	50
2008.5	“做勤廉表率、促科学发展”教育活动	党员干部	40
2009	“加强党性修养、弘扬优良作风”教育活动	局机关党员干部，体校、体育中心党员干部	60
2011	反腐倡廉“制度执行年”活动	全体人员	60
2012.3—5	加强廉政教育，签订《党风廉政建设责任书》	机关全体党员干部，体校、体育中心班子成员	70
2013.4—2015	廉政教育活动	机关全体干部，体校、体育中心班子成员	70

第三章　政工人事

第一节　干部人事

一、干部任免

1979年5月，泰安地区行政公署体育运动委员会党组成立。科级干部任命由党组研究，报市委组织部备案批准。1996年1月，泰安市体育运动委员会根据市委组织部要求，制订《关于领导干部选拔任用工作程序的几项规定》，规定体委和下属事业单位领导干部选拔任用程序为:民主推荐；酝酿、考察；党组集体讨论；形成任免建议上报。2004年9月，市委组织部印发《关于下放部分干部调配工作审批权限的通知》，对干部调配权进行调整，科级干部的任免由各部门党组研究报市人事局批复，仅实行半年组织部即将此权限收回。2015年，中共泰安市委组织部转发《中共山东省委组织部关于印发〈山东省干部选拔任用纪实工作办法〉》的通知，规定干部选拔任用工作要通过动议、民主推荐、考察、讨论决定、任免等环节，科级干部要报组织部门备案。1979年至2015年12月，泰安市体育局共调整干部157人次，其中市委（地委）调整提拔正县级干部5人，副县级干部16人；市体育局（体委）调整科级干部91人。

1979—2015 年泰安市体育局干部调整情况表

表 12-5　　　　单位：人次

时　间	小　计	正　县	副　县	正　科	副　科	免　职	退　休	调　入
1979.1.1	1	—	—	—	1	—	—	—
1984.11	4	—	—	3	1	—	—	—
1987.11	1	1	—	—	—	—	—	—
1987.12	2	—	2		—	—	—	—
1989.3	12	—	—	5	7	—	—	—
1990.6	1	—	1	—	—	—	—	—
1991.5	2	—	—	1	—	—	1	—
1992.12	1	—	1	—	—	—	—	—
1993.1	11	1	1	2	6	1	—	—
1994.12	5	—	3	1	—	—	1	—
1995.5	3	—	1	—	—	2	—	—
1996.2	4	—	—	—	—	3	—	1
1997.3	14			6	8			
1998.12	1	—	1	—	—	—	—	—

续表 12-5

时　间	小　计	正　县	副　县	正　科	副　科	免　职	退　休	调　入
1999.12	5	—	—	—	2	1	1	1
2000.10	5	—	—	—	—	3	—	2
2001.8	12	—	—	3	2	7	—	—
2002.3	7	—	1	1	5	—	—	—
2003.7	2	—	—	1	1	—	—	—
2004.5	2	—	—	2	—	—	—	—
2005.7	1	—	—	—	—	—	—	1
2006.8	2	—	1	—	—	1	—	
2007.1	4	—	1	—	—		—	3
2008.1.1	4	—	—	1	1	2	—	—
2009.2	13	—	—	5	8	—	—	—
2010.11	4	1	1	—	—	1	—	1
2011.8	2	—	—	—	—	2	—	—
2012.11	6	1	2	—	—	2	—	1
2013.2	18	—	—	6	7	5	—	—
2014.2	3	1	—	—	—	2	—	—
2015.12	5	—	—	2	3	—	—	—
合计	157	5	16	39	52	32	3	10

二、人事管理

从1985年9月泰安市体育运动委员会成立至1999年，人事录用由体育局（委）提出用人意见，报市人事局统一调配。2000年10月成立泰安市体育局，人事录用由体育局提出用人意见，经市编委同意后，参加全市统一考试录用。至2015年12月，体育局有公务员20人，其中参加公务员过渡6人，调入6人，调任7人，考试录用1人。

第二节　岗位考评

1986年，泰安市体委按照劳动人事部《关于建立国家行政机关岗位责任制的通知》、中共中央组织部《关于逐步推行机关岗位责任制和考核、奖惩制的通知》、省人事局《关于机关岗位责任制检查验收的几点意见》及市有关文件规定，推行岗位责任制考核奖惩制度，对成绩突出的单位、个人适当给予物质奖励。1994年，全市按照《国家公务员考核暂行规定》《山东省国家公务员考核实施办法》要求，对党政群机关工作人员和行使职能并实行国家行政机关工资制度的事业单位工作人员进行年度考核。同年，泰安市委组织部、市人事局印发《关于1994年年终考评工作有关问题的通知》和《关于进一步做好1994年年度考核工作的补充意见》，对全市年度考核的方法、程序，考核的等次做出调整，机关工作人员考核等次为优秀、称职、不称职；机关工勤人员和其他事业单位工作人员考核等次为优秀、合格、不合格。

1998年，省委组织部、省人事厅印发《关于年度考核结果使用有关问题的通知》，确定依据考核结果晋升级别和职务工资档次，明确对不称职（不合格）、给予考验和被告诫人员的处理办法。1999年，全市设立年度考核奖励基金，对年度考核优秀的，按30%的比例给予记三等功，70%的比例给予嘉奖奖励，分别给予100元和50元的物质奖励。对被定为不称职（不合格）的人员，按规定给予降职、调整工作或辞退处理。2001年，人事部印发《关于进一步加强国家公务员考核工作的意见》，对机关人员的考核增加“基本称职”等次，取消“给予考验期”，把工作以外遵纪守法情况作为考核内容，对评出的优秀档次人员实行一周公示。2002年，公务员考核突出业绩考核，坚持考核结果与任用、培训、晋级增资、年终奖金等内容相挂钩，体现考核的激励导向作用。市体委机关从1998年起，严格按照市委组织部、市人事局的规定要求进行年度考核。至2015年，体育局机关共有941人次参加年度考核。其中，机关公务员参加考核 342人次，优秀、合格、未定等次人数分别为52人次、289人次和 1 人次。事业单位参加考核599人次，优秀、合格、未定等次人数分别为 96 人次、497人次、6人次，未有不合格人员。

1989—2015 年泰安市体育局下派包村工作情况表

表 12-6

时间（年、月）	所包村村名	包村工作组		投资数（万元）	主要工作情况	受表彰情况	
		组长	成员			单位	个人
1989.09—1990.12	郊区北集坡镇东北集坡村	罗文新		5	协助村两委工作，帮助解决体育锻炼器材、体育服装等		罗文新被评为市包村工作先进个人
1991.03—1992.10	东平县彭集镇后亭村	王和平	邓 岩	12	建设村办公楼 1100 平方米，协助搞好计划生育工作	包村工作先进集体	王和平被评为镇先进个人，邓岩被评为市先进个人
1992.10—1994.03		杨振德	王宗民				
1997.04—1998.04	宁阳县崔解乡老庄子村		闫 懿 王 琴	16	购买拖拉机 1 台，建设希望小学校舍		闫懿被评为宁阳县先进个人
1998.06—1999.06		孙卫东	杨新伟			宁阳县先进工作组	杨新伟被宁阳县嘉奖
2002.12—2003.12	新泰市岳家庄乡张家村	张桂远	侯 冰 徐 萌	21	帮助搞水利建设，投资 16 万元；打机井两眼投资 5 万元	新泰市包村工作先进集体	张桂远、侯冰、徐萌被评为新泰市先进个人
2003.12—2004.12		戚 峰	刘大伟 赵宗斗	11	投资 11 万元修村内道路、打机井 2 眼，建蔬菜大棚 100 个	包村工作先进集体	戚峰被评为市先进个人
2004.12—2005.12	新泰市房城镇下峪村	李江洪	刘发生	25	1. 平整土地，建设农贸市场；2. 赠送体育服装、健身器材等；3. 扶持发展养殖业；4. 投资 12 万元，其中体育局支持资金 8000 元，建成村内长 1500 米，宽 3.5 米的道路；5. 从水利部门争取资金 3 万元，修建拦水坝 5 个；6. 协调资金 5 万元为村修建自来水	包村工作先进集体	李江洪被评为市先进个人
2005.12—2006.12		闫振东	赵宗斗	21		包村工作先进集体	闫振东被评为市先进个人

续表 12-6

时间（年、月）	所包村村名	包村工作组		投资数（万元）	主要工作情况	受表彰情况	
		组长	成员			单位	个人
2008.12—2010.11	岱岳区夏张镇罗家堂村	王大海	王贡坤	66	1. 投资 26 万元建设水利工程；2. 筹措资金 40 多万元，实施道路硬化工程	包村工作先进集体	王贡坤被评为市先进个人
2011.12—2013.02	岱岳区夏张镇马家岗村	刘发升	孟　辉	16	1. 投入 6 万元更换变压器 1 台；2. 引进加工项目 2 个助民增收 40 余万元；3. 新增养殖户 2 户，增收 10 万余元；新增苗木种植 10 亩，增收 10 万余元		
2013.03—2014.02	岱岳区夏张镇马家岗村	吕　军		28	投资 13.6 万元建设村委大院；投资 14.4 万元，硬化村内道路 800 米，投资 1 万元安装路灯		
2015.03—	宁阳县东庄镇北鄗村第一书记	梁化福		15	修建 1500 米长、6 米宽道路一条，文体活动广场一处安装健身器材		

第三节　下派包村

1989年9月至2015年12月，市体育局按照市委的统一安排，派出1人挂职，派出包村组13个、24人次。5次被市委、市政府评为“包村工作先进集体”、14人获市委、市政府及包村所在地党委、政府表彰。

第四节　计划生育　老干部工作

一、计划生育

1987年3月，市体委成立计划生育领导小组，体委主任任组长。体校、体育中心都成立领导小组，主要领导任组长，由专人负责。主要职责是宣传、落实、执行计划生育政策，做好人口控制和计划生育服务工作。2007年至2014年，市体育局连续被财源街道办事处评为计划生育工作先进单位。至2015年12月，市体育局计划生育率一直保持在100%。

二、老干部工作

2015年12月，体育局有离休干部2名，退休干部职工75名。老干部工作由局办公室负责，每年为老干部订阅《老干部之家》杂志，组织老干部查体，在办公区设立乒乓球、台球室。每年的“九九”老人节、春节前夕召开老干部座谈会，听取老干部的意见和建议。2008年，组织老干部参观北京奥运会场馆。2010年，组织老干部参观上海世博会。

第四章　群团组织

第一节　工　会

一、机构

1997年至2008年，杨振德负责体育局（体委）工会工作。

2009年至2011年，冯遂杰、刘传梅负责体育局工会工作。

2012 年，经市总工会泰会〔2012〕27号文件批复，成立泰安市体育局工会工作委员会，刘西华任主任。

二、主要活动

1997年以来，市体育局（体委）工会组织每年坚持定期组织职工体检，保障职工的身体健康。完善各种文体活动设施，方便职工开展各种文体活动。通过组织举办中国象棋、乒乓球、篮球投篮、扑克够级、郊游等比赛活动，丰富职工的业余生活。配合市直机关工委组织举办市直机关运动会、篮球、乒乓球、登山等比赛活动，为市直机关广大干部职工提供良好的活动环境和公平的比赛环境。

2009年、2011年泰安市体育局工会被市直机关工委评为市直机关工会工作先进单位。2012年刘传梅被市直机关工委评为市直机关工会工作先进工作者。

第二节　共青团

1997年12月，成立泰安市体委团委，书记孙丰涛，副书记闫娟，组织委员戚锋，宣传委员刘舰。2006年4月至2008年4月，书记胥丽丽，组织委员王安龙，宣传委员刘大伟，委员李波、于祾俐。

2001年11月，孙丰涛任泰安市青年联合会第三届委员会文化艺术委员会体育委员。

2002年，泰安市体育局团支部被共青团泰安市直机关工委授予“五四”红旗团组织称号。

第三节　妇女工作

1978年成立泰安市体委机关妇委会，1978年至1990年，史忠敏任泰安市体委机关妇委会主任。1990年刘传梅任妇委会主任。2007年3月，体育局机关妇委会改选，刘传梅任主任、王秀玲任副主任，姜玲任计生主任。至2015年底未变。

2011年，闫娟被市妇联授予“巾帼建功” 标兵称号。2012年，刘传梅被泰安市妇女儿童工作委员会评为泰安市妇儿工作先进个人。2014年，市体育局妇委会被市直机关工委授予“市直机关先进妇委会”称号。

第五章　精神文明建设

第一节　精神文明创建

一、创建活动

泰安市体育局党组成立以来，根据市文明委关于开展创建文明单位活动的部署，以“创建一流体育队伍，加快体育事业发展”为宗旨，积极开展创建文明单位的活动。

1997年，泰安市体委下发《关于成立泰安市体育系统精神文明建设指导委员会的通知》，成立全市体育系统精神文明建设指导委员会，制订《泰安市体育系统精神文明建设规划》。

2007年，市体育局申报市直文明单位，成立泰安市体育局文明机关创建工作领导小组。12月，经严格考核，市直机关工委授予市体育局市直文明机关称号。

2009年3月，市体育局上报市文明办、市直机关工委《关于争创市级文明机关的申请》，申报市级文明单位。12月，经市文明办、市直机关工委对市体育局严格考核，泰安市文明委授予体育局市级文明机关称号。

2011年3月，市体育局上报《关于申报省级文明单位的报告》，申报省级文明单位。12月，省文明委、市文明办通过对市体育局省级文明单位考核，山东省文明委授予泰安市体育局省级文明单位称号。

2012年3月16日上午，市体育局隆重举行“省级文明单位”揭牌仪式。副市长徐恩虎，市直机关工委书记刘科学，市文明办副主任步衍金等参加揭牌仪式。

二、荣誉

2007—2008年，泰安市体育局被中共泰安市直机关工委授予市直文明机关称号。

2009年，泰安市体育局被泰安市文明委授予市级文明机关称号。

2011年，泰安市体育局被山东省文明委授予省级文明单位称号。

2011年，泰安市体育局被泰安市文明委授予“乡村文明牵手共建活动”先进单位称号。

2012年、2013年、2014年泰安市体育局被市委授予创建“五型”机关先进单位称号；2015年泰安市体育局被市委授予“五型”机关建设示范单位称号。

2010年，苏有森、张吉庆、刘传梅被中共泰安市直机关工委评为市直精神文明建设先进工作者。

2012年、2014年，苏有森、冯遂杰、刘传梅被中共泰安市直机关工委评为市直精神文明建设先进工作者。

2012年，刘大伟被泰安市文明办评为“优秀志愿者”。

第二节　志愿者服务

2010年7月，根据泰安市精神文明建设委员会《关于实施“泰山文明使者”行动计划的意见》，市体育局实施“泰山文明使者”行动计划，组建由31人组成的志愿服务队，选拔6人组建泰安市社区“菜单式”志愿服务志愿者，走进泰安迎春、农大、科大、华新、向阳、广生泉等社区及宁阳县、东平县、新泰市等县（市、区）

进行志愿服务，为社区体育爱好者进行太极拳、健身操、健身气功、门球、轻排球等健身项目的辅导和推广。

2011年1月25日，市体育局志愿服务队到化马湾乡刘家沟村开展“送温暖、送文化、送健康”活动。5月9日，市体育局组织文明志愿者到广生泉社区开展“健身惠民、服务群众进基层”活动，为社区门球爱好者讲解新比赛规则，并现场作技术指导。8月12日，市体育局组织志愿者到黄前水库参加由市直机关工委和市水利局联合组织的“泰山文明使者保护水源地在行动”活动启动仪式，宣传保护水源地倡导保护水源理念，传播节水防污知识，强化绿色文明意识。

2012年3月，根据泰安市文明委《泰安市“学雷锋、做泰山文明使者、争当最美泰安人”志愿服务活动实施方案》要求，市体育局开展“学雷锋、做泰山文明使者”活动。4月，根据市委组织部、市直机关工委要求，开展实施党员“活力细胞”行动。全局66名党员分别到居住地所属社区报到，结合体育部门工作特点，认领5项社区服务岗位。

2013年3月，成立 28人组成的“体育健身使者”、21人组成的“体彩爱心”志愿服务组织。志愿服务组织开展系列爱心公益活动，组织开展“强村固基百村健身扶贫工程建设”，为 “强村固基”包村点扶持安装健身器材；参与基层公共文化服务体系 “个十百千”工程建设，为基层单位文体小广场进行体育健身场地设施的建设；组织资助特困学生、救助特困家庭、爱心募捐、慰问走访活动。开展“公益体彩，快乐操场”走进泰安活动，为泰安城区及县（市、区）中小学校捐赠体育器材、图书等。

第六章　人大、政协执法检查、视察调研

1992年至2015年12月，市体育局（市体委）接受市人大常委会执法监督检查、市政协调查视察14次；及时办理市政府办公室转交的关于贯彻落实《中华人民共和国体育法》（以下简称《体育法》）、体育事业发展规划、体育设施建设和布局等人大议案、政协提案20余件。对市政府办公室转交的人大议案、政协提案全部办理完结，并给予书面和当面答复，答复满意度百分之百。2005年至2007年，市体育局连续三年被市政协授予“优秀提案承办单位”称号。

第一节　人大执法检查、视察

2000年5月22日至24日，泰安市人大常委会副主任史怀君带领执法检查组，对全市贯彻《体育法》情况进行执法检查，重点检查老年体育、学校体育、体育场馆建设及政府投入三方面情况。检查组听取市体委等有关部门情况汇报，对市直和泰山区、岱岳区进行实地检查。检查组肯定了《体育法》颁布实施五年来全市体育工作取得的成绩，同时指出存在的五方面问题，提出认真学习宣传《体育法》、加强老年人体育工作、加强学校体育工作、加强体育设施建设、增加体育事业经费等五点建议。2000年6月22日，市十三届人大常委会第17次会议审议通过市人大常委会执法检查组关于《体育法》实施情况的报告。

2008年11月12日，市人大常委会副主任杜卓群带领部分人大常委会委员、人大代表对省

十一届运动会泰安赛区比赛场馆建设工作进行视察，先后视察山东农业大学南校区体育馆、市全民健身活动中心、市体育中心体育场改造情况，视察组对泰安赛区筹备工作给予肯定，并提出建议要求。

2011年7月28日，市人大执法检查组由市人大常委会副主任杜卓群带队，对全市《体育法》贯彻情况进行检查，先后检查市、县两级体育场馆等各类体育设施建设情况，全民健身计划落实执行情况，优秀体育后备人才培养情况及体育产业发展情况。检查组对全市体育事业发展给予充分肯定，并提出建议。

2011年8月24日，市十五届人大常委会第26次会议听取市体育局局长苏有森《关于全市体育工作情况报告》。会议审议通过市体育局《关于全市体育工作情况报告》。

2011年9月20日，市人大常委会调研组到市体育局调研“以文化旅游为龙头的服务业发展情况”。市体育局汇报有关情况。调研组到部分文体小广场、健身俱乐部、休闲体育基地进行调研。

2014年4月3日至4日，市人大常委会副主任尹衍祥带领执法检查组，到市体育局检查《体育法》《山东省全民体育健身条例》贯彻实施情况。市体育局汇报有关情况，并带领检查组到训练现场及社区进行检查。检查组对全市贯彻实施《体育法》《山东省全民体育健身条例》情况给予肯定，并提出建议。

2000年至2015年，市体育局先后6次接受市人大常委会关于《体育法》《山东省全民体育健身条例》贯彻落实情况的执法检查及视察调研。

第二节　政协视察、调研

1993年12月上旬，市政协组织体育组委员对新落成的泰山体育场进行视察，委员们对全市体育工作上水平及如何将泰山体育场建设好、管理好、使用好提出建设性意见。

1995年6月9日，市政协印发《关于城市社区体育专题调查提纲及城市社区体育发展建议》的调查问卷，调查试卷共6个题目涉及29个方面。党政领导干部，市、区两级体育工作者，大专院校及中小学体育工作者，街道基层干部和市建委等7个方面的人员共30人参加问卷调查。

1995年7月10日，市政协副主席李凤明带领市政协体育组委员对城市社区体育工作进行调研，听取市体委和泰山区、郊区、新泰市体委工作汇报，并进行专题座谈讨论，向市委、市政府提交了《关于城市社区体育情况的调查报告》，同时将调研报告报送省政协科教文卫委员会。该报告肯定了泰安市社区体育工作，指出在体育意识、社区体育投入、城市建设规划、组织管理体制方面存在的主要问题，并提出相应对策。报告报送市委、市政府后引起主要领导重视，批示有关部门办理。省政协批复：“贵会报送的《关于城市社区体育情况调查报告》比较好，很有参考价值。省政协科教文卫委员会已推荐全国政协医卫体委员会，作为1995年全国政协体育工作研讨会专题材料。”

1997年6月中旬，省政协委员就培养体育后备人才情况到新泰市进行专题调研，实地考察新泰市体育场、训练房及部分传统体育运动学校，提出“要培养大批体育后备人才，必须解决认识误区，从娃娃抓起，实施可持续发展战略”的建议，受到省政协的肯定，并将这些经验报送全国政协。

2002年5月，市政协组织部分委员对全市体育设施情况进行视察调研。

2007年5月24日，市政协组织部分委员对市体育设施建设和全民健身活动进行视察，以《领导参阅》的方式向市委、市政府提交视察报告。

2010年3月至6月，市体育局参与市政协统一组织的“十二五”规划重点课题调研活动。围绕科技、教育、文化、卫生、体育、科普等方面课

题进行调研，形成《关于繁荣壮大文化产业及科技、教育卫生事业的调研报告》及体育、科普等专题调研报告。

2011年4月20日，市政协副主席于连荣、任先德带领市政协委员60人，对全市全民健身活动情况进行视察。市体育局向政协委员作汇报，并带领政协委员到泰山区、岱岳区社区检查。检查组对全市健身活动情况给予肯定，并提出建议。

2014年5月16日，市政协副主席张书盈带队，对泰安市公共体育服务体系建设情况进行视察。市体育局向政协委员汇报市公共体育服务体系建设规划、实施情况，并带领政协委员到现场视察。视察组对市公共体育服务体系建设情况给予肯定，并提出工作建议。

1993年至2015年12月，市体育局（市体委）共接受省、市政协调查、视察8次，落实政协委员提出的建议，推进体育事业发展。

第三节　人大议案、政协提案办理

一、人大议案办理

1997年7月，市政府编制完成《泰安市城市总体规划（草案）》，并经市十二届人大常委会第三十次会议审议通过，9月，市政府正式将规划呈报省政府审批，规划将位于市中心的泰安体育场列为生活广场。60多位市人大代表和政协委员联名提出议案要求改变规划，保留泰安老城区唯一的一处体育活动场所。市体委根据人大代表和政协委员联名提议，依据《体育法》和建设部、国家体委《关于城市公共体育运动设施用地定额指标暂行规定》，书面向市委报送《关于保留老城区体育场（校、馆）的请示》；同时市体委主任殷培联带人专程赶赴济南当面向正在参加会议的市委书记鲍志强汇报。市委、市政府对这一报告高度重视，指派专人进行专题调研，在此基础上修改规划，保留了泰安市体育场，并拨款进行改造。2011年，在老体育场原址新建全民健身大楼、全民健身广场，初步满足了群众健身娱乐需要。

2000年2月25日，在泰安市第十三届人大三次会议上，市人大代表李新生、王明新等11人提出《关于加强老年人体育活动组织工作的建议》。市体委对这一议案认真进行答复。在答复中市体委汇报了全市改造老城区体育场，兴建老年健身活动中心筹备工作及泰城老城区老年健身活动等情况，提出加强老年体育组织建设、增加老年体育活动经费的措施、办法。

6月，市人大常委会副主任史怀君带领人大代表对泰城公共体育设施进行视察调研，以市人大常委会的名义向市政府提出建议：加快体育中心的规划和开发建设，将体育馆与会展中心合为一体建设；尽快完善老城区体育馆设施，请市规划部门帮助制定规划，对原老城区体育场进行重新规划建设。市建委、市财政局等部门按照各自职责给予支持。年内，结合承办2000赛季足协杯鲁能泰山主场比赛，对比赛场地进行改造。市财政投入250万元，向社会筹集1000万元，完成市体育中心体育场的配套改造工程。

至2015年12月，市体育局对市政府办公室转办的10余件人大议案全部办理完结，并给予书面和当面答复，答复满意度百分之百。

二、政协提案办理

1992年3月23日，在市政协七届五次会议上市政协委员朱承祖提出《增设公共门球场，使离退休老干部增加活动场地的提案》，建议请市政府在体育场、林校广场和烈士陵园各增建一个门球场。1992年6月，市体委安排专人到山东林业学校、市民政局调研，并对提案作答复：山东林业学校是全国五大林校之一，是省内唯一的林业学校，办学条件尚未达到国家教委要求，操场亟待扩建，增建门球场的建议不能实施；烈士陵园是省级重点保护单位，是一个严肃的政治活动场所，且陵园有总体规划，不允许增建门球场；因市内仅有的一个体育场狭窄，基本的比赛、训练尚未满足，不能再建门球场。1992年6月，市体委派专人向市政协委员朱承祖当面作答复，政协委员对答复满意。

1992年3月26日，在市政协七届五次会议上，市政协文艺组14名委员提出《关于尽快建成我市体育馆的提案》，市体委对这一提案认真进行答复，并切实抓好落实。同年12月，市委、市政府决定建设泰安市体育中心。1993年2月12日，市政府下发《基建定点通知》，决定在泰城西郊104国道以北占用粥店办事处枣行村、高王寺村、泰前办事处王家庄村土地3.6万平方米建设市体育中心。4月28日，市委、市政府在市体育场工地举行奠基仪式，10月31日竣工。市体育场容纳观众3.5万人，时为山东省第二大体育场、全省地市级规模最大体育场。

2000年2月24日，在市政协九届三次会议上市政协委员赵宗安、王振民、由昌菁等委员提出《关于在体育设施中增加群众活动娱乐场所的建议》。2000年6月，市体委请市规划部门对老城区群众活动娱乐场所进行规划，有关部门按照规划建设群众活动娱乐场10余处。

2000年2月24日，在市政协九届三次会议上，民革泰安市委会提出《关于加快泰城体育设施建设的建议》，建议尽快做出规划，加快泰城体育设施建设的组织实施；采取多渠道建设的路子，加快体育设施建设步伐。2000年7月，市体委派专人向民革泰安市委会负责人作出答复。

2000年2月24日，在市政协九届三次会议上市政协委员周传璋提出《关于加大全民健身宣传力度的建议》的提案。市体委认真落实提案要求利用会议、广播、电视、报纸、知识竞赛、举办群众体育比赛和表演等多种形式，加大对全民健身工作的宣传力度。5月份在泰城举办全民健身宣传月活动，印发各种宣传材料上万份；发挥现有场馆的综合效益，全方位向社会开发现有公共体育场馆，最大限度满足群众参与健身的需求；与市建委等部门配合，规划建设改造居民小区公共体育活动场所。6月，市体委派专人向市政协委员周传璋作出答复，委员对答复十分满意。

2003年2月18日，在市政协十届一次会议上，市政协委员王昌元、吕爱民、傅雨海等56名委员联名提出《关于加快我市体育场馆建设的建议》，市政协将其列为2003年市政协重点督办提案，组织委员现场督办。市委、市政府高度重视，经专家论证后修改原规划，将在老体育场原址建设全民健身活动中心项目及体育中心体育馆列入泰安市重点规划之内。2008年11月18日，全民健身中心在市体育场原址举行奠基仪式，2010年12月，完成主体工程建设。

1992年至2015年12月，市体育局（体委）对市政府办公室转办的数十件政协提案全部办理办完结，并给予书面和当面答复，答复满意度百分之百。

第七章　体育宣传

1956年始，泰安专署体育运动委员会安排专人向省体委内部刊物《山东体育》供稿。20世纪60—70年代，在电视不普及的情况下，境内广播电台以其特有的传播方式宣传体育，如转播体育比赛实况，报道境内各地开展群众体育活动情况等。

1986年，泰安电视台正式开播，开始通过电视节目宣传体育工作。1987年起，泰山国际登山节系列体育活动由泰安电视台录播。1990年3月，《中国体育报》全国记者工作会议在泰安召开。1995年7月，泰安城区600多名干部群众参加泰城’95全民健身计划宣传周宣传活动。

2000年10月，泰安市体育局办公室1名专职人员负责体育宣传工作，各县（市、区）体育局均有专兼职人员负责体育宣传工作。2002年起，中国国际广播电台作为泰山国际登山节主办单位全程报道泰山国际登山节比赛及活动。2008年3月，市委、市政府建立新闻发言人制度，市体育局党组书记、局长苏有森，体育局党组成员、副局长任广中被市委宣传部、市政府办公室、市政府新闻办确定为泰安市新闻发言人。2008年至2015年连续8年评选“泰安十大体育新闻”。2008年，泰安广播电视台《体育之窗》被省体育局授予“全民健身宣传月”优秀报道奖。

2015年，中央电视台第五频道对第二十九届泰山国际登山比赛暨第二十届全国全民健身登泰山比赛进行现场直播。

1985年至2015年12月，泰安市体育系统在报刊、电视、广播等媒体发表体育新闻稿件1.2万件，其中国家级193篇，省级1203篇，市级1.08万篇；105篇稿件获省级及省级以上表彰，382篇稿件获市级以上表彰；16名作者获省级及省级以上优秀通讯员称号，61名作者获市级优秀通讯员称号。在网络媒体发表作品2100篇，组织拍摄反映泰安体育发展历程专题片2部，举办体育展览30次，编纂宣传画册6部，为《泰安地区志》《泰安市志》《山东体育年鉴》《泰安年鉴》等书籍供稿13.44万字。

2000—2015年泰安市体育系统在各类媒体发表稿件情况表

表12-7 单位：篇

年　度	稿件总数	国家级	省　级	市　级
2000	331	2	4	325
2001	346	3	11	332
2002	396	5	10	381
2003	405	5	15	385
2004	526	7	20	499
2005	543	6	21	516
2006	613	7	26	580
2007	704	10	29	665
2008	782	10	30	742
2009	871	9	51	811
2010	934	11	96	827
2011	994	13	110	871
2012	1047	20	126	901
2013	1173	26	191	956
2014	1235	30	220	985
2015	1275	29	243	1003
合计	12175	193	1203	10779

第一节　新闻宣传

一、报刊宣传

1985年8月，《大众日报》报道泰安市体育馆建成的消息。1987年，泰山国际登山暨全国登山活动组委会成立由市委宣传部牵头的宣传组，集中报道泰安市举办泰山国际登山活动的情况。宣传组负责宣传品的印刷、宣传报道和国内外记者的接待工作等。1991年8月，《中国体育报》《大众日报》《山东体育报》重点报道“泰山特曲杯”全国武术观摩交流大会比赛。1992年10月，《山东体育报》头版头条发表穆孝刚《突出重点，发挥优势，泰安狠抓重点项目成绩显著》的稿件。1996年6月，穆孝刚、陈占峰在《山东体育报》发表省青少年摔跤比赛在泰安落幕的消息。1984年始，闫克勤在《山东体育报》《泰安日报》发表体育新闻图片，至2015年共有23幅图片获市以上奖励。

2008 年7月23日，《泰安日报》用6个彩版报道奥运圣火在泰安传递盛况，并发表社论《泰山，追随圣火的光芒——热烈祝贺奥运火炬泰安传递圆满成功》。8月，北京奥运会开幕之前，青岛奥帆赛组委会邀请泰安日报社记者路红参与帆船赛事采访，发回现场报道12篇（幅）。《泰山晨刊》编辑部派出记者玄振亮、姚明华、李娈鸾分赴北京、青岛、济南采访奥运新闻。特别是新泰籍跳水选手王峰夺得泰安历史上第一枚奥运金牌后，记者在第一时间采访，在《奥运特刊》作了强势报道。泰安日报记者采写的通讯《一位冠军母亲的泪水》获山东省市地报新闻奖二等奖。

2009年7月23日，《泰安日报》一版以大字通栏标题报道第十一届全国运动会泰安赛区男子足球甲组比赛开幕式消息，以彩色大照片再现赛场盛况；二版开设“全民健身共享全运”专栏。《泰山晨刊》A4版至A6版辟为“全运”专版，用消息、通讯、特写、言论、图片等多种形式，全方位报道赛事。29日，开设“全运”专版，大容量报道赛况。至8月4日，正刊编发专栏6期、专版3个；晨刊推出专版9个，画刊专版1个。共刊发记者文字稿83篇，图片75幅。

2009年8月1日，第十一届全国运动会圣火采集仪式在泰山之巅举行，泰安日报社派出18名记者，报道圣火采集全过程。正刊要闻版设通栏标题《取国泰民安之火，映中华盛世辉煌——十一运圣火泰山之巅采集》，报道活动盛况，大幅彩色照片直观地报道了山东籍奥运冠军张娟娟、泰安籍奥运冠军王峰采集圣火的场景，并配发言论《泰山点燃梦想，圣火谱写激情》。同日出版的《泰山晨刊》用10个版面报道这一重大新闻。一报一刊共刊发文字稿21篇，图片21幅 。

2009年10月16日至28日，全国第十一届运动会在济南举行。泰安日报社组织精干记者队伍，提前到位，对火炬在泰安传递和济南主会场作全方位采访报道。15日，《泰安日报》刊发记者文字稿22篇，图片20幅，推出“火炬传递特刊”4个版面。《泰山晨刊》推出“全民全运圣火圣山”专刊“传递篇”“服务篇”“花絮篇”“视觉篇”“安保篇”等7个版面，刊发记者文字稿21篇，图片25幅。10月16日，第十一届全运会在济南开幕后，《泰安日报》开设“中华人民共和国第十一届运动会特刊”，连续刊发记者发回的消息和图片。至10月29日，《泰安日报》发表记者文字稿115篇，图片33幅。《泰山晨刊》“全运会特刊”，刊发记者文字稿88篇，图片39幅。

2011年7月，《泰山晚报》A12版设置《泰山体育封面》，报道当天最重要的体育新闻和赛事及体育事件，报道赛事直播预报、体彩中奖公告等服务信息。2013年，泰安日报设置《体育·娱乐》专版，专题报道市内体育界的大事。2014年7月，泰安日报摄影记者全程拍摄报道东平国际露营大会。11月，泰安日报以图片新闻为主报道首届泰山国际马拉松大赛，摄影记者在起点、终点、沿途主要关卡记录大赛开幕、起跑、比赛精彩瞬间。

1985年至2015年12月，全市体育系统在市以上报刊发表作品1047篇，其中，国家级271 篇，省级312篇，市级364篇 。在市以上报刊发表新闻图片160幅。省级17幅，市级143幅 。

二、广播、电视

新中国成立至20世纪80年代初，泰安专区境内各级体委主要通过中央、省广播电台、自办有线广播等形式宣传体育工作，转播体育比赛实况，报道境内开展群众体育活动情况。

1986年起，利用泰安电视台、泰安人民广播电台宣传体育工作。1987年起，泰山国际登山节系列体育活动由泰安电视台录播。1991年4月，中央电视台、中央国际广播电台记者团对新泰体育工作进行专题采访，并在中央电视台体育新闻节目中专题播出。

1995年7月，市体委利用广播电视、宣传片宣传全民健身活动的意义、指导思想和目标。 7月16日，省电视台新闻频道播放泰安市庆祝《体育法》颁布实施系列宣传活动。

2000年元旦，中央电视台“迎接新世纪的第一缕阳光”大型直播节目，邀请北京体育大学教授门惠丰在泰山东尧观顶以“悬崖立松”的意境演练东岳太极拳，全球100多个国家和地区40亿人观看节目，引起国内外武术爱好者的广泛关注。美国、日本、澳大利亚、印度尼西亚等国家陆续挂牌成立东岳太极拳会所。泰安广播电视台《体育之窗》被省体育局授予“全民健身宣传月”优秀报道奖。2001年12月，泰安人民广播电台开办《体育时间》专栏，每周4期，每期40分钟，专题播出体育类新闻，每周二、四、六是《体育时间》赛事精选；周日为《体育时间》周末版，每期20分钟。内容以精品集锦、体坛人物志、有奖瞬间、有奖竞猜、赛事预告为主。2002年起，中国国际广播电台连续12年作为泰山国际登山节主办单位全程报道泰山国际登山节比赛及活动，山东电视台连续13年作为主办单位全程报道泰山国际登山节比赛及活动。2004年5月起，泰安市广播电视台《体育时间》更名为《体育直播间》，宣传最新的体育赛事、点评体育焦点事件、关注体育明星人物，并通过短信、电子邮箱等与球迷即时交流、现场互动。2005年起，中央电视台连续9年作为主办单位全程报道泰山国际登山节比赛及活动。2008年，奥运圣火在泰安传递，中央电视台、山东电视台及各大媒体网站全程报道。2009年，第十一届全国运动会圣火采集仪式在泰山之巅举行，中央电视台、山东电视台及各大媒体网站全程报道。

2010年1月，泰安市体育局与泰安电视台联合制作《情系公益事业，体彩再创辉煌——迎新春泰安体彩文艺晚会》专题片，泰安电视台、各县（市、区）电视台于春节前后播出。2011年起，泰安市建立全民健身宣传长效机制，发挥各类媒体作用，利用广播、电视等媒体，设立专栏、举办讲座，播放健身活动节目，普及体育健身知识。2014年9月9日，中央电视台第五频道体育节目对第二十八届泰山国际登山节进行专题报道，报道时长70分钟。2015年9月6日，中央电视台第五频道体育节目现场直播第二十九届泰山国际登山比赛暨第二十届全国全民健身登泰山比赛。直播时间为9月6日上午8:35—10:15，共100分钟。中央电视台运用三维转播技术等高科技手段，克服复杂天气、地形等不利因素，开创国内登山比赛直播的先河。

1985年至2015年12月，全市体育系统在市以上广播电台、电视台发表电视新闻作品2563篇。其中，国家级43 篇，省级165篇，市级2355篇 。

三、 网络

2007年，市体育局注册官方网站——泰安市体育局网站，开设泰安体育、政务公开、机关党建、竞技体育、全民健身、体育产业、图片新闻、局长信箱、体育热线等栏目，安排专人值守，定期维护更新网页，向社会公开发布体育工作动态、体育新闻和赛事信息等。至2015年，泰安体育栏目发布信息2000条，竞技体育栏目发布信息310条，全民健身栏目发布信息522条，图片新闻栏目发布图片35幅，局长信箱共收到信息23条。泰安市体育局网站把体育热线、最新公告、赛事公告、网络报名等互动版块作为提高点击率的重要工作之一。2015年，网站日均点击率保持在2000人次，多时高达5000人次以上。

2007年至2015年12月，全市体育系统累计在中国网、大众网、齐鲁网、新浪网、搜狐网、中华泰山网等网络媒体发表网络作品9.93万篇，体裁以消息、图片为主。

第二节　泰安十大体育新闻评选

2008年始，为提升泰安体育知名度，扩大体育行业影响，吸引观众关心关注体育事业发展，泰安广播电视台、泰安市体育局在东方泰山网发起泰安十大体育新闻评选活动。评选由泰安人民广播电台、泰安电视台、东方泰山网、泰安广播电视报承办，先后由华阳集团、泰安安泰燃气集团冠名，每年由观众、听众、读者和网友通过东方泰山网对15条左右候选新闻进行网络投票，经专家推荐，最终选出年内的泰安十大体育新闻。至2015年12月，连续评选8年，共评出泰安十大体育新闻80条。评选活动借助泰安电视台广泛的大众基础和良好的社会影响力，展示了泰安市体育事业取得的成绩，宣传了泰安体育工作，推动了全民健身活动开展。

第三节　体育展览

1954年9月，泰安专区体育运动委员会筹委会与地区文化馆联合举办体育图片展览，1.2万人参观。

1957年，泰安专区体委制作体育图片2套，分两路到各县巡回展览。

2005年，泰安市举办“泰安市群众体育10年成就展”巡回展出活动。图片展板6块分三篇，从体育文献宣传、全民健身盛况、体育组织建设、场地建设、群众体育活动、科学健身6个方面介绍宣传泰安市全民健身10年来取得的丰硕成果，并在济南泉城广场展出2天2次。

2014年9月5日至8日，由泰安市人民政府主办，泰安市体育局、泰安市档案局、泰安市摄影家协会、泰山景区承办的《泰山国际登山节登泰山比赛二十七年回眸》图片展在天地广场举行，展览分领导关怀、比赛精选、系列赛事、山城风光4部分，共展出图片307幅，1万余名游客、摄影爱好者参观。

至2015年12月，全市体育系统举办体育展览6次，展出图片326幅，参观人数2万人。

第四节　社会宣传

1976年7月16日毛泽东主席畅游长江纪念日前后，境内利用幻灯、照片、宣传栏、黑板报、大字标语等形式宣传开展群众性游泳活动的意义，宣传游泳知识和开展游泳活动的经验。

1995年7月，泰安市体委下发《关于全民健身宣传周活动意见的通知》，在全市开展《全民健身计划纲要》《中华人民共和国体育法》专项宣传活动，利用广播电视、举办讲座，宣传片、宣传画，出版科普图书等宣传全民健身活动的意义、指导思想和目标。全市各级开展全民健身宣传活动1000余项，近10万人参加活动。

2004年，市委组织部、市文明办、市体育局、市农业局等有关部门在全市联合开展以体育场地设施、体育健身指导和体育科普知识为内容的体育“三下乡”活动，发放科普图书1000册，宣传海报2000幅。年内，各县（市、区）举行体育“三下乡”活动，发放全民健身宣传图书5000余册。

2009年8月，省体育局组织大中院校专家、学者组成健身宣讲团到泰安市各县（市、区）进行巡回宣讲，3000余人参加。

2010年6月，泰安市体育局在泰安城举办《全民健身条例》宣传日活动，市直有关单位、泰山区、岱岳区及15个部门参加活动，在泰安城青年路两侧设置37个宣传点，义务向群众发放健身手册、宣传单，宣传展板和健身咨询吸引众多市民。

2011年至2015年，泰安市借助市、县运动会、全民健身日、全民健身月和体育赛事、体育活动等载体加强宣传引导，倡树“人人热爱体育、全民健身强体”的理念，营造城乡居民参与体育健身活动氛围。

第五节　体育文史

1984年起，泰安地区行署体育运动委员会为《泰安地区志》提供文字资料，供稿内容为第十一编第九章群众体育、学校体育、体育训练、体育成绩4节，形成资料长编1.85万字，采用6000余字。

1989年，市体育运动委员会向《山东体育四十年》供稿。该书选用文字稿主要内容为第三章第四节登泰山，第七章第二节泰安市体育运动学校，第四节泰安师范专科学校体育系。并选用市体委摄影人员闫克勤拍摄的两幅照片。

1990年起，市体委（体育局）向《山东体育年鉴》供稿。《山东体育年鉴（1990—1997）》是第1卷，之后每一至五年出版一卷，至2015年共出版 24 卷。供稿总字数3.11万字。供稿内容是，泰山国际登山节暨全国登山邀请赛、泰安市体育工作概况、群众体育工作、竞技体育工作、体育设施建设、泰安市承办国际比赛、举办市运动会全民健身登泰山比赛等。

1990年起，市体委（体育局）向《泰安年鉴》供稿。该年鉴每年出版一卷，至2015年，共提供资料长编34万字，采用11万字。供稿内容包括体育事业综述、群众体育、体育竞赛、泰安籍运动员在国际、全国、全省获奖情况、体育设施建设等。

1998年11月至1999年2月，根据市委、市政府要求，为纪念开展改革开放20周年，市体委向市委宣传部、政策研究室供稿，总结宣传全市体育事业发展变化情况，共提供文字资料21篇，图片12幅。

2002年起，市体育局向《泰安市志（1985—2002）》供稿，共提供资料长编4.5万字，采用1.84万字。供稿内容为群众体育、体育比赛、体育队伍、体育设施四节。

2008年10月，为纪念改革开放30周年，市体育局对群众体育、竞技体育、运动体育、全民健身取得的成绩进行全面整理，向市委、市政府有关部门提供文字资料110篇，图片56幅。

2015年4月起，泰安市体育局组织编纂《泰安市体育志》。

至2015年12月，市体育局编纂书籍 5部，对上供稿21.84万字，采用20.84万字。

第六节　画　册

《攀登—泰山国际登山节登泰山比赛27年回眸》　2014年8月，市体育局组织力量，历时二个月编辑出版。该画册筛选1987年第一届至2013年第二十七届泰山国际登山节（活动）的图片307幅。画册设领导关怀、比赛精选、系列赛事、山城风光四部分，展示泰山国际登山节比赛精彩瞬间和历史珍贵镜头，具有较高的保存价值和史料价值。

《2010—2014泰安市全民健身活动掠影》　2015年，市体育总会组织编纂。该画册精选省市领导关心全民健身事业、山东省第四届全民健身运动会、泰山国际马拉松赛、山东省全民健身休闲精品项目展示等160余幅照片，并选录省市领导讲话、44家体育协会、俱乐部工作概况。画册图文并茂，展示了泰安全民健身活动真实画面。

第十三编

行政管理

X I N G Z H E N G G U A N L I

1972年3月，泰安地区革命委员会成立体育局，无内设机构。1975年5月，泰安地革委体育局更名为泰安地革委体育运动委员会，内设秘书科，负责行政管理工作。1984年3月，泰安行署体育运动委员会改为泰安行署体育运动委员会办公室（副县级）；5月，泰安地区体委办公室内设人事秘书科。1985年5月，泰安地区行政公署体育运动委员会改为泰安市体育运动委员会（正县级），内设秘书科；12月，泰安市体委内设机构调整，设办公室负责行政管理工作。2000年10月，泰安市体育运动委员会更名为泰安市体育局，内设办公室，正科级，并进一步明确了办公室的工作职责，主要是：协助局领导组织、协调机关日常工作；负责文秘、档案、信息、信访、保密、保卫、督办及会议组织安排等工作；负责组织开展调查研究和综合性文稿的起草工作，研究拟订全市体育事业发展战略和体育工作的政策、措施；负责本机关和指导下属单位的人事、劳动工资和离退休人员管理服务工作；负责全市体育宣传、体育队伍的思想政治工作；负责编制全市体育事业的中长期规划和综合统计工作；协同有关部门制订全市体育场地设施建设规划、规定；负责管理委（局）机关和监督指导下属单位财务审计工作，研究拟订全市体育产业发展规划、计划，指导全市体育产业的开发工作。至2015年未有变化。

第一章　行政服务

第一节　机　构

1984年5月，泰安地区体育运动委员会办公室（副县级）设人事秘书科，科长郑玉华（兼），副科长段传兴，会计史中敏，体育宣传闫克勤。

1985年12月，泰安市体育运动委员会（正县级）设办公室，正科级。办公室主任郑玉华，人事段传兴，会计史中敏，体育宣传闫克勤。1994年12月，罗文新任主任，杨莉任任副主任。会计史中敏，体育宣传闫克勤，档案管理刘传梅。

2000年10月，泰安市体育局设办公室，正科级，罗文新任主任，杨莉任副主任，会计史中敏，体育宣传闫克勤，档案管理刘传梅。

2004年5月，陈占峰任主任，杨莉任副主任。会计史中敏，档案工作由王安龙负责。2006年8月，副主任、主任科员王和平负责车辆管理工作，会计史中敏，体育宣传闫克勤，档案工作由姜玲负责。

2007年10月，刘西华负责办公室工作，兼做文秘工作，王和平负责车辆管理，会计史中敏，体育宣传闫克勤，档案工作由姜玲负责。

2010年，办公室工作职责分工：陈占峰主持办公室全面工作。王和平负责局印章、介绍信的使用、管理；车辆维护与管理。胥丽丽，负责局机关的财务会计工作。刘西华负责机关文秘宣传工作，协助主任做好外联工作；负责政务信息的收集、编报工作。姜玲负责人员录用、任免、奖惩，局机关事业单位的年度目标考核，档案管理及机关保密工作。玄强负责驻市行政审批中心行政审批事项的办理工作。闫克勤负责比赛及大型活动会标、桌签等的制作；负责重大比赛及大型活动的拍照及图片资料整理。王大海负责包村日常工作。刘大伟负责办公用品的购买、保管、发放；职工养老和医疗保险、综合治税申报及固定资产管理登记管理工作。宫宝玺负责局机关人员户口管理和老干部服务工作。李红磊负责资金划拨、现金管理和职工工资发放及各项经费支出的报销。马姗姗负责办公室日常值班，来客引导和服务等工作。刘方田、邢利、张继强、张海涛、马兆辉负责所驾驶车辆的安全行驶和保养维护等工作。

2012年12月，刘西华主持办公室工作。

2015年12月，刘西华任主任，主持办公室全面工作，协调完成局领导交办的任务，配合科室做好工作。邢利，负责行政接待、车辆管理、库房保管、安全卫生、信访稳定、局印章管理等工作。姜玲负责局机关及直属单位机构编制、政工人事劳资、培训考核、档案管理、计划生育等工作，协调运动员保障工作。李红磊负责财务协调、支出审核、监督审计等工作。汤潇雅负责局机关并指导直属单位财务会计、预决算编制执行、党费收缴等工作。李光玲负责现金出纳、办公用品采购、设备维护、固定资产管理、职工社保、体育统计、综合治税等工作。吴擎负责综合性文稿起草、行文把关制发、会务筹备组织、督查应急、人大建议、政协提案办理等工作。王国超负责机关文电处理、机要保密、网站维护、政务公开、值班接待、安全生产、老干部、法制、户籍等工作，配合姜玲做好资料归档工作，负责新闻宣传、音像拍摄、报纸杂志征订、出国（境）事务等工作，配合姜玲做好资料归档工作。刘芳田、张海涛、马兆辉负责所驾驶车辆安全行驶、保养维护等工作。

第二节　文秘工作

1975年5月起，体育局（委）办公室（秘书科）设立专职文秘人员，负责起草、审核、制发局文件，撰写综合性会议领导讲话、工作总结、对上汇报等综合性材料。

2007年到2015年，共撰写领导讲话，综合性材料2660余篇。起草、审核、印发文件1100余件。

第三节　档案管理

一、沿革

1986年建立局档案室，购置文件柜等档案管理用品。办公室指定专人负责档案管理工作。1995年4月，制定下发《文书处理制度》，提出档案归档的具体要求。1996年12月，泰安市体育运动委员会印发《关于建立机关综合档案室的决定》，刘传梅任综合档案室主任，专职管理档案。兼职档案员有陈占峰、孙丰涛、闫娟、戚峰、周立明、王秀玲、梁建梅。1997年12月，经省、市考核，档案室升级为省级三级档案室。1998年4月，市体委下发《关于进一步规范公文管理的通知》，严格办文程序、归档程序和机关文件材料归档范围。按照市档案局要求，2000年以前的档案相关文件组卷归档，称“卷”；2001年开始以单份材料为单位归档管理，称“件”。2006年10月，市体育局下发《关于公布专职、兼职档案人员的通知》，建立市体育局综合档案室档案管理网络。姜玲任综合档案室主任，专职管理档案；李红磊、郝强、王冬梅、刘传梅、玄强、刘刚、侯兵、赵冰、刘金玲任兼职档案员。2011年7月，局投资 10 万元对档案室进行改造，安装密集架80立方米、安装防盗门、空调、除湿机、防磁柜、档案管理专用计算机，并安装档案管理专用软件，实现了与市档案馆档案管理系统的链接。

二、档案分类

体育局全宗档案主要是来自上级业务部门有关指示、条例、规定、办法，各级领导对体育工作的讲话，体育局自身形成的工作计划、总结、报告、会议文件、上报材料、典型材料、人事任免、人员调动、职称评聘及体育业务、财务等有关文件材料。

文书档案分类共分7类：综合类、党务类、行政工作类、机构政工类、竞赛、训练、群众体育。

全宗编制检索工具有案卷目录、全引目录、文件字号索引等。

三、档案收藏

自1978年至1995年，整理收藏档案801卷。其中，保管期限为永久的165卷，长期128卷，短期144卷; 职工档案40卷，会计档案138卷，基建档案5卷，资料181卷册。1991年前档案，交市档案馆99卷。1991年至2000年，档案室收集藏存文书档案、会计档案388卷，其中永久174卷，长期112卷，短期102卷。2001年至2014年档案室收集、藏存文书档案、会计档案2932 件，其中，永久1533件，30年697件，10年702件。其中2230件与市档案馆联网。

第四节　行政事务管理

一、公务接待

1975年5月始，泰安市体育局（泰安地革委体育运动委员会、泰安市体委）办公室（秘书科）负责体育局公务接待工作。先后制订接待审批程序、接待范围、接待原则、接待程序、接待标准、接待用车及报销等规章制度10余项。

二、车辆管理

1980年，市体委有卡车1台，吉姆轿车1台，驾驶员2人。车辆由办公室统一管理使用。1991年，制定《车辆管理制度》，车辆由办公室统一管理，统一安排使用，其他人员不得擅自调动车辆。该规定至2015年未变。

三、后勤服务

1977年3月，泰安地革委体育运动委员会设立泰安地区体育场，体育场负责体育馆维修和器材保管工作。1984年5月，泰安地区编制委员会印发《关于批复地直机关接待处等内部机构及下属单位设置意见的通知》，设立体育场、体育服务公司。体育场负责草拟泰安地区体育设施建设规划，指导、检查下属体育场地建设；负责体育场、馆的管理、维修工作；承担各级运动会场地组织工作，搞好场地整修、布置及器材、观众安排；负责各学校到体育场训练、比赛及场地器材服务工作；负责器材购置、保管、发放工作；负责外来运动队到泰比赛、表演的场地布置、整理等服务工作。服务公司负责体育设施、房屋维修、管理等后勤服务，以及省以上体育竞赛接待任务。1989年3月，市体委成立基建维修办公室，主任由服务公司副经理费建文兼任，副主任周立明。基建维修办公室负责体委机关基本建设和房屋维修、水电暖的管理等后勤服务。2011年12月，市编办印发《关于市体育局部分事业单位更名的批复》，市体育场更名为泰安市全民健身中心，负责全民健身中心和局属各类房屋设施的日常管理、维护、使用及局机关后勤服务等工作。至2015年12月，市全民健身中心机构、工作职责未变。

四、水、电、暖的管理改造

（一）供水

1966年8月，泰安专署体委搬入体育场（原山东农业大学体育场）办公，有2口使用水井，供体育场地用水和饮用。1992年，地区财政拨款7万元打深井1眼，并建储水池，定时供应场地、办公、宿舍楼用水。2007年，根据泰安市政府《关于印发泰安市清理整顿自备井活动实施方案的通知》和泰安市人民政府办公室《（关于印发泰安市城市居民用水“一户一表、计量出户”改造工作实施方案的通知）》要求，体育局投资14.8万元对院内三幢宿舍楼44户进行自来水用水改造，自备水井予以封存。

（二）供电

1966年始，市体育局（委）机关、体育学校、宿舍等用电管理由体育场负责，聘请一名电工管理。干部职工宿舍的用电按月定量收费。1989年3月始由服务公司管理。1991年，进行用电改造，实行一户一表计量收费。2008年6月，将老式电表改装为智能插卡式电表。

（三）供暖

1997年以前，体育局冬季办公、宿舍采暖均用炭炉子，1997年市体委安装2吨燃煤锅炉，办公室、体校、宿舍楼都安装了暖气。2005年7月，根据《泰安市人民政府关于逐步淘汰泰城燃煤炉灶的通告》，拆除2吨燃煤锅炉，投资60万元更换燃气锅炉。2009年，投资50万元改造体育局院内暖气工程，由泰安市热力公司供热。

第五节　规章制度

1991年4月，泰安市体委制定规章制度8项。1995年4月，修改印发《体委规章制度》汇编。2015年12月，体育局建立综合规章制度 12 项，主要包括有值班制度、工作制度、车辆管理制度、文书处理制度等。

第二章　财务管理

第一节　经费管理

1984年5月，根据泰安地区编制委员会《关于批复地直机关接待处等内部机构及下属单位设置意见的通知》，泰安地区体育运动委员会办公室设人事秘书科。人事秘书科设会计2人，负责财务管理。之后，泰安市体育局（委）一直设专人负责财务工作。

泰安市体育经费由预算内、预算外、基建经费三部分组成，均由市财政拨付。体育场馆建设、维修所需基建经费，经市政府研究同意后市财政按预算经费拨付。

一、事业经费

1956年开始，泰安地区行署财政每年将体育事业经费列入财政预算。20世纪70年代，年度体育事业经费8000元。1984年体育事业经费3万元。规划建设体育基建工程时，所需经费按计划划拨；举办市运动会及参加省以上体育比赛时，划拨体育比赛所需经费。2000年始，市财政加大对体育事业经费投入，预算内拨款27.8万元；2001年预算内拨款812.30万元；2008年预算内拨款1293.34万元；2015年预算内拨款3856.8万元。2000—2015年16年间，泰安市体育事业投入预算内拨款共27820.59万元，预算外拨款17149.10万元，拨款总额为44969.69万元。

2000—2015 年泰安市体育事业经费财政投入情况表

表 13-1　　单位：万元

年　度	预算内	预算外	总　数
2000	27.8	—	27.8
2001	812.3	—	812.3
2002	1079.83	—	1079.83

续表 13-1

年　度	预算内	预算外	总　数
2003	687.14	—	687.14
2004	754	—	754
2005	1247.58	—	1247.58
2006	1212	—	1212
2007	1167.91	—	1167.91
2008	1293.34	408.00	1701.34
2009	598.39	383.3	981.69
2010	1570	650	2220
2011	2961.30	1263.80	4225.10
2012	2797.90	2984.50	5782.40
2013	3230.60	5454.40	8685.00
2014	4523.70	4099.60	8623.30
2015	3856.80	1905.50	5762.30
合计	27820.59	17149.10	44969.69

二、基建经费

1966年，泰安专署体育运动委员会建设运动员之家，建筑面积265平方米，共投资10万元。1970年，建设办公用房、训练房，建筑面积848.48平方米，投资10万元。1980年，建设举重馆、办公楼、餐厅、训练房、车库，建筑面积4364平方米，投资367.7万元。1990年，市体委建设学生宿舍、办公楼、体校教学楼、训练楼等，面积5138.25平方米，投资160万元。2007年，市体育局建设体育中心综合训练馆，面积1.3万平方米，投资2300万元。2001年，投资建设泰安市全民健身大楼1683.95平方米，投资8000余万元。2012年，建设市体校食宿综合楼，投资1600万元。2014年，市体育局建设体育中心全民健身广场8550平方米，投资1076万元；建设市体校运动员公寓5776平方米，投资2000万元。

至2015年，市财政共拨付市体育局基建经费19397.12万元。

1966—2015 年泰安市体育局（委）基建经费情况表

表 13-2

年　度	建设项目	建筑面积（平方米）	投资（万元）
1966	运动员之家	265	10
1970	办公用房、训练房	848.48	10
	灯光球场看台，看台下住房	488.4	13

续表 13-2

年度	建设项目	建筑面积（平方米）	投资（万元）
1980	举重馆	991	329.7
	办公楼	2816	30
	餐厅	382	4
	训练房	95.52	2
	车库	79.49	2
1984	职工宿舍	1200	15
	体校教学、训练楼	2779	50
1986	简易学生餐厅	600	3
1988	教师住宅楼	2415	25
1989	职工住房	1798	30
1990	学生宿舍、办公	2779.25	50
	体校教学、训练楼	2094	98
	锅炉房、仓库等	265	12
1992	打深井建储水池		7
1993	泰安体育场		2641.42
1994	训练大棚	1300	42
1998	干部宿舍楼	2665	247
2007	体育中心综合训练馆	13000	2300
2012	体校食宿综合楼	5790	1600
2013	体育中心网球馆	3800	800
2014	体育中心全民健身广场	8550	1076
	体校运动员公寓	5776	2000
合计	—	—	19397.12

第二节　财务制度

1984年，泰安地区行政公署体育运动委员会印发《财务管理制度》，进一步加强对财务工作的管理。1995年5月，市体委印发《关于加强经费管理的几项规定》，要求各部门对年度开支要编制计划。凡基建、维修、购置、运动会开支等，均由负责单位事先提出预算报告，100元以内由分管主任审批，100元以上由主任批准，1000元以上由办公会研究后主任签字报销。预算内和预算外资金分别使用和管理。除按规定发放的奖金补助外，一切经费不得用于个人福利，凡按规定发放的钱、物，必须由本人签字领取。

2014年4月，泰安市体育局对经费管理、国内差旅、公务接待、公务用车、会议活动等进一步作出规范，对原有制度进行修改完善，修订补充财务规章制度14项，主要有《市体育局践行群众路线厉行节约反对浪费若干规章制度》《财务管理办法》《经费预算管理办法》《日常报销及各类支付工作细则》《公务卡、集中支付结算管理办法》《体育彩票公益金管理办法》《体育事业专项经费（含体彩公益金）申报与使用管理办法》《市级体育赛事、群体活动财务管理办法》《体彩公益金资助全民健身工程管理办法》《资产管理办法》《差旅费管理办法》《公务印刷管理办法》《会议、公务接待管理办法》《公务用车管理办法》《采购（集中、定点、政府招标）管理办法》等。《泰安市体育局经费预算管理办法》规定，基建经费要实行年度预算，坚持以收定支、量入为出的原则。预算执行实行层次管理，分块包干制度。由单位财务部门及科室根据财政部门和主管部门核定的预算统一掌握使用，按程序及时办理。各所属单位根据预算批复取得的有指定项目和用途的专项资金，按照要求定期向市体育局财务部门报送专项资金使用情况。年底，专项资金的核算和使用需接受主管部门的检查和审计。《日常报销及各类支付工作细则》规定，经费支出报销要报销人整理分类发票填写报销单，科室负责人签批，会计审核，分管领导签批，领导签批，出纳支付。同年8月，市体育局印发《关于进一步规范全局采购管理工作并实行归口办理的通知》。2015年5月28日，市体育局印发《关于进一步规范自行采购工作的补充通知》。

至2015年12月，市体育局制订印发财务制度文件16份。

第三章　土　地

1966年，泰安专署体育运动委员会办公地点在泰安专区行政公署大院。同年8月18日，山东省民政厅印发《关于泰安专区体委新建体育场收回国有土地的批复》，拨给泰安专区体委土地37亩，位置东至山东农学院，西至龙潭路，南至文化一路，北至文化二路。8月24日，泰安专区体委用37亩划拨土地与山东农学院原体育场45亩土地置换，位置东至教场街，西至本单位，南至印刷厂、农机公司，北至岱宗大街。1967年6月，泰安县革命委员会生产指挥部《关于同意泰安地区革委会政治部宣传部因修建国防俱乐部及摩托车练习场收回土地报告的批复》，同意在文革一路（岱宗街）以南，体委灯光球场以东，农学院门前道路以西，收回国家已征未用土地六亩九分，用于修建国防俱乐部及摩托车练习场用土地。1966年和1967年两年两次共批土地43.9亩。1988年10月，市体委办理国有土地使用证，现场丈量土地53.446亩（35630.88平方米），其中1966年泰安专区体委用37亩划拨土地与山东农学院原体育场45亩土地置换，原山东农学院体育场比市体委与其置换的土地多9.546亩。

2002年11月，市体育局土地53.446亩分割为三宗，其中市体育局土地32213.9平方米；市体育局房改房用地二宗1440.3平方米、4304平方米。2006年8月，泰城岱宗大街绿化占用市体育局土地4324.7平方米，市体育局土地减少为27889.2平方米。

2008年1月，市体育局向市国土资源局递交土地分割申请，用于建设全民健身活动中心，市国土资源局予以批准。原有东至校场街、自来水公司，西至本单位，南至市印刷厂、农机小区，北至岱宗大街机关宣传用地27889.2平方米，从中分割面积9239.43平方米，用于住宅用地售出；原有东至本单位，西至人行培训中心、市委党校，南至农机小区、泰安农校，北至岱宗大街土地4304平方米，从中分割面积1046平方米，用于住宅商用售出。分割面积共计10285.4平方米，分割土地面积的收益用于建设全民健身中心。

2008年2月，市体育局拥有土地三宗，即市体育局土地19334.50平方米（泰土国用〔2008〕0034号），房改房土地1440.3平方米（泰土国用〔2002〕字第0450号），房改房土地3428.68平方米（泰土国用〔2008〕0032号）。至2015年12月，市体育局土地面积未变。

1966—2015年泰安市（地区）体育局土地资产情况表

表13–3

土地取得时间	办证时间	土地证号	土地坐落	面积（平方米）	权属性质	地类用途	四至	备注
1966.8	1988	泰山国用（1988）字第0150号国有土地使用证	岱宗大街46号	35630.88	划拨	体育运动	东至校场街、自来水公司，西至中国银行，南至市印刷厂、农机小区，北至岱宗大街	
	2002.11	泰土国用（2002）字第0411号	岱宗大街46号	32213.9	划拨	机关宣传	东至校场街、自来水公司，西至本单位，南至市印刷厂、农机小区，北至岱宗大街	由泰山国用（1988）字第0150号国有土地使用证分割而来
	2002.11	泰土国用（2002）字第0450号	岱宗大街46号	1440.3	划拨	住宅	东至体育局，西至体育局，南至市印刷厂、农机小区，北至体育局	由泰山国用（1988）字第0150号国有土地使用证分割而来
	2002.11	泰土国用（2002）字第0451号	岱宗大街46号	4304	划拨	机关宣传	东至本单位，西至人行培训中心、市委党校，南至农机小区、泰安农校，北至岱宗大街	由泰山国用（1988）字第0150号国有土地使用证
	2008.2	泰土国用（2008）0032号	岱宗大街46号	3428.68	划拨	住宅	东至商业房，西至人行培训中心、市委党校，南至农机小区、泰安农校，北至岱宗大街	由泰土国用（2002）字第0451号分割而来
	2008.2	泰土国用（2008）0034号	岱宗大街46号	19334.50	划拨	机关宣传	东至校场街、自来水公司，西至商业房，南至市印刷厂、农机小区，北至岱宗大街	由泰土国用（2002）字第0411号分割而来
	2008.1	泰土国用（2008）0033号	岱宗大街46号	1046	划拨	商用售出	东至商业房、西至体育局，南至农机小区，北至岱宗大街	由泰土国用（2002）字第0451号分割而来
	2008.1	泰土国用（2008）0035号	岱宗大街46号	9239.4	划拨	商用售出	东至体育局，西至商业房，南至市印刷厂、农机小区，北至岱宗大街	由泰土国用（2002）字第0411号分割而来

第十四编

县（市、区）、矿业集团体育

XIANSHIQUKUANGYEJITUANTIYU

第一章　泰山区

春秋战国时期，齐国在境内设立博邑（今泰山区邱家店镇旧县村村址），秦代博邑改为博阳县，汉初改为博县，并设博阳郡，治博县。汉武帝元封元年（前110）置泰山郡，治奉高（今范镇故县村）。北魏时期，博县改为博平县，泰山郡治迁至博平。北齐时期，博平县改博县。隋开皇十六年（596），博县改为汶阳县，后又改为博城县。唐乾封元年（666）改为乾封县。北宋开宝五年（972），乾封县治迁岱岳镇（今泰城）。北宋大中祥符元年（1008），乾封县改为奉符县。金天会十四年（1136），于奉符地设泰安军，泰安得名始此。金大定二十二年（1182），升军为州。清雍正十三年（1735）升州为府。民国2年（1913），中华民国北京政府裁府留泰安县。新中国建立后，泰城为泰安专区及泰安县驻地。1958年6月，泰安城关镇及周围村庄划出建立泰山市。同年11月29日，泰山市与泰安县合并建立泰安市。1963年4月撤市复县。1982年2月，泰安县恢复泰安市。1985年3月，撤销泰安地区，泰安市升格为地级市，原泰安市（县级）分设泰山区、郊区。2015年，泰山区总面积336.86平方公里，辖8个镇（街道）、209个村（居）民委员会，常住人口78.02万人。

1993年，上高乡被省体育局授予“山东省群众体育工作先进单位”称号。2000年，财源办事处被省体育局授予“山东省群众体育工作先进社区”称号。2001年，泰前办事处被省体育局授予“山东省群众体育工作先进社区”称号。2006年，泰山区文体局被省体育局授予“山东省群众体育工作先进单位”称号。

第一节　机　构

一、机构沿革

1949年10月，泰安县人民政府成立文教科。1958年5月，泰安市（县级）体育运动委员会成立。1961年1月，撤销泰安市体育运动委员会，体育工作由泰安市教育局负责。1963年，泰安县文教局成立，体育工作由文教局负责。1973年4月，成立泰安县革委体育运动委员会。1978年7月改为泰安县体委。1985年7月，成立泰山区文化体育局。1988年4月，撤销泰山区文化体育局，成立泰山区体育运动委员会。1993年10月，体委与文化局合并，成立区文化体育运动委员会。2002年1月，文化体育运动委员会更名为泰山区文化体育局。2008年8月，成立泰山区体育局，为二级事业单位，由区教育局代管。2012年11月，体育局升格为一级事业单位，隶属区政府。至2015年未变。

二、领导机构

1949年10月，韦辉池任泰安县文教科科长。1952年8月，宗德文任科长。1955年11月，王介三任科长。1985年7月，马继元任泰山区文化体育局局长。1988年8月，倪灿泉任泰山区体委主任。2002年1月，郑广来任区文化体育局局长。2008年8月，钱涛任泰山区体育局局长。2010年5月，邹斌任局长。2012年12月，张清明任局长，至2015年未变。

1949—2015 年泰山区（泰安县、市）体育局（委）领导班子成员情况表

表 14-1

时间（年、月）	单位名称（级别）	职　务	姓　名	任职起止年限
1949.10—1956.2	泰安县人民政府文教科	科　长	韦辉池	1949.10—1951.11
			宗德文	1952.8—1955.1
			王介三	1955.11—1956.2
		副科长	宗德文	1951.11—1952.8
			张照显	1952.8—1953.1
			亓云生	1955.8—1956.2
			梁杰三	1955.8—1956.2
			贾康候	1955.8—1956.2
1958.5—1961.1	泰安县（市）体育运动委员会	主　任		缺职
		副主任	许炳银	1960.9—1961.1
			王春曙	1960.9—1961.1
1961.2—1963.5	泰安市教育局			
1963.5—1973.4	泰安县文教局			
1973.4—1985.7	泰安县（市）体育运动委员会	主　任	缺职	
		副主任	赵兰田	1975.9—1983.9
			崔成信	1975.9—1985.1
			路长江	1980.12—1985.1
			罗培育	1984.5—1985.7
		调研员	路长江	1985.1—1985.7
1985.7—1988.4	泰山区文体局	局长、党委书记	马继元	1985.7—1988.4
		副局长	罗培育	1985.8—1988.5
			胡献兴	1986.7—1987.10
			杜秀兰（女）	1987.4—1988.4
		调研员	路长江	1985.7—1988.4
1988.4—1993.10	泰山区体育运动委员会	主　任	倪灿泉	1989.11—1993.10
		副主任	倪灿泉	1988.8—1989.11
		副主任	罗培育	1992.8—1992.8
		副主任	王宗莉（女）	1989.5—1992.8
			秦光山	1993.8—1993.10
		调研员	路长江	1988.8—1993.10

续表 14-1

<table>
<tr><th>时间（年、月）</th><th>单位名称（级别）</th><th>职　务</th><th>姓　名</th><th>任职起止年限</th></tr>
<tr><td rowspan="3">1988.4—1993.10</td><td rowspan="3">泰山区体育运动委员会</td><td>调研员</td><td>罗培育</td><td>1992.8—1993.10</td></tr>
<tr><td rowspan="2">主任助理</td><td>王宗莉（女）</td><td>1988.5—1989.5</td></tr>
<tr><td>秦光山</td><td>1992.8—1993.10</td></tr>
<tr><td rowspan="9">1993.10—2002.1</td><td rowspan="9">泰山区文化体育委员会</td><td rowspan="2">主任、党委书记</td><td>倪灿泉</td><td>1993.10—1999.7</td></tr>
<tr><td>郑广来</td><td>1999.7—2002.1</td></tr>
<tr><td rowspan="2">副主任、副书记</td><td>张平江</td><td>1993.10—1998.8</td></tr>
<tr><td>包小义</td><td>2000.4—2002.1</td></tr>
<tr><td rowspan="2">副主任</td><td>李玉荣（女）</td><td>1993.11—2000.4</td></tr>
<tr><td>秦光山</td><td>1993.11—2002.1</td></tr>
<tr><td>主任助理</td><td>戴光君</td><td>1999.2—2000.4</td></tr>
<tr><td>调研员（正局级）</td><td>杜秀兰（女）</td><td>1993.11—1998.2</td></tr>
<tr><td>副局级干部</td><td>孙继生</td><td>1993.11—1997.9</td></tr>
<tr><td rowspan="8">2002.1—2008.8</td><td rowspan="8">泰山区文化体育局</td><td rowspan="2">局长、党委书记</td><td>郑广来</td><td>2002.1—2003.12</td></tr>
<tr><td>刘建军</td><td>2003.12—2008.8</td></tr>
<tr><td>副局长、副书记</td><td>包小义</td><td>2002.1—2008.8</td></tr>
<tr><td>纪检书记</td><td>范维燕（女）</td><td>2003.12—2008.8</td></tr>
<tr><td rowspan="4">副局长</td><td>李晓明</td><td>2002.1—2008.8</td></tr>
<tr><td>秦光山</td><td>2002.1—2008.8</td></tr>
<tr><td>戴光君</td><td>2002.1—2004.12</td></tr>
<tr><td>徐培刚</td><td>2004.12—2008.8</td></tr>
<tr><td rowspan="5">2008.8—</td><td rowspan="5">泰山区体育局（二级事业单位、隶属教育局）</td><td rowspan="2">教育局局长、党委书记、体育局局长</td><td>钱　涛</td><td>2008.8—2010.5</td></tr>
<tr><td>邹　斌</td><td>2010.5—2012.12</td></tr>
<tr><td rowspan="2">副局长</td><td>徐培刚</td><td>2008.8—2010.9</td></tr>
<tr><td>范维燕（女）</td><td>2008.8—2012.11</td></tr>
<tr><td>副主任科员</td><td>徐培刚</td><td>2010.9—2012.11</td></tr>
<tr><td rowspan="5">2012.11</td><td rowspan="5">泰山体育局（一级事业单位）</td><td>局长、党支部书记</td><td>张清明</td><td>2012.12—</td></tr>
<tr><td rowspan="2">副局长</td><td>范维燕（女）</td><td>2012.11—</td></tr>
<tr><td>鲍德心</td><td>2013.12—2014.11</td></tr>
<tr><td>主任科员</td><td>鲍德心</td><td>2014.11—</td></tr>
<tr><td>副主任科员</td><td>徐培刚</td><td>2012.11—</td></tr>
</table>

三、内设机构

2008年8月，泰山区体育局编制6人，设竞训科、群体科、办公室3个科室；下辖区老年体协（二级事业单位）、区业余体校2个事业单位。2012年11月，增加编制2人。2015年，编制8人，设群体科、竞赛科、训练科、体彩办公室、产业科、办公室6个科室。

第二节　学校体育

1949年，泰安县有小学467所，学生2.78万人。1984年，有小学845所，在校生16.46万人；中学31所，在校生2.22万人。2013年，有中学11所，在校生1.11万人；小学70所，在校生2.96人。

一、管理机构

1950年，泰安县政府成立文教科，学校体育由文教科负责。1956年6月，泰安县成立体育运动委员会，学校体育由体委与文教科共同负责。1985年5月，撤区建市后，泰山区教育局设教育科负责学校体育工作。1993年10月，泰山区教育委员会设普教办公室负责学校体育工作。1997年9月，泰山区教育局建立教育科学研究室，设体育教研员岗位，负责体育教学工作。2002年1月，泰山区教育局设基础教育科负责学校体育工作。2009年10月，泰山区政府成立学校体卫工作领导小组。2009年11月，泰山区教育局设立体卫艺办公室，明确1名副局长、3名专业人员负责学校体育工作。至2015年无变化。

二、体育设施

新中国成立前，泰安城区中小学设施简单，学生上课自备铁环、跳绳、毽子、皮球等。新中国成立后，体育场地和设施增多，泰城学校都设有田径场、篮排球场及体操、射击、武术、乒乓球、棋类等器械，农村较大的完小设施情况也有较大改善。1984年，县属中小学有100～400米跑道的60余处；配有田径、球类、体操、武术、射击、棋类等项活动的器材。2008年，泰山区按照山东省教育厅《山东省普通中小学基本办学条件标准（试行）》，凡新建学校均按照标准要求设置运动场地；所有中小学体育器材均按照《中学体育器材设施配备目录》《小学体育器材设施配备目录》进行配备，小学、初中、高中体育器械达标率均达到100%。2015年，泰山区各学校共有田径场30处，足球场15处，篮球场21处。

三、体育师资

新中国成立后，泰安县内中学和重点小学配备体育教师，其他小学体育教师多为兼职。1973年后，部分大中专院校毕业生陆续分配到中小学校担任体育教师，体育教师队伍逐渐扩大。1977年，泰安县中小学有专兼职体育教师850人。1981年，县体委恢复中断多年的体育教学研究活动，教研活动以2个实验小学为主，集合泰城及近郊30所小学的体育教师，开展备课、观摩教学活动。2010年，泰山区体育教师录用，采取公开报名、统一考试、择优录取的方式进行。各学校基本配齐体育教师。2015年，泰山区组织体育教师，探索适合学生身心特点的体育教学形式和方法。其中，泰安第十三中学研发的中学体育教学课程受到省教育厅肯定，在全省推广。

四、课外体育

1953年，泰安县各中学和较大的完全小学在春、秋两季举办运动会。1954年，小学推行第一套“少儿广播体操”。1956年，开始推行《准备劳动与卫国体育制度》（简称“劳卫制”）。20世纪60年代初，冬季开展“锻练一月半，跑步到延安”的象征性长跑活动。“文化大革命”时期，学校停课，体育活动停止。1972年，学校体育逐渐恢复，部分学校开始举办春、秋季运动会。1976年，推行《国家体育锻炼标准》，全县有569所中小学实施《国家体育锻炼标准》，占学校总数的54%，许多学校建有规模不等的业余体育队伍。1979年至1984年，中学体育教学以贯彻《中小学体育工作暂行规定（试行草案）》和《国家体育锻炼标准》为重点，推行两课（体育课和课外活动）、两操（广播操、眼保健操）体育活动。

1985年，泰山区落实“两操、两课、两活动制度”（即早操、课间操、每周两节体育课，每天两节课外活动），保证没有体育课的当天下午要安排不低于30分钟的集体体育活动。2005年，泰山区教育局印发《关于实行大课间体育活动的通知》，各学校均建立大课间体育活动制度，编制具有学校特色的集体舞、校园舞、韵律操等，根据不同季节安排相应的集体体育活动。同年，泰安市在泰山区召开大课间体育活动现场会，推广泰山区的经验。2012年12月，召开全区保证学校体育活动一小时工作推进会，对部分学校的好做法进行总结推广。2013年，各学校坚持开展以班级为单位冬季长跑活动，规定小学生每天长跑1000米、中学生1500米、高中生2000米。

五、传统项目学校

山东省传统项目学校　1990年，山东省体委、教育厅批准泰安市粮食小学为乒乓球传统项目学校。1996年，省体委批准省庄中学为田径传统项目学校。2011年，山东省体育局批准泰安市实验小学为足球、武术、田径、健美操传统项目学校；泰安六中为田径、篮球传统项目学校。至2015年，有4所学校被批准为省级传统项目学校。

泰安市传统项目学校　1984年，泰安地区体委批准泰安市第二实验小学为足球传统项目学校。1992年，泰安市体委批准泰安第一实验小学、泰安南关小学、泰安第六中学、泰安市七中为田径传统项目学校；铁路职工子弟小学、南关小学为足球传统项目学校。2015年9月，泰安市体育局、教育局批准泰安市第一实验学校等13所学校为泰安市传统项目学校，其中足球项目学校7个、田径项目学校9个、篮球项目学校5个、排球项目学校3个、乒乓球项目学校3个、羽毛球项目学校2个。至2015年，共有20所学校被批准为市级传统项目学校。

区级传统项目学校　2012年9月，泰山区体育局、教育局审批8所传统项目学校。2014年10月，审批10所传统项目学校。

六、体育竞赛

（一）参加省中小学生体育运动会及体育联赛

2010年，山东省中小学生运动会在济南举行，泰安市第一实验学校组队参加比赛，获金牌5枚、银牌16枚、铜牌20枚，羽毛球团体赛第二名。

2012年，山东省中小学生体育联赛在济南举行。张东卉获女子五项全能银牌；博文中学获篮球第三名；泮河中学获田径金牌1枚、银牌3枚、铜牌2枚。

2013年，山东省中小学生体育联赛在济南举行。博文中学获篮球第一名，轮滑比赛第六名。

2014年，山东省中小学生体育联赛在济南举行。泰山区获田径金牌3枚、银牌2枚；博文中学获篮球第二名，泰安六中获羽毛球初中组团体第四名。

2015年，山东省中小学生体育联赛在济南举行。泰山区获田径金牌2枚、银牌1枚、铜牌1枚；博文中学获篮球初中男子组第一名，东岳中学获篮球初中女子组第八名；泰安六中获羽毛球中学团体第二名，第一实验学校获小学团体第五名。

（二）参加泰安市中小学生运动会及体育联赛

参加泰安市中小学生运动会。2010年，泰山区参加泰安市中小学生运动会，获金牌12枚；乒乓球获2个团体第三名；围棋获团体第一名。2012年，泰安市中小学生运动会在新泰市举行，泰山区参加16项比赛，获金牌9枚。其中，获体育舞蹈比赛团体第一名，羽毛球男女团体第一名，游泳比赛团体第二名，篮球联赛第一名。

参加泰安市中小学生体育联赛。2011年，参加泰安市2011年中小学生体育联赛，泰安六中获篮球第三名。至2015年，共参加5届次全市中小学体育联赛，获金牌10枚，银牌7枚，铜牌3枚。

（三）承办运动会

2009年8月，泰山区承办全国少儿国际象棋比赛，全国30支代表队252名运动员参赛。2009年，承办山东省青少年围棋团体赛，全省12支代表队162名运动员参赛。2012年，泰山区徐家楼街道泮河中学承办山东省青少年射箭锦标赛，全省17支代表队230名运动员参赛。

七、体质与卫生

2002年，泰山区全面实施《国家学生体质健康标准》，将体育测试成绩纳入初中学生综合素质评价内容，作为高中招生的基本依据。2014年，泰山区印发《泰山区中小学体质健康监测制度和公告制度》，定期对在校学生进行体质测试，全区测试结果在教育局网站上予以公告。2015年，泰山区小学新生入学预防接种证查验率100%，接受卫生监督检查的学校比例100%。

第三节　群众体育

一、职工体育

（一）机构

1950年3月，泰安县召开首次工会会员代表大会，选举产生县工会第一届委员会，职工体育工作由县工会与县政府文体科负责。1958年6月，泰安市（县级）体委建立，职工体育由县体委与县工会共同负责。“文化大革命”期间，职工体育活动中断。1972年，职工体育工作由泰安县革委群众工作组负责。1973年4月，成立泰安县革委体委，泰安县工会恢复工作，职工体育由县体委与工会共同负责。1982年，泰安县工会改称泰安市（县级）工会。1985年，泰山区成立后，职工体育由区机关工委与泰山区工会共同负责。至2015年未变。

（二）体育活动

1956年，职工体育活动得到广泛开展，部分机关、厂矿、企业成立篮球、乒乓球等业余体育队。其中，金融系统的银鹰篮球队、粮食系统的桥梁篮球队经常开展赛事活动，在泰城颇有影响。1958年，机关、工矿、企事业普遍推行“劳卫制”，当年有2000名职工参加“劳卫制”锻炼，1200人通过“劳卫制”考核。1960年，泰安市（县级）提出开展“5万人打乒乓球，3万人打篮球，5万人长跑”的活动，城乡及机关企事业出现群众体育活动高潮。

1976年，有34个工矿企业建立体育领导小组或体协，并建立28支业余体育队伍，成员近900人；厂矿企业中，经常参加体育活动的人数占职工总人数的21.5%。当年6月，县体委发出开展20万人游泳活动的通知，游泳活动开展较普遍。1978年，在全县范围内普及广播体操或生产操，开展象征性长跑活动，全县参加活动的职工60%以上。

1985年后，泰山区职工体育以机关体育比赛为主，每年组织10余次大型体育比赛活动。1992年，举办区直机关第一届运动会，分老、中、青男女组；五大班子男女组；退休干部组等10个组别；设篮球投篮、排球投筐、自行车慢骑、跳远、立定跳远、短跑、中长跑、4×100米接力、拔河等44个项目比赛，有76个单位、1042名运动员参加比赛，64人次获得奖励。至2015年共举办19届区直机关运动会，1.2万余名运动员参赛，4500余人获得奖励。

二、老年人体育

（一）机构

1986年6月，泰山区老年体协成立，区人大常委会副主任燕化源任主席。1996年，区人大常委会副主任郭洪玉任第二届老年体协主席。1999年10月，李锡常任泰山区第三届老年体协主席。2004年8月，区人大常委会原主任边清训任第四届老年体协主席。

1986—2015 年泰山区老年人体育协会领导班子情况表

表 14–2

届　次	职　务	姓　名	任职时间
第一届（1986—1996）	主　席	燕化源	1986.6—1996
	副主席	候存玉　罗培训　秦光山	1986.6—1996
第二届（1996—1999）	主　席	郭洪玉	1996—1999.10
	副主席	倪灿泉　马恒水　秦光山　韩卓香	1996—1999.10
第三届（1999—2004）	主　席	李锡常	1999.10—2004.6
	副主席	孙广禹　贾世新　倪灿泉	1999.10—2004.6
第四届（2004—2015）	主　席	边清训	2004.6—
	副主席	孙广禹　仇金元　贾永军　刘建军　倪新杰　张国义等	2004.6—

（二）老年人体育活动

1985年，泰山区老年体协成立后，每年都组织多次太极拳剑、养生气功、健身文艺、乒乓球、门球、台球、钓鱼、登山、象棋等老年人体育活动。2008年，区老年体协被山东省委、省政府授予“老干部工作先进集体”称号。2005年、2007年、2009年、2013年分别被省老年体协授予“老年体育工作先进单位”称号。2015年，举办太极拳、养生气功、健身秧歌、健身球操、柔力球、钓鱼、门球、台球、乒乓球、象棋等老年体育展演或比赛，有3.6万老年人参加活动，参加体育活动的老年人占全区老年人总数的65%。

（三）老年人体育竞赛

1.参加全省比赛

2002年，山东省老年人健身球操规定套路和自选套路比赛在烟台举行，泰山区代表泰安市参加比赛，获团体优秀奖和体育道德风尚奖。

2004年，山东省第一届老年运动会在威海举行，泰山区代表泰安市参加柔力球第一套和竞技比赛，获男子单打第四名，女子单打第七名，男、女混双第五名。

2014年，山东省第三届老年运动会在济宁举行，泰山区代表泰安市参加柔力球规定套路自选套路和竞技比赛，获规定套路、自选套路双项团体银杯奖；男子单打、女子单打、男子双打、女子双打、男女混双均获三名。

2.参加泰安市老年人体育比赛

2004年，泰安市第十六届市运会在泰城举行，泰山区组队参加市运会老年组比赛，获团体总分第一名。2014年，泰安市第二十届运动会在泰城举行，泰山区组队参加参加市运会老年组8个大项12个小项比赛，获4个金奖、7个银奖、1个铜奖。至2015年，泰山区共参加6届泰安市运动会老年组比赛。

三、全民健身

（一）全民健身活动

1995年7月，泰山区按照《泰安市贯彻全民健身计划的实施方案》，成立实施全民健身计划活动领导小组，开展全民健身宣传周和庆祝《中华人民共和国体育法》颁布实施宣传日活动。组织门球、台球、篮球、排球、越野、体育舞蹈等10余项体育比赛，5000余人参加活动。此后，泰山区各级每年都举行近百项比赛、展演和宣传活动。2007年，举办社会体育指导员培训班5次，培训三级社会指导员500余人。2009年8月1日，泰山区体育局在市政广场承办山东省全民健身启动仪式，同时举行“全国象棋同下”比赛活动。

2011年，全区各级共举办体育活动、比赛400多场次，近万人参加。2013年12月3日，国家体育总局副局长冯建中带队到泰山区就《全民健身条例》《全民健身计划（2011—2015年）》的贯彻落实情况进行检查调研，对泰山区工作给予肯定，对泰安六中开展全民健身活动情况给予表扬。2015年，泰山区村街、社区实现体育组织、健身器材、体育活动全覆盖。全年举办体育活动、比赛11次，4.6万人次参加活动。全区常年参加体育健身的人员，城区约占人口的70%，农村约占人口的40%。

（二）全民健身运动会

2012年4月至9月，泰山区举办2012年全民健身运动会，设门球、台球、乒乓球、象棋、扑克牌、游泳、拔河、标准舞、健身展演等9个比赛和表演项目。

2013年5月至11月，举办2013年全民健身运动会，设国际标准舞蹈、柔力球、乒乓球、象棋、围棋、趣味运动会等项目。

2014年2月至11月，举办2014年全民健身运动会，设象棋、够级、篮球、广场舞、柔力球、体育舞蹈、文体节目展演等项目，同时街道、乡镇、机关举办运动会。全区近万人参加。

2015年1月，举办2015年全民健身运动会，设乒乓球、足球、登山、游泳、篮球、排球、跆拳道、广场舞、武术、毽球等项目及街道、乡镇、区直机关运动会，全区近万人参加。

四、少数民族体育

（一）机构

1976年10月，泰安县革委成立民族事务委员会，少数民族体育由民族事务委员会与县体委共同负责。1985年7月，成立区民族宗教局、文化体育局，少数民族体育由民族宗教局、文化体育局（体委、体育局）共同负责。至2015年无变化。

（二）特色体育项目

2010年，泰山区民族中学引进蹴球、板鞋竞速、陀螺3个民族体育项目。2012年，省民委批准泰山区民族中学为蹴球、板鞋竞速、陀螺3个项目为省级少数民族传统项目训练基地。至2015年，该校成立蹴球、陀螺、板鞋项目训练队，训练队分竞赛组和兴趣小组两部分。兴趣小组50人左右，每周组织1～2次训练；竞赛组20人左右，进行长年集训，为参加省少数民族运动会培养和选拔优秀运动员。

2015年，泰山区有蹴球场地6块、陀螺训练场地3块、板鞋训练场地为学校塑胶田径场。

蹴球　原称踢石球，是古代蹴鞠运动的一种形式。现在的蹴球运动形式来源于清代的踢石球。2000年，经国家民族宗教委员会挖掘整理，向全国推广。2010年，开始引入泰安。蹴球比赛场地为10米×10米的正方形，地面可为略带沙性的土地或草坪，有条件的可用橡胶或塑胶类地面，要求地面平整，无障碍物。蹴球比赛用球是直径10厘米（±0.2厘米），重量920克（±10克）的硬塑实心球。球分两种鲜颜色，每种颜色各2个，共4个球，分别标有1、2、3、4的号码，1、3号球为同一颜色，2、4号球为同一颜色。号码规格不得小于5厘米×4厘米。蹴球比赛参赛队双方各2名运动员上场。抽签决定首发球队，首发队佩戴1号和3号号码布，另一队则佩戴2号、4号号码布。蹴球方法是用脚跟着地，脚掌触球，用力将球蹴出。凡一方击中对方一球得1分，把对方一球击出场外得4分；50分为一局，先积50分为胜。

板鞋竞速　三人板鞋竞速起源于明代。2010年，引入泰安。穿板鞋抢粽子、板鞋秧歌舞、板鞋戏水、板鞋抢香包、板鞋抛绣球、板鞋扇舞、板鞋拳术、板鞋踩气球等。板鞋竞速集竞技、表演、娱乐与一体，具有竞技性、体育性、娱乐性。板鞋竞速技术特点和短跑相似，分预备、原地踏步—向前走—快速跑、弯道走、终点冲刺四个环节。

打陀螺　打陀螺是一种古老的民间传统体育活动，起源何时尚无文字可查，早在新石器时代，民间就有打陀螺活动，明代始有文字记载。2010年，引入泰安。打陀螺分准备和打陀螺两个部分。准备分缠陀、持陀、放陀三个环节，打陀螺分助跑、最后用力、缓冲平衡三个环节。陀螺比赛在平整无障碍的地面上进行，比赛场地包括比赛场地和无障碍区。比赛场区为长20米（女子比赛场区长19米），宽15米的长方形。场地线宽0.05米（以内沿计算），其四周应有2米以上的无障碍区。其中比赛场区又分预备区、死陀放置点、旋放区、攻击区和攻击线。

（三）体育竞赛

2007年4月，第七届山东省少数民族传统体育运动会在德州举行，泰山区民族学校代表泰安市参赛，获2枚金牌、3枚银牌、1枚铜版，获团体总分第五名。泰山民族学校被省民委授予山东省民族体育先进集体、第七届山东省少数民族传统体育运动会组织奖、第七届山东省少数民族传统体育运动会体育道德风尚奖称号。

2011年5月，第八届山东省少数民族传统体育运动会在济南大学举行。泰山民族学校代表泰安市参赛，米恒攀、杨明志、赵厚山获男子100米板鞋竞速铜牌，金雨、杨鑫婕、米焕获女子陀螺铜牌，张静、马文静获女子蹴球铜牌。泰山民族中学被授予第八届山东省少数民族传统体育运动会体育道德风尚奖，杨俊峰被授予山东省少数民族传统体育优秀教练员称号。

2014年9月20日，山东省第九届少数民族传统体育运动会在山东中医药大学举行，来自全省17个地市的19个代表队参赛。泰山民族学校17名同学组成代表队参加蹴球、陀螺、板鞋竞速3个项目比赛，获得3项团体二等奖（男子蹴球团体、女子陀螺团体、男子陀螺团体）、2项团体三等奖（女子蹴球团体、女子板鞋竞速）、2项个人三等奖（女子陀螺个人、男子陀螺个人）。泰山民族学校获第九届山东省少数民族传统体育运动会组织奖，林芳玉、田宪英被授予山东省少数民族传统体育优秀教练员称号。

五、残疾人体育

（一）体育活动

1985年，泰山区成立，全区残疾人体育工作由泰山区残联与区文体育局共同负责。

2006年，区残联、区文化体育局举办残疾人运动员训练班，并筛选优秀运动员组队参加省、市残疾人体育比赛。2009年，区政府办公室印发《关于建立泰山区残疾人文化体育人才数据库的通知》，建成残疾人体育人才数据库。同年7月19日，举办泰安市暨泰山区残联“迎特奥”联谊活动。市、区残联领导和脑瘫、智障亲友团以及助残志愿者等参加活动，残疾人举行了投篮、踩气球、钓鱼、吹泡泡等项目比赛。自此，泰山区每年都举办“全国特奥日”活动，至2015年，共举办8次。

2011年 8 月12日，省庄镇举办首届残疾人趣味运动会。比赛设套圈、吹气球、打扑克、投篮球、安联、倒乒乓球、钓鱼7个项目，全镇15个村的40多名残疾人（肢体，聋哑，智力）组成7支代表队参加比赛。赛后对22名残疾人运动员进行奖励、向所有残疾运动员赠送纪念品。2014年 8 月16日，徐家楼街道在大白峪社区举办“残疾人趣味运动会”，30多名残疾人分别参加篮球投准，飞镖投准的比赛。同月，省庄镇、邱家店镇等举办“残疾人健身周”系列活动，组织残疾人观看、教授残疾人跳广场舞；区残联对残疾人进行健康查体和建立健康档案。

2015年，区政府办公室印发《泰山区创建全省残疾人文化体育建设示范区实施方案》《关于进一步丰富和加强残疾人文化体育工作的通知》，要求各级把残疾人体育建设融入公共文化服务体系，每年由区财政划拨专项经费专项用于残疾人体育活动。7月，成立泰山区残障人士乒乓球俱乐部，俱乐部有成员20人。

（二）体育竞赛

1.参加全国残疾人运动会

2006年4月29日，张盼（女、肢残1级）参加全国第七届残疾人运动会自行车锦标赛，获2枚铜牌、2个第四名，被山东省人事厅、山东省残联记三等功。

2.参加山东省残疾人运动会

2006年10月，山东省第七届残疾人运动会在济南举行。运动会设自由泳、蛙泳、乒乓球、三铁、田径、射箭、脑瘫足球、坐式排球比赛，泰山区组织20人代表队代表泰安市参赛，获3枚金牌、8枚银牌、1枚铜牌。其中张盼（女、肢残1级）获2枚金牌，张晓红（女、肢残3级）获1枚金牌、3枚银牌，武翠萍（女、肢残2级），获3枚银牌，郭增建（肢残3级），获1枚银牌，李国祥（肢残2级），获1枚银牌、1枚铜牌。

2010年10月，山东省第八届残疾人运动会在济南举行，运动会设田径、射箭、游泳、举重、乒乓球、自行车、脑瘫足球、坐式排球8项比赛。泰山区组织26人代表队代表泰安市参赛，获5枚金牌、8枚银牌、7枚铜牌、2个第五名、2个第六名。

2014年10月，山东省第九届残疾人运动会在济南举行，运动会设田径、游泳、乒乓球、脑瘫足球、坐式排球、自行车、举重、象棋、射箭、射击10个项目比赛。泰山区组织27人代表队代表泰安市参赛，获3枚金牌、1枚银牌、1枚铜牌，1个团体第三名、1个团体第六名。

第四节　运动竞赛

1951年5月，东岳篮球队代表泰安县参加省运会。

1956年，泰安县举办首次运动会，驻泰安城县级以上学校、机关、厂矿企事业单位均组队参赛。

1987年6月，泰安市第六届运动会在泰安举行，泰山区代表团获12枚金牌，团体总分第9名。至2015年共参加16届运动会。

1987—2015年泰山区参加泰安市运动会情况表

表14–3

届次	举办时间	地点	代表团人数	参赛项目		获奖情况			
				个数	项目	金牌（枚）	名次	总得分	名次
第六届	1987.5—10	泰安	156	6	武术、田径、乒乓球、举重、柔道、射击	12	8	382.5	9
第七届	1989.7—10	泰安	158	7	武术、田径、摔跤、乒乓球、柔道、篮球、游泳	43	2	1004.5	3
第八届	1991.7—10	泰安	180	8	武术、田径、摔跤、乒乓球、举重、柔道、游泳、射击	49	2	768	3
第九届	1993.5—10	泰安	146	7	田径、举重、摔跤、武术、柔道、游泳、射击	46	3	895	3
第十届	1995.8—10	泰安	136	7	田径、举重、摔跤、武术、柔道、篮球、射击	18.75	5	689.875	5
第十一届	1997.4—9	泰安	190	8	田径、举重、摔跤、武术、柔道、篮球、射击、散打			461.1	5
第十二届	1999.5—10	泰安	260	10	武术、田径、摔跤、乒乓球、举重、柔道、篮球、足球、散打、跆拳道	31	6	581.32	6
第十三届	2001.7—10	泰安	168	8	武术、田径、乒乓球、柔道、篮球、足球、散打、射箭、排球	34	6	577.08	6

续表 14-3

届　次	举办时间	地点	代表团人数	参赛项目		获奖情况			
				个数	项　目	金牌（枚）	名次	总得分	名次
第十四届	2003.7—10	泰安	145	8	田径、武术、篮球、乒乓球、足球、排球、幼儿操、射箭	65.5	5	1040.86	6
第十五届	2005.6—9	泰安	212	7	田径、武术、篮球、乒乓球、足球、排球、幼儿操				
第十六届	2007.7—10	泰安	125	5	田径、羽毛球、武术、篮球、乒乓球、	23.5	6	262	6
第十七届	2009.5—9	泰安	280	12	田径、射箭、柔道、羽毛球、武术、篮球、乒乓球、跆拳道、足球、排球、幼儿操、摔跤	54	4	968.25	5
第十八届	2001.7—9	泰安	286	13	田径、射箭、柔道、羽毛球、武术、篮球、乒乓球、跆拳道、足球、排球、幼儿操、摔跤、手球	44.25	5	1675.5	5
第十九届	2013.4—10	泰安	280	14	田径、射箭、柔道、羽毛球、武术、篮球、举重、乒乓球、跆拳道、足球、排球、幼儿操、摔跤、散打、手球	52	5	1092.25	5
第二十届	2015.5—9	泰安	290	15	田径、射箭、柔道、羽毛球、武术、篮球、举重、乒乓球、跆拳道、足球、排球、幼儿操、摔跤、散打、手球	78.5	4	1984	4

2009年5月28日至31日，泰山区体育局在泰山文化大厦承办第一届“齐鲁晚报·泰山特曲杯”全国少年儿童棋王棋后赛，比赛历时4天，来自全国39个棋院、俱乐部、小学、棋管中心314名棋手参加比赛。比赛按年龄分组，参赛选手中最大的16岁，最小的7岁。

第五节　人才培养

一、运动员输送

1985年至2000年，泰山区向泰安市体育学校输送学员百余名。2004年向泰安市体校输送11人。2015年，向市体校输送优秀运动员63名，列全市第三名。1985年至2015年，共向市输送运动员400余名。

二、训练单位

泰安县体育学校　1960年4月，县成立体育学校。校内分设篮球、乒乓球、田径、射击等专业队，共50人。同年10月，因经费缺乏，体校停办，5名学员加入省体育队，其余插入泰安二中各年级学习。

泰山区业余体校　1986年9月成立，定编3人，为股级事业单位，隶属泰山区文体局。在青年路影剧院二楼办公，设立田径项目。1987年7月，迁至大车档街红卫电影院后院办公，人员增至5人。1987年，文化体育局，在五马东湖东征地10亩，新建业余体校。1988年夏，在青年路中段泰山区机关幼儿园院内建设10米游泳池，组织20人旅游队，进行专业训练。1989年10月，区体委和业余体校迁至新建业余体校，先后建设办公楼、体育馆、室外游泳池。1991年6月，泰安市第一个25米标准游泳训练池建成，当年夏天放水使用，训练旅游运动员40人。业余体校同时设立游泳、田径、举重、摔跤、柔道、武术项目。1994年5月，泰山区事业单位机构改革，业余体校人员编制由12人减至6人。2003年6月，业余体校随文体局迁至区委大院，原业余体校办公院作顶账处理，院内所有建筑拆除。2008年8月，成立泰山区体育局，业余体校编制9人，实有8人。2014年6月，区编办核减编制，业余体校编制8人，实有人数8人，人员与体育局机关混岗使用。

三、训练基地

2005年4月，泰安市体育局、教育局批准泰山区2005至2008年度市级青少年单项训练基地3处：泰安市第一实验学校（羽毛球）、泰前办事处迎胜小学（乒乓球）、泰安市省庄一中（田径）。2015年，市体育局、市教育局命名市级青少年训练基地7处：泰山区泰安市第一实验学校（羽毛球）、泰山博文中学（篮球）、财源办事处王庄小学（射箭）、泰山实验中学（手球）、南关中学（排球）、省庄中心小学（足球）、凤台小学（足球）。泰山区体育局、泰山区教育局命名区级训练基地19个。

第六节　场地设施

一、概况

1928年，东升平街原府署衙门辟为县运动场，面积约3万平方米，其中设有400米环行跑道、篮球架、排球架、网球场、天桥、秋千、荡木、单双杠等器材。新中国成立后，随着学校体育、群众体育活动的开展，体育场地和设施增多，泰安城区较大学校和厂矿企业均设有田径场、篮排球场及体操、射击、武术、乒乓球、棋类等器械，农村较大的完小设施情况也有较大改善。20世纪60年代初，县体育场恢复为政府办公场所，并建办公楼。此后，市（县）无大型体育活动场所。20世纪80年代初，体育活动广泛开展，体育设施得到改善，器材增多。1984年，泰安市（县级）有100～400米跑道的体育场60余处，配有部分田径、体操、球类、棋类等器材。1991年6月，在泰山区体育局院内建成泰安市第一个25米标准游泳训练池。1993年，泰山区体育馆建成，内设篮球场，羽毛球场，乒乓球比赛等，2003年拆除。2013年3月，在泰安六中建成泰山区体育馆（泰山区全民健身中心）。2014年，泰山区有体育场地474个，占地面积12874.6平方米，建筑面积351642平方米。

泰山区体育馆　1988年，在五马东湖东征地10亩开工建设体育馆，共投资130万元，建筑面积2300平方米。1991年6月，在馆内建成25米室外游泳训练池。馆内设篮球场、排球场、羽毛球场、乒乓球场等。1993年，建成使用。2003年作顶账处理。

泰山区体育馆　（泰山区全民健身中心）（见第九编场地建设）

二、休闲基地

2010年4月，泰山方特欢乐世界建成，总建筑面积50万平方米。至2015年，全区建有3处休闲基地。

2015年泰山区体育休闲基地情况表

表14–4

名　称	开业时间	面　积	地　址	活动项目	活动人数／年
泰山方特欢乐世界	2010.4.27	50万平方米	泰山区明堂路北首	飞越极限、神秘河谷、聊斋、维苏威火山、海螺湾、未来警察、生命之光等17个主题300个项目	14万
泰山花样年华景区	2010.5.1	1200亩	泰山区博阳路中段	水上乐园、卡丁车赛场、梦幻花都、宝岛兰苑、未来田园、天合乐园等	12.5万
泰山宝泰隆旅游景区	2013.9.30	128万平方米	泰山区邱家店镇	地下裂谷、地下溶洞、东海龙宫、溶洞探险、湿地观光等	10万

三、文体小广场

1994年，泰山区开始建设健身小广场，当年，建有健身小广场12个，2000年全区增加到36个。2011年，泰山区在村、街、社区普遍建设文体小广场。2015年，全区197个社区（村）中，建成达标的文体小广场143个（包含新达标待确认的），已建未达标25个。其中比较有特色的社区小广场有：岱庙街道丽景社区、上高街道的岔河社区、魏家庄村、财源街道的铁路新村、东七里社区、泰前街道三合社区等。

岱庙街道丽景社区文体小广场　2011年7月，丽景社区成立，常住人口5800人。社区内建有6个文体小广场，总面积4000平方米，安装健身器械50余件，部分铺设塑胶地板，总投资200余万元。依托文体小广场，建有多个体育协会、俱乐部、体育代表队，每月都组织活动，每天都有居民在广场健身。

上高街道岔河村文体小广场　岔河社区有居民492户，2200余人。2012年，岔河村文体小广场，总面积8500平方米，投资1000余万元。其中，室内活动场所面积1500平方米；室外活动场所面积7000余平方米，健身器材60余件。2015年，投资90余万元，进行硬化、绿化、亮化和净化。同年11月，社区依托文体小广场组织腰鼓队、太极拳队、广场舞队等。

第七节　体育彩票　体育团体

一、体育彩票

2010年5月，泰山区体育局成立体育彩票管理办公室，设2名体彩专管员。2011年，有终端机13台，销售总额867万元。2015年11月，有终端机45个，销售量2890万元。

2010—2015年泰山区体彩销售情况表

表14-5　　单位：万元

年　度	电彩销量	即开销量	总销量	终端机数（台）
2010	459	58	517	9
2011	715	152	867	13
2012	809	227	1036	17
2013	1016	251	1267	24
2014	1804	396	2200	35
2015	2347	384	2890	45

二、体育团体

2008年，泰安市泰山户外运动俱乐部、泰山众诚乒乓球俱乐部在民管局注册成立。2012年11月，泰安市泰山区蓓蕾体育舞蹈俱乐部注册成立。2014年9月，泰安市泰山武术运动协会注册成立。至2015年，在区民管局注册成立体育社团组织共9家，体育协会4家。

第二章　岱岳区

泰安市岱岳区位于泰安市中部，北依泰山，与泰山区、济南市长清区、历城区、章丘市毗邻，南与新泰市、宁阳县隔汶河相望，东与莱芜市接壤，西与肥城市连接。

1949年至1982年2月，郊区与泰山区同属泰安县（市）。1982年2月至1985年3月，郊区与泰山区同属泰安市（县级）。1985年3月，泰安撤地设市划区，设立郊区（县级）。2000年4月19日，郊区更名为岱岳区，人民政府驻地由泰山区迁至粥店街道办事处粥店村西侧。

1985年5月，泰安市郊区体育运动委员会成立。2000年4月，郊区体育运动委员会更名为岱岳区体育运动委员会。2002年3月，岱岳区体育运动委员会撤销，岱岳区文化体育局成立。2010年4月，泰安市岱岳区体育局成立。2013年4月，岱岳区体育局列为参照公务员管理事业单位。

1985年后，由于区划原因，郊区有区无城，没有体校和运动场地，与区教育局一起选择部分学校开展传统体育项目训练。1997年，区竞技体育运动学校建立，开展“三集中”（集中学习、集中训练、集中住宿）训练，开展国民体质监测。2013年，岱岳区输送运动员卞庆各参加世界武术锦标赛获武术散打第一名；李洪凤（女）参加第十九届亚洲山地自行车锦标赛获自行车第一名。至2015年12月，岱岳区有射箭训练基地1处，有20所学校被认定为山东省传统项目学校，30所学校被认定为泰安市传统项目学校，向市体校输送运动员430人，向省体育专业队输送优秀运动员13人。全区有10名运动员参加世界军事锦标赛古典式摔跤、国际柔道锦标赛、世界武术锦标赛等国际比赛获金牌6枚；47名运动员参加全国古典式摔跤锦标赛、全国女子柔道锦标赛、全国场地自行车锦标赛等国家级比赛，获奖牌37枚，其中金牌12枚，银牌13枚，铜牌12枚；400名运动员参加了11届山东省运动会，获奖牌78.5枚，其中金牌24.5枚，银牌26枚，铜牌28枚；参加了15届泰安市运动会，20人次打破市纪录，获金牌376枚；举办各类体育赛事200余次，举行26个大项的竞赛；承办省级比赛1次，市级比赛30次。

第一节　机　构

一、机构沿革

1985年5月，泰安市郊区体育运动委员会成立，编制6人。1993年10月，撤销郊区文化局、郊区体育运动委员会，成立中共泰安市郊区文化体育委员会党组、郊区文化体育委员会，编制9人。1996年1月，撤销中共泰安市郊区文化体育委员会党组、郊区文化体育委员会，恢复中共泰安市郊区体育运动委员会党组、郊区体育运动委员会，编制7人。2000年4月，郊区体育运动委员会更名为岱岳区体育运动委员会。2002年3月，撤销岱岳区体育运动委员会，成立中共岱岳区文化体育局党委、岱岳区文化体育局，编制13人。2010年4月，撤销中共岱岳区文化体育局党委、岱岳区文化体育局，成立中共泰安市岱岳区体育局党组、岱岳区体育局，编制5人，实有5人。2013年4月，岱岳区体育局列为参照公务员管理事业单位。7月，岱岳区编办印发《关于区体育局人员编制调整的批复》，编制10人，实有16人。2015年12月，岱岳区编委印发《泰安市岱岳区体育局主要职责内设机构和人员编制规定的通知》，编制10人，实有9人。至2015年12月，岱岳区体育局机构、人员未变。

二、领导机构、内设机构

1985年8月，崔成信任泰安市郊区体育运动委员会主任，内设秘书科、竞赛科、业余体校、区老年人体育协会办公室4个科室。1993年10月，刘学刚任郊区文化体育委员会党组书记、主任，内设9个科室，其中竞赛科、业余体校、区老年人体育协会办公室3个科室负责体育业务。1994年11月，王盛彬任郊区文化体育委员会党组书记、主任。

1996年1月，马玉超任郊区体育运动委员会党组书记、主任，内设办公室、财务科、政工科、群体科、业余体校、区老年人体育协会办公室6个科室。2002年3月，马玉超任岱岳区文化体育局党委书记、局长，内设17个科室，其中，群体科、产业科、体育彩票管理中心、区竞技体育中心、区老年人体育协会办公室5个科（室、中心）负责体育业务。2006年10月，许杰任岱岳区文化体育局党委书记。2008年12月，许杰任岱岳区文化体育局局长。2010年4月，杨涛任岱岳区体育局党组书记、局长，内设办公室、群体科、政工科、体育彩票管理中心、竞技体育中心、老年体协6个科室。2011年12月，梁忠实任岱岳区体育局党组书记、局长。2013年6月，张峰任岱岳区体育局党组书记、局长。2015年12月，岱岳区编委印发《泰安市岱岳区体育局主要职责内设机构和人员编制规定的通知》，内设办公室、群众体育科、体育产业发展科、竞赛训练科4个科室。至2015年12月未变。

1985—2015年岱岳区（郊区）体育局（委）领导班子成员情况表

表14-6

时间（年、月）	单位名称	职　务	姓　名	任职起止年限
1985.5—1993.10	泰安市郊区体育运动委员会	主　任	崔成信	1985.8—1993.10
		副主任	汤庆阳	1985.8—1992.2
1993.10—1996.1	郊区文化体育委员会党组 郊区文化体育委员会	党组书记	刘学刚	1993.10—1994.10
		主　任		1993.10—1994.8
		党组书记、主任	王盛彬	1994.11—1996.1
		副书记	崔成信	1994.3—1996.1
		副主任	崔成信	1994.3—1996.1
			陈尚楼	1993.10—1994.8
			杨兴凯	1993.10—1996.1
1996.1—2002.3	郊区体育运动委员会党组 郊区体育运动委员会（2000年4月，更名为岱岳区体育运动委员会）	党组书记、主任	马玉超	1996.1—2002.3
		副主任	杨兴凯	1996.1—2002.3
			胡顺杰	1996.1—2002.3
			马秀勤	1996.1—2002.3

续表 14-6

时间（年、月）	单位名称	职　务	姓　名	任职起止年限
2002.3—2010.4	岱岳区文化体育局党委 岱岳区文化体育局	局　长	马玉超	2002.3—2008.12
			许　杰	2008.12—2010.4
		党委书记	马玉超	2002.3—2006.10
			许　杰	2006.10—2010.4
		副书记	乔长梅	2002.3—2006.10
			马玉超	2006.10—2008.12
			王永建	2008.11—2010.4
		副局长	乔长梅	2002.4—2006.10
			杨兴元	2002.4—2003.4
			赵京丽	2002.4—2008.12
			段文强	2002.4—2010.2
			马广东	2005.4—2010.2
			展　雁	2008.11—2010.4
		纪检书记	陈　波	2002.4—2007.6
			范维菊	2007.6—2010.4
2010.4—	岱岳区体育局党组 岱岳区体育局	党组书记 局长	杨　涛	2010.4—2011.12
			梁忠实	2011.12—2013.2
			张　峰	2013.6—
		党组副书记 副局长	褚正存	2011.4—
		党组成员 副局长	展　雁	2010.4—2011.12
		党组成员 副主任科员	魏　杰	2013.6—
		党组成员 主任科员	段文强	2014.12—
		党组成员 竞体中心主任	张　磊	2015.7—

三、经费

1986年起，泰安市郊区财政每年付拨给郊区体育系统体育事业经费，有体育基建工程时，拨付基建工程所需经费；参加市以上体育比赛时，拨付体育比赛所需经费，同年拨付事业经费2.2万元。1995年，郊区财政拨付体育事业费9万元。2014年，岱岳区财政拨付给岱岳区体育局体育事业费45万元。至2015年12月，岱岳区体育事业经费拨付办法未变。

1986—2015年岱岳区（郊区）拨付体育事业经费情况表

表 14-7 单位：万元

年度	总额	其中		备注（用途）
		事业费	基建费	
1986	2.2	2.2		
1987	3.7	3.7		开展健身活动
1988	4.3	4.3		
1989	—	—		
1990	5.6	5.6		
1991	7	7		
1992	8	8		开展健身活动
1993	13	13		
1994	7	7		
1995	9	9		
1996	12	12	10	建设区体校
1997	—	—		
1998	—	—		
1999	—	—		
2000	—	—		
2001	—	—		
2002	17	17		
2003	35	35		体育竞赛、全民健身活动
2004	54	54		
2005	54	54		
2006	31	31		
2007	23	23		
2008	—	—		
2009	14	14		
2010	14	14		体育竞赛、全民健身活动、体育设施建设
2011	36	36		
2012	28	28		
2013	32	32		
2014	45	45		
2015	47	47		

第二节　学校体育

1985年，郊区有小学728所，在校生12.51万人；初级中学118所，在校生4.66万人；普通高中7所，在校生3300人，教职工9263人。1996年6月，泰山区粥店街道整建制划入郊区，省庄镇、邱家店镇整建制划归泰山区。岱岳区小学、初中、高中撤校并点。至2015年12月，岱岳区有小学93所，在校生4.93万人；初级中学28所，在校生3.21万人；普通高中5所，在校生1.27万人，教职工6469人。

一、管理机构

1985年5月，郊区体育运动委员会、教育委员会教育科负责学校体育。同年7月，泰安第十四中学、泰安第二十中学、泰安英雄山中学设立体育领导小组。2002年3月，岱岳区教育局基础教育科负责学校体育。2005年，岱岳区教育局内设教研室、教学室，负责学校体育教研。2011年，区教育局内设体卫艺办公室负责学校体育。至2015年12月，岱岳区体育局、教育局分管学校体育管理机构未变，全区29所中学建立体育领导小组、艺体组。

二、学校体育设施

1960年，泰安第十六中学建田径场4100平方米。1965年7月，泰安第十四中学（崅峪镇第二中学）师生自建运动场4550平方米。1980年9月，泰安第三中学投入资金1万元，建操场5000平方米；投入资金8000元，建篮球场1792平方米。1990年9月，大汶口镇第一中学投入资金50万元，建田径场3000平方米。1995年，大汶口镇柏子中学投入资金51.2万元，建操场6320平方米并配备足球门。

2000年，泰安第五中学投入资金12万元，建篮球场2175平方米。2004年9月，马庄镇回民中学投入资金30万元，建操场800平方米；投入资金2万元，建篮球场1100平方米；投入资金2万元，建乒乓球场600平方米。2014年，岱岳区新城实验中学投入资金600万元，建篮球场1.58万平方米，并配备足球门。英雄山中学投入资金65万元，建塑胶操场3240平方米。粥店中学投入资金300万元，建塑胶操场8000平方米。至2015年12月，岱岳区英雄山中学、岱岳区实验中学等21所学校有体育场地76处，占地面积21.29万平方米，其中田径场21处，占地面积16.23万平方米；篮球场18处，占地面积2.81万平方米；排球场11处，占地面积7256平方米；足球场3处，占地面积8250平方米；乒乓球场15处，占地面积6293平方米；羽毛球场2处，占地面积498平方米；其他体育场地6处，占地面积169.8平方米。

2015年泰安市岱岳区学校体育设施情况表

表 14-8　　面积：平方米；投资：万元

学校名称	处数	田径场			足球场		篮球场		排球场		乒乓球场		羽毛球场		其他	
		规格	面积	投资	面积	投资	面积	投资	面积	投资	面积	投资	面积	投资	面积	投资
英雄山中学	5	400米塑胶	3240	65	天然草 7140	—	1130	22	356	7	—	22	198	4	—	—
岱岳区实验中学	5	300米塑胶	9307.8	300	人工草坪 4100	—	1646	12	1248	25	425	6	—	—	414	4.7
粥店中学	4	300米塑胶	8000	300	人工草坪 4200	—	900	40	500	20	—	—	—	—	800	120
泰安第三中学	5	300米	8600	2	天然草 4200	—	3332	5.6	880	0.48	228	2.28	—	—	588	0.8
泰安第五中学	3	300米	20000	100	天然草 4200	—	2175	12	—	—	250	3	—	—	—	—
大汶口镇第一中学	1	300米	3000	50	天然草 4200	—	—	—	—	—	—	—	—	—	—	—
大汶口镇柏子中学	3	300米	6320	51.2	天然草 4200	—	1486	21.8	—	—	900	5.6	—	—	—	—
马庄镇回民中学	3	300米	800	30	天然草 4200	—	1100	2	—	—	600	2	—	—	—	—
角峪镇第二中学	1	300米	6072	15	天然草 4200	—	—	—	—	—	—	—	—	—	—	—
泰安第二十中学	4	300米	11200	44	天然草 4200	—	2800	14	750	2	300	3.5	—	—	—	—

续表 14-8

学校名称	处数	田径场			足球场		篮球场		排球场		乒乓球场		羽毛球场		其他	
		规格	面积	投资	面积	投资	面积	投资	面积	投资	面积	投资	面积	投资	面积	投资
泰安第二十一中学	4	300 米	2500	5	天然草 4200	—	600	4	—	—	500	4	300	205	—	—
泰安第二十二中学	5	300 米	10400	30	人工草 4200	5	1456	25	162	5	600	15	—	—	—	—
道朗镇第一中学	4	300 米塑胶	9800	64.56	人工草坪 4200	—	1345	39.45	—	—	400	10	—	—	370	18
道朗镇第二中学	4	300 米塑胶	9800	55.56	人工草坪 4200	—	1450	25.8	—	—	200	1.5	—	—	425	26
祝阳镇第二中学	4	300 米塑胶	6000	116	人工草坪 4200	—	1400	9	200	3	300	1	—	—	—	—
黄前镇中学	3	300 米	7000	17	天然草 4200	—	1224	10	—	—	300	3	—	—	—	—
山口镇第二中学	5	300 米	8437	27	天然草 4200	—	210	12	210	4	240	5	—	—	42	0.3
满庄新城实验中学	3	400 米塑胶	15796	400	人工草坪 7230	—	2250	15	1350	5	—	—	—	—	—	—
满庄镇第二中学	4	300 米塑胶	9450	20	人工草坪 4200	—	1632	12	900	4	850	6	—	—	—	—
徂徕镇第一中学	5	300 米	60	4050	—	0.8	200	3.2	700	4	400	0.85	—	—	—	—
徂徕镇第二中学	1	300 米	—	5000	人工草坪 4200	—	—	—	—	—	—	—	—	—	—	—
合计	76	—	162321.82	1752.32	93920	5.8	28136	284.85	7256	76.48	6293	90.73	300	205	2639	169.8

三、课外体育

1985年9月，泰安第三中学组建体育训练队，每天训练1小时，每年举办校运会2次。泰安第二十中学组建田径队开展课外训练。1989年9月，道朗镇第一中学组建田径队，每周训练10小时。1991年4月起，大汶口镇第一中学先后组建田径队、男子篮球队、乒乓球队、青春魔力体操队、定向越野队，每天训练1至2小时。2012年2月，道朗镇第一中学组建阳光青少年体育俱乐部，每周训练10小时；5月，组建手球队，每周训练6小时。同年，泰安第十六中学组建足球队、跳绳队、腰旗橄榄队、花式踢毽队，每天训练1小时。2013年2月，道朗镇第二中学组建排球队，每周训练6小时。至2015年12月，岱岳区学校有篮球、排球、足球等22个课外体育训练项目，300支训练队，2000人参加。每个训练队每周训练6小时。

四、传统体育项目学校

1996年，郊区徂徕中学、郊区省庄中学被省体委、省教委认定为田径项目传统项目学校。1998年，郊区有2所学校被省体委、省教委认定为田径项目传统学校。2001年，岱岳区徂徕一中被省体育局、省教育厅认定为田径项目传统项目学校。2011年，岱岳区道郎镇一中、祝阳镇二中等3所学校被省体育局、省教育厅认定为传统项目学校。

至2015年12月，岱岳区先后有8所学校被认定为山东省传统项目学校，16所学校被认定为泰安市传统项目学校。

五、特色体育项目

射箭

20世纪90年代，泰安市郊区开展射箭训练。2003年，张晓磊在西安市举行的第五届全国城市运动会射箭比赛预赛中获第一名，在长沙市举行的第五届全国城市运动会射箭比赛中获第二名，在郑州市举行的全国奥林匹克锦标赛上获第二名，在广西举行的全国室外射箭锦标赛中获第七名。2007年，张晓磊被聘任为市体校射箭教练。2010年5月，市体校道朗二中射箭训练基地揭牌，有教练员3人，在训队员40人。2015年6月，岱岳区射箭协会成立。至2015年，岱岳区有射箭训练基地1处，初级教练1人，在训男女运动员40人。在省第二十三届运动会上，岱岳区射箭运动员获射箭比赛金牌1枚，在泰安市十八至二十届运动会上，获射箭比赛金牌11枚。

六、体育竞赛

1985年4月，郊区中学生田径运动会在泰安第十九中学举行，19个乡镇27支代表团、450名运动员参加田径100米、200米、铅球等项目的比赛。2012年4月至7月，岱岳区中小学乒乓球、排球、羽毛球、篮球、足球比赛分别在英雄山中学、泰安第十九中学、祝阳二中等9所学校举行，79支代表队、1250名运动员参加比赛。12月，岱岳区中小学生长跑比赛在英雄山中学田径场举行，25所中小学、区直高中100名运动员参加。

2013年4月，岱岳区第七届中小学文化艺术体育节暨“体彩杯”2013年中学生田径运动会在英雄山中学举行，25支代表队、440名运动员参加。2014年4月至10月，岱岳区中小学乒乓球、排球、羽毛球、篮球、足球比赛分别在英雄山中学、泰安第十九中学、祝阳二中等15所学校进行，1800余名运动员参加。同年6月，道朗镇第一中学代表岱岳区参加泰安市跳绳比赛，单人跳绳、花样跳绳、两人跳绳项目均获第一名。同年，泰安第五中学参加泰安市全民健身太极拳大赛获团体一等奖。2015年8月，岳峰小学12名运动员参加山东省中小学生足球联赛小学男子乙组比赛获第六名，参加泰安市中小学足球联赛小学男子乙组比赛获第一名。至2015年12月，岱岳区组织中学生参加体育赛事110场次，其中参加省级体育赛事20场次，市级体育赛事60场次，区级体育赛事26场次。组织举办各类体育赛事200余场次，举行22个大项的竞赛，20人次打破30项市纪录。

七、体质与卫生

1989年，郊区体委对岣峪镇第二中学300名学生进行体质监测，检测项目有计时跑、仰卧起坐、引体向上等20项。1990年，郊区体委对徂徕镇第一中学学生抽检合格。1992年，在泰安第二十一中学抽检学生900人。2014年，在新城实验中学、粥店中学、泰安第三中学、黄前中学等16所中学抽检学生6677人。至2015年12月，岱岳区对96所学校的高中、初中、小学学生进行体质监测，监测学生8000余人，检测项目有计时跑、仰卧起坐、引体向上等20余项。

第三节　群众体育

一、职工体育

（一）管理机构

1985年，泰安市郊区体育运动委员会设立业务科，负责指导群众性体育活动；区直机关工委办公室、区总工会办公室、区妇联办公室负责本系统职工体育工作；各厂矿、企业工会组织负责组织开展本单位职工群体活动。至2015年12月未变。

（二）职工体育活动

1985年，郊区机关、厂矿、企业按照业余自愿、小型多样原则，开展体操、球类、举重、游泳、武术、爬山等体育活动。机关实行工间操制度。1988年起，区直机关工委、区体委、区总工会等单位每年联合举办运动会，区直干部职工及乡镇干部职工参加。1989年，区机关工委、区体委组织8支代表队在泰安林校操场举行区直重点单位职工篮球赛。1993年，区机关工委、区体委、区总工会举办区直机关干部职工登山活动，32支代表队、500人参加。

2001年，岱岳区直机关工委、区体委在泰安第十九中学举办区直机关“新元杯”田径运动会，22支代表队、580人参加。2003年，区机关工委、区文化体育局、区教育局在泰安第十九中学举办区直机关第二届田径运动会，31支代表队、1060人参加。2010年，区机关工委在岱岳区政广场举办区直机关“活力和谐”拔河比赛，32支代表队、270人参加。2011年5月，岱岳区组织200余人参加“体彩杯”山东省第一届全民健身运动会暨第三届“百千万”岱岳赛区“九久阳杯”篮球比赛。6月，组织200名运动员在市体育中心参加省全民健身运动会岱岳赛区乒乓球比赛。2013年10月，岱岳区组队参加“岳海新天街杯”泰安市第十九届运动会暨“中国体育彩票杯”第三届全民健身运动会。11月，组织机关干部1300人参加“我运动·我健康”主题环湖健步走活动。至2015年12月，岱岳区共组织职工体育活动32次，开展职工体育活动项目25个，参加活动人数2.07万人。

二、农村、城镇社区体育

（一）管理机构

1985年，郊区乡（镇、街道）体育工作由本行政区党政办公室负责。2012年3月，农村、城镇社区体育工作由综合文体站负责。至2015年12月，岱岳区17个乡（镇、街道）均建立文体站。

（二）群众体育活动

1985年，郊区农村体育活动项目主要有登山、武术、摔跤、举石锁、游泳、踩高跷、踢毽子、跳绳、棋类等30余项。1999年，山口镇代表郊区参加山东省农民运动会，被省体委、省农委评为全省亿万农民体育活动先进单位。2007年起，岱岳区以行政村为单位，实施体彩公益金资助农民体育健身工程，建设“文体小广场”。小广场由单一的一副篮球杆、两副乒乓球台（简称“一杆两台”）向多样性的健身路径发展。同年，岱岳区举办“体彩杯”首届全民健身运动会。2012年，850人参加“体彩杯”岱岳区第二届全民健身运动会。2013年，1220人参加“体彩杯”岱岳区第三届全民健身运动会。2014年，1610人参加“体彩杯”岱岳区第四届全民健身运动会。同年，全区有农民健身工程178处。1985年至2015年，岱岳区组织群众体育活动90场次，开展群众体育活动项目18个，参加活动人数30万人，获省级奖励5次，获市级奖励132次。

三、老年人体育

（一）管理机构

1985年11月，郊区老年人体育协会成立。1986年4月，郊区第一届老年人体育协会代表会议召开，选举赵玉琇为主席，宗秦轩、任树杞、王金武、王永华、李运绰、李全生、周庆韶、高宝善、崔成信为副主席，崔成信为秘书长。因机构改革，第二届老年人体育协会未改选。1996年7月，刘玉亮任第三届老年人体育协会主席，任树杞、杨宽泰、石建扬、王永德、刘灿军、李金华任副主席，宋锐任秘书长。同年，全区19个乡镇均建立老年人体育协会。2002年8月，辛培俊任第四届老年人体育协会主席，段文强任副主席，韩冰任秘书长。2009年4月，辛培俊任第五届老年人体育协会主席，张寅儒、刘永魁、张树仲、姚玉胜任副主席，张广玲、左风华、仉兴翠先后任秘书长。2013年起，岱岳区老年人体育协会设立球类、健身操、棋牌、太极拳剑、书画、组织宣传6个工作委员会，各工作委员会下设活动站点，负责组织学习、培训、交流、演出活动。至2015年12月末变。

（二）老年人体育活动

1985年起，郊区大汶口、范镇、山口等乡（镇）建立老年人门球队，并组队参加比赛。1996年，各乡镇组织老干部、老年人学习24式太极拳并参加区比赛。2009年，岱岳区承办泰安市第十七届运动会老年组门球比赛。2010年，组织老年人乒乓球、门球、钓鱼等健身比赛活动。10月，26个老年体育活动站点参加沐春艺术团老年健身体育活动表演会。2011年，全区17个乡（镇、街道）划分为4个片区举办太极拳、健身秧歌培训班。“老人节”期间，区体育局、老干部局、老龄委联合在区政广场举行老年人太极拳、健身秧歌等表演活动。2012年2月，选派2人参加省健身球培训班。4月，区老干部局、老龄委、老年体协联合举办健身球培训班，培训基层社会体育指导员100人。10月，区老年体协在粥店街道常家庄社区举行“喜迎十八大，庆祝重阳节”文体活动展演。区体育局与区老干部局、老龄办联合举办全区老年人门球比赛。2013年，选派人员参加在上海举办的全国手杖操培训班，参加在临沂市举办的国家级社会体育指导员培训班，参加泰安市组织的气功、柔力球培训班。举办24式太极拳培训班，并组队参加市十九届运动会老年组比赛。9月，17个乡（镇、街道）参加“体彩杯”岱岳区“九九”老人节健身成果展演。2014年，全区常年参加门球、柔力球、健身操、健身秧歌、广场舞、太极拳等健身项目的老年人3万人。至2015年，全区组织老年群众体育活动50次，开展群众体育活动项目10余个，获市级及市级以上奖励6次。

（三）老年人体育竞赛

1989年起，郊区每年组建老年组参加泰山国际登山比赛。2002起，岱岳区连续7届获老年组冠军。2006年，参加山东省首届老年人运动会田径比赛，获金牌3枚、银牌1枚、铜牌3枚，岱岳区被泰安市老年体协授予突出贡献奖。2010年，岱岳区组队参加山东省第二届老年人运动会，获金牌11枚、银牌12枚、铜牌14枚，并获体育道德风尚奖。2012年5月，组队参加在肥城市举行的泰安市全民健身运动会老年组门球比赛获金奖。6月，参加泰安市台球比赛获优秀奖。8月，参加泰安市健身秧歌比赛获优秀奖。9月，参加泰安市健身气功比赛获集体优秀奖，获气功单项比赛前三名4次。至2015年12月，全区组织老年人参加省级体育比赛3次，获金牌22枚、银牌20枚、铜牌22枚，获体育道德风尚奖2次；参加市级体育比赛10次，获金牌4枚、银牌5枚、铜牌13枚，获突出贡献奖1次。

四、残疾人体育

（一）管理机构

1990年前，郊区残疾人体育由区民政部门负责。1991年2月，郊区残疾人联合会成立，负责残疾人体育。1994年4月，区政府残疾人工作协调委员会成立，负责残疾人体育。1996年2月，区残联与民政局分设，区残联负责残疾人体育。2000年4月，郊区残疾人联合会更名为岱岳区残疾人联合会，负责残疾人体育。同年，区、乡两级残疾人工作协调委员会成立。区内17个乡（镇、街道）均成立残疾人联合会。2008年8月，区残联成立残疾人综合服务中心和志愿者助残服务指导中心，负责全区残疾人管理服务及体育工作。

（二）残疾人体育比赛

1985年，郊区残疾人体育项目主要有踢毽子、单杠、双杠、跳绳、乒乓球等。1999年9月，郊区选送2名残疾人参加省第五届残疾人运动会，分别获田径5000米金牌1枚，铁饼银牌1枚、铅球银牌1枚。2003年4月，岱岳区残联推荐8名运动员参加省第六届残疾人运动会，残疾人运动员黄海涛获铅球金牌1枚、铁饼银牌1枚、标枪铜牌1枚，并获体育道德风尚奖。同年，选派20名运动员参加泰安市首届残疾人运动会铅球、铁饼、跳远、田径100米、田径800米等项目比赛，获金牌5枚，银牌6枚。2005年，黄海涛参加全国残疾人运动会，获男子铁饼金牌1枚，铅球铜牌1枚。2006年，区残联选拔12名运动员参加全省残疾人运动会，获铁饼金牌1枚、铅球金牌1枚、标枪银牌1枚，获奖数占全市获奖总数的三分之一。黄海涛成为泰安市唯一入选省参加2007年全国残运会的运动员。1999年至2015年12月，岱岳区组织残疾人参加国家级体育比赛11次，获金牌20枚、银牌18枚、铜牌24枚；参加省级体育比赛15次，获金牌23枚、银牌40枚、铜牌55枚，获体育道德风尚奖15次；参加市级体育比赛15次，获金牌30枚、银牌28枚、铜牌20枚，获突出贡献奖10次。

五、全民健身

（一）管理机构

2014年，岱岳区成立全民健身工作领导小组，区政府分管副区长任组长，区政府办公室副主任、区体育局局长任副组长，区委宣传部、区直机关工委、区总工会、区妇联、共青团区委等13个部门分管领导任成员。领导小组办公室设在区体育局，其职责是组织指导全区全民健身活动。

（二）全民健身活动

1995年，郊区实施“全民健身计划”，重点以青少年和儿童为重点，倡导全民学会两种以上健身方法，做到每天参加一次以上的体育健身活动，每年进行一次体质检测。2000年，“全民健身计划”在岱岳区17个乡（镇、街道）开展。2009年起，岱岳区广播电视台设专门时段播放普及健身活动节目。2010年，在全区全民健身运动会、全民健身月、全民健身日宣传健康生活方式，开展“终身体育”教育。2011年起，每年举办岱岳区全民健身运动会，比赛项目8个。至2015年12月，岱岳区举办全民健身运动会5届，比赛项目16项。出版全民健身活动科普读物800册，制作全民健身音像制品900种。

（三）登泰山活动

1989年起，郊区组队参加泰山国际登山节比赛，获老年组第四名。1992年9月，12人参加泰山国际登山节比赛，获泰安组团体第二名。1994年，12人参加泰山国际登山节比赛，获泰安组团体第一名。1998年，11人参加泰山国际登山节比赛，获泰安组团体第一名。2001年，岱岳区9人参加泰山国际登山节比赛，获泰安组团体第一名。2005年，11人参加泰山国际登山节比赛，获泰安组团体第一名。2012年，岱岳区机关干部参加第二十六届泰山国际登山节暨“宝龙杯”环泰山万人健身跑活动，100人跑完全程。2013年，岱岳区机关干部参加第二十七届泰山国际登山节暨“泰山国际金融杯”环泰山万人健身跑活动，100人跑完全程。至2015年12月，岱岳区参加泰山国际登山节及系列体育活动25场次，5000人参加，获泰安组团体第一名9次，第二名4次，第三名2次；获老年组第一名15次，获中年组第一名20次，获青年组个人第一名45次。

（四）国民体质监测

2004年，市体育局对岱岳区粥店社区3个年龄段3类人群600人进行国民体质抽样检测。监测项目主要是肺活量、身高、握力、台阶试验、纵跳、前屈。2011年6月，在粥店社区对500人进行检测。2013年5月，在岱岳区政府对52人进行检测。2014年6月，市体育局体质监测队在岱岳区国民体质监测试点对500人进行身体形态、机能、素质3方面20个项目测试。2004年至2015年12月，岱岳区参加国民体质监测2600人，监测项目18个。

第四节　运动竞赛

一、参加国际、全国比赛

2001年，岱岳区输送运动员韩增峰在爱沙尼亚·塔林参加世界军事锦标赛古典式摔跤比赛获第七名。2002年，韩增峰在安徽省凤阳县参加全国古典式摔跤锦标赛获第三名；在阿塞拜疆·巴库举行的世界军事锦标赛古典式摔跤比赛中获第七名；在安徽省合肥市举行的全国古典式摔跤冠军赛中获第二名。张晓磊在西安市参加全国第五届城市运动会射箭比赛预赛获第一名。孙丽芳在福建省龙岩市参加全国户外挑战赛越野比赛获田径第一名。2004年，冯慧慧（女）在青岛市参加全国女子柔道道馆赛获第一名，在全国青年女子柔道锦标赛中获第三名。冯猛猛在山东省青岛市举办的全国道馆杯男子柔道锦标赛中获第三名。

2006年，韩增峰在土耳其伊斯坦布尔举行的世界军事锦标赛古典式摔跤比赛中获第五名。冯慧慧在全国女子柔道亚运会选拔赛中获第三名。2007年，冯慧慧在青岛市举行的国际柔道锦标赛中获第三名；在全国女子柔道锦标赛中获第二名；在湖北省武汉市举行的全国女子柔道城运会中获第三名。2008年，冯慧慧在香港参加国际柔道锦标赛获第一名。冯猛猛在德州市参加全国青年中国式摔跤锦标赛获第一名。韩增峰在安徽省合肥市举行的全国古典式摔跤冠军赛中获第一名。2009年，冯慧慧在滨州市举行的全国第十一届运动会女子柔道比赛中获第二名；在沈阳市举行的全国女子柔道锦标赛中获第三名。

2013年，姚继燕在沈阳市参加全国第十二届运动会女子橄榄球比赛获第一名。2013年，卞庆各在马来西亚吉隆坡参加世界武术锦标赛获武术散打第一名。同年，翟超在沈阳市参加全国第十二届运动会4×400米接力比赛获第二名。宗鹏参加亚洲赛艇锦标赛获第一名。李洪凤（女）在成都市参加亚洲第十九届山地自行车锦标赛获第一名。张倩在辽宁省铁岭市举行的全国第十二届运动会青年女子排球比赛中获第一名。冯慧慧在辽宁省沈阳市举行的全国第十二届运动会女子柔道比赛中获第三名。2014年，卞庆各在印度尼西亚雅加达举行的世界杯武术散打比赛中获第一名。张倩（女）在台湾台北市参加2014亚洲女子排球U19锦标赛获第一名。胡凯参加全国场地自行车锦标赛获自行车第一名。2015年，冯慧慧在云南省临沧市举行的全国女子柔道锦标赛中获第一名；在河北省迁安市举行的全国女子柔道冠军赛中获第三名。至2015年12月，岱岳区有10名运动员参加国际比赛获金牌6枚；47名运动员参加全国比赛，获奖牌37枚，其中金牌12枚、银牌13枚、铜牌12枚。

二、参加山东省运动会

1986年10月，郊区6名运动员赴青岛市参加山东省第十三届运动会射击、武术、举重3个项目比赛，获银牌1枚。1992年9月，9名运动员赴淄博市参加省第十六届运动会射击、武术、举重、田径4个项目比赛，获金牌2枚。2002年10月，26名运动员赴济南市参加省第二十届运动会摔跤、柔道、田径、举重等项目比赛，获金牌3枚、银牌5枚、铜牌5枚。2006年10月，30名运动员赴烟台市参加省第二十一届运动会摔跤、柔道、举重、田径、射箭等项目比赛，获金牌7枚、银牌4枚、铜牌3枚。2010年9月，50名运动员赴淄博市参加省第二十二届运动会田径、游泳（跳水）、举重、摔跤、柔道、跆拳道等25个项目比赛，获金牌7枚、银牌9枚、铜牌10枚。2014年9月，80名运动员赴济宁市参加省第二十三届运动会田径、游泳、射击、乒乓球、羽毛球、举重、赛艇、皮划艇、足球、篮球等13个项目比赛，获金牌5.5枚、银牌8枚、铜牌10枚。1986年10月至2015年12月，岱岳区组织400余名运动员参加了11届山东省运动会，获奖牌78.5枚，其中金牌24.5枚，银牌26枚，铜牌28枚。

三、参加泰安市运动会

1987年5月至10月，郊区组织63人代表团参加泰安市第六届运动会田径、举重、射击、武术、摔跤、柔道、乒乓球7个项目的比赛，总成绩477分，获金牌7枚。2003年7月至10月，岱岳区组织370人代表团参加市第十四届运动会34个项目的比赛，总分1922.47，获金牌58枚，获奖名次第1名，团体总分、金牌数居全市第一。区委、区政府为文体局记集体三等功，为15名运动员、工作人员记个人三等功。2015年5月至9月，岱岳区组织360人代表团参加市第二十届运动会19个项目的比赛，总成绩2577分，获金牌34枚，获奖名次第2名。至2015年12月，岱岳区组织4220名运动员参加泰安市运动会15届，获金牌376枚。

1987—2015年岱岳区参加泰安市运动会情况表

表14-9

届次	举办时间	地点	代表团人数	参赛项目		获奖情况			
				个数	项目	金牌(枚)	名次	总分	名次
第六届	1987.5—10	泰安城	110	7	田径、举重、射击、武术、摔跤、柔道、乒乓球	7		477	8
第七届	1989.7—10	泰安城	90	9	田径、举重、射击、武术、摔跤、柔道、乒乓球、游泳、篮球	6		250	9
第八届	1991.7—10	泰安城	160	9	田径、举重、射击、武术、摔跤、柔道、乒乓球、游泳、篮球	6		166	8
第九届	1993.5—10	泰安城	190	9	田径、举重、射击、武术、摔跤、柔道、乒乓球、游泳、篮球	1		216	7
第十届	1995.8—10	泰安城	180	9	田径、举重、射击、武术、摔跤、柔道、乒乓球、游泳、篮球	7		525	6
第十一届	1997.4—9	泰安城	330	26	幼儿、少年、青年6个组别26个大项204个小项	12			

续表 14-9

届　次	举办时间	地点	代表团人数	参赛项目		获奖情况			
				个数	项　目	金牌(枚)	名次	总分	名次
第十二届	1999.5—10	泰安城	340	13	共设少年、青年、老年组 13 个大项 230 个小项的比赛	37	4	1218.5	4
第十三届	2001.7—10	泰安城	360	33	共设 33 个大项、362 个小项	51	2	1586.1	2
第十四届	2003.7—10	泰安城	370	34	共设 34 个大项、570 个小项的比赛	58	1	1922.47	1
第十五届	2005.6—10	泰安城	340	13	田径、举重、摔跤、柔道、武术套路、跆拳道、篮球、排球、足球、乒乓球、射箭、武术散打、幼儿基本体操	32	4		
第十六届	2007.7—10	泰安城	360	14	田径、举重、自由式摔跤、古典式摔跤、柔道、跆拳道、篮球、排球、足球、乒乓球、射箭、武术套路、武术散打、幼儿基本体操	23	4	1181.5	4
第十七届	2009.5—9	泰安城	340	16	田径、举重、自由式摔跤、古典式摔跤、柔道、跆拳道、篮球、排球、足球、乒乓球、羽毛球、射箭、武术套路、武术散打、幼儿基本体操	26	4	975.5	4
第十八届	2011.7—9	泰安城	330	14	田径、举重、自由式摔跤、古典式摔跤、柔道、跆拳道、篮球、排球、足球、乒乓球、射箭、武术套路、武术散打、手球	46	4	2462.5	4
第十九届	2013.5—10	泰安城	360	15	田径、举重、自由式摔跤、古典式摔跤、柔道、跆拳道、篮球、排球、足球、手球、乒乓球、羽毛球、射箭、武术套路、散打	30	4	1626.1	2
第二十届	2015.5—9	泰安城	360	19	乒乓球、跆拳道、田径等 16 个大项比赛项目	34	4	2577	2

四、举办、承办体育竞赛

2013年3月，岱岳区与FLL机器人世界锦标赛中国组委会、泰安市体育局、泰安市体育总会、泰安市机器人技术协会联合举办2013年FLL机器人世锦赛中国公开赛山东分赛区比赛。6月，冠名赞助举办“天乐城杯”2013年CF百城联赛春季赛山东省总决赛。7月，与中国健美操协会举办全国健美操锦标赛。2014年4月，与中国通信体育协会合作举办“理士杯”全国第五届通信职工桥牌大赛。8月，承办第十一届WRO世界奥林匹克机器人大赛中国区选拔赛。至2015年12月，岱岳区承办省级比赛1次，市级比赛30次。

第五节　人才培养

一、优秀运动员培养

1985年至1997年，郊区向省级体育专业队输送运动员2名。1998年，郊区各中小学培养推荐体育素质好的学生到郊区竞技体育运动学校进行专业训练，从中选拔运动员向上输送。2006年，岱岳区向市体校输送64人。2007年，向市体校输送61人。2008年，向市体校输送72人。2009年，向市体校输送60人。2010年向市体校输送90人。2014年至2015年，向市体校输送62人，向省以上体育专业队输送运动员19人。输送的运动员中有国际运动健将卞庆各、冯慧慧等7人。1985年至2015年12月，岱岳区向市体校输送运动员430人，向省体育专业队输送优秀运动员13人。

二、体育师资培养

1997年9月，郊区竞技体育运动学校成立，有摔跤、举重、田径等项目教练员8人，国家一级裁判员5人。2004年，岱岳区有1人被评为国家级摔跤裁判员。2005年，岱岳区有教练员8人，其中中级教练员3人，助理教练员5人；裁判员31人，其中国家级裁判员1人，一级裁判员10人，二级裁判员20人。2014年4月，教练员编制18人。2015年，招考教练员4人，增加国家一级裁判员11人。同年，岱岳区有教练员18人，其中中级教练员3人，助理教练员15人；裁判员66人，其中国家级裁判员1人，一级裁判员15人，二级裁判员50人。区内在职在编体育教师210人，国家三级以上社会体育指导员2030人，其中有国家级裁判员张磊，国家级社会体育指导员张圣琴、张峰、吴晓光3人。

三、训练体系

1997年，郊区竞技体育运动学校是全区业余训练主体。2004年3月，岱岳区竞技体育中心成立。2010年5月，道朗镇第二中学设立市体育运动学校射箭训练基地。2011年5月，祝阳镇第二中学设立市体校排球、摔跤训练基地。2013年，道朗镇第一中学被市体校认定为市级自由式摔跤训练基地。2014年11月，黄前镇中心小学设立泰安市体育运动学校柔道训练基地。2015年，泰安第二十一中学被市体育局认定为市级篮球、羽毛球项目训练基地；泰安第十四中学被认定为市级篮球、田径项目训练基地；岳峰小学被认定为市级足球、乒乓球、三棋项目训练基地；黄前镇中学被认定为市级乒乓球、田径项目训练基地；英雄山中学被认定为市级篮球、田径项目训练基地，祝阳镇第二中学被认定为市级排球、摔跤项目训练基地；岱岳区实验中学被认定为市级足球、田径项目训练基地；区新城实验中学（满庄一中）被认定为市级篮球、田径项目训练基地；泰安四中被认定为市级篮球、田径、乒乓球、足球项目训练基地。岱岳区形成以竞技体育运动学校为主体，区直、乡（镇、街道）中小学、体育传统项目学校、业余训练基地及社会体育俱乐部形成的体育训练网络。至2015年12月，岱岳区有3所学校被认定为区级训练基地，有11所学校被认定为市级训练基地。

岱岳区竞技体育运动学校

1997年3月，郊区竞技体育运动学校建立，为二级事业单位，隶属于郊区体育运动委员会。同年9月招生，学校实行集中上课、集中训练、集中食宿“三集中”管理模式。1999年，学校划归区教育委员会管理。下设办公室、竞赛训练科、教务科、学生科、总务科、科研中心，教练员编制18人。2003年5月，岱岳区体校并入泰安第十九中学，原体校在编人员20人划归泰安第十九中学，保留区体校的牌子，学校人财物统一调配。设初一、初二、初三3个班级，学生80人。2010年起，学校因招生困难停止招生。2013年12月，区体校并入岱岳区实验中学，体校校长兼实验中学副校长，教练员配备、训练项目设置由区体育局主导，经费由区体育局拨付，其他文化学习和管理由实验中学负责 。至2015年12月，岱岳区实验中学有300米塑胶田径场1处，综合训练馆400平方米，电教室280平方米，微机房450平方米，图书阅览室450平方米。学校编制18人，实有3人。设有摔跤、足球、跆拳道、投掷、短跑、中长跑、跳跃训练项目7个，在训人数222人，其中跆拳道队87人、田径队66人、摔跤队23人、足球队46人。

第六节　场地设施

一、场地设施

2003年，岱岳区有乒乓球场地10处、篮球场2片，面积1700平方米。2007年，建成体育场2处、乒乓球场10处、篮球场1片，面积1610平方米。2013年，区内有400米体育场8处，乒乓球场104处，篮球场14片，总面积14.85万平方米。

至2015年12月，岱岳区有体育场地934处，占地面积155万平方米，建筑面积23万平方米。有400米标准田径场13处，小型运动场122处，游泳馆1处，羽毛球训练房1处，乒乓球训练馆2处，室内篮球场3片，露天篮球场233处，排球场30处，小足球场33处，室外网球场3处，羽毛球场13处，乒乓球场375处，健身房1处，棋牌室14处，台球房2处，全民健身路径626条。

二、文体小广场

2012年，岱岳区政府驻地、乡镇驻地建设文体小广场18处，有健身器材324件，健身路径18条。2013年，推行建设一个文体小广场、培养一名文化带头人、配备一套音响、树立一盏广场灯、铺一条健身路径、树一面道德公示墙为内容的“六个一”建设。2015年，17个乡镇666个行政村在空地、闲置场地、废弃荒地建设文体小广场683处，建设标准为200～500平方米、500~1000平方米、1000平方米3种。至2015年12月，岱岳区有文体小广场658处，其中城区26处，乡镇驻地、村庄632处。

2015 年岱岳区文体小广场基本情况表

表 14-10

乡（镇、街道）	文体小广场数量（处）	投资（万元）	面积（平方米）	健身路径（条）	广场舞场地（处）	篮球场（处）	乒乓球场（处）	健身器材（套）
粥店街道	29	1450	12400	28	30	20	40	320
天平街道	34	1780	16500	34	30	25	50	425
山口镇	42	560	8400	38	40	5	10	252
汶口镇	45	580	9100	42	45	4	8	286
黄前镇	28	210	5400	25	26	5	10	180
下港镇	34	238	6400	32	34	4	8	220
祝阳镇	55	1260	11000	52	52	8	16	330
范　镇	38	266	7600	36	38	10	20	228
角峪镇	28	196	5600	26	28	8	16	168
徂徕镇	33	220	6600	32	33	6	12	198

续表 14-10

乡（镇、街道）	文体小广场数量（处）	投资（万元）	面积（平方米）	健身路径（条）	广场舞场地（处）	篮球场（处）	乒乓球场（处）	健身器材（套）
良庄镇	39	273	7800	39	39	2	4	360
房村镇	31	260	6200	28	30	6	12	340
马庄镇	36	245	7200	36	38	10	20	265
满庄镇	42	610	8400	42	45	8	16	296
夏张镇	71	1560	14600	68	75	12	24	426
道朗镇	43	265	8600	40	45	13	26	258
化马湾乡	30	186	6000	28	35	7	14	230

部分文体小广场简介

粥店社区文体广场　2010年8月，区体育局、粥店办事处、粥店社区联合投资350万元建成，占地面积10亩，有篮球场3片，乒乓球场4处，健身路径5条，广场舞场地1处。社区每年举办综合运动会，举行篮球、乒乓球、台球、门球、象棋等全民健身活动。

天平街道南黄社区文体小广场　2013年11月，南黄村投资80万元硬化地面1500平方米，安装景观灯60盏，健身器材80件，建篮球场4片，乒乓球场10处，健身路径5条，广场舞场地1处，安装LED大屏幕。社区居民闲暇或晚饭后在广场上锻炼身体，打篮球，跳广场舞，与附近社区举办广场舞比赛、篮球比赛。

祝阳镇祝阳村文体广场　2012年8月，祝阳村投资100万元，在新村委旁建4000平方米文体小广场，安置篮球架2副、乒乓球台4副，健身路径2条，广场舞场地1处。每年举行正月十五花船巡演、“七一”红歌演唱会、全民健身月系列体育活动、庆祝教师节文艺演出、广场健身舞培训等体育文化活动。

第七节　体育彩票

2007年，岱岳区开始销售体育彩票，有销售站点12个。2011年，全区销售站点40个，销售总量2278万元。2015年，全区销售站点50个，销售总量5034万元，其中电脑型彩票4355万元，即开型彩票679万元。至2015年，岱岳区有体育彩票销售站点50个，销售总量1.81亿元，其中电脑型彩票1.53亿元，即开型彩票2732万元。

2005—2015 年岱岳区体育彩票销售情况表

表 14-11　　单位：万元

年　度	销售总量	电脑型彩票	即开型彩票	站点数量（个）
2005	777.9			
2006	279			
2007	512			

续表 14-11

年　度	销售总量	电脑型彩票	即开型彩票	站点数量（个）
2008	640			
2009	1507			
2010	1340	1162	178	36
2011	2278	1878	400	40
2012	3172	2751	421	42
2013	2869	2382	487	44
2014	3367	2770	597	46
2015	5034	4355	679	50

第八节　体育团体

一、体育协会

1986年4月，郊区老年人体育协会成立。2011年6月，岱岳区棋牌协会成立。2014年12月，岱岳区冬泳协会成立。2015年5月，岱岳区武术协会成立。6月，岱岳区足球运动协会、岱岳区钓鱼运动协会成立。至2015年12月，岱岳区有体育协会7个，会员216人；参加省级比赛5次，组织承办市级比赛6次。

二、体育俱乐部

2011年3月，岱岳区阳光拉丁舞俱乐部成立。6月，岱岳区道朗青少年阳光俱乐部成立。2013年，岱岳区范镇飞跃跆拳道馆成立。2014年8月，岱岳区山口镇泓毅跆拳道馆成立。9月，岱岳区山口镇龙腾跆拳道馆成立。11月，岱岳区天平泰山跆拳道馆成立。2015年9月，岱岳区尚武堂跆拳道俱乐部、岱岳区武强跆拳道俱乐部成立。11月，岱岳区大汶口镇敬义搏击健身俱乐部成立。至2015年12月，岱岳区有体育俱乐部14个，会员800余人，参加省级比赛4场次，组织承办区级比赛20余场次。

第三章　新泰市

新泰市，位于泰安市东南泰沂山脉中段，北靠莱芜市，南邻临沂市平邑县、济宁市泗水县，东临淄博市沂源县、临沂蒙阴县，西接岱岳区及宁阳县，总面积1933平方公里。

新泰市取境内新甫山与北邻的泰山首字而得名。春秋鲁宣公八年（前601），在今新泰城区建平阳城；秦代，始设东平阳县；西晋泰始年间，改县名为新泰县。后几经裁并，蒙古至元二年（1265），新泰并入莱芜，隶属泰安州。元至元三十一年（1294）恢复新泰县，隶属泰安州。清雍正十三年（1735）属泰安府。新中国成立后，1949年归属泰山专区。1950年5月，属泰安专区1954年4月，蒙阴县汶南区划归新泰县。1956年3月，徂阳县撤销，楼德、天宝、西城等区划归新泰县。1959年11月，新泰县孙村公社及相邻公社部分村庄分出，析置新汶市（1965年6月，撤销新汶市，设新汶县。1982年10月撤销新汶县，改设新汶市）。1983年10月，新泰县、新汶市合并成立新泰市。2015年，新泰市辖3个街道、17个镇、1个乡，916个行政村（居委会），140余万人。

新泰市民间体育历史悠久，武术、气功、摔跤、舞狮、高跷比较盛行。清末民初，体操、田径、篮球传入境内。1938年，抗日根据地兴办抗日小学，体育列为必修课。新中国建立后，体育运动逐渐走向社会。1978年，农村依托“民兵之家”“青年之家”开展田径、篮球、乒乓球等体育活动。1985年，新泰市有篮球队300支，排球队50支，乒乓球队400支，常年坚持活动者2万余人。2011年，新泰市政府印发《新泰市全民健身实施计划（2011—2015年）》。2015年年底，新泰市有文体小广场942处，全民健身活动辅导站点1000处，社会体育指导员2720人，各级体育组织1500个，常年参加体育活动人数占总人口40%。

1983年，新泰市将体操、田径、跳水、武术、蹦床等列为新泰重点竞技体育发展项目。1984年3月，成立新泰市体操运动学校，被列为省体操训练基地。1989年12月，成立新泰市业余体育运动学校。1992年7月，体操运动员张霞（女）和竞走运动员李明才参加世界第二十五届奥运会，张霞获女子体操团体第4名。1998年5月31日，毕文静在日本鲭江举行的第九届体操世界杯赛上，获女子高低杠金牌，她在本次比赛创造的杠上“空翻”，被国际体操联合会命名为“毕式空翻”。2008年8月8日至24日，跳水运动员王峰在北京举行的第二十九届奥运会上，获男子双人三米板跳水金牌，实现泰安奥运历史上金牌“零”的突破。1983年至2015年，新泰市先后向省级以上运动队输送优秀运动员100余名；获奥运会金牌1枚、银牌3枚，世界锦标赛金牌13枚、银牌2枚、铜牌6枚，世界杯金牌16枚、银牌3枚、铜牌2枚，其他国际比赛金牌113枚；获全国运动会、锦标赛、冠军赛等全国重要体育比赛金牌206枚，省运动会、锦标赛、冠军赛金牌725枚；承办第十一届世界象棋锦标赛、2010年国际跳棋国际公开赛、全国少儿体操比赛、全国竞走锦标赛等国际国内赛事。

1990年，新泰市被国家体委授予“全国体育先进县”称号；2002年3月，被国家体育总局体操管理中心命名为“全国体操之乡”。2009年，新泰市体操学校被国家体委命名为高水平体育后备人才基地；业余体育运动学校被国家体委命名为国家田径奥林匹克高水平体育后备人才基地。2013年，新泰市被国家体育总局授予“全国全民健身活动先进单位”称号。

第一节　机　构

一、机构沿革

1950年，体育工作由县文教科负责。1956年8月，文教科撤销，体育工作由教育局代管。1962年6月，成立文教局，体育工作由文教局负责。1969年8月，成立县革委体育组。1975年8月，体育组撤销，成立县革委文体局。1976年7月，设立新泰县革委体育局。1981年7月，县体育局改称县体育运动委员会。1984年5月，设立新泰市体育运动委员会。1993年12月，市体委与市文化局合并，成立新泰市文化体育委员会；同时设立市体育中心，隶属于市文化体育委员会，为一级事业单位，负责全市体育工作。1995年2月撤销市文体委、市体育中心，设立市体育运动委员会。2002年2月，市文化局和市体育运动委员会合并，成立市文化体育局；同时设立市体育中心，隶属于市文化体育局，为一级事业单位。2010年7月，撤销市文化体育局，重新设立新泰市体育局，为一级事业单位，隶属市政府管理。体育中心职责调整为体育公园、体育中心场馆管理及教练员、运动员的后勤保障等。至2015年12

月，机构设置未变。

新汶市于1959年11月设立体育运动委员会，时工作人员2人。1962年10月，并入文教卫生局。1973年9月，恢复新汶县体育运动委员会。1984年2月，新汶市撤销后，新汶市体委并入新泰县体委。

二、领导机构

1950年，刘希章任新泰县文教科科长。1962年6月，张子方任县文教局局长。1975年8月，房子贞任新泰县革委文体局局长。1979年5月，张正美任新泰县革委体育局局长。1993年12月，董华任新泰市文化体育委员会主任；其间，蔡吉明任新泰市体育中心主任。1995年2月，蔡吉明任新泰市体育运动委员会主任。2002年2月，李华明任新泰市文化体育局局长。2011年4月，李果任新泰市体育局局长。

1960年12月，杨文彩任新汶市体育运动委员会副主任，主持工作。1962年10月，刘子得任新汶市文教卫生局局长。1981年3月，季新毅任新汶县体委主任。

1950—2015年新泰市（县）体育局（委）领导班子成员情况表

表14-12

时间（年、月）	单位名称	职　务	姓　名	任职起止年限
1950—1956.8	新泰县文教科	科　长	刘希章	1950—1956.8
			刘大众	1951.2—1956.4
			许云峰	1956.4—1956.8
		副科长	李宝法	1955.12—1956.8
			王洁儒	1952.10—1956.8
			徐　建	1955—1956.8
1956.8—1962.6	新泰县教育局			
1962.6—1969.8	新泰县文教局	局　长	张子方	1962.6—1969.8
		副局长	王洁儒	1962.6—1969.8
			王介三	1962.1—1962.12
			李子龙	1962.6—1965.11
1969.8-1975.8	新泰县革委体育组	副组长	程继明	1969—81975.8
			李子龙	1975.1—1975.8
1975.8—1976.7	新泰县革委文体局	局　长	房子贞	1975.8—1976.7
		副主任	宋绪田	1975—81976.7
			李子龙	1975.8—1976.7
			张正美	1975.11—1976.7

续表 14-12

时间（年、月）	单位名称	职　务	姓　名	任职起止年限
1976.7—1981.7	新泰县革委体育局	局　长	张正美	1979.5—1981.7
		副局长	张正美	1976.7—1979.5
			赵航桂	1976.7—1981.7
			刘奉魁	1980.3—1981.7
1981.7—1984.5	新泰县体育运动委员会	副主任	张正美	1981.7—1984.5
			刘奉魁	1981.7—1982.1
			赵航桂	1981.7—1984.5
			宋绪田	1982.1—1984.5
1984.5—1993.12	新泰市体育运动委员会	主　任	冀贞传	1984.5—1987.4
			李元胜	1987.4—1988.5
			石柱清	1990.1—1993.4
			蔡吉明	1993.4—1993.12
		主任（代）	石柱清	1988.12—1990.1
		副主任	宋绪田	1984.5—1990.4
			石柱清	1984.5—1988.12
			贾士义	1985.2—1987.4
			李天臣	1987.3—1993.12
			蔡吉明	1989.12—1993.4
			朱玉山	1990.8—1993.12
		主任助理	蔡吉明	1988.12—1989.12
			单光杰	1993.5—1993.12
1993.12—1995.2	新泰市文化体育委员会	主　任 党委副书记	董　华	1993.12—1995.2
		党委书记	李明华	1993.12—1995.2
		副主任 党委副书记	蔡吉明	1993.12—1995.2
		党委副书记	韩　政	1993.12—1995.2

续表 14–12

时间（年、月）	单位名称	职　务	姓　名	任职起止年限
1993.12—1995.2	新泰市文化体育委员会	副局长	姜兴杰	1993.12—1995.2
			马培林	1993.12—1995.2
			单光杰	1993.12—1995.2
		纪委书记	史正增	1993.12—1995.2
1995.2—2002.2	新泰市体育运动委员会	主　任 党组书记	蔡吉明	1995.2—1999.1
		主　任	单光杰	1999.1—2002.2
		副主任	单光杰	1995.2—1999.1
			张　平	1995.5—2002.2
			王光周	1997.5—2000.4
			芮华军	1999.1—2002.2
			武文涛	2000.4—2002.2
2002.2—2010.7	新泰市文化体育局	局　长 党委副书记	李华明	2002.2—2004.4
		局　长	李华明	2004.4—2004.7
		党委书记	刘传怀	2002.2—2004.1
			胡孝法	2004.1—2004.7
		局　长 党委书记	胡孝法	2004.7—2010.7
		党委副书记	阚世民	2002.2—2002.8
			曲敬海	2004.4—2008.6
		副局长	单光杰	2002.2—2010.7
			马培林	2002.2—2003.4
			陈建凤	2002.2—2003.12
			张　平	2004.4—2010.7
			杜元坤	2004.4—2010.7
			李学泳	2004.4—2010.7
		纪委书记	袁清茂	2002.2—2004.3
			魏　国	2004.3—2008.2

续表 14-12

时间（年、月）	单位名称	职　务	姓　名	任职起止年限
2010.7—	新泰市体育局	党委书记	李　果	2011.3—2011.4
		局　长 党委书记	李　果	2011.4—2013.3
		局　长 党委副书记	李　果	2013.3—
		党委书记	韩春华	2013.3—
		副局长 党委副书记	李　果	2010.8—2011.3
		党委副书记	李　果	2010.7—2010.8
			马　强	2011.3—2013.11
		副局长	杨福泉	2010.8—2013.6
			褚翠萍	2010.8—2011.4
			张新清	2011.4—
			武文涛	2013.7—2014.12

1960—1984 年新汶市（县）体育局（委）领导班子成员情况表

表 14-13

时间（年、月）	单位名称（级别）	职　务	姓　名	任职起止年限
1959.11—1962.11	新汶市 体育运动委员会	副主任 （主持工作）	杨文彩	1960.12—1962.11
1962.10—	新汶市文教卫生局	局　长	刘子德	1962.10—
		副局长	曲广文	1962.10—1963.9
		副局长	董金峰	1963.4—
		副局长	张照显	1965.12—
1973.9—1984.5	新汶县（市） 体育运动委员会	主　任	季新毅	1981.3—1984.5
		副主任	陈　明	1975.11—1980.3
			李志勇	1981.12—1982.71

1993—2010 年新泰市体育中心领导班子成员情况表

表 14-14

时间（年、月）	单位名称（级别）	职　务	姓　名	任职起止年限
1993.12—1995.2	新泰市体育中心	主　任	蔡吉明	1993.12—1995.2
		副主任	单光杰	1993.12—1995.2
2002.2—2010.4	新泰市体育中心	主　任	单光杰	2002.2—2004.4
			张　平	2004.4—2010.4
		副主任	张　平	2002.2—2004.4
			芮华军	2002.2—2003.4
			武文涛	2002.2—2010.4
			刘奎泉	2002.2—2010.4
			宣光海	2004.4—2010.4
			王国锋	2008.10—2010.4

三、内设机构

1989年12月，新泰市体育运动委员会设秘书、竞训、群体3个科。1995年2月，新泰市体育运动委员会设秘书、竞训、群体3个科。2002年2月，新泰市体育局设秘书、竞训、群体、管理4个科。2015年，新泰市体育局设秘书、竞训、群体3个科及体育总会办公室。

四、人员编制

1969年，泰安县革委体育组有2名工作人员。1984年，新泰市体委有8名工作人员。2010年，新泰市体育局编制10人，实有人员4人。2011年，新泰市体育局编制10人，实有人员6人。2012年，新泰市体育局编制10人，实有人员7人。2014年，新泰市体育局编制9人，实有人员7人。2015年，新泰市体育局编制9人，实有人员8人。

五、事业经费

新中国成立后，新泰市（县）政府每年由市（县）财政拨出一定数量的体育经费。2015年，体育经费为310万元，其中事业费260万元，基建费50万元。

2011—2015 年新泰市体育事业经费情况表

表 14-15　　单位：万元

年　度	事业费	基建费	总　额
2011	137.9	200	337.9
2012	150.6	300	450.6
2013	125.5	128	253.5
2014	125.5	100	225.5
2015	260	50	310

第二节 学校体育

民国初，新泰县境内有初级、高级小学96所，学生2966人，教职员107人。1938年，抗日根据地兴办抗日小学，1943年有抗日小学87所。1965年，新泰县有小学798所，在校生75040人；中学137所，在校生51600人。1983年10月，新汶市所属学校并入新泰市。2012年，新汶矿业集团所属3所中学、21所小学划归新泰市。2015年，新泰市有中小学179所，在校生16万人，教职工1.2万人。

一、管理机构

1950年，新泰县文教科负责学校体育。1976年，新泰县教育局教研室负责学校体育工作。1985年，教育局教研室设专职体育教研员，负责学校体育。1993年11月，新泰市教育委员会设基础教育科。2001年2月，县教委设体卫艺办公室。至2015年12月未变。

2001年以前，新泰各中小学设体育组或体育教研组，组长由业务能力强的体育教师担任。2001年，中小学成立体卫艺办公室或体卫艺教研组。至2015年，未变。

二、体育师资

1986年，中小学体育教师缺乏，只有中学设专职体育教师，小学均为兼职体育教师。1986年，将师范体育专业生充实到教师队伍，至1993年，新泰市体育教师438人，其中专职162人。2015年，全市体育教师480人，其中专职体育教师319人。

三、体育设施

1952年，新泰中学建200米跑道体育场。20世纪50至60年代，新泰县中小学开展自制体育器材活动。至1963年，全县中小学自制体育器材10万余件。其中水泥乒乓球台1000多个，单双杠、篮球架、排球架10000多副。1966年，有200米以上跑道体育场13处。1980年始，新泰县始对全县中小学校舍进行改造，学校体育设施得到改善。1985年，新泰市中小学有体育场62处。2000年，有400米标准田径场5个，篮球场400个，排球场60个，乒乓球场（室）300处。2015年，全市中小学校建有标准运动场190个，足球场82个、篮球场157个，排球场90个、乒乓球馆4个、篮球馆1个。

四、课外体育

1953年，新泰中学（新泰一中前身）组织学生开展田径训练，秋季举行田径运动会。此后，新泰县各学校相继举办运动会。1956年，新泰一、二、三中和新泰师范建有田径、篮球、排球、体操代表队，各中学之间经常举行田径、篮球、排球、乒乓球等项目比赛或邀请赛。1975年，新泰县、新汶县、新汶矿务局每年举办一次全县（全局）中学生篮球运动会，每年举办一次中小学生田径运动会。1983年，城关联中（青云一中前身）成立竞走队，宋绍利担任教练员，队员在校内基础较好的学生中选拔。

1997年，新泰市中小学生运动会改为届次运动会，隔年1次，分为高中、职业高中、初中、小学4个组别；设田径、篮球、乒乓球、足球、软式排球和跳绳6个大项。至2015年，共举行31届次。

2010年，新泰市印发《关于在全市推广普及幼儿基本体操运动的通知》，确立重点发展幼儿体操、跳水、蹦床项目。2013年，各中小学校广泛组织田径、篮球、足球、排球、乒乓球、长跑等专业体育队，经常开展球类、越野、长跑、常规性运动会等活动。2015年，在泰安市中小学生体育联赛上，获6个团体第一名，破10项泰安市联赛记录。

五、传统项目学校

1.省级传统项目学校

1990年，省体委、省教委批准新泰二中为田径传统项目学校。1996年，省体委、省教委批准新泰一中、新泰二中、新泰市市中办事处一中为田径传统项目学校。1998年，省体委、省教委批准新泰市5所田径传统项目学校。2001年省体委、省教委批准新泰市田径7所传统项目学校。2003年省体育局、省教育厅批准新泰市6所田径、1所射击、1所篮球传统项目学校。2011年，省体育局、教育厅批准新泰市4所田径、3所篮球传统项目学校。至2015年，新泰市共31所学校（次）被批准为省级传统项目学校。

2.泰安市传统项目学校

1984年，泰安市体委、教育局批准新泰市4所田径、2所篮球、1所乒乓球、1所武术、1所举重传统项目学校。1992年，泰安市体委、教委批准新泰市6所田径、1所篮球传统项目学校。2009年，泰安市体育局、教育局批准新泰市1所田径、1所摔跤传统项目学校；至2015年，新泰市共57所（次）学校被批准为市级传统项目学校。

六、体育竞赛

1.参加全国中学生运动会

1973年，王刚参加在大连举行的全国中学生运动会，获110米栏第二名。

1984年，李明才参加在大连举行的全国中学生田径运动会，获5公里竞走第三名。

1984年，张少辉参加在济南举行的全国中学生运动会，获200米第二名。

2011年7月21日，韩继江参加在内蒙古举行的全国中学生运动会，获5000米竞走金牌。

2.参加泰安市中小学生体育联赛

2012年，新泰市21支代表队、265名运动员参加泰安市中小学体育联赛。获排球初中女子组第一名，乒乓球小学组第一名、初中组第一名，游泳小学组第一名。

2013年，新泰市23支代表队、339名运动员参加泰安市中小学体育联赛。获乒乓球小学组第一名、初中组第一名、高中组第一名，游泳初中组第一名。

2014年，新泰市29支代表队、306名运动员参加泰安市中小学体育联赛。获田径初中组第一名；乒乓球小学男子组第一名、小学女子组第一名、初中男子组第一名、高中男子组一名；高中女子组第一名；足球小学男子组第一名；篮球初中女子组第一名。

2015年，新泰市26支代表队、384名运动员参加泰安市中小学体育联赛。获田径高中组第二名，破两项纪录：初中组第一名，破8项纪录；篮球初中女子组第一名；乒乓球初中男子组第一名，初中男子组第一名，高中男子组第一名，高中女子组第一名。

3.举办新泰市中小学生体育联赛

2012年4月至5月，新泰市举办2012年全市中小学生体育联赛。设田径、乒乓球、篮球、足球、排球五个大项，1600余人参赛。

2013年4月至5月，新泰市举办2013年全市中小学生体育联赛。设田径、乒乓球、排球、篮球、足球五个大项。有152支代表队2065名运动员参赛。

2014年4月至5月，新泰市举行2014年新泰市中小学生体育联赛。设田径、乒乓球、羽毛球、足球、排球、篮球六个项目，历时40天，共2516人次参加比赛。

2015年4月至5月，新泰市举行2015年新泰市中小学生体育联赛。设田径、乒乓球、羽毛球、足球、排球、篮球六个项目，共2919人次参加比赛。

七、体质与卫生

2012年至2015年，全市各中小学均实施《学生体质健康标准》，每年都对学生体质情况进行检测。

第三节　群众体育

一、职工体育

（一）机构

1950年，职工体育由县文教科负责。1953年，新泰县总工会成立，体育工作由总工会与县文教科共同负责。1956年，成立新泰县工会联合会，设立职工俱乐部，职工体育由工会联合会负责，俱乐部负责具体工作。1963年，工会联合会改称县总工会。1966年，“文化大革命”期间，机构瘫痪。1973年3月，恢复设立新泰县总工会。1976年，设立新泰县文体局，职工体育由总工会与县文体局共同负责。1987年11月，工会恢复设立职工俱乐部，职工体育由职工俱乐部负责。1989年，新泰市体委设群体科，职工体育由体委群体科与工会职工俱乐部共同负责。至2015年，未变。

（二）体育活动

20世纪50年代，新泰县各企事业单位广泛开展田径、篮球、乒乓球活动。1953年10月1日，新泰县举办首次职工运动会，县直机关、企事业单位、各区完小教职工共600余人参加。1956年，新泰县“康复大队”（驻地楼德）、新泰一中、师范、城关完小、新汶电厂等单位建有篮球、乒乓球代表队，每天都有几场自由结合的篮球友谊赛，每逢星期六、星期日，各单位轮流组织篮球、乒乓球邀请赛。1956年后，每年“五一”“元旦”，县体委、工会都联合组织篮球、乒乓球赛。1966年，“文化大革命”时期停止活动。1972年，开始恢复。

1973年后，新泰县总工会恢复每年举办“五一”“十一”职工篮球、乒乓球比赛制度。1985年，新泰县有职工篮球队300支，排球队50支，乒乓球队400支，参与者2万余人。1996年，新泰市组队代表泰安市参加山东省第三届职工运动会，获金牌2枚，团体总分第八名。

2000年，全市100人以上机关、厂企普遍建立职工俱乐部，常年参加活动的职工8.8万人，占职工总数的45%。2012年5月，新泰市直机关运动会在新泰市体育中心举行。运动会设田径、篮球、乒乓球、羽毛球、拔河及抱球跑、袋鼠跳、慢骑自行车、集体跳绳、托球跑等十几个项目。有89个单位、1957名运动员参赛。

2012年5月7日，新泰市第四届职工运动会在恒丰矿业集团公司体育场举行。比赛设乒乓球、拔河两个项目，恒丰矿业、汶南煤矿、汶河煤矿、朝阳煤矿、非煤企业共计5个代表队近200名运动员参赛。

2013年4月28日，新泰市第五届职工运动会在恒丰矿业集团公司体育场开幕，比赛为期一天，设乒乓球、象棋、拔河三个项目，共计5支代表队120余运动员参赛。

2014年，新泰市举行10项职工体育赛事，2000余人参加比赛。主要赛事有新泰市“五一”职工运动会、新泰市直机关职工篮球赛、新泰市直机关职工乒乓球赛等。

二、农村、城镇社区体育

（一）机构

1958年9月，人民公社设立文教辅导员，负责农村文化体育工作。后各公社成立文化站，体育工作由文化站负责。1966年，“文化大革命”期间停止工作。1976年，重建文化站，设站长1人。1988年机构改革，设站长1人，工作人员2至3人。1993年广播站、文化站、电影管理站合并为文化广播站，负责文化体育工作。1998年，设站长1人，工作人员2人。至2015年未变。

（二）体育活动

新中国成立后，农民体育活动逐步发展，部分村先后建起不同规模的体育场地，购置或自制体育器械，成立各种体育小组或球队，并开展村与村之间的友谊比赛。1955年，新泰县成立农民体育协会，组织农民开展篮球、乒乓球、羽毛球活动。1978年，农村体育活动日趋活跃，绝大部分村庄以“民兵之家”“青年之家”为阵地，开展球类、棋牌类活动。

1983年，各乡（镇、街道）普遍建有标准运动场、活动室和体育技术辅导站。1984年，新泰市各乡、镇、街道成立篮球、排球、乒乓球代表队20支。1990年5月4日，翟镇大港村农民刘茂举出资300元举办新泰市第一届农民中国象棋邀请赛，有10余名象棋爱好者参赛。之后，象棋邀请赛每2年举办1次，到2000年刘茂举共出资6000元，举办10届。同年5月27日，新泰市举办首届全民田径运动会，运动会设27项比赛，36支代表队、600余名运动员参加比赛。

2000年，全市532个行政村建有文化大院，大院设有体育场、篮球场、乒乓球室、棋牌室等。2011年，新泰市拨付社区健身工程扶持资金22万元、自筹166万元，建成1条健身步道、3个乡镇健身广场、6个社区健身广场、102个农村健身工程。

2012年，市体育局、文广新局、农业局联合印发《关于发挥乡镇街道文化广播站的功能　进一步加强农村体育工作意见的通知》，进一步明确乡（镇、街道）文化站的体育管理职能。2013年5月27日，新泰市羊流镇举行乒乓球友谊赛，15支代表队45名选手参赛。8月10日，新泰市新汶街道办事处举行“汶河杯”篮球邀请赛，10支代表队、100余名运动员参赛。

2014年，建成8个全民健身广场、333个农民健身工程、924个农村文体小广场。2015年，开展送器材、送培训、送宣传“三下乡”活动。3月2日，新泰市在新甫街道后上庄村举办第十八届“兴村杯”象棋比赛，41名象棋爱好者参赛。4月30日，汶南镇在镇初级中学广场举行“庆五一”拔河比赛，8支队伍、120人参加比赛。

三、老年人体育

（一）机构

1984年11月，成立新泰市老年体协，会员3000余人。1989年12月，召开第一届老年体协代表大会，选举吴增森任主席。2002年10月，召开第四届老年体协代表大会，选举孙立成任主席。2013年3月，召开第五届老年体协代表大会，选举栾兆玺任主席。

1989—2015年新泰市老年人体育协会领导班子成员情况表

表 14-16

届　次	任职时间	职　务	姓　名
第一届至第三届	1989—2002	名誉主席	刘骇南
		主席	吴增森
第四届	2002—2013	名誉主席	姚　霆、路华祯、刘清臣、赵桂莲
		主席	孙立成
第五届	2013—	名誉主席	侯　丽、孙立成
		主席	栾兆玺

（二）体育活动

1984年，新泰市组织老年人参加太极拳，太极剑、气功、爬山、乒乓球、象棋、门球、旅游等活动。组队参加省老年人乒乓球赛、中国象棋赛，参加泰安市太极剑集体赛。1986年，重点开展太极拳（剑），导引养生功、门球、台球、钓鱼等活动。1990年，举办新泰市第一届老年人运动会，进一步促进了老年体育的发展。

2005年，新泰市老年体协举办门球、台球、太极拳、太极剑培训班24期，培训骨干250人；组织各种比赛、表演活动50余次，1万余人参加活动。2010年，组建腰鼓、秧歌、广场舞、健身操、太极拳剑、拂尘、手杖操健身队，在全民健身日、全民健身月等节庆活动中举行展演、比赛活动。

2012年，新泰市老年门球、乒乓球、台球年度联赛及养生气功、太极拳剑、空竹、舞蹈、钓鱼等项目相继展开，年内举办竞赛、展示活动20余项次，7000余人参加。2014年7月28日，山东省老年体协在新泰市举办"六个一"文体小广场建设经验交流会。省人大常委会原副主任、中国老年体协副主席、省老年体协主席曹学成及省老年体协副主席等领导出席会议。新泰市在会上介绍建设、应用"六个一"文体小广场的经验。

2015年，全市老年体协发展到49个，会员5000多人；老年优秀表演队206个，表演人员8600余人；老年社会体育指导员、裁判员672人。常年开展门球、台球、乒乓球、柔力球、太极拳剑、钓鱼、空竹等20多项健身项目。举办竞赛、展示活动30多次，1万多人参加活动。

（三）体育竞赛

1.参加省老年人体育比赛

2010年3月2日至5日，山东省第二届老年人运动会象棋比赛在济南举行。新泰市组队代表泰安市参加比赛，获第三名。

2013年，参加山东省第三届全民健身运动会健身气功比赛，获八段锦一等奖、五禽戏二等奖和体育道德风尚奖。

2014年，山东省第三届老年人运动会太极拳、太极剑比赛在济南举行。新泰组队参加比赛，获集体42式太极剑金奖、集体42式太极拳银奖，获大会体育道德风尚奖。是年，组队参加在济南市皇亭体育馆举办的"体彩杯"山东省首届夕阳红健身运动会柔力球邀请赛，获集体优胜奖第一名。

2.举办运动会及体育比赛

1990年10月22日至24日，新泰市首届老年人运动会在市体育中心举行。各乡镇办事处和市直8大系统及部分驻新泰市企业40支代表队，600多名运动员参赛。

2013年3月至7月，举行全市全民健身运动会老年人乒乓球联赛在新泰市体育中心。比赛分男子甲乙丙丁、女子甲乙6个小组，105名运动员参赛。

2014年3月至5月，新泰市老年人台球、门球联赛在新泰市老干部活动中心举行。全市30支代表队250人参赛。

四、残疾人体育

（一）机构

1991年前，新泰残疾人体育由新泰市体委负责。1991年，新泰市残疾人联合会成立，残疾人体育由新泰市体委与新泰残疾人联合会共同负责。2015年，新泰市残联明确1名副主席分工负责，残联组宣科负责具体工作。

（二）体育活动

1984年，新泰市聋哑学校建立，设置体育课，新泰市残疾人体育开始兴起。1991年，新泰市残联举办残人体育培训班，组建体育代表队，开展体育训练及比赛活动。2000年7月20日，新泰市残联举办全国特奥日体育竞技比赛，聋哑学校及社会智障儿童、残疾人工作者、社会志愿者、学校学生参加活动。自此，每年都在全国特奥日举办文体活动，增强智障儿童自强、自立的能力。2011年、2014年，新泰市残联被泰安市残联授予"泰安市残疾人体育工作先进单位"称号。

（三）体育竞赛

2003年9月，牛之风（女，肢体残疾二级）在第六届全国残疾人运动会上，获自行车项目场地1公里、公路5公里、公路50公里3枚铜牌。

2006年4月，牛之风在第七届全国残疾人运动会上，获自行车场地500米银牌，并打破世界纪录；场地3公里金牌，并打破世界纪录；公路5公里金牌；公路20公里大组银牌。

2007年11月，牛之风在哥伦比亚世界残疾人自行车公开赛上，获场地3公里银牌、公路4.6公里银牌。

2011年5月，山东省第八届残疾人运动会在济南举行。牛之风获自行车项目场地500米银牌、公路5公里金牌、公路大组28公里银牌；王海获75公斤级举重金牌。

2014年6月，山东省第九届残疾人运动会在济南举行。新泰市残疾运动员牛之风、陈媛媛、侯艳芬、王海、王公珍等参加比赛，获1枚金牌、9枚银牌、4枚铜牌。

五、全民健身

（一）机构

2012年，新泰市成立全民健身活动协调领导小组，副市长侯丽任组长，市总工会、市政府办公室、体育局等部门为成员单位，领导小组下设办公室，办公室设在市体育局，负责日常工作。

（二）全民健身活动

1995年，新泰市贯彻《中华人民共和国体育法》和《全民健身计划纲要》，组织开展多种形式的全民健身运动。年内，参加体育活动人数占总人数45%。1999年12月17日，“健康杯”迎澳门回归长跑比赛在新泰明珠广场举行，市直机关、企事业单位和各学校76支代表队1000多名运动员参赛。

2006年，新泰市“网通杯”全民健身登山比赛在新泰市莲花山举行。比赛设男女青年组、男女中年组4个组别，500余名运动员参赛。2010年，新泰市利用全民健身月、全民健身日集中组织大型群众体育活动50余次，参加人员1.2万多人。

2011年3月，新泰市举办首届“稻花香杯”篮球俱乐部联赛、首届“泰鼎杯”羽毛球赛、2011年庆国庆全国篮球邀请赛、第八届“明珠杯”庆国庆中国象棋赛、首届“青云杯”迎元旦中国象棋赛等5项赛事，500余人参加比赛。8月8日，“每天锻炼1小时”活动在新泰市体育中心举行，活动项目有广场集体健身操、国家少年竞走队1000米竞走、足球、健步走、太极拳、剑，柔力球，武术等，1200人参加活动。

2013年4月24日，新泰市体育局在府前街开展“全民健身、幸福新泰”宣传活动，100余人参加活动。5月21日，新泰市全民健身月启动仪式暨“德泰杯”巾帼广场舞大赛在汶南健身广场举行，16支代表队、320人参加比赛。8月8日，全民健身日广场舞大赛在新泰市体育中心举行，20支代表队、764人参加比赛。9月21日，新泰市登山比赛在莲花山登山健身步道举行，300余人参加比赛。

2014年5月，新泰市体育局组织“提高全民健康水平、促进富裕和谐秀美新泰建设”为主题的系列宣传活动，提出“每天锻炼一小时、健康工作五十年、幸福生活一辈子”的口号。8月22日，举办全民健身讲座，教授张基振作《运动与健康》宣传演讲，健身站点负责人及健身爱好者近1000人参加活动。2015年5月15日，新泰市全民健身登山比赛在莲花山登山健身步道举行。47支代表队438人参加比赛。

（三）全民健身运动会

1990年5月27日至28日，首届全民田径运动会在市体育中心举行。运动会设27个比赛项目。市直各部门、乡镇街道36支代表队、600余名运动员参加比赛。

1994年10月8至21日，第二届全民运动会在市体育中心举行。运动会设乒乓球、篮球、田径及老年人体育4个大项68个小项的比赛。各乡（镇、街道）、市直35支代表队1000余名运动员参加比赛。

2000年9月1日至22日，第三届全民运动会在市体育中心举行。运动会分市直组和乡镇组2个组别，设田径、篮球、乒乓球、游泳、跳绳及老年人太极拳、门球、台球8个比赛项目。各乡（镇、街道）、市直38支代表团1200余人参加比赛。

2004年8月23日至9月24日，新泰市第四届全民运动会在新泰市体育中心举行，运动会设篮球、乒乓球、羽毛球、跳绳、田径、老年门球、台球、太极拳（剑）等8个大项，市直各部门、乡（镇、街道）1197名运动员参加比赛。

2014年5月14日，新泰市第四届全民健身运动会暨全民健身月启动仪式在汶南镇举行。运动会共设篮球、足球、排球、乒乓球、羽毛球、田径、健身秧歌、毽球等25个健身项目，全市7000余人参加比赛。

（四）国民体质监测

2000年9月至10月，泰安市体育局体质监测组对新泰市3～6岁的城市和农村幼儿；20～39岁和40～59岁的城市体力劳动者和非体力劳动者、农村成年人；60～65岁的城市、农村老年人共4个年龄段7类人群进行抽样检测。此次抽样检测共抽测700余人，形成有效样本520个。

2006年5月至7月，新泰市国民体质监测队在体育馆为450多人进行免费体质监测并出具运动处方。

2010年6月18日至19日，新泰市按照山东省第三次国民体质监测要求，对540名幼儿（3～6岁）、儿童青少年（7～19岁）、成年人（20～59岁）、老年人（60～69岁）进行监测并上报。

2012年8月8日至15日，新泰市国民体质监测队对546名幼儿（3～6岁）、老年人（60～69岁）两类人群进行监测。测试指标包括身体形态、身体机能、身体素质3个方面。

2014年6月9日至10日，新泰市参加全国第四次国民体质监测。对210名农村男女幼儿（3～6岁）、农村男、女居民（20～59岁）进行检测上报。

2015年6月20日至21日，新泰市国民体质监测对417名60～69岁老年人进行监测，测试指标包括身体形态、身体机能、身体素质3个方面。

第四节　特色体育

改革开放以来，新泰市委市政府不断加大资金投入，努力发展体操、竞走、蹦床、跳水等优势项目，先后培养输送王峰、沈剑、毕文静（女）、张霞（女）、李明才、王银行、时娜（女）、司天峰、孟丽丽（女）等100余名优秀运动员。

（一）体操（详见第五编“竞技体育”）

（二）艺术体操（详见第五编“竞技体育”）

（三）竞走

1983年，新泰城关联中（青云一中前身）体育教师宋绍利组建竞走队，队员由学校体育基础较好的学生组成。1989年12月，新泰市业余体校成立，竞走成为新泰市业余体校的龙头项目。2007年至2015年，国家体育总局在新泰举办多次全国性竞走比赛。至2015年，培养输送李明才、王银行、时娜、司天峰、杜云鹏、刘建民、李传民、李振、梁茂刚、张新利、王立斌、沈卫会、苏娟、王生堂、白学进、陈广东、李翠、赵庆伟、韩继江、严德祥徐刚、高菲、李陈晨、吴秀亮、刘友宁、刘孝森、董俊华等一批优秀竞走运动员。先后获国际、亚洲、全国比赛金牌10枚。新泰先后被评为国家奥林匹克竞走后备人才基地，国家少年竞走队（山东组）训练基地（全国唯一设在县级市的国字号训练基地）。山东省优秀训练队后备人才训练基地、山东省业余训练先进单位、山东省县级优秀后备人才基地、全国竞走专项集训优秀单位等称号。（参见第五编“竞技体育·田径”）

（四）蹦床（详见第五编“竞技体育”）

（五）跳水（详见第五编“竞技体育”）

第五节　运动竞赛

一、参加国际比赛

（一）参加奥运会

1992年7月，在巴塞罗那第二十五届奥运会上。新泰运动员张霞获女子体操团体第四名，成为奥运赛场上首次取得名次的泰安人。2008年8月，在北京第二十九届奥运会上，王峰获男子双人三米板跳水金牌，实现泰安奥运历史上金牌“零”的突破。至2015年，新泰市输出运动员王峰、张霞（女）、沈剑、毕文静（女）、李明才、王银行、时娜（女），新泰籍运动员司天峰、孟丽丽（女）等8人参加第二十五至三十届奥运会，获1枚金牌、2枚银牌、3个第四名、1个第五名。

（二）参加世界锦标赛、世界杯赛

1986年3月23日，首届国际举重联合会“维诺尼亚杯”女子举重锦标赛在匈牙利布达佩斯举行，新泰籍运动员魏霞获女子44公斤级总成绩金牌。1990年5月26日至6月3日，第四届世界女子举重锦标赛在南斯拉夫联盟萨拉热窝举行。王根英获女子67.5公斤级抓举、挺举、总成绩3

枚金牌。至2015年，李炳军、魏霞（女）、张霞（女）、王根英（女）、李明才、沈剑、毕文静（女）、王峰、刘中生、苏会华（女）、时娜（女）、杜云鹏，新泰籍运动员司天峰、孟丽丽（女）等14人参加世界锦标赛、世界杯赛20余届次，获29枚金牌、6枚银牌、7枚铜牌。

（三）参加亚运会

1990年9月22日至10月7日，第十一届亚运会在北京举行。张霞获女子体操团体金牌，李明才获男子20000米竞走铜牌。1998年12月，在泰国曼谷举行的第十三届亚运会上，王银行获男子50公里竞走金牌，毕文静获女子体操团体和高低杠2枚金牌。自1990年至2010年12月，新泰市有李明才、王银行、司天峰、张霞（女）、毕文静（女）、王峰等6名运动员参加第十一至十六届亚运会，获6枚金牌、2枚银牌、1枚铜牌。

二、参加全国比赛

（一）参加全运会

1987年，全国第六届运动会在广东举行，新泰运动员韩洪臣、李炳军参加运动会，获得1枚银牌，破两项全国纪录。2009年，全国第十一届全运会在济南举行，新泰运动员王峰、司天峰、娄明、马延青、焦峰、曲叶新、于良、史小璐获金牌1枚、银牌5枚、铜牌2枚。自1987年至2013年，李炳军、韩洪臣、高方青、李明才、沈剑、王根英（女）、毕文静（女）、王银行、王峰、刘燕（女）、杨松、孟丽丽（女）、时娜（女）、司天峰、娄明、马延青、焦峰、曲业新、于良、史小璐（女）、杜云鹏、刘建民、于良、曲业新、胡凯、张瑞峰、邢怡颖（女）等27名新泰籍运动员参加第六至第十二届全运会，获11枚金牌、9枚银牌、10枚铜牌。

（二）参加全国冠军赛

1984年10月，韩洪臣在青岛举行的全国举重冠军赛上，获得男子52公斤级抓举金牌、挺举铜牌、总成绩银牌。至2013年，有韩洪臣、李明才、李炳军、赵丰东、张霞（女）、王峰、吴美（女）、毕文静（女）、陈德龙、苏会华（女）、孟丽丽（女）、杨松、时娜（女）、娄明、邢怡颖（女）、胡凯、马延青、刘建民、严德祥、韩继江等20名新泰运动员参加田径、举重、体操、摔跤、跳水、蹦床、竞走、散打等40余次全国冠军赛，获31枚金牌、18枚银牌、15枚铜牌。

（三）参加全国锦标赛

1986年4月，全国举重锦标赛在常州市举行，李炳军获男子82.5公斤级3枚金牌，韩洪臣获52公斤级2枚银牌。至2015年，有李炳军、韩洪臣、魏霞（女）、王根英（女）、韩鲁娜（女）、李明才、张霞（女）、刘中生、吴美（女）、沈剑、张庆利、屠祥、毕文静（女）、刘震、安广廷、王银行、陈德虎、陈德龙、孟丽丽（女）、张晓亮、安东、苏会华（女）、安东、时娜（女）、娄明、马延青、司天峰、刘建民、韩继江、曲业新、于良、胡凯、王海燕（女）、严德祥等34人参加全国举重、田径、体操、射击、竞走、马拉松、摔跤、跳水、蹦床、赛艇锦标赛，获67枚金牌、29枚银牌、38枚铜牌。

三、参加全省比赛

1978年7月，在山东省第十一届运动会体操比赛上，张栋获1枚金牌、1枚银牌。1986年5月，在山东省第十三届运动会上，新泰运动员获10枚金牌、5枚银牌、6枚铜牌，获男子体操团体第三名。2014年9月，在山东省第二十三届运动会上，获8枚金牌、11枚银牌、16枚铜牌。至2015年，新泰运动员参加山东省和十一至二十三届运动会，共获114枚金牌，100枚银牌，91枚铜牌。

四、参加泰安市运动会

1987年6月至10月，泰安市第六届运动会在泰安举行。新泰市代表团63名运动员参加田径、柔道、摔跤、乒乓球、体操5个项目的比赛，获19枚金牌、19枚银牌、14枚铜牌。至2015年，在第六届至第二十届泰安市运动会上，新泰市共获青少年组团体6个第一名、5个第二名；综合成绩团体10个第一名、3个第二名。

1987—2015 年新泰市参加泰安市运动会情况表

表 14-17

届次	起止日期（年、月）	地点	代表队人数	参赛项目		青少年组				综合成绩			
						金牌		总分		金牌		总分	
				个数	项目	数量（枚）	名次	得分	名次	数量（枚）	名次	得分	名次
第六届	1987.5—10	泰安	63	5	田径、柔道、摔跤、体操、乒乓球	19						1127	第四名
第七届	1989.7—10	泰安	124	8	田径、游泳、摔跤、柔道、武术、篮球、乒乓球、棋类	38	第四名		第二名			1151.5	第二名
第八届	1991.7—10	泰安	100 余人	7	田径、举重、游泳、柔道、摔跤、体操、乒乓球	42	第三名		第二名			1006	第二名
第九届	1993.5—10	泰安	100 多名	6	田径、举重、游泳、柔道、摔跤、乒乓球	35			第二名			1031	第二名
第十届	1995.8—10	泰安	100 多名	6	田径、篮球、武术、柔道、摔跤、举重	51	第一名	2196.625	第一名	140	第一名	3003.625	第一名
第十一届	1997.4—9	泰安	126	6	武术、柔道、散打、摔跤、篮球、举重	41	第二名	802	第三名	140		2152.4	第一名
第十二届	1999.5—10	泰安	190 余名	8	田径、武术、散打、篮球、柔道、摔跤、跆拳道、举重	48	第二名	1174.3	第五名	125.95	第一名	3098.29	第一名
第十三届	2001.7—10	泰安	280	12	田径、举重、柔道、摔跤、武术、散打、跆拳道、篮球、排球、乒乓球、足球、射箭	111	第一名	1451.25	第一名	155	第一名	2045.33	第一名

续表 14-17

届　次	起止日期（年、月）	地点	代表队人数	参赛项目		青少年组				综合成绩			
				个数	项　目	金　牌		总　分		金　牌		总　分	
						数量（枚）	名次	得分	名次	数量（枚）	名次	得分	名次
第十四届	2003.7—10	泰安		12	田径、举重、柔道、摔跤、武术、散打、跆拳道、篮球、排球、乒乓球、足球、射箭	124	第二名	2492	第二名	179.22	第一名	3443.86	第一名
第十五届	2005.6—9	泰安	300 余名	13	幼儿基本体操、田径、举重、柔道、摔跤、武术、散打、跆拳道、篮球、排球、乒乓球、足球、射箭	150	第一名	1339.35	第一名	221.5		3168.125	第一名
第十六届	2007.7—10	泰安	300 余名	12	田径、举重、柔道、摔跤、武术、散打、跆拳道、篮球、排球、乒乓球、足球、射箭	87	第一名	983	第一名	177.5	第一名	2134	第一名
第十七届	2009.6—9	泰安	300 余名	12	田径、举重、柔道、摔跤、武术、散打、跆拳道、篮球、排球、乒乓球、足球、射箭	94	第一名	1790.25	第三名	107	第一名	1886.25	第三名
第十八届	2011.7—9	泰安	300 余名	12	田径、举重、柔道、摔跤、武术、散打、跆拳道、篮球、排球、乒乓球、足球、射箭	74.25	第一名	2420.5	第二名	163.25	第一名	4468.5	第一名
第十九届	2013.4—10	泰安	300 余名	12	田径、举重、柔道、摔跤、武术、散打、跆拳道、篮球、排球、乒乓球、足球、射箭	154	第一名	2214.95	第一名	210	第一名	3252.95	第一名
第二十届	2015.5—9	泰安	300 余名	12	田径、举重、柔道、摔跤、武术、散打、跆拳道、篮球、排球、乒乓球、足球、射箭	155.75	第一名	2368	第一名	243	第一名	6095	第一名

说明：1995年后金牌数含省以上获得奖牌折算数

五、承办体育赛事

（一）承办国际比赛

2009年8月28日至9月3日，第十一届世界象棋锦标赛在新泰市荣峰国际大酒店举行。比赛设男子团体赛、男、女个人赛、非华越裔个人赛4个项目，来自英国、日本、新加坡、澳大利亚等22个国家和地区的90人参加比赛。中央电视台一套、四套、五套，山东电视台、人民日报、新浪网等新闻媒体对赛事进行跟踪报道。

2010年12月4日至12月11日，“金马杯”国际跳棋公开赛在新泰市荣峰国际大酒店举办。来自荷兰、比利时、白俄罗斯、乌克兰、俄罗斯、蒙古、日本等12个国家的62名运动员参赛。中央电视台四套、五套，中央人民广播电台，人民日报、光明日报等30余家新闻媒体对赛事进行跟踪报道。

（二）承办全国比赛

1989年8月10日至16日，全国少年儿童体操比赛在新泰市体育馆举行。来自北京、上海、天津等14个省、市、自治区的22支男女代表队、242名运动员参赛。

1991年8月22日至26日，全国少年儿童体操比赛第二赛区的比赛在新泰市体操馆举行。来自湖北、海南、吉林、浙江、山西、福建、贵州、江西、天津、陕西、黑龙江、山东、火车头、上海体院等21支男女代表队、121名运动员参加比赛。

1999年7月20至25日，“李宁杯”全国少儿体操比赛第二赛区比赛在新泰市体育馆举行，来自上海、江苏、浙江、山东、福建、江西、安徽及上海体院8支代表队参加比赛。决出金牌26枚、银牌21枚、铜牌21枚，山东队获团体总分第一名。

2008年10月23日至25日，全国竞走锦标赛在新泰市举办。来自全国各省、自治区、直辖市、计划单列市、解放军400余人参赛。

2009年4月7日至13日，“泰丰杯”2009年全国象棋锦标赛在新泰市荣峰国际大酒店举行。来自全国各省、自治区、直辖市、计划单列市34支代表队、158人参加比赛。

2011年3月11日至13日，第七届全国城市运动会竞走预选赛暨全国竞走大奖赛在新泰市举行。城运会设男女20公里团体2个项目。大奖赛分成年、青年、少年3个组别，8个比赛项目。来自全国20个省（市、自治区）、解放军的308名运动员参加比赛。

2012年6月15日至16日，“瑞利达杯”2012年全国竞走大奖赛（新泰站）在新泰举行。比赛设男子女子成年组、青年组、少年组3个组别，12个项目，国家队及各省（市、自治区）15支代表队、96名运动员参赛。

2014年4月12日至13日，全国竞走大奖赛在新泰滨湖路举行。来全国15支代表队、163名运动员参加比赛。

2014年10月8日，“居豪置业杯”全国国际跳棋团体锦标赛在新泰市荣峰国际大酒店举行，来自全国36支代表队、108名棋手参赛。

2015年7月4日至5日，“东城田园杯”2015年全国竞走大奖赛在新泰市举行。竞赛分成年、青年、少年3个组别，10个项目。来自全国20个省（市、自治区）及解放军代表队、327名运动员参加比赛，新泰队员韩继江获男子成年组20公里竞走第二名，种恒获男子成年组20公里竞走第八名。

（三）承办全省比赛

1990年7月20日至27日，山东省“希望杯”体操比赛在新泰市体操馆举行。来自济南、青岛、烟台、济宁、泰安等7个地市的200余名运动员、教练员、裁判员参加比赛。

2000年8月23日至26日，2000年山东省少儿体操、蹦床锦标赛在市体育馆举行，来自省内各地市9支代表队、200名运动员参加比赛。

2012年10月20日至30日，山东省体操、蹦床、艺术体操冠军赛及冬训在新泰举办，济南、青岛、淄博、烟台、潍坊、济宁、泰安、莱芜8支代表队、71名运动员参加。

2014年7月20日，山东省首届国际跳棋校际对抗赛在新泰市体育馆举办，比赛设国际跳棋

100格团体赛、64格团体赛2个项目，全省11支代表队参加比赛。

第六节 人才培养

一、运动员

1986年至2007年，新泰市向省体育训练部门和泰安体校输送运动员248人。输送的优秀运动员有李炳军、张霞、毕文静、沈钊、孟平、曲业新、葛藩藩等。2009年，向泰安体校输送田径、武术、举重等项目队员59人，向省竞走队输送优秀运动员1人，在省队训练的新泰跳水运动员邢怡颖、体操运动员陈映雪入选国家集训队。付鸣秀、高菲、徐刚入选国家少年竞走队。2010年，向泰安体校输送田径、武术、柔道、跆拳道、摔跤、举重、篮球、排球等优秀运动员60人，向省队输送跳水、竞走队员3人。2011年，向泰安体校输送运动员107人。2012年，向泰安体校输送优秀队员74人，向省队输送竞走、体操、跳水优秀运动员6人，向国家体操队输送队员1人。2013年，向泰安体校输送运动员107人，向省队输送体操、竞走优秀运动员10人。2014年，向泰安体校输送优秀运动员91人，向省队输送竞走、体操、跳水优秀运动员19人。2015年，向泰安体校输送运动171人。

1986年至2015年，新泰市输送运动员获国际级、国家级运动健将人员名单：

国际级运动健将（18人）：张霞、沈剑、毕文静、王锋、司天峰、王银行、李明才、时娜、苏会华、杜云鹏、刘建民、邢怡颖、李炳军、韩洪臣、魏霞、王根英、秦承勇、王力劲

国家级运动健将（60人）：尹燕勤、董和新、梁化丽、梁化利、吴美、王道华、苏娟、苏华、沈卫会、李传民、王立斌、张新利、韩善萍、屠祥、苏会云、安广亭、刘振、陈广东、梁茂刚、王生堂、董晶、杨松、赵庆伟、严德祥、韩继江、王士礼、白学进、李振、李翠、沈卫会、马勇、曲业新、于良、史小璐、刘燕、娄明、马延青、焦峰、刘民、宋雪成、刘向东、王文文、董传伦、韩玉、赵丰东、韩鲁娜、张伟、安波、王洪国、张明星、李敏、徐爱蓝、王洛惠、邵长玉、刘义秋、陈立京、马培广、陈继学、赵文孟、宋明君

二、师资培养

1.教练员

2000年，全市有专职教练员32名。其中高级教练2名，一级教练15名，二、三级教练15名，专职体育教师162名。2015年，新泰市专、兼职教练员43名，其中高级教练员13名，一级教练员21名，二、三级教练员7名，其他2名。

2.裁判员

2015年，新泰市有国家级裁判员宣光海（体操）、曹继仁（田径）、张增（田径）3人，一、二、三级裁判员300人。

3.社会指导员

2015年，新泰市有国家级社会体育指导员赵鑫、李新华（女）、吕秋燕（女）、王士礼、赵鹏、王超、牛雪丽（女）、曲庆丽（女）、李峰、徐勤鹏、刘静（女）、王道华（女）、孙其鹏、刘兆和、李果、武文涛、王国峰等17人，一级社会体育指导员52人，二级社会体育指导员176人，三级社会体育指导员2475人。

三、训练网络

（一）训练单位

新泰市体操运动学校　1972年，新泰县第一中学成立新泰一中业余体操队。有队员13人，其中女队员4名；教练员3名，分别是魏友美、张宝根、张志珍（女）。1973年，新泰一中业余体操队收归新泰县革委体育组管理。1974年，新泰县业余体校成立，校长由县革委常委兼任。有教练员3名，学员26名，其中男学员12名、女学员14名。1979年，业余体校改为体操重点班。1984年3月，成立新泰市体操运动学校，归属市体育中心领导。1995年，体操学校升格为二级事业

单位。2010年7月，体操学校隶属于市体育局。至2015年未变。1997年前，学校只有体操训练项目。1998年，增加蹦床项目。2004年，增加跳水项目。2009年，学校增加艺术体操项目，2011年裁撤。2015年，学校有体操教练员14名、学生106人；蹦床教练员3人、学员26人；跳水教练员3人、学员37人。至2015年，魏友美、张宝根、张志珍、蔡吉明、王德收、单光杰、张平、褚翠萍、秦玲玲、王成波、宣光海、汪洪、马东霞、徐勤鹏、崔西堂、刘军、万惠华、葛云泉、刘玉、李晓亮、王功春、王利、马东霞、李霞、尹丹、刘民、赵鹏、葛璠璠等28人先后在该校任教练员。其中，张平、褚翠萍为国家级教练员。

1972年，体操队利用一中礼堂和操场进行训练。1973年，训练地点改为新泰县委大院礼堂。1974年，建成200平方米体操训练房。1989年，新泰体育馆建成并划归体操学校使用，面积1494平方米。1997年，新泰体育中心综合训练楼建成，3至5层划归体操训练使用，面积3600平方米。其中，四、五层为体操主训练场，三层为体操辅助训练场。2006年，建立体能恢复室，配备形态测量仪器、体重脂肪秤、心率表、骨龄检测仪等科研设备等。2015年，蹦床队有550平方米训练房及4台蹦床，其中2台为国际标准用床。跳水队有400平方米陆上训练馆1座，500平方米露天水上训练场1座，一米台、三米台、五米台及一米板、三米板等训练器械。

新泰市体操学校培养大批优秀运动员。至2015年，培养运动员获奥运金牌1枚、银牌2枚，国际比赛金牌100枚，全国比赛金牌90枚，省运会金牌100余枚。先后向省队、国家队输送等100余名优秀运动员。2002年，新泰市被国家体育总局授予“全国体操之乡”称号。2009年，体操学校被国家体育总局命名为“国家高水平体育后备人才基地”。2012年，被泰安市政府记集体二等功。

新泰市业余体育运动学校　1989年12月，新泰市业余体育运动学校成立，以田径训练为主，兼设乒乓球、举重项目。1991年，增设军事五项训练项目。1992年，开设柔道队、散打队、跆拳道队、篮球队及武术。1995年10月，升格为二级事业单位。2014，业余体校有教职工22人，专职教练员13人，外聘教练员8人。2015年，建有柔道、摔跤、武术、散打训练馆、举重训练房，塑胶篮球场，400米塑胶标准田径场、科研室、体能训练房、浴室等体育设施。至2015年，向省队、国家队输送竞走队员300余名，培养输送队员获国际比赛金牌11枚、亚洲金牌10枚、全国金牌30枚，承办全国竞走特许赛、全国竞走锦标赛、全国竞走大奖赛等全国重大比赛。2009年，被国家体育总局命名为“国家田径奥林匹克高水平体育后备人才基地”。2010年，被被国家体育总局确定为“国家少年队竞走训练基地”。2015年，被省体育局确定为“山东省优秀运动队田径项目后备人才训练基地”。

（二）训练基地

国家级训练基地　2009年，新泰市体操运动学校通过国家验收，成功创建国家（2009—2012）高水平体育后备人才基地。2013年，经国家体育总局复查验收，再度被确定为国家（2013—2016）高水平体育后备人才基地。

2010年，新泰市业余体校通过国家体育总局评估验收，被确定为国家少年队竞走训练基地，是全国唯一设在县级市的国家级训练基地。

山东省训练基地　2000年，省体育局、省教委对新泰市创建县级优秀体育后备人才基地工作进行检查验收。12月，新泰市被山东省体育局确定为山东省县级优秀体育后备人才基地。

2008年，新泰市体育中心经省体育局验收通过，成功创建体操、跳水、田径3个山东省训练基地。

2012年3月21日，新泰市体操运动学校被省体育局确定为山东体操训练基地（全省仅有2处）。2013年，被山东省体育局确定为山东省

（2013—2016年）高水平体育后备人才基地。2015年12月，学校被确定为山东省（2015—2018年度）优秀运动队体操、蹦床和跳水项目后备人才训练基地。

2012年，新泰市业余体育运动学校被省体育局确定为山东省（2010—2014年）优秀运动队田径项目后备人才训练基地。2015年12月，学校被确定为山东省（2015—2018年度）优秀运动队田径项目后备人才训练基地。

泰安市训练基地　2015年泰安市体育局将新泰市汶城实验小学篮球，新泰市平阳小学足球，协庄学校篮球，新泰市刘杜中心学校拳击，新泰市体操运动学校体操（蹦床）、跳水，新泰市业余体育运动学校田径、柔道、举重列为（2015—2018）泰安市训练基地。

新泰市训练基地　2010年6月，新泰市体育局、教育局批准汶城中学、新汶实验中学、新汶街道初级中学等3所学校篮球项目；翟镇第一初级中学、新甫实验学校等2所学校排球项目；新泰市实验中学足球项目；新泰市第一实验小学手球和足球项目；东都镇初级中学为举重项目；羊流镇初级中学为跆拳道项目为新泰市训练基地。2012年6月批准，泉沟镇初级中学、天宝镇第一初级中学、汶南镇第二初级中学3所学校田径项目；协庄学校篮球、田径项目；汶城实验小学、龙廷岙阴初级中学篮球项目；新汶街道良庄实验小学排球和羽毛球项目；市平阳小学足球项目；向阳实验学校乒乓球、跆拳道项目为新泰市训练基地。至2015年，新泰市批准设立新泰市体育训练基地18处。

第七节　场地设施

一、概况

1952年，新泰中学修建200米跑道的操场，是新泰境内第一处田径运动场。1959年，全县有篮球场14处，场地均为土质地面。篮球场兼做排球场。20世纪60至70年代，楼德化肥厂、东都农药厂、新汶电厂、新汶杆厂、新汶电缆厂、新汶水泥厂等单位建有较高标准篮球场，铁制篮球架代替木制架。

1981年，新汶县投资6万元，在新汶公园建直径为30米的旱冰场。1985年，全市有田径场62处、篮球场206处，其中灯光球场56处、水泥地面35处、乒乓球室38处。1989年，新泰市投资174万建成新泰市体育馆。1990年，投资400万元建成新泰市体育中心。

2000年，全市有400米标准田径场5个，篮球场400余个，门球场30个，排球场60余个，乒乓球场（室）300余处，老年体协活动点900余处。2012年，完成120个行政村、3处乡镇健身广场、16个社区的健身器材配建工程。

2014年，新泰市钓鱼协会筹资1000余万元，建成占地500亩文化钓鱼基地。2015年，山东泰鼎矿山机械有限公司投资500余万元建成1处标准室内游泳池。是年，新泰市游泳跳水池改造项目破土动工，工程计划投资1000万元，2015年建成投入使用。

二、体育场馆简介

新泰市体育馆

（参见第九编“场地设施”）

新泰市体育中心

（参见第九编“场地设施”）

3.体育公园

（参见第九编“场地设施”）

4.文体小广场

2009年，开始建设农村文化体育小广场。当年配备建设35个村，发放体育健身器材上万件，投资200余万元。2013年，完成6处乡镇、12处社区、306个行政村文体小广场健身器材的配建。其中，岳家庄文体小广场被评为全国乡镇体育健身示范工程。2014年，全市916个行政村建成文体小广场942处，实现全民健身工程、农民健身工程全覆盖。当年7月28日，山东省老年人体育协会在新泰召开文体小广场经验交流现场会，在全省推广新泰经验。2015年，各行政村筹集社会捐建资金400万元，新建文体小广场20万平方米；举办文化站站长、农村文体活动带头人培训班200次，培训人员2万余人次。

第八节　体育彩票　体育产业

一、体育彩票

（一）机构

2000年3月8日，新泰市体育彩票管理办公室成立。3月16日，新泰市成立体育彩票发行工作领导小组。2009年，新泰市体育彩票管理办公室升格为新泰市体育彩票管理中心，2011年10月13日，新泰市政府调整全市体育彩票领导小组组成人员。

（二）彩票销售

2000年3月24日、11月11日，两次发售即开型中国体育彩票，总销售额180余万元。2010年，销售体育彩票4816万元，全省排名第11位，被评为山东省2010年度体育彩票工作“十佳”县市区。2015年，销售体育彩票11800万元，市场占有率55%，销量同比增速27%。至2015年年底，全市共销售体育彩票63833万元。

2008—2015年新泰市体育彩票销售情况表

表 14-18

年　度	销售终端机数量	当年销售计划（万元）	实际销售（万元）	即开顶呱刮销售（万元）
2008	53台	无	1556	无
2009	60台	2683	4866	605
2010	67台	3423	4816	714
2011	75台	5300	6842	1050
2012	87台	6278	8950	1375
2013	92台	7606	8566	1400
2014	103台	7914	9390	1085
2015	100台	8400	11800	818
合计	——	——	56786	7047

二、体育产业

2015年，新泰市主要体育产业项目有健身器材制造业、体育用品销售业、服装、器材加工业等共414家，其中较大型健身休闲基地8家。有俱乐部场馆租赁项目、体育技能培训基地、业体育康复中心、休闲旅游基地等项目近百个。

2015 年新泰市部分体育产业企业情况表

表 14–19

企业名称	建成时间	人数	经营项目	全年销售（万元）	地 点
瑞利达健康国际有限公司	1996 年	90	健身器材	15000	新泰市经济开发区
山东豪壮体育健身器材有限公司	2007 年	100	体育健身器材	800	新泰市羊流镇省级民营科技工业园
山东澳特威新泰市澳特威体育器材有限公司	2008 年	70	体育器材	1000	山东省新泰市环城西路 22 号
新羽飞扬健身中心			租赁健身场地	120	
新泰市文化钓鱼基地	2000 年		钓鱼垂钓基地	2872.92	龙廷镇平子村南废弃河滩

第九节 体育团体

1955年，县金融系统成立“银鹰”体育协会，会员87人；教育系统成立“钟声”体协，会员256人；县直机关成立机关体协，会员43人。新汶煤矿成立体协，会员300余人。1956年，农民体协、财贸体协及其他系统的体协相继成立，“文化大革命”中停止活动。

1980年春，新泰县武术气功团成立，集体性质，团员30人，表演的主要项目有“汽车过身”“头顶开碑”和轻功节目等，曾到沿海各大城市巡回演出，年底解散。

1995年8月12日，新泰市编委批准设立新泰市体育总会，为群众团体组织，隶属于新泰市体育运动委员会管理，不单列人员编制。2014年6月24日，新泰市体育总会办公室成立，负责全市体育相关的各个协会和俱乐部技术指导等管理工作。2015年，新泰市有各类体育协会14个和俱乐部13个。

第十节 荣 誉

一、全国先进单位

1990年，新泰市被国家体委授予“全国体育先进县”称号。1996年新泰市体操运动学校被评为全国业余体育训练先进集体。2013年，新泰市被国家体育总局授予“全国群众体育工作先进单位”称号；至2015年，新泰市各级共获得全国先进单位荣誉称号13个。

1990—2013 年新泰市体育工作获全国表彰情况表

表 14–20

先进单位	荣誉称号	表彰机关	表彰时间
新泰市	全国体育先进县	国家体委	1990
新泰市体操运动学校	全国业余体育训练先进集体	国家体委	1992.11
新泰市体委	全国群众体育工作先进单位	国家体委	1993.09
新泰市体操运动学校	荣获全国群众体育先进集体	国家体委	1997.10
新泰市体操运动学校	全国群众体育工作先进单位	国家体育总局	2001.11

续表 14-20

先进单位	荣誉称号	表彰机关	表彰时间
新泰市	全国体操之乡	国家体育总局体操运动管理中心	2002.03.24
新泰市	全国城市体育先进社区	中央文明办、国家体育总局	2006.9
新泰市体育中心	全国群众体育工作先进单位	国家体育总局	2009.9
1 新泰市 2 新泰市体操运动学校	全国群众体育工作先进单位	国家体育总局	2013.8
新泰市西张庄镇	乡镇健身工程建设先进单位	国家体育总局	2012.3
新泰市岳家庄乡	乡镇健身工程建设先进单位	国家体育总局	2013.3
新泰市	全国群众体育工作先进单位	国家体育总局	2013
新泰市体育局	全国全民健身活动先进单位	国家体育总局	2013

二、山东省先进单位

1990年9月，新泰市被山东省体育运动委员会授予“山东省体育先进县”称号。至2013年新泰市各级共获得山东省先进单位荣誉称号14个。

1990—2014 年新泰市体育工作获山东省表彰情况表

表 14-21

先进单位	荣誉称号	表彰机关	表彰时间
新泰市	山东省体育先进县	山东省体育运动委员会	1990.9
新泰市体操运动学校	山东省县级优秀体育设施	山东省体育运动委员会 山东省体育建筑专业委员会	1992.7
新泰市体操运动学校	山东省优秀县级 体育后备人才基地	山东省体育局 山东省教育厅	2000.12
新泰市体操学校	全国青少年体育工作先进集体	山东省体育局 山东省教育厅	2001.2
新泰市体操运动学校	1996—2002 奥运　亚运 全运突出贡献奖	山东省体操协会	2002.12
新泰市	2002—2005 年度 全省群众体育先进集体	山东省体育局	2006.10
新泰市体育中心	山东省“明天杯” 少儿乒乓球比赛优秀组织奖	共青团山东省委、 山东省体育局、山东省教育厅	2007.12
新泰市体育中心	2007 年度体育彩票 工作先进县市区	山东省体育局	2008.1
新泰市体育中心	2009 年度体育彩票 工作先进县市区	山东省体育局	2010.1
新泰市体操运动学校 新泰市业余体育运动学校	山东省业余训练先进单位	山东省体育局	2010.4

续表 14-21

先进单位	荣誉称号	表彰机关	表彰时间
新泰市体育局	2011 年度体育彩票工作突出贡献奖	山东省体育局	2012.1
新泰市体育局	2010—2013 全省群众体育先进单位	山东省体育局	2014.9
新泰市	山东省第四届全民健身运动会先进单位	山东省体育局	2014.11

三、泰安市先进单位

1997年12月，新泰市被泰安市委、泰安市政府授予“振兴泰安体育突出贡献奖”称号。至2015年，新泰市及新泰市体育局所属单位共11个单位获泰安市先进集体。

1997—2015 年新泰市体育工作获泰安市表彰情况表

表 14-22

先进单位	荣誉称号	表彰机关	表彰时间
新泰市	振兴泰安体育突出贡献奖	中共泰安市委 泰安市人民政府	1997.12
新泰市	振兴泰安体育突出贡献奖	泰安市人民政府	1999.3
新泰市	泰安市获首枚奥运金牌突出贡献奖	泰安市人民政府	2008.9
新泰市体育中心	记集体二等功	泰安市人民政府	2008.9
新泰市体操运动学校	记集体二等功	泰安市人民政府	2008.9
新泰市	泰安市参加山东省第二十二届运动会突出贡献奖	泰安市人民政府	2011.3
新泰市	泰安市参加山东省第二十三届运动会突出贡献奖	泰安市人民政府	2015.2

第四章　肥 城 市

肥城市位于泰山西麓，汶河北岸。东与岱岳区接壤，西与东平县、平阴县毗连，南与济宁市汶上县隔河相望，北与济南市长清区以山为界。

肥城因西周称肥子国而得名。西汉初年（前206）始置肥城县，属泰山郡。隋末，废肥城县。唐武德五年（622），复置肥城县。唐贞观元年（627）撤肥城县。元至元十二年（1275）

复置肥城县，清雍正十二年（1734）属泰安州。1950年5月，肥城县归属泰安专区。1958年10月，划归聊城地区；1959年7月，改属济南市；1961年5月复归泰安专区。1992年8月，撤县建市。2015年，辖11个镇、3个街道，603个村（居）民委员会，总人口98.58万人，总面积1277.3平方公里。

20世纪初，现代体育始传入境内。民国12年（1923），肥城县国民政府设公共体育场。民国21年（1932），公共体育场并于县民众教育馆，体育事业由教育馆体育部管理，民众参加体育活动的人数开始增多。新中国成立后，20世纪50年代，随着国民经济的发展，肥城体育以推广、普及广播体操为中心，开展形式多样的体育活动，主要项目有乒乓球、篮球、田径、越野跑、武术及其他民间体育。1954年5月，肥城县举行第一次体育运动会，16个单位160名运动员参加比赛。1956年6月，成立肥城县体育运动委员会。同年，学校推行《准备劳动与卫国体育制度》推动了群众体育发展。1977年，肥城县举行“秋季万人运动会”，近万名农民参加篮球、羽毛球、乒乓球、摔跤、田径、棋类等项目比赛。1987年，全县建成运动场24个，总面积186710平方米。2002年，肥城籍运动员马卫国在第十四届亚洲运动会赛艇项目中获金牌。2008年，肥城市被中国老年体协授予“全国健身球之乡”称号。2010年3月，肥城市全民健身中心建成，总面积5.6万平方米。2011年，肥城市贯彻《全民健身条例》，将体育工作纳入政府工作目标任务和各级财政预算。2012年，肥城市被国家体育总局授予“全国全民健身活动先进单位”称号。2013年，肥城健身球操项目被省体育局评为山东省县级特色健身项目。2015年，肥城体育局被省体育局授予“山东省全民健身工作先进单位”称号。

第一节　机　构

一、机构沿革

1950年，体育工作由县文化馆兼管。1956年6月，肥城县体育运动委员会成立。“文化大革命”期间工作停止。1974年2月，县革委政治部成立体育组。1975年6月，成立县革委体育运动委员会。1978年3月，县革委体委、文化局、教育局合并成立县革委文教局。1978年7月，肥城县革委文教局改为县文教局。1980年7月，成立肥城县体育运动委员会。1983年11月，体委与教育局合并，成立教育体育局。1984年5月，恢复县体委。1993年12月，体委与文化局合并，成立肥城市文化体育委员会。2002年2月，改称肥城市文化体育局。2010年10月，成立肥城市体育局，至2015年，无变化。

二、领导机构

1956年6月，肥城县体委由副县长徐汝卿兼任主任。1958年1月，副县长范洪林兼任主任。1960年10月，副县长张效平兼任主任。1977年4月，韩迅任肥城县革委体委主任。1978年3月，田记鲁、周长进任肥城县文教局局长。1980年7月，田记鲁任肥城县体委主任。1983年11月，宿传江任县教育体育局局长。1984年5月，李恒河任县体委主任。1990年3月，赵洪高任县体委主任。1993年12月，韩道清任肥城市文化体育委员会主任。2010年8月，赵志强任文化体育局局长。2004年4月，武心国任文化体育局局长。2007年5月，王霞任文化体育局局长。2010年10月，张淑萍任肥城市体育局局长。

1956—2015年肥城市（县）体育局领导班子成员情况表

表14-23

时间（年、月）	单位名称（级别）	职 务	姓 名	任职起止限
1956.6—1968.8	肥城县体育运动委员会	主 任（副县长兼）	徐汝卿	1956.6—1958.1
		主 任（副县长兼）	范洪林	1958.1—1960.10
		主 任（副县长兼）	张效平	1960.10—1968.8
		副主任	董和邦	1956.6—1956.8
			阴毅民	1958.1—1962.10
1974.2—1975.6	肥城县革委政治部体育组	负责人	韩 迅	1974.2—1975.6
1975.6—1977.3	肥城县革委体委	负责人	韩 迅	1975.6—1976.4
		副主任	韩 迅	1976.4—1977.4
1977.4—1978.03	体育运动委员会	主 任	韩 迅	1977.4—1978.3
1978.3—1980.7	肥城县文教局	局 长	田记鲁	1978.3—1980.7
			周长进	
		副局长	韩 迅	1978.3—1980.7
1980.7—1983.11	肥城县体委	主 任	田记鲁	1980.7—1983.11
1983.11—1984.4	肥城县教育体育局	局长、党组书记	宿传江	1983.11—1984.4
		副局长	李庆祥	1983.11—1984.4
1984.5—1993.11	肥城县体育运动委员会	主 任 党组书记	李恒河	1984.5—1989.12
			赵洪高	1990.3—1993.11
		副主任	刘兆河	1984.5—1989.12
			郭恒桐	1984.5—1989.12
		副主任、纪检组长	李恒祥	1987.3—1989.12
		副主任	李树秋	1990.3—1993.12
		巡视员	韩 迅	1984.5—1989.12
1993.12—2001.8	肥城市文化体育委员会	主任、党组书记	韩道清	1993.12—2001.7

续表 14–23

时间（年、月）	单位名称（级别）	职　务	姓　名	任职起止限
1993.12—2001.8	肥城市文化体育委员会	副主任	陈道龙	1996.2—2001.8
			张兆勉	1999.5—2001.2
			李树秋	1993.12—2001.8
2001.8—2010.10	肥城市文化体育局	局　长 党组书记	赵志强	2001.8—2004.4.
			武心国	2004.4—2007.5
			王　霞	2007.5—2010.10
		副局长、纪检组长	陈道龙	2001.8—2007.4
		副局长	李树秋	2001.8—2010.10
			陈学堂	2001.7—2002.2
			苏继民	2002.2—2010.10
			李吉亮	2004.9—2010.10
			李正中	2007.5—2010.10
			杨淑贞	2005.6—2010.10
2010.10—	肥城市体育局	局长、党组书记	张淑萍	2010.10—
		副局长、党组副书记	李正中	2010.10—
		副局长	陶瑞生	2015.7—
			鹿焕勇	2012.12—

三、内设机构

1956年4月，肥城县体育运动委员会设办公室、体育科。1978年3月，肥城县文教局设办公室、文化科。1993年12月，肥城市文化体育委员会设文化科、体育科、财务科、办公室。2001年 6月，肥城市文化体育局设办公室、文化科、体育科、文化稽查科、财务科。2010年10 月，肥城市体育局设秘书、竞赛训练、群众体育3个科，至2015年年底无变化。

四、人员编制

1978年，县文教局编制6人，实有人员6人。1980年，县体委编制5人，实有4人。1983年，县教育体育局编制16名，实有14人。1988年，县体委编制23名，实有16人。2001年，市文化体育局编制29名，实有35人。2010年，市体育局编制10名， 实有4人。2014年，编制9人，实有5人。2015年，编制9名，实有6人。

五、经费

新中国成立后，县政府每年由县财政拨出体育经费，并逐年增加。1950年，体育经费300元。1984年，体育经费 22.05万元，其中基建经费20.12万元。2004年，体育经费102万元，其中事业费99万元。2014年，体育经费305万元，其中事业费298.53万元、老年体协费6.46万元。

1950—2014 年肥城市（县）体育经费情况表

表 14-24 单位：元

年度	经费	其中		
		事业费	基建费	老年体协经费
1950—1955	年均 300	300	—	—
1956—1957	年均 500	500	—	—
1958—1962	年均 800	800	—	—
1963—1969	年均 1200	1200	—	—
1970	1000	1000	—	—
1971	12000	12000	—	—
1972	15000	15000	—	—
1973	12000	12000	—	—
1974	15000	15000	—	—
1975—1976	8000	8000	—	—
1977—1979	7000	7000	—	—
1980—1983	5000	5000	—	—
1984	220500	19235	201265	
1985	45000	38480	1520	5000
1986	198500	41031	148897	8572
1987	82500	68069	5994	8437
1988	130000.00			
1989	226000.00			
1990	128000.00			
1991	184000.00	112000.00		
1992	373000.00	74000.00	250000.00	49000.00
1993	665000.00			
1994	570000.00			
1995	1080000.00			
1996	574000.00			
1997	580000.00			
1998	560000.00			
1999	660000.00	650000.00	10000.00	—
2000	590000.00	58000.00	10000.00	—

续表 14-24

年度	经费	其中		
		事业费	基建费	老年体协经费
2001	820000.00	790000.00	30000.00	—
2002	990000.00	950000.00	40000.00	—
2003	970000.00	940000.00	30000.00	—
2004	1020000.00	990000.00	30000.00	—
2005	1080000.00	1080000.00	—	—
2006	840000.00	840000.00	—	—
2007	1540000.00	1540000.00	—	—
2008	1600000.00	1600000.00	—	—
2009	1390000.00	1390000.00	—	—
2010	1330000.00	1330000.00	—	—
2011	2820000.00	2695530.00	—	124470.00
2012	2360000.00	2310000.00	50000.00	—
2013	3020000.00	2859630.00	—	160370.00
2014	3050000.00	2985318.00	—	64682.00

第二节　学校体育

1949年，肥城县民主政府建小学458所，在校学生26789人。1978年，有学校725所，在校生15.58万人。2002年，有各类学校194所，在校生12.02万人。其中，中等职业技术学校4所，在校生7953人；技工学校1所，在校生568人；普通高中7所，在校生2.13万人；普通初中34所，在校生4.45万人；小学146所，在校生4.64万人。2012年，普通高中8所，在校生13291人；初中26所，在校生30862人；小学102所，在校生62368人。

一、管理机构

1949年10月，肥城县人民政府设文教科，学校体育由文教科负责。1956年6月，肥城县成立体委，学校体育工作由体委、文教科负责。1980年，肥城县政府设立教育局，学校体育由教育局负责。1983年，肥城县教育局设教育股，教育股负责学校体育。1985年，肥城县教育局设教育科，学校体育归教育科负责。2001年8月，肥城市教育局设体卫艺办公室，学校体育由体卫艺办公室负责。至2015年无变化。

二、体育设施

1952年，肥城第一中学建成一处中型体育场，内有单、双杠，篮、排球场、跳高跳远等设施。1968年，老城、石横、安临站、王庄、桃园、石坞、钱庄、拾屯、湖屯、陆房等10所学校，建有跑道长200～400米，面积3600～22000平方米的小中型体育场。1984年，7所县直普通中学和3所农林技术中学分别建有跑道周长200～300米，总面积4040～8400平方米的小型体育场。1988年，县直中小学和乡镇初级中学有体育场170处，总面积99.2万平方米。其中，400米标准田径场1个，300米田径场16个。2002年，全市中小学有400米田径场10个、300米19个、其他59个，篮球场215个，排球场125个，足球场80个。2010年，石横镇中学、肥城六中、肥城一中、泰西中学相继铺设标准塑胶体育场。2015年，全市中小学有标准塑胶体育场25个、小型体育场122个，篮排球场468个，足球场地101个，乒乓球台1072副，体育器材配备全部达到山东省规定标准。

三、体育师资

20世纪50年代，肥城县小学无专职体育教师，由班主任兼任体育教师。1952年，肥城中学有专职体育教师5人。1958年至1959年，肥城县成立“共产主义学院”，设体育系，学员44人。1960年，肥城一中、二中各有体育教师7人，其他中学各有1人，兼职1至2人。1970年后，体育教师短缺，除中学外其余均为兼职。1987年，肥城县有体育教师758人，其中高中教师27人，初中152人，小学579人（大都是兼职）。1995年，全市有专职体育教师167人，其中高中37人，初中101人，小学29人。2002年，肥城市有专职体育教师268人。2015年，全市有专职体育教师360人。其中，小学160人、初中136人、高中64人。

四、课外体育

1954年，肥城县举办全县中小学生运动会，各学校围绕运动会项目进行专业训练。1970年，肥城第八中学体育教师刘兆河组织举重队，开展举重训练。1975年，县直中学普遍建立体育训练队，公社中心小学成立体育训练班，训练项目有举重、田径、篮球、排球、足球、乒乓球等。1992年，各校按照师资及学生特点，组织多个体育项目训练队伍，利用早晚进行训练。自2000年后，各学校坚持每年举办春季运动会和冬季长跑比赛及篮、排、足、乒乓球等单项比赛，竞技水平明显提高。自1988年至2002年，肥城市有386名体育特长生升入体育本科院校。1992年，肥城市特殊学校举行第一届聋校运动会，全校师生参加比赛。自1992年每年召开春秋2次运动会，至2015年，共举办26届次春秋运动会和52次单项比赛。2010年12月，石横镇初级中学在山东省第二十二届中学生运动会足球比赛中，获男子组第五名，女子组第七名；2013年5月，老城街道杨庄社区学校钟家银、张丽两位教练带领的女子排球队在山东省青少年排球锦标赛中，获第三名。2015年，各学校按照学生特长组织重点辅导训练，每周训练3至4节课，每节课1至1.5小时。

五、传统项目学校

（一）省级传统项目学校

1990年，省体委、省教育厅批准肥城一中为省田径传统项目学校。2011年，肥城市批准4所学校为省级传统项目学校。至2015年，共有省级传统项目学校15所（次）。

（二）市级传统项目学校

1984年，泰安市体委、教育局批准肥城县二中、肥矿矿中、肥城八中分别为田径、篮球、举重传统项目学校。1996年，批准6所学校为市级田径传统项目学校。至2015年，共有市级传统项目学校25所（次）。

六、体育竞赛

（一）参加全省中小学生体育比赛

1987年，山东省“希望杯”举重赛在济南举行，肥城市中学生白少河获56公斤级金牌，芦萍获48公斤级金牌，孟宪珍获52公斤级金牌，魏建华获56公斤级金牌。1989年，山东省第四届中学生运动会在烟台、龙口举行，肥城县运动员获2枚铜牌。至2015年，房爱英、郑全胜、孔令雨、白少河、芦萍、孟宪珍、魏建华、郭凤、孙军、鹿克征、张磊、李涛、辛成银、尹茂广、张连、王猛、刘文文、王国、尹燕荣、高波、高令江、王一晨、王亮、尹燕荣、赵明、马国强、崔勇、王　成、曹　舰、李强仁、孙甲明、李庆旺、韩振利、辛　帅、李亮亮、张其振、林令辉、赵宗广等参加省中小学生运动会、体育联赛、希望杯、萌芽杯体育比赛，共获54枚金牌。

（二）参加泰安市中小学生体育联赛

2011年7月，泰安市中小学生足球联赛在宁阳四中举行，孙伯中学获初中女子组第一名；同年，泰安市中小学生排球联赛在泰安市体校举行，杨庄矿中学获初中男子组、女子组2项第一名。至2015年，肥城市共参加5届泰安市中小学生体育联赛，获18个团体第一名。

（三）举办中小学生运动会

1954年5月，肥城县城举办首届中小学生暨全县运动会，有16个代表队、160名运动员参加。至2015年，共举办50届次中小学生运动会，1.8万余名运动员参加比赛。

七、体质与卫生

1996年7月，肥城市教育局对全县中小学75386名在校生进行体质监测，检测的主要内容为学生体质情况、学生视力情况、学生基本身体素质情况。中小学生体质监测每年举行一次，检测的内容、方式方法基本相同。至2015年，共进行20次中小学生体质监测。

第三节　群众体育

一、职工体育

（一）管理机构

1950年12月，成立肥城县工会，职工体育由县工会负责。1951年3月，肥城县工会改称县工会联合会。1956年，肥城县体委成立，职工体育由县体委与县工会共同负责职工体育。1963年12月，肥城县工会改称县总工会。“文化大革命”期间工作停止。1973年3月，恢复肥城县总工会。1987年，肥城县总工会设宣传部，职工体育由宣传部负责。2008年，市总工会调整内设机构职能，职工体育由办公室负责。至2015年，无变化。

（二）场地设施

20世纪50年代，职工体育设施简陋，县委机关设置简易篮球场、水泥乒乓球台。1980年，肥城县政府由老城迁至新城，在新城建设中，各系统、各行业及行政事业单位均把体育场地建设放到重要位置，县法院、国税局、供销社、物资局、商业局及中型以上企业建有职工活动中心。1997年，肥城市工人文化宫建成投入使用。工人文化宫占地13.78亩，建筑面积3200平方米，建有篮球、乒乓球、羽毛球等场地。2014年，文化宫有职工乒乓球室、健身室、台球室、棋牌室及篮球场等。

（三）职工体育活动

1952年，肥城县酒厂购置象棋、篮球等体育器械，组织职工开展体育活动。1954年，县酒厂等12个单位成立篮球、排球、羽毛球、乒乓球代表队，各队之间经常进行比赛活动。1956年，肥城县在机关、厂矿、企业中推行“劳卫制”，按要求组织职工进行达标锻炼，职工体育出现热潮。1960年1月，在全县开展万人乒乓球竞赛选拔运动，此后，乒乓球成为职工体育常年活动项目。1964年，县体委举办职工篮球骨干培训班，来自各单位300余人参加25天的集训，篮球运动在全县迅速普及。1965年，全县开展国防体育活动，组织射击、航模、爬山、武装泅渡、军事野营等国防体育活动，年内选拔一级射手200余人。

1980年，贯彻全国总工会《关于加强职工体育工作的意见》，开展以厂矿为主的小型多样的体育活动。县属厂矿、企业篮球队、乒乓球队经常与省驻肥城企业开展体育比赛。1982年6月，山东省第二十届运动会在济南举行，肥城县邮电局职工段力峰获举重82.5公斤级银牌。1985年10月，举行全县首届“振兴杯”职工篮球赛，全县15支代表队、160名运动员参加比赛。此后，每年五一、国庆、春节均举办篮球比赛。1986年，举办全县首届职工运动会，有34个单位的1200多人参加比赛，比赛内容有拔河、自行车慢骑、象棋、篮球、乒乓球、羽毛球、田径等项目。

1990年，肥城县总工会和县体委联合举办“红五月”职工体育活动，活动以基层、小型、多样为主，项目包括各类球赛、单项对抗赛、体育表演、中老年健身表演等，全县有一半以上职工参加比赛。1993年，肥城市举办市直机关首届运动会，设篮球、乒乓球、田径及托球跑、拔河、自行车慢骑等项目，300余机关干部参加比赛。肥城市直机关运动会每年举行一次，比赛项目略有增减，参赛人员逐年增多。1997年，肥城市开展“庆祝香港回归”环城长跑活动，有3万余人参加长跑活动。年内，常年参加体育锻炼的达30万人，占总人口的31%。

2004年，肥城市文化体育局、农业局、总工会等六部门联合开展“五个十万人群”（十万职工、十万妇女、十万老年人、十万青少年和十万农民）大型体育活动，全市有50余万人参加活动。2010年，肥城市机关党工委、肥城市体育局联合举办党群、综合、经信、商贸、农业、住建、政法、宣教八大系统系统职工篮球赛，有110余人参加比赛。自此，每年年初都组织市直八大系统篮球比赛，至2015年共举行5届次，600余人次干部职工参加比赛。2015年，肥城市举办职工乒乓球、篮球、排球、拔河、田径等体育活动，1000余职工参加活动。

二、农村、城镇社区体育

（一）管理机构

1958年，各人民公社建立文化站，设专职管理员1名，负责体育工作。1960年文化站撤销。1974年，重建文化站，设站长1人，体育工作由文化站负责。1979年，肥城县体委与县教育局确定，在安庄、湖屯等8个乡镇教师中抽调一名体育教师明确为公社体育辅导员，专职负责公社体育工作，其教师待遇不变，工资由教育支付，此举得到泰安地区体委肯定，后在全县推广。1988年，肥城县机构改革，乡镇文化站配专职人员2～3人，负责文化体育活动的开展。至2015年，未变。

（二）体育活动

新中国成立后，全县在有条件的农村高级社组织农民开展武术、举重及其他传统体育项目比赛。1957年，按照专署体委农村体育工作会议精神，开展赛跑、竞走、武术、打猎、掷沙袋、秋千、石担、石锁、武术观摩、表演等比赛活动。20世纪70年代，以回乡和下乡知识青年为主体，建立多支农民业余篮球、乒乓球队，各球队经常组织比赛。1975年，肥城县安驾庄公社大力开展体育活动，全社5万农民参加体育锻炼，经常开展的项目有篮球、排球、儿童操、广播操、拔河、接力赛、长拳、太极拳、七节鞭等。1977年、1978年，连续两年举行万人秋季运动会，设有田径、篮球、排球、拔河、广播操、接力赛等群众项目。1979年，安驾庄年被评为“全国体育工作先进单位”，公社党委书记尹祚起参加全国体育工作会议。在此推动下各公社也相继举行运动会。

1986年3月，肥城县开展“体育活动月”活动，各乡镇分别举行环城跑、环镇跑、乡镇万人接力赛、拔河等项目，近10万人参加活动。1987年1月15日，老城镇举行首届农民运动会，10个村和8个镇直单位共250人参加，举行了篮球、乒乓球、拔河、武术等项目比赛。1991年，肥城县举办迎亚运火炬万人长跑及接力赛活动，各乡镇、街道都按要求举行迎亚运火炬长跑及接力赛活动，全县有1万余人参加。1997年，肥城市组织农村、城镇社区、机关单位3万人，开展环城长跑活动，庆祝香港回归。1996年、1997年，湖屯镇、石横镇先后被国家体委授予全国群众体育先进集体称号。

2000年，肥城市设立农村文化体育带头人，各村始出现人数不等的体育健身操锻炼队伍。2010年，肥城市开始建设农村、社区文体小广场，农村场地设施有较大改观。2011年8月8日，肥城市首届全民田径运动会在肥城市体育场开幕，共设田径比赛项目 12个，有14个镇（街道）和高新区共23支代表队1000多名运动员参加比赛。至2015年10月，全市农村、城镇社区文体小广场建设全面完成，实现100%全覆盖。

三、老年人体育

（一）机构、场地设施

1.领导机构

1986年，肥城县召开第一次老年人体育代表会， 选举产生第一届老年体人体育协会，张本安任主席。1998年，召开第二次老年人体育代表会，选举尹祚起为第二届肥城老年人体育协会任主席。2009年，召开第三次代表会，选举刘汝斌为第三届肥城老年人体育协会主席。

1986—2015年肥城市（县）老年体育协会领导班子成员情况表

表14-25

届次	任职时间	职务	姓名
第一届	1986—1998	主席	张本安
第二届	1998—2009	主席	尹祚起
		副主席	赵国旺、靳洪山
第三届	2009—2015	主席	刘汝斌
		副主席	杨启勤、梁兴科、卢传河、张绪校

2.基层组织

1987年，各乡镇，县直各厂矿、企事业单位普遍建立老年人体协组织，全县共发展会员1100余人。1992年，肥城市基层老年人体育协会32个，会员3.35万人。1996年，全市基层老年人体育协会50个，会员4.5万人。2002年，肥城市老年体协成立太极拳、导引养生功、健身球、钓鱼、门球等9个工作委员会。2013年，449个行政村老年体协达到“六有”（有组织、有班子、有牌子、有场所、有器材、有活动）标准。2015年，肥城市有农村老年体协组织520个、健身辅导站695个，常年参加体育锻炼的老年人7.8万人，占老年人总数的67%。

3.活动场地、设施

1992年，肥城市城区建有老年门球场13个、健身活动站点114处。1996年，有门球场15个，活动站点150处。2013年，全市有老年人健身活动场所400多处，其中大型活动场、老年人活动中心12处。2015年，全市有老年人健身场所600多处。

（二）体育活动

1986年，老年体协组织老年人开展长跑、气功、门球、乒乓球、太极拳、太极剑、象棋、射击、钓鱼等活动。1987年，肥城县被省老年体协授予“山东省老年体育工作先进单位”称号。2002年，肥城市老年人体育协会组织参加泰安市以上比赛15次，获优秀奖10次，组织奖5次。2013年，肥城老年人主要体育项目有太极拳剑、健身气功、秧歌、腰鼓、空竹、钓鱼、登山、门球、地掷球、台球、乒乓球等。8月7日，在市全民健身活动中心举行全民健身日暨首届广场健身舞大赛，1000余人参加活动。

1998年，肥城市开始引进健身球操项目，群众积极参与，是当时肥城市参与人数最多的老年健身体育项目之一。1999年，承办泰安市首届老年人健身球比赛。2008年，肥城市被全国老年体协授予“全国健身球之乡”称号。2013年10月16日， 肥城市健身球比赛在肥城全民健身活动中心举办，12支代表队，100余人参加比赛。

（三）老年人体育竞赛

1.参加比赛

2014年4月25日，山东省第三届老年人运动会在威海举行，共设易筋经、五禽戏、六字诀、八段锦、大舞五个项目，全省19支代表队、200余人参加比赛。肥城市老年体协代表泰安市参赛，获3枚金牌、1枚银牌；八段锦团体第一名，六字诀团体第三名。

2.承办比赛

2012年10月16日至19日，山东省老年人健身气功比赛在肥城市泰西宾馆举办。比赛设健身气功、易筋经、五禽戏、六字诀、八段锦等五种功法的集体赛和个人赛，全省各市地组成代表队参加比赛。肥城、济南、莱钢代表队分获六字诀集体赛前三名；淄博、泰安、临沂代表队分获八段锦集体赛前三名。

2014年5月29日至30日，山东省第四届全民健身运动会“八食杯”健身球操比赛在肥城举行，全省10支代表队130余名队员参加比赛，肥城市、青岛市、泰安市代表队分获比赛前三名。

2015年4月22日至4月24日，泰安市第二十届运动会老年人门球比赛在肥城市举行，各县（市、区）及肥矿集团、新矿集团、中铁十四局等单位150余人参加，肥矿集团代表队、宁阳代表队、十四局代表队分获前三名。

四、全民健身

（一）机构

1995年，肥城市全民健身活动由肥城市文体委负责。2010年，肥城市政府为全民健身事业责任主体，肥城市体育局负责全民健身具体组织工作。2012年，肥城市成立全民健身活动领导小组，由市政府分工副市长任组长，体育局局长任副组长，各镇（街道）、高新区分工负责人任成员；2013年，各镇街均建立全民健身工作领导小组。至2015年未变。

（二）全民健身活动

1995年起，每年组织开展全民健身月、全民健身日等节庆活动，并通过广播电视、报纸、刊物、网络、条幅，LED显示屏等媒介宣传《全民健身计划纲要》及《中华人民共和国体育法》。2010年，先后与《山东体育报》《体育晨报》《康乐老年》《泰安日报》《泰山晚报》《今日肥城》合作，利用重要时间节点集中宣传全民健身活动情况。

2011年4月，举办“阳光车业杯”中央桃行山地车比赛，来自6个地市200余名山地车爱好者参加比赛。5月12日，举行2011年全民健身月启动暨社会体育指导员培训班开班活动，举行健身操、太极拳（剑）等展演活动，2000多人参加活动。8月，举办“体育彩票杯”肥城市“8·8”全民健身日暨“新大地杯”首届全民田径运动会，肥城市各镇（街道）、市直单位的24支代表队3000多人参与比赛。9月，举办太极拳、马王堆导引术、健身球培训班，培训骨干346名。

2014年，举行中学生长跑比赛、文体活动带头人培训班、肥城市第四届全民健身运动会、羽毛球大赛、迎新年广场健身舞展演、全民健身月、全民健身日等大型活动10余次，1万余人参加活动。2015年，肥城市成立社区全民健身志愿服务站，每周二、四派遣社会体育指导员到各社区进行健身指导。是年，举办肥城市第九套大众广播体操、“义乌商贸城”杯冬季长跑、健身球操、太极拳、健身秧歌、功夫扇、门球等比赛，2万多人参加活动。同年，肥城县体育局与肥城市电台、电视台开辟全民健身栏目，宣传全市全民健身活动盛况。

2011年6月，举行“过端午，健身心”首届全民健身运动会，900余人参加比赛，2000余人参加活动。此后，每年举办一届，到2015年，共举办5届全民健身运动会。

2011—2015年肥城市举办全民健身运动会情况表

表14-26

届次	时间	地点	项目	代表队	人数
第一届	2011.4.10	市体育场	田径、绑腿跑、拔河、踢毽子、跳绳、定点投篮、掰手腕、折返跑、跳远	23	900
第二届	2012.4.11	市体育场	田径、绑腿跑、拔河、踢毽子、跳绳、定点投篮、掰手腕、折返跑、跳远	23	1000
第三届	2013.4.12	市体育场	田径、绑腿跑、拔河、踢毽子、跳绳、定点投篮、掰手腕、折返跑、跳远	23	1000
第四届	2014.4.10	市体育场	田径、绑腿跑、拔河、踢毽子、跳绳、定点投篮、掰手腕、折返跑、跳远	23	1100
第五届	2015.4.11	市体育场	田径、绑腿跑、拔河、踢毽子、跳绳、定点投篮、掰手腕、折返跑、跳远	23	1600

（三）参加泰山国际登山节

1988年9月6日，在第二届泰山国际登山活动登山比赛中，肥城县湖屯镇第五高级中学学生刘文芹获青年组第一名。

1994年9月10日，在第八届泰山国际登山节登山比赛中，肥城市代表队获得泰安组团体总分第五名。

2000年9月12日，在第十四届泰山国际登山节暨第五届全国全民健身登山比赛中，肥城代表队获团体总分第五名。

（四）登牛山活动

2006年9月，肥城市举办第一届登牛山比赛，共有8大系统，14个镇街及高新区共23个单位、近千人参加比赛。

2007年9月，肥城市举行第二届登牛山比赛，共23支代表队、近千人参加比赛。仪阳乡、边院镇、汶阳镇分获青少年组前三名，宣教系统、政法系统、农业系统分获中年组前三名。

第四节 特色体育

一、举重

1970年，肥城县第八中学组建举重队，体育教师刘兆河任教练，有队员3人，训练设施简陋，仅一副举重杠铃，露天训练。1980年，在肥城县举办的山东省青少年举重对抗赛上，孙殿东获60公斤级金牌，张国获52公斤级金牌。1985年，肥城县体校成立，该项目由肥城第八中学迁至肥城体育场，训练条件得到改善。1995年10月，全国举重冠军赛在铜陵举行，闫仲军获59公斤级抓举金牌、挺举银牌、总成绩银牌。至2015年，在全国“浪潮杯”举重赛、全国举重锦标赛、全国举重冠军赛等全国比赛中，肥城运动员闫仲军、魏建华、孟宪珍、段立峰等共获得10枚金牌；在全省冠军赛、锦标赛、希望杯、青少年举重对抗赛、业余体校举重比赛、振兴杯女子举重赛及其他省级比赛中，肥城运动员孟宪珍、赵明、段力峰、孙殿东、张国、刘强、李山伟、陈彬、殷法磊、赵在建、李山伟、腾兴臣、卢萍、魏建华、闫仲军、梁爱萍、孙军、王亮、马国强、马洁、于君丽、李庆旺、李强仁、中赵明、马国强、王亮、刘强、魏建华、卢萍、马学民、白少河等获25枚金牌、19枚银牌、8枚铜牌。自1970年至2015年，先后向省举重队输送赵明、段力峰、刘强、闫仲军、孙殿东等5名优秀举重运动员。

二、摔跤

肥城的中国式摔跤开展较早，参加活动的人员主要集中在肥城矿区。1991年，泰安市体育运动学校优秀运动员张中华分配到肥城县体校任教，肥城体校始开展国际式摔跤训练。1995年，李强仁在全国青少年摔跤锦标赛中，获得52公斤级金牌。2014年，胡旭在济宁举行的全省第二十三届运动会摔跤项目中，获得55公斤级银牌。2015年，刘胜军在济南举行的山东省摔跤锦标赛中，获得48公斤级金牌。至2015年，张中华、张磊、孙军、李强仁、张现勇、李庆旺在全国青少年选拔赛、全国青少年摔跤锦标赛、全国青年自由式摔跤锦标赛中，获3枚金牌、2枚铜牌；在省运动会、山东省摔跤锦标赛、山东省冠军赛、山东省青少年古典式摔跤比赛、山东省希望杯摔跤比赛中，获18枚金牌、8枚银牌、7枚铜牌；培养了张磊、孙军、李庆旺、李强仁、张现勇、胡旭、刘胜军等一批优秀摔跤运动员。

第五节　运动竞赛

一、参加运动会

（一）参加国际比赛

1986年1月，在中国香港举办的香港国际马拉松赛上，温衍敏获女子组金牌。同年9月，温衍敏在韩国汉城（今韩国首尔）举行的第十届亚运会上，获女子马拉松铜牌。1988年3月，国际越野锦标赛在澳大利亚举行，李秀霞获女子团体银牌。2003年9月，在韩国釜山举办的第十四届亚运会上，马卫国获得男子8人单桨金牌；同年10月，马卫国在广州亚洲第十届赛艇锦标赛上，获男子双人单桨金牌。至2015年，在国际马拉松赛、国际越野锦标赛、亚运会、赛艇锦标赛、世界举重锦标赛、田径世界杯、亚洲赛艇锦标赛中，温衍敏、李秀霞、马卫国共获5枚金牌、2枚银牌、2铜牌。

（二）参加全国比赛

1984年10月，全国马拉松赛在济南举行，温衍敏获女子金牌。1985年1月，全国田径锦标赛在南宁举行，李秀霞获5000米金牌，破全国纪录；同年5月，全国第一届“浪潮杯”女子举重锦标赛在济南举行，孟宪珍获女子48公斤级抓举银牌、挺举铜牌、总成绩银牌，魏建华获女子56公斤级抓举、挺举2枚银牌、总成绩铜牌。1987年4月，全国举重锦标赛在大连举行，段立峰获男子82.5公斤级挺举金牌、总成绩铜牌。2001年11月全国第九届运动会在广州举行，马卫国获男子八人单桨、双人单桨2枚金牌。至2015年，肥城籍运动员马卫国、段立峰、李秀霞、温衍敏、孟宪珍、魏建华、闫仲军、母荣春、郭燕在全运会、全国锦标赛、全国冠军赛、全国春季马拉松竞走比赛、华东六省一市田径大奖赛、全国赛艇青年锦标赛、全国赛艇冠军赛、全国马拉松接力赛、全国“浪潮杯”女子举重邀请赛中，获15枚金牌，10枚银牌，10枚铜牌。

（三）参加山东省运动会及锦标赛

1.参加省运会

1974年7月至10月，山东省第十届运动会在济南、淄博、青岛、泰安等地举行，刘兆和获举重轻量级第六名。1982年9月，山东省第十二届运动会在济南举行，赵明获男子成年组举重56公斤级金牌，段立峰获男子少年组举重82.5公斤级银牌，刘强获48公斤级金牌。1986年5月，山东省第十三届运动会在青岛等地举行，白少河获男子少年组举重48公斤级金牌。1988年，在济南举行的第十四届省运动会上，肥城县运动员获4枚金牌、2枚银牌、1枚铜牌、1个第四名、2个第五名。至2015年，肥城运动员刘兆和、房爱英、赵明、段力峰、母春荣、孔令雨、温衍敏、李秀霞、白少河、孔令雨、卢萍、魏建华、孟宪珍参加7届省运会，获30枚金牌、25枚银牌、20铜牌枚。

2.参加山东省锦标赛

1991年，在山东省散打锦标赛中，王兆旺获得重量级第1名。

（四）参加泰安市（地区）运动会

1971年5月，泰安地区田径运动会在地区体育场举行，肥城县获甲组第1名，乙组第2名。

1995年，泰安市第十届全运会在体育中心举行，肥城市获金牌数第1名、团体总分第2名。自1958年至2015年，共参加泰安市（地区）运动会19届次，获金牌1520枚。

1987—2015年肥城市（县）参加泰安市运动会情况表

表14-27

届次	举办时间	地点	代表团人数	参赛项目		获奖情况			
				个数	项目	金牌（枚）	位次	总分	位次
第六届	1987.5—10	泰安城	218	4	田径、摔跤、举重、乒乓球	68	第二名	1108	第三名
第七届	1989.7—10	泰安城	319	4	田径、武术、摔跤、举重	96	第二名	645	第六名
第八届	1991.7—10	泰安城	428	4	田径、摔跤、举重、武术	125	第二名	639	第六名
第九届	1993.5—10	泰安城	409	8	田径、柔道、摔跤、武术等	106	第二名	4040	第一名
第十届	1995.8—10	泰安城	528	12	举重、田径、摔跤、武术等	166	第一名	1626	第二名
第十一届	1997.4—9	泰安城	515	4	田径、举重、摔跤、柔道	144	第二名	1803.9	第二名
第十二届	1999.5—10	泰安城	528	13	田径、摔跤、举重、武术等	168	第一名	1966.7	第二名
第十三届	2001.7—10	泰安城	318	15	田径、摔跤、举重、武术等	68	第一名	1020.5	第五名
第十四届	2003.7—10	泰安城	402	28	田径、摔跤、举重、武术等	98	第二名	2616.8	第二名
第十五届	2005.6—9	泰安城	368	12	田径、摔跤、举重、武术等	77	第三名		第二名
第十六届	2007.7—10	泰安城	348	14	田径、摔跤、举重、武术等	79	第二名	2143	第一名
第十七届	2009.6—9	泰安城	402	15	田径、摔跤、举重、武术等	89	第一名	1886.25	第二名
第十八届	2001.7—9	泰安城	466	14	田径、摔跤、举重、武术等	97	第二名	2589	第三名
第十九届	2013.4—10	泰安城	422	14	田径、摔跤、举重、武术等	90	第三名	1462.7	第三名
第二十届	2015.5—9	泰安城	410	16	田径、摔跤、举重、武术等	103	第二名	2341	第三名

二、承办全国及省体育赛事

1974年5月15日至28日，全国排球联赛第一阶段泰安赛区在肥城举行。共举行两场比赛，四川代表队、昆明代表队、上海代表队等参加比赛。

1974年10月20日，山东省越野长跑比赛在肥城举行。全省32支代表队400余名长跑选手参赛。

1996年8月20日，山东省青少年女子举重比赛在肥城市进行，全省各地级市17支代表队单位，185名运动员参加比赛。

2003年4月，山东省武术散打精英争霸赛在肥城举行，200余名运动员参加比赛。

2008年10月，山东省举重锦标赛在肥城市体育馆举行。全省17支代表队203人参加比赛。

2015年7月12日至7月16日，山东省青少年公路自行车锦标赛在肥城市举行，全省10支代表队171名运动员参赛。

第六节 人才培养

一、人才培养

（一）优秀运动员

新中国成立至1987年，肥城县向省体工队输送12名运动员，向省体校输送3名运动员，向市体校输送65运动员，向外省队输送3名运动员。1988年至2002年，肥城市（县）向省体工队输送24名运动员，向省体校输送16名运动员，向泰安市体校输送184名运动员。2003年至2015年，肥城市向省、市体校输送运动员243名。1982年至2015年，肥城市（县）共培养国家二级以上优秀运动员412名；获三级以上武术段位95人。其中，国家级运动健将3人：赵明、马卫国、段力峰；一级运动员6人：王芳玲、徐玲玲、赵贝贝、蒋子佩、蒋子蕊、胡旭。

（二）师资

2015年，肥城市有高级教练员2人：孙殿东、吕西臣；中级教练员 7 人，初级教练 5 人。有一级社会体育指导员29人：韩士勤、何永芝、孙惠芹、张海云、王绪英、高荣珍、苏 玲、张衍美、汪官瑞、赵传平、张红星、张 红、杨淑英、李正英、丛士荣、张永生、王辉、路凯、李芹、李月霞、朱建美、庄爱华、刘峰、李振、赵在健、车瑞萍、弥秀云、刘晓兰、刘建华；二级社会体育指导员240人，三级社会体育指导员2200人。有一级裁判3人：孙殿东、张仲华、张丽丽；二级裁判员77人。

二、训练体系

（一）训练单位

肥城市竞技体育运动学校　1986年4月，肥城县设立业余体校，校址在县体育场。1988年，肥城县业余体校迁至原县实验小学.投资190万元，建成能容纳1000名观众的体育训练馆、田径场、灯光篮球场等设施。当年，选配6名教师，招收100多名学生。1993年5月，投资21万元，建设综合性训练馆。1995年，更名为肥城市竞技体育运动学校、肥城市体育中学，一所学校两块牌子，实行文体委、教委双重管理。1989年5月，太平洋国际马拉松赛在美国长滩举行，肥城市体校输送运动员温衍敏获女子组金牌。2002年10月3日上午，在韩国釜山第十四届亚运会上，马卫国获双人艇和8人艇2枚金牌，受到了时任中共中央政治局委员、山东省委书记吴官正的接见，并被省政府记一等功。2000年，肥城市体校被省体育局命名为“山东省优秀后备人才基地”。至2015年，肥城市体校累计向省队、八一队、泰安体校输送运动员及各大院校体育生700余名。其中，培养输送优秀运动员有段立峰、闫仲军、孙军、温衍敏、孙殿东、白少河、赵明、南丽丽、孙润浩、郭启忠、潘淑群、张其振、姜子佩、姜子蕊、蒋婷、向莉莉等。

（二）泰安市市级训练基地

1980年，泰安地区体委批准肥城县第一中学田径、肥城县第八中学（后为职业中专）田径、城关完小乒乓球、王瓜店穆庄小学乒乓球、王瓜店西大封小学乒乓球、三十二工程处留守处学校田径、安庄公社乒乓球、桃园公社田径为地级训练基地。

1995年，泰安市体委批准安驾庄中学为市级篮球训练基地。2009年，泰安市体委批准王瓜店中学为市级篮球训练基地。2011年，泰安市体育局批准石横镇中心小学、肥城市实验小学、孙伯镇初级中学为市级足球训练基地。2014年，泰安市体育局批准王瓜店中心小学为市级足球训练基地。2015年，泰安市体育局批准陶阳矿中心柔道、丘明中学田径、肥城竞技体育运动学校武术为市级训练基地。至2015年，泰安市（地区）体育局（体委）共批准肥城市（县）17处（次）市级训练基地。

（三）肥城市体校与中小学联办青少年训练基地

2011年，肥城市体校与老城镇中学联办举重项目训练基地。2012年，肥城市体校与仪阳中学联办射箭、与潮泉镇中学联办手球、与孙伯镇中学联办足球、与老城杨庄社区中学联办排球训练基地。2013年，肥城市体校与安庄镇中学联办摔跤、与陶阳矿中学联办柔道、与湖屯镇中学联办举重训练基地。2014年，肥城市体校与仪阳中学联办射箭、与老城镇中学联办举重、与桃都中学联办摔跤、与实验小学联办摔跤训练基地。至2015年，肥城市有联办青少年训练基地12处（次）。

第七节　场地设施

1952年，肥城县第一中学建成具有单、双杠，篮、排球场，跳高跳远等设施的中型体育场。1968年，老城镇、石横镇、安临站乡、王庄乡4所中学，桃园、石坞、钱庄、拾屯4所联中和湖屯、陆房2所中心中学，分别建成跑道长200～400米，总面积3600～22000平方米的小中型体育场。1983年，全县17个乡镇老干部活动中心，均建有棋牌室、健身室、乒乓球室、篮球场、排球场等。1987年，全县有体育场24个，总面积186710平方米。2015年，肥城市有体育场地1254处，其中田径场19个，小型运动场111个，游泳馆4个，羽毛球房4个，乒乓球房13个，健身房8个，篮球场314个，排球场74个，乒乓球场699个。

一、体育场馆

1.肥城市体育中心

1984年，肥城县投资22万元，在新城镇（县政府驻地）兴建县体育场，1986年建成投入使用。体育场总面积37312平方米，内设周长400米、8条跑道标准田径场及有5层看台的灯光篮球场，可举办万人以上运动会。1993年，投资100万元，兴建可容纳2000多名观众的看台及容纳1000名观众的体育训练房。2010年3月，在县体育场基础上兴建全民健身活动中心（运动公园），中心位于市中心龙山河南岸、长山街以西，总面积5.6万平方米，工程投资2100万元。（详见第九编“场地设施”）

2.社会办体育场馆

2015年年底，肥城市社会办体育场馆主要有华博、传奇、明珠3家。

2015年肥城市社会办体育场馆情况表

表14–28

场馆名称	建成时间	投入（万元/百平方米）	使用面积（平方米）	活动项目
华博	2014.3	800	8900	乒乓球、羽毛球、足球、健身房、瑜伽、室内自行车
传奇	2013.5	500	2800	健身房、乒乓球
明珠	2010.3	700	4000	乒乓球、羽毛球、健身房、台球、游泳馆

二、文体小广场

2002年，肥城市城镇社区开始建设全民健身路径。2007年，提出农村体育设施建设“五个一”（一个网络、一块场地、一个项目、一批器材、一名体育指导员）标准。2010年，肥城市开始探索建设农村、社区文体小广场。2012年，按照泰安市“培养一名文体活动带头人、打造一面文化墙、配备一套音响、树立一个便民信息屏、铺装一条健身路径、树立一盏广场灯”的建设标准，在农村、城镇社区全面建设文体小广场。2015年，建有农村文体小广场622个。其中，300～500平方米301个、500～1000平方米289个、1000平方米以上32个，全市实现农村、社区文体小广场全覆盖。农村、社区每年利用文体小广场开展活动1200多场次，受益群众40多万人。

肥城市潮泉镇文体小广场情况表

表 14–29

行政村	广场名称	面积（平方米）	建成时间	投资额（万元）	器　材	器材数量
潮泉村	潮泉村广场	300	2012.06	1.6	腰背训练器、转体器、蹬力器、平衡滚筒、推揉器、太空漫步机、双人转体器、骑马机、双位浪板、踏步转体器	10
	罗桁广场	200	2015.05	1.2	腰背按摩器（2）、臂力训练器、单人腹肌板、三项压腿器、三人转体器、告示牌	7
下寨村	下寨广场	400	2013.05	1.3	告示牌、双杠、双人转体器、三项压腿器、乒乓球台、座椅、平衡木、肋木架	8
百福图村	村委广场	900	2013.06	1.5	篮球架、乒乓球台、太空漫步机、转体训练器、双杠、腿部按摩器、公园座椅	7
	中心广场	1000	2012.04	2	篮球架、乒乓球台（2）、转体训练器、双杠、高低杠、太极柔力器、腰部训练器、肋木架、骑马机	10
	西分村	500	2010.12	1.2	棋牌桌、跷跷板、肋木架、太空漫步机、单杠、仰卧起坐板、骑马机、转腰器	8
	玉皇山	300	2011.08	0.7	转体训练器、秋千、篮球架、太空漫步机、平衡滚筒	5
	范　庄	600	2011.09	1.4	篮球架、乒乓球台、腿部按摩器、双杠、跷跷板、三项压腿器、肋木架、太空漫步机、三项压腿器、太极柔力器、棋牌桌	11
百福图村	小吕庄	200	2013.11	0.8	太空漫步机、仰卧起坐板、双杠、肋木架、乒乓球台	5
柳沟村	柳沟广场	600	2010.08	1.6	平衡木、跷跷板、仰卧起坐板、三项压腿器、太极柔力器、休闲荡椅、太空漫步机、转体训练器、肋木架	9
	柳沟小广场	100	2013.09	0.6	转腰器、三项压腿器、骑马机、双杠	4

续表 14-29

行政村	广场名称	面积（平方米）	建成时间	投资额（万元）	器　材	器材数量
张庄村	张庄北广场	800	2012.03	1.5	篮球架、三项压腿器、太极柔力器、太空漫步机、转体训练器、肋木架、伸背架	7
	孟庄东广场	100	2013.06	0.6	肋木架、三位高低杠、骑马机、柔力器	4
	孟庄中广场	200	2014.06	1.2	乒乓球台、棋牌桌、骑马机、仰卧起坐板、划船器、双杠、背部按摩器	7
上寨村	北广场	700	2011.07	1.1	篮球架、乒乓球台（2）、柔力器、肋木架	5
上寨村	中心广场	500	2013.05	1.4	乒乓球台、腰背按摩器、漫步机、跷跷板、柔力器、骑马机、伸腰器、三位转体器、	7
	文化长廊	200	2014.03	0.8	臂力训练器、三位转体器、腰背按摩器、三项压腿	4
	西广场	150	2014.01	0.7	告示牌、乒乓球台、三项压腿器、器腰背按摩器、	5
黑山村	黑山广场	900	2013.01	2	篮球架、乒乓球台、天梯、柔力器、跷跷板、儿童秋千、平衡滚筒、漫步机、单杠转体器、蹬力器、浮桥	11
大王村	大王南广场	300	2010.06	1.2	乒乓球台、太空漫步机、秋千、转体强腰器、肋木架、跷跷板	6
	大王北广场	400	2013.03	1.2	乒乓球台、三项压腿器、两位单杠、转体训练器、仰卧起坐平台、漫步机	6
	宋庄广场	350	2014.07	1.0	单人健骑机、单人椭圆机、双杠、高低杠、棋牌桌	5
	兰石涧广场	300	2015.04	0.8	划船器、棋牌桌、椭圆机、蹬力器	4
孙楼村	孙楼	700	2012.06	1.8	篮球架、跷跷板、棋牌桌、引体向上训练器、儿童秋千、划船器、腰部按摩器、天梯	8
孤山村	项庄	800	2013.04	2.0	篮球架、乒乓球台、肋木架、骑马机、转体器、太空漫步机、跷跷板、三项压腿器、太极柔力器、伸背架	10
孤山村	吴庄	600	2013.05	1.5	双杠、三位高低杠、太极柔、腿部按摩器、三人转体器、太空漫步机、健骑器、转腰器	8
	孤山洼	400	2013.06	1.1	划船器、腹肌板、臂力训练器、太空漫步机、肋木架	6
	杓庄	350	2013.05	1.0	太空漫步机、跷跷板、三项压腿器、腰部按摩器、转体器	5

续表 14-29

行政村	广场名称	面积（平方米）	建成时间	投资额（万元）	器　材	器材数量
白窑村	白窑村广场	500	2012.06	1.5	告示牌、平衡滚筒、太空漫步机、单杠、仰卧起坐板、单人座椅、腰背按摩器、三位转体器、太极柔	9
	东弹子山广场	300	2014.05	0.8	告示牌、腹肌板、三项压腿器、三位转体器、胸部按摩器	5
	西弹子山广场	300	2014.09	0.6	告示牌、臂力训练器、腰部按摩器、转体器	4
合　计	31	1.3 万	—	36.5		210

第八节　体育彩票　体育团体

一、体育彩票

2001年肥城市开始销售体育彩票，当年10台机器，销量10万元。2009年，58台机器，销量5270万元。2007年至2009年，连续三年被山东省体育局评为“体育彩票工作十佳县市区”。2013年，75台机器，销量5025万元。2014年，出现一注650万元大奖。2015年，63台机器，销售量8445万元。

二、体育团体

1984—2015年，肥城市建有各类体育协会11个。

2015 年肥城市（县）体育团体情况表

表 14-30

协会名称	编号	地址	法人代表	批准单位	成立时间
肥城县老年体协	JD005 号	市政府大院	尹祚起	文体局	1984.7
肥城市篮球运动协会	JD009 号	龙山路	金　鑫	体育局	2010.11
肥城市武术运动协会	JD014 号	文体局	赵志强	文体局	2004.3
肥城市台球运动协会	JD029	市农机局	郝木勇	体育局	2011.1
肥城市健身爱好者协会	JD038 号	肥城新城	杨泽剑	文体局	2009.10
肥城市乒乓球爱好者协会	JD101 号	肥城饭店	聂修营	文体局	2006.1
肥城市钓鱼协会	JD156 号	新城向阳街	乔　亮	文体局	2006.3
肥城市武术运动俱乐部		肥城龙山路	徐玉胜	体育局	2009.12
肥城市太极拳协会	JD151 号	肥城北京路	武海防	文体局	2009.5
肥城市自行车运动协会	JD154 号	肥城新城路	于汝亮	文体局	2009.8
肥城市足球协会	JD192	肥城泰临路		体育局	2010.2

第九节　荣　誉

一、全国先进单位

1976年，肥城县安驾庄公社被国家体委授予“全国群众体育先进单位”称号。

1999年，肥城市被国家体育总局授予“1999年度全民健身宣传周先进单位”称号；王瓜店镇被农业部和国家体育总局授予“全国亿万农民体育活动先进乡镇”称号。

2005年，肥城市老年体育健身活动站点被国家体育总局授予“全国全民健身活动优秀站点”称号。

2009年，肥城市王瓜店镇被国家体育总局授予“全国群众体育先进单位”称号。

2011年，肥城市体育局被国家体育总局授予“全国全民健身活动先进单位”称号。

2012年，肥城市体育局被国家体育总局授予“全民健身活动先进单位”称号。

二、山东省先进单位

2003年，肥城市文体局被省体育局授予“山东省全民健身活动月先进单位”称号；肥城市新城办事处被体育局授予“亿万农民健身活动先进乡镇”称号。

2004年，肥城市文体局被山东省体育局授予“省全民健身月活动先进单位”称号。

2006年，肥城市文体局被山东省体育局授予“山东省全民健身月活动优秀组织奖”称号。肥城老年体协被山东省体育局授予“全省群众体育先进集体”称号。

2007年，肥城市文体局被山东省体育局授予“山东省全民体育健身月活动先进单位”称号。

2008年，肥城市文化体育局被山东省体育局授予“山东省全民体育健身月活动优秀组织奖”称号。

2009年，肥城市文化体育局被山东省体育局授予“山东省全民健身活动先进单位”称号。

2012年，肥城市体育局被山东省体育局授予“全民健身运动会先进单位”称号；肥城市边院镇被山东省体育局授予“省级全民健身活动先进单位”称号。

2013年，肥城市老城街道妇女健身示范站被山东省妇女联合会、山东省体育局授予“省妇女健身示范站点”称号。

2014年，肥城市人民政府被山东省体育局授予“2010—2013年度全省群众体育先进单位”称号；肥城市体育局被山东省体育局授予“山东省第四届全民健身运动会先进单位”称号。

2015年，肥城市体育局被山东省体育局授予“山东省第五届全民健身运动会先进单位”称号。

第五章　宁　阳　县

宁阳县位于泰山之阳，东临新泰市，西连济宁市汶上县，南面自东向西与济宁市泗水县、曲阜市、兖州区接壤，北隔大汶河与肥城市、岱岳区相望。宁阳之名始于西汉，王莽时期改称宁顺至北宋东汉光武帝时期置县，隋、唐、五代至北宋先后改称龚丘、龚县，金大定二十九年（1189）复汉旧名宁阳至今。

清代末民国初，宁阳境内有武术、游泳和中国象棋等体育项目。20世纪30年代兴起体操、列队启蒙教育；始有篮球、排球、田径等现代体育项目，参加活动的主要是少数体育爱好者及部分学生。

1953年，宁阳县开展田径、球类、武术、体操等活动。青少年学生推行“劳卫制”，干部、职工做工间操。1960年至1962年，国民经济遇到暂时困难，宁阳县体育事业受到影响。“文化大革命”期间，体育工作基本处于停滞状态。1978年起，恢复原有体育项目训练，增添乒乓球、射击、举重、羽毛球、越野赛、象征性长跑等活动项目，逐步开展职工体育、农民体育、老年人体育活动和专项体育训练。举行职工乒乓球赛，参赛职工100人。1985年，举办县首届农民运动会。同年起，县体委、县教育局每年联合举办一次全县中小学生运动会。1998年，举办首届全国民间蟋蟀大赛，1999年改称中华蟋蟀友谊大赛，并被列入泰山国际登山节系列活动之一。同年，增设中学生篮球比赛项目。2010年至2015年，连续6年举办宁阳县全民健身运动会。2014年，承办首届山东省体育舞蹈邀请赛。

至2015年，全县举办中华蟋蟀友谊大赛17届，年蟋蟀交易额3亿多元。宁阳县先后被国家体育总局授予全民健身活动先进单位，被省体育局授予全省群众体育先进单位称号，获山东省体育彩票工作突出贡献奖、山东省全民健身运动先进单位称号。

第一节　机　构

一、机构沿革

新中国成立前，宁阳县没有体育管理机构。1950年4月，宁阳县体育运动委员会成立。1958年3月，县体委撤销，业务并入县文化科（保留县体委名称）。1961年12月，县文化科撤销，业务并入县文化教育局。1972年4月，宁阳县革委会设文化体育组。1975年9月，县体育运动委员会成立。

1984年5月，县体育运动委员会办公室为副科级事业单位，隶属于县政府办公室。1986年11月，县体育运动委员会办公室更名为县体育运动委员会，为正科级事业单位。1993年11月，县体育运动委员会撤销，其职能由县文化体育委员会承担。1995年1月，县体育运动委员会重建，为正科级行政单位，列政府序列。1997年3月，县体育运动委员会党组成立。2002年1月，县体委与县文化局合并为县文化体育局。2010年8月，县体育局成立，为正科级事业单位。2013年4月，县体育局调整为参照公务员法管理事业单位。至2015年12月，县体育局机构未变。

二、领导机构

1950年4月至1958年3月，程昔梦、刘芳楷、谢竹林先后兼任宁阳县体育运动委员会主任。1958年3月，刘太柱任县文化科科长（保留县体委名称）。5月，刘民卿任县文化科科长。1959年5月，王星三任县文化科科长。1962年6月，王自恭任县文化教育局局长。1966年2月，邵晋卿任县文化教育局局长。1972年4月，邵晋卿任县革委会文化体育组组长。

1981年1月，郭占林任县体育运动委员会主任。1984年5月，石学谦任县体育运动委员会办公室（副科级）主任。1986年11月，石学谦任县体育运动委员会（正科级）主任。1993年11月，王润安任县文化体育委员会党委书记，刘芳春任主任。1997年3月，李新生任县体育运动委员会党组书记、代理主任。

2002年1月，李新生任县文化体育局局长。2010年8月，张京臣任县体育局党组书记。2010年12月，孙本伟任县体育局局长。2012年8月，李恒刚任县体育局党组书记。2013年8月，祝令山任县体育局局长。

三、内设机构

1995年，县体育运动委员会设体育科。2002年1月至2010年8月，县文化体育局设体育科。2010年8月，县体育局设竞训科、群体科。2015年10月，县体育局设办公室、群众体育科、竞赛训练科、老年体协办公室4个职能科室，县少年儿童业余体校1个下属事业单位。体育局机关核定事业编制8人，少儿体校核定事业编制8人。

1950—2015 年宁阳县体育局（委）领导班子成员任职情况表

表 14-31

时间（年、月）	单位名称（级别）	职　务	姓　名	任职起止年限
1950.4—1958.3	县体育运动委员会	主　任	程昔梦（副县长兼）	1953.1—1953.12
			刘芳楷（兼）	
			谢竹林（县长兼）	1956.6—1958.5
		副主任	李仲言（兼）	
			张若愚（兼）	
			步占峰（兼）	
			孙文卿（兼）	
			李仲言（兼）	
			孙文卿（兼）	
			步占峰（兼）	
			李仲言（兼）	
			李光昌（兼）	1957.1 任职
			张元义（兼）	1957.1 任职
1958.3—1961.12	县文化科（保留县体委名称）	科　长	刘太柱	
			刘民卿	1958.5—1960.4
			王星三	1959.5—1960.7
		副科长	刘秀全	
			刘秀兴	1958.5—1958.9
			王希平	1960.3—1961.10
			朱兆全(回族)	1960.61—963.5
1961.12—1972.4	县文化教育局（由文化科、教育局改建）	局　长	王自恭(回族)	1962.6—1962.12
			邵晋卿	1966.2—1966.4
		副局长	李光森	
			李铁鲁	1963.1—1965.10
			李光森	
			张雨村	1965.9—1966.4
			何汝庄	1965.10—1966.4

续表 14-31

时间（年、月）	单位名称（级别）	职 务	姓 名	任职起止年限
1972.4—1975.9	县革委会文化体育组	组 长	邵晋卿	1972.4—1975.9
		副组长	马希明	1972.4—1975.9
1975.9—1984.5	县体育运动委员会	主 任	郭占林	1981.1—1984.2
		副主任	马锡明	1981.1—1981.12
			伊庆俊	1981.1—1988.9
1984.5—1986.11	县体育运动委员会办公室（副科级，隶属县政府办公室）	主 任	石学谦	1984.5—1986.11
1986.11—1993.11	县体育运动委员会（正科级）	主 任	石学谦	1986.11—1993.12
		副主任	李新生	1987.6—1995.1
			张 镭	1992.9—1997.5
		主任助理	张 镭	1991.4—1992.9
1993.11—1995.1	县文化体育委员会	主任、党委副书记	刘芳春	1993.11—1995.1
		党委书记	王润安	1993.11—1995.1
		纪委书记	刘庆兰（女）	1993.11—1995.1
		副主任	王崇印	1993.11—1995.1
			李新生	1993.11—1997.3
			张 镭	1993.11—1997.5
		监察室主任	刘庆兰（女）	1994.12—1995.1
1995.1—2002.1	县体育运动委员会 县体育运动委员会党组 （1997 年 3 月建立）	党组书记	李新生	1997.3—2002.1
		代理主任	李新生	1997.3—1998.4
		副主任	崔存信	1998.4—2002.1
			吴凤营	2001.9—2002.1
			石学谦	1993.12—1997.9
			张 镭	1997.5—1997.10
2002.1—2010.8	宁阳县文化体育局	局 长	李新生	2002.1—2010.1
		副局长	苏维民	2005.3—2010.2
			张京臣	2002.1—2010.8
			吴凤营	2002.1—2010.8
			孔 慧	2002.1—2006.10

续表 14-31

时间（年、月）	单位名称（级别）	职　务	姓　名	任职起止年限
		副局长	陈　香	2006.10—2010.8
			邵秋云	2002.1—2004.7
		纪委书记	吴　波	2004.7—2007.8
		工委主任	殷凡勇	2007.4—2010.8
2010.8—	宁阳县体育局	局　长	孙本伟	2010.12—2013.8
			祝令山	2013.8—
		党组书记	张京臣	2010.8—2010.12
			李恒刚	2012.8—2014.1
		主任科员	陈　香	215.12—
		副局长	陈　香	2010.8—2015.12
			殷凡勇	2010.8—
			赵红娟	2013.8—2014.11
		工委主任	赵红娟	2010.8—2013.8
		工委主任	孟　建	2013.8—2014.8
		党组成员	孟　建	2014.8—

四、经费

新中国成立至改革开放前，宁阳县体育事业经费很少。2010年，宁阳县行政管理经费支出133.34万元，事业费支出140.19万元。2012年，宁阳县行政管理经费支出70.55万元，事业费支出65.2万元。2014年，宁阳县行政管理经费支出152.2万元，事业费支出144.65万元。

2010—2014 年宁阳县体育事业经费情况表

表 14-32

单位：万元

年度	行政管理经费	事业费
2010	133.34	140.19
2011	97.09	92.4
2012	70.55	65.2
2013	68.77	65.34
2014	152.2	144.65

第二节　学校体育

1958年，全县有各类全日制学校669所，在校学生12.69万人。2002年，全县有各类全日制学校202所，其中小学170所，中学32所，在校生12.44万人，在职教职工9781人。全县有学校体育操场49处，占地面积31.85万平方米。2015年，全县有各类全日制学校113所，其中中学20所，小学74所，职业学校19所，在校生7.32万人，全县有学校体育操场113处，占地面积86.23万平方米。

一、管理机构

1953年，县体委、县教育行政部门未设学校体育管理机构，全县学校体育由县体委负责。1961年12月，学校体育由县文化教育局负责。1986年11月，学校体育由县体委负责。2002年1月，学校体育由县文化体育局负责。2010年，县教育局设体卫艺办公室，各学校设体育教研室负责管理学校体育工作。至2015年12月未变。

二、体育师资

1953年，县城小学8个班配体育教师1名。1968年至1977年，全县有专职体育教师27人，兼职体育教师397人。暑假、秋假，分别在县师范、一中、五中、十中举办体育教师培训班，每次50人，学习体育理论、体育业务。1978年年初，宁阳县组织体育教师30人到济南实验中学观摩体育课教学，并到省体工大队观摩专业队训练，学习体育教学经验。1983年，全县贯彻实施《国家体育锻炼标准》《中小学体育工作暂行规定》，配备专职体育教师257人，兼职体育教师262人。至2015年12月，全县有专职体育教师415人，兼职体育教师64人。

三、课外体育

1951年起，全县学校先后推行教育部6套广播体操。20世纪70年代，宁阳一中篮球运动成为优势项目。1983年，全县按照《国家体育锻炼标准》《中小学体育工作暂行规定》，确定中小学生体育达标指数、达标率，各校开展课外体育活动。1985年，中学、小学利用业余时间对体育基础较好的学生进行系统训练，向县业余体校、上级体校输送运动员。中学、小学每周设两节体育课，每天设早操、课间操、课外活动，称“两课两操一活动”。2010年，组织早操、眼保健操、课间操活动。中小学每天上午安排30分钟“大课间”体育活动。2012年，各学校落实《切实保证中小学生每天1小时校园体育活动的规定》，引导学生走向操场、走进大自然、走到阳光下，参加体育锻炼，简称“阳光体育”。各学校推进中小学体育、艺术“2+1项目”（通过集体组织的课内外体育、艺术教育活动，让每个学生至少掌握2项体育运动和1项艺术特色活动）。至2015年12月未变。

四、传统项目学校、青少年训练基地

1984年，宁阳一中被省体委、省教委认定为篮球传统项目学校。1998年，县内有4所学校被省体委、省教委认定为传统项目学校。2009年，县实验小学（篮球）、宁阳第九中学、宁阳第二十四中学（足球）、宁阳第二十七中学（摔跤）4所学校被市体育局认定为市级青少年训练基地。2011年，宁阳县英才中学（田径）、宁阳县实验小学（乒乓球、篮球）、宁阳一中（篮球）等6所学校被省体育局认定为省级体育传统项目学校。至2015年12月，宁阳县有传统项目学校8所，青少年训练基地学校4所。

五、体育竞赛

（一）参加全国性比赛

1975年9月，宁阳一中运动员常明代表山东省参加在北京市举行的全国第三届运动会，获男子少年组撑杆跳高第三名。1983年，田径运动员徐华阳，在南京市举行的全国田径锦标赛中，获男子400米栏第三名。1985年5月，王银芝代表山东省参加“浪潮杯”全国女子举重比赛，获44公斤级第六名。7月，吴殿勇代表山东省参加在湖南省益阳市举行的全国少年举重锦标赛，获男子

抓举、挺举和总成绩3个第六名。

2006年8月，县少年男子手球队代表山东省参加在广东省珠海市举行的全国少儿体校中学生手球联赛，获第四名。2008年8月，县少年男子手球队代表山东省参加在上海市举行的全国少儿体校中学生手球联赛，获第三名。

（二）参加山东省中学生体育比赛

1979年，宁阳一中男子篮球队代表泰安参加省中学生篮球赛，获第七名。1983年7月，宁阳县学校3名运动员参加山东省举重锦标赛，获2个单项第二名、1个第六名。1985年7月，宁阳县学校5名运动员参加山东省举重锦标赛，获8个单项第一名，11个第二名和1个第三名，破1项48公斤级挺举省记录。2007年12月，县实验中学男子篮球队获全国初中篮球比赛山东赛区第三名。至2015年12月，宁阳县学校运动员参加省级体育比赛25次，获铜牌以上奖牌13枚。

（三）参加市（地区）体育比赛暨中小学体育联赛

1973年，宁阳一中男子篮球队获泰安地区中学生篮球比赛第三名。1974年，宁阳一中男、女排球队参加泰安地区比赛，分获冠、亚军。1978年，宁阳一中男子篮球队参加泰安地区中学生篮球赛，获第三名。1981年，宁阳一中男、女篮球队参加泰安地区中学生篮球赛，分获第三名。1983年，宁阳一中篮球队获泰安地区基层篮球赛和中学生篮球赛第二名。5月，县举重队4名运动员参加泰安地区举重比赛，获9个单项第一名、3个第二名。10月，参加地区达标赛破两项56公斤级地区纪录。1984年，宁阳一中篮球队参加泰安地区中学生篮球赛获第二名。5月，5名运动员参加地区举重比赛，获12个单项第一名、3个第二名。1985年，宁阳组队参加每两年一届的泰安市运动会和青少年锦标赛。

2008年，宁阳县参加泰安市青少年锦标赛，宁阳四中男子足球队获第一名，宁阳实验小学女子乒乓球队获团体第一名，获男子团体第二名。2010年，宁阳县参加市青少年锦标赛，在11个项目比赛中，3个项目获团体冠军，6个项目获团体亚军。2012年，宁阳县参加市青少年锦标赛，在18个项目比赛中，6个项目获团体冠军，6个项目获团体亚军，5个项目获团体季军。

第三节　群众体育

一、职工体育

（一）机构

2000年前，县体委、县总工会、县机关党委，负责全县党政机关、企事业单位群体活动。2000年至2009年，县文体局、县总工会、县机关工委，负责全县党政机关、企事业单位群体活动。2010年，县体育局、县总工会、县直机关党工委，负责全县党政机关、企事业单位群体活动，各工矿企业工会组织负责组织开展本单位职工群体活动。

（二）职工体育活动

1956年起，宁阳县组织开展职工体育活动。20世纪80年代，政府机关、教育卫生系统及厂矿企业组建篮球队，每年“五一”“十一”举办全县职工篮球比赛。1985年，县体委办公室、总工会联合举办篮球、乒乓球、冬季长跑等6个项目的职工体育比赛。1995年，县体委确定县财政局、工商银行、华宁矿业集团等6家单位为全民健身试点单位。1997年，县职工代表队参加市第十一届运动会篮球、乒乓球、田径等项目比赛，总成绩获第一名。2003年，县职工代表队参加市第十四届运动会获团体第二名。2011年，县机关工委、县总工会、县体育局联合举办宁阳县全民健身运动会。至2015年12月，宁阳县举办全民健身运动会6次，举办职工运动会157次，举办机关运动会203次。全县职工参加泰安市运动会20届，获团体总分第一名2次，第二名2次，第三名6次。全县机关干部、厂矿、企业职工常年参加体育活动人数4万人。

二、农村、城镇社区体育

（一）机构

2005年，宁阳县农村、城镇体育工作由乡镇教育办公室、教育组或文化站管理，未设专职人员。2007年，乡镇设文化体育综合工作站，配备专兼职工作人员。2015年，宁阳县2个街道、11个乡镇、1个开发区有专兼职体育工作人员615人，其中乡镇27人，社区、行政村588人。

（二）文体小广场建设

20世纪80年代，宁阳县部分富裕村硬化地面，安装篮球杆、水泥乒乓球台，建设体育活动场地。2013年起，推行农村文体小广场建设，配置农村公共体育健身设施。2015年，县委、县政府将农村体育设施全覆盖工程列入当年为民办的实事之一。12月，有387个行政村建起文体小广场并配备健身设施。宁阳县华丰镇富华文体中心被国家体育总局命名为全国乡镇体育健身示范工程。

堽城镇保安村文体小广场　2011年3月建成，南北长75米，东西宽60米，占地面积4500平方米，投资40万元。设健身、休闲、娱乐、绿化片区，配备高低杠、荡椅、漫步机、转盘、拉举器、乒乓球台、篮球场等健身器材。2014年，投资6万元安装LED屏幕，供村民学跳广场舞、做健身操。

堽城镇北落星村文体广场　2013年1月建成，占地面积6000平方米。设跑道、篮球、网球及健身器械30余种，安装LED屏幕。每天有300名健身爱好者跳舞、滑旱冰、打篮球。

磁窑镇彩山村文体小广场　2013年建成，投入资金30万元，占地面积1000平方米，配置健身器材、音响、广场灯。

泗店镇柳楼村文体小广场　2012年建成，投入资金50万元，占地面积2970平方米，配置太阳能节能灯17盏，篮球场1处，健身器材17套。每天参加健身人员110余名。

（三）体育活动

1985年春，宁阳县举办首届农民运动会，11个代表队1200人参加田径、乒乓球、篮球等项目比赛。1996年起，中国象棋、登山等体育活动在社区开展。2011年，宁阳县举办首届农民趣味体育运动会，1500人参加。2013年，广场舞、健身操在社区推广，5.1万人参加。2014年，举办广场舞、健身操比赛多次。2015年，全县常年参加体育活动的农民7.8万人。

三、老年人体育

（一）机构

1984年11月，宁阳县老年人体育协会成立。汪俊峰、于同祉任名誉主席，王自恭任主席，王宝田、石学谦、乔芝亮任副主席。

1991年10月，宁阳县第二届老年人体育协会代表会议召开。汪俊峰、李广昌、李学进、王宝田任名誉主席，王自恭任主席，王克兴、张春杰、石学谦、赵荣元任副主席，顾相顺任秘书长。

1996年6月，宁阳县第三届老年人体育协会代表会议召开。刘兴水任顾问，汪俊峰、王宝田、王成才、孙文弟、张新民任名誉主席，王自恭任主席，赵兴珠、张绍奎、张春杰、李从泉、刘家银、石学谦、李新生任副主席，杨志岭任秘书长。

2007年11月，宁阳县第四届老年人体育协会代表会议召开。王成才、王自恭、王宝田任顾问，赵兴珠、张昭奎、张新民任名誉主席，陈孝桂任主席，刘令浡、王启亮、戴永山、石学谦、杨志岭、杨白冰、李新生、王永庆、王保富、董传涛、陈香11人任副主席，杨志岭任秘书长。

2012年5月，宁阳县第五届老年人体育协会代表会议召开。王成才、施桂民、张新民任名誉主席，陈孝桂任主席，王启亮、戴永山、石学谦、杨志岭、杨白冰、宗爱凤、王永庆、孙本伟、祝令山、王保富、李传峰、殷凡勇12人任副主席，孟建任秘书长。至2015年12月未变。

（二）老年人体育场地

老年活动室　2000年，县内有60个行政村设立老年活动室。2007年，全县300个行政村设立老年活动室。2014年，全县13个乡（镇、街道）设立老干部活动中心，519个行政村设立老年活动室。

门球场　1986年，全县第一处简易门球场在原东广场东北角建成。1991年，在县老干部活动中心建成第一处标准门球场。1996年起，县直机关、宁阳一中、宁阳师范、县财贸办公室、县供电公司、宁阳五中先后建设门球场6处。至2015年12月，全县有门球场30个，其中县直11个，乡（镇、街道）12个，社区、行政村7个。

（三）老年人体育活动

1.参加全国及省、市老年人运动会、体育比赛

1988年，宁阳县参加泰安市导引养生功（健身气功）比赛，获团体第一名。1992年，刘福海、李玉玲等6人组队代表泰安市参加在湖南省邵阳市举办的全国第四届导引养生功比赛，获集体一等奖，李玉玲获个人一等奖。1997年9月，宁阳县老年体协代表泰安市参加在烟台市举行的全省导引养生功比赛，获一等奖，刘福海获个人表演最佳奖。1998年，宁阳县老年代表队参加在聊城市举办的全省第十三届老年人门球赛，获第五名。2009年，宁阳县老年代表队参加在宁阳一中体育馆举行的市第十七届运动会老年组运动养生项目比赛，获团体冠军，张庆珍获个人第一名。2010年，宁阳县老年队代表泰安市参加在淄博市举行的全省老年人运动会运动养生项目比赛，获团体第三名。林瑞雪、吴淑媛、王秀萍分别获个人项目金、银、铜牌奖。至2015年12月，宁阳县老年人代表队参加全国及省、市老年人运动会、体育比赛20次，获奖牌50枚。

2.县内老年人体育比赛

1987年，宁阳县举办“环保杯”第一届老年人运动会，设立导引养生功、太极拳、太极剑、象棋、乒乓球、台球6个比赛项目。1988年，举办第二届老年人运动会，1990年改为两年一届。至2015年12月，宁阳县举办老年人运动会12届，组织开展门球、台球、乒乓球、象棋比赛20次，组织乡镇门球邀请赛12次。

（四）健康老人

2008年，宁阳县蒋伯山被省老年体协授予全省健康老人称号。2010年，杨志岭、刘绪林、张传秀、刘奉阁、马成芬、单金荣6人被省老年体协授予山东省“康乐明星”称号。2011年，王宝田被全国老年体协授予第八届全国健康老人称号；石学谦、齐继亮、范永昌、程贯如、孟现商、姜立水、柳方明、孟祥芹、张玉梅9人被省老年体协授予山东省“康乐明星”称号。至2015年12月，宁阳县有1人获全国健康老人称号，15人获山东省“康乐明星”称号。

（五）获国家、省奖励情况

2001年，县老年干部活动中心被山东省老年体协授予省级先进活动站点称号。2006年，县老年体协被山东省老年体协授予全省老年体育工作先进单位称号。2007年，县老年体协被山东省体育局、山东省老年体协授予全省群众体育先进集体称号。2009年，杨志岭被山东省老年体协授予全省老年体育工作先进个人称号。石学谦被国家老年体协授予全国亿万老年人徒步走向北京奥运会活动先进个人称号。2011年，孟建被山东省体育局评为省优秀社会体育指导员。2012年，县老年体协被山东省老年体协授予全省老年体育工作先进单位称号，被山东省体育局授予全省老年体育先进单位称号。2013年，金阳南晨练活动站被山东省体育局授予省示范性全民健身活动站称号。

四、残疾人体育

1994年9月，宁阳县盲人运动员于庆国入选国家队参加第六届远东及太平洋地区残疾人运动会，获男子柔道60公斤级第三名。1996年5月，于庆国参加全国第四届残疾人运动会，获男子柔道60公斤级冠军。1998年6月，于庆国参加全国残疾人柔道锦标赛，获男子柔道60公斤级冠军。

2002年，13名肢残、盲人、聋哑人组成县残疾人代表队参加市残疾人运动会，获团体总分第三名。2003年，于庆国参加全国第六届残疾人运动会，获盲人男子柔道66公斤级第二名。2006年，续宁入选市代表队参加在烟台市举办的省第七届残疾人运动会，获乒乓球男子单打第二名。2010年，续宁参加在淄博市举办的省第八届残疾人运动会获乒乓球男子单打第一名。2014年，续宁参加在济宁市举办的省第九届残疾人运动会获乒乓球男子单打第一名。

五、全民健身

（一）机构

2011年，宁阳县全民健身领导小组、宁阳县全民健身联席会议领导小组成立，县政府分管体育工作的副县长担任2个机构领导小组组长，各职能部门主要负责人任成员，每年定期召开两次全民健身协调工作会议，部署全民健身工作。至2015年12月未变。

（二）全民健身活动

2011年，宁阳县第一届全民健身运动会举行。运动会设职工组、老年组，设趣味体育、乒乓球、篮球、象棋等12个项目，参赛人数1000人。2015年，县第五届全民健身运动会举行，参赛运动员3000人，增加学校组、乡镇组、俱乐部组3个组别，比赛项目28个。

（三）国民体质监测

2008年，宁阳县国民体质监测站成立，设专职人员2名，面积300平方米，监测设备1套。2009年起，开展“我的体质，我知道”国民体质监测进机关、进农村、进社区活动。2011年，发布全县国民体质监测报告。至2015年12月，全县有5000名企事业干部职工、农民、青少年、幼儿参加体质监测。

第四节　特色体育

一、举重

1982年12月，宁阳县业余体校举重队成立。山东省专业队退役运动员赵明担任举重教练员。1983年，宁阳十一中宁连廷调入县业余体校担任举重教练员。1985年，宁阳籍举重运动员王银芝（女）参加“浪潮杯”全国女子比赛获44公斤级第六名。1986年，张永革参加省第十三届运动会获少年组60公斤级第一名，王恩东参加全国少年举重锦标赛获67.5公斤级第三名。1989年8月，马志宏担任县业余体校举重教练员。1992年，赵军参加省第十六届运动会获男子乙组82.5公斤级第一名。1995年9月，宁阳十中设立学校举重训练点，体育教师王恩东、刘娟娟担任教练员。1996年，范丽娟（女）参加省第十八届运动会获50公斤级第一名。

2000年，张国栋参加全国青年举重锦标赛获56公斤级第一名。2001年，王丽娟（女）参加全国少年女子举重锦标赛获58公斤级挺举第一名。2005年，王丽娟参加全国青年女子举重锦标赛获63公斤级抓举第一名。2008年4月，宁阳县英才中学设立举重队训练点，体育教师许云飞兼教练。2014年，李学文参加省第二十三届运动会获69公斤级第一名。宁阳县举重队参加每年一届市级锦标赛及两年一届市运动会。

至2015年12月，宁阳县举重队向上级输送运动健将5人：周延涛、张国栋、范丽娟、胡晓娟、刘琳。一级运动员11人：马志宏、张永革、吴殿军、王恩东、赵新闻、房峰、赵军、陈晓楠、刘娟娟、宁宾、李学文。有高级教练员2人：赵明、马志宏，一级教练员2人：王恩东、吴新燕，国家一级裁判员3人：马志宏、张永革、王恩东。运动员参加市级以上举重比赛获金牌276枚、银牌332枚、铜牌417枚。

二、射击

1962年，宁阳县第一中学开展射击运动。1962年至1966年，宁阳一中射击队参加泰安地区少年组射击比赛均获团体总分第一名。1963年，宁阳一中学生朱方进获省射击比赛3×10项目第一名。1965年，宁阳一中学生孟现立获山东省气枪比赛第二名。1979年，宁阳县少儿体校射击队成立，射击训练场地设在县城东广场，实弹射击在部队靶场。许圣印任射击教练员，运动员10名。1980年，县业余体育学校建立射击队，在东广场东北角进行堆土靶档实弹训练。县体委购买2支普通气步枪及气枪子弹。泰安地区体委拨给小口径步枪4支、小口径子弹500发。同年，李恒军入选省射击队（泰安地区体校射击队）。1981年，殷凡勇入选省射击队（泰安地区射击队）；李恒军参加省射击锦标赛获30发卧射团体赛第一名，并破省纪录。1982年，殷凡勇、李恒军入选新成立的省射击二队。1983年，殷凡勇代表山东省参加华东地区射击比赛，获男子10米气步枪60发团体第三名。

1985年1月，殷凡勇、李恒军到县体校任射击教练员。1986年1月，县体委在杏岗路和金阳大街交汇处，宁阳第四中学对面建设靶场9.9亩，东西砖混结构靶棚11间，靶位27个。是年，胡德阳参加省第十五届运动会获30发队赛第二名，并破省纪录。1988年，尚振恒参加省射击锦标赛获3×10队赛第三名。1989年，射击队从县武装部领回7支旧小口径步枪，2支实弹训练，5支瞄准练习。设置2台25米速射靶，一套50米移动靶。胡德阳任射击教练员。

1991年，屈建国参加省射击锦标赛获气步枪60发队赛第一名。侯向阳参加省射击锦标赛获10米移动靶第三名。1993年，宁阳县有射击运动员30名。1994年，王健参加省射击锦标赛获60发气步枪比赛个人第三名。1995年，闫琳（女）参加省射击锦标赛获气手枪队赛第四名。同年，张玲（女）参加省射击锦标赛获气手枪3×20队赛第四名。1997年，周艳（女）参加省射击锦标赛获气手枪队赛10米移动靶第三名。1997年，按照有关规定宁阳县射击队撤销。2003年靶场拆除。

三、篮球

新中国成立前，篮球运动在宁阳县高等小学出现，此后其他学校相继开展篮球运动。新中国成立后，篮球运动从学校发展到社会，宁阳县职工篮球队、机关篮球队建立。1980年起，县公安局、教育局、供销社、百货公司、机械厂、化肥厂、华宁煤矿成立篮球队，城区设篮球场地16块。每年“五一”“十一”期间有30支代表队参加篮球比赛。1991年，全县篮球场地锐减，篮球运动进入低潮期。

四、斗蟋蟀活动

（一）历史渊源

宁阳斗蟋始于秦汉，兴于唐宋，盛于明清。宁阳蟋蟀因其个大、性烈、强悍善斗、品种繁多，被誉为“天下斗蟋第一虫”。古代被奉为皇宫贡品。泗店镇古城是汉高祖元年（前206）所建宁阳县城旧址，是宁阳蟋蟀始产地。唐朝始，斗养蟋蟀被列为“八艺”之一，琴、棋、书、画、花、鸟、虫、鱼的“虫”即蟋蟀。斗蟋具有娱乐健身性，无论是身处宫中的皇亲、宫女，还是乡村野坡的百姓儿童，都把它作为消遣孤独、解除疲劳的一种方式。每年立秋到白露时节，当地老百姓在田间地头挖个小圆坑，然后边割草边捉斗蟋蟀。斗蟋是一项重要的民俗活动。清朝秦偶僧著《功虫录》中记载，皇宫中虫王宁阳虫占一半以上。1979年起，在上海举办的“维力多·济公杯”斗蟋大赛和在北京举办的“长城杯”斗蟋大赛中，宁阳虫折冲樽俎，独占鳌头。斗蟋蟀比赛作为民俗体育项目，在宁阳县有数百年历史。

（二）宁阳蟋蟀特点

宁阳蟋蟀个头大、性烈、强悍善斗、品种繁多。斗蟋的品种有青、黄、紫、红、黑、白、异等七大类260多个品种。品种代表有粟青、琥珀上头青、重青一线、密蜡头、黄大头、沙黄、粟紫、紫壳白乐、天蓝青、黄头白青、红牙青、淡墨青等。载入古谱的名贵品种有黑青、蟹壳青、青麻头、铁头青背、琥珀青、黑头金赤、紫黄等。据清朝《功虫录》记载，宁阳一虫独占鳌头后，即被“诰封”为“骁勇大虫王青金翅”。宁阳虫倍受蟋蟀爱好者青睐，被誉为“天下斗蟋第一虫”。

（三）斗蟋咬斗类型

斗蟋咬斗有三种类型：进攻型。即两虫交口时主动向前冲，发起进攻，先发制人，属性急虫，按旧谱论斗口为武口。斗口多连续快口、推口（冲口）、摇口、造桥口、拆口、崩口、勾口等。这类虫多腿劲大，铺身好，推进力强，猛不可挡。这类虫也有高虫，有时几口制胜，但不一定都是最后胜利者，往往因咬得较浮躁，咬得太急，容易失误。防守型。即两虫交口后，并不全力主动向前冲，属慢性虫，为后发制人，按旧谱说，即斗口为文口。这类虫多腿劲小，斗时铺身不好，咬的被动，有的确实体弱力单，节节后退，多为受口、耐口与外口。这类型虫中，有时很冷静、沉着，当找到好机会时，还口极重，一重口定局，制胜率比前者高。防守与进攻结合型。即两虫交口后，先防守后进攻，咬得稳，但稳中有急，即旧谱中的文行武斗类。实际上是文武双全，有勇有谋，是真正的后发制人的最终胜利者。这类虫多在稳咬中找准机会，适时闭口合牙时，落口极重。千钧一发时，突然爆发，一口定胜负，这是超品。真正的“虫王”“大帅”多出自这个类型中。

（四）蟋蟀竞斗规程

竞斗蟋蟀有一个合对的过程，合对的条件是厘码相当。所谓厘码相当，不是凭直观看虫体大小，而是凭过称的分量，把重量相等的虫放在一起，按顺序对赛（“吊打”）。开斗前由工作人员把双方虫盆移至斗台，双方虫主站立斗台两端牵草。斗台中心放置斗栅（圈）和上述工具，斗台中间一侧站立一名监局（裁判）。双方各自把“将军”用过笼吊入斗栅闸侧眼前格内，然后由监局宣布比赛开始，双方牵手开始晃草。双方虫鸣叫时，监局宣布：“两将八角，开闸！”或“比赛开始”！并将栅中闸门拔起，双方虫进行搏斗。拼斗发夹爆时，若一方鸣叫，一方不鸣，则鸣者为上风，不鸣者为下风。下风方由监局者示意下草，若张牙可继续牵草，双方各引“将军”续斗；若不张牙，监局者即落闸，允许下风方继续下三草（以掉头一次为一草）。若三次掉头不张牙，监局者即判定胜负。

（五）中华蟋蟀友谊大赛

1998年，宁阳县政府首次举办全国民间蟋蟀大赛。1999年，改称中华蟋蟀友谊大赛，并被列入泰山国际登山节系列活动之一，国内外32支队伍参赛。同年，宁阳县政府成立宁阳斗蟋保护工作领导小组，邀请专家指导，成立中国宁阳蟋蟀研究院，引导开发蟋蟀市场，使蟋蟀产地由泗店镇土城，辐射到县城、乡饮、磁窑、伏山、鹤山等10个乡镇100多平方公里。宁阳蟋蟀远销韩国、日本、马来西亚和中国香港、澳门、台湾地区。2002年，印发《宁阳县蟋蟀资源保护暂行规定》，对保护和捕捉蟋蟀做出明确规定。2006年12月，将宁阳斗蟋列入泰安市非物质文化遗产名录。2007年，宁阳县制定《宁阳县斗蟋保护办法》，邀请专家成立斗蟋研究保护机构，开发保护濒危斗蟋名种。2008年，建立宁阳县斗蟋饲养繁殖研究基地，将代表宁阳斗蟋特点的名虫人工培育饲养。2009年，宁阳斗蟋被列入山东省非物质文化遗产名录。同年，建立宁阳斗蟋陈列馆，收集有代表性的宁阳斗蟋资料、器具，供养蟋人研究和群众观赏，并邀请专家学者研究宁阳斗蟋出版专著。已出版《中国宁阳蟋蟀》《中国斗蟋蟀鉴定》《宁阳斗蟋蟀名种》等书籍10余种。2010年，邀请著名作家撰写宁阳斗蟋题材剧本，由国家级电视台拍摄宁阳斗蟋电视剧。同时，通过招商引资发展宁阳斗蟋，打造宁阳斗蟋品牌，将其纳入文化市场产业的运行机制。2013年，中华蟋蟀友谊大赛有8个省、市36支队伍，400名队员参赛。

至2015年，宁阳县举办中华蟋蟀友谊大赛17届。宁阳蟋蟀交易市场高峰期的日客流量达10万人次，日交易额高峰期达1200万元，单条虫价最高达6.2万余元。每年全县的蟋蟀交易额达3亿多元人民币。全县5个乡镇人均收入增加千余元，泗店镇收入1.1亿元，乡饮乡收入1.3亿元。蟋蟀交易市场的日益繁荣，带动城乡交通、旅游、餐饮、蟋蟀用具的发展。第三产业每年增加收入7000万元。

1999—2015年宁阳县举办中华蟋蟀友谊大赛情况表

表 14–33

届次	名称	比赛时间（年、月）	举办地点	参赛队伍（支）
第一届	中华蟋蟀友谊大赛	1999.9	宁阳县人民会堂	32
第二届		2000.9		32
第三届		2001.9		32
第四届		2002.9		32
第五届		2003.9		32
第六届		2004.9.9		32
第七届		2005.9.9		32
第八届		2006.9.9		32
第九届		2007.9.9		32
第十届	2008金彩山杯中华蟋蟀友谊大赛	2008.9.9		32
第十一届	2009金彩山杯中华蟋蟀友谊大赛	2009.9.9		16
第十二届	2010金彩山杯中华蟋蟀友谊大赛	2010.9.9		16
第十三届	2011金彩山杯中华蟋蟀友谊大赛	2011.9.9		16
第十四届	2012金彩山杯中华蟋蟀友谊大赛	2012.9.9	泗店镇人民政府	16
第十五届	2013金彩山杯中华蟋蟀友谊大赛	2013.9.9		16
第十六届	2014金彩山杯中华蟋蟀友谊大赛	2014.9.9		16
第十七届	2015金彩山杯中华蟋蟀友谊大赛	2015.9.9		16

附：

2010“金彩山杯”中华蟋蟀友谊大赛比赛办法

1.本届大赛每个参赛队收报名费100元，凭本人身份证、1寸2张免冠彩照和当地政府的介绍信报名。

2.各省、市、县、乡镇参赛均以团体组队比赛。组队以5至8人为限，并含自己的领草员。（不得借用他队领草员，否则取消比赛资格）。

3.各队参赛人员食宿、交通等费用自理。

4.比赛采用团体对抗淘汰制，设16个代表队进行比赛，按照报名交虫先后顺序，报满为止。

5.比赛共分五轮，每轮交虫10只，每虫重量不得小于6.5厘，不得大于8.5厘，先大后小合对3对，实行三条二胜制。

6.第一轮初赛：抽签决定对抗名单，合对8对，每队三条二胜，胜者进入下一轮，负者淘汰。

7.第二轮复赛：抽签决定对抗名单，合对4对，胜者进入半决赛，负者淘汰。

8.第三轮半决赛：前两名者进入决赛，后两名争夺季军。

9.第四轮，由进入半决赛的后两名争夺本届大赛的季军。

10.第五轮决赛：由进入半决赛的前两名进行决赛，胜者为冠军，负者为亚军。

11.本届大赛设冠军、亚军、季军各1名，冠军奖价值5000元的奖品、证书和奖杯；亚军奖价值3000元的奖品、证书和奖杯；季军奖价值2000元的奖品、证书和奖杯。

12.报名时间：2010年8月28日至9月5日；交虫时间：截止到9月5日下午4时；按照报名、交虫先后顺序，报满为止。9月9日至11日进行比赛。

中华蟋蟀友谊大赛组委会

2010年8月27日

第五节 运动竞赛

一、参加全国、全省运动会

1975年，宁阳一中运动员常明作为山东省代表队队员参加在北京举行的全国田径运动会，以3.7米成绩获男子少年组撑杆跳高第三名。1981年，县业余体育学校射击队参加山东省射击赛，1人获30发卧射第一名，破省少年射击比赛纪录；1人获小口径步枪60发卧射第二名；1人获3×10项目第二名。1982年，4名射击运动员代表泰安地区参加省第十二届运动会，获金牌1枚，银牌、铜牌各3枚。1983年，县代表队参加山东省中国象棋赛，获团体总分第十一名。7月，3名运动员参加省举重比赛，获2个单项第二名、1项第六名。同年，田径运动员徐华阳在全国田径比赛中获男子400米栏第三名。1985年，沈爱军在山西省长治市举行的全国青年射击赛中获男子速射第3名。2005年，田静（女）获军事5项世界锦标赛冠军。2007年7月，长跑运动员朱春红在临沂市举行的山东省田径锦标赛中获女子1500米第三名。至2015年12月，宁阳县参加全国、全省运动会86次，其中参加国家级运动会24次，省级运动会62次，参赛运动员478人，破全国纪录1次，破全省纪录18次，获金牌38枚，获体育道德风尚奖5次。

二、参加市运动会

1987年至2015年12月，宁阳县组团参加市第五届至二十届运动会，参赛运动员3974人次，破市纪录56次，获金牌1000余枚，获体育道德风尚奖13次。

1987—2015年宁阳县参加泰安市运动会情况表

表14-34

届次	举办时间（年、月）	地点	代表团人数	参赛项目		获奖情况			
				个数	项目	金牌（枚）	名次	总得分	名次
第五届	1985.6—10	泰安城		2	举重、田径	15		1184	2
第六届	1987.5—10	泰安城	110	7	田径、举重、射击、武术、摔跤、柔道、体操、乒乓球	30		1192.5	2
第七届	1989.7—10	泰安城	90	9	举重、田径、摔跤、柔道、篮球、游泳、武术、射击、乒乓球	41		720	4

续表 14-34

届　次	举办时间（年、月）	地点	代表团人数	参赛项目		获奖情况			
				个数	项　目	金牌（枚）	名次	总得分	名次
第八届	1991.7—10	泰安城	160	7	武术、射击、田径、举重、柔道、摔跤、乒乓球	32		649	5
第九届	1993.5—10	泰安城	190	7	田径、柔道、摔跤、射击、武术、举重、乒乓球	33		725	4
第十届	1995.8—10	泰安城	180	8	乒乓球、篮球、武术、射击、柔道、举重、摔跤、田径	46		1186.8	3
第十一届	1997.4-9	泰安城	330						
第十二届	1999.5—10	泰安城	340	10	足球、篮球、田径、武术、散打、柔道、举重、摔跤、跆拳道、乒乓球	35		1349.42	2
第十三届	2001.7—10	泰安城	360	12	乒乓球、排球、举重、散打、足球、柔道、射箭、武术、跆拳道、摔跤、篮球、田径	73		1518.8	3
第十四届	2003.7—10	泰安城	370	12	乒乓球、摔跤、散打、举重、武术、篮球、排球、柔道、射箭、跆拳道、田径、幼儿体操、	51		2812.875	2
第十五届	2005.6—9	泰安城	340	13	乒乓球、幼儿体操、摔跤、散打、举重、武术、篮球、排球、足球、柔道、射箭、跆拳道、田径	35			
第十六届	2007.7—10	泰安城	360	13	摔跤、散打、举重、武术、篮球、排球、足球、柔道、射箭、跆拳道、田径、乒乓球、幼儿体操	38	2	1488.75	2
第十七届	2009.5—9	泰安城	340					2555	1
第十八届	2011.7—9	泰安城	330	11	田径、举重、篮球、乒乓球、跆拳道、羽毛球、排球、足球、摔跤、柔道、手球	83		2931.5	2
第十九届	2013.5—10	泰安城	360	12	田径、篮球、摔跤、乒乓球、跆拳道、散打、羽毛球、排球、足球、柔道、摔跤、手球、	80		1453.25	4
第二十届	2015.5—9	泰安城	360	12	乒乓球、跆拳道、柔道、举重、幼儿体操、摔跤、篮球、足球、排球、手球、拳击、田径	83			4

三、承办体育赛事

1986年6月，宁阳县体委在县射击训练场承办山东省射击比赛。济南市、潍坊市、青岛市、宁阳县等18个代表队，83名运动员参加。1999年，宁阳县承办市第十二届运动会健身气功比赛，比赛设团体赛和个人套路比赛。市直、6个县（市、区）、2个矿业集团、山东农业大学，56名运动员参赛。2013年，宁阳县承办市第十九届运动会乒乓球比赛，13支代表队，78名运动员参赛。至2015年12月，宁阳县承办省级运动会1次，承办市级运动会12次，参赛运动员3000人。

第六节　人才培养

一、优秀运动员培养

新中国成立至1972年，县内等级运动员少。1973年，县青少年业余体校选拔中、小学体育素质好的学生训练。1980年至1985年，县内培养等级运动员381人，其中一级运动员1人，二级运动员22人，三级运动员89人，少年级运动员269人。至2015年12月，全县培养等级运动员3392人，其中国家运动健将21人、国家一级运动员84人、国家二级运动员456人、国家三级运动员1124人、国家少年级运动员2307人。

二、教练员

新中国成立至1972年，县内没有专业体育教练员。训练由体育老师兼任。1973年，县业余体校有专职教练员2人，1976年增至3人。1978年年初，宁阳县组织教练员到济南实验中学观摩体育课教学，到省体工大队观摩专业队训练，学习体育教学经验。1979年，县内教练员5人。1985年有专职教练员7人，其中田径教练员1人，乒乓球教练员1人，射击教练员3人，举重教练员2人。2015年，全县有专职教练员13人。

三、裁判员

新中国成立至1979年，县内等级裁判员10人。1981年，泰安地区体育运动委员会考试批准二级裁判员7人，其中田径裁判员3人，篮球裁判员2人，乒乓球裁判员1人，举重裁判员1人。1984年，殷凡勇经省体委考试批准为射击一级裁判员。1985年，亓培信、张镭被评为全国优秀裁判员。至2015年12月，全县有等级裁判员229人，其中国家级裁判员2人，国家一级裁判员19人，国家二级裁判员79人，国家三级裁判员129人。

四、体育社会指导员

至2015年12月，全县有社会体育指导员1653人，其中国家级社会体育指导员5人，一级社会体育指导员40人，二级社会体育指导员90人，三级社会体育指导员1518人。

五、训练体系

1973年，宁阳县青少年业余体校成立，成为全县业余训练的主体。2009年，宁阳县实验小学（篮球）、宁阳县第二十七中学（摔跤）、宁阳县第二十四中学（足球）、宁阳县第九中学（田径）4所学校被市体育局认定为市级青少年训练基地。2015年，宁阳县英才学校被市体育运动学校认定为举重训练基地，宁阳县第二实验中学被市体育运动学校认定为柔道训练基地。至2015年12月，全县形成以县青少年业余体校为主体，以后备人才训练基地为重点，以体育传统学校为基础，以社会力量办训为补充的体育训练体系。

宁阳县青少年业余体校　1973年，宁阳县青少年业余体校建立，为股级事业单位，隶属县体委领导，设田径、篮球、排球、乒乓球4个训练项目。1981年，增设射击项目。1982年，增设举重、柔道项目。1987年，投资建成灯光篮球场1处。1997年，增设散打、跆拳道项目。2011年5月，县体校搬迁到宁阳县富源巷农业银行院内二楼办公。2015年，县体校有教职工10人，其中专职教练员8人。

第七节　场地设施

新中国成立后，县内部分机关、企事业单

位、学校添置体育器材。1955年至1965年，县内各中学有篮球、排球、乒乓球、单杠、双杠、鞍马、跳高架等器材。小学有篮球、跳高架、跳远沙坑。机关、厂矿设置篮球架。1966年至1969年“文化大革命”期间，单位体育器材被毁坏、丢失。

1978年，县业余体校在县城东街北侧建体育场1处，占地面积8370平方米。设篮球场2处（其中灯光球场1处），门球场2处。1985年，全县有中小学体育场15处，其中400米田径运动场1处，300米田径运动场3处，200米田径运动场11处。有篮球场562处，其中学校483处，机关、厂矿、企事业单位79处。有羽毛球场19处，乒乓球室13处。至2015年12月，县内有体育场地867处，其中标准场地860处，体育系统4处，教育系统429处，其他系统434处。标准体育场占地面积94.7万平方米。城区金阳体育广场、树阵健身广场、容园健身广场分布在县城中心，占地面积3000平方米，形成15分钟健身圈。

宁阳县射击场　1986年1月，县体委投入资金27万元，在杏岗路与金阳大街交汇处开工建设射击场，占地9.9亩，建设砖混结构靶棚11间，靶位27个，靶挡为砖石结构，于1987年建成。1989年年初，增设25米速射靶2台，50米移动靶1套。12月，在场地西侧建10气手枪靶位6个。1990年，设10移动靶靶位2个。射击队有教职工5人，专职教练员4人。1997年，根据1996年7月国家修订的《中华人民共和国枪支管理法》，宁阳县射击队停训。2003年，射击场拆除。

第八节　体育彩票

1999年，宁阳县开展电脑型体育彩票销售工作，以物质奖励为主，在广场公开销售即开型体育彩票。2001年，电脑型体育彩票在宁阳县上市，安装电脑体育彩票销售终端机7台。2006年5月，宁阳县体育彩票管理办公室成立，按照“广布点、带队伍、重培训、强品牌、保安全”的工作思路销售体育彩票。2008年，宁阳县被市体育彩票管理中心授予体育彩票工作先进县（市、区）。2009年，发行销售体育彩票2036万元。同年，县体彩中心被市体彩中心授予体育彩票贡献奖、体育彩票工作先进县（市、区）。2010年，县体彩中心被市体彩中心授予体育彩票贡献奖。2012年，县内设体育彩票终端机54台，发行电脑型体育彩票3050万元，即开型体育彩票629万元。同年，县体彩中心被市体育局授予突出贡献奖。2014年，县内有体育彩票终端机57台，发行电脑型体育彩票2814万元，即开型体育彩票557万元。至2015年12月，全县有体育彩票终端机61台，销售超万元站点38个，累计销量体育彩票2.81亿元，其中电脑型体育彩票2.51亿元，顶呱刮即开型彩票3001万元。

2009—2015年宁阳县体育彩票销售情况表

表 14-35　　单位：万元

年度	电脑型	即开型	总量	终端机台数
2009	——	——	2036	——
2010	1596	307	1903	32
2011	2616	491	3107	40
2012	3050	629	3679	54

续表 14–35

年度	电脑型	即开型	总量	终端机台数
2013	2997	637	3634	56
2014	2814	557	3371	57
2015	6969	380	7349	61

第九节　体育团体

1984年，宁阳县老年人体育协会成立。2006年7月，宁阳县体育总会成立。2014年5月，宁阳县跆拳道协会成立。7月，宁阳县体育舞蹈艺术协会成立。2015年7月，宁阳县棋牌协会成立。至2015年12月，宁阳县有体育总会、跆拳道协会等体育协会5个，有瑞馨健身俱乐部、圣玛瑜伽健身俱乐部等体育俱乐部23个，会员3900人，参加省级比赛29次，参加市级比赛21次，组织承办县级比赛5次。

第六章　东 平 县

东平县位于山东省西南部，东与肥城市毗邻，南与汶上县、梁山县接壤，西邻河南省台前县、聊城市阳谷县、东阿县，北与济南市平阴县搭界。

东平，古称东原，唐虞夏商时期属徐州。“东原底平”是东平得名之始。自西周到清代，东平曾经为国、郡、路、府、州驻地。唐贞元四年（788），境内宿城县改名东平县，此为东平县名之始。清雍正十三年（1735），撤东平直隶州为东平散州（县），隶泰安府。1913年，改东平州为东平县。1959年10月，撤销东平县，其县境大部分划属平阴县。1961年，恢复东平县建制，复属泰安专区。1985年，属泰安市。

东平古代民间体育以武术、游泳为主。1904年，东平县第一小学堂开设体操课，是近代体育的发端。民国时期，学校发展体操、田径、列队体育项目。1955年，东平县第一届运动会在王台中学召开。1978年，徐英第获山东省武术比赛二等奖。1987年，东平县成立武术运动学校,连续14年组队代表泰安市参加山东省运动会武术比赛。1993年起，摔跤、柔道成绩连续12年位居泰安市前3名。1997年5月，东平县承办山东省少年女子举重比赛。同年，东平县体委被省体委授予1997年度体育竞赛优秀赛区。1998年10月，东平县体委被山东省人事厅、省体委授予全省县级体育先进集体称号。2006年，县文体局被省体育局授予全省全民健身月活动先进单位、全省群众体育工作先进单位称号。2008年，东平籍运动员赵庆建在北京举办的第二十九届奥运会上获武术（表演项目）第一名。2009年9月起，东平县举办国际龙舟邀请赛6届，举办全国龙舟邀请赛6届，举办全省龙舟赛4届。2014年5月，东平县体育会展中心建成。至2015年12月，东平县体育工作先后获全国、全省荣誉称号10余次。

第一节 机 构

一、机构

1956年5月，东平县体育运动委员会成立，县委常委、宣传部部长兼主任，分管副县长兼副主任，设专职办事员1人。1972年6月，东平县体育运动委员会成立。1976年，设专职副主任1人，编制5名，实有5人。

1984年5月，县体委改为东平县体育办公室，为二级单位，隶属县政府办公室领导，编制5名，实有5人。1986年9月，县体育办公室升格为县体委，一级单位，列县政府机构序列，同时成立中共东平县体委党组。1987年，东平县体育运动委员会下属事业单位有东平县武术运动学校。1988年，东平县体委人员编制8名，实有8人。1993年11月，东平县体育运动委员会与东平县文化局合并，成立东平县文化体育委员会，同时成立中共东平县文体委党组。1995年1月，重新设立东平县体育运动委员会，下属事业单位东平县武术运动学校。

2002年1月，东平县体育运动委员会与东平县文化局合并，成立东平县文化体育局，编制13名。2005年3月，撤销中共东平县文化体育局，建立中共东平县文化体育局委员会。2006年3月，东平县文化体育局由县政府工作部门改为县政府直属事业单位。2010年12月，撤销东平县文化体育局，成立东平县体育局，为县政府直属事业单位，编制8名，实有6人。2014年12月，东平县体育局人员编制8名，实有7人。至2015年12月，东平县体育局机构、人员未变。

二、领导机构

1956年5月，中共东平县委常委、宣传部部长贾润卿兼县体委主任。1963年5月，苏晋西任县体委主任。“文化大革命”期间，县体委领导机构瘫痪。1972年6月，恢复设立县体委，中共东平县委常委、宣传部部长孙远迎兼主任。1975年4月，陈世驰任县体委主任。1980年4月，副县长王道业任县体委主任。1984年5月，张传业任县体育办公室主任。1990年4月，王允山任县体委主任。1991年9月，王允山任中共东平县体委党组书记。1993年11月，王允山任县文体委主任兼党组书记。1994年11月，张道民任县文体委主任兼党组书记。1995年1月，张道民任县体委主任兼党组书记。1995年5月，李广堂任县体委主任兼党组书记。1998年9月，殷广勇任县体委主任兼党组书记。2002年1月，殷广勇任县文体局局长兼党组书记。2005年3月，中共东平县文化体育局委员会成立，殷广勇兼任局党组书记。2010年4月，徐天成任县文体局局长兼党组书记。2010年12月，李元申任县体育局局长，孙培峰任党组书记。2012年4月，张宗祥任县体育局局长。2013年6月，李健任县体育局局长。

三、内设机构

1956年至1986年，县体委内部未设科室。1987年，县体委始设人秘科、竞训科、老年体协3个科室。1993年11月，县文化体育委员会设人秘科、文化科、体育科、老年体协4个科室。1995年11月，县体委设人秘科、竞训科、群体科、产业科、老年体协5个科室。2002年1月，县文化体育局设人秘科、文体科、市场管理科、竞训科、文化产业科、老年体协6个科室。2010年12月，县体育局设人秘科、群体科、竞训科、产业科、老年体协5个科室。至2015年12月未变。

1956—2015 年东平县体育局（委）领导班子成员任职情况表

表 14-36

时间（年、月）	单位名称（级别）	职　务	姓　名	任职起止年限
1956.5—1984.5	东平县体育运动委员会	主　任	贾润卿（县委宣传部部长兼）	1956.5—1959.10
			苏晋西（副县长兼）	1963.5—1972.6
			孙远迎（县委宣传部部长兼）	1972.6—1975.1
			陈世驰	1975.4—1980.4
			王道业（副县长兼）	1980.4—1984.5
		副主任	马震东	1963.5—1984.5
			张自修	1972.6—1975.4
			陈世驰	1972.6—1975.4
			刘志太	1975.4—1977.9
			张本卿	1975.4—1980.4
			刘云庆	1975.4—1979.4
			张立山	1975.4—1978
			张祚良	1979.7—1984.5
			王学臣	1979.7—1980.3
			马士峰	1980.4—1981.4
			杨华柱	1980.12—1981.10
1984.5—1986.9	东平县体育办公室（副局级）	主　任	张传业	1984.5—1986.6
		调研员	张祚良	1984.5—1986.9
1986.9—1993.11	东平县体育运动委员会 中共东平县体委党组	主　任	王允山（代主任）	1990.2—1990.4
			王允山	1990.4—1993.11
		党组书记	王允山	1991.9—1993.11
		副主任	张文瑞	1991.9—1993.11
			王润春	1993.4—1993.11
		调研员	张祚良	1986.9—1992.5

续表 14-36

时间（年、月）	单位名称（级别）	职　务	姓　名	任职起止年限
1993.11—1995.1	东平县文化体育委员会 中共东平县文化体育委员会党组	党组书记、主任	王允山	1993.11—1994.11
			张道民	1994.11—1995.1
		副主任	郭云策	1993.11—1995.1
			石卫平（女）	1993.11—1995.1
			张文瑞	1993.11—1995.1
			王润春	1993.11—1995.1
			杨绪信	1993.11—1995.1
1995.1—2002.1	东平县体育运动委员会 中共东平县体委党组	党组书记、主任	张道民	1995.1—1995.5
			李广堂	1995.5—1998.9
			殷广勇	1998.9—2002.1
		副主任	王润春	1995.1—2002.7
			张文瑞	1995.1—2001.6
			彭广成	1995.1—1997.1
			张永振（正科）	1995.4—2002.1
			徐明全（上挂）	2001.6—2002.1
2002.1—2010.12	东平县文化体育局 中共东平县文化体育局党组 （2005.3 中共东平县文化体育局委员会成立）	党组（委）书记、局长	殷广勇	2002.1—2010.4
			徐天成	2010.4—2010.12
		副书记	徐明全	2009.6—2010.2
		副局长	张永振	2002.1—2002.8
			石卫平（女）	2002.1—2007.4
			王润春	2002.1—2004.2
			牛家宝（正科）	2002.1—2006.4
			吴绪刚	2002.1—2004.2
			吴绪河	2006.10—2010.12
			宁　梅（女）	2006.10—2010.12

续表 14-36

时间（年、月）	单位名称（级别）	职　务	姓　名	任职起止年限
2002.1—2010.12	东平县文化体育局 中共东平县文化体育局党组 （2005.3 中共东平县文化体育局委员会成立）	副局长	徐明全	2002.1—2009.6
			辛宪铭	2009.6—2010.12
		纪检书记	吴绪河	2005.3—2006.10
			王建军	2006.10—2009.6
		工会主任	王吉善	2007.9—2010.6
			郑允振	2009.6—2010.12
2010.12—	东平县体育局 中共东平县体育局党组	局　长	李元申	2010.12—2012.4
		局　长 党组副书记	张宗祥	2012.4—2013.6
			李　健	2013.6—
		党组书记	孙培峰	2010.12—
		党组副书记 副局长	徐明全	2010.12—
		副局长	王继强	2011.8—

四、经费

1957年起，县财政每年拨付给县体育系统数量较少的体育事业经费；有体育基建工程时，拨付基建工程所需经费；参加市以上体育比赛时，拨付体育比赛所需经费。2010年，县财政拨付体育事业经费11万元。2012年，县财政拨付体育事业经费97.63万元，其中事业费78.13万元，基建费19.5万元。2014年，县财政拨付体育事业经费16.8万元。至2015年12月，县财政拨付体育事业经费286.36万元，其中事业费266.86万元，基建费19.5万元。

2010—2015年东平县体育事业经费情况表

表 14-37　　　　单位：万元

年　度	总　额	其　中	
		事业费	基建费
2010	11	11	
2011	35	35	
2012	97.63	78.13	19.5
2013	89.13	89.13	
2014	16.8	16.8	
2015	36.8	36.8	

第二节　学校体育

1965年，东平县有小学619所，在校学生4.95万人；初中8所，在校学生3469人；高中2所，在校生514人。1985年，有小学556所，在校生9.93万人；有初中101所，在校生2.16万人；高中5所，在校生3470人。2015年，东平县有小学122所，在校生3.44万人；初中23所，在校生2.96万人；高中4所，在校生1.41万人。

一、管理机构

1975年，县教育局内设教研室负责体育教学。1985年，县教育局有体育教研员1名，负责学校体育。1993年11月，县教委设基础教育科负责学校教学，由1名副科长负责学校体育。2001年前，东平县中小学设体育组或体育教研组，组长由骨干体育教师担任，部分学校设艺体组或艺体教研组。同年2月，县教委内设体卫艺办公室，由1名副主任负责学校体育。县直中小学、乡镇中学、中心小学整合科室职能，体育、音乐、美术、卫生等教研组合并为体卫艺办公室或体卫艺教研组。少数乡镇小学为体育组或艺体组。2008年，县教育局体卫艺办公室负责学校体育。至2015年12月未变。

二、体育设施

新中国建立初期，县城完小建简易体育场1处。1970年至1989年，普通中学建有土质田径场，县重点中学有篮球、标枪、铁饼、铅球、跳高架等器材，小学未有专用体育场。1990年起，全县610所中小学均建有简易体育场。至2015年，全县教育系统有各类体育场地640处，体育器材3.47万件，田径场地103处（400米11处，300米68处，塑胶田径场4处），其中县直学校10处、乡镇中小学93处。

三、体育师资

1954年，东平县中学有体育教师1人，1956年增至3人。1957年，全县有专职体育教师5人。1985年，全县有专职体育教师35人，其中在中学任教28人，在小学任教7人；大专毕业8人，中专毕业27人；有兼职体育教师523人。2010年，全县有专职体育教师227人，其中高级技术职务19人，中级技术职务115人，初级技术职务93人；本科学历158人，专科学历61人，中专学历8人；有兼职体育教师73人。至2015年12月，全县有专职体育教师232人，其中高级技术职务32人，中级技术职务129人，初级技术职务71人；本科学历193人，专科学历39人；有兼职体育教师59人。

四、体育传统项目学校　青少年训练基地

1996年，东平实验中学被省体委、省教委认定为田径项目体育传统项目学校。2001年5月，东平县高级中学被省体育局、省教育厅认定为篮球项目体育传统项目学校。2006年1月，东平县高级中学被国家体育总局认定为国家级青少年体育俱乐部。2009年5月，彭集镇中学（篮球）、东平镇中心小学（乒乓球）、新湖镇中学（田径）、大羊乡中学（篮球）4所学校被市体育局认定为市级青少年训练基地。2011年10月，县实验中学（篮球）、彭集镇中学（乒乓球）被省体育局、省教育厅认定为体育传统项目学校。2015年9月，斑鸠店镇中学（田径）、梯门镇中学（排球）、县实验中学（篮球）、县明湖中学（篮球、田径）等6所学校被市体育局认定为体育传统项目学校。2015年11月，县体育中学（武术）被市体育局认定为青少年训练基地。

至2015年12月，东平县有国家级青少年训练基地1家，省级体育传统项目学校3家，省级青少年体育俱乐部1家，市级体育传统项目学校8 家，市级青少年训练基地4家。

2015 年东平县国家级青少年训练基地、省级体育传统项目学校情况表

表 14–38

项　目	学校名称	认定部门	认定时间	对应项目
国家级青少年训练基地	县高级中学	国家体育总局	2009.10	乒乓球
省级传统项目学校	东平县第三高级中学	山东省体委 山东省教育厅	1986.10	田径
	县高级中学	山东省体委 山东省教育厅	2001.05	篮球
	县高级中学	山东省体委 山东省教育厅	2005.05	乒乓球
	彭集镇中学	山东省体委 山东省教育厅	2011.10	篮球、田径
	东平县实验中学	山东省体委 山东省教育厅	2011.10	篮球、田径

五、体育竞赛

1955年，东平县第一届运动会在王台中学举办。1973年至1985年，全县组织中学生田径运动会7次，中学生越野赛2次，中学生篮球赛3次，教职工篮球赛4次。2001年起，全县连年组织全县中学生体育比赛，至2015年，举办篮球比赛8次，田径运动会14次，冬季越野比赛14次，教职工篮球比赛10次。县直中小学每年定期组织1至2次特色运动会。

六、体质与卫生

1975年5月，县内中小学推行《国家体育锻炼标准条例》。1980年，县教育局、卫生局、体委联合组织开展体育、卫生检查。检查项目包括达标率、人才输送、近视眼发病率等6项。检查结果达到国家两部一委（教育部、卫生部、国家体委）要求的学校占28.3％，部分达到要求的占53.3％，差的占13.4％。1983年，对高中、初中、小学学生5.19万人体育锻炼达标情况抽查，达标人数1.84万人，达标率35.50％。1984年，对高中、初中、小学学生5.35万人体育锻炼达标情况抽查，达标人数1.94万人，达标率36.23％。1985年，对高中、初中、小学学生5.38万人体育锻炼达标情况抽查，达标人数1.97万人，达标率36.69%。2000年至2015年，对在校生体质监测，学生基本素质优秀率12％以上，及格率85％以上。

第三节　群众体育

一、职工体育

（一）机构

1950年3月，东平县工会成立，负责职工体育，1955年更名为东平县工会联合会。1956年，县体委、县总工会负责群众体育。1959年10月，撤销东平县建制，县体委、县工会随之撤销。1962年10月，恢复东平县工会。1964年1月，县工会改称东平县总工会。“文化大革命”中群众体育工作停止。1973年，恢复东平县总工会，负责组织全县企事业单位职工体育工作，各企事业单位工会、办公室具体实施。1993年，东平县文化体育委员会成立体育科，负责指导群众性体育活动，组织举办群众体育竞赛，组队参加市以上群众体育竞赛活动。2002年3月，县直机关工委内设工会工委，负责组织县直机关干部职工文体活动。

（二）企业单位职工体育

1950年至1979年，东平县企业职工体育开展项目主要有篮球、乒乓球、象棋等。县农机厂、县橡胶厂、县化肥厂为主组建县男子篮球队，先后赴德州地区、济南市、新汶矿务局、东都驻军等20多个单位及驻军举行联谊比赛，邀请泰安地区、肥城矿务局、济南驻军等16支篮球队到东平县比赛。1980年起，县财税系统、县教育系统为主组建县男子篮球队，参加泰安地区比赛。1983年，县财税局、县橡胶厂参加在县体校举办的县职工篮球赛，分别获第一名、第二名。至1995年，全县举办职工篮球赛12场次，参加单位136个，参赛队员1632人。1996年至1998年，举办职工球类、棋类体育活动14场次，参加单位157个，参加人员7270人次。至2003年，县财税系统在县职工篮球赛中获男子篮球冠军9次，县建筑安装总公司在县职工篮球赛中获男子篮球冠军3次。2013年起，县公路局每年春节前举办职工体育比赛，每次参赛人数160人以上，赛期5天。2014年4月，县总工会组织全县职工篮球赛，17支队伍200余人参赛。

（三）机关职工体育

1956年起，县直机关职工开展篮球、乒乓球、象棋、徒步行走、接力跑、拔河、跳绳等体育活动。2004起，连续11年在“五一”“十一”期间开展乒乓球、篮球、象棋比赛。2006年，县直机关举办“共奔和谐”交谊舞大赛。同年起，县直机关工委连续4年举办全民健身登白佛山比赛，机关职工、中学生2600多人参加。2007年9月，县直机关工委、县文化体育局等8部门组织县直机关及驻县城企事业单位举办“新跨越、新东平”县直机关运动会，比赛项目有象棋、篮球、自行车慢骑等，1000余人参加。2010年，举行万人健身生态徒步行。2011年，10支代表队参加在县高级中学举办的县直机关国庆节篮球比赛。2013年2月，县直机关工委、县体育局联合举办“中企众联杯”新春登高全民健身登山比赛，44支代表队700名队员参加登白佛山比赛。2014年7月，组织机关干部职工参加中国露营大会（东平站）越野群众徒步走。2004年至2015年12月，县直机关组织体育活动31次。

二、农村、城镇社区体育

（一）机构

新中国成立后，元宵节、端午节及农闲时，东平县群众自发组织武术、舞龙、舞狮、踩高跷等自娱自乐体育活动。1980年，农村、城镇居民体育活动纳入各级政府工作范围。2000年，县体委群体科负责组织协调农村、城镇社区体育工作。各乡镇、街道综合文化站负责本辖区居民体育活动组织指导工作，经济条件好的村、居委会成立健身活动组织。至2015年12月，县内建立乡（镇、街道）综合文化站14个，健身活动组织256个。

（二）体育设施　文体小广场建设

新中国成立至2006年，乡（镇、街道）体育场地、设施以沙土田径场、简易篮球场、露天水泥乒乓球台为主。2006年起，东平县实施农民体育健身工程、全民体育健身工程，建设农村体育基础设施。同年在城区和乡镇、村庄建设文体小广场。至2015年12月，使用体彩公益金、利用群众集资、社会赞助资金建设体育场地设施417处，建设乡镇（街道）全民健身中心10处，有体育器材4200件，改造、新建篮球场地24处，建设文体小广场433处，其中城区6处，乡镇、村庄427处。

银山镇居民文体广场　2014年11月建成，位于银牛路以北，东平黄河河务局东侧，占地面积80亩，投资800万元。广场分儿童乐园区、老年活动区、中心广场区、健身广场区（配有健身器材40余件）、体育广场区（篮球场、乒乓球场、羽毛球场）、休闲长廊区。广场安装4.4米×7.2米户外电子屏1块，8米高广场塔灯8盏，地灯300盏，草坪灯50盏，建设管理房7间190平方米。每天早晚锻炼的群众1000余人。

梯门镇尚书广场　2014年10月建成，位于镇政府门口南400米路东，东西宽46米，南北长95米，占地7亩，投资320万元。广场设篮球场、健身场、舞台、文化阅览区。设有350平方米文化墙、“六面福”一座、圆顶石亭一座、健身广场500平方米、花池550平方米、尚书石像1座、单孔桥1座、景观灯10盏、健身器材36件。每天早晚有800余人健身。

（三）体育活动

东平传统体育活动项目有武术、游泳、龙舟、跳绳、踢毽子、棋类、滑冰、放风筝、踢牌、跳皮筋、滚铁环等几十余项。1978年起，乡镇、企业在元宵节自发组织武术、舞龙、舞狮、太极拳（剑）等表演活动。戴庙乡每年举办1次农民武术比赛。1990年起，东平县武术协会原名誉主席徐英第拳师一家祖孙三代连续5年同场表演。2015年，全县农村健身项目有武术、太极拳、太极剑、健身秧歌、广场舞、篮球、乒乓球、龙舟、爬山等18项，其中武术爱好者、龙舟队每年各组织1至3次比赛，并组队参加山东省运动会。

（四）参加全国、全省比赛

1985年5月，东平县荫柳棵武术队参加全国业余武术比赛对练赛获团体第四名。1990年10月，丁继玲参加山东省第二届农民运动会武术比赛获刀、棍项目2枚金牌。2003年10月，徐国文参加山东省第五届农民运动会武术比赛获长拳第八名。2007年9月，东平县武术运动员参加在临沂市罗庄举办的山东省第六届农民运动会，陆亚萍获刀术第二名，屈昌玉获醉拳第八名。2011年6月，大安山龙舟队参加在日照市举行的山东省第一届全民健身运动会龙舟比赛获3个二等奖、2个三等奖。10月，史荆荆参加在临沂市罗庄区举办的山东省第七届农民运动会获剑术第一名。2012年9月，东平县龙舟队参加在日照市举办的山东省第二届全民健身运动会龙舟比赛获2个二等奖、6个三等奖。2013年6月，大安山龙舟队参加在聊城市举办的山东省第三届全民健身运动会龙舟比赛获1个一等奖、2个二等奖，获团体第二名。至2015年12月，东平县农村、城镇社区8支代表队参加省以上比赛8次，获奖牌21枚，其中金牌4枚、银牌9枚、铜牌8枚。

三、老年人体育

（一）机构

1984年12月，东平县老年人体育工作者协会成立，至2002年（第一届至第三届）王道业任主席，孟宪章、崔夫亭、黄尧和任副主席，张文瑞任秘书长。协会下设办公室，负责全县老年人体育工作。1995年，各乡镇、村成立老年体协。乡镇老年体协负责人由分工副书记、副乡（镇）长兼任。村老年体协和村老年协会合署办公，一个机构两块牌子，协会负责人由村支部书记兼任。乡村老年体协为县老年体协的团体会员。2002年，县老年体协（第四届）换届，陈来泉任主席，张志厚、张延广、高桂英、张祚良任副主席，丁连新任秘书长。至2015年12月未变。

（二）活动场所

1980年起，东平县老年人体育活动实行就地、就近、方便的原则，活动场所设在广场、空地、公园。1990年，县投资20万元建老干部活动中心。该中心建筑面积5200平方米，设有4个功能中心，有台球室、乒乓球室、特色球室、健身房等11个活动室。州城镇投资13万元建老年人活动中心。1993年，县内老年人室内活动场所20处，室外活动场所25处，主要是利用广场、公园及企事业单位院内空地。至2015年12月，东平县城区有门球场5个，乡（镇、街道）有居民活动场所684处。老年人体育项目主要是太极拳、太极剑、门球、导引养生功、登山、钓鱼、徒步走等。

（三）体育活动

1985年，县老年体协举办老年人太极拳、太极剑学习班各3期，每期3个月，每期学员40人。2000年起，县老年体协每年组织1至2次县直机关门球、乒乓球、台球比赛；每2年组织1次乡（镇、街道）老年人门球、太极拳、太极剑、健身球操比赛；每年“五一”“十一”、全民健身日、老人节等节日组织老年人开展太极拳、太极剑、气功、健身球操、广场舞等表演，组织参加泰安市全民健身运动会。2009年，东平县代表队获泰安市第十七届运动会老年组太极拳（剑）比赛金奖，健身秧歌比赛金奖。2011年，东平县代表队获泰安市第十八届运动会老年组乒乓球比赛团体第一名。至2015年12月，县老年体协组织各项体育比赛23次。

四、残疾人体育

（一）机构

1990年12月，东平县残疾人联合会成立，隶属于县民政局，为副科级事业单位，负责全县残疾人体育运动。1995年12月，县残联升格为正科级事业单位。至2015年12月，全县14个乡（镇、街道）设残联办公室，配专职干事1人；716个村（居）各设专职委员1人。

（二）参加体育竞赛

2000年起，东平县组织残疾人运动员参加泰安市和山东省残疾人运动会。2002年，东平代表队获泰安市残疾人运动会总分第三名。2007年，获泰安市残疾人运动会乒乓球比赛总分第三名。陈淑同在山东省第八届残疾人运动会上获男子T60级200米第二名、400米第二名、800米第三名。2014年10月，黄广阔参加山东省第九届残疾人运动会乒乓球比赛获男子单打第六名。至2015年12月，东平县残疾人运动员参加市及市级以上残疾人运动会5次，获铜牌及铜牌以上奖励12次。

五、全民健身

（一）全民健身活动

2012年起，东平县举办全民健身运动会。2013年7月，在县体育中学举办“体育彩票杯”东平县全民健身运动会篮球比赛，240人参加。8月，东平县“全民健身日”暨第三届全民健身运动会启动仪式在县老干部活动中心健身广场举行，8支群众体育队伍展演。同年举办全民健身活动2次。2014年5月，山东省第六届千乡乒乓球（泰安赛区）比赛暨东平县第四届全民健身运动会“东岳驾校杯”乒乓球比赛在县体育会展中心举行；东平县“全民健身月”启动仪式在体育会展中心举行。8月，在东平体育会展中心举行2014年“全民健身日”启动仪式，主题是“全民健身促健康，共圆体育强国梦”。现场展演广场舞、武术、体育舞蹈、轮滑、腰鼓等健身体育项目。8月20日，县体育局在老干部活动中心举办山东省全民健身志愿宣讲活动，省体育学院教授张基振讲授“运动与健康”知识，培训各乡（镇、街道）综合文化站站长、各健身站点负责人及健身活动骨干220人。同年，举办全民健身活动7次。2015年2月，县第五届全民健身运动会台球比赛在乔氏台球俱乐部举行，130人参加。4月，东平县“百姓大舞台、我是大明星”活动暨广场舞大赛在县影剧院举行，140人参加。9月，2015年“庆国庆、迎重阳”全县老干部、老年人门球、健身气功比赛在县老干部活动中心广场举行，420人参加。同年，举办全民健身活动5次。2012年至2015年12月，举行乒乓球、篮球、足球等8个项目的单项比赛10次，举办全民健身运动会6届，老年人运动会8届，门球、健身气功等单项比赛13次，参加人数1.63万人。

（二）国民体质监测

2000年，市体育局对东平县3～6岁儿童、20～39岁和40～59岁城市劳动者、60～65岁老年人4个年龄段7类人群进行抽样检测。国民体质监测项目有俯卧撑、体成分测试等11项，监测人数3000人。2014年6月，市体育局体质监测队对东平县国民体质监测试点单位山东鲁玻包装有限公司、东平街道敬老院240人进行身体形态、机能、素质3方面20个项目的测试。至2015年12月，东平县对5000人进行国民体质监测，监测项目13个。

（三）社会体育指导员

2003年，全县有社会体育指导员30人，其中一级社会体育指导员2人，二级社会体育指导员10人，三级社会体育指导员18人。2012年，吴绪河被评为国家级社会体育指导员。2014年，丁连新被评为国家级社会体育指导员。至2015年12

月，全县有社会体育指导员1469人，其中国家级社会体育指导员2人，一级社会体育指导员24人，二级社会体育指导员32人，三级社会体育指导员1411人。

第四节　特色体育

东平县传统体育项目有武术、摔跤、柔道、举重、龙舟比赛等。

一、武术

（一）渊源与发展

自古东平湖畔群众有习武之风，主要武术门派有子午门、二郎拳、大红拳等20余个。明、清时期，习武者自设、联设武馆，内习《武经》，外习马箭、步箭、刀、弓、石。清代，州城、亭坡村、郑庄等20个村盛行武术。州城牌坊街二郎拳拳师郭景颜一生授徒200余人。清末，拳师宋文林兴办武术馆。民国初期，宋文林徒弟徐成德、常丙义等12人被聘为山东省武术队教官，后陆续奔赴全国各地成立国术馆。民国二十一年（1932）始，东平县组队参加山东省第一届武术比赛（每年一届），连续3届获奖。抗日战争、解放战争时期，群众迫于生存，习武之风稍减。

新中国成立后，武术运动逐渐恢复。1978年，练习武术的群众越来越多。徐英第等拳师兴办武馆，开办戴庙武校、精英武校、少林武校等6所武校。1985年，全县有民间武术队17支。同年，荫柳棵武术队获全国武术业余比赛对练赛第四名。1987年，东平县武术运动学校成立。1990年，县内有戴庙武校、淹王沟新华武校、泰山武术中学、棘梁山武校、司里山武校、柳林武校，在校学生860人。1995年，县内有武校8所，在校学生1360人。1998年5月，县武术协会成立。2008年，县内有东平县体育中学、齐鲁水浒武校，在校学生310人。2015年，东平县体育中学有习武学生68人。

（二）武术比赛

1987年，东平县武术运动学校成立。徐明全、刘万振任武术教练，从各武馆、武校选拔运动员47人集中训练。同年起，东平县承办4届市运会武术比赛，连续14年代表泰安市组队参加省运会武术比赛。至1999年，东平县武术竞技水平保持在全市第一名、全省前八名。2002年4月，东平籍运动员参加在济南市举行的山东省第二十届运动会武术比赛，获金牌1枚、银牌3枚、铜牌3枚。2014年，东平籍运动员参加在济宁市举行的山东省第二十三届运动会武术比赛，获金牌3枚、银牌4枚、铜牌1枚。至2015年12月，东平籍7名运动员参加国际、全国武术比赛，获金牌14枚、银牌5枚、铜牌5枚。东平籍运动员参加山东省运动会武术比赛10届，获金牌12枚、银牌16枚、铜牌5枚。

1986—2014 年东平籍运动员参加山东省运动会武术比赛情况表

表 14-39

届　次	时间（年、月）	地　点	获奖情况	
			团　体	个　人
十三届	1986.4	青岛市	武术女子甲组团体第六名	银牌 2 枚
十四届	1988.4	济南市	团体第六名	金牌 3 枚，银牌 4 枚，铜牌 2 枚
十五届	1990.5	济南市	武术女子甲组团体第七名	金牌 1 枚，银牌 2 枚

续表 14-39

届　次	时间（年、月）	地　点	获奖情况	
			团　体	个　人
十六届	1992	淄博市	武术团体第五名	
十七届	1994.4	济南市	武术团体第六名	银牌 1 枚，铜牌 2 枚
十九届	1998.10	潍坊市	武术团体第五名	金牌 2 枚
二十届	2002.4	济南市	武术女子甲组团体第六名	金牌 1 枚，银牌 3 枚，铜牌 2 枚
二十一届	2006.4	烟台市		金牌 2 枚，银牌 2 枚，铜牌 1 枚
二十二届	2010.6	淄博市		金牌 1 枚
二十三届	2014.7	济宁市		金牌 3 枚，银牌 4 枚，铜牌 1 枚

1989—2013 年东平籍运动员参加国际、全国武术比赛情况表

表 14-40

姓　名	性　别	项　目	成　绩	比赛名称	时间（年）	地　点
孙长营	男	剑	第二名	全国煤炭系统武术比赛	1989	安徽省
		双刀	第二名	全国煤炭系统武术比赛	1989	安徽省
丁　波	男	通臂拳 刀术 长拳	第一名 第二名 第三名	全国武术锦标赛	1991	北京市
		通臂拳 枪术	第一名 第三名	全国武术冠军赛	1992	太原市
		通臂拳	第一名	全国武术锦标赛	1992	
刘秀国	男	剑术	第一名	全国高等学校武术比赛	1994	福建省
		剑术	第二名	全国大学生运动会	1996	西安市
吴　霞	女	女子三人对练 剑术 传统器械 个人全能	第一名 第三名 第五名 第六名	全国青少年武术比赛	1996	
赵庆建	男	刀术 个人全能 棍术	第一名 第一名 第三名	“剑南春杯” 全国武术套路锦标赛		成都市
		男子长拳全能	第二名	第九届全运会	2001	广州市
		长拳、对练	第一名	第七届世界武术锦标赛	2003	澳门

续表 14-40

姓　名	性　别	项　目	成　绩	比赛名称	时间（年）	地　点
赵庆建	男	刀棍全能	第一名	第四届东亚运动会	2005	澳门
		长拳	第一名	第十届全运会	2005	江苏省
		刀术	第一名	第七届亚洲武术套路锦标赛	2007	北京市
		刀棍全能（表演项目）	第一名	北京奥运会	2008	北京市
顾修红	女	枪术	第一名	全国青少年武术套路锦标赛	2010	武汉市
		女子剑术、枪剑全能	第一名	全国第七届城市运动会	2011	南昌市
		个人全能	第三名	全国武术套路锦标赛	2011	达州市
		情景对练	第一名	全国武术对练“宏兴乳业”杯大奖赛	2013	西安市
李　壮	男	螳螂拳	第一名	全国青少年锦标赛	2013	新余市

二、摔跤、柔道

1987年，东平县设摔跤、柔道项目，孙庆路任临时教练兼队员。同年，东平县参加泰安市第六届运动会摔跤、柔道比赛，获金牌3枚、银牌1枚，团体成绩第三名。1992年，孙庆路任东平武术运动学校摔跤、柔道总教练。1993年至2005年，东平摔跤、柔道位居全市前三名，培养输送的优秀运动员有苏友华、吴绪立、贾亚峰等。至2015年，东平摔跤、柔道项目在省级以上比赛中获奖牌38枚，其中金牌13枚、银牌9枚、铜牌16枚。

三、举重

1987年，东平县设举重项目，卢鹏任教练。1989年，东平县代表队获泰安市举重比赛男子总分第四名，女子总分第五名。1993年，东平县男、女代表队均获泰安市第九届运动会举重比赛总分第三名。贾亚峰、李娜、高林等人在国际、全国及省以上比赛中获得名次。1997年5月，东平县承办山东省少年女子举重比赛，同年，被省体委评为1997年度体育竞赛优秀赛区。至2015年，东平县举重项目在省级以上比赛中获奖牌27枚，其中金牌10枚、银牌9枚、铜牌8枚。

四、龙舟赛

（一）历史渊源

隋代，大运河经过东平湖，安山古镇为运河上的主要码头。南方客商带来龙舟赛和龙舟文化。沿湖渔民、客商每年端午节自发组织龙舟比赛。近代，由于连年战乱，龙舟比赛一度停止。1978年起，随着群众生活水平提高，沿湖居民自发恢复赛龙舟活动，规模和影响不断扩大。2008年端午节，大安山镇举办新中国成立后首届龙舟比赛，之后每年一届，至2015年连续举办8届。2009年6月，东平县承办全国龙舟邀请赛。2010年6月，承办第一届全省龙舟赛，每年一届，至2013年承办3届。2010年9月至2014年9月，连续承办5届国际龙舟邀请赛。

（二）龙舟赛特点

赛龙舟是中国民间传统水上体育娱乐项目，流传两千多年，多在喜庆节日举行，系多人集体划桨竞赛，要求舟上每个人团结合作。舟上参赛者分为舵手、锣手、鼓手、桨手，人数不定。桨手要有力气，合作默契，若两侧划桨的力量不均衡龙舟会在水面上打圈，无法前进。鼓手和锣手鼓舞士气、协调操桨动作。舵手技巧性强，一方面使龙舟保持正确方向驶向目标，使船头略为翘起以加快速度，另一方面在遭遇强猛水流冲击时，必须把持得住，否则船一偏斜，不但影响速度，还可能有倾覆的危险。龙舟上参赛者都有影响胜负的责任。舵手、锣手、鼓手、桨手都要全神贯注。要有胜不骄、败不馁，坚持到底的精神。

1984年，国家把龙舟赛列为体育比赛项目。2009年起，东平县连续举办全省龙舟大赛、全国龙舟邀请赛、国际龙舟邀请赛，借助龙舟赛体育平台，打造龙舟文化品牌。

（三）龙舟赛规程

2014年9月，中国·东平第五届国际龙舟邀请赛竞赛规程要求，竞赛项目为公开组12人、龙舟200米、500米直道竞速赛。竞赛执行中国龙舟协会2012年版《龙舟竞赛规则》。龙舟由大会提供。各队可自带桨，划桨规格符合中国龙舟协会竞赛规则要求，颜色一致。舵采用固定式，比赛采用坐姿。各队运动员比赛服装颜色、式样一致。各参赛队需提供国旗（区旗）、队旗各1面。比赛采取预赛、半决赛、决赛的方式进行。各队有领队1人、教练员1人、鼓手和舵手各1人，划手10人，替补队员2人，全队16人。预赛分组抽签在领队、教练、裁判长联席会上进行；比赛的航道、舟号于赛前30分钟在检录处抽签决定。总成绩排列参照中国龙舟协会关于中国龙舟公开赛总积分要求执行。各单项比赛成绩录取前6名，颁发奖杯。

（四）东平县国际、全国龙舟邀请赛

2009年9月，东平县在大安山旅游码头举办中国·东平“御泉龙庭杯”首届全国龙舟邀请赛。2014年9月，东平湖暂养湾举办“金天元·书香雅居杯”中国·东平第五届国际龙舟邀请赛暨“八里香杯” 东平县第四届全民健身运动会龙舟比赛。至2015年，举办了5届国际龙舟邀请赛，1届全国龙舟邀请赛、3届全省龙舟赛。

2010—2015年东平县承办国际、国家龙舟邀请赛情况表

表14-41

比赛名称	时间（年、月）	比赛地点	参赛队数		参赛人数
			国内队	外籍队	
中国·东平“御泉龙庭杯”首届全国龙舟邀请赛	2009.9	大安山旅游码头	44		739
“中顺花园杯”2010年中国·东平首届国际龙舟邀请赛	2010.9	东平湖暂养湾	32	12	706
“洲际泰杯”2011年中国龙舟公开赛（东平站）暨中国·东平第二届国际龙舟 邀请赛	2011.9	东平湖旅游码头	38	6	668
中国·东平第三届国际龙舟邀请赛	2012.9	东平湖暂养湾	23	6	433
“鲁启·府第东郡杯”中国·东平第四届国际龙舟邀请赛暨“经济开发区杯”东平县第三届全民健身运动会龙舟比赛	2013.9	东平湖暂养湾	21	8	435
“金天元·书香雅居杯”中国·东平第五届国际龙舟邀请赛暨“八里香杯” 东平县第四届全民健身运动会龙舟比赛	2014.9	东平湖暂养湾	22	6	435

第五节 运动竞赛

一、参加省以上体育比赛

1958年，东平县代表队参加山东省运动会篮球比赛，获分区赛冠军。1971年至1973年，参加山东省运动会游泳比赛3届。

二、参加泰安市运动会

1984年起，东平县代表队参加泰安市运动会16次，参加泰安市锦标赛16次。

1987—2015年东平县参加泰安市运动会情况表

表14-42

届次	举办时间（年、月）	地点	代表团人数	参赛项目		获奖情况			
				个数	项目	金牌（枚）	名次	总得分	名次
第六届	1987.5—10	泰安	106	6	武术、田径、摔跤、乒乓球、举重、柔道	31		953	5
第七届	1989.7—10	泰安	120	8	武术、田径、摔跤、乒乓球、举重、柔道、篮球、游泳	24		647	5
第八届	1991.7—10	泰安	128	8	武术、田径、摔跤、乒乓球、举重、柔道、游泳、射击	26		670	4
第九届	1993.5—10	泰安	186	7	田径、举重、摔跤、武术、柔道、游泳、射击	23		610	5
第十届	1995.8—10	泰安	198	7	田径、举重、摔跤、武术、柔道、篮球、射击	46		1081	4
第十一届	1997.4—9	泰安	204	8	田径、举重、摔跤、武术、柔道、篮球、射击、散打	27			
第十二届	1999.5—10	泰安	263	10	武术、田径、摔跤、乒乓球、举重、柔道、篮球、足球、散打、跆拳道	41		1309	3
第十三届	2001.7—10	泰安	279	12	武术、田径、摔跤、乒乓球、举重、柔道、篮球、足球、散打、跆拳道、射箭、排球	48		1508.865	4
第十四届	2003.7—10	泰安	286	13	田径、射箭、柔道、武术、篮球、举重、乒乓球、跆拳道、足球、排球、幼儿操、摔跤、散打	45		1792.83	5
第十五届	2005.6—9	泰安	318	13	田径、射箭、柔道、武术、篮球、举重、乒乓球、跆拳道、足球、排球、幼儿操、摔跤、散打	75			
第十六届	2007.7—10	泰安	203	14	田径、射箭、柔道、羽毛球、武术、篮球、举重、乒乓球、跆拳道、足球、排球、幼儿操、摔跤、散打	20		806	5
第十七届	2009.5—9	泰安	302	14	田径、射箭、柔道、羽毛球、武术、篮球、举重、乒乓球、跆拳道、足球、排球、幼儿操、摔跤、散打	14.5	6	561.5	6
第十八届	2011.7—9	泰安	326	15	田径、射箭、柔道、羽毛球、武术、篮球、举重、乒乓球、跆拳道、足球、排球、幼儿操、摔跤、散打、手球	23	6	848.5	6

续表 14-42

届次	举办时间（年、月）	地点	代表团人数	参赛项目		获奖情况			
				个数	项目	金牌（枚）	名次	总得分	名次
第十九届	2013.5—10	泰安	360	15	田径、射箭、柔道、羽毛球、武术、篮球、举重、乒乓球、跆拳道、足球、排球、幼儿操、摔跤、散打、手球	14	6	290.55	6
第二十届	2015.5—9	泰安	380	15	田径、射箭、柔道、武术、篮球、举重、乒乓球、跆拳道、足球、排球、幼儿操、摔跤、散打、手球、拳击	33.5	6	871.5	6

三、承办运动会

（一）承办国际、国家及省级体育比赛

1997年5月，东平县承办山东省少年女子举重比赛。2007年9月，承办新泰安·三山两湖全国山地户外挑战赛（自行车、划船、轮滑比赛）。2014年5月至7月，中国乒乓球俱乐部超级联赛八一女团主场在东平体育会展中心举行。8月，由国家体育总局篮管中心主办的中美篮球对抗赛（中国国奥队与美国明星队）在东平体育会展中心举行。至2015年12月，东平县承办国际级单项比赛1次，国家级单项比赛4次，省级单项比赛2次。

（二）承办市（地区）级体育比赛

1971年5月，东平县承办泰安地区少年篮球选拔赛。1972年5月，承办泰安地区乒乓球（青年组、少年组）选拔赛和少年篮球选拔赛。1973年4月，承办泰安地区篮球比赛。2015年4月，承办泰安市中小学生体育联赛田径比赛。6月，市第二十届运动会老年组太极拳、太极剑比赛在东平体育会展中心举行。1987年至2015年，东平县承办泰安市运动会单项比赛8次。

1997—2015 年东平县承办国际、国家及省级体育比赛情况表

表 14-43

比赛名称	主办单位	时间（年、月）	比赛地点	参赛队数	参赛人数
山东省少年女子举重比赛	山东省体委	1997.5	东平县武术运动学校	19	211
新泰安·三山两湖全国山地户外挑战赛（自行车、划船、轮滑比赛）	中国登山协会、山东电视台、泰安市人民政府	2007.9	东平湖		190
2011 年中国龙舟公开赛	国家体育总局社会体育指导中心、中国龙舟协会、中国企业体育协会、山东省体育局、泰安市人民政府	2011.9	东平湖畔	12	192
第六届“龙王恨杯”全国钓鱼大奖赛分场赛（山东·东平）	湖北“龙王恨”渔具集团	2012.7	东平县州城街道办事处		220
2014 年中国乒乓球俱乐部超级联赛八一女团主场	中国乒乓球协会、中央电视台体育频道	2014.5	东平体育会展中心	7	56

续表 14-43

比赛名称	主办单位	时间（年、月）	比赛地点	参赛队数	参赛人数
2014年国际露营大会（东平站）	国家体育总局登山运动管理中心、中国登山协会	2014.7	东平县		1200
中美篮球对抗赛（中国国奥队与美国明星队）	国家体育总局篮管中心	2014.8	东平体育会展中心	2	44

1971—2015年东平县承办泰安市（地区）单项比赛情况表

表 14-44

比赛名称	主办单位	时间（年、月）	比赛地点	参赛队数	参赛人数
泰安地区少年篮球选拔赛	泰安地区体委	1971.5	州城街道办事处		
泰安地区乒乓球选拔赛（青年组、少年组）	泰安地区体委	1972.5	州城礼堂	16	
泰安地区少年篮球选拔赛	泰安地区体委	1972.5	东平一中体育场		
泰安地区篮球比赛	泰安地区体委	1973.4	东平一中体育场	16	
泰安市第六届运动会武术比赛	泰安市政府	1987.7	东平县武术运动学校	7	112
泰安市第七届运动会武术比赛	泰安市政府	1989.8	东平县武术运动学校	7	112
泰安市第九届运动会武术比赛	泰安市政府	1993.8	东平县武术运动学校	6	96
泰安市第十届运动会武术比赛	泰安市政府	1995.8	东平县武术运动学校	6	144
泰安市第十五届运动会女子篮球比赛	泰安市政府	2005.6	东平县体育中学	12	140
泰安市第十六届运动会老年组乒乓球比赛	泰安市政府	2007.6	东平县乒乓球俱乐部	8	80
泰安市第十八届运动会老年组门球比赛	泰安市政府	2011.4	东平县老干部活动中心	8	120
泰安市中小学生体育联赛田径比赛	泰安市体育局、教育局	2015.4	东平县明湖中学	42	796
泰安市第二十届运动会老年组太极拳、太极剑比赛	泰安市政府	2015.6	东平体育会展中心	8	100

第六节　训练体系

1987年，东平县武术运动学校是全县业余训练主体。2003年10月，东平县高级中学被东平县体育局、教育局认定为乒乓球训练基地。2013年10月，县第四实验小学被东平县体育局、教育局认定为羽毛球、足球训练基地。同年，全县中小学有县级训练基地10处，项目有田径、篮球、排球、举重、乒乓球、足球、手球、羽毛球等。2014年，全县有民营体育俱乐部16家，设有武术、散打、跆拳道等12个项目，分布在县城、乡镇驻地。至2015年12月，东平县有县级训练基地

10处，训练运动员2477人，形成以县体育中学为主体，县直、乡（镇、街道）中小学各级体育传统项目学校、业余训练基地及社会体育俱乐部为基点的业余训练网络。

东平县体育中学　1972年，东平县业余体校成立，1987年，更名为东平县武术运动学校。1992年12月，东平县武术运动学校被山东省体育运动委员会授予山东省业余训练先进集体称号。1994年10月，学校被山东省武术院确定为训练基地。1997年，学校更名为东平县竞技体育运动学校（东平县体育中学），与武术运动学校合署办公。2001年10月，学校被省体育局、省教育厅授予山东省青少年体育工作先进集体称号。2015年9月，被市体育局认定为泰安市武术训练基地。同年，学校有人员编制22名，实有22人，其中专职教练员13人，体育训练项目有田径、武术、篮球、足球、跆拳道、散打、排球、龙舟、围棋等9项。该校成立至2005年，共培养毕业生1286人，向市以上专业队输送运动员625人。2015年，该校迁至县职业学校。

第七节　场地设施

新中国成立初，东平县文化馆、城关完小各设有简易体育场1处。1975年，建县级体育场1处，位于县第一人民医院西，占地面积40亩，内有灯光球场，300米田径场。1982年，在县城（后屯）投入资金22万元，建县级体育场1处，占地面积10.40亩。1985年，建训练大厅1处，建筑面积504平方米，建成灯光球场1处。1986年至1993年，建体育设施30处，其中400米田径场2处，300米田径场4处，灯光球场2处，普通篮球场20处，县武术运动学校建体育训练馆1处。

2001年，县高级中学扩建体育场，占地面积1.75万平方米，建成400米碳渣跑道，新建室外标准篮球场4处。2011年4月，县政府投入资金2.6亿元，在县城西部文化中心线与贯中大道交汇处建东平体育会展中心。11月，县高级中学体育场改造室外400米塑胶跑道，场内设标准足球场1处。12月，县明湖中学建400米塑胶跑道，场内设标准足球场1处，占地面积2.3万平方米。至2015年12月，东平县有体育场地766处，占地面积8.33万平方米，建筑面积3.55万平方米。有体育会展中心1处，标准田径场6处，小型运动场69处，全民健身路径433条。

东平体育会展中心　2011年4月，县政府投入资金2.6亿元，在县城西部文化中心线与贯中大道交汇处建设东平体育会展中心，占地面积7.7万平方米，建筑面积2.8万平方米，工程主体为3层，建筑高度32.8米，由体育馆、展示厅、地下游泳训练馆3部分组成。体育馆比赛场地以篮球为主，也可作为羽毛球、乒乓球、手球等单项比赛场地，设3600个座位，可承接省级单项室内比赛或大型文艺演出。展览厅面积7000平方米。地下一层设50米×25米八泳道游泳训练池。2014年5月至7月，中国乒乓球俱乐部超级联赛八一女团主场在会展中心举行，8月，国家体育总局篮管中心主办的中美篮球对抗赛（中国国奥队与美国明星队）在此举行。2015年6月，市第二十届运动会老年组太极拳、太极剑比赛在此举行。8月，全国青年跆拳道锦标赛乙组比赛在此举行，有300余人参赛。

东平体育会展中心健身广场　2014年建成，位于会展中心外广场，占地面积28亩，投入资金1200万元，建有标准龙式网球场1个，标准龙式篮球场1个，健身路径1处，广场舞场地3片，有健身器材30余件，是县城西部居民健身的主要场地，每天锻炼的群众1500余人。

东平县老干部活动中心广场　2005年4月建成，位于县城佛山街中段县老干部活动中心外广场，占地面积2000平方米，建有象棋活动区1处，室外舞蹈池1处，门球场2处，健身路径1处，有健身器材20件，是县城驻地离退休人员及居民健身场所，每天锻炼者800人。

第八节 体育彩票

一、机构

2000年2月，东平县体委设体彩科，负责全县体育彩票管理服务工作。2010年，东平县体育彩票管理办公室成立，隶属于泰安市体彩中心、东平县体育局双重管理，设专职副主任1名，管理员1名，业务员2名。至2015年12月，东平县体彩办机构、人员未变。

二、彩票销售

2009年，县内有体育彩票销售站点22个，销售体育彩票2001.87万元。2010年起，县体彩办负责中国体育彩票东平县销售站点审批、技术服务、宣传营销、市场开拓。2011年，县内有体育彩票销售站点40个，销售体育彩票2414.29万元。2013年12月，县体彩办迁往四海城。2015年，县内有体育彩票销售站点52个，销售体育彩票4026万元。2009年至2015年12月，东平县累计销售体育彩票2.07亿元，为国家财政筹集公益资金5800万元，东平县直接受益600万元。

2009—2015年东平县体育彩票销量情况表

表 14-45　　单位：万元、个

年度	销售总量	其中		站点数量
		电脑型彩票	即开型彩票	
2009	2001.87	1791.66	210.21	22
2010	2373.61	2078.59	295.02	30
2011	2414.29	2013.13	401.16	40
2012	2554.31	2123	431.31	45
2013	3627	3195.7	432.39	48
2014	3717	3310	407	51
2015	4026	3719	307	52

第九节 体育团体

一、体育协会

1956年，东平县体育协会成立，1959年冬撤销。1998年5月，东平县武术协会成立。协会会员在美国、菲律宾、澳大利亚、加拿大等国家及中国香港地区开设武馆，传播中华武术。1999年10月，东平县乒乓球协会成立，组织全县乒乓球比赛36次，培训学员1500人次。12月，东平县象棋协会成立。2003年4月，东平县钓鱼协会成立，先后举办30次钓鱼比赛。2009年，东平县安山龙舟协会成立，先后协助东平县举办4届国际龙舟邀请赛、1届全国龙舟邀请赛、3届山东省龙舟邀请赛。 9月，东平县围棋协会成立。2011年1月，东平县自行车运动协会成立，举办自行车环东平湖游活动，组织车友赴青海省观摩“环青海湖国际公路自行车赛”，参加东平国际露营大会自行车超级300比赛。2013年5月，东平县篮球协会成立，先后承办“康桥丹郡杯”中美男篮对抗赛等4次比赛。参加山东省体育总会主办的全省全民健身百县篮球赛威海赛区比赛，获三等奖。2014年1月，东平县乔氏桌球协会成立。2015年1月，东平县信鸽协会成立。至2015年12月，县内有体育协会10家，会员1630人，组织承办国际比赛7次，组织承办全省比赛3次，参加省级比赛15次。

二、体育俱乐部

2004年6月，东平县虎威跆拳道俱乐部成立。2005年5月，东平县高级中学体育俱乐部成立。2006年2月，东平县钓鱼俱乐部成立。2008年，东平县乒乓球俱乐部、篮球俱乐部成立。2009年，东平县卫东乒乓球俱乐部、水浒龙舟俱乐部、广东乒乓球俱乐部成立。2010年，明星国际健身俱乐部、黑带龙舞跆拳道俱乐部成立。2012年，东平县英伦健身俱乐部、奥兰乒乓球俱乐部成立。2013年，东平庆各散打搏击俱乐部、接山跆拳道散打俱乐部、尚武散打跆拳道俱乐部成立。2014年5月，东平县博弘跆拳道馆成立。至2015年12月，县内有体育俱乐部16家，会员3123人。

第七章　新汶矿业集团有限责任公司

新汶矿区有着百年的现代开采历史。日军侵华时期，日本侵略者霸占了新汶矿区煤矿，煤炭资源全部被劫掠。1948年6月，泰安解放后，新汶矿区成立办事处工会委员会，矿区职工始开展体育活动。1949年10月，省人民政府工矿部成立新汶办事处，管理新汶矿区。1956年9月，成立山东省新汶矿务局，时有矿井6对，年生产能力180万吨。1988年10月，被国家批准为特大型企业。1998年3月，改制为新汶矿业集团有限责任公司（简称新汶矿业集团）。2001年，新矿集团位列全国工业经济500强第180名。2011年3月，山东能源集团组建，新汶矿业集团为山东能源权属企业之一。2013年，有下属企业29个，矿井21对，资产总额920亿元，营业总收入724亿元，员工9.7万人，矿区生活人口30万人。

第一节　管理机构　场地设施

一、机构沿革

1948年6月，新汶矿区成立新汶矿区办事处工会委员会，矿区体育工作由工会负责。1955年，成立新汶煤矿体育协会。1956年5月1日，成立新汶煤矿体协理事会。1957年6月，中国煤矿工会新汶矿区筹委会成立，7月，配备1名专职体育干部。1963年11月，成立中国煤矿体育协会新汶矿区委员会理事会，理事会下设办公室、运动部、总务部，理事会任期1年。1964年11月，矿务局召开第二次体协代表大会，选举产生新一届中国煤矿体育协会新汶矿区理事会，具体工作由矿区工会负责。“文化大革命”时期机构瘫痪。1973年6月，中国煤矿工会新汶矿区委员会（简称：矿区工会）成立，体育工作由矿区工会负责。1979年，新汶矿务局体育协会成立，所属各单位也相继建立体协。1981年1月，新汶矿务局成立体育运动委员会，办公室设在矿区工会。1990年，新汶矿务局体委更名为体育部，划归矿区工会。1998年12月，新汶矿业集团有限公司工会委员会（简称：集团工会）成立，集团工会设文体部，体育工作由文体部负责。2015年，新汶矿业集团有限公司工会设宣教文体部，矿区体育工作由宣教文体部负责。

二、领导机构

1948年6月，艾德盛任新汶矿区办事处工会委员会负责人。1949年5月，许允志任新汶矿区办事处工会会长。1951年6月，张庆来任新汶矿区办事处工会主任。1953年，宋广俊任新汶矿区办事处工会主席。1956年，江树林任新汶矿区办事处工会主席。1957年6月，安学臣任中国煤矿工会新汶矿区筹委会主任。1960年，武忠民任新汶矿区工会筹委会主任。1964年，李兆伦任矿区工会筹委会主任。1973年6月，亓占海任中国煤矿工会新汶矿区委员会主任。1980年3月，段明定任矿区工会主席。1981年1月，新汶矿务局成立体育运动委员会，王学万兼任主任。1983年3月，王学万任矿区工会主席。1986年2月，江心坦任矿区体委主任。1990年5月，张开顺任矿区工会主席。1994年8月，江心坦任矿区工会主席。1998年3月，贾曰惠任新汶矿业集团有限公司工会委员会（简称：集团工会）主席。2001年5月，高明金任集团工会主席。2006年6月，曹民清任集团工会主席。2010年12月，张明毅任集团工会主席。

1948—2015年新汶矿业集团有限责任公司（矿区办事处、新汶矿务局）工会领导班子情况表

表14-46

机构名称	届　次	姓　名	职　务	任职时间
新汶煤矿工会	1948.6—1957.6	艾德盛	负责人	1948.6—1949.5
		许允志	会　长	1949.5—1950.5
		张庆来	主　任	1951.6—1953
		宋广俊	主　席	1953—1956
		江树林	主　席	1956—1957.6
		牛珍堂	副会长	1949.5—1950.6
		王奎远	副主任	1950—1951
		马守训	副主任	1952—1953
		孙谈文	副主席	1953—1957.6
		宋学景	副主席	1954—1956
中国煤矿工会新汶矿区筹委会	1957.6—1973.6	安学臣	主　任	1957.6—1960
		武忠民	主　任	1960—1963
		安学臣	主　任	1963—1964
		李兆伦	主　任	1964—1969
		张　明	副主任	1957.6—1960
中国煤矿工会新汶矿区筹委会	1957.6—1973.6	仇业华	副主任	1960—1962
		鹿家让	副主任	1961—1963
		赵俊卿	副主任	1963—1964
		李培松	副主任	1963—1965
		李明贵	副主任	1963—1965
		刘圣武	副主任	1965—1972
		袁成贤	副主任	1969—1973

续表 14-46

机构名称	届　次	姓　名	职　务	任职时间
中国煤矿工会新汶矿区委员会	第一届（973.6—1980.3）	亓占海	主　任	1973.6—1980.3
		刘文圣	副主任	1973.6—1980.3
		王福德	副主任	1973.6—1979.10
		吴茂英（女）	副主任	1973.6—1980.3
	第二届 1980.3—1984.3	段明定	主　席	1980.3—1983.3
		王学万	主　席	1983.3—1984.3
		刘文圣	副主席	1980.3—1983.7
		王学银	副主席	1980.3—1984.3
		王朋一	副主席	1981.7—1981.10
		王光峰	副主席	1982.7—1983.7
		邱家平	副主席	1982—1983.3
		栾同竹	副主席	1983.7—1984.3
	第三届 1984.3—1987.7	王学万	主　席	1984.3—1987.7
		王学银	副主席	1984.3—1984.7
		栾同竹	副主席	1984.3—1987.7
		杨玉俊	副主席	1984.8—1986.6
		曹民清	副主席	1984.8-1985.6
		黄振孝	副主席	1985.9—1985.11
		郭广才	副主席	1986.6—1987.7
	第四届 1987.7—1990.5	王学万	主　席	1987.7—1990.5
		郭广才	副主席	1987.7—1988.1
		栾同竹	副主席	1987.7—1990.5
		王文廷	副主席	1987.7—1988.11
		李保田	副主席	1988.1—1990.2
		李振兴	副主席	1990.2—1990.5
	第五届 1990.5—1995.5	张开顺	主　席	1990.5—1994.8
		江心坦	主　席	1994.8—1995.5
		栾同竹	副主席	1990.5—1995.5
		李振兴	副主席	1990.5—1995.5
		安　波	副主席	1991.3—1995.5

续表 14-46

机构名称	届　次	姓　名	职　务	任职时间
中国煤矿工会新汶矿区委员会	第六届 1995.5—1998.12	江心坦	主　席	1995.5—1998.3
		贾曰惠	主　席	1998.3—1998.12
		任玉明	副主席	1995.5—1997.3
		李振兴	副主席	1995.5—1997.3
		李秋沛	副主席	1995.5—1997.3
		李元木	副主席	1997.3—1998.12
		王志英	副主席	1997.3—1998.12
新汶矿业集团有限责任公司工会	第一届 1998.12—2004.8	贾曰惠	主　席	1998.12—2001.5
		高明金	主　席	2001.5—2004.8
		李元木	副主席	1998.12—2004.7
		王志英	副主席	1998.12—2004.7
		任增山	副主席	2001.6—2002.8
		安临城	副主席	2002.12—2003.9
		李同琦	副主席	2004.7—2004.8
		李　文	副主席	2004.7—2004.8
	第二届 2004.8—	高明金	主　席	2004.8—2006.6
		曹民清	主　席	2006.6—2010.12
		张明毅	主　席	2010.12—
		李同琦	副主席	2004.8—2005.10
		李　文	副主席	2004.8—2010.12
		周长伟	副主席	2007.7—
		翟卫东	副主席	2007.7—

三、老年体协

1988年，新汶矿务局老年人体育协会成立，亓占海任主席，王学万、李保田任副主席。1993年王仲先任主席，程学安、常振亭、韩其谨任副主席。1998年3月18日，矿务局改制后称新汶矿业集团有限责任公司老年人体育协会，王圣合任主席、韩其谨任副主席。2002年王圣合任主席，曹民青、连传胜、李国苍任副主席。2007年彭绪军任主席，安广君、连传胜任副主席。2013年彭绪军、张明毅、史连池、刘方国任名誉主席，安广君任主席，王仲先、李保田、连传胜任副主席。至2015年，无变化。

四、场地设施

1948年年底，孙村、张庄、安仙矿分别建起篮球场。1956年，矿务局在新汶建设灯光球场和运动场各1处。1962年，全局篮球场增加到13个，乒乓球室12个。1970年2月，新汶矿务局建设露天灯光球场1个，灯光球场为水泥构造、三合土底场、十二层台阶，设有东西北三面看台，可容纳2500名观众。除进行篮球比赛外，还可以进行体操、武术、举重等项活动。1971年，全局增添篮球场17个，单双杠51架。1981年末，全局有篮球场地196个。1983年8月，华丰矿建可容纳1000人的旱冰场1个。1984年9月，汶南矿投资1.1万元，建成灯光娱乐场，建筑面积1106平方米，内有篮球、羽毛球、网球和排球场等。

1986年11月，新汶矿务局文体中心建成，建筑面积51726平方米，工程造价155万元。1988年4月，新汶矿区举重训练馆建成。该训练馆由国家煤炭部拨款、矿务局负责筹建，为全国煤炭系统规模最大的举重训练馆。1990年6月29日，新汶矿务局建设文体中心体育馆。体育馆东西长60米，南北宽38米，建筑面积4877米；中央比赛厅设座席2700个，其照明、音响、计时、记分等设施均按北京亚运会比赛场馆的器材标准设置。1995年，新汶矿务局投资2000万元在文体中心新建标准化田径运动场、游泳池、举重训练房、健美训练房及体育馆。

2010年，新汶矿业集团有篮球场地196个（包括局属24所学校，下同），其中排球场58个，灯光篮球场5个，田径运动会场4个，乒乓球室50间，游泳池2个，旱冰场2个，有单双杠135架，乒乓球台110个，门球场地6个，其他体育器材180余种。2015年，有24个田径运动场24处、篮（排）球场58个、游泳池3处、乒乓球室120个；组建篮球、举重、健美等业余运动队160多支；成立体育兴趣爱好者协会7个。

第二节　群众体育

1948年泰安全境解放后，孙村、张庄、安仙矿组建篮球队，新汶矿区工会开始组织开展篮球比赛等体育活动。新中国成立后，机关及所属单位成立了篮球、排球、乒乓球、拔河等体育队，之间自由协商找对子，开展体育比赛。1955年，省工矿部新汶办事处举办首届矿区田径运动会，设置20个比赛项目，有200多名运动员参加比赛。1956年，矿务局各单位举办车间锦标赛、友谊赛、乒乓球比赛、男女体操表演等活动。同年，选拔运动员参加全国煤矿分区联赛，有5人获得正式运动员凭证。1962年秋季，矿务局举办秋季运动会，比赛项目有篮球、乒乓球和棋类等，近200名运动员参加比赛。1965年12月，新汶矿区工会组织职工群众广泛开展四球（篮球、排球、乒乓球、羽毛球）及登山、游泳、射击等活动，各单位积极响应，经常开展比赛。“文化大革命”期间，体育活动停止；1971年，体育活动逐渐恢复。

1985年2月23日，新汶矿务局召开电话会议，贯彻山东省委、省政府《振兴山东体育，提高全社会体育水平》大会精神。会议设主会场和14个分会场，矿务局党、政、工主要领导参加会议。会后矿务局领导参加职工长跑活动。1987年，新汶矿务局有业余篮球队28支，乒乓球队26支，中国象棋队18支，越野长跑队19支，举重队4支，摔跤队2支。有业余运动员1000余人、体育骨干5000余人、常人参加各种体育活动的职工有2万多人。1996年，围绕推进《全民健身计划纲要》的落实，矿区工会先后举办新汶矿区职工围棋、中国象棋、“矿工杯”篮球、排球、乒乓球、羽毛球、游泳比赛及体育舞蹈、健美、广播操等项目展演活动。2001年5月8日，新汶矿业集团举办第二届老年人运动会，21支代表队1012名运动员参加比赛。

2003年，中国煤矿体协全民健身工作现场会在新汶矿业集团召开，新汶矿业集团介绍了集团全民健身工作经验，与会代表参观机关驻地及孙村、张庄等社区全民健身活动现场。2004年，新汶矿业集团举办职工篮球、乒乓球、羽毛球、门球、中国象棋、围棋、健身体操等10余项体育比赛活动；所属各社区按照《全民健身计划纲要》和国家煤矿体协“实施意见”，均建文体活动广场。2008年年初，新汶矿业集团工会印发《关于举办职工文体系列活动的安排意见》，当年举办中国象棋、围棋、长跑、篮球、羽毛球、排球、乒乓球、嗒嗒球、团体操、团体舞、太极剑等多个项目的比赛。

2010年，新汶矿业集团开展长跑、田径、篮球、排球、羽毛球、乒乓球、健身舞、太极拳、广场健身操、健步走等体育活动；举办“矿工杯”职工篮球、第二届职工钓鱼、职工嗒嗒球、乒乓球、排球、羽毛球、篮球等10余项比赛。2012年，新汶矿业集团举办职工健身运动会及拔河、乒乓球等体育比赛，1000多人参加比赛；代表山东能源集团参加山东省第六届职工运动会围棋、中国象棋、女子拔河、田径、健美比赛，并取得好成绩。

2013年，新汶矿业集团被国家体育总局授予“全国全民健身先进单位”称号，中国煤矿体协主席戴璐强亲临授牌，总经理张文揭牌。同年，成立泰安市老年体协新汶矿业集团分会；参加泰安市第十九届运动会暨第三届全民健身运动会，并获拔河比赛冠军。2014年5月30日，中国煤矿体育协会山东煤矿职工体质监测中心暨新汶矿业集团职工体质监测中心在泰安天乐城正式挂牌成立，当年先后组织了七批煤矿职工进行体质监测。6月10日，山东能源集团举办首届“超越杯”职工拔河比赛，新汶矿业集团男子拔河队获第二名、女子队获第一名，团体总分第一名。7月，承办山东能源“超越杯”职工中国象棋、围棋比赛，新汶矿业集团获围棋团体冠军、中国象棋团体亚军。7月27日，山东省举办第六届“万人象棋”泰安赛区比赛，李永国获个人第一名，新汶矿业集团获团体一等奖。

2015年3月，山东省第三届老年人运动会台球比赛在济南举行，新汶矿业集团老年体协队获两个一等奖，一个二等奖；4月14日至15日，山东省第六届职工运动会“莱钢杯”拔河比赛在莱芜举行，新泰矿业集团女子代表队代表山东能源集团参加比赛，夺得第三名，获运动会“体育道德风尚奖”。5月7日至8日，新汶矿业集团公司女子拔河队代表山东能源参加在淄博举办的全国煤矿第五届职工运动会获冠军。年内，新汶矿业集团开展“新广场文化”活动，培训骨干200余名，成立广场舞、篮球、太极拳、秧歌、国标舞、空竹等文体活动队伍20多支，举办体育比赛20多项，矿区常年参加体育活动的职工4.6万余人。

第三节　特色体育

一、举重

20世纪80年代初，新汶矿务局开始发展举重项目。1984年，由矿务局输送到国家举重队的运动员李炳军在雅加达举行的世界青年举重比赛上，获82.5公斤级3枚金牌。10月，矿务局输送运动员韩洪臣在青岛举行的全国举重冠军赛上，获52公斤级抓举金牌，挺举铜牌，总成绩银牌。1986年年初，新汶矿务局组建举重队，有男、女队员20人，矿务局二中教练王成继任队长兼教练。1988年，新汶矿务局举重训练馆建成，该训练馆由煤炭部拨款，为全国煤炭系统规模最大的举重训练馆。3月23日，首届国际举重联合会“维诺尼亚杯”女子举重锦标赛在匈牙利布达佩斯举行，魏霞获女子44公斤级总成绩金牌。1988年5月14至17日，第二届全国煤矿职工运动会男子举重比赛在新汶矿务局举重训练馆举行，来自全国9个省、自治区的15支代表队105名运动员进行了10个级别的比赛。新汶矿务局举重队获12枚金牌、7枚银牌、1枚铜牌，获团体总分第一名。1989年，王根英获第四届世界女子举重锦标赛67.5公斤级冠军。1992年3月27日至31日，新汶矿务局女子举重队代表中国煤矿体协参加在长春举行全国女子举重锦标赛，有6名运动员获国家健将和一级运动员称号。4月3日，中煤总公司召开祝贺座谈会，副总经理胡富国出席会议，称赞新汶矿务局运动员为全国500万煤炭职工争了光。1993年，在全国第七届运动会上，新汶矿务局王根英、张明星、梁京芳、徐爱兰、李敏、安波6名举重运动员闯入决赛。其中，王根英以抓举115.5公斤、挺举150.5公斤、总成绩265公斤打破三项67.5公斤亚洲纪录，获国际健将和十大体育明星称号；在中国煤矿体协代表队15.5分的积分中，新汶矿务局举重运动员占9分。至2015年，新汶矿区举重运动员李炳军、韩洪臣、魏霞、王根英、韩鲁娜、周杰、王成柱、张伟、王春明、张明星、梁京芳、徐爱兰、李敏、王洛惠、刘丽丽、王洪国、安波等，共51次打破世界、全国和山东省纪录，获8枚世界举重锦标赛金牌，2枚亚洲举重锦标赛金牌，179枚省以上举重比赛金牌。先后向省举重队、泰安体校输送李炳军、韩洪臣、魏霞、王根英、韩鲁娜、梁京芳、徐爱兰、安波等一批优秀运动员。举重队队长兼教练王成继被煤炭部授予"全国煤炭系统优秀教练员"称号。

二、健美

20世纪80年代初，新汶矿务局开始发展健美项目。1984年，组建新汶矿务局健美运动队。1987年，王力劲在北京举行的第五届全国健美锦标赛上，获得65公斤级金牌。1988年10月，中央新闻纪录电影制片厂来新汶矿务局拍摄矿务局健美队的训练与表演纪录片，在全国上映。1989年10月7日，在日本大阪市举行的第二十五届亚洲健美锦标赛上，王力劲获65公斤比赛第四名。1990年，在昆明举行的第八届全国"力士杯"健美锦标赛上，王力劲获得男子70公斤级第一名；邵长玉获得男子65公斤级第一名；陈继学获得男子90公斤级第二名。1995年，在重庆举行的亚洲健美锦标赛上，秦成勇获得75公斤级金牌，是中国队获得的首枚国际比赛健美金牌。1996年，新汶矿业集团健美代表队在辽宁沈阳举行的"康氏杯"全国健美锦标赛上，获团体第一名。2007年，山东省健美锦标赛济南举行，新汶矿业集团马培厂获男子65公斤级冠军，马培厂、马新秀获男女混双冠军，代表队获团体总分第三名。2009年，新汶矿业集团健美运动队在山东省健美锦标赛暨健身先生、健身小姐大赛上，获男子65公斤级冠军、男子80公斤级冠军、女子46公斤级冠军，获团体总分第二名。2011年5月至10月，新汶矿业集团健美运动队代表泰安市参加山东省第一届全民健身运动会健美健身比赛，马培厂、王文晓、冯静分别获得个人65公斤级、49公斤级、46公斤级第二名；马燕、陈立京分别获得个人52公斤级、90公斤级第三名。2014年9月，全国健美公开赛在武汉举行，马培厂获得男子60公斤级冠军；马培厂、王玉莲获混合双人第五名。

三、篮球

1948年，孙村、张庄、安仙矿建有篮球场，开展篮球活动。1956年5月，新汶矿务局建篮球灯光球场和运动场。1958年，新汶矿务局张庄煤矿成立男子、女子篮球队，各矿也相继成立篮球队。1960年，新汶矿务局有男女篮球队45支。1962年，全局有篮球场13个。1963年，举办新汶矿区篮球联赛，全区45支篮球队300余名运动员参加比赛。自1963年起，篮球联赛每年举行一次。1965年，新汶矿区工会在职工中开展"四球"（篮球、乒乓球、排球、羽毛球）活动。"文化大革命"时期有组织的体育活动停止。1981年，新汶矿务局一中男女篮球队双获全省大企业中学篮球赛冠军。9月，新汶矿务局举行篮球锦标赛，21个单位320名男女运动员参加比赛。1982年3月，新汶矿区举行第一届"矿工杯"篮球赛，有20个单位300名运动员参加比赛；自1982年，新汶矿区工会每年举行一届，共举办30届。1984年，新汶矿务局篮球队参加煤炭部在平顶山举行的全国煤矿第一届"乌金杯"篮球赛，获第二名。1989年，新汶矿务局篮球队参加煤炭部在阳泉举行的全国煤矿男子篮球邀请赛，获第一名。1993年11月，新汶矿区承办山东煤矿第二届职工运动会男子篮球比赛，新汶、枣庄、肥城、淄博、兖州、坊子矿务局及山东煤矿设计院、山东煤矿物资经营总公司8支代表队参赛，新汶局获冠军。2004年7月至8月，全国煤炭体协举办第十六届全煤“乌金杯”篮球联赛，新汶矿业集团男子篮球队获冠军。自1984年到2014年，新汶矿业集团篮球队参加全国煤矿30届“乌金杯”篮球比赛，均取得优异成绩。

第四节　体育竞赛

一、参加国际及全国体育比赛

1.参加国际体育比赛

1984年至2015年，新汶矿业集团输送运动员李炳军、王根英（女）、魏霞（女）、韩洪臣、王力劲、秦成勇在国际锦标赛、冠军赛、亚洲锦标赛、冠军赛中，共获10枚金牌、1枚银牌。

2.参加全国体育比赛

1979年至2015年，新汶矿业集团运动员及输送运动员周杰、王成柱、魏霞（女）、赵丰东、张伟、王春明、韩鲁娜（女）、安　波、王洪国、张明星、李敏（女）、徐爱蓝（女）、王洛惠（女）、刘丽丽“女”、梁京芳（女）、王根英（女）、刘义秋、王力劲、邵长玉、陈继学、陈立京、秦成勇、马培广等，在全国锦标赛、冠军赛、邀请赛中，获24枚金牌、10枚银牌、3枚铜牌。

二、参加省体育比赛

1989年至2015年，新汶矿业集团运动员梁京芳（女）、王洪国、安波、王洪国、张明星、李敏（女）、徐爱兰（女）、王秀香（女）、王力劲、马培厂、滕兴龙、邵长玉、陈立京、陈继学、郭忠美、王丽珍（女）、廖延广在全省锦标赛、冠军赛、省煤炭系统比赛中获18枚金牌。

三、承办体育赛事

1986年5月15日至18日，全国煤矿举重邀请赛在新汶矿务局举行。共设19个级别57项比赛，全国9支代表队87名运动员参加了比赛，新汶矿务局男、女代表队分别夺得团体总分第一名。

1986年6月26日至27日，全国煤炭系统第二届“乌金杯”职工篮球赛第一阶段比赛在新汶矿务局举行。全国煤炭系统18支男女篮球队、300多名运动员参加比赛。新汶矿务局男子篮球队获第一名；女子篮球队获第三名。

1988年5月14日至17日，全国第二届煤矿职工运动会男子举重比赛在新汶矿务局举行。设10个级别26个项目的比赛，9个省、自治区15支代表队105名运动员参加比赛。新汶矿务局举重运动员获12枚金牌、7枚银牌、1枚铜牌，获团体总分第一名。

1990年，全国煤矿健美选拔赛在新汶矿务局举行。新汶矿务局运动员邵长玉、任采志、王力劲、刘义秋、陈立京、陈继学、王秀香、王丽珍等参加比赛，获5枚金牌，7枚银牌，3枚铜牌。

1991年6月16日，全国煤矿首届“进步杯”男子篮球赛在新汶矿务局举行，全国煤炭系统16支代表队参加比赛，新汶矿务局获亚军。

1993年11月11日至15日，山东煤矿第二届职工运动会男子篮球比赛在新汶矿务局举行。来自枣庄矿务局、淄博矿务局、兖州矿务局、肥城矿务局、坊子煤矿、山东煤矿设计院、山东煤炭物资经营总公司及新汶矿务局等8支代表队参加了比赛，新汶矿务局代表队获冠军。

2003年，山东煤矿第三届职工运动会篮球比赛在新汶矿业集团举行。枣庄矿务局、淄博矿务局、兖州矿务局、肥城矿务局、坊子煤矿、山东煤矿设计院、山东煤炭物资经营总公司等16支男、女代表队参加比赛。

2014年8月12日至14日，山东煤矿职工“新矿杯”乒乓球比赛在新汶矿业集团举行。比赛分男子团体、女子团体和男子单打、女子单打4个项目，全省煤炭系统52名男选手和32名女选手参加比赛。新汶矿业集团张绪龙和朱萌获男子单打冠亚军，贾晓囡、孔祥莲获得女子单打第四、第五名；新汶矿业集团获男子团体第一名、女子团体第三名。

四、举办运动会

1955年，新汶矿务局田径运动会在新汶举行。设比赛项目20个，有200多名运动员参加比赛。

1987年6月，新汶矿务局首届运动会在矿务局一中举行。设12个大项比赛项目，有20多支代表队2000多名运动员参加比赛。

1995年，新汶矿务局举行第二届职工运动会。设围棋、中国象棋、田径、篮球、乒乓球、老年门球、老年人越野赛、老年台球、老年象棋、老年四十二式太极剑、中学生篮球、中小学田径等13个项目的比赛，全局30个代表团3000名运动员参加比赛。

2011年，新汶矿业集团举办“我运动·我健康·我快乐”职工健身运动会。有22个代表队300名运动员参加比赛。

第五节　荣　誉

1992年，新汶矿务局被山东省政府授予“山东省群众办体育先进单位”称号。1993年，新汶矿务局被国家体委授予“全国群众体育先进单位”称号。2005年，被中国煤矿体育协会授予“第十届全运会贡献奖”称号。2013年，新汶矿业集团公司被国家体育总局授予“全国全民健身先进单位”称号。

1992—2008 年新汶矿业集团有限责任公司（新汶矿务局）体育工作获省以上表彰情况表

表 14–47

时间	获奖单位	荣誉名称	表彰机关
1992	新汶矿务局	全国煤矿体育先进单位	中国地质工会、中国煤矿体育协会
		山东省群众办体育先进单位	山东省政府
1993	新汶矿务局	伯乐奖、鼓励奖	中国煤矿体育协会
		国家群众体育先进单位	国家体委
1998	新汶矿业集团	国家煤矿第三届职工运动会最佳组织奖、最佳赛区奖	中国地质工会、中国煤矿体育协会
2000	新汶矿业集团、孙村煤矿、良庄煤矿、协庄煤矿、华丰煤矿、翟镇煤矿、鄂庄煤矿	全民健身活动先进单位	中国地质工会、中国煤矿体育协会
2004	新汶矿业集团、孙村煤矿、协庄煤矿、鄂庄煤矿	百万职工健身活动先进单位	中国能源化学工会、中国煤矿体育协会
	协庄煤矿	全国城市体育先进社区	国家体育总局、中央文明办
2005	新汶矿业集团	第十届全运会“贡献奖”	中国煤矿体育协会
		2002—2005 全省群众体育先进单位	山东省体育局

续表 14-47

时间	获奖单位	荣誉名称	表彰机关
2006	新汶矿业集团	全国群众体育先进单位	国家体育总局
	新汶矿业集团公司、孙村煤矿、良庄煤矿、协庄煤矿、华丰煤矿、鄂庄煤矿、矿山救护大队、	2002—2006 全国煤矿群众体育先进单位	中国煤矿体育协会
2007	新汶矿业集团	全国煤矿群众体育先进单位	中国煤矿体育协会
2008	新汶矿业集团	山东省职工体育工作先进单位	山东省总工会、山东省体育局
	新汶矿业集团、孙村煤矿、良庄矿业、集团公司机关	全省煤炭系统职工“迎奥运活动月”优秀组织奖	山东省煤矿工会、山东煤矿文体协会
	新汶矿业集团、集团公司机关、孙村煤矿、良庄矿业、协庄煤矿、翟镇煤矿、盛泉矿业、鄂庄煤矿、华恒矿业、矿山救护大队、泰兴物业、华新房地产	全国煤矿“全民健身与奥运同行”活动先进单位	中国煤矿体育协会
2013	新汶矿业集团	全国全民健身先进单位	国家体育总局

第八章　肥城矿业集团有限责任公司

1958年7月1日，建立肥城矿务局筹建处。1959年3月1日，成立肥城矿务局。1985年，有南高余煤矿、大封煤矿、杨庄煤矿、曹庄煤矿、陶阳煤矿、国庄煤矿、查庄煤矿、白庄煤矿等8个煤矿及3家洗煤厂。1986年，肥城矿务局划归煤炭部管理。1998年3月，改制为国有独资公司，更名为肥城矿业集团有限责任公司（简称肥城矿业集团），系国家经贸委确定的全国512家国有重点企业之一。2002年，肥城矿业集团有肥城、梁宝寺2个煤田，大封、杨庄、曹庄、陶阳、国家庄、查庄、白庄煤矿7个生产矿井，4家洗煤厂；辖高余实业、金诺、宏达等子公司5家，医院、学校等二级单位21个，职工3.03万人，矿区生活人口10万余人。2008年，煤产量800万吨，销售收入83.4亿元。2011年3月，山东能源集团组建，肥城矿业集团为山东能源权属企业之一。至2015年未变。

第一节　管理机构　场地设施

一、领导机构

1958年11月，组建中国煤矿工会肥城矿区委员会，王华勇任主任，职工体育工作由工会组织负责。1970年9月，肥城矿务局召开工人代表会，选举产生第一届肥城矿务局工会，汪风堂任主任。1980年，肥城矿务局工会改名为中国煤矿工会肥城矿区委员会，简称肥城矿区工会。至1998年，共召开5次职工代表会，选举产生5届工会委员会。1998年11月，召开第一届肥城矿业集团有限责任公司职工代表会，选举产生第一届工会领导班子，曹登兰任主席。后满慎刚、高权城、张圣国先后任主席。

1958—2015年肥城矿业集团有限责任公司（肥城矿务局）工会领导班子情况表

表 14-48

机构名称	届　次 （时间）	姓　名	职　务	任职时间
中国煤矿工会肥城矿区委员会	1958.11—1970.9	王勇华	主　任	1958.11—1961.9
		张庆来	主　席	1961.9—1963.4
		许兴仁	副主席	1961.9—1963.4
		李洁深	副主席	1963.4—1965.2
		闫士林	副主席	1965.2—1970.9
	第一届 1970.9—1973.6	汪风堂	主　任	1970.9—1973.6
		康永和	副主席	1970.9—1973.6
		闫士林	副主席	1970.9—1973.6
中国煤矿工会肥城矿区委员会（肥城矿务局工会）	第二届 1973.6—1980.4	闫士林	主　任	1973.6—1976.5
中国煤矿工会肥城矿区委员会（肥城矿务局工会）	第二届 1973.6—1980.4	康永和	主　任	1973.6—1977.8
		张连坡	副主任	1977.8—1978.10
		李同辰	副主席	1973.6—1980.4
		王素兰	副主席	1973.6—1976.10
	第三届 1980.4—1984.4	阚昭东	主　席	1980.4—1981.4
		王来庆	主　席	1983.3—1984.4
		李同辰	副主席	1980.4—1984.4
		栾喜昌	副主席	1980.4—1983.6
		于国基	副主席	1983.9—1984.4
	第四届 1984.4—1988.5	王来庆	主　席	1984.4—1988.5
		李同辰	副主席	1984.4—1988.5
		于国基	副主席	1984.4—1988.5
	第五届 1988.5—1998.4	司志发	主　席	1988.5—1997.8
		李同辰	副主席	1988.5—1989.3
		于国基	副主席	1988.5—1998.4
		孙绪良	副主席	1989.5—1990.4
		杨长江	副主席	1989.3—1992.1
		王家玉	副主席	1990.4—1996.12

续表 14-48

机构名称	届　次（时间）	姓　名	职　务	任职时间
肥城矿业集团有限责任公司工会	第一届 1998.11—	曹登兰	主　席	1998.11—2004.1
		满慎刚	主　席	2004.1.—2008.9
		高树成	主　席	2008.9—2014.4
		张圣国	主　席	2015.3—
		于斌峰	副主席	1998.11—2001.4
		费瑞宏	副主席	1998.11—2001.3
		秦宝生	副主席	2001.3—2003.4
		高光炳	副主席	2003.11—2005.4
		张春明	副主席	2001.5—2009.4
		王加华	副主席	2002.2—2006.11
		马　成	副主席	2009.7—2015.4
		吴明慧	副主席	2007.11—
		杨　勇	副主席	2015.4—

二、工作机构

1958年11月，肥城矿区工会宣传部负责职工体育活动。1970年9月，职工体育活动由矿务局工会宣传部负责。1980年，肥城矿务局工会更名为中国煤矿工会肥城矿区委员会（简称肥城矿区工会），职工体育活动由矿区工会宣传部负责。1990年5月6日，肥城矿务局和矿区工会联合行文，成立肥城矿务局文体办公室，文体办公室既是矿务局的行政单位，也是工会的一个部门，矿区体育活动有文体中心负责，工人文化宫负责组织具体活动。1994年，职工体育工作从文体中心剥离，成立矿务局工会宣教文体部，职工体育活动由工会宣教文体部负责。1998年3月，肥城矿业集团职工体育活动由工会宣教文体部负责，至2015年未变。

三、老年体协

1987年，肥城矿务局老年人体育协会成立，阚昭东任名誉主席，韩荣富任主席，王来庆等5人任副主席。1988年，王来庆为任主席。1990年，阚昭东、韩荣富、王来庆任顾问，司志法任主席，于国基、王文章、陈清富、翟德荣、王玉亮任副主席。1994年12月，阚昭东、韩荣富、王来庆任顾问，于学志、吴明任名誉主席，司志法任主席，王玉亮任常务副主席，陈联渠、于国基、姜成健、翟德荣、刘可清任副主席。1998年3月，矿务局改制后称肥城矿业集团有限责任公司老年体协。2004年5月，阚昭东、杨继彬、谭秀蓬、杨丙礼、韩荣富、王来庆任顾问，张玉海、许灵任名誉主席，满慎刚任主席，李学银、任桂芹、高新东、高光炳、韩富祥、张驹、林修芹、王瑞池任副主席。2015年5月，杨继彬、谭秀蓬、杨丙礼任顾问，张圣国任主席，邱民、韩富祥、李秀萍、邹战本、张驹、王瑞池任副主席。

四、场地设施

（一）概况

1959年，各基层单位设有乒乓球室、棋类活动室及篮球、排球、羽毛球等活动场地。1990年，全局有12个田径运动场，1个多功能文体活动中心，1个标准篮球训练馆。其中，矿务局田径运动场为8跑道标准运动场；文体活动中心建设有体育馆、多功能健身房等设施。2010年，肥城矿业集团所属各单位开始投资兴建社区文体小广场，2011年，建有文体小广场3个。2013年，肥城矿业集团所属各矿均都建有文体小广场及健身室、乒乓球室、足球场、篮球场、羽毛球场等。2015年，肥城矿业集团建有文体小广场19处，活动站点132个。其中，有篮球场32个、排球场36个、门球场15个。

（二）部分文体小广场简介

兴杨公司文体广场　2007年，兴杨公司文体广场建成，总面积6.58万平方米，建有舞台、篮球场、门球场、乒乓球场、网球场及绿化带，总投资186万元。每天在小广场参加体育健身锻炼的职工及驻地群众近千人。

白庄煤矿文体广场　2010年，白庄煤矿建设综合性健身休闲文化体育小广场，当年投入资金200余万元。至2015年，文化小广场面积3万平方米，建有俱乐部、老年康乐园、多功能厅、灯光塑胶篮球、门球、足球、羽毛球、乒乓球场，设有行走器、单杠、双杠、秋千及适合老年人的划船器、卧推架、漫步机、双人大转轮、太极揉推器、太极盘揉推器等器材及雕塑、绿化。多功能厅配备了跑步机、拉力器、椭圆机、健身车、综合训练器、按摩椅、按摩垫等器材。为白庄煤矿社区1万多名职工、群众的活动中心。

鲁安公司文体广场　2010年，鲁安公司文体小广场建成，总面积6000平方米，建有俱乐部大楼及舞台、篮球场、门球场、乒乓球场、网球场、绿化带等。其中，俱乐部大楼占地面积1700平方米，配有8台空调，9张乒乓球台，4张台球桌，内设舞蹈健身室、培训教学室，体育活动区等设施。自2010年至2015年，鲁安公司职工依托文体小广场先后成立拳剑操、大鼓队、广场舞、羽毛球、乒乓球5个协会。

第二节　群众体育

1974年，矿务局成立业余男、女篮球队，各矿、厂、企业均成立篮球队，全矿区共18支男女篮球队。当年5月，举办矿区第一届篮球比赛。1978年，矿务局男、女篮球队参加泰安地区体委举办的职工篮球赛，男子篮球队获第一名，女子篮球队获第三名。

1982年7月，矿务局男、女篮球队参加在枣庄矿务局举办的全省煤矿篮球邀请赛，男子篮球队获第一名、女子篮球队获第三名；9月，肥城矿务局承办泰安地区职工篮球赛分区赛，矿务局男子篮球队获第二名，女子篮球队获第三名；11月，承办全省煤矿职工中国象棋邀请赛，全省煤炭系统13个局、公司、厂的代表队参加，肥城矿务局代表队获团体第二名，刘合意获个人第一名。同年，肥城矿务局有9名队员被选进泰安代表队参加省第十二届举重比赛大会，获银牌1枚、铜牌23枚。

1990年10月，肥城矿务局参加泰安市摔跤、柔道、古典摔跤比赛，获3个团体第一名。12月，矿务局象棋代表队参加泰安市职工象棋比赛，获团体第一名。年内，矿务局体育代表队在市级以上比赛中，获金牌14枚，银牌15枚、铜牌7枚。1990年后，矿务局和各矿每年都举办田径、篮球、乒乓球、棋类等比赛。

2002年10月9日，肥城矿业集团文体中心举办首届“夕阳红”千人健身会演，来自全集团12个单位的1000名老同志，进行二十四式太极拳、形体诗韵操、四十八式太极扇三项团体及中国功夫扇、杨氏太极刀、抒怀剑、健身球、健身秧歌五个精品项目的表演，2000余人观看表演。自2010年起，肥城矿业集团每年都在全民健身月、全民健身日等节假日举办千人健身会演、老年人健身操展示活动。

2013年8月20日，成立肥城矿区文化体育协会及篮球、嗒嗒球、乒乓球、羽毛球、象棋、围棋、钓鱼、登山、自行车等9个协会，各协会每年都举行多项体育比赛和活动。2014年，肥城矿业集团组织参加山东能源集团首届“超越杯”职工拔河比赛、首届“超越杯”职工中国象棋、围棋比赛，泰安市门球、台球、激灵圈操、柔力球、健身秧歌展示、比赛及举办篮球、乒乓球、象棋、台球、健身操等比赛，2000余人参加活动。自1980年至2015年，肥城矿业集团举办门球赛29届，乒乓球比赛19届，台球赛23届，象棋比赛22届，钓鱼比赛23届。

第三节　特色体育

一、举重

20世纪70年代末，矿务局开始发展举重项目。1982年，山东省第十二届举重比赛在济南举行，肥城矿务局获银牌1枚、铜牌23枚。1986年7月，矿务局职工业余举重队成立，马燮荣任主教练，有运动员10人。10月，全国煤矿职工举重赛在新汶矿务局举行，肥城矿务局举重代表队获金牌13枚、银牌8枚，团体总分第二名。1987年6月，在淄博举行的全省青年举重比赛上，田林获75公斤级第一名，翟力强获60公斤级第一名、并破省纪录，宗学强获52公斤级第一名，孔凡刚获56公斤级第一名。9月，田林参加在湖南举行的全国少年举重比赛，获75公斤级第一名。1989年8月，全国少年举重赛在泰安举行，翟力强打破60公斤级抓举102.5公斤、挺举126.5公斤两项全国纪录。是月，全国举重比赛在长春举行，李峰获67.5公斤级银牌。9月，山东省青少年“萌芽杯”举重比赛在威海市举行，宗学强获举重56公斤级1枚金牌、2枚银牌；孔凡刚获60公斤级金牌，打破省纪录；翟力强获60公斤级金牌，打破省纪录。1998年4月，全国煤矿第三届职工运动会举重比赛在肥城矿业集团举行，共有10个代表队、100余名运动员参赛，肥城矿业集团获1枚金牌、1枚银牌、1枚铜牌，2个第四名，获团体总分第三名。

二、乒乓球

20世纪80年代中期，泰安乒乓球单打冠军张新东调肥城矿务局机械厂工会工作。在他的指导带领下，乒乓球在矿务局迅速发展，培养出赵晖、毕小爽、蔡思成、姜新建、王继利等一批乒乓球爱好者，逐渐在泰安市、省煤炭行业、全国煤矿系统打出了名气，取得了优异成绩。

1992—2010年肥城矿业集团有限责任公司（肥城矿务局）参加全国煤炭系统乒乓球赛情况表

表14-49

时　间	比赛名称	主办单位	地　点	成　绩
1992.5	全国煤矿第四届“乌金杯”乒乓球赛	中国煤矿体协	辽宁铁法矿务局	获团体总分第四名
1995.6	全国煤矿第五届“乌金杯”乒乓球赛	中国煤矿体协	平顶山矿务局	男子团体第八名
2000.5	全国煤矿第六届“乌金杯”乒乓球赛	中国煤矿体协	兖矿集团	获男职团体第四名、干部团体第五名
2001.5	全国煤矿第七届“乌金杯”乒乓球赛	中国煤矿体协	江西萍乡	干部组、职工组均获团体第四名
2002.7	全国煤矿第八届“乌金杯”乒乓球赛	中国煤矿体协	徐州矿业集团	获职工组团体第六名，干部组团体第七名

续表 14–49

时　间	比赛名称	主办单位	地　点	成　绩
2003.9	全国煤矿第九届“乌金杯”乒乓球赛	中国煤矿体协	平顶山矿业集团	干部组获团体第三名
2004.7	中国煤矿第十届“乌金杯”乒乓球赛	中国煤矿体协	大同矿业集团	职工组获团体第六名
2005.6	全国煤矿第十一届“乌金杯”乒乓球赛	中国煤矿体协	湖南株洲	获职工组团体第五名，干部组团体第八名
2008.9	全国煤第十三届“乌金杯”乒乓球赛	中国煤矿体协	汾西集团	乒乓球获团体比赛第六名
2010.10	全国煤矿第十五届“乌金杯”乒乓球赛	中国煤矿体协	兖矿集团	获团体第八名

三、篮球

1974年，肥城矿区成立矿务局业余篮球队，由矿区工会组织训练和比赛。5月，肥城矿务局第一届全局篮球赛在局机关举行，全局各矿、厂、企业篮球队19支篮球队、100余名运动员参赛，陶阳煤矿获男队第一名，曹庄煤矿获女队第一名。肥城矿务局篮球赛，每年举行一届，至2010年共举办32届。1983年，山东省第一届煤矿职工“乌金杯”篮球赛在枣庄矿务局举行，肥城矿务局男、女篮球队参加比赛，男子篮球队获第二名，女子篮球队获第二名。1984年，矿务局成立专业篮球队，郝五一任领队，娄明月任教练，共有男、女队员30余人。1985年6月，山东省第二届煤矿职工“乌金杯”篮球赛在肥城矿务局举行，肥城矿务局男子篮球队获冠军，女子篮球队获第三名。1986年10月，全国煤炭系统第二届“乌金杯”职工篮球赛在肥城矿务局举行，有16个省市24支男、女篮球代表队参加，肥城矿务局男子篮球队获男子冠军。肥城矿务局为男子篮球队召开庆功大会，局授予男子篮球队“新长征突击队”称号。1990年9月，矿务局职工男子篮球队在全国煤矿第三届“乌金杯”男子甲级队篮球预赛中获西北赛区第一名；在永荣矿务局举行的决赛中，获第五名。2010年9月，山东省煤炭系统职工男子篮球赛在新矿集团举行，肥城矿业集团男子篮球队获第五名。

第四节　体育竞赛

一、参加全国及省体育比赛

1.参加全国体育比赛

1985年9月，全国越野赛在北京举行，查庄煤矿职工子弟学校学生李秀霞（女）获得5公里、10公里2枚金牌。

1985年10月，第一届全国少年田径运动会在南京举行，李秀霞（女）获长跑1500米金牌。

1987年3月，全国第六届运动会在天津、广州举行，李秀霞获第四名，创全国最好成绩，徐银海获中国式摔跤90公斤级第四名。

1988年9月，全国田径冠军赛在天津举行，李秀霞获女子10000米金牌。

2.参加全国煤炭系统职工运动会

1988年4月至9月，全国煤矿第二届“乌金杯”职工运动会在开滦矿务局举行，肥城矿务局获举重团体第二名，武术队团体第三名，男子篮球队第四名。

1998年4月至8月，全国煤炭系统第三届职工运动会在兖州集团、肥城矿业集团举行。肥城矿业集团获游泳团体总分第六名，获举重获1枚金牌、1枚银牌、1枚铜牌，代表团获团体总分第四名。

2007年4月至9月，中国煤矿第四届职工运动会在淮南矿务局、阳泉矿务局举行，肥城矿业集团老干部代表队获团体第六名。

2015年7月至8月，中国煤矿第五届职工运动会在开滦矿业集团、云南曲靖举行，肥城矿业集团有多名运动员参加比赛。

3.参加山东省体育比赛

1985年，山东省摔跤比赛在济南举行，矿务局代表队张延文获1枚金牌，代表队获团体第三名。1988年5月，山东省第十四届运动会在济南举行，矿务局王有新获摔跤62公斤级金牌，王振民获摔跤82公斤级金牌，徐银海获摔跤90公斤级金牌；徐勇获中国式摔跤52公斤级第二名，邢振东获60公斤级第二名；获摔跤团体总分第一名。

1982年至1996年，肥城矿业集团在省各类体育比赛中获10枚金牌，5枚银牌。

1982—2012年肥城矿业集团有限责任公司（肥城矿务局）运动员参加山东省运动会情况表

表14-50

名　称	时间（年、月）	地　点	参赛成绩
山东省第十四届运动会	1988.5	济南市	王有新获摔跤62公斤级金牌，王振民获摔跤82公斤级金牌，徐银海获摔跤90公斤级金牌；徐勇获中国式摔跤52公斤级第二名，邢振东获60公斤级第二名；获摔跤团体总分第一名
山东省十五届运动会	1990.5	济南市	代表泰安市参加游泳比赛，获5枚银牌
山东省十八届运动会	1996.7	青岛市	田径获3金2银，团体第六名；中国式摔跤获1枚金牌，1枚银牌，团体第四名；游泳比赛，1人获第四名，团体获第七名；男子乒乓球获团体第七名
山东省第四届职工运动会	2002.4	莱钢集团	拔河男队获第三名，女队获第四名
山东省第六届职工运动会	2012.4	莱钢集团	拔河比赛男子团体第六名，女子团体第四名，荣获体育道德风尚奖

4.参加全省煤炭系统运动会

1986年6月，山东煤矿第一届职工运动会在淄博技校举行，全省有17支代表队。330余人参加比赛，肥城矿务局获团体第三名。

1994年7月，山东煤矿第二届职工运动会在山东煤炭教育学院举行，全省共有10支代表队130余人参加比赛，肥城矿务局获团体第二名。

2003年7月，山东煤矿第三届运动会在肥城矿业集团举行，全省有11支代表队，150余人参加比赛，肥城矿业集团获田径10枚金牌、20枚银牌、11枚铜牌，田径团体总分第一名；乒乓球获1枚金牌、2枚铜牌；象棋获团体银牌；羽毛球获团体第七名；篮球获第四名；代表团获团体总分第一名。

二、参加泰安市运动会

1985年10月，肥城矿务局体育代表队参加泰安市第五届运动会，获男子篮球第一名，举重团体第三名，男子乒乓球团体第四名。自1985年至2013年，肥城矿业集团共参加14届泰安市运动会。

1985—2015肥城矿业集团有限责任公司（肥城矿务局）参加泰安市运动会情况表

表 14-51

届　次	举办时间（年、月）	地点	代表团人　数	参赛项目		比赛情况
				个数	项目	
第五届	1985.10	泰安城	35	3	篮球、举重、乒乓球	获篮球第一名
第八届	1991.7—10	泰安城	11	1	游泳	获游泳6枚金牌，团体第二名
第十一届	1997.6—10	泰安城	15	2	乒乓球、象棋、围棋	获棋类团体第四名
第十三届	2001.7—10	泰安城	30	4	象棋、围棋、游泳、乒乓球	获游泳13枚金牌，获游泳团体第一名
第十四届	2003.7—10	泰安城	30	3	象棋、围棋、乒乓球	乒乓球第一名
第十五届	2005.6—9	泰安城	8	1	钓鱼	第四名
第十六届	2007.7—10	泰安城	15	4	象棋、围棋、乒乓球、钓鱼	获钓鱼团体第四名
第十七届	2009.6—9	泰安城	11	2	象棋、乒乓球	获乒乓球1枚金牌，象棋团体第二名
第十八届	2001.7—9	泰安城	6	1	乒乓球	获乒乓球团体第四名
第十九届	2013.5—10	泰安城	20	2	拔河、乒乓球	获拔河第二名，乒乓球团体第三名

三、举办田径运动会

1982年4月，肥城矿务局在陶阳矿举办第一届田径运动会，设手榴弹、标枪、跳高、跳远、100米、800米等18项，有27支代表团600名运动员参加比赛。1989年5月，肥城矿务局在矿务局一中举行第八届田径运动会，设标枪、跳高、跳远、100米、800米等17项，有30个代表队510名运动员参加比赛。1999年10月，肥城矿业集团在集团文体中心举行田径运动会，设大众体育项目、标枪、跳高、跳远、100米、800米等23项，有31支代表队、510名运动员参加比赛。2008年9月，肥城矿业集团在集团文体中心举行田径运动会，大众体育项目、标枪、跳高、跳远、100米、800米等23项，有31支代表队510名运动员参加比赛。至2008年，共举办17届田径运动会，赛制、规模、项目基本未变。

四、承办全国及全省比赛

1986年10月，全国煤炭系统第二届“乌金杯”职工篮球赛在肥城矿务局举行。有16个省市24支男女篮球代表队参加，肥城矿务局男子篮球队获冠军。

1990年4月，全国煤矿职工武术选拔赛在肥城矿务局陶阳煤矿举行，全国煤炭系统的13支武术代表队120余名武术运动员参加比赛。肥城矿务局组队参加比赛丁波获得器械枪、长拳2枚金牌，器械刀、剑2枚银牌，矿务局代表队获团体第二名。

1994年3月19日，全省煤炭系统乒乓球比赛在肥城矿务局举办。肥城矿务局代表队获双打冠军、单打亚军，团体第一名。

1995年10月16日至19日，全省国有重点煤矿第九届老年门球比赛在肥城矿务局举办，有来自全国煤炭系统的120名老年门球运动员参加比赛。

1997年4月18日至22日，全省煤炭系统女子篮球赛在肥城矿务局举行，来自全省煤炭系统7支代表队参加比赛，肥城矿务局代表队获第四名。

1998年4月25日，全国煤矿第三届职工运动会举重比赛在肥城矿业集团举行。有10支代表队100余人参加。肥城矿业集团获1枚金牌、1枚银牌、1枚铜牌，团体总分第三名。2003年10月，山东煤矿第三届运动会田径赛在肥城矿业集团举行。来自全省煤炭系统12支代表队、150余人参加比赛。肥城矿业集团获得10枚金牌、20枚银牌、11枚铜牌，团体总分第一名。获山东煤矿第三届运动会最佳赛区奖。

第五节　荣　誉

2002年，肥城矿业集团被山东省经贸委、省总工会、省体育局授予“全省职工体育工作先进单位”称号。

2004年，肥城矿业集团工会被中煤体协授予“百万职工健身活动先进单位”称号。

2005年，肥城矿业集团被国家体育总局授予“全国体育工作先进单位”称号。

2011年，肥城矿业集团被山东省总工会授予“山东省职工体育示范单位”称号。

2012年，肥城矿业集团被国家体育总局授予“2012年全民健身活动优秀组织奖”称号；被山东省总工会、山东省体育局授予“山东省职工体育工作先进单位”称号。

2000年至2014年，肥城矿业集团连续14年被中煤体协授予“全民健身活动优秀组织奖”称号。

人物

R E N W U

本志“人物传略”，依据生不立传的原则，收录立传人物19人，其中在泰安市各级体育部门任职的副县级以上领导干部12人，优秀教练员5人，优秀裁判员1人；新中国成立前牺牲烈士1人，新中国成立后去世18人（均以卒年为序）。

“人物简介”，收录在泰安市各级体育部门任职的副县级以上领导干部，市委、市政府及以上机关授予的劳动模范、享受市级以上劳模待遇的先进工作者、优秀运动员、优秀教练员和优秀体育项目传承人等（以公布、授予时间为序）。

“人物表”，收录受市委、市政府以上表彰的先进人物表，市体育局及所属单位干部职工、离退休干部职工基本情况表等（先进人物表以表彰时间为序）。

一、人物传略

一、领导干部

曹中鲁（1928—1981）　曾用名曹钟儒。山东省莱芜县牛泉镇青沙沟村人，1945年参加革命，1945年10月加入中国共产党。1945年任莱芜县圣井区抗联文书；1947年8月，任莱芜县委青委会干事；1948年2月任莱芜县委秘书处文书；1948年11月任泰山区支前民工团营教导员；1949年8月任泰山地委青委秘书；1950年5月至1953年10月任泰安团委工委秘书、宣传部部长；1953年11月任历城县委委员、青委书记；1956年5月任历城县委常委、办公室主任；1957年11月任历城县委常委、山区工委副书记；1959年8月任济南市委秘书组长；1961年5月任泰安地委政策研究室副主任；1962年12月任泰安地委办公室主任；1966年7月任泰安地委副秘书长；1967年1月泰安地革委办公室；1970年1月任泰安地革委办公室核心组组长；1975年6月任中共泰安地委秘书长；1978年2月任中共泰安地委常委、秘书长；1975年5月任中共泰安地委常委、秘书长，兼泰安地区体育运动委员会副主任；1981年12月逝世。

张绍安（1913—1985）　安徽省霍邱县大顾店镇人，1929年参加中国工农红军，1935年加入中国共产党。1929年至1934年参加鄂皖苏区早期的创建和历次反围剿；1934年至1940年，先后参加长征、参与陕南苏区创建，历任红第二十五军第七十四师排长、连长、游击大队长，八路军延安留守兵团警卫参谋；1941年在延安抗日军政大学第六期学习后调往山东工作，先后任鲁中军区独立营副营长、营长，警备第二团副团长、团长，华东野战军第八纵队第十一团团长。参加莱芜、孟良崮、解放泰安、济南、淮海、渡江、解放南京等一系列战役。中华人民共和国建立后，历任解放军第三十五军第一四〇师参谋长、山东公安军参谋长、济南军区警备处处长、泰安军分区副司令员；1964年4月兼任泰安专区国防体育协会主任委员。1952年毕业于解放军军事学院首期指挥员高级系，1955年被授予二级八一勋章、二级独立自由勋章、二级解放勋章，授大校军衔。1985年在泰安逝世。

顾廷臣（1913—1999）曾用名李玉魁、董超。山东省泰安县茅茨村（今岱岳区良庄镇）人，1931年参加革命，1938年8月入伍，同年10月加入中国共产党。1931年在本乡董白塔村及本村任小学教员；1938年8月历任良庄区茅茨乡党总书记、泰安县六区区委组织委员；1939年5月任泰安县六区区委书记兼八区区委书记、六区中队指导员；1941年1月兼天宝区和徂阳区区委书记、徂阳区中队指导员；1941年2月任泰安（南）县委组织部副部长；1942年2月任泰安（南）县委组织部部长，同年8月至1943年7月任徂徕山工委敌工部部长；1945年任泰南地区农救会会长；1948年调任潍坊特别市市委组织部组织科科长；1950年至1957年历任坊子煤矿党委书记、新汶建设委员会主任、新汶煤矿矿长、新汶矿务局局长等职；1958年至1960年历任济南市煤炭局局长、济南工业生产委员会副主任；1961年任泰安专署副专员；1964年4月至1972年6月兼任泰安专署体委主任；1967年参加“五七”干校学习；1970年9月任泰安地革委生产指挥部负责人；1973年1月任泰安地革委副主任；1978年7月任泰安地区行署副专员；1980年12月任泰安地区行署顾问；1983年12月离休。1999年在泰安逝世。

李润生（1925—2005）曾用名李庆常。山东省肥城市安临站镇人，1942年11月参加革命，1943年6月加入中国共产党。1942年11月在冀鲁豫第一（泰西）专署办公室做机要工作。历任宁阳县七区区委委员、副区长，二区区委副书记、书记，泰安地委整党办公室秘书，东平县委整党办公室主任，县委常委、纪委书记，莱芜县委常委、监委书记，济南市纪委处长，济南市政府人事处党组书记、副处长，泰安地委纪委副书记、新汶市委常委、市长、党组书记，新汶县委副书记、县长。1954年被选为山东省党代会代表。1964年被选为山东省人代会代表。“文化大革命”中受到冲击。恢复工作后，历任县革委会副主任、副书记，山东省矿业学院党委常委、政治部副主任、主任、党委副书记，泰安地委纪委书记、泰安行署副专员、泰安行署顾问。1985年8月起，任泰安市人大常委会副主任、党组副书记。1987年任泰安市老年人体育协会主席。1990年12月离休。2005年1月逝世。

朱信谟（1916—2000）江苏省沛县人，1938年10月参加革命，同年10月加入中国共产党。1938年至1946年5月历任江苏省沛县县委宣传干事、《湖西日报》社党支部书记、政治指导员，沛县五区区委书记、区中队指导员，龙涸区委书记、区中队指导员，县抗日联合会主任；1947年10月至1949年2月任沛县县委宣传部部长、组织部部长，河西县县委副书记；1949年2月至1954年10月先后任河西县县委书记，长清县县委副书记、县委书记；1954年10月至1958年10月任泰安地委宣传部部长、泰安专署体育运动委员会主任；1958年10月至1961年5月历任济南市委宣传部副部长、教育部副部长、农村工作部副部长、农委副主任；1961年5月至1965年3月任中共泰安地委党校校长；1965年3月至1967年3月任中共东平县委书记；1967年3月至1973年7月历任泰安师专革委会主任，党的核心领导小组组长、党委书记；1973年7月至1976年7月任东平县委书记、革委会主任；1976年7月至1983年11月任泰安地委党校

校长、党委书记；1983年11月离休，享受厅级待遇。2000年10月逝世。

邹积卿（1927—1990） 山东省牟平县人，1944年1月参加革命，1946年6月加入中国共产党。参加革命后，历任文西县十二区队战士，文西独立营三连战士，东海后勤警卫连战士、副班长，东海军分区特务营一连、三连班长，独立二团一营二连副排长，胶东军区特务团五连副排长，第五师十五团五连副排长，第五师教导营学员，第五师十五团五连排长，十五团轮训队区队长，三十二军九十五师二八五团八连副连长，三十二军教导大队一期学员，三十五军九十六师特务连连长，华东三十五团作战股长，九十六师二八六团司令部作战股长；1951年12月九十六师医疗队休养员；1952年4月福建军区南平医院休养员；1953年山东革命残废军人文化学校学员；1953年10月任济南私立泺源小学支部书记、副校长；1955年4月任济南18中学支部书记、校长；1958年12月任济南军事体育俱乐部主任；1959年8月山东省干部文化学校学员。1961年6月任泰安专署文教局体育科科长；1964年9月任泰安专署体委副主任（科级）；1972年10月，任新泰铁路指挥部党委委员；1973年5月，任泰安地区体委支部委员；1979年1月任泰安地区体委军事体育科科长；1983年7月离休，享受副厅级待遇。1990年逝世。

徐汝卿（1917—1991） 山东省泰安县道朗公社鱼池村（今泰安市岱岳区道朗镇鱼池村）人，1945年参加革命，同年加入中国共产党。1945年4月至1946年任泰西县十区司法助理员、区司法主任；1946年至1948年1月任泰西县公安局内勤干事；1948年1月至1950年1月任泰西县公安局侦查股长、服务队队长；1950年1月至1954年7月任肥城县公安局副局长、局长、肥城县政府党组成员；1954年7月至1955年8月任肥城县副县长、公安局局长；1955年8月至1958年任肥城县副县长；1956年6月至1962年12月兼任肥城县体育运动委员会主任，为肥城县第一任体委主任；1956年12月至1958年3月兼任肥城县边家院区党委书记；1958年3月至1958年9月兼任边家院乡党委书记；1958年9月至1970年1月兼任肥城县汶阳人民公社党委书记；1970年1月至1971年2月任石横人民公社革命委员会主任、党的核心领导小组组长；1971年2月至1973年2月任石横人民公社党委书记；1973年3月至1983年11月任肥城县贫下中农协会主席、机关党委书记；1953年至1956年肥城县委委员；中共肥城县委第一至第五届县委委员；肥城县第一至第九届人代会主席团成员；1983年11月离休，享受副厅级待遇。1991年4月逝世。

任学礼（1920—2009） 山东省莱芜市人，1945年8月参加革命，1949年7月加入中国共产党。1945年毕业于莱芜师范学校，先后在莱芜县城区小学、省支前委员会鲁南前线、省人武部教导队、泰山人武部、章丘县文教科、章丘县推进社、泰安专署文教科、泰安地区行政干校学习和工作。1947年在鲁南支前立三等功。1953年4月任泰安专署教育科科长（正县级）。1958年10月任济南市文化干校副书记、副校长。1961年11月任泰安专署行政干校党委委员、副校长。1969年9月任674铁路工程指挥部副组长。1975年12月任泰安地区体委副书记、副主任。1979年11月任泰安地区文化局党组副书记、副局长。1983年11月离休，享受副厅级待遇。2009年11月在泰安逝世。

王道业（1930—2013） 山东省新泰市人，高中文化，1945年5月参加革命，1947年3月加入中国共产党。1945年5月任鲁中军区七团三营七连通信员；1947年2月任八纵二十师七二团警卫员；1950年5月任二十六军七十八师二三三团一营排长；1950年10月任七十八师师长警卫员，参加抗美援朝；1951年2月，任七十七师师长王法山警卫员；1951年12月回国后，到坦克第一学校学习；1953年10月毕业后任七十七师坦克团排长；1954年5月在黄县部队速成中学学习；1956年7月毕业后回原单位任坦克三连代理连长；1958年5月任团指挥连副连长；1959年3月任团指挥连连长；1964年8月任某师某团二营副营长；1966年10月任某师某团二营营长、司令部副参谋长、团长；1979年10月至1980年8月任东平县革命委员会副主任；1980年10月任中共东平县委副书记；1981年1月任东平县人民政府县长。1980年4月至1984年5月兼任东平县体委主任。1990年12月离休，享受副厅级待遇。2013年逝世。

蔡吉明（1944—2003） 山东省济南市人，1962年12月参加工作，中专文化程度，1979年8月加入中国共产党。1962年12月毕业于山东体育学院，分配至新泰县联社工作；1969年至1972年在新泰县造纸厂工作；1972年至1974年，在新泰县机械二厂工作；1974年，在新泰县体育运动委员会从事体操教练工作，先后担任新泰市体操运动学校教练员、副校长、校长职务；1988年12月任新泰市体育运动委员会主任助理；1989年12月任新泰市体委副主任；1993年4月任新泰市体委主任；1993年12月兼任新泰市文化体育委员会副主任；1998年12月任泰安市体育运动委员会副主任。2003年7月病故。

1990年被评为泰安市劳动模范、泰安市专业技术拔尖人才；1993年被泰安市委、市政府记大功一次；1995年被省政府授予“山东省劳动模范”称号。

赵新诚（1934—2014） 山东省莱芜市人，大学本科学历1960年参加工作，1960年4月加入中国共产党。1949年4月被组织秘密吸收为中国新民主主义青年团团员，1950年9月被组织上保送到现在的兖州中学（当时是滋阳中学）学习；1953年9月改到滕县中学学习，1956年7月高中毕业；1956年9月至1960年7月在上海体育学院学习，在校期间先后担任学生会组织干事、系团支部书记；1960年7月毕业分配至国家体委球类司篮球处工作；1964年4月任国家体委训练局训练处党支部副书记、处长；1972年2月至1984年3月任泰安地区体委业务科副科长、科长；1984年3月任泰安市体委办公室副主任（正科级）；1987年10月任泰安市体委副主任（副县级）；1995年1月退休。2014年9月逝世。

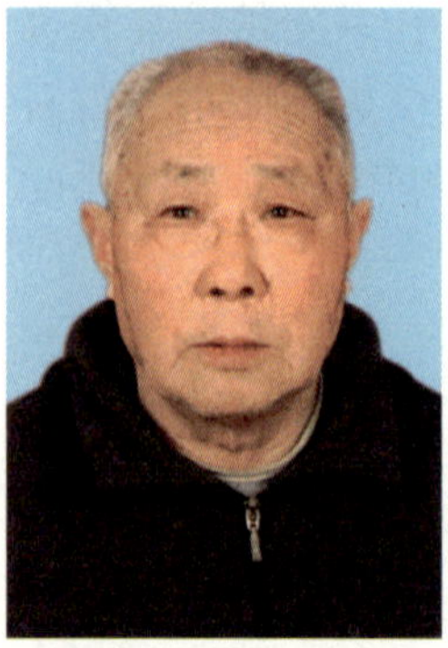

刘宝田（1926—2010） 山东省莱芜市人。1944年6月参加革命工作，1944年6月加入中国共产党。1949年任泰安县道朗区区委书记、区长，1955年至1957年任泰安县委宣传部副部长，1957年任平阴县委宣传部副部长兼平阴一中书记、校长，1963年至1973年任平阴县整党工作队队员，1973年至1978年任平阴县委党校校长、县文办主任，1978年9月至1984年10月任泰安地区重点业余体育学校校长兼书记。1990年10月离休（副县级）。2010年8月逝世。

张体一（1933—2001） 山东省宁阳人，中专学历，1933年5月出生，1952年10月参加工作，1959年5月加入中国共产党。1975年5月，负责泰安地区体育场工作。1979年1月，任泰安地革委体育场场长。1996年8月退休。2001年10月逝世。

泰安市第七届、第八届政协委员。1985年荣获国家体委颁发的“新中国体育开拓者”荣誉证书和省体委颁发“振兴山东体育纪念章”。

二、优秀教练员

米英俊（1917—1943） 回族，肥城市安驾庄镇升庄村人。1937年参加革命，1939年加入中国共产党。自小继承家教，习文练武，十几岁就练熟少林武功，1930年、1934年，两次随祖父和父亲参加山东省武术比赛，均获一等奖；1935年高级小学毕业，被聘为泰安县国术馆教师；1937年，召集樊长友、王保衡、李兆辰等进行抗战宣传活动；1938年春组建泰西陈家埠（今属肥城市马家埠镇）回民抗日游击队，最初七八人，不久发展到20多人；同年7月，率领游击队在青纱帐用土枪、土炮伏击向升庄进犯的日军。1938年年底，游击队发展到80多人，遂建立回民连（亦称回民支队），隶属于泰肥独立团，为泰西地区第一支回民抗日武装，米英俊任连长；1939年秋，回民连编为泰西县独立营四连。1940年7月在攻打东平苍丘镇战斗中担负正面主攻，出色完成任务，被军区授予“夜老虎连”称号。1939年3月，由杨海蛙介绍，加入中国共产党。1943年9月，任肥城县独立营副营长、县大队副大队长，10月，在长清反“扫荡”突围时不幸壮烈牺牲。1939年至1943年，回民连在泰安、肥城、平阴、东阿一带游击作战，经历较大战斗20余次，歼敌千余人。1944年，以烈士名字命名的回民支队“米英俊支队”编入第二野战军二纵四旅十团南下。

徐英第（1926—2008） 山东省东平县人，1952年参加工作。1937年开始习武，拜常丙义为师，擅长少林派罗汉拳。1957年、1959年、1960年分别获梁山县、菏泽地区、济宁地区武术比赛一等奖，1962年获山东省武术比赛二等奖，1978年获山东省第十一届运动会武术比赛第六名。20世纪80年代，开始收徒传授技艺，至去世累计收徒2000余人。其门生丁波1992年获全国武术锦标赛通臂拳冠军、全国武术冠军赛通臂拳冠军、枪术第三名。1989年徐英第被国家体委授予“全国农村体育工作先进个人”称号。曾任泰安市武术协会副主席、东平县武协名誉主席。2008年逝世。

来养钰（1936—2006） 山东省济宁邹城人，大学专科学历，1959年参加工作。1956年至1959年在山东省体育学院专科班学习；1959年山东省体育学院专科班毕业后，分配至济南市体校任教；1959年10月任济南六中体育教师；1964年济南六中更名为泰山中学，继续在泰山中学任体育教师；1980年调任山东省泰安师范专科学校排球专项老师；1986年在任山东省泰安师范专科学校助教；1990年任山东省泰安师范专科学校副教授。1996年退休，

2006年5月逝世。

在担任中学体育教师期间，一直致力于排球项目的发展，输送100余名排球专项学生。1971年任泰山中学排球队主教练，率队参加山东省传统学校项目排球比赛，获第一名；1972年率队参加泰安市成年人排球赛，获第一名；1973年任泰安地区排球队主教练，率队参加全省第十届中学生排球赛，获第一名；同年，率队参加山东省传统学校项目排球比赛，卫冕省传统学校排球项目冠军；1974年任泰安地区中学生排球队主教练，率队参加全国中学生排球赛，获第三名；1982年、1984年两次任泰安市地区体委任排球队主教练，率队参加山东省第十二届、第十三届运动会排球比赛，均取得了前三的好成绩。

张啟光（1932—2010） 山东省济南市人，中共党员，1951年参加工作。1950年考入山东农学院；1951年参加中国人民解放军，在某部军队干校工作；1956年复员继续进山东农业大学学习，1960年毕业；1979年9月调入泰安地区体校任举重教练员；1992年退休，2010年4月逝世。

从事举重训练工作以来，培养一批优秀体育人才，输送到国家队的有李炳军、韩红臣2名国际级运动健将，罗振国、阴法磊、徐家镇3名国家级运动健将。1984年至1986年，李炳军连续三年获得82.5公斤级全国冠军，保持82.5公斤级抓举、挺举、总成绩3项全国最高纪录。1986年国际举联公布的世界前十名中，韩红臣列第八名。至1992年，队员韩红臣、李炳军、阴法磊、马子民破10项34次全国少年最高纪录。1983年被国家体委评为全国优秀教练员；1986年当选泰安市人大代表；1987年被国家体委授予“全国先进体育工作者”称号；1988年被泰安市委、市人民政府授予“泰安市劳动模范”称号。

张宝根（1935—2014） 上海市人，大学专科学历，1957年参加工作。1957年7月毕业于北京体育学院；1957年7月至1963年5月先后在山东省体校、山东体育学院从事体操教学工作；1963年5月调入泰安市新泰县第二中学任体育教师；1971年调入新泰县第一中学任体育教师；1973年调入新泰县体委任体操教练员；1980年12月调入山东大学体育教学部任教；1995年退休，2014年逝世。

张宝根是泰安体操项目开创人之一。1972年在新泰一中首办“业余体操队”，开展体操少年儿童业余训练。1973年业余体操队转入新泰县体委，任男队教练。1974年率队代表泰安首次亮相山东省第十届运动会体操项目比赛。1978年，率队代表泰安参加第十一届省运会，获1枚金牌、1枚银牌，2个第5名、1个第6名。其培养输送运动员在全国比赛中先后有3人获全国单项冠军，10人次获前6名，2人获运动健将称号，20余人获一级运动员称号。著有《体操运动一般知识》《体操术语学》两部教材。

三、优秀裁判员

米青龙（1936—2001） 回族，泰安县人，大学本科学历，1961年参加工作，1982年3月加入中国共产党。1961年8月，山东省师范学院体育系毕业，分配至山东省临清县第五中任体育教师；1962年3月调入泰安二中任体育教师；1980年8月在山东省烟台市参加山东省篮球一级裁判员培

训；1981年省体委授予“篮球一级裁判”；1986年被省体委授予田径一级裁判；1996年被省体委授予棒垒球二级裁判。1981年被评为山东省优秀体育教师、全国千名优秀体育教师，获金质奖章。1985年获山东省优秀裁判员奖。1996年6月退休，2001年1月逝世。

二、人物简介

一、领导干部

（一）厅级领导干部

李元明　泰安市岱岳区人，1920年11月生，1939年2月参加革命，同时加入中国共产党。1939年2月至1942年9月在本村小学教学、任泰西三、四区分委会宣传委员、书记；1942年9月至1945年9月历任范县六、七区分委会书记，昆吾县五区分委会书记，泰西县二区分委会书记；1945年9月至1948年7月历任泰西县委组织部、宣传部、社会部、组织部副部长、部长；1948年8月至1951年6月任泰西地委组织部、党校组秘科长、教育主任；1951年6月至1955年4月任长清县委书记、泰安地委组织部副部长、地区纪委书记；1955年4月任泰安地委副书记；1959年4月任济南市委书记处书记；1961年4月任泰安地委书记处书记；1963年3月任泰安地委常委、省委驻泰安检察组组长；1967年2月任地委党训班负责人、地革委政治部副主任；1973年8月任泰安地委常委、地革委副主任、地革委体育运动委员会主任；1979年4月泰安地委副书记、地区体委主任；1981年8月离职；1983年12月离休。1996年2月省委组织部明确为正厅级干部。

杨海岩　山东省梁山县馆驿乡人，1918年生，1936年9月加入中国共产党，1938年3月参加革命。1938年3月在抗日军政大学学习；1939年抗大第五期毕业，先后任抗大总校校部警卫连干事、招生委员会副主任；1941年任中共北方局《新华日报》印刷厂政治指导员、支部书记；1942年任太岳区救总会秘书长、机关党支部书记。1943年任浮山县武委会主任；1945年2月任太岳军分区武委会主任；1946年在晋冀鲁豫党校学习；1947年任晋冀鲁豫第七军分区武委会主任；1948年任济宁地委土改工作组组长；同年7月任济宁市第四区党的领导小组组长；1949年9月任济宁市政府生产局局长、实业公司经理；1951年至1954年2月先后任济宁市委委员、副市长，市委副书记、市长等职；1956年10月任济宁专署副专员；1964年7月任中共济宁地委委员；1965年7月任中共泰安地委委员、泰安专署副专员、党组成员。“文化大革命”中受冲击；1975年12月至1981年5月任泰安地革委副主任、行署副专员；1975年5月至1980年3月兼任泰安地区革委体育运动委员会副主任；1981年5月任山东省计划生育局副局长、党组副书记。1984年12月离休。

（二）泰安市体育局现任领导班子成员

苏有森　山东省泰安市北集坡街道人，大学文化，1958年11月生，1975年12月参加工作，1976年6月加入中国共产党。1975年12月至1984年7月在满庄供销社工作，任团支部书记、党支部委员、政工经

理、副主任；1984年7月至1993年12月历任泰安市郊区满庄镇党委组织委员、办事处副主任、党委副书记、镇长；1993年12月至1997年12月任泰安市郊区夏张镇党委书记；1997年12月至2007年1月历任泰安市郊区（岱岳区）区委常委、办公室主任，区委副书记；2007年1月至2015年任泰安市体育局党组书记、局长。

1977年9月被团省委评为"全省青年积极分子代表"。1988年12月被山东省委、省政府授予"全省计划生育先进工作者"。1991年3月被国务院授予"第四次全国人口普查先进工作者"。2004年12月被中组部、中央综治委授予"全国综合治理工作嘉奖"。2007年1月至2015年12月任市体育局局长期间，有13人获22项世界冠军，36人获49项全国冠军。其中，王峰夺得2008年第29届北京奥运会男子双人三米板跳水金牌，实现泰安奥运金牌"零"突破。在全市实施全民健身三大覆盖工程（组织、设施、活动），市县各类体育组织达80余个、社会体育指导员1万余人；建成市全民健身中心、网球馆、体校综合楼、运动员公寓等一批体育场馆，改造市体育中心体育场等一批场馆，建成泰城15分钟健身圈，乡镇、街道、农村、社区体育设施实现全覆盖；年均举办各类赛事活动1000余次，全市体育人口达到40%。先后承办亚洲举重锦标赛、第十一届全运会足球排球比赛、环中国国际公路自行车赛、"三山两湖"全国山地户外挑战赛、全国公路摩托车锦标赛等省以上高水平赛事活动110余项次及北京奥运火炬传递、第十一届全运会圣火火种采集及火炬传递等大型体育活动。培育泰山国际登山节登泰山比赛、泰山国际马拉松比赛、环泰山60公里徒步走等全国精品体育赛事。体育产业实现新突破，2007年至2015年累计销售体育彩票28亿元，筹集体彩公益金2.35亿元。2008年10月被山东省政府记一等功。2009年9月被国家体育总局授予"全国群众体育先进个人"称号。2009年10月被山东省委、省政府授予"第十一届全国运动会筹办工作先进个人"荣誉称号（享受山东省劳动模范待遇）。

彭国胜　山东省岱岳区人，大学文化，1961年9月生，1984年7月参加工作，1985年4月加入中国共产党。1984年7月至1985年4月任泰安市委宣传部（县级市）理论教员。1985年5月至1999年9月历任泰安市郊区区委宣传部副科长，科长，1993年3月至1996年6月任泰安市郊区文明办副主任，新闻中心副主任、主任；1996年6月至1999年9月任泰安市郊区区委宣传部副部长兼新闻中心主任；1999年9月任泰安市体委副主任；2000年11月任泰安市体育局副局长；2012年11月任泰安市体育局调研员。2009年11月被山东省委、省政府授予参加第十一届全运会筹办工作先进个人，记一等功。

于桂香　山东省莱芜市人，大学文化，1961年9月生，1980年7月参加工作，1985年1月加入中国共产党。1980年7月至1983年4月任莱芜市口镇联中教师；1983年4月至1984年5月任口镇妇联副主任；1984年5月至1987年10月任莱芜市妇联干事；1987年10月至2001年10月历任泰安市妇联干事、办公室副主任、主任；2001年10月至2007年1月任泰安市妇联副主席、党组成员；2007年1月至2014年1月任泰安市体育局副局长、党组成员；2014年1月至2014年8月任泰安市体育局副局长、党组成员、市体育总会主席

（正县级）；2014年8月任泰安市体育局党组成员、体育总会主席。

2002年3月，被山东省妇女联合会授予“三八红旗手”称号。2008年9月被山东省委、省人民政府评为参加北京奥运会、残奥会先进个人，记一等功。2009年9月被国家体育总局授予“全国群众体育先进个人”称号。

冯遂杰　湖北省武汉市江夏区人，研究生文化。1966年10月生，1983年9月参加工作，1986年5月入党。1983年9月考入武汉军区信阳陆军指挥学院；1987年7月毕业，分配至野战部队，先后任某团排长、司令部作训参谋，某师（旅）司令部作训参谋、副科长、科长。2000年1月至2002年1月先后任某旅炮兵指挥部主任、外事办公室主任、炮兵团参谋长；2002年1月至2010年5月先后任某旅参谋长、炮兵团团长、二十六集团军教导大队大队长、烟台市牟平区人武部部长，其中2003年至2005年在解放军国防大学读研；2010年任泰安市体育局党组成员、副调研员。

曹东平　上海市人，1962年9月生，大学文化，1978年8月参加工作，1987年11月加入中国共产党。1969年7月至1978年8月在新汶矿务局张庄煤矿就读小学、高中；1978年8月至1981年8月调入山东省体育工作大队男子篮球队青年队；1981年9月至1983年7月在山东体育学院运动系学习；1983年7月任泰安地区体育中学体育教师、男篮教练；1984年起历任泰安地区（市）体育运动学校训练科副科长、科长；1992年起历任泰安市体育运动学校办公室副主任、主任；1997年任泰安市体育运动学校副校长；2002年任泰安市体育运动学校党支部书记、校长；2009年至2012年任泰安市体育运动学校党支部书记；2012年起任市体育局党组成员、副局长。2003年6月被国家体育总局、国家残联授予全国残疾人体育工作先进个人称号；2005年9月被国家体育总局授予全国群众体育先进个人称号。1999年3月被泰安市委、市政府评为参加十九届山东省运动会有功人员，记三等功；2007年3月被泰安市政府评为参加二十一届山东省运动会先进个人，记二等功。

许　兵　山东省宁阳县人，大学文化，1964年12月生，1985年参加工作，1995年加入中国共产党。1985年7月至1989年10月任宁阳一中高中部教师；1989年11月至1993年10月任宁阳县体委老体协副秘书长、竞训科科长；1993年10月至1995年5月任宁阳县文体委体育科科长；1995年5月至1996年11月任宁阳县保安煤矿挂职副矿长；1996年11月至1998年5月任宁阳县保安煤矿副矿长党委委员、山东华宁集团副董事长副总经理党委委员；1998年8月至1999年11月历任泰安市体校校长助理、训练科科长，副校长、支部纪检委员；1999年12月至2003年7月任泰安市体校副校长、体育局产业科科长、体育彩票中心主任、篮球管理中心主任、体育局机关支部纪律委员；2004年5月任市体育局办公室副主任（主任科员）；2004年8月任市体育局训练科科长；2008年12月任泰安市体校校长；2014年1月任泰安市体育局副局长。1987年4月至1992年4月任宁阳县政协第二届、第三届委员会委员。2007年获泰安市参加山东省第二十一届运动会“泰安市先进工作者”称号。2011年获泰安市参加山东省第二十二届运动会先进个人，记二等功。

杨振德　山东省蓬莱人，大学文化，1963年11月生，1982年7参加工作，1988年7月加入中国共产党。1982年7月任泰安市体委体育场管理员；1989年10月任泰安市体委体育场副场长；1997年3月任泰安市体育局群体科科长；2008年12月起任泰安市体育中心主任；2014年1月任泰安市体育局党组成员。2001年8月被国家体育总局评为第九届全国运动会期间全国群众体育先进个人。1995年被山东省人事厅、省体育局记二等功，2009年10月被山东省委、省政府记一等功。

（三）现任县级、副县级领导干部

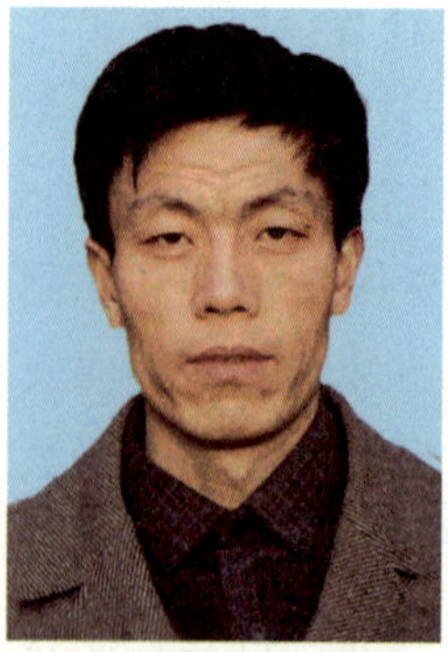

任广中　曾用名任光中，泰安市体育局调研员。山东省宁阳县人，大学文化，1958年12月生，1974年参加工作，1977年加入中国共产党。1974年8月在宁阳县葛石屯庄曹寨大队下乡知青；1974年11月入伍，任北京卫戍区警卫二师篮球队队员、副班长；1981年3月至1981年8月任宁阳县供销合作社政工科科员；1981年9月至1983年7月在泰安师专艺体系体育专业学习；1983年7月至1989年任泰安市体育运动学校篮球教练员，兼校团支部书记、训练科科长；1988年被评为中级教练员；1989年至1994年1月任泰安市体育运动学校副校长；1994年1月至2002年4月任泰安市体委副主任、兼泰安市体育运动学校书记，1996年兼校长；2002年4月至2010年1月任泰安市体育局副局长；2010年1月至2014年2月任泰安市体育局副局长兼体育总会主席（正县级）；2014年2月任泰安市体育局调研员。

在部队曾五次受到通令嘉奖。担任市体育运动学校篮球教练员期间，共输送队员13名，其中，2名队员多次获全国赛艇锦标赛第二名、第三名；1988年所带少年篮球队在全省希望杯篮球赛上获第二名；同年代表山东参加全国少年篮球比赛获第六名。先后被国家体育总局、教育部授予1998年至2001年度全国青少年业余训练先进工作者称号；被省体育局授予1996年至1999年度、2000年至2003年度优秀竞训干部称号；参加第十九届、二十届、二十二届省运会，被泰安市政府记二等功3次。2003年被授予泰安市“劳动模范”称号。2008年授予“泰安市先进工作者”称号。参与市体育中心建设并获市委、市政府大功；主持市综合训练馆和网球馆策划和建设。

张吉庆　山东省东平县人，1955年11月生，1974年12月参加工作，1976年5月加入中国共产党。1972年1月，山东省东平县第二中学高中毕业；1974年12月在山东省东平县应征入伍，历任福州军区守备第一师战士、军械员兼文书、给养员；1978年10月任守备第四团一营一连司务长；1978年12月任守备第四团后勤处管理排长、后勤处党支部委员；1983年2月任守备一师后勤部营房科副连职助理员；1985年4月任福建省军区后勤部营房处副连职助理员；1986年4月任福建省军区后勤部汽车连指导员；1986年6月任福建省军区后勤部营房处正连职

助理员；1988年4月任福建省军区民兵装备仓库管理处副处长（上尉军衔）、机关党支部书记、仓库党委委员；1990年9月任福建省军区民兵装备仓库管理处处长（少校军衔）、机关党支部书记、仓库党委委员；1993年3月任福建省军区民兵装备仓库副主任（副团）、党委委员、库党委常委；1996年4月任福建省永安市人民武装部部长（中校军衔）、党委书记、永安市委常委；1998年9月晋升为上校军衔。2000年9月转业任泰安市体育局纪检组组长、党组成员；2008年任泰安市体育局机关党支部书记、机关党委副书记；2010年12月任泰安市体育局副调研员（正团职）。

在部队服役期间曾多次受嘉奖，2次立三等功；1999年被福建省军区授予“福建省人武部一对好主管”称号，记三等功。2004年泰安市人民政府嘉奖一次；2006年撰写论文《要充分发挥教育在反腐倡廉中的基础性作用》，获泰安市反腐倡廉理论研讨论文三等奖。2007年4月被泰安市委、市人民政府记三等功。2008年被市委、市政府授予“北京奥运会火炬接力传递活动先进个人”称号。

罗文新　山东省肥城市人，1956年9月生，1976年10月参加工作，1982年1月加入中国共产党。1974年9月至1976年9月在肥城县桃园中学学习；1976年10月至1978年1月任肥城县桃园中学教师；1978年3月至1982年1月在曲阜师范大学体育教育系学习；1982年1月至1983年3月任泰安地区体育中学教练员；1983年4月至1984年3月在泰安地区体委群体科工作；1984年4月至1985年2月在泰安地区体委办公室人秘科工作；1985年3月至1989年3月在泰安市体委人秘科工作；1989年3月任泰安市体委办公室副主任；1991年1月至1994年10月任泰安市体育局办公室副主任；其间，1989年6月至1990年12月任泰安市郊区北集坡镇东北集坡村包村工作组组长；1994年11月任泰安市体育局办公室主任；1995年10月至2002年2月任泰安市体育局党组成员、办公室主任；2002年3月任泰安市体育局副调研员。

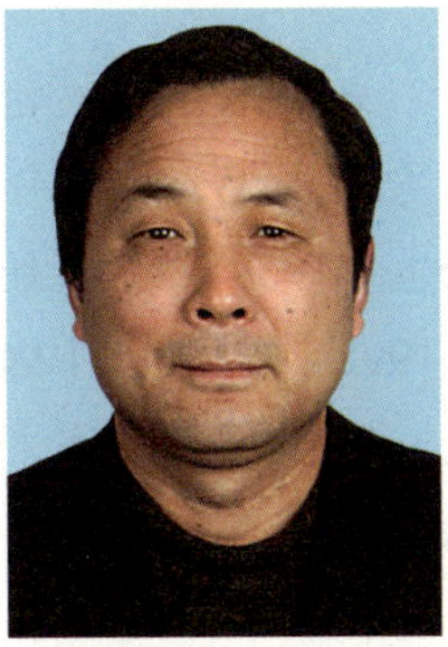

路敦庆　山东省宁阳县人，大学文化，1962年3月生，1981年9月参加工作，1986年10月加入中国共产党。1981年9月至1987年10月先后在宁阳师范、宁阳一中任教；1987年10月至2010年2月历任泰安市体育局竞赛科科员、副科长、科长；2010年2月任泰安市体育总会副主席。

1993年12月被国家体委授予全国优秀裁判员称号；1997年被省体委授予全省优秀竞赛干部称号；1998年12月被泰安市政府记三等功；2003年被泰安市政府记二等功；2005、2006年2次获泰安市委组织部、市人事局嘉奖；2010年至2013年被省体育局授予“群众体育工作先进个人”称号。

高蕴生　山东省莱芜市人，1963年8月出生，本科学历，1985年7月参加工作，1993年5月加入中国共产党。1985年7月至1993年3月任泰安市体育运动学校教师；1993年3月至1998年3月任泰安市体校学生科副科长、团委书记；1998年3月至1998年7月任泰安市体校教务科科长；1998年7月至1998年9月任泰安市体校校长助理、教务科科

长；1998年9月至1999年12月任泰安市体校校长助理、党支部委员、教务科科长；1999年12月至2002年11月任泰安市体校副校长、党支部委员；2002年11月至2012年11月任泰安市体校党支部副书记；2012年11月任泰安市体校党支部书记。2008年当选泰安市第九届党代会代表。2015年2月被泰安市政府记二等功（享受市劳模待遇）。

邓　岩　山东省高密市人，大学文化，1965年12月10生，1989年7月参加工作，1992年7月加入中国共产党。1989年7月在东平县实验小学任教；1990年9月调入泰安市体育局；1997年10月任泰安市体育分会副主任；2001年8月任泰安市体育场场长；2009年9月任体育局群体科科长；2012年11月任泰安市体育中心党支部书记。2009年11月被第十一届全国运动会组委会授予第十一届运动会先进工作者称号。2010年9月被山东省体育局授予山东省群体工作先进个人称号。

李元申　山东省东平县人，1964年7月生，大学文化。1982年7月参加工作，无党派人士。1982年7月任大羊乡水利站技术员；1987年7月任东平县水利局农水站站长；1996年1月任东平县州城镇政府副镇长；2001年12月任东平县工商联会长；2002年1月任东平县政协副主席；2010年12月任东平县政协副主席、兼东平县体育局局长；2012年1月任东平县人大常委会副主任、兼东平县体育局局长；2012年4月任东平县人大常委会副主任。

（四）退（离）休享受副厅级待遇干部、副县（处）级以上、享受副县（处）级待遇以上干部

于振海　曾用名于振云，山东省章丘县普集镇人，1929年4月生，1945年7月参加革命，1946年2月加入中国共产党。1945年8月参军，任八路军鲁中军区一团三连战士，后历任班长、指导员、教导员、军需科科长、军后勤部副处长等职；1956年2月至1959年8月在解放军政治学院速成系学习。1959年8月至1965年1月在某师后勤部历任副科长、科长，四十军生产处副处长；1965年1月部队转业，任泰安地区行署文教局副局长（副县）；1972年2月至1972年6月任汽车大修厂负责人；1972年6月至1975年5月任泰安地革委体育局负责人、党支部书记；1975年5月任泰安地区体育运动委员会副主任主持工作（主任由地委领导兼任）、党支部书记；1979年5月任泰安地区体育运动委员会副主任、党组书记（副县）；1984年3月任泰安行署体育运动委员会办公室主任；1985年5月任泰安市体育运动委员会主任、党组书记；1987年12月任泰安市体委调研员；1990年10月离休，享受副厅级待遇。

在战争年代，参加辽沈、平津、解放武汉、广西追歼站、解放海南岛及抗美援朝等重大战役。先后荣立战功八次，艰苦功三次，荣获大功奖章两枚，解放奖章一枚，三级国防勋章一枚，沈阳军区通令嘉奖三次。四次光荣负伤，至今身体内还有未取出的弹片。转入地方工作后，致力于泰安体育运动的发展，1991年6月被国家体委授予体育工作贡献章。

由昌菁　山东省临清市人，大学文化，1942年10月生。1965年参加工作，1985年加入中国共产党。1958年7月考入山东体育学院；1963年

7月体育学院下马转入原山东师范学院体育系；1965年7月任肥城工读师范学校教师；1969年任肥城县一中教师；1971年任肥城县师范学校教师；1972年任泰安师范专科学校体育教师；1984年任泰安师专体育系副主任（主持工作）；1986年任泰安市体委副主任；1987年任泰安市体委主任、党组书记；1999年12月任体育局调研员；2003年4月退休。泰安市第八届、第九届政协委员　。

1957年、1958年在济南市中学生运动会上，均获初中组跳高第一名。1959年在山东省运动会上，获少年组4×100米接力第一名，跳高、跳远、三项全能第二名。1962年在山东省运动会上，获青年组跳远、三级跳远两项第二名。1963年在济南市大学生运动会上，获跳远第一名、破市最高纪录，三级跳远第二名。1988年市委组织部、市人事局给予嘉奖；市党政机关考评委给予记功。1988年、1990年2次被评为市直机关优秀共产党员。1992年党政机关考评委给予晋升一级工资奖励。1993年市政府给予记大功。

殷培联　山东省新泰市人，大学文化1949年11月生，1969年参加工作，1971年4月加入中国共产党。1969年10月任新泰联中民办教师；1971年12月任新泰县宫里公社管区文书、总支书记；1981年2月任新泰县宫里公社党委委员、党委副书记；1985年7月任新泰市委组织部组织员、副部长；1989年11月任新泰市委组织部正科级组织员；1993年12月任新泰市委组织部常务副部长（正科级）；1994年9月任新泰市政府办公室主任。1995年任新泰市委常委、市政府办公室主任；1996年10月任宁阳县委常委、组织部部长；1997年12月任宁阳县委副书记、组织部部长；1999年12月任泰安市体委主任、党组书记；2000年11月任泰安市体育局局长、党组书记；2007年1月任泰安市体育局调研员；2009年12月退休。2001年8月，被国家体育总局授予“全国群众体育先进个人”称号。

李吉丰　河南省清丰县人，1937年10月生，1959年参加工作，1984年9月加入中国共产党。1953年9月在山东省菏泽曹县一中学习；1956年被保送济南体校（山东体育学院）学习；1959年至1972年历任济南助产学校（泰安卫校）体育教师、体育教研室主任、基础学科主任；1972年任泰安地区体委教练员；1978年至1984年6月主持泰安地区体委群体科工作；1984年5月至1987年12月任泰安地区（市）体育分会主任、老体协秘书长；1987年12月任泰安市体委副主任、泰安市登山办公室副主任兼后勤处处长、兼老体协副主席；1993年5月任泰安市体委副主任、泰安市国际登山节组委会办公室第一副主任（正县级）、兼老体协副主席；1998年12月退休。退休后，1998年至2008年任泰安市老体协副主席、健身操工委主任、太极拳工委主任。

1958年获竞走一级运动员、体操二级运动员称号。1964年至1965年被评为“五好教师”。1964年11月出席泰安地区文教系统先进工作者大会。1985年6月被评为市直机关模范共产党员。1985年被国家体委授予“新中国体育开拓者”荣誉奖章。

赵伯生　山东省肥城市人，1939年6月生，1965年5月参加中国共产党，同年7月参加工作。1965年7月山东师范学院生物系毕业，任泰安专署人事局干部；同年任新泰县翟镇公社玥庄大队“四清”工作组副组长；1967年2月任宁阳县文教局干部；1971年2月任宁阳县革命委员会宣传组干部；1973年3月任宁阳县革命委员会文化体育组人事秘书；1975年任宁阳县文化局人事秘书；1984年5月任宁阳县文化局局长；1984年9月任宁阳县委组织部副部长；1988年任宁阳县委组织部部长；1989年任宁阳县委常委、组织委部长；1990年5月任泰安市体委副主任；1999年退休。1992年，获“宁阳县先进工作者”称号并奖励一级工资。1992年6月，获“泰安市优秀党务工作者”称号。宁阳县第十二届人大代表。泰安市第六届党代表会代表。

石柱清　山东省新泰市人，1951年8月生，1971年5月加入中国共产党，同年12月参加工作。1971年12月任新泰县羊流公社裴家庄管区文书；1975年7月任新泰县羊流公社团委书记；1977年2月任新泰县羊流公社党委常委，生产指挥部副主任；1979年5月任西藏萨迦县赛区区委副书记；1979年12月任西藏萨迦县委办公室副主任；1981年2月任新泰县羊流公社党委副书记；1984年5月任新泰市体委副主任；1989年2月任新泰市体委主任；1992年12月任泰安市体委副主任、党组成员。2000年11月任泰安市体育局副局长、党组成员；2006年9月任泰安市体育局助理调研员；2006年11月任泰安市体育局副调研员；2011年8月退休。1989年11月被山东省体委授予“优秀县（市、区）体委主任”称号。

郑玉华　山东省临朐县人，大学文化，1944年1月生，1968年12月参加工作。1974年12月加入中国共产党。1968年12月在济南军区五七农药厂（劳动锻炼）工作；1976年6月任东都农药厂工会副主任（济军五七农药厂交地方管理）；1979年2月任泰安地区重点业余体育学校教练员、校团委书记；1984年4月任地区体委办公室（二级局）副主任、党组成员、机关党支部书记；1987年10月任泰安市体委办公室主任、党组成员；1994年12月任泰安市体委纪检组组长、党组成员；1999年1月任泰安市体育局助理调研员；2004年1月退休。

1989年、1990年度2次被市直机关考评委记大功。1991年被市直机关考评委记功1次。1993年10月，被市委、市政府记大功1次。1992年6月、1998年6月2次被市直机关工委授予“优秀党务工作者”称号。

韩惠武　山东省高唐县人，1939年12月生，1960年参加工作，1980年12月加入中国共产党。1960年7月在山东体育学院毕业；1960年至1962年任山东体育学院田径教师；1962年2月至1964年6月　任肥城三中体育教师（1962年山体下属）；1964年7月任泰安地区专员公署文教局体育科科员。1978年12月在泰安地区重点业余体校工作；

1980年2月任泰安地区重点业余体育学校副校长兼田径队主教练；1985年3月任泰安地区体育中学副校长；1995年5月任泰安市体育运动学校校长（副县级）；1998年11月退休。

1956年6月代表济南参加山东省第一届少年运动会（青岛）获田径甲组三项全能第二名；参加山东省第九届运动会获三级跳远第三名。1978年被评为全国业余体校优秀教练员，受到国家体委的表彰奖励。1987年被国家体委考试批准为国家级田径裁判员。1987年经评审批准为高级教练员。1989年评为泰安市优秀教师，受到泰安市政府的表彰和奖励。任教期间向上级专业运动队输送优秀运动员28人。全国体育科学学会会员、山东省体育科学学会会员、山东省田径协会会员。

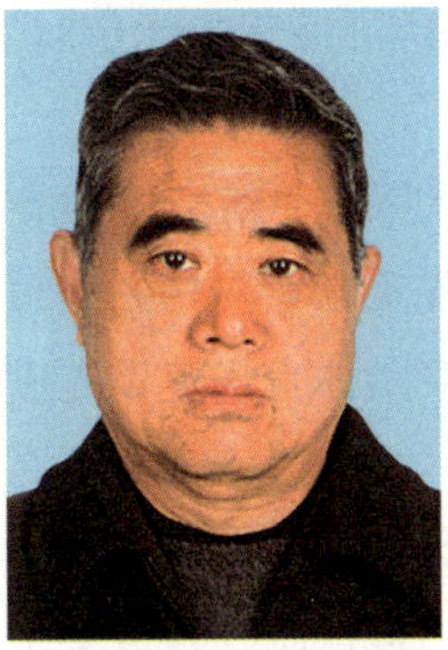

郝相义　山东省莱芜人，中专文化，1945年9月生，1964年12月参加工作，1966年2月加入中国共产党。1964年12月参加中国人民解放军，任济南军区某团通讯连战士；1966年6月转为济南军区工程兵（后划归兰州军区）某部警通连战士；1969年6月任兰州军区工程兵某部警通连司务长；1971年任兰州军区工程兵某部后勤部助理员；1973年5月任甘肃省军区后勤部供应处助理员；1982年6月至1983年11月任甘肃省军区、甘南军分区后勤部供应科副科长、科长；1983年11月至1986年1月任甘肃省军区甘南军分区后勤部副部长，1986年1月转业，任泰安市体育运动学校任副校长；1996年9月任泰安市体育运动学校副校长兼党支部副书记；1998年6月至2002年4月任泰安市体育运动学校党支部书记（副县级）。2005年10月退休。

梁京祥　山东省泰安人，1941年7月生，大专学历，1958年参加工作，1963年7月加入中国共产党。1958年7月至1961年7月在中国人民解放军空军十六航校学习；1961年7月至1970年12月在中国人民解放军空军某师工作；1971年8月至1987年2月任广州空军某师司令部参谋长；1987年2月至1995年8月任泰安市体育运动学校党支部书记；1995年8月至2000年7月任泰安市体育中心党支部书记（正团职）。2001年8月退休。

在部队服役期间获二等功2次、三等功2次。1988年获市政府嘉奖一次。1992年获市政府嘉奖一次。1994年被市直机关工委授予“优秀党务工作者”称号。

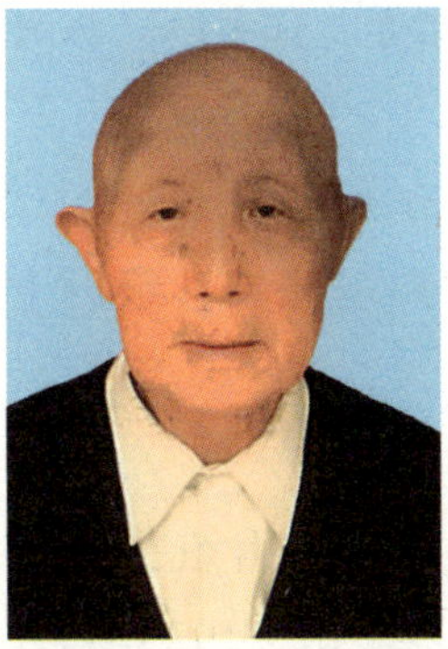

韩　讯　山东省泰安市人，1929年12月生，中专学历，1948年参加工作，1972年7月加入中国共产党。1948年10月任济南市中区民政科科员、副科长。1956年8月任肥城县文化局文化科科员、科长；1962年8月任肥城县第八中学校长；1974年1月任肥城县体育运动委员会主任；1979年10月任肥城县文化局局长；1983年12月任肥城县文化馆书记；1984年4月任肥城县体委巡视员（副县级）；1986年兼任肥城县老年人体育协会秘书长；1990年1月离休。1998年至2009年任肥城市老年人体育协会副主席。

张法智　山东省邹平人，1930年12月生，大学文化，1949年5月加入中国新民主主义青年团，1949年7月参加工作，1954年10月加入中国共产党。1949年7月至1949年12月任济南市青年

团图书馆、俱乐部干事；1949年12月至1954年10月任济南市5451修建委员会政治处宣传科科员；1954年10月至1956年8月任中共济南市委宣传部秘书科干事；1956年8月至1960年8月在山东大学中文系学习；1960年9月至1961年9月任一机部济南锻压机校教师；1961年9月至1962年5月任泰安农校教师；1962年5月至1962年9月任东平五中教师；1962年9月至1978年8月任宁阳县一中、六中、二中、七中教师；1978年8月调入泰安市体育运动学校任教；1988年6月任高级讲师；1988年12月离休，享受县（处）级待遇。1954年10月在山东省济南市5451修建委员会工作期间，在国防建设中成绩显著获三等功奖励。

（五）“新中国体育开拓者”证书、“振兴体育工作贡献章”获得者

1.“新中国体育开拓者”证书获得者

李吉丰（见人物简介“离退休副县级以上干部”）。

邹积卿（见人物传略）。

路长江　山东岱岳区人，中专学历，1933年5月出生，1948年参加工作，1955年2月加入中国共产党。1948年10月，参加中国人民解放军；1956年3月部队复员，在泰安县体委工作；1957年参加山东省第六期体育干部培训班，学习体育行政管理；其间曾担任泰安县业余体校校长；1980年12月任泰安县体育运动委员会副主任；1985年4月任泰安市（县级市）调研员，1993年7月离休（正科级）。

1985年获国家体委“新中国体育开拓者”荣誉证书和山东省体委振兴山东体育纪念章。1991年6月25日获国家体委振兴体育工作贡献章。

崔成信　山东济南人，大专学历，1940年6月出生，1959年8月参加工作，1966年8月入党。1956年9月至1959年7月在山东省体育学院学习；1959年8月至1963年4月在泰安县体委工作；1963年4月至1968年8月泰安县政协文书；1968年8月至1970年1月泰安县化肥厂工人；1970年2月至1975年8月泰安县体委办事员；1975年8月至1985年4月任泰安县（市、县级市）体委副主任；1985年4月至1996年1月任郊区体委主任；1996年1月至2000年8月任郊区体委调研员（正科级）。

1985年获国家体委授颁发的“新中国体育开拓者”荣誉证书和体育工作贡献章。1993年11月，被泰安市人民政府授予泰山体育场建设先进个人称号，记大功一次。

2.“振兴体育工作贡献章”获得者

余振海（见人物简介“离退休副县级以上干部”）。

路长江（见人物简介“新中国体育开拓者”）。

（六）历届老体协主席

李润生（见人物传略）

史怀君　山东省新泰市人，大专文化，1939年生，1954年参加工作，1960年7月加入中国共产党。1954年任新泰县邮电局职工；1955年10月在新泰县人民银行工作；1957年3月参加中国人民

解放军，先后任云南炮兵部队战士、班长、排长；1963年8月在南京汤山炮校学习；1965年8月后先后任炮兵某团指挥连副连长、教导队队长、军务股长；1970年6月昆明军区炮训大队教员；1974年2月任新泰县人武部作训科副科长；1978年8月任泰安军分区司令部作训科副科长、科长；1980年10月任肥城县人武部部长；1983年6月任惠民军分区参谋长；1986年2月转业，任泰安市委副秘书长、市直机关工委书记、市委委员；1993年3月泰安市人大常委会副主任；2001年2月退休。1994年9月任泰安市老年体协主席。

曾兼任山东省盆景奇石协会副会长，园艺技术协会会长，收藏家协会会长，花卉奇石协会会长等。现任中国国家书画院名誉院长，中华书法家协会副会长，中国书法美术家协会名誉主席。2010年被评为“山东省模范老人”；被中国国家书画院和香港特别行政区书画社授予“国家书画艺术发展奖”称号；被中国书法美术家协会、中国收藏艺术研究会、世界艺术鉴定中心授予“中华民族杰出书画家”称号。

赵成道　山东省宁阳县人，1950年10月出生，在职大学学历，1969年1月参加工作，1974年1月加入中国共产党。1969年1月起先后任宁阳县东疏公社赵茂学校、宁阳县鹤山公社罗山学校、王卞联中教师、负责人；1975年7月任宁阳县教育局教研员；1976年3月任泰安地区教育局干事（其间：1980年5月至1985年5月曲阜师范大学中文函授专业学习）；1981年1月任泰安地委组织部干事；1984年7月任泰安地（市）委组织部秘书科科长；1986年2月任泰安市委组织部副部长；1992年11月任泰安市委组织部常务副部长（正县级）；1997年7月任泰安市委统战部部长，市政协党组成员；1998年3月任泰安市政协副主席、党组成员，泰安市委统战部部长。2008年9月任泰安市政协副主席、党组成员。2013年7月退休；2012年12月任泰安市老年人体育协会主席。

山东省第八、九届政协委员；中共泰安市委第七、八、九届委员；市第十二届人大常委会委员；2007年1月被中央统战部授予“全国统战系统先进工作者”称号。

（七）调出副县级以上干部

尹祚起　山东省肥城市人，1932年生，1949年参加革命，1950年3月加入中国共产党。1949年任肥城一区镇南乡乡长兼支部书记；1950年至1956年先后任区公安助理员、县公安局侦查员、六区特派员、县公安局股长；1957年至1965年历任县委监委委员、王瓜店公社党委副书记、县监委委员、秘书；1966年11月任肥城县安驾社公社党委副书记；1970年3月至1971年3月任肥城县安驾社公社革命委员会核心小组副组长；1971年3月至1978年2月任中共安驾社公社党委书记。1978年1月任泰安地区体育运动委员会副主任、省武术协会委员；1983年11月任肥城县委常委、纪委书记；1988年至1991年任肥城县人大常委会副主任、党组副书记；1991年至1995年任肥城县（市）人大常委会主任、党组书记；1995年离休。1995年任肥城市老年体协常务副主席；1998年至2009年，任肥城市老年体协主席。

在任安驾庄公社党委书记期间，带领全社大力发展群众体育运动，全社建有14个体育场、21个灯光球场，培训了千名体育骨干；全公社形成队队做广播体操、村村有代表队，月月有比赛，天天有活动，全社5万农民参加体育锻炼，占全公社总人口的60%。1977年、1978年，连续两年举行万人秋季运动会。1979年被国家体委授予“全国群众体育先进个人”称号，出席第三届全国运动会。

侯衍奎　山东省宁阳县人，中央党校大学党政管理专业毕业，1964年4月生，1982年参加工作，1985年4月加入中国共产党。1982年7月任宁阳县蒋集区添福联中教师；1983年7月任宁阳县城关镇北关小学教师；1984年7月任宁阳县城关运输管理站文书；1985年3月任宁阳县交通监理站监理员；1987年3月任宁阳县公安局交警队人秘股股长；1988年12月任宁阳县委组织部干事；1990年12月任宁阳县委组织部办公室副主任、主任；1993年7月任宁阳县委组织部副局级组织员；1995年10月任泰安市委组织部副科级干事；1997年2月任泰安市委组织部研究室主任科员；1997年9月任泰安市委组织部研究室副主任、主任科员；2000年3月任泰安市委组织部研究室主任；2003年1月任泰安市委组织部助理调研员；2005年7月任泰安市体育局副局长、党组副书记；2007年1月任泰安市委政策研究室副主任；2010年1月任泰安市政府办公室党组成员、市政府法制办公室主任。

何贵臣　山东省泰安市泰山区人，1950年8月生，1968年参加工作，1976年4月加入中国共产党。1968年11月在泰安拖修厂工作；1972年11月任临沂军分区战士、新闻干事；1978年8月任临沂市（县级市）武装部新闻干事；1985年11月任泰安市委宣传部新闻出版科副科长；1989年3月任泰安市委宣传部新闻出版科科长；1993年10月任泰安市委宣传部副部长；1996年7月任泰安市体育运动委员会副主任、党组成员；2000年11月任泰安市体育局副局长、党组成员；2005年7月任泰安市人民对外友好协会理事会会长（正县级）；2007年7月任泰安市外事办公室（市侨务办公室）调研员；2010年1月任泰安市政府外事侨务办公室调研员。2001年8月被国家体育总局授予“全国群众体育先进个人”称号。

陈占峰　山东省新泰市人，研究生学历，1969年11月生，1989年4月加入中国共产党，1991年7月参加工作。1991年7月山东体育学院毕业，留校任山东体育学院教务处教务科科员、92年级级部主任；1992年12月任泰安市体委办公室干部；1997年3月任泰安市体委竞赛科副科长；2001年8月任泰安市体育局训练科科长；2004年5月任泰安市体育局办公室主任；2006年3月任泰安市体育中心支部书记（副县级）兼市体育局办公室主任（其间，2007年7月至2009年6月挂职中共肥城市委常委、市政府副市长）；2012年12月任泰安市政协提案委副主任；2013年12月任泰安市政协提案委工作室副主任；2014年3月任泰安市政协副秘书长；2015年1月任泰安市政协科教文卫体委副主任、工作室主任。

1993年被市政府记大功；1994年、2004年被国家体育总局评为全国体育场地普查先进个人；1999年、2000年连续两次被市政府嘉奖；2002年至2006年连续五年被市政府记三等功；2005年被评为泰安市优秀公仆；2009年被山东省十一届全运会组委会评为接待工作先进个人。

二、劳动模范、先进工作者

（一）省、市劳动模范

苏有森（见人物简介“泰安市体育局现任领导班子成员”）

任广中（见人物简介“现任县级、副县级领导干部”）

王振民　山东省肥城市人，1965年2月生，1982年12月参加工作，1998年10月加入中国共产党。1982年12月至1987年5月任肥城矿务局国家庄煤矿工会干事、俱乐部文化体育队运动员，从事中国式摔跤专业；1987年6月借调到泰安市体育运动学校，担任中国式摔跤教练员兼运动员；1988年12月任泰安市自由式摔跤队教练员；1990年4月正式调入泰安市体育运动学校；1999年3月至2005年10月，历任泰安市体育运动学校训练科科长、校长助理、党支部委员；2005年11月，任泰安市体育运动学校副校长，党支部组织委员。泰安市第九届政协委员会委员。

1986年12月被泰安市政府授予“泰安市体育工作先进个人”称号；1988年8月被泰安市政府授予“优秀运动员”称号；1995年5月被泰安市政府授予“泰安市劳动模范”称号；1995年7月被泰安市政府授予“泰安市优秀教练员”称号；1997年9月被市教育局授予“泰安市优秀教师”称号；1998年12月被泰安市委、市政府授予“跨世纪优秀青年科技人才”称号；1999年至2015年被泰安市政府记二等功4次、三等功1次。

刘喜友　山东省蓬莱人，1956年12月生，1975年6月参加工作，1993年4月加入中国共产党。1975年6月至1978年8月任山东蓬莱市体校教练；1978年9月至1982年7月在山东师范大学体育

学院就读；1982年7月任山东矿业学院体育教师；2005年后任山东科技大学体育学院（体育教学部）直属支部书记、院长，教授。

现任CUBA中国大学生篮球协会副秘书长，山东科技大学男子篮球队主教练。校男子篮球队先后20次获山东省大学生篮球赛冠军；5次代表山东省参加全国大运会篮球比赛，并获第五、六、九届第四名，第五届全国大运会华东区男篮比赛亚军；5次获得CUBA东北赛区冠军，11次闯入全国八强和十六强，7次进入全国前四强，并在2002年第四届CUBA联赛中获得全国总冠军；在第九、十一届CUBA联赛中获得全国亚军，中央五台现场直播校男篮比赛近百场。自1982年撰写论文20余篇，主编和参编专著9部。所撰写的《对我院高水平运动员班基础课设置的研究》等4篇论文获省教育厅高教协会优秀论文二等奖。曾获全国模范教师、全国优秀体育教师、山东省优秀体育教师、泰安市劳动模范、山东省优秀教练员、山东省学校体育卫生国防教育工作先进工作者、第二届“齐鲁晚报杯”十大优秀青年教师、校“难忘恩师”等称号。

付少勇　山东省泰安市人，大学文化，1958年1月生，1974年参加工作，1981年6月加入中国共产党。1974年任山东省体育工作大队举重队运动员；1980年推荐山东体院上学；1982年分配到泰安地区体育中学担任举重队教练员，2000年评为高级教练。在任教练员期间培养输送魏霞、韩鲁娜、张春荣、李娟、李克新、王洪军、吴绪兰、杜振华、段立峰等多名优秀运动员。其中，魏霞是全

国第一位女子举重44公斤级世界冠军。

1986年被泰安市人民政府授予“优秀教练员”称号；1988年被泰安市人民政府记二等功；2002年被泰安市人民政府授予“泰安市劳动模范”称号；2006年5月被泰安市人民政府记三等功。

李阿鹏　山东省泰安市人，1965年12月生，1984年参加工作。1984年9月在青海省体育工作一大队任古典摔跤队队员；1988年10月任泰安市体校古典摔跤队教练；1993年至1996年在山东体育学院教育大专学习；1996年9月任泰安体校古典摔跤队教练。

1999年3月被泰安市人民政府记二等功；2001年获泰安市人民政府嘉奖；2001年被山东省体育局、教育厅授予“体育先进工作者”称号；2003年1月被泰安市人民政府授予“泰安市劳动模范”称号；2007年4月被泰安市人民政府记二等功；2009年担任第十一届运动会火炬手；2009年泰安电视台《故事人生》播放了《角斗士李阿鹏》专题片；2015年2月被泰安市人民政府授予“参加山东省第二十三届运动会先进工作者”称号。

宣光海　江苏省南京市人，大专学历，1966年4月出生，1986年7月参加工作，1994年7月11日加入中国共产党。1986年7月泰安师专体育系毕业，任新泰市体操运动学校教练员；1997年6月任体操学校副校长；2004年4月任新泰市体育中心副主任，新泰市业余体育运动学校校长；2014年12月担任新泰市业余体育运动学校校长。

1992年9月被山东省第十六届运动会组委会授予“体育道德风尚奖先进个人”称号。1995年9月被泰安市人民政府授予“优秀教练员”称号；1995年2月被国家体委授予“全国体育优秀裁判员”称号；1999年3月被泰安市政府记二等功；2001年2月被山东省体育局、教育厅授予“全省青少年体育工作先进工作者”称号；2003年1月被泰安市政府授予“泰安市劳动模范”称号；2007年4月被泰安市政府记二等功；2010年4月被山东省体育局授予“业余训练优秀教练员”称号；2011年3月被山东省体育局授予“先进工作者”称号；2011年3月被泰安市政府授予“先进个人”称号、记二等功；2015年2月被泰安市政府记二等功。1996年至2003年先后向山东省体操运动管理中心输送高辉、于良、焦峰、赵鹏、马延青、刘敏等一批优秀体操运动员。其中，焦峰、马延青获全国蹦床锦标赛冠军；于良获第十二届全运会体操男团金牌。

万惠华　女，山东省新泰市人，大学学历，1971年9月出生，1987年参加工作，1981年10月至1987年10月任山东省体操队运动员，其间1982年10月至1986年8月在山东省体育学校运动训练专业学习；1987年10月任新泰市体操运动学校教练员；2005年9月至2009年7月在青岛新港科技学院运动训练专业在职学习。2011年6月任新泰体操运动学校女队总教练；2014年12月任新泰市体操运动学校副校长。

1999年3月被泰安市人民政府记三等功；2003年1月被泰安市人民政府授予“泰安市劳动

模范”称号；2007年4月被泰安市妇女联合会、泰安市体育局授予“泰安市巾帼建功标兵”称号；2007年4月被泰安市人事局、泰安市体育局、泰安市教育局授予“体育工作先进个人”称号；2009年2月被泰安市体育局评为“优秀裁判员”；2011年3月被泰安市人力资源和社会保障局、泰安市体育局、泰安市教育局授予“泰安市体育工作先进个人”称号；2014年9月被山东省体育局授予“山东省群众体育先进个人”称号；2015年2月被泰安市人力资源和社会保障局、泰安市体育局、泰安市教育局授予“泰安市体育工作先进个人”称号。先后发表论文5篇、个人专著1部；向山东省体操队、跳水队输送优秀运动员20余人，参加省以上比赛共获得金牌30余枚，其中获得世界跳水大奖赛金牌1枚、亚洲锦标赛金牌1枚、东亚运动会金牌2枚。

（二）泰安市先进工作者（享受市劳动模范待遇）

许　兵（见人物简介“泰安市体育局现任领导班子成员”）

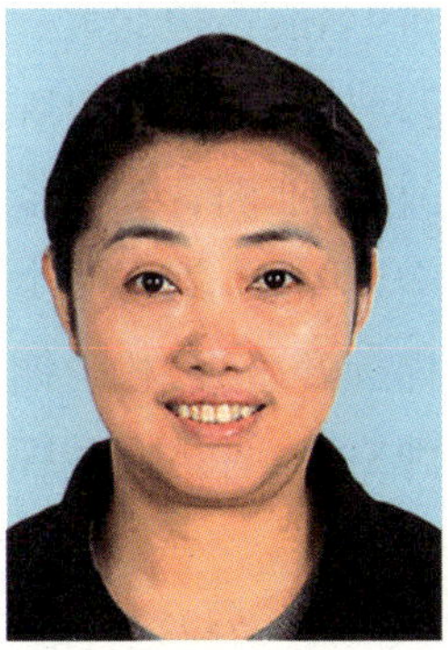

汪迎春　女，山东省济宁市人，1960年1月出生，1973年参加工作。1973年5月选入山东省体育工作大队篮球队当运动员；1980年9月考入上海体育学院；1982年7月任山东省煤炭干部学校教师；1984年7月任泰安市体育运动学校女篮教练员；1999年任泰安体校教务科副科长。泰安市第八届、第十一届政协委员。

培养输送学生30余人，其中刘秀玲、张攀、高方青等3人选入山东省手球队，王静选入国家队；1978年被省体委授予“山东省体育系统先进工作者”称号；2001年11月被评为高级教练员。2003年4月荣获“泰安市职业教育先进个人”称号；2007年4月被泰安市政府授予“参加山东省第二十一届运动会先进工作者”称号。

李岱强　山东省泰安市岱岳区人，1972年5月生，1988年8月参加工作，1997年11月加入中国共产党。1988年8月至1999年10月在山东省体工队从事柔道训练；1999年11月在泰安市体校从事柔道教学工作；2011年被泰安市体校聘为训练中心副主任、柔道总教练。

2003年2月被泰安市人民政府记二等功；2003年8月被山东省残疾人联合会、山东省体育局评为“山东省残疾人体育先进个人”；2007年4月被泰安市人民政府授予“参加山东省第二十一届运动会先进工作者”称号；2015年2月被泰安市人民政府记二等功。

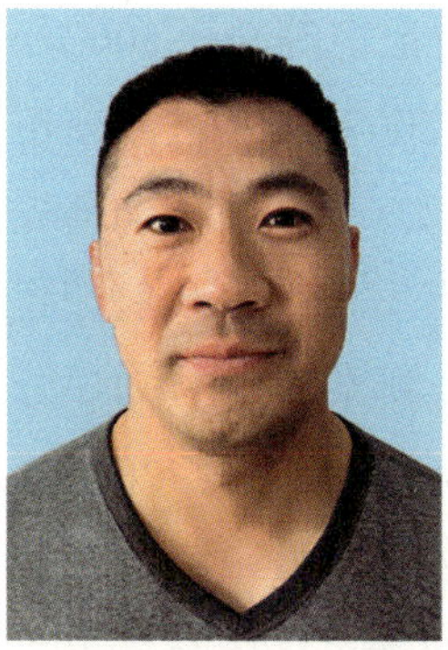

孙　军　山东省肥城市人，1979年2月出生，2001年7月参加工作，2011年7月加入中国共产党。1993年至1997年在北京体育大学竞技附属中学就读初、高中；1997年9月至2001年7月在北京体育大学运动训练系运动训练专业学习，并取得学士学位，毕业后被分配到泰安市体育运动学校，任自由式摔跤教练员；2008年2月至2013年10月被借调到山东省举摔柔管理中心担任女子跤摔跤教练；2013年在泰安市体育运动学校担任自由式摔跤男、女总教练；2015年担任泰安市体育运动学校训练中心主任。

2004年2月被泰安市委组织部、泰安市人事局记三等功；2006年5月获泰安市委组织部、泰安市人事局嘉奖。2007年4月被泰安市人民政府授予“参加山东省第二十一届运动会先进工作者”称号；2011年3月被泰安市人力资源和社会保障局、泰安市体育局、泰安市教育局联合授予“参加山东省第二十二届运动会先进个人”称号；2015年2月被泰安市人力资源和社会保障局、泰安市体育局、泰安市教育局授予“参加山东省第二十三届运动会先进个人”称号。

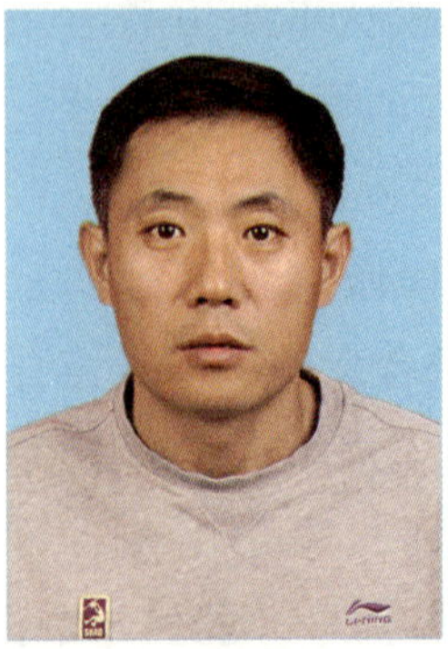

刘　军　山东省新泰市人，大学学历，1975年8月生，1997年参加工作，1996年6月加入中国共产党。1997年10月山东师范大学体育教育系毕业，任新泰市体操运动学校教练；2001年12月评为一级教练；2004年1月任市体操运动学校副校长；2011年2月评为高级教练。

1999年3月被泰安市政府记三等功；2003年2月被泰安市政府记二等功；2007年4月被泰安市人民政府授予“参加山东省第二十一届运动会先进工作者”称号；2008年被泰安市人民政府记集体二等功；2008年6月被评为新泰市优秀知识分子；2011年3月被泰安市政府记二等功；2012年7月被评为新泰市优秀知识分子；2000年、2002年、2004年、2010年被评为新泰市优秀教练员；2015年2月被泰安市人力资源和社会保障局授予先进个人称号。多年来，培养了多名优秀运动员，其中运动员于良获第十二届全运会体操男团金牌。

张新利　山东省新泰市人，大学学历，1972年1月出生，1994年参加工作，2002年7月加入中国共产党。1990年9月至1994年7月在山东省体

育运动学校训练、就读；1994年7任新泰市业余体育运动学校教练员、竞训科科长；2005年9月至2009年7月在曲阜师范大学在职学习；2011年1月至2014年12月调任国家竞走少年队（山东组）教练员；2012年11月任国家体育总局教练员学院培训讲师。

2007年4月被泰安市人民政府授予“参加山东省第二十一届运动会先进工作者”称号；2011年12月当选为新泰市第十三届党代会代表；2011年3月被山东省体育局评为优秀教练员；2011年3月被泰安市人民政府记三等功；2011年6月被山东省人力资源和社会保障厅记三等功；2011年9月被国家体育总局评为优秀教练员；2011年11月被国家体育总局授予精英双百教练员称号，被聘为国家体育总局教练员学院培训讲师；2015年2月被泰安市人民政府记二等功。先后向省队输送时娜、王生堂、白学进、赵庆伟、李振、丁良、郑荣娜、周忠华、徐刚、严德祥、刘建民、韩继江、李华、吴秀亮、高菲等优秀运动员；向国家竞走队输送4人优秀运动员；有9名队员被北大、清华优先录取。培养输送的运动员获世界杯金牌2枚，世界中学生运动会金牌3枚，亚洲青锦赛金牌1枚，第十二届全国运动会金牌1枚，第十届全国运动会铜牌1枚，全国竞走锦标赛金牌7枚、铜牌3枚，全国中学生运动会金牌3枚，省运会金牌22枚。

（三）记二等功、享受泰安市劳动模范待遇

高蕴生（见人物简介“现任县级、副县级领导干部”）

孙丰涛　山东省淄博市人，本科学历，1971年6月出生，1994年7月参加工作，同年7月加入中国共产党。1992年9月至1994年7月在山东体育学院体育教育专业学习；1994年7

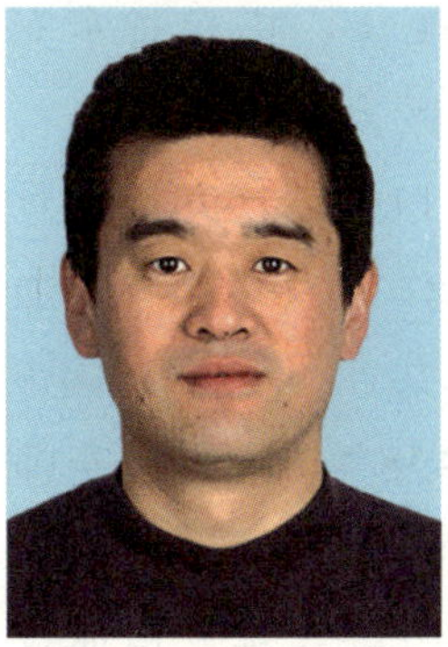

月毕业分配至泰安市体育局任科员；1997年9月至1999年12月在中央党校函授学院政法专业本科学习；2002年6月任泰安市体育局竞赛科副科长；2009年2月任泰安市体育局训练科科长；2010年2月任泰安市体育局训练科科长、兼竞赛科科长；2013年2月任泰安市体育局训练科科长。

2008年被确立为北京奥运会火炬手。2003年至2011年3次被山东省体育局评为山东省业余训练先进工作者；1998年、2002年先后被泰安市政府记三等功各1次；2007年4月被泰安市政府授予“参加山东省第二十一届运动会先进个人”称号、记二等功，2011年3月被泰安市政府授予“参加山东省第二十二届运动会先进个人”称号，记二等功，享受泰安市劳动模范待遇；2003年被国家体育总局评为全国优秀裁判员；1998年至2013年，连续多年年度考核优秀，被市委组织部嘉奖3次、记三等功2次；2009年12月被泰安市委、市政府授予“第十一届全国运动会泰安赛区筹备工作先进个人”称号；2013年被泰安市人事局授予“优秀公务员”称号。

李叶剑　山东省泰安人，大学文化，1974年12月生，1997年7月参加工作。1993年9月至1997年7月在山东体育学院运动训练足球专业学习；1997年7月毕业分配至泰安市体育运动学校任教。1997年任学生科科员兼团委书记；2003年任泰安市足球运动管理中心主任。

2006年，带领泰安市男子足球队参加第二十一届省运会，获男子甲组第六名、男子乙组第七名，获金牌1枚，实现泰安足球史上省运会“零”的突破。2007年被市政府记三等功；2010年，带领泰安市男子足球队参加第二十二届省运会，获男子甲组第七名、女子甲组第七名、女子乙组第八名，获金牌6.5枚；同年，被泰安市政府记二等功，享受市劳模待遇。2014年，带领泰安市男子足球队参加第二十三届省运会，获得男子甲组第四名、男子乙组第八名、女子甲组第七名、女子乙组第六名，共获得金牌11枚，被市政府二等功。

李云涛　山东省泰安市岱岳区人，1971年4月生，1994年7月参加工作，1993年6月加入中国共产党。1994年9月至1999年2月历任泰安市体校教师、班主任，兼任校团委书记。1999年3月至2001年9月，任泰安市体校训练科副科长、男排教练。2001年10月至2003年7月，任泰安市体校学生科副科长、女排教练。2003年7月至2008年9月，任泰安市排球运动管理中心主任、女排教练。2008年10月，任泰安市体校女排教练员。

2011年3月被泰安市人民政府记二等功，享受市劳动模范待遇。2015年2月被泰安市人民政府记二等功。

杨　波　回族，山东泰安人，大学文化，1966年2月出生，1998年参加工作。1988年山东体育学院毕业，任泰安市泰山区南关中学教师。1995年组建南关中学足球队，2004年参加山东省足球锦标赛，获得第六名；2006年参加山东省第二十一届运动会取得第六名，为泰安市获得第一块足球金牌，荣立泰安市三等功。2008年参加山东省足球锦标赛获得第四名。2010年带队参加山东省第二十二届运动会足球比赛获得第五名，获2.5块金牌，被泰安市人民政府记二等功，享受市劳动模范待遇。2014年参加山东省第二十三届运动会取得第四名，获得4块金牌。培养学生姚震和贺惯分别于2009年、2012年先后选为国家青年足球队。

何　斌　山东省新泰市人，1969年2月出生。1990年7月参加工作，1996年10月7日加入中国共产党。1999年9月至2003年7月在天津体育学院就读；大学本科学历。2003年9月至2007年10月任新泰市体操运动学校体操教练员；2007年10月至2014年10月任新泰市体操运动学校体操男队总教练；2014年11月任新泰市体操运动学校竞训科科长兼体操男队总教练；2013年7月任新泰市体操运动学校校长，现为新泰市体操运动学校校长、高级教练员。山东省青年联合会第十二届委员会委员。

2011年3月被泰安市人民政府授予“参加山东省第二十二届运动会先进个人”称号，记二等功，享受泰安市劳模待遇；被山东省体育局授予山东省“优秀教练员”称号。自任职以先后发表专业论文5篇，并向山东省体操队、蹦床队运动员十余人。所带运动员获全运会金牌1枚、全国体操锦标赛铜牌1枚；山东省省运会金牌9.5枚，山东省体操锦标赛金牌24枚、银牌22枚、铜牌10枚，山东省体操冠军赛金牌6枚，银牌5枚、铜牌1枚。2015年2月被泰安市人民政府授予“参加山东省第二十三届运动会先进个人”称号，给予记二等功。

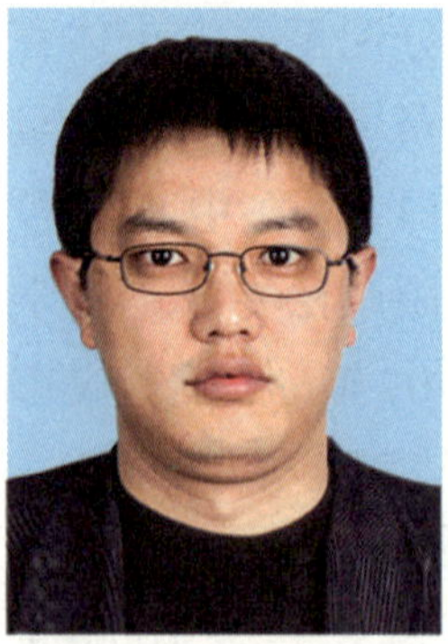

周生涛　山东省泰安市岱岳区人，大学专科，1976.2.11生，1998年11月参加工作，2006年7月加入中国共产党。1996年9月至1998年7月在泰安师范专科学校学习；1998年11月分配至泰安市体育场；2009年3月任泰安市体育场副场长；2013年3月任泰安市体育总会办公室主任（主持竞赛科工作）。

2007年4月被泰安市人事局、体育局、教育局记三等功；2011年3月被泰安市人民政府记二等功；2015年2月被泰安市人民政府记二等功，享受泰安市劳动模范待遇。

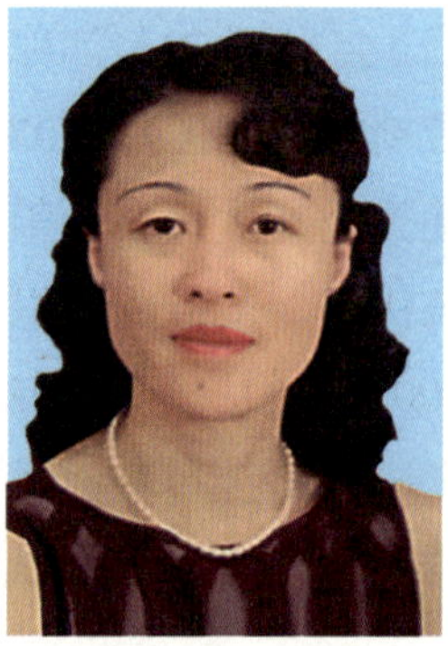

管岱宁　女，上海市人，大学文化，无党派人士，1964年5月出生，1984年参加工作。1980年8月至1984年6月在山东体育学院学习。1984年6月毕业分配至泰安地区体育运动学校任体育教师和教练；1995年7月任泰安市体育运动学校学生管理科副科长；2001年11月任体育运动学校办公室主任；2009年11月任体育运动学校副校长。政协泰安市第十届、第十一届、第十二届委员会委员。

1999年、2003年、2007年、2008年、2010年、2012年、2014年先后7次被市委组织部、人事局嘉奖；2001年被省体育局授予“省青少年体育先进工作者”称号。2009年被泰安市政府授予“参加山东省第二十一届运动会先进个人”称号。2006年被泰安市政协授予“第十届优秀政协委员”称号。2011年被市政府授予“参加山东省第二十二届运动会先进个人”称号、记三等功。2015年2月被泰安市人民政府授予“参加山东省第二十三届运动会先进个人”称号，给予记二等功，享受泰安市劳动模范待遇。

张景文　山东省东平人，大学本科，1963年12月生，1982年5月参加工作；1997年9月加入中国共产党。1982年5月至1984年8月，任山东射击二队射击运动员；1984年9月任泰安地区体育运动学校射击教练员；1995年9月任学校办公室副主任；2001年11月任学校总务科科长；2009年11月任泰安市体育学校副校长、党支部宣传委员。

1985年12月被泰安市人民政府授予“取得优异成绩教练员”称号；1986年12月被泰安市人民政府授予“做出贡献教练员”称号；1993年11月被泰安市人民政府记大功；1997年1月被泰安市总工会授予“优秀工会工作者”称号；2002年被市直机关工委授予“先进个人”称号；2008年1月被市直机关工委授予“先进个人”称号；2011年3月被泰安市人民政府记二等功；2015年2月被泰安市人民政府授予“参加山东省第二十三届运动会先进个人”称号，记二等功，享受泰安市劳动模范待遇。

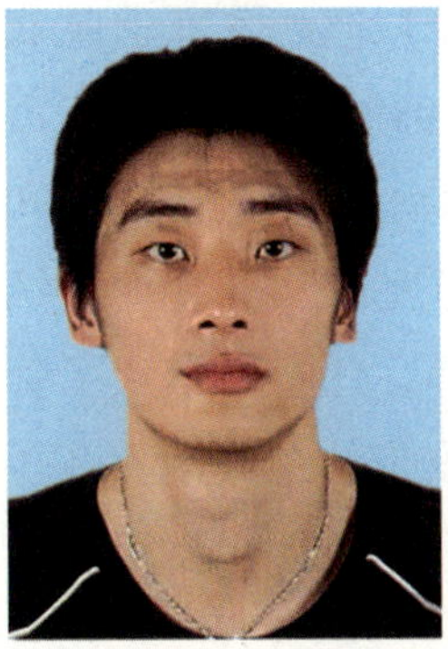

刘大炜　山东省烟台市人，大学本科，1985年1月出生，2002年参加工作。2002年9月任山东省男排一队运动员；2009年12月退役，任泰安市体校排球教练；2009年11月组建泰安体校排球队，任男排主教练。

2005年代表国家队参加世界青年排球锦标赛获第三名；2009年参加全国排球锦标赛获第三名；同年选入山东排球队，参加第十一届全运会获第六名；2010年率队参加第二十二届省运会取得乙组第六名，甲组第八名；2012年率队参加山东省男排锦标赛获乙组第六名；甲组第八名；2013年率队参加山东省男排锦标赛获乙组第三名；甲组第八名；2014年率队参加第二十三届省运会获男子乙组第九名；甲组第三名；共取得4.5枚金牌。2009年10月，被山东省体育局记三等功；2015年2月被泰安市人民政府授予“参加山东省第二十三届运动会先进个人”称号，记二等功，享受泰安市劳动模范待遇。

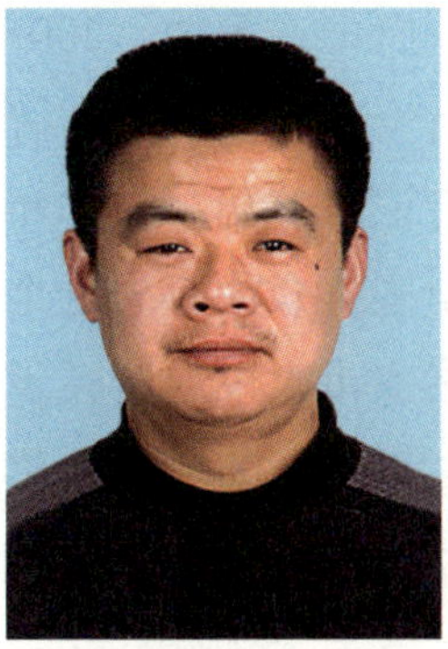

赵燕龙　山东省东平县人，1973年4月生，1988年参加工作，国家级运动健将，一级教练员。1988年8月在泰安市体校从事举重运动训练；1990年10月选入省举重队，进行举重专业训练；1997年3月任泰安市体校举重教练员。2000年12月升初级教练员，三级教练员资格；2004年12月15日升中级教练员，一级教练员资格。

2003年2月至2011年，被泰安市政府记二等功1次、三等功3次、嘉奖3次。2008年、2009年、2012年、2013年被评为泰安市体育局先进个人。2010年4月被山东省体育局授予“2007—2010年山东省业余训练优秀教练员”称号。2015年2月被泰安市人民政府授予“参加山东省第二十三届运动会先进个人”称号，给予记二等功，享受泰安市劳动模范待遇。

赵　明　山东省肥城市人，1957年5月生，1976年5月参加工作，1979年3月加入中国共产党。1976年5月任山东省体工队专业举重运动员，历任举重队团支部书记，体工队团委委员；1982年10月退役，任宁阳县体育运动学校举重教练员；1985年10月任泰安市体校举重教练员。

1985年12月被泰安市政府授予先进个人称号；1986年12月被市政府授予“优秀教练员”称号；1992年12月被市政府授予“优秀教练员”称号；1995年7月被市政府授予“优秀教练员”称号；1999年9月被泰安市人事局、泰安市教育局授予“泰安市优秀教师”称号；1999年3月被泰安市政府记三等功。2003年2月泰安市委组织部给予嘉奖。2003年2月被泰安市政府记二等功。2005年4月被泰安市委组织部、泰安市人事局记三等功。2007年4月被泰安市政府记二等功。2013年8月被国家体育总局授予“全国群众体育先进个人”称号。2015年2月，被泰安市人民政府授予“参加山东省第二十三届运动会先进个人”称号，记二等功、享受泰安市劳动模范待遇。

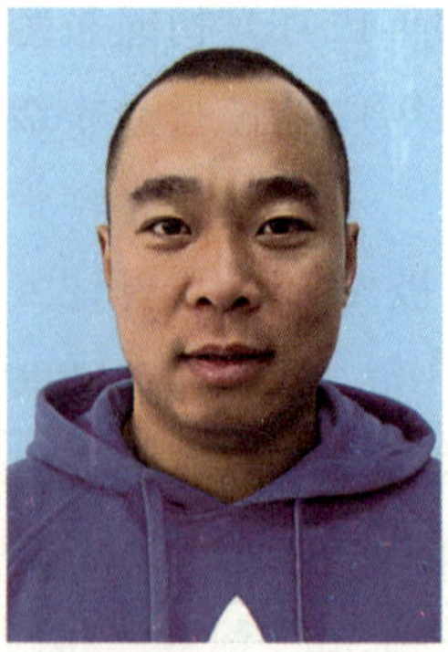

董西志　山东省胶南县人，1987年7月21日出生，大学文化。2007年9月至2011年7月在山东体育学院学习；2010年7月，任泰安体校拳击队教练员；2011年至2014年带领拳击队在省比赛中共取得34枚金牌，20枚银牌，40枚铜牌。2012年9月在全国青年拳击锦标赛获3枚铜牌。2014年4月参加全国女子拳击锦标赛获1个第三名、2个第五。2014年5月，所带队员王海艳在河北迁安举办的全国女子拳击锦标赛中取得第三名。2014年9月参加山东省第二十三届运动会共获3枚金牌、2枚银牌、6枚铜牌、6个第五名。2011年被泰安市政府记三等功，2015年2月被泰安市人民政府授予“泰安市参加山东省第二十三届运动会先进个人”称号，记二等功，享受泰安市劳动模范待遇。

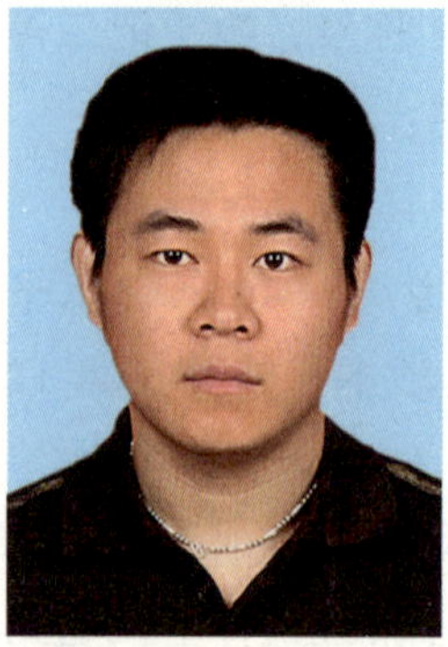

孟　辉　山东省泰安市人，1982年11月生，2008年12月参加工作，2007年1月加入中国共产党。2003年至2007年就读于曲阜师范大学体育科学学院，从事足球专业；2008年12月进入泰安市体育运动学校，历任学生科科员，从事学生管理工作，教务科科员，从事教学管理工作；2010年1月任泰安市体校足球管理中心副主任兼足球教练；2012年12月兼任泰安市足球运动协会副秘书长。

2010年，率队参加山东省第二十二届运动会，男女足四支队伍共取得了6块金牌；2014年，率队参加山东省第二十三届运动会，男女足四支队伍共取得了11.5块金牌；2010年至2014年，向鲁能俱乐部梯队输送队员2人，山东省女足预备队1人。2015年2月被泰安市人民政府授予“泰安市参加山东省第二十三届运动会先进个人”称号，记二等功，享受泰安市劳动模范待遇。

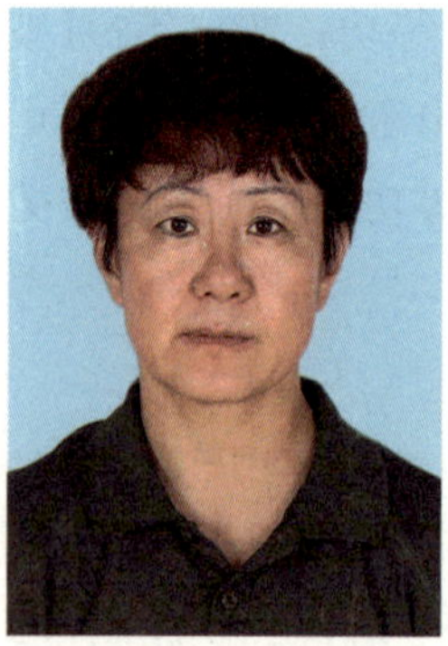

张　红　女，山东省济南市人，1966年2月1日生，大学文化，九三学社社员，1989年10月参加工作。1985年9月至1989年7月就读于北京体育学院武术部；1989年10月任泰安市体育运动学校讲师；2000年北京体育大学在职“体育理论”研究生班结业。2003年被评为高级讲师，任泰安市武术管理中心副主任；2005年任泰安市体校武术教练。泰安市第十二届政协委员、“国家一级武士”（1979年）、武术套路国家“一级裁判”（2001年）、中国武术协会会员（1997年）、泰安市武术协会副秘书长。

1978年，获山东省武术套路比赛剑术冠

军；1989年4月，被河南省南阳地区武馆聘为高级武术教练员；2004年在山东省第九届中学生运动会武术套路比赛上获省“优秀教练员”称号；2011年被省体育局授予“山东省优秀教练员”称号；同年，被山东省武术院评为“山东省武术套路冠军赛优秀教练员”。2014年泰安市人社局、体育局、教育局给予记二等功。2015年2月被泰安市人民政府授予“参加山东省第二十三届运动会先进个人”称号，记二等功，享受泰安市劳动模范待遇。2015年被评为泰安市九三学社优秀会员。

刘四龙　回族，山东省新泰市人，1973年3月出生，大学本科，1992年参加工作，2003年7月中国共产党。1990年至1991年在山东宋江武校学习散打；1992年任河北体工大队散打队运动员，曾多次获全国散打冠军；1998年任泰安体校散打队和跆拳道两个项目教练员；2009年任跆拳道管理中心散打队教练员。

自1998年担任散打教练员以来，培养了一批优秀体育人才，所带队员卞庆各获2013年第十二届世界武术锦标赛散打90公斤级冠军；同年在全国第十二届运动会预赛上散打90公斤第一名；2014年第七届世界杯散打90公斤级冠军。王士开获2014年世界武术散打争霸赛65公斤级冠军。姜菲菲获2002年山东省运会女子少年乙组51公斤级第二名；2002年年底被送到山东省女子跆拳道队训练；2006年，在山东省二十一届运动会上取得第一名；2008年、2009年连续两年获得中国大学生跆拳道锦标赛59公斤级冠军。2011年被泰安市政府授予先进个人称号、记三等功。2015年2月被泰安市人民政府授予“泰安市参加山东省第二十三届运动会先进个人”称号，记二等功，享受泰安市劳动模范待遇。

武文涛　山东省新泰市人，1970年7月生人，大学文化，1992年7月加入中国共产党，同时参加工作。1992年7月山东体育学院毕业，任新泰市体委秘书科科员、科长；2000年4月任新泰市体委副主任、体育中心副主任；2010年7月任新泰市体育中心党支部书记、主任；2010年10月任新泰市体育中心党支部书记、主任、体育局党委委员；2013年7月任新泰市体育局副局长、党委委员、体育中心主任、党支部书记；2014年12月任新泰市体育局党委委员、体育中心主任、党支部书记。2014年12月获北京体育大学体育硕士学位。

2006年10月被山东省体育局授予“2002—2005年度全省群众体育先进个人”称号；2007年被泰安市人事局、泰安市体育局、泰安市教育局授予“参加山东省第二十一届运动会先进个人”称号；2011年3月被山东省体育局授予“山东省优秀县（市、区）体育局长”荣誉称号；2012年3月被国家体育总局授予“2010—2011年度全国优秀社会体育指导员”称号；2015年2月被泰安市人民政府授予“参加山东省第二十三届运动会先进个人”称号，记二等功，享受泰安市劳动模范待遇。

王功春　山东省新泰市人，1978年2月2日出生，大学文化，2011年7月加入中国共产党。1999年9月至2003年7月在天津体育学院就读；2003年9月至2007年10月担任新泰市体操运动学校体操教练员；2007年10月至2014年10月任新泰市体操运动学校体操男队总教练；2014年11月

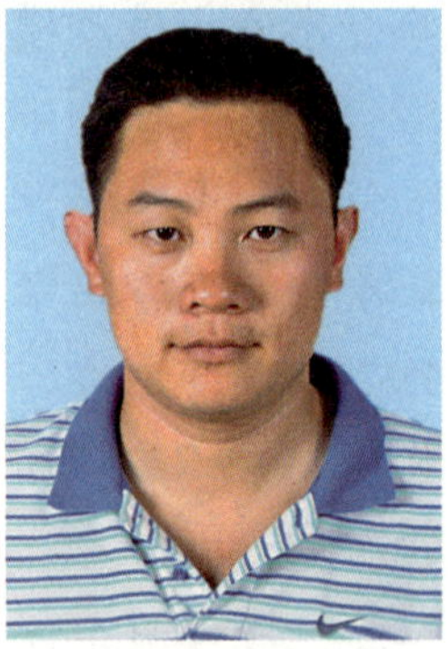

任新泰市体操运动学校竞训科科长兼体操男队总教练。山东省青年联合会第十二届委员会委员。

2007年3月被泰安市人力资源和社会保障局、泰安市体育、泰安市教育局评为“泰安市体育工作先进个人”；2011年3月被山东省体育局授予山东省“优秀教练员”称号；2011年3月被泰安市人力资源和社会保障局、泰安市体育局、泰安市教育局授予“泰安市先进个人”称号，记三等功；2015年2月被泰安市人民政府授予“泰安市参加山东省第二十三届运动会先进个人”称号，记二等功，享受泰安市劳动模范待遇。自任职先后发表专业论文5篇，向山东省体操队、蹦床队及上级训练单位输送运动员10余人；带领体操运动员于良获得2013年9月全运会金牌1枚，2013年5月全国体操锦标赛铜牌1枚；所带运动员获山东省省运会金牌9.5枚，山东省体操锦标赛金牌24枚、银牌22枚、铜牌10枚，山东省体操冠军赛金牌6枚，银牌5枚、铜牌1枚。

三、优秀运动员

（一）培养输送优秀运动员

王　峰　奥运金牌获得者、国际运动健将。山东省新泰市人，1979年4月生，1984年从事体操项目。1984年在新泰市体操学校练习体操；1987年在山东省体育中心改练跳水。2000年进入国家跳水队。

1990年在全国“萌芽杯”跳水比赛上获冠军；1994年在世界友好运动会上获得10米台冠军；1999年5月在中国国际跳水公开赛上获得1米板冠军；1999年7月在世界大学生运动会上获得跳水1米板冠军。2000年先后获全国跳水冠军赛一米板冠军，获世界杯比赛男子团体和混合团体冠军，获国际泳联跳水系列大赛3米板银牌。2001年在游泳世锦赛上获男子1米板冠军，在全国九运会上获得一米板冠军。2002年在第十三届世界杯跳水赛上获男子3米跳板双人、团体冠军，在全国跳水锦标赛中获1米板冠军、3米板跳水冠军；在第十四届亚运会上获得男子3米板亚军。2003年在全国跳水锦标赛上获男子3米板和男子双人3米板两项冠军、1米板冠军，获世界大学生运动会1米板跳水冠军；获第十届世界游泳锦标赛男子双人3米板亚军。2004年，获跳水大奖赛美国站男子3米板冠军，获第十四届世界杯跳水赛男子3米板亚军，全国跳水冠军赛3米板单人、双人两项冠军，全国跳水锦标赛3米板单人、双人两项冠军，世界跳水大奖赛总决赛3米板冠军，在雅典奥运会上获得男子3米板第四名。2005年获国际泳联跳水大奖赛珠海站男子双人3米板、男子3米板两项冠军，获国际泳联跳水世界杯赛美国站男子3米板冠军，获国际泳联跳水大奖赛美国站男子3米板双人冠军，获国际泳联跳水大奖赛德国站男子3米板双人冠军，获全国跳水冠军赛暨全国第十届全运会预选赛1米板跳水冠军。2006年在国际泳联跳水大奖赛上分别获得珠海站、美国站、加拿大站男子3米板金牌，2006年7月在第十五届世界杯跳水比赛获男子3米板双人金牌，获国际泳联跳水大奖赛总决赛冠军；2006年11月，在墨西哥获国际泳联跳水大奖赛获总决赛男子3米板双人金牌；同年12月在卡塔尔多哈举行的第十五届亚运会上获男子3米板双人金牌。2007年获游泳世锦赛3米板双人金牌，全国跳水锦标赛暨奥运选拔赛跳水3米板双人金牌，全国跳水冠军赛暨奥运选拔赛资格赛跳水3米板单人金牌；第十六届国际泳联跳水世界杯赛3米板双人金牌，第二十九届奥运会跳水3米板双人金牌。2009年获国际泳联世界跳水系列赛常州站跳水3米板双人金牌，第十三届游泳世锦赛跳水3米板双人金牌，第十一届全运会跳水1米板金牌。2000年至2009年，8次获国家体育总局体育运动荣誉奖章。

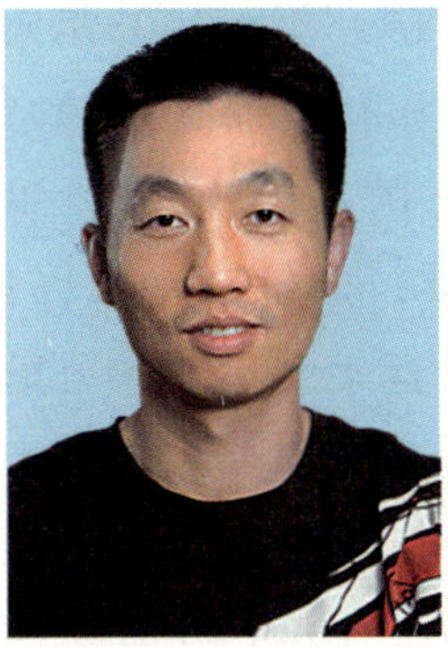

沈　剑　奥运会银牌获得者、国际运动健将。山东省新泰市人，1975年生，1981年从事体操项目。1981年入选新泰市体操运动学校；1984年入选省体操队；1988年入选国家体操队。1991年9月获第二届全国城运会体操比赛个人全能和双杠冠军；1992年9月获全国体操锦标赛单杠和双杠冠军；1993年获世界大学生运动会单杠冠军；同年9月获第七届全运会体操比赛双杠第2名；1994年11月获第三十届世界体操锦标赛男子团体冠军；1995年5月获全国体操锦标赛单杠冠军；1995年6月获首届太平洋运动会自由体操冠军，个人全能亚军；1996年6月获全国体操锦标赛暨奥运会选拔赛自由体操和双杠冠军；1996年7月获第二十六届奥运会男子团体亚军，全能第5名；1996年9月获第一届亚洲体操锦标赛男子团体、个人全能、单杠和双杠冠军；1996年10月获中国杯国际体操赛个人全能、单杠和双杠冠军，自由体操第二名；1996年8月被国家体委体育运动一级奖章；1997年8月获世界体操锦标赛男子团体冠军；1997年10月获第八届全运会体操比赛个人全能第二名，单杠第三名。1995、1997年获国家体育总局体育运动荣誉奖章。

毕文静　女，奥运会银牌获得者、“毕氏转体”创立者、国际运动健将。山东省新泰市人，1981年生，1986年从事体操项目。1986年进入新泰市体操运动学校开始体操训练；1990年被选入山东省体操队；1995年1月选入国家队；1999年退役，任国家体育总局运动营销、体操国际级裁判。

1996年获第二十六届亚特兰大奥运会高低杠银牌、体操团体第四名；1997年获世界体操锦标赛高低杠铜牌；1997年获全国第八届运动会高低杠金牌、全能第三名；1998年，在第十三届亚运会上获得女子体操团体金牌、高低杠金牌；同年5月获第九届世界杯体操比赛高低杠金牌，她的杠上“转体”被国际体操联合会命名为“毕氏转体”。1998年获得国家体育总局“体育运动荣誉奖章”。

张　霞　女，亚运会金牌获得者、国际运动健将、国家体操队教练。山东省新泰市人，1975年6月21日生，1981年从事体操项目。1981年选入新泰县（今新泰市）体操运动学校开始体操训练；1984年选入山东省体操队，1987年选入国家体操队；退役后，任国家体操队教练。

1983年第一次参加山东省“希望杯”体操比赛，夺得高低杠和跳马两项冠军；1986年在全国体操比赛中以73.75分的总成绩跻身国家体操运动健将行列，年仅11岁，是年龄最小的女子体操健将；1988年在山东省第十四届运动会上，夺得5项冠军，囊括女子体操全部金牌；1989年4月第四届亚洲青年体操锦标赛个人全能冠军、高低杠冠军、自由体操冠军；1990年7月美国西雅图世界友好运动会高低杠冠军；同年在第十一届亚运会上夺得女子体操团体冠军、个人高低杠金牌；1992年获第二十五届夏季奥运会体操女子团体第

四名。退役后，任国家体操队教练，培养出邓琳琳、江钰源、崔婕、郭巍、田梦思等一批奥运冠军和全国冠军。2008年北京奥运会上，邓琳琳、江钰源双双取得奥运金牌，为中国体操争得了荣誉。1990年被省人民政府记大功；被团省委授予“山东省新长征突击手”称号；被省妇联授予“山东省三八红旗手”称号；2008年、2009年、2012年获国家体育总局体育运动荣誉奖章。

李明才　世界杯金牌获得者，国际运动健将，全国田径十佳运动员。山东省新泰市人，1971年1月出生，中共党员，山东省新长征突击手，山东省第七届政协委员。1984年10月从事竞走项目，1986年6月1日入选省田径队竞走组训练，2002年退役留队任教练。

1990年在北京举行的第十一届亚运会上获20公里竞走银牌；1991年8月在日本东京举行的第三届世界田径锦标赛上，以1小时24分15秒刷新男子20公里竞走亚洲纪录、获银牌，成为中国径赛运动员第一个在世界大赛上闯入世界前8名的运动员，被评选为“全国田径十佳运动员”；1995年4月，在北京举行的第十七届竞走世界杯赛上获男子20公里竞走比赛团体金牌；9月，在印尼举行的第十一届亚洲田径锦标赛上获男子20公里竞走金牌；1994年，在阜新举行的全国田径冠军赛上获20公里竞走金牌；1993年获得第七届全国运动会男子50公里竞走金牌；1992年、1996年分别参加第二十五届、第二十六届奥运会。

王银行　亚运会金牌获得者、国际运动健将。山东省新泰市人，1977年2月出生，研究生学历，1996年7月参加工作，2000年9月加入中国共产党。

1991年2月从事竞走项目训练。1993年在第九届世界中学生运动会上获得男子5公里竞走冠军；1994年12月入选山东省竞走队，1995年至2005年入选国家田径集训队；1995年获全国城运会20公里竞走银牌并创亚洲青年纪录；1998年12月以1秒钟的优势获第十三届亚洲运动会男子50公里竞走金牌，被国家体育总局局长袁伟民称之为“一秒钟精神”，号召全体运动员学习他这种吃苦耐劳、为国争光的精神。1998年8月参加环诺曼底竞走赛，获团体亚军，个人第四名。1998年至2002年连续5年获得全国竞走锦标赛男子50公里竞走金牌。2001年参加全国第九届运动会，获男子50公里竞走金牌。2002年获第二十届世界杯男子50公里团体第三名。2003年获全国竞走锦标赛50公里竞走亚军。

时　娜　女，世界竞走大奖赛金牌获得者、国际运动健将。山东省新泰市人，1981年出生。1994年在新泰市体校从事竞走项目训练，1995年入选山东省竞走队；2009年退役，任山东省田径运动管理中心竞走高级教练员。

1994年获世界中学生运动会女子5000米竞走金牌；1996年获环诺曼底大决赛铜牌，获世界中学生运动会金牌；2002年获第20届世界杯竞走比赛团体第三名；2003年获世界竞走大奖赛女子20公里竞走比赛金牌，获全国冠军赛女子20公里竞走银牌，获全国竞走锦标赛银牌；2004年获全国竞走锦标赛暨奥运会选拔赛女子20公里竞走第三，获世界杯竞走比赛团体冠军，获得国家体育总局“体育运动荣誉奖章”；2005年获十运会女子20公里竞走第三；2007年获全国大学生运动会女子10公里竞走冠军；2008年获“好运北京”国际竞走挑战赛第三名并参加北京奥运会，获2008年全国竞走锦标赛第二名。

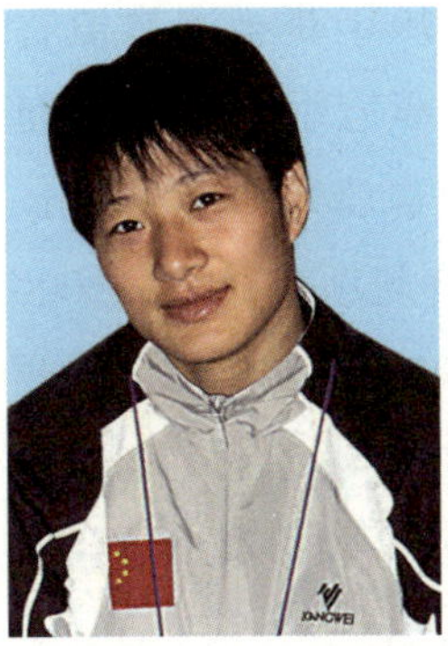

苏会华　女，全国摔跤冠军赛金牌获得者，国际级运动健将。山东省新泰市人。1983年5月10日出生，山东省体育学院本科毕业。1993年至1995年入选新泰市体育运动学校；1995年至1997年在泰安市体育运动学校学习；1997年至2000年在东省体育运动学校学习；2000年至2009年入选山东省女子摔跤队，同期又被选入中国女子摔跤队，成为国家女子摔跤队第一批优秀运动员。1999年获全国摔跤冠军赛冠军；2001年获亚洲摔跤锦标赛亚军；2002年获世界大学生运动会摔跤亚军；2002年获国际摔跤邀请赛亚军；2003年获世界杯摔跤亚军；2004年，获得亚洲摔跤锦标赛亚军、全国冠军赛冠军、世界杯亚军、雅典奥运会选拔赛第二名；2006年在亚洲摔跤锦标赛上获得女子63公斤级摔跤冠军；2009年至2012年任中国女子摔跤队教练员。

杨世伟　世界军事五项金牌获得者。山东省新泰市人，1981年出生，1998年在新泰市业余体校训练；2001年入选八一队。

2004年获世界军事五项男子团体金牌、个人单项第三名；2005年获世界军事五项男子团体金牌、个人单项铜牌；2006年获第五十三届军事五项世锦赛团体、个人金牌；2007年获第四届世界军人运动会团体金牌，个人银牌；2008年获国际军体第五十五届军事五项世界锦标赛团体、个人两项金牌；2009年获国际军体第五十六届军事五项世界锦标赛军事五项（团体）金牌。

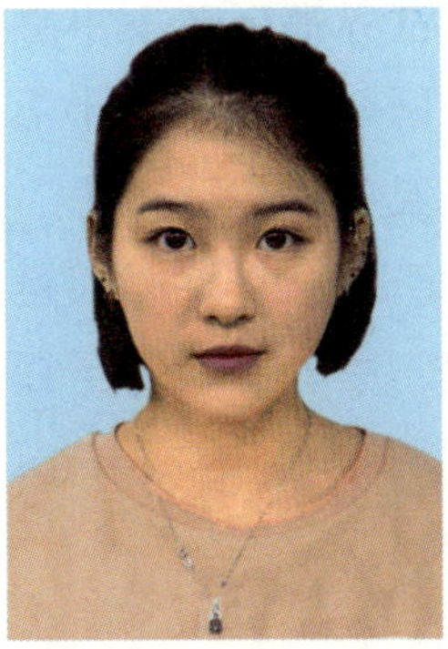

邢怡颖　女，国际泳联跳水大奖赛金牌获得者。山东省新泰市人，1998年出生，2004年6月从事跳水项目，2005年8月进入山东省跳水队训练。

2009年获全国少年儿童跳水冠军赛女子组一米板单人甲B、三米板单人、五米台单人金牌，五米台双人银牌；2011年获2010—2011中国跳水明星系列赛10米跳台银牌、全国跳水冠军赛女子全能铜牌、国际泳联跳水大奖赛德国站10米跳台单人金牌、10米跳台双人银牌、全国跳水锦标赛暨奥运选拔赛女子双人10米台金牌、全国跳水锦标赛暨伦敦奥运会选拔赛女子双人10米台铜牌；2011年获中国跳水明星系列赛（武汉站）双人10米台季军（与司雅杰）；2012年获国际泳联跳水大奖赛罗斯托克站单人10米台亚军，第九届亚洲游泳锦标赛10米跳台双人金牌10米跳台单人银牌，中国跳水明星系列赛（济南站）暨奥运会选拔赛女子10米台银牌；国际泳联跳水大奖赛10米台银牌；2013年获东亚运动会女子10米台单人、双人2枚金牌。

刘　坤　女，世界军事五项金牌获得者。山东省新泰市人，1985年出生。1997年11月开始在新泰市业余体校训练；1998年11月在泰安市体校训练；2001年10月入选山东省体工队；2002年5月入选八一队。

2005年获世界军事五项女子团体金牌、个人银牌；2006年获第五十三届军事五项世锦赛团体金牌，个人银牌；2007年获第四届世界军人运动会团体、个人金牌；2008年获第五十五届军事五项世界锦标赛团体金牌；2009年获国际军体第五十六届军事五项世界锦标赛军事五项（团体）金牌；2010年获国际军体第五十七届军事五项世界锦标赛军事五项团体、个人、接力三项金牌；2011年获第五届世界军人运动会军事五项女子团体金牌，军事五项女子接力、军事五项个人2枚铜牌。

赵庆建　世界武术锦标赛金牌获得者，国际级运动健将。山东省东平县人，1978年3月出生。1987年，在山东省东平县体校、泰安市体校习武。1992年，在广东省汕尾市体校习武。1995年在河南嵩山少林寺武僧团习武。1998年，在武汉体育学院武术系学习，同时进入北京市武术队。2001年，选入国家武术队，同年当选中国武术协会会员。

2003年，在澳门举行的第七届世界武术锦标赛上，获长拳、对练两项冠军；2005年在澳门举行的第四届东亚运动会上，获武术套路比赛获得刀、棍全能冠军；2005年在江苏举行的中华人民共和国第十届全国运动会武术套路比赛上，获长拳冠军，刀、棍术全能亚军；2007年在北京举行的“好运北京”第九届世界武术锦标赛上，获得刀术冠军；2008年在澳门举行的第七届亚洲武术套路锦标赛上，获刀、棍全能冠军；2008年在北京奥运2008武术比赛上获刀、棍术全能冠军；2009年在高雄举行的世界运动会武术套路锦标赛上，获刀、棍术全能冠军；2009年在山东举行的中华人民共和国第十一届运动会上，获武术套路比赛长拳冠军。

马卫国　亚运会金牌获得者。山东省肥城市人，1983年1月出生。1995年9月进泰安市体校篮球队；1998年11月选入山东省水上运动学校从事赛艇训练。

1999年获全国赛艇青年锦标赛冠军、全国赛艇冠军赛亚军；2000年获全国赛艇冠军赛冠军；2001年获全国第九届运动会赛艇项目冠军；2000年获全国赛艇冠军赛冠军；2002年9月获全国赛艇锦标赛双人艇第一名；2002年11月获十四届亚运会男子八人艇第一名；2005年10月获十运会赛艇两人艇第四名、八人艇第五名。

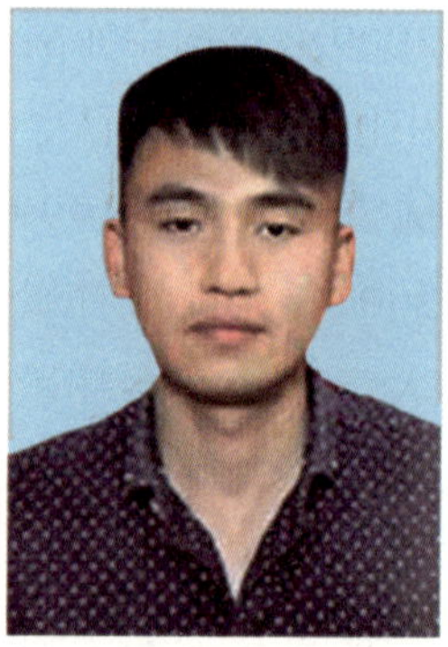

杜云鹏　国际田联竞走世界杯比赛金牌获得者。山东省新泰市人，1988年9月6日出生，2003年选入新泰业余体育运动学校从事竞走项目；2005年选入山东省体工队；2015年退役，任新泰业余体育运动学校竞走教练。

2010年获国际田联竞走世界杯赛男子50公里团体金牌；2010年全国竞走大奖赛暨世界杯选拔赛50公里银牌；2011年获第七届全国城市运动会竞走预选赛暨全国竞走大奖赛50公里金牌，全国竞走锦标赛男子50公里铜牌、全国竞走锦标赛男子团体金牌；2012年获国际田联竞走挑战赛总决赛暨全国竞走锦标赛男子团体金牌；2013年获第十二届全国运动会男子20公里团体金牌。2010年获国家体育总局体育运动荣誉奖章。

于庆国　全国残疾人运动会银牌获得者。山东省宁阳县人，1970年生，中共党员，宁阳县疾控中心干部。1992年入选山东省体工大队柔道

队；1993年入选国家残疾人柔道集训队，被中残联、国家体委授予优秀运动员称号；2002年获全国残疾人田径、柔道、举重锦标赛暨世锦赛选拔赛柔道男子66公斤级第二名、体育道德风尚奖；2003年获第六届残疾人运动会男子盲人柔道比赛66公斤级组别第二名；2003年获山东省第六届残疾人运动会男子66公斤级柔道第一名；2003年获山东省第六届残疾人运动会男子F13项目跳远第二名；2003年获山东省第六届残疾人运动会体育道德风尚奖；2010年获山东省第八届残疾人运动会盲人柔道73公斤级第一名；2010年获山东省第八届残疾人运动会盲人柔道无差级别第一名；2014年获山东省第九届残疾人运动会盲人柔道男子73公斤第一名、盲人柔道男子公开级第二名、体育道德风尚奖。

（二）泰安籍优秀运动员

孟丽丽　女，山东省新泰市人，世锦赛金牌获得者。1999年获世锦赛女子摔跤63公斤级银牌，亚锦赛女子摔跤63公斤级银牌；2000年获亚锦赛女子摔跤63公斤级银牌；2001年获世锦赛女子摔跤63公斤级金牌，世界杯女子摔跤63公斤级银牌，东亚运动会女子摔跤63公斤级银牌；2002年获世界杯女子摔跤63公斤级银牌；2003年获全国冠军赛女子摔跤63公斤级金牌；2004年获全国锦标赛女子摔跤63公斤级金牌；2005年获世锦赛女子摔跤67公斤级金牌。

司天峰　山东省新泰市人，1984年出生，国际田联竞走世界杯赛竞走金牌获得者。2008年参

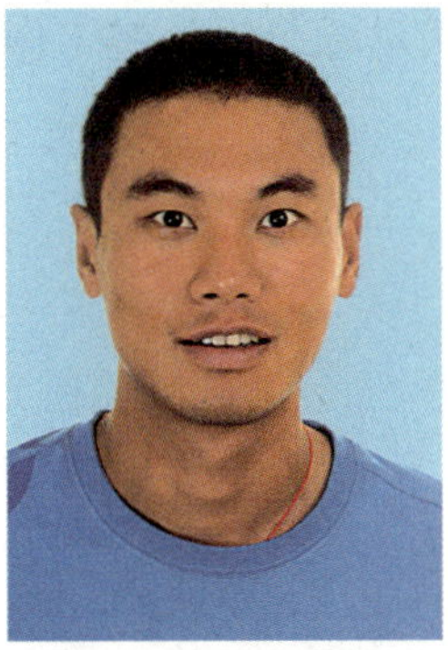

加国际田联竞走挑战赛，获男子50公里竞走金牌；同年，参加全国竞走锦标赛获50公里金牌，参加第二十九届奥运会；2009年参加全国第十一届运动会，获男子50公里竞走第三名；2010年参加国际田联竞走世界杯赛，获竞走男子50公里团体金牌；同年，参加第十六届亚运会，获竞走男子50公里金牌；2011年参加大邱田径世锦赛，获竞走50公里第四名（迄今中国队员在田径世锦赛上最好成绩）；同年，参加全国竞走冠军赛，获男子50公里竞走冠军；2012年8月参加伦敦奥运会，获男子50公里竞走铜牌；2013年参加全国第十二届运动会，获男子50公里竞走铜牌。

翟　墨　山东省新泰市人，1968年11月生。2000年2月至2001年8月，自驾帆船环新西兰一周；2001年9月，自驾新西兰奥克兰8米帆船，进行跨越南太平洋马德克和汤加两大海沟航程，遍访南太平洋诸岛国；2003年3月18日，自驾帆船从大连启航，经过55个昼夜的航行，航程7600多海里，到达海南三亚市，圆满完成了“中国海疆万里行”；2007年1月6日至2009年8月16日，单人驾驶“日照”号无动力帆船从日照起航，沿黄海、东海、南海出境，经过雅加达、马达加斯加、好望角、巴拿马，横跨印度洋、大西洋、太平洋、归航日照港，途经40多个国家和地区，总航程33467海里，历时两年零七个月，是中国航海史上的一大壮举。

四、优秀教练员

（一）获得荣誉称号的优秀教练员

张　霞（见人物简介“优秀运动员”）

韩惠武（见人物简介“离退休副县级以上干部”）

李阿鹏（见人物简介“劳动模范、先进工作者”）

赵燕龙（见人物简介“记二等功、享受泰安市劳动模范待遇”）

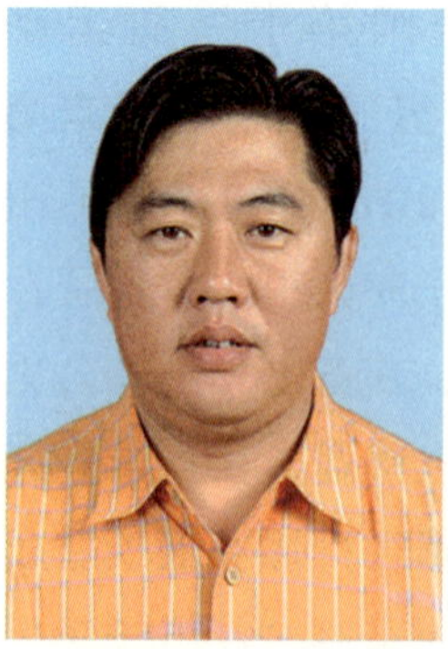

张　平　山东省宁阳县人，1964年2月出生，大专学历，中共党员，国家级教练。

1979年9月至1981年7月新泰县一中学生；1981年10月至1988年4月任新泰市体操运动学校教练员；1987年5月至1995年5月任新泰市体操运动学校副校长；1995年5月至1996年10月任新泰市体委副主任兼体操学校副校长；1996年10月至2002年3月任新泰市体委副主任兼体操学校校长；2002年3月至2004年4月任新泰市体育中心副主任兼体操学校校长；2004年4月至2010年10月任新泰市文体局副局长，市体育中心主任兼市体操运动学校校长；2010年10月调山东省体操运动管理中心工作。

担任体操教练以来，先后培养输送跳水奥运冠军王峰、世界体操冠军沈剑、全国蹦床冠军娄明等优秀运动员60余名，有3人入选国家队，20多人先后被输送到山东省体操队。共获得奥运会金牌1枚、银牌1枚、国际比赛奖牌60余枚，全国金牌20余枚，山东省省运会金牌30余枚，省锦标赛金牌120余枚。1987年被评为山东省业余训练先进个人；1989年被国家教委授予“全国优秀教师”称号，1994年破格晋升为高级教练，1996年被评为泰安市专业技术拔尖人才、泰安市劳动模范；1997年被评为泰安市十大杰出青年、泰安市劳动模范；1996年被评为山东省体育系统十佳青年干部，并获国家体委颁发的世界冠军启蒙奖；2001年被山东省委授予“山东省优秀共产党员”称号、被评为国家级教练；2005年被评为全国群众体育工作先进个人。

周　新　山东省新泰市人，1972年2月出生，1990年参加工作。1990年8月在新泰市一中工作；1993年至1997年在山西省太原市体校中专就读；2009年被新泰市体校聘任为业余体校竞走教练员；2009年至2011年被聘任为泰安市业余训练主管教练。

1998年被泰安市教育局授予“泰安市学校体育卫生国防教育工作先进者”称号；2000年被新泰市人民政府授予“优秀体育教师”称号；2000年撰写论文《如何培养学生的体育兴趣》获山东省学校体育论文二等奖；2009年被泰安市体育局授予“泰安市培养输送体育人才先进个人”称号；2010年被泰安市政府授予“参加山东省第二十届运动会先进个人”称号；2011年被山东省教育局、体育局授予“山东省中小学生体育联赛体育道德风尚奖”称号；2011年被泰安市体育局授予“泰安市2011年度培养输送体育人才先进个人”称号；2015年被泰安市人民政府授予“泰安市参加山东省二十三届运动会先进个人”称号，记二等功。其培养输送的优秀竞走运动员王银行，2000年9月参加第二十七届悉尼奥运会获50公里第十三名；1998年12月参加第十三届亚运会获50公里竞走第一名；1998年至2002年连续5年获得全国竞走锦标赛冠军；2001年10月参加第九届全国运动会获50公里竞走第一名。

褚翠萍　女，山东省体育系统拔尖人才、泰安市十大文明市民标兵。山东省新泰市人，1963年12月11日出生，大学学历，国家级教练员，民盟会员。1981年6月至1994年3月任新泰市体操学校助理教练；1994年3月至2004年3月任新泰市体

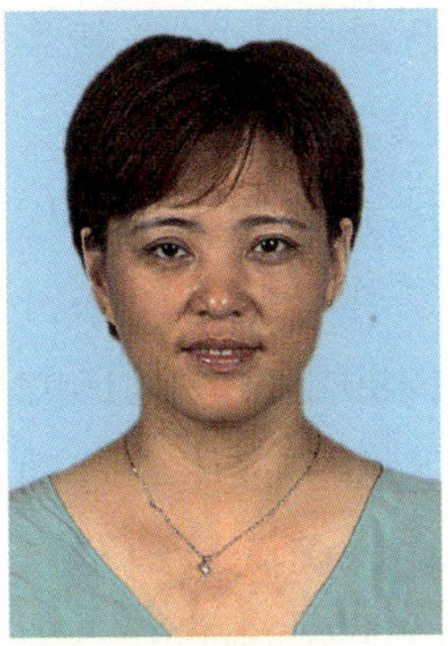

操学校高级教练；2004年3月至2010年8月任新泰市体操运动学校副局级干部、兼高级教练；2010年8月至2011年11月任新泰市体育局副局长；2011年11月调入省体操运动管理中心。山东省第九届、第十届人大代表，山东省青年联合会委员。

任教练以来，先后培养输送毕文静、张霞等运动员50余名，所带队员共获得奥运会银牌1枚、国际比赛金牌10余枚、全国比赛奖牌10余枚、山东省省运会金牌30余枚、省锦标赛金牌90余枚。先后被授予“全国业余训练先进个人”“全国青少年体育先进工作者”“省体育先进工作者”“山东省三八红旗手”“山东省体育系统拔尖人才”“省业余训练先进个人”“泰安市十大文明市民标兵”等称号；被泰安市委、市政府记功1次，多次被评为泰安市优秀教练员。

宋绍利　山东省新泰市人，1964年7月生，中共党员，天津师范大学客座教授，山东体育学院研究生导师。1981年至1990年，任山东新泰市市中一中体育教师；1990年3月至1991年5月任山东省体校教练员；1991年5月至1993年9月任泰安市体校教练员；1993年9月至2001年9月任山东省体育中心教练员；其间2001年9月任山东省田径管理中心教练员，1998年起担任国家竞走队教练。2015年任山东竞走队主教练，国家竞走队教练，国家教练（正教授二级）；2014年获山东省人民政府突出贡献专家奖（享受山东人民政府特殊津贴）；先后5次被山东省人民政府记一等功，2010年荣获国家体育总局功勋教练称号。

培养国际级运动健将20人，国家级运动健将近50人。其培养输送的运动员李明才、王银行、时娜、司天峰、于伟先后参加世界奥运会，司天峰在2012年伦敦举行的第三十届世界奥运会上获竞走50公里银牌；于伟在2016年里约举行的第三十一届奥运会上获竞走50公里第五名；1995年李明才获世界杯男子20公里团体冠军；2004年时娜获世界杯冠军20公里竞走团体冠军；2010年司天峰和杜云鹏获世界杯50公里竞走团体冠军。1998年王银行获曼谷亚运会50公里竞走金牌；2002年王青青获釜山亚运会女子20公里竞走金牌；2010年司天峰获广州亚运会50公里竞走金牌。1993年李明才获北京全运会50公里竞走冠军、20公里第二名；1999年王银行获广州全运会50公里冠军；2013年王银行获辽宁全运会男子20公里团体冠军。

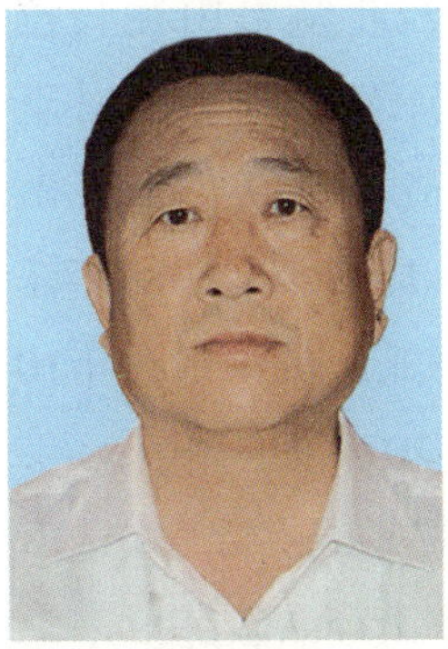

徐明全　山东省东平县人，1964年6月生，1986年3月参加工作，大专文化，中共党员，国家一级武术裁判、高级教练。1986年3月至1988年9月任东平武校教练员；1988年9月至1990年6月在山东省体育学院学习；1996年6月至1997年9月任东平武校副校长兼教练员；1997年9月至2004年4月任东平武校校长兼主教练；2004年4月至2008年9月任东平县文化体育局副局长；2008年9月至2010年12月任东平县文体局党委副书记；2010年12月任东平县体育局党组副书记、副局长。东平县第四届、第六届政协委员。

1993年被国家体委评为三级优秀裁判员。1984年至1986年在省、市武术比赛中，连续获得单项冠军；1986年至2003年，所执教的武术队连年代表泰安市参加省级比赛，共获金牌280枚，其中2002年5月率所执教的武术队代表泰安市参

加省武术比赛，获全省团体总分第二名，创泰安市武术比赛历史之最；培养运动员赵庆建获2002年全国武术锦标赛全能冠军、2003年世界锦标赛冠军、2005年全国十运会长拳冠军、2007年“好运北京”第九届世界武术锦标赛刀术冠军、2008年北京奥运会武术比赛获刀、棍全能冠军；丁波1992年获全国武术锦标赛通臂拳冠军、1992年全国武术冠军赛通臂拳冠军、枪术第三名。1998年被山东省人事厅、省体委授予“为体育事业做出突出贡献先进个人”称号。

尹延勤 山东省新泰市人，1947年10月生，大学学历，1971年5月参加工作，1976年6月加入中国共产党。1971年5月至1974年3月在新泰市小港煤矿工作；1974年从事田径马拉松项目训练。1974年3月至1979年3月任山东田径队运动员；1979年4月任山东省田径运动管理中心教练；1979年至1980年任山东省田径运动管理中心教练兼队员；1980年10月任山东田径队正式教练员；2014年退休。

1974年参加山东省越野赛获得冠军，入选山东省田径队。自1979年任山东田径队教练以来，培养邢慧娜、王庆环、肖红艳、魏丽、刘世香、段秀全、夏丰远、蔡昌岩、窦兆波、吴美、温燕敏等一批中长跑体育名将，其中获世界冠军1人（次）、世界第三名2人（次）、亚洲冠军3人（次）、全运会冠军10人（次）、全国锦标赛和冠军赛冠军90余人（次）。1994年享受国务院政府特殊津贴；1997年被评为山东省劳模。1998年被原国家体委评为全国体育工作先进工作者（部级劳模）；1998年被评为山东省第一批专业技术拔尖人才；2000年4月被评为全国劳动模范并出席全国劳模表彰大会；2004年获国家体育总局体育运动荣誉奖章。

徐勤鹏 山东省新泰市人，1975年1月出生，大学本科学历，1989年12月参加工作，2004年9月入党。1989年12月至1992年10月为山东省体育运动技术学院体操队运动员；1992年12月至2004年8月担任新泰市体操运动学校教练员；1998年10月至2002年10月外聘至山东省体操队担任教练员；1997年6月至2000年7月在中共山东省委党校学习；2005年9月至2009年9月在曲阜师范大学体育科学学院学习；2004年9月至2014年10月任新泰市体操运动学校跳水队总教练；2014年11月任新泰市体操运动学校副校长兼跳水队总教练。泰安市第十届党代会代表、山东省第十届党代会代表。

任新泰市体操运动学校教练员以来，培养了娄明、曲业新、邢怡颖、葛璠璠、王娜、董传伦、韩玉、刘向东、赵更萱、陈乃坤等一批优秀运动员，先后输送到山东省体操队、蹦床队、跳水队30余人。其中娄明入选国家蹦床队，邢怡颖入选国家跳水队。输送队员先后获得国际比赛金牌1枚，银牌1枚，亚洲金牌3枚，全国比赛金牌10枚，省级比赛金牌70余枚；省运会金牌6.5枚。

1999年3月在山东省第十九届运动会比赛中，被泰安市人民政府记三等功；2002年12月在山东省第二十届运动会中，被泰安市人事局、泰安市体育局记三等功；2007年3月在山东省第二十二届运动会比赛中，被泰安市人民政府记三等功；2011年3月被泰安市委、市政府授予“泰安市参加山东省第二十二届运动会先进个人”称号，记二等功；2012年2月5日当选为山东省第十次党代会代表；2015年获“最美泰安人”称号。

刘曰军　山东省东平县人，1968年9月出生。大学学历，1991年参加工作，1996年8月加入中国共产党。1991年7月山东体育学院毕业；1991年7月至2005年3月历任东平县体育中学教练员、训练科科长、副校长；2005年3月至2011年6月任东平县文体局办公室主任；2011年6月任东平县服务业办公室副主任。

自1995年，培养输送运动员122余人，其中向泰安市体校输送80余名、向省体工队输送12名、向各大学校输送本科生30余名。培养输的送运动员获市以上金牌120余枚，其中，张颖在2003年山东省赛艇锦标赛上获测功仪项目第一名；黄静在2004年获全国田经积分赛天津站女子800米、1500米2项冠军，北京站子女800米冠军，在2005年全国第十届运动会上获女子1500米银牌，在全国室内田径锦标赛上获子女800米、1500米2项冠军；张颖在2007年全国赛艇锦标赛上获女子轻量级第一名，在2009年全国第十一届运动会上获女子轻量级四人双桨第二名，在2013年全国第十二届运动会上获女子轻量级四人双桨第二名。

卢　鹏　山东省东平县人，1965年7月9日生，1989年12月至2015年12月任东平县体育中学举重教练。

自任举重教练以来，培养输送贾亚峰、吴绪立等一批优秀运动员。吴绪立获1995年、1996年、1997年全国青年锦标赛自由式摔跤（无差别级）金牌。贾亚峰在2004年世界杯自由式女子摔跤比赛中获60公斤级第三名；李娜在2006年全国举重冠军赛上，获子女75公斤级挺举银牌、总成绩铜牌。1995年被市政府授予“为泰安市体育事业做出突出贡献的优秀教练员”称号，1997年被评为国家举重一级裁判。

孙庆路　山东省东平县人，1970年11月生，大学文化，1992年参加工作，2009年12月加入中国共产党。1992年泰安市体育运动学校毕业，分配到泰安市制革总厂工作；1997年任东平县体育中学摔跤柔道总教练；2007年6月任东平县老干部活动中心体育科科长，2013年6月任东平县老年大学副校长。

任摔跤柔道总教练以来，所培养队员吴绪立先后获1995年、1996年、1997年全国青年锦标赛自由式摔跤冠军；苏友华获1999年、2000年全国摔跤冠军赛冠军。杜晓菲在1995年山东省“希望杯”柔道比赛上获51公斤级冠军，曾凡鹏获2002年省二十届运动会古典跤冠军；贾亚峰获2003年山东省女子自由式摔跤冠军。2001年被山东省体育局、教育厅授予“青少年体育先进工作者”称号；2002年被泰安市人民政府记三等功。2004年获“泰安市群众体育先进工作者”称号；2005年获“泰安市体育输送先进工作者”称号；1994年评为国家一级摔跤和柔道裁判员；2012年评为国家一级社会体育指导员。

（二）为泰安市体育事业做出突出贡献的教练员

淳于毓华　山东省龙口市人，1942年生，大专学历，1963年参加工作，1992年6月加入中国共产党。1958年在济南六中就读时参加射击活动；同年7月参加济南市代表队集训；9月被选入山东省代表队；1959年5月被选入国家队集训，参加第一届全运会。1963年9月任泰安地区体委（文教局体育科）射击教练；1982年任山东省射击二队教练（在泰安地区射击队基础上组建，由泰安地区体委代管）；1984年在泰安体校训练科工作。1986年调入青岛市军事体育学校任教；2002年退休。

1963年先后在泰安一中、二中、泰山中学、师范学院、卫校、电校开展业余训练活动。1964年身兼教练员、运动员组队参加山东省第九届运动会射击比赛，获步枪射击第一名，并打破省纪录。1965年以教练员兼运动员身份组队参加山东省射击比赛，获不同年龄组别个人第一名，打破多次省纪录；同年，参加全国青少年射击通讯赛，获第八名；1979年参加山东省射击比赛，获团体第六名；1981年、1982年连续两届获团体第一名。自1964年至1986年，培养出了朱方进、秦君侠、修振辉、王洪美、吕永平、郝庆俊、王金凤、王蕊、张景文、李恒军、殷凡勇等一批优秀运动员。

张啟光（见人物简介“优秀教练员”）

来养钰（见人物简介“优秀教练员”）

张宝根（见人物简介“优秀教练员”）

米庆龙（见人物简介“优秀教练员”）

游道镕　山东省济宁市人，1935年12月生。1961年9月，毕业于山东体育学院，分配至泰安一中担任体育教师工作；1964年至1979年，在泰安地区体委工作；1979年调入山东体育学院，历任球类教研室主任，体育系主任，教务处处长，正教授职称。1995年退休。在泰安体委工作期间，重点负责排球运动的训练和推广。1973年5月泰山中学排球队获得山东省青少年男子排球赛冠军；1974年参加山东省第十届运动会获得男子排球第三名，参加全国中学生男子排球赛获东北赛区第三名；同年，代表山东省参加在泰安举行的全国青少年排球联赛第一阶段比赛，与各省市青年专业队同台竞技，战胜了山东省少年队，取得优异成绩。

五、传统体育项目传承人

徐勤启　国家级非遗产项目代表性传承人。山东省新泰市人，1964年1月生，1982年参加工作，1985年6月入中国共产党。1982年至1985年在部队服役；1986年至1998年在市中办事处工作；1998年至2004年任羊流镇副镇长；2004年至2008年在新泰市重点建设项目办公室工作；2008年至2012年任新泰市城市资产运营公司总经理、党委副书记；2012年至2013年任新泰市文广新局党委书记；2013年6月任新泰市文联（社科联）主席。新泰市九届政协委员，泰安市武协副主席，中国武术家协会会员。

2007年被新泰市政府批准为市级非物质文化遗产徐家拳项目传承人；2008年被泰安市政府批准为市级非物质文化遗产徐家拳项目传承人；2009年被山东省政府批准为省级非物质文化遗产徐家拳项目传承人。

徐勤启自幼跟爷爷、父亲习武，70年代就参加过武术比赛；在部队服役时担任武术教官，向官兵传授徐家拳，培养了300多名武术教员，两次荣立三等功。2004年开始，在新泰市金斗中学、燕鸣希望小学、朝阳小学建立了18处义务传承基地，义务授徒1万余人；组织徐家拳进学校、进农村、进社区、进广场、进军营、进警营、进企业、进机关，还定期到清华大学传授徐家拳，在全国授徒达30万人。2010年创建了徐家拳网站。2012年，成立了新泰市泰山徐家拳研究院。2013年1月，被《中华武术》杂志评选为“传统武术最热心传承人”；2013年5月，参加香港“庆祝香港武术联会成立25周年—2013首届国际传统武术锦标赛”，徐家拳项目获银牌；2014年5月获“齐鲁文化之星”；2015年入选《中国当代武林人物志》。2015年10月，撰写论文《非物质文化遗产视角下徐家拳的研究与创新》在《中华武术》刊登，被评为省齐鲁文化优秀论文。

吴绪江　市级非物质文化遗产“摔二鬼”项目传承人。山东省东平县人，1963年生。1970年至1975年在大东小学读书，1975年至1978年在东臼庙实小读书，1978年至1980年在城关农中读书到初中毕业，1981年在本村务农。自1983年起，跟本村民间艺人王庆东学习“摔二鬼”技艺。2006年，被泰安市政府批准为市级非物质文化遗产“摔二鬼”项目代表性传承人。

王　全　市级非物质文化遗产子午门功夫项目代表性传承人。山东省东平县人，1984年生。王全自幼跟父亲王绪军（第二十一代大弟子）学习子午门功夫；1991年起跟第二十一代掌门人宋义祥学习子午门功夫；1996年进入菏泽体校学习训练武术；2001年毕业后，遍学国内各个武术流派的武功，将其融入子午门功夫；2005年，成为该派第二十二代传人中的代表者；2009年被泰安市政府确立为市级非物质文化遗产子午门功夫项目传承人。

三、人 物 表

（一）先进人物表

1982—2013年泰安市体育工作获部（省）级以上表彰先进个人情况表（部分）

表 人物-1

姓名	工作单位	获奖名称	获奖时间	表彰单位	备注
于兴华	新泰东都制药厂	全国职工体育先进工作者	1982.9	国家体委、全国总工会	
路长江	泰山区体育局	新中国体育开拓者	1985.11	国家体委	
		体育工作贡献章	1991.6	山东省体委代国家体委颁发	
刘际友	泰安二中	全国体育项目学校先进工作者	1987.7	国家体委、国家教委	
夏淑媛	泰安市体育运动学校	全国业余体育训练先进工作者	1987.9	国家体委	

续表 人物 -1

姓名	工作单位	获奖名称	获奖时间	表彰单位	备注
王和平	泰安市体育局	全国农村体育工作积极分子	1988.10	国家体委、农业部、中国农民体协	
		全国残疾人体育工作先进个人	2003.6	国家体育总局、中国残联	
刘静武		全国农村体育工作积极分子	1988.10	国家体委、农业部、中国农民体协	
李德春		全国农村体育工作积极分子	1988.10	国家体委、农业部、中国农民体协	
吕德军		全国农村体育工作积极分子	1988.10	国家体委、农业部、中国农民体协	
牛锦先		全国农村体育工作积极分子	1988.10	国家体委、农业部、中国农民体协	
郭恒山		全国农村体育工作积极分子	1988.10	国家体委、农业部、中国农民体协	
刘　俊		全国农村体育工作积极分子	1988.10	国家体委、农业部、中国农民体协	
徐培刚	泰山区体育局	全国优秀裁判员	1993	国家体委	
张文瑞	东平县体育局	1993—1997 年度全国群众体育先进个人	1997.8	国家体委	
马玉超	岱岳区体育局	全国群众体育先进个人	2001.8	国家体育总局	第九届全运会期间表彰
殷广勇	东平县体育局	全国群众体育先进个人	2001.8	国家体育总局	第九届全运会期间表彰
姜　玲	泰安市体育局	全国体育系统人才调研先进个人	2006.9	国家体育总局	
刘传梅	泰安市体育局	全国群众体育先进个人	2006.11	国家体育总局	第十届全运会期间表彰
王和平	泰安市体育局	山东省先进儿童少年工作者	1990	山东省委、省政府	
孙运飞	泰安市政府	山东省北京奥运会、残奥会先进个人	2008.9	山东省委 山东省人民政府	
张广银	泰安市建设局	山东省北京奥运会、残奥会先进个人	2008.9	山东省委 山东省人民政府	
吕华山	岱岳区英雄山中学	全国群众体育先进个人	2009.9	国家体育总局	第十一届全运会期间表彰
邹成顺	泰安市机关工委	全国群众体育先进个人	2009.9	国家体育总局	第十一届全运会期间表彰
李新生	宁阳县体育局	全国群众体育先进个人	2009.9	国家体育总局	第十一届全运会期间表彰

续表 人物 -1

姓名	工作单位	获奖名称	获奖时间	表彰单位	备注
宋建波	泰安市公安局	十一届全运会筹办工作先进个人记一等功	2009.11	山东省委、省政府	
宋　杰	泰安市公安局	十一届全运会筹办工作先进个人记一等功	2009.11	山东省委、省政府	
高　翔	泰安市政府	十一届全运会筹办工作先进个人（省劳模待遇）	2009.11	山东省委、省政府	
丁连新	东平县体育局	全国优秀社会体育指导员	2011.2	国家体育总局、中国社会体育指导员协会	
苗　伟	宁阳县体育局	2010—2011 年全国优秀社会体育指导员	2012.2	国家体育总局	
张勇华	泰安市教育局	全国群众体育先进个人	2013.8	国家体育总局	第十二届全运会期间表彰
赵　磊	宁阳县	全国群众体育先进个人	2013.8	国家体育总局	第十二届全运会期间表彰
殷凡勇	宁阳县	全国群众体育先进个人	2013.8	国家体育总局	第十二届全运会期间表彰
赵　明	泰安市体育运动学校	全国体育先进个人	2013.8	国家体育总局	2009—2012 年期间

1994—2015 年泰安市体育部门获厅（局）级表彰先进个人情况表（部分）

表 人物 -2

姓名	工作单位	获奖名称	获奖时间	表彰单位
李　歌	泰安市体育局	山东省新长征突击手	1994.1	共青团山东省委
李红磊	泰安市体育局	全国体育场地普查先进个人	2005	山东省体育局
李　波	泰安市体育局	山东省体彩系统优秀师	2005	山东省体育局
		2007—2009 年度山东省体育彩票先进工作者	2009	山东省体育局
闫　娟	泰安市体育局	2008—2009 年度山东省体育彩票先进工作者	2008	山东省体育局
		第十一届全运会三等功	2009	山东省体育局
王秀玲	泰安市体育局	山东省老年体育工作先进个人	2012	山东省体育局、山东省老龄工作委员会办公室、山东省老年人体育协会

续表 人物 -2

姓名	工作单位	获奖名称	获奖时间	表彰单位
王秀玲	泰安市体育局	山东省敬老模范	2012.10	山东省老龄工作委员会
		2010—2013 年度山东省群众体育先进个人	2014.9	山东省体育局
王冬梅	泰安市体育局	2010—2013 年度山东省群众体育先进个人	2014.9	山东省体育局
夏淑媛	泰安市体育运动学校	全省业余体育训练先进工作者	1987.10	山东省体委
		全省业余体育训练先进工作者	1992.12	山东省体委
冯启明	泰安市体育运动学校	山东省优秀教师	1993.9	山东省教育厅、人事厅
吕　军	泰安市体育运动学校	优秀科研人员	2010	山东省体育局
张　玲	泰安市体育运动学校	山东省业余训练优秀教师	2010.4	山东省体育局
齐娜娜	泰安市体育运动学校	山东省优秀教师	2011.3	山东省体育局
赵　兵	泰安市体育运动学校	山东省群众体育先进个人	2014.9	山东省体育局
路长江	泰山区体育局	振兴山东体育纪念章	1986	山东省体委
宁妍青	泰山区体育局	山东省老年体育先进工作者	1998	山东省老年人体育协会
		山东省老年体育工作先进个人	2012	山东省体育局、山东省老龄委员会办公室、山东省老年体协
白俊峰	泰山区体育局	山东省群众体育先进个人	2004	山东省体育局
钱　涛	泰山区体育局	山东省群体工作先进个人	2010	山东省体育局
邹　斌	泰山区体育局	山东省体彩工作先进个人	2012	山东省体育局
杜庆亮	泰山区体育局	山东省优秀社会体育指导员	2013	山东省体育局
		山东省群体工作先进个人	2014	山东省体育局
张广玲	岱岳区体育局	全省青少年体育工作先进工作者	2001.2	山东省体育局、山东省教育厅
		2002—2005 年度全省群众体育先进个人	2006.10	山东省体育局
段文强	岱岳区体育局	全省群众体育工作先进个人，记三等功	2002.10	山东省人事厅、山东省体育局
李志勇	新汶第一中学	山东省特级体育教师	1979.11	山东省革命委员会教育局

续表 人物 -2

姓名	工作单位	获奖名称	获奖时间	表彰单位
赵 鑫	新泰市体育局	优秀社会体育指导员	2008.12	山东省体育局
李 辉	新泰市体育局	山东省老年体育工作先进个人	2008.12	省体育局、山东省老龄委、山东省老年体协
		山东省老年体育工作先进个人	2012.12	省体育局、山东省老龄委、山东省老年体协
曹 巍	新泰市体育局	2008 年度山东省体育彩票先进工作者	2009.7	山东省体育局
牛雪丽	新泰市体育局	山东省业余训练优秀教师	2010.4	山东省体育局
李 红	新泰市体育局	山东省优秀教师	2011.3	山东省体育局
李晓亮	新泰市体育局	山东省优秀教练员	2011.3	山东省体育局
孙其鹏	新泰市体育局	第三次全省国民体质监测工作先进个人	2011.1	山东省体育局
李 果	新泰市体育局	2011 年度山东省体育彩票工作先进个人	2012.1	山东省体育局
		山东省优秀县市区体育局长	2012.7	山东省体育局
		2012 年度山东省体育彩票工作优秀工作者	2012.12	山东省体育局
房业国	肥城市体育局	山东省优秀体育教师	1976	山东省体委
阴惠泽	肥城市体育局	山东省优秀教师	1987	省教育厅、山东省体委
李树秋	肥城市体育局	记三等功	1998	山东省政府
李衍桥	宁阳县体育局	山东省体育彩票发行工作先进个人	2008.03	山东省体育局
孙本伟	宁阳县体育局	山东省体育彩票工作先进个人	2010.12	山东省体育局
侯海龙	宁阳县体育局	山东省体育彩票工作先进个人	2011.12	山东省体育局
刘万振	东平县体育局	山东省先进儿童少年工作者	1990	山东省委、山东省政府
郑允荣	东平县体育局	山东省儿童少年工作先进个人、记三等功	1996	山东省妇女儿童工作委员会
王建军	东平县体育局	山东省青少年体育工作先进个人	2006	山东省体育局

1986—2015 年泰安市体育部门获市委、市政府表彰先进个人情况表（部分）

表 人物 -3

姓名	工作单位	获奖名称	获奖时间	表彰单位
周立明	泰安市体育局	泰安市参加山东省第十三届运动会先进个人	1986.11	泰安市政府
刘　舰	泰安市体育局	泰山体育场建设先进工作者	1993.11	泰安市人民政府
刘　成	泰安市体育局	2008 北京奥运会火炬接力泰安传递活动先进个人	2008.12	泰安市委、市政府
宋爱芳	泰安市体育局	2008 北京奥运会火炬接力泰安传递活动先进个人	2008.12	泰安市委、市政府
		第十一届全运会泰安赛区筹办工作先进个人	2009.12	泰安市委、市政府
刘西华	泰安市体育局	2008 北京奥运火炬传递活动先进个人	2008.12	泰安市委、市政府
		十一届全运会泰安赛区筹办工作先进个人，记二等功	2009.12	泰安市委、市政府
王冬梅	泰安市体育局	泰安市参加山东省第二十二届运动会先进个人，记三等功	2011.3	泰安市人力资源和社会保障局、泰安市体育局、泰安市教育局
闫　娟	泰安市体育局	泰山先锋共产党员	2011.7	泰安市委
刘传梅	泰安市体育局	泰山先锋共产党员	2012.7	泰安市委
郝　强	泰安市体育局	记二等功	2015.2	泰安市政府
王安龙	泰安市体育局	记二等功	2015.2	泰安市政府
夏淑媛	泰安市体育运动学校	泰安市优秀教师	1985.9	泰安市委、市政府
孙　波	泰安市体育运动学校	参加山东省十三届运动会先进个人	1986.11	泰安市人民政府
		参加山东省十六届运动会优秀教练	1992.12	泰安市人民政府
		记三等功	2007.4	泰安市人民政府
		记二等功	2015.2	泰安市人民政府
李士军	泰安市体育运动学校	泰安体育场建设先进个人，记功	1993.11	泰安市人民政府
徐士岱	泰安市体育运动学校	泰安体育场建设先进个人，记功	1993.11	泰安市人民政府

续表 人物 15-3

姓名	工作单位	获奖名称	获奖时间	表彰单位
丁茂银	泰安市体育运动学校	泰安体育场建设先进个人，记功	1993.11	泰安市人民政府
孙卫东	泰安市体育运动学校	泰安体育场建设先进个人，记大功	1993.11	泰安市人民政府
		泰安市包村工作先进个人	1999.6	泰安市委、泰安市人民政府
闫仲军	泰安市体育运动学校	泰安市青年突击手	1994.3	共青团泰安市委员会
		记二等功	2003.3	泰安市人民政府
		记记二等功	2015.2	泰安市人民政府
王洪年	泰安市体育运动学校	记三等功	2001	泰安市人民政府
		记三等功	2008	泰安市人民政府
		记三等功	2015.2	泰安市人民政府
尚　军	泰安市体育运动学校	参加山东省第二十二届运动会二等功	2007	泰安市人民政府
		记二等功	2014	泰安市人民政府
赵　兵	泰安市体育运动学校	泰安市优秀共产党员	2008.6	泰安市委
吕　军	泰安市体育运动学校	先进个人	2011.3	泰安市人民政府
安　辉	泰安市体育运动学校	记二等功	2014	泰安市人民政府
刘秀玲	泰安市体育运动学校	记二等功	2014	泰安市人民政府
张　峰	泰安市体育运动学校	泰安市先进个人	2015.2	泰安市人民政府
万　斌	泰安市体育运动学校	记二等功	2015.3	泰安市人民政府
屠　翔	泰安市体育运动学校	参加山东省第二十三届运动会先进个人，记二等功	2015.2	泰安市人民政府
张庆利	泰安市体育运动学校	记二等功	2015.2	泰安市人民政府
徐培刚	泰山区体育局	泰安市体育场建设先进个人	1993.11	泰安市人民政府
杨　波	泰山区体育局	参加山东省第二十二届运动会记二等功	2010.12	泰安市人民政府

续表 人物 -3

姓名	工作单位	获奖名称	获奖时间	表彰单位
张　磊	岱岳区体育局	参加山东省第二十届运动会有功人员，记三等功	2003.2	泰安市人民政府
		参加山东省第二十一届运动会有功人员，记三等功	2007.2	泰安市人民政府
		参加山东省第二十二届运动会有功人员，记三等功	2011.3	泰安市人民政府
葛云泉	新泰体育局	记三等功	1998.10	泰安市人民政府
		记二等功	2003.12	泰安市人民政府
徐勤鹏	新泰市体育局	参加山东省第十九届运动会比赛，记三等功	1999.3	泰安市人民政府
		参加山东省第二十二届运动会先进个人，记二等功	2011.3	泰安市人民政府
李晓亮	新泰市体育局	参加山东省第二十届运动会先进个人，记二等功	2003.2	泰安市人民政府
		参加山东省第二十一届运动会先进个人，记二等功	2007.4	泰安市人民政府
		参加山东省第二十二届运动会先进个人，记二等功	2011.3	泰安市人民政府
王国峰	新泰市体育局	记三等功	2007.4	泰安市人民政府
赵衍利	新泰市体育局	泰安市先进个人，记三等功	2011.3	泰安市人民政府
孔　波	肥城市体育局	泰安市优秀体育工作者	1988、1990、1994、1995	泰安市人民政府
李恒军	宁阳县体育局	山东省射击比赛优秀教练员	1985.12	泰安市人民政府
		山东省第十三届运动会优秀教练员	1986.12	泰安市人民政府
胡德阳	宁阳县体育局	参加山东省第十三届运动会先进个人	1986.12	泰安市人民政府
王润春	东平县体育局	泰安体育场建设先进个人，记功	1993.11	泰安市人民政府
张之华	东平县体育局	先进工作者	1993.11	泰安市人民政府
王建军		记三等功	2006.2	泰安市人民政府

（二）泰安市体育局干部职工基本情况表

1.市体育局

2015年泰安市体育局干部职工基本情况表

表 人物-4

姓名	性别	出生年月	文化程度	政治面貌	参加工作时间	从事体育工作时间	现任职务及任现职时间	实际工作科室	备注
苏有森	男	1958.11	大学	中共党员	1975.12	2007.1	党组书记 局长 2007.1		
彭国胜	男	1960.9	大学	中共党员	1984.7	1999.9	党组成员 调研员 2012.11		
于桂香	女	1960.9	大学	中共党员	1980.7	2007.1	党组成员 体总主席 2014.1		
冯遂杰	男	1966.10	研究生	中共党员	1983.9	2010.11	党组成员 副调研员 2010.11		转业干部 正团职
曹东平	男	1962.9	大学	中共党员	1978.7	1978.7	党组成员 副局长 2012.11		
许　兵	男	1964.11	大学	中共党员	1985.7	1989.11	党组成员 副局长 市体校校长 2014.1		
杨振德	男	1963.11	大学	中共党员	1982.7	1982.7	党组成员 体育中心主任 2014.1		副县
路敦庆	男	1962.3	大学	中共党员	1981.7	1987.10	体总副主席 2010.1		副县
任广中	男	1958.12	大学	中共党员	1974.8	1974.11	调研员 2014.2		
张吉庆	男	1955.11	大专	中共党员	1974.12	2000.9	副调研员 2010.12		转业干部 正团职
罗文新	男	1956.9	大学	中共党员	1976.10	1982.1	副调研员 2011.10		
刘西华	男	1980.3	大学	中共党员	1998.7	2007.12	办公室主任 2015.12		2012.11 主持办公室 工作
王和平	男	1958.6	大专	中共党员	1976.12	1980.8	办公室 主任科员 2012.9		

续表 人物 -4

姓名	性别	出生年月	文化程度	政治面貌	参加工作时间	从事体育工作时间	现任职务及任现职时间	实际工作科室	备注
梁化福	男	1966.10	大学	中共党员	1984.10	1999.9	办公室主任科员 2013.2		
刘传梅	女	1966.7	大专	中共党员	1984.05	1984.5	机关党委专职副书记 2008.12		
郝　强	男	1974.5	大学	中共党员	1995.09	1997.7	竞赛科副科长 2013.2		
孙丰涛	男	1971.6	大学	中共党员	1994.7	1994.7	训练科科长 2009.2		
刘　成	男	1971.10	大学		1993.8	1993.8	群体科科长 2013.2		
王大海	男	1970.5	大学	中共党员	1987.11	2006.10	群体科副科长 2013.2		转业干部正营职
李江洪	男	1961.11	大学	中共党员	1979.11	2000.9	科员 1999.12	全民健身中心	转业干部技术 9 级（副县级）
刘发升	男	1967.11	大专	中共党员	1985.10	2003.9	科员 2003.9	产业办公室	转业干部正营职
刘方田	男	1962.4	高中	中共党员	1980.11	1997.2	工勤（高级工）2012.2		

2015 年泰安市体育局所属单位干部职工基本情况表

表 人物 -5

单位	姓名	性别	出生年月	文化程度	政治面貌	参加工作时间	从事体育工作时间	现任职务及任现职时间	实际工作科室
体育彩票管理中心	王西德	男	1982.11	大学学士		2010.7	2012.10	科员 2012.10	群体科
	王国超	男	1986.1	大学学士	中共党员	2010.7	2012.10	科员 2012.10	局办公室
	路　冉	女	1981.2	大学学士	中共党员	2004.11	2013.3	科员 2013.3	体校
	邢晓彤	女	1989.4	大学学士		2011.10	2013.3	科员 2013.3	监测中心

续表 人物–5

单位	姓名	性别	出生年月	文化程度	政治面貌	参加工作时间	从事体育工作时间	现任职务及任现职时间	实际工作科室
老年体协办公室	王秀玲	女	1968.3	大学	中共党员	1988.7	1990.8	办公室主任（正科）2009.2	
	侯　冰	男	1978.3	大学	中共党员	1999.11	1999.11	老体协办公室副主任（副科）2013.2	
	韩新民	男	1961.12	高中		1979.11	1992.8	工人	
	徐　萌	男	1979.4	大学	中共党员	1999.11	1999.11	科员 2013.12	群体科
体育产业发展办公室（体育服务中心）	周生涛	男	1976.2	大学	中共党员	1998.11	1998.11	体总办主任（正科）2013.2	竞赛科主持工作
	王冬梅	女	1971.12	大学	中共党员	1994.11	1994.11	产业办副主任（副科）2013.2	训练科
	刘　刚	男	1977.7	大学	民进	1997.11	1997.11	产业办副主任（副科）2009.2	
	陈俊杰	男	1962.12	中专		1978.10	1978.10	工人	
	张桂远	男	1957.3	大学	中共党员	1974.11	1985.8	离岗科级	
	于　洲	男	1956.5	大专		1974.7	1985.5	离岗享受副科	
全民健身中心（体育场）	闫　娟	女	1974.5	研究生	中共党员	1994.8	1994.8	体彩管理中心主任（正科）2013.8	
	王增华	男	1963.6	高中	民革	1982.7	1982.7	工人	体育总会
	冯　文	男	1973.12	大专	中共党员	1991.10	1995.12	工人	体育总会
	刘　舰	男	1970.9	高中	中共党员	1989.1	1989.1	体质监测中心主任（正科）2015.6	
	梁恒瑞	男	1957.7	高中		1976.8	1976.8	工人	
	玄　强	男	1969.9	大学	中共党员	1989.7	2001.11	健身中心副主任（副科）2009.2	

续表 人物 -5

单位	姓名	性别	出生年月	文化程度	政治面貌	参加工作时间	从事体育工作时间	现任职务及任现职时间	实际工作科室
全民健身中心（体育场）	刘大伟	男	1977.12	大学	中共党员	1997.11	1997.11	健身中心副主任（副科）2013.2	体育总会
	宫宝玺	男	1971.12	大专	中共党员	1989.10	1994.11	工 人	产业办
	邢 利	男	1964.7	高中		1980.11	1984.10	体质监测中心副主任（副科）2015.6	办公室
	李红磊	男	1982.6	大专	中共党员	2000.12	2003.11	体质监测中心副主任（副科）2011.1	办公室财务室
	李 波	男	1974.6	大学	中共党员	1994.9	1994.9	体彩管理中心副主任（副科）2013.2	体彩管理中心工作
	宋爱芳	女	1971.4	大学	中共党员	1991.7	1991.7	健身中心主任（正科）2009.2	
	李 歌	女	1966.8	大学	中共党员	1981.7	2009.12	馆员 2009.12	
	马姗姗	女	1986.6	大学	民盟	2008.11	2010.1	科员 2010.1	群体科
	杨峰昌	男	1972.7	大专	中共党员	1994.9	1994.9	科员 2013.12	
体育总会	胥丽丽	女	1977.3	大学	中共党员	1994.8	1997.11	体育产业办主任（正科）2013.2	
	姜 玲	女	1972.8	大学	中共党员	1997.2	1997.2	副研究馆员副高 2015.12	局办公室
	王安龙	男	1977.1	大学	中共党员	2001.11	2001.11	体总办副主任（副科）2015.6	竞赛科
	李光玲	女	1976.1	大学	中共党员	1995.8	2009.9	体彩管理中心副主任（副科）2013.2	办公室财务室
	罗 铮	男	1984.9	大学学士	中共党员	2006.8	2006.8	科员 2011.12	训练科
	汤潇雅	女	1986.11	大学学士	中共党员	2009.7	2012.12	科员 2012.12	办公室财务室

2015 年泰安市体育局退（离）休干部职工基本情况表

表 人物 -6

姓名	性别	出生年月	文化程度	政治面貌	参加工作时间	从事体育工作时间	退（离）休时间	退（离）休时职务、技术职务	备注
于振海	男	1929.4	大学	中共党员	1945.8	1972.6	1999.2	体委主任	副厅离休
由昌菁	男	1942.10	大学	中共党员	1965.7	1965.7	2003.4	体委主任	正县
李吉丰	男	1938.10	中专	中共党员	1959.7	1972.2	1998.12	体委副主任	正县
殷培联	男	1949.11	大学	中共党员	1971.12	1999.12	2009.12	体委主任（局长）	正县
石柱清	男	1951.8	大专	中共党员	1971.12	1984.5	2011.9	体委副主任	副县
赵伯生	男	1939.7	大学	中共党员	1965.7	1990.5	1999.2	体委副主任	副县
郑玉华	男	1944.1	大学	中共党员	1968.12	1979.2	2004.5	体委纪检组长	副县
范维祺	男	1941.1	大学	中共党员	1965.8	1965.8	1996.9	训练科科长	科级
穆孝刚	男	1936.12	中专	中共党员	1952.7	1978.3	1996.12	竞赛科科长	科级
杨　莉	女	1953.7	高中	中共党员	1970.7	1989.11	2008.7	办公室副主任、主任科员	科级
孙宁宪	男	1950.2	中专	中共党员	1970.12	1987.12	2001.10	群体科副科长	副科
史忠敏	女	1953.12	大专	中共党员	1969.12	1976.1	2008.12	训练副科长	副科
李允芳	男	1935.3	中专	中共党员	1955.8	1978.8	1995.5	体育分会主任	科级
玄振久	男	1943.5	高中	中共党员	1958.8	1979.6	2003.4	体育服务公司经理	科级
周立明	男	1948.11	高中	中共党员	1964.10	1985.12	2008.11	体育服务公司副经理	副科
江廷玉	男	1946.5	高中	中共党员	1974.3	1974.3	2006.7	体育场副场长	副科
刘西爽	男	1940.12	初中	中共党员	1962.7	1979.12	1998.11	会计员	
卫亚军	女	1954.2	大专	中共党员	1970.8	1984.6	2009.2	体育服务公司经理	

续表 人物-6

姓名	性别	出生年月	文化程度	政治面貌	参加工作时间	从事体育工作时间	退（离）休时间	退（离）休时职务、技术职务	备注
许宝梅	女	1947.8	高中	中共党员	1971.1	1986.1	1998.11	助理	
闫克勤	男	1955.2	大专		1971.6	1984.5	2015.3	副高	
刘承章	男	1940.5		中共党员	1959.12	1975.7	1989.1	高级工	
宋绍金	男	1944.2	高小		1963.11	1985.12	1998.11	高级工	
岳元兴	男	1946.11	初中	中共党员	1964.11	1982.1	2006.6	高级工	
韩庆芬	女	1956.5	初中	中共党员	1974.6	1993.10	2006.6	高级工	
于　华	女	1958.8	大专		1976.7	1985.7	2008.8	高级工	
张圣芳	女	1952.4	初中		1984.12	1988.1	2002.10	初级工	
宋秀芝	女	1940.7	高中		1964.8	1986.12	1992.8	工人	
林芝莲	女	1933.10	高小		1963.1	1972.06	1983.10	工人	
毕素礼	女	1937.6	高小		1959.4	1963.01	1987.6	工人	
王　蕊	女	1963.2	中专		1976.7	1979.7	2013.2	工人	
陈延亭	男	1954.6	初中	中共党员	1972.11	1972.11	2014.6	工人	

泰安市体育局调出人员基本情况表

表 人物-7

姓名	性别	出生年月	文化程度	政治面貌	参加工作时间	从事体育工作时间	调出时间	调出时职务
任学礼	男	1920	中专	中共党员	1945	1975.12	1979.10	泰安地区行署体育运动委员会副主任、党组副书记
尹祚起	男	1932	高小	中共党员	1949	1978.1	1983.11	泰安地区行署体育运动委员会副主任
何贵臣	男	1950.8	大学	中共党员	1968.11	1996.7	2005.7	副局长、党组成员

续表 人物 -7

姓名	性别	出生年月	文化程度	政治面貌	参加工作时间	从事体育工作时间	调出时间	调出时职务
侯衍奎	男	1964.4	大学	中共党员	1982.7	2005.7	2007.1	副局长、党组副书记
陈占峰	男	1969.11	大学	中共党员	1991.7	1991.7	2012.11	市体育局办公室主任、市体育中心书记
孙景旭	男	1962.6	大学	中共党员	1982.7	1982.7	1993.5	泰安市体育运动委员会竞赛科长
王宗民	男	1963.9	大学	中共党员	1982.7	1986.12	1994.3	泰安市体育分会副主任
戚　峰	男	1974.1	大学	民建会员农工党员	1996.5	1996.5	2007.9	泰安市体育局体育场副场长
步延金	男	1965.1	大学	中共党员	1987.7	1987.7	1989.10	泰安市体育运动委员会人秘科干事
巩志远	男	1985.10	研究生	中共党员	2007.7	2007.7	2012.3	泰安市体育总会科员

2015 年泰安市体校干部职工基本情况表

表 人物 -8

科室	姓名	性别	出生年月	文化程度	政治面貌	参加工作时间	从事体育工作时间	现任职务及任现职时间	技术职务
	许　兵	男	1964.11	大学	中共党员	1985.7.1	1985.7.1	市体育局党组成员、副局长，体校校长 2008.12	
	高蕴生	男	1963.8	大学	中共党员	1985.7.1	1985.7.1	书记（副县）2012.11	中学高级教师
	王振民	男	1965.2	大专	中共党员	1982.12.1	1990.2.1	副校长 2003.7	高级教练
	管岱宁	女	1964.5	大学	无党派	1984.7.1	1984.7.1	副校长 2009.11.27	高级讲师
	张景文	男	1963.12	大学	中共党员	1982.9.1	1984.9.1	副校长 2009.11.27	一级教练
工会	孙卫东	男	1961.8	大专	中共党员	1978.7.1	1978.7.1	工会主席 2002.1	
	梁建梅	女	1966.4	大专		1984.7.1	1984.7.1	工会工勤	高级工
	付少勇	男	1958.1	大专	中共党员	1974.3.1	1974.3.1	工会科员	高级教练

续表 人物 -8

科室	姓名	性别	出生年月	文化程度	政治面貌	参加工作时间	从事体育工作时间	现任职务及任现职时间	技术职务
办公室	孙 波	男	1964.8	大学	中共党员	1985.7.1	1985.7.1	办公室主任 2010.3.30	高级教练
	张鸿晶	女	1970.6	大学	中共党员	1992.11.1	1992.11.1	办公室副主任 2011.5	中学一级
	宁 州	男	1979.9	大学	中共党员	2001.7.1	2001.7.1	团委书记 2013.8.19	讲师
	吴 擎	男	1984.7	大学	中共党员	2009.7.1	2009.7.1	团委副书记 2013.8.19	
	李 林	男	1979.1	大学		2007.12.31	2007.12.31	科员	二级教练
	肖琳琳	女	1984.8	大学		2009.11.1	2009.11.1	科员	助理讲师
	刘治君	女	1994.8	大学		2013.12.1	2013.12.1	科员	
	孔海霞	女	1980.6	大学		2002.11.1	2014.7.1	科员	
	齐 彩	女	1990.2	研究生		2014.11.17	2014.11.17	科员	
训练科	王洪年	男	1964.1	大学	中共党员	1984.7.1	1999.9.1	训练科科长 2010.3.30	
	王 华	男	1978.2	大专	中共党员	1994.4.1	1994.4.1	训练科副科长 2011.5	一级教练
	尚 军	男	1977.8	大学	中共党员	2000.9.7	2000.9.7	训练科副科长 2011.5	一级教练
	薛新华	男	1956.2	大专		1974.8.24	1981.7.28	科员	
	徐 静	女	1962.7	中专		1979.10.1	1989.10.1	科员	
	刘晓林	男	1969.7	高中		1986.9.1	2004.2.19	科员	中级工
	马 斌	男	1962.3	大专		1980.7.20	1980.7.20	科员	一级教练
	刘福田	男	1962.1	大学		1977.12.1	1977.12.1	科员	高级讲师
	刘丽芳	女	1972.10	大专	中共党员	1990.12.1	2000.9.1	科员	主管护师
	万 斌	男	1977.7	大专	中共党员	1998.8.1	1998.8.1		中学一级
	李云涛	男	1971.4	大学		1994.9.15	1994.9.15	教练	讲师
	李阿鹏	男	1965.12	大专		1984.10.1	1984.10.1	教练	高级教练
	李岱强	男	1972.5	大学	中共党员	1988.8.8	1988.8.8	教练	一级教练
	刘四龙	男	1973.3	大专	中共党员	1992.5.1	1992.5.1	教练	一级教练

续表 人物-8

科室	姓名	性别	出生年月	文化程度	政治面貌	参加工作时间	从事体育工作时间	现任职务及任现职时间	技术职务
训练科	孙　军	男	1979.2	大专	中共党员	2001.7.1	2001.7.1	教练	一级教练
	赵燕龙	男	1973.4	大专		1990.10.4	1990.10.4	教练	一级教练
	赵　明	男	1957.5	中专	中共党员	1976.6.1	1976.6.1	教练	高级教练
	屠　翔	男	1973.9	大学		1990.12.10	1990.12.10	教练	一级教练
	张庆利	男	1973.6	大学		1991.7.1	1991.7.1	教练	一级教练
	张　红	女	1966.2	大学	九三学社	1989.10.1	1989.10.1	教练	高级讲师
	李叶剑	男	1974.12	大学		1997.7.21	1997.7.21	教练	一级教练
	孟　辉	男	1982.11	大学	中共党员	2009.12.1	2009.12.1	教练	二级教练
	陈广东	男	1983.1	大学		1999.8.1	1999.8.1	教练	二级教练
	洪　林	男	1987.2	大学	中共党员	2010.12.1	2010.12.1	教练	二级教练
	刘大炜	男	1985.1	大学		2002.10.1	2002.10.1	教练	二级教练
	张晓磊	男	1985.1	大学		2002.8.1	2002.8.1	教练	二级教练
	董西志	男	1987.7	大学		2007.7.28	2007.7.28	教练	二级教练
	张　攀	女	1989.5	大学		2013.3.6	2013.3.6	教练	二级教练
	刘秀玲	女	1989.1	大学		2013.3.6	2013.3.6	教练	二级教练
	李　娜	女	1987.1	大学		2002.12.1	2002.12.1	教练	二级教练
	苏友华	男	1980.3	大专		1998.2.1	1998.2.1	教练	二级教练
教务科	赵　兵	男	1969.12	大学	中共党员	1992.7.1	1992.7.1	教务科科长 2010.3.30	讲师
	赵　勤	女	1967.11	大学		1990.7.1	1990.7.1	教务副科长 2011.5	
	史　慧	女	1983.7	大学	中共党员	2008.7.1	2014.9.30	教务科科员	
	张　晓	女	1989.2	大学		2014.9.30	2014.9.30	教务科科员	
	张　玲	女	1971.10	大学		1991.7.1	2002.9.1	教师	中学一级

续表 人物 -8

科室	姓名	性别	出生年月	文化程度	政治面貌	参加工作时间	从事体育工作时间	现任职务及任现职时间	技术职务
教务科	吴立勇	男	1969.1	大学		1991.7.1	2000.3.1	教师	讲师
	吴　兵	男	1969.11	大学		1989.7.1	1989.7.1	教师	讲师
	侯路路	女	1983.6	大学	中共党员	2009.6.13	2009.6.3	教师	助理讲师
	周娟娟	女	1962.5	大学		1982.7.1	1982.7.1	教师	高级讲师
	宋爱民	男	1960.4	大学		1982.7.1	1982.7.1	教师	高级讲师
	邢介云	男	1965.2	大学	中共党员	1987.7.1	1987.7.1	教师	高级讲师
	柳方雷	男	1963.2	大专	中共党员	1985.7.1	1985.7.1	教师	中学高级
招生办	闫希明	男	1961.10	大专	中共党员	1979.11.1	2001.11.1	招生办主任 2010.3.30	
	郭力克	男	1980.2	大学	预备党员	2004.1.1	2004.1.1	招生办副主任 2011.5	
	孔凡春	男	1956.12	大专		1971.10.1	1971.10.1	科员	高级教练
总务科	陈　铭	男	1963.10	大学	中共党员	1985.7.15	1985.7.15	总务科科长 2010.3.30	中学高级
	闫仲军	男	1974.4	大专	中共党员	1990.10.1	1997.5.1	总务科副科长 2011.5	一级教练
	秦海英	女	1969.9	大专		1989.1.1	1999.1.1	科员	
	张振军	男	1968.9	大专		1985.5.1	1985.5.1	科员	
	訾建民	男	1966.1	高中		1990.7.1	1997.9.1	科员	
	薛迎春	女	1962.12	大学	中共党员	1985.9.1	2010.10.1	科员	
	曹长玲	女	1960.1	中专		1980.10.1	1995.11.1	科员	医师
	张彦梅	女	1960.6	大专		1977.7.1	1997.1.1	科员	中级会计
	李迎春	女	1970.12	大学		1989.9.1	1996.9.1	科员	主管护师
保卫科	吕　军	男	1972.12	大学	中共党员	1990.6.1	1990.6.1	保卫科科长 2010.3.30	一级教练
	王　勤	男	1964.5	大专	中共党员	1980.10.12	1986.4.1	保卫科副科长 2011.5	
	王　超	男	1978.6	大学		2002.9.1	2002.9.1	科员	助理讲师

2015年泰安市体校退（离）休干部职工基本情况表

表 人物–9

姓名	性别	出生年月	文化程度	政治面貌	参加工作时间	从事体育工作时间	退（离）休时间	退（离）休时职务、技术职务
张法智	男	1930.12	大学	中共党员	1949.7	1978.8	1988.12（离休）	高级讲师
韩惠武	男	1940.1	大专	中共党员	1959.7	1978.11	1998.11	校长 高级教练
郝相义	男	1945.9	中专	中共党员	1964.12	1986.1	2005.9	书记
李秀贞	女	1931.12	中专		1950.11	1981.1	1983.12	会计
王淑珍	女	1938.1	中专	中共党员	1958.10	1980.8	1993.2	主管护师
梁秉园	女	1941.10	大专	中共党员	1959.5	1988.11	1996.11	科长
田开兰	女	1939.11	大学	中共党员	1962.9	1986.8	1996.11	高级讲师
马子文	男	1935.3	中专	中共党员	1951.7	1984.10	1995.3	副书记 高级讲师
尹祚贵	男	1938.8	小学	中共党员	1958.12	1985.12	1998.8	科长
史泉松	男	1946.6	大专	中共党员	1964.7	1985.7	1998.11	高级教练
秦成安	女	1943.7	中专	民盟	1972.12	1979.4	1998.12	中学一级教师
杜芳英	女	1939.11	大专		1962.7	1981.10	1998.11	中学高级教师
夏淑媛	女	1940.9	中专	中共党员	1963.9	1981.12	1998.11	科长 中学高级教师
赵 静	女	1946.8	大专		1967.9	1979.2	1998.11	高级讲师
冯启明	男	1939.2	大学	中共党员	1965.8	1978.8	1998.11	科长 高级讲师
袁印增	男	1938.10	大学		1965.7	1981.3	1998.11	高级教练
王振海	男	1946.5	初中		1968.3	1986.1	1998.11	工人
刘兆河	男	1941.2	大学	中共党员	1968.7	1985.10	2001.3	高级教练
张云海	男	1941.2	大学		1968.7	1984.9	2001.3	高级讲师
张和松	男	1944.4	大专		1978.12	1981.1	2005.4	中学高级教师
王其茂	男	1946.9	大专		1970.1	1980.7	2006.9	中学高级教师

续表 人物 -9

姓名	性别	出生年月	文化程度	政治面貌	参加工作时间	从事体育工作时间	退（离）休时间	退（离）休时职务、技术职务
徐士岱	男	1948.9	中专	中共党员	1970.12	1978.12	2008.9	科长
赵忠斗	男	1948.10	大专	中共党员	1969.10	1988.3	2008.10	主治医师
石庆荣	女	1948.7	大专	中共党员	1980.7	1980.8	2008.11	中学高级教师
尚延庆	男	1949.5	大专		1971.3	1990.5	2009.8	高级教练
郭巨来	男	1950.6	大专	中共党员	1969.3	1978.12	2010.6	工人
丁茂银	女	1955.12	大专		1978.7	1980.8	2010.12	会计师
赵宗安	男	1951.5	大专		1968.2	1978.11	2011.5	高级教练
李　燕	女	1957.1	中专	中共党员	1972.10	1973.12	2012.1	科长 高级教练
齐娜娜	女	1957.9	大专		1975.12	1981	2012.9	中学高级教师
刘万春	女	1958.12	大学		1976.6	1984.8	2014.2	高级讲师
王旭峰	男	1954.4	大专	中共党员	1972.12	1993.10	2014.4	副校长
刘晓琦	女	1959.7	大专		1976.8	1986.6	2014.7	中学高级教师
李士军	男	1954.9	大专	中共党员	1972.12	1981.12	2014.9	副科长
汪迎春	女	1960.1	大专		1973.5	1984.7	2015.1	高级教练
冯周妹	女	1960.3	大专		1978.7	1988.3	2015.3	高级会计师
林尚文	男	1955.3	大学		1972.7	1984.8	2015.3	高级讲师
张彦梅	女	1960.6	大专		1977.7	1992.8	2015.6	会计师
曹长玲	女	1960.10	中专		1980.10	1995.11	2015.10	医师

2015 年泰安市体育中心干部职工基本情况表

表 人物 -10

姓名	性别	出生年月	文化程度	政治面貌	参加工作时间	从事体育工作时间	现任职务及任现职时间	技术职务
杨振德	男	1963.11	大学	中共党员	1982.7	1982.7	局党组成员、 市体育中心主任（副县） 2008.12	

续表 人物 -10

姓名	性别	出生年月	文化程度	政治面貌	参加工作时间	从事体育工作时间	现任职务及任现职时间	技术职务
邓　岩	男	1965.12	大学	中共党员	1989.9	1990.7	书记（副县）2012.11	
孙岩松	男	1964.9	大学	中共党员	1985.7	1985.7	副书记 2009.11	专技 7 级
张　华	男	1971.1	大学	中共党员	1993.8	1993.8	副主任 2003.7	
闫　懿	男	1974.1	大学	中共党员	1994.7	1994.7	副主任 2008.8	
刘金玲	女	1968.4	大专	中共党员	1989.10	1994.8	副主任 2008.8	
闫振东	男	1962.10	大专	中共党员	1976.7	1994.7	科员 1994.7	
梁兆相	男	1975.3	大专	中共党员	1992.12	1998	技术工人 1998	技工四级
杨兴伟	男	1967.5	大学	中共党员	1991.7	1997	科员 1997	
梁玉兵	男	1971.1	大专	中共党员	1989.10	1993	科员 1993	
孙兆荣	女	1966.7	大专	中共党员	1989.12	2008	干部专技 10 级	专技 10 级
王贡坤	男	1982.6	大专	中共党员	2001.11	2001.11	科员 2001.11	

2015 年泰安市体育中心退休干部职工基本情况表

表 人物 -11

姓名	性别	出生年月	文化程度	政治面貌	参加工作时间	从事体育工作时间	退（离）休时间	退（离）休时职务、技术职务
梁景祥	男	1941.7.24	大专	中共党员	1958.7	1987.2	2001.8	党支部书记（正县）
刘光辉	男	1951.5.10	中专	中共党员	1970.12	1984.9	2011.5	中心主任（正科）
侯卫东	男	1952.10.20	高中	中共党员	1966.12	1993.3	2012.10	党支部书记（正科）
费建文	男	1943.4.10	中专	中共党员	1961.8	1985.9	2003.10	中心副主任（正科）
吴进升	女	1957.1.10	高中		1972.2	1999.8	2012.5	科员（管理九级）
李现芹	女	1958.4.7	高中		1988.11	2000.9	2008.4	技工（技术工四级）

附　录

F　U　L　U

一、重要文件

泰安区体育会筹备委员会关于一九五四年泰安专区体育工作意见

为有力的贯彻中央体委“结合实际情况，开展群众性体育运动，并逐步地使之普及和经常化”体育运动的方针及具体实施省体委一九五四年的工作计划。根据今年体育工作的方针任务，结合我区具体情况特制订如下贯彻意见，以达增强人民的体质为国家经济建设与国防建设服务的目的。各县、各中等学校及地委专署直属机关应在党委与政府的统一领导下及工会、青年团等有关方面密切配合与推动下，在现有基础上将我区人民体育运动向前推进一步。

一、目前体育工作的中心任务，应当是在巩固已有成绩的基础上继续在工厂、中等以上学校、机关，以及农村民兵中有领导有计划有重点地逐步开展基层单位群众性的体育活动，使之逐步普及和经常化。

（1）工矿：要求有计划地逐步开展劳动前后的体操（劳动前或劳动后作均可）或工作间隙体操，进行中应加强组织领导重视体育运动对增强职工身体健康，提高劳动效率，加速国家社会主义建设真实意义的宣传教育，根据就地取材的办法，积极培养基层骨干或业余积极分子，以推动和保证工厂业余体育活动的逐步开展，具体要求各工厂在工会的具体领导下有重点逐步地把劳动前后体操或工作间隙体操搞起来，有条件者在党委与行政的支持和工会具体领导以及青年团积极推动下可以开展适当项目的活动，并可利用业余时间举行各种单项的竞赛以达推动与提高之目的。

（2）条件为：1.整个学校学习正常；2.学校行政对“劳卫”制预备级应有正确的认识并能领导体育活动；3.有对工作负责的专职体育教师；4.团的组织能切实发挥助手作用；5.有必需的场地和设备；6.当地上级领导有专职或兼职体育工作干部能检查并加以适当领导。专区选择掌握泰城一处重点学校，总结推行经验以指导工作，本年度学校体育工作主要是已推行的学校应从实际出发进行整顿、巩固、提高，条件不足的可暂缓或停止推行，具备条件已推行者要认真贯彻经常性全面性锻炼，及时进行思想、运动技术与生理卫生的教育，建立锻炼小组，培养领导和指导骨干，防止组织松弛流于形式的现象，目前各校应根据实际情况进行一次思想动员与组织工作，结合作一次总结检查，以吸取经验教训，求得现有工作的改进和提高，锻炼项目和标准的选定要力求合适，不能脱离实际或要求过高过低，过去项目和标准选定不适当者可以自行修订，秋季要及时布置新的项目和标准。

一般中小学校中应积极开展课外体育文娱活动。加强思想领导，组织领导技术指导协助体育教师研究与改进体育教学，使课外活动与正课很好的配合，小学除加强体育正课教学外应在中小学中逐步普遍地开展早操或课间操。

（3）机关以广泛推行早操或工间操为主。有条件的单位可适当推行工间操，无条件推行工间操者可推行早操（争取行政在作息时间中规定），未开展者应逐步地迅速地开展起来，已初步开展的单位应加强宣传改进动作的准确性，防止夏季冬季松劲现象，使之坚持成为制度，并注意介绍经验宣传推广，根据单位实际条件，亦可利用业余时间适当开展球类或其他项目的活动与竞赛。

（4）农村：以民兵为主要对象，结合民兵训练利用农闲季节建议人武部重点试行一定运动项目的锻炼，但必须掌握节约并有利于生产和国防的原则，在进行中应加强体育运动目的意义的教育。另外，对农村较有基础有组织农民中固有的有利于增强人民健康的民族形式体育活动注意加以倡导。

在贯彻开展基层的群众性体育运动中，应掌握须在现有基础上积极稳步开展，并重视调查总结经验以深入指导工作，体育运动要紧密结合生产、学习、工作来进行。要正确的开展多样化的活动，并有效地防止伤害事故的发生，在进行中必须与有关单位密切配合，特别是依靠和充分发挥青年团的组织领导作用。

二、为了贯彻上述中心任务，必须做好下列几项工作：

（1）为了适应体育工作的发展和加强本区体育工作领导，争取上半年依照上级规定正式建立专区体育分会并设专职干部，建立组织领导和必需的工作制度（请示、报告、总结、工作计划、检查、会议等）。

为加强泰城机关学校体育活动的组织领导，拟下半年建立泰城体育领导组织。各县亦可根据可能和必要有准备有领导的逐步建立县体育领导组织。在工厂、学校、机关等基层单位内应在行政或工会的统一领导以及青年团的积极推动下根据可能和需要有准备逐步建立基层体育组织，以加强基层体育工作的计划与领导，已建立者必须切实发挥组织作用。

（2）加强体育运动的宣传工作

（一）宣传内容：由于目前广大人民对体育运动还缺乏了解，因此，首先应着重宣传体育运动对于增进人民健康的科学价值，对于工作学习、生产、国防和帮助培养人民社会主义优良品质的重要意义，并通过具体实例进行广泛的宣传，与此同时也要加强新体育道德作风的宣传教育。

（二）宣传方式：加强与宣传部门报社联系，主动综合情况供给材料反映问题，与图书发行部门取得联系及时作书介绍，建议省体委编印体育工作参考资料以便分发各地参考，并可根据工作的进展情况适应印发和转发通报，以加强业务指导，另外可运用黑板报、墙报、广播、漫画、专题报告、座谈等方式。

（3）培养训练骨干，广泛团结体育工作者密切与运动员的联系。

（一）为了推动和指导地直机关早操或工间操广泛有力开展，配合直属团委于五月中旬举办广播操业余骨干训练班一期，吸收地直机关体育活动的积极分子参加。

（二）省体委于暑假举办中等以上学校体育教师学习会，届时抽调部分教师参加。目前体育工作者应积极认真地学习政治与业务，学习苏联的先进经验，不断地提高思想觉悟和业务水平。

（三）配合直属团委拟于十一月份举办篮球裁判法业余研究会一期，吸收地直机关爱好者参加，以便训练一批业余体育积极分子，使其初步胜任裁判工作。

（四）各县、各中等学校、工厂、机关、有条件者根据可能和需要掌握就地取材的培养方法，亦可利用业余时间举办体育骨干业余训练班。

（五）加强与运动员的联系，以鼓舞指导

其更好地进行锻炼，发挥他们在体育运动中的骨干作用，并通报其反映体育运动中的实际情况与问题，以有利于知道工作（利用通讯访问等方式）。

（4）为了有力宣传推动本区群众性体育运动的进一步开展并检阅现有成绩。

（一）拟五月份在泰城机关学校举行一次六人排球友谊比赛会。

（二）省定于十月中旬在济南举行“山东省第四届人民体育大会”（田径、体操为主）以省直辖市、专区省级机关为参加单位。各县可根据过去基础与具体情况于九月底前分别适当进行竞赛活动（吸收驻地中等学校参加），并认真准确的记录成绩，专区级为了推动基层减少选拔层次今年不召开全面性的选拔会，仅自各县挑选成绩较优秀者，集中赴省参加比赛。

（三）拟十一月下旬在地直机关举办一次篮球友谊赛。

（四）各县、各中等学校可根据实际情况与不同季节举行各种竞赛会（应视现有条件，从实际出发，不能有过高过急之要求），其中以加强基层群众性竞赛为主。

（五）五月份和十月份华东体训班和邻省球队来省做表演赛，争取到泰城做次表演，以影响推动基层活动。

注：“准备劳动与为国”体育制度预备级即过去之“体育锻炼标准”

一九五四年四月二十六日

中国新民主主义青年团泰安地方委员会、山东省泰安专员公署文教科、山东省泰安专员公署卫生科、山东省泰安专区体育分会关于在我区小学儿童中普遍推行儿童广播体操的通知

中华人民共和国体育运动委员会和有关机关先后在各种报纸上公布了《儿童广播操图解》，同时发出了《关于在全国小学中推行儿童广播操的联合指示》，这是我国政府为了更好地培养祖国的新的一代所采取的重要措施之一，各地必须认真学习和推行。为了正确广泛地推行，特提出以下意见希遵照执行：

一、体操是对儿童进行体育教育的一个重要组成部分，是使儿童身体平均发展获得基本运动技能的有效手段，它既能促进儿童身心正常发育，也能增强儿童体质，使他们成为具有共产主义道德，体格健壮的全面发展的社会主义新一代，因此各级教育行政部门和小学行政领导必须关心和重视这项工作，加强具体领导。

二、正确普遍推行儿童广播体操的关键之一，在于小学体育教师和有关教师的正确传授和正确指导，因此首先必须组织小学体育教师和有关教师学会儿童广播体操，并使他们能够正确掌握它的动作要求和精神实质。各县应把学习儿童广播体操作为一定时期的小学教师业务学习内容之一，认真地进行学习。各县文教行政部门和小学行政领导必须加强学习的具体领导。

三、儿童广播体操是根据小学一、二年级七至八岁儿童的生理特征编制的，具有促进身体正常发育，增强体质，培养正确姿势和使儿童获得基本运动技能的功能。因此，必须要计划有领导的在我区小学儿童中逐步开展，首先要在完、中小学中开展，逐步推及单级班小

学。这套广播体操的对象是儿童，根据我区小学学生年龄情况，各地可在一、二年级学生中普遍推行，三、四年级学生仍以继续推行少年广播体操为主，亦可根据学生年龄状况和喜爱考虑在初年级学生中推行。这套操可作小学一、二年级学生的课前操或早操，冬季也可以作为课间操。

四、各地在推行儿童广播操时，应做好宣传教育工作，加强督促和检查，及时总结经验，小学教师，应当教育儿童认识参加广播操的好处，使儿童自觉地参加锻炼，在教儿童做操的时候，必须耐心地用明白、通俗、易懂的词语讲解各项动作。用正确的示范，实行分段教学，使儿童真正能领会和掌握每节动作的要领，反对不负责任的急躁冒进和形式主义的教学方法，同时还应向儿童家长做好宣传工作，使家长经常督促儿童每天坚持做操，以利于推动儿童广播体操的广泛深入开展。

以上意见希研究执行。

一九五五年十一月二十九日

泰安县人民委员会
关于泰安专区体委修建体育场划拨土地的报告

（〔66〕泰办字第169号）

山东省民政厅：

泰安专区体委为适应战备需要，广泛开展群众性体育活动和国防体育训练，急需解决体育场。经地、专领导研究与山东农学院协商，将现在农学院的体育场作为专区体委的体育场；将农学院征而未用62年下放给泰山公社三联生产队的37亩土地收回，作为农学院的体育场。其位置：南至文化一路，北至文化二路，东至农学院，西至龙潭路。现已与三联生产队商妥收回，不再支付土地补偿费。关于体育场的维修费，省财政厅、省体委于4月15日以（66）财行字50号、（66）体计字027号联合下达通知，批给1.8万元。特此报告，请审查批示。

章

一九六六年七月二十八日

山东省民政厅
关于泰安专区体委新建体育场收回国有土地的批复

（〔66〕民政吕字第161号）

泰安县人民委员会：

（〔66〕泰办字第169号）报告悉，同意将山东农学院征而未用退交给泰山公社三联生产队耕种的国有土地37亩收回，拨给泰安专区体委使用。

章

一九六六年八月十八日

泰安县革命委员会生产指挥部
关于同意泰安地区革委会政治部宣传部因修建
国防俱乐部及摩托车练习场收回土地报告的批复

（〔67〕泰生字55号）

泰安地区革命委员会政治部宣传部：

你部六月五日报来因修建国防俱乐部及摩托车练习场须征用土地的报告收悉，经我指挥部研究，根据城市规划布局，同意在文革一路以南，体委灯光球场以东，农学院门前道路以西，收回国家已征未用土地六亩九分。希即按照双方协议规定办妥手续，待秋收后施工。

此复

泰安县革命委员会生产指挥部

一九六七年六月二十三日

泰安市人民政府基建定点通知

（泰政基发〔1993〕第8号）

市体委：

经研究，同意你单位在104国道以北，枣行村以东规划占用粥店办事处枣行村、高王寺村、泰前办事处王家村庄土地约600亩，作为体育中心建设用地。本期先征用枣行村土地约150亩，建设体育场。望认真搞好规划，经批准后组织实施。

此复

一九九三年二月十二日

泰安市计划委员会关于建设泰安市体育场的批复

（〔93〕泰计社基字第9号）

市体委：

你委泰体字〔1993〕4号文收悉。建设泰安市体育场是市委、市政府今年要办的十件实事之一，对于加快泰安对外开放步伐、促进群众体育活动的开展和两个文明建设都具有十分重要的意义。经研究，同意建设泰安市体育场。现将有关问题批复如下：

一、体育场选址在泰城西郊104国道以北，枣行村以东，建设规模为容纳三万名观众的标准体育场。体育场东西看台35层，南北看台20层，9条塑胶跑道及附属设施。

二、项目总投资四千万元。工程分两期建设，一九九三年完成第一期工程，投资2000万元。市自筹1500万元，争取上级解决500万元。

三、项目占地按有关规定办理。

望据此抓紧做好前期工作。

一九九三年四月一日

泰安市人民政府常务会议纪要

（5）

（摘录）

时间：2002年5月29日

主持人：耿文清

出席人：贾学英、赵一民、李金明、李惠东、白玉翠、齐承芳、林华勇、唐昭林

列席：市政府有关部门主要负责人43人

议题：二、殷培联同志汇报市体校规划建设情况

会议认为，市体育局提报的市体校搬迁方案，符合泰城整体规划，有利于整合现有体育资源，是切实可行的。

会议确定：

（一）批准市体育局提报的市体校搬迁方案。会后由市国资局将市电大资产划转给市体育局。教职工宿舍楼暂不划拨，市体育局建设新体校时要充分考虑宿舍楼的出入问题。

（二）由市土地收购储备中心在体育中心东侧、电大北侧收购土地30亩，划拨给市体校。泰山区政府要积极配合，做好土地收购工作。

（三）原则同意市体育局提报的体校建设方案，建设资金以市体育局为主筹集，市财政给予适当补助。体校设施建设享受义务教育优惠政策。

（四）因市电大划转市体育局影响的泰山学院建设资金，从市体校原址开发收益中解决。资金数额以市电大资产的评估数额为准。

会议强调，市体校搬迁工作要以最快的速度进行，会后组织双方立即进行交接，交接后马上搬迁。这项工作由惠东同志负责督查落实。

泰安市人民政府办公室

二〇〇二年五月三十一日印

市委办公室　市政府办公室
关于进一步加强老年体育工作的意见

（泰办发〔2006〕29号）

为全面贯彻落实省委办公厅、省政府办公厅《关于进一步加强老年体育工作的意见》（鲁厅字〔2005〕39号）文件精神，结合我市实际，现就进一步做好我市老年体育工作提出如下意见。

一、进一步提高对老年体育工作重要性的认识

老年人健康状况是社会文明进步的重要标志之一。发展老年体育事业，让广大老年人通过参加体育健身活动，丰富生活，增强体质，健康长寿，不仅对于有效抵制各种邪教和封建迷信的侵蚀、推进和谐社会建设具有重要意义，而且对于推动全民健身活动的深入开展，建设体育强市将产生积极的影响。

目前，我市60岁以上的老年人已达63万多

人，占总人口的11.53%。老龄问题已成为一个带有全局性的新问题。各级各部门要从贯彻落实科学发展观的高度，关心重视老年体育工作，自觉把这项工作列入议事日程，积极帮助解决老年体育工作中存在的实际困难和问题，支持开展老年体育活动，推动全市老年体育工作的发展。

二、进一步加强老年体协组织建设

老年体协是专为老年人体育健身服务的社会团体，建立健全老年体协组织是做好老年体育工作的重要保证。各行业、机关、企事业单位和高等院校都要建立健全老年体协组织，逐步形成以政府为主导，老年体协为纽带，居（村）、活动站点为依托，广大老年人为主体的老年人体育健身组织体系。

老年体协的组成人员中要有相关部门的领导，有熟悉老年体育业务的干部，同时注重吸收那些从领导岗位上退下来的，身体好、威望高、热心老年体育事业的老同志参加。各级老年体协要建立协会章程，建立有关制度，并依据协会章程按时换届，届中根据工作需要，及时对组成人员进行充实、调整，以保持老年体协组织的活力。各县（市、区）体育主管部门要确定专职工作人员负责老年体协的日常工作。城市街道办事处和农村乡镇要指定人员兼管老年体协的工作，有相对固定的办公场所，配备必要的办公设备和用品。城市居民委员会和农村村民委员会设立的“老年人工作委员会”可加挂“老年人体育协会”牌子，并按照“五个有”（有组织、有场地、有活动、有指导、有规章）的要求，统一领导和组织开展适合当地老年人的体育健身活动。

三、切实解决好老年体育活动经费问题

要坚持财政为主、社会资助的办法，多渠道筹集老年体育活动经费。市、县两级人民政府要把老年体育活动经费纳入同级财政预算，并随着国民经济的发展和财政收入的增长每年逐步增加。重要活动和重大赛事要安排专项经费。

体育彩票公益金中安排用于公共体育健身设施的资金，要兼顾老年人活动场地和设施的建设。社会支持资助的资金和设施，捐赠人依法享受税收等优惠政策。

四、努力搞好老年体育骨干培训

要有计划地组织培训老年体育骨干，力争用3～5年的时间，培养一批水平较高、能胜任辅导工作的教练员、社会体育指导员、裁判员技术骨干队伍；各县市区老年体协都有体现自身特色的项目和数支健身示范队伍。在培训骨干上，要尽量多组织一些乡镇和行政村的老年人参加，不断提高他们的业务和技术水平，促进和壮大老年体育队伍。

五、加强老年人体育活动场地和设施建设

各级人民政府要加大对老年体育活动场所建设的投入，把老年体育健身活动场所建设纳入当地城乡建设规划，通盘安排，确保资源配置科学合理。城乡建设、旧城改造、住宅小区建设，要安排便于老年人健身的场所。各县（市、区）要视情建立和完善老年体育活动中心。

城市公园、广场、休闲绿地等，都应留有老年人体育健身活动的场地。社区要普遍建立老年人体育活动站、点。现有的老年人体育活动场所（含活动站），未经同级人民政府批准，不得擅自改变其用途。在城区举办大型公益性老年文体活动，免收场地费。

乡镇、街道办事处应有老年体育活动室和适当的室外活动场所，以适应老年人集体活动的需要。行政村要依托文化大院建设，安排好老年人健身活动场所建设。

六、积极开展形式多样的老年体育健身活动

各级老年体协要以“安全第一、健康第一、友谊第一”为指针，立足基层，分类指导，因地制宜，广泛开展适合老年人特点，就近、就地、小型多样的健身活动。

要充分发挥各级老年人体育活动站点的作用，组织开展群众性、健康性、经常性的体育健

身活动。利用各种节假日、纪念日，举办各类丰富多彩的老年人体育比赛和表演活动，营造节日欢快氛围，提高广大老年人参与的积极性。

七、加强对老年体育工作的领导

老年体育工作是党的老龄工作的组成部分，各级党委、政府要认真贯彻“党政主导、社会参与、全民关怀”的老龄工作方针，把老年体育工作纳入经济社会发展总体规划，列入对党政领导和有关部门政绩考核的内容之一。各级党委和政府要有领导分管，定期研究老年体育工作，提出明确要求，帮助解决工作中的实际问题。

各级各有关部门和单位要团结协作，密切配合，共同把老年体育工作抓实抓好。体育部门要加强业务指导，支持老年体协开展活动。各涉老部门要关心、支持老年体育工作，做好对老年体协的协调工作。财政、人事、劳动、民政等部门要在国家政策许可的范围内，积极支持和帮助老年体协的工作。各新闻媒体要加大对老年体育工作的宣传力度，开设科学健身和健康长寿栏目，营造良好的社会舆论氛围。老年体育工作部门要开拓进取，干事创业，努力开创新局面，为构建和谐泰安做出更大的贡献。

二〇〇六年九月二十日

泰安市人民政府常务会议纪要

（10）

（摘录）

时　间：2006年10月20日

主持人：贾学英

出　席：齐承芳、彭华、宋鲁、徐恩虎、任先德、孙运飞

列　席：有关部门46人

市体育局局长、党组书记殷培联汇报关于迎“两运”体育场馆规划建设意见，会议确定：

（一）关于体育场馆建设问题。要坚持一体多功能的原则，把体育场馆建设与会展中心建设结合起来，走政府扶持、企业开发、市场运作的路子，如期高标准完成建设任务。

（二）关于市体育中心体育场改造的问题。由市体育局与市财政局对接，提出改造方案，确保2008年底前高标准完成原体育场内的体育设施改造，达到全国十一运男子足球比赛的要求。

（三）关于市全民健身中心建设问题。全民健身中心由政府出资建设。中心的功能设计要立足于高标准，具有一定的前瞻性，做到功能完备、配套齐全，既能满足全民健身的要求，也能适当开发一些经营性项目，达到以馆养馆的目的。新的全民健身中心建设竣工后，原市体育训练馆（市老年健身活动中心）要立即拆除。

（四）关于南湖体育健身公园建设问题。将南湖公园确定为“市体育健身公园”，其体育设施建设经费由市体育局向国家体育总局和省体育局争取解决，市规划和建设部门要协助做好总体规划、拆迁和建设等工作。

（五）关于泰城体育资源综合利用问题。要整合泰城内尤其是各个大专院校的体育设施资源，充分加以利用，避免体育设施的重复建设和资源浪费。同时，由市体育局负责做好对上争取工作，力争我市尽快成为国家一些重点体育项目的训练基地。

泰安市人民政府办公室

二〇〇六年十一月三日印

二、机构设置

（一）

中共泰安地委
关于公布泰安专署体育运动委员会的通知

（泰发〔64〕组字1号）

为了健全专区体育组织，加强体育运动的领导，地委决定：泰安专署体育运动委员会由：顾廷臣、张绍安、赵友村、于维华、叶明、金益三、薛允志、佟复然、邹积卿九同志组成。

顾廷臣同志为泰安专区体育运动委员会主任委员；

邹积卿同志为泰安专区体育运动委员会副主任委员；

特此通知

一九六四年四月二十八日

中共泰安地委
关于公布泰安专区国防体育协会的通知

（泰发〔64〕组字2号）

为进一步加强我区国防体育工作的领导，地委决定：泰安专区国防体育协会由张绍安、顾廷臣、赵友村、于维华、叶明、金益三、薛允志、佟复然、邹积卿九同志组成。

张绍安同志为泰安专区体育协会主任委员。

一九六四年四月二十八日

中共泰安地委
关于建立泰安地革委体育运动委员会的通知

（泰发〔1975〕87号）

经研究决定，撤销泰安地区革命委员会体育局，建立泰安地区革命委员会体育运动委员会。由李元明、薛民、杨海岩、曹中鲁、于振海、张敬五、宿焕民、翟惠民、刘芳楷、宋登云、叶明、刘鉴堂、陈永起、胡海庆、张风荣、王学诚、张秀莲、聂贵占、邹积卿、乔中阶、马子文、赵新成、尹延勤、杨文娟等二十四名同志组成。李元明同志任主任，薛民、杨海岩、曹中鲁、于振海同志任副主任。

一九七五年五月十八日

中共泰安地委
关于地革委文办等部门内部机构设置（暂行）的批复

（泰发〔1977〕26号）

地革委文办：

为了适应革命和各项建设事业发展的需要，健全机构，调动各方面的积极因素，充分发挥部门的职能作用，促进机关革命化，遵照毛主席关于“必须反对官僚主义，反对机构庞大”，“党政机构要精简”的教导，地委同意，地革委文办和下列各部门的内部机构设置：

文办设：秘书科、政工科、调研科；

教育局设：秘书科、政工科、教育科，另设教研室；

文化局设：秘书科、文艺科，另设艺术馆；

卫生局设：秘书科、政工科、农村卫生科、医药科；

体委设：秘书科、群体科、训练竞赛科，另设地区体育场；

泰山管理局设：办公室；

计划生育办公室、工军宣队办公室不设科室。

一九七七年三月一日

中共泰安地委
同意地革委体委设立军事体育科的通知

（泰发〔1978〕17号）

中共泰安地革委文办党组：

经研究同意地革委体委设立军事体育科。

一九七八年二月二十四日

山东省泰安地区编制委员会
关于批复地直机关接待处等内部机构及下属单位设置意见的通知

（〔84〕泰编字第18号）

经地委机构改革人事安排指导小组研究同意：

地直机关接待处内部机构设：人事秘书科、接待科、财务基建科。

地区体育运动委员会办公室内部机构设：人事秘书科、业务科。另设地区体育中学，列事业编制48人。体育场，列事业编制17人。体育科研所，列事业编制5人。体育服务公司，列事业编制7人。上述四个下属单位均为科级事业单位，由体委办公室领导。

机关内部机构正副科长的配备。四人（含四人）以下者一般设一职。五人（含五人）以上者一般设一正一副。

上述单位人员的调配（包括工勤人员在内）。按管理权限分别报地委组织部、地区人事局批准。

一九八四年五月三号

山东省泰安地区编制委员会
关于批复地区体委办公室建立泰安地区体育分会的通知

（〔84〕泰编字第29号）

地区体委办公室：

经地委机构改革人事安排指导小组研究，同意建立泰安地区体育分会，列事业编制二人，为科级事业单位。由体委办公室领导。

一九八四年六月九日

泰安市编制委员会
关于泰安市体育运动委员会调整内部机构的批复

（泰编字〔1988〕第95号）

市体育运动委员会：

你委关于调整内部机构的报告收悉。经研究，同意撤销人事秘书科和业务科，设置办公室、竞赛科和训练科。同意撤销泰安市体育科研所，其五个事业编制核增给体育分会。

一九八八年十二月五日

泰安市编制委员会
关于设置泰安市老年体协办公室的批复

（泰编〔1989〕第3号）

市体育运动委员会：

“关于设置泰安市老年体协办公室的申请报告”收悉。经研究，同意设置泰安市老年体协办公室，与市体育分会一个机构两块牌子。

一九八九年二月二十五日

泰安市编制委员会
关于市老年体育协会办公室机构编制的通知

（泰编〔1991〕第6号）

市体委：

为了进一步促进我市老年体育事业的发展，经市政府领导同意，市体育分会与市老年体育协会办公室分设，市老年体育协会办公室为科级事业单位，编制三人。其中增编二人，由市体育分会调剂一人。

一九九一年二月十一日

泰安市人民政府
关于设立体育运动委员会的通知

（泰政发〔1995〕9号）

各县、市、区人民政府：

根据山东省机构编制委员会鲁编〔1994〕12号文件精神和实际工作需要，经研究决定，各县市区单设体育运动委员会，为县市区政府工作部门，列政府序列。人员编制从现有在编人员中调剂解决。

一九九五年一月十三日

泰安市人民政府办公室
关于印发泰安市体育运动委员会
职能配置、内设机构和人员编制方案的通知

（泰政办发〔1996〕63号）

各县、市、区人民政府，市政府各部门和单位：

《泰安市体育运动委员会职能配置、内设机构和人员编制方案》已经市机构编制委员会办公室审核，市政府批准，现予印发。

一九九六年八月五日

泰安市体育运动委员会
职能配置、内设机构和人员编制方案

根据《中共山东省委、山东省人民政府关于批准泰安市市级机构改革实施方案的通知》（鲁普发〔1995〕46号）和《中共泰安市委、泰安市人民政府关于市级机构改革的实施意见》（泰发〔1996〕21号），保留市体育运动委员会。

一、职能转变

通过改革，逐步实现“管体育”与“办体育”的职能分离，进一步加强对体育事业的宏观管理，弱化微观管理。

（一）加强群众体育工作。贯彻实施国家制定的全民健身计划，把体育工作重点转移到增强人民体质上。坚持群众体育社会化方向，逐步建立群众体育群众办的新机制。

（二）加强竞技体育工作。搞好全市竞技体育的统筹规划和运动项目的合理布局，健全训练网络，加强体校建设和后备人才培养，改革训练体制，突出重点，发展优势项目，不断提高竞技运动水平。

（三）改革竞赛管理体制。对竞赛工作进行分级分类管理，逐步将一般性运动会和单项比赛交给有关县（市、区）或相应的单项运动协会承办。市体委集中力量统筹安排大型综合性运动会。

（四）开展调查研究，制定相应的政策规定，培育和开发体育市场，增强体育自我发展能力。

（五）按照政事分开的原则，将技术性、辅助性、服务性工作逐步转移给相应的事业单位承担。

二、主要职责

市体育运动委员会是市政府主管全市体育工作的职能部门，主要职责是：

（一）贯彻执行党和国家有关体育工作的方针、政策、法规及省委、省政府有关体育工作的政策、规定，研究制订全市体育工作的政策和措施。

（二）指导和推动全市体育管理体制改革，研究制订全市体育事业发展战略、目标、规划、计划，并负责组织实施，检查执行情况。

（三）指导和配合各部门、各行业、各社会团体积极开展体育活动，做好学校、企业、机关和农村的体育工作，推动全民健身和群众体育社会化。

（四）规划全市运动项目的设置和布局，完善训练体制，指导体育队伍的建设和业余训练工作，加强体育队伍的思想政治工作，提高运动技术水平。

（五）制定全市性体育竞赛制度、计划，管理、指导全市体育竞赛工作；组织参加全省、全国体育竞赛；批准各项运动的全市性成绩和新纪录。

（六）组织、指导体育宣传、教育和科研工作，培训体育干部和专业人才。

（七）指导全市体育产业发展和经营活动，归口管理全市体育市场。

（八）指导和检查下级人民政府的体育工作，负责市级体育社团的资格审查和业务指导。

（九）承办全国、全省在我市举办的体育竞赛，组织国际全民健身登山比赛及全市综合性运动会。

（十）开展对外体育合作与交流，指导、归口管理体育系统及民间体育外事和对港澳台地区的体育交往。

（十一）协同有关部门规划、协调全市体育设施建设布局，指导全市体育场馆的管理。

（十二）承办市委、市政府交办的其他事项。

三、内设机构

根据上述职责，市体育运动委员会设4个职能科室。

（一）办公室

协助委领导组织协调机关日常工作，负责文秘、档案、信息、信访、保密、保卫、督办及会议组织安排等工作；负责组织开展调查研究和综合性文稿的起草工作，研究拟订全市体育事业发展战略和体育工作的政策、措施；负责委机关和指导下属单位的人事、劳动工资和离退休人员管理服务工作；负责全市体育宣传、体育队伍的思想政治工作；负责编制全市体育事业的中长期规划和综合统计工作；协同有关部门制订全市体育场地设施建设规划、规定；负责管理委机关和监督指导下属单位财务审计工作，研究拟订全市体育产业发展规划、计划，指导全市体育产业的开发工作。

（二）竞赛科

负责管理、指导全市体育竞赛工作，制定全市体育竞赛计划、竞赛规程，组织和承办全国、全省在我市举办的各项竞赛活动；组织全市单项和综合性运动会竞赛工作；负责我市参加省综合性运动会的组队训练工作；负责各体育项目等级裁判员的管理；负责国家和外省运动员来泰访问比赛的组织及国际体育交流工作；负责竞赛成绩的统计，审批、公布市纪录。

（三）训练科

负责全市运动项目的设置、布局，指导市优秀运动队的训练管理和后备人才培养工作；负责全市青少年比赛以及参加省青少年比赛的组队训练和青少年运动员的资格审查工作；研究制订全市体育科技发展规划，并组织实施。组织指导全市体育科技学术交流和教练员的岗位培训工作；负责等级运动员的审批、申报工作和运动队、业余体校运动成绩的统计工作；指导单项协会运动项目的训练。

（四）群众体育科

拟订全市群众体育工作发展规划和有关制度、规定，组织实施全民健身计划；指导、协调社会各方面、各行业群众体育工作；培训群众体育骨干，开展体育理论、运动技术调查和学术研究，组织体育调研、体质监测；举办各类群众体育竞赛和组队参加省以上群体竞赛活动；负责全国全民健身登山竞赛组织工作；指导我市各单项运动协会工作。

四、人员编制和领导职数

市体育运动委员会机关编制总额为20人（其中，离退休干部工作人员2人，后勤服务人员2人，为事业编制）。可配备主任1人，副主任3人；科级领导职数8人。

泰安市推行国家公务员制度工作办公室关于泰安市体育运动委员会职位设置方案的批复

（泰公办字〔1996〕11号）

市体育运动委员会：

根据《山东省国家公务员职位分类工作实施意见》和《泰安市国家公务员制度实施方案》的规定及你委的“三定方案”，同意你委设置职位18个。其中，主任职位1个，副主任职位3个，科长职位4个，副科长职位4个，调研员或助理调研员职位1个，主任科员职位1个，副主任科员职位3个，科办员职位和按规定应设置的其他职位1个。

望按此批复，认真组织国家公务员制度实施的各项工作，编制职位说明书，搞好人员资格审查、考核，进行职位轮换，完成竞争上岗，并确定人员职务与级别，履行国家公务员登记手续。

主题词：职位设置　方案　批复

泰安市人事局办公室

一九九六年十二月四日

泰安市机构编制委员会办公室关于泰安市无线电监测计算站等单位更名的批复

（泰编办〔1997〕23号）

（摘录）

市直有关部门：

根据《山东省事业单位登记管理办法》的有关规定，为规范事业单位名称，经研究，对下述31个事业单位的名称进行变更：

泰安市无线电监测计算站更名为泰安市无线电监测站；

泰安市体育服务公司更名为泰安市体育服务中心。

一九九七年十一月十三日

中共泰安市委　泰安市人民政府
关于泰安市人民政府机构改革实施意见

（泰发〔2000〕15号）

（摘录）

根据省委、省政府鲁委〔2000〕277号文件批准的《泰安市人民政府机构改革方案》，为了积极稳妥地搞好市政府机构改革的组织实施工作，结合工作实际，制定本实施意见。

一、改革的指导思想和目标原则

市政府机构改革的指导思想和目标是：认真贯彻落实党的十五大和党中央、国务院以及省委、省政府关于政府机构改革的指示精神，按照建立社会主义市场经济体制的要求，进一步转变政府职能，调整组织机构，精简人员编制，理顺工作关系，加强机关制度化、规范化、法制化建设，提高工作水平和办事效率，以促进全市经济和社会各项事业的全面发展。通过改革，逐步建立办事高效、运转协调、行为规范的行政管理体系和运行机制。进一步完善国家公务员制度，努力建设高素质的国家公务员队伍。

围绕上述指导思想和目标，改革中要坚持以下原则：

——坚持政企、政事、政社分开的原则。适应社会主义市场经济和社会发展的要求，切实把政府职能转变到经济调节、社会管理、公共服务等方面上来。

——坚持精简、统一、效能的原则。调整政府组织机构，精兵简政，优化结构，提高素质，促进机关工作作风的转变和工作效率的提高，减轻财政负担。

——坚持权责一致的原则。合理划分事权。理顺条块、部门之间的关系。科学合理地界定部门之间的职能分工，相同和相近的职能交由同一个部门承担，克服多头管理、政出多门的弊端。

——坚持依法行政的原则。加强行政管理的制度化、规范化和法制化建设。同时，加强机构编制的管理监督，建立机构编制管理与财政预算管理相互配套协调的约束机制。

二、转变政府职能，理顺工作关系

按照社会主义市场经济的要求，加强对经济和社会的宏观管理职能和执法监督职能，弱化微观管理职能，减少具体审批事务，真正把转变职能落实到实处。

要理顺政府与企业的关系。按照政企分开的要求，解除政府主管部门与国有企业的行政隶属关系，改变政府部门直接管理企业、企业过多依赖政府的状况，充分发挥市场在资源配置中的基础作用，切实落实企业的生产经营和投资决策自主权。市政府对国有重点企业的监管，采取派出代表参加企业监事会的方式进行。市政府机关不再办经济实体，没有脱钩的要限期脱钩。

要理顺政府与事业单位的关系。按照政事分开的要求，合理划分政府机关与事业单位的职能任务，将目前一些事业单位承担的政府职能收归政府机关承担，同时将一些技术性、事务性工作转移给事业单位。

要理顺政府和社会的关系。按照政社分开的要求，把社会可以自我调节与管理的职能转移给社会中介组织，充分发挥社会中介组织的作用。避免将过多的社会责任和矛盾集中到政府身上。政府部门要加强对社会事务的依法管理，规范管理行为，提高管理水平，搞好公共服务，维护社会稳定。

要理顺市政府与下级政府的关系。进一步简政放权，明确划分各级政府的事权，将那些可由下级政府承担的职能尽可能放下去。改革和完善行政审批制度，减少审批事项，简化和规范审批程序。

要理顺政府部门之间的关系。合理界定各部门职能，解决部门职责不清、交叉扯皮问题，做到分工明确，各负其责。建立健全工作协调制度，更好地发挥政府的整体效能。

三、市政府工作机构的调整改革

（一）保留的机构

（二）更改名称的机构

市体育运动委员会更名为市体育局

（三）撤销、合并和新组建的机构

二〇〇〇年十月二十八日

泰安市人民政府办公室关于印发《泰安市体育局职能配置、内设机构和人员编制规定》的通知

（泰政办发〔2000〕80号）

各县、市、区人民政府，市政府各部门：

《泰安市体育局职能配置、内设机构和人员编制规定》经市政府批准，现予印发。

二〇〇〇年十二月二十五日

泰安市体育局职能配置、内设机构和人员编制规定

根据省委、省政府批准的《泰安市人民政府机构改革方案》（鲁委〔2000〕277号）和《中共泰安市委、泰安市人民政府关于泰安市人民政府机构改革实施意见》（泰发〔2000〕15号），设置泰安市体育局。市体育局是主管全市体育工作的市政府工作部门。

一、职能调整

将组织、管理部分体育比赛的职能逐步移交所属事业单位和中介组织承担。

二、主要职责

根据以上职能调整，市体育局的主要职责是：

（一）贯彻执行党和国家有关体育工作的方针政策和法律法规及省委、省政府有关体育工作的政策规定；研究拟定全市体育工作的规范性文件并组织实施。

（二）研究制定全市体育发展战略，编制体育事业中长期发展规划；指导和推动全市体育管理体制改革。

（三）推行全民健身计划，负责对全民健身活动的管理；指导并开展群众性体育活动，实施国家体育锻炼标准，组织和开展国民体质监测。

（四）统筹规划竞技体育发展，确定运动项目设置和重点布局；指导体育队伍的建设和业余训练工作，提高运动技术水平；组织开展反兴奋剂工作。

（五）组织参加和承办重大省内外体育竞赛；制定全市性体育竞赛计划，管理、指导全市体育竞赛工作。

（六）研究拟定体育产业发展规划，指导全市体育产业发展和经营活动，归口管理体育市场。

（七）组织和指导体育科研、体育教育、体育宣传及体育干部和专业人才的培训工作。

（八）负责市级体育社团资格审查；负责各类体育学校、体育项目俱乐部资格审查和业务指导工作。

（九）开展对外体育合作与交流，指导并归口管理民间体育外事和对香港、澳门特别行政区及台湾地区的体育交往活动。

（十）协同有关部门规划、协调全市体育设施建设布局，指导全市体育场馆的管理。

（十一）承办市委、市政府交办的其他事项。

三、内设机构

根据上述职责，市体育局设4个职能科室。

（一）办公室

协助局领导组织协调机关日常工作；负责文秘、档案、信息、保密、保卫、督办、会议组织安排、接待及离退休人员的管理服务等工作；负责组织开展调查研究和综合性文稿的起草工作；研究拟定全市体育事业发展战略和体育工作的规范性文件并组织实施；指导和推动全市体育管理体制改革；负责编制全市体育事业的中长期规划和年度计划；研究拟定全市体育产业发展规划和体育市场管理的有关规定，指导体育产业发展和经营活动；协同有关部门制定全市体育场地设施建设规划；负责机关党群、人事、劳动工资和财务工作；监督指导直属单位的人事和财务工作；负责全市体育宣传工作。

（二）竞赛科

研究制定全市体育竞赛工作计划；负责我市参加省综合性运动会的组织协调工作；负责我市承办国际、全国、全省比赛的竞赛组织工作；负责全市单项和综合性运动会的竞赛组织工作；负责等级裁判员的审批、申报和日常管理工作；负责国家和外省市运动员来泰访问比赛的组织及国际体育交流工作；负责竞赛成绩的统计，审批、公布市纪录。

（三）训练科

研究拟定竞技体育发展规划，提出全市运动项目的设置与布局意见，指导市优秀运动队的训练管理和后备人才培养、选拔及训练基地建设；指导中小学开展学校体育业余训练工作；负责全市青少年比赛以及参加省青少年比赛的组队训练和青少年运动员的资格审查工作；组织开展反兴奋剂工作；研究拟定全市体育科技发展规划，组织指导全市体育科技学术交流和教练员的岗位培训工作；负责等级运动员的审批、申报和日常管理工作；负责运动队、业余体校运动成绩的统计工作。

（四）群众体育科

研究拟定全市群众体育工作发展规划；组织实施全民健身计划，加强对全民健身活动的管理；实施国家体育锻炼标准，组织和开展国民体质监测；指导和推动学校体育、农村体育、城市社区体育及其他社会群众体育和健身活动的开展；培训群众体育骨干，举办各类群众体育竞赛和组队参加省以上群众体育竞赛活动；负责市级体育社团的资格审查，指导各单项运动协会开展工作。

四、人员编制和领导职数

市体育局机关行政编制14人，离退休干部工作人员编制2人，机关工勤人员编制3人。可配备局长1名，副局长2名；科级领导职数8名。

二〇〇〇年十二月二十八日

泰安市人事局
关于泰安市体育局职位设置方案的批复

（泰人字〔2001〕36号）

泰安市体育局：

根据有关文件精神和你局的“三定”方案，同意你局设置职位16个，其中局长职位1个，副局长职位2个，科长职位4个，副科长职位4个，调研员或助理调研员职位1个，主任科员职位1个，副主任科员职位1个，科办员职位和按规定应设置的其他职位2个。

望按此批复，认真调整编制职位说明书，搞好人员资格审查、考核，进行职位轮换，完成竞争上岗。

二〇〇一年四月三十日

泰安市机构编制委员会办公室
关于调整市体育局人员编制的通知

（泰编办〔2006〕81号）

市体育局：

根据省编委有关通知精神，经研究，核增市体育局机关行政编制2人，同时，收回原核定的离退休干部工作人员编制2人。调整后，市体育局机关编制总额19人，其中行政编制16人，机关工勤人员编制3人。

二〇〇六年十二月二十九日

泰安市机构编制委员会
关于设立泰安市体育总会的批复

（泰编〔2009〕21号）

市体育局：

你局《关于成立泰安市体育总会的请示》（泰体字〔2009〕25号）收悉。经研究，同意设立泰安市体育总会，隶属市体育局管理，为正县级事业单位，经费来源为财政拨款，核定编制8名，配备主席1名，副主席1名。总会下设办公室，配备科级领导职数2名。同时撤销泰安市体育分会，收回事业编制6名。

市体育总会的主要职责是：

1.积极宣传党和国家体育事业的方针、政策，推动群众性的全民健身活动的广泛开展，

大力促进体育社会化，对全市体育事业发展战略和重大改革措施提出意见和建议。

2.负责管理监督全市体育协会等社团组织，

负责全民健身计划的实施，协调各方面、各行业、各层次的体育工作。

3.负责群众体育骨干的培训管理工作，负责组织体育理论、运动技术的调查和学术研究，积极引导群众参与健康、科学、文明的体育健身活动。

4.负责开展省内外的体育交流，扩大横向联系，举办或与有关部门联合举办各类体育竞赛表演活动。

二〇〇九年八月十七日

泰安市人民政府办公室
关于印发泰安市体育局
主要职责内设机构和人员编制规定的通知

（泰政办发〔2010〕31号）

各县、市、区人民政府，市政府各部门、直属单位，省属以上驻泰各单位：

《泰安市体育局主要职责内设机构和人员编制规定》已经市政府同意，现予印发。

二〇一〇年四月二十一日

泰安市体育局主要职责内设机构和人员编制规定

根据中共山东省委、山东省人民政府批准的《泰安市人民政府机构改革方案》（鲁厅字〔2009〕56号）和《中共泰安市委泰安市人民政府关于泰安市人民政府机构改革的实施意见》（泰发〔2010〕3号），设立泰安市体育局，为市政府工作部门。

一、职责调整

（一）取消已由国务院和省、市政府公布取消的行政审批事项。

（二）加强体育公共服务，促进多元化体育服务体系建设，推动全民健身的职责。

（三）加强指导和推进青少年体育工作的职责。

二、主要职责

（一）拟订全市体育事业发展规划、政策及规范性文件并组织实施；负责推动多元化体育服务体系建设，推进体育公共服务和体育体制改革。

（二）统筹规划全市群众体育发展，推行全民健身计划，指导和推动群众性体育活动；组织实施国家体育锻炼标准，推动国民体质监测和社会体育指导工作队伍制度建设。

（三）统筹规划全市竞技体育发展，确定体育运动项目设置和重点布局；制定全市性体育竞赛计划；指导协调体育训练和体育竞赛，指导运动队伍建设；组织参加和承办重大省内外体育竞赛；负责市级体育社团、体育传统项目学校资格审查和业务指导；协调运动员社会保障工作。

（四）协同有关部门制定全市体育场馆设施建设规划，指导建设和监督管理公共体育设施。

（五）管理和指导全市体育产业发展；规范体育服务管理，推动体育标准化建设；负责体育彩票发行管理工作。

（六）指导体育宣传、科技、教育和培训工作；负责组织、协调、监督体育运动中的反兴奋剂工作。

（七）统筹规划全市青少年体育发展，指导和推进青少年体育工作。

（八）指导、管理体育外事有关工作，组织开展对外和港澳台的体育交流与合作。

（九）承办市委、市政府交办的其他事项。

三、内设机构

根据上述职责，市体育局设4个职能科室。

（一）办公室

组织协调局机关日常工作；负责综合性文稿的起草工作；负责局机关文电、会务、机要、档案、安全保密、接待等工作；负责全市体育统计、政务公开、信息、宣传、信访、文史、体育出国人员政审等工作；负责局机关和指导直属单位的财务及国有资产管理、离退休人员管理服务工作；拟订全市体育事业发展规划和政策，编制年度计划；指导、组织法制宣传教育和行政执法，承担行政复议、应诉工作；管理和指导全市体育产业发展；协同有关部门制定全市体育场馆设施建设规划，协调、指导大型公共体育场馆建设；负责局机关及直属单位人事管理、机构编制工作；协调运动员社会保障工作。

（二）竞赛科

拟订全市性体育竞赛计划；负责我市参加省综合性运动会的组织协调工作；负责我市承办国际、全国、全省比赛的竞赛组织工作；负责全市单项和综合性运动会的竞赛组织工作；负责裁判员等级管理工作；负责市外运动员来泰访问比赛的组织及国际体育交流工作；负责竞赛成绩的统计，审批、公布市纪录。

（三）训练科

拟订全市竞技体育发展规划草案，提出全市竞技运动项目设置与布局意见，指导市优秀运动队的训练管理和运动员队伍的培养、选拔及训练基地建设；统筹规划全市青少年体育发展，负责体育传统项目学校资格审查和业务指导，协调、指导中小学校开展体育业余训练。推进青少年体育工作；负责全市青少年比赛及参加省青少年比赛的组队训练和资格审查工作；指导开展全市体育科研工作，指导、协调全市教练员的岗位培训；承担组织、协调、监督体育运动中的反兴奋剂工作；负责运动员等级管理工作；负责运动队、业余体校运动成绩的统计工作。

（四）群众体育科

拟订全市群众体育工作发展规划草案，组织实施全民健身计划，推动建立和完善全民健身服务体系，指导和推动群众性体育活动；组织举办各类群众体育竞赛和组队参加省以上群众体育竞赛活动；组织实施国家体育锻炼标准；组织实施社会体育指导员和国民体质监测制度；负责市级体育社团资格审查，指导各单项运动协会开展工作；协调、指导基层单位建设公共体育健身设施。

机关党委负责局机关和直属单位的党群工作，日常工作由办公室承担。

四、人员编制

市体育局机关行政编制15名，工勤人员编制3名；配备局长1名、副局长2名，科级领导职数8名（含机关党委专职副书记1名）。

五、附则

本规定由市机构编制委员会办公室负责解释，其调整由市机构编制委员会办公室按规定程序办理。

泰安市总工会
关于成立泰安市体育局工会工作委员会的批复

（泰会〔2012〕27号）

中共泰安市体育局党组：

《关于成立泰安市体育局工会工作委员会的请示》收悉。根据《中华人民共和国工会法》和《中国工会章程》有关规定，经研究，同意成立泰安市体育局工会工作委员会。

此复

二〇一二年十一月二十六日

泰安市机构编制委员会办公室
关于市直机关事业单位精简压缩编制的通知

（泰编办〔2014〕30号）

市直各部门、单位：

根据省委办公厅、省政府办公厅《关于严控机构编制确保财政供养人员只减不增的意见》（鲁办发〔2014〕4号）精神，为确保行政编制不突破中央和省下达的总额，事业编制不突破2012年底总量基数，实现财政供养人员只减不增目标。省委、省政府决定对各级机关事业单位进行精简压缩，并对精简压缩的范围、比例做出了规定，明确要求全省党委机关、人大机关、政协机关和政府办公室行政编制按5%，其他机关行政编制（含政法专项编制）按7%，事业单位编制按6%进行精简压缩。为贯彻落实好省委、省政府意见和市委、市政府有关要求，经研究，拟对市直机关事业单位的编制进行精简压缩。

附：市直机关事业单位精简压缩编制数额

二〇一四年六月十六日

市直机关事业单位精简压缩编制数额

单位名称	原编制数	精简编制数	精简后编制数	备注
泰安市体育局	15	1	14	
泰安市体育中心	10	1	9	
泰安市全民健身中心（市国民体质监测中心）	17	1	16	
泰安市体育产业发展办公室	7	1	6	
泰安市体育彩票管理中心	15	1	14	

泰安市机构编制委员会办公室
关于市体育局部分机构编制事项调整的批复

（泰编办〔2015〕38号）

市体育局：

《关于调整机关部分内设科室和事业单位的请示》（泰体党字〔2015〕10号）收悉。经研究，同意：

1.将市体育局机关竞赛科、训练科整合为竞训科，减少1名科级领导职数。调整后，市体育局核定正科级领导职数4名（含机关党委专职副书记1名），副科级领导职数3名。

竞训科的主要职责是：统筹规划全市竞技体育和青少年体育发展；确定重点项目设置，指导市、县体校、训练基地建设和优秀运动队组建、训练、管理等工作；协调中小学校开展体育业余训练，推进传统项目学校、青少年体育俱乐部建设；负责各级各类竞技比赛的组织举办、组队参赛、协调承办、成绩统计等工作；负责教练员、裁判员、运动员教育培训、等级管理等工作；协调体育交流、体育科研、运动员保障工作，监督体育运动中的反兴奋剂等工作。

2.将加挂在市全民健身中心的市国民体质监测中心独立出来，设立泰安市国民体质科研监测中心，为正科级财政拨款事业单位，编制从市全民健身中心调剂6名，其中管理人员编制3名，专业技术人员编制3名，配备主任1名，副主任2名。调整后，市全民健身中心核定编制10名，其中管理人员编制5名，专业技术人员编制5名，配备主任1名，副主任2名。

市国民体质科研监测中心的主要职责是：研究制定全市国民体质监测工作方案并组织实施，开展城乡各类人群日常体质测定、运动能力评定和科学健身指导服务，完善国民体质监测服务体系；建立国民体质数据库，汇总、处理、提报、公布监测数据、结果和报告，提出并落实国民体质健康预防控制对策；指导、培训、监督下级国民体质监测机构和相关人员的工作；组织开展体育科技、体育科研和反兴奋剂等工作，为竞技体育发展服务。

二〇一五年四月三十日

（二）

泰安地区革命委员会
关于同意建立泰安地区重点业余体育学校的批复

（泰革发〔1978〕71号）

地革委体委：

根据省革委（1978）60号文件的要求，为适应我区体育事业的发展，经研究同意建立“泰安地区重点业余体育学校”。暂定二十八人，列事业编制。隶属地革委体委领导。

一九七八年七月三日

泰安地区教育局　泰安地区体育运动委员会
关于"地区重点业余体校"改为"泰安地区体育中学"的联合通知

（〔80〕泰教65号）（〔80〕泰教字26号）

各县矿务局、教育局、体委、地直各有关单位：

根据省教育厅〔80〕鲁教普字第十一号、省体委〔80〕鲁体训字第十二号文件精神，经行署批准，将"泰安地区重点业余体育学校"改为"泰安地区体育中学"。现将"关于地区重点业余体育学校改办成体育中学的报告"印发给你们。请有关单位对体校的招生等各项工作给予大力支持、协助。

一九八〇年九月一日

山东省计划委员会
关于建立淄博、潍坊、枣庄、泰安四所体育运动学校的批复

（84）鲁计科字第549号

淄博、潍坊、枣庄市人民政府，泰安行署：

你们关于建立体育运动学校的报告省府批转我委办理。根据省委、省政府《关于印发〈全省体育工作会议纪要〉的通知》（鲁发〔1984〕13号文件）精神和省体委、教育厅的审核意见，经研究，同意建立淄博市体育运动学校、潍坊市体育运动学校、枣庄市体育运动学校、泰安地区体育运动学校。学校为中等专业学校性质，由所在地市体委主管。四校规模均为在校生一百五十人，设体育运动专业，招收业余体校、体育中学和普通中学初中生，学制四年。学生毕业分配面向本地市。学校所需投资及经费由所在地市自行解决。

一九八四年十二月四日

山东省泰安地区行政公署
关于建立泰安地区体育运动学校的通知

（泰行发〔1985〕63号）

各县、市人民政府、矿务局、行署有关部门：

经省计委批准，我区在泰安建立一处体育运动学校。体育运动学校为中等专业学校，隶属于地区体委。学校规模为在校生150人（今年计划招收新生40），设体育运动专业，招收业余体校，体育中学和普通中学初中生，学制四年。学生毕业后在全区范围内分配。

一九八五年五月二十二日

泰安市人民政府
关于明确泰安市体育运动学校建制级别的批复

（泰政函〔1988〕50号）

市体育运动委员会：

报来《关于要求明确市体育运动学校级别的报告》收悉。经研究，同意泰安市体育运动学校明确为副县级单位。

一九八八年十月二十二日

泰安市编制委员会
关于泰安市体育运动学校定编的批复

（泰编字〔1988〕第74号）

市体育运动委员会：

《关于泰安市体校定编的报告》收悉。根据有关规定，经研究，同意市体育运动学校暂定编制78人。调入人员要按市委〔1987〕18号文件有关规定执行。

一九八八年九月十日

泰安市编制委员会
关于市体育运动学校内部机构设置的批复

泰编〔1992〕第41号

市体委：

泰体字（91）29号“关于市体校机构设置及人员编制的报告”收悉。经研究，同意市体育运动学校内部设置办公室、政工科、教务科、科研训练科和总务科。

一九九二年五月二十九日

泰安市机构编制委员会
关于成立泰安市体育中心的批复

（泰编〔1993〕第82号）

市体育运动委员会：

泰体字〔1993〕21号文《关于明确泰安市体育中心级别、编制的请示》收悉。经研究，同意成立泰安市体育中心。事业单位，编制暂定十人。

一九九三年十一月一日

泰安市机构编制委员会
关于市体校内部机构设置的批复

泰编办〔2011〕23号

市体育局：

你局《关于确定市体校领导班子及科级职数配备的报告》（泰体字〔2010〕77号）收悉。经研究，同意市体校设置办公室、训练科、招生就业办公室、教务科、总务科、保卫科6个科室，配备科级领导职数15名。其党群组织的领导职数按有关规定配备。

各科室的主要职责是：

1.办公室。负责公文的收发、文书档案管理、文印管理；负责党务、人事政工、对外宣传等工作。

2.训练科。负责制订和实施各项目训练、比赛工作；负责训练科研工作；负责组织教练员、裁判员的培训工作；负责各个训练网点建设；负责运动员公寓的管理。

3.招生就业指导办公室。负责学校招生工作；负责学生实习工作，做好实习过程中各环节的管理；负责与各大中专院校联系，对学生进行就业指导和培训。

4.教务科。负责组织安排学生的常规教育和管理工作；负责各学期工作计划的制定、组织、实施；负责对全校教学各环节工作进行有效组织、检查与控制，确保教学工作的正常运行。

5.总务科。负责学校财务和国有资产管理；负责学校所需物品的采购、调入、制作、供应、保管、维修；负责学校的卫生和校园绿化工作；负责学校伙食管理。

6.保卫科。负责学校全面的安全保卫工作，落实安全防范措施；负责师生的法制安全、消防教育；负责户口的迁出、迁入等变动登记。

二〇〇一年四月二日

泰安市机构编制委员会办公室
关于市体育局部分事业单位更名的批复

（泰编办〔2011〕93号）

市体育局：

你局《关于泰安市体育局部分事业单位更名的请示》（泰体党字〔2011〕20号）收悉。经研究，同意：

1.市体育场更名为泰安市全民健身中心，配备主任1名，副主任3名。其主要职责是：负责全民健身中心和局属各类房屋设施的日常管理、维护、使用及局机关后勤服务等工作。

2.市体育服务中心更名为泰安市体育产业发展办公室，配备主任1名，副主任2名，其主要职责是：负责赛事活动、健身娱乐、体育用品等各类体育产业的指导、监督、管理和开发等工作。

二〇一一年十二月二日

泰安市机构编制委员会办公室
关于设立泰安市体育彩票管理中心的批复

（泰编办〔2011〕94号）

市体育局：

你局《关于成立泰安市体育彩票管理中心的请示》（泰体党字〔2011〕24号）收悉。经研究，同意设立泰安市体育彩票管理中心，隶属市体育局管理，为正科级自收自支事业单位，核定编制15名，配备主任1名，副主任2名。

其主要职责是：负责全市体育彩票销售、管理、兑奖、服务等工作；负责销售网点拓展、服务、培训、管理等工作。

二〇一一年十二月二日

泰安市机构编制委员会办公室
关于成立泰安市国民体质监测中心的批复

（泰编办〔2013〕22号）

市体育局：

《关于成立泰安市国民体质监测中心的请示》（泰体党字〔2013〕17号）收悉。经研究，同意泰安市全民健身中心加挂泰安市国民体质监测中心牌子，增加科级领导职数1名。

市国民体质监测中心的主要职责是：

研究制定全市国民体质监测工作方案并组织实施，汇总、处理、提报、公布监测数据、结果和报告，建立国民体质数据库；开展城乡居民日常体质测定与运动健身指导服务，开展日常针对个体群众的体质测定、运动能力平定、科学健身指导，为全市全民健身运动的开展提供科学指导；指导、培训、监督下级国民体质监测机构和相关人员的工作；统计分析监测数据、监测结果，提出预防控制对策，为相关工作决策和研究提供服务；积极开展与国民体质监测相关的服务项目，完善国民体质监测工作的服务体系。

二〇一三年四月二十四日

泰安市机构编制委员会
关于市体育运动学校增加编制的批复

泰编〔2014〕9号

市体育局：

《关于市体校增加教练员文化教师编制的请示》（泰体字〔2013〕48号）收悉。经研究，同意为市体育运动学校增加事业编制6名，主要用于招聘文化课教师。

二〇一四年二月二十日

泰安市机构编制委员会办公室
关于核定市体育运动学校编制的批复

（泰编办〔2015〕17号）

市体育局：

《关于泰安市体校核定编制的请示》（泰体字〔2015〕17号）收悉。根据鲁编办发〔2013〕11号文件规定的编制标准，经研究，核定市体育运动学校教职工编制为85名，其中管理人员编制12名，专业技术人员编制73名。

二〇一五年三月十八日

三、表彰决定

国家体育总局体操运动管理中心
关于授予新泰市全国“体操之乡”的决定

（体操字〔2000〕058号）

山东省新泰市体委：

贵市是我国体育先进基层单位，十分重视体育工作的开展，曾培养、输送了世界冠军毕文静、沈剑、亚运会冠军张霞等许多优秀体操运动员，为我国体操运动的发展做出了突出的贡献。为表彰贵市所做出的积极努力，更好地推动体操训练和普及工作的开展，决定授予新泰市全国“体操之乡”荣誉称号。希望你们再接再厉，进一步抓好体操的普及和基础训练工作，为我国体操运动的发展做出更大的贡献。

二〇〇〇年三月二十四日

国家体育总局
关于在第九届全国运动会期间
表彰全国群众体育先进单位、先进个人的决定

（体群字〔2001〕109号）

（摘录）

各省、自治区、直辖市、新疆生产建设兵团体育局，总参军训部体育局、总政宣传部文体局，各行业体协：

《全民健身计划纲要》颁布以来，群众体育事业出现了前所未有的大好局面，人民体质明显增强，群众体育健身的环境和条件逐步改善，初步建立起具有中国特色的全民健身体系的基本框架，在社会上涌现出一批实施全民健身计划的先进单位和先进个人。为鼓励各地和基层单位进一步贯彻《全民健身计划纲要》，发展群众体育事业，现决定，授予北京东城区建国门街道办事处等2988个单位“全国群众体育先进单位”称号，授予王卫民等1986名同志“全国群众体育先进个人”称号，并在第九届全国运动会期间予以表彰。

全国群众体育先进单位、先进个人名单

先进单位

泰安市第二中学

泰安市宁阳县实验小学

泰安肥城市竞技体育运动学校

泰安市体育运动学校

泰安新泰市体操运动学校

泰安市泰山区岱庙街道办事处

泰安市岱岳区范镇

先进个人

殷培联、何贵臣、杨振德、马玉超、殷广勇

二〇〇一年八月三十日

国家体育总局
关于在第十届全国运动会期间
表彰全国群众体育先进单位、先进个人的决定

（体群字〔2005〕135号）

各省、自治区、直辖市、新疆生产建设兵团体育局，总参军训和兵种部体育训练局、总政宣传部文化体育局，各行业体协：

《全民健身计划纲要》实施十年来，群众体育事业取得了世人瞩目的辉煌成就。城乡居民的体育与健康意识普遍提高，参加体育健身活动的人数大幅度增加，群众性的体育健身活动广泛开展，国民体质状况逐步增强，群众健身的环境和条件有了较大改善，具有中国特色的全民健身体系逐渐形成。这些成绩是在党和政府的高度重视和直接领导下，在全社会的大力支持和各族人民的共同努力下所取得的。在构建全民健身体系的过程中，涌现出一批实施全民健身计划的先进单位和先进个人。为鼓励各地和基层单位进一步贯彻《全民健身计划纲要》，发展群众体育事业，现决定，授予北京市东城区和平街道等2403个单位“全国群众体育先进单位”称号，授予王卫民等2009名同志“全国群众体育先进个人”称号，并在第十届全国运动会期间予以表彰。

先进单位：

泰安市建设局

新泰市明珠社区居委会

新泰市新汶办事处孙村村民委员会

肥城矿业集团公司工会

泰安市体育运动学校

泰安市泰山神州武校

先进个人：

曹东平

刘传梅

张　平

二〇〇五年九月二十七日

国家体育总局
关于在第十一届全国运动会期间
表彰全国群众体育先进单位、先进个人的决定

（体群字〔2009〕165号）

（摘录）

各省、自治区、直辖市、新疆生产建设兵团体育局，总参军训和兵种部体育训练局、总政宣传部文化体育局，各行业体协：

《全民健身计划纲要》实施十多年来，群众体育事业取得了世人瞩目的成就。特别是北京奥运会的成功举办，极大地推动了全民健身运动的普及，在全社会营造了浓郁的全民健身氛围。全国各地以“全民健身与奥运同行”为主题，广泛开展群众体育活动，城乡居民的体育和健身意识普遍提高，群众健身的环境和条件有了较大改善，具有中国特色的全民健身体系基本建成。这些成绩是在党和政府的高度重视和正确领导下，在全社会的大力支持和全国人民的共同努力下所取得的。

在构建全民健身体系、推动全民健身事业发展的过程中，涌现出一批先进单位和先进个人。为了认真贯彻落实胡锦涛总书记在北京奥运会、残奥会总结表彰大会上的重要讲话精神，鼓励各地和基层单位进一步落实《全民健身计划纲要》，广泛深入贯彻《全民健身条例》，推进群众体育事业的大发展，为实现体育强国的奋斗目标做出更大贡献，决定授予北京市体育总会等2872个单位“全国群众体育先进单位”称号，授予从秀敏等2226名同志“全国群众体育先进个人”称号，并在第十一届全国运动会期间予以表彰。

全国群众体育先进单位名单

泰安市第二中学

泰安市东平县明湖中学

泰安市泰山区泰前街道

泰安市建设局

泰安市财政局

肥城市王瓜店镇

新泰市体育中心

泰安市老年人体育协会

全国群众体育先进个人名单

邹成顺

苏有森

于桂香（女）

吕华山

李新生

二〇〇九年九月十日

国家体育总局
关于表彰2009—2012年度
全国群众体育先进单位和先进个人的决定

体群字〔2013〕86号

（摘录）

各省、自治区、直辖市、新疆生产建设兵团体育局，总参军训部军事体育训练局、总政宣传部文化体育局，各行业体协：

《全民健身条例》颁布以来，我国群众体育工作以科学发展观为指导，全面贯彻党的十八大精神，紧紧围绕建设体育强国的奋斗目标，深入实施《全民建设计划（2011—2015年）》，着力推动各级政府履行体育公共服务职能，取得了新的发展和进步。城乡居民体育健身意识不断增强，形式多样的全民健身活动广泛开展，体育健身成为越来越多人的健康生活方式；体育健身场地设施数量和面积显著增加，农民体育健身工程、全民健身路径、雪炭工程、全民健身活动中心、全民健身户外营地、体育公园、健身广场、健身步道等便民利民的健身设施遍布城乡；各级政府全民健身领导机构日益健全，群众性体育社会团体、健身活动站点、青少年体育俱乐部等日趋活跃，培训和审定的社会体育指导员人数不断增加，全民健身志愿服务队伍不断壮大；全民健身法规制度日益完善，全民健身公共服务体系逐步建立。

这些成绩的取得，充分彰显了党和政府坚持“以人为本”“执政为民”的执政理念，归功于党中央、国务院的坚强领导和亲切关怀，得益于社会各界大力支持和全国人民的共同努力。在此过程中，一大批群众体育先进单位和先进个人，坚持把提高全民族身体素质和健康水平，满足广大群众日益增长的体育健身需求作为工作的出发点和落脚点，紧紧围绕《全民建设计划（2011—2015年）》提出的“形成覆盖城乡比较健全的全民健身公共服务体系”的总体目标任务，真诚倾听群众呼声，真实反映群众愿望，真情服务群众需要，在着力推动和形成“政府主导、部门协同，全社会共同参与”的“大群体”工作格局中做出了突出贡献。为充分肯定成绩，切实调动各方面参与全民健身的积极性，决定授予北京市东城区东四街道等2978个单位“2009—2012年度全国群众体育先进单位”称号，授予何美龙等2496名同志“2009—2012年度全国群众体育先进个人”称号，并在第十二届全国运动会期间予以表彰。

附件：1. 2009—2012年度全国群众体育先进单位名单

2. 2009—2012年度全国群众体育先进个人名单

先进单位：

泰安市体育局

泰安市财政局

泰安市委市直机关工委

泰安市肥城市湖屯镇曹庄社区

泰安市新泰市

先进个人（摘录）：

苏有森、张勇华、赵磊、殷凡勇

二〇一三年八月十四日

山东省体育运动委员会
关于授予于振海等同志"体育工作贡献章"的通知

（鲁体人字〔1991〕37号）

（摘录）

泰安市体委：

根据国家体委关于授予"体育工作贡献章"的规定条件，授予于振海、路长江等同志"体育工作贡献章"，请你们代国家体委予以颁发。

一九九一年六月二十五日

山东省人民政府
关于表彰参加第八届全国运动会有功单位和人员的决定

（鲁政发〔1997〕88号）

近几年来，我省广大体育工作者，坚决贯彻省委、省政府关于体育要打翻身仗的要求，精心组织八运会的筹备及参赛工作，使我省体育代表团在八运会上取得了体育道德风尚奖列全国第二位、金牌数列全国第三位、团体总分列全国第四位的优异成绩，实现了历史性的重大突破。为弘扬体育健儿刻苦训练、顽强拼搏、勇创佳绩的精神，省政府决定对获金牌的运动员、教练员及有关单位进行表彰奖励。

授予获得两枚金牌及破世界纪录的运动员金浩、夏丰远、宋明友、梁喜玲、刘世香，以及教练员魏亚平、尹延勤、王佃江、殷铁生、张志琦和在两届全运会上均取的金牌的运动员张永杰等11位同志"山东省劳动模范"荣誉称号。

给获得金牌的运动员曹晓波、陈积利、李淑芳、成冉、王明英、彭欣、张明霞、徐 淼、王旭涛、付勇、杨劭琦、孙天妮、林守峰、魏勇、李东民、王大鹏、毕文静、许刚、高永红、邹蒙辉、邱锁仁、孙茂盛、宿茂臻、范学伟、王军、李明、李小鹏、乔伦、王超、舒畅、崔肖佳、王伟、许翔、高尧，以及教练员邵先利、蒋琛、贾庆斌、徐殿平、许崇国、张会群、姚颖、薛文、沙峰、刘悦洪、翟寿涛、熊杰、张增惠、孙进民、王博青、盖玉殿、郭洪峰等51位同志记一等功；给获金牌的教练员应仁德，运动员李刚、邓程、侯志强、周新、毕建涛、王东海等7位同志记二等功。

给为我省体育事业发展做出突出贡献的山东省体育运动委员会通令嘉奖，给工作成绩显著的省体委领导班子记集体一等功。

给超额完成八运会金牌任务的省体育运动技术学院、省水上运动技术学校、省威海体育训练基地、省武术院、省体委足球运动管理中心、烟台市航海运动学校、青岛市体育运动委员会等单位记集体一等功。

给输送运动员在八运会上获金牌数3枚以上的青岛、烟台、淄博、枣庄等市授予"振兴山东体育突出贡献奖"；给输送运动员在八运会上获金牌数1～2.5枚的威海、菏泽、济宁、临沂、潍坊、泰安、日照等市地授予“振兴山东体育贡献奖”

希望受表彰的单位和个人，戒骄戒躁，再接再厉，不断取得新的成绩。全省人民要向我省体育健儿学习，全省广大体育工作者要以先进为榜样，勇于进取，奋力拼搏，为我省两个文明建设做出新的贡献。

一九九七年十一月六日

山东省人民政府
关于表彰参加第九届全国运动会有功单位和人员的通报

（鲁政发〔2001〕124号）

各市人民政府，各县（市、区）人民政府，省政府各部门、各直属机构，各大企业，各高等院校：

近几年来，我省广大体育工作者紧紧围绕建设体育强省这一目标，不断深化体育改革，实施奥运战略，在刚刚结束的第九届全运会上，我省体育代表团取得金牌22枚、总分1664. 75分，金牌数列全国第六位、团体总分列全国第四位的优异成绩，进一步巩固了我省在全国的体育大省地位。为弘扬体育健儿刻苦训练、顽强拼搏、勇创佳绩的精神，省政府决定，对获金牌的运动员、教练员及有关单位进行表彰奖励。

授予获得2枚以上金牌的运动员卜范芳，教练员冯万洪、姚颖、翟寿涛和在两届全运会上均获金牌的运动员李少杰、李东民，教练员张邦恒等7名同志“山东省先进工作者”荣誉称号。

为获得金牌的运动员邢傲伟、金浩、孙文利、王银行、王峰、刘茵、颜晓莉、刘春红、唐功红、付方明、李建宾、李杰、陈玉香、黄潇潇、高潍潍、高蓓蓓、张乃杰、田启强、马卫国、安东、张德常、柳海龙、刘龙、郑凯、王海霞，教练员张志启、宋绍利、王申桃、杨志俊、马文辉、滕庆、王春光、冯娟、张增惠、尹延勤、苗延锡、谷新诚以及徐国田、王博青、魏亚平等40名同志记一等功奖励。给为我省体育事业发展做出突出贡献的山东省体育局通令嘉奖。

给超额完成九运会任务的省武术院、省体育中心、省威海体育训练基地、省体育运动技术学院、省体育科研中心等单位记集体一等功。

授予输送运动员在九运会上获得金牌数2枚以上的烟台、青岛、泰安、潍坊、临沂、枣庄等市和省体育学校“振兴山东体育突出贡献奖”；授予输送运动员在九运会上获得金牌的济南、威海、德州、滨州、菏泽、济宁、聊城等市“振兴山东体育贡献奖”。

授予积极宣传报道九运会，为山东体育代表团取得优异成绩做出突出贡献的省体育记者协会“振兴山东体育突出贡献奖”。

希望受表彰的单位和个人戒骄戒躁，再接再厉，不断取得新的成绩。全省人民要向我省体育健儿学习，开拓进取，努力奋斗，为我省两个文明建设做出新的贡献。

二〇〇一年九月三日

山东省人民政府
关于表彰参加第二十九届奥运会有功单位和人员的通报

（鲁政字〔2008〕191号）

各市人民政府，各县（市、区）人民政府，省政府各部门、各直属机构，各大企业，各高等院校：

在举世瞩目的第二十九届奥运会上，我省有55名运动员、18名教练员代表国家参赛。经过顽强拼搏，共获5枚金牌、3枚银牌、3枚铜牌，12人次获得第四至第八名，2人6次打破世界纪录，1人创1项奥运会纪录，创造了我省参加奥运会的历史最好成绩，为国家争得了荣誉，为全省人民争了光。为弘扬体育健儿刻苦训练、顽强拼搏、勇创佳绩的精神，省政府决定，对获得奖牌的运动员、教练员及有关单位、人员给予表彰。

授予获得金牌的运动员张娟娟、奚爱华和教练员王国章、吴俐知“山东省先进工作者”荣誉称号；授予为山东省体育事业做出突出贡献的山东省体育局局长张洪涛、副局长张松林“山东省先进工作者”荣誉称号。

给予曾获得“山东省先进工作者”荣誉称号的金牌运动员王峰、刘春红、杜丽和教练员马文辉、王德文，获得银牌、铜牌的运动员谭宗亮、谭森、姜林、周雅菲、徐田龙子及其教练员邓光伟、魏亚平、姚颖和贾庆斌、蒋琛等同志记一等功；给予为山东体育事业做出较大贡献的山东省体育局丁艳菊、李伟成、王杰、刘振民、李文健和获得金牌的运动员所在单位主要负责人鲍新广、王辉、林春、高岩、张炳臣、王博青及输送金牌运动员的青岛、淄博、烟台、潍坊、泰安等市体育局局长周鹏举、翟慎政、高军、耿文、苏有森等同志记一等功。

给予山东省跳水运动管理中心跳水队、山东省举重摔跤柔道运动管理中心女子举重队、山东省竞技体育学校步枪队、山东省青岛体育训练基地射箭队、山东省水上运动技术学校赛艇队和山东省体育科研中心记集体一等功。

授予输送运动员获得金牌、银牌、铜牌的青岛、淄博、烟台、潍坊、泰安、济南市政府和获得金牌运动员所在学校中国海洋大学、山东理工大学“振兴山东体育突出贡献奖”荣誉称号。

授予输送获得第七名运动员的济宁市政府“振兴山东体育贡献奖”。

二〇〇八年九月二日

中共山东省委　山东省人民政府关于表彰山东省北京奥运会、残奥会先进集体和先进个人的决定

（鲁委〔2008〕305号）

（摘录）

在党中央、国务院的坚强领导下，在全国各族人民的共同努力下，北京奥运会、残奥会取得了圆满成功。在两个奥运会筹办期间，我省各级各部门和全省人民团结协作，扎实工作，营造了关心奥运、支持奥运、参与奥运的浓厚氛围，为奥运会成功举办做出了重要贡献。青岛市作为北京奥运会的协办城市，直接承担了奥帆赛和残奥帆赛的办赛任务；广大解放军指战员、武警官兵和公安干警，全力参与奥运筹办，承担了大量艰巨繁重任务，发挥了攻坚作用；其他市和省直有关部门、单位积极主动参与，做了大量富有成效的工作。在奥运会、残奥会筹办和举办期间，涌现出一大批事迹感人、成绩突出的先进集体和先进个人。为大力弘扬奥运精神，激励全省人民为夺取全面建设小康社会新胜利、开创中国特色社会主义事业新局面而努力奋斗，省委、省政府决定，对在奥运会、残奥会筹办和举办工作中涌现出的先进集体和先进个人予以表彰，授予青岛市委办公厅等53个单位“山东省北京奥运会、残奥会先进集体”称号；对赵泽斌等134名同志给予记一等功奖励。

希望受表彰的先进集体和先进个人，珍惜荣誉，发扬成绩，再接再厉，在改革开放和现代化建设事业中发挥表率作用，不断取得新的成绩。全省广大干部群众要紧密团结在以胡锦涛同志为总书记的党中央周围，高举中国特色社会主义伟大旗帜，全面贯彻党的十七大精神，以邓小平理论和“三个代表”重要思想为指导，深入贯彻落实科学发展观，按照省第九次党代会和省委工作会议的部署，向受表彰的先进集体和先进个人学习，团结拼搏，勇于进取，加快推进经济文化强省建设，为在新起点上实现富民强省新跨越做出新的更大贡献！

山东省北京奥运会、残奥会先进集体和先进个人名单

泰安市公安局

耿　心　泰安市公安局治安警察支队治安行动大队大队长

孙运飞　泰安市人民政府秘书长

张广银　泰安市建设局副局长

于桂香　泰安市体育局副局长

二〇〇八年九月二十九日

山东省人民政府
关于表彰在第七届全国残疾人运动会获得优异成绩的运动员教练员及做出贡献的单位和个人的通报

（鲁政字〔2008〕50号）

（摘录）

各市人民政府，各县（市、区）人民政府，省政府各部门、各直属机构，各大企业，各高等院校：

在第七届全国残疾人运动会上，山东省残疾人体育代表团全体运动员肩负全省人民的重托，团结一致，顽强拼搏，获得金牌47枚、银牌35枚、铜牌40枚，有4人5次超世界纪录、1人1次平世界纪录、16人26次破全国纪录，奖牌数和团体总分较上届有较大提高，奖牌榜列全国第四位，总分榜列全国第七位，为我省赢得了荣誉。为表彰在本届运动会上取得优异成绩的残疾人运动员、教练员及做出贡献的单位和个人，省政府决定：

授予在本届运动会上获得3枚以上（含3枚）金牌的运动员曹娜娜、李超、郑元超、李绍民、曹雪荣、杜跃跃、林焕、姜卉“山东省劳动模范”荣誉称号。

授予直接培训运动员在本届运动会上获得3枚以上（含3枚）金牌且培训运动员连续满4年的主教练张天德、夏淑芳、岳跃升“山东省先进工作者”荣誉称号；授予宋年春“山东省劳动模范”荣誉称号。

授予带领山东省残疾人体育代表团连续两届在全国残运会上取得突出成绩的王德明同志“山东省先进工作者”荣誉称号。

授予山东省残疾人联合会和获得金牌运动员所在的济南、青岛、淄博、枣庄、烟台、潍坊、泰安、日照、临沂、滨州、聊城、菏泽等12市及山东师范大学体育学院、山东省特殊教育中等专业学校、山东体育学院体育运动学校、山东省田径运动管理中心、山东省乒乓球运动管理中心、济南市体育运动学校“振兴山东省残疾人体育突出贡献奖”。

给予在本届运动会上获得金牌的运动员吴春苗、王代臣、吕晓磊、王洪志、贾倩倩、徐步凌、房跃文、李书强、任代昌、李礼想、崔哲、崔建金、刘磊、崔娜，赵裔卿、王聪、王永海、王乐正、王文佳、高长龙、牛之风及直接培训运动员在本届全国残运会获得金牌的主教练尹向勇、尹国邦、王志仁、曲云波、袁锋记一等功。

二〇〇八年二月二十九日

中共山东省委　山东省人民政府
关于表彰山东省体育局等单位的通报

（鲁委〔2009〕437号）

在2009年第十一届全运会上，我省体育代表团顽强拼搏、奋勇争先，共获63枚金牌、44枚银牌、46枚铜牌，奖牌153枚，总分3220分，分列金牌数、奖牌数和总分第一，取得了竞赛成绩和精神文明双丰收，创造了我省参加全运会的历史最好成绩，充分展示了齐鲁儿女的良好精神风貌，展示了我省改革开放和社会主义现代化建设事业取得的伟大成就，为山东人民争得了荣誉。

授予济宁市体育局、聊城市体育局、泰安市体育局、东营市文化体育局、枣庄市体育局、菏泽市体育局、临沂市体育局、莱芜市体育局等24个单位“第十一届全运会参赛先进集体”荣誉称号。

希望受表彰的单位珍惜荣誉，再接再厉，取得更大成绩。全省各级各行业要向受表彰的单位学习，以科学发展观为指导，大力弘扬“和谐中国、全民全运”的理念，努力推进全省体育事业健康发展，为加快经济文化强省建设、实现富民强省新跨越做出更大贡献！

二〇〇九年十一月二十二日

中共山东省委　山东省人民政府
关于表彰第十一届全国运动会筹办工作
先进集体和先进个人的决定

（鲁委〔2009〕439号）

在党中央、国务院的关怀下，在国家体育总局的指导下，在中央有关部门、各省（区、市）和全国人民的支持下，经过全省广大建设者、工作者和志愿者的共同努力，在我省举办的第十一届全国运动会取得圆满成功，实现了“创一流水平、促和谐发展”的目标，成为一届富有特色、平安祥和、人民满意的全运盛会。

第十一届全国运动会的成功举办，充分展现了我省深厚的历史文化底蕴，展示了改革开放和现代化建设的巨大成就，推进了全省体育事业的科学发展，积累了举办大型公众活动的经验，锻炼了人才队伍，大大激发了全省人民的自豪感、自信心和凝聚力，为加快经济文化强省建设增添了新的动力。

在第十一届全国运动会举办过程中，省和各赛区科学统筹、精心组织，各级各部门各行业顾全大局、密切配合，驻鲁部队官兵和公安干警勇挑重担、埋头苦干，广大人民群众积极参与、热心奉献，夺取了承办工作“大金牌”，涌现出一大批先进集体和先进个人。为全面总结第十一届全国运动会的成功经验，经研究决定，对在筹办工作中涌现的先进集体和先进个人进行表彰奖励，授予省委办公厅、济南市公安局等111个单位“第十一届全国运动会筹办工作先进集体”荣誉称号；对省委高校工委、济南市发展改革委等86个先进集体给予通报表彰；授予贺丽萍、王克泉等101名同志“第十一届全国运动会筹办工作先进个人”荣誉称号（享受山东省劳动模范待遇）；给予王茂祯、张伟等198名同志记一等功奖励。

希望受表彰的先进集体和先进个人珍惜荣誉，再接再厉，取得新的更大成绩。全省各级各行业要全面贯彻党的十七大精神，以科学发展观为指导，以先进为榜样，不断开拓进取，扎实工作，为加快推进经济文化强省建设、实现富民强省新跨越而不懈奋斗。

附件：第十一届全国运动会筹办工作先进集体荣誉称号名单

泰安市公安局

泰安市体育局

通报表彰先进集体名单

泰安市委办公室

泰安市政府办公室

第十一届全国运动会筹办工作先进个人荣誉称号名单（享受山东省劳动模范待遇）

高翔、苏有森

记一等功人员名单

彭国胜、宋建波、宋杰、杨振德

二〇〇九年十一月二十二日

山东省体育局
关于表彰2008年度山东省体育彩票工作
先进单位的决定

（鲁体人字〔2009〕7号）

各市体育局，各直属单位、机关各处室：

2008年，在各市体育局的重视支持下，我省体育彩票工作取得了很大进展，全年销售体育彩票23. 66亿元，较上年增长23.07%，首次突破20亿元大关，超额完成了奋斗目标，公益金项目对体彩的宣传全部达标，全省无重大安全责任事故。经研究，决定对2008年度体育彩票工作中成绩优秀、做出贡献的先进单位予以表彰：

授予泰安市体育局“2008年度体育彩票工作贡献奖”。

希望受表彰的单位，戒骄戒躁，再接再厉，不断总结经验，开拓创新，为我省体育彩票事业科学、快速、持续发展做出更大的贡献。

二〇〇九年二月七日

中共泰安市委　泰安市人民政府
关于表彰奖励我市在全国第七届运动会上做出突出贡献的先进单位和先进个人的决定

近几年来，我市各级党委和政府认真贯彻党中央、国务院关于体育工作的方针政策，把体育事业作为社会主义精神文明和现代化建设的重要组成部分来抓，群众体育日益活跃，竞技体育水平不断提高。尤其是我市运动员在全国第七届运动会上，获得金牌1枚、银牌1枚、铜牌2枚以及两个第5名、一个第7名的好成绩，振奋了精神，鼓舞了士气，给泰安人民争了光。为表彰先进、树立榜样，推动我市体育事业更快更好的发展，市委、市政府决定对我市在全国第七届运动会上做出突出贡献的先进单位和先进个人进行表彰奖励：

授予中共新泰市委、新泰市人民政府先进单位称号，并奖给人民币1万元；

授予泰安市体育运动委员会先进单位称号，奖给人民币5000元；

授予泰安市体育运动学校先进单位称号，奖给人民币5000元；

奖给获金牌运动员李明才同志人民币2000元，奖给获银牌、铜牌运动员沈剑、李代强同志各1000元，奖给教练员宋绍利、张平、袁印增同志各1000元，奖给分别获得第五、第七名的运动员崔家荣、闫仲军同志人民币各500元，奖给教练员刘福田、刘兆河各500元。

希望受表彰的先进单位和先进个人，要珍惜荣誉，再接再厉，努力攀登新的体育运动高峰。希望全市广大运动员、教练员及体育工作者要以他们为榜样，严格要求，科学训练，提高竞技水平，创造优异成绩，为振兴泰安的体育事业不断做出新的更大的贡献。

一九九四年三月二十九日

泰安市人民政府
关于表彰全民健身活动先进单位及在山东省第十七届运动会上做出贡献的先进单位、个人的决定

去年以来，我市体育事业有了新的发展，竞技体育成绩显著，群众体育生机勃勃。我市体育代表团在山东省第17届运动会上，齐心协力，顽强拼搏，夺得专业组金牌33.42枚、银牌19.75枚、铜牌25.25枚，总分590.7分，金牌数和团体总分分别列全省第五、六位；获得业余组金牌25枚、银牌24枚、铜牌24枚，总分824分，金牌数和团体总分均列全省第六位；总成绩以金牌58.42分、团体总分1414.7分均列全省第六位；并荣获“体育道德风尚奖”代表团称号，为全市人民争得了荣誉。我市群众性体育活动广泛开展，体育社会化越来越深入人心，经常参加体育锻炼的人数逐年增多，人民体质不断增强，涌现出了一大批群众体育先进典型，为我市两个文明建设做出

了积极贡献。

为了表彰先进，促进我市群众体育、竞技体育协调发展，共同提高，市政府决定对全民健身活动先进单位及在省17届运动会上做出贡献的先进单位、个人进行表彰奖励。

授予泰安市直机关工委等18个单位为全民健身活动先进单位称号。

授予新泰市人民政府、宁阳县人民政府先进单位称号。

授予张晓亮等16名获得金牌的运动员为优秀运动员称号，授予张平等9名同志为优秀教练员称号，颁发荣誉证书及奖金。

希望受表彰奖励的先进单位和个人，要珍惜荣誉，发扬成绩，再接再厉，取得新的成绩。同时，号召全市各行各业，广大群众要立即行动起来，积极参与全民健身活动，为我市两个文明建设做出新的贡献。

附件：

全民健身活动先进单位

中共泰安市直机关工委

泰安市妇联

泰安市财政局

泰安市技术监督局

泰安日报社

泰安市老年体协

泰安酿酒总厂

泰安水泵厂

泰安二中

山东电校

泰山区岱庙办事处

泰安金山口集团总公司

山东电缆厂

肥城市人事局

宁阳县保安煤矿

东平县室内成套装饰总公司

新汶矿务局孙村煤矿

肥城矿务局曹庄煤矿

省十七届运动会做出贡献的先进单位、个人

先进单位

新泰市人民政府　宁阳县人民政府

优秀运动员

张晓亮（体操）　李　霞（体操）

马延青（体操）　王君琳（体操）

史新燕（举重）　范丽娟（举重）

沈　伟（摔跤）　王　华（摔跤）

陈德龙（摔跤）　徐西安（摔跤）

刘晓亚（柔道）　孔亚男（柔道）

赵文虎（柔道）　高文菊（射箭）

辛　雷（射箭）　贾学刚（田径）

优秀教练员

张　平（新泰）　单光杰（新泰）

褚翠萍（新泰）　宣光海（新泰）

王振民（市体校）　尚延庆（市体校）

赵　明（市体校）　李　燕（市体校）

王成继（新矿）

一九九五年七月十四日

泰安市人民政府
关于表彰奖励我市在
全国第八届运动会上有功单位和人员的决定

（泰政发〔1997〕135号）

近年来，我市各级认真贯彻落实党中央、国务院关于体育工作的方针政策，把体育事业作为社会主义精神文明和现代化建设的重要组成部分来抓，以推行全民健身计划为重点的群众性体育活动日益活跃，竞技体育水平不断提高。在前不久刚刚结束的全国第八届运动会上，我市运动健儿获得了1枚金牌、3枚银牌、2枚铜牌以及2个第四名、1个第五名、1个第六名，2个第七名、1个第八名和团体总分112.5分的好成绩，为山东体育代表团取得优异成绩做出了突出贡献，给泰安人民争了光。我市被省政府授予“振兴山东体育贡献奖”。为表彰先进，弘扬体育健儿顽强拼搏、勇创佳绩的精神，决定对我市在全国第八届运动会上做出突出贡献的先进单位和个人进行表彰奖励。

授予新泰市“振兴泰安体育突出贡献奖”；

授予获得奖牌的运动员毕文静、沈剑同志“振兴泰安体育突出贡献奖”，授予获得奖励名次的辛雷、王银行、王峰、刘震、安广廷、安东、吴兆生同志“振兴泰安体育贡献奖”。

希望受表彰奖励的先进单位和个人，戒骄戒躁，再接再厉，不断取得新的成绩。全市上下特别是广大体育工作者，要以先进为榜样，勇于进取，奋力拼搏，扎实工作，努力为我市两个文明建设做出新的贡献。

一九九七年十二月十八日

泰安市人民政府
关于表彰泰安市参加第十九届省运会有功单位和人员的决定

（泰政发〔1999〕42号）

近几年来，我市各级党委和政府认真贯彻党中央、国务院关于体育工作的方针政策，把体育事业作为社会主义精神文明现代化建设的重要组成部分来抓，我市体育事业有了新的发展，群众体育日益活跃，竞技体育水平不断提高。尤其是在省政府举行的第十九届省运会上，我市体育代表团团结一致、顽强拼搏，取得金牌4 7枚、银牌33.5枚、铜牌35. 86枚，金牌总数列全省第七位的优异成绩，圆满完成了市委、市政府提出的奋斗目标，为全市人民争得了荣誉。为弘扬体育健儿刻苦训练、顽强拼搏、勇创佳绩的奋发进取精神，鼓励更多的体育工作者为我市的体育事业建功立业，市政府决定对我市在第十九届省运会上做出贡献的先进单位和个人进行表彰奖励。

授予参加第十九届省运会超额完成任务的泰安市体委、新泰市、泰安市体校等三单位“振兴泰安体育突出贡献奖”，授予完成任务较好的肥城市、郊区、宁阳县和对我市参加省运会给予大力支持的山东矿业学院、中国银行泰安市分行、泰山生力源集团公司等六单位“振兴泰安体育贡献奖”。

给予获得2枚以上金牌的运动员及教练员王银行、张平等24位同志和突出贡献奖单位主要负责人任广中、蔡吉明等2位同志记二等功；给予获得1枚金牌的运动员及教练员刘燕、李燕等31位同志和做出突出贡献奖单位业务负责人曹东平、路敦庆等2位同志记三等功。

希望受表彰奖励的先进单位和个人，要珍惜荣誉，再接再厉，不断取得新成绩，勇攀新高峰。全市广大运动员、教练员及体育工作者要以先进为榜样，在各自的工作岗位上，扎实苦干、无私奉献，为我市在第二十届省运会上取得更大成绩，为振兴泰安体育事业和我市两个文明建设做出新的贡献。

附件：

振兴泰安体育突出贡献奖单位（3家）

泰安市体育运动委员会

新泰市

泰安市体育运动学校

振兴泰安体育贡献奖单位（6家）

肥城市

郊区

宁阳县

山东矿业学院

中国银行泰安市分行

泰山生力源集团公司

记二等功人员（26人）

王银行、赵孟、曲业新、王娜、焦峰、牛永萌、杨磊、张涛、周建新、颜士刚、于国华、尹伟、李彬、郑恒、林琳、张静、张平、褚翠萍、单光杰、宣光海、王振民、李阿鹏、赵宗安、汪迎春、任广中、蔡吉明

记三等功人员（33人）

刘燕、吴绪立、陈德虎、李庆旺、张国龙、韩增峰、刘昊、戚斌、苏友华、李晶、赵龙、时娜、王生堂、孔凡成、马卫国、刘子龙、贾亦祥孙皓、董丛丛、王君林、王宪、陈静、李燕、赵明、尚延庆、付少勇、马斌、葛云泉、徐勤鹏、万会华、刘军、曹东平、路敦庆

一九九九年三月三十日

泰安市人民政府
关于表彰参加山东省第二十届运动会有关单位和人员的决定

（泰政发〔2003〕5号）

各县、市、区人民政府，市政府各部门、直属机构，省属以上驻泰单位：

山东省第二十届运动会是在新世纪举办的首届高水平综合性体育盛会。在本届运动会中，我市各有关部门、单位以及广大体育工作者认真履行职责，精心组织，广大体育健儿刻苦训练、顽强拼搏，取得了综合成绩金牌、总分分列全省第七位（金牌65.14枚、总分1508.51分）和青少年比赛金牌、总分列全省第七位、第六位（金牌30枚、总分1037分）的好成绩，并荣获体育道德风尚奖代表团，实现了金牌、总分超上届的目标任务，取得了运动成绩和精神文明的双丰收。为表彰先进，推动工作，市政府决定：

给予泰安市体育局等2个单位记集体二等功奖励；

授予新泰市等2个单位“泰安市参加山东省第二十届运动会突出贡献奖”；

授予岱岳区等4个单位“泰安市参加山东省

第二十届运动会贡献奖”；

授予取得3枚以上金牌的教练员、做出突出贡献的工作人员宣光海等6位同志“泰安市劳动模范”荣誉称号；

授予取得3枚以上金牌的少儿运动员于良等4位同学“泰安市体育之星”荣誉称号；

授予取得1枚以上金牌的少儿运动员王娜等10位同学“泰安市体育希望之星”荣誉称号；

给予取得1枚以上金牌的运动员、教练员和主要工作人员李晶等40名同志记二等功奖励。

希望受表彰的先进单位和个人要珍惜荣誉，再接再厉，勇攀高峰。全市广大运动员、教练员及体育工作者以他们为榜样，与时俱进、开拓创新、奋力拼搏，为我市体育事业发展做出新的贡献。

附件：

受表彰的单位及个人名单

记集体二等功单位（2个）

泰安市体育局

新泰市体操运动学校

泰安市参加山东省第二十届运动会突出贡献奖单位（2个）

新泰市

泰安市体育运动学校

泰安市参加山东省第二十届运动会贡献奖单位（4个）

岱岳区

宁阳县

东平县

山东科技大学

泰安市劳动模范名单（6人）

宣光海　万惠华　刘西友

付少勇　李阿鹏　任广中

泰安市体育之星名单（4人）

于　良　王文文　刘　燕　苑　峰

泰安市体育希望之星名单（10人）

王　娜　苑　亮　刘　民　焦　峰

娄　明　马延青　张　芮　史宇航

朱培玉　赵　鹏

记二等功人员名单（40人）

李　晶　冯慧慧　韩增峰　凡　鹏

张　举　李　峰　张国龙　刘养光

李　镇　杜启健　严　征　杨庆鹏

刘娟娟　王丽娟　陈　红　杨　磊

周建新　刘　震　周逢霞　吴绪立

苏会华　张　平　褚翠萍　葛云泉

刘　军　崔西堂　李晓亮　李岱强

尚延庆　王振民　王迎春　刘兆河

闫仲军　赵燕龙　赵　明　马东霞

赵宗安　路敦庆　曹东平　单光杰

二〇〇三年一月二十一日

泰安市人民政府
关于表彰参加山东省第二十一届运动会
先进单位和先进个人的通报

（泰政函〔2007〕23号）

各县、市、区人民政府，市政府各部门、直属机构，市属及以上驻泰各单位：

山东省第二十一届运动会是我省为备战2008奥运会和迎接2009年全国第十一届运动会举办的一届高水平的综合体育盛会。在本届运动会中，我市各级、各有关部门和单位认真履行职责，精心组织，广大体育健儿刻苦训练、顽强拼搏，取得了优异成绩，少年组金牌总数21.5枚、列全省第八位，总分975.75、列全省第十位；专业组金牌总数26枚、总分234、均列全省第九位；金牌47.5枚、列全省第九位，总分1209.75、列全省第十位，继续保持全省先进行列，泰安代表团荣获体育道德风尚奖，夺得了比赛成绩和精神文明的双丰收。为表彰先进，推动工作，市政府决定：授予泰安市体育局篮球运动管理中心“泰安市参加山东省第二十一届运动会振兴泰安体育突出贡献单位”；授予泰安市体育运动学校等3个单位“泰安市参加山东省第二十一届运动会振兴泰安体育优秀贡献单位”；授予岱岳区等5个单位“泰安市参加山东省第二十一届运动会振兴泰安市体育贡献奖”；授予汪迎春等6位同志“泰安市先进工作者”荣誉称号；给予于良等24名同志记二等功奖励。

希望受表彰的单位和个人要珍惜荣誉，再接再厉，勇攀高峰。全市广大运动员、教练员及体育工作者以他们为榜样，与时俱进，开拓创新，奋力拼搏，为我市体育事业的发展做出新的贡献。

附件：

泰安市参加山东省第21届运动会振兴泰安体育突出贡献单位（1个）

泰安市体育局篮球运动管理中心

泰安市参加山东省第21届运动会振兴泰安体育优秀贡献单位（3个）

泰安市体育运动学校

新泰市

泰安市体育局足球运动管理中心

泰安市参加山东省第21届运动会振兴泰安体育贡献单位（5个）

岱岳区

东平县

肥城市

宁阳县

泰山区

泰安市优秀运动员输送单位（7个）

泰山区南关中学

泰安市第一实验学校

宁阳四中

宁阳县实验小学

宁阳一中

山东明兴小港煤矿（集团）

山东泰丰矿业集团有限公司

泰安市先进个人名单（6人）

王迎春　李岱强　孙　军

刘　军　张新利　许　兵

记二等功人员名单（24人）

于　良　黄　静　郑荣娜　高方青
郭　琳　张　攀　刘秀玲　孟曼曼
蓝春雷　王　营　宣光海　付少勇
赵　明　李阿鹏　赵宗安　张庆利
张　平　王振民　任广中　曹东平
路敦庆　褚翠萍　孙丰涛　张传义

二〇〇七年四月六日

中共泰安市委　泰安市人民政府 关于表彰2008北京奥运会火炬接力泰安传递活动先进集体和先进个人的通报

（泰委〔2008〕157号）

在北京奥组委和省委、省政府的正确领导下，经过全市上下的共同努力，2008北京奥运会火炬接力于7月22日在我市安全、准时、顺利传递，充分展示了我市丰厚的历史文化和优美的自然风光，展现了全市人民良好的精神风貌和文明素质。工作中，各级、各有关部门和单位按照市委、市政府的部署，统筹协调，密切配合，做了大量富有成效的工作，涌现出了一大批尽职尽责、甘于奉献的先进集体和个人。为表彰先进，经研究决定，授予泰安市委办公室等20个单位“2008北京奥运会火炬接力泰安传递活动先进集体”称号，授予刘平等98名同志“2008北京奥运会火炬接力泰安传递活动先进个人”称号。

希望受表彰的单位和个人珍惜荣誉，再接再厉，争取更大成绩。全市各级各部门各单位和广大干部群众要以先进为榜样，坚持以邓小平理论和“三个代表”重要思想为指导，全面落实科学发展观，努力工作，拼搏进取，甘于奉献，勇争第一，为加快建设经济文化强市、打造国际旅游名城做出积极贡献。

附件：

2008北京奥运会火炬接力泰安传递活动先进集体（20个）

泰安市委办公室
泰安市人民政府办公室
泰安市委宣传部
泰安市委政法委
泰安市委市直机关工委
泰安市公安局
泰安市财政局
泰安市交通局
泰安市文化局
泰安市卫生局
泰安市建设局
泰安市体育局
泰山风景名胜区
泰安市总工会
共青团泰安市委
泰安市广播电视局（台）
泰安日报社
泰山学院
泰山区
岱岳区

2008北京奥运会火炬接力泰安传递活动先进个人（98名）

刘　平　泰安市委办公室综合科主任科员
马庆忠　泰安市委督查室副主任
王恩东　泰安市委办公室保密局副主任科员
陈　朋　泰安市委办公室科员

曹克河　泰安市委政策研究室综合科副科长
赵新峰　泰安市新闻中心副主任
罗　强　泰安市委宣传部新闻中心科员
范广超　泰安市委宣传部企宣科副科长
闫远东　泰安市委政法委副书记、综治委副主任、综治办主任
魏文峰　泰安市直机关工会工委主任、市直机关工委委员
李国华　泰安市委市直机关工委纪工委副书记
张　锋　泰安市委市直机关工委组织部副部长、市直机关团工委书记
张刘增　泰安市信访局督查科副科长
张　平　泰安市政府副秘书长、办公室主任
刘　康　泰安市政府副秘书长
刘玉辉　泰安市政府办公室副主任
王　娟　泰安市政府办公室副调研员
董　光　泰安市政府便民服务电话受理中心主任
葛宝文　泰安市政府办公室工会主席
朱　丽　泰安市政府打私办副主任
高传庆　泰安市政府办公室总务科副科长
杨建全　泰安市政府调研室综合科副科长
王瑞森　泰安市教育局体卫艺教研室干事
郭新华　泰安市公安局治安支队副支队长
于岱平　泰安市公安局信息通信处处长
李　强　泰安市公安局指挥中心秘书科副科长
华　东　泰安市公安局交警支队交通治安管理科副科长
鄂宏超　泰安市公安局泰山区分局副局长
孙文生　泰安市公安局岱岳区分局天平店派出所副所长
韩周欣　新泰市公安局治安管理大队派出所综合业务指导中队中队长
张　震　肥城市公安局治安大队教导员
孙礼华　宁阳县公安局交警大队一中队副指导员
李进宝　东平县公安局彭集派出所所长
徐剑锋　泰安市公安局泰西派出所副所长
杨爱风　泰安市公安局泰山景区分局法制室主任
孙尚军　泰安市公安局陶山分局治安特警大队大队长
赵建民　泰安市公安局泰汶分局治安特警大队科员
任先德　泰安市政府市长助理、市财政局党委书记、局长
刘　斌　泰安市财政局副局长
高　燕　泰安市财政局教科文科科长
袁立新　泰安市交通局工会主席
贾　林　京沪高速公路泰安管理处副处长、虹桥宾馆总经理
刘　磊　泰安市文化局艺术科科长
姬生勤　泰安市卫生局副局长、党委委员
韩　毓　泰安市第四人民医院工会主席
李　永　泰安市建设局纪委副书记、市建设工程招投标管理办公室主任
冯　利　泰安市工程建设标准造价管理办公室主任
李传军　泰安市城市建设房屋拆迁办公室主任
王印林　泰安市建筑工程管理局局长
闫　华　泰安市城市建设设计院院长
张吉庆　泰安市体育局纪检组长
王和平　泰安市体育局办公室副主任
许　兵　泰安市体育局训练科科长
杨振德　泰安市体育局群体科科长
邓　岩　泰安市体育局体育场场长
刘传梅　泰安市体育局群体科副科长
刘　成　泰安市体育局体育场副场长
宋爱芳　泰安市体育运动学校科长
刘西华　泰安市体育局办公室科员
李红磊　泰安市体育局办公室科员
刘培亭　泰安市城管执法局副局长、党委委员
万庆海　泰山景区管委会副主任
巩恩奎　泰山景区管委会综治办主任
孙宁华　泰安高新区社会事业局副主任科员

陈立新　泰安市总工会副主席
孔凡洪　共青团泰安市委副书记
张宏强　泰安市广播电视局（台）社会新闻部主任
曲　虹　泰安市广播电视局（台）广播中心新闻部主任
李宝玉　泰安市广播电视局（台）技术中心技术部副主任
蔡志强　泰安市接待处副调研员
李　鹏　泰安日报社新闻采访部记者
尹衍强　泰安日报社晨刊中心版式总监
陈丽丽　泰安市直机关事务管理局物业管理服务中心管理一科科长
李成东　泰安市爱卫办督查科主任科员
杨　勇　泰安市泰山索道运营中心办公室副主任
任　鹏　泰安市城建国资公司行政办副主任
张华山　泰安市无线电管理办公室副主任
王秀玲　泰安市老年体协办公室副主任
董玉昌　武警泰安市支队支队长
陈　超　泰安市公安消防支队防火监督处建审科副科长
于　玲　肥矿集团查庄煤矿工会生活女工部部长
郑　勇　泰安市国家安全局科长
张　杰　泰安市气象台台长
詹利侠　泰安供电公司工会干部
刘军国　泰山学院保卫处消防科副主任科员
刘建军　泰山区委政法委副书记
苏庆华　泰山区财源街道党工委书记
吴　杰　泰山区泰前街道党工委副书记、办事处主任
徐　云　泰山区委区直机关工委书记
仇安源　岱岳区委办公室常务副主任
李　玲　岱岳区天平街道纪工委书记
张宗起　岱岳区粥店街道党工委书记
赵兴富　岱岳区教育局局长、党委副书记
李基恒　泰安航天特种车有限公司总经理、党委书记
邹兰东　泰安交运集团有限公司董事长、党委书记、总经理
张文峰　泰山石油股份有限公司党群工作部主任
孙卫国　泰安虹桥宾馆副经理
王忠东　泰安市富豪假日酒店管理有限公司副总经理

二〇〇八年十二月二十三日

泰安市人民政府
关于提请授予王峰“泰安市功勋市民”称号的议案

泰政函〔2008〕89号

市人大常委会：

2008年8月13日，在举世瞩目的北京奥运会男子双人三米板跳水决赛中，我市运动员王峰与队友沉着冷静，奋力拼搏，勇夺金牌，为国家争得了荣誉，为泰安人民争了光，实现了泰安奥运金牌零的突破，也是我省运动员在本届奥运会上获得的第一枚金牌、我省水上项目奥运历史上夺取的第一枚金牌。

王峰的奥运夺金，对于展示泰安体育事业发展成果、提高泰安的知名度和影响力、激发全市人民的爱国热情和工作积极性、加快建设经济文化强市，具有积极的推动作用。

鉴于王峰为泰安所做出的突出贡献，经市政府研究同意，建议授予王峰“泰安市功勋市民”荣誉称号。

请审议。

二〇〇八年九月三日

泰安市人大常委会
关于同意授予王峰“泰安市功勋市民”称号的函

泰人函〔2008〕2号

市人民政府：

市政府关于提请授予王峰“泰安市功勋市民”称号的议案收悉。在北京2008年第二十九届奥运会上，我市运动员王峰与队友，不畏强手、顽强拼搏，勇夺男子双人三米板跳水金牌，实现了泰安奥运会金牌零的突破，为国家、为泰安争夺了荣誉，极大地激发了全市人民的爱国热情和工作积极性。为表彰王峰为泰安所做出的突出贡献，经市人大常委会主任会议研究，同意授予王峰“泰安市功勋市民”荣誉称号，提交市十五届人大常委会第五次会议确认。

二〇〇八年九月三日

泰安市人民政府
关于表彰北京奥运会有功单位和个人的通报

泰政函〔2008〕90号

各县、市、区人民政府，市政府各部门、直属机构，市属及以上驻泰各单位：

在举世瞩目的北京2008第29届奥运会上，我市运动员王峰与队友，不畏强手，顽强拼搏，勇夺男子双人三米板跳水金牌，实现了泰安奥运金牌零的突破，为国家、为泰安争得了荣誉，极大地激发了全市人民的爱国热情和工作积极性。王峰从一名普通运动员成长为奥运冠军，是我市各级、各单位和广大体育工作者共同培养的结果。为表彰他们为我市体育事业做出的突出贡献，市政府决定：

授予新泰市“泰安市获首枚奥运金牌突出贡献奖”。

授予泰安市体育局副局长任广中，新泰市体育中心主任、体操运动学校校长、王峰启蒙教练张平“泰安市先进工作者”荣誉称号。

给予泰安市体育局、新泰市体育中心、新泰市体操运动学校记集体二等功。

奖励奥运冠军王峰人民币40万元，王峰训练单位20万元，有关教练员20万元。

希望受表彰的单位和个人珍惜荣誉，再接再厉，为我市体育事业做出新的贡献。全市各级各部门、各单位和广大工作者要向受表彰单位和个人学习，努力工作，拼搏进取，勇争第一，为加快建设经济文化强市，打造国际旅游名城做出积极贡献。

二〇〇八年九月四日

泰安市人大常委会
关于授予王峰“泰安市功勋市民”称号的决定

（泰人发〔2008〕21号）

（2008年10月17日市十五届人大常委会第5次会议通过）

在北京2008年第二十九届奥运会上，我市运动员王峰与队友，不畏强手，顽强拼搏，勇夺男子双人三米板跳水金牌，实现了泰安奥运金牌零的突破，为国家、为泰安争得了荣誉，极大地激发了全市人民的爱国热情和工作积极性。为表彰王峰为泰安所做出的突出贡献，依据《中华人民共和国地方各级人民代表大会和地方各级人民政府组织法》的规定，根据市人民政府的提请，决定授予王峰“泰安市功勋市民”荣誉称号。

泰安市人民政府
关于表彰参加山东省
第二十二届运动会先进单位和先进个人的通报

（泰政函〔2011〕33号）

各县、市、区人民政府，市政府各部门、直属单位，省属以上驻泰各单位：

2010年9月19～26日，山东省第二十二届运动会在淄博举行。在备战参赛工作中，我市各级精心组织，广大体育健儿刻苦训练，顽强拼搏，取得了优异成绩。其中，青少年运动员组获得金牌31.75枚，总分1596.5分，均列全省第八位，总分比上届省运会各市排名提升两个位次；优秀运动员组获得金牌36.25枚，总分467分，均列全省第九位；竞技体育贡献奖获得金牌68枚，总分2063.5分，均列全省第八位，其中金牌比上届省运会提升一个位次，总分提升两个位次。我市代表团荣获本届运动会体育道德风尚奖，取得了竞赛成绩和精神文明双丰收，展示了我市体育事业的发展成果，树立和提升了我市的形象。

为表彰先进，进一步推动我市体育事业再上新水平，市政府决定：授予泰安市体育运动学校、新泰市“泰安市参加山东省第二十二届运动会突出贡献奖”；授予泰山区“泰安市参加山东省第二十二届运动会贡献奖”；授予李叶剑等5名同志“泰安市参加山东省第二十二届运动会先进个人”称号，给予记二等功奖励，享受“泰安市劳动模范”待遇；授予倪朔朔等20名同志“泰安市参加山东省第二十二届运动会先进个人”称号，给予记二等功奖励；授予体操运动员王江“泰安体育希望之星”称号。

希望受表彰的单位和个人珍惜荣誉，再接再厉，再创佳绩。全市各级各部门各单位和广大体育工作者要以先进为榜样，解放思想，奋力拼搏，努力争先进位，为建设经济文化强市、打造国际旅游名城做出新的更大贡献。

泰安市参加山东省第二十二届运动会先进单位和先进个人名单

一、泰安市参加山东省第二十二届运动会突出贡献奖（2个）

泰安市体育运动学校

新泰市

二、泰安市参加山东省第二十二届运动会贡献奖（1个）

泰山区

三、泰安市参加山东省第二十二届运动会先进个人（25人）

（一）记二等功、享受“泰安市劳动模范”待遇人员（5人）

李叶剑　李云涛　杨　波　何　斌　孙丰涛

（二）记二等功人员（20人）

倪朔朔　王　建　杨传焕　肖风杰

徐志欣　曹养会　孟　静　尚　军

路　冉　徐勤鹏　李晓亮　刘　军

李广云　任广中　许　兵　王振民

张景文　汪迎春　宣光海　周生涛

四、泰安体育希望之星（1人）

王　江

二〇一一年三月二十九日

四、市人大议案、市政协提案

关于加强老年体育活动的议案

（泰安市第十三届人大三次会议　第05号）

提议案人：李新生　王明新　沈荣勤　史效让　周光太　张荷英　刘高鹏　国增庆　袁训书　国高峰　王新燕

联系人姓名：李新生

地址：泰安市人大常委会

理由：目前，我市老年人已达55万多人，占全市总人口的10.28%。老龄问题已成为一个带有全局性、战略性的重大问题。而发展老年体育则是迎接人口老龄化挑战的一项战略对策，但我市开展老年人体育活动却存有不少困难：一是老年体育设施状况差，活动场所少；二是活动经费短缺，许多活动因无钱而不能开展。

解决办法：老年人通过体育活动，不仅可以增强体质，健康长寿，而且还能更好地实现老有所为，为全市社会主义物质文明和精神文明建设做出新的贡献，为此提出以下解决办法：

一、加强对老年体育活动的领导，各级政府要充分认识老年体育活动的重要性，切实加强领导，建立健全老年体育活动组织，使广大老年人老有所乐。

二、建设和完善老年体育活动设施。市、县政府要将老年体育活动设施纳入城市建设规划，逐步建设和完善。市政府要尽快完善泰安市老年人体育活动中心配套工程，设立室内活动场所，使广大老年人有个温馨的家。

三、逐步增加老年体育活动经费，保证老年体育活动的开展。

审议意见：此议案属老年体育活动发展中的具体问题，作建议处理。请市体委研究办理，并答复代表。

二〇〇一年二月二十六日

关于加快泰城体育设施建设的提案

（泰安市政协九届三次会议　第139号）

提 案 人：民革泰安市委会

工作单位：民革泰安市委会

提案内容：体育场地设施是开展体育活动的基础，对体育设施建设，《体育法》和《全民健身计划纲要》等都有明确规定。随着体育事业的迅猛发展，体育设施建设越来越引起各级各地的高度重视。目前，我市的公共体育场（馆）建设已远远落后于兄弟城市，列全省倒数第二位，相当于省内上游县（市、区）的建设水平，这与泰安市文化旅游城市极不相称，也与我市的经济发展水平不相称。它不仅制约了我市体育事业的发展，而且也制约了我市旅游业乃至经济的发展，如不加大建设力度，我市与兄弟城市的差距将越来越大，越来越不能满足泰城广大群众日益增长的体育健身活动的需求。因此，我们建议加快泰城体育设施建设步伐。

一、尽快作出规划，加快泰城体育设施建设的组织实施

1.加快体育中心的规划和建设

体育中心是体育活动的重要场所，必须加快建设步伐，要在现有的体育场、网球场的基础上，再修建一系列场馆、办公楼、运动员公寓等，争取利用5年时间把体育中心建设成为全省乃至全国一流的集竞赛、训练、办公、娱乐、商业、宾馆等为一体的综合性体育中心，能够独立承办全省综合性运动会和国家、国际单项或多项比赛，从而使体育中心成为宣传泰安、泰山的重要窗口。当前的紧迫问题是征地，根据市建委关于《泰安市体育中心建设规划图》提供的数字和建设需要，整个体育中心约需占地750亩，目前体育中心已有250亩，需要再征地500亩。我们建议，由体委按国拨价出资征用，鉴于一次性征地困难较大的实际，可分期分批征用，但建委要进行规划，以免被占用。

加快体育馆建设。体育馆是整个体育中心建设的重中之重，投资大，对整个体育中心功能发挥起着关键性作用，为避免重复建设，我们建议与市里拟建的会展中心合并建设。这样一馆多用，既可以综合利用，提高馆的社会效益和经济效益，还可以节省一套管理班子，可谓一举多得。在这方面威海等城市已有成功的经验。

2.进一步完善老城区体育设施

按照科学规划、布局合理的原则，进一步完善城区的配套体育设施，一方面要完善老体育场（馆）的体育设施，可在老体育馆以北、体委办公楼以东建设群体大楼，与现在的体育场和体育馆联动配套，发挥综合效应，满足老城区群众对体育活动需求和竞技等方面的需要；另一方面，在有条件的地方，特别是一些住宅小区建设一批小型多样的体育活动场所，以满足居民健身需要。

二、采取多渠道建设的路子，加快体育设施建设步伐

1.加大政府投入。建议市政府加大对体育中心建设的役入，先期解决启动建设资金1500万元，其余资金由体委自筹；2.给予优惠政策，允许从体育中心的750亩地中，划出一小部分进行开发；威海市1993年由市政府划给市体委600多亩地，并允许体委进行开发，短短7年，已建成一处水平较高的运动中心；3.对现有的部分场所进行租赁和拍卖，新建的体育设施进行公开开放，有偿使用；4.走多渠道联合开发的路子；5.通过贷款解决。

提案委员会审查意见：请市政府转市体委会同市建委、市财政局研究办理。

二〇〇〇年二月二十五日

五、集体荣誉

1995—2015 年泰安市体育工作获表彰情况表

表 附录-1

获奖单位	受表彰名称	表彰时间	授奖单位	备注
泰安市	振兴山东体育贡献奖	1997.11	山东省人民政府	
泰安市	振兴山东体育突出贡献奖	2001.9	山东省人民政府	
泰安市	第十四届亚运会贡献奖	2002.10	山东省人民政府	
泰安市	振兴山东体育突出贡献奖	2005.10	山东省人民政府	
泰安市	振兴山东体育贡献奖	2005.10	山东省人民政府	
泰安市	振兴山东省残疾人体育突出贡献奖	2008.2	山东省人民政府	
泰安市	振兴山东体育突出贡献奖	2008.9	山东省人民政府	
泰安市体育局	2001 年全民健身周优秀组织奖	2001.12	国家体委	
泰安市体育局	2006 年全民健身活动先进单位	2006.12	国家体育总局	
泰安市体育局	2008 年全民健身活动优秀组织奖	2008.12	国家体育总局	
泰安市体育局	2005—2008 年度全国群体先进单位	2009.10	国家体育总局	
泰安市体育局	2009 年全民健身活动优秀组织奖	2009.12	国家体育总局	
泰安市体育局	全国推广健身气功先进单位	2009.12	国家体育总局	
泰安市体育局	2012 年全民健身活动优秀组织奖	2012.12	国家体育总局	
泰安市体育局	2009—2012 年度全国群众体育先进单位	2013.8	国家体育总局	
泰安市体委	全省参加亚运会突出贡献奖	1998.11	山东省委、山东省人民政府	
泰安市体委	全省体育事业做出突出贡献奖	1998.11	山东省委、山东省人民政府	
泰安市体委	全省体育系统精神文明先进单位	1998.11	山东省委、山东省人民政府	
泰安市体育局	第十一届全运会参赛先进集体	2009.11	山东省委、山东省人民政府	
泰安市体育局	第十一届全国运动会筹办工作先进集体	2009.11	山东省委、山东省人民政府	
泰安市体委	“十年振兴山东体育”全省群众体育先进单位	1993.10	山东省体委	
泰安市体委	参加奥运会，备战八运会突出贡奖	1997.3	山东省体委	
泰安市体委	振兴山东体育贡献奖	1999.2	山东省体委	

续表附录 –1

获奖单位	受表彰名称	表彰时间	授奖单位	备注
泰安市体育局	2002—2005 年度全省群众体育先进单位	2006.10	山东省体育局	
泰安市体育局	2005 年全省国民体质监测贡献奖	2006.12	山东省体育局	
泰安市体育局	2006 年度体育彩票贡献奖	2006.12	山东省体育局	
泰安市体育局	山东省民族体育先进集体	2007.4	山东省民委、山东省体育局	
泰安市体育局	竞技体育贡献奖	2007.12	山东省体育局	
泰安市体育局	2008 年度山东省群众体育工作突出贡献奖	2009.2	山东省体育局	
泰安市体育局	2008 年度体育彩票工作贡献奖	2009.2	山东省体育局	
泰安市体育局	2008 年度全省体育总会工作突出贡献奖	2009.2	山东省体育总会	
泰安市体育局	2009 年度山东省全民健身活动先进单位	2009.12	山东省体育局	
泰安市体育局	十一运周期竞技体育工作突出贡献奖	2010.3	山东省体育局	
泰安市体育局	2009 年度竞技体育工作突出贡献奖	2010.3	山东省体育局	
泰安市体育局	十一运周期体育彩票工作突出贡献奖	2010.3	山东省体育局	
泰安市体育局	省级文明单位	2011.12	山东省精神文明建设委员会	
泰安市体育局	第三次国民体质监测工作先进单位	2011.1	山东省体育局	
泰安市体育局	2011 年度群众体育工作贡献奖	2012.2	山东省体 育局	
泰安市体育局	2011 年度竞技体育工作贡献奖	2012.2	山东省体育局	
泰安市体育局	2012 年度体育彩票工作突出贡献奖	2012.12	山东省体育局	
泰安市体育局	山东省第三届全民健身运动会优秀组织奖	2013.10	山东省体育局	
泰安市体育局	山东省第五届全民健身运动会优秀组织奖	2015.11	山东省体育局	
泰安市体育运动委员会	在全国第七届运动会上做出突出贡献的先进单位	1994.3	市委、市政府	
泰安市体育运动委员会	振兴泰安体育突出贡献奖	1999.3	市委、市政府	参加第十九届省运会超额完成任务
泰安市体育运动委员会	振兴泰安体育突出贡献奖	1999.3	市委、市政府	
泰安市体育局	2008 北京奥运会火炬接力泰安传递活动先进集体	2008.12	市委、市政府	
泰安市体育局	市级机关第十九批挂职包村工作先进单位	2010.12	市委、市政府	
泰安市体育局	中国人居环境奖创建工作先进集体	2013.4	市委、市政府	
泰安市体育局	2005—2007 年度优秀提案承办单位	2007.9	市政协	

索 引

一、要目索引

A

B

C

D

F

G

H

J

K

L

T

W

X

Y

Z

二、人物索引

B

C

D

F

G

H

L

M

P

R

S

W

X

Y

Z

三、表格索引

《泰安市体育志》编纂人员：主编苏有森（左五），执行主编马辉（右五），副主编任广中（左四）、张吉庆（右四）、高蕴生（左三）、徐兴华（右三）、孙凤军（左二），编辑刘西华（右二）、王和平（左一）、张鸿晶（右一）。

后 记

《泰安市体育志》是在中共泰安市委、泰安市政府领导下，在山东省体育局具体指导下，由泰安市体育局组织编纂的首部反映泰安市体育工作历史与现状全面情况的专业志书。编纂工作从2014年12月开始筹备，2015年3月上旬正式启动，至2017年9月基本完成，前后历时两年半时间。其间大体经历了以下六个阶段：

一、前期准备，制订篇目阶段。2014年12月，泰安市体育局党组根据国务院《地方志工作条例》、《山东省地方史志工作条例》和市政府印发的《泰安市地方史志工作管理办法》（泰政发〔2011〕59号），做出了编修《泰安市体育志》的决定，同时成立了以党组书记、局长苏有森为主任的编纂委员会，明确由原党组成员、副局长、体育总会主席任广中任编委会副主任，原党组成员、纪检组长张吉庆任编委会成员、编纂办公室主任，市体校党支部书记高蕴生任编委会成员、编纂办公室副主任；选调刘西华、王和平、姜玲、张鸿晶参与编纂办公室的工作。邀请泰安市史志办原党组书记、主任马辉担任编纂业务总指导、执行主编，负责志书的具体编纂工作；邀请泰安市政协原副秘书长、科教文卫体委员会主任徐兴华，市住房和城乡建设局原科长孙风军参加编辑工作。先后多次召开编委会成员、市体育局老领导、老同志及所属各单位、各县（市、区）体育局负责人参加的座谈会，理清体育事业发展脉络。在此基础上，拟订了《〈泰安市体育志〉编纂工作方案》和《篇目及供稿分工》，制订了详细编修计划和日程安排，以党组名义下发，要求所属各单位、各县（市、区）抓好落实。同时向市有关部门和省驻泰有关单位发函，请求予以支持配合。

二、动员部署，收集资料阶段。2015年3月10日，市体育局召开《泰安市体育志》编纂动员会议，全面启动志书编纂工作。各科室、各单位、各县（市、区）体育局主要负责人及省、市有关协作单位负责人参加会议，市体育局党组书记、局长苏有森，市史志办党组书记、主任王天宇作动员讲话；马辉作编纂业务辅导报告，采取以会代训的形式，对供稿人员进行培训。动员会后，各单位、各县（市、区）分别召开会议统一认识；挑选文字水平较高、总结分析能力较强的同志担任撰稿人，负责做好本单位、本县（市、区）资料收集和志稿撰写工作；通过召开老同志座谈会、查找档案、报刊资料、请知情人提供等方式，千方百计查找线索、搜集资料。编纂办公室积极做好供稿指导工作，帮助撰稿人梳理本单位发展历程和工作业绩，拟订撰写提纲。

为进一步查找历史资料及“文化大革命”以前的资料，编纂办公室先后多次到省体育局、市及泰山区、岱岳区档案馆，市文广新局、教育局档案室，市图书馆，新泰、肥城矿业集团，山东农业大学、山东科技大学、泰山学院等十几个部门、单位查找资料、座谈情况。对少数无力量供稿的单位，分工编辑专门抽出时间，帮助查找资料、撰写初稿。

三、撰写初稿、编辑加工阶段。经过艰苦努力，从2015年7月底开始，各单位陆续向编纂办公室报送所承担编章的体育志初稿。为加快编纂进度，编纂人员采取边督促指导供稿、边进行修改加工的方式对志稿进行初编。对各单位报送的初稿，分工编辑与撰稿人员反复讨论，按各时期工作情况与志书体例要求，共同查找、补充资料，在此基础上进行文字加工，反复修改初稿，经过编辑、供稿人员昼夜加班，连续奋战，在编辑人员少、资料难查找、稿件加工难度十分大的情况下，至2016年2月完成了第一稿即“征求意见稿”的编辑工作。

四、征求意见、反复修改阶段。2016年3月23日，市体育局召开征求意见会议，要求各单位、各县（市、区）体育局及省属、市属有关协作单位，认真审阅志稿，核对事实，进一步补充资料。同时，将“征求意见稿”分送市委、市政府历届分工领导、市体育局老领导和离退休老同志，广泛征求意见；编纂办公室还派员专程到年老体弱的老领导、熟悉情况的老同志家中征求意见。之后，编纂人员用一个月的时间，对征求到的意见进行梳理、汇总、分析，共梳理汇总意见17 类300余条；同时进行充分讨论，进一步明确了志稿修改方向。根据征求意见情况和新收集到的资料线索，编纂人员集中精力对资料进行查证、核实，对文稿逐字逐句加工修改，对数字、比赛成绩逐一进行核对。经过半年多的努力，至2017年2月，形成了“评审稿”，分送有关领导、史志、体育业务专家和部分熟悉情况的老同志审阅。

五、评议审查、精心加工阶段。按照国务院和山东省两个地方史志工作《条例》的要求，2017年4月6日至7日，市体育局召开《泰安市体育志》志稿评审会，对志稿进行评议审查。山东体育学院教授钱芳，泰安市史志办公室党组书记、主任王天宇、纪检组长高兴学、副主任曹成义，科长赵兵、张云霞，泰安市体委原主任由昌菁，泰安市体校原校长韩惠武、岱岳区原体委主任崔成信、新泰市原体委主任单光杰等10余位专家对志稿进行了评议，《泰安市体育志》编委会成员、编纂办公室全体人员参加会议。评审会后，编纂办公室集中时间对评议意见进行梳理分析，在此基础上精心加工修改志稿，对有关史实和数据逐一核实、补充，于2017年6月形成“送审稿”，报方志出版社审定。

六、出版社审定、出版印刷阶段。方志出版社对这部志书高度重视，中国地方志指导小组秘书长、办公室党组书记、主任、方志出版社社长冀祥德，方志出版社总编辑于伟平和常务副社长张大伟分别进行了终审、复审，责任编辑陈菁、方志出版社专家委员会委员、山东省修志专家咨询组成员、泰安市史志办公室原副主任王笃银进行了初审。经初审、复审、终审三审把关，方志出版社于2017年8月6日批准该志书正式出版，同时提出了审稿意见。根据方志出版社审稿意见，经进一步进行文字加工和补充、复核，9月份由山东新华印务有限责任公司设计、制版，付梓成书。

对编纂这部志书，省体育局、泰安市委、市政府领导十分关心。省体育局局长李政、市委书记王云鹏欣然为该书作序，分管副市长成丽担任编委会名誉主任；省体育局原局长张松林几次对编纂工作提出要求；省体育局办公室、史志办公室在资料查阅、体育成绩核对等方面给予了大力支持。泰安市体育局党组高度重视志书编纂工作，多次召开会议进行专题研究；党组书记、局长苏有森经常听取汇报，调度进展情况，提出指导性意见，协调解决编纂工作中遇到的实际问题；编委会成员彭国胜、于桂香、冯遂杰、曹东平、许兵、杨振德全力配合，积极做好有关工作。市、县（市、区）体育局老领导、离退休老同志对编纂这部志书表现了极大的热情，积极参加座谈，提供文字、图照资料；市体育局各科室、各单位，各县（市、区）体育局及省、市有关单位供稿、审稿人员，发扬严谨细致、高度负责的精神，克服时间跨度大、资料难查找的困难，千方百计搜集资料、撰写初稿，多次补充审核稿件，保证了志书编纂质量。

《泰安市体育志》编纂工作的具体分工是：苏有森主持全书编纂工作，负责志书编纂工作的组织领导、工作协调、条件保障，及时解决工作中遇到的问题，并审定了《编纂工作方案》《篇目及供稿分工》及各阶段志稿。马辉负责编纂业务工作，负责全书总体设计、篇目制定及调整、编纂业务组织与指导、统编统审等工作，负责历史沿革编、时政彩页部分的编辑工作，并撰写凡例、历史沿革编“民国时期的泰安体育”章及“后记”等内容；任广中具体负责志书编纂的组织、协调工作，负责工作调度、体育资料征集、督促指导供稿、专业史实考证及与各部门协调，具体审阅了各阶段、各编志稿；张吉庆负责做好志书编纂的组织、协调工作，负责工作调度、体育资料征集、督促指导供稿及与各部门协调，负责编纂办公室的日常工作，负责机构人员、机关建设、行政管理编及人物部分的编辑工作，负责全书图照资料的编辑工作；高蕴生负责做好编纂办公室的工作，负责竞技体育、运动竞赛、场地设施编的编辑工作，并撰写历史沿革编“新中国泰安体育事业的发展”章等内容；徐兴华负责学校体育、群众体育、泰山国际登山节编及泰山区、新泰市、肥城市、新汶、肥城矿业集团有限责任公司章的编辑工作，并整理编写了“大事记”等内容；孙风军负责人才培养·体育科研、体育彩票·体育产业、体育事业机构·体育团体编，岱岳区、宁阳县、东平县章及附录部分的编辑工作，并整理撰写了“概述”等内容；刘西华、王和平、姜玲、张鸿晶负责做好编纂办公室分工的工作。

在志书编纂过程中，泰安市史志办公室及时给予指导帮助。市史志办公室党组书记、主任王天宇先后参加编纂动员会、征求意见会、志稿评议会等会议，针对不同阶段的工作重点提出具体要求；市直机关工委，市教育局、总工会、残联、档案局（馆），市图书馆，各县（市、区）体育局，山东农业大学、山东科技大学、泰山医学院、泰山学院等单位，在人员安排、资料查阅、史实核对等方面全力配合，给予了大力支持。泰山学院泰山研究院副院长、副研究员周郢应邀撰写了历史沿革编“古代泰安地区的体育活动”章，并审核了“大事记”历史部分内容。王笃银应邀到市体育局反馈了方志出版社审稿意见。在此，谨向为编纂这部志书提供支持、做出贡献的各级领导、专家、社会各界人士和有关单位表示诚挚的谢意！

《泰安市体育志》的编纂，虽数易其稿，但由于该志是泰安历史上的第一部体育专业志，时间跨度长，涉及方方面面；体育事业机构变化大，改革开放前的资料很难查找，历史资料更是十分缺乏；加之编纂人员少，专业知识不足，遗漏之处在所难免，敬请广大读者特别是老体育工作者批评指正。

编　者